GEDRAG IN ORGANISATIES

Ook verschenen bij Pearson Benelux:
Stephen P. Robbins en Mary Coulter, *Management*
Ebel Berghuis, *Algemene economie en bedrijfsmanagement*
Rolf Bruins en Hans Geurts, *Informatiemanagement*
Ron Emmerik, *Kwaliteitsmanagement*
Eelko Huizingh, *Innovatiemanagement*
Phillip Hunsaker, *Managementvaardigheden*
Henry Mintzberg, *Organisatiestructuren*
Fred Rorink en Burcu Öztürk, *Management en Organisatie*
Fred Rorink, Burcu Öztürk en Henk Kleijn, *Verandermanagement*
Susan Schneider en Jean-Louis Barsoux, *Intercultureel management*

Gedrag in organisaties

14E EDITIE

Stephen P. Robbins en
Timothy A. Judge

Nederlandstalige bewerking:
Desmond Hulsteijn
Gerrit Jan Kerkdijk
Raya Nunez Mahdi

Pearson

ISBN: 978-90-430-3720-4
NUR: 163
Trefw.: organisatieleer, management, organisatiepsychologie, arbeids- en organisatiepsychologie, bedrijfspsychologie, gedragswetenschappen

Dit is een uitgave van Pearson Benelux bv, Amsterdam
Website: www.pearson.com/nl
E-mail: amsterdam@pearson.com

Eerste druk, juli 2020
Derde druk, mei 2022

Binnenwerk: Crius Group
Omslag: Pearson Benelux
Omslagbeeld: Golubenko Svetlana / 123RF

Vertaling, 14e editie:
Inkwell teksten & vertalingen (Ingrid Smeets)

Vertaling, eerdere edities:
Ralphien Boissevain, Utrecht en Geeske Bouman, Amsterdam

Vakinhoudelijke beoordeling, 14e editie:
Bianca Kersten en Piet Penninga (beiden Hanzehogeschool Groningen)

Vakinhoudelijke beoordeling, eerdere edities:
Jan Bosmans (Fontys Eindhoven), André Deelen (De Haagse Hogeschool), Maurits van der Heijde (Hogeschool Inholland), Erwin Mortier (Fontys Eindhoven), Liesbeth Nederlof (Hogeschool Utrecht), Hans van der Kolk (Hogeschool Utrecht) en Els Nijenhuis (Hogeschool Zuyd)

Dit boek is gedrukt op een papiersoort die niet met chloorhoudende chemicaliën is gebleekt. Hierdoor is de productie van dit boek minder belastend voor het milieu.

Inhoud

Hoofdstuk 14
Conflicten in organisaties — 365

DEEL IV
GEDRAG IN ORGANISATIES — 393

Hoofdstuk 15
Fundamenten van organisatiestructuur — 395

Voorwoord

Gedrag in organisaties biedt een evenwichtige uiteenzetting van alle belangrijke elementen van gedrag in organisaties (GiO). Dit boek is geschreven in een informele stijl, en is voorzien van veel voorbeelden en illustratief materiaal. Deze Nederlandstalige editie is gebaseerd op de *Global edition* van *Essentials of Organizational Behavior 14th edition*, van Stephen P. Robbins en Timothy A. Judge. De boeken van Robbins en Judge worden op meer dan 500 hogescholen en universiteiten in de Verenigde Staten, Canada, Latijns-Amerika, Europa, Australië, Afrika en Azië gebruikt. Naast deze Nederlandstalige editie zijn er edities van *Organizational Behavior* en *Essentials of Organizational Behavior* vertaald in onder andere het Spaans, Portugees, Japans, Chinees, Pools, Turks, Deens en Indonesisch.

Wat is uit de vorige editie gehandhaafd?

Uit marktonderzoek is gebleken dat gebruikers een aantal aspecten van *Gedrag in organisaties* zeer op prijs stellen. Uiteraard zijn die gehandhaafd in deze editie:

- *Evenwichtige behandeling van onderwerpen.* Het boek biedt een evenwichtige behandeling van alle voornaamste elementen in GiO. Hiertoe behoren niet alleen traditionele onderwerpen zoals persoonlijkheid, motivatie en leiderschap, maar ook hoogst actuele zaken als emoties, vertrouwen, evenwicht tussen werk en privéleven, spiritualiteit op het werk en kennismanagement.
- *Schrijfstijl.* Dit boek is vaak geroemd om zijn vlotte schrijfstijl en het grote aantal voorbeelden. Gebruikers zeggen regelmatig dat ze het boek 'prettig leesbaar', 'interessant' en 'studentvriendelijk' vinden, en 'helder en in begrijpelijke taal geschreven'.
- *Praktisch nut.* Er wordt niet uitsluitend naar de theorie gekeken. Het gaat om het toepassen van theorieën om daarmee het gedrag van mensen in organisaties beter te verklaren en te voorspellen. Het belangrijkste doel van dit boek is lezers het verband te laten zien tussen GiO-theorieën, onderzoek en de gevolgen voor de praktijk.
- *Integratie van mondialisering, diversiteit en ethiek.* De onderwerpen mondialisering en crossculturele verschillen, diversiteit en ethiek worden niet alleen in het aparte hoofdstuk 6 behandeld maar ook door het hele boek heen waar ze zijn verweven met relevante kwesties en onderwerpen. Elk hoofdstuk wordt bovendien afgesloten met een beschouwing over de vraag of de behandelde theorie aanspraak kan maken op universele geldigheid of toch meer cultureel bepaald is.
- *Toepassing in organisaties.* Aan het eind van elk hoofdstuk worden steeds de belangrijkste toepassingen van de behandelde theorie besproken, veelal vanuit het perspectief van de HRM-adviseurs.
- *Digitale leeromgeving.* Het boek wordt nog steeds geleverd met een complete en aanvullende digitale leeromgeving, maar in een nieuw jasje: Pearson MyLab. Op www.pearsonmylab.nl of www.pearsonmylab.be vinden zowel studenten als docenten allerlei (aanvullend) studiemateriaal. Op de binnenzijde van het omslag staat een uitgebreide toelichting.

Nieuw in de 14e Nederlandstalige editie

In de 14e editie zijn de bevindingen van onderzoek, de voorbeelden en de behandeling van onderwerpen up-to-date gebracht. De leerstof is aangepast en vernieuwd op onder andere de volgende gebieden:

- De hoofdstukindeling is gelijkgetrokken met die in de Engelse editie om parallelle behandeling in het Engels en het Nederlands te vergemakkelijken. De belangrijkste wijziging is de verplaatsing van het hoofdstuk over diversiteit naar hoofdstuk 6. Daarbij is de behandeling van het landencultuurmodel van Hofstede verplaatst naar hoofdstuk 4. De scores op Hofstedes vijfde dimensie zijn nieuw, volgens de laatste publicaties van Hofstede en het model bevat nu de zesde dimensie van cultuur.
- Hoofdstuk 1 bevat nieuw materiaal. Bijvoorbeeld een discussie over het verschil tussen succesvol zijn en effectief zijn als manager. Het hoofdstuk introduceert sociale media en big data als GiO-onderwerpen. Een nieuwe figuur met alle mogelijke opties met betrekking tot werk weerspiegelt de moderne hang naar keuzevrijheid. Tot slot wordt het proceskarakter van GiO geïllustreerd met een figuur die de drie analyseniveaus *individu*, *groep* en *organisatie* kruist met de procesfasen *Input*, *Processen* en *Output*.
- In hoofdstuk 2 zijn gegevens over onderzoek van attitudes en werktevredenheid up-to-date gebracht. Actuele nieuwe onderwerpen zijn: maatschappelijk verantwoord ondernemen (MVO) en grensoverschrijdend werkgedrag.
- Hoofdstuk 3 bevat de nieuwste onderzoeksresultaten over diverse facetten van emoties en stemmingen. Het hoofdstuk behandelt nu ook morele emoties en emotieregulatietechnieken. De paragraaf over emotionele intelligentie is naar aanleiding van nieuw onderzoek geheel herzien. Tot slot is een figuur toegevoegd om de *Affective Events Theory* toe te lichten.
- Hoofdstuk 4 over persoonlijkheid is qua onderzoeksresultaten geactualiseerd. De invloed van de situatie op het tot uiting komen van persoonlijkheid wordt belicht aan de hand van de situatiesterktetheorie en de *Trait Activation Theory*. In dit hoofdstuk wordt nu ook de theorie van Hofstede over landenculturen behandeld. Een actuele tabel met de meest recente scores op alle zes dimensies van Hofstedes model voor alle onderzochte landen is toegevoegd.
- Hoofdstuk 5 over perceptie is geactualiseerd en uitgebreid met de invloed van individuele verschillen op besluitvorming. Er is een paragraaf over gedragsethiek toegevoegd. De paragraaf over perceptie en creativiteit is geheel herzien.
- Hoofdstuk 6 over diversiteit bevat uitkomsten van recent onderzoek. Nieuwe onderwerpen zijn stereotypedreiging, verborgen beperkingen, culturele identiteit en diversiteit in teams en prestaties.
- Hoofdstuk 7 over motivatietheorieën bevat nieuwe onderzoeksresultaten en nieuw materiaal over ethiek en doelbepaling, *reinforcement theory*, het stimuleren van zelfvertrouwen in anderen, cultuur en rechtvaardigheid.
- Hoofdstuk 8 over over de toepassingsmogelijkheden van verschillende motivatietheorieën: het taakkenmerkenmodel is herzien en aangevuld met relationeel taakontwerp. Het gedeelte over variabele beloning en motivatie is geheel herzien, evenals de paragraaf over flexibele arbeidsvoorwaarden.
- Hoofdstuk 9 over communicatie bevat nieuwe inhoud over de functies van communicatie, kanaalkeuze, persuasieve communicatietechnieken, informatie-uitwisseling en emotionele communicatie.
- In hoofdstuk 10 over groepen wordt meer aandacht gegeven aan groepsdynamica.

- In hoofdstuk 11 over teams is het gedeelte over culturele invloeden uitgebreid met onderzoeksgegevens voor de Nederlandse situatie.
- Hoofdstuk 12 behandelt leiderschapstheorieën en besteedt nu ook aandacht aan dienend leiderschap en aan het belang van vertrouwen.
- Hoofdstuk 13 behandelt macht en politiek en bespreekt in deze herziene editie ook zelfregulering en wetgeving om de corrumperende werking van macht te beteugelen.
- Hoofdstuk 14 over conflicten in organisaties gaat nu ook in op onderhandelen in een sociale context, reputatie en relaties bij onderhandelingen, en onderhandelingen met derden. De (sub)paragrafen over leerdoelen, de definitie van conflict, conflictloci en fase IV van het conflictproces (gedrag, persoonlijkheidskenmerken en genderverschillen bij onderhandelingen) zijn herzien. Er zijn nieuwe onderzoeksresultaten opgenomen op het gebied van functionele resultaten, voorbereiding en planning voor onderhandeling, en internationaal onderzoek naar persoonlijke variabelen als bron van conflicten en culturele invloeden op onderhandeling.
- In hoofdstuk 15 over organisatiestructuren zijn de implicaties voor GiO van bepaalde structuurkeuzes verder uitgewerkt. Er is een subparagraaf over *boundary spanning* toegevoegd. Het onderwerp grenzeloze organisatie is vervangen door de teamstructuur en de cirkelorganisatie. Een nieuwe paragraaf over instituties en hun invloed op structuurkeuzes is toegevoegd. De koppeling tussen de behandelde structuurontwerpen en de structuurtheorie van Mintzberg is gehandhaafd.
- In hoofdstuk 16 komt de organisatiecultuurtypologie van Handy en Harrison aan de orde. De paragraaf over een klantvriendelijke cultuur is verplaatst naar MyLab.
- Aan hoofdstuk 17 is informatie toegevoegd over de organisatie van een veranderproces en de verschillende rollen die daarbij nodig kunnen zijn.

Unieke elementen van de Nederlandstalige editie

Ook in deze editie van *Gedrag in organisaties* staat aan het eind van elk hoofdstuk in het kader *Universeel of cultureel?* de vraag centraal of de gevonden onderzoeksresultaten aanspraak kunnen maken op universele geldigheid of dat het in feite om cultuurverschijnselen gaat. Veel psychologische onderzoeken en experimenten zijn afkomstig uit de Verenigde Staten en zullen mogelijk vooral Amerikaanse waarden, normen en vanzelfsprekendheden reflecteren. Door aan het eind van elk hoofdstuk hier expliciet bij stil te staan, hopen we bij te dragen aan het ontwikkelen van een kritische houding bij de studenten.
De paragraaf *Toepassing in de organisatiepraktijk* is een ander terugkerend element in elk hoofdstuk. In deze paragraaf staat de toepassing van de psychologische theorie in het bedrijfsbeleid centraal. Kennis over taken, doelen en technieken van de personeelsfunctie wordt hier samengebracht. Deels gaat het om technieken en toepassingen die al in Robbins' originele teksten te vinden waren en deels om door ons toegevoegde toelichtingen over de Nederlandse wetgeving en modern personeelsbeleid. Deze paragraaf heeft als doel om een betere scheiding aan te brengen tussen de psychologische theorieën en onderzoeksresultaten enerzijds, en de toepassing ervan in de praktijk van management en personeelsbeleid anderzijds.

Vragen

De vragen in de lopende tekst zijn gehandhaafd en waar nodig geactualiseerd. De vragen hebben als doel de student te stimuleren om zich een idee of mening te vormen – voorafgaand aan de theoretische uitleg – of om de praktische toepasbaarheid van de behandelde theorie te illustreren – na bespreking van de theorie. Elk hoofdstuk is voorzien van acht à negen vragen. Ook zijn enkele hoofdstukken (deel III) voorzien van stellingen om de idee- of meningvorming van de student te stimuleren.

Multi-channel-aanpak

De 14e editie van *Gedrag in organisaties* is niet alléén een boek. Het maakt deel uit van MyLab: een leeromgeving waarin interactief oefenmateriaal en verdiepingsstof is opgenomen. Deze *multi-channel*-aanpak past goed in dit digitale tijdperk.
Om die reden zijn ook alle *opgaven* verplaatst naar MyLab, uiteraard nadat ze naar aanleiding van opmerkingen uit het veld gescreend en waar nodig herzien en aangevuld zijn. De ordening van opgaven per hoofdstuk is op MyLab gehandhaafd. In het docentengedeelte van MyLab zijn uitwerkingen en suggesties beschikbaar gesteld.

Opmaak

De 14e editie maakt gebruik van vergelijkbare opmaak als de 12e editie. De theorie wordt verlevendigd met een fullcolour opmaak, kleurrijk beeldmateriaal, duidelijke figuren en tabellen, en tekeningen van Carlos Nunez.

Managers of professionals?

Tot slot: in dit boek richt de toepassing van GiO zich op managers van grotere organisaties. Dat laat onverlet dat GiO behalve voor managers ook van belang is voor hoger opgeleide professionals zoals ingenieurs, artsen, bedrijfskundigen, marketeers, projectleiders, enzovoort. Zeker in de Nederlandse cultuur wordt verwacht dat een professional beschikt over *people skills*. In deze tijd van zelfsturende teams en empowerment is de medewerker op de werkvloer nu eens een leider en dan weer een volger. Lees dus overal waar *manager* staat ook *professional*.

Dankwoord

Een aantal mensen heeft een belangrijke rol gespeeld bij de totstandkoming van deze 14e Nederlandstalige editie. Voor hun zinvolle commentaar zijn we veel dank verschuldigd aan Bianca Kersten (Hanzehogeschool Groningen) en Piet Penninga (Hanzehogeschool Groningen). Op basis van hun opmerkingen en suggesties hebben we in onze voorbeelden en opgaven nog belangrijke verbeteringen kunnen aanbrengen. Daarnaast zijn we tekstredacteuren Kate Eaton (Woordwaarde) en Nicole Teunissen (Verhalenloket) zeer dankbaar voor hun inhoudelijke en redactionele aanpassingen en opmerkingen, wat de leesbaarheid van dit boek aanzienlijk heeft vergroot. Ingrid Smeets (Inkwell teksten & vertalingen) heeft een belangrijke bijdrage geleverd aan deze editie door nieuwe inhoud uit de Engelstalige editie voor ons te vertalen. Waarvoor veel dank.
Hoewel we dankbaar gebruik hebben gemaakt van suggesties en ideeën van de redacteuren en de meelezers, komen eventuele onjuistheden geheel voor onze rekening. Ten slotte gaat onze dank uit naar Marcel Jille en Rivka Mooren van Pearson Benelux, voor de begeleiding van de totstandkoming van deze editie.

Desmond Hulsteijn, Gerrit Jan Kerkdijk en Raya Nunez Mahdi

Over de auteurs

Stephen P. Robbins

Stephen P. Robbins heeft als docent gewerkt aan San Diego State University, Southern Illinois University in Edwardsville, University of Baltimore, Concordia University in Montreal en University of Nebraska in Omaha. Zijn onderzoek richtte zich op conflict, macht en politiek in organisaties, besluitvorming en de ontwikkeling van effectieve interpersoonlijke vaardigheden. Hij publiceerde diverse boeken op het gebied van organisatiegedrag, waaronder *Management* met Mary Coulter, *Organizational Behavior* met Timothy Judge, en *Fundamentals of Management* met David DeCenzo. Zijn boeken worden gebruikt op meer dan duizend Amerikaanse hogescholen en universiteiten en zijn vertaald in meer dan zestien talen.

Timothy A. Judge

Timothy A. Judge is Franklin D. Schurz Professor of Management aan het Mendoza College of Business van University of Notre Dame. Hij heeft als docent gewerkt aan University of Florida, University of Iowa, Cornell University, Charles University in Tsjechië, Comenius University in Slowakije en University of Illinois in Urbana-Champaign. Timothy Judge publiceerde meer dan negentig artikelen in de vaktijdschriften *Academy of Management Journal* en *Journal of Applied Psychology.* Hij is lid van diverse organisaties, waaronder de American Psychological Association (APA) en de Academy of Management. Judge is tevens coauteur van *Organizational Behavior,* met Stephen P. Robbins, en van *Staffing Organizations*, met Herbert G. Heneman III.

Over de bewerkers

Desmond Hulsteijn MSc was na zijn hbo-studie Bachelor Management, Economie en Recht aan de Hogeschool van Arnhem en Nijmegen (HAN) enkele jaren werkzaam als adviseur in personeels- en kwaliteitsmanagement voor MKB-bedrijven. Door deze werkzaamheden ontstond een vakmatige interesse in de lerende mens in organisaties, met als gevolg een loopbaanstap naar het hoger beroepsonderwijs. Hij is vanaf 2004 hogeschooldocent aan de deeltijd- en volttijdopleiding bedrijfskunde aan de HAN en ontwikkelt en doceert onderwijs zoals gedrag in organisaties, organisatiekunde, strategisch management, procesmanagement en kwaliteitsmanagement. De laatste jaren richt hij zijn energie meer specifiek op het begeleiden van bedrijfskundige vraagstukken van organisaties op de onderwerpen duurzaam ondernemen, circulaire economie en de meervoudige waardecreatie.

Drs. Gerrit Jan Kerkdijk studeerde arbeids- en organisatiepsychologie aan de Rijksuniversiteit Groningen, na een loopbaan als stuurman Grote handelsvaart. Na afronding van deze studie in 1982 werkte hij als testpsycholoog en adviseur selectie en bedrijfsopvolging. Vanaf 1985 was hij als opleider en organisatieadviseur betrokken bij een groot landelijk automatiseringsproject. Zijn interesse voor vraagstukken op het vlak van organisatieontwikkeling en management onder invloed van informatietechnologie werd toen gewekt en ook de voorliefde voor opleiden en onderwijs. Vanaf 1988 was hij verbonden aan de Saxion Hogescholen en hun voorlopers. Eerst bij de opleiding Bedrijfskundige informatica als docent managementvakken, zoals gedrag in organisaties, organisatiekunde en verandermanagement. Vanaf 2003 werkte hij bij de opleiding Bedrijfskunde MER, eerst in de rol van opleidingscoördinator en de laatste jaren als coördinator van de deeltijdopleiding. In 2015 is hij met pensioen gegaan, maar zijn belangstelling voor het onderwijs is onverminderd groot.

Drs. Raya Nunez Mahdi is Indonesisch en groeide op in Thailand, China, Indonesië, Rusland, Nederland en Duitsland. Zij studeerde culturele antropologie aan de Humboldt Universiteit in Berlijn, Spaans en Engels in Bogotá, Colombia, en sociale antropologie en medische antropologie aan de Universiteit van Amsterdam. Ze werkte daarna als trainer aan het Koninklijk Instituut voor de Tropen in Amsterdam, waar zij managers trainde in het leidinggeven in het buitenland. Ze heeft lesgegeven aan de Indonesische School in Nederland en aan universiteiten en hogescholen in Duitsland, Nederland, Frankrijk, Oekraïne, Rusland, Tsjechië, Hongarije, Roemenië en China. Van 1992 tot 2017 was zij docent intercultureel management, Gedrag in organisaties en Wereldburgerschap aan de Hogeschool Utrecht. Zij doceert Interculturele sensitiviteit en Interculturele reclame aan de Hochschule Bremerhaven en sinds 2014 Interculturele communicatie aan de École de Management de Normandie in Caen en aan de Sorbonne Universiteit in Parijs. Raya is auteur en coauteur van de boeken *Interculturele communicatie, Intercultural Sensitivity* en *Interculturele Communicatie in de Zorg.*

DEEL I
INTRODUCTIE

HOOFDSTUK 1

Inleiding op gedrag in organisaties

NA BESTUDERING VAN DIT HOOFDSTUK BEN JE IN STAAT OM:

1. een definitie te geven van het wetenschappelijk onderzoeksgebied 'gedrag in organisaties' (GiO);
2. de toegevoegde waarde van bestudering van GiO toe te lichten;
3. aan te geven welke bijdragen de gedragswetenschappen aan GiO hebben geleverd;
4. te beschrijven hoe de concepten van GiO het functioneren van organisaties kunnen beïnvloeden;
5. uitdagingen en kansen te benoemen voor managers die de inzichten en ideeën van GiO willen benutten;
6. de drie analyseniveaus binnen gedrag in organisaties te bespreken.

Laten we beginnen met een stukje geschiedenis. Tot eind jaren tachtig lag de nadruk bij opleidingen Bedrijfskunde op de technische aspecten van management, zoals economie, accounting, financiën en kwantitatieve technieken. Sindsdien is langzamerhand het besef doorgedrongen dat inzicht in het gedrag van mensen van belang is voor de effectiviteit van managers. De directeur van de MIT Sloan School of Management in de Verenigde Staten verwoordde het als volgt: 'Bedrijfskundestudenten komen de eerste jaren na het behalen van hun opleiding een heel eind met hun technische en wiskundige vaardigheden. Maar al snel blijken leiderschaps- en communicatieve vaardigheden voor managers het belangrijkste om echt carrière te maken.'[1] Sterker nog, uit een enquête onder meer dan 2100 CFO's uit twintig sectoren kwam naar voren dat een gebrek aan interpersoonlijke vaardigheden de voornaamste reden is waarom sommige mensen geen carrière maken.[2]

Een van de voornaamste toepassingen van GiO is het bevorderen van de interpersoonlijke vaardigheden. Door het verbeteren van de interpersoonlijke vaardigheden van managers kunnen organisaties beter presterende werknemers aantrekken en behouden. Dat is belangrijk, want uitstekende werknemers zijn altijd schaars en het is kostbaar om hen te vervangen. Maar GiO is niet alleen van belang voor het ontwikkelen van interpersoonlijke vaardigheden. Door het opnemen van de GiO-beginselen kan een organisatie tevens van een goede werkplek een geweldige werkplek maken; wat positief doorwerkt op het saldo onder de streep. Het internationale instituut Great Place to Work meet jaarlijks de beleving van medewerkers, managers en klanten van deelnemende bedrijven als basis voor het predicaat 'Great place to work' of 'Beste werkgever'.

Bedrijven met dat predicaat zijn in het voordeel bij het werven en behouden van goed functionerend personeel. Voorbeelden uit de top tien van 2019 in Nederland en België zijn de multinational Adecco en het softwarebedrijf SAS. Bekende grote bedrijven in Nederland zijn: DELA, Woonbron en Actief Werkt! Uitzendbureau. In de categorie middelgrote bedrijven zien we in België: EASI, Mars en ORMIT en in Nederland eveneens ORMIT en Tony's Chocolonely.[3]

Onderzoek onder de Amerikaanse beroepsbevolking wees uit dat mensen niet in de eerste plaats vanwege het loon en de secundaire arbeidsvoorwaarden bij een werkgever blijven. Veel belangrijker zijn de kwaliteit van het werk en een stimulerende werkomgeving. De kans op een plezierige werkomgeving is groter als managers over goede interpersoonlijke vaardigheden beschikken. Hierdoor is het weer gemakkelijker om gekwalificeerd personeel aan te trekken en te behouden. Bovendien lijkt het creëren van een prettige werkomgeving ook economisch gezien verstandig. Bedrijven die bekendstaan om een plezierige werksfeer boeken vaak ook uitstekende financiële resultaten.[4]

Uit nader onderzoek kwam naar voren dat werknemers die een ondersteunende dialoog voeren met hun managers en die proactief zijn, menen dat hun ideeën vaker dan elders steun krijgen. Daardoor zijn ze tevredener zijn met hun werkomgeving.[5]

Ten slotte kunnen organisaties door het GiO-element te versterken een groter bewustzijn creëren ten aanzien van hun maatschappelijke verantwoordelijkheid. Zo zijn universiteiten begonnen om onderwijs over maatschappelijk verantwoord ondernemen op te nemen in hun curricula om toekomstige leiders te leren hoe ze maatschappelijke kwesties binnen hun organisatie kunnen oppakken.[6] Dat is bijzonder belangrijk omdat er een toenemende behoefte bestaat om de middelen en uitkomsten te begrijpen van de maatschappelijke verantwoordelijkheid van grote bedrijven (Engels: *corporate social responsibility* of CSR).[7] In hoofdstuk 2 gaan we hier uitgebreider op in.

VRAAG

Hoe interpreteer je het oorzakelijk verband tussen 'Beste bedrijf om voor te werken' en 'Uitstekende financiële resultaten'? Wat is hier de oorzaak en wat het gevolg?

Langzamerhand is de overtuiging gegroeid dat technische kennis en vaardigheden weliswaar noodzakelijk zijn, maar geen garantie bieden voor succesvol management. De succesvolle manager (en dat geldt ook voor professionele kenniswerkers) beschikt naast technische en economische kennis en vaardigheden ook over een ruime mate van *people skills*. Dit boek is geschreven om de moderne manager en professional te helpen juist die *people skills* te ontwikkelen die de kennis van het begrijpen van menselijk gedrag te bieden heeft. Wij zijn ervan overtuigd dat je daarmee ook voor de lange termijn vaardigheden verwerft en inzicht krijgt in jezelf en anderen.

Lees op MyLab hoe de werkbeleving in Nederland en België wordt beoordeeld.

Management en gedrag in organisaties

De rollen van de manager — en de vaardigheden die nodig zijn om als manager te functioneren — blijven altijd in ontwikkeling. Meer dan ooit worden er mensen op managementfuncties gezet die geen opleiding hebben gehad in die richting of daarin geen ervaring hebben. In een grootschalig onderzoek zei meer dan 58 procent van de managers dat ze geen managementopleiding hadden gevolgd en 25 procent gaf toe dat ze er niet op waren voorbereid om aan anderen leiding te geven toen ze die rol kregen.[8] Daarnaast worden er steeds hogere eisen gesteld aan de functie: de gemiddelde manager geeft rechtstreeks leiding aan zeven mensen (ooit was vijf de norm) en heeft daarvoor minder managementtijd dan vroeger.[9] Als je bedenkt dat uit een opiniepeiling van Gallup blijkt dat organisaties in 82 procent van de gevallen de verkeerde kandidaat kiezen voor een managementfunctie,[10] dan kunnen we concluderen dat hoe meer je kunt leren over mensen en hoe je moet managen, hoe beter je voorbereid bent om wel de geschikte kandidaat te zijn. Je kennis van GiO zal je helpen om dat te bereiken.

1.1 Gedrag in organisaties: nader bepaald

Het wetenschappelijk onderzoek naar menselijk gedrag in arbeidssituaties noemen we gedrag in organisaties (Engels: *organisational behaviour*). We beginnen met een definitie en kijken vervolgens kort naar de grondslagen van het vakgebied.

Gedrag in organisaties (verderop in dit boek afgekort tot **GiO**) bestudeert de invloed die individuele factoren, groepsprocessen en organisatiestructuren hebben op menselijk gedrag in organisaties. GiO is een **toegepaste wetenschap** met als belangrijkste doel de **effectiviteit** van organisaties te verbeteren. Omdat dit vakgebied zich specifiek richt op arbeidssituaties, legt het de nadruk op gedrag in arbeidsorganisaties: functies, taakuitvoering, verzuim, verloop, productiviteit, menselijke prestaties en management. Gedrag in organisaties is een van de pijlers waarop personeelswetenschap en humanresourcesmanagement (HRM) rusten. De meeste theorieën die in dit boek worden besproken, hebben dan ook uiteindelijk hun weg gevonden in de werkgebieden van HRM: functieontwerp, beloning, werving en selectie, leiderschap, *management development*, introductieprogramma's, coachen en mentorschap, opleiden enzovoort. Behalve voor de aankomende HRM-functionaris is dit boek ook bedoeld voor iedereen die een rol als manager of projectleider ambieert. Omdat bijna elke professionele kenniswerker te maken kan krijgen met projectwerk, is veel van de aangeboden kennis bovendien ook voor niet-managers uiterst nuttig.

GiO houdt zich vooral met de volgende onderwerpen bezig:

- motivatie;
- leiderschapsgedrag en macht;
- interpersoonlijke communicatie;
- groepsstructuur en groepsprocessen;
- attitudeontwikkeling en perceptie;
- persoonlijkheid, emoties en waarden;
- veranderingsprocessen;
- conflicten en onderhandelingen;
- werkstructurering.[11]

Effectieve versus succesvolle activiteiten van de manager

Nu je begrijpt wat GiO is, zullen we enkele begrippen toepassen. Om te beginnen kijken we naar de belangrijke vraag over effectief management. Hoe komt het dat de ene manager effectiever is dan de andere? Om die vraag te beantwoorden, keken de toonaangevende GiO-onderzoeker Fred Luthans en zijn collega's vanuit een uniek oogpunt naar wat managers doen.[12] Ze vroegen zich af: 'Verrichten managers die het snelst opklimmen in de organisatie dezelfde werkzaamheden en leggen ze dezelfde accenten als managers die het effectiefst zijn?' Je zou denken dat het antwoord 'ja' is, maar dat bleek toch niet altijd het geval te zijn.

Luthans en zijn collega's bestudeerden meer dan 450 managers die zich allemaal bezighielden met de volgende vier managementactiviteiten:

1. traditioneel management: besluiten nemen, planningen maken, controle uitoefenen;
2. communicatie: de gebruikelijke informatie uitwisselen en papierhandel afwerken;
3. humanresourcesmanagement (HRM): motiveren, belonen en corrigeren, conflicten hanteren en het werven, selecteren en scholen van personeel;
4. netwerken: borrels en dergelijke aflopen, politieke spelletjes spelen en contacten onderhouden met mensen van buiten de organisatie.

De gemiddelde manager besteedde 32 procent van zijn of haar tijd aan traditionele managementactiviteiten, 29 procent aan communicatie, 20 procent aan HRM-activiteiten en 19 procent aan netwerken. De tijd en moeite die de individuele managers aan die activiteiten besteedden varieerde echter enorm. Bij de managers die snel promotie hadden gemaakt in hun organisatie droeg netwerken relatief gezien het meeste bij aan hun succes en HRM relatief gezien het minste; wat het tegenovergestelde was van de gemiddelde manager. Ook in ander onderzoek, uit Australië, Israël, Italië, Japan en de Verenigde Staten, werd het verband tussen netwerken, sociale relaties en succes in een organisatie bevestigd.[13] Maar Luthans en zijn collega's vonden ook dat voor kwantitatief en kwalitatief goed functionerende (dus: effectieve!) managers met tevreden en hardwerkende werknemers gold dat communicatie relatief gezien de grootste bijdrage leverde en netwerken de kleinste. Deze uitkomst lijkt veel op die van de gemiddelde manager, al legden effectieve managers een nog sterkere nadruk op communicatie. Het verband tussen communicatie en een effectieve manager zijn is duidelijk. Managers die hun besluiten toelichten en hun collega's en werknemers om informatie vragen zijn het effectiefst, zelfs als die informatie negatief is.[14]

1.2 Intuïtieve kennis aanvullen met systematisch onderzoek

Of je je ervan bewust bent of niet, je hebt vrijwel je hele leven gedrag van andere mensen *gelezen*. Je kijkt naar wat andere mensen doen en probeert vervolgens te begrijpen *waarom* ze juist *dat* gedrag vertonen. Vaak probeer je in te schatten (lees: te voorspellen) wat ze onder andere omstandigheden zouden doen. Als je bijvoorbeeld op je fiets springt (of in je auto stapt), let je goed op het gedrag van andere weggebruikers. Je voorspelt voortdurend wat zij in de volgende ogenblikken (niet) zullen doen. In Nederland komen je voorspellingen – dat andere weggebruikers zullen wachten voor stoptekens en een rood verkeerslicht, dat ze rechts rijden en links inhalen – over het algemeen wel uit. Dit komt doordat de verkeersregels het tamelijk eenvoudig maken om – meestal juiste – voorspellingen te doen over het rijgedrag van anderen. Veel minder vanzelfsprekend zijn de (ongeschreven) regels die in veel situaties gelden. Draai je bijvoorbeeld met je gezicht naar de deuren wanneer je in een lift stapt? Bijna iedereen doet dat. Maar heb je ooit ergens gelezen dat dit de bedoeling is? Net zoals we voorspellingen doen over gedrag van automobilisten (waarvoor duidelijke voorschriften bestaan), kunnen we het gedrag van mensen in een lift voorspellen (waarvoor nauwelijks voorschriften bestaan). Wij durven te beweren dat je veel gedrag in supermarkten, klaslokalen, wachtkamers, liften en de meeste gestructureerde situaties kunt voorspellen, zij het natuurlijk niet met honderd procent zekerheid. Naast dit redelijk

voorspelbare 'openbare' gedrag blijft er heel veel gedrag over dat niet zo duidelijk aan geschreven of ongeschreven regels is gebonden. Ook dat gedrag trachten we telkens als we ermee geconfronteerd worden te begrijpen en te voorspellen. Daarvoor doen we een beroep op ons 'gezonde verstand'. Helaas leidt deze onsystematische aanpak vaak tot onjuiste verklaringen, en daardoor ook tot verkeerde voorspellingen.
In veel beroepen is een goed inzicht in menselijk gedrag van wezenlijk belang voor succes. Denk aan managers, bedrijfskundig adviseurs, HRM-consulenten en tal van andere professionele en specialistische beroepen. Als toekomstig professional dien je daarom je intuïtieve meningen aan te vullen met wetenschappelijke kennis. De achterliggende gedachte van het wetenschappelijk onderzoek naar gedrag is dat gedrag zich niet toevallig voordoet. Er liggen wetmatigheden[5] ten grondslag aan het gedrag van individuen en groepen. Die wetmatigheden worden door gedragswetenschappers door middel van systematisch onderzoek en experimenteren ontdekt en vervolgens gebruikt om individuele verschillen in gedrag te kunnen verklaren. Zonder deze kennis zouden we heel veel menselijk gedrag niet of slechts heel moeilijk kunnen voorspellen. GiO levert dus kennis die managers, HRM-adviseurs en andere professionals in staat stelt het gedrag van de medewerkers en collega's te begrijpen en te beïnvloeden. Zo draagt het vakgebied bij aan het in goede banen leiden van de organisatie als geheel.
Kortom: gedrag is over het algemeen voorspelbaar. Systematische bestudering van gedrag zal op den duur de nauwkeurigheid van onze voorspellingen steeds verder verbeteren. Met **systematisch onderzoek** bedoelen we het volgende:

- het onderzoeken van verbanden tussen verschijnselen;
- het onderscheiden van oorzaken en gevolgen;
- conclusies baseren op wetenschappelijk bewijs, dat wil zeggen op gegevens die zijn verzameld onder gecontroleerde omstandigheden en die op verantwoorde wijze zijn gemeten en geïnterpreteerd.

Evidence-based management (EBM) maakt gebruik van de uitkomsten van systematische onderzoek door beslissingen (mede) te baseren op de meest recente wetenschappelijke bewijzen. We verwachten - terecht - van artsen dat ze hun medisch handelen baseren op de nieuwste wetenschappelijke inzichten. Volgens de EBM-benadering zouden ook managers en andere professionals hun beslissingen zoveel mogelijk moeten nemen op basis van wetenschappelijke bewijsvoering. Je vraagt je nu misschien af welke manager beslissingen neemt zonder rekening te houden met bewezen inzichten, maar feit is dat in de dagelijkse praktijk de meeste beslissingen *op gevoel* worden genomen zonder veel acht te slaan op de beschikbare feiten en bewijzen.[15]
Systematisch wetenschappelijk onderzoek en EBM kunnen je **intuïtieve kennis** aanvullen en verbeteren. Lang niet alles wat je op een onsystematische manier (intuïtief) bent gaan geloven wordt weerlegd door een systematische aanpak. Een aantal conclusies in deze tekst, die zijn gebaseerd op uitgebreid onderzoek, zullen ondersteunen wat je al dacht. Maar de uitkomsten van ander onderzoek zullen mogelijk haaks staan op wat je altijd logisch en vanzelfsprekend hebt gevonden. Deze uitkomsten voegen informatie toe die je anders niet had gehad. Een *verstandige* beslisser houdt rekening met die extra informatie, een zuiver *intuïtieve* beslisser doet dat niet. Om goede besluiten te kunnen nemen is een kritische combinatie van beide kennisbronnen waarschijnlijk het meest effectief.[16]

Gedrag is niet willekeurig. Er liggen bepaalde wetmatigheden ten grondslag aan het gedrag van mensen. Als we die wetmatigheden begrijpen, kunnen we het functioneren van organisaties positief beïnvloeden.

De invloed van big data

Gegevens of data, de grondslag van EBM, worden zeker al sinds 1749 gebruikt om gedrag te kunnen beoordelen, toen het woord *statistiek* werd bedacht in de betekenis van de beschrijving van de staat.[17] Statistieken werden in die tijd gebruikt om te kunnen besturen, maar omdat de dataverzamelingsmethoden log en simplistisch waren, waren de conclusies dat ook. Het gebruik van *big data* — uitgebreide statistische compilaties en analyses — werd pas mogelijk toen computers geavanceerd genoeg waren om grote hoeveelheden informatie op te slaan en te manipuleren. Onlinewinkels zijn begonnen met het gebruik van big data, maar sindsdien is het in bijna alle bedrijfssectoren doorgedrongen.

Huidig gebruik

Hoeveel terabytes aan data bedrijven ook verzamelen of hoeveel verschillende bronnen ze ook gebruiken, ze willen ze uiteindelijk altijd om de volgende redenen analyseren: om gebeurtenissen te voorspellen, van een boekaankoop tot het slecht functioneren van een ruimtepak; om te bepalen hoeveel risico er op een bepaald moment wordt gelopen, van het risico op een brand tot het niet afbetalen van een lening; en om grote en kleine rampen te voorkomen, van het neerstorten van een vliegtuig tot het aanleggen van te grote voorraden van een product.[18] Met big data beschermt het Amerikaanse bedrijf BAE Systems, dat in opdracht werkt voor het Amerikaanse ministerie van Defensie, zich tegen cyberaanvallen, gebruikt de Bank of the West uit San Francisco klantgegevens om een gedifferentieerd prijsstelsel te ontwikkelen, en analyseert Graze.com uit Londen de voorkeuren van zijn klanten om hun zo de juiste snacks als proefmonster mee te kunnen sturen bij hun bestelling.[19]

VOORBEELD

Albert Heijn/Delhaize kan mede dankzij bigdatamogelijkheden een zeer compleet beeld van zijn klanten creëren. Daardoor kan de winkelketen op het juiste moment advies en informatie bieden via hyperpersoonlijke winkelervaringen. Een voorbeeld hiervan is het intelligente boodschappenlijstje: een oplossing die het online boodschappenlijstje voor de klant invult op basis van inzichten uit eerdere boodschappenlijstjes en aanvullende gegevens zoals locatie, lokale evenementen, seizoensaanbod en bonuskortingen.[20]

Nieuwe trends

Het gebruik van big data om mensen te begrijpen, te helpen en te managen is relatief nieuw al zijn de verwachtingen hooggespannen. Sterker nog, uit onderzoek onder 10.000 werknemers in China, Duitsland, India, het Verenigd Koninkrijk en de Verenigde Staten is naar voren gekomen dat ze denken dat de volgende transformatie van de wijze waarop mensen werken vooral van de technologische vooruitgang zal afhangen en niet zozeer van andere factoren als demografische veranderingen.[21]
Het is goed nieuws voor de toekomst van het bedrijfsleven dat onderzoekers, de media en de topmanagers van bedrijven inzien hoeveel potentieel datagestuurd management en datagestuurde besluitvorming hebben. Een manager die data gebruikt om doelen te bepalen en om oorzaak-en-gevolgtheorieën op te stellen en te toetsen, kan vaststellen welke werknemersactiviteiten relevant zijn voor de doelen.[22] Big data heeft gevolgen, omdat je hiermee managementaannamen kunt corrigeren en de prestaties kunt verbeteren. Ze worden steeds meer gebruikt om effectieve besluiten te nemen (hoofdstuk 5)

en om veranderingen in organisaties in goede banen te leiden (hoofdstuk 17). Het is heel goed mogelijk dat de beste toepassingen van big data om mensen te managen afkomstig zullen zijn van GiO en psychologisch onderzoek. In het laatstgenoemde geval kan het bijvoorbeeld zelfs werknemers met een psychische aandoening helpen om hun gedrag onder controle te houden en te veranderen.[23]

Grenzen

Nu het technisch gezien steeds beter mogelijk is om big data te verwerken, zijn kwesties als de privacy en juiste toepassing ervan ook belangrijker geworden. Dat geldt vooral wanneer data worden verzameld met apparatuur om toezicht te houden. Zo werd in Brooklyn (New York) een experiment opgezet om de levenskwaliteit van de inwoners te verbeteren, maar de onderzoekers verzamelden hun data via infrarode camera's, sensoren en via de wifisignalen van smartphones. Een methode die zonder expliciete toestemming van alle betrokkenen vrijwel zeker een schending van de privacy inhoudt.[24]
Via vergelijkbare methoden om toezicht uit te oefenen kwamen een callcenter van een bank en een farmaceutisch bedrijf erachter dat hun werknemers productiever waren bij meer sociale interactie; daarom pasten ze hun pauzebeleid zodanig aan dat meer mensen samen pauze namen. Vervolgens bleek de omzet te stijgen en het personeelsverloop te dalen. Het Bread Winners Café in Dallas (Texas) houdt al zijn restaurantmedewerkers via camera's continu in de gaten en gebruikt die gegevens om zijn bedienend personeel te belonen of te corrigeren.[25] Dit zou binnen de Europese Unie zeker tot protesten en rechtszaken leiden. Bij zulke praktijken moeten we de grenzen van privacy en de mate van transparantie zorgvuldig in het oog houden. Zo werd de Duitse supermarktketen Lidl in 2008 veroordeeld voor het schenden van de privacy van zijn medewerkers.[26]
Met een beter begrip van de achterliggende GiO-kwesties kun je een optimaal evenwicht vinden. Deze en andere bigdatatactieken kunnen goede resultaten opleveren: uit onderzoek komt naar voren dat mensen hun taken wel degelijk beter uitvoeren en voorbeeldig werkgedrag tonen (dat wil zeggen: zich hulpvaardig opstellen ten opzichte van anderen) als ze elektronisch worden gevolgd; in eerste instantie tenminste. Maar critici wijzen erop dat toen Frederick Taylor in 1911 de productiviteit wilde verhogen door instrumenten als controle en feedback, Alfred Sloan succesvoller was doordat hij zijn werknemers zinvol werk gaf.[27]
We zeggen niet dat je je intuïtie overboord moet gooien. Leiders vertrouwen vaak op vage intuïtieve ideeën wanneer ze met mensen te maken hebben, en dat kan uitstekend uitpakken. Maar het kan ook zijn dat eerste gedachten niet goed werken. We raden je aan om zoveel mogelijk bewijsmateriaal te gebruiken om je intuïtie en ervaring bij te sturen. Als je big data verstandig gebruikt en ook goed inzicht hebt in het gedrag dat mensen geneigd zijn te vertonen, dan kan dat bijdragen aan een goede besluitvorming en je natuurlijke vooringenomenheid verkleinen. Dat is de belofte die GiO in zich heeft.

1.3 Bijdragen van uiteenlopende takken van wetenschap

Gedrag in organisaties (GiO) is een *toegepaste gedragswetenschap* en dus geënt op de bijdragen van **fundamentele gedragswetenschappen**, waaronder psychologie en sociale psychologie, sociologie en antropologie. Zoals je zult zien, zijn de bijdragen van de psychologie vooral gericht op het microniveau van analyse – het individu – terwijl de overige disciplines ons inzicht in het meso- en macroniveau van groepsprocessen en de organisatie verdiepen (zie figuur 1.1).

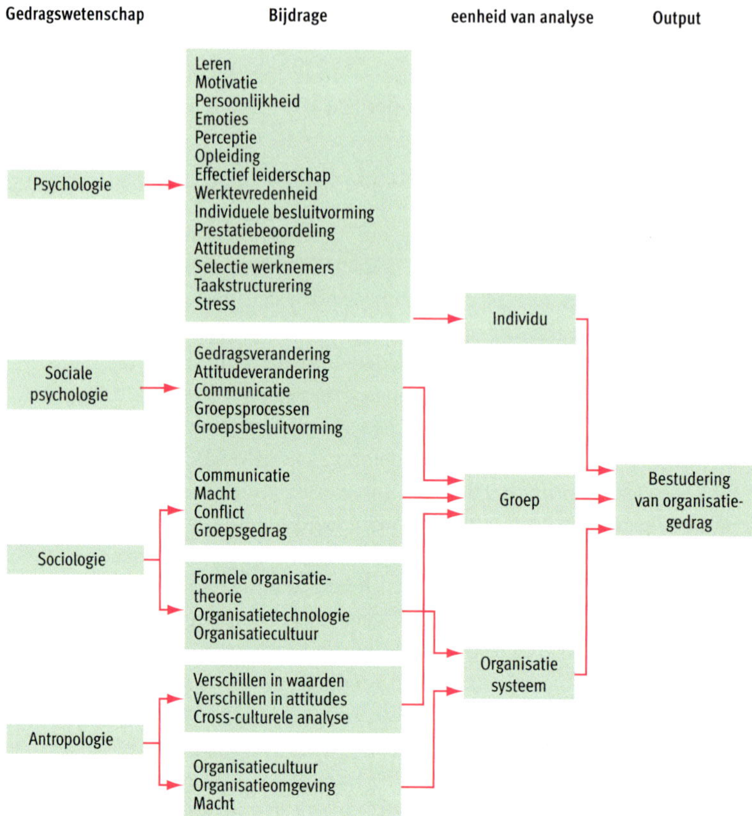

FIGUUR 1.1 De basis van de organisatiegedragswetenschap

Zelfde werk, andere beleving.

Foto: Ollyy / Shutterstock / Pearson Asset Library

1.3.1 Psychologie

Psychologie is de wetenschap die het gedrag van mensen wil meten, verklaren en soms ook veranderen. Psychologen bestuderen individueel gedrag. De vroege bedrijfspsychologie hield zich bezig met vermoeidheid, verveling en andere aspecten van de werkomstandigheden die goede prestaties in de weg stonden. De laatste jaren strekt het onderzoeksterrein zich echter uit tot persoonlijkheid, perceptie, emoties, opleiding, effectief leiderschap, behoeften en motivatie, werktevredenheid, besluitvormingsprocessen, prestatiebeoordelingen, attitudemetingen, technieken voor personeelsselectie, functieontwerp en stress op het werk.

1.3.2 Sociale psychologie

De **sociale psychologie** combineert begrippen uit de psychologie en sociologie met elkaar, maar wordt doorgaans beschouwd als een tak van de psychologie. Bestudeerd wordt hoe mensen in groepen elkaars gedrag beïnvloeden. Zo wordt bijvoorbeeld conformisme (je aanpassen aan de opvattingen en het gedrag van andere groepsleden) door sociaalpsychologen verklaard uit de wisselwerking tussen de groepsdruk en de persoonlijkheid van het individu. Sociaalpsychologen doen vooral onderzoek naar de implementatie en acceptatie van organisatieveranderingen. Sociaalpsychologen hebben ook belangrijke bijdragen geleverd aan onze studie van groepsgedrag en de invloed daarvan op bijvoorbeeld het prestatieniveau.

Gedrag van mensen in kleine groepen.
Foto: Fotokostic / Shutterstock / Pearson Asset Library

1.3.3 Sociologie

Waar psychologen zich concentreren op het individu, bestudeert de **sociologie** mensen en hun gedrag in relatie tot hun sociale omgeving of cultuur. De sociologie onderzoekt de menselijke samenleving en haar verschijnselen. De sociologische bijdrage aan GiO omvat de verzamelde kennis over groepsgedrag in organisaties, in het bijzonder in formele en complexe organisaties. Maar nog belangrijker is de bijdrage van sociologen aan de kennis over organisatiecultuur, formele organisatietheorie en -structuur, organisatietechnologie, communicatie, macht en conflict.

De samenleving verandert voortdurend.
Foto: Everett Collection / Shutterstock / Pearson Asset Library

1.3.4 Antropologie

Antropologie is de wetenschap die verschillende samenlevingen vergelijkt om meer te weten te komen over mensen en hun activiteiten. Dankzij de kennis van antropologen over culturen en omgevingen begrijpen wij beter de verschillen in basiswaarden, attitudes en gedrag tussen mensen uit verschillende landen en binnen organisaties.

1.4 GiO: weinig absolute uitspraken

De exacte wetenschappen – zoals scheikunde, astronomie, natuurkunde – hebben natuurwetten gevonden die onderling goed samenhangen en die in heel veel situaties toepasbaar zijn. Met behulp hiervan kunnen wetenschappers algemene uitspraken doen over de werking van de

Vaste prijzen of onderhandelen: wat is de gewoonte hier?
Foto: Cheuk-king Lo / Pearson Education Asia Ltd

Gedrag wordt door veel factoren beïnvloed. Bijvoorbeeld door je beroep: rolgedrag.

Foto: Andresr / Shutterstock / Pearson Asset Library

zwaartekracht of vol vertrouwen astronauten de ruimte in sturen om satellieten te repareren.

De *mens* als verschijnsel is complex en divers, wat het moeilijk maakt eenvoudige, nauwkeurige en generaliseerbare uitspraken over gedrag te formuleren. Twee mensen kunnen heel verschillend reageren op dezelfde situatie, en het gedrag van één persoon kan in verschillende omstandigheden variëren, vergelijk bijvoorbeeld maar eens hoe je je bij de moeder van je vriend(in) op de bank gedraagt en 's avonds op een feestje. Daar komt bij dat als iemand wéét wat jij over zijn gedrag hebt voorspeld, hij kan besluiten zich juist heel anders te gaan gedragen! De mens in de rol van onderzoeksobject is niet willoos. Hij praat terug! Daar heeft men in de natuurkunde (gelukkig!) geen last van.

Toch zijn er redelijk nauwkeurige verklaringen en voorspellingen voor menselijk gedrag mogelijk, op voorwaarde dat aangegeven wordt onder welke omstandigheden een voorspelling geldig is. Die omstandigheden noemen we **contingentievariabelen**. Heel algemeen gesteld: gedrag X leidt tot gevolg Y, maar alleen onder de voorwaarden die in Z worden gespecificeerd – waarbij Z de verzameling contingentievariabelen vormt. Hier volgt een voorbeeld van zo'n theoretische uitspraak die alleen onder bepaalde voorwaarden geldig is: '*Een autoritaire en taakgerichte leiderschapsstijl* (gedrag X) *leidt tot grotere productiviteit* (uitkomst Y), *maar alleen* (voorwaarde) *als de taak goed gestructureerd is, het gezag van de leider wordt geaccepteerd en de relatie leider-ondergeschikten positief is* (contingentievariabelen Z).'

GiO als wetenschap past algemene theoretische concepten toe op een specifieke situatie, persoon of groep. Zo zullen kenners van GiO niet gauw beweren dat iedereen complex en uitdagend werk leuk vindt (het algemene concept), omdat niet iedereen een uitdagende baan wil en sommige mensen liever eenvoudige taken verrichten. Met andere woorden: een baan die voor de een aantrekkelijk is, hoeft dat voor een ander niet te zijn. De aantrekkelijkheid van de baan wordt dus zowel bepaald door de kenmerken van het werk als door de kenmerken van de persoon die het werk uitvoert. Vaak vinden we zowel algemene effecten (geld kan de meeste mensen tot op zekere hoogte motiveren) als contingentiefactoren (de ene mens wordt meer gemotiveerd door geld dan de andere, en sommige situaties gaan sterker over geld dan andere). We begrijpen GiO het beste als we beseffen hoe beide zaken (algemene effecten en contingentiefactoren die erop van invloed zijn) het gedrag vaak sturen.

Goede tijden of slechte tijden?

Foto: Anton Prado PHOTO / Shutterstock / Pearson Asset Library

Naast de strategische vraagstukken zijn er ook tal van operationele vraagstukken. Een voorbeeld, over klantgericht gedrag, vind je op MyLab.

1.5 Uitdagingen en kansen voor GiO

Het begrijpen van gedrag in organisaties is nog nooit zo belangrijk geweest voor managers als nu. Kijk maar naar de drastische veranderingen die in organisaties plaatsvinden. De gemiddelde werknemer is ouder (door het gecombineerde – tijdelijke – effect van ontgroening en vergrijzing); er zijn veel meer vrouwen en mensen uit andere culturen op de werkplek te vinden en door de wereldwijde concurrentie moeten werknemers flexibeler worden en zich aanpassen aan snelle veranderingen.

De werkgelegenheid heeft zich aangepast aan deze en andere veranderingen en de werknemer heeft er nieuwe mogelijkheden bij gekregen. In figuur 1.2 vind je enkele soorten mogelijkheden die organisaties nu aan werknemers kunnen bieden of waarover ze graag zouden willen onderhandelen. Onder elk kopje in de figuur vind je een groepje mogelijkheden waar uit gekozen of mee gecombineerd kan worden. Op het ene moment in je loopbaan werk je bijvoorbeeld fulltime op een klein kantoor zonder inspraakorgaan en met een salaris plus bonusregeling, terwijl je op een ander moment wilt onderhandelen over een virtuele baan vanuit een ander land met flexibele werktijden tegen een combinatie van salaris en extra, betaalde vrije tijd. In deze paragraaf bespreken we enkele van de vraagstukken waarmee de moderne manager te maken krijgt en waarvoor GiO oplossingen of zinvolle inzichten kan bieden.

Arbeidscategorieën	Soorten arbeid	Arbeidsplekken	Arbeidssituatie	Arbeidsvoorwaarden
Werk in loondienst	Voltijd	Vastomlijnde plek (kantoor/werkhoek)	Lokale werknemer	Salaris
Te weinig werk/ onderbenutting	Deeltijd	Open ruimte (kantoortuin)	Expat	Uurloon
Weer in dienst genomen	Flexibele werktijden	Virtueel	Kortlopend contract	Overuren
Werkloos/zonder werk	Duobaan	Flexibel	Flexpat	Bonus
Ondernemer	Nulurencontract	Thuiswerkplek	Internationale zakenman/-vrouw	Contract
Gepensioneerd	Zelfstandige/ zzp'er		Werknemer met een visum	Vrije tijd
Werkzoekend	Arbeidsduur-verkorting		Wel/geen vakbondslid	Extra's
Met verlof	Tijdelijk			
Ontslagen	Stagiair			

FIGUUR 1.2 Nieuwe werkmogelijkheden

Bronnen: J.R. Anderson Jr., et al., 'Action Items: 42 Trends Affecting Benefits, Compensation, Training, Staffing and Technology,' HR Magazine (januari 2013), p. 33; M. Dewhurst, B. Hancock & D. Ellsworth, "Redesigning Knowledge Work," Harvard Business Review (januari-februari 2013), 58-64; E. Frauenheim, "Creating a New Contingent Culture," Workforce Management (augustus 2012), 34-39; N. Koeppen, "State Job Aid Takes Pressure off Germany," The Wall Street Journal (1 februari 2013), p. A8; en M. A. Shaffer, M. L. Kraimer, Y.-P. Chen & M.C. Bolino, "Choices, Challenges, and Career Consequences of Global Work Experiences: A Review and Future Agenda," Journal of Management (juli 2012), 1282-1327.

1.5.1 Reageren op economisch zware tijden

Toen de economie van de Verenigde Staten in 2008 in een diepe en langdurige recessie belandde, werden bijna alle andere grote economieën in de wereld meegezogen. Ontslag en banenverlies waren wijdverbreid en de werknemers die konden blijven, moesten soms zelfs een loonsverlaging accepteren. In economisch moeilijke tijden gaat het vooral om effectief management. Iedereen kan wel een bedrijf leiden als de zaken floreren, omdat het verschil tussen slecht en goed management dan vooral het verschil betekent tussen het verdienen van veel geld en héél veel geld. In slechte tijden liggen managers echter in de frontlinie. Zij moeten dan kunnen omgaan met werknemers die ontslagen worden of van minder moeten rondkomen, en zich zorgen maken over hun toekomst. Het verschil tussen goed en slecht management kan in dit geval het verschil betekenen tussen winst of verlies maken, en uiteindelijk tussen overleven of kopje-onder gaan. GiO heeft in beide situaties wat te bieden. In goede tijden gaat het erom dat je begrijpt hoe je werknemers moet belonen, tevredenstellen en vasthouden. In slechte tijden komen zaken als stress, besluitvorming en omgaan met moeilijke situaties op de voorgrond te staan. Voor medewerkers is het meer dan ooit zaak hun competenties op peil te houden zodat ze een grotere kans maken hun werk te behouden of snel weer aan de slag te kunnen gaan als de economie weer aantrekt. In de Europese Unie worden bedrijven bovendien gestimuleerd door overheid en vakbonden om omscholingsprogramma's aan te bieden zodat mensen zonder werk nieuwe kansen krijgen.

1.5.2 Omgaan met globalisering

Landsgrenzen zijn geen belemmering meer voor bedrijven. Samsung, het grootste bedrijfsconglomeraat van Zuid-Korea, verkoopt het merendeel van zijn producten aan organisaties in andere landen; Burger King is in handen van een Braziliaans bedrijf en het Amerikaanse McDonald's verkoopt hamburgers in 117 andere landen op zes continenten. Apple – volgens velen toch een door en door Amerikaans bedrijf – laat zijn iPhones en iPads in China in elkaar zetten. Veel grote autofabrikanten uit Japan, de Verenigde Staten en Duitsland hebben fabrieken in het buitenland; Honda in Ohio, Ford in Brazilië en zowel Mercedes als BMW in de Verenigde Staten en in Zuid-Afrika. Heineken heeft brouwerijen in 71 landen. Nu de wereld een *global village* is geworden, veranderen ook de taken van managers en professionals. Zij krijgen in toenemende mate te maken met zaken als detachering, verplaatsing van werk en omgaan met mensen die anders denken dan zijzelf. We lichten dit kort toe.

McDonald's zit sinds 1990 (de tijd van de Glasnost) ook in Moskou.

Foto: Heorshe / Alamy Stock Photo

Werken met mensen uit andere culturen

Of je gedetacheerd bent in het buitenland of in je eigen land werkt, je zult steeds vaker werken met leidinggevenden, collega's en andere medewerkers die geboren en getogen zijn in een andere cultuur. Wat voor jou vanzelfsprekend of motiverend is, hoeft dat voor hen niet te zijn. Wil je goed met deze mensen kunnen werken, dan moet je begrijpen hoe zij gevormd zijn door hun cultuur, land en religie, en hoe jij gevormd bent door de jouwe! Gebruik deze inzichten als je erover nadenkt hoe je jouw management- of communicatiestijl kunt afstemmen.

Omgaan met sociale tegenkrachten

In landen als de Verenigde Staten, Australië en het Verenigd Koninkrijk is de economische nadruk op efficiëntie, groei en winst algemeen aanvaard. Maar deze (neoliberale) economische waarden zijn lang niet zo populair in Frankrijk, het Midden-Oosten en de Scandinavische landen. Professionals in mondiale bedrijven als Heineken, Arcadis en Shell beseffen inmiddels dat de westerse economische waarden niet universeel opgelegd kunnen worden. Managementpraktijken moeten in plaats daarvan aangepast worden aan de waarden van de verschillende landen waarbinnen een organisatie opereert.

Managementpraktijken moeten rekening houden met de waarden van de verschillende landen waarbinnen een organisatie opereert. Dat betekent dat men rekening moet houden met culturele diversiteit in de wereld.

In Europa heel gewoon: een eis voor loonsverhoging wordt met acties kracht bijgezet.
Foto: Robert van 't Hoenderdaal / Alamy Stock Photo

Verplaatsing van banen naar lagelonenlanden

Het verplaatsen of outsourcen van banen naar lagelonenlanden stuit vaak op veel kritiek van vakbonden, politici en plaatselijke autoriteiten die het verdwijnen van die banen als een aanslag zien op de arbeidsmarkt in westerse landen waar de lonen beduidend hoger liggen. De bedrijfsleiding staat voor de moeilijke taak het evenwicht te vinden tussen de belangen van haar organisatie en de verantwoordelijkheid tegenover de gemeenschappen waarbinnen ze opereert. Recentelijk is er overigens ook een tegengestelde trend waarneembaar (*reshoring*: het terughalen van werkzaamheden naar westerse landen), wat door innovaties zoals de 3D-printer mogelijk is.[28]

1.5.3 De demografie van de beroepsbevolking

De beroepsbevolking past zich steeds aan de veranderende economie, levensverwachting, geboortecijfers, sociaaleconomische omstandigheden en andere ingrijpende veranderingen aan. Om te overleven passen mensen zich aan en GiO bestudeert de manier waarop die aanpassingen het gedrag van het individu beïnvloeden. Een voorbeeld: ook al is er al jaren geleden een einde gekomen aan de wereldwijde recessie van 2008, toch zien we dat enkele trends uit die jaren nog steeds voortbestaan: veel langdurig werklozen maken geen deel meer uit van de beroepsbevolking,[29] terwijl anderen met verschillende deeltijdbaantjes de kost bij elkaar moeten schrapen of genoegen moeten nemen met een nulurencontract.[30], [31] Andere mogelijkheden die vooral populair zijn bij hoogopgeleide jonge werknemers zijn het volgen van een specifieke opleiding in een bedrijfstak na hun studie,[32] het accepteren van een voltijdsbaan onder hun niveau,[33] hun eigen bedrijf beginnen, of als zzp'er (zelfstandige zonder personeel) gaan werken.[34] Als onderzoekers van GiO kunnen we bestuderen welke factoren ertoe leiden dat werknemers uiteenlopende keuzes maken en hoe hun ervaringen van invloed zijn op de manier waarop ze tegen hun werkomgeving aankijken. Daardoor kunnen we weer beter voorspellen wat de uitkomsten voor organisaties zijn.

Ook de stijgende levensverwachting en de dalende geboortecijfers hebben de dynamiek in organisaties veranderd. Wereldwijd is de levensverwachting in zeer korte tijd (sinds 1990) met zes jaar gestegen,[35] terwijl de geboortecijfers in veel ontwikkelde landen dalen; trends die er gezamenlijk op wijzen dat er een blijvende verschuiving plaatsvindt naar een oudere beroepsbevolking. GiO-onderzoekers kunnen uitleggen wat dit betekent voor de houding van de werknemers, de cultuur, het leiderschap, de structuur en communicatie van de organisatie. Tot slot hebben sociaaleconomische verschuivingen ingrijpende gevolgen voor de demografie van de beroepsbevolking. De tijd dat vrouwen thuis bleven omdat dat nu eenmaal van hen werd verwacht is in sommige culturen nog slechts een herinnering, terwijl vrouwen in andere culturen nog op flinke belemmeringen stuiten als ze buitenshuis willen werken. Het is interessant te horen hoe het deze vrouwen op hun werk vergaat en hoe hun omstandigheden verbeterd kunnen worden. Dit is maar één van de vele voorbeelden van hoe culturele en sociaaleconomische veranderingen van invloed zijn op de werkomgeving. Op vele plaatsen in dit boek gaan we in op de vraag hoe GiO begrip en inzicht kan bieden in kwesties die in de beroepsbevolking spelen.

1.5.4 Leidinggeven aan een divers personeelsbestand

Een van de grootste en meest fundamentele problemen die momenteel spelen in westerse organisaties, is de wederzijdse aanpassing aan mensen die in enig opzicht 'anders' zijn. Voor deze uitdaging hanteren we de term *divers personeelsbestand*. Terwijl bij globalisering de verschillen tussen mensen uit verschillende landen van belang zijn, gaat het bij diversiteit van het personeelsbestand over verschillen tussen mensen in bepaalde landen.

Diversiteit van het personeel heeft belangrijke gevolgen voor de dagelijkse praktijk van managers. De aloude filosofie van iedereen op dezelfde manier behandelen is toe aan herziening. De bedrijfsleiding en haar HRM-adviseurs moeten de verschillen tussen mensen onderkennen en inspelen op die verschillen zonder te discrimineren, zodat het personeelsverloop laag blijft en de productiviteit hoog. Dit betekent onder meer dat secundaire arbeidsvoorwaarden aangepast moeten worden aan de uiteenlopende behoeften van werknemers. Wanneer positief ingehaakt wordt op diversiteit, zullen creativiteit en innovatie binnen de organisatie toenemen en zal de besluitvorming de vruchten plukken van de diversiteit aan visies op problemen.[36] Wanneer diversiteit echter niet goed gemanaged wordt, bestaat de kans op meer verloop, een moeizamere communicatie en meer interpersoonlijke conflicten. Het is in ieder geval van belang dat we ingaan op de uitgesproken en onuitgesproken vragen die (mensen in) organisaties tegenwoordig bezighouden.

1.5.5 Innovatie en omgaan met veranderingen

Grote ondernemingen met bekende namen als Fokker, DAF, Neckermann, Enron, Bethlehem Steel en WorldCom zijn allemaal failliet! Andere giganten, zoals Albert Heijn, Rabobank, ING, AKZO, Boeing en Getronics-Pink Roccade, hebben grootscheepse bezuinigingsprogramma's doorgevoerd en het mes gezet in duizenden banen om te overleven.

Organisaties die flexibel blijven, continu werken aan kwaliteitsverbetering en hun concurrenten voor zijn met een constante stroom van innovatieve producten en diensten, zullen uiteindelijk als overwinnaars uit de strijd tevoorschijn komen. Bol.com bewijst dat je met succes boeken (en nog veel meer) kunt verkopen via internet en maakt daarmee traditionele winkels

De diversiteit op de werkvloer blijft toenemen.
Foto: EDHAR / Shutterstock / Pearson Asset Library

het leven zuur. Apple en Samsung zijn de succesvolste verkopers van smartphones en tablets, omdat ze zichzelf voortdurend vernieuwen en hun rivalen te snel af zijn. Innovatie speelt ook een centrale rol als het gaat om duurzaamheid en maatschappelijk verantwoord ondernemen (MVO). Veel bedrijven en organisaties (en zeker de vervuilende) staan voor de vraag: kunnen we nog vasthouden aan ons oude – lucratieve – businessmodel (waarbij de kosten van milieuschade door de productieprocessen worden afgewenteld op de samenleving), of moeten we de slag maken naar een andere aanpak die aansluit bij duurzaamheid en verantwoord ondernemen, maar die misschien ook grote investeringen vergt? Het antwoord hangt mede af van bewustwording bij de consument, de vraag in de markt, de acties van concurrenten, de eisen van investeerders en *last but not least* het overheidsbeleid.
Bedrijven die zich verder willen ontwikkelen staan voor de uitdaging de creativiteit, de competenties en de veranderingsbereidheid van werknemers aan te moedigen. Voor werknemers en zzp'ers betekent dit tegelijkertijd dat ook zij zich moeten inspannen om hun competenties op peil te houden en zelfs uit te breiden zodat ze aantrekkelijk blijven op de arbeidsmarkt.

1.5.6 Sociale media

Zoals we in hoofdstuk 9 bespreken, zijn de sociale media niet meer weg te denken uit de zakenwereld. Ondanks het feit dat de sociale media alomtegenwoordig zijn, vinden veel organisaties het nog steeds een lastig punt dat hun werknemers op hun werk sociale media gebruiken. Zo ontsloeg een pizzeria uit Texas in februari 2015 een werknemer nog vóór haar eerste werkdag, omdat ze zich in haar tweets niet al te vleiend had uitgelaten over haar toekomstige baan. In december 2014 ontsloeg Nordstrom een werknemer uit Oregon die een persoonlijke opmerking op Facebook had gepost waarin hij voor geweld tegen witte politiemannen leek te zijn.[37]
Uit deze voorbeelden blijkt dat de sociale media lastige vraagstukken kunnen opleveren voor de manager van tegenwoordig, en zowel een uitdaging als een kans voor GiO zijn. Moet de afdeling Personeelszaken nagaan wat een sollicitant op sociale media doet? Moet een HR-manager de tweets van een sollicitant lezen of alleen even snel diens Facebook-profiel doornemen? Managers moeten op een evenwichtige en begripvolle manier beleidsmaatregelen nemen die werknemers en hun organisatie beschermen.
Voor werknemers die eenmaal in dienst zijn, hebben veel organisaties beleidsregels over het gebruik van sociale media op het werk: wanneer, waarom en waarvoor. Maar welke gevolgen hebben de sociale media voor het welzijn van de werknemer? Uit een recent onderzoek blijkt dat de onderzoeksdeelnemers die in een positieve stemming wakker worden en vervolgens op Facebook kijken, vaak merken dat hun stemming in de loop van de dag bergafwaarts gaat. Verder blijkt dat de onderzoeksdeelnemers die in een periode van twee weken regelmatig op Facebook zitten een lagere mate van tevredenheid met hun leven rapporteerden.[38] Managers — en GiO — proberen de tevredenheid van hun werknemers te vergroten, en verbeteren en versterken daarom positieve uitkomsten voor de organisatie. In hoofdstuk 2 en 3 gaan we nader op deze kwesties in.

1.5.7 Het welzijn van werknemers op hun werk

Een van de grootste uitdagingen om het welzijn van de werknemer op peil te houden is het feit dat veel werkenden nooit van hun virtuele werkplek vandaan komen. Hoewel veel werknemers met een technisch beroep en hoogopgeleiden door de communicatietechnologie thuis, in hun auto of op het strand van Zandvoort kunnen werken, betekent dat ook dat ze zelden het gevoel hebben dat ze deel uitmaken van een team. 'Het gevoel ergens bij te horen is niet makkelijk te krijgen voor virtuele werkers, die helemaal alleen lijken te staan in cyberland,' aldus Ellen Raineri van Kaplan University, en velen kunnen zich dat goed voorstellen.[39] Een andere uitdaging is dat organisaties hun werknemers vragen om langere dagen te maken. Uit een recent onderzoek blijkt dat een op de vier werknemers tekenen van een burn-out vertoont en dat twee op de drie werknemers zeggen dat ze met veel stress en vermoeidheid kampen.[40] Dat zou best nog een te lage schatting kunnen zijn, want werknemers zeggen dat ze 'altijd aanstaan' voor e-mailtjes en appjes van hun managers. Tot slot staat het welzijn van de werknemer onder druk door zware verantwoordelijkheden naast het werk. Zo hebben miljoenen alleenstaande ouders en werknemers die als mantelzorger voor familieleden zorgen, grote moeite om een evenwicht te vinden tussen werk- en familieverplichtingen. Zoals je in latere hoofdstukken zult zien, geeft GiO suggesties om werkplekken en banen in te kunnen richten zodat werknemers beter kunnen omgaan met conflicten tussen hun werk en privéleven.

1.5.8 Toegenomen belang van ethisch gedrag

Door de toegenomen mondigheid van de burger en door alle informatie via de media dien je je als manager of medewerker steeds vaker een mening te vormen over **ethische dilemma's**. Zou je als klokkenluider illegale praktijken in je bedrijf melden, of knijp je liever een oogje toe? Moet je opdrachten die niet stroken met je eigen normen wel uitvoeren? Mag je van jezelf *politieke spelletjes spelen* om je eigen carrière te bevorderen?

Er bestaat geen eenduidige definitie van ethisch verantwoord gedrag. Werknemers zien hoe allerlei mensen in hun omgeving onethisch bezig zijn: overheidsfunctionarissen die het niet zo nauw nemen met hun onkostenregeling; grote bouwondernemingen die onwettige kartelafspraken maken en ambtenaren omkopen; directeuren van semipublieke instellingen in zorg en onderwijs die zichzelf hoge salarissen toekennen. Wanneer ze worden betrapt, komen ze met smoesjes op de proppen: 'Dit is in onze bedrijfstak gebruikelijk' of: 'Vergeleken met het buitenland is dit salaris heel redelijk'. Geen wonder dat werknemers minder vertrouwen in het management hebben en dat ze in toenemende mate onzeker zijn over wat ethisch gedrag inhoudt binnen hun organisatie.[41] Sinds enkele decennia worden in België en in Nederland publiek-private samenwerkingsvormen tussen overheid en bedrijfsleven opgezet, wat tot gevolg heeft dat de traditionele werkwijzen en normen aan beide kanten veranderen. Dat roept vragen op over het handhaven van regels. Wat kan de overheid overdragen en wat moet ze zelf blijven doen? Is het verantwoord publieke taken over te dragen aan op winst georiënteerde ondernemingen?

De moderne manager moet een ethisch gezond klimaat scheppen waarin mensen productief kunnen werken en waar duidelijkheid heerst over welk gedrag goed of fout is. Ook trainingssessies in ethiek zijn nuttig gebleken om werknemers meer besef bij te brengen van de gevolgen die hun keuzes hebben, op voorwaarde dat die trainingssessies regelmatig worden gehouden.[42] In latere hoofdstukken zullen we bespreken hoe managers dat kunnen aanpakken.

Lees op MyLab over klokkenluider Ad Bos van Koop Tjuchem.

1.5.9 Een positieve werkomgeving scheppen

Het GiO-onderzoeksgebied **positieve organisatiewetenschap** heeft een ware groei doorgemaakt. Dit onderzoeksterrein houdt zich bezig met de vraag hoe organisaties

sterke kanten van mensen ontwikkelen, hoe ze werken aan vitaliteit en veerkracht, en op welke manier ze het potentieel in mensen naar boven halen. Onderzoekers op dit gebied vinden dat er te veel aandacht is gegaan naar wat er mis is in organisaties en met hun werknemers. In reactie daarop proberen ze juist te bestuderen wat er góéd gaat in organisaties.[43] In Nederland zien we deze stroming terug bij outplacementbureaus en professionele managementcoaches. Een belangrijke voorloper op dit gebied was Daniel Ofman met zijn boek *Bezieling en kwaliteit in organisaties*.[44]
Hoewel de positieve organisatiewetenschap de waarde van negatieve informatie (zoals kritische feedback) niet ontkent, worden onderzoekers zo wel uitgedaagd om door een andere bril naar GiO te kijken. Ook worden organisaties gestimuleerd om de sterke kanten van werknemers te benutten in plaats van te blijven 'zeuren' over de dingen waar ze minder goed in zijn. Eén aspect van een positieve werkomgeving is de cultuur van een organisatie, het onderwerp van hoofdstuk 16. De organisatiecultuur beïnvloedt het gedrag van werknemers zo sterk, dat sommige organisaties *cultuurfunctionarissen* in dienst hebben om de persoonlijkheid van het bedrijf vorm te geven en te behouden.[45]

Veel bedrijven willen graag bekend staan als goede werkgevers. Op MyLab vind je een link naar een organisatie die dat beoordeelt.

VRAAG

Waaraan merk je of een bedrijf de ideeën van de positieve organisatiepsychologie probeert toe te passen en zie je dat ook terug bij jouw onderwijsinstelling?

1.6 Toepassing in de organisatiepraktijk

Gedrag in organisaties bestudeert het gedrag van mensen in werksituaties. De kracht van het vakgebied ligt in haar praktische toepasbaarheid. Dat komt goed uit, want de hedendaagse rationele bedrijfsvoering vraagt om toepassing van *evidence-based* wetenschappelijke kennis. De bijdrage van GiO is het aandragen van kennis en methoden om de relatie tussen mens en bedrijf te optimaliseren.
Hier komt **humanresourcesmanagement (HRM)** om de hoek kijken. Zag men vroeger personeel vooral als een kostenpost, tegenwoordig ziet men mensen meer als bron (Engels: *resource*) van mogelijke opbrengsten. Vanuit die visie op mensen is HRM populair geworden. Het streven is de organisatiedoelen, de leiding én de medewerkers als het ware 'voor elkaar geschikt te maken'. Het optimale punt is bereikt als alle partijen bij de relatie winnen. Kluijtmans geeft de volgende definitie:[46]

> 'Human Resources Management gaat over alles wat een organisatie doet om medewerkers productief te laten zijn. Tegelijkertijd moet HRM ervoor zorgen dat de arbeidsrelatie in evenwicht is en voldoet aan maatschappelijke normen en verwachtingen.'

De HRM-functie heeft onder meer tot taak positieve arbeidsrelaties te bevorderen. De bijdrage van de HRM-functie beperkt zich overigens niet tot die van de afdeling Personeelszaken. Ook het management wordt steeds meer betrokken bij HRM-taken. Op basis van de strategische doelen en de mogelijkheden van het bedrijf adviseren HRM-specialisten over het best mogelijke personeelsbeleid en ondersteunen zij het management bij de uitvoering ervan. Sommige HRM-werkzaamheden worden uitbesteed

(bijvoorbeeld de salarisadministratie), andere ingekocht (bijvoorbeeld trainingen of jaarlijks terugkerende tevredenheidsmetingen).
Naast deze interne keuzes ten aanzien van de relatie tussen organisaties en medewerkers is er ook invloed vanuit de **institutionele omgeving**. De arbeidsrelatie wordt immers ook beïnvloed door nationale en Europese wet- en regelgeving. Denk aan de Wet op het minimumloon en de recente wijzigingen in het ontslagrecht. Vakbonden en werkgeversverenigingen onderhandelen over de collectieve arbeidsovereenkomsten (cao's), die vervolgens van grote invloed zijn op het beloningsbeleid van een onderneming.
De hoofddoelen van de HRM-functie worden door Kluijtmans als volgt omschreven:

1. Stel medewerkers in staat een optimaal prestatieniveau te bereiken;
2. Bevorder dat mensen zich betrokken kunnen voelen bij de organisatie;
3. Bewaak dat de organisatie in haar arbeidsrelatie maatschappelijk aanvaardbaar optreedt en zich houdt aan wetten, regelgeving en cao-afspraken.

Om die doelen te realiseren dient de HRM-functie de juiste instrumenten te kiezen uit een zeer uitgebreid aantal mogelijkheden. Zonder kennis van de psychologische achtergrond van dit instrumentarium – naast uiteraard de situationele kennis over de organisatie en haar omgeving – wordt het maken van een goede keuze erg lastig. Het voert binnen het kader van dit boek te ver om dit instrumentarium uitputtend te behandelen. Wel zullen we aan het eind van de volgende hoofdstukken – waar zinvol – de behandelde theorie koppelen aan de toepassing in de organisatiepraktijk.

1.7 Een algemeen GiO-model

We besluiten dit hoofdstuk met de presentatie van een algemeen model dat het vakgebied GiO beschrijft en zijn parameters, begrippen en relaties duidelijk maakt. Door het model te bestuderen krijg je een goed beeld van hoe de onderwerpen in dit boek jou kunnen helpen om managementkwesties en -kansen aan te pakken.

1.7.1 Overzicht

Een model is een abstrahering van de werkelijkheid, een vereenvoudigde weergave van een verschijnsel uit de echte wereld. In figuur 1.3 zie je de contouren van ons GiOmodel met drie soorten variabelen (input, processen en uitkomsten) op drie analyseniveaus (individu, groep en organisatie). In de volgende hoofdstukken gaan we van het individuele niveau (hoofdstuk 2-9) naar groepsgedrag (hoofdstuk 10-14) en dan naar het organisatiesysteem (hoofdstuk 15-17). Het model illustreert dat input tot processen leidt, die weer tot uitkomsten leiden; op elk analyseniveau bespreken we de onderlinge relaties. Merk op dat het model ook laat zien dat uitkomsten van invloed kunnen zijn op toekomstige input; daarmee wordt benadrukt dat de op GiO gebaseerde maatregelen ook op langere termijn ingrijpende gevolgen hebben op het functioneren van organisaties.

1.7.2 Input

Onder de input vallen variabelen als persoonlijkheid, groepsstructuur en organisatiecultuur die tot processen leiden. Deze variabelen bereiden de weg voor wat er later in een organisatie zal gebeuren. Veel van die variabelen liggen al vast voordat de werkrelatie begint. Zo worden kenmerken als diversiteit, persoonlijkheid en waarden van personen gevormd door een combinatie van hun genetische erfenis en het milieu

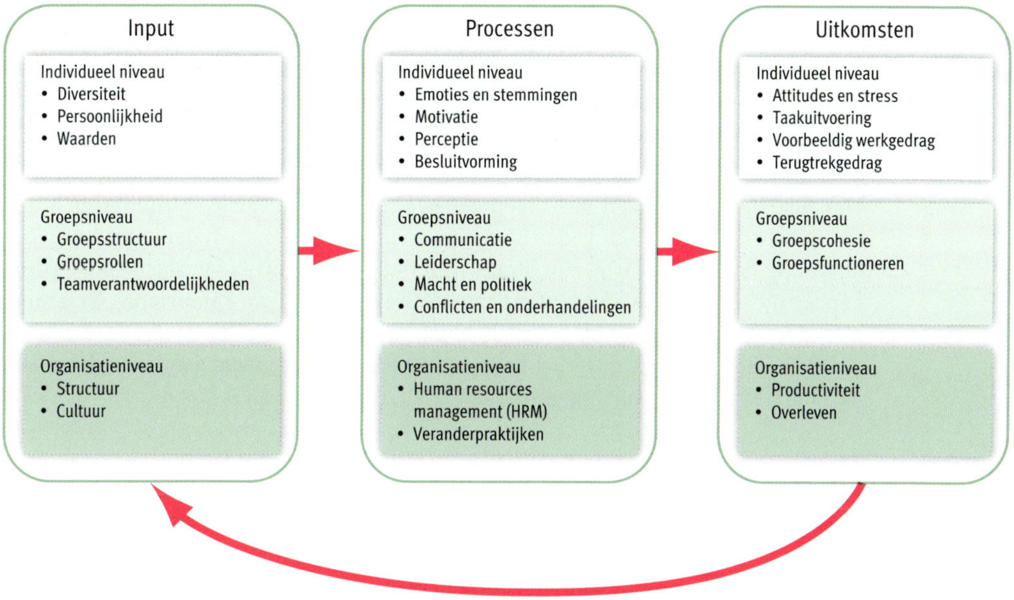

FIGUUR 1.3 **Een eenvoudig GiO-model**

waarin ze zijn opgegroeid. Groepsstructuur, -rollen en teamverantwoordelijkheden worden doorgaans vlak voor of na de vorming van een groep toegewezen. Tot slot komen de organisatiestructuur en -cultuur meestal tot stand na jaren van ontwikkeling en verandering doordat de organisatie zich aan haar omgeving aanpast en gebruiken en normen opbouwt.

1.7.3 Processen

Als je de input bij GiO vergelijkt met zelfstandige naamwoorden, dan zijn processen de werkwoorden. Processen zijn handelingen, acties of reacties die zich binnen personen, groepen en organisaties kunnen voordoen als gevolg van de input, en die leiden tot bepaalde uitkomsten. Op het individuele niveau behoren emoties en stemmingen, motivatie, perceptie en besluitvorming tot de processen. Op groepsniveau behoren communicatie, leiderschap, macht en politiek en conflicten en onderhandelen hiertoe. Op organisatieniveau, tot slot, behoren HR-management en veranderpraktijken tot de processen.

1.7.4 Uitkomsten

Uitkomsten zijn de cruciale variabelen die je wilt verklaren of voorspellen; ze worden beïnvloed door andere variabelen. Wat zijn de voornaamste uitkomsten bij GiO? Op individueel niveau wijzen wetenschappers op uitkomsten als attitudes en stress, werkprestaties, voorbeeldig werkgedrag en terugtrekgedrag. Op groepsniveau zijn cohesie en wijze van functioneren de afhankelijke variabelen. Op organisatieniveau kijken we naar de algehele productiviteit en het overleven van de organisatie. Aangezien we die uitkomsten in alle volgende hoofdstukken bespreken, stippen we ze elk in het kort aan zodat je begrijpt wat het doel van GiO is.

Attitudes en stress

Zoals in hoofdstuk 2 uitgebreid aan bod komt, zijn de attitudes van werknemers de oordelen die ze hebben, van positief tot negatief, over dingen, mensen of gebeurte-

nissen. Zo is de uitspraak 'Ik vind dat ik een geweldige baan heb' een positieve attitude of houding ten opzichte van het werk, terwijl 'Ik heb een saaie en vervelende baan' een negatieve attitude ten opzichte van het werk uitdrukt. Stress is een onplezierige geestoestand die optreedt als reactie op druk uit de omgeving. Op den duur kan stress ook leiden tot lichamelijke effecten, zoals hartklachten of een verminderde weerstand. In hoofdstuk 17 gaan we hier verder op in.
Sommige mensen denken misschien dat het beïnvloeden van de attitudes en stress van werknemers maar soft gedoe is en dat serieuze managers zich daar niet mee bezig hoeven te houden. Maar je zult straks zien dat attitudes vaak gevolgen voor gedrag hebben die rechtstreeks van invloed zijn op de effectiviteit van organisaties. Er is meer dan genoeg bewijsmateriaal waaruit blijkt dat werknemers die tevredener zijn en eerlijk worden behandeld sterker bereid zijn om extra hun best te doen, wat essentieel is in het bedrijfsleven van tegenwoordig.

Taakuitvoering

De combinatie van effectiviteit en efficiëntie bij het verrichten van je kerntaken is een weerspiegeling van jouw niveau van taakuitvoering. Bij het werk van een fabrieksarbeider zou de taakuitvoering kunnen worden gemeten aan de hand van het aantal producten die in een uur worden geproduceerd en de kwaliteit ervan. Om de taakuitvoering van een leraar te meten zou je kunnen kijken naar het niveau dat de leerlingen bereiken. Om de taakuitvoering van adviseurs te meten zou je kunnen kijken naar de kwaliteit van de presentaties die ze aan de klant geven en of ze die op tijd leveren. Al deze soorten prestaties hebben te maken met de kerntaken en verantwoordelijkheden die bij het werk horen en houden vaak direct verband met de taken die worden opgesomd in de officiële functieomschrijving.

Voorbeeldig werkgedrag

Het gedrag dat niet wordt genoemd in de officiële functieomschrijving, maar dat de werknemer op eigen initiatief vertoont en dat een bijdrage levert aan de psychische en sociale werkomgeving, wordt in het Engels *organizational citizenship behavior* (OCB) genoemd en in het Nederlands simpelweg **voorbeeldig werkgedrag**. Succesvolle organisaties hebben werknemers die meer doen dan wat officieel van hen wordt verwacht en die dus boven verwachting presteren. Organisaties hebben graag werknemers (en hebben die ook nodig) die een positieve bijdrage leveren door dingen te doen die in geen enkele functieomschrijving staan; en er is bewijs dat organisaties met zulke werknemers beter presteren dan organisaties zonder zulke werknemers. Daarom houdt GiO zich ook bezig met voorbeeldig gedrag van werknemers als uitkomstvariabele.

Terugtrekgedrag

We hebben gedrag genoemd dat boven de functie-eisen uitstijgt, maar hoe zit het met gedrag dat als het ware onder de functie-eisen zakt? Terugtrekgedrag staat voor alles wat werknemers doen om afstand te nemen van de organisatie. Terugtrekken bestaat in vele vormen, van te laat op het werk komen of niet naar een vergadering gaan tot verzuimen en opstappen. Als werknemers zich terugtrekken kan dat een zeer negatief effect op de organisatie hebben.

Groepscohesie

Hoewel vele uitkomsten in ons model verschijnselen op individueel niveau betreffen, zijn er ook uitkomsten die te maken hebben met de manier waarop groepen werken. Groepscohesie is de mate waarin de leden van een groep elkaar steunen en bevestigen op het werk. Anders gezegd, een groep met cohesie is een groep die bij elkaar blijft. Als werknemers elkaar vertrouwen, gemeenschappelijke doelen nastreven en samenwerken om die gemeenschappelijke doelen te bereiken, dan heeft de groep cohesie; als werknemers onderling verdeeld zijn over wat ze willen bereiken en weinig loyaal zijn ten opzichte van elkaar, dan heeft de groep geen cohesie. We kunnen GiO-begrippen op groepscohesie toepassen.

Groepsfunctioneren

Net zoals positieve attitudes ten aanzien van het werk samenhangen met betere prestaties, zo zou groepscohesie ertoe moeten leiden dat de groep positief functioneert. Groepsfunctioneren heeft betrekking op de kwantiteit en kwaliteit van de werkoutput van de groep. Net zoals de prestaties van een sportteam uitstijgen boven de som van de prestaties van de individuele spelers, zo houdt groepsfunctioneren in een werkorganisatie meer in dan de som van de individuele taakuitvoeringen.

Productiviteit

Het hoogste analyseniveau bij GiO is de organisatie als geheel. Een organisatie is productief als ze haar doelen bereikt door input tegen de laagst mogelijke kosten om te zetten in output. Vandaar dat productiviteit zowel effectiviteit als efficiëntie vereist. Een bedrijf is effectief als het zijn omzetdoelen of marktaandeeldoelen bereikt, maar zijn productiviteit is ook afhankelijk van het efficiënt bereiken van die doelen. Populaire maten om de efficiëntie van organisaties te meten zijn onder andere het rendement op (de) investering, de winst per euro omzet en de output per gewerkt uur.
Dienstverlenende organisaties moeten rekening houden met de behoeften en eisen van de klant bij de beoordeling van hun effectiviteit. Waarom is dat zo? Omdat er een duidelijke keten is van oorzaak en gevolg die loopt van de attitudes en het gedrag van de werknemers naar de attitudes van de klant en de winstgevendheid. Zo is uit een recent onderzoek van zes hotels in China naar voren gekomen dat de negatieve attitudes van de werknemers leidden tot een lagere klanttevredenheid en dat dit uiteindelijk schadelijk was voor de winstgevendheid van de organisatie.[47]

Overleven

De laatste uitkomst die we bespreken is het **overleven van de organisatie**, wat eenvoudig gezegd staat voor het bewijs dat de organisatie op de lange termijn kan (voort)bestaan en groeien. Het overleven van een organisatie is niet alleen afhankelijk van hoe productief ze is, maar ook van hoe goed ze in haar omgeving past. Een bedrijf dat zeer productief goederen en diensten maakt waar de markt niet op zit te wachten zal waarschijnlijk niet lang overleven. Overleven is dus ook afhankelijk van de vraag of je goed ziet wat de markt is, en goede besluiten neemt over hoe en wanneer je kansen moet grijpen en veranderingen met succes in goede banen leidt om de organisatie aan nieuwe zakelijke omstandigheden aan te passen.

1.8 De structuur van de hoofdstukken

Elk hoofdstuk behandelt een aspect van individueel, groeps- en organisatiegedrag. Verschillende theorieën en onderzoeksresultaten passeren daarbij de revue. Bij elk hoofdstuk zijn oefeningen te vinden op MyLab. Daar vind je ook recente onderzoeksgegevens die de stof aanvullen en verdiepen. Na de bespreking van de theorie wordt ingegaan op de toepassing van de kennis en inzichten in de praktijk van organiseren en leidinggeven. De nadruk ligt daarbij op instrumenten van personeelsbeleid. Elk hoofdstuk bevat aan het eind tevens een kader met kritische vragen over de behandelde theorieën: zijn deze universeel geldig of gaat het om Amerikaanse en West-Europese bevindingen? In het laatste geval hebben de onderzoekers immers slechts hun eigen cultuur bestudeerd in plaats van fundamentele kennis verkregen over het gedrag van de soort *mens*. Tot slot wordt elk hoofdstuk afgesloten met een kernachtige samenvatting.

KERN VAN DIT HOOFDSTUK

Managers moeten over goede interpersoonlijke vaardigheden beschikken. Dat betekent dat ze *people skills* moeten ontwikkelen om in hun werk effectief te zijn. GiO is een onderzoeksterrein dat de impact van individuele factoren, groepsprocessen en organisatiestructuur op gedrag binnen organisaties bestudeert. De bedoeling hiervan is dat deze kennis wordt toegepast om organisaties effectiever te maken.

We generaliseren allemaal over het gedrag van mensen. Sommige generalisaties geven misschien geldige inzichten in menselijk gedrag, maar vele zijn verkeerd. GiO hanteert systematisch onderzoek om gedragsvoorspellingen te verbeteren die anders alleen op intuïtie zouden zijn gebaseerd. Door je intuïtie aan te vullen met wetenschappelijke kennis zul je meer inzicht verwerven in het gedrag van anderen (en van jezelf), zodat dit beter voorspelbaar wordt. Het onderzoeksgebied GiO biedt managers en andere professionals zowel uitdagingen als mogelijkheden:

- Onderdruk de neiging om op generalisaties te vertrouwen; sommige bieden goede inzichten in menselijk gedrag, maar vele kloppen gewoon niet. Leer de persoon in kwestie kennen en begrijp de context.
- Gebruik onderzoeksuitkomsten in plaats van vage, intuïtieve ideeën voor het verklaren van oorzaak-en-gevolgrelaties.
- Werk aan je interpersoonlijke vaardigheden om je leiderschapspotentieel te vergroten.
- Verbeter je technische en conceptuele vaardigheden door middel van scholing en door de trends in GiO bij te houden, zoals big data.
- GiO kan de kwaliteit en productiviteit van het werk van je werknemers verbeteren doordat het laat zien hoe je je werknemers meer invloed geeft, hoe je veranderprogramma's ontwerpt en doorvoert, de dienstverlening aan de klant verbetert en je werknemers helpt om een goed evenwicht te vinden tussen werk en privéleven.

Pearson | MyLab

Op **www.pearsonmylab.nl** vind je studiemateriaal en de eText om je begrip en kennis van dit hoofdstuk uit te breiden en te oefenen.

DEEL II
INDIVIDUEEL GEDRAG

HOOFDSTUK 2

Attitudes en werktevredenheid

NA BESTUDERING VAN DIT HOOFDSTUK BEN JE IN STAAT OM:

1. de drie componenten van attitudes toe te lichten;
2. het verband tussen attitude en gedrag uit te leggen;
3. de belangrijkste attitudes ten opzichte van werk te beschrijven;
4. twee methoden om werktevredenheid te meten toe te lichten;
5. de voornaamste bronnen van werktevredenheid te benoemen;
6. de drie uitkomsten van werktevredenheid te noemen;
7. de vier soorten reacties van werknemers bij ontevredenheid op te sommen;
8. de relatie tussen werktevredenheid en nationale cultuur aan te geven.

Of het nu over onze leiders, onze opleiding, onze school, ons werk, familie of over onszelf gaat, we hebben bij alles waarmee we te maken krijgen een mening en vaak ook een gevoel. Die mening bepaalt samen met dat gevoel onze houding of attitude en vaak (maar lang niet altijd) ons gedrag. Verder kan elk van onze attitudes ook weer veranderen. In dit hoofdstuk bekijken we attitudes en hun verband met gedrag. We gaan ook na in hoeverre werk(on)tevredenheid als attitude van invloed is op het functioneren in een baan.

2.1 Attitude

Een **attitude** is een houding die je hebt tegenover dingen, mensen, bepaald gedrag of gebeurtenissen. Uit je attitude blijkt hoe je over iets denkt en hoe je je eronder voelt. Als ik bijvoorbeeld zeg: 'Ik houd van mijn werk', geeft dat mijn attitude tegenover mijn werk weer, maar ook mijn intentie om dit werk te blijven doen. Een attitude kan zowel positief als negatief zijn.
Onze attitudes zijn vaak vrij stabiel, maar ze kunnen onder bepaalde omstandigheden toch veranderen. Als we nieuwe informatie krijgen van iemand die we bewonderen, die gezag heeft of autoriteit uitstraalt, kan onze attitude zelfs radicaal omslaan van positief naar negatief of omgekeerd. Het maakt veel uit van wie we de nieuwe informatie krijgen en wat die informatie inhoudt. De informatie kan feitelijk zijn, maar het kan ook om een emotie of mening gaan, of om een combinatie van alle drie. Voortdurend bepalen we onze mening, ons gevoel en onze gedragsneigingen (positief of

negatief, aantrekking of afstoting, vertrouwen of angst) tegenover dingen, mensen, gedragingen of gebeurtenissen. Zonder dat we ons ervan bewust zijn proberen onze hersenen continu te bepalen wat onze positie in de sociale rangorde is, of we gevaar lopen, of we ergens bij willen horen of juist niet. Dit is een fundamenteel kenmerk van ons gedrag.

Om beter te begrijpen wat attitudes inhouden, moeten we nagaan uit welke bouwstenen ze zijn opgebouwd.

VRAAG

Wat is je houding ten opzichte van je opleiding? Waaruit blijkt dat als je er met anderen over praat? Hoe sta je tegenover het volgen van lessen? Wat vind je ervan dat je getoetst wordt?

2.1.1 Drie componenten van een attitude

Volgens veel wetenschappers bestaan attitudes uit drie componenten (zie figuur 2.1): cognitie, affect en gedrag.[1] We behandelen elke component hierna apart.

Cognitie

De bewering 'Ik word slecht betaald' houdt een oordeel in. Zo'n oordeel of mening is de **cognitieve (of kennis)component** van een attitude. Dit onderdeel van je attitude omvat jouw mening of oordeel over een feitelijke toestand waarvan je aanneemt dat je die correct waarneemt. In feite gaat het altijd om jouw eigen perceptie en die hoeft, zoals we verderop zullen zien (zie hoofdstuk 5), niet correct te zijn. De cognitieve component leidt op zichzelf niet tot gedragskeuzes.

Affect

De cognitie van een attitude vormt de voorbereiding op de **affectieve component** ervan. Affect betekent gevoel en het gaat dus om de emotie die de cognitie bij je oproept. Die kan neutraal, sterk negatief of sterk positief zijn. Het emotionele deel van de attitude uit bovenstaand voorbeeld wordt gereflecteerd door de zin: 'Ik ben kwaad omdat ik zo weinig krijg betaald.' Affect kán leiden tot gedragsresultaten. Later in dit hoofdstuk komen we daar nog uitgebreid op terug.

Gedragsintentie

De **gedragscomponent** van een attitude verwijst naar een intentie om je op een bepaalde manier te gedragen. In dit voorbeeld: 'Ik ga misschien wel een andere baan zoeken, die beter betaalt.' Of: 'Ik hoef mij eigenlijk niet meer in te zetten voor mijn werk.' Of de gedragsintentie bij een intentie blijft of dat deze wordt omgezet in daden hangt af van verschillende factoren.

Door aan te nemen dat attitudes bestaan uit drie samenstellende delen – cognitie, affect en gedragsintentie – wordt het makkelijker hun complexiteit te begrijpen, evenals de mogelijke relatie tussen attitude en gedrag. Je moet echter wel goed in de gaten houden dat de componenten nauw met elkaar samenhangen. Met name cognitie en affect kunnen niet los van elkaar worden gezien. Stel, je ontdekt dat een goede kennis je heeft belazerd. Op vrijwel hetzelfde moment krijg je gevoelens van boosheid, teleurstelling, schaamte of verdriet. Cognitie en affect zijn dus sterk met elkaar verweven. Kort samengevat: een attitude bestaat uit een bepaalde gedachte over iets of iemand en die gedachte roept een bepaald gevoel op. Gedachte en gevoel leiden tot een gedragsintentie, die in bepaalde gevallen daadwerkelijk zal resulteren in bepaald gedrag.

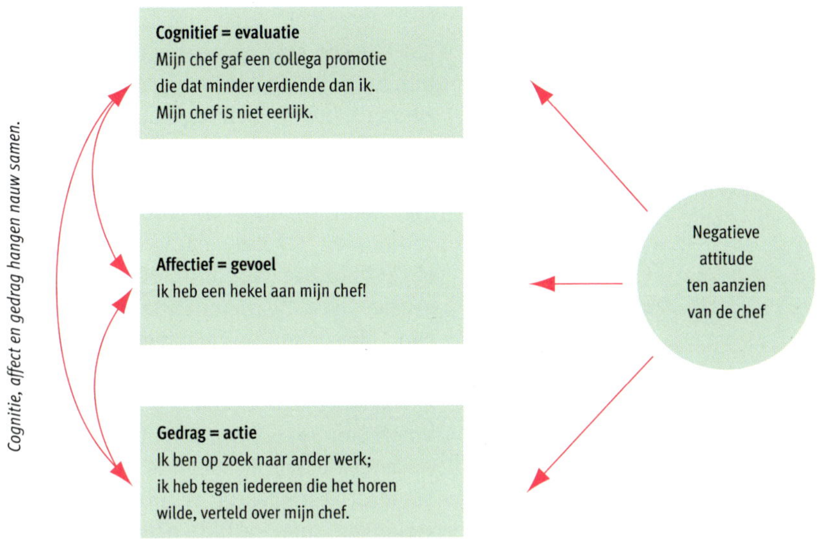

FIGUUR 2.1 **De componenten van een attitude**

Op MyLab vind je enkele voorbeelden van attitudes en hun componenten.

In organisaties zijn attitudes vooral belangrijk vanwege hun gedragscomponent. In het geval van reorganisatieplannen kan het gebeuren dat medewerkers denken dat het management alleen uit is op het eigen belang (een bonus, grotere winst) en dat zij – de werknemers – erop achteruit zullen gaan. Dat zal vast gevolgen hebben voor hun veranderbereidheid. Het is dan van belang om eerst te begrijpen hoe die attitude is ontstaan en welk effect die heeft op het functioneren, voordat je probeert de attitude te veranderen.

2.1.2 Attitudes en gedrag

Bij de eerste onderzoeken over attitudes ging men ervan uit dat attitudes de *oorzaak* zijn van menselijk gedrag. De Amerikaanse sociaal psycholoog Leon Festinger beweerde echter dat attitudes juist op gedrag *volgen* in plaats van andersom. Andere onderzoekers houden vol dat attitudes toekomstig gedrag voorspellen.[2] Laten we beginnen met Festingers theorie.

Misschien heb je wel eens gemerkt dat mensen hun woorden veranderen, zodat ze niet in tegenspraak zijn met hun gedrag. Stel dat een vriend van je altijd heeft beweerd dat de kwaliteit van Japanse auto's het niet haalt bij die van Duitse wagens. Vervolgens koopt hij een tweedehands Toyota en plotseling zijn Japanse auto's zo slecht nog niet. Of een vriendin vertelt je dat ze graag lid wil worden van een studentenvereniging, omdat het voor je carrière nodig is om een netwerk te hebben. Dan leest ze in de krant over uit de hand gelopen ontgroeningspraktijken. Na enig nadenken zegt ze: 'Eigenlijk vond ik het corpsleven toch al niet zo bijzonder.' Zulke voorbeelden waarbij de attitude volgt op het gedrag (in plaats van omgekeerd) illustreren het effect dat we **cognitieve dissonantie**[3] noemen: tegenstrijdigheden die een individu waarneemt tussen eigen attitudes en gedrag.[4]

Op MyLab zie je hoe de tabaksindustrie op verschillende manieren kon reageren op de forse dissonantie tussen 'Wij bieden mensen genot' en 'Roken is dodelijk'.

Een voorbeeld van cognitieve dissonantie tussen gedrag en attitude.

Illustraties: Carlos Nunez

Uit onderzoek blijkt inderdaad steevast dat mensen streven naar consistentie van hun attitudes en van hun attitudes en hun gedrag.[5] Inconsistentie voelt altijd ongemakkelijk en daarom proberen mensen de inconsistentie minder groot te maken. Dat doen ze door (1) hun attitudes te veranderen, (2) hun gedrag te veranderen of (3) door het verschil tussen attitude en gedrag 'weg' te rationaliseren. Niemand kan dissonantie compleet vermijden. We krijgen er allemaal regelmatig mee te maken. Het veroorzaakt elke keer opnieuw innerlijke spanning, wat leidt tot een verlangen om de dissonantie te verkleinen. Volgens Festinger is de kracht van dat verlangen niet altijd hetzelfde. Soms komen we meteen in actie, terwijl we op andere momenten niet reageren ondanks een ervaren dissonantie. Of we iets aan onze dissonantie willen doen, hangt af van verschillende factoren:

- Het *belang* van de attitudes die de dissonantie veroorzaken. Als het attitudes zijn over dingen die je niet van belang vindt, zul je de eventuele dissonantie schouderophalend accepteren. Oversteken bij een zebrapad terwijl het licht op rood staat, vinden de meeste Nederlanders bijvoorbeeld geen probleem. *Je houden aan de regels*, vinden we niet zo'n belangrijke waarde.
- De *invloed* die je over de elementen denkt te hebben. Je zult sterker geneigd zijn om dissonantie te verminderen als je gelooft dat je de oorzaak van de dissonantie kunt wegnemen. Een docent die te laat komt voor zijn les, zal zich beslist verontschuldigen. Het goede voorbeeld geven is voor een docent namelijk een belangrijke waarde. En op tijd zijn heb je zelf in de hand. Sommige studenten denken daar wellicht anders over.
- De *beloning van dissonantie*. Grote beloningen die samengaan met sterke dissonantie verminderen vaak de spanning, omdat we de ervaren dissonantie daardoor gemakkelijker kunnen rationaliseren. Zo horen we bij omkoopschandalen we nogal eens als excuus dat 'iedereen hetzelfde gedaan zou hebben'.

VRAAG

Als je in Duitsland een zebrapad oversteekt terwijl het licht op rood staat, kun je rekenen op verontwaardigde reacties van de keurig wachtende Duitsers. Waarom zou dat zo zijn?

Festinger stelde het idee dat attitudes leiden tot gedrag ter discussie door te beweren dat attitudes in veel gevallen juist volgen op gedrag. Andere onderzoekers vroegen zich echter af of er überhaupt wel een relatie bestaat tussen attitudes en gedrag. Uit onderzoek komt naar voren dat attitudes wel degelijk (een deel van) toekomstig gedrag voorspellen. Maar dit onderzoek bevestigt tevens Festingers overtuiging dat bepaalde factoren, de zogenoemde **moderatorvariabelen**, de relatie kunnen versterken of verzwakken.[6]

MODERATORVARIABELEN

Dit zijn variabelen die bij bepaalde waarden het verband tussen twee verschijnselen onderdrukken of juist versterken. Ter verduidelijking geven we een voorbeeld. Het is bekend dat stress kan leiden tot ziekteverschijnselen. Maar of stress daadwerkelijk leidt tot lichamelijke klachten hangt af van de persoonlijkheid en van de soort stress waarmee iemand te maken krijgt (zie hoofdstuk 17). Bij bepaalde persoonlijkheidstypen en/of bepaalde stressoren treden steeds ziekteverschijnselen op en bij andere typen en factoren juist niet. Persoonlijkheid en soort stress zijn dus moderatorvariabelen voor het verband tussen stress en ziekte.

De krachtigste versterkers (of onderdrukkers) van het verband tussen attitude en gedrag zijn:

- *Het belang van de attitude.* In belangrijke attitudes komen fundamentele waarden tot uiting, evenals eigenbelang of identificatie met personen of groepen waar iemand aan hecht. Attitudes die iemand belangrijk vindt, vertonen doorgaans een sterk verband met gedrag.
- *De specificiteit van de gedragsintentie.* Hoe beter de attitude past bij bepaald gedrag des te sterker het verband. Of je van plan bent het komende halfjaar ander werk te zoeken, is daarom een betere voorspeller van je vertrek bij je werkgever dan het antwoord op de vraag hoe tevreden je bent met je werk in het algemeen.
- *De toegankelijkheid van de attitude.* Attitudes die gemakkelijk oproepbaar zijn in het geheugen zijn betere voorspellers van gedrag dan minder toegankelijke attitudes. Interessant is dat mensen eerder attitudes onthouden die ze vaker geuit hebben. Hoe vaker je je mening over iets verkondigt, des te groter is de invloed ervan op je gedrag (en omgekeerd). Je kunt daarvan gebruikmaken als je iets wilt doen dat je moeilijk vindt: stoppen met roken, van baan veranderen, stoppen met je studie enzovoort. Vertel het aan iedereen die jij belangrijk vindt en je hebt een sterke motivator om je gedachten om te zetten in daden.
- *De aanwezigheid van sociale druk.* Attitude en gedrag zullen eerder van elkaar verschillen wanneer de sociale druk voor bepaald gedrag buitengewoon sterk is. Dit geldt zeker voor gedrag in organisaties, wat mede verklaart waarom een werknemer die sterk gekant is tegen staken toch meestaakt met zijn collega's. Of waarom Klaas toch die extra klus op zich neemt als zijn collega's dat van hem vragen, terwijl hij eigenlijk al te veel werk heeft. Zie ook het experiment van Asch in hoofdstuk 10.
- *Directe ervaring met de attitude.* Tot slot zal het verband tussen attitude en gedrag veel sterker zijn wanneer de attitude iets betreft waarmee het individu ervaring uit de eerste hand heeft. Als je studenten (met weinig of geen werkervaring) vraagt hoe ze zouden reageren op een autoritaire chef, levert dat een veel minder goede voorspelling van hun gedrag op dan wanneer je die vraag stelt aan werknemers die daadwerkelijk voor zo iemand werken.[7]

VRAAG

Welke reacties kun je voorspellen bij mensen in de Verenigde Staten die fan zijn van president Trump als zij lezen over zijn seksuele uitspattingen? En hoe zullen mensen reageren die juist geen fan van Trump zijn?

2.2 Vijf werkgerelateerde attitudes

Ieder mens heeft talloze attitudes, maar binnen het vakgebied GiO beperken we ons tot *werkgerelateerde* attitudes. Bij werkgerelateerde attitudes gaat het om de positieve en negatieve oordelen die werknemers hebben over verschillende aspecten van hun werkomgeving. In deze paragraaf bespreken we vijf attitudes die voor organisaties van belang zijn: werktevredenheid, werkbetrokkenheid, organisatiebinding, waargenomen steun van de organisatie (WSO) en bevlogenheid van de werknemer.[8]

Werktevredenheid

Deze attitude wordt gedefinieerd als *een positief gevoel over het werk op basis van een beoordeling van de kenmerken ervan.*[9] Iemand die zeer tevreden is over zijn werk, heeft daar positieve gevoelens over, terwijl iemand die ontevreden is, negatieve gevoelens over zijn werk heeft. Vanwege het grote belang dat onderzoekers hechten aan **werktevredenheid**, komen we hier later in het hoofdstuk uitgebreid op terug.

Werkbetrokkenheid

Betrokkenheid bij het werk omvat enerzijds de mate waarin iemand zich psychologisch identificeert met zijn werk; anderzijds gaat het om het prestatieniveau dat de werknemer wenselijk vindt voor zijn gevoel van eigenwaarde. Werknemers met een grote **werkbetrokkenheid** identificeren zich sterk met het soort werk dat ze doen. Een concept dat daar nauw mee samenhangt, is *empowerment*. Dit begrip omvat de overtuigingen van werknemers over de mate waarin ze invloed hebben op hun werkomgeving, hun competenties, de zin van hun werk en de waargenomen autonomie in hun werk.[10] Een grote mate van werkbetrokkenheid en empowerment vertoont een positief verband met bevlogenheid en werkprestaties. Daarnaast blijkt een grote werkbetrokkenheid te leiden tot lagere verzuim- en verlooppercentages.[11]

VRAAG

Waaruit zou je een grote betrokkenheid bij het werk kunnen afleiden? Vraag dit eens na bij je ouders of bij collega's van je bijbaan. En waaruit kun je een sterke betrokkenheid bij je studie afleiden?

Bij een onderzoek naar de ontwikkeling van leidinggevenden op een verpleegafdeling in Singapore stelde men vast dat goede leiders (dat wil zeggen: leiders met de beste groepsprestaties) hun medewerkers mondig maken door hen bij beslissingen te betrekken. De medewerkers krijgen daardoor het gevoel dat hun werk belangrijk is en dat ze de vrijheid krijgen om 'hun eigen ding te doen'.[12]

Organisatiebinding

Dit geeft aan dat de werknemer zich identificeert met een organisatie en haar doelstellingen, en dat hij lid wenst te blijven van die organisatie.[13] Er lijkt een positieve relatie te bestaan tussen de mate van zich verbonden voelen met een organisatie en productiviteit, maar die relatie is bescheiden.[14] Uit een overzicht van 27 studies kwam naar voren dat het verband tussen **organisatiebinding** en prestatie het sterkst is onder nieuwe werknemers, en aanzienlijk zwakker bij meer ervaren werknemers.[15] En, net als bij werkbetrokkenheid, wijst onderzoek op een negatief verband tussen de mate van organisatiebinding enerzijds en verzuim én personeelsverloop anderzijds.[16] In dit kader is dat overigens een positieve, dat wil zeggen wenselijke uitkomst! In het algemeen lijkt het erop dat een grotere **affectieve binding** sterker bijdraagt aan wenselijke bedrijfsdoelen, zoals goede prestaties en weinig personeelsverloop, dan de andere dimensies van betrokkenheid.

Het concept van organisatiebinding is tegenwoordig minder belangrijk dan vroeger. Het ongeschreven loyaliteitscontract dat dertig jaar geleden bestond tussen veel werknemers en werkgevers is grotendeels verdwenen en het idee dat werknemers het grootste deel van hun carrière bij een enkele organisatie blijven is achterhaald. In deze situatie 'is het lastig om de gehechtheid van een werknemer aan het bedrijf, waarvoor organisatiebinding een van de maten is, vast te stellen bij nieuwe werkrelaties.'[17]

Wij verwachten dat **beroepsbinding** een minstens zo relevante variabele wordt als organisatiebinding, omdat beroepsbinding het veranderlijke personeelsbestand van vandaag beter weerspiegelt.[18] Een voorbeeld is de sterke toename van het aantal freelancers en zelfstandigen zonder personeel (zzp'ers). Deze geschoolde krachten begonnen vaak hun loopbaan bij een organisatie waar zij het vak leerden, om na verloop van tijd als zzp'er voor zichzelf te beginnen. Het scala van beroepen en scholingsniveaus is enorm: van ICT-deskundigen tot tegelzetters en van journalisten tot buschauffeurs.

Waargenomen steun van de organisatie (WSO)

Waargenomen steun van de organisatie (WSO) is de mate waarin werknemers denken dat de organisatie hun bijdragen op prijs stelt en zich bekommert om hun welzijn. Een werknemer verwacht bijvoorbeeld dat zijn organisatie hem te hulp komt als hij een probleem heeft met kinderopvang, of hem een eerlijk toegegeven fout zal vergeven. Uit onderzoek blijkt dat mensen hun organisatie als ondersteunend beschouwen wanneer aan de volgende voorwaarden is voldaan:

- beloningen worden als eerlijk ervaren;
- werknemers hebben een stem bij besluitvorming;
- leidinggevenden worden gezien als ondersteunend.[19]

WSO is dus een variabele die werkuitkomsten zoals werktevredenheid en voorbeeldig werkgedrag voorspelt, maar, zoals we aan het eind van dit hoofdstuk zullen zien, cultuur speelt hierbij ook een rol: als moderatorvariabele. WSO is belangrijk in landen waar de machtsafstand – de mate waarin de inwoners van een land accepteren dat de macht in instituties en organisaties ongelijk is verdeeld – kleiner is. In landen met een *kleine* machtsafstand, zoals de Verenigde Staten, is de kans groter dat mensen werk als een ruil beschouwen in plaats van als een morele plicht. De werknemers zoeken dan naar redenen om zich gesteund te voelen door hun organisatie. In landen met een *grote* machtsafstand, zoals China, is de WSO bij de werknemers niet zo sterk gebaseerd op tekenen van rechtvaardigheid, steun en stimulans van de werkgever.[20] Het verschil zit dus in het verwachtingsniveau van de werknemers.

Bevlogenheid (employee engagement)

Bevlogenheid is een vrij nieuw concept, dat omschreven kan worden als de vitaliteit (energie), toewijding (betrokkenheid) en absorptie (echt opgaan in het werk) waarmee mensen hun werk uitvoeren. Volgens Schaufeli en Bakker is er sprake van bevlogenheid als mensen volledig opgaan in hun werk ('in een flow zijn'). Ze doen hun werk met grote toewijding en hun gedrag wordt gekenmerkt door vitaliteit.[21] Vitaliteit houdt in dat mensen energiek en krachtig zijn, werklust hebben en doorzetten als het tegenzit. Zeer bevlogen medewerkers hebben passie voor hun werk en voelen zich innig verbonden met hun bedrijf. Niet-betrokken werknemers kunnen niet bevlogen zijn, omdat ze eigenlijk 'geestelijk zijn afgehaakt': ze stoppen wel tijd in hun werk, maar geen energie of aandacht.

Uit een studie onder bijna achtduizend businessunits in 36 bedrijven kwam naar voren dat businessunits met werknemers die gemiddeld sterk bevlogen waren, een hogere score voor klanttevredenheid kregen, productiever waren en meer winst maakten. Bovendien was er in die bedrijven minder verloop en gebeurden er minder ongelukken.[22] Vanwege deze bevindingen heeft het begrip bevlogenheid opgang gemaakt in veel organisaties en geven consultants er graag advies over.

VRAAG

Ga eens na in de klas of er mensen zijn die bevlogen zijn in hun huidige bijbaan? Zou je zelf 'bevlogen' willen zijn in je toekomstige baan? Wat zou ervoor nodig zijn om jou 'in een flow' te krijgen?

Uit een studie kwam naar voren dat businessunits met werknemers die gemiddeld sterk bevlogen waren, een hoger klanttevredenheidsniveau haalden. Het personeelsverloop was er lager en er gebeurden minder ongelukken.

Er is intussen wel een wetenschappelijk debat gaande over het nut van het begrip omdat moeilijk te achterhalen is hoe bevlogenheid ontstaat. De deelnemers aan een recent onderzoek gaven als de twee belangrijkste redenen voor hun bevlogenheid aan: 1) dat ze een goede manager hadden voor wie ze graag werkten en 2) dat ze zich gewaardeerd voelden door hun leidinggevende. De meeste overige redenen hadden echter niets te maken met het bevlogenheidsbegrip.[23] Uit een onderzoek uit Australië bleek een verband te bestaan tussen emotionele intelligentie en bevlogenheid.[24] Uit ander onderzoek komt naar voren dat de bevlogenheid op- en neergaat, deels als gevolg van de dagelijks fluctuerende uitdagingen en eisen.[25]

Kritische noot: de omschrijving van het gedrag dat past bij bevlogenheid en de mogelijke oorzaken ervan (waardering en goede leiding) doen denken aan gedrag dat past bij een sterke motivatie. Zie voor dat onderwerp hoofdstuk 7.

Hoe bevlogen ben jij in je werk?

Foto: Auremar / Shutterstock / Pearson Asset Library

Tot slot

We concluderen dat elk van de hiervoor genoemde attitudes enkele specifieke kenmerken heeft, maar er is ook sprake van flinke overlap om verschillende redenen, waaronder de persoonlijkheid van de werknemer. Over het geheel bezien blijkt dat als je weet hoe groot de werktevredenheid van een werknemer is, je grotendeels weet wat je moet weten over hoe die persoon tegen de organisatie aankijkt. Maar hoe meten we werktevredenheid? Hoe tevreden zijn werknemers eigenlijk met hun werk? Daar gaan we nu naar kijken.

VRAAG

Wat bepaalt vooral jouw werk(on)tevredenheid in je bijbaan of vakantiebaan?

2.2.1 Werktevredenheid meten

We hebben werktevredenheid gedefinieerd als 'een positief gevoel over het werk op basis van een beoordeling van de kenmerken ervan'. Deze definitie lijkt misschien breed, maar een baan is dan ook veel meer dan het uitvoeren van allerlei activiteiten, zoals programmeercodes schrijven, klanten bedienen of een vrachtwagen besturen. Op je werk heb je voortdurend te maken met collega's en bazen, je moet leven met de bedrijfsregels en het beleid, je moet leren 'hoe de hazen lopen', voldoen aan prestatienormen, werken onder omstandigheden die vaak verre van ideaal zijn, nieuwe technologieën leren gebruiken enzovoort. Of je tevreden bent, heeft met al dit soort zaken te maken. Dat roept de vraag op hoe je werktevredenheid op een eenduidige en betrouwbare manier kunt meten.

De twee meestgebruikte methoden voor het meten van werktevredenheid zijn (1) een enkelvoudige algemene score op basis van een gering aantal algemene vragen en (2) een optelscore op basis van een oordeel over allerlei verschillende werkfacetten. De enkelvoudige algemene score is niets meer dan een respons op een paar algemene vragen, bijvoorbeeld: 'Hoe tevreden ben je over het geheel genomen over je werk?' Respondenten vinken bij de beantwoording van dit soort vragen hokjes aan die corresponderen met antwoorden die uiteenlopen van 'Zeer tevreden' tot 'Zeer ontevreden'.

De andere methode – een optelling van werkfacetten – is ingewikkelder. Daarin worden de belangrijkste elementen van een baan vastgesteld en vervolgens wordt aan werknemers gevraagd hoe tevreden ze zijn over die afzonderlijke elementen. Veelvoorkomende elementen zijn de aard van het werk, het toezicht, het salaris, de promotiekansen en de relatie met collega's.[26] Respondenten vinken per werkfacet hun waardering aan op een standaardschaal en onderzoekers tellen de scores op, zodat er een globale werktevredenheidsscore ontstaat.

Bekijk op MyLab voorbeelden van vragenlijsten om werktevredenheid te meten.

Een rotgevoel over je werk heeft effect op jezelf, je collega's en je klanten. Doe er wat aan!

Foto: lculig / 123RF / Pearson Asset Library

Een standaardvragenlijst maakt attitudes vergelijkbaar in de tijd en over groepen.

Foto: Dusit / Shutterstock / Pearson Asset Library

Is de ene methode beter dan de andere? Gevoelsmatig zou je zeggen dat de kans groter is dat het beoordelen van verschillende werkfacetten een accuratere evaluatie van werktevredenheid oplevert. Maar uit onderzoek blijkt dat niet.[27] Eenvoud lijkt hier net zo goed te werken als complexiteit. Toch hebben beide methoden voordelen. De algemene-score-methode neemt weinig tijd in beslag, zodat managers hun handen vrij hebben voor andere kwesties en problemen op de werkvloer. De beoordeling van werkfacetten helpt managers zich te concentreren op een specifiek probleem, waardoor ze problemen sneller en doeltreffender kunnen oplossen.

VRAAG

Wordt in jouw opleiding of in je werk de studie- of werktevredenheid gemeten? Zo ja, welke methode wordt daarbij gebruikt? Wat gebeurt er met de uitkomsten, denk je? Bespreek dit eens met je docent.

2.2.2 Uitkomsten van werktevredenheidsmetingen

Zijn mensen over het algemeen tevreden met hun werk? Onderzoek van het Centraal Bureau voor de Statistiek (CBS) in 2016 wijst uit dat in Nederland de meeste werknemers inderdaad positief waren over hun werk: ‘In 2016 was 81 procent van de zelfstandigen tevreden met het werk dat ze deden. Van werknemers met een vaste arbeidsrelatie was dat 78 procent. Binnen de groep flexibele werknemers gold dit voor bijna driekwart. Van de uitzendkrachten was 66 procent tevreden, het laagste percentage van alle flexibele werknemers. Een relatief groot deel van de uitzendkrachten gaf aan dat het niet lukte om een vaste baan te krijgen. Vooral zij toonden zich minder tevreden.’[28] Ook in de meeste andere westerse landen lijkt de werktevredenheid in de praktijk goed te zijn. Onafhankelijk onderzoek onder werknemers heeft de afgelopen dertig jaar uitgewezen dat de meerderheid over het algemeen tevreden is met zijn baan.[29]

De algemene werktevredenheid in een samenleving kan gedurende lange tijd behoorlijk constant blijven. Zo was van 1972 tot 2006 in de Verenigde Staten de gemiddelde werktevredenheid steeds hoog.[30] Maar de scores worden sterk beïnvloed door de economische omstandigheden. Tegelijk met de economische krimp was er eind 2007 een versnelde daling te zien van de werktevredenheid; het dieptepunt werd in 2010 bereikt, toen slechts 42,6 procent van de Amerikaanse werknemers zei dat ze tevreden waren met hun werk.[31] Daarna ging het gelukkig beter met de werktevredenheid in de Verenigde Staten. Zo steeg de werktevredenheid in 2014 naar 47,7 procent,[32] en in 2019 werd onder invloed van de sterk verbeterde arbeidsmarkt een score van 53,7 procent bereikt. Ondanks de stijgende trend is de werktevredenheid echter nog steeds lager dan de 61,1 procent in 1987.[33]

Uit onderzoek blijkt verder dat het tevredenheidspeil verschilt ten aanzien van de verschillende facetten van werk. Zoals je kunt zien in figuur 2.2, zijn mensen over het algemeen tevreden met het werk zelf en met hun superieuren en collega’s. Maar vaak zijn ze een stuk minder tevreden over hun salaris en promotiekansen.

Wat de culturele verschillen in werktevredenheid betreft, staan in figuur 2.3 de uitkomsten van een wereldwijd onderzoek naar werktevredenheid onder werknemers uit vijftien landen, waarbij de tevredenheid het grootst was in Mexico en Zwitserland. Hebben de werknemers uit deze culturen beter werk? Of zijn ze gewoon positiever ingesteld? Omgekeerd laat Zuid-Korea het laagste niveau van werktevredenheid zien. De Zuid-Koreaanse cultuur kent een geringe mate van autonomie en bedrijven hebben vaak een strak hiërarchische structuur. Leidt dat tot een lagere werktevredenheid?[34] Het is lastig om alle factoren in beeld te krijgen die van invloed zijn op de scores, maar als we kijken naar hoe bedrijven reageren op globalisering levert dat wel enkele aanwijzingen op.

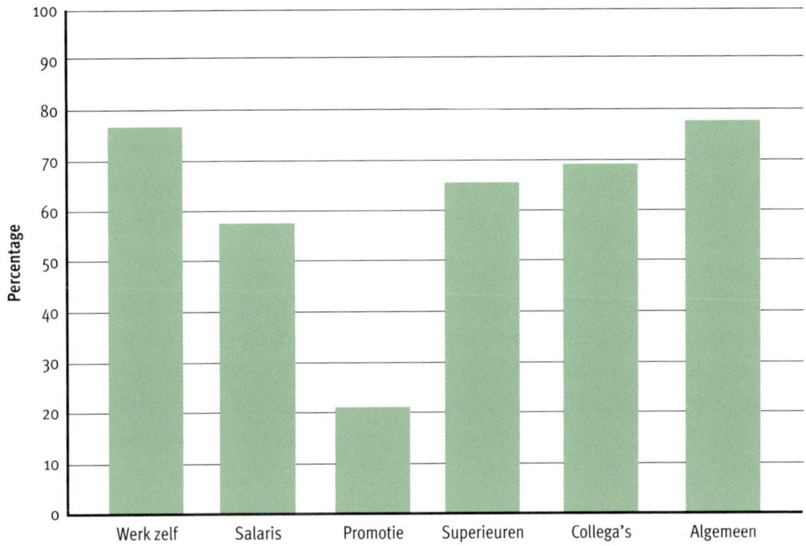

FIGUUR 2.2 **Gemiddeld tevredenheidsniveau per facet van werktevredenheid**

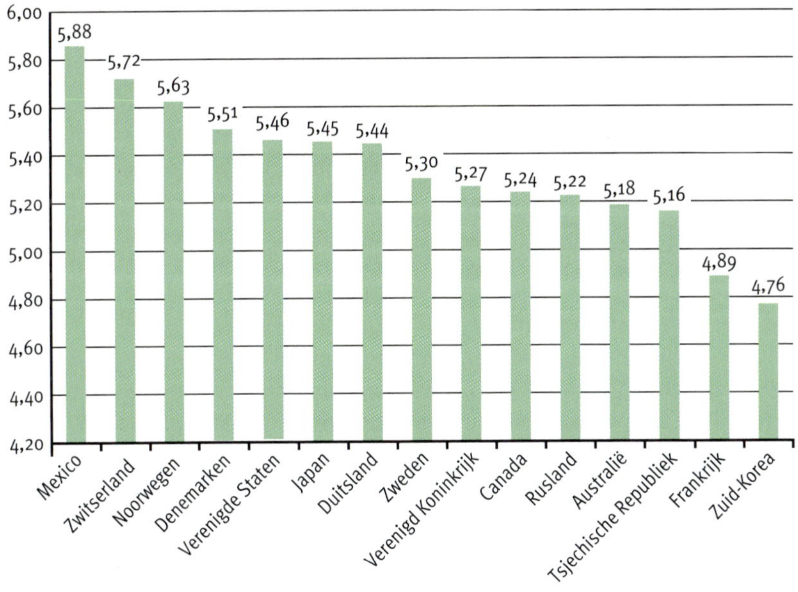

FIGUUR 2.3 **Gemiddelde werktevredenheid van werknemers naar land**

Bron: J. H. Westover (2012). The Impact of Comparative State-Directed Development on Working Conditions and Employee Satisfaction. *Journal of Management & Organization*, *19*(4), 537-54.

2.2.3 Oorzaken van werktevredenheid

Vraag eens aan je ouders en familieleden wat de beste baan was die ze ooit hebben gehad. En vraag vervolgens waarom dat zo voelde. De redenen zullen per individu flink verschillen. We behandelen daarom nu enkele veelvoorkomende bronnen van werktevredenheid, om te beginnen de werkomstandigheden.

Werkomstandigheden

Over interessante banen met opleidingsmogelijkheden, variatie, onafhankelijkheid en zeggenschap zijn de meeste werknemers tevreden.[35] Ofwel: de meeste mensen doen liever uitdagend en stimulerend werk dan werk dat voorspelbaar en routinematig is. Factoren zoals op collega's kunnen terugvallen, feedback krijgen, sociale steun ervaren en ook buiten het werk met collega's omgaan, hangen allemaal sterk samen met werktevredenheid, zelfs als de cijfers gecorrigeerd worden voor de positieve of negatieve kenmerken van het werk zelf.[36]

Het wekt geen verbazing dat ook managers een grote rol spelen bij de werktevredenheid van hun werknemers. Werknemers die het gevoel hebben dat hun leidinggevenden hen meer te zeggen geven over het werk, zijn tevredener met hun werk volgens een onderzoek bij een groot telecombedrijf in Hong Kong.[37] Verder komt uit onderzoek in Israël naar voren dat wanneer managers attent, responsief en ondersteunend zijn de werktevredenheid van de werknemers stijgt.[38] De **werkomstandigheden** – vooral de intrinsieke aard van het werk, de sociale interacties en het toezicht op het werk – zijn belangrijke voorspellers van de werktevredenheid. Hoewel elk element belangrijk is en hoewel hun relatieve waarde niet voor alle werknemers gelijk is, is de intrinsieke aard van het werk het belangrijkste.[39] Met andere woorden: je moet plezier hebben in *wat* je doet.

Persoonlijkheid

De persoonlijkheid speelt een even belangrijke rol als de werkomstandigheden. Mensen met een **positief zelfbeeld** (zie ook hoofdstuk 4) — die overtuigd zijn van wat ze waard zijn en wat ze kunnen — zijn tevredener met hun werk dan mensen met een **negatief zelfbeeld**. Daarnaast is het zelfbeeld van invloed op de werktevredenheid als mensen het belangrijk vinden om iets te bereiken in hun carrière. Mensen met een (zeer) positief zelfbeeld die bovendien iets willen bereiken in hun carrière zijn vaak bijzonder tevreden met hun werk.[40]

Loon

Discussies over tevredenheid gaan dikwijls over de betaling van het werk. Er bestaat een interessante relatie tussen salaris en werktevredenheid. Voor mensen die arm zijn (bijvoorbeeld met een inkomen onder het bestaansminimum) of mensen die in lagelonenlanden leven, correspondeert het salaris inderdaad met tevredenheid over het werk en geluk in het algemeen. Maar hebben mensen eenmaal een bepaald niveau bereikt waarop ze comfortabel kunnen leven (in Nederland is dat in 2020 bij een bruto modaal inkomen van zo'n 36.500 euro, afhankelijk van de regio en de gezinssamenstelling), dan verdwijnt dit verband vrijwel geheel. Met andere woorden: mensen die 60.000 euro verdienen zijn gemiddeld niet gelukkiger met hun werk dan degenen die rond de 36.000 euro verdienen.

Figuur 2.4 toont de relatie tussen het gemiddelde salaris en het gemiddelde tevredenheidspeil over het werk. Daaruit blijkt dat er eigenlijk geen verband is tussen die twee facetten. Banen die royaal worden beloond, leveren een gemiddeld tevredenheidsniveau op dat niet hoger is dan dat bij banen die veel slechter worden betaald. Geld motiveert mensen overigens wel, zoals we in hoofdstuk 7 en 8 nog zullen ontdekken. Maar wat ons motiveert, is niet per se hetzelfde als datgene wat ons gelukkig maakt. Als je doel is 'gelukkig worden', dan kan geld je waarschijnlijk niet echt helpen.[41]

Lees op MyLab meer over waarom iemand een aantrekkelijk aanbod afsloeg.

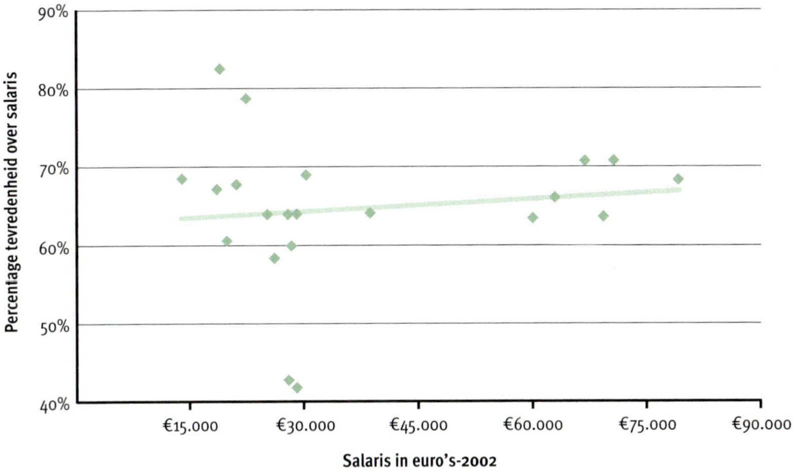

FIGUUR 2.4 **Relatie tussen gemiddeld salaris voor een bepaalde functie en tevredenheid van werknemers in die functie**

Maatschappelijk verantwoord ondernemen (MVO)

Stel dat je voor een even aantrekkelijke functie kunt kiezen uit twee organisaties: organisatie A heeft naast het winstmotief ook concrete doelen over duurzaamheid en maatschappelijke betrokkenheid in haar missie opgenomen; organisatie B is alleen winstgericht. Zou je even graag voor A als voor B werken? Of een organisatie aan **maatschappelijk verantwoord ondernemen** (**MVO**) doet of zelfs verder gaat dan wettelijk is vereist om de veiligheid van haar producten te waarborgen en milieu en klimaat te ontzien, is in toenemende mate van invloed op de werktevredenheid van werknemers. Veel organisaties doen aan MVO via initiatieven op het gebied van duurzaamheid, non-profitactiviteiten, donaties aan goede doelen en wereldwijde liefdadigheid. Werknemers met persoonlijke waarden die passen bij de MVO-missie van de organisatie zijn vaak tevredener. In een recente enquête onder 59 grote en kleine organisaties bijvoorbeeld, zei 86 procent dat hun werknemers tevredener waren juist vanwege die MVO-programma's.[42]

Het verband tussen MVO en werktevredenheid is vooral sterk bij millennials (de generatie die is geboren tussen 1981 en 2000). 'De volgende generatie werknemers zoekt werkgevers die gericht zijn op de drie P's: people, planet en profit', aldus Susan Cooney, de vrouw achter het filantropische bedrijf Givelocity.[43] Door MVO kunnen werknemers een hoger doel dienen of een bijdrage leveren aan een missie. Uit onderzoek van Amy Wrzesniewski blijkt dat mensen die hun werk zien als onderdeel van een hoger doel vaak een grotere mate van werktevredenheid kennen.[44] De inspanningen van een organisatie op het gebied van MVO moeten wel duidelijk door de top van het bedrijf worden gedragen en aangestuurd, en de initiatieven moeten duurzaam zijn, wil de werktevredenheid ook op de lange termijn hoger blijven.[45]

Hoewel het verband tussen MVO en werktevredenheid sterker wordt, vinden nog lang niet alle werknemers MVO de moeite waard.[46] Maar als MVO in goede banen wordt geleid, dan kan het een aanzienlijke bijdrage leveren aan werktevredenheid. Organisaties moeten daarom een aantal punten aanpakken om het effect te maximaliseren. Allereerst zijn niet alle projecten even zinnig voor het verhogen van de werktevredenheid van alle werknemers terwijl soms toch van alle werknemers wordt verwacht dat ze (eraan) meedoen. Het gevolg daarvan kan zijn dat medewerkers geen zin meer hebben in toekomstige MVO-projecten en hun werktevredenheid kan daardoor zelfs afnemen.[47] Dat laatste zien we vooral wanneer MVO-projecten de organisatie zelf directe voordelen blijken op te leveren (bijvoorbeeld positieve verhalen in de pers).[48] Mensen willen dat MVO authentiek is. Tot slot kunnen MVO-maatregelen los lijken te staan van het feitelijke werk dat werknemers doen en dan laten ze geen stijging van de werktevredenheid zien.[49] Kort gezegd: MVO is een door velen gewenste, positieve trend die gaat over verantwoordelijk handelen en dienstbaar zijn aan de aarde en de samenleving maar MVO moet wel zinnig en authentiek zijn, en passen bij de taken om een positief effect te hebben op de werktevredenheid.

VRAAG
Wat zijn volgens jou de voordelen van werktevredenheid? Ga je er beter van presteren, heb je meer plezier als je naar je werk gaat? Of zijn er nog andere voordelen?

2.2.4 De voordelen van werktevredenheid

Werkprestaties

Zijn tevreden mensen productiever? Hoewel sommige onderzoekers meenden dat een positieve relatie tussen tevredenheid en prestatieniveau een mythe was, komt uit een overzicht van driehonderd studies een tamelijk sterke positieve correlatie naar voren.[50] Personen met hoge tevredenheidsscores presteren doorgaans ook beter en organisaties met tevreden werknemers presteren dus vaak beter dan organisaties met minder tevreden werknemers.

Voorbeeldig werkgedrag

Het gaat bij **voorbeeldig werkgedrag** om activiteiten die werknemers vrijwillig op zich nemen en die bijdragen aan de effectiviteit van de organisatie, zoals het helpen van collega's of het zich extra inzetten om klantproblemen op te lossen.[51] Vrijwillig wil zeggen dat het gedrag geen onderdeel is van de formele taakomschrijving. Tevreden werknemers zullen zich eerder positief uitlaten over de organisatie, anderen helpen en meer doen dan van hen verwacht wordt op basis van hun functieomschrijving.
Waarom zou werktevredenheid tot voorbeeldig werkgedrag leiden? Een van de redenen is vertrouwen. Uit onderzoek in achttien landen komt naar voren dat managers het voorbeeldig werkgedrag van werknemers belonen door werknemers vertrouwen te geven.[52] Werknemers die het gevoel hebben dat hun collega's hen steunen, vertonen ook vaker hulpvaardig gedrag dan degenen die op gespannen voet staan met hun collega's.[53] Ook de persoonlijkheid van de werknemer doet ertoe. Werknemers met bepaalde persoonlijkheidskenmerken (bijvoorbeeld inschikkelijk en plichtsgetrouwheid; zie hoofdstuk 4) zijn tevredener met hun werk, waardoor ze weer meer voorbeeldig werkgedrag vertonen.[54] En tot slot, bij werknemers die van hun collega's positieve feedback krijgen op hun voorbeeldig werkgedrag is de kans groter dat ze voorbeeldig werkgedrag blijven vertonen.[55]

Klanttevredenheid

Werknemers in dienstverlenende functies hebben vaak contact met klanten, en beïnvloeden daardoor de **klanttevredenheid**. Omdat het de taak van het management van dienstverlenende bedrijven is om klanten te plezieren, is het redelijk om te vragen: 'Is tevredenheid van de werknemers gerelateerd aan positieve klantresultaten?' Bij mensen die regelmatig rechtstreeks contact hebben met klanten, is het antwoord 'ja'. Onderzoeksresultaten wijzen uit dat tevreden werknemers bevorderlijk zijn voor de tevredenheid en loyaliteit van de klanten.[56] Dat komt doordat de mate van klantloyaliteit bij dienstverlenende organisaties sterk afhangt van de manier waarop werknemers met klanten omgaan. Tevreden werknemers zijn vriendelijk, opgewekt en ontvankelijk. Dat stellen klanten op prijs. En omdat tevreden werknemers minder geneigd zijn om weg te gaan, is de kans groter dat klanten een bekend gezicht tegenkomen en deskundige service ontvangen. Met dergelijke kwaliteiten bouw je tevredenheid en loyaliteit op bij klanten. Daarnaast lijkt de relatie wederkerig: ontevreden klanten kunnen de ontevredenheid van een werknemer over zijn werk vergroten. Werknemers die regelmatig contact hebben met klanten, melden dat onbeschofte, tactloze of onredelijk veeleisende klanten hun werktevredenheid negatief beïnvloeden.[57]

Tevredenheid met het leven

Tot nu toe hebben we werktevredenheid behandeld alsof het losstaat van **tevredenheid met het leven**, maar de twee hangen sterker met elkaar samen dan je misschien denkt.[58] Onderzoek in Europa geeft aan dat er een positief verband bestaat tussen de tevredenheid met het werk en de tevredenheid met het leven, en dat onze attitudes en ervaringen in ons (privé)leven doorwerken in de manier waarop we ons werk benaderen en ervaren.[59] Verder daalt volgens onderzoek in Duitsland de tevredenheid met het leven wanneer mensen werkloos raken, en niet alleen omdat ze hun inkomen kwijtraken.[60] Werk is voor de meeste mensen een belangrijk deel van hun leven. Het is dus logisch dat ons algehele levensgeluk voor een niet onbelangrijk deel afhankelijk is van hoe blij we zijn met ons werk (onze werktevredenheid).

2.2.5 De nadelen van werkontevredenheid

Als werknemers ontevreden zijn over hun werk heeft ook dat gevolgen. Die gevolgen zijn meestal negatief voor de organisatie. Een theoretisch model kan ons helpen de gevolgen van ontevredenheid beter te begrijpen. Dit kader (zie figuur 2.5) omvat vier mogelijke reacties op een als onplezierig ervaren werksituatie. De reacties verschillen op twee dimensies van elkaar en zijn constructief of destructief en actief of passief. De mogelijke reacties worden als volgt gedefinieerd:[61]

- De **exitreactie** (actief/destructief) stuurt in de richting van vertrek uit de organisatie, door op zoek te gaan naar een andere baan of door direct ontslag te nemen.
- De **stemreactie** (actief/constructief) omvat pogingen om de omstandigheden te verbeteren, bijvoorbeeld door suggesties voor verbeteringen te doen, problemen met superieuren te bespreken of desnoods een vakbondsactie op touw te zetten. De werknemer gebruikt als het ware zijn stem om de situatie te verbeteren.
- De **loyaliteitsreactie** (passief/constructief) wordt getypeerd door afwachten en vertrouwen op een goede afloop. Bijvoorbeeld door optimistisch te wachten op verbetering van de omstandigheden, door op te komen voor de organisatie wanneer er van buitenaf kritiek komt en door erop te vertrouwen dat de organisatie en het management 'wel zullen doen wat nodig is'.
- De **verwaarlozingsreactie** (passief/destructief) is een ontwijkende reactie op de als negatief ervaren werkomstandigheden, bijvoorbeeld door chronisch te laat te komen of thuis te blijven, door minder hard te werken en steeds meer fouten te maken. De term *verwaarlozing* slaat op de relatie tussen leidinggevenden en collega's enerzijds en de desbetreffende medewerker anderzijds. Medewerkers die chronisch te laat komen en onderpresteren maar daar door niemand op worden aangesproken, worden in feite immers verwaarloosd. Blijkbaar vindt niemand hen de moeite waard om in actie te komen.

	ACTIEF		
Constructief	Stem verheffen: Lidmaatschap van de OR	Exitreactie: Ontslag nemen	Destructief
	Loyaal blijven: Denken dat het beter wordt	Verwaarlozing: Innerlijke emigratie	
	PASSIEF		

FIGUUR 2.5 **Het exit-stem-loyaliteit-verwaarlozingskader**

Exit- en verwaarlozingsgedrag kenden we al door hun directe effect op de prestatievariabelen productiviteit, absentie en verloop. Maar door dit model krijgen we nu ook zicht op twee andere gedragsvormen die passen bij negatieve werkomstandigheden: je stem verheffen en loyaliteit tonen. Dit zijn duidelijk vormen van constructief gedrag waardoor werknemers onplezierige situaties tolereren of trachten bevredigender werkomstandigheden te verkrijgen door persoonlijke inzet. Met dit model kunnen we bijvoorbeeld beter begrijpen waarom voor vakbondsleden een lage werktevredenheid vaak niet leidt tot verloop.[62] Zij hebben geleerd hun ontevredenheid tot uitdrukking te brengen in een bezwarenprocedure of via officiële contractonderhandelingen. Door deze *stem*-activiteiten is er geen reden om van baan te veranderen, want de werknemers doen er immers iets aan om de situatie te verbeteren.

VRAAG
Kun je voorbeelden geven van de vier reacties op ontevredenheid in je eigen directe omgeving? Bijvoorbeeld in je studie of op je werk?

Het voorgaande model met gedragsalternatieven is nogal algemeen. We bespreken nu drie concrete gedragsreacties op werkontevredenheid, namelijk: ongewenst gedrag op het werk, verzuim en verloop.

Ongewenst werkgedrag

In bepaalde werksituaties zien we voorbeelden van gedrag dat een negatieve invloed heeft op de sfeer of de productiviteit. Denk daarbij aan ondermijning van het beleid, lijntrekken, fraude, diefstal, misbruik van bedrijfsmiddelen, veel tussen het werk door babbelen en te laat komen. Onderzoekers zien deze gedragingen als indicaties van een breder patroon: namelijk **ongewenst werkgedrag**.[63] Net als ander gedrag dat we besproken hebben, treedt ongewenst gedrag op het werk niet zomaar op: het gedrag volgt vaak op negatieve attitudes die soms al lange tijd bestaan. Als we kunnen vaststellen wat de voorspellers zijn van ongewenst gedrag op het werk, dan kunnen we misschien de kans verkleinen dat dit gedrag ontstaat.
Ontevredenheid met het werk voorspelt over het algemeen ongewenst gedrag op het werk. Mensen die niet tevreden zijn met hun werk raken gefrustreerd, waardoor ze minder goed gaan functioneren en de kans groter wordt dat ze op het werk ongewenst gedrag gaan vertonen.[64], [65] Uit ander onderzoek komt naar voren dat een slechte afstemming tussen het beroep en de werknemer (niet het goede soort werk hebben) en niet goed binnen de organisatie passen (in de verkeerde soort organisatiecultuur werken; zie het passen van de werknemer bij de organisatie in hoofdstuk 4) voorspellers zijn van ongewenst gedrag op het werk.[66] Ook onze directe sociale omgeving doet ertoe. Een Duits onderzoek toont aan dat we worden aangezet tot ongewenst gedrag door de normen (de ongeschreven gedragsregels) die in onze directe werkomgeving

bestaan; werknemers uit teams met een hoog verzuim bleken ook zelf eerder te verzuimen.[67] Verder kan ongewenst gedrag op het werk een reactie zijn op een al te streng toezicht van de managers, wat weer tot nog strenger toezicht leidt waardoor er een vicieuze cirkel ontstaat.[68]

Een belangrijk punt over ongewenst gedrag op het werk is dat ontevreden werknemers vaak een of twee specifiekere vormen van gedrag uitkiezen. De ene werknemer neemt ontslag. De andere gaat in werktijd op het internet surfen of neemt kantoorbenodigdheden mee naar huis voor privégebruik. Kort gezegd, werknemers die hun werk niet leuk vinden, zetten dat de werkgever op uiteenlopende manieren betaald. Omdat ze dat op heel creatieve manieren kunnen doen, pak je het probleem niet bij de wortel aan door slechts één vorm van gedrag met beleidsmaatregelen en straffen in toom te houden. Werkgevers moeten het probleem — de ontevredenheid — bij de wortel aanpakken en niet iets proberen te doen aan de verschillende reacties erop.

Volgens Brits onderzoek is ongewenst gedrag op het werk soms een emotionele reactie op waargenomen onrechtvaardigheid, een manier om de balans weer in evenwicht te brengen.[69] De morele implicaties ervan zijn ingewikkeld. Is iemand bijvoorbeeld onethisch bezig door een doos markeerstiften van kantoor mee naar huis te nemen voor zijn kinderen? Sommige mensen vinden dat stelen. Anderen kijken naar verzachtende factoren als de bijdrage van de werknemer aan de organisatie voordat ze een oordeel vellen. Maakt iemand overuren voor de organisatie zonder daarvoor een bedankje of vergoeding te krijgen? Zo ja, dan kan de werknemer ongewenst gedrag op het werk zien als onderdeel van een poging om 'weer quitte te staan'.

Als manager kun je stappen ondernemen om ongewenst gedrag op het werk tegen te gaan. Je kunt bijvoorbeeld de attitudes van de werknemers peilen en bepalen op welke gebieden er verbeteringen op het werk nodig zijn. Als werknemers werk doen dat niet bij hen past, dan zal de baan hun geen voldoening schenken,[70] en kun je daarop proberen te screenen om een mismatch te voorkomen. Door de taken op de capaciteiten en waarden van de werknemer af te stemmen zou de werktevredenheid moeten toenemen en ongewenst gedrag moeten afnemen.[71] Door sterke teams te ontwikkelen waarin ook leidinggevenden zijn opgenomen en door teambeleid op papier te zetten en (financiële) prikkels op teamniveau in te voeren, kun je er verder mede voor zorgen dat het ongewenste werkgedrag dat groepsnormen ondermijnt minder 'besmettelijk' wordt.[72]

Verzuim

Het is bekend dat er een consistent verband bestaat tussen ontevredenheid en **verzuim**, maar dit verband is slechts matig tot zwak.[73] Hoewel we zouden verwachten dat ontevreden werknemers vaker een (baal)dagje thuisblijven, zijn er blijkbaar nog andere factoren die een rol spelen en die de correlatie verzwakken. Een voorbeeld daarvan is royale ziekteverlofregelingen, waarbij werknemers – ook degenen die zeer tevreden zijn – gestimuleerd worden om vrije dagen op te nemen. Ook al vindt de medewerker het werk niet bevredigend, kan hij dan bijvoorbeeld toch een lang weekend vrij nemen om even 'bij te tanken' zonder dat dit door anderen als oneigenlijk zal worden gezien.

Verloop

Het verband tussen werktevredenheid en **verloop** is sterker dan tussen werktevredenheid en verzuim.[74] Over het geheel gezien is een daling van de werktevredenheid de beste voorspeller van de intentie om op te stappen. Maar verloop houdt ook verband met de werkomgeving. Als er in de directe werkomgeving van de werknemer een klimaat heerst waarbij ontevreden mensen al snel opstappen, kan een besmettingsef-

fect optreden. Hieruit kun je afleiden dat managers oog moeten hebben voor de werktevredenheid (en het verloop) van collega's als ze werknemers nieuwe taken geven.[75]
Er is een duidelijk verband tussen de mate waarin het werk door de werknemers wordt ervaren als ingebed – een sterke persoonlijke band met het werk en met de andere werknemers, wat weer leidt tot een sterker gevoel van verbondenheid met de organisatie – en hun werktevredenheid en de kans op verloop; als het werk stevig is ingebed, daalt de kans op verloop, vooral in collectivistische (groepsgerichte; zie hoofdstuk 4 en hoofdstuk 6) culturen waarbij het lidmaatschap van een organisatie van grote waarde is voor het individu. Verder wordt er een negatief verband voorspeld tussen de mate van **job embeddedness** en voorbeeldig werkgedrag, ongewenst werkgedrag en verzuim, en een positief verband met de werkprestaties.[76] Goed-ingebedde werknemers lijken dus tevredener met hun werk en de kans is kleiner dat ze een andere baan zullen zoeken.
Als laatste punt geldt dat het verband tussen tevredenheid en verloop wordt beïnvloed door de vooruitzichten op ander werk. Voor een werknemer die niet op zoek was naar ander werk maar die toch een aangeboden baan accepteerde, was ontevredenheid met het werk een minder goede voorspeller van verloop. Dat wordt begrijpelijk als je bedenkt dat de werknemer is opgestapt als antwoord op de *pull* (de aantrekkelijkheid) van de nieuwe baan en niet vanwege de *push* (de onaantrekkelijkheid) van de huidige baan. Zo lijkt het waarschijnlijk dat ontevredenheid met het werk vaker tot verloop zal leiden als men de banen voor het opscheppen heft, omdat push en pull dan als het ware samenwerken. Verder geldt dat werkontevredenheid bij werknemers die over een groot *menselijk kapitaal* (een hoog opleidingsniveau en veel capaciteiten) beschikken, zich sneller zal vertalen in verloop omdat ze vele alternatieven (menen te) hebben.[77]

VRAAG
Wat zou gezien het bovenstaande een mogelijke verklaring kunnen zijn voor pesten in het onderwijs?

2.2.6 Het belang van werktevredenheid

Gegeven de bewijzen die we hebben besproken, zal het geen verrassing zijn dat werktevredenheid doorwerkt in de bedrijfsresultaten. In een studie door een managementadviesbureau werd onderscheid gemaakt tussen grote organisaties met een hoog moreel (meer dan 70 procent van het personeel toonde zich over het geheel genomen tevreden met het werk) en organisaties met een gemiddeld of laag moreel (minder dan 70 procent van het personeel toonde zich over het geheel genomen tevreden met het werk). De waarde van de aandelen van bedrijven in de eerste groep steeg met 19,4 procent, tegen 10 procent in die van de organisaties met een gemiddeld of laag moreel. Ondanks deze resultaten bekommeren veel managers zich niet om de tevredenheid van hun werknemers. Weer anderen overschatten de werktevredenheid van hun werknemers en zien dus geen probleem, terwijl dat er wel is. Uit een studie onder 262 grote werkgevers bleek dat 86 procent van de senior managers geloofde dat hun organisatie haar werknemers goed behandelde, terwijl slechts 55 procent van de werknemers het daarmee eens was. Uit een andere studie bleek dat 55 procent van de managers dacht dat het moreel in hun organisatie goed was, tegen 38 procent van de werknemers.[78]
Managers zouden moeten inzien dat de werktevredenheid van hun medewerkers kan worden beschouwd als de uitkomst van hun eigen aanpak. Vervolgens zouden ze de werktevredenheid systematisch moeten meten in plaats van aan te nemen dat alles wel goed gaat. Een degelijke, structureel uitgevoerde meting maakt in feite de prestaties van managers op het vlak van personeelsbeleid zichtbaar en vergelijkbaar. Dit blijkt in

de praktijk van grote invloed te zijn op de motivatie om aan verbetering te werken van diezelfde managers.[79]

Lees op MyLab meer over de effecten van het meten van werktevredenheid.

2.3 Toepassing in de organisatiepraktijk

In dit hoofdstuk hebben we naar één psychologische verklaring van (werk)gedrag gekeken, namelijk: attitudes als mogelijke oorzaak van gedragsintenties die uiteindelijk kunnen leiden tot daadwerkelijk gedrag. We hebben gezien dat gedragsintenties lang niet altijd leiden tot daadwerkelijk gedrag. Verder zagen we dat attitudes ook het gevolg kunnen zijn van gedrag. Met andere woorden: gedrag en attitudes zijn beide beïnvloedbaar.

Dit hoofdstuk laat zien dat elke arbeidsorganisatie (profit, non-profit, privaat en publiek) belang heeft bij positieve attitudes ten aanzien van de organisatie, het management en het werk zelf. Positieve attitudes leiden immers tot tevredenheid, tot bereidheid om je in te zetten en om een stapje extra te zetten. De binding met de organisatie wordt erdoor versterkt, wat ook uitstraalt naar de omgeving. Klanten en potentiële werknemers merken het wanneer mensen zich goed voelen in hun werk en hun bedrijf. Een aantal bedrijven handelt naar deze resultaten. Servicegerichte bedrijven als KLM, Best Western Hotels, softwarebedrijven zoals AFAS en reisbureaus zoals Holland International proberen op het obsessieve af hun klanten tevreden te houden. Daarom concentreren ze zich ook op werktevredenheid; ze zien in dat werktevredenheid hen een heel eind op weg helpt om hun doel van tevreden klanten te bereiken. Deze ondernemingen proberen altijd opgewekte en vriendelijke werknemers aan te nemen, ze brengen werknemers bij hoe belangrijk klantenservice is en belonen die, ze zorgen voor een positief werkklimaat en controleren de werktevredenheid regelmatig aan de hand van attitudeonderzoeken.

Hoe kan het management bevorderen dat mensen de gewenste attitudes ontwikkelen? Eenvoudig gezegd: door mensen interessant werk te bieden dat past bij hun mogelijkheden, door goede beloning en prettige werkomstandigheden met leuke collega's, door ze positieve aandacht te schenken en door ze te betrekken bij het bedrijfsbeleid.

In de praktijk is het ingewikkelder. Als je directeur bent van een bedrijf met tien medewerkers lukt het nog wel iedereen te kennen, persoonlijke aandacht te geven, in te schatten welke uitdagingen iemand aankan en te weten bij welke vraagstukken iemand graag betrokken wil worden. Maar wat als je organisatie 1000 mensen in dienst heeft? Of 30.000? Dan is er behoefte aan een systematische aanpak om willekeur te voorkomen en de vraagstukken hanteerbaar te houden. Het uitwerken van zo'n aanpak en van de bijbehorende instrumenten is de taak van de in hoofdstuk 1 al kort genoemde HRM-functionarissen.

Het instrumentarium dat hierbij kan worden ingezet is diepgaand beschreven in tal van boeken over humanresourcesmanagement. We beperken ons hier daarom tot een aantal voorbeelden over werktevredenheid, betrokkenheid, organisatiebinding en institutionele kaders.

2.3.1 Werktevredenheid

Drie belangrijke instrumenten springen hier in het oog:

- *Taakontwerp*: zoals later in dit boek nog zal blijken, is een belangrijke factor de aard van het werk zelf: welke eisen stelt het aan de werknemer, bevat het voldoende uitdagingen, zijn er mogelijkheden voor groei en ontwikkeling? Een goed taakontwerp met voldoende ontwikkelkansen ligt aan de basis van duurzame werktevredenheid.

- *Selectie*: past de persoon bij de aangeboden baan? En blijft dat zo in de toekomst of zal hij er snel 'uitgroeien'? En zijn er dan mogelijkheden om aan zijn behoeften te voldoen? Heeft de werknemer attitudes die passen bij de organisatie en bij het team? Deze vragen probeert men te beantwoorden door middel van gesprekken, tests, assessments, het bestuderen van het curriculum vitae (cv: diploma's, arbeidsverleden, andere activiteiten). Tot slot maken gesprekken met de toekomstige leidinggevende en met collega's vaak deel uit van de procedure.
- *Begeleiding, beoordeling en beloning*: beoordeling en beloningsbeslissingen sluiten een periode af met conclusies. Gedurende die periode hebben functioneringsgesprekken plaatsgevonden, bedoeld om de prestaties en de attitudes te bespreken. Beide partijen kunnen hierbij aangeven hoe zij de relatie ervaren en wat zij in de komende tijd van elkaar verwachten.

2.3.2 Betrokkenheid

Kernwoorden zijn hier *stijl van leidinggeven* en *empowerment*. Krijgt de medewerker voldoende ruimte om het werk naar eigen inzicht vorm te geven? Kan hij zijn eigen werktempo en werktijden bepalen? Het spreekt vanzelf dat de leidinggevende die ruimte dan ook moet bieden. Als instrumenten van HRM-beleid noemen we:

- *Training en opleiding*: regelmatig worden externe trainers ingehuurd om (toekomstige) managers te trainen in het gewenste gedrag. Het gaat er dan om het aantal gedragsmogelijkheden (lees: hoe je reageert op een situatie of optreedt bij moeilijkheden) te vergroten.
- *Taakontwerp*: wederom een belangrijke factor. Het werk moet wel ruimte bieden voor eigen inbreng, anders is empowerment een farce.

2.3.3 Organisatiebinding

Hierbij gaat het om het bewerkstelligen van een affectieve binding met de organisatie. Deze ontstaat pas als je als medewerker de organisatie gaat zien als drager van belangrijke waarden. De organisatie is in dat geval meer dan een economisch instrument om winst mee te maken. Zij draagt waarden uit en handelt daarnaar, bijvoorbeeld door medewerkers in staat te stellen vanuit de organisatie de lokale gemeenschap te ondersteunen of te werken aan een goed doel. Zo stelde de vroegere energieleverancier Nuon (thans Vattenfall) ten tijde van de omwenteling in Roemenië (1989) medewerkers in staat om in dat land weeshuizen te bezoeken en van nieuwe materialen te voorzien. De lokale Rabobanken treden nogal eens op als sponsor van het lokale verenigingsleven. De HRM-functie beperkt zich hier tot het adviseren van het management over de positieve effecten van dit soort investeringen: een positief imago als werkgever, verminderd ziekteverzuim en verminderd verloop. In praktische zin kan de personeelsafdeling medewerkers adviseren over de mogelijkheden om aan dit soort activiteiten deel te nemen.

Is het aanspreken van medewerkers de toverformule bij het terugdringen van verzuim? Lees er op MyLab meer over.

Lees ook op MyLab hoe een slimme wet het ziekteverzuim in Nederland wist terug te dringen.

2.3.4 Institutionele kaders en hun indirecte invloed

Tot slot is er in Nederland en Europa ook in sterke mate sprake van institutionele invloed. Daarmee wordt ten eerste bedoeld dat op Europees en nationaal niveau wetgeving tot stand komt voor het regelen van de arbeidsverhoudingen en het bevorderen van de arbeidsveiligheid en -gezondheid. Op centraal niveau overleggen vertegenwoordigers van werkgevers, werknemers en de overheid in de Sociaal-Economische Raad (SER) over algemeen werkgelegenheidsbeleid en op decentraal niveau onderhandelen werkgevers en werknemers per bedrijfstak over collectieve arbeidsovereenkomsten (cao's).

Deze institutionele kaders van de HRM-functie hebben op hun beurt – zij het indirect – invloed op de attitudes op de werkvloer. Werknemers ontlenen er hun rechten aan en baseren hun vertrouwen in de werkgever vaak op de mate waarin deze zich aan de afspraken houdt. Ook hier ligt dus een bron voor de cognitieve component ('Mijn baas houdt zich keurig aan de cao') en de affectieve component ('Ik vertrouw mijn baas') van attitudevorming!

Universeel of cultureel?

De vraag kan gesteld worden of de onderzoeksresultaten die in het voorgaande werden besproken over de gehele wereld worden gevonden of dat het gaat om uitkomsten die alleen in de geïndustrialiseerde westerse wereld worden gevonden. In het laatste geval is immers de cultuur of de economie van een land meer bepalend voor werkgedrag dan algemene arbeidspsychologische wetmatigheden.

Is werktevredenheid een Amerikaans concept?

Het meeste onderzoek naar werktevredenheid is uitgevoerd in de Verenigde Staten. We zouden ons daardoor kunnen afvragen of het een typisch Amerikaans concept is, maar uit gegevens blijkt duidelijk dat dit niet het geval is. Mensen uit andere culturen kunnen ook oordelen over werktevredenheid en doen dat ook. Bovendien blijkt dat dezelfde factoren in alle culturen tot werktevredenheid leiden en daaruit voortvloeien. We hebben bijvoorbeeld eerder in dit hoofdstuk aangegeven dat er een positief maar zwak verband is tussen salaris en werktevredenheid.[80] In de studie in 23 landen waar we in de volgende alinea nog op zullen ingaan werd een sterk verband gevonden tussen werktevredenheid en autonomie in het werk. Hetzelfde geldt voor werktevredenheid en interessant werk. Dit verband bestaat net zo goed in andere geïndustrialiseerde landen als in de Verenigde Staten.[81]

Zijn werknemers in westerse culturen tevredener over hun werk?

Werktevredenheid lijkt relevant te zijn in veel culturen, maar dat betekent nog niet dat er geen cultuurverschillen over het concept bestaan. Uit onderzoeksresultaten komt naar voren dat werknemers in westerse culturen een hoger werktevredenheidsniveau hebben dan die in oosterse culturen.[82] In figuur 2.6 staan de resultaten van een wereldwijde studie naar werktevredenheid onder werknemers in vijftien landen. (Eigenlijk deden 23 landen eraan mee, maar omwille van de presentatie melden we alleen de resultaten van de vijftien grootste.)

Zoals te zien in de figuur, is het werktevredenheidsniveau het hoogst in de Verenigde Staten en in West-Europa met name in de Scandinavische landen en Zwitserland. Komt dat doordat werknemers in deze landen betere banen hebben of doordat het welvaartsniveau in de landen al jaren heel hoog is? Waarschijnlijk het laatste, maar mogelijk speelt er ook een culturele factor mee. Zo blijkt uit onderzoek dat individuen in oosterse culturen meer waarde hechten aan negatieve emoties dan individuen in westerse culturen, terwijl degenen in het Westen vaak meer nadruk leggen op positieve emoties en individueel geluk.[83] Zou dat misschien ook een rol kunnen spelen bij de positievere scores van werknemers in bijvoorbeeld de Verenigde Staten en Scandinavië?

Is de relatie tussen waargenomen steun van de organisatie (WSO) en voorbeeldig werkgedrag universeel?

Bij werknemers die een sterke mate van steun van de organisatie (WSO) ervaren is de kans groter dat zij voorbeeldig werkgedrag tonen, dat ze minder vaak te laat komen en betere klantenservice verlenen.[84] Dit lijkt voornamelijk op te gaan in landen waar de machtsafstand (zie het cultuurmodel van Hofstede in hoofdstuk 3) kleiner is. In deze landen, waaronder Nederland en de Scandinavische landen, zien mensen werk eerder als een ruil dan een morele verplichting. Hoewel er weinig vergelijkend onderzoek naar verschillende culturen is gedaan, is uit één onderzoek gebleken dat WSO positief samenhangt met de werkprestaties en voorbeeldig werkgedrag. Hierbij ging het om niet-traditionele Chinese werknemers, die in tegenstelling tot de traditionele werknemers een kleine machtsafstand accepteerden. Deze werknemers zagen hun werk eerder als een ruil dan als een morele verplichting.[85]

Er komt dus naar voren dat WSO en voorbeeldig werkgedrag vooral samenhangen als mensen hun inzet zien als een vrijwillige bijdrage in plaats van als een door machthebbers afgedwongen prestatie. Hoewel er duidelijk sprake is van culturele invloed, lijkt de perceptie van de machtsrelatie doorslaggevend te zijn. In België en Duitsland, waar de machtsafstand groter is, zal WSO waarschijnlijk geen verband vertonen met voorbeeldig werkgedrag.

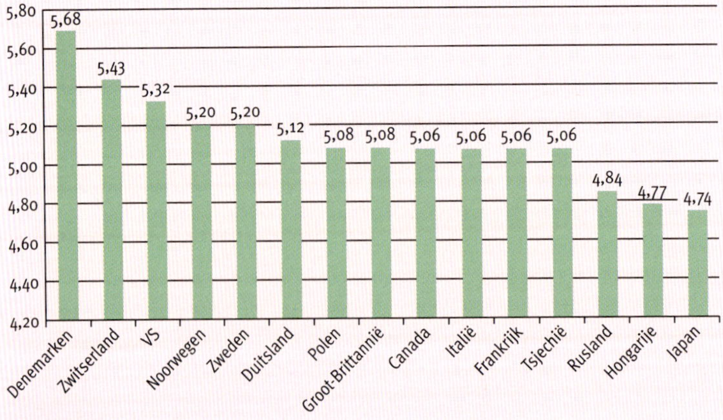

FIGUUR 2.6 Gemiddeld werktevredenheidsniveau per land

Merk op dat de scores staan voor de gemiddelde werktevredenheidsniveaus in elk land, gemeten op een schaal van 1 (zeer ontevreden) tot 10 (zeer tevreden).

KERN VAN DIT HOOFDSTUK

In dit hoofdstuk hebben we gekeken naar de invloed van attitudes op individueel gedrag in organisaties.

Attitudes

Managers zouden zich meer moeten interesseren voor de attitudes van hun werknemers, want attitudes zijn *voorspellers* van potentiële problemen en ze beïnvloeden gedrag. Tevreden en betrokken werknemers gaan minder snel weg, verzuimen minder en onttrekken zich niet aan hun werkzaamheden. Ook presteren ze beter. Aangezien managers ontslag en verzuim – vooral onder productieve werknemers – willen beperken, zullen ze positieve attitudes ten aanzien van het werk teweeg willen brengen. Harrison, Newman en Roth vonden in hun onderzoek een positieve relatie tussen algemene werktevredenheid en positief werkgedrag, en merken in dit verband op: 'Een duidelijke meting van algemene werkattitude is een van de nuttigste stukjes informatie die een organisatie over zijn werknemers kan hebben.'[86]

Werktevredenheid

Het belangrijkste wat managers kunnen doen om de werktevredenheid onder werknemers te vergroten, is zich richten op intrinsieke onderdelen van het werk, bijvoorbeeld door het werk uitdagend en interessant te maken. We komen hier nog uitgebreid op terug in de hoofdstukken 7 en 8 over motivatietheorieën en hun praktische toepassing.

Met lage lonen trek je geen hooggekwalificeerde werknemers aan en verlies je mensen die goed presteren. Maar een hoge beloning alléén schept geen bevredigende werkomgeving.

Tevreden personeel is zeker geen harde garantie voor succes van de organisatie. Maar er zijn wel duidelijke aanwijzingen dat inspanningen om de attitudes van werknemers te verbeteren in veel gevallen betere bedrijfsprestaties opleveren.

HOOFDSTUK 3

Emoties en stemmingen

NA BESTUDERING VAN DIT HOOFDSTUK BEN JE IN STAAT OM:

1. emoties van stemmingen te onderscheiden;
2. oorzaken van emoties en stemmingen te benoemen;
3. de impact van *emotionele arbeid* te beschrijven;
4. toe te lichten wat de affectieve-gebeurtenissentheorie inhoudt;
5. het concept emotionele intelligentie te bespreken;
6. strategieën voor emotieregulatie toe te lichten;
7. de gevolgen van emoties en stemmingen op gedrag in organisaties te voorspellen.

Ook al ligt het nog zo voor de hand dat emoties een rol spelen in ons werk en dagelijks leven, tot voor kort werd er in de bedrijfswetenschap weinig aandacht aan geschonken.[1] Daar zijn twee verklaringen voor:

1. De eerste verklaring is de **mythe van rationaliteit**. Sinds de opkomst van wetenschappelijk management vond men in de wereld van de grote bedrijven dat emoties onderdrukt moesten worden. Een goed geleide organisatie was een organisatie waarin leiding en werknemers hun frustratie, angst, woede, liefde, haat, vreugde, verdriet en dergelijke niet mochten uiten. Men vreesde dat emoties rationele besluitvorming onmogelijk zouden maken.
2. De tweede verklaring is dat emoties als *ontwrichtend* werden gezien. Onderzoek naar emoties ging vooral over sterke negatieve emoties – vooral woede – omdat die emoties werknemers zouden aanzetten tot vechten of staken. Men geloofde niet dat emoties constructief kunnen zijn of zelfs prestaties kunnen verbeteren. Het is inderdaad waar dat bepaalde emoties in arbeidssituaties negatief kunnen uitpakken, vooral wanneer ze op het verkeerde moment optreden. Dit verandert echter niets aan het feit dat iedereen zijn emotionele kant elke dag meeneemt naar het werk.

Tegenwoordig denkt men daar heel anders over. Emoties en stemmingen zijn er en je kunt ze niet thuis laten. Simpelweg ontkennen dat ze er zijn heeft dus geen zin. Als we ons maar goed bewust zijn van de invloed van emoties hoeven we niet zo bang te zijn voor verlies van rationaliteit. Sterker nog: rationele besluitvorming kan niet zonder een zekere mate van emotie. Zie hiervoor paragraaf 3.1.3.
Emoties en stemmingen hebben inderdaad invloed op hoe je je werk doet. Maar dat hoeft helemaal niet negatief te zijn. Kennis over de mogelijke positieve en negatieve

invloeden kan helpen om er goed mee om te gaan. Leidinggevenden die emoties herkennen en ook zelf (iets van) hun emoties kunnen tonen worden als menselijker ervaren. Sommige functies vereisen zelfs het actief tonen van emoties. We spreken dan van emotionele arbeid. In de paragrafen 3.2 en verder gaan we daar dieper op in.

3.1 Wat zijn emoties en stemmingen?

Hoewel we niet te veel nadruk op definities willen leggen, kunnen we pas verdergaan met onze analyse nadat we drie nauw verwante termen hebben verduidelijkt: affect, emoties en stemmingen. Met het begrip **affect** als algemene term duiden we het brede scala van menselijke gevoelens aan. Het is het overkoepelende begrip waaronder zowel emoties als stemmingen vallen. **Emoties** zijn intense gevoelens voor iets of iemand.[2] Er zijn tientallen verschillende emoties, waaronder woede, verachting, afschuw, vreugde, haat, hoop, jaloezie, plezier, liefde, trots, verrassing en verdriet. **Stemmingen** zijn gevoelens die minder sterk zijn dan emoties; ze hebben geen prikkels uit de omgeving nodig. Figuur 3.1 toont het verband tussen affect, emoties en stemmingen.

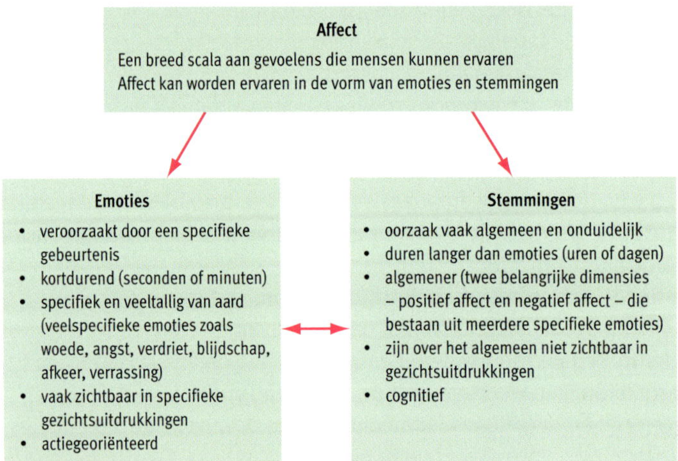

FIGUUR 3.1 **Affect, emoties en stemmingen**

Emoties zijn altijd reacties op een persoon (als je een vriend ontmoet op je werk kun je je blij voelen) of een gebeurtenis (als je op je duim slaat bij het ophangen van een schilderij kun je even razend van woede worden). Je emoties zijn zichtbaar als je 'ergens blij om bent, boos op iemand bent, bang bent voor iets'.[3] Stemmingen daarentegen zijn juist niet gericht op een persoon of gebeurtenis. Emoties kunnen overgaan in stemmingen wanneer je aandacht niet langer gericht is op de gebeurtenis of het object (persoon of ding) waardoor de emotie opgeroepen werd. En omgekeerd geldt ook dat je in een goede of slechte bui soms emotioneler reageert op een gebeurtenis dan je anders zou doen.

Figuur 3.1 laat vooral zien dat affect een breed begrip is, dat zowel emoties als stemmingen omvat. Daarnaast wijst de figuur op de verschillen tussen emoties en stemmingen. Sommige onderzoekers veronderstellen dat emoties meer actiegeoriënteerd zijn – ze leiden tot onmiddellijke actie – terwijl stemmingen meer cognitief zijn: ze stemmen tot nadenken of piekeren.[4] Tot slot laat de figuur door middel van de dubbele pijl zien dat emoties en stemmingen elkaar over en weer kunnen beïnvloeden. Een emotie die sterk en diep genoeg is, kan in een stemming omslaan en het omgekeerde (overgang van stemming naar emotie) komt ook voor. Iemand die wat nerveus (stemming) is vanwege een komend beoordelingsgesprek kan bijvoorbeeld ineens woedend (emotie) reageren op een plagerijtje van zijn collega's. We hebben daar uitdrukkingen voor in onze taal: 'Ben je met het verkeerde been uit bed gestapt vanmorgen?' of – iets empathischer – 'Hm, een beetje prikkelbaar vandaag?' Omdat emoties en stemmingen elkaar wederzijds kunnen beïnvloeden, komen we in dit hoofdstuk allerlei situaties tegen waarin emoties en stemmingen nauw samenhangen.

3.1.1 Basisemoties

Hoeveel emoties bestaan er? Er zijn tientallen emoties, zoals woede, minachting, angst, enthousiasme, jaloezie, frustratie, teleurstelling, gêne, walging, geluk, haat, hoop, minachting, afgunst, vreugde, liefde, trots, verbazing en verdriet. Omdat er zo'n groot scala aan emoties bestaat, hebben wetenschappers geprobeerd ze te herleiden tot een kleinere verzameling meer fundamentele emoties.[5] Andere onderzoekers vinden echter dat het geen zin heeft om in **basisemoties** te denken, omdat zelfs emoties die we zelden (en hopelijk nooit!) ervaren, zoals een toestand van shock na een ernstig ongeluk, heel veel invloed op ons gedrag kunnen hebben.[6] De indeling van Paul Ekman heeft vrij veel aanhangers onder deskundigen.[7] Hij stelt dat er in principe zes universele emoties bestaan die je op een continuüm kunt plaatsen:[8]
woede – angst – verdriet – geluk – verbazing – walging.

Een geprikkelde stemming kan ervoor zorgen dat je overdreven reageert op kritiek.

Foto: HYPESTOCK / Shutterstock / Pearson Asset Library

We zien een gezichtsuitdrukking die geluk uitstraalt wel eens aan voor verbazing, maar geluk en walging halen we zelden door elkaar. Tenminste, zolang we binnen onze eigen cultuur blijven. Psychologen hebben wel geprobeerd gezichtsuitdrukkingen te koppelen aan basisemoties. Maar juist gezichtsuitdrukkingen blijken heel lastig te interpreteren.[9] Dat komt enerzijds omdat emoties te complex zijn om eenvoudig met je gezicht te laten zien. Anderzijds verschillen de uitdrukking en de interpretatie per cultuur. Zie daarvoor de bespreking van culturele aspecten aan het einde van dit hoofdstuk.

Gezichtsuitdrukkingen laten je emoties zien.

Foto: Tommaso Lizzul / Shutterstock / Pearson Asset Library

Een leuke oefening! Zes personen beelden elk een van de basisemoties uit die ze op een kaartje krijgen uitgereikt. De rest van de aanwezigen probeert de emoties (dus de personen) in de volgorde van het continuüm van Ekman te zetten.

Morele emoties

Onderzoekers hebben ook de zogenoemde **morele emoties** bestudeerd; dat zijn emoties die morele implicaties hebben in de zin dat we onmiddellijk een oordeel klaar hebben over de situatie die de emoties oproept. Voorbeelden van morele emoties zijn meeleven met het lijden van anderen, je schuldig voelen over je eigen immorele gedrag, boosheid ervaren over een onrechtvaardige behandeling van andere mensen en minachting voelen voor mensen die zich onethisch gedragen.

Een ander voorbeeld is de walging die we voelen als morele normen worden geschonden, morele walging genoemd. Morele walging verschilt van gewone walging. Stel dat je per ongeluk in koeienpoep trapt en daarvan walgt. Dan is er geen sprake van morele walging; je velt er geen moreel oordeel over. Stel nu dat je zojuist een filmpje hebt gezien over een politicus die een seksistische of racistische opmerking maakt. Dan walg je waarschijnlijk op een andere manier, omdat die situatie ingaat tegen je gevoel van goed en kwaad. Sterker nog, je voelt misschien wel een heel scala aan emoties die zijn gebaseerd op je morele beoordeling van de situatie.[10]

3.1.2 Basisstemmingen

Hoewel er waarschijnlijk net zoveel stemmingen als emoties genoemd kunnen worden, is het handig als je het type stemming zou kunnen aangeven. Dat is gelukkig ook mogelijk. Als eerste stap onderscheiden we emoties in twee categorieën: positief en negatief. Deze twee categorieën staan voor twee stemmingstoestanden die bekend staan als positief affect en negatief affect (zie figuur 3.2). **Positieve affecten** (lees: gevoelens) – zoals vreugde en dankbaarheid – zijn een uitdrukking van een gunstige evaluatie of een gunstig gevoel. **Negatieve affecten** – zoals woede of schuldgevoel – drukken het tegenovergestelde uit. Daarnaast kunnen we een onderscheid maken in twee **activatieniveaus**: **activerende affecten** (in de figuur aangeduid als *hoog*) en **passieve affecten** (in de figuur *laag*). De combinatie van deze twee dimensies (positief-negatief en hoog-laag) maakt het mogelijk een breed scala van stemmingen in een model te classificeren. In figuur 3.2 is bijvoorbeeld *opwinding* een zuivere indicatie van een hoog positief affect, dat wil zeggen: een prettige en activerende stemming. *Zenuwachtig* is een hoog negatief affect: een onprettige en activerende stemming. *Verveling* is een zuivere indicatie van een lage (dus passief) negatieve stemming en *ontspannen* geeft een lage positieve stemming goed weer. Sommige gevoelens zitten ertussenin. *Tevredenheid* is bijvoorbeeld een prettige stemming (positief affect) die niet per se activerend is, maar ook niet per se tot passiviteit hoeft te leiden. Denk aan de tevredenheid die je kunt ervaren na een goede maaltijd. Je kan achteroverleunen en genieten van het gevoel (passief), maar je kan ook een wandeling gaan maken of een goed gesprek beginnen (actief). Het tevreden gevoel blijft in alle gevallen langere tijd aanhouden, wat tekenend is voor een stemming.

Bedenk dat een stemming niet direct is gekoppeld aan een persoon, handeling of gebeurtenis, maar een langer aanhoudend gevoel aangeeft. Veel van de hier genoemde gevoelens kunnen echter ook een emotionele reactie zijn op een gebeurtenis. De emotie van een warm en tevreden gevoel kan je overspoelen tijdens of direct na het genieten van een heerlijke maaltijd in prettig gezelschap, en vervolgens kan dat gevoel omslaan in een tevreden stemming gedurende de rest van de avond.

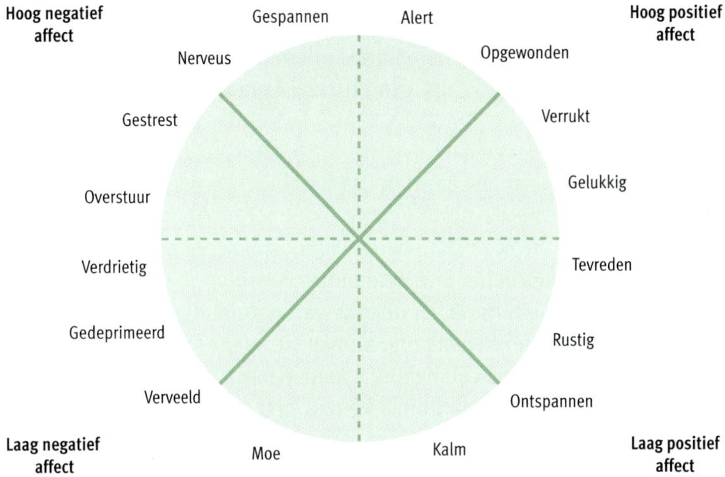

FIGUUR 3.2 **De structuur van stemmingen**

Emoties en stemmingen ervaren

Voor iedereen geldt dat we zelden of nooit tegelijkertijd én negatieve én positieve gevoelens hebben, maar daar houden de overeenkomsten dan ook mee op. Emoties ervaart iedereen anders. Sommige mensen (we zouden ze emotioneel of gevoelig kunnen noemen) hebben vrijwel dagelijks allerlei positieve en negatieve emoties terwijl anderen (die we misschien ongevoelig of flegmatiek zouden noemen) weinig of geen emoties ervaren. Weer anderen hebben vooral positieve emoties of juist passieve. Alsof het benoemen van allerlei emoties en stemmingen nog niet ingewikkeld genoeg is, ervaart ieder mens ze ook nog eens verschillend. Uit onderzoek blijkt overigens wel dat er sprake is van een **positieve neutrale toestand**, wat inhoudt dat de meeste mensen bij een input van nul (wanneer er niets bijzonders gebeurt) een licht positieve stemming ervaren.[11] Voor de meeste mensen zijn positieve stemmingen dus iets gebruikelijker dan negatieve stemmingen, ook op het werk. Deze conclusie lijkt eveneens op te gaan voor werknemers in allerlei soorten werkomgevingen. Uit een onderzoek onder medewerkers van de klantenservice in een Brits callcenter bleek bijvoorbeeld dat die medewerkers 58 procent van de tijd zeiden dat ze in een positieve stemming waren, ondanks de stressvolle omgeving.[12] Een andere onderzoeksuitkomst is dat negatieve emoties tot een negatieve stemming leiden.

3.1.3 De functie van emoties

Al zijn emoties niet altijd te doorgronden, ze zijn vaak wel van essentieel belang voor een goed functionerende werkomgeving. Zo blijkt dat werknemers met meer positieve emoties beter presteren en meer voorbeeldig werkgedrag laten zien, minder gauw opstappen en minder ongewenst werkgedrag tonen. Dat geldt vooral wanneer ze zich gesteund voelen door hun organisatie in hun poging om goed te presteren.[13] Ook is aangetoond dat dankbaarheid en ontzag goede voorspellers zijn van voorbeeldig werkgedrag,[14] waardoor het vertrouwen toeneemt en betrokkenheid vaker via emoties wordt uitgedrukt.[15] We gaan nu in op twee essentiële gebieden waarbij emoties goed zijn voor de prestaties: rationaliteit en ethisch gedrag.

Word je irrationeel van emoties?

Sommige mensen stellen dat het uiten van bepaalde emoties (bijvoorbeeld bedroefd kijken of openlijk huilen als je verdrietig bent) zo schadelijk is voor je carrière dat je dat niet moet doen in het bijzijn van anderen.[16] Zulke 'adviezen' suggereren dat je als een irrationeel type zou overkomen als je je emoties openlijk toont. Uit het geval van Phineas Gage blijkt echter dat emoties juist van cruciaal belang zijn om rationeel te kunnen denken.

Lees meer over Phineas Gage en zijn ongeluk op MyLab.

Spoorwegwerker Phineas Gage kreeg in 1848 een ongeluk waardoor een deel van zijn hersenen, dat deel dat verantwoordelijk is voor emoties, werd vernietigd. Gage overleefde het ongeluk en zijn gedrag toonde vervolgens aan dat emoties niet los van de hersenen bestaan.[17] Gages intelligentie was niet aangetast, maar toch nam hij steeds vaker vreemde beslissingen die niet in zijn belang waren. Hieruit trokken wetenschappers die hem volgden de conclusie dat rationele keuzes niet zonder emoties kunnen. Emoties kunnen ons helpen betere afwegingen te maken tussen verschillende opties. Zonder emoties zouden we misschien telkens door rood rijden, gewoon omdat we dan sneller opschoten. De angst voor een bekeuring (of het anticiperen op onze spijtgevoelens na een mogelijk door ons veroorzaakt ongeluk) helpt ons een betere afweging te maken. Emoties geven ons informatie over hoe we keuzes tegen elkaar kunnen afwegen en hoe we de wereld om ons heen moeten begrijpen. De sleutel tot goede besluitvorming bestaat er dus uit dat we bij het nemen van onze beslissingen denken én voelen.

Word je een beter mens van emoties?

De Griekse filosofen Socrates, Plato en Aristoteles geloofden dat ethisch verantwoorde besluiten het gevolg waren van cognitieve processen van een hogere orde, dus van logische en rationele afwegingen. Ethisch 'goed' handelen was dus niet een aangeboren kenmerk, maar zou slechts voortkomen uit het vermogen om te denken.

Een groeiend aantal onderzoeken naar emoties en morele attitudes plaatst vraagtekens bij die opvatting. Uit veel onderzoek blijkt dat deze categorie emoties (meeleven, schuldbesef) grotendeels zijn gebaseerd op gevoelens in plaats van op een rationele redenering; zelfs al menen we dat onze morele grenzen logisch en rationeel zijn, in plaats van emotioneel. Mensen die zich ethisch verantwoord gedragen doen dit minstens voor een deel op basis van hun emoties en gevoelens, en hun emotionele reactie heeft het – ethisch gezien – vaak bij het rechte eind.[18]

Aristoteles (384-322 v Chr.) filosofeerde over ethiek. Hij is voorstander van het aankweken van deugden om taken naar eer en geweten uit te voeren.

Foto: Panos Karas / Shutterstock / Pearson Asset Library

De tegenkant is dat emoties ook kunnen leiden tot gewelddadig en oorlogszuchtig gedrag. Onder invloed van onze (mogelijk onjuiste) perceptie kan liefde omslaan in haat, mededogen in mishandeling en vredelievendheid in oorlogszucht. De recente gebeurtenissen in Oekraïne (annexatie van de Krim en de Russische steun aan separatisten) en de steun daarvoor onder het Russische volk tonen voor de zoveelste keer in de geschiedenis aan dat de publieke opinie gemakkelijk te manipuleren valt. Datzelfde geldt overigens ook voor de steun van westerse landen voor de inval in Irak na de aanslagen op het World Trade Center in New York op 11 september 2001.

Tot op zekere hoogte worden onze opvattingen gevormd door meningen van mensen met wie we onszelf vergelijken, mensen met dezelfde belangen of collega's. Hun meningen beïnvloeden onze percepties van andere mensen. Dat kan leiden tot onbewuste reacties en het gevoel dat onze gedeelde emoties 'de juiste' zijn. Helaas kan dit ertoe leiden dat we puur emotionele reacties gaan verdedigen alsof ze redelijk en ethisch zijn.[19] Ook zijn we geneigd om mensen die niet tot onze eigen groep behoren (de *out-group*) strenger te veroordelen als ze een morele misstap begaan dan mensen uit onze eigen groep (de *in-group*), zelfs als we proberen objectief te zijn.[20] Daarnaast willen we vaak uit rancune dat een lid van een out-group gestraft wordt voor een overtreding, misschien om een emotioneel gevoel van *fair play* (eerlijk spel) te herstellen.[21]

De 'Anschluss' van de Krim kon rekenen op brede steun in Rusland.

Foto: Yevgen Govorov / 123RF / Pearson Asset Library

EMPATHISCH GEDRAG IN DE DIERENWERELD

De Nederlandse gedragsbioloog Frans van der Waal publiceerde enkele jaren geleden een boek waarin hij laat zien dat ook primaten zoals bonobo's empathisch gedrag vertonen.[22] Hij vermoedt dat de ethische grondregel – 'wat gij niet wilt dat u geschiedt, doe dat ook een ander niet' – als het ware in onze genen is ingebakken.[23]

3.1.4 Bronnen van emoties en stemmingen

Emoties en stemmingen kunnen uit een breed scala van gebeurtenissen en interne processen ontstaan. We bespreken er hier een aantal die relevant zijn voor werksituaties.

Persoonlijkheid

Stemmingen en emoties hebben een karaktercomponent: de meeste mensen hebben een ingebouwde neiging om bepaalde stemmingen en emoties vaker of met een andere intensiteit te beleven dan andere gevoelens.

Uur van de dag

De stemming varieert door de dag heen. In een fascinerend onderzoek zijn patronen bekeken door miljoenen tweets van over de hele wereld te analyseren.[24] De onderzoekers noteerden het gebruik van woorden die positief affect (blij, enthousiast, benieuwd) of negatief affect (verdrietig, boos, bang) uitdrukten. In figuur 3.3 zie je de waargenomen trends staan in het gedeelte met positief affect. De dagelijkse schommelingen in de stemming volgden in de meeste landen een vergelijkbaar patroon. Deze uitkomsten komen overeen met eerder onderzoek. Maar de onderzoeksuitkomsten verschillen als het om de avond gaat. Terwijl het meeste onderzoek erop duidt dat positief affect na 19.00 uur daalt, lijkt dit onderzoek erop te duiden dat het stijgt voordat de middernachtelijke daling optreedt. Nader onderzoek is nodig om te zien welke beschrijving de juiste is. De trends in negatief affect in dit onderzoek strookten beter met eerdere onderzoeksbevindingen: negatief affect is het laagst in de ochtend en neemt in de loop van de dag en avond toe.

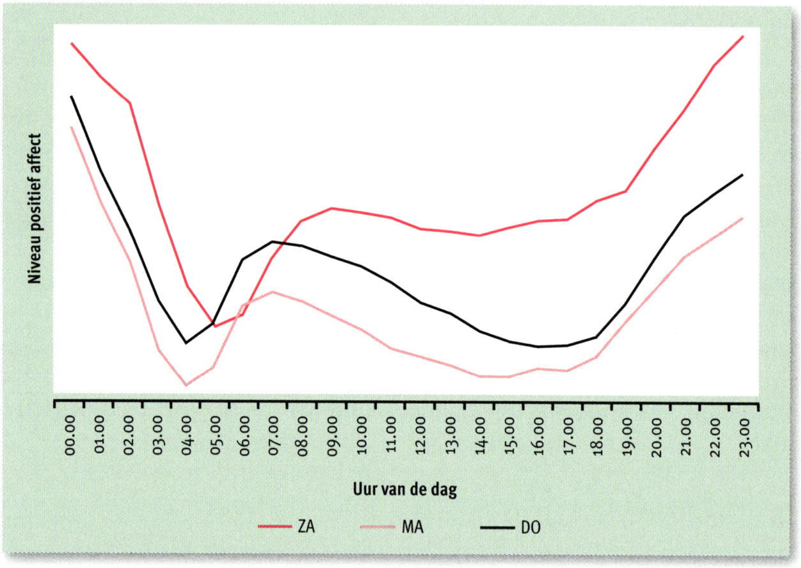

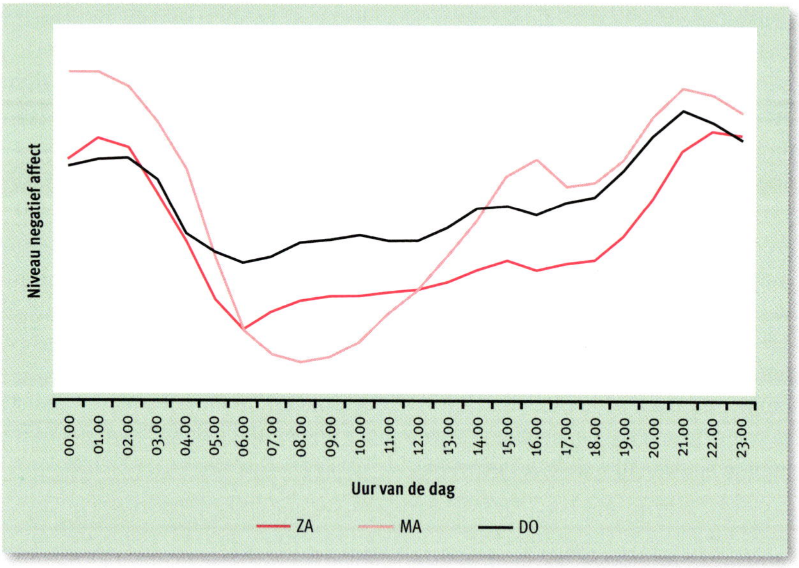

FIGUUR 3.3 **Uur-van-de dag-effecten op de stemming van volwassenen uit de Verenigde Staten op basis van tweets**

Bronnen: gebaseerd op S. A. Golder & M. W. Macy, 'Diurnal and Seasonal Mood Vary with Work, Sleep, and Daylength Across Diverse Cultures,' Science 333 (2011), 1878–1881; A. Elejalde-Ruiz, 'Seize the day,' Chicago Tribune (5 september 2012), gedownload op 20 juni 2013 van http://articles.chicagotribune.com/.

Opmerking: Gebaseerd op een analyse van tweets in de Verenigde Staten en de codering van woorden die positieve gevoelens (heerlijk, enthousiasme) en negatieve gevoelens (angst, zich schuldig voelen) weergeven. De strepen staan voor het percentage van de totale woorden in de tweets die die stemmingen uitdrukken.

Dag van de week

Is de stemming van mensen in het weekend het best? In de meeste culturen is dat inderdaad zo: volwassenen in de Verenigde Staten bijvoorbeeld, voelen zich het positiefst gestemd op vrijdag, zaterdag en zondag en het minst op maandag.[25] Het patroon van figuur 3.3 lijkt ook voor andere culturen op te gaan. Bij Duitsers en Chinezen is positief affect het hoogste van vrijdag tot en met zondag en het laagst op maandag. Dit is echter niet in alle culturen het geval. Zo is het positief affect in Japan op maandag hoger dan op vrijdag en zaterdag.

Wat negatief affect betreft scoort de maandag in de meeste culturen het hoogst. In sommige landen blijkt het negatief affect op vrijdag en zaterdag lager te zijn dan op zondag. Dat komt misschien doordat de zondag fijn is als vrije dag (waardoor we dus een hoger positief affect ervaren), maar dat we ook een beetje gestrest raken van de week die voor ons ligt (waardoor het negatief affect hoger is).

VRAAG

Wanneer zou je je chef het beste om een gunst (bijvoorbeeld een extra vrije dag of een loonsverhoging) kunnen vragen?

Sociale activiteiten

Bij de meeste mensen verbeteren sociale activiteiten de positieve stemming, terwijl ze weinig effect hebben op de negatieve stemming.[26] Uit onderzoek blijkt dat fysieke, informele activiteiten sterker bijdragen aan stemmingsverbetering dan formele activiteiten (vergaderingen) of zittende activiteiten (televisiekijken met vrienden).[27]

Slaap

Studenten en volwassenen die werken en onvoldoende slaap krijgen, meldden in een onderzoek dat ze meer gevoelens van vermoeidheid, woede en vijandigheid hadden.[28] Te weinig of slecht slapen maakt het lastiger om beslissingen te nemen en emoties onder controle te houden. Als mensen slecht geslapen hebben, verstoort dat ook de werktevredenheid doordat ze moe, geïrriteerd en minder alert zijn.[29] Zelfs één slechte nacht maakt ons al prikkelbaar en geneigd tot het nemen van risico's.[30] Slechte nachtrust ondermijnt werktevredenheid[31] en vermindert ons ethische beoordelingsvermogen.[32] Aan de pluskant worden we door goede nachtrust creatiever en presteren we beter, wat weer goed is voor je carrière.

Stress kan zich uiten in vergeetachtigheid.

Foto: Cartoonresource / Shutterstock / Pearson Asset Library

Stress

Stressvolle gebeurtenissen die je dagelijks kunt meemaken (een vervelende e-mail, een aanstaande deadline, het verlies van een grote deal, een standje van de chef enzovoort) beïnvloeden je stemming negatief. De effecten van stress stapelen zich in de loop van de tijd op, wat kan leiden tot prikkelbaarheid en uiteindelijk tot ziekte of burn-out.[33] In situaties die te sterk emotioneel geladen en stressvol zijn, hebben we de ingebakken neiging om af te haken en letterlijk 'weg te kijken'.[34]

Sekse

Algemeen wordt gedacht dat vrouwen emotioneler zijn dan mannen. Maar is dat wel zo? Onderzoek toont aan dat vrouwen emotioneel *expressiever* zijn dan mannen;[35] ze beleven hun emoties intenser, blijven langer in hun emoties 'hangen', en vertonen vaker positieve en negatieve emoties, met uitzondering van woede.[36] Uit een onderzoek onder deelnemers uit verschillende landen bleek dat mannen consistent aangeven krachtige emoties als woede te ervaren, terwijl vrouwen vaker machteloze emoties als droefheid en angst rapporteren.[37]

VRAAG

Van welke van de bovenstaande stemmingsinvloeden zou sprake zijn in onderstaand bericht op iemands blog: 'Zit in een dip vandaag ... lichamelijk niet helemaal lekker, de berg persoonlijke kwesties en het werk dat ik moet afmaken vliegen me naar de keel.'

Wat is van invloed op onze emoties en stemmingen?

3.2 Emotionele arbeid

Alle werkende mensen verrichten fysieke én mentale arbeid door lichamelijke en cognitieve vermogens bij het werk te gebruiken. Maar veel banen vereisen ook **emotionele arbeid**, wat inhoudt dat je de juiste – door de organisatie gewenste – emoties moet tonen bij interacties met anderen op je werk.[38]

Het concept emotionele arbeid komt voort uit onderzoek naar dienstverlenende functies. Zo verwachten luchtvaartmaatschappijen bijvoorbeeld van hun stewardessen dat ze vrolijk en vriendelijk zijn; we verwachten dat begrafenisondernemers op een respectvolle manier met ons meeleven en dat artsen emotioneel neutraal zijn. Het besef dringt inmiddels door dat in bijna alle banen emotionele eisen worden gesteld. Jouw leidinggevende verwacht dat je beleefd (en zeker niet vijandig) bent in contacten met collega's. Het wordt pas echt een uitdaging wanneer mensen een heel andere emotie moeten voorwenden dan ze feitelijk voelen. Dit verschil tussen beleefde en geuite emotie wordt in de Nederlandse vakliteratuur **emotionele belasting** genoemd, en die belasting kan een zware tol eisen.

In de Verenigde Staten dient men op het werk positieve emoties als enthousiasme en *happiness* te laten zien. Tegelijkertijd moeten emoties als woede en angst sterk worden onderdrukt. Dit blijkt steeds weer uit onderzoek.[39] Effectieve managers (en docenten!) hebben geleerd ernstig te kijken als ze een ongunstige beoordeling moeten geven en ze mogen hun woede niet laten blijken als een promotie aan hun neus voorbijgaat. De verkoopster die niet geleerd heeft vriendelijk te blijven glimlachen, ongeacht haar ware gevoelens, zal het niet lang uithouden in haar baan. Wat we aan emotie ervaren in ons werk is dus niet altijd hetzelfde als wat we laten zien.

Beleefde emoties zijn de werkelijke gevoelens die je ervaart. Daartegenover staan **geuite emoties**, die de organisatie nuttig acht voor een bepaalde functie.[40] Die laatste categorie is niet aangeboren maar aangeleerd. De rituele verrukte blik op het gezicht van nummer twee wanneer de winnaar van het Eurovisie Songfestival bekend is, is een product van de ongeschreven regel dat verliezers hun teleurstelling moeten maskeren met een blik van vreugde voor de winnaar.[41] Zo weten de meesten van ons ook dat we ons verdrietig horen te gedragen op begrafenissen en dat we vrolijk moeten doen op bruiloften, ook al zijn we er niet voor in de stemming.[42]

Cabinepersoneel moet een opgewekte stemming uitstralen.

Foto: Serghei Starus / Shutterstock / Pearson Asset Library

Het laten zien van emoties die we niet voelen, betekent dat we emoties moeten acteren. Hierbij moet je goed onderscheid maken tussen **oppervlakte-acteren** en diepte-acteren. Oppervlakte-acteren houdt in dat iemand zijn innerlijke gevoelens verbergt en daarnaast emotionele uitingen 'speelt' die passen bij zijn functie. Een verkoopster die glimlacht tegen een klant, ook al heeft ze eigenlijk een rotbui, doet aan oppervlakte-acteren. Haar echte gevoelens zijn immers niet veranderd. Als je dat dagelijks moet doen kan dat leiden tot emotionele uitputting, prikkelbaarheid, gezinsproblemen en slapeloosheid.[43] In werksituaties waar medewerkers dagelijks moeten oppervlakte-acteren kan dit leiden tot vermoeidheidverschijnselen, minder voorbeeldig gedrag,[44] meer stress en verminderde werktevredenheid.[45] Mogelijk door de inspanning die het kost om creatief te zijn in het steeds op een andere manier emoties te 'spelen' blijken mensen die het oppervlakte-acteren sterk variëren er nog meer onder te lijden dan mensen die elke dag dezelfde reacties vertonen.[46] Medewerkers die veel moeten acteren, moeten wat tijd krijgen om te ontspannen en weer op te laden.[47]

Verliezer: 'Ik ben zo blij voor je!'

Foto: Agefotostock / Alamy Stock Photo

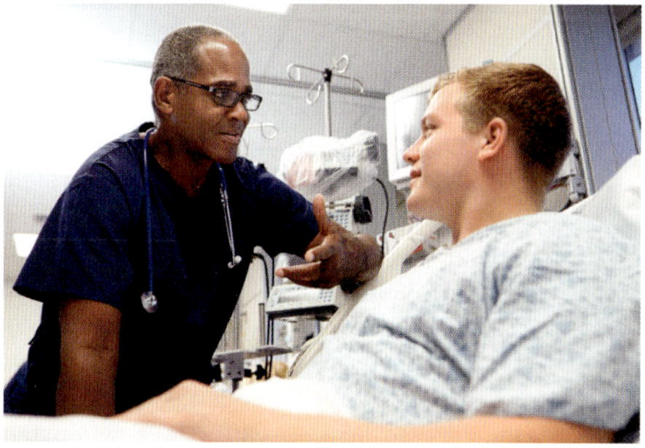

Verpleegkundigen en artsen tonen vaak echte empathie (diepte-acteren).

Foto: Shutterstock / Pearson Asset Library

Diepte-acteren daarentegen houdt in dat iemand zijn/haar eigen diepere gevoelens probeert aan te passen aan de gedragsnormen van de situatie. Een maatschappelijk werkster die oprecht de boosheid van haar zojuist ontslagen cliënt meevoelt doet aan diepte-acteren. Dat geldt ook voor een uitvaartleider die **empathie** heeft en toont voor het verdriet van de nabestaanden. De beste filmsterren zijn, vaak na jaren intensieve training, in staat de gevoelens die bij hun rol passen in zichzelf op te roepen. Hun 'spel' is daardoor volstrekt geloofwaardig. Diepte-acteren kost geestelijk gezien minder dan oppervlakte-acteren omdat je de emotie in feite probeert te voelen, waardoor je emotioneel minder uitgeput raakt. Diepte-acteren kan een positief effect hebben. Zo blijkt uit een onderzoek in Nederland en Duitsland dat mensen met een dienstverlenende baan aanzienlijk meer direct loon (fooien) verdienden na een training in diepte-acteren.[48] Er is een positief verband tussen diepte-acteren, werktevredenheid en werkprestaties.[49] Werknemers die interacties die emotionele arbeid kosten op hun werk kunnen depersonaliseren of standaardiseren, kunnen met succes blijven acteren terwijl ze ondertussen aan andere taken denken. Hierdoor omzeilen ze dus de emotionele impact.[50]

Oppervlakte-acteren gaat over de emoties die iemand toont, *diepte-acteren* gaat over emoties die iemand echt beleeft.

Het grote belang van emotie voor een effectieve taakuitvoering in de meeste hedendaagse organisaties maakt het onderwerp bijzonder relevant voor het vakgebied GiO.

Emotionele dissonantie en mindfulness

Als werknemers een bepaalde emotie moeten voorwenden *terwijl ze een andere emotie voelen*, dan is er sprake van **emotionele dissonantie**. Opgekropte gevoelens van frustratie, woede en verbolgenheid kunnen tot emotionele uitputting leiden. Langdurige emotionele dissonantie is een voorspeller van burn-out, dalende prestaties en minder tevredenheid op het werk.[51] Het is belangrijk om de effecten van emotionele arbeid en emotionele dissonantie tegen te gaan. Onderzoek in Nederland en België geeft aan dat oppervlakte-acteren stressvol is voor werknemers; mindfulness – je emotionele toestand van het moment zo objectief en bewust mogelijk ervaren – vertoont juist een negatieve correlatie met emotionele uitputting en heeft een positieve invloed op de werktevredenheid.[52] Als mensen zich op een niet-oordelende manier bewust worden van hun emoties, kunnen ze situaties duidelijker zien. Aangetoond is dat mindfulness mensen helpt om beter om te gaan met hun emoties.[53]

De begrippen op het gebied van de emotionele arbeid lijken een intuïtieve logica te hebben, ook vanuit de organisatie gezien. Bij de onderstaande theorie van de affectieve gebeurtenissen worden de emotionele arbeidseisen van een baan ondergebracht in een theorie die implicaties heeft voor gebeurtenissen op het werk, emotionele reacties, werktevredenheid en werkprestaties.

3.3 De affectieve-gebeurtenissentheorie

We hebben gezien dat emoties en stemmingen een belangrijk onderdeel vormen van ons privé- en werkleven. Maar hoe beïnvloeden ze onze werkprestaties en werktevredenheid? De **affectieve-gebeurtenissentheorie** (Engels: *affective events theory* of AET) stelt dat werknemers emotioneel reageren op dingen die ze op hun werk meemaken en dat die reactie hun werkprestaties en werktevredenheid beïnvloedt.[54]

Stel dat je net hebt gehoord dat je bedrijf gaat inkrimpen. Je ondergaat allerlei negatieve emoties, omdat je je zorgen maakt dat je je baan kwijtraakt. Omdat je er verder niets aan kunt veranderen, voel je je onzeker en angstig en ben je een groot deel van je tijd bezig met piekeren in plaats van werken. Je werktevredenheid daalt uiteraard ook.

Gebeurtenissen op het werk roepen positieve en negatieve emotionele reacties op en werknemers zullen er, afhankelijk van hun persoonlijkheid en stemming, meer of minder heftig op reageren.[55] Mensen die laag scoren op emotionele stabiliteit (zie hoofdstuk 4) hebben een grotere kans om heftig te reageren op negatieve gebeurtenissen, en een emotionele reactie op een gebeurtenis kan van de stemming afhangen. Tot slot zijn emoties van invloed op een aantal variabelen op het gebied van prestaties en tevredenheid, zoals voorbeeldig werkgedrag, betrokkenheid bij de organisatie, inzet, intentie om op te stappen en afwijkend werkgedrag. De AET-theorie heeft, samengevat, twee belangrijke boodschappen.[56] Ten eerste bieden emoties waardevolle inzichten in hoe gebeurtenissen op het werk van invloed zijn op de prestaties en tevredenheid van werknemers. Ten tweede moeten werknemers en managers emoties of de gebeurtenissen waardoor de emoties veroorzaakt worden niet negeren, ook al lijken ze onbelangrijk, omdat emoties zich opstapelen.

Het AET-kader richt zich op de emotionele kant van de werkomgeving en de gevolgen voor de praktijk. Emotionele intelligentie is een ander kader waarmee we de impact van emoties op de werkprestaties kunnen leren begrijpen; we gaan daar nu naar kijken.

3.4 Emotionele intelligentie

Diana Maarschalk is als officemanager niet geliefd. Ze is zich meestal niet bewust van haar eigen emoties en die van anderen. Ze is humeurig en weet niet veel enthousiasme of interesse te wekken bij haar werknemers. Ze begrijpt niet waarom werknemers overstuur van haar raken. Vaak reageert ze overdreven op problemen en kiest ze erg ineffectieve antwoorden op emotionele situaties.[57] Heeft Diana misschien een lage emotionele intelligentie?

Emotionele intelligentie (EQ) is iemands vermogen om zich van de eigen emoties bewust te zijn, emoties bij anderen te bespeuren én in interacties goed te reageren op emotionele hints en informatie (zie figuur 3.4). De theorie over EQ voorspelt dat mensen die hun eigen emoties kennen en emotionele aanwijzingen bij anderen kunnen lezen – ze weten bijvoorbeeld waarom ze kwaad zijn en hoe ze zichzelf moeten uiten zonder sociale normen te schenden – veel vaker effectief zijn dan anderen, waarschijnlijk een hoog EQ hebben.[58]

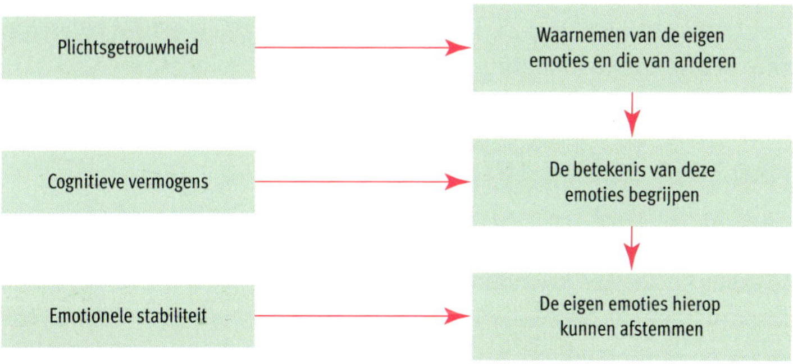

FIGUUR 3.4 Een watervalmodel van emotionele intelligentie

De biologische grondslag van EQ

Een wetenschappelijke studie heeft uitgewezen dat mensen met schade (letsel) in het deel van de hersenen dat de emotionele verwerking reguleert (de prefrontale cortex) beduidend lager scoren op EQ-tests dan anderen. Ook al scoorden deze mensen met hersenletsel niet lager op intelligentietests dan mensen zonder hersenletsel, ze waren toch in het nadeel bij normale besluitvorming. Dat bleek met name bij een kaartspel waarin deelnemers een beloning kregen (geld) voor het oppakken van bepaalde kaarten en een straf (verlies van geld) voor andere soorten kaarten. Mensen zonder hersenletsel leerden hoe ze dat voor elkaar konden krijgen, terwijl de prestaties van de groep met hersenletsel op den duur verslechterden. Deze studie suggereert dat EQ mede neurologisch bepaald is, op een wijze die losstaat van de standaardmaatstaven voor intelligentie, en dat mensen met neurologisch letsel lager op EQ scoren en slechtere beslissingen nemen dan mensen die gezonder zijn in dit opzicht.[59] Een ander onderzoek waarbij gebruik werd gemaakt van hersenscans liet zien dat bedrijfskundestudenten die het beste presteerden bij een strategische besluitvormingsopdracht naast de meer rationele hersengebieden ook meer activiteit in de emotiecentra vertoonden.[60]

VRAAG
Kun je nu de casus van Phineas Gage (zie paragraaf 3.1.3) verklaren?

De effecten van EQ

Uit verscheidene onderzoeken komt naar voren dat EQ een belangrijke rol speelt bij de werkprestaties. Uit een simulatieonderzoek blijkt dat studenten die goed zijn in het benoemen en onderscheiden van hun eigen gevoelens, beter renderende investeringsbeslissingen kunnen nemen.[61]

Hoewel GiO vooruitgang boekt en meer inzicht krijgt in EQ, en uit een aantal onderzoeken naar voren komt dat het een belangrijke rol speelt bij de werkprestaties, blijven vele vragen nog onbeantwoord. Eén zo'n vraag gaat over de voorspellende waarde van EQ. Hoewel bijvoorbeeld uit onderzoek blijkt dat er een verband bestaat tussen EQ en werkprestaties, is de correlatie niet sterk en wordt deze grotendeels verklaard door persoonlijkheidskenmerken als emotionele stabiliteit. Een tweede vraag gaat over de betrouwbaarheid van EQ-tests. EQ is moeilijk te meten, wat deels verklaart waarom EQ slechts een bescheiden correlatie vertoont met de effectiviteit van het werk; meestal wordt het gemeten door zelfrapportages, die uiteraard vaak verre van objectief zijn. Afgezien van al die vragen is EQ enorm populair bij adviesbureaus en in de populaire pers, en is er ook in de onderzoeksliteratuur wel enige ondersteuning voor te vinden. Of je het nou leuk vindt of niet, één ding is zeker: EQ is een algemeen geaccepteerd begrip geworden. Dat geldt misschien ook voor ons volgende onderwerp, emotionele zelfregulatie, een onafhankelijk begrip op het gebied van emotionele arbeid en emotionele intelligentie, hoewel ze wel onderling samenhangen.[62]

3.5 Emotionele zelfregulatie

Hoewel we nu weten dat het uitmaakt of – bijvoorbeeld – een leider emotioneel intelligent is, blijft de vraag bestaan of je emotionele intelligentie kunt aanleren.[63] Immers, als EQ (ook) een vaardigheid is, dan moet je door training beter kunnen worden in het aanvoelen en reguleren van je emoties.

Heb je wel eens geprobeerd jezelf uit de put te praten of kalm te worden als je vanbinnen boos was? Zo ja, dan was je bezig met **emotionele zelfregulatie**: je was je bewust van je gevoelens en je probeerde die gevoelens vervolgens te wijzigen. Uit onderzoek komt naar voren dat het vermogen om je emoties te beheersen een sterke voorspeller is van werkprestaties bij sommige banen en van voorbeeldig werkgedrag.[64] Bij onze bestudering van GiO zijn we daarom geïnteresseerd in de vraag of en hoe emotionele zelfregulatie op het werk kan worden toegepast. We gaan eerst kijken welke mensen het van nature toepassen.

Oorzaken en gevolgen van emotionele zelfregulatie

Zoals te verwachten valt, kan niet iedereen zijn emoties even goed reguleren. Mensen die hoger scoren op het persoonlijkheidskenmerk neuroticisme (zie hoofdstuk 4) hebben daar grotere moeite mee en merken vaak dat ze geen invloed hebben op hun stemming. Bij mensen met een laag gevoel van eigenwaarde is de kans (ook) minder groot dat ze een trieste stemming kunnen ombuigen, misschien omdat ze minder dan andere mensen het gevoel hebben dat ze het verdienen om in een goede stemming te zijn.[65]

De werkomgeving is van invloed op de neiging van mensen om aan emotionele zelfregulatie te doen. Over het algemeen wordt door de diversiteit op de werkvloer de kans groter dat je je emoties reguleert. Zo is de kans groot dat jongere werknemers hun emoties reguleren als ze ook met oudere werknemers samenwerken.[66] Etnische diversiteit speelt ook mee: bij een geringe mate van diversiteit kan de minderheidsgroep aan emotionele zelfregulatie doen, misschien om zo goed mogelijk bij de etnische groep te passen die in de meerderheid is; bij een grote mate van diversiteit met vele verschillende etnische groepen zal de meerderheidsgroep aan emotionele zelfregulatie doen, misschien om beter op te gaan in de groep als geheel.[67] Deze onderzoeksresultaten duiden erop dat diversiteit een gunstige uitwerking heeft: het kan goed zijn dat we onze emoties er bewuster en effectiever door gaan reguleren.

Hoewel het goed lijkt om je emoties te reguleren, zitten er volgens onderzoek ook nadelen aan het veranderen van je gevoelens. Emoties veranderen kost energie en kan uitputtend zijn, zoals we eerder hebben gezien bij onze bespreking van emotionele arbeid. Soms versterken pogingen om een emotie te veranderen die emotie juist; als je bijvoorbeeld tegen jezelf zegt dat je niet bang hoeft te zijn, ga je je misschien wel sterker concentreren op de dingen waarvoor je bang bent, waardoor je nog banger wordt.[68] Vanuit een ander perspectief duidt onderzoek erop dat de stemming waarschijnlijk minder snel verbetert door negatieve emotionele ervaringen te vermijden dan door positieve emotionele ervaringen op te doen.[69] Zo is de kans groter dat je in een positieve stemming komt door een fijn gesprek met een vriend(in) te voeren dan door een vervelend gesprek met een vijandige collega uit de weg te gaan.

Technieken om emoties te reguleren

Onderzoekers van emotieregulatie bestuderen vaak de strategieën die mensen gebruiken om hun emoties te veranderen. Een van de technieken om emoties te reguleren is emotieonderdrukking, letterlijk het onderdrukken – blokkeren of negeren – van de eerste emotionele reacties op een situatie. Deze manier van reageren lijkt op de korte termijn bevordelijk voor het praktisch denken. Maar ze lijkt alleen nuttig als een sterk negatieve gebeurtenis in een crisissituatie een extreem emotionele reactie zou oproepen.[70] Als bijvoorbeeld een belegger een emotionele reactie op een plotselinge, sterke koersdaling van een aandeel onderdrukt, kan hij helderder denken over de te nemen stappen. En door emoties in een crisissituatie te onderdrukken kan iemand emotioneel beter herstellen van de gebeurtenissen. Maar als onderdrukking in alledaagse situaties als emotieregulatietechniek wordt gebruikt, kan dat nadelig zijn voor het geestelijk functioneren, het emotioneel functioneren, de gezondheid en relaties.[71]

Terwijl emotieregulatietechnieken ons kunnen helpen om met moeilijke situaties op het werk om te gaan, komt uit onderzoek naar voren dat ze niet allemaal even goed helpen. Zo blijkt uit een onderzoek in Taiwan dat alle onderzoeksdeelnemers die voor een heel vervelende leidinggevende werkten, zeiden dat ze emotioneel uitgeput waren en de neiging hadden om zich terug te trekken op het werk. Dat gold echter niet voor iedereen even sterk en was afhankelijk van de gebruikte emotieregulatiestrategie. Kortom, hoewel emotieregulatietechnieken veelbelovend kunnen zijn, is de beste weg naar een positieve werkomgeving dat je positief gestemde mensen aantrekt en leiders traint om hun stemming, werkattitudes en prestaties in goede banen te leiden.[72] De beste leiders managen emoties net zo goed als taken en werkzaamheden. De beste werknemers kunnen hun kennis van emotieregulatie gebruiken om te beslissen wanneer ze hun mond moeten opendoen en hoe ze zich dan effectief kunnen uitdrukken.[73]

De ethiek van emotieregulatie

Emotieregulatie heeft belangrijke ethische implicaties. Aan het ene uiteinde van het continuüm heb je mensen die zeggen dat het beheersen van je emoties onethisch is, omdat je dan in zekere zin toneelspeelt. Aan het andere uiteinde heb je mensen die stellen dat je alle emoties onder controle moet houden, zodat je zaken objectief kunt bekijken. Wat de ethische voors en tegens zijn van de twee argumenten — en alle argumenten daartussen — zul je zelf moeten uitmaken. Denk maar eens na over de redenen voor emotieregulatie en de gevolgen ervan. Reguleer je je emoties omdat je niet ongepast wilt reageren of reguleer je je emoties zodat niemand precies weet wat er in je omgaat? Denk ook eens na over de Amerikaanse uitdrukking *fake it till you make it*. Door te doen alsof je in een goede stemming bent, kun je soms in een goede stemming komen. In een onderzoek werd aan de ene groep deelnemers gevraagd om een gesprekje aan te knopen met een *barista* die hen hielp bij Starbucks, terwijl aan de andere groep werd gevraagd om vrolijk gedrag te vertonen. De vrolijke acteurs rapporteerden later dat ze in een veel betere stemming waren.[74] Nu we de rol van emoties en stemmingen bij ons gedrag op het werk hebben bestudeerd, gaan we kijken welke meer specifieke HRM-toepassingen onze inzichten kunnen bieden.

? VRAAG

Je ziet op tegen een gesprek met je leidinggevende omdat je een slechte beoordeling verwacht. Welke strategie zou beter werken?

- *a. Je dwingt jezelf niet aan het komende gesprek te denken.*
- *b. Je zoekt een aardige collega op en deelt je angsten met haar.*
- *c. Je zoekt een gezellige collega op en wisselt leuke ervaringen uit.*

3.6 Toepassing in de organisatiepraktijk

Deskundigheid met betrekking tot het omgaan met emoties en stemmingen ligt doorgaans bij de HRM-adviseurs. Hun bijdrage op dit gebied zal in de eerste plaats gaan over het verzamelen en verspreiden van kennis over dit onderwerp en het peilen van het draagvlak om als organisatie hierop in te spelen. Als de organisatie ervoor kiest om bijvoorbeeld het vergroten van het EQ van haar managers op te nemen in het personeelsbeleid, zal de HRM-adviseur een belangrijke rol spelen bij het opzetten van *management development*-programma's en het inhuren van trainers.

De HRM-afdeling zal vervolgens ook actief bij de uitvoering van het beleid betrokken worden als zij managers ondersteunt bij werving en selectie, het hanteren van conflicten, de meting van werktevredenheid en het leren omgaan met ongewenst gedrag.

Uiteindelijk is het ontwikkelen van gevoeligheid voor de rol van emoties bij het (bege) leiden van medewerkers een eigen ontwikkeltaak van de managers en professionals in de organisatie. Om na te kunnen gaan of de (potentiële) manager voor deze rol voldoende is toegerust, wordt tegenwoordig vaak de hulp in geroepen van een assessmentbureau. De HRM-adviseur ziet daarbij toe op de kwaliteit van de onderzoeken en adviezen.
In deze paragraaf zullen we achtereenvolgens nagaan hoe inzicht in emoties en stemmingen ons helpt beter om te gaan met het selectieproces in organisaties, de besluitvorming, creativiteit, motivatie en leiderschap. Daarna bekijken we hoe dit inzicht ons helpt om effectief op te treden bij conflicten tussen mensen, zakelijke en loononderhandelingen, het verbeteren van de klantenservice, de balans tussen werk en privé, het bestrijden van negatieve attitudes en ongewenst gedrag. Tot slot bespreken we hoe de stemming van werknemers positief beïnvloed kan worden.

3.6.1 Selectieproces

Bij bepaalde selectieprocessen worden de kandidaten beoordeeld op hun emotionele intelligentie. Dat heeft vooral nut voor banen die veel sociale interactie vragen. Een onderzoek naar de werving en selectie bij de Amerikaanse luchtmacht liet zien dat de beste *recruiters* (personeelswervers) een hoog EQ-niveau vertoonden. Op basis van deze uitkomsten stelde de luchtmacht nieuwe selectiecriteria op. Een later onderzoek liet zien dat personeel met hoge EQ-scores 2,6 maal zo goed presteerde als mensen met lage scores op EQ. Bij L'Oréal verkochten de verkopers die waren geselecteerd op basis van emotionele intelligentie 91.370 dollar meer dan andere verkopers.[75]
In Nederland worden EQ-metingen zowel toegepast bij de selectie van leidinggevenden als in de selectieprocedure voor functies in de zorg en in de verkoop. In alle gevallen gaat het om functies waarbij empathie en sociale vaardigheden van groot belang zijn. Er zijn diverse EQ-tests ontwikkeld. De vraag is of deze allemaal even goed zijn gevalideerd in goed opgezet onderzoek. Een als goed ontwikkeld bekendstaande test is de Bar-On EQ-i®-test, ontwikkeld door de Amerikaans-Israëlische psycholoog Reuven Bar-On.[76] Op internet zijn diverse vereenvoudigde EQ-tests te vinden.

3.6.2 Besluitvorming

Positieve stemmingen en emoties lijken te helpen bij de besluitvorming. Mensen die in een goede bui zijn, zullen eerder dan anderen gebruikmaken van vuistregels, aan de hand waarvan ze snel goede beslissingen kunnen nemen. Positieve emoties stimuleren ook probleemoplossende vaardigheden, zodat positieve mensen betere oplossingen voor problemen vinden.[77]
GiO-onderzoekers blijven debatteren over de rol van negatieve emoties en stemmingen in de besluitvorming. Al met al kunnen we concluderen dat het bevorderen van een goede sfeer en goede persoonlijke verhoudingen voor een organisatie doorgaans goed uitpakt. Veel topmanagers zijn meesters in het creëren van een goede sfeer, zowel in meetings als in tweegesprekken. Het feit dat de meeste topmanagers over een hoog EQ (en IQ!) beschikken zal hier niet vreemd aan zijn.[78] Zie ook paragraaf 3.6.5.
Uit een recent onderzoek komt naar voren dat mensen die bedroefd zijn over een bepaalde gebeurtenis vaak dezelfde beslissing nemen als die ze genomen zouden hebben als die gebeurtenis zich niet had voorgedaan, terwijl mensen die boos zijn over een gebeurtenis een meer uitgesproken (maar niet per se betere) beslissing nemen.[79]
Uit een ander onderzoek blijkt dat de onderzoeksdeelnemers in een negatieve stem-

ming keuzes maken die origineler denken weerspiegelen.[80] Uit weer ander onderzoek komt naar voren dat mensen in een negatieve stemming soms grotere risico's nemen dan wanneer ze in een positieve stemming zijn.[81] Al met al wijst dit en ander onderzoek erop dat negatieve (en positieve) emoties van invloed zijn op het nemen van beslissingen, maar dat er nog meer variabelen een rol spelen die nader onderzocht moeten worden.[82]

3.6.3 Creativiteit

Mensen die zich goed voelen, blijken vaak creatiever te zijn dan mensen in een slechte bui.[83] Ze krijgen meer ideeën, anderen vinden hun ideeën origineler en ze komen vaak met creatievere oplossingen voor problemen.[84] Als je in een goede stemming bent, ben je vaak meer ontspannen, flexibel en open-minded. Dat zou verklaren dat je creatiever kunt zijn. Leidinggevenden zullen er dus actief naar moeten streven hun werknemers zo opgewekt mogelijk te houden, want dat bevordert een goed humeur (werknemers willen graag aangemoedigd worden door hun leiders en positieve feedback krijgen over iets wat ze goed hebben gedaan), wat er weer toe leidt dat mensen creatiever worden.[85]
Ander onderzoek nuanceert deze optimistische visie. Eén studie lijkt uit te wijzen dat *alle* **activerende stemmingen** (dus ook negatieve!) de creativiteit bevorderen, en alleen **passieve stemmingen** niet.[86] Aan de andere kant hebben we er eerder al op gewezen dat factoren zoals vermoeidheid de creativiteit ook kunnen versterken. Een onderzoek onder 428 studenten vond bijvoorbeeld dat deze het beste presteerden op creatieve probleemoplossingstaken als ze flink vermoeid waren. Dit zou erop kunnen wijzen, denken de onderzoekers, dat vermoeidheid het denken kan bevrijden van blokkades, zodat nieuwe oplossingspaden in beeld komen.[87] Maar deze bevindingen spreken de eerder besproken effecten van slaaptekort tegen. Zulke tegenstrijdige bevindingen wijzen erop dat meer onderzoek nodig is op dit gebied.

3.6.4 Motivatie

Diverse onderzoeken hebben de effecten van stemming en emoties op motivatie belicht. In de eerste studie moesten twee groepen mensen een aantal woordpuzzels oplossen. Een groep zag een komisch filmpje, dat bedoeld was om de groep in een goede stemming te krijgen voor ze aan de oplossing van de puzzels begonnen. De andere groep kreeg geen filmpje te zien en begon meteen met het oplossen van de woordpuzzels. Wat was het resultaat? De groep met de positieve stemming verwachtte meer puzzels te kunnen oplossen, werkte er harder aan en loste ook daadwerkelijk meer puzzels op dan de andere groep.[88] De tweede studie bracht aan het licht dat positieve feedback aan mensen over hun prestaties – ongeacht of de feedback klopt met de werkelijkheid – hun stemming verbeterde, wat weer bevorderlijk was voor hun motivatie.[89] Hierbij aansluitend vergeleek een derde onderzoek de stemming van verzekeringsagenten in Taiwan.[90] Agenten die in een goede stemming verkeerden bleken behulpzamer te zijn naar collega's en hadden een beter gevoel over zichzelf. Dit alles leidde ook tot betere resultaten in de vorm van hogere verkoopcijfers en betere beoordelingen door hun managers.

3.6.5 Leiderschap

Uit onderzoek blijkt dat het verstandig is om mensen in een goede stemming te brengen. Leiders die zich richten op inspirerende doelen wekken groter optimisme, meer samenwerking en enthousiasme op bij hun werknemers, wat tot positievere sociale interacties leidt met collega's en klanten.[91] Uit een Taiwanees onderzoek onder militairen blijkt dat transformationele leiders door hun emoties te uiten positieve emoties bij hun medewerkers opwekken, wat weer tot betere werkprestaties leidt.[92] Leiders worden als effectiever gezien als ze positieve emoties uiten, en hun medewerkers zijn creatiever in een positieve emotionele omgeving. Hoe zit het dan met bedroefde leiders? Uit onderzoek blijkt dat als leiders laten merken dat ze bedroefd zijn, de analytische prestaties van hun medewerkers verbeteren, misschien omdat ze zich dan nauwgezetter van hun taak kwijten om hun leider te helpen.[93]

3.6.6 Conflicten

Conflicten tussen mensen zijn eigenlijk ondenkbaar zonder emotionele lading. Je kunt ervan op aan dat daar waar conflicten ontstaan, ook emoties naar boven komen. Of managers met succes conflicten oplossen, hangt hoofdzakelijk af van hun vermogen de emotionele elementen in het conflict eruit te lichten en te zorgen dat de partijen hun emoties verwerken. De manager die de emotionele aspecten van conflicten negeert en zich puur op rationele en taakgerichte problemen concentreert, zal die conflicten doorgaans niet tot een goed einde brengen.

In Nederland zijn tal van cursussen en trainingen beschikbaar over dit onderwerp. Een training conflicthantering staat op het programma van elke bedrijfskundige opleiding en elk *management development*-programma. Ook adviesbureaus hebben dit soort trainingen allemaal in hun pakket.

3.6.7 Klantenservice

De emotionele toestand van de werknemer beïnvloedt de klantenservice, wat weer van invloed is op herhalingsaankopen en de klanttevredenheid.[94] Kwalitatief goede klantenservice verlenen stelt hoge eisen aan werknemers, omdat ze vaak in een toestand van emotionele dissonantie terechtkomen. In de loop der tijd kan dat tot een burn-out leiden, tot slechtere prestaties en lagere werktevredenheid.[95] Het is dus zaak voldoende herstelmogelijkheden in te bouwen.

De emoties van de werknemer kunnen op de klant worden overgebracht. Uit verschillende studies blijkt dat de emoties van werknemer en klant bij elkaar aansluiten. Dit wordt ook wel **emotionele besmetting** genoemd, want 'je loopt de emoties van anderen op'.[96] Als een persoon positieve emoties voelt en tegen je glimlacht, begin je dat gedrag automatisch te kopiëren. Dus wanneer werknemers positieve emoties uitdrukken, reageren klanten vaak ook positief. Emotionele besmetting is belangrijk, want klanten die de positieve stemming en emoties van werknemers oplopen, blijven langer winkelen. Negatieve emoties en stemmingen zijn echter ook besmettelijk. Wanneer een werknemer zich bijvoorbeeld onheus bejegend voelt door een klant, is het moeilijker voor hem om positief te blijven. Ook de verkoper is dus niets menselijks vreemd.[97]

VRAAG

Google eens op de term spiegelneuronen. Dit is een recente ontdekking uit neuropsychologisch onderzoek. Waarschijnlijk kun je met behulp van de gevonden informatie zelf een goede verklaring vinden voor wat we hiervoor emotionele besmetting noemden.

3.6.8 Werk en privé

Ooit het advies 'neem nooit je werk mee naar huis' gehoord, wat betekent dat mensen hun werk moeten vergeten als ze eenmaal thuis zijn? Dat blijkt in de praktijk gemakkelijker gezegd dan gedaan. Het goede nieuws is dat een goede stemming op het werk door kan werken in de vrije tijd en dat negatieve stemmingen kunnen veranderen in opgewekte stemming na een pauze. Allerlei studies hebben aangetoond dat mensen die een goede dag op hun werk hadden, die avond thuis vaak in een betere bui zijn. En mensen die een stressvolle dag op hun werk hebben gehad kunnen na het werk maar moeilijk ontspannen.[98] Maar ook al nemen mensen hun werk mee naar huis, dit effect is de volgende dag meestal wel voorbij.[99] Het is misschien dus lastig of zelfs onnatuurlijk om je werk nooit mee naar huis te nemen, maar kennelijk duurt een negatieve bui als gevolg van een vervelende dag op het werk bij de meeste mensen niet zo lang.

Het slechte nieuws is dat de stemming van je gezinsleden en jouw stemming elkaar over en weer beïnvloeden. Zoals te verwachten was, bleek uit een bepaalde studie dat als iemand in een rotbui was op het werk, deze bui 's avonds na het werk vaak oversloeg op de partner.[100] Het verband tussen stemming en werkattitudes is wederkerig: de gebeurtenissen op het werk beïnvloeden onze stemming maar onze stemming heeft ook zijn weerslag op hoe we ons werk ervaren.

3.6.9 Ongewenst gedrag

Iedereen die veel tijd in organisaties doorbrengt, weet dat het geregeld voorkomt dat mensen de aanvaarde normen overschrijden en dingen doen die de organisatie of haar leden in gevaar brengen.[101] Dit soort activiteiten kunnen worden geschaard onder de noemer ongewenst gedrag op het werk.[102] Veel van dit ongewenste gedrag kan worden herleid tot negatieve emoties in allerlei vormen. Mensen die onderhevig zijn aan negatieve emoties, bijvoorbeeld na een mislukte deal of een misgelopen promotie, maken een grotere kans om kort daarna ongewenst gedrag te vertonen, zoals oneigenlijk internetgebruik of roddelen over de leiding maar ook tot nog ernstiger vormen van ongewenst gedrag op het werk.[103]

Een voorbeeld is de jaloezie die iemand kan voelen als een ander iets heeft wat hij niet heeft en wel erg graag zou willen hebben, zoals een leukere opdracht, een groter kantoor of een hoger salaris.[104] Jaloezie kan leiden tot negatief gedrag als een vijandige houding aannemen, door geroddel iemand figuurlijk een mes in de rug steken, de successen van een ander omlaaghalen en de eigen prestaties aandikken.

Boze mensen neigen ertoe anderen verantwoordelijk te maken voor hun rothumeur. Ze interpreteren reacties van anderen al snel als vijandig en hebben grote moeite zich in anderen te verplaatsen.[105] Het is gemakkelijk in te zien dat deze emotionele denkpatronen kunnen omslaan in verbale en fysieke agressie. Als er eenmaal sprake is van agressieve uitingen zullen anderen met dit gedrag worden besmet en het overnemen, waarmee het startsein is gegeven voor ernstige escalatie van negatief gedrag.

In de praktijk bestaat vaak de neiging agressie en ongewenst gedrag hard te bestraffen. Daarbij gaat men echter voorbij aan de onderliggende problemen, met als gevolg dat die niet weggaan. Echte aandacht van leidinggevenden voor wat mensen beweegt en wat ze voelen – in een vroeg stadium – kan veel ellende voorkomen. Dit is typisch een taak voor de manager, het moet niet worden 'weggedelegeerd' naar de HRM-specialist of de bedrijfspsycholoog. Juist van de mensen met wie je dagelijks omgaat en die jouw loopbaan medebepalen verwacht je als medewerker positieve aandacht en een luisterend oor.

Uit een onderzoek in Pakistan blijkt dat er een verband bestaat tussen boosheid en agressiever ongewenst gedrag, bijvoorbeeld zich misdragen tegenover anderen en een slechtere productie leveren, terwijl dat verband niet bestaat bij bedroefdheid. Interessant is dat boosheid en bedroefdheid geen van beide voorspellers zijn van ontslag nemen, zodat het goed is dat managers de boosheid van werknemers serieus nemen; werknemers kunnen immers bij de organisatie blijven werken en zich agressief blijven gedragen tegenover anderen.[106] Begint iemand met agressief gedrag dan is de kans groot dat andere mensen boos en agressief reageren, zodat negatief gedrag flink kan escaleren. Managers moeten daarom goed in contact blijven staan met hun werknemers om hun emoties en de intensiteit ervan in de gaten te houden.

3.6.10 Veiligheid en ongelukken

Onderzoek waarin negatief affect in verband wordt gebracht met een toename van ongelukken op het werk suggereert dat werkgevers de gezondheid en veiligheid zouden kunnen verbeteren door de werknemers geen risicovolle activiteiten te laten ondernemen wanneer ze in een slechte stemming zijn, omdat deze slechte stemming op verschillende manieren tot ongelukken kan leiden.[107] Mensen met een negatieve stemming zijn vaak angstiger, waardoor ze minder effectief met gevaar kunnen omgaan. Iemand die altijd angstig is, zal pessimistischer zijn over de effectiviteit van veiligheidsmaatregelen, omdat hij het gevoel heeft dat hij toch wel een ongeluk zal krijgen, of hij kan in paniek of verlamd van schrik raken als hij met een bedreigende situatie wordt geconfronteerd. Door een negatieve stemming zijn mensen ook eerder afgeleid en ook dat kan uiteraard tot onvoorzichtig gedrag leiden.

? VRAAG

Wat zou je als uitvoerder in de bouw zeggen tegen een medewerker die zojuist heeft gehoord dat een van zijn kinderen een ernstige ziekte heeft? Laat je die de steiger opgaan omdat het werk nu eenmaal af moet? Of stuur je die naar huis om even bij te komen? Maar hoe krijg je dan de klus geklaard?

In het algemeen kun je de stemming van mensen verbeteren door ze een grappig filmpje te laten zien, een bloemetje te geven of zelfs een lekker hapje aan te bieden. Maar wat kunnen bedrijven doen om het humeur van hun werknemers te verbeteren? Managers kunnen zeker ook gebruikmaken van humor en hun werknemers een kleine blijk van waardering geven voor een klus die ze goed hebben gedaan. Ook wijzen onderzoeksgegevens erop dat groepsleden positiever gestemd zijn als de leiders in een goede stemming zijn, waardoor de leden beter samenwerken.[108] Een onderzoek onder 130 leidinggevenden gaf aan dat charismatische leiders hun positieve emoties overdroegen op hun medewerkers door een soort besmettingseffect.[109]

? VRAAG

Op welke wijze zou een hoog EQ kunnen bijdragen aan het vermogen van een leidinggevende om stemmingen te beïnvloeden? Tip: kijk nog eens naar de omschrijving van het begrip emotionele intelligentie.

En ten slotte kan het selecteren van positieve teamleden ook een besmettelijk effect hebben, omdat een positieve stemming gemakkelijk kan overslaan van het ene teamlid op het andere. Uit een studie onder professionele cricketteams bleek dat de vrolijke stemming van spelers de stemming van hun teamleden beïnvloedde en ook een positief effect had op hun prestaties.[110] Het is dus aan te bevelen om als organisatie ernaar te streven teamleden te selecteren die qua persoonlijkheid meestal een goed humeur hebben.

Universeel of cultureel?

Varieert de mate waarin mensen emoties ervaren per cultuur? Variëren de interpretaties van emoties per cultuur? En ten slotte, verschillen de normen voor expressie van emoties per cultuur? We nemen deze vragen een voor een onder de loep.

Varieert de mate waarin mensen emoties ervaren per cultuur?
Ja. In China geven mensen bijvoorbeeld aan minder positieve en negatieve emoties te voelen dan mensen in andere culturen, en de emoties die men in China voelt, zijn minder intens dan de emoties die anderen buiten China aangeven te voelen. Gemiddeld melden Taiwanezen (en Zuid-Chinezen) meer positieve emoties dan mensen in Noord-China.[111] In het algemeen blijken mensen in de meeste culturen bepaalde positieve en negatieve emoties te ervaren, maar de frequentie en intensiteit variëren tot op zekere hoogte.[112]

Variëren de interpretaties van emoties per cultuur?
Jazeker. Zo waren de Himba (uit het noordwesten van Namibië) het niet eens met westerse deelnemers aan een onderzoek dat huilen een teken van verdriet is en ook niet dat grommen altijd woede betekent.[113] In het algemeen waarderen mensen uit de hele wereld negatieve en positieve emoties op dezelfde manier. We zien negatieve emoties, zoals haat, angst en woede, als gevaarlijk en destructief. En we verlangen allemaal naar positieve gevoelens als vreugde, liefde en geluk. Wel hechten sommige culturen meer aan bepaalde emoties dan andere. Amerikanen stellen enthousiasme bijvoorbeeld op prijs, terwijl Chinezen negatieve emoties nuttiger en constructiever achten dan Amerikanen. Er zijn culturen die negatieve emoties omarmen, zoals Japan en Rusland, andere hechten meer aan positieve emoties zoals Mexico en Brazilië.[114] Individualistische versus collectivistische culturen verschillen mogelijk in de waarde die aan negatieve emoties wordt toegekend, en dit verschil kan misschien verklaren waarom negatieve emoties voor Japanners minder desastreus zijn dan voor Amerikanen.[115] Chinezen beschouwen negatieve emoties – hoewel onplezierig – toch vaak als nuttig en constructief, in tegenstelling tot Amerikanen. In het algemeen wordt trots gezien als een positieve emotie in westerse, individualistische culturen, maar mensen uit sommige oosterse, collectivistische culturen vinden trots ongewenst.[116]

Verschillen de normen voor expressie van emoties per cultuur?
Tot slot blijken culturen verschillende normen te hebben over het laten zien van je emoties met als gevolg dat de *ervaren* emotie niet gelijk hoeft te zijn aan de *getoonde* emotie. Mensen in het Midden-Oosten ervaren bijvoorbeeld een glimlach als een teken van seksuele aantrekking, en dus zullen vrouwen daar niet snel naar onbekende mannen lachen.[117] Datzelfde zien we ook in Griekenland, op Malta en in Sicilië. Onderzoek heeft uitgewezen dat mensen in collectivistische culturen vaak geloven dat de uitingen van emoties door anderen betekenis heeft voor je relaties met die anderen. Mensen in individualistische culturen betrekken daarentegen de emotionele expressies van anderen minder op zichzelf. Onderzoeksgegevens wijzen erop dat er in de Verenigde Staten een vooroordeel bestaat tegen het uiten van emoties, vooral intens negatieve emoties. Frans winkelpersoneel staat er echter bijvoorbeeld om bekend dat

het kribbig is tegen klanten. (Een rapport van de Franse overheid zelf heeft dit bevestigd.) Er zijn ook meldingen dat serieuze Duitse klanten van de Amerikaanse supermarktketen Wal-Mart afknapten op het vriendelijke groeten en de behulpzaamheid van het personeel.[118] Zij vonden het als klanten 'onoprecht' om zo breed glimlachend als goede vrienden te worden begroet door een wildvreemde. Het wekt geen verbazing dat mensen het gemakkelijker vinden om emoties in hun eigen cultuur juist in te schatten dan in andere culturen. Een Chinese zakenman zal bijvoorbeeld de emoties die uitgedrukt worden door de gezichtsuitdrukking van een Chinese collega, eerder juist beschrijven dan die van een Amerikaanse collega.[119]

Glimlach om gezichtsverlies.
In veel Aziatische culturen wordt gezichtsverlies bedekt met een glimlach of lach. Als troost of zelftroost. Een voorbeeld: een Nederlandse toerist op Bali, Indonesië, maakt foto's van de natte rijstvelden, als hij uitglijdt op een modderige paadje en met camera en al in de modder valt. Dat is gênant voor de toerist en voor de Indonesiërs om hem heen, die hard zullen lachen uit medeleven. Als Nederlander of Belg denk je dan al gauw dat je wordt uitgelachen.
Het is interessant dat sommige culturen geen woorden hebben voor emotionele termen als angst, depressie en schuld. Tahitianen bijvoorbeeld, hebben geen direct equivalent voor droefheid. Wanneer Tahitianen bedroefd zijn, schrijven de mensen om hen heen hun toestand toe aan een lichamelijke ziekte.[120] Dit alles illustreert dat het noodzakelijk is om rekening te houden met culturele beïnvloeding als we nadenken over wat we emotioneel gepast vinden.[121]
Wat in de ene cultuur geaccepteerd is, kan extreem ongebruikelijk of zelfs disfunctioneel blijken in een andere. Managers moeten de emotionele normen kennen in elke cultuur waarmee ze zakendoen, zodat ze geen onbedoelde signalen uitzenden of de reacties van de mensen ter plaatse verkeerd interpreteren. Een Amerikaanse manager in Japan moet bijvoorbeeld weten dat veel glimlachen – wat hij zelf waarschijnlijk positief vindt – door Japanners vaak als een gebrek aan intelligentie wordt gezien.[122]

KERN VAN DIT HOOFDSTUK

Emoties en stemmingen zijn in zoverre hetzelfde dat beide affectief van aard zijn, maar stemmingen zijn meer algemeen en minder afhankelijk van de context dan emoties. Het tijdstip van de dag en de dag van de week, stressvolle gebeurtenissen, sociale activiteiten en slaappatronen zijn enkele factoren die emoties en stemmingen beïnvloeden. Onderzoek naar emotionele arbeid, de affectieve-gebeurtenissentheorie, emotionele intelligentie en emotieregulatie helpen ons te begrijpen hoe mensen omgaan met emoties.
Emoties en stemmingen hebben hun relevantie bewezen in vrijwel elk GiO-onderwerp dat we bestuderen. Organisaties letten bij het selecteren steeds vaker op het EQ van de sollicitant. Emoties, vooral positieve stemmingen, blijken bevorderlijk voor effectieve besluitvorming en creativiteit.
Kunnen managers de emoties en stemmingen van hun collega's en werknemers in de hand houden? Dit is zowel praktisch als ethisch gezien slechts beperkt mogelijk. Emoties en stemmingen zijn natuurlijke onderdelen van een individu. Managers doen er verkeerd aan de emoties van medewerkers te negeren en het

gedrag van anderen als volkomen rationeel te beschouwen. Een consultant zei terecht: 'Je kunt emoties niet van de werkvloer scheiden, omdat je emoties niet van mensen kunt scheiden.'[123]

Samengevat:

- Zie in dat emoties een natuurlijk onderdeel van de werkomgeving zijn en dat goed management niet betekent dat je een emotieloze omgeving schept.
- Om een effectieve besluitvorming, creativiteit en motivatie bij de werknemers te bevorderen, moet je zoveel mogelijk proberen positieve emoties en stemmingen te vertonen, voor zover je authentiek kunt blijven tenminste.
- Geef positieve feedback zodat werknemers positiever worden. Het is uiteraard ook handig om mensen in dienst te nemen die van nature positief zijn.
- Stimuleer in de dienstverlenende sector dat de werknemers positieve emoties tonen, waardoor de klant zich positiever gestemd gaat voelen en waardoor er weer een betere interactie met de klant ontstaat.
- Realiseer je welke rol emoties en stemmingen spelen, zodat je het gedrag van collega's en anderen aanzienlijk beter kunt uitleggen en voorspellen.

HOOFDSTUK 4

Persoonlijkheid en waarden

NA BESTUDERING VAN DIT HOOFDSTUK BEN JE IN STAAT OM:

1. het begrip persoonlijkheid te definiëren en aan te geven welke factoren bepalend zijn voor iemands persoonlijkheid;
2. het Myers-Briggs Type Indicator-persoonlijkheidsmodel en het Big Five-model van de persoonlijkheid te beschrijven en de sterke en zwakke kanten ervan aan te geven;
3. de situationele invloed op het verband tussen persoonlijkheid en gedrag te beschrijven;
4. het belang van de individuele waardeoriëntatie voor de geschiktheid voor functies en organisaties toe te lichten;
5. het verschil aan te geven tussen de afstemming van persoon en functie enerzijds en persoon en organisatie anderzijds;
6. het Hofstedemodel van landenculturen en het belang ervan toe te lichten;
7. de waardedimensies van landenculturen volgens het GLOBE-model weer te geven;
8. het model van Hofstede te vergelijken met het GLOBE-model.

In dit hoofdstuk gaan we in op twee soorten eigenschappen die de unieke kern van het individu trachten te benaderen: persoonlijkheid en waarden. Beide zijn in principe stabiel en duurzaam. Je kunt ze niet of nauwelijks veranderen, hooguit met de nodige inspanning compenseren. Persoonlijkheid is grotendeels erfelijk bepaald en zit dus 'ingebakken' in de persoon. Waarden zijn gedurende de opvoeding 'voorgeprogrammeerd' en uiteindelijk ook *geïnternaliseerd*. Beide kenmerken van je persoonlijk 'opmaak' bepalen een belangrijk deel van het gedrag dat jou als unieke persoon typeert. Beide zijn ook van invloed op je wensen en voorkeuren en op je geschiktheid voor bepaalde beroepen. Door je te verdiepen in de persoonlijkheidskenmerken en waarden zul je het gedrag van je toekomstige collega's, managers en klanten beter kunnen interpreteren.

Het eerste deel van dit hoofdstuk gaat over het onderzoek naar persoonlijkheidskenmerken en de relatie tussen persoonlijkheid en gedrag in werksituaties. In het tweede deel bekijken we hoe onze basiswaarden veel van ons werkgerelateerde gedrag vormgeven.

4.1 Persoonlijkheid

Waarom zijn sommige mensen rustig en passief, en anderen druk en actief? Zijn sommige persoonlijkheidstypen beter geschikt voor bepaalde soorten werk? Voordat we deze vragen kunnen beantwoorden, moeten we eerst een basale vraag stellen: wat is persoonlijkheid?

4.1.1 Wat is persoonlijkheid?

Als we het hebben over iemands persoonlijkheid dan gebruiken we tal van bijvoeglijke naamwoorden om te beschrijven hoe die persoon handelt en lijkt te denken. Deelnemers aan een onderzoek gebruikten maar liefst 624 verschillende bijvoeglijke naamwoorden om bekenden te beschrijven.[1] In de psychologie delen we die eigenschappen liever in een beperkt aantal persoonlijkheidskenmerken in, om de structuur en ontwikkeling van iemands persoonlijkheid te kunnen beschrijven. Een voorbeeld: wanneer je Henk meemaakt in verschillende situaties valt het na verloop van tijd op dat hij op zijn werk vaak de eerste is die klusjes op zich neemt, thuis de koffiekopjes opruimt als er bezoek was, op de zaak bezoekers in of uit hun jas helpt en op hun gemak stelt, voor mensen die slecht ter been zijn opstaat in trein of bus, zijn vroegere buurvrouw bezoekt in het verpleeghuis enzovoort. Afhankelijk van de omstandigheden en van de instelling van de toeschouwer noemen we Henk behulpzaam, hoffelijk, voorkomend, onderdanig, ondersteunend en/of lief. Een gemeenschappelijk element in deze aanduidingen is *dienstbaarheid*. We kunnen zeggen dat dienstbaarheid een grondtrek in het gedrag van Henk is; het is iets wat tot zijn persoonlijkheid behoort.

Persoonlijkheid kan dus worden beschouwd als de optelsom van de manieren waarop een individu reageert op en interacteert met anderen. Het gaat hierbij om de betrekkelijk constante én typerende manieren van reageren of handelen die de persoon vertoont in verschillende situaties. In het algemeen wordt persoonlijkheid dus beschreven in waarneembare **persoonlijkheidstrekken** die iemand in zijn gedrag in verschillende situaties herhaaldelijk laat zien en die hem of haar (dus) kenmerken.

4.1.2 Waardoor wordt persoonlijkheid bepaald?

De eerste discussies in het moderne denken over persoonlijkheid gingen over de vraag of de persoonlijkheid bij de geboorte al is bepaald (*nature*) of wordt gevoed door iemands interactie met zijn omgeving (*nurture*). Daar is geen eenduidig antwoord op. Persoonlijkheid blijkt het resultaat van zowel erfelijke factoren als omgevingsfactoren. Maar anders dan je misschien zou verwachten, wijst veel onderzoek uit dat erfelijkheid een beduidend grotere rol speelt in de persoonlijkheidsontwikkeling dan de invloed van de omgeving. Hieronder bespreken we beide factoren.

Omgeving verwijst naar opvoeding, scholing en de specifieke training voor een beroep. Aanhangers van de **omgevingsbenadering** gingen ervan uit dat alle gedrag is aangeleerd. Elk kind zou als het ware met een schone lei (*tabula rasa* in het Latijn) aan het leven beginnen, vandaar dat dit ook wel de *tabula rasa*-benadering wordt genoemd.[2] Persoonlijkheidskenmerken zouden het gevolg zijn van leerprocessen zoals opvoeding, scholing en imitatie van rolmodellen. Typerend gedrag als agressie of verlegenheid zou thuis zijn aangeleerd en op school en in de vriendenkring zijn geoefend, en daardoor versterkt of verzwakt. Een beroemde vertegenwoordiger van de *tabula rasa*-benadering, de Amerikaanse psycholoog Watson, heeft ooit beweerd dat hij een pasgeboren baby elk gewenst gedrag zou kunnen aanleren. Het is begrijpelijk dat hij geen moeders vond die bereid waren hun baby af te staan voor zo'n experiment.

ARISTOTELES (384-322 V. CHR.)

De persoonlijkheidsleer heeft een lange geschiedenis. Al rond 370 v. Chr. beschreef Theophrastus zo'n dertig karakters, waaronder de vleier, de bijgelovige, de kankeraar, de opschepper, de kwaadspreker en de ijdeltuit. Zijn lijst bestaat dus vooral uit karakters die hij bespotte. Aristoteles hield zich bezig met wat er deugt aan mensen. Hij kwam dan ook met heel andere types, zoals: de *vrijgevige mens*, de *dappere mens* en de *fiere mens*.[3]

Foto: Panos Karas / Shutterstock / Pearson Asset Library

Erfelijkheid verwijst naar factoren die worden bepaald bij de conceptie. Fysieke gestalte, vorm van het gezicht, gender, temperament, spiervorming en reflexen, energiepeil en biologische ritmes worden in het algemeen gezien als factoren die we erven van onze ouders. Aanhangers van de **erfelijkheidsbenadering** voeren dan ook aan dat de ultieme verklaring voor iemands persoonlijkheid ligt in zijn of haar DNA. Uit tweelingonderzoek (zie hierna) is gebleken dat erfelijkheid de grootste invloed op persoonlijkheid heeft. Dat wil niet zeggen dat persoonlijkheid helemaal niet verandert door invloeden van buitenaf. Zo is bijvoorbeeld bekend dat het kenmerk *betrouwbaarheid* toeneemt als jongvolwassenen een gezin stichten en een carrière gaan opbouwen. Het persoonlijkheidspatroon is in de puberteit nog aan veranderingen onderhevig en wordt in de volwassenheid stabieler.[4] Omdat de veranderingen voor iedereen ongeveer gelijk zijn, blijft de onderlinge rangorde op een bepaalde persoonlijkheidstrek gelijk.

Onderzoekers uit verschillende culturen hebben grote aantallen eeneiige tweelingen bestudeerd die bij de geboorte van elkaar waren gescheiden en afzonderlijk waren opgevoed. Als de omgeving en opvoeding de doorslag geven bij het ontwikkelen van een persoonlijkheid, zou je verwachten dat er maar weinig overeenkomsten zijn tussen tweelingen die bij de geboorte van elkaar zijn gescheiden. Zij zijn immers opgevoed in verschillende gezinnen en trokken elk met hun eigen pleegbroers en -zussen op. Maar de wetenschappers ontdekten dat zulke tweelingen juist heel veel met elkaar gemeen hadden. Voor vrijwel elk gedragskenmerk bleek een significant deel van de verschillen tussen tweelingen samen te hangen met genetische factoren. Een tweeling die 39 jaar en 73 kilometer van elkaar gescheiden had geleefd, bleek in hetzelfde model en dezelfde kleur auto te rijden. Ze rookten allebei (als schoorstenen) hetzelfde sigarettenmerk, hadden een hond met dezelfde naam en vierden regelmatig vakantie op korte afstand van elkaar in hetzelfde vakantiepark, zo'n 2400 kilometer bij hun respectievelijke woonplaatsen vandaan. Onderzoekers concludeerden op basis van de verzamelde gegevens dat bij eeneiige tweelingen erfelijkheidsfactoren ongeveer de helft van de persoonlijkheidsovereenkomsten verklaarden en meer dan 30 procent van de voorkeuren voor bepaalde beroepen en vrijetijdsbestedingen.[5] Het lijkt erop dat de opvoeding lang niet zoveel toevoegt aan de persoonlijkheid als ouders denken. Ironisch genoeg is de belangrijkste bijdrage van ouders misschien wel het doorgeven van hun genen!

Deze conclusie geeft aanleiding tot de gedachte dat in de controverse *omgeving* of *erfelijkheid* het typerende gedrag dat hoort bij de aangeboren persoonlijkheid misschien is verward met het typerende gedrag dat past bij *aangeleerde waarden*. Het steeds opnieuw tonen van een bepaald soort gedrag kan uit de persoonlijkheid voortkomen. Maar zulk typerend gedrag zou ook heel goed kunnen berusten op familie-, culturele, religieuze of beroepswaarden. Hierop gaan we in het tweede deel van dit hoofdstuk verder in.

4.2 Persoonlijkheidsmodellen

De gedachte dat persoonlijkheid erfelijk is, heeft in de negentiende eeuw en het begin van de twintigste eeuw geleid tot het ontstaan van allerlei persoonlijkheidstypologieën gebaseerd op lichaamskenmerken. Intelligentie zou bijvoorbeeld bepaald worden door verdikkingen in de hersenen die zichtbaar werden door bepaalde knobbels op de schedel (vandaar onze 'wiskundeknobbels' en 'talenknobbels'), misdadigheid zou zichtbaar zijn in wenkbrauwen die dicht bij elkaar stonden, terwijl verschillen van lichaamsvorm indicaties zouden zijn van verschillen in persoonlijkheid.

VRAAG

Zoek op internet naar de zogenoemde Lombroso-types. Wat denk je van de opvattingen van deze criminoloog? Hoe zou je de (on)juistheid ervan kunnen onderzoeken?

PERSOONLIJKHEIDSTYPOLOGIE

De Duitse psychiater Ernst Kretschmer ontwikkelde een persoonlijkheidstypologie op basis van lichaamsbouw. Zie de figuur hiernaast. Zo zou de leptosoom (mager, dun, lange ledematen) kalm en naar binnen gekeerd zijn en de atleet (brede borst, dunne buik, krachtig) assertief en agressief. Een picnische bouw (meer eivormig) wees op een vrolijk en extravert karakter. Helaas voor Kretschmer bleef er in later onderzoek niets over van zijn mooie en eenvoudige model.

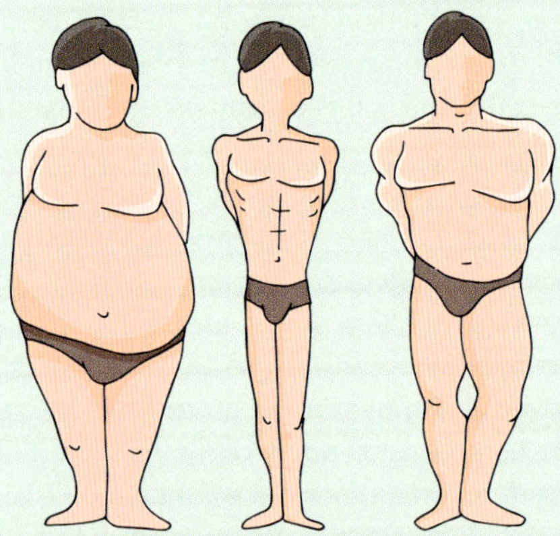

De persoonlijkheidstypen op basis van lichaamsbouw van Kretschmer: de picnische, de leptosome en de atletische persoonlijkheid.
Illustratie: John Takai / 123RF / Pearson Asset Library

Toen deze benaderingen wetenschappelijk onhoudbaar bleken, richtten onderzoekers zich vooral op het benoemen van typische kenmerken die iemands gedrag beschrijven. Als een bepaald gedragskenmerk door een persoon in diverse situaties bij herhaling en veelal op dezelfde manier wordt vertoond, zeggen we dat dit een belangrijk **persoon-**

lijkheidskenmerk van die persoon is. Voorbeelden van op deze manier geïnventariseerde kenmerken zijn verlegenheid, agressie, onderdanigheid, luiheid, ambitie, loyaliteit en vijandigheid. Deze pogingen om persoonlijkheidskenmerken vast te stellen die gedrag van personen in werksituaties zouden voorspellen, leverden slechts lange lijsten op van kenmerken, die in de praktijk nauwelijks houvast gaven.[6]
Twee uitzonderingen hierop zijn de Myers-Briggs Type Indicator en het Big Five-model. De afgelopen decennia zijn deze twee benaderingen de meest gebruikte kaders geworden voor het classificeren en meten van persoonlijkheidskenmerken, die in verband gebracht worden met gedrag in werksituaties.

4.2.1 De Myers-Briggs Type Indicator

Een van de wereldwijd meestgebruikte persoonlijkheidsmodellen is de **Myers-Briggs Type Indicator (MBTI)**.[7] Dit is een test bestaande uit honderd uitspraken. Aan de hand van deze uitspraken kunnen mensen aangeven hoe ze zich gewoonlijk voelen of hoe ze handelen in bepaalde situaties. Op basis van de antwoorden worden individuen geclassificeerd als Extroverted of Introverted (E of I), als Sensing of Intuitive (S of N), Thinking of Feeling (T of F) en Perceiving of Judging (P of J).

Een voorbeeld van de toepassing van de MBTI vind je op MyLab.

Deze termen worden als volgt gedefinieerd:

1. *Extroverted versus Introverted*
   Extraverte individuen zijn sociaal, spraakzaam en assertief, ze halen energie uit hun omgeving. Introverte mensen zijn verlegen en stil en halen energie uit zichzelf door zich terug te trekken en zich af te zonderen.
2. *Sensing versus Intuitive*
   Observerende types letten op feiten, zijn praktisch en gesteld op routine en orde. Ze hebben oog voor detail. Intuïtieve mensen vertrouwen op onbewuste processen en zien meer het *totaalbeeld.*
3. *Thinking versus Feeling*
   Denkende types pakken problemen aan met logisch redeneren. Gevoelsmensen gaan meer af op hun persoonlijke waarden en emoties bij het oplossen van problemen.
4. *Judging versus Perceiving*
   Oordelende mensen (beoordelaars) houden graag de touwtjes in handen en willen een ordelijke, overzichtelijke wereld. Waarnemende types (ontvankelijken) zijn flexibel en reageren spontaan op nieuwe indrukken.

Deze classificaties worden vervolgens gecombineerd tot zestien persoonlijkheidstypes. Een paar voorbeelden ter verduidelijking:

- INTJ-types zijn (volgens de beschrijvingen bij het model) visionair ingesteld. Het zijn oorspronkelijke denkers en ze zijn enthousiast in de weer met hun eigen ideeën en doelstellingen. Kenmerkend is dat ze sceptisch, kritisch, onafhankelijk, doortastend en vaak koppig zijn.
- ENFJ-types zijn natuurlijke onderwijzers en leiders. Ze zijn goed in contact leggen, ze motiveren je, ze hebben een goede intuïtie, zijn idealistisch, ethisch en vriendelijk.
- Het ESTJ-type is een echte organisator. Dit zijn realistische, logisch denkende, analytische en besluitvaardige mensen met een natuurlijke aanleg voor het zakenleven of de techniek. Ze zijn dol op activiteiten organiseren en leidinggeven.

- Het ENTP-type is innovatief, individualistisch, veelzijdig en wordt aangetrokken door ondernemende ideeën. Deze persoon is vaak vindingrijk in het oplossen van problemen, maar kan routineklussen verwaarlozen.

De MBTI wordt in de praktijk veel gebruikt, bijvoorbeeld door Apple, AT&T, Citigroup, GE en de Amerikaanse strijdkrachten. In Nederland werken verschillende bekende adviesbureaus zoals Schouten & Nelissen en Lagerweij en partners ermee. Het loopbaan- en mobiliteitscentrum van het ministerie van Landbouw, Natuurbeheer en Visserij gebruikt het voor individuele advisering.[8]
Ondanks de populariteit van het model zijn er geen eenduidige bewijzen dat MBTI een valide meting van de persoonlijkheid oplevert. Met *valide* bedoelen we dat de meting ook daadwerkelijk de persoonlijkheid meet en niet iets anders, bijvoorbeeld waarden of schoolkennis. Sterker nog, de meeste onderzoekers stellen dat MBTI *géén valide* meting oplevert.[9] Eén probleem is bijvoorbeeld dat iemand in de test tot het ene of tot het andere uiterste wordt gedwongen: je bent óf introvert óf extravert. Er is geen tussenweg, terwijl mensen in werkelijkheid tot op zekere hoogte zowel introvert als extravert kunnen zijn. Mensen zullen in de test echter automatisch door hun meest karakteristieke gedrag *ingeschaald* worden als introvert of extravert. Een ander probleem is de *betrouwbaarheid* van de test: als mensen de test nog eens overdoen, levert dat vaak andere uitkomsten op. Daar komt nog bij dat de test moeilijk te interpreteren is. Er zijn niveaus van belangrijkheid voor elk van de MBTI-facetten en aparte betekenissen voor bepaalde combinaties van facetten, zodat je goed geschoold moet zijn om de uitkomsten te kunnen interpreteren. Er kunnen, met andere woorden, fouten worden gemaakt. Een ander probleem is dat in de beschrijvingen van de persoonlijkheidstypen alleen maar positieve en prettige beelden worden geschetst. Dat verklaart misschien mede de populariteit van de test. Tot slot zeggen de uitkomsten van de MBTI-test meestal niets over hoe iemand het op zijn werk doet.

Een voorbeeld van de toepassing van de MBTI vind je op MyLab.

4.2.2 Het Big Five-model

In tegenstelling tot de MBTI wordt het vijf-factorenmodel van de persoonlijkheid, de **Big Five**, wél gestaafd door wetenschappelijk bewijsmateriaal. Een indrukwekkende hoeveelheid onderzoeken ondersteunt de stelling dat vijf basisdimensies van de persoonlijkheid ten grondslag liggen aan alle andere persoonlijkheidskenmerken. Met deze vijf dimensies kunnen we de belangrijkste variaties in menselijk gedrag beschrijven.[10] Dit zijn de Big Five-kenmerken:

1. *Conscientiousness (plichtsgetrouwheid, nauwgezetheid)*
   Deze dimensie meet de betrouwbaarheid. Een plichtsgetrouw individu is verantwoordelijk, ordelijk, betrouwbaar en volhardend. Degenen die hier laag op scoren zijn ongeorganiseerd, minder voorspelbaar en snel afgeleid.
2. *Emotional stability (emotionele stabiliteit)*
   Deze dimensie heeft te maken met weerbaarheid tegen stress. Mensen met een positieve emotionele stabiliteit zijn kalm, hebben zelfvertrouwen, voelen zich zeker en zijn in het algemeen gelukkiger dan mensen met een lage score. Emotionele stabiliteit wordt soms besproken aan de hand van het tegendeel ervan, *neuroticisme*. Mensen die laag scoren op deze dimensie (en dus zeer neurotisch zijn) zijn voortdurend uiterst alert en kwetsbaar voor de lichamelijke en geestelijke effecten van stress.

3. *Extraversion (extraversie)*
Deze dimensie geeft aan in hoeverre iemand zich op zijn gemak voelt in relaties met anderen. Extraverte mensen houden van mensen om zich heen, zijn assertief en sociaal vaardig. Ze zijn doorgaans gelukkiger dan andere mensen en vaak ambitieus.[11] Aan het andere einde van deze dimensie vind je de introverte mensen. Die zijn eerder gereserveerd, naar binnen gericht, verlegen en minder spraakzaam.
4. *Openness to experience (openstaan voor ervaringen)*
Deze dimensie betreft de breedte van de interesses van deze mensen en hun fascinatie voor nieuwe dingen. Mensen die openstaan voor ervaringen zijn creatief, nieuwsgierig en kunstzinnig. Mensen aan het andere uiteinde van deze dimensie zijn conventioneel ingesteld en hechten aan het bekende.
5. *Agreeableness (inschikkelijkheid, vriendelijkheid)*
Deze laatste dimensie heeft te maken met de neiging zich te richten naar anderen. Inschikkelijke mensen werken goed samen, zijn hartelijk en hebben vertrouwen in anderen. Je zou verwachten dat inschikkelijke mensen gelukkiger zijn dan mensen die overal een punt van maken. Dat zijn ze ook, maar het scheelt niet veel. Als mensen binnen een organisatie teamleden zoeken, dan kiezen ze gewoonlijk als eerste inschikkelijke mensen. Mensen die laag scoren op inschikkelijkheid kunnen koud en vijandig overkomen omdat ze vaak uitgaan van wat ze zelf willen of vinden en bereid zijn daaraan vast te houden tegen de groepsdruk in.

4.2.3 Big Five-kenmerken voorspellen werkgedrag

Er bestaan vele verbanden tussen de Big Five-persoonlijkheidskenmerken en hoe mensen op hun werk presteren, en elke dag leren we daar meer over.[12] We zullen de persoonlijkheidskenmerken nu één voor één langslopen en beginnen met de sterkste voorspeller van werkprestaties: plichtsgetrouwheid.

Plichtsgetrouwheid

Dit kenmerk is van essentieel belang. Zoals onderzoekers onlangs hebben gesteld: 'Persoonlijke eigenschappen die te maken hebben met plichtsgetrouwheid en inschikkelijkheid zijn belangrijk om succes te hebben in vele banen en dat geldt van laag tot hoog wat betreft de complexiteit van het werk, opleiding en ervaring.'[13] Werknemers die hoger scoren op plichtsgetrouwheid ontwikkelen meer vakkennis, waarschijnlijk omdat zeer plichtsgetrouwe mensen meer leren,[14] en de scores corresponderen met betere werkprestaties. Plichtsgetrouwe mensen kunnen ook beter blijven presteren onder al te streng toezicht, volgens een onderzoek in India.[15] Net als alle (andere) persoonlijkheidskenmerken heeft plichtsgetrouwheid ook valkuilen. Zeer plichtsgetrouwe mensen vinden hun werk soms belangrijker dan hun gezin, wat tot meer conflicten leidt tussen hun werk- en gezinsrollen.[16] Bovendien zijn ze soms zozeer gericht op hun eigen werk dat ze anderen in de organisatie niet helpen,[17] en ze passen zich niet goed aan een veranderende context aan. Verder kunnen plichtsgetrouwe mensen in een vroeg stadium van een opleidingsproces moeite hebben met het leren van ingewikkelde vaardigheden, omdat ze meer gericht zijn op goed presteren dan op leren. Tot slot zijn ze vaak minder creatief, vooral op kunstzinnig gebied.[18] Ondanks die valkuilen is plichtsgetrouwheid de beste voorspeller van werkprestatie.

VRAAG
Ga eens na in je klas hoe iedereen scoort op plichtsgetrouwheid. Komt de voorspelling van bovenstaande tekst dan uit?

Plichtsgetrouwheid is even belangrijk voor managers als voor werknemers op de werkvloer. In een onderzoek naar de persoonlijkheidsscores van 313 CEO-kandidaten voor bedrijven in de sector vermogensbeheer is gekeken of persoonlijkheidsscores van CEO's bedrijfsprestaties kunnen voorspellen. Van de 225 aangenomen kandidaten werd onderzocht of er een correlatie bestond tussen hun bedrijfsprestaties en hun persoonlijkheidsscores. Dat bleek inderdaad zo te zijn. Plichtsgetrouwheid, in de vorm van volharding, aandacht voor details en de lat hoog leggen, was daarbij de beste voorspeller van bedrijfsprestaties.

VRAAG

Hoe zou de correlatie tussen plichtsgetrouwheid en bedrijfsprestaties eruitzien in een diagram? Teken een diagram met op de X-as de persoonlijkheidsscores voor plichtsgetrouwheid, variërend van zeer laag (1) tot zeer hoog (5) en op de Y-as de bedrijfsprestaties gemeten in Return on Investment (RoI), variërend van -5 procent tot +15 procent. Plaats nu in het diagram een ellips die de puntenwolk voor plichtsgetrouwheid voorstelt. Hoe zou een puntenwolk eruitzien voor een willekeurig ander persoonlijkheidskenmerk, dat, zoals de tekst hierboven stelt, veel minder of niet correleert met RoI?

Emotionele stabiliteit op het werk

Van de Big Five-persoonlijkheidskenmerken laat emotionele stabiliteit het sterkste verband zien met tevredenheid over het leven, werktevredenheid en een laag stressniveau. Mensen die emotioneel zeer stabiel zijn, kunnen zich goed aanpassen aan onverwachte en veranderende eisen van de werkomgeving.[19] Aan het andere einde van het spectrum geldt dat neurotische mensen die niet tegen die eisen zijn opgewassen vatbaar zijn voor een burnout.[20] Deze mensen hebben ook vaker last van een werk-gezinsconflict, wat van invloed kan zijn op hun werk.[21]

Extravert zijn is de standaard waaraan iedereen moet voldoen.

Extraversie op het werk

Extraverte mensen presteren doorgaans beter in functies waarvoor een flinke dosis interpersoonlijke interactie vereist is. En extraverte mensen zijn sociaal dominanter (ze zijn het soort mensen dat 'de leiding neemt') en doorgaans assertiever dan introverte mensen.[22] De andere kant van de medaille is dat extraverte mensen impulsiever zijn dan introverte mensen; de kans op werkverzuim is groter. Uit een bepaald onderzoek kwam bovendien naar voren dat extraverte mensen bij een sollicitatiegesprek eerder liegen dan introverte mensen.[23]

Openheid op het werk

Open mensen hebben een grotere kans om effectieve leiders te worden en kunnen beter tegen onduidelijkheid. Ze zijn beter opgewassen tegen organisatieveranderingen en passen zich makkelijker aan. Hoewel openheid geen verband houdt met het initiële functioneren op het werk, zijn individuen die hoger scoren op openheid over een langere tijdsperiode gezien minder vatbaar voor verminderd functioneren.[24] Open mensen hebben ook minder last van werk-gezinconflicten.[25]

VRAAG

Kun je psychologisch verklaren dat individuen die openstaan voor ervaringen vaker een ongelukje op de werkplek krijgen?

Inschikkelijkheid op het werk

Inschikkelijke mensen worden aardiger gevonden dan mensen die overal een punt van maken; ze doen het veelal beter in banen met veel interpersoonlijk contact, zoals bij de klantenservice. Ze zijn volgzamer en houden zich beter aan de regels, ze hebben een kleinere kans om ongelukken te krijgen en zijn tevredener met hun werk. Ook dragen ze bij aan de prestaties van de organisatie door voorbeeldig werkgedrag te vertonen (zie hoofdstuk 1).[26] Bij 'moeilijke' mensen is de kans juist groter dat ze ongewenst werkgedrag vertonen (zie hoofdstuk 2), net als bij mensen die weinig plichtsgetrouw zijn.[27] Een lage mate van inschikkelijkheid is ook een voorspeller van betrokkenheid bij ongevallen op het werk.[28] Tot slot houdt inschikkelijkheid verband met een minder succesvolle loopbaan (vooral wat het inkomen betreft), misschien omdat zeer inschikkelijke mensen zichzelf minder goed in de markt vinden liggen en minder geneigd zijn om voor zichzelf op te komen.[29]

VRAAG

Waarom zouden inschikkelijke persoonlijkheden het minder goed doen in de hogere functies in een organisatie?

Big Five	Waarom is het relevant?	Waar heeft het invloed op?
Emotionele stabiliteit	• Minder negatieve gedachten en minder negatieve emoties • Minder hyperalert	• Hogere werk- en levenswaardering • Lager stressniveau
Extraversie	• Betere interpersoonlijke vaardigheden • Grotere sociale dominantie • Emotioneel expressiever	• Betere prestaties* • Beter leiderschap • Hogere werk- en levenswaardering
Openstaan voor ervaringen	• Groter leervermogen • Creatiever • Flexibeler en autonomer	• Leervermogen • Beter leiderschap • Beter ingesteld op verandering
Inschikkelijkheid	• Aardiger gevonden • Volgzamer en past zich beter aan	• Betere prestaties* • Minder afwijkend gedrag
Plichtsgetrouwheid	• Grotere inzet en vastberadenheid • Gedrevener en meer discipline • Betere organisatie en planning	• Betere prestaties • Beter leiderschap • Langere levensduur

* Geldt voor functies waarin teamwork of interpersoonlijke interactie belangrijk is.

FIGUUR 4.1 **In hoeverre beïnvloeden de Big Five trekken de GiO-doelen?**

Van de Big Five-persoonlijkheidskenmerken hangt emotionele stabiliteit het sterkst samen met tevredenheid in het leven, werktevredenheid en een laag stressniveau.

4.2.4 Het duistere drietal

Met uitzondering van neuroticisme zijn de Big Five-persoonlijkheidskenmerken sociaal wenselijk, waarmee wordt bedoeld dat mensen er graag hoog op scoren. Ook zijn de verbanden met belangrijke organisatie-uitkomsten zeer duidelijk aantoonbaar. Onderzoekers hebben drie andere, sociaal onwenselijke persoonlijkheidskenmerken gevonden, die iedereen in meerdere of mindere mate heeft en die ook relevant zijn voor gedrag in organisaties (GiO): machiavellisme, narcisme en psychopathie. Vanwege hun negatieve karakter hebben onderzoekers die eigenschappen het **duistere drietal** genoemd, hoewel ze niet altijd tegelijk voorkomen.[30] Het duistere drietal mag sinister klinken, maar deze drie kenmerken moet je niet beschouwen als klinisch-pathologische eigenschappen die het dagelijks functioneren belemmeren. Ze kunnen vooral sterk tot uiting komen als mensen onder druk staan en niet in staat zijn om een ongepaste reactie in de hand te houden. Als mensen langdurig duistere persoonlijkheidskenmerken vertonen, dan kunnen hun loopbaan en persoonlijk leven daardoor ontsporen.[31]

Psychopathie

Psychopathie staat bij GiO (gelukkig) niet voor een klinische geestesziekte. In de context van GiO staat **psychopathie** voor een zich te weinig gelegen laten liggen aan andere mensen en zich niet (of nauwelijks) schuldig voelen of berouw tonen als gedrag anderen schade toebrengt.[32] Bij de meting van psychopathie probeert men vast te stellen hoe sterk de motivatie is om zich aan sociale normen te houden, hoe impulsief iemand is, hoezeer bereid om met list en bedrog gewenste doelen te bereiken en geen acht slaat op, of gebrek aan empathie heeft voor, andere mensen. Uit de onderzoeksliteratuur komt geen consistent beeld naar voren over de vraag of psychopathie belangrijk is voor werkgedrag. In één zo'n overzichtsstudie vond men slechts een zwak verband tussen psychopathie en werkprestaties of ongewenst werkgedrag. In een ander onderzoek bleek er een positief verband te bestaan tussen een antisociale persoonlijkheid, iets wat nauw samenhangt met psychopathie, en het opklimmen in de organisatie, maar werd er geen verband gevonden met andere aspecten van succes in de loopbaan en effectiviteit.[33] Uit weer ander onderzoek komt naar voren dat psychopathie samenhangt met het gebruik van harde beïnvloedingstactieken (dreigementen, manipulatie) en intimiderend werkgedrag (fysieke of verbale dreigementen).[34] Door hun sluwheid kunnen mensen die hoog scoren op psychopathie macht verwerven in een organisatie, maar die sluwheid kan hen er ook van weerhouden om die macht te gebruiken voor gezonde doelen voor henzelf of de organisatie.

Narcisme

Deze karaktertrek is genoemd naar de Griekse mythe van Narcissus, een jongeman die zo ijdel en hooghartig was dat hij verliefd werd op een weerspiegeling van zichzelf in een vijver. Als straf werd hij veranderd in een bloem (welke?) aan de rand van een die vijver waardoor hij gedoemd was zichzelf voor altijd in het spiegelende wateroppervlak te bewonderen. In de psychologie is een narcist iemand die zichzelf erg belangrijk vindt, veel aandacht nodig heeft en arrogant is naar anderen. Hij verdraagt geen kritiek, heeft weinig empathie en meent dat iedereen wel van hem moet houden. Hoewel extreem **narcisme** een goede voorspeller is van ongewenst of grensoverschrijdend werkgedrag voorspelt een matige score mogelijk effectief leiderschap.

Machiavellisme

Dit persoonlijkheidskenmerk is genoemd naar Niccolo Machiavelli die in de zestiende eeuw het beroemde boek *Il Principe* (vertaald als *De vorst*) schreef over hoe je macht kan verkrijgen en behouden. Iemand die hoog scoort op het kenmerk **machiavellisme** is pragmatisch, laat zijn emoties niet zien en meent dat het doel de middelen heiligt. Hij manipuleert anderen ten eigen bate, wint vaker dan anderen en overtuigt anderen vaker van zijn mening dan omgekeerd. Een hoge score voorspelt succes in het werk maar alleen op de korte termijn. Op langere termijn verdwijnt het voordeel omdat mensen na verloop van tijd een hekel aan hem krijgen.

Lees op MyLab nog meer over de specifieke persoonlijkheidskenmerken machiavellisme en narcisme.

Andere problematische persoonlijkheidskenmerken

Het duistere drietal is een nuttig kader om de drie dominante persoonlijkheidskenmerken met een duistere kant te bestuderen. Maar onderzoekers nemen ook andere persoonlijkheidskenmerken onder de loep. In een nieuw ontwikkeld kader zijn nog vijf andere afwijkende, samengestelde persoonlijkheidstypen opgenomen die zijn gebaseerd op de Big Five. Ten eerste zijn *antisociale* mensen onverschillig en gevoelloos tegenover andere mensen. Ze gebruiken hun extraverte kant om charmant over te komen, maar ze zijn soms geneigd tot gewelddadig ongewenst werkgedrag en riskante besluitvorming. Ten tweede hebben *borderliners* een lage dunk van zichzelf en zijn ze zeer onzeker. Ze zijn onvoorspelbaar in hun interacties op het werk, inefficiënt en vinden soms weinig voldoening in hun werk.[35] Ten derde komen *schizotypische* mensen voor die excentriek en chaotisch gedrag vertonen. Ze kunnen heel creatief zijn op hun werk, maar ze zijn extra vatbaar voor werkstress. Ten vierde zijn *dwangmatige* mensen perfectionistisch en vaak koppig, maar ze letten op details, hebben een hoge arbeidsmoraal en worden gemotiveerd door successen. Ten vijfde voelen *ontwijkende* mensen zich vaak tekortschieten terwijl ze slecht tegen kritiek kunnen. Zij kunnen alleen functioneren in een omgeving waarin ze maar weinig met andere mensen hoeven om te gaan.[36]

4.2.5 Andere persoonlijkheidseigenschappen die GiO beïnvloeden

De Big Five-kenmerken zijn weliswaar zeer relevant gebleken voor GiO, maar ze gaan niet uitputtend in op alle mogelijke kenmerken waarmee we iemands persoonlijkheid kunnen beschrijven. Hieronder noemen we enkele andere persoonlijkheidskenmerken die relevant kunnen zijn voor het begrijpen van personen (managers, collega's, klanten) waar je in je werk mee te maken kunt krijgen: **zelfbeeld**, self-monitoring (sociale aanpassing) en proactieve persoonlijkheid.

Zelfbeeld

Mensen denken verschillend over zichzelf. Mensen met een positief zelfbeeld houden van zichzelf, zien zichzelf als effectief en capabel, en denken dat ze controle hebben over hun omgeving. Mensen met een negatief zelfbeeld hebben vaak een hekel aan zichzelf, zijn onzeker over hun capaciteiten en zien zichzelf als machteloos tegenover de omgeving. In hun werk presteren mensen met een positief zelfbeeld beter. Zij stellen zichzelf ambitieuzere doelen, zetten zich daar flink voor in en houden dat ook langer vol

Uit een studie onder telefonische verkopers van levensverzekeringen bleek dat zelfbeeld een goede voorspeller was van succes of falen. Negentig procent van telefonische verkoopcontacten eindigt in een afwijzing. Iemand moet wel een heel positief zelfbeeld hebben om dat aan te kunnen. Uit het onderzoek kwam inderdaad naar voren dat de meerderheid van de succesvolle verkopers een positief zelfbeeld heeft.[37] Mensen met een positief zelfbeeld verlenen ook betere klantenservice, zijn populairdere collega's en hebben een loopbaan die op een hoger niveau begint en sneller de weg omhoog vindt.[38] Uit bepaalde onderzoeken blijkt overigens wel dat mensen met een positief zelfbeeld vooral goed presteren wanneer ze ook het gevoel hebben dat hun werk zinnig en nuttig is voor andere mensen.[39] Daaruit kunnen we afleiden dat mensen met een sterk positief zelfbeeld helemaal tot hun recht komen als de organisatie een sterk MVO-beleid heeft

MAAKT MEER GELOOF IN JEZELF JE OOK ECHT BETER IN WAT JE DOET?

De psychologische wetenschap wijst eerder in tegengestelde richting: zelfvertrouwen krijg je door ergens beter (of: competenter) in te worden, maar meer geloof in jezelf maakt je nog niet automatisch meer competent. Er zijn zelfs aanwijzingen dat je het slechter gaat doen naarmate je meer in jezelf gaat geloven. Mensen die sterk overtuigd zijn van hun eigen kunnen, schenken minder aandacht aan de uitdagingen waarvoor ze staan en spannen zich minder in. En doordat ze minder kritisch zijn op hun eigen gedrag, maken ze vervolgens ook meer fouten. Onderzoek laat bijvoorbeeld zien dat mensen met te veel zelfvertrouwen vaker betrokken zijn bij dodelijke verkeersongevallen.[40]

Kun je ook té positief zijn? Met andere woorden: wat gebeurt er wanneer iemand denkt dat hij capabel is, terwijl hij eigenlijk incompetent is? Een studie naar CEO's uit de *Fortune 500* toonde bijvoorbeeld aan dat veel CEO's wat al te veel zelfvertrouwen hebben en dat deze vermeende onfeilbaarheid vaak tot verkeerde beslissingen leidt.[41] Natuurlijk komt overdreven zelfvertrouwen voor, maar vaak doen we onszelf eerder tekort en zijn daarom minder effectief.[42] Als je gelooft dat je iets niet kan, zal je het waarschijnlijk ook niet proberen en daardoor versterk je alleen maar de twijfels aan jezelf.

Een specifiek aspect van het zelfbeeld is de zogenoemde interne of externe **locus of control**. Locus of control zegt iets over de mate waarin mensen denken dat ze hun lot in eigen handen hebben. Een sterke interne locus of control geeft aan dat iemand veronderstelt dat hij volledige zeggenschap heeft over zijn eigen keuzes, en dat zijn resultaten dus het gevolg zijn van zijn eigen handelen. Mensen die hoger scoren op externe locus of control veronderstellen dat externe invloeden zoals geluk en *het lot* van invloed zijn op hun keuzemogelijkheden en dat hun resultaten dus mede het gevolg zijn van de omstandigheden.

Self-monitoring

De persoonlijkheidstrek **self-monitoring** beschrijft iemands vermogen om zich snel aan externe invloeden en situaties aan te passen. Je zou het kameleongedrag kunnen noemen. Iemand die hoog scoort zal zich in verschillende contexten verschillend gedragen. Hij kan hierdoor soms zeer tegenstrijdig gedrag laten zien. Iemand die laag scoort laat veel consistenter gedrag zien.

Proactieve persoonlijkheid

Proactieve persoonlijkheden zien snel kansen, nemen initiatief, zetten activiteiten op touw en houden vol tot een zinvolle verandering heeft plaatsgevonden. Dit in tegenstelling tot mensen die meer reactief zijn ingesteld. Het kan een belangrijke eigenschap zijn voor teams. Scoren de leden relatief hoog op dit kenmerk dan zijn deze teams innovatiever.[43] Dit op voorwaarde dat ook de leidinggevende proactief is, anders zal het team zich in zichzelf terugtrekken.[44]

Lees op MyLab meer over de persoonlijkheidskenmerken self-monitoring en proactieve persoonlijkheid.

4.2.6 Persoonlijkheid en situaties

Eerder hebben we besproken hoe uit onderzoek blijkt dat aanleg belangrijker is dan de omgeving bij de ontwikkeling van je persoonlijkheid. Toch is de omgeving niet irrelevant. Sommige persoonlijkheidskenmerken, zoals de Big Five, blijken van invloed te zijn in bijna elke omgeving of situatie. Toch wordt steeds duidelijker dat de mate waarin bepaalde persoonlijkheidskenmerken zich uiten in het gedrag afhankelijk is van de situatie. Met twee theoretische kaders, de theorie van de situatiesterkte en de theorie van de activering van persoonlijkheidskenmerken, kunnen we uitleggen hoe dat precies in zijn werk gaat.

De theorie van de situatiesterkte

Stel je voor dat je in een afdelingsvergadering zit. Hoe groot is de kans dat je wegloopt, tegen een collega gaat schreeuwen of je van iedereen afkeert? Heel klein waarschijnlijk. Stel je nu voor dat je als freelancer thuis aan het werk bent. Je zit misschien in je pyjama, hebt de muziek keihard aanstaan en doet af en toe een *power-nap*. De theorie van de situatiesterkte zegt dat de manier waarop de persoonlijkheid zich in gedrag vertaalt, afhangt van de sterkte van de situatie. Met situatiesterkte bedoelen we de mate waarin normen, aanwijzingen en maatstaven dicteren wat gepast gedrag is. Sterke situaties maken duidelijk wat het juiste gedrag is, zetten ons onder druk om dat te vertonen en ontmoedigen gedrag dat ongepast is. Omgekeerd geldt dat in zwakke situaties 'alles moet kunnen' en we dus vrijer zijn om onze persoonlijkheid in gedrag tot uitdrukking te brengen. In zwakke situaties zijn persoonlijkheidskenmerken een betere voorspeller van gedrag dan in sterke situaties.

Componenten van de situatiesterkte

Onderzoekers hebben de situatiesterkte in organisaties geanalyseerd op basis van vier elementen:[45]

1. *Duidelijkheid*
   De mate waarin aanwijzingen over de taken en verantwoordelijkheden die bij het werk horen voorhanden en duidelijk zijn. Banen met een hoge mate van duidelijkheid leiden tot sterke situaties omdat het voor het individu eenvoudig af te leiden is wat hij of zij moet doen. Zo biedt een baan als cipier waarschijnlijk meer duidelijkheid over de verschillende taken en gedragswijzen dan een baan als kinderjuffrouw.
2. *Consistentie*
   De mate waarin aanwijzingen over de taken en verantwoordelijkheden niet met elkaar in strijd zijn. Banen die zeer consistent zijn kennen sterke situaties omdat alle aanwijzingen naar hetzelfde gewenste gedrag wijzen. Zo is een baan als verpleegkundige bij de spoedeisende zorg waarschijnlijk consistenter dan een baan als manager.
3. *Beperkingen*
   De mate waarin de vrijheid van het individu om beslissingen te nemen of te handelen wordt begrensd door krachten waar hij of zij geen invloed op heeft. Banen met veel beperkingen kennen sterke situaties omdat het individu slechts een beperkte handelingsvrijheid heeft. Zo heeft een baan als controleur bij de bank waarschijnlijk grotere beperkingen dan een baan als boswachter.

4. *Consequenties*
De mate waarin beslissingen of handelingen belangrijke implicaties hebben voor de organisatie of haar medewerkers, klanten, voorraden enzovoort. Banen met grote consequenties kennen sterke situaties omdat de omgeving waarschijnlijk zwaar gestructureerd is om fouten te voorkomen. Zo heeft een baan als chirurg grotere consequenties dan een baan als docent vreemde talen.

Organisatiesituaties

Sommige onderzoekers menen dat organisaties per definitie sterke situaties zijn omdat ze regels, normen en maatstaven opleggen die het gedrag sturen. Die beperkingen zijn meestal terecht. We zouden het bijvoorbeeld niet prettig vinden als een werknemer zich vrij zou voelen om collega's seksueel te intimideren, dubieuze boekhoudpraktijken toe te passen of alleen zou komen opdagen als hij of zij daar zin in had. De elementen van de situatiesterkte worden vaak bepaald door de regels en richtlijnen van de organisatie, waardoor ze iets objectiever worden. Maar *hoe* iemand de regels *ervaart* bepaalt vervolgens hoe deze persoon reageert op de situatiesterkte. Zo kan iemand die meestal zelf uitzoekt wat hij of zij moet doen, stapsgewijze instructies (een hoge mate van duidelijkheid) bij een eenvoudige taak zien als een gebrek aan vertrouwen in zijn of haar kunnen. Iemand die graag de regels volgt kan juist blij zijn met die gedetailleerde instructies. Hun verschillende reactie (en werkhouding) weerspiegelt dus hoe ze tegen de situatie aankijken.[46] Strenge regels opstellen om ongelijksoortige systemen te besturen is vaak niet alleen moeilijk maar ook onverstandig. Samengevat: managers moeten onderkennen welke rol de situatiesterkte op de werkvloer speelt en het juiste evenwicht zien te vinden.

De theorie van de activering van persoonlijkheidskenmerken

Nog een belangrijk theoretisch kader om persoonlijkheid en situaties te begrijpen is de theorie van de activering van persoonlijkheidskenmerken (*Trait Activation Theory* of TAT). De TAT voorspelt dat sommige situaties, gebeurtenissen of interventies een persoonlijkheidskenmerk sterker 'activeren' dan andere. Met het TAT-kader kunnen we voorzien welke banen passen bij een bepaalde persoonlijkheid. Een op commissieloon gebaseerde salarisregeling zal individuele verschillen waarschijnlijk activeren omdat extraverte mensen gevoeliger zijn voor beloningen dan bijvoorbeeld open mensen. Omgekeerd kunnen bij banen in de creatieve sector verschillen in openheid het gewenste gedrag beter voorspellen dan verschillen in extraversie. Zie figuur 4.2 voor specifieke voorbeelden.
Het TAT-kader is ook van toepassing op persoonlijkheidsneigingen. Uit een recent onderzoek is bijvoorbeeld gebleken dat mensen die online onderwijs volgden verschillend reageerden op het elektronisch volgen van hun gedrag. Studenten met een hoge mate van faalangst vonden het moeilijker dat ze werden gevolgd dan studenten die daar minder last van hadden, en diegenen met faalangst leerden daardoor aanzienlijk minder. In dit geval activeert een omgevingskenmerk (elektronisch volgen) een persoonlijkheidskenmerk (faalangst), en de combinatie van de twee leidt tot dalende werkprestaties.[47] De activering van persoonlijkheidskenmerken kan ook positief uitpakken. Uit een ander onderzoek is gebleken dat mensen zich in een ondersteunende omgeving allemaal prosociaal gedroegen (zich actief inzetten voor het welbevinden van de afdeling of organisatie), maar dat in een strenge omgeving alleen mensen met sterke prosociale neigingen dat soort gedrag nog vertoonden.[48]

Al met al laten de situatiesterkte-theorie en de theorie van de activering van de persoonlijkheidskenmerken zien dat het nature-nurturedebat het best gevoerd kan worden in termen van aanleg (nature) én omgeving (nurture). Niet alleen zijn ze beide van invloed op het gedrag, maar ze staan onderling in wisselwerking. Anders gezegd, zowel de persoonlijkheid als de situatie zijn van invloed op het werkgedrag, maar als het goed zit met de situatie, dan wordt de kracht van de persoonlijkheid om gedrag te voorspellen nog groter.

Aandacht voor details vereist	Sociale vaardigheden vereist	Competitief werk	Innovatie vereist	Met boze mensen omgaan	Tijdsdruk (deadlines)
Functies die hier hoog op scoren (de genoemde karaktereigenschappen zouden voorspellend moeten zijn voor het gedrag in deze functies)					
Luchtverkeersleider	Geestelijke	Coach/talentenjager	Acteur	Gevangenisbewaarder	Nieuwsanalist
Accountant	Therapeut	Financieel manager	Systeemanalist	Telemarketeer	Hoofdredacteur
Juridisch secretaris	Conciërge	Vertegenwoordiger	Copywriter reclame	Steward(ess)	Luchtvaartpiloot
Functies die hier laag op scoren (de genoemde karaktereigenschappen zouden niet voorspellend moeten zijn voor het gedrag in deze functies)					
Boswachter	Software-engineer	Postsorteerder	Medisch technicus	Componist	Huidverzorgingsspecialist
Masseur	Pompbediende	Historicus	Archivaris	Bioloog	Wiskundige
Model	Tv-technicus	Operator kernreactor	Rechtbank-verslaggever	Statisticus	Fitnesstrainer
Functies die hier hoog op scoren activeren deze karaktereigenschappen (waardoor ze relevanter worden als voorspellers van dat gedrag)					
Plichtsgetrouwheid (+)	Extraversie (+) Inschikkelijkheid (+)	Extraversie (+) Inschikkelijkheid (–)	Openheid (+)	Extraversie (+) Inschikkelijkheid (+) Neuroticisme (–)	Plichtsgetrouwheid (+) Neuroticisme (–)

FIGUUR 4.2 **TAT: banen waarbij bepaalde Big Five-kenmerken relevanter zijn**

NB Een plusteken (+) betekent dat mensen die hoog scoren op dit persoonlijkheidskenmerk beter zouden moeten presteren in deze functie. Een minteken (–) betekent dat mensen die laag scoren op dit persoonlijkheidskenmerk beter zouden moeten presteren in deze functie.

4.3 Waarden

Nu we persoonlijkheidskenmerken hebben besproken – de duurzame karaktereigenschappen die iemands typerende gedrag onder allerlei verschillende omstandigheden en op allerlei momenten beschrijven – gaan we over op waarden. Hoewel persoonlijkheid en waarden met elkaar te maken hebben, betekenen de begrippen niet hetzelfde. **Waarden** zijn vaak heel specifieke principes; ze beschrijven een samenhangend systeem van overtuigingen in plaats van gedragsneigingen. Sommige overtuigingen of waarden zeggen niet veel over iemands persoonlijkheid en mensen handelen lang niet altijd in overeenstemming met hun waarden.

Is de doodstraf rechtvaardig of fout? Als iemand van macht houdt, is dat goed of slecht? De antwoorden op deze vragen zitten vol waarden. Waarden vertegenwoordigen de fundamentele overtuiging dat 'een specifieke wijze van omgaan met mensen, dieren of dingen of het streven naar een specifieke eindtoestand voor allen zowel persoonlijk als maatschappelijk te verkiezen is boven een tegengestelde gedragswijze of manier van leven'.[49]

DIEREN EN WAARDEN

Foto: David Tadevosian / Shutterstock / Pearson Asset Library

De Partij voor de Dieren is van mening dat dieren hetzelfde recht op leven en geluk hebben als mensen. De Partij voor de Dieren vindt dat we moeten streven naar een samenleving waarin zo min mogelijk dieren worden gebruikt door de mens. Volgens de Partij verdienen dieren een goede bescherming en een leven naar hun aard en behoeften. Zolang dat doel niet is gerealiseerd, moet je ten minste zo humaan mogelijk omgaan met dieren.[50] Dus is het eten van de vrije-uitloopkip te verkiezen boven de plofkip en scoort de biologische kip nog beter. Het streven van de partij is om uiteindelijk de hele samenleving van haar waarden te doordringen.

Lees op MyLab meer over het waardensysteem.

4.3.1 Betekenis en belang van waarden

Waarden hebben met een oordeel te maken. Ze vertegenwoordigen iemands ideeën over wat juist, goed of wenselijk is. Waarden openbaren zich met name als ertegenin wordt gegaan; als iemand geen respect toont tegenover iemand die respect hoog in het vaandel heeft staan, dan wordt die laatste er emotioneel erg door geraakt. We kunnen waarden met elkaar vergelijken op twee aspecten:

- het *inhoudelijke aspect*, dat zegt welke levenswijze of eindtoestand belangrijk is;
- de *intensiteit*, die specificeert hoe belangrijk de waarde is.

Als we waarden ordenen naar hun inhoudelijk aspect zien we dat ze verschillen in kracht: sommige gaan over een wenselijke eindtoestand andere zijn meer voorwaarde om die eindtoestand te bereiken (zie paragraaf 4.3.2). Als we iemands waarden vervolgens rangschikken in termen van intensiteit, krijgen we iemands **waardensysteem**. Ieder van ons heeft een hiërarchisch opgebouwd stelsel van waarden die samen ons waardensysteem vormen. Dit systeem wordt bepaald door het relatieve belang dat we toekennen aan waarden als vrijheid, plezier, zelfrespect, eerlijkheid, gehoorzaamheid en gelijkheid. Waarden zijn relatief stabiel en duurzaam.[51]

Het belang van waarden voor GiO

Waarden zijn belangrijk voor de bestudering van gedrag in organisaties, omdat ze de basis leggen voor ons inzicht in de attitudes en motivatie van mensen en omdat ze onze waarnemingen beïnvloeden. Mensen komen een organisatie binnen met opvattingen over wat wel en niet 'hoort'. Natuurlijk zijn deze opvattingen niet waardenvrij. Integendeel, ze bevatten interpretaties van wat goed en fout is. Waarden houden ook in dat bepaalde gedragingen of resultaten de voorkeur hebben boven andere. Behalve dat waarden iets aan de besluitvorming toevoegen, kunnen ze dus ook de objectiviteit en rationaliteit vertroebelen.[52]

Waarden beïnvloeden attitudes en gedrag

Stel dat je bij een organisatie gaat werken met het idee dat salaris op basis van prestaties rechtvaardig is, terwijl in die organisatie het salaris op basis van dienstjaren wordt vastgesteld. Hoe reageer je als je daarachter komt? Je bent waarschijnlijk teleurgesteld. En dat kan leiden tot ontevredenheid over je werk en de beslissing om je niet al te zeer in te spannen, omdat het 'waarschijnlijk toch niet meer geld oplevert'. Zouden je attitudes en gedrag anders zijn als je waarden meer op één lijn stonden met het beleid van de organisatie? Hoogstwaarschijnlijk wel.

4.3.2 Eindwaarden en instrumentele waarden

De sociaal psycholoog Milton Rokeach ontwikkelde de *Rokeach Value Survey* (RVS).[53] De RVS bestaat uit twee verschillende categorieën waarden. De eerste categorie bevat de **eindwaarden**, die hebben betrekking op de gewenste eindsituatie. Het zijn doelen die iemand in de loop van zijn leven graag zou bereiken. De andere groep bevat de **instrumentele waarden** de methoden of gedragswijzen die volgens de persoon nodig zijn om zijn eindwaarden te realiseren. In figuur 4.3 staan voorbeelden van beide categorieën waarden.

EINDWAARDEN	INSTRUMENTELE WAARDEN
Welvaart en economisch succes	Zelfontplooiing
Gezondheid en welbevinden	Onafhankelijkheid en zelfstandigheid
Vrijheid	Zelfbeheersing en discipline
Gelijkheid	Vriendelijkheid
Vrede in de wereld	Ambitie
Sociale erkenning	Doelgerichtheid
Een zinvol leven leiden	Behulpzaamheid

FIGUUR 4.3 **Voorbeelden van soorten waarden in de Rokeach Value Survey[54]**

Meerdere onderzoeken bevestigen dat groepen mensen verschillen op het gebied van de RVS-waarden die ze aanhangen.[55] Mensen in dezelfde beroepsgroep of categorie (managers, vakbondsleden, ouders, leerlingen) hebben vaak soortgelijke waarden. Een vergelijkend onderzoek uitgevoerd onder topfunctionarissen, leden van een vakbond voor staalarbeiders en leden van een actiegroep vond een grote overlap tussen de drie groepen, maar ook een aantal significante verschillen.[56] De activisten hanteerden totaal andere waarden dan de andere twee groepen. Ze beschouwden gelijkheid als de belangrijkste eindwaarde, terwijl topmanagers en vakbondsleden deze waarde respectievelijk een twaalfde en dertiende plaats toekenden. Activisten zetten de instrumentele waarde behulpzaamheid op de tweede positie en de andere twee groepen op de veertiende. Dit zijn belangrijke verschillen omdat managers, vakbondsleden en activisten allen een groot belang hebben bij wat bedrijven doen. Deze verschillen leiden tot problemen wanneer deze groepen met elkaar moeten onderhandelen. Wanneer ze met elkaar strijden over het economische en sociale beleid van een organisatie, kunnen deze verschillen zelfs ernstige conflicten tot gevolg hebben.

VRAAG

Een instrumentele waarde is een middel om een hoger doel te bereiken. Een middel kan meerdere doelen dienen en elk einddoel kan met meerdere middelen worden nagestreefd. Met welke eindwaarden zou je de instrumentele waarde Ambitie wel en met welke beslist niet kunnen verbinden?

4.3.3 Zijn waarden veranderlijk?

Met name onze eindwaarden en de culturele (landen)waarden zijn relatief stabiel.[57] Een belangrijk deel van deze waarden is in onze eerste jaren gevormd – door ouders, leraren, vrienden en anderen. Als kinderen kregen we te horen dat bepaalde gedragingen of resultaten altijd gewenst of altijd ongewenst waren. Er waren maar een paar grijze gebieden. Er werd bijvoorbeeld gezegd dat je eerlijk en verantwoordelijk moest zijn. Je leerde nooit om maar een beetje eerlijk of een beetje verantwoordelijk te zijn. Juist door deze absolute of *zwart-wit* manier van denken over waarden, zijn ze min of meer stabiel en duurzaam.

Natuurlijk kan een proces waarin we onze waarden ter discussie stellen, een verandering tot gevolg hebben. Dat geldt echter vooral voor instrumentele waarden. Bij eindwaarden fungeren kritische vragen en discussies alleen als versterking van de al bestaande waarden. Instrumentele waarden daarentegen veranderen onder invloed van de maatschappelijke en politieke ontwikkelingen (ofwel: de tijdgeest).

Van generatie op generatie zien sommige onderzoekers de waarden ten opzichte van werk, gezagsverhoudingen en privéleven verschuiven. Een bekende indeling is die van babyboomers (geboren tussen 1945 en 1964), generatie X (geboren tussen 1961 en 1981), generatie Y (geboren tussen 1982 en 2001) en generatie Z, geboren rond de millenniumwisseling (tussen 1992 en 2015) en als kleuter al gewend aan computers en smartphones. Waar de babyboomers veel waarde hechten aan hard werken en materiële zekerheid, en tegelijkertijd een flink wantrouwen tegen autoriteiten koesteren, zien we bij de generatie Y een grote behoefte aan zinvol werk en egogerichte waarden (rijk en beroemd worden) en bij generatie Z wereldverbeteraars, milieuactivisten en een sterke waardeverschuiving van individualisme naar groter collectivisme. Deze generatie heeft weinig moeite met diversiteit en is gewend aan geavanceerde technologie. Generatie X deelt het wantrouwen jegens autoriteit met de babyboomers, maar hecht meer waarde aan een balans tussen werk en privé en aan vriendschap, geluk en plezier.[58] De indeling in geboortejaren en de benaming van de generaties is afhankelijk van de geraadpleegde bronnen.

Greta Thunberg, milieuactiviste en gezicht van generatie Z?

Foto: dpa Picture alliance / Alamy Stock Photo

Hoe fascinerend het ook is om waardenpatronen aan hele generaties te koppelen, helaas worden die classificaties niet altijd ondersteund door onderzoek. Uit literatuuronderzoek komt naar voren dat veel van de generalisaties overtrokken of onjuist zijn.[59] De werkelijke verschillen tussen generaties wijken vaak af van populaire ideeën over hoe generaties van elkaar verschillen. Zo is de waarde die aan vrije tijd wordt gehecht door de generaties heen toegenomen van babyboomers tot generatie Z en is werk een minder centrale plaats in gaan nemen. Uit onderzoek is echter niet gebleken dat generatie Y of Z meer altruïstische waarden ten opzichte van werk aanhangen dan hun voorgangers.[60] Door hele generaties te classificeren, begrijpen we de verschillen tussen onze eigen generatie en andere generaties misschien beter, maar we moeten wel inzien dat de waarde ervan beperkt is.

Een verdere nuancering kan worden gemaakt als we denken aan *beroepswaarden*. Daarbij gaat het om rolverwachtingen (zie hoofdstuk 10) die de beroepsbeoefenaar zich na verloop van tijd eigen maakt. Zo ontstaat een waardeoriëntatie die hoort bij een bepaalde beroepsgroep. Denk aan: docenten, advocaten, ambtenaren, makelaars. Verander je van beroep, dan zullen je beroepswaarden na verloop van – soms lange – tijd ook veranderen.

4.4 Culturele waarden

Hierboven bespraken we generatiewaarden, dat wil zeggen specifieke waardenpatronen die voor een hele groep (namelijk: een generatie) zouden gelden. Zo'n groepsanalyse van waardenpatronen kan je ook toepassen op bevolkingsgroepen of op landen. Zo zou je kunnen onderzoeken of er typisch Duitse waardenpatronen bestaan en of die anders zijn dan bijvoorbeeld Franse of Chinese. Zo'n patroon zou dan iets zeggen over de cultuur van een land. Maar hoe zet je zo'n onderzoek op? Hoe kom je aan voldoende respondenten en wat vraag je ze? De wereldberoemde Nederlandse organisatiepsycholoog, Geert Hofstede bedacht een unieke aanpak.
Zijn raamwerk van zes dimensies om landenculturen mee te typeren, behandelen we hierna. Aan het eind van het hoofdstuk gaan we nog in op het nauw verwante GLOBE-raamwerk.

4.4.1 Wat verstaan we onder cultuur?

Geert Hofstede definieert **cultuur** als 'de collectieve mentale programmering die leden van een groep onderscheidt van die van andere groepen'.[61] Met *programmering* bedoelt hij dat cultuur is aangeleerd. Via de opvoeding, door socialisatie met de mensen in je omgeving, via de normen en waarden van de omgeving en door gedrag van anderen waar te nemen. Met *collectief* bedoelt hij de groepering waartoe je behoort, of een deel daarvan. Bijvoorbeeld de stad waar je woont, het beroep waarin je werkzaam bent of het bedrijf waar je werkt; de regionale cultuur waartoe je behoort, of zelfs de cultuur van je land.

4.4.2 Culturele verschillen tussen landen volgens Hofstede

Tal van antropologen, linguïsten, sociaalpsychologen en crossculturele onderzoekers hebben bijgedragen aan het zichtbaar en bewust maken van de onzichtbare basiswaarden (zie figuur 4.4). Deze waarden zijn zo *onzichtbaar* omdat ze voor de drager ervan zo vanzelfsprekend zijn dat hij geschokt is als blijkt dat iemand uit een ander land er heel anders over denkt. In deze subparagraaf gaan we daarom wat dieper in op de dimensies van culturen volgens de theorie van Geert Hofstede.[62]
Hofstede deed onderzoek naar waarden onder werknemers van IBM in 66 landen over de hele wereld, door gebruik te maken van meer dan 100.000 ingevulde tevredenheidsformulieren! Hij ontdekte in eerste instantie vier dimensies waarin culturen van elkaar kunnen verschillen en kwantificeerde die met scores tussen 0 en 100. In samenwerking met Michael Bond, die gebruikmaakte van de *Chinese Values Survey* (*CVS*) in Hongkong, onderscheidde hij later nog een vijfde dimensie. In samenwerking met Michael Minkov, en door gebruik te maken van de *World Values Survey* (*WVS*), voegde hij daar nog een zesde dimensie aan toe. Hofstedes zes culturele dimensies geven ons een theoretisch kader om op een niet-evaluerende maar op een beschrijvende manier over verschillen in culturele waarden in een organisatie te praten.

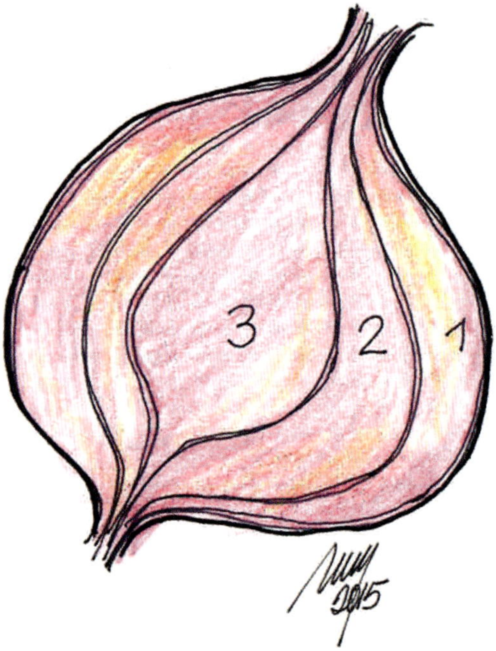

FIGUUR 4.4 **Culturele lagen**

Illustratie: Carlos Nunez

De zes **culturele dimensies van Hofstede** zijn:[63]

1. machtsafstand;
2. individualisme versus collectivisme;
3. masculiniteit versus femininiteit;
4. onzekerheidsvermijding;
5. lange- en kortetermijngerichtheid;
6. hedonisme versus soberheid (toegeeflijkheid versus terughoudendheid).

We zullen nu elke dimensie en de toepassing ervan binnen GiO kort toelichten.

Machtsafstand

De dimensie machtsafstand (*Power Distance Index*, of PDI) beschrijft de mate waarin minder machtige leden van instituties of organisaties in een land verwachten en accepteren dat de macht ongelijk verdeeld is. Nederland is met een score van 38 een land met een lage machtsafstandscore. Dat merk je al in het onderwijs: studenten kunnen verschillen van mening met de docent rustig uiten. Zij onderhandelen regelmatig over cijfers en deadlines van opdrachten. België heeft met een score van 65 een hoge machtsafstandscore. Belgische studenten aan Nederlandse hogescholen en universiteiten zijn vaak sprakeloos als ze zien hoe het daaraan toegaat. Delphine, een Belgische studente, vertelde bijvoorbeeld: 'Ik was zeer geschokt gedurende de eerste zes maanden van mijn studie. Ik schaamde me voor de onbeleefdheid van mijn studiegenoten. Maar de docent had er geen problemen mee. Haar enige probleem, dat was ik – waarom deed ik niet mee met de pittige klassikale discussies?'[64]

EEN BUITENLANDSTAGE

Jordi is een Nederlandse student logistiek en economie aan een hogeschool in Rotterdam. Hij werkt nu als stagiair bij de supermarktketen Auchan in Le Havre, Frankrijk. Hij is achttien, en de jongste van het team van vijf stagiairs op zijn afdeling. De oudste stagiair is de 22-jarige Matthieu. Hij komt uit Le Havre zelf en werkt er al het langst. Als er onduidelijkheden zijn, is het meestal Matthieu die het op de juiste moment weet over te brengen aan de managers. Jordi merkte in de eerste week van zijn stage dat de planning verbeterd kon worden. Dat vertelde hij openlijk aan zijn baas, Sophie Dubois, waar alle collega-stagiairs bij waren. Mevrouw Dubois was daar niet blij mee. Twee weken later waagde Jordi een tweede poging: hij opperde zijn idee voor verbetering tijdens een werkoverleg. De volgende dag werd zijn stage zonder pardon door mevrouw Dubois beëindigd.[65]

Individualisme versus collectivisme

Een samenleving is **individualistisch** als de onderlinge banden tussen individuen los zijn: iedereen wordt geacht voor zichzelf en voor zijn of haar naaste familie te zorgen. Onafhankelijkheid en zelfstandigheid zijn belangrijke waarden in individualistische culturen. Werknemers uit deze culturen voelen zich doorgaans sterk gemotiveerd als ze zelfstandig kunnen werken en eigen verantwoordelijkheden krijgen. Een samenleving is **collectivistisch** als mensen vanaf hun geboorte opgenomen zijn in grote en hechte verbanden (zoals een familie, stam, volk), die hen levenslang bescherming bieden in ruil voor onvoorwaardelijke loyaliteit. Wederzijdse verantwoordelijkheid is een belangrijke waarde in collectivistische culturen. Werknemers voelen zich sterk gemotiveerd door te werken met prettige collega's en leidinggevenden die echt geïnteresseerd zijn in het wel en wee van hun teamleden.

Met een score van tachtig is Nederland een individualistische cultuur. Vooral in de grote steden; buiten de grote steden zijn er nog collectivistische invloeden te ontdekken. Denk aan de Oost-Nederlandse *naoberplicht* die inhoudt dat je elkaar als buren (*naobers*) bijstaat bij moeilijkheden, zoals schade door storm of brand of bij het overlijden van een van de bewoners van een naburige boerderij. Als gevolg van immigratie wonen er inmiddels ook veel mensen uit meer collectivistische culturen in Nederland en België.

Masculiniteit versus femininiteit

Een samenleving is **masculien** als emotionele sekserollen duidelijk gescheiden zijn: mannen worden geacht assertief en hard te zijn en gericht op materieel succes; vrouwen horen bescheiden en teder te zijn en vooral gericht op de kwaliteit van het bestaan. Mannen kiezen zelden een beroep dat tot het traditionele vrouwendomein hoort, zoals verpleegkunde. Op school worden studenten met de hoogste cijfers bewonderd. Docenten stemmen hun lessen af op de topstudenten. Op het werk worden werknemers beloond met titels als 'Beste medewerker van de maand'. Je mag indruk maken met je kleding en pronken met je succes. Het kunnen hebben van succes is ook een sterk motiverende factor. Voorbeelden van masculiene culturen zijn die van de Verenigde Staten, Japan, China en Duitsland.

Een samenleving is **feminien** als emotionele sekserollen elkaar overlappen: zowel mannen als vrouwen worden geacht bescheiden en teder te zijn en gericht op de kwaliteit van het bestaan. In sommige feminiene culturen zijn de sekserollen overigens wel gescheiden, maar is de aandacht voor de kwaliteit van het bestaan bij beide seksen erg sterk. Vrouwen werken in traditionele mannenberoepen, bijvoorbeeld als bouwkundig ingenieur, en mannen in traditionele vrouwenberoepen, zoals verpleegkundige of huisman – met evenveel respect. Nederland is met een score van veertien op de masculiniteitsschaal een feminien land. Studenten met de hoogste cijfers hoeven hier niet altijd te rekenen op bewondering. Docenten stemmen hun lessen vaak af op de gemiddelde student. Op het werk word je beloond met zaken die de kwaliteit van het bestaan vergroten, zoals extra vrije dagen. Niet het pronken, maar bescheidenheid wordt gewaardeerd. Andere voorbeelden van feminiene landen zijn de Scandinavische landen: Denemarken, Finland, IJsland, Noorwegen en Zweden; en de Baltische landen Estland, Letland en Litouwen.

Onzekerheidsvermijding

Deze dimensie gaat over de mate waarin de leden van een cultuur zich bedreigd voelen door onzekere of onbekende situaties; dit gevoel leidt tot nervositeit, spanningen en behoefte aan voorspelbaarheid: aan formele of informele regels. Voor alle duidelijkheid, onzekerheidsvermijding is niet hetzelfde als risicovermijding. Het is het vermijden van onvoorspelbare situaties, door te weten wat de juiste regels en procedures zijn. Door de regels en procedures goed te kennen en toe te passen, weet je ook goed waar er nog ruimte is, eventueel ook om risico's te nemen. Landen met een hoge **onzekerheidsvermijding**, die dus veel waarde hechten aan het nauwkeurig volgen van formele en informele regels, procedures en gedragscodes zijn Japan, Brazilië, Frankrijk, Duitsland en België. Nederland scoort gemiddeld op onzekerheidsvermijding. De Verenigde Staten en het Verenigd Koninkrijk scoren zeer laag, evenals China.

Langetermijngerichtheid

Langetermijngerichtheid heeft te maken met het nastreven van deugden die *in de toekomst* beloond zullen worden, in het bijzonder kun je denken aan doorzettingsvermogen, spaarzaamheid en aanpassing aan veranderde omstandigheden. Noord- en Oost-Aziatische landen zoals Korea, China, Vietnam en Japan zijn sterk langetermijngericht. Nederland is met een score van 67 ook langetermijngericht (zie figuur 4.5). Je herkent deze gerichtheid aan de gedeelde positieve evaluatie van deugden als hard werken en sparen voor later.
Een lage score op langetermijngerichtheid (dat wil zeggen een sterke gerichtheid op de korte termijn) heeft te maken met een *ander type* deugden. Denk aan respect voor traditie, vasthouden aan geloofswaarheden, trots op de eigen natie en je stand ophouden, maar ook aan het streven naar snelle winsten om goed over te komen bij de aandeelhouders. De Verenigde Staten en het Verenigd Koninkrijk, maar ook bijvoorbeeld Spanje, Tsjechië, Nigeria en Pakistan, scoren laag op langetermijngerichtheid en zijn dus **kortetermijngericht**.

Hedonisme versus soberheid

Hedonisme is afgeleid van het Griekse woord *hédoné* wat genot betekent. In deze later toegevoegde dimensie staat **hedonisme** voor een samenleving waar men uitbundig, gelukkig en vrolijk gedrag zeer waardeert en waar men zichzelf toestaat om toe te geven aan impulsen. **Soberheid** kenmerkt het gedrag van mensen in een samenleving die deze gevoelens onderdrukt en waar strikte sociale normen belangrijk zijn. Hedonistische landen vind je in delen van Afrika, Zuid- en Noord-Amerika en Noordwest-Europa; soberheid vooral in Azië, Oost-Europa en het Midden-Oosten.

Wereldwijde cultuurverschillen

Hoe scoren verschillende landen op deze dimensies? Figuur 4.5 geeft een indruk voor landen waarover gegevens bekend zijn. Machtsafstand is bijvoorbeeld het grootst in Maleisië. De Verenigde Staten zijn bijvoorbeeld sterk individualistisch; het heeft zelfs de meest individualistische cultuur (op de voet gevolgd door Australië en het Verenigd Koninkrijk). Guatemala valt op als meest collectivistische land. De meest masculiene cultuur treffen we aan in Japan en de meest feminiene in Zweden. Griekenland scoort hoog op onzekerheidsvermijding, terwijl Singapore daarop het laagst scoort. Hongkong heeft een van de hoogste langetermijnoriëntaties; Pakistan scoort sterk op kortetermijnoriëntatie.
In een grote studie bestaande uit 598 deelonderzoeken en met meer dan 200.000 respondenten in totaal, onderzocht men het verband tussen Hofstedes dimensies en een aantal organisatiecriteria. De gegevens werden zowel op individueel als op nationaal niveau geanalyseerd.[66] Over het geheel genomen bleken de vijf oorspronkelijke dimensies goede voorspellers van relevante criteria. Verder bleek dat de relatie sterker werd als de gegevens op individueel niveau werden geanalyseerd. Door alle respondenten dezelfde nationaal-culturele waarden toe te kennen verslechterde de

voorspelling. Het raamwerk van Hofstede is dus bruikbaar om inzicht te krijgen in de verschillen tussen mensen, maar we moeten ervoor oppassen om alle mensen uit een bepaald land over één kam te scheren.

VRAAG

Leg uit hoe het komt dat het cultuurmodel van Hofstede een betrouwbare en valide beschrijving is van de culturele waarden op landniveau maar niet op individueel niveau. (Tip: denk aan de man van 1.70 meter die verdronk toen hij een rivier doorwaadde die gemiddeld 1 meter diep was.)

4.5 Toepassing in de organisatiepraktijk

Dertig jaar geleden waren organisaties in het selectieproces alleen geïnteresseerd in persoonlijkheid, omdat ze er alleen op uit waren de juiste persoon voor een specifieke functie te vinden. Dat is nog steeds zo, maar de afgelopen jaren werd dit vraagstuk uitgebreid met de vraag hoe goed iemands persoonlijkheid én waarden bij de organisatie passen. Waarom? Omdat we tegenwoordig minder geïnteresseerd zijn in de vraag of iemand goed presteert in een specifieke taak, maar meer in de vraag of iemand voldoende betrokken en flexibel is om te kunnen omgaan met de steeds veranderende eisen van de organisatie. In beide gevallen blijft de vraag natuurlijk relevant of je persoonlijkheid en waardenoriëntatie betrouwbaar kunt meten. Daar zullen we onze bespreking dan ook mee beginnen.

4.5.1 Persoonlijkheid meten

Onderzoek heeft uitgewezen dat persoonlijkheidstests nuttig zijn bij het selecteren van werknemers. Met behulp van de testscores kun je voorspellen wie het meest geschikt is voor een bepaalde baan.[67] Sommige managers willen weten hoe mensen op een persoonlijkheidstest scoren om werknemers beter te kunnen aansturen. Veruit het meestgebruikte middel om persoonlijkheid te meten, is een zelftest. Mensen evalueren zichzelf op basis van een aantal stellingen, zoals: 'Ik maak me vaak zorgen over de toekomst.' Zelftests zijn een prima maatstaf als ze goed in elkaar zitten, maar hebben als nadeel dat de respondent kan liegen of kan 'doen alsof' om in de test een goede indruk te maken. Dit is vooral zorgwekkend wanneer iemand puur op basis van zo'n beoordeling wordt aangenomen. Een ander probleem is de betrouwbaarheid van de test. Het kan bijvoorbeeld voorkomen dat een perfecte kandidaat toevallig zijn dag niet heeft als de test wordt afgenomen en dus ten onrechte wordt afgewezen. Ook kan een testitem soms bij de vertaling vanuit het Engels naar het Nederlands net iets van betekenis veranderen waardoor een onnauwkeurig resultaat ontstaat. Bij de vertaling van een test moet daarom altijd nieuw onderzoek worden gedaan binnen het taalgebied. Dat gebeurt helaas niet altijd.
Metingen op basis van observatie leveren in principe een onafhankelijker persoonlijkheidsbeoordeling op. Een collega of een andere observator geeft dan een waardering (soms met en soms zonder medeweten van de beoordeelde persoon).
Ook hier is een waarschuwing op zijn plaats. Collega's willen nog wel eens sociaal wenselijke, of hun echte mening verhullende, antwoorden geven. Bij assessments met gedragsproeven maakt men daarom liever gebruik van getrainde en onafhankelijke observatoren. Hoewel er sprake blijkt van een sterke correlatie tussen zelftestuitslagen en observatiescores, blijkt uit onderzoek ook dat observatiescores beter voorspellen hoe de persoon in kwestie zal functioneren in zijn werk.[68] Elke meetmethode levert wel een uniek stukje voorspellende informatie op over iemands gedrag op de werkvloer.

FIGUUR 4.5 **Culturele waarden volgens Hofstede per land**

LAND	PDI** MACHTSAFSTAND	IDV** INDIVIDUALISME	MAS** MASCULINITEIT	UAI** ONZEKERHEIDS-VERMIJDING	LTO (WVS)** LANGETERMIJN-GERICHTHEID	IVR** HEDONISME-SOBERHEID
Afrika Oost *	64	27	41	52	32	40
Afrika West *	77	20	46	54	9	78
Albanië					61	15
Algerije					26	32
Andorra						65
Arabischtalige landen *	80	38	53	68	23	34
Argentinië	49	46	56	86	20	62
Armenië					61	
Australië	36	90	61	51	21	71
Azerbeidzjan					61	22
Bangladesh	80	20	55	60	47	20
België	65	75	54	94	82	57
België Franstalig	67	72	60	93		
België Nederlandstalig	61	78	43	97		
Bosnië					70	44
Brazilië	69	38	49	76	44	59
Bulgarije	70	30	40	85	69	16
Burkina Faso					27	18
Canada	39	80	52	48	36	68
Canada Franstalig	54	73	45	60		
Chili	63	23	28	86	31	68
China	80	20	66	30	87	24
Colombia	67	13	64	80	13	83
Costa Rica	35	15	21	86		
Cyprus						70
Denemarken	18	74	16	23	35	70
Dominicaanse Republiek					13	54
Duitsland	35	67	66	65	83	40
Ecuador	78	8	63	67		
Egypte					7	4
El Salvador	66	19	40	94	20	89
Estland	40	60	30	60	82	16
Filipijnen	94	32	64	44	27	42
Finland	33	63	26	59	38	57
Frankrijk	68	71	43	86	63	48
Georgië					38	32
Ghana					4	72
Griekenland	60	35	57	112	45	50
Guatemala	95	6	37	101		
Hongarije	46	80	88	82	58	31
Hongkong	68	25	57	29	61	17
Ierland	28	70	68	35	24	65
IJsland					28	67
India	77	48	56	40	51	26
Indonesië	78	14	46	48	62	38
Irak					25	17
Iran	58	41	43	59	14	40
Israël	13	54	47	81	38	
Italië	50	76	70	75	61	30
Jamaica	45	39	68	13		
Japan	54	46	95	92	88	42
Jordanië					16	43
Kirgizië					66	39
Korea Zuid	60	18	39	85	100	29
Kroatië	73	33	40	80	58	33
Letland	44	70	9	63	69	13
Litouwen	42	60	19	65	82	16
Luxemburg	40	60	50	70	64	56

LAND	PDI** MACHTSAFSTAND	IDV** INDIVIDUALISME	MAS** MASCULINITEIT	UAI** ONZEKERHEIDS-VERMIJDING	LTO (WVS)** LANGETERMIJN-GERICHTHEID	IVR** HEDONISME-SOBERHEID
Macedonië					62	35
Maleisië	104	26	50	36	41	57
Mali					20	43
Malta	56	59	47	96	47	66
Marokko	70	46	53	68	14	25
Mexico	81	30	69	82	24	97
Moldavië					71	19
Montenegro					75	20
Nederland	38	80	14	53	67	68
Nieuw Zeeland	22	79	58	49	33	75
Nigeria					13	84
Noorwegen	31	69	8	50	35	55
Oeganda					24	52
Oekraïne					86	14
Oostenrijk	11	55	79	70	60	63
Pakistan	55	14	50	70	50	0
Panama	95	11	44	86		
Peru	64	16	42	87	25	46
Polen	68	60	64	93	38	29
Portugal	63	27	31	104	28	33
Puerto Rico					0	90
Roemenië	90	30	42	90	52	20
Rusland	93	39	36	95	81	20
Rwanda					18	37
Saoedi-Arabië					36	52
Servië	86	25	43	92	52	28
Singapore	74	20	48	8	72	46
Slovakije	104	52	110	51	77	28
Slovenië	71	27	19	88	49	48
Spanje	57	51	42	86	48	44
Suriname	85	47	37	92		
Taiwan	58	17	45	69	93	49
Tanzania					34	38
Thailand	64	20	34	64	32	45
Trinidad en Tobago	47	16	58	55	13	80
Tsjechië	57	58	57	74	70	29
Turkije	66	37	45	85	46	49
Uruguay	61	36	38	100	26	53
Venezuela	81	12	73	76	16	100
Verenigd Koninkrijk	35	89	66	35	51	69
Verenigde Staten	40	91	62	46	26	68
Vietnam	70	20	40	30	57	35
Wit-Rusland					81	15
Zambia					30	42
Zimbabwe					15	28
Zuid-Afrika					34	63
Zuid-Afrika blank	49	65	83	49		
Zweden	31	71	5	29	53	78
Zwitserland	34	68	70	58	74	66
Zwitserland Duitstalig	26	69	72	56		
Zwitserland Franstalig	70	64	58	70		

* Regionale geschatte waarden:

'Arabischtalige' landen = Irak, Koeweit, Libanon, Libië, Saoedi-Arabië, Verenigde Arabische Emiraten

'Oost Afrika' = Ethiopië, Kenia, Tanzania, Zambia

'West Afrika' = Ghana, Nigeria, Sierra Leone

** PDI = Power Distance Index; IDV =Individualism; MAS = Masculinity; UAI = Uncertainty Avoidance Index; LTO = Long Term Orientation; WVS = World Values Survey; IVR = Indulgence Versus Restraint.

Bron: G. Hofstede (2015). Dimension data matrix. Geraadpleegd op 29 januari 2020, van https://geerthofstede.com/research-and-vsm/dimension-data-matrix/

VRAAG

Op welk waarneembaar gedrag zou je letten om onderscheid te maken tussen studenten die veel bijdragen aan het groepsproces en studenten die weinig tot niets bijdragen?

4.5.2 Persoon en baan: beroepskeuzeadvisering

De relatie tussen functievereisten en persoonlijkheidskenmerken vormt de kern van John Hollands **beroepskeuzetheorie**, een van de best bewezen theorieën die internationaal in gebruik zijn.[69] Deze theorie is gebaseerd op het idee dat de persoonlijkheidskenmerken van een individu moeten aansluiten op de baan. Holland onderscheidt zes persoonlijkheidstypen en hij stelt dat werktevredenheid en de neiging om een baan op te zeggen afhankelijk zijn van de mate waarin mensen een baan weten te vinden die past bij hun persoonlijkheid. Voor elk van de zes persoonlijkheidstypen bestaan bijpassende beroepen.

Holland heeft de *Vocational Preference Inventory* (Beroepsvoorkeurentest) ontwikkeld, een vragenlijst waarin 160 beroepen de revue passeren en waarop mensen aangeven welke beroepen ze al dan niet aantrekkelijk vinden. Op basis van hun antwoorden wordt een persoonlijkheidsprofiel opgesteld (zie figuur 4.6). Onderzoek volgens deze procedure heeft geleid tot de zeshoek in figuur 4.7. Hoe dichter twee interessegebieden bij elkaar liggen, des te beter ze samengaan. Aangrenzende categorieën vertonen veel overeenkomsten, terwijl tegenoverliggende categorieën sterk verschillen.[70]

TYPE	KENMERKEN	GESCHIKTE BEROEPEN
Realistisch: Voorliefde voor lichamelijke activiteiten die behendigheid, kracht en coördinatie vereisen	Verlegen, oprecht, volhardend, stabiel, zich conformerend, praktisch	Monteur, machineoperator, productiemedewerker, boer
Onderzoekend: Voorliefde voor activiteiten waarbij denken, organiseren en begrijpen belangrijk zijn	Analytisch, oorspronkelijk, nieuwsgierig, zelfstandig	Bioloog, econoom, wiskundige, verslaggever
Sociaal: Voorliefde voor activiteiten om anderen bij hun ontwikkeling te helpen	Sociaal, inschikkelijk, samenwerkend, inlevend	Sociaal werker, onderwijzer, counselor, klinisch psycholoog
Conventioneel: Voorliefde voor vastomlijnde activiteiten die onderworpen zijn aan strakke regels	Conformerend, efficiënt, praktisch, nuchter, star	Accountant, bedrijfsmanager, bankbediende, archiefmedewerker
Ondernemend: Voorliefde voor verbale activiteiten met mogelijkheden om anderen te beïnvloeden en macht te krijgen	Zelfvertrouwen, ambitieus, energiek, dominant	Advocaat, makelaar onroerend goed, pr-functionaris, manager in een klein bedrijf
Kunstzinnig: Voorliefde voor ambigue en niet-gereguleerde activiteiten die creatieve expressie bevorderen	Fantasievol, ongeorganiseerd, idealistisch, emotioneel, onpraktisch	Schilder, musicus, schrijver, binnenhuisarchitect

FIGUUR 4.6 **Hollands typologie van persoonlijkheidstypen en bijbehorende beroepen**[71]

Wat betekent dit alles? De theorie stelt dat werktevredenheid het hoogst en **personeelsverloop** het laagst is wanneer persoonlijkheid en beroep op elkaar afgestemd zijn. Sociaal ingestelde individuen moeten een sociaal beroep kiezen, traditioneel ingestelde mensen een conventionele baan enzovoort. Om je prettig te voelen zouden je persoonlijkheid en waarden goed moeten passen bij de eisen en waarden van je functie of beroep. Deze gedachte is de basis voor alle vormen van loopbaan- en beroepskeuzeadvisering.

De afstemming tussen persoon en functie heeft culturele implicaties als het gaat om de verwachting van werknemers dat een baan speciaal op hen wordt afgestemd. In individualistische landen waar werknemers verwachten dat ze door het management gehoord en gerespecteerd worden, wordt de werktevredenheid van het individu groter als er een betere afstemming plaatsvindt tussen de persoon en de functie door de functie op maat te maken voor de persoon. In collectivistische landen is de afstemming tussen de persoon en de functie echter een minder goede voorspeller van werktevredenheid omdat mensen daar niet verwachten dat een functie speciaal op hen wordt afgestemd. Ze hechten daarom minder waarde aan inspanningen om tot een betere afstemming te komen. Managers in collectivistische culturen moeten daarom geen culturele normen schenden door functies voor (specifieke) personen te ontwerpen; ze kunnen beter mensen zoeken die het waarschijnlijk goed doen in functies die reeds gestructureerd zijn.[72]

VOORBEELD

Gregory scoort hoog op Ondernemend en Kunstzinnig. Sinds twee jaar werkt hij bij woningbouwvereniging Hoeksteen op de pr-afdeling. Niek krijgt hier veel vrijheid om zijn werk naar zijn eigen idee in te vullen. Zijn taken bestaan voornamelijk uit het plaatsen van advertenties in kranten en weekbladen en het beheren van de folders en brochures voor (aankomende) huurders. De vrijheid en zelfstandigheid spraken Niek erg aan toen hij hier kwam werken. Ze pasten bij zijn ondernemende geest.

Intussen begint hij echter te twijfelen. Zijn pogingen om de woningbouwvereniging te promoten via multimediale websites – helemaal van deze tijd – lopen stuk op de kosten en vooral op de behoudende bedrijfscultuur. Hoewel zijn functioneringsgesprekken altijd prima verlopen, wordt Niek elke dag geconfronteerd met het feit dat er binnen de woningbouwvereniging nauwelijks mogelijkheden zijn om nieuwe pr-kansen op te pakken. De vrijheid en zelfstandigheid passen nog steeds bij hem, maar hij komt hij er nu achter dat er ook een aantal discrepanties bestaat tussen zijn persoonlijkheidstype (volgens Holland) en de baan en werkomgeving die hij heeft gekozen. Niek heeft behoefte aan meer uitdaging, afwisseling en spannende kunstvormen. Die vindt hij niet bij Hoeksteen. Het wordt tijd om uit te zien naar een andere baan. Hij solliciteert bij een reclamebureau.

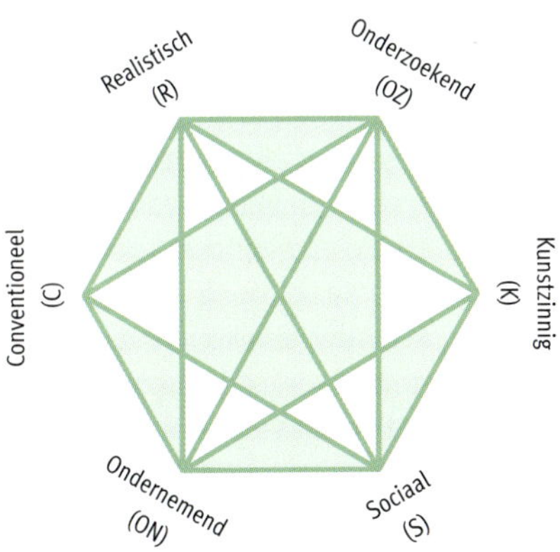

FIGUUR 4.7 **De zeshoek van relaties tussen persoonlijkheidstypen in de beroepssfeer[73]**

4.5.3 Persoon en organisatie afstemmen

De afgelopen jaren is de aandacht toegenomen voor de mate waarin mensen passen bij de kenmerken van de organisatie. Omdat organisaties tegenwoordig steeds meer te maken krijgen met een dynamische en veranderende omgeving, hebben ze werknemers nodig die snel van taak kunnen veranderen en gemakkelijk van team kunnen wisselen. Daarom is het misschien wel belangrijker dat de persoonlijkheid van werknemers past bij de algemene cultuur van de organisatie dan bij de kenmerken van een specifieke functie. De geschiktheidsrelatie tussen persoon en organisatie kan ertoe leiden dat mensen weggaan bij organisaties die niet bij hun persoonlijkheid passen.[74]
Aan de hand van de terminologie van de Big Five mogen we het volgende verwachten:

1. mensen die hoog scoren op extraversie passen beter bij agressieve en teamgeoriënteerde culturen;
2. mensen die hoog scoren op inschikkelijkheid passen beter bij een ondersteunend organisatieklimaat;
3. mensen die hoog scoren op openheid passen beter bij organisaties waarin innovatie belangrijker is dan standaardisatie.[75]

Aan de hand van deze richtlijnen selecteren bedrijven nieuwe werknemers die beter bij de organisatiecultuur passen, wat uiteindelijk een hogere werktevredenheid en minder personeelsverloop moet opleveren.
Onderzoek naar de mate waarin persoon en organisatie bij elkaar passen richt zich ook op de waarden van mensen en de vraag of die bij de organisatiecultuur passen. De mate waarin de waarden van een werknemer passen bij de organisatiecultuur is voorspellend voor werktevredenheid, betrokkenheid bij de organisatie en het personeelsverloop.[76] In veel vacatureteksten wordt daarom al gewag gemaakt van de cultuur en de kernwaarden, zodat de kandidaat zich daarop kan oriënteren. Ook de website waarmee de organisatie zich presenteert bevat steevast een pagina over dit onderwerp. In de selectiefase worden momenten ingebouwd om met de toekomstige collega's te praten over 'wat je beweegt'. Maar ook na de selectie gaat het aanpassingsproces verder. Vooral ook omdat de organisatie van tijd tot tijd de behoefte heeft de eigen cultuur opnieuw scherp of bij te stellen. Daarna volgen trainingsprogramma's en workshops om organisatie en medewerkers te helpen deze kernwaarden te koppelen aan hun eigen waardensysteem. Daarover meer in hoofdstuk 16.
Het instrument organisatie-identiteit, dat gericht is op het aanpassen en versterken van de organisatiecultuur en daardoor vergroting van de betrokkenheid, kent zijn eigen dynamiek en risico's. Het kan je een goed gevoel geven om te werken bij een organisatie met mooie doelen en hoogstaande normen. Het is echter gemakkelijk om cynisch te doen over kernwaarden. Al snel hoor je: 'Het draait toch alleen om de winst', alsof dat principieel tegenstrijdig zou zijn met het nastreven van positieve sociale, integriteits- en milieunormen. Het Libor-schandaal bij de Rabobank (waarbij medewerkers van de bank samenspanden met medewerkers van andere banken om de hoogte van de bankrente te manipuleren) was voor de meeste bankmedewerkers een enorme schok. Men was ervan overtuigd bij een fatsoenlijke bank te werken. In de semipublieke sectoren (zorg, onderwijs, sociale woningbouw) wordt vaak met afschuw gekeken naar de salarissen die de top zichzelf toekent. Dit ondermijnt het vertrouwen en de binding aan de bedrijfsidentiteit en de kernwaarden. Voorbeeldgedrag aan de top van de organisatie is dan ook allesbepalend voor de geloofwaardigheid van de beleden kernwaarden.
Om de juiste mensen op de juiste plek te krijgen is het voor organisaties belangrijker dan ooit dat ze hun imago online beheren. Werkzoekenden bekijken de websites van bedrijven immers voordat ze (eventueel) gaan solliciteren. Sollicitanten willen een

gebruiksvriendelijke website zien die informatie geeft over de filosofie en het beleid van het bedrijf. De website is zo belangrijk voor de inschatting of de organisatie bij de persoon past dat zowel stilistische verbetering (het gebruiksgemak) als inhoudelijke verbetering (beleidsmaatregelen, visie en missie) meer sollicitanten kan opleveren.[77]

Andere dimensies van de afstemming

Hoewel het goed bij elkaar passen van persoon en functie en persoon en organisatie worden beschouwd als de belangrijkste dimensies voor de werkuitkomsten, zijn andere soorten van *bij elkaar passen* het vermelden waard. Bijvoorbeeld of de persoon en de groep bij elkaar passen en of de persoon en de leidinggevende bij elkaar passen. Of de persoon in de groep past is belangrijk in een teamsetting, waar de dynamiek van de teaminteracties van grote invloed is op de werkuitkomsten. Of de persoon bij de leidinggevende past is een belangrijk onderzoeksterrein geworden: slecht bij elkaar passen op deze dimensie kan immers leiden tot minder werktevredenheid en slechtere prestaties.

De mate waarin de waarden van werknemers passen bij de organisatiecultuur, is voorspellend voor werktevredenheid, betrokkenheid bij de organisatie en personeelsverloop.

Universeel of cultureel?

Persoonlijkheidsdimensies

Gelden persoonlijkheidsmodellen als het model van de Big Five voor meerdere culturen? Of zijn het vooral afspiegelingen van de Amerikaanse cultuur? Zijn zelfbeeld en risicogeneigdheid relevant in alle culturen? Als dit universeel toepasbare modellen zijn, heeft dat grote kostenvoordelen voor het personeelsbeleid van een multinational omdat deze dan in alle landen dezelfde selectie- en ontwikkelingsinstrumenten zou kunnen gebruiken. Uiteraard met lokale variaties, bijvoorbeeld in loonhoogte, afhankelijk van lokale arbeidsmarkt en wetgeving. Maar als de verschillen in gedrag hoofdzakelijk cultureel zijn, zou dezelfde multinational in elk land van vestiging een apart (en dus veel kostbaarder) personeelsbeleid moeten voeren. Zoals je misschien al verwacht had zijn persoonlijkheidsmodellen grotendeels universeel. Waarden en waardeoriëntaties zijn daarentegen meer cultureel bepaald.

Er bestaan geen persoonlijkheidstypes die alleen in een bepaald land veel voorkomen. In vrijwel iedere cultuur vind je bijvoorbeeld mensen die veel of weinig risico's aandurven. De vijf persoonlijkheidsfactoren die in het Big Five-model zijn vastgesteld, komen in bijna alle vergelijkende cultuuronderzoeken naar voren.[78] In deze studies is onderzoek gedaan naar vele verschillende culturen (bijvoorbeeld in China, Duitsland, Israël, Japan, Nigeria, Noorwegen, Pakistan, Spanje en de Verenigde Staten). Hoewel er meer verschillen onderkend worden, is het belangrijkste verschil tussen landen of ze een individualistische of collectivistische cultuur hebben. Chinese managers gebruiken de categorie plichtsgetrouwheid vaker en de categorie inschikkelijkheid minder vaak dan Amerikaanse managers. En de voorspellende waarde van de Big Five blijkt iets hoger te zijn in individualistische dan in collectivistische culturen.[79] Maar er is een verrassend hoge mate van overeenstemming, vooral bij mensen uit westerse landen. Uit een uitgebreide bespreking van de onderzoeksliteratuur

over werknemers in de vijftien landen van de voormalige Europese Gemeenschap blijkt dat plichtsgetrouwheid in al deze landen een goede voorspeller is van prestaties in alle soorten functies en beroepen.[80] Ook uit Amerikaans onderzoek is dat gebleken.
Er is één uitzondering: uit een onderzoek onder inheemse, analfabete volkeren in Bolivia bleek dat bij het bestuderen van de persoonlijkheden van mensen die leven in kleine gemeenschappen, ver weg van de bewoonde wereld, het Big Five-kader minder goed van toepassing is.[81]

Cultuur en zelfscores

Hoe wij onszelf beoordelen wordt beïnvloed door onze cultuur, zo blijkt uit onderzoek. Bij mensen uit individualistische landenculturen zoals de Verenigde Staten en Australië is een tendens waarneembaar om jezelf groter te maken dan je bent (opscheppen of *self-enhancement*), terwijl je bij mensen in collectivistische landen als Taiwan, China en Zuid-Korea een tendens ziet om jezelf kleiner maken dan je bent (al te grote bescheidenheid of *self-diminishment*). Opscheppen over jezelf lijkt niet schadelijk te zijn voor je loopbaan in individualistische landen, maar is dat wel in collectivistische landen, waar nederigheid wordt gewaardeerd. Interessant is dat al te grote bescheidenheid schadelijk kan zijn voor je loopbaan in zowel collectivistische als individualistische culturen.[82]

Waarden in verandering

Omdat waarden in alle culturen verschillen, kunnen we het gedrag van werknemers uit andere landen beter verklaren en voorspellen als we deze verschillen begrijpen. Het project *Global Leadership and Organizational Behavior Effectiveness* (GLOBE) begon in 1993 en is een doorlopend crosscultureel onderzoek naar leiderschap en nationale cultuur. Met behulp van gegevens van 825 bedrijven uit 62 landen onderscheidde het GLOBE-team negen dimensies waarop nationale culturen verschillen.[83]
Uit een vergelijking van de negen GLOBE-dimensies met de zes van Hofstede komt naar voren dat GLOBE niet Hofstedes werk vervangt, maar erop voortbouwt. Het GLOBE-project bevestigt vijf dimensies van Hofstede en voegt er nog vier aan toe. Belangrijker is dat GLOBE een *geactualiseerd beeld* geeft van de positie van elk land op de dimensies. Een voorbeeld: in de jaren zeventig waren de Verenigde Staten het meest individualistische land ter wereld, terwijl het zich vandaag de dag in de middenmoot bevindt. Naar verwachting zullen toekomstige crossculturele studies van menselijk gedrag en organisatiepraktijken vaker gebruikmaken van de GLOBE-dimensies om de verschillen tussen landen in te schatten.[84]

- *Assertiviteit.* De mate waarin een samenleving mensen aanmoedigt zich hard, assertief, confronterend en competitief op te stellen versus bescheiden en zachtmoedig.
- *Toekomstgerichtheid.* De mate waarin een samenleving toekomstgericht gedrag aanmoedigt en beloont, zoals planning, investeren in de toekomst en het uitstellen van onmiddellijke bevrediging. Dit komt in essentie overeen met Hofstedes langetermijn- versus kortetermijnoriëntatie.
- *Genderverschillen.* De mate waarin een samenleving verschillende rollen voor de seksen benadrukt. Dit is gelijk aan Hofstedes dimensie masculiniteit versus femininiteit.
- *Onzekerheidsvermijding.* GLOBE geeft dezelfde definitie aan deze term als Hofstede: de mate waarin een samenleving sociale normen en procedures

gebruikt om de onvoorspelbaarheid van toekomstige gebeurtenissen te verminderen.

- *Machtsafstand.* GLOBE hanteert dezelfde definitie als Hofstede: de mate waarin leden van een samenleving verwachten dat macht evenwichtig wordt verdeeld.
- *Individualisme/collectivisme.* Ook deze term heeft dezelfde inhoud als bij Hofstede: de mate waarin individuen door de instellingen van de samenleving aangemoedigd worden te integreren in groepen binnen organisaties en samenleving.
- *Intragroepscollectivisme.* Deze dimensie is met de vorige in tegenstelling en is juist gericht op de mate waarin leden van een samenleving trots zijn op hun lidmaatschap van kleine groepen, zoals het gezin of de vriendenkring en de organisaties waar ze werken.
- *Prestatiegerichtheid.* De mate waarin een samenleving groepsleden stimuleert tot prestatieverbetering en uitstekende prestaties beloont.
- *Gerichtheid op mensen.* De mate waarin een samenleving individuen stimuleert en beloont voor rechtvaardig, altruïstisch, vrijgevig, zorgzaam en inschikkelijk gedrag tegenover anderen.

DIMENSIE	LANDEN MET LAGE SCORE	LANDEN MET GEMIDDELDE SCORE	LANDEN MET HOGE SCORE
Assertiviteit	Zweden Nieuw-Zeeland Zwitserland	Egypte Ierland Filippijnen	Spanje VS Griekenland
Toekomstgerichtheid	Rusland Argentinië Polen	Slovenië Egypte Ierland	Denemarken Canada Nederland
Genderverschillen	Zweden Denemarken Slovenië	Italië Brazilië Argentinië	Zuid-Korea Egypte Marokko
Onzekerheidsvermijding	Rusland Hongarije Bolivia	Israël Verenigde Staten Mexico	Oostenrijk Denemarken Duitsland
Machtsafstand	Denemarken Nederland Zuid-Afrika	Verenigd Koninkrijk Frankrijk Brazilië	Rusland Spanje Thailand
Individualisme	Denemarken Singapore Japan	Hongkong Verenigde Staten Egypte	Griekenland Hongarije Duitsland
Intragroepscollectivisme	Denemarken Zweden Nieuw-Zeeland	Japan Israël Qatar	Egypte China Marokko
Prestatiegerichtheid	Rusland Argentinië Griekenland	Zweden Israël Spanje	VS Taiwan Nieuw-Zeeland
Gerichtheid op mensen	Duitsland Spanje Frankrijk	Hongkong Zweden Taiwan	Indonesië Egypte Maleisië

FIGUUR 4.8 **GLOBE-*highlights***

VRAAG

Hoe zou een Zweedse manager een Spaanse medewerker moeten benaderen als hij iets gedaan wil krijgen? En hoe zit het bij een Spaanse manager met een Zweedse medewerker?

KERN VAN DIT HOOFDSTUK

Het begrip persoonlijkheid is van groot belang voor GiO. Niet alle gedrag kan ermee worden verklaard, maar het helpt ons om verschillen tussen (gedrag van) mensen beter te begrijpen. Uit nieuwe theorievorming en onderzoek wordt duidelijk dat persoonlijkheid in de ene situatie belangrijker is dan in de andere. De Big Five is een bijzonder belangrijke stap vooruit geweest, hoewel het duistere drietal en andere persoonlijkheidskenmerken ook van belang zijn. Elk persoonlijkheidskenmerk heeft zijn voor- en nadelen voor het gedrag op het werk en er is geen volmaakte constellatie van persoonlijkheidskenmerken die in alle situaties ideaal is. Met het begrip persoonlijkheid kun je beter begrijpen waarom mensen (ook jij!) handelen, denken en voelen zoals ze dat doen; de schrandere manager kan dat inzicht benutten door werknemers zorgvuldig in te zetten in situaties die het beste bij hun persoonlijkheid passen. Attitudes, gedrag en percepties zijn vaak op waarden gebaseerd en verklaren die ook. Waarden variëren vaak tussen landen langs dimensies die organisatie-uitkomsten kunnen voorspellen; op individueel niveau kan iemand echter wel of niet de waarden aanhangen van zijn of haar nationale cultuur.

Persoonlijkheid

Wat kan de Big Five voor de bedrijfsleiding betekenen? Het lijkt bijvoorbeeld verstandig om personeel te zoeken dat hoog scoort op plichtsgetrouwheid. Kandidaten voor management- en verkoopfuncties screenen op extraversie zal eveneens zijn vruchten afwerpen. Uit een indrukwekkende hoeveelheid gegevens over de gewenste inspanningen op het werk, blijkt dat mensen die hoog scoren op plichtsgetrouwheid, extraversie en emotionele stabiliteit, vaak zeer gemotiveerde werknemers zijn.[85] Natuurlijk spelen situationele factoren ook een rol: de eisen van de baan, de mate waarin interactie met anderen nodig is en de organisatiecultuur.[86] Deze factoren verzwakken het verband tussen persoonlijkheid en werkprestaties. Managers moeten dus de baan, de werkgroep en de organisatie analyseren, voordat ze kunnen vaststellen welke persoonlijkheid daar het beste bij past.

Ondanks de populariteit van het model stellen de meeste onderzoekers dat MBTI géén valide meting van de persoonlijkheid oplevert. Eén probleem is bijvoorbeeld dat de test zwart-witdenken bevordert: er is geen tussenweg mogelijk. Een ander probleem is de betrouwbaarheid van de test: als mensen de test nog eens overdoen, levert dat vaak andere uitkomsten op. Daar komt nog bij dat de test moeilijk te interpreteren is. De uitkomsten van de MBTI-test zeggen daardoor meestal niets over hoe iemand op zijn werk functioneert.

Waarden

Waarom is het belangrijk om iemands waarden te kennen? Ze hebben weliswaar geen direct effect op gedrag, maar zijn van grote invloed op attitudes, gedrag en percepties. Kennis over het waardesysteem van een individu kan

dus inzicht bieden in wat hem drijft. Aangezien mensen allemaal anders zijn, kunnen managers aan de hand van de Rokeach Value Survey vaststellen of de waarden van potentiële werknemers overeenstemmen met de heersende waarden in de organisatie. De kans is groot dat werknemers beter presteren en meer tevreden zijn als hun waarden goed aansluiten bij de organisatie. Iemand die sterk hecht aan verbeeldingskracht, onafhankelijkheid en vrijheid, zal waarschijnlijk niet goed passen binnen een organisatie die conformiteit van haar werknemers verlangt.
Werknemers zijn eerder tevreden als ze het gevoel hebben dat ze bij een organisatie passen. Dit pleit ervoor dat managers tijdens de selectie van nieuwe werknemers zoeken naar kandidaten die zowel het vermogen, de ervaring en motivatie hebben om goed te presteren als een waardesysteem dat compatibel is met dat van de organisatie.

Pearson | MyLab

Op **www.pearsonmylab.nl** vind je studiemateriaal en de eText om je begrip en kennis van dit hoofdstuk uit te breiden en te oefenen.

HOOFDSTUK 5

Besluitvorming en perceptie

NA BESTUDERING VAN DIT HOOFDSTUK BEN JE IN STAAT OM:

1. aan te geven waar onze perceptie door wordt beïnvloed;
2. de attributietheorie toe te lichten;
3. uit te leggen hoe perceptie het besluitvormingsproces beïnvloedt;
4. veelvoorkomende vertekeningen en beoordelingsfouten te benoemen;
5. de voorwaarden en aanpak van rationele besluitvorming toe te lichten;
6. het rationele besluitvormingsmodel af te zetten tegen beperkte rationaliteit en intuïtie;
7. de invloed van individuele verschillen en organisatorische beperkingen op besluitvorming toe te lichten;
8. de drie ethische besluitvormingscriteria tegen elkaar af te zetten;
9. het driecomponentenmodel van creativiteit toe te lichten.

In bedrijfskundeopleidingen worden studenten getraind om rationele technieken en methoden van besluitvorming te volgen, ethische criteria toe te passen en creativiteit te bevorderen in de besluitvorming. Al die methoden helpen bij het nemen van effectieve besluiten, maar ze beschrijven niet hoe mensen doorgaans geneigd zijn beslissingen te nemen. Juist op dit punt komt GiO in beeld: als we de kwaliteit van de besluitvorming in organisaties willen verbeteren, moeten we begrijpen welke besluitvormingsfouten mensen geneigd zijn te maken. In dit hoofdstuk beginnen we daarom met een bespreking van de werking van onze perceptie en de vertekeningen die daardoor kunnen ontstaan in onze beoordeling van het gedrag van mensen. Vervolgens gaan we in op de effecten die perceptuele vertekeningen kunnen hebben op besluitvorming in organisaties. Tot slot staat de vraag centraal wat organisaties kunnen doen om een hoge kwaliteit van besluitvorming te bevorderen.

5.1 Wat is perceptie?

Perceptie is het proces waarin het individu zijn zintuiglijke indrukken ordent en interpreteert om zin te geven aan zijn omgeving. Of je wilt of niet, je hersenen ordenen de informatie die je via je zintuigen binnenkrijgt en voegen er betekenis aan toe. Ze interpreteren wat de zintuigen waarnemen. Pas nadat dit proces heeft plaatsgevonden wordt het beeld (of wat ervan gemaakt is) met interpretatie doorgestuurd naar je bewustzijn.

Wat we op deze wijze 'waarnemen', kan behoorlijk afwijken van de objectieve realiteit. Optische illusies zijn hier mooie voorbeelden van; illusionisten maken graag gebruik van de betekenisgevende processen in de hersenen van hun toeschouwers. Een ander vakgebied dat gebruikmaakt van de mogelijkheden om op percepties van het publiek in te spelen is marketing. Door een auto te associëren met sportiviteit, sociale status of een fantasievol leven wordt dit product aantrekkelijk gemaakt voor bepaalde doelgroepen. De primaire functie van een auto – jezelf veilig kunnen vervoeren tegen een aanvaardbare prijs – komt in veel reclameboodschappen niet of nauwelijks aan bod.

Waarom is perceptie een belangrijk onderwerp bij de bestudering van gedrag in organisaties? Omdat menselijk gedrag in alle omstandigheden, dus ook op de werkvloer, is gebaseerd op onze perceptie van de werkelijkheid, en dus niet op de objectieve werkelijkheid zelf. De werkelijkheid zoals wij die percipiëren is de werkelijkheid die van belang is voor ons gedrag.

Onze hersenen interpreteren wat onze zintuigen waarnemen. Dat proces van betekenisgeving heet perceptie. Afhankelijk van de omstandigheden ontstaan soms flinke vertekeningen (in de Engelstalige literatuur spreekt men van *bias*) in onze waarneming van anderen (perceptie) en in de manier waarop we beslissingen nemen (besluitvorming). We begrijpen mensen (en onszelf) beter als we deze vertekeningen begrijpen.

5.1.1 Factoren die de perceptie beïnvloeden

Hoe verklaren we dat verschillende mensen dezelfde dingen anders *zien*? Onze waarneming wordt door verschillende factoren gevormd en soms vertekend (zie figuur 5.1). Deze factoren vinden we in de waarnemer zelf, in het waargenomen object, maar ook in de context waarbinnen de perceptie plaatsvindt:

- *De waarnemer zelf*
  Zodra je iets of iemand waarneemt vormt zich automatisch een interpretatie van het waargenomene. Wat het is, hoe het in de ruimte staat, of het beweegt of niet, welke betekenis het voor je heeft: aantrekkelijk of afstotend, bedreigend of veilig enzovoort. Deze interpretatie wordt sterk beïnvloed door je persoonlijke instelling: je attitudes, je motieven, je belangstelling, vroegere ervaringen en verwachtingen. Soms horen we alleen wat we willen horen en zien we alleen wat we willen zien. Niet omdat het zo is maar omdat het past bij onze opvattingen.[1] Zo bleek in een onderzoek dat leidinggevenden meenden dat werknemers die vroeger op hun werk verschenen plichtsgetrouwer waren en ook beter presteerden; maar als leidinggevenden zelf avondmensen waren, gingen ze minder vaak van die onjuiste aanname uit.[2] Misleidende percepties die door dit soort attitudes worden gevormd kunnen door objectieve beoordeling worden ontkracht; sommige kunnen gevaarlijk zijn. Zo spreken getuigen van een ongeluk of incident elkaar nogal eens tegen. Bij een recente schietpartij in New York waren twee ooggetuigen: de ene zei dat een politieagent een vluchtende man achtervolgde en neerschoot; de andere zei dat er op een man werd geschoten die geboeid op de grond lag. Geen van beiden gaf de situatie juist weer: een man probeerde een politieagent met een hamer aan te vallen toen hij door een andere agent werd neergeschoten.[3]
- *Het waargenomen object*
  Eigenschappen van het waargenomen object zijn ook belangrijk. Luidruchtige mensen worden eerder opgemerkt in een groep dan rustige. Dat geldt ook voor zeer aantrekkelijke of onaantrekkelijke personen. Ze vallen je op en je verbindt er onmiddellijk een bepaalde betekenis aan. Omdat we waargenomen objecten nooit geïso-

leerd zien, beïnvloedt de achtergrond waartegen het waargenomene is afgetekend onze perceptie. Dat geldt ook voor onze neiging om dingen die op elkaar lijken of die dicht bij elkaar staan te groeperen tot eenheden. Zo scheren we mensen die tot een bepaalde – herkenbare – groep of klasse behoren (jongeren, vrouwen, politici, mensen met een migratieachtergrond) vaak over één kam (zie hoofdstuk 6). We schrijven positieve en negatieve eigenschappen aan hen toe die zij als individu in het geheel niet hoeven te bezitten. Deze aannames zijn vaak schadelijk, bijvoorbeeld als mensen met een strafblad met een scheef oog worden aangekeken op hun werk, zelfs als bekend is dat ze ten onrechte waren gearresteerd.[4] Maar verschillen kunnen ook in iemands voordeel werken, bijvoorbeeld als we mensen bijzonder vinden die anders zijn dan we verwachten. Zo bleek dat onderzoeksdeelnemers meer respect hadden voor een hoogleraar toen hij in de collegezaal een T-shirt en sneakers droeg dan toen dezelfde hoogleraar een grijs pak aan had. De hoogleraar in T-shirt week af van de collegezaalnorm en werd daarom als een individualist gezien.[5]

- *De waarnemingscontext*
  Objecten worden in hun omgeving gezien en ook context is dus van invloed op de perceptie. Het tijdstip waarop we een object of gebeurtenis waarnemen, kan de aandacht beïnvloeden, evenals locatie, belichting, temperatuur en andere situationele factoren. Tijdens een klassiek concert op zaterdagavond valt het je waarschijnlijk niet op dat een student piekfijn gekleed is. Maar zie je diezelfde persoon op maandagochtend in diezelfde kleding op college verschijnen, dan zou dat zeker je aandacht trekken en zou je er wat van vinden. Noch de waarnemer noch de persoon die je waarneemt is in dit geval veranderd, alleen de context (concertzaal of collegezaal) is gewijzigd.

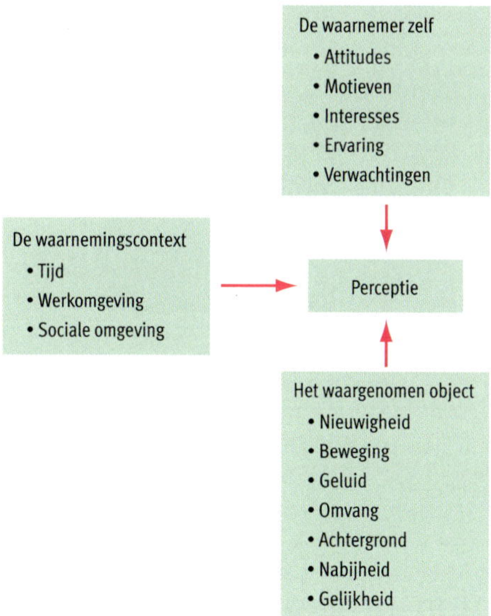

FIGUUR 5.1 Factoren die perceptie beïnvloeden

Mensen zijn zich zelden bewust van de factoren die hun kijk op de werkelijkheid beïnvloeden. Sterker nog, mensen hebben vaak een verkeerde perceptie van hun eigen capaciteiten.[6] Gelukkig kan de combinatie van onze bewustwording én objectieve maatregelen ervoor zorgen dat we minder subjectief tegen dingen aankijken. Als mensen wordt gevraagd eens goed na te denken over specifieke aspecten van hun capaciteiten, gaan ze vaak op een meer realistische manier naar zichzelf kijken.[7] Maar laten we nu eens kijken *hoe* we ons een beeld (perceptie) van *andere* mensen vormen.

PROPAGANDA

Perceptie is een onbewust proces totdat perceptie en werkelijkheid plotseling botsen. Een voorbeeld: propaganda in oorlogstijd heeft als doel om de soldaten van de oorlogvoerende partijen op te zetten tegen de vijand. Door een vijandbeeld te creëren 'ontmenselijkt' men de ander, waardoor het makkelijker wordt deze te doden. Laten we even teruggaan naar kerst 1914. Het is het eerste jaar van de Eerste Wereldoorlog. Engelse en Duitse soldaten liggen in hun loopgraven in België tegenover elkaar. In de kerstnacht horen de Engelsen de Duitsers *Stille Nacht* zingen. Dat klinkt precies als *Silent Night*! Hun perceptie verandert op slag. Dit zijn geen vijanden, maar mensen zoals zijzelf, met dezelfde tradities en dezelfde menselijke emoties. Ze besluiten samen kerst te vieren en er ontstaan zogenoemde *kerstbestanden*. Tijdelijk wordt er niet gevochten. Deze ontwikkeling staat de legerleiding niet aan en in de weken erna worden soldaten en officieren van beide partijen bestraft vanwege *verbroedering met de vijand*.

42 – THE ILLUSTRATED WAR NEWS, JAN. 20, 1915.—[PART 24]

HOLDING A "REGULAR MOTHERS' MEETING"! FRIENDLY BRITISH AND GERMANS.

Much publicity has been given to the fraternising, at Christmas-time, of British officers and men and German officers and men facing one another in the trenches: the German authorities are said to have issued strong orders against such friendliness between enemies. In a letter accompanying our photographs, a private of the London Rifle Brigade writes, from the Ypres-Armentières neighbourhood:

FRATERNISING AT CHRISTMAS: THREE GERMANS AND A BRITISH SOLDIER.

"No. —— Company went into the breastworks (which have, in most places round here superseded the flooded reserve trenches) on Wednesday night. Soon after dusk on the 24th the Germans put up lanterns on the top of their trenches and started singing; and their shooting practically ceased. Firing ceased on both sides, and both Germans and English ventured out on the top of their trenches. After daybreak

[Continued opposite.

Verbroedering tussen soldaten van alle vechtende partijen op eerste kerstdag 1914.

Foto: John Frost Newspapers / Alamy Stock Photo

5.2 Perceptie van personen: anderen beoordelen

Tot de voor GiO belangrijkste perceptiebegrippen behoort zeker: de perceptie van personen ofwel de percepties die mensen over elkaar vormen. Veel van die percepties worden gevormd door eerste indrukken en kleine aanwijzingen die als bewijs nauwelijks waarde hebben. Laten we de menselijke neigingen die de correcte perceptie van anderen verstoren maar eens aan een onderzoek onderwerpen, te beginnen met de attributietheorie.

VRAAG

Dit experiment is verschillende keren uitgevoerd. Op een uitnodiging voor een gastcollege over leiderschap zijn veel studenten afgekomen. Er zijn twee sprekers. Spreker A stelt zich voor als stagiair en spreker B zegt dat hij wetenschappelijk onderzoeker is. A's verhaal is gedegen onderbouwd met wetenschappelijk onderzoek, B's bijdrage bestaat in feite uit een verzameling persoonlijke meningen en vooroordelen. Na afloop wordt een enquête gehouden over de geloofwaardigheid van de sprekers. Aan welke spreker zal meer geloof gehecht worden door de toehoorders in de collegezaal denk je?

5.2.1 De attributietheorie

Levenloze zaken zoals bureaus, machines en gebouwen zijn onderhevig aan de natuurwetten maar ze hebben geen eigen motieven, opvattingen of intenties. Mensen wel. Onze perceptie van het gedrag van andere mensen bevat altijd een oordeel over de betekenis van hun gedrag en over hun intenties. Daarbij beïnvloeden de aannames die we doen over de vraag of de persoon zelf verantwoordelijk is voor het gedrag of dat het gedrag wordt veroorzaakt door externe omstandigheden, onze perceptie en ons oordeel. Maar hoe komen we tot dat oordeel en welke perceptuele vertekeningen (beoordelingsfouten) kunnen daarbij optreden? Om die vraag te beantwoorden is de attributietheorie opgesteld.

Interne of externe oorzaak

De **attributietheorie** stelt dat wanneer we iemands gedrag observeren, we proberen te bepalen of aan dat gedrag een interne of externe oorzaak ten grondslag ligt.[8] Gedrag met een interne oorzaak wordt geacht onder de controle van het individu te vallen. Gedrag met een externe oorzaak valt buiten zijn invloedssfeer; dat wil zeggen dat het gedrag door de situatie afgedwongen is. Het toeschrijven van oorzaken voor gedrag aan interne of externe factoren noemen we **attributie**, vandaar de naam van de theorie. Als een van je collega's te laat op zijn werk komt, kun je dit toeschrijven (attribueren) aan een interne oorzaak: hij heeft zich verslapen na een feestje dat tot in de kleine uurtjes doorging. Als je het toeschrijft aan een auto-ongeluk dat een verkeerschaos tot gevolg had op de route die hij neemt naar zijn werk, is dat een externe attributie.
Of we aan het waargenomen gedrag een **interne** dan wel **externe oorzaak** toeschrijven hangt grotendeels af van drie factoren: kenmerkendheid, consensus en consistentie.

Kenmerkendheid, consensus en consistentie

a. *Kenmerkendheid*. Deze factor geeft aan of iemand in *verschillende situaties* soortgelijk gedrag vertoont of dat dit gedrag juist uitzonderlijk voor hem is. Staat de werknemer die vandaag te laat op zijn werk verschijnt bekend als iemand die wel vaker afspraken niet nakomt? We willen weten of dit soort gedrag kenmerkend is voor deze persoon of juist uitzonderlijk. Is het uitzonderlijk (dus *laag kenmerkend* voor hem), dan zal de waarnemer het

De suggestie met de wekker is veelbetekenend! Het gedrag is blijkbaar kenmerkend.

Foto: Michal Kowalski / Shutterstock / Pearson Asset Library

In dit soort situaties komt iedereen te laat. Consensus.
Foto: Pavel L Photo and Video / Shutterstock / Pearson Asset Library

toeschrijven aan externe oorzaken. Als vergelijkbaar gedrag (nonchalant, slordig, chaotisch) vaker voorkomt in verschillende situaties, (dan is het *hoog kenmerkend*) zal onze attributie in de categorie *intern* belanden.

b. *Consensus*. Wanneer iedereen in dezelfde situatie dezelfde reactie vertoont, is er sprake van consensus. Het te laat komen van onze werknemer voldoet aan dit criterium als alle werknemers die dezelfde route rijden naar hun werk ook te laat zijn. Wanneer de consensus groot is, zal men het te laat komen toeschrijven aan externe oorzaken. Arriveren andere werknemers die dezelfde weg afleggen echter op tijd op hun werk, dan zal men concluderen dat het te laat komen veroorzaakt is door interne factoren.

c. *Consistentie*. Laat de persoon onder *dezelfde omstandigheden* hetzelfde gedrag steeds weer zien? Tien minuten te laat komen wordt verschillend beoordeeld als dit voor de ene werknemer een uitzondering is (al maanden niet te laat gekomen) en voor de ander een vast patroon (twee of drie keer per week laat komen). Hoe vaker dit specifieke gedrag voorkomt, hoe sterker we geneigd zijn het aan interne oorzaken toe te schrijven.

Figuur 5.2 geeft een samenvatting van de belangrijkste elementen van de attributietheorie. We kunnen uit de theorie bijvoorbeeld afleiden dat als werknemer Yasmine doorgaans op min of meer hetzelfde niveau presteert op taken die verwant zijn aan haar huidige taak (hoog kenmerkend), en als andere werknemers vaak anders – beter of slechter – dan Kim presteren op deze taken (lage consensus) en als Kim op haar huidige taak steeds even goed presteert (hoog consistent), we haar prestaties op haar conto zullen schrijven (interne attributie).

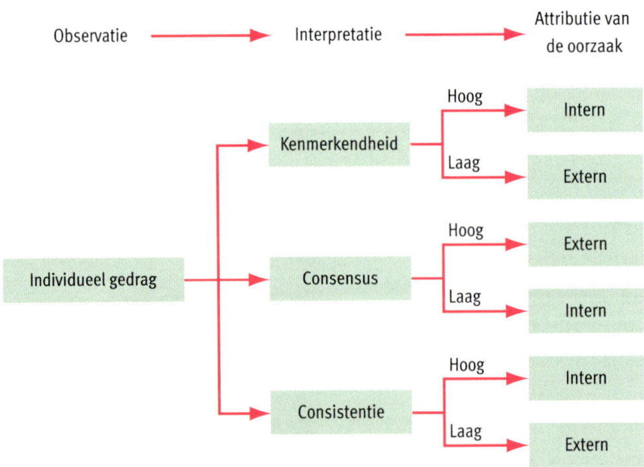

FIGUUR 5.2 **Attributietheorie**

Fouten en vertekeningen

Fouten en vooroordelen vertekenen onze attributies. Bij de beoordeling van *anderen* onderschatten we de invloed van externe factoren en overschatten we vaak de invloed van interne of persoonlijke factoren.[9] Dit noemt men de **fundamentele attributiefout.** We hebben blijkbaar een ingebakken neiging om gedrag van anderen aan hun persoonlijkheid als interne oorzaak toe te schrijven. We denken bijvoorbeeld snel dat iemand die werkloos is dit wel aan zichzelf te wijten zal hebben, ook al staan de kranten bol van de verhalen over economische crises en massaontslagen.

Het omgekeerde vindt plaats als we *onszelf* beoordelen. We schrijven graag successen aan onszelf toe, bijvoorbeeld aan de geleverde inspanning of onze competenties, terwijl we voor onze mislukkingen externe factoren verantwoordelijk maken, zoals domme pech. Dit noemt men **vertekening uit eigenbelang** (zie echter ook het begrip *locus of control* uit hoofdstuk 4).[10]

We wijzen graag *schuldigen* aan. Daar wordt de wereld overzichtelijker van.

Foto: Iqoncept / 123RF / Pearson Asset Library

VRAAG

Zou het een typisch westers verschijnsel zijn om de oorzaak van falen bij voorkeur te zoeken in de persoon zelf, tenzij we zelf degenen zijn die falen? Hoe zouden Japanners en Koreanen omgaan met succes en falen? En Noord-Afrikanen?

Een nuancering is hier op zijn plaats: als degene wiens gedrag en voorkomen je waarneemt behoort tot je familie of kennissenkring zal het oordeel meestal gunstiger uitvallen. De leidinggevende zal een slechte prestatie van iemand die tot zijn vertrouwelingen behoort eerder aan de omstandigheden toeschrijven dan aan de persoon zelf. Heel extreem zien we deze neiging als het om directe familieleden gaat. Veel ouders zullen wangedrag van hun kinderen bij voorkeur toeschrijven aan omstandigheden (bijvoorbeeld 'slechte vrienden').

ATTRIBUTIEFOUTEN?

In de kantine beginnen Anneke en Kees hun rituele klaagzang over dat *stomme* vak economie. Het is te moeilijk, de docent kan niet goed uitleggen en je hebt er niets aan, want economen zijn het onderling nooit eens. Arthur en Fatima die goede cijfers hebben gehaald voor de tussentoets, vinden economie best leuk. Je begrijpt zo de ideeën achter politieke keuzes beter. Klaas vraagt zich af of ieders oordeel over het vak economie misschien afhangt van de behaalde cijfers. Nee, zegt Kees, die 5,3 komt alleen doordat de docent een hekel aan hem heeft. Hij wilde hem er niet eens 0,2 punt bij geven! Anneke gelooft dat Arthur en Fatima, met hun vwo-diploma, bovengemiddeld intelligent zijn. 'Dat valt wel mee,' zegt Fatima glimlachend, 'die toets was gewoon niet zo moeilijk.' Arthur zegt: 'Hoor eens, mijn 8 heb ik te danken aan het feit dat ik er hard voor leer, lessen voorbereid en veel oefen.'

VRAAG

Welk deel van het hier beschreven gedrag kun je met de attributietheorie verklaren?

5.2.2 Onbewuste beslisregels: snel beoordelen van anderen

Het is erg lastig en tijdrovend om (het gedrag van) anderen iedere keer opnieuw volledig en genuanceerd te beoordelen en te interpreteren. Onze hersenen hebben in de loop van de evolutie bepaalde mentale beslisregels ontwikkeld. Deze innerlijke beslisregels waren bepaald niet waterdicht maar stelden ons in staat snel te reageren en te handelen. Ook al zat de perceptie ernaast, snel reageren (bijvoorbeeld: verstoppen, vechten of vluchten) was gunstig voor onze overlevingskans. Wat ooit functioneel was, hoeft dat in onze tijd niet meer te zijn. De onbewuste beslisregels kunnen ons dus flink misleiden. Door ons bewust te worden van deze mentale beslisregels, zijn we beter in staat al te ernstige vergissingen te vermijden.

Selectieve perceptie

Elk opvallend kenmerk van een persoon, object of gebeurtenis vergroot de kans dat die wordt opgemerkt. Waarom? Omdat we onmogelijk alles wat we zien in ons kunnen opnemen, moeten we ons wel beperken tot een keuze uit alle mogelijke prikkels. We noemen dit **selectieve perceptie**. Dat gebeurt niet willekeurig: onze hersenen kiezen op basis van onze interesses, achtergrond, ervaring en attitudes. We zien dus vaak alleen wat we verwachten te zien. Deze tendens verklaart waarom sommige medewerkers door de baas worden berispt voor iets wat niet wordt opgemerkt wanneer anderen hetzelfde doen. Met selectieve perceptie kunnen we (gedrag van) anderen snel 'plaatsen', maar niet zonder het risico dat we er flink naast zitten. Omdat we 'zien' of 'horen' wat we (lees: onze hersenen, het gebeurt immers grotendeels onbewust) verwachten te zien, kunnen we gemakkelijk onjuiste conclusies verbinden aan een ambigue (meerduidige) situatie.

SELECTIEVE WAARNEMING: ZIEN WAT WE VERWACHTEN[11]

Op 12 januari 2007, 's morgens om tien voor acht, installeerde een man met een baseballpet zich in een metrostation in Washington DC. Hij pakte zijn viool uit de vioolkist en begon te spelen. In de drukke ochtendspits passeerden bijna elfhonderd mensen de straatmuzikant. De reacties van de voorbijgangers werden met een verborgen camera vastgelegd. Niemand wist dat ze proefpersoon waren in een uniek experiment, waarvan *The Washington Post* later uitgebreid verslag zou doen.

Slechts zeven mensen stopten even om te luisteren en één persoon herkende de straatmuzikant als Joshua Bell, een wereldberoemde violist, die normaal gesproken in concertzalen optreedt voor een publiek dat graag en veel geld voor hem neertelt. Deze ochtend haalde Bell 52 dollar op.

Hoe kwam het dat bijna iedereen voorbijliep zonder hem te herkennen? Zonder de omgeving van de concertzaal merkte men kennelijk niet op dat deze muzikant bijzonder was. Ze verwachtten niet dat hij briljant was, dus hoorden ze het ook niet. We zien wat we verwachten te zien of te horen; we zijn als het ware blind voor onverwachte gebeurtenissen. Soms ook worden we zo in beslag genomen door andere zaken dat we sommige dingen gewoon missen.

Halo-effect

Als we op basis van één enkel kenmerk (bijvoorbeeld uiterlijk of kleding) een algemeen oordeel over iemand vormen (bijvoorbeeld over zijn of haar intelligentie, gezelligheid of geschiktheid voor een baan), treedt het **halo-effect** in werking.[12] Dit verschijnsel doet zich bijvoorbeeld voor wanneer studenten hun docent beoordelen. Ze geven een prominente plaats aan een enkele eigenschap, bijvoorbeeld enthousiasme, en kleuren hun oordeel over de persoon volledig door het oordeel over die eigenschap. Als zijn enthousiasme positief beoordeeld wordt, wordt de docent op allerlei andere kenmerken, zoals deskundigheid, ook hoog ingeschat. Hij krijgt als het ware een stralenkrans (ofwel halo). Dezelfde docent wordt dikwijls verguisd na een moeilijk tentamen waarbij veel onvoldoendes zijn gevallen. Er deugt dan ineens helemaal niets meer aan hem. Dit is het tegenovergestelde van het halo-effect en wordt het **horn-effect** genoemd. In plaats van het aureool van een heilige zetten we de docent nu de hoorntjes van een duiveltje op.

VRAAG

Joost, die bedrijfseconomie studeert, is vrijwel geheel doof. Hij maakt bij zijn studie gebruik van een doventolk. Zelf heeft hij behoorlijk goed leren spreken, maar zijn spraak klinkt wel wat apart in de oren van anderen. Joke trekt zich zijn lot aan en biedt aan hem te helpen bij zijn huiswerk en met hem mee te lopen naar de bus. Welke denkfout maakt zij? Vind je dit een halo- of horn-effect? Waarom?

Contrasteffecten

Een oud adagium onder entertainers is: zorg dat je nooit na een act met kinderen of dieren moet optreden. Het publiek houdt namelijk zo veel van kinderen en dieren dat je er vergeleken met hen altijd slecht bij afsteekt. Uit dit voorbeeld blijkt hoe **contrasteffecten** de perceptie kunnen vervormen. We beoordelen mensen niet op zichzelf, ons oordeel over iemand wordt onder andere beïnvloed door andere mensen die we pas hebben ontmoet of gezien. Als een personeelsmanager een groep sollicitanten spreekt, kan dit contrasteffect optreden. Een kandidaat krijgt dan eerder een gunstige beoordeling wanneer hij wordt voorafgegaan door een aantal middelmatige sollicitanten of een minder gunstige beoordeling als er voor hem sterke sollicitanten zijn geweest.

VRAAG

Hoe zou je de kans dat je zeer geschikte kandidaten verkeerd beoordeelt kunnen verkleinen tijdens een sollicitatieprocedure?

Stereotyperen

In tal van organisaties kun je opmerkingen opvangen die in feite slechts vooroordelen weerspiegelen op basis van groepskenmerken zoals sekse, leeftijd, ras, etniciteit

Stereotypering.

Illustratie: Alisa Foytik / 123RF / Pearson Asset Library

en zelfs gewicht: 'Vrouwen willen niet verhuizen voor een promotie', 'Mannen willen zich niet bezighouden met de zorg voor kinderen', 'Oudere werknemers kunnen geen nieuwe vaardigheden leren', 'Aziatische immigranten werken hard en nauwgezet', 'Mensen met overgewicht hebben geen discipline'.[13] Als we iemand beoordelen op basis van onze perceptie van de groep waartoe hij behoort, maken we gebruik van **stereotypering**.[14]

Fietstest Amsterdam – Wie kan ongestoord een fiets stelen? Kijk op MyLab voor het antwoord.

WIE KAN ONGESTOORD EEN FIETS STELEN?

In de nazomer van 2014 voerde filmmaakster Sunny Bergman in het Vondelpark te Amsterdam een experiment uit dat aantoonde hoe selectieve perceptie kan werken. Drie jongemannen waren (op verschillende momenten) aan het proberen het kettingslot van een daar geparkeerde fiets te openen. De jongemannen verschilden van uiterlijk. Een van hen had een getinte huid. Bij de blanke mannen werd meestal onmiddellijk aangenomen dat ze hun fietssleutel kwijt waren. Een gemeentewerker hielp een van hen zelfs met het doorknippen van de ketting! De man met de getinte huid werd daarentegen gewantrouwd en beschuldigd van diefstal. Sommige mensen maakten alvast opnames voor de politie.

Deze generalisaties hebben wel een functie. Onze wereld is complex. Voortdurend worden we gebombardeerd met indrukken en prikkels. Generalisaties helpen ons om die complexe wereld te vereenvoudigen. Het is gemakkelijker om met een onbeheersbaar groot aantal prikkels om te gaan als je gebruikmaakt van heuristieken (vuistregels) of stereotypen. Het is bijvoorbeeld niet zo gek om aan te nemen dat Jeltje van de afdeling Financiën je zal kunnen helpen met een trendanalyse van omzet per product. Het wordt pas problematisch als we te veel generaliseren.

VRAAG

In misdaadstatistieken zijn jongeren oververtegenwoordigd. Zijn alle jongeren dus misdadigers?

Stereotypen zijn soms zo diep ingesleten en sterk dat ze beslissingen over leven en dood beïnvloeden. Uit een studie in de Verenigde Staten kwam naar voren dat wanneer zwarte verdachten in moordzaken leken op het stereotype beeld van zwarte criminelen, de kans op de doodstraf feitelijk verdubbelde bij een veroordeling.[15] Uit een ander experimenteel onderzoek bleek dat studenten die beschrijvingen van bepaalde (witte en gekleurde) leiders moesten lezen hogere scores voor leiderschapspotentieel en effectief leiderschap toekenden aan de witte dan aan de gekleurde leiders, ook al was de inhoud van de beschrijvingen min of meer hetzelfde. Dit wijst op de aanwezigheid van een achterliggend stereotype waarin wordt aangenomen dat witte mensen betere leiders zijn.[16]
Het probleem met stereotypen is dus dat het generalisaties zijn die er totaal naast kunnen zitten als ze op één bepaalde persoon of situatie worden toegepast. Daarom moeten we steeds in de gaten houden of ons oordeel gebaseerd is op een stereotype of op reële feiten.

VRAAG

Jongeren onder de 23 jaar betalen een hogere verzekeringspremie, omdat statistisch is bewezen dat zij vaker auto-ongelukken maken. Terecht of niet?

Vertekeningen, vooroordelen en heuristieken (vuistregels) in perceptie en besluitvorming zijn niet per se slecht. Ze helpen ons informatie sneller en efficiënter te verwerken. Het is wel belangrijk dat om op te merken wanneer een generalisatie of beslisregel contraproductief wordt.

5.3 Individuele besluitvorming en perceptie

Ieder individu neemt op enig moment **beslissingen**. Dat geldt ook voor functionarissen op alle niveaus in een organisatie. Je moet bijvoorbeeld de beste oplossing voor een probleem kiezen uit een aantal opties. In het ideale geval zijn dit soort bedrijfsbeslissingen volkomen rationeel en gebaseerd op volledige en objectieve informatie. Maar gezien het voorgaande zal wel duidelijk zijn dat perceptuele vertekeningen en beslisregels de rationaliteit dikwijls ondermijnen. Dat brengt ons bij de vraag: kunnen we er wel op vertrouwen dat beslissingen die door functionarissen in organisaties worden genomen altijd objectief en rationeel zijn? Of zouden hun percepties wellicht ook tot onjuiste beslissingen kunnen leiden?

Besluitvorming is een reactie op een **probleem**. Een discrepantie tussen een bepaalde bestaande toestand en een gewenste toestand vereist dat iemand nadenkt over oplossingen. Als je bijvoorbeeld autopech hebt terwijl jij je auto nodig hebt om op je werk te komen, heb je een probleem dat om actie vraagt, en dus om beslissingen. Mensen in organisaties nemen beslissingen wanneer ze moeten kiezen uit twee of meer alternatieven.

De manier waarop mensen beslissingen nemen en de kwaliteit van beslissingen worden echter sterk beïnvloed door hun percepties. Alleen al het besef dat er een probleem is en dat er een beslissing moet worden genomen, is een perceptuele kwestie. Laat staan het proces om tot een oplossing of keuze te komen. Het kan zomaar zijn dat wat de één als probleem ziet waarvoor actie (en dus budget) nodig is, door de ander helemaal niet als probleem wordt ervaren.

Elke beslissing vraagt om interpretatie en evaluatie van informatie. Deze informatie bestaat uit gegevens (uit diverse bronnen) die we moeten screenen, verwerken en interpreteren. Welke data zijn relevant voor de te nemen beslissing en welke niet? Hoe betrouwbaar zijn de bronnen? Onze perceptie kleurt telkens het oordeel. En dan moeten we nog alternatieven ontwikkelen en hun voor- en nadelen in kaart brengen. Opnieuw zullen onbewuste perceptuele processen onze oordelen en keuzes beïnvloeden.

Tot slot speelt ook onze perceptie van de situatie waarin om een besluit wordt gevraagd een rol. Hoe goed ben jij in nee zeggen als je gevraagd wordt om iets voor iemand te doen? Onderzoek heeft uitgewezen dat nee zeggen in onze perceptie onprettig is. We voelen ons er niet lekker bij. Het is zelfs zo dat we na een weigering op een bepaald verzoek van iemand (bijvoorbeeld als ons op straat gevraagd wordt om donateur te worden van Greenpeace) er sterk toe geneigd zijn op een volgend verzoek (bijvoorbeeld: ‘Wilt u dan deze petitie tegen ... tekenen?’) ja te zeggen. Actievoerders, collectanten en colporteurs maken daar gebruik van. Toen studenten een onderzoek deden naar deze neiging en aan 108 voorbijgangers vroegen om in een bibliotheekboek *pickle* (Engels voor augurkje) te schrijven, deed ongeveer de helft dat ook nog![17]

VRAAG

Noem enkele verschillende manieren om het hiervoor beschreven probleem (autopech) op te lossen. Leg uit hoe de keuzes die je maakt onderhevig kunnen zijn aan perceptuele vertekening.

5.4 Besluitvorming in organisaties

Tal van opleidingen op mbo-, hbo- en wo-niveau trainen studenten om rationele beslismethodes te gebruiken bij het nemen van beslissingen of het ontwerpen van oplossingen. Hoewel deze modellen zeker hun voordelen hebben, verloopt besluitvorming in de praktijk toch lang niet altijd strikt rationeel. In de vorige paragraaf zagen we dat perceptuele vertekeningen de kwaliteit van de besluitvorming kunnen ondermijnen. Organisaties zullen in het algemeen prijs stellen op goede – dat wil zeggen: effectieve – besluiten. Bovendien is het zeer wenselijk dat de betrokken partijen (aandeelhouders, medewerkers, klanten, overheid en samenleving) besluiten als legaal en ethisch verantwoord ervaren. Het kan bovendien wenselijk zijn dat een besluit getuigt van creativiteit en innovativiteit.

Lees op MyLab meer over perceptie bij financiële besluitvorming.

De bijdrage van GIO aan het verhogen van de kwaliteit van besluitvorming zit er vooral in dat we beslissers bewustmaken van de gevolgen van perceptuele vertekeningen. Allereerst beschrijven we pogingen om tot betere besluitvorming te komen en daarna gaan we in op de meest gemaakte beoordelingsfouten.

5.4.1 Besluitvorming en rationaliteit

In het vakgebied GiO onderscheiden we drie algemeen geaccepteerde theoretische besluitvormingsprocessen die iedereen wel eens gebruikt bij het nemen van een beslissing: rationele besluitvorming, beperkte rationaliteit en intuïtie. Hoewel deze processen op het eerste gezicht zinnig lijken, leiden ze niet altijd tot de meest nauwkeurige (of beste) beslissingen. Belangrijk om te weten is in ieder geval dat in bepaalde situaties de ene strategie betere uitkomsten oplevert dan de andere.

Rationele besluitvorming

Volgens het boekje is de beste beslisser een **rationele beslisser.** Zo'n beslisser is in staat binnen afgebakende grenzen bepaalde waarden (zoals efficiëntie, winst, return on investment, aandeelhouderswaarde enzovoort) te maximaliseren.[18]
Figuur 5.3 geeft de zes stappen van het **rationele besluitvormingsmodel** weer, die we hierna bespreken.

1. De eerste stap is het *probleem definiëren*. Als je berekent dat je per maand 50 euro meer uitgeeft dan op de begroting staat, heb je een probleem gedefinieerd. De oorzaak van slechte beslissingen is vaak dat de beslisser een probleem over het hoofd ziet of onjuist definieert.
2. Wanneer de beslisser het probleem gedefinieerd heeft, moet hij nagaan welke *beslissingscriteria* van belang zijn voor de oplossing. Bij deze stap wordt dus bepaald wat relevant is voor het besluit. De belangen, waarden en persoonlijke voorkeuren van de beslisser gaan nu een rol spelen.
3. De criteria zijn zelden allemaal even belangrijk. In de derde stap moet de beslisser *de benoemde criteria een gewicht toekennen* om ze de juiste prioriteit te geven voor de beslissing.
4. Bij de vierde stap gaat de beslisser *alternatieven bedenken* die het probleem kunnen oplossen. In deze stap worden de alternatieven bedacht, maar nog niet gewogen.
5. Wanneer de lijst met alternatieven klaar is, moet de beslisser ze kritisch analyseren en evalueren. Dit doet hij door *elk alternatief op ieder criterium een score te geven*. De sterke en zwakke punten van elk alternatief worden duidelijk als ze tegen het licht gehouden worden van de eerder bepaalde criteria en gewichten.
6. Bij de laatste stap van het model *wordt de optimale beslissing genomen*. Dit gebeurt door elk alternatief te evalueren op de gewogen criteria en het alternatief met de hoogste totaalscore te kiezen.

FIGUUR 5.3 De zes stappen van het rationele besluitvormingsmodel

Het rationele besluitvormingsmodel gaat uit van de aanname dat de beslisser volledige informatie heeft, alle relevante opties onbevooroordeeld kan vaststellen en altijd de nuttigste optie kiest. Zoals je misschien al vermoedde, verlopen de meeste besluitvormingsprocessen in de praktijk niet volgens het rationele model. Mensen zijn gewoonlijk tevreden met een aanvaardbare of redelijke oplossing voor een probleem, niet met de optimale oplossing. Mensen wegen vaak maar enkele opties tegen elkaar af en kiezen de eerste optie die bevredigend lijkt, wat dikwijls leidt tot symptoombestrijding. Een deskundige op het gebied van besluitvorming formuleerde het zo: 'De belangrijkste beslissingen worden genomen op basis van een persoonlijk oordeel in plaats van volgens een vastomlijnde en logische methode.'[19] Sterker nog, de meeste mensen zijn zich er niet van bewust dat ze suboptimale beslissingen nemen.[20]

Een voorbeeld van een beslisboom.
Illustratie: Carlos Nunez

Beperkte rationaliteit

Zoals gezegd worden (bedrijfs)beslissingen lang niet altijd volgens het rationele besluitvormingsmodel genomen, en daar is een goede reden voor: onze beperkte informatieverwerkingscapaciteit staat een volledig doorgronden van alle aspecten van een vraagstuk in de weg.[21] Aangezien onze hersencapaciteit veel te klein is om ingewikkelde problemen te formuleren en op te lossen om aan de eisen van volledige rationaliteit te voldoen, functioneren wij binnen de grenzen van een **beperkte rationaliteit**. We maken vereenvoudigde modellen met de essentiële kenmerken van problemen, zonder recht te doen aan hun complexiteit.[22] Binnen de grenzen van dat simpele model gedragen individuen zich dan rationeel.[23]

Hoe gaat dit in zijn werk? Zodra er een probleem geconstateerd is, begint de zoektocht naar criteria en alternatieven. Maar de lijst van criteria zal verre van volledig zijn. De beslisser maakt een korte lijst van keuzes die voor de hand liggen. Meestal gaat het om bekende criteria en beproefde oplossingen. Vervolgens beoordeelt de beslisser zijn alternatieven, maar bekijkt ze niet allemaal even zorgvuldig. De beslisser begint met de alternatieven die het meest lijken op de werkwijze waaraan hij al gewend was. Hij blijft net zo lang doorgaan met evalueren tot hij een alternatief tegenkomt dat *goed genoeg* is. Bij het eerste acceptabele alternatief eindigt de zoektocht. De eindoplossing is dus geen optimale keuze, maar wel een bevredigende keuze.

Het is niet altijd een slecht idee om een bevredigende oplossing te zoeken; een eenvoudig proces kan vaak verstandiger zijn dan het *ideale* model van rationele besluitvorming.[24] Om het rationele model helemaal correct toe te passen moet je een heleboel informatie verzamelen over alle beschikbare opties, de toe te passen gewichten berekenen en vervolgens de waarde voor een groot aantal criteria berekenen. Al deze processen kosten tijd, energie en geld. En als er vele onbekende gewichten en er uiteenlopende voorkeuren zijn, dan is het model van volledige rationaliteit zelden nauwkeuriger dan een goede gok. Soms kan het snellere en goedkopere proces van beperkte rationaliteit de beste optie zijn om problemen op te lossen.

VOORBEELD

Communicatiemedewerker Ben Jansen, werkzaam bij Philips in Amsterdam, belt de helpdesk van de automatiseringsafdeling.

Ben: 'Ik ben al sinds vanmorgen aan het werk, heb veel schermen openstaan en diverse internetsites bezocht. Net tijdens het mailen liep de computer vast en nu lukt er niets meer.'

Helpdeskmedewerker: 'Probeer de pc eens uit en aan te zetten.'

Ben: (na enige tijd): 'Ja, nu doet-ie het weer.'

Helpdeskmedewerker: 'Mooi, probleem opgelost. Als het weer gebeurt, moet u hetzelfde doen. Als het vaker voorkomt, sturen we wel een systeembeheerder langs. Goedemiddag!'

Dit is duidelijk een voorbeeld van beperkte rationaliteit. Het criterium is: de klant moet kunnen werken. De geboden alternatieven zijn: computer aan- en uitzetten, systeembeheerder sturen als het probleem zich herhaalt.

VRAAG:
Is de oorzaak van Bens probleem nu gevonden en opgelost?

Intuïtie

Vertrouwen op je intuïtie lijkt wel de minst rationele manier om beslissingen te nemen. Maar is het daarom ook fout? **Intuïtieve besluitvorming** is een onbewust proces waaraan je ervaring ten grondslag ligt.[25] De kenmerken zijn dat dit proces plaatsvindt buiten je bewuste gedachten; het is gebaseerd op associaties of koppelingen tussen stukjes informatie; het is een snel proces en het is affectief geladen, wat inhoudt dat er meestal emoties bij betrokken zijn.[26]

Hoewel intuïtie niet rationeel is, is het niet per definitie verkeerd. Evenmin moeten we intuïtie zien als bijgeloof of als een magisch of paranormaal proces. In feite gaat het om razendsnelle verwerking van opgeslagen informatie en ervaringen door het onderbewuste die leidt tot een bepaalde voorkeur of afkeer. Intuïtie is niet per se in tegenspraak met rationele analyse; de twee zouden elkaar kunnen aanvullen. En intuïtie kan een nuttige factor zijn bij besluitvorming.

Helpt intuïtie bij het nemen van effectieve besluiten? Wetenschappers zijn verdeeld over die vraag. De meeste deskundigen zijn sceptisch. Intuïtie kan weliswaar van waarde zijn voor het nemen van goede beslissingen, maar we mogen er niet te veel op vertrouwen. Omdat intuïtie niet te kwantificeren is, komen we er maar moeilijk achter of onze ingevingen goed of fout zijn. We willen zeker niet helemaal voorbijgaan aan intuïtie, maar probeer je ingevingen aan te vullen met objectieve bewijzen en een rationele, nuchtere analyse.[27]

ETNISCH PROFILEREN

Door het verdrag van Schengen (dat het vrije verkeer van personen en goederen binnen de Europese Unie regelt) is Schiphol een buitengrens van de Europese

Unie (EU) geworden. De marechaussee moet door middel van controle voorkomen dat er (te veel) illegale immigranten de EU binnenkomen. Dagelijks passeren vele duizenden mensen de controleposten. De beambten geven desgevraagd aan intuïtief te 'weten' wie ze eruit moeten pikken voor verder onderzoek. Daarbij valt op dat het relatief vaak gaat om mensen met een donkere huidskleur. Misschien is het terechte intuïtie, misschien is het vooroordeel. Aanvullend onderzoek is vereist. Want intuïtie alleen is (gelukkig!) onvoldoende basis is om iemand de toegang te weigeren.

VRAAG
In hoeverre is intuïtie nuttig en nodig in deze situatie?

5.4.2 Veelvoorkomende vertekeningen en fouten bij besluitvorming

Uit onderzoek blijkt dat systematische vertekeningen en perceptuele fouten het oordeel van beslissers vertroebelen.[28] Dit komt doordat men het beslisproces liefst eenvoudig en snel wil laten verlopen. Mensen willen hun inspanningen tot een minimum beperken en moeilijke onderhandelingen vermijden. Daarom vertrouwen ze sterk op hun ervaring, impulsen, ingevingen en handige vuistregels. In veel gevallen is die kortere route zinvol. Maar ze kan ook leiden tot ernstige vertekeningen van de rationaliteit. De meestvoorkomende vertekeningen zijn: zelfoverschatting, verankering van de eerste indruk, bevestiging achteraf, direct beschikbare hoeveelheid informatie, escalerende inzet, ontkenning van toeval, risicomijding en wijsheid achteraf. We zullen deze perceptuele foutenbronnen nu een voor een bespreken.

Zelfoverschatting

We hebben de neiging ons oordeelsvermogen en dat van anderen te overschatten en we zijn ons gewoonlijk niet bewust van die vertekening.[29] Bij **zelfoverschatting** denken we dat we meer weten dan we werkelijk weten. Wanneer we vragen voorgelegd krijgen en moeten aangeven hoe groot de kans is dat onze antwoorden juist zijn, schatten we die systematisch te optimistisch in. Onderzoek wees uit dat mensen die meenden het voor 65 tot 70 procent bij het rechte eind te hebben, in werkelijkheid slechts de helft van de tijd gelijk hadden. En als ze zeiden voor 100 procent zeker te zijn, was dat in feite slechts 70 tot 80 procent.[30] Zelfs experts deden het vaak niet beter.
Mensen met de zwakste intellectuele en interpersoonlijke vermogens zijn het sterkst geneigd om hun prestaties en vermogens te overschatten.[31] Ook is er een negatief verband tussen het optimisme van ondernemers en hoe goed hun nieuwe onderneming het doet: hoe optimistischer, hoe minder succesvol.[32] De neiging om al te veel vertrouwen te hebben in je eigen ideeën kan ertoe leiden dat je niet kijkt naar hoe je eventuele problemen kunt voorkomen.

VRAAG
Zoek op internet informatie over Victor Muller, producent van de Nederlandse raceauto Spyker. Later zou hij het noodlijdende Saab overnemen. Is dit een typisch geval van zelfoverschatting of is Muller een visionaire ondernemer?

Verankeren: fixatie op eerste indrukken

Verankeren of **fixatie op eerste indrukken** is de neiging om de informatie die we als eerste krijgen als uitgangspunt te nemen en vervolgens nieuwe informatie niet meer op te nemen.[33] Deze vertekening ontstaat doordat onze geest onevenredig veel aandacht schenkt aan de informatie die het eerst binnenkomt. Neem bijvoorbeeld de rol van zogenoemde ankers in onderhandelingen. In iedere onderhandeling is sprake van fixatie op het beginbod. Zodra iemand een getal noemt, kun je dat getal niet langer negeren. Stel dat een potentiële werkgever je vraagt hoeveel je in je vorige baan verdiende. Jouw antwoord *verankert* het bod van de werkgever. Dit is dus zeker iets om in gedachten te houden wanneer je salarisonderhandelingen voert! Zulke aandachtsankers worden vaak gebruikt door professionals die anderen moeten proberen te overtuigen zoals: advocaten, makelaars, politici, managers en architecten.

Bevestiging achteraf

Het rationele besluitvormingsproces gaat ervan uit dat we objectief informatie vergaren. Maar dat doen we in feite niet! We gaan selectief te werk. We kiezen meestal wat ons goed uitkomt. Een specifiek geval van selectieve waarneming is: **bevestiging achteraf**. We zoeken naar informatie die onze keuzes uit het verleden bevestigt en leggen informatie naast ons neer die ons eerdere oordeel tegenspreekt. Ook aanvaarden we kritiekloos informatie die onze vaste overtuigingen bevestigt, terwijl we kritisch en sceptisch staan tegenover informatie die er vraagtekens bij zet. Daarom is de informatie die we verzamelen doorgaans vertekend in de richting van standpunten die we toch al hadden. Deze bevestiging achteraf beïnvloedt ook de plaats waar we gegevens verzamelen, omdat we vaak bronnen kiezen die hoogstwaarschijnlijk vertellen wat we willen horen. Het leidt ertoe dat we te veel gewicht geven aan ondersteunende informatie en te weinig aan informatie die in tegenspraak is met ons oordeel. Mede door de mogelijkheden van sociale media zijn we geneigd onze eigen *bubble* te creëren waarin we continu worden gebombardeerd met eenzijdige of zelfs onjuiste (*fake news*) informatie. Gelukkig voor ons zijn functionarissen, die weten dat hun beslissingen goed onderbouwd en accuraat moeten zijn, minder geneigd in deze perceptuele valkuil te trappen. Denk aan wetenschappers, ingenieurs, ambtenaren of rechters.

VOORBEELD

Jos van Dongen had een voorkeur voor mannelijke verkopers uit het Westland vanwege het stereotype dat 'kasjongens' de taal van de tuinders spreken en daardoor beter zullen verkopen. Het is zeer de vraag of zijn generalisatie goede beslissingen oplevert. Maar Jos zelf is de laatste die dat zal merken. Door zijn eigen selectieve waarneming zal hij immers zoeken naar bevestiging achteraf. Doet een verkoper het minder goed, dan komt dat door de moeilijke markt. Gaat het beter, dan wordt dat feit triomfantelijk aangehaald als bewijs van Jos' gelijk! (Zie ook onze bespreking van de attributietheorie in paragraaf 5.2.1.)

Informatiebeschikbaarheid

Veel mensen zijn banger om te vliegen dan om een auto te besturen. De reden is dat mensen denken dat vliegen gevaarlijker is. Dat is echter niet waar. Als een lijnvlucht even gevaarlijk was als autorijden, zouden er elke week twee volledig bezette 747-toestellen moeten neerstorten. De media besteden veel meer aandacht aan ongelukken in de luchtvaart dan aan auto-ongelukken. Om deze reden schatten we de risico's van vliegen te hoog in en van autorijden te laag. Dit is een illustratie van vertekening door **informatiebeschikbaarheid.** Je baseert je oordeel op direct beschikbare informatie.[34] Direct beschikbare informatie in combinatie met eerdere soortgelijke informatie heeft grote invloed op onze beslissingen. Gebeurtenissen die emoties oproepen, die heel levendig en aanschouwelijk zijn of die kort tevoren hebben plaatsgevonden, zijn in ons geheugen het makkelijkst beschikbaar, waardoor we de kans op onwaarschijnlijke gebeurtenissen zoals een vliegtuigongeluk, een complicatie na een operatie of de dreiging van ontslag veel te hoog inschatten.[35] De vertekening door informatiebeschikbaarheid kan ook verklaren waarom managers bij functioneringsgesprekken meer gewicht toekennen aan recent gedrag van werknemers dan aan gedrag van een half jaar eerder.[36]

Escalerende inzet

Een andere vervorming die in de praktijk onze beslissingen beïnvloedt, is de neiging om steeds hoger in te zetten bij het nemen en verdedigen van bepaalde beslissingen (*escalatie* betekent letterlijk stapsgewijze vermeerdering).[37] **Escalerende inzet** verwijst naar het feit dat iemand vasthoudt aan een beslissing, ook als er duidelijke bewijzen voor zijn dat die beslissing fout is.

Wanneer is de kans dat de boel escaleert het grootst? Uit onderzoek komt naar voren dat dat gebeurt als het individu zich verantwoordelijk voelt voor de uitkomst. De angst voor persoonlijk falen zorgt er zelfs voor dat we informatie niet op een objectieve manier zoeken en wegen, en dat we alleen informatie kiezen die onze handelwijze ondersteunt. Het lijkt niet uit te maken of we zelf de falende handelwijze hebben uitgekozen of dat die ons werd opgelegd; we voelen ons verantwoordelijk en escaleren onze inzet in beide gevallen. Ook kan het delen van de beslissingsbevoegdheid – als bijvoorbeeld andere mensen een oordeel moeten vellen over de keuze die we hebben gemaakt – tot grotere escalatie leiden.[38]

Escalerende inzet vinden we meestal ongefundeerd. Maar heel wat grootse prestaties uit de geschiedenis zijn tot stand gekomen door te blijven volharden, ook al leek de onderneming gedoemd te mislukken, zoals de bouw van de piramiden in Egypte en de Grote Muur in China of de aanleg van het Panamakanaal en de Amsterdamse metro. Onderzoekers zeggen dat een evenwichtige benadering vereist dat je veelvuldig kijkt naar de uitgaven en je afvraagt of de volgende stap de verwachte kosten wel waard is.[39] Waar we voor moeten oppassen is de neiging om automatisch steeds hoger in te zetten.

VRAAG

Wie wel eens naar het tv-programma De Rijdende Rechter heeft gekeken weet dat burenruzies vrijwel altijd het gevolg zijn van escalerende inzet. Kun je daar een concreet voorbeeld van geven?

Ontkenning van toeval

De mens vindt het moeilijk om met toeval om te gaan. We willen graag geloven dat we enige greep hebben op onze wereld en ons lot. Maar ook al kunnen we een flink deel van onze toekomst sturen met behulp van rationele besluitvorming, toch blijft het een feit dat er altijd toevallige gebeurtenissen zullen optreden. Onze neiging om te geloven dat we de uitkomst van willekeurige gebeurtenissen hadden kunnen voorspellen, staat bekend als **ontkenning van toeval**.

Rationele besluitvorming wordt belemmerd wanneer we aan toevallige gebeurtenissen betekenis proberen te geven. Een ernstige hinderpaal voor rationaliteit ontstaat wanneer we denkbeeldige patronen omtoveren tot bijgeloof.[40] Dit bijgeloof kan volkomen uit de lucht gegrepen zijn ('Op de tweede dinsdag van de maand neem ik nooit een belangrijk besluit'), maar kan ook voortvloeien uit een bepaald gedragspatroon dat ooit bevestigd werd (Tiger Woods draagt tijdens de laatste ronde van een golftoernooi altijd een rood shirt, omdat hij veel jeugdgolftoernooien won terwijl hij rood droeg). Hoewel de meeste mensen enigszins bijgelovig zijn, wordt dit een probleem als we het nemen van belangrijke beslissingen erdoor laten beïnvloeden. Soms raken beslissers volledig in de ban van hun bijgeloof, wat het vrijwel onmogelijk maakt om op een objectieve manier nieuwe informatie te verwerken of routines te wijzigen.

Geen rood shirt te bekennen.
Foto: David Leindecker / 123RF

Risicomijding

Wiskundig gezien is een beloning van honderd euro, als de uitkomst bij het opgooien van een munt de uitslag *kop* is, gelijk aan de zekerheid dat je vijftig euro krijgt ongeacht hoe de munt valt. De verwachte waarde van de gok na een aantal keer opgooien van een munt is immers vijftig euro. Maar bijna iedereen, behalve verstokte gokkers, zou voor zekerheid gaan in plaats van voor een risicovol vooruitzicht.[41] Voor veel mensen is een fiftyfifty kans op zelfs tweehonderd euro niet zo veel waard als een zeker vooruitzicht op vijftig euro, ook al is de gok rekenkundig gezien twee keer zo veel waard! Deze neiging om een zekere uitkomst te verkiezen boven een riskante uitkomst wordt **risicomijding** genoemd.

Risicomijding heeft belangrijke implicaties. Om de risico's te compenseren die eigen zijn aan provisieloon (waarbij je loon helemaal afhankelijk is van hoeveel je verkoopt), betalen bedrijven werknemers die provisieloon krijgen aanzienlijk meer per afgesproken verkochte hoeveelheid (bijvoorbeeld één auto of 25 stofzuigers) dan werknemers met een vast salaris. Risicomijdende werknemers houden zich aan de bekende manieren om hun werk te doen, in plaats van innovatieve of creatieve methoden uit te proberen. Een strategie blijven volgen die zich in het verleden heeft bewezen minimaliseert het risico, maar op de lange termijn leidt het tot stagnatie. Ambitieuze mensen met macht die van hen kan worden afgenomen (de meeste managers dus) lijken zelfs bijzonder risicomijdend te zijn, misschien omdat ze niet alles waarvoor ze zo hard hebben gewerkt om het te bereiken willen verliezen door een gok.[42] CEO's die het risico op ontslag lopen zijn ook buitengewoon risicomijdend, zelfs wanneer een riskantere investeringsstrategie in het belang van hun bedrijf is.[43]

SONY

Kazuo Hirai, de CEO van Sony, volgde een beleid dat het zeventigjarige Japanse elektronicaconglomeraat moest herstructureren en stroomlijnen. Hij deelde Sony in 2015 in drie potentieel winstgevende takken in en wilde niet langer groeien in regio's waar Sony door hevige concurrentie op achterstand was gezet. Door risico's te mijden en minder belang te hechten aan omzetvolume probeerde Hirai de groei een nieuwe impuls te geven.

Risicomijding door basisschoolleraren heeft ook belangrijke implicaties voor kinderen na de Cito-toets. Cito-scores variëren tussen 501 en 550. Bij minder dan 533 krijgt een kind meestal een vmbo-advies, bij 533 tot 540 een havoadvies, bij hoger dan 540 een vwo-advies. Uit het rapport 'Basisschooladviezen en etniciteit' blijkt dat Amsterdamse kinderen met een migratieachtergrond die hoog scoren op de Cito-toets vaker een te laag schooladvies krijgen. De leraren willen risico's vermijden en schatten kinderen van laagopgeleide ouders en kinderen van ouders met een migratieachtergrond lager in voor een schooladvies. 28 procent van de kinderen zonder migratieachtergrond en

44 procent van de kinderen met een Marokkaanse, Surinaamse of Turkse migratieachtergrond worden te laag ingeschat. Dat betekent dat ze hun potentieel niet ten volle kunnen benutten.[44]

Wijsheid achteraf

Dit is de neiging om achteraf, als de uitkomst van een of andere ontwikkeling bekend is, te geloven dat we deze uitkomst correct hebben voorspeld.[45] Wanneer er iets plaatsvindt en we weten wat de uitkomst is, zijn we er als de kippen bij om te concluderen dat deze uitkomst voorspelbaar was. Veel meer mensen waren er bijvoorbeeld van overtuigd dat bij voorbaat duidelijk was wie het WK voetbal zou winnen op de dag *nadat* de wedstrijd was gespeeld dan op de dag ervoor.[46] Door deze houding van **wijsheid-achteraf** leren we minder van het verleden. We denken dan dat we beter in voorspellen zijn dan in werkelijkheid het geval is, met als gevolg dat we meer vertrouwen hebben in de nauwkeurigheid van toekomstige beslissingen dan gerechtvaardigd is. Als je werkelijke voorspellende nauwkeurigheid bijvoorbeeld 40 procent is, maar je denkt dat die 90 procent is, word je overmoedig en ben je minder geneigd om je voorspellende gaven ter discussie te stellen.

VOORBEELD

De videotheeksector is de afgelopen tien jaar snel ingestort nu distributiekanalen via internet de markt hebben overgenomen. Hoewel deze trend, die de sector op zijn kop zou zetten, nu voor de hand ligt, hebben veel goedgeïnformeerde deskundigen hem niet voorzien. Hetzelfde geldt voor reisbureaus waarover werd gezegd dat mensen nu eenmaal liever door een deskundige adviseur worden geholpen. Tegenwoordig zien we dat steeds meer mensen hun reizen boeken op de websites van reisorganisaties.

RICHT JE OP DOELEN

Zonder doelen kun je niet rationeel zijn, weet je niet welke informatie je nodig hebt, weet je niet welke informatie (ir)relevant is, vind je het moeilijk om tussen alternatieven te kiezen en is de kans veel groter dat je later spijt krijgt van gemaakte keuzes. Door duidelijke doelen te stellen wordt het makkelijker om besluiten te nemen en lukt het je beter om mogelijkheden die tegen je belangen ingaan uit te sluiten.

ZOEK INFORMATIE DIE JE IDEEËN ONTKRACHT

Een van de effectiefste manieren om een al te groot (zelf)vertrouwen en vooringenomenheid als bevestiging en wijsheid achteraf tegen te gaan, is om actief op zoek te gaan naar informatie die indruist tegen je ideeën en aannames. Als we heel open nadenken over hoe we het allemaal bij het verkeerde eind zouden kunnen hebben, doen we iets aan onze neiging om te denken dat we slimmer zijn dan we eigenlijk zijn.

PROBEER TOEVALLIGE GEBEURTENISSEN NIET ALS BETEKENISVOL TE ZIEN

Op school leer je dat je naar oorzaak-en-gevolgrelaties moet kijken. Als er iets gebeurt, dan moet je vragen waarom. En als we geen redenen kunnen vinden, dan verzinnen we ze vaak zelf maar iets. Maar je moet accepteren dat er dingen in het leven gebeuren waar je geen invloed op hebt. Stel jezelf de vraag of er een betekenisvolle verklaring is voor bepaalde patronen of dat ze louter toevallig zijn. Probeer geen betekenis te zien in een toevallige samenloop van omstandigheden.

VERGROOT JE KEUZEMOGELIJKHEDEN

Hoeveel opties je ook gevonden hebt, je definitieve keuze kan niet beter zijn dan de beste optie die je gekozen hebt. Daardoor is het logisch dat je het aantal keuzemogelijkheden zo groot mogelijk maakt en dat je creatief bent in het ontwikkelen van een groot aantal uiteenlopende keuzemogelijkheden. Hoe meer alternatieven je kunt verzinnen en hoe gevarieerder die alternatieven zijn, hoe groter de kans is dat je een uitstekend alternatief vindt.

FIGUUR 5.4 Een aantal technieken om de kans op vertekeningen en fouten kleiner maken[47]

5.5 Individuele verschillen, ethiek en creativiteit

We gaan nu in op drie factoren die van invloed zijn op hoe mensen besluiten nemen en op hun vatbaarheid voor fouten en vooringenomenheid. Na de bespreking van individuele verschillen en de mogelijke gevolgen voor besluitvorming bespreken we de ethische aspecten van besluitvorming. Tot slot bespreken we de relatie tussen creativiteit en besluitvorming.

5.5.1 Individuele verschillen

Zoals we eerder besproken hebben, wordt besluitvorming in de praktijk vaak gekenmerkt door beperkte rationaliteit, veelvoorkomende vertekeningen en fouten, en intuïtief handelen. Individuele verschillen als iemands persoonlijkheid leiden ook tot afwijkingen van het rationele model.

Persoonlijkheid

Specifieke facetten van plichtsgetrouwheid – prestatiegerichtheid en plichtbewustzijn in het bijzonder – kunnen van invloed zijn bij escalerende inzet.[48] Ten eerste hebben prestatiegerichte mensen er een hekel aan te falen, zodat ze steeds hoger inzetten in de hoop dat daarmee te voorkomen. Plichtbewuste mensen zijn juist meer geneigd te doen wat hun het beste voor de organisatie lijkt, zodat het minder waarschijnlijk is dat ze hun inzet laten escaleren. Prestatiegerichte mensen lijken bovendien vatbaarder te zijn voor wijsheid achteraf, misschien omdat ze de behoefte hebben om hun handelen te rechtvaardigen.[49] We hebben nog geen bewijs dat plichtbewuste mensen hier immuun voor zijn.

Genderverschillen

Wie nemen betere besluiten: mannen of vrouwen? Dat hangt van de situatie af. Als de situatie niet stressvol is, dan is de kwaliteit van de besluitvorming van mannen en vrouwen min of meer gelijk. Maar in stressvolle situaties lijken mannen egocentrischer te worden en riskantere besluiten te nemen, terwijl vrouwen empathischer worden en tot betere besluiten komen.[50]

Intellectuele vermogens

We weten dat mensen met een groter intellectueel vermogen (zie hoofdstuk 6) informatie sneller kunnen verwerken, problemen beter kunnen oplossen en sneller leren. Je zou dus denken dat ze minder vatbaar zijn voor veelvoorkomende fouten in hun besluitvorming. Het intellectuele vermogen blijkt echter alleen te helpen bij het vermijden van een paar van die fouten.[51] Slimme mensen hebben net zo'n grote kans om ten prooi te vallen aan verankeren, zelfoverschatting en escalerende inzet; waarschijnlijk omdat slim zijn nog niet wil zeggen dat je inziet dat je al te veel zelfvertrouwen hebt of emotioneel gezien te snel in de verdediging schiet. Het is niet zo dat intelligentie er nooit toe doet. Als mensen gewaarschuwd worden voor besluitvormingsfouten, dan leren intelligentere mensen sneller hoe ze die moeten vermijden.

Nudging

Iedereen die weleens een reclamespotje heeft gezien weet wat *nudging* is, namelijk mensen met zachte dwang een bepaalde kant op sturen. Reclamespotjes zijn de meest onverbloemde pogingen van een organisatie om onze perceptie (van een product) en onze beslissing (om dat product te kopen) te beïnvloeden. Organisaties hebben nudging ook in positieve zin ingezet bij initiatieven op het gebied van maatschappelijk verantwoord ondernemen (zie hoofdstuk 2) om zo de verwachtingen ten aanzien van de organisatie te veranderen.[52] Mensen verschillen in hun vatbaarheid voor suggestie, maar de eerlijkheid gebiedt te zeggen dat we allemaal wel een beetje ontvankelijk zijn voor nudging.

Jeremy Bentham (1748-1832), grondlegger van het utilitarisme.

Foto: Georgios Kollidas / Shutterstock / Pearson Asset Library

5.5.2 Besluitvorming en ethiek

De vraag of een besluit 'goed' is, beperkt zich niet tot de rationaliteit maar strekt zich ook uit tot de moraliteit. Brengt het besluit anderen schade toe? Schendt het principes van rechtvaardigheid? Ethische overwegingen zijn belangrijke criteria in de besluitvorming van alle organisaties. Dit geldt vandaag de dag nog sterker dan in het recente verleden, aangezien bedrijven tegenwoordig nauwlettend in de gaten worden gehouden als het gaat om ethisch en maatschappelijk verantwoord gedrag. Denk maar aan de 'plofkip-acties' van Wakker Dier. In deze paragraaf bespreken we drie manieren om beslissingen in een ethisch kader te plaatsen. We besteden ook aandacht aan de invloed van liegen op besluitvorming.

Drie ethische beslissingscriteria

Er zijn drie verschillende criteria die je kunt toepassen bij het maken van ethische keuzes. De eerste ethische meetlat is het **utilitarisme**, waarbij voor de beoordeling van het besluit uitsluitend de uitkomsten of consequenties tellen. Het doel van het utilitarisme is zo veel mogelijk nut (*utiliteit* betekent nut) te bewerkstelligen voor zo veel mogelijk mensen.[53] In het bedrijfsleven heeft deze invalshoek de voorkeur, omdat die goed aansluit op efficiëntie, productiviteit en hoge winsten. Door bijvoorbeeld de winst te maximaliseren, kan een bedrijfsdirecteur aanvoeren dat hij voor het grootste aantal mensen het grootste nut garandeert – ook als hij tegelijkertijd 15 procent van zijn werknemers ontslaat.

Onthoud dat utilitarisme niet altijd zo objectief is als het klinkt. Uit een onderzoek bleek dat de moraliteit van het utilitaristisch denken op een onverwachte manier werd beïnvloed. Aan de onderzoeksdeelnemers werd een moreel dilemma voorgelegd: door het gewicht van één van de vijf mensen op een voetbrug buigt de brug door en komt daarmee vlak boven treinrails te hangen. Een trein komt in volle vaart op de voetbrug af. Wat doe je? Laat je alle vijf mensen omkomen of duw je die ene, zware man van de brug af om vier mensen te redden? In de Verenigde Staten, Frankrijk en Israël koos 20 procent van de respondenten ervoor om de zware man van de brug af te duwen, in Spanje was dat 18 procent en in Zuid-Korea zei niemand dat. Dit zou iets kunnen zeggen over utilitaire waarden in bepaalde culturen, maar door een kleine verandering, namelijk door mensen te vragen te antwoorden in een vreemde taal die ze beheersten, kozen meer deelnemers ervoor om de man over de reling te gooien: in een bepaalde groep duwde 33 procent de man van de brug af en in een andere groep 44 procent.[54] De emotionele afstand van het antwoorden in een vreemde taal leek dus een utilitair standpunt te bevorderen. Het lijkt erop dat zelfs onze opvatting van wat pragmatisch is kan veranderen.

Een ander ethisch criterium is het **grondrechtencriterium**. Mensen nemen 'juiste' beslissingen als die stroken met fundamentele vrijheden en rechten van elk mens, zoals die in de Universele Verklaring van de Rechten van de Mens (1948) zijn vastgelegd. Dit houdt in dat men de grondrechten van het individu respecteert, zoals privacy

of vrijheid van meningsuiting. Dit criterium zou ook bescherming moeten bieden aan **klokkenluiders**,[55] mensen die onethische of illegale praktijken van een organisatie melden aan de pers of overheidsinstanties.
Een derde criterium is het **rechtvaardigheidscriterium**. Bestuurders moeten regels en maatregelen volgens dit criterium eerlijk en onpartijdig opleggen en handhaven, zodat kosten en baten voor alle betrokkenen op een eerlijke manier verdeeld zijn.[56] Deze visie past bij vakbonden die gelijk loon eisen voor vrouwen als ze hetzelfde werk doen als mannen en die bijvoorbeeld het aantal dienstjaren zwaar willen laten wegen bij afvloeiingsregelingen.
Al deze criteria hebben voor- en nadelen. Sterke gerichtheid op het nut bevordert de productiviteit en efficiëntie, maar tegelijk komen de rechten van sommigen (vooral minderheidsgroepen) dan onvoldoende aan bod. Het grondrechtencriterium beschermt mensen tegen misbruik en sluit goed aan op de vrijheid van meningsuiting en het recht op privacy, maar kan misschien de productiviteit en efficiëntie in gevaar brengen. Grotere aandacht voor rechtvaardigheid is in het belang van degenen die weinig macht hebben en ondervertegenwoordigd zijn, maar kan belemmerend werken op het gebied van innovatie, productiviteit en het nemen van risico's.

Kiezen tussen criteria

Beslissers, vooral in organisaties met een winstoogmerk, voelen zich vaak veiliger en meer op hun gemak wanneer ze gebruikmaken van utilitarisme. Heel wat dubieuze daden kunnen gerechtvaardigd worden als ze worden gebracht alsof ze in het belang van 'de organisatie' en aandeelhouders zijn ondernomen. Critici voerden jaren geleden al aan dat dit perspectief moet veranderen. Inmiddels is er in de maatschappij steeds meer aandacht voor individuele rechten (zoals privacywetgeving) en sociale rechtvaardigheid (zoals MVO en klokkenluiderregelingen), wat erop duidt dat managers ethische normen moeten ontwikkelen op basis van non-utilitaire criteria. Dit stelt managers voor een uitdaging, want criteria als individuele rechten en sociale rechtvaardigheid zijn veel minder eenduidig dan utilitaire criteria als het gaat om efficiency en winst.
Hier komt maatschappelijk verantwoord ondernemen (MVO) om de hoek kijken om een positieve verandering tot stand te brengen. Kijken we naar utilitaire idealen, dan zien we dat organisaties uit zichzelf niet gemotiveerd zijn om verantwoord te handelen als ze alleen naar de winst-en-verliesrekening kijken. Doordat organisaties echter onder druk van de samenleving staan om zich verantwoord te gedragen is het aspect duurzaamheid nu veel meer dan vroeger van belang voor het saldo onder de streep: de consument kiest er steeds vaker voor om goederen en diensten te kopen van organisaties met doeltreffende MVO-initiatieven; werknemers die goed presteren willen graag voor MVO-organisaties werken; overheden bieden organisaties prikkels om initiatieven op het gebied van duurzaamheid te ontplooien enzovoort. MVO wordt nu een logische stap voor bedrijven, waarbij ethiek wordt meegenomen in utilitaire rekensommen.

VOORBEELD

De derde stuurman van een schip, verantwoordelijk voor het afhandelen van de douaneformaliteiten, weigert de Zuid-Amerikaanse beambten de slof sigaretten, de fles jenever en de bol kaas te overhandigen waarvan zij aangeven dat ze 'er recht op hebben'. Hij vindt dat een vorm van corruptie en wil daar niet aan meewerken. Als gevolg daarvan wordt de inklaring ernstig vertraagd en ligt het schip een dag langer in de haven. De stuurman krijgt een forse uitbrander van de kapitein: 'Duizend bommen en granaten, stuurman! Weet je wel wat de exploitatie van dit schip per dag kost? 40.000 dollar! En wat kosten nou zo'n slof sigaretten, die fles jenever en dat @%$! kaasje? Reken eens uit wat dat mooie principe van jou de rederij heeft gekost!'

VRAAG
Welke ethische criteria herken je in dit voorbeeld?

Gedragsethiek

Steeds meer onderzoekers zijn geïnteresseerd in gedragsethiek (*behavioral ethics*), een onderzoeksterrein met als centrale vraag hoe mensen zich gedragen als ze voor een ethisch dilemma komen te staan. Uit dat onderzoek kunnen we opmaken dat hoewel er op collectief niveau ethische maatstaven in samenlevingen en organisaties bestaan, en op individueel niveau in de vorm van een persoonlijke ethiek, we ons niet altijd aan de ethische maatstaven van onze organisatie houden, en dat we soms zelfs onze eigen maatstaven niet naleven. Ons ethisch gedrag varieert enorm van situatie tot situatie.

Liegen

Ben je een leugenaar? De meeste mensen worden niet graag voor leugenaar uitgemaakt. Maar als een leugenaar niet meer en niet minder is dan iemand die liegt, dan zijn we allemaal leugenaars. We liegen tegen onszelf en we liegen tegen anderen. We liegen bewust en onbewust. We verzinnen ingewikkelde leugens en leugentjes om bestwil. Liegen is een van de meest voorkomende onethische activiteiten waaraan we ons dagelijks bezondigen, en het ondermijnt alle pogingen om tot een goede besluitvorming te komen.

Een van de redenen waarom we liegen is dat andere mensen maar moeilijk kunnen inschatten of we liegen. Op een totaal van ruim tweehonderd onderzoeken konden de deelnemers in slechts 47 procent van de gevallen correct aangeven welke mensen logen; dat is een nog slechtere score dan willekeurig aanwijzen.[57] Welke leugendetectietechniek ook wordt gebruikt, dit lijkt steeds het resultaat. Rechercheurs gebruiken bijvoorbeeld een techniek die is gebaseerd op de theorie dat mensen omhoog en naar rechts kijken wanneer ze liegen. Helaas konden de onderzoekers die de techniek toetsten geen ondersteuning vinden voor die theorie.[58]

Liegen is dodelijk voor de besluitvorming, of de leugens nu wel of niet ontdekt worden. Managers (en organisaties) kunnen gewoon geen goede besluiten nemen als feiten op een onjuiste manier worden voorgesteld en mensen valse motieven geven voor hun gedrag. Liegen is ook een groot ethisch probleem. Vanuit een organisatiestandpunt levert het gebruik van dure leugendetectietechnieken en het waar mogelijk betrappen van leugenaars onbetrouwbare resultaten op.[59] De meest duurzame oplossing zal komen van GiO, waar manieren worden bestudeerd om liegen te voorkomen door te werken met onze natuurlijke neiging om een omgeving te scheppen die niet bevorderlijk is voor liegen.

5.5.3 Besluitvorming, creativiteit en innovatie

Zowel bij het oplossen van problemen als bij het realiseren van ambities voor de toekomst is het soms belangrijk om een geheel nieuwe invalshoek te kiezen. De beslisser heeft soms behoefte aan **creativiteit**, aan het vermogen nieuwe en zinvolle ideeën te produceren. Kunnen organisaties de creativiteit van hun medewerkers bevorderen? Door creativiteit kan iemand die een besluit moet nemen problemen volledig op hun waarde schatten en begrijpen, en ook problemen zien die anderen niet zien. Hoewel alle aspecten van GiO ingewikkeld zijn, geldt dat voor creativiteit in het bijzonder. Ter vereenvoudiging geven we in figuur 5.5 een **driecomponentenmodel van creativiteit** in organisaties. De kern van het model wordt gevormd door creatief gedrag, dat zowel oorzaken (voorspellers van het creatieve gedrag) als gevolgen (de uitkomsten van het creatieve gedrag) heeft.

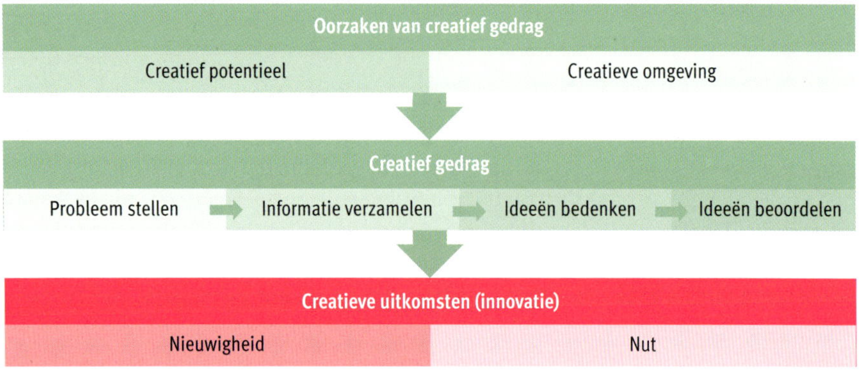

FIGUUR 5.5 **Het driecomponentenmodel van creativiteit in organisaties**

Creatief gedrag

Creatief gedrag kan in vier stappen worden verdeeld, waarbij de ene stap op de andere volgt:[60]

1. *Het probleem formuleren*
   Creatief handelen in organisaties begint altijd met een probleem dat we willen oplossen. Vandaar dat het formuleren van het probleem de fase van het creatieve gedrag is waarin we een probleem of kans benoemen waarvoor een oplossing nodig is die nog niet in zicht is.
2. *Informatie vergaren*
   De oplossing voor een probleem ligt zelden voor het grijpen. We hebben tijd nodig om meer te weten te komen en informatie te verwerken. Daarom is informatie vergaren de fase van het creatieve gedrag waarin we op zoek gaan naar kennis en waarin we mogelijke oplossingen gaan bedenken. Door informatie te vergaren kunnen we met innovatieve kansen komen.[61]
3. *Ideeën bedenken*
   Ideeën bedenken is de fase van het creatieve gedrag waarin we mogelijke oplossingen ontwikkelen voor een probleem op basis van relevante informatie en kennis. Soms doen we dit in ons eentje, waarbij trucjes als een eindje gaan wandelen of poppetjes tekenen het creatieve proces een flinke impuls kunnen geven.[62], [63] Het bedenken van ideeën wordt echter steeds vaker een gezamenlijke onderneming.
4. *Ideeën beoordelen*
   Tot slot is het tijd om een keuze te maken uit de ideeën die we naar voren hebben gebracht. Daarbij is het beoordelen van ideeën de fase van het creatieve gedrag waarin we potentiële oplossingen voor een probleem van alle kanten bekijken om te bepalen welke oplossing de beste is.

Na deze omschrijving van creatief gedrag, als hoofdcomponent van het driecomponentenmodel, doen we nu een stap terug in dat model (zie figuur 5.5) en kijken we naar de oorzaken van creativiteit: creatief potentieel en een creatieve omgeving.

Creatief potentieel

Bestaat er zoiets als een creatieve persoonlijkheid? Absoluut. Hoewel een creatief genie zeldzaam is — of dat nu in de wetenschap is (Albert Einstein, Stephen Hawking), de podiumkunsten (Freddy Mercury) of het bedrijfsleven (Steve Jobs) — hebben de meeste mensen wel enkele persoonlijkheidskenmerken die uitzonderlijk creatieve mensen met elkaar gemeen hebben. Hoe meer van die kenmerken we hebben, hoe groter ons **creatief potentieel**. Innovatie is een van de belangrijkste organisatiedoelen voor leiders en heeft aspecten van:

1. *Intelligentie en creativiteit*
   Er bestaat een verband tussen intelligentie en creativiteit. Slimme mensen zijn creatiever omdat ze beter zijn in het oplossen van ingewikkelde problemen.
   Ze zijn misschien ook creatiever omdat ze een groter *werkgeheugen* hebben: ze kunnen meer informatie gebruiken die relevant is voor de betreffende taak.[64] Zo is uit recent onderzoek in Nederland gebleken dat een grote behoefte aan cognitie (oftewel leergierigheid) samenhangt met (meer) creativiteit.[65]
2. *Persoonlijkheid en creativiteit*
   Er is een verband tussen de Big Five-persoonlijkheidskenmerken openstaan voor nieuwe ervaringen (zie hoofdstuk 4) en creativiteit, en dat komt waarschijnlijk doordat open mensen minder conformistisch in hun gedrag zijn en er vaker onafhankelijke meningen op na houden.[66] Andere persoonlijkheidskenmerken van creatieve mensen zijn bijvoorbeeld een proactieve persoonlijkheid, zelfvertrouwen, risicobereidheid, tegen onduidelijkheid kunnen en doorzettingsvermogen.[67] Hoop, geloof in eigen kunnen (*self-efficacy*) en positief affect zijn ook voorspellers van creativiteit.[68] Verder wijst onderzoek in China erop dat mensen met een (zeer) positief zelfbeeld beter in staat zijn dan andere mensen om in negatieve situaties creatief te blijven.[69] Er zijn onderzoekers die de theorie van de 'geniale gek' aanhangen – hoe onlogisch ze ook klinken mag – die zegt dat sommige mensen met een psychiatrische aandoening enorm creatief zijn, deels juist vanwege hun psychopathologische kenmerken. In de geschiedenis zijn hier zeker voorbeelden van, zoals Vincent van Gogh, Herman Brood en andere genieën. Het omgekeerde is echter niet waar: creatieve mensen hebben (juist) minder last van psychopathologische kenmerken als groep dan de doorsneebevolking.[70]
3. *Deskundigheid en creativiteit*
   Deskundigheid is de basis van alle creatieve arbeid en is daarmee de op één na belangrijkste voorspeller van creatief potentieel. Zo werkte filmschrijver, -producent en -regisseur Quentin Tarantino zijn hele jeugd in een videotheek, waar hij een encyclopedische kennis over films opbouwde. Ook de deskundigheid van andere mensen is belangrijk. Mensen met een groter sociaal netwerk komen meer in aanraking met uiteenlopende ideeën en kunnen vaker op een informele manier profiteren van de deskundigheid en middelen van anderen.[71]
4. *Ethiek en creativiteit*
   Hoewel creativiteit verband houdt met vele wenselijke persoonskenmerken, bestaat er geen correlatie met ethisch gedrag. Mensen die de boel bedotten zijn misschien wel creatiever dan mensen die zich ethisch gedragen, aldus recent onderzoek. Het kan zijn dat oneerlijkheid en creativiteit allebei voortkomen uit de behoefte om de regels te overtreden.[72]

Creatieve omgeving

We hebben bijna allemaal een creatief potentieel dat we kunnen leren aanwenden, maar hoe belangrijk creatief potentieel ook is, op zichzelf is het niet genoeg. We moeten in een omgeving zitten waar het creatief potentieel ook echt verwezenlijkt kan worden. Van de vele omgevingsfactoren is *motivatie* misschien wel de belangrijkste. Ben je niet gemotiveerd om creatief te zijn, dan is de kans klein dat je dat zult zijn. De intrinsieke motivatie, oftewel het verlangen om aan iets te werken omdat het interessant en spannend is, voldoening geeft of een uitdaging is (zie voor een uitgebreidere bespreking hoofdstuk 7), hangt tamelijk sterk samen met creatieve uitkomsten.[73] Maar ook hier is het van belang of je in een omgeving zit die creatief werk beloont en erkent. Uit een onderzoek naar teams in de gezondheidszorg blijkt dat de creativiteit van het team alleen wordt vertaald in innovatie als het werkklimaat innovatie actief ondersteunt.[74] De organisatie moet vrijelijk stromen van ideeën stimuleren en die ideeën bovendien op een eerlijke en opbouwende manier beoordelen.

De creativiteit wordt ook gestimuleerd als mensen niet al te veel regels hoeven te volgen; werknemers moeten vrij zijn om te beslissen welke taken gedaan moeten worden en hoe ze die aanpakken. Uit een onderzoek in China blijkt dat zowel structurele empowerment (waarbij de structuur van de werkeenheid de werknemer voldoende vrijheid geeft) als geestelijke empowerment (waarbij de werknemer het gevoel krijgt dat hij of zij zelf beslissingen mag nemen) samenhangt met de creativiteit van de werknemers.[75] Uit onderzoek in Slovenië blijkt echter ook dat de creativiteit wordt gesmoord als er een concurrentieklimaat wordt gecreëerd waarin alleen prestaties tellen, ongeacht hoe die zijn behaald.[76]

Teams zijn van belang voor de creativiteit. Zoals in hoofdstuk 11 te lezen is, werken mensen tegenwoordig steeds vaker in teams, en veel mensen geloven dat de teamcreativiteit wordt bevorderd door diversiteit. Ouder onderzoek leek erop te duiden dat divers samengestelde teams niet creatiever waren. Uit een recenter onderzoek onder Nederlandse teams blijkt echter dat wanneer aan teamleden expliciet wordt gevraagd om begrip op te brengen voor het standpunt van andere teamgenoten en dat standpunt in overweging te nemen (een oefening die *perspective taking* wordt genoemd), de divers samengestelde teams *inderdaad* creatiever zijn dan de teams met minder diversiteit.[77] Leiderschap zou hier van doorslaggevend belang kunnen zijn. Uit een onderzoek onder 68 Chinese teams blijkt dat er alleen een positief verband bestaat tussen diversiteit en de creativiteit van het team als de teamleider een inspirerend figuur is en de teamleden vertrouwen geeft.[78]

De uitkomsten van creatief gedrag (innovatie)

De laatste component van ons creativiteitsmodel is de uitkomst. We kunnen *creatieve uitkomsten* omschrijven als ideeën of oplossingen die relevante belanghebbenden vernieuwend en nuttig vinden. Iets heel nieuws leidt op zichzelf niet tot een creatieve uitkomst als niemand erop zit te wachten. De zogenoemde onconventionele oplossingen zijn daarom alleen creatief als je het probleem daarmee (beter) kunt oplossen. Het nut van de oplossing kan voor zich spreken (de iPad), maar het kan ook zijn dat aanvankelijk alleen belanghebbenden vinden dat het een goede oplossing is.[79]

Een organisatie kan vele creatieve ideeën van haar werknemers vergaren en zichzelf innovatief noemen. Maar zoals iemand ooit zei: 'Ideas are useless unless they are used' Met *soft skills* kunnen je ideeën vertalen in resultaten. Een onderzoeker ontdekte dat creatieve ideeën in een groot landbouwindustriebedrijf meestal pas ten uitvoer werden gebracht als er iemand gemotiveerd was om het idee naar de praktijk te vertalen en die persoon ook nog eens heel goed kon netwerken.[80] Deze onderzoeken wijzen op een belangrijk feit: creatieve ideeën komen niet vanzelf tot uitvoering; de vertaling ervan in creatieve uitkomsten is een sociaal proces waarbij we moeten kijken naar andere begrippen die we in dit boek behandelen, zoals macht en politiek, leiderschap en motivatie.

5.6 Toepassing in de organisatiepraktijk

In elke organisatie is het nemen van beslissingen aan de orde van de dag. Wat kan een organisatie doen om goede (rationele, ethische en/of creatieve) besluitvorming te bevorderen? We kijken eerst naar beslissingen die de organisatie en haar vorm van dienstverlening betreffen. Daarna zoomen we in op beslissingen over personen. Tot slot zullen we zien hoe bepaalde maatregelen en gewoontes in organisaties averechts werken doordat ze de kwaliteit van de besluitvorming aantasten.

5.6.1 De kwaliteit van besluiten over de organisatie

Als eerste geldt: des te lager in de organisatie, des te routinematiger de beslissingen. En dus ook: des te meer mogelijkheden om door zorgvuldig taakontwerp foute keuzes te vermijden. Daarom worden medewerkers voorzien van procedures en richtlijnen en besliscriteria. Op cruciale punten worden controles toegepast. Het is immers niet de bedoeling dat klanten foute artikelen of een verkeerde factuur krijgen aangeboden. Veel bedrijven hebben zogenoemde KAM-systemen (kwaliteit, arbo en milieu) ingericht om enerzijds fouten en risico's te vermijden en anderzijds bij het vóórkomen van fouten te zorgen voor een systematische aanpak om deze structureel op te lossen.

Vervolgens zien we dat beslissingen op tactisch niveau (zoals personeelsplannen, financieringsplannen, verkoopplannen, investeringsbegrotingen en dergelijke) vaak worden ondersteund door vaste procedures en in te vullen schema's en spreadsheets. Op deze wijze probeert men de besluitvorming transparant (voor alle betrokkenen inzichtelijk en begrijpelijk) te maken. Dit als tegenwicht voor de perceptuele vertekeningen en fouten die we hiervoor hebben behandeld, waaronder zelfoverschatting en selectieve perceptie. Door op deze wijze te werken worden besluiten door meerdere belanghebbenden besproken, wat meer kans biedt op het ontdekken van fouten en het maken van kritische kanttekeningen, en zodoende vaker zal leiden tot het zorgvuldiger onderbouwen van voorstellen.

Ten slotte worden er op strategisch niveau besluiten genomen die de hele organisatie of delen daarvan raken en waarvan de gevolgen pas na een jaar of nog (veel) langer zichtbaar worden. Je zou willen dat zulke risicovolle besluiten in onzekere omstandigheden die het voortbestaan van de organisatie kunnen bedreigen (dat geldt voor de meeste strategische beslissingen) zo doordacht mogelijk worden genomen. Dat wil echter niet zeggen dat het rationele besluitvormingsmodel hier eenvoudig kan worden toegepast. Dat model gaat er immers van uit dat de beperkingen, de alternatieven en de kosten en baten bekend of te onderzoeken zijn. En dat is bij beslissingen in onzekere omstandigheden juist niet het geval.

Voor beslissingen op strategisch niveau, waarbij de onzekerheden en de gevolgen van miskleunen het grootst zijn, zijn vele methoden en modellen ontworpen. Te denken valt aan scenarioanalyse, portfoliomanagement, landenanalyse, SWOT-analyse enzovoort. Deze methoden en modellen hebben gemeen dat ze proberen ondanks de grote onzekerheid toch een bepaalde mate van rationaliteit in te voeren, door verschillende mogelijkheden vergelijkbaar te maken. Vaak huren ondernemingen adviesbureaus in om hen te helpen deze lastige beslissingen te nemen.

5.6.2 De kwaliteit van besluiten over personen

De HRM-functie heeft een uitgebreid instrumentarium ontwikkeld gericht op zorgvuldige besluitvorming. Bij het aannemen van nieuw personeel bemoeit de HRM-specialist zich met de analyse van de taak, stelt de vacaturetekst op en ondersteunt het management bij de sollicitatiegesprekken. Dit doet hij onder meer om te voorkomen dat het halo- en horn-effect tot suboptimale beslissingen leidt. Zijn kandidaten eenmaal in dienst bij de organisatie, dan worden ze doorgaans beloond volgens een rationeel en transparant beloningssysteem om willekeur te voorkomen. Loonsverhogingen zijn afhankelijk van beoordelingen die gestandaardiseerd zijn in vaste procedurestappen en beoordelingsformulieren met vaste criteria. De functie en de functiezwaarte liggen vast in een functiewaarderingssysteem waarin ook de beloningsruimte is gedefinieerd. Bij promotiebeslissingen is het opnieuw zaak op te passen voor het halo-effect. Het is de taak van de personeelsconsulent om hiervoor te waarschuwen en te bevorderen dat het besluit zo veel mogelijk op rationele en feitelijke gronden wordt genomen.

5.6.3 Organisatorische maatregelen die rationaliteit beperken

Alle inspanningen om besluitvorming op alle niveaus zo rationeel mogelijk te laten verlopen ten spijt, slaan organisaties de plank nog wel eens mis. Dat komt onder meer doordat de gehanteerde oplossingen soms ongewenste bijwerkingen hebben. Dit is met name het geval als de instrumenten beslissers beperkingen opleggen, waardoor afwijkingen van het rationele model kunnen ontstaan. Zo zorgen managers er bij het maken van keuzes voor dat deze passen bij de prestatiebeoordeling- en beloningssystematiek, dat ze voldoen aan de formele regels van de organisatie en aan het tijdspad dat de organisatie heeft bepaald. Door het opleggen van een strakke deadline kan het gemakkelijk gebeuren dat niet alle benodigde informatie kan worden verzameld en geëvalueerd. Ook eerdere besluiten van de organisatie beperken de toekomstige beslisruimte.

Lees op MyLab meer over deze organisatorische maatregelen en gewoontes die de kwaliteit van de besluitvorming juist aantasten.

Universeel of cultureel?

We staan nu stil bij de drie terreinen waarnaar het meeste onderzoek is verricht: (1) attributies, (2) besluitvorming en (3) ethiek. We bekijken of er wereldwijd verschillen bestaan op deze gebieden.

Attributies

Er is geen eenduidig bewijs dat er culturele verschillen in perceptie bestaan, maar uit de meeste onderzoeken komt naar voren dat er wel verschillen tussen culturen bestaan in de attributies die mensen doen.[81] Uit een van de onderzoeken bleek dat Zuid-Koreaanse managers minder geneigd zijn om de vertekening uit eigenbelang te gebruiken; ze nemen eerder de verantwoordelijkheid voor groepsfalen op zich 'omdat ik geen goede leider ben geweest' dan dat ze groepsfalen toeschrijven aan de groepsleden.[82] Anderzijds zijn Aziatische managers eerder geneigd om instellingen of hele organisaties de schuld te geven, terwijl westerse waarnemers vaak geloven dat individuele managers de schuld moeten krijgen of juist lof verdienen.[83] Dat verklaart waarschijnlijk waarom dagbladen in de Verenigde Staten de namen van individuele topmanagers duidelijk vermelden als bedrijven het slecht doen, terwijl de media in Azië zeggen dat het bedrijf als geheel het slecht heeft gedaan. Deze tendens om zaken aan groepen toe te schrijven, verklaart ook waarom mensen uit Aziatische culturen eerder groepsstereotypen gebruiken.[84]

De attributietheorie is grotendeels ontwikkeld op basis van experimenten met Amerikaanse en West-Europese werknemers. We kunnen de attributietheorie dus niet zonder meer gebruiken om voorspellingen te doen voor attributies in niet-westerse samenlevingen, vooral als het gaat om landen met een sterke collectivistische traditie.

Dat er verschillen in attributies zijn betekent echter nog niet dat de attributie van (interne of externe) oorzaken in de verschillende culturen in heel verschillende mate voorkomt. De vertekening uit eigenbelang komt weliswaar minder voor in Oost-Aziatische culturen, maar uit onderzoek blijkt dat deze toeschrijving wel degelijk in andere Aziatische culturen voorkomt.[85] Onderzoeken lijken er bijvoorbeeld op te duiden dat Chinese managers de mate van persoonlijke verantwoordelijkheid voor fouten vaststellen aan de hand van dezelfde aanwijzingen over kenmerkendheid, consensus en consistentie als westerse managers.[86] Ook zij straffen degenen die zij verantwoordelijk achten voor het falen, een reactie die in vele onderzoeken onder westerse managers is aangetoond. De basisprincipes van hoe attributies werken lijken dus in verschillende culturen te gelden, hoewel Aziatische managers wel meer onderzoek nodig hebben voor ze iemand verantwoordelijk houden voor een fout.

Besluitvorming

Het rationele model houdt geen rekening met culturele verschillen, net zomin als de bulk van GiO-onderzoeksliteratuur over besluitvorming dat doet. In een bespreking van een intercultureel GiO-onderzoek uit 2007 kwamen 25 onderzoeksgebieden aan de orde, maar culturele invloed op besluitvorming was daar niet bij. In een andere bespreking uit 2007 werden vijftien onderwerpen genoemd, maar ook daar ontbrak dit thema.[87]

Het lijkt erop dat het meeste GiO-onderzoek ervan uitgaat dat cultuur geen rol speelt in de besluitvorming. Maar wie zegt dat Indonesiërs op dezelfde manier beslissingen nemen als Canadezen? We moeten erkennen dat de culturele achtergrond van de beslisser van grote invloed kan zijn op zijn selectie van problemen, op de grondigheid van zijn analyse, het belang dat hij hecht aan logica en rationaliteit, op de mate waarin organisatiebeslissingen autocratisch door één manager worden genomen of collectief in groepen enzovoort.[88]

Culturen verschillen onder andere op aspecten als tijdsoriëntatie, het belang van rationaliteit, het vertrouwen in het probleemoplossend vermogen van mensen en de voorkeur voor collectieve besluitvorming. Verschillen in tijdsoriëntatie verklaren waarom managers in Egypte bewust veel meer tijd uittrekken voor besluiten dan Amerikanen. In Amerika wordt veel belang gehecht aan ratio, maar dat geldt niet overal.

Sommige culturen benadrukken het oplossen van problemen, andere het aanvaarden van de situatie zoals die zich voordoet. Nederland valt, net als de Verenigde Staten, het Verenigd Koninkrijk en de Scandinavische landen in de eerste categorie; Thailand en Indonesië zijn voorbeelden van landen uit de tweede categorie. Nederlandse of Amerikaanse managers willen een situatie naar hun hand zetten en zien daarom eerder iets als een probleem dan hun Thaise en Indonesische tegenhangers. De besluitvorming van Japanse managers vindt veel meer in groepsverband plaats dan in Amerika. Japanners hechten waarde aan conformisme en samenwerking. Voordat Japanse CEO's een belangrijk besluit nemen, verzamelen ze veel informatie die vervolgens in groepen gebruikt wordt voor het nemen van consensusbesluiten.

Kortom: we hebben reden om aan te nemen dat er belangrijke culturele verschillen bestaan in besluitvorming. Maar helaas is er weinig onderzoek gedaan om die overtuiging met bewijzen te staven.

Ethiek

Wat in China als een ethische beslissing wordt beschouwd, wordt in Canada misschien niet zo gezien. De reden hiervoor is dat er geen wereldwijde ethische normen bestaan.[89] Tegenstellingen tussen landen als het gaat om smeergeld illustreren dat.[90] Omdat smeergeld meer geaccepteerd is in China dan in Canada of Nederland, komt een Canadees of Nederlander die in China werkt misschien voor een dilemma te staan: moet ik smeergeld betalen om een deal te bemachtigen als dit een geaccepteerd onderdeel is van de cultuur van dat land? Een 'kort door de bocht'-antwoord (op je eigen waarden en normen gebaseerd) is niet altijd de beste weg.

Een manager van een groot Amerikaans bedrijf dat in China opereerde, betrapte een werknemer op stelen. In lijn met het bedrijfsbeleid ontsloeg ze hem en leverde hem uit aan de plaatselijke autoriteiten. Later hoorde ze tot haar afgrijzen dat de werknemer zonder vorm van proces was geëxecuteerd.[91] Het kan voor internationale bedrijven dan ook van cruciaal belang zijn om ethische normen voor de besluitvormers waar nodig af te stemmen op de ethische normen van die landen waar ze actief zijn. Anders is er geen consistente werkwijze mogelijk.

KERN VAN DIT HOOFDSTUK

Individuen handelen niet op basis van de werkelijke externe omgeving, maar op basis van hoe ze die zien of denken te zien. De perceptie van een situatie vormt de basis van het gedrag van een werknemer. Als we de productiviteit willen beïnvloeden, moeten we dus proberen te begrijpen hoe werknemers hun werk zien.

Oordelen van mensen over hun werk (bijvoorbeeld over de arbeidsomstandigheden of promotiekansen) komen altijd voort uit de behoefte om betekenis aan het werk te geven. De conclusie of je baan goed of slecht is, is altijd een interpretatie. Managers moeten de tijd nemen om te begrijpen hoe elk individu de werkelijkheid interpreteert. Wanneer er een significant verschil bestaat tussen dat wat wordt gezien en dat wat werkelijk bestaat, moet de leiding proberen die vervormingen weg te nemen. Immers, wanneer er geen rekening gehouden wordt met negatieve percepties zal dit leiden tot meer verzuim en personeelsverloop en een lagere werktevredenheid.

Hoe kunnen managers hun besluitvorming verbeteren? We doen vijf aanbevelingen:

1. Analyseer de situatie. Pas je beslisstijl aan de cultuur aan van het land waar je werkt en aan de criteria die je organisatie beloont. In een land waar rationaliteit niet belangrijk gevonden wordt, hoef je je niet verplicht te voelen het rationele besluitvormingsmodel stap voor stap te volgen of zelfs maar te proberen je besluiten een rationele onderbouwing te geven.

2. Organisaties verschillen sterk wat betreft het belang dat ze hechten aan risico's, het gebruik van groepen enzovoort. Pas je beslisstijl aan de organisatiecultuur aan.

3. Wees je bewust van vertekeningen en fouten. Als je begrijpt hoe deze je oordeel beïnvloeden, kun je hun effect gemakkelijker elimineren (zie figuur 5.4).

4. Combineer rationele analyse met intuïtie. Dat zijn twee benaderingen die niet met elkaar botsen. Als je beide toepast, neem je betere besluiten. Naarmate je meer ervaring opdoet als manager, zul je eerder op je intuïtie durven afgaan.

5. Verbeter je creativiteit. Ga actief op zoek naar nieuwe oplossingen voor problemen, bekijk problemen vanuit een andere invalshoek, gebruik analogieën. Probeer ook barrières die je creativiteit belemmeren uit je werk en de organisatie te verwijderen.

HOOFDSTUK 6

Diversiteit in organisaties

NA BESTUDERING VAN DIT HOOFDSTUK BEN JE IN STAAT OM:

1. de twee belangrijkste vormen van diversiteit op de werkvloer te beschrijven: diversiteit aan de oppervlakte en diversiteit in de diepte;
2. de belangrijkste biografische kenmerken te noemen en te beschrijven in welke zin ze relevant zijn voor GiO;
3. uit te leggen hoe stereotypen werken in organisaties;
4. aan te tonen hoe discriminatie op het werk de effectiviteit van de organisatie ondermijnt;
5. de relevantie van fysieke en intellectuele verschillen voor GiO te verklaren;
6. terechte discriminatie te onderscheiden van onterechte;
7. de relevantie van bepaalde individuele vermogens als selectiecriterium te herkennen;
8. culturele diversiteit te herkennen;
9. te beschrijven hoe organisaties effectief en positief kunnen omgaan met diversiteit.

6.1 Diversiteit als begrip

Mensen verschillen van elkaar. Dat is nogal een open deur, maar managers vergeten soms dat ze die verschillen tussen werknemers moeten erkennen en benutten om het beste uit hen te halen. Door **diversiteit** effectief te managen, heeft de organisatie meer mogelijkheden om uit de breedst mogelijke verzameling vaardigheden, capaciteiten en ideeën te kiezen. Managers moeten ook erkennen dat verschillen tussen mensen tot miscommunicatie, misverstanden en conflicten kunnen leiden. Tegelijkertijd vergroten die verschillen echter ook de kans op innovatie, creativiteit en persoonlijke groei.

In dit hoofdstuk gaan we in op de vraag hoe individuele kenmerken als leeftijd, gender, seksuele geaardheid, anciënniteit, religie, fysieke en intellectuele vermogens en cultuur de prestaties van werknemers kunnen beïnvloeden. We zien ook hoe managers zich bewust kunnen worden van deze kenmerken en een divers personeelsbestand effectief kunnen managen. En we kijken hoe managers de culturele rijkdom van werknemers kunnen erkennen en benutten. Allereerst kijken we naar de veranderende beroepsbevolking.

6.1.1 Demografische kenmerken van de beroepsbevolking

De huidige beroepsbevolking toont een groeiende participatie van vrouwen in fulltimebanen. Kenmerkend daarbij is het toenemende aandeel van zowel westerse als niet-westerse minderheden. De beroepsbevolking is gemiddeld steeds hoger opgeleid. De prognose van het Centraal Bureau voor de Statistiek (CBS) is dat de Nederlandse bevolking in de komende jaren blijft groeien: tot zo'n 19 miljoen inwoners in 2039. Het aantal 65-plussers stijgt, tot waarschijnlijk zo'n 4,9 miljoen in 2040, ruim een kwart van de bevolking.[1] De eerste babyboomers bereikten in 2011 hun vijfenzestigste levensjaar. Hoewel mensen vaker moeten doorwerken tot ze 67 jaar zijn, en er daardoor meer 65-plussers deel zullen uitmaken van de beroepsbevolking, krimpt de beroepsbevolking in de komende jaren omdat de grote groep babyboomers met pensioen gaat.

6.1.2 Verschillende niveaus van diversiteit

Diversiteit is op verschillende niveaus zichtbaar. **Diversiteit aan de oppervlakte** betreft gemakkelijk waarneembare verschillen, bijvoorbeeld op het gebied van gender, ras, etniciteit, leeftijd of functiebeperkingen. Deze demografische verschillen zeggen in principe niets over waarden, gedachten en gevoelens, maar kunnen er wel toe leiden dat werknemers naar elkaar kijken op basis van stereotypen en vooroordelen.[2] **Diversiteit in de diepte** gaat over verschillen in waardes, persoonlijkheid en werkvoorkeuren. Er is bewijs dat naarmate mensen elkaar beter leren kennen en zien dat ze belangrijke kenmerken gemeen hebben (bijvoorbeeld op het gebied van persoonlijkheid en waarden), ze demografische verschillen minder belangrijk gaan vinden.[3]
Om het verschil tussen diversiteit aan de oppervlakte en diversiteit in de diepte beter te begrijpen, geven we hierna twee voorbeelden.

VOORBEELDEN

Harvey en Trudy zijn directe collega's die op het eerste gezicht weinig met elkaar gemeen hebben. Harvey is vijfentwintig jaar, opgegroeid op Sint Maarten, en net afgestudeerd in bedrijfskunde aan de Hogeschool van Amsterdam. Trudy is een vrouw van 50, geboren en getogen op het platteland van Noord-Holland, en al vele jaren in dienst bij het bedrijf. Zij heeft haar huidige niveau in de organisatie bereikt door zich na haar middelbare school langzaam op te werken. In het begin zullen beiden waarschijnlijk wat afstandelijk met elkaar communiceren. Dat komt door hun oppervlakteverschillen in opleiding, leeftijd, afkomst, hun regionale achtergrond en gender. Naarmate ze elkaar beter leren kennen, zullen ze echter ontdekken dat ze allebei verknocht zijn aan hun familie, op dezelfde manier tegen belangrijke werkproblemen aankijken, graag met andere mensen samenwerken en in de toekomst graag in het buitenland zouden willen werken. Deze overeenkomsten op dieper niveau zijn belangrijker dan de oppervlakkige verschillen tussen hen. Op basis van de uitkomsten van onderzoek kunnen we voorspellen dat Harvey en Trudy waarschijnlijk goed met elkaar zullen kunnen samenwerken.[4]

Aan andere kant heb je Bas en Edwin, twee Nederlandse mannen uit Utrecht die daar ook aan dezelfde hogeschool hebben gestudeerd en onlangs bij hetzelfde bedrijf met elkaar zijn gaan samenwerken. Oppervlakkig gezien lijken ze goed bij elkaar te passen. Bas is echter heel introvert. Hij gaat risico's liever uit de weg, vraagt andere mensen om hun mening voordat hij een beslissing neemt en houdt van een rustig kantoor. Edwin is juist extrovert, neemt graag risico's, is assertief en houdt van een actieve en energieke werkomgeving. Hun oppervlaktegelijkenis maakt aannemelijk dat ze in eerste instantie een positieve verstandhouding zullen hebben, maar door hun fundamentele en diepgaande verschillen kan dat veranderen. Het zal uiteindelijk best een opgave voor hen zijn om regelmatig met elkaar samen te werken, en ze zullen compromissen moeten sluiten om samen dingen gedaan te krijgen.[5]

In dit boek zullen we verschillen tussen diversiteit aan de oppervlakte en diversiteit in de diepte in verschillende contexten tegenkomen. Diversiteit is een belangrijk GiO-begrip omdat individuele verschillen in persoonlijkheid en cultuur ten grondslag liggen aan de voorkeuren die mensen hebben voor bepaalde beloningen, communicatiestijlen, hun reacties op leiders, onderhandelingsstijlen en vele andere aspecten van gedrag in organisaties. Helaas kan meer diversiteit ook tot discriminerende praktijken leiden, iets waar we in de volgende paragraaf op ingaan.

6.2 Discriminatie

Hoewel diversiteit organisaties vele kansen biedt, betekent effectief diversiteitsmanagement ook dat *onterechte discriminatie* uitgebannen moet worden. Discrimineren betekent letterlijk 'een verschil zien tussen dingen', en dat hoeft op zichzelf niet slecht te zijn. Zien dat een sollicitant geschikter is dan de rest, is immers juist noodzakelijk om selectiebeslissingen te kunnen nemen; zien dat een werknemer leiderschapsverantwoordelijkheden heel goed aankan, is noodzakelijk om promotiebeslissingen te kunnen nemen. Als we het in het algemeen over **discriminatie** hebben, bedoelen we meestal de negatieve vorm, waarbij we ons gedrag laten beïnvloeden door vooroordelen, stereotyperen en negatieve beeldvorming over groepen mensen.
Stereotyperen betekent dat je een oordeel over iemand velt op basis van jouw beeld van de groep waartoe die persoon behoort. Om de metafoor van een machine te gebruiken: stereotypen kun je zien als de brandstof die de discriminatiemotor opstookt. Stereotypen kunnen niet alleen gevaarlijk zijn omdat de organisatie daardoor minder rechtvaardig kan worden, maar ook omdat ze het zelfbeeld van mensen die risico lopen op gediscrimineerd te worden kunnen beïnvloeden. In plaats van een individu op zijn eigen gedrag te beoordelen, gaan we bij onterechte discriminatie uit van stereotypen, de aanname dat ieder lid van een groepering hetzelfde is: ouderen zijn hulpbehoevend, vrouwen kunnen geen leidinggeven, jongens zijn altijd goed in wiskunde, mensen met veel dienstjaren lopen de kantjes eraf enzovoort. Deze vorm van discriminatie is schadelijk voor de organisatie en haar werknemers.
Discriminatie is in Nederland, België en Suriname bij wet verboden. In artikel 1 van de Nederlandse grondwet staat dat iedereen in Nederland recht heeft op gelijke behandeling. Aanzetten tot haat of discriminatie is ook strafbaar.[6] In Nederland hebben werkgevers de wettelijke verplichting om zorg te dragen voor een discriminatievrije werkomgeving.[7] In België is discriminatie verboden volgens de Antiracismewet, Antidiscriminatiewet en de Wet op gelijkheid van vrouwen en mannen.[8] In de Surinaamse grondwet staat: 'Niemand mag op grond van zijn geboorte, geslacht, ras, taal, godsdienst, afkomst, educatie, politieke overtuiging, economische positie of sociale omstandigheden of enige andere status gediscrimineerd worden.'[9]

6.2.1 Stereotypedreiging

Zouden we onszelf ook stereotyperen? Stel dat je in een restaurant zit voor een blind date en wacht op iemand die een collega voor jou heeft uitgekozen en die jou in die drukke ruimte moet zien te vinden. Hoe zou je collega jou tegenover die onbekende hebben omschreven? En hoe zou jij jezelf omschrijven tegenover die nieuwe persoon als je hem of haar telefonisch had gesproken voorafgaand aan jullie date? Welke kenmerken zou je noemen om jezelf te beschrijven, zodat jouw date een beetje een idee heeft en je in het restaurant kan herkennen? De kans is groot dat je zegt uit welke etnische groep of uit welke stad je komt, iets zegt over hoe je uitdrukking geeft aan je sekse (bijvoorbeeld hoe je je kleedt), hoe oud je bent en misschien wat je studeert of wat je doet voor de kost. Je zegt misschien ook iets over je lengte als je opvallend groot of klein bent en (in een openhartige bui) iets over je postuur (stevig, tenger, iets er tussenin). Al met al zou je aan die onbekende persoon aanwijzingen geven over kenmerken die onderscheidend of opvallend aan je zijn. Het is interessant dat wat je iemand over jezelf vertelt veel zegt over hoe je over jezelf denkt. Net zoals we andere mensen stereotyperen, zo stereotyperen we onszelf ook.

Stereotypedreiging staat voor de mate waarin we het diep van binnen eigenlijk eens zijn met de doorgaans negatieve stereotypische opvattingen over onze groep. Daarmee gepaard gaat de angst om veroordeeld te worden als we ons identificeren met een groep die negatieve connotaties oproept. Dat kan gebeuren als we in een bepaalde situatie tot een minderheidsgroep behoren. Een oudere werknemer bijvoorbeeld, die solliciteert op een baan bij een bedrijf met een overwegend jong personeelsbestand kan aannemen dat ze bij het sollicitatiegesprek denken dat hij niet op de hoogte is van de nieuwste trends. Stereotypedreiging ontstaat niet doordat deze werknemer al dan niet op de hoogte is van de actuele trends, maar doordat hij het er diep van binnen mee eens is dat oudere werknemers (de groep waarmee hij zich identificeert) niet meer bij de tijd zijn (het stereotype).

Stereotypedreiging heeft ernstige gevolgen voor de werkomgeving. Werknemers die er last van hebben kunnen weleens slechter presteren, minder tevreden zijn, een negatieve houding hebben ten aanzien van hun werk, minder gemotiveerd zijn, vaker verzuimen, meer gezondheidsproblemen hebben en sterker van plan zijn om een andere baan te zoeken.[10] Gelukkig is dit iets wat we kunnen bestrijden op de werkplek door de werknemers als individu te behandelen en geen groepsverschillen te benadrukken. Met de volgende organisatieveranderingen kun je erin slagen om stereotypedreiging te verkleinen: mensen bewuster maken van hoe stereotypen in stand gehouden kunnen worden; minder aparte en voorkeursbehandelingen hanteren door objectieve beoordelingen te gebruiken; stereotype praktijken en boodschappen uitbannen; de confrontatie aangaan zelfs als het om kleine, schijnbare onschuldige agressie-uitingen tegen minderheidsgroepen lijkt te gaan, en door transparant handelen duidelijk te maken dat alle werknemers waardevol zijn.[11]

6.2.2 Discriminatie op de werkplek

In plaats van te kijken naar individuele kenmerken wordt er bij discriminatie dus van uitgegaan dat iedereen uit een bepaalde groep hetzelfde is. Deze vorm van discriminatie is vaak zeer schadelijk voor werknemers, zoals we zojuist besproken hebben, en voor organisaties.

In figuur 6.1 vind je omschrijvingen en voorbeelden van enkele vormen van discriminatie in organisaties. Hoewel veel van dit soort praktijken bij wet verboden zijn en daarom geen deel uitmaken van het officiële beleid van organisaties, worden er jaarlijks duizenden gevallen van discriminatie op het werk vastgelegd en worden er

waarschijnlijk nog veel meer niet eens gerapporteerd. Nu discriminatie steeds meer onder een juridisch vergrootglas is komen te liggen en door de maatschappij wordt afgekeurd, zijn de openlijkste vormen ervan langzaam verdwenen, wat misschien wel heeft geleid tot een toename van de meer bedekte vormen van discriminatie als onbeleefd gedrag of uitsluiting, vooral wanneer leiders de andere kant op kijken.[12]
Zoals je ziet, kan discriminatie op vele manieren plaatsvinden en de effecten kunnen al net zo gevarieerd zijn, afhankelijk van de organisatiecontext en de persoonlijke vooroordelen van de mensen die er werken. Sommige vormen van discriminatie, zoals uitsluiting of onbeleefd gedrag, zijn bijzonder moeilijk uit te bannen, omdat ze zelden te constateren zijn. Daarnaast kan het voorkomen dat de actor (degene die uitsluit of onbeleefd is) zich niet eens bewust is van het effect van zijn of haar gedrag op de ander. Of discriminatie nu opzettelijk is of niet, het kan zeer negatieve consequenties hebben voor de werkgever, bijvoorbeeld een lagere productiviteit en minder voorbeeldig werkgedrag, conflicten en een groter personeelsverloop. Door onterechte discriminatie worden gekwalificeerde kandidaten voor een baan niet aangenomen of maken ze geen promotie. Discriminatie is een van de voornaamste factoren die diversiteit in de weg staan. Anderzijds kan het herkennen van kansen op het gebied van diversiteit leiden tot een effectief diversiteitsmanagementprogramma en uiteindelijk tot een succesvollere organisatie. Ook al komt het niet tot het aanspannen van een proces tegen de organisatie wegens discriminatie op het werk, er zou een sterke businesscase gemaakt kunnen worden om onterechte discriminatie actief te bestrijden.[13]

Diversiteit is een brede term, die kan verwijzen naar alle mogelijke kenmerken die mensen van elkaar onderscheiden. In de volgende paragraaf gaan we in op enkele belangrijke oppervlaktekenmerken die werknemers van elkaar onderscheiden.

6.3 Biografische kenmerken

Biografische kenmerken als leeftijd, gender, functiebeperking, etniciteit, dienstjaren en intelligentie vormen duidelijk zichtbare en meetbare verschillen tussen mensen. Zoals we in hoofdstuk 1 bespraken, gaan we in dit boek vooral in op (psychologische) variabelen die van invloed zijn op productiviteit, verzuim en verloop, afwijkend gedrag, voorbeeldig werkgedrag en werktevredenheid van werknemers. Nu zijn veel organisatiebegrippen zoals motivatie, macht en politiek of organisatiecultuur lastig te meten. Laten we daarom eerst eens kijken naar factoren die veel makkelijker zijn te omschrijven en die bovendien grotendeels te vinden zijn in personeelsdossiers. Deze oppervlaktekenmerken kunnen immers de basis vormen voor mogelijk onterechte discriminatie van categorieën werknemers. In deze paragraaf bespreken we achtereenvolgens leeftijd, gender, anciënniteit en godsdienst.
Hebben deze kenmerken eigenlijk wel iets te maken met zaken als prestatieniveau, motivatie en samenwerkingsbereidheid? Zoals nog zal blijken, zijn veel van de oppervlaktekenmerken in werkelijkheid helemaal niet zo belangrijk als mensen soms denken; de variatie *binnen* groepen met dezelfde biografische kenmerken is veel groter dan de variatie *tussen* verschillende groepen.

VRAAG
Wat zou er bedoeld worden met de laatste zinsnede over variatie binnen en tussen groepen?

SOORT DISCRIMINATIE	OMSCHRIJVING	VOORBEELDEN UIT ORGANISATIES
Discriminerende maatregelen of praktijken	Acties van vertegenwoordigers van de organisatie waarbij geen gelijke kansen op goed functioneren worden gegeven of waarbij prestaties ongelijk worden beloond.	Oudere werknemers worden eerder ontslagen omdat ze een hoger salaris en betere secundaire arbeidsvoorwaarden hebben dan jongere werknemers.
Seksuele intimidatie	Ongewenste seksuele avances en ander seksueel getint verbaal of fysiek gedrag dat een vijandige of vervelende werkomgeving schept.	Een op de vijf coassistenten heeft te maken met seksuele intimidatie door artsen en patiënten, volgens een enquête gehouden onder 1200 coassistenten in opleidingsziekenhuizen in het noorden van Nederland.[14]
Intimidatie	Openlijke bedreigingen of pesterijen die op leden van een specifieke groepering zijn gericht.	In Amerika is het voorgekomen dat Afro-Amerikaanse werknemers een strop boven hun bureau aantroffen.[15] Op een Nederlandse hogeschool is een Syrische studente door haar klasgenoten weggepest en zijn Russische studenten bedreigd door hun klasgenoten na de ramp met vlucht MH17 in Oekraïne.[16]
Bespottingen en beledigingen	Grapjes of negatieve stereotypen, soms doordat mensen een grapje te ver doorvoeren.	Na het jarenlang tolereren van beledigende grappen, was voor veel Chinezen in Nederland de maat vol toen een jurylid van *Holland's Got Talent* vernederende grappen over Chinezen maakte vlak voor het optreden van een jonge Chinese deelnemer.[17]
Uitsluiting	Bepaalde mensen uitsluiten van bepaalde banen, sociale gebeurtenissen, discussies of informele begeleiding; kan onbedoeld gebeuren.	Veel vrouwen in de financiële wereld zeggen dat ze eenvoudige functies of taken moeten uitvoeren die geen vooruitzicht op promotie bieden.[18]
Onbeleefd gedrag	Mensen respectloos of agressief behandelen, in de rede vallen of hun mening negeren.	Vrouwelijke advocaten zeggen dat mannelijke advocaten hen vaak de mond snoeren en niet echt op hun opmerkingen ingaan.[19]

FIGUUR 6.1 **Vormen van discriminatie**[20]

6.3.1 Leeftijd

De relatie tussen leeftijd en werkprestaties zal de komende jaren om minstens drie redenen waarschijnlijk een steeds belangrijkere kwestie worden. Ten eerste is de opvatting wijdverbreid dat de werkprestaties achteruitgaan met het stijgen van de leeftijd. Of dat nu wel of niet waar is, veel mensen geloven dat en handelen ernaar. Denk aan stereotypedreiging. Ten tweede wordt de beroepsbevolking steeds ouder. Veel werkgevers erkennen dat oudere werknemers een enorm potentieel aan hooggekwalificeerde sollicitanten vormen en proberen hun personeelsbeleid daarop aan te passen. Bijvoorbeeld door speciale scholingsmogelijkheden te bieden die in hun behoeften voorzien en door flexibele werktijden en parttimewerk mogelijk te maken voor mensen die half met pensioen zijn.[21] De derde reden is dat de Nederlandse overheid de pensioenleeftijd stelselmatig verhoogt en vervroegde pensionering wil ontmoedigen.[22] Dat

betekent dat het aantal oudere werkenden (en werkzoekenden!) de komende jaren flink zal toenemen.
Hoe wordt er tegen oudere werknemers aangekeken? Werkgevers zijn daar een beetje dubbel over.[23] Ze zien dat oudere werknemers een aantal (werk)kwaliteiten te bieden hebben, zoals ervaring, een goed oordeelsvermogen en een stevige werkmoraal, en dat ze graag goed werk leveren. Maar van oudere werknemers wordt ook gedacht dat ze niet erg flexibel zijn en weerstand hebben tegen nieuwe technologie. Als organisaties actief op zoek zijn naar personen die zich goed kunnen aanpassen en openstaan voor verandering, kiezen ze om die laatste reden zelden voor oudere werknemers. Bovendien is de kans groter dat zij bij ontslagrondes worden gestimuleerd om te vertrekken.

In het Nederlandse ontslagrecht moet bij massaontslagen het afspiegelingsbeginsel worden toegepast. Dit houdt in dat de leeftijdsverhouding voor en na de reorganisatie gelijk moet zijn. De wetgever wil zo voorkomen dat alleen ouderen of alleen jongeren worden ontslagen.[24]

Welk effect heeft leeftijd nu echt op twee van onze belangrijkste uitkomsten, de werkprestaties en werktevredenheid? Welnu, systematisch onderzoek laat heel andere verbanden zien dan vaak intuïtief wordt aangenomen.

Leeftijd en werkprestaties

Wat is de invloed van leeftijd op de productiviteit? Veel mensen geloven dat de productiviteit daalt naarmate mensen ouder worden. Vaak wordt ervan uitgegaan dat snelheid, handigheid, lichaamskracht en coördinatie in de loop der jaren achteruitgaan en dat langdurig saai of geestdodend werk doen tot een lagere productiviteit leidt. Er is enig bewijs dat die aanname tegenspreekt. Drie jaar lang had een grote ijzerwarenhandel in een van zijn winkels alleen maar werknemers van boven de vijftig jaar in dienst en men vergeleek de resultaten van die winkel met die van vijf winkels met jongere werknemers. De winkel met de 50-plussers was aanzienlijk productiever (wat betreft gegenereerde omzet afgezet tegen het arbeidsloon) dan twee van de andere winkels en scoorde ongeveer even goed als de andere drie.[25] Andere besprekingen van de onderzoeksliteratuur stellen dat er geen verband bestaat tussen leeftijd en werkprestaties en dat oudere werknemers bovendien vaker voorbeeldig werkgedrag tonen dan jongere werknemers.[26]
Ons volgende aandachtspunt betreft het verband tussen leeftijd en werktevredenheid. Op dat punt heeft het onderzoek gemengde uitkomsten opgeleverd.

Leeftijd en werktevredenheid

Wat de tevredenheid met het werk betreft, een belangrijk onderwerp uit hoofdstuk 2, blijkt uit een overzicht van meer dan achthonderd studies dat oudere werknemers wat eerder tevreden zijn met hun werk, een betere relatie hebben met hun collega's en zich sterker verbonden voelen met hun werkgever dan jongere werknemers.[27] In ander onderzoek lijkt er echter sprake te zijn van een U-vormige relatie, wat betekent dat werktevredenheid stijgt tot de middelbare leeftijd en daarna weer daalt.[28] Als we de resultaten apart bekijken naar opleidingsniveau blijkt dat de werktevredenheid bij hoogopgeleide werknemers gestaag toeneemt naarmate ze ouder worden, terwijl ze bij laagopgeleide werknemers daalt tijdens de middelbare leeftijd en weer stijgt in de jaren daarna.
Wat zijn de effecten van discriminatie van individuele werknemers op basis van leeftijd? Uit een grootschalig onderzoek onder ruim 8.000 werknemers bij 128 bedrijven

blijkt dat een organisatieklimaat dat leeftijdsdiscriminatie toelaat, samengaat met een lagere betrokkenheid bij het bedrijf. Deze lagere betrokkenheid wordt in verband gebracht met een lager prestatieniveau van de organisatie als geheel.[29] Hieruit leiden we af dat bestrijding van leeftijdsdiscriminatie kan bijdragen aan een beter presterende organisatie.

6.3.2 Gender

Er zijn maar weinig kwesties die meer discussie, misvattingen en ongefundeerde meningen oproepen dan de vraag of vrouwen op het werk even goed presteren als mannen. In werkelijkheid zijn er maar weinig (of geen) verschillen tussen mannen en vrouwen die van invloed zijn op de werkprestaties.[30] Hoewel mannen over het algemeen een iets beter rekenkundig vermogen hebben en vrouwen een iets beter verbaal vermogen, zijn de verschillen tamelijk klein en zijn er geen consistente man-vrouwverschillen in probleemoplossend vermogen, analytische vaardigheden en leervermogen.[31] In een meta-analyse van onderzoeken naar de werkprestaties op de werkvloer bleek dat vrouwen iets hoger scoorden dan mannen op de prestatiematen.[32] Uit een afzonderlijke meta-analyse van 95 leiderschapsstudies bleek dat vrouwen en mannen als even effectieve leiders worden gezien.[33]

En toch blijven vooringenomenheid en stereotypen hardnekkig voortbestaan. Bij de werving van personeel worden managers beïnvloed door gendervoorkeur als ze sollicitanten selecteren voor bepaalde functies.[34] Zo valt op dat bij het aantrekken van personeel in door mannen gedomineerde beroepen de voorkeur wordt gegeven aan mannen, en dat is vooral zo als mannen dat personeel aannemen.[35] Als mannen en vrouwen de baan eenmaal hebben, dan krijgen ze vaak een vergelijkbaar aantal mogelijkheden om zich te ontwikkelen. Maar vrouwen hebben een kleinere kans om een uitdagende functie aangeboden te krijgen door mannen, of opdrachten waarmee ze zouden kunnen opklimmen in de organisatie.[36] Mannen hebben bovendien een grotere kans om te worden gekozen voor een leiderschapsrol, ook al zijn mannen en vrouwen even effectieve leiders. Zo duidt een onderzoek onder twintig organisaties in Spanje erop dat mannen over het algemeen worden uitgekozen voor leiderschapsrollen waarbij een crisis in de organisatie moet worden aangepakt.[37] Naomi Sutherland, senior partner Diversiteit bij wervings- en selectiebureau Korn Ferry, zegt hier het volgende over: 'Bewust of onbewust durven bedrijven het nog steeds niet goed aan met iemand die er anders uitziet dan hun standaard leiderschapsprofiel.'[38]

Het standbeeld *Fearless Girl* van Kristen Visbal staat tegenover de New York Stock Exchange en symboliseert vrouwelijke empowerment.

Foto: Halil Ibrahim Kurucan / Alamy Stock Photo

Wereldwijd circuleren er vele misvattingen en tegenstrijdige uitspraken over mannen en vrouwen als werknemers. Gelukkig hebben vele landen wetten tegen seksediscriminatie, zoals Australië, het Verenigd Koninkrijk en de Verenigde Staten. Andere landen, zoals België, Frankrijk, Noorwegen en Spanje, proberen via wetgeving genderdiversiteit te bereiken om zo meer vrouwen in raden van bestuur te krijgen. Gendervoorkeur en -discriminatie zijn nog steeds ernstige zaken, maar er zijn aanwijzingen dat de situatie langzamerhand verbetert.

6.3.3 Seksuele geaardheid en genderidentiteit

LHBT is de term voor lesbische vrouwen, homoseksuele mannen, en biseksuele en transgenderpersonen. Dit is afgeleid van het Engelse **LGBT** (*lesbians, gays, bisexuals, transgender*).[39] In België wordt ook wel de term **holebi** gebruikt.

Dat discriminatie op grond van seksuele geaardheid en genderidentiteit bij de wet verboden is, wil niet zeggen dat dit op de werkvloer niet gebeurt. Directe discriminatie, zoals lagere beloning, komt zelden voor, maar indirecte discriminatie en ongewenst gedrag, zoals uitsluiting, pesten en intimidatie, komen in sommige werkkringen nog veel voor.

TNO (Nederlandse organisatie voor toegepast-natuurwetenschappelijk onderzoek) maakte in 2017 in opdracht van het ministerie van Sociale Zaken en Werkgelegenheid een inventarisatie van discriminatie op de werkvloer op grond van ras, seksuele geaardheid, functiebeperking en chronische ziekte, leeftijd en gender. Daaruit kwam onder andere naar voren dat 6 procent van alle ondervraagden – zowel hetero als LHBT – 'Ja' antwoordt op de vraag of er soms of regelmatig discriminatie naar seksuele geaardheid was in hun werksfeer.[40] Statistisch lijkt dat niet veel, maar uit daaropvolgend specifiek onderzoek naar discriminatie op grond van seksuele geaardheid op de werkvloer, blijkt dat seksualiteit er zeer zeker toe doet op de werkvloer.[41] 'De sfeer is heteronormatief en hetero's bepalen wat er wel en niet gezegd kan worden over seksualiteit.'[42] De onderzoekers kaarten aan dat de aan de arbeidsmarkt gerelateerde problemen zich vooral afspelen op het vlak van bejegening. Discriminatie heeft vaak de vorm van uitsluiten, roddelen, grapjes, bespotten in de vorm van beledigende of kwetsende opmerkingen en ongepaste nieuwsgierigheid. Ook constateren zij dat dit soms uitmondt in bedreigingen, scheldpartijen en fysiek geweld. 'Zelfs in een zogenaamd homovriendelijke werkomgeving ervaren homoseksuelen (m/v) last van een teveel aan grappen en nieuwsgierige opmerkingen. In vergelijking met heteroseksuele werknemers ervaren homoseksuele werknemers hun relatie met collega's en chefs als slechter, is de werkstress hoger, de werktevredenheid lager en het ziekteverzuim hoger.'[43] Dit zijn zorgelijke conclusies, vanuit het perspectief van GiO.

Daarom is het belangrijk voor werkgevers en werknemers om een organisatiecultuur te ontwikkelen waarin respect voor iedereen de norm is, ongeacht zijn of haar seksuele geaardheid. Dit kan bijvoorbeeld door regelingen op bedrijfsniveau op te stellen om discriminatie en ongewenst gedrag te voorkomen. Om gebrek aan kennis en vooroordelen te verhelpen, kan het zelfs wenselijk zijn om afdelingstrainingen te organiseren met deskundigen, die kunnen bijdragen aan een open werkklimaat, zonder uitsluiting van LHBT's.[44]

Naast indirecte discriminatie en ongewenst gedrag, is ook sprake van verbaal en fysiek geweld tegen LHBT's. Uit onderzoek uit 2012 blijkt dat het denken over gender en seksualiteit in het moderne Nederland nog altijd ouderwets is. 'Lesbiennes, homo's, biseksuelen en transgenders (LGBT's) zitten ook tegenwoordig nog jarenlang in de kast voor ze *out* durven te komen. [...] Pesterijen, scheldpartijen en ongepaste

Workplace Pride (voorheen Company Pride Platform) is een internationale non-profitstichting, gevestigd in Amsterdam. Zij streven naar grotere zichtbaarheid, acceptatie en waardering van lesbische, homoseksuele, biseksuele en transgender mensen op de werkvloer en in de samenleving.[45]

Foto: Stillfx / 123RF / Pearson Asset Library

KLM Over The Rainbow is een netwerk voor LHBT's binnen de KLM-groep.[50] Het netwerk is opgezet vóór en dóór medewerkers van de KLM. Zij bevorderen de acceptatie en het respect voor medewerkers van alle seksuele geaardheden en genderidentiteit.
Foto: KLM Royal Dutch Airlines / Boomerang Agency

opmerkingen blijken op het werk, schoolplein en sportveld nog aan de orde van de dag.'[46]
Eerder onderzoek uit 2009 wijst uit dat homo's zelfs in Amsterdam regelmatig met geweld te maken krijgen.[47] De vaak gehoorde bewering dat het door moslims of door Marokkanen gebeurt, wordt in deze onderzoeken 'klinkklare onzin!' genoemd: 'Witte, "autochtoon-Nederlandse" jongens blijken dit in absolute aantallen net zo vaak te doen.'[48] De motieven van daders kwamen niet voort uit godsdienstige opvattingen, maar uit heteronormatieve opvattingen. De daders gaven als reden voor hun geweld dat het slachtoffer zich 'nichterig' gedroeg, 'openlijk' flirtte of een roze broek droeg. 'De daders combineerden dit soort agressief gedrag regelmatig moeiteloos met opmerkingen dat ze "echt niks tegen homo's" hebben, "als ze maar normaal doen".'[49]

En hoe zit het in de rest van de wereld? Discriminatie op grond van seksuele geaardheid en identiteit is niet in alle landen bij de wet verboden. In sommige landen is LHBT zijn nog altijd strafbaar. Je kunt gearresteerd en gemarteld worden, en er zelfs de doodstraf voor krijgen.
Omdat geweld en discriminatie wegens seksuele geaardheid en genderidentiteit nog altijd wereldwijd plaatsvindt, heeft Louise Arbour, de toenmalige Hoge Commissaris voor Mensenrechten van de Verenigde Naties, in 2006 een internationaal team van juristen gevraagd om richtlijnen te ontwikkelen om dit soort geweld en discriminatie tegen te gaan. De richtlijnen zijn, ook in 2006, opgesteld aan de Gajah Mada Universiteit in Yogyakarta, Indonesië; en staan bekend als de *Yogyakarta-beginselen voor de Toepassing van Mensenrechten met Betrekking tot Seksuele Geaardheid en Genderidentiteit* – in het kort: **Yogyakarta-beginselen** *(Yokyakarta Principles)*.[51, 52] Het zijn 29 beginselen, met krachtige richtlijnen om discriminatie wereldwijd tegen te gaan. Het gaat bijvoorbeeld om richtlijnen tegen marteling, gedwongen medische behandeling, het ontnemen van de vrijheid van meningsuiting, en tegen discriminerende praktijken op het gebied van huisvesting, onderwijs en werk.

Illustratie: 11146 / Shutterstock / Pearson Asset Library

Beginsel 12 richt zich op de werkvloer: 'Eenieder heeft het recht op een fatsoenlijke en productieve baan, op billijke en gunstige arbeidsvoorwaarden en op bescherming tegen werkloosheid, zonder discriminatie op grond van seksuele geaardheid of genderidentiteit.'[53] Landen kunnen daarop aangesproken worden. De Raad van Europa heeft de lidstaten van de Europese Unie aanbevolen om de Yogyakarta-beginselen in de praktijk te brengen. En het is te hopen dat de regenboogzaadjes van de Yokyakarta-beginselen uitgroeien tot juridische veranderingen om wereldwijd een einde te maken aan discriminatie op grond van seksuele geaardheid en genderidentiteit, ook op de werkvloer.

6.3.4 Anciënniteit

Er is uitgebreid onderzoek gedaan naar het verband tussen anciënniteit en productiviteit.[54] We definiëren **anciënniteit (dienstjaren)** als het aantal jaren dat de werknemer in dezelfde organisatie een bepaalde functie uitoefent. Op basis van deze definitie laat het meest recente bewijs een positief verband zien tussen anciënniteit en productiviteit. Dienstjaren, uitgedrukt als werkervaring, lijken daarom een goede voorspeller te zijn van de productiviteit van werknemers.

Louise Arbour, Hoge Commissaris voor de Mensenrechten van de Verenigde Naties van 2004 tot 2008, gaf opdracht tot het opstellen van de Yogyakarta-beginselen.
Foto: dpa Picture Alliance / Alamy Stock Photo

De uitkomsten van het onderzoek naar het verband tussen dienstjaren en verzuim zijn duidelijk. Telkens blijkt er een negatief verband te bestaan tussen anciënniteit en verzuim.[55] Dus: hoe meer dienstjaren – bij dezelfde werkgever – hoe minder verzuim.[56] Sterker nog, als het gaat om de verzuimfrequentie en het totaal aantal dagen dat werknemers niet op hun werk zijn verschenen, dan is dienstjaren de belangrijkste verklarende variabele.[57]

Het aantal dienstjaren is ook een krachtige variabele om personeelsverloop te verklaren. Hoe langer iemand een bepaalde baan heeft, hoe kleiner de kans dat hij opstapt.[58] Bovendien is er bewijs (en dat is in lijn met onderzoek waaruit blijkt dat gedrag in het verleden de beste voorspeller is van gedrag in de toekomst) dat het aantal dienstjaren in een vorige baan van een werknemer een krachtige voorspeller is van toekomstig verloop.[59]

Uit onderzoek blijkt verder dat er een positief verband bestaat tussen het aantal dienstjaren en de werktevredenheid.[60] Sterker nog, als leeftijd en dienstjaren afzonderlijk worden gemeten, dan lijkt het aantal dienstjaren een consistentere en stabielere voorspeller van werktevredenheid te zijn dan leeftijd. Nederland en België zijn voorbeelden van landen waar het salaris vaak continu stijgt met de stijgende leeftijd en het aantal dienstjaren.[61] Dat leidt in sommige organisaties tot de vraag of senioren overbetaald worden.

VRAAG

Op het Utrechtse hoofdkantoor van een internationaal ICT-consultancybedrijf was veel commotie rond het voorstel om aan oudere werknemers een loonsverlaging van 30 procent te vragen, met als argument dat hun marktwaarde gedaald was.[62]

1. *Noem drie argumenten voor en drie argumenten tegen dit voorstel.*
2. *Baseer de argumenten op onderzoeksgegevens en noem de bronnen.*
3. *Neem daarna een standpunt in over het loonsverlagingsvoorstel.*

6.3.5 Godsdienst

De Nederlandse, Belgische en Surinaamse grondwetten verbieden dat werkgevers werknemers discrimineren op basis van hun godsdienst. Dat betekent echter niet dat godsdienst geen issue is voor GiO. Volgens een recent onderzoek voelt een op de vier werknemers in Nederland zich gediscrimineerd en voelt 65 procent van de islamitische werknemers zich op grond van hun religie gediscrimineerd.[63] Bij werknemers die zich niet gelijkwaardig behandeld voelen, daalt de werktevredenheid en stijgt het personeelsverloop. Dat zijn belangrijke kwesties voor GiO.

De meeste controverses met betrekking tot religieuze diversiteit in Nederland gaan over de islam. De islam behoort samen met jodendom, christendom, hindoeïsme en boeddhisme tot de grote wereldgodsdiensten. Er wonen ongeveer één miljoen moslims in Nederland. Uit verschillende onderzoeken komt naar voren dat er vaak discriminerende en haatzaaiende opmerkingen worden gemaakt over moslims en tegen moslims, ook op het werk.[64] Er is regelmatig discussie in de media over de vraag wat nog onder de vrijheid van meningsuiting valt, en wat discriminatie is. Professor Shadid, emeritus hoogleraar aan de Universiteit Tilburg, constateert een ware islamofobie.[65] Hij laat zien dat ook de media soms meedoen aan de negatieve beeldvorming.

Lees op MyLab hoe een journalist feiten verdraaide om zichzelf te profileren, en daarmee een hele wijk in een kwaad daglicht stelde.

Geloof kan invloed hebben op gedrag in werksituaties als religieuze overtuigingen bepaald gedrag verbieden of juist stimuleren. Veel christenen geloven bijvoorbeeld dat ze niet op zondag mogen werken, veel orthodoxe joden geloven dat ze niet op zaterdag mogen werken. In een aantal moslimlanden is vrijdag de wekelijkse rustdag. Mensen die religieus zijn, kunnen ook geloven dat ze verplicht zijn om hun geloof op de werkvloer te uiten, en mensen die dat geloof niet delen, kunnen daar bezwaar tegen hebben. Gezien de grote consequenties voor werktevredenheid, motivatie en personeelsverloop, is het belangrijk dat managers een positief en gelijkwaardig werkklimaat scheppen voor werknemers van alle godsdiensten, en ook voor werknemers die geen godsdienst aanhangen. Het gaat erom dat niemand zich buitengesloten voelt op grond van zijn of haar godsdienst, of afwezigheid van godsdienst.

VRAAG

Hebben alle godsdiensten evenveel recht op vrije dagen op hun feestdagen? Zoek om deze vraag objectief te kunnen beantwoorden eens alle officiële vrije dagen op in de Nederlandse taalgebieden: België, Nederland en Suriname.

1. *Welke vrije dagen of vakanties hebben niet met een geloof te maken? Bijvoorbeeld Bevrijdingsdag.*
2. *Hoeveel vrije dagen en vakantiedagen hebben met een geloof te maken? Bijvoorbeeld Hemelvaart en Divali.*
3. *Hoeveel daarvan zijn boeddhistische, christelijke, hindoeïstische, islamitische of joodse feestdagen?*
4. *Kan het gebeuren dat een student op eerste of tweede kerstdag een tentamen moet maken? Of een werknemer tijdens Kerstmis moet werken?*
5. *Kan het gebeuren dat een student op het Suikerfeest een tentamen moet maken? Of een werknemer tijdens het Suikerfeest moet werken?*
6. *Wat is je conclusie?*

6.4 Fysieke en intellectuele vermogens

Tot nu toe zijn we alleen ingegaan op oppervlaktekenmerken, waarvan de kans op zich niet groot is dat ze rechtstreeks samenhangen met werkprestaties. Nu richten we ons kort op de zichtbare en goed meetbare *fysieke* en *intellectuele vermogens* die wel nauw samenhangen met werkprestaties.

Als het om vermogens gaat, zijn mensen verschillend. De meeste mensen zitten links of rechts van de mediaan op een vermogenskromme die normaal verdeeld is. Iedereen heeft sterke en zwakke kanten die hem relatief gezien beter of minder geschikt maken voor het uitvoeren van bepaalde taken en activiteiten. Vanuit managementperspectief gaat het erom dat we de kennis over vermogens gebruiken om de kans te vergroten dat iemand zijn of haar werk kan en zal doen.

VRAAG
Zou het verstandig zijn om voor elke functie de intelligentste kandidaat te selecteren? Kun je functies bedenken waarvoor een hoge intelligentie iemand juist ongeschikt maakt?

6.4.1 Definitie van vermogen

Wat betekent de term **vermogen**? In ons vakgebied betekent de term vermogen: de huidige capaciteit van een individu om de verschillende taken die bij een functie horen uit te voeren. In het algemeen bestaan er twee soorten vermogens: intellectuele en lichamelijke vermogens.

Intellectuele vermogens

Intellectuele vermogens zijn vermogens die nodig zijn om verstandelijke activiteiten uit te voeren: denken, redeneren en problemen oplossen. De meeste samenlevingen hechten veel waarde aan intelligentie. Slimme mensen bereiken vaak een hoger opleidingsniveau en verdienen doorgaans meer geld. Ook is de kans groter dat zij zich ontpoppen tot groepsleiders.

Het beoordelen en meten van iemands intellectuele vermogens is niet altijd eenvoudig en dat komt voor een deel omdat mensen niet in staat zijn om hun eigen cognitieve vermogen op een consistente manier goed in te schatten.[66] IQ-tests zijn ontworpen om de algemene intellectuele vermogens van een individu te meten, maar er is nog wel controverse over de betekenis, de beïnvloedingsfactoren en het testen van intelligentie.[67]

De zeven meestgenoemde dimensies van intellectuele vermogens zijn rekenvaardigheid, verbaal begrip, waarnemingssnelheid, inductief redeneren, deductief redeneren, ruimtelijk inzicht en geheugen.[68] In figuur 6.2 staan deze dimensies omschreven.

DIMENSIE	OMSCHRIJVING	FUNCTIEVOORBEELD
Rekenvaardigheid	Het vermogen om snel en nauwkeurig te rekenen	Accountant: de btw op een aantal artikelen kunnen berekenen
Verbaal begrip	Het vermogen om wat je leest of hoort te begrijpen en de relatie tussen de woorden te zien	Fabrieksmanager: het bedrijfsbeleid over werving en selectie kunnen interpreteren
Waarnemingssnelheid	Het vermogen om snel en nauwkeurig visuele overeenkomsten en verschillen vast te stellen	Brandinspecteur: aanwijzingen kunnen vinden die een aangifte van brandstichting ondersteunen
Inductief redeneren	Het vermogen om een logische opeenvolging in een probleem vast te stellen en het probleem vervolgens op te lossen	Marktonderzoeker: de vraag naar een product voor een volgend kwartaal kunnen voorspellen
Deductief redeneren	Het vermogen om logica te gebruiken en de implicaties van een argument te beoordelen	Leidinggevende: kunnen kiezen tussen twee verschillende suggesties van werknemers
Ruimtelijk inzicht	Het vermogen om je voor te stellen hoe een voorwerp eruit zou zien als het op een andere plaats in de ruimte zou worden gezet	Interieurstylist: een kantoor opnieuw kunnen inrichten
Geheugen	Het vermogen om ervaringen uit het verleden te onthouden en zich zaken te herinneren	Vertegenwoordiger: de namen van klanten kunnen onthouden

FIGUUR 6.2 Dimensies van intellectueel vermogen

De verschillende dimensies van intelligentie vertonen een positieve correlatie; als je bijvoorbeeld hoog scoort op verbaal begrip, dan is de kans groter dat je ook hoog scoort op ruimtelijk inzicht. Deze correlaties zijn niet perfect, wat betekent dat er specifieke vermogens zijn die werkgerelateerde uitkomsten voorspellen als ze individueel worden bekeken.[69] Ze zijn echter wel zo sterk dat onderzoekers ook een algemene intelligentiefactor onderkennen: de zogenoemde g-factor of het algemeen intellectueel vermogen (*general mental ability* of GMA).
Er is veel bewijs voor het idee dat de structuren en maten om intellectuele vermogens te meten in verschillende culturen kunnen worden toegepast. Iemand uit Venezuela of Soedan heeft dus geen andersoortige intellectuele vermogens dan een Nederlandse of Tsjechische werknemer. Er is enig bewijs dat IQ-scores enigszins verschillen tussen de verschillende culturen, maar die verschillen worden veel kleiner als we corrigeren voor opleidings- en economische verschillen.[70]

Op MyLab vind je links naar diverse intelligentietests. Ook voor het meten van andere vermogens, zoals reactiesnelheid en typesnelheid, bestaan allerlei tests.

Banen verschillen qua eisen die ze stellen aan iemands intellectuele vermogens. Hoe ingewikkelder een baan is wat betreft informatieverwerkingseisen, hoe meer algemene intelligentie en verbale vermogens noodzakelijk zijn om de functie met succes te kunnen vervullen.[71] Als het werk van werknemers vooral uit routinehandelingen bestaat en er weinig tot geen mogelijkheden zijn om naar eigen goeddunken te handelen, dan is een hoog IQ niet noodzakelijk om goed te presteren.
Het interessante is dat, hoewel intelligentie erg handig is om je werk goed te doen, mensen er niet gelukkiger of tevredener over hun werk van worden. De correlatie tussen intelligentie en werktevredenheid is zo ongeveer nul. Waarom is dat zo? Uit onderzoek komt naar voren dat intelligente mensen weliswaar vaak beter presteren en interessantere banen hebben, maar ook kritischer zijn ten aanzien van hun werkomgeving. Slimme mensen hebben het dus gemiddeld gezien beter, maar ze hebben ook hogeren verwachtingen.[72]

Lichamelijke vermogens

Bepaalde taken vragen om specifieke fysieke eigenschappen. Reactiesnelheid is bijvoorbeeld een belangrijke eigenschap voor een piloot of een buschauffeur. Er zijn op dit gebied betrouwbare tests ontwikkeld die bij de geschiktheidsbepaling van een kandidaat gebruikt kunnen worden. Geschiktheidsbepalingen zijn onderwerp van kritiek geweest, omdat er soms eisen werden gesteld die niet echt van belang waren voor de functie. Om een voorbeeld te geven: scherp kunnen zien was vroeger een selectiecriterium voor scheepsofficieren. Was je brildragend, dan werd je automatisch afgekeurd. Inmiddels zijn er zoveel hulpmiddelen beschikbaar dat die norm veel minder streng is geworden. Ondertussen is de algemene medische keuring voor tal van functies afgeschaft, omdat die niet relevant (meer) was voor de functie. Toch kunnen we ons voorstellen dat voor bepaalde functies nog altijd specifieke eisen gelden, zoals de al genoemde reactiesnelheid of bijvoorbeeld een bepaalde lichaamslengte voor basketballers.
Organisaties zijn zich er steeds meer van bewust dat een optimaal productief personeelsbestand bestaat uit allerlei soorten mensen en niemand automatisch moet worden uitgesloten op basis van algemene categorieën vermogens. Zo bleek uit een pilotprogramma van het softwarebedrijf SAP in Duitsland, India en Ierland dat werknemers met een autismespectrumstoornis uitstekend presteerden bij taken die grote nauwkeurigheid vereisen, zoals bugs uit software halen.[73] De potentiële voordelen van

diversiteit zijn enorm groot voor managers die vooruitdenken. Uiteraard is het een hele kunst om heel verschillende mensen te integreren in een personeelbestand dat als geheel optimaal productief werkt. In de volgende paragraaf bespreken we hoe je de talenten van een gevarieerd personeelsbestand bij elkaar brengt.

6.4.2 Functiebeperkingen

Het is belangrijk om beleidsmaatregelen te formuleren waarin diversiteit in termen van lichamelijke beperkingen wordt erkend. Zoals eerder opgemerkt, is het geen probleem om te erkennen dat mensen nu eenmaal verschillen in hun lichamelijke vermogens. Idealiter wordt daar rekening mee gehouden bij beslissingen over werving en selectie. Het is discriminerend om vooroordelen te hebben over mensen op basis van lichamelijke beperking(en). Heel vaak is het mogelijk om de werkplek aan te passen, zodat de beperkingen geen obstakel meer hoeven te zijn.

Functiebeperkingen zijn lichamelijke, zintuiglijke of andere stoornissen die het werken (of studeren) kunnen belemmeren, bijvoorbeeld:

- visuele beperkingen (zoals blindheid en slechtziendheid);
- auditieve beperkingen (bijvoorbeeld doofheid en slechthorendheid);
- motorische handicaps (zoals dwarslaesie, posttraumatische dystrofie, *repetitive strain injury* (RSI));
- psychische beperkingen (zoals angststoornissen, concentratiestoornissen, depressie);
- beperkingen door een bijzondere hersenfunctie (zoals dyslexie, dyscalculie, autisme, AD(H)D);
- beperkingen door een chronische ziekte (zoals astma, diabetes, zware migraine, reuma).

Het effect van een functiebeperking – lichamelijk of geestelijk – op de werkprestaties is vanuit verschillende perspectieven onderzocht. Enerzijds bleek dat, toen in een onderzoek de beperking willekeurig werd gemanipuleerd onder hypothetische sollicitanten, van mensen met een beperking werd gezegd dat ze uitstekende persoonlijke kwaliteiten hadden, zoals betrouwbaarheid.[74] Anderzijds komt uit een metastudie in de Verenigde Staten naar voren dat werknemers met een beperking een betere prestatiebeoordeling krijgen, of die beoordeling nu wel of niet als objectief moet worden beschouwd. Uit dezelfde metastudie blijkt echter ook dat, ondanks deze hogere prestatiescores, mensen met een beperking te maken hebben met lagere verwachtingen ten aanzien van hun functioneren en dat zij een kleinere kans hebben om aangenomen te worden.[75] Deze negatieve effecten zijn veel sterker voor mensen met een geestelijke beperking dan voor mensen met een lichamelijke beperking. Er is ook enig bewijs gevonden dat een psychische beperking het functioneren sterker belet dan een lichamelijke beperking: werknemers met veelvoorkomende geestelijke gezondheidsproblemen als depressies en angsten zijn vaker niet aanwezig op hun werk.[76]

Een hulphond kan opstakels wegnemen voor mensen met een functiebeperking.

Foto: Arterra Picture Library / Alamy Stock Photo

Tijdens verschillende studies zijn experimenten gedaan waarbij de proefpersonen de cv's van fictieve personen moesten beoordelen op geschiktheid voor een baan. Alle proefpersonen kregen in feite hetzelfde cv, behalve dat er in sommige een beperking werd genoemd. De cv's waarin een psychische aandoening of een lichamelijke handicap werd genoemd kregen veel lagere scores voor inzetbaarheid, vooral bij banen waarbij veel persoonlijk contact met andere mensen nodig was.[77] Vooral de inzetbaarheidsscores voor mensen met een verstandelijke beperking waren bijzonder laag. Zo is uit onderzoek ook gebleken dat studenten die willekeurig gemanipuleerde academische portfolio's kregen liever niet wilden werken met mensen met een leerhandicap, ook al waren er geen effecten te zien van een studiebeperking op prestatiescores of prestatieverwachtingen.[78]

Mensen met een functiebeperking ondervinden meer moeite bij het vinden van een baan. En dat terwijl zij, net als iedereen, beschikken over eigenschappen en kwaliteiten die ten goede kunnen komen aan een organisatie. Organisaties kunnen beter gebruikmaken van de talenten van werknemers met een beperking door een positieve houding aan te nemen en te zorgen voor bepaalde voorzieningen, zoals een goede toegankelijkheid van een gebouw of parkeerplaats, aangepast bureaumeubilair, braillecomputers of aangepaste werktijden.

Het uitbannen van discriminatie van mensen met een arbeidsbeperking gaat al heel lang moeizaam. Zo hebben in Europa beleidsmaatregelen om de werkgever te motiveren er niet toe geleid dat het percentage mensen met een arbeidsbeperking dat werk heeft, is toegenomen; zuivere quotasystemen hebben in Duitsland, Frankrijk en Polen juist negatief uitgepakt.[79] Wel heeft de erkenning dat mensen met een beperking talenten en vermogens hebben, een positief effect gehad. Daarnaast hebben ontwikkelingen in de technologie en op de werkvloer ervoor gezorgd dat er veel meer soorten banen beschikbaar zijn voor mensen met allerlei soorten beperkingen. Managers moeten goed beseffen wat de werkelijke functie-eisen zijn en werknemers zoeken die de gewenste vaardigheden bezitten, waarbij ze zo nodig wat aanpassingen voor hen maken. Maar wat gebeurt er als werknemers niets loslaten over hun beperking(en)? Op die vraag gaan we in de volgende paragraaf in.

Verborgen beperkingen

Zoals we eerder stelden, vallen onder functiebeperkingen zulke waarneembare kenmerken als ontbrekende ledematen, ziektes waardoor iemand in een rolstoel terechtkomt en blindheid. Andere beperkingen zijn niet zo duidelijk zichtbaar, althans niet in het begin. Als een werknemer besluit om niets te zeggen over een beperking die niet meteen zichtbaar is, dan kan die verborgen blijven zolang hij wil. Zulke beperkingen worden verborgen beperkingen (of onzichtbare beperkingen) genoemd. Verborgen beperkingen vallen doorgaans onder de noemers zintuiglijke beperkingen (bijvoorbeeld een verminderd gehoor), auto-immuun ziektes (bijvoorbeeld reumatische artritis), chronische aandoeningen of pijn (bijvoorbeeld het carpaletunnelsyndroom), cognitieve of leerbeperkingen (bijvoorbeeld ADHD), slaapstoornissen (bijvoorbeeld slapeloosheid) en psychische problemen (bijvoorbeeld PTSS).[80]

Door veranderingen in de Amerikaanse wetgeving (de Americans with Disabilities Act Amendments Act of 2008) moeten Amerikaanse organisaties werknemers met een breed scala aan beperkingen tegemoetkomen. Maar de werknemers moeten hun aandoening dan wel bekendmaken aan hun werkgever om recht te hebben op een aangepaste werkplek en een beschermde baan. Veel werknemers willen echter niets zeggen over hun onzichtbare beperkingen en krijgen daardoor niet de benodigde

aanpassingen op de werkplek om hun werk goed te doen. Uit onderzoek komt naar voren dat mensen met een verborgen beperking bang zijn om gestigmatiseerd of uitgesloten te worden als ze zouden zeggen welke beperking ze hebben; ze geloven ook dat hun leidinggevende zal denken dat ze minder goed in staat zijn om goed te presteren.[81] Een verborgen beperking is op den duur niet echt onzichtbaar. Zo zal een werknemer die niet heeft gezegd dat hij een autismespectrumstoornis heeft wel het gedrag vertonen dat kenmerkend is voor die aandoening, zoals het hebben van problemen met de verbale communicatie en zich minder goed kunnen aanpassen.[82] Misschien zie je gedrag waardoor je vermoedt dat een werknemer een verborgen beperking heeft. Helaas kan het ook zijn dat je dat gedrag toeschrijft aan andere oorzaken; je denkt bijvoorbeeld ten onrechte dat het langzame, onduidelijke spreken van een collega te maken heeft met een alcoholprobleem terwijl het om de langdurige effecten van een beroerte gaat.
Wat de werknemer betreft duidt onderzoek erop dat openheid over de beperking goed is voor iedereen: voor de medewerker, de collega's en de organisatie. Door openheid kan de werknemer beter in zijn vel zitten en tevredener zijn met zijn werk, kunnen anderen hem beter begrijpen en helpen om zijn of haar werk goed te doen en kan de organisatie iets aan de situatie doen om de beste prestaties te krijgen.[83]

DRUKKERIJ WEDDING

Carin Wormsbecher, directeur van Drukkerij Wedding in Harderwijk, kijkt niet naar de beperkingen, maar naar de kwaliteiten van haar werknemers. Zij nam onder andere een jonge vrouw met een functiebeperking aan als receptioniste. Deze vrouw kan slecht zien. 'Maar', zo stelt Wormsbecher, 'daardoor kan zij heel goed luisteren, veel beter dan ik. Zij is dus heel geschikt voor haar werk, want zij maakt op een goede manier contact.'[84]

VRAAG
Bedenk minstens drie voorzieningen die ervoor kunnen zorgen dat een blinde of slechtziende werknemer zijn of haar werk als receptionist(e) goed en veilig kan uitvoeren. Leg ook uit waarom je denkt dat deze voorzieningen zullen helpen.

De inclusieve arbeidsmarkt

In Nederland is op 1 januari 2015 de Participatiewet ingegaan. De overheid probeert met deze wet te bevorderen dat meer mensen met een arbeidsbeperking een baan vinden.[85] Werkgevers spraken met de overheid af meer banen te scheppen voor mensen met een beperking. Het kan hierbij gaan om een gewone baan (niet-beschutte baan) of om een beschutte baan – een baan met speciale voorzieningen waardoor iemand met een beperking toch in staat is deel te nemen aan het arbeidsproces.

Lees op MyLab meer over studeren met een functiebeperking.

6.5 Culturele diversiteit

Toen samenlevingen nog stabiel en homogeen waren vielen de praktijken op de werkplek samen met die van de omringende cultuur. Mensen zochten werk dichtbij huis en organisaties boden vakanties, volgden praktijken en respecteerden de gewoonten die

Geert Hofstede (1928-2020).
Foto: Menno Boermans / Hollandse Hoogte

bij de meerderheid pasten. Niemand verwachtte van organisaties dat ze rekening hielden met individuele verschillen. In de multiculturele samenleving van nu is dat wel anders.

6.5.1 Wat verstaan we onder cultuur?

We onderscheiden cultuur met een grote C van cultuur met een kleine c. Onder **cultuur met de grote C** verstaan we zaken zoals architectuur, kunst, literatuur, muziek en theater. Prachtig, maar niet echt het domein van GiO. Met **cultuur met een kleine c** doelen we op patronen van denken, voelen en handelen die wij hebben aangeleerd. Het gaat om de gewoontes, normen en waarden waarmee wij vertrouwd zijn, die we delen met andere leden van onze gemeenschap en die we doorgeven aan de volgende generatie.[86]

Er zijn vele definities van cultuur. Voor GiO is het werk van de wereldberoemde Nederlandse organisatiepsycholoog Geert Hofstede van belang. Hij definieert cultuur als 'de collectieve mentale programmering die leden van een groep onderscheidt van die van andere groepen'.[87] Met *programmering* bedoelt hij dat cultuur is aangeleerd. Via de opvoeding, door socialisatie met de mensen in de omgeving, via de normen en waarden van de omgeving en door gedrag van anderen waar te nemen. Met *collectief* bedoelt hij de groepering waartoe je behoort, of een deel daarvan. Bijvoorbeeld de stad waar je woont, het beroep waarin je werkzaam bent of het bedrijf waar je werkt; de regionale cultuur waartoe je behoort of zelfs de cultuur van je land.

6.5.2 Culturen en subculturen

In de omgangstaal gebruiken mensen vaak het woord cultuur en bedoelen daarmee een land: België, Nederland of Suriname. Dat is te beperkt. Cultuur is veel meer dan alleen een landencultuur. GiO heeft een veel bredere kijk op cultuur. Het gaat om een verzameling mensen met één of meer gemeenschappelijke kenmerken. In de sociologie wordt zo'n verzameling een *groepering* genoemd. Bijvoorbeeld: alle Nederlanders of alle bakkers van Frankrijk. Elk individu staat op het snijpunt van verschillende, elkaar overlappende groeperingen, culturen en subculturen waartoe hij en zijn ouders behoren of behoord hebben.

Hier volgen een paar voorbeelden van (sub)groeperingen:

- een werelddeel (de cultuur van Europa of van Azië);
- een land (Nederland, België, Polen, Somalië, Suriname, Marokko of Turkije);
- een regio, een stad of een dorp (de karakteristieke cultuur van Twente of Friesland, Amsterdam of Rotterdam, Marken of Urk);
- etnische cultuur (de Marokkaans-Nederlandse cultuur, de Indisch-Nederlandse cultuur, de Somalisch-Nederlandse cultuur);
- taalcultuur (Franstalig of Nederlandstalig)
- gender en seksuele geaardheid (de mannencultuur, de vrouwencultuur, de homocultuur);
- leeftijd (generatie Z, generatie Y of de 50-pluscultuur);
- beroep (cultuur van ingenieurs, de onderwijscultuur);
- bedrijfscultuur (Philips, Rabobank, Albert Heijn);
- hobbycultuur (vliegtuigspotters, motorclubs);
- sociale klasse (arbeiderscultuur, grachtengordelcultuur).

6.5.3 Culturele verschillen volgens Hofstede

Zoals eerder gezegd: waarden worden aangeleerd. Ze worden doorgegeven van generatie op generatie en ze variëren naar culturen. Verschillende antropologen, linguïsten, sociaal psychologen en crossculturele onderzoekers hebben geprobeerd de culturele waardenoriëntaties in verschillende landen in kaart te brengen. Een van de belangrijkste uitkomsten hiervan is het model van één van de meest geciteerde Nederlandse wetenschappers: Geert Hofstede. Dit is in hoofdstuk 4 besproken.
We bespreken in hoofdstuk 9 over communicatie ook een van de sleutelbegrippen van cultuurverschillen volgens Edward en Mildred Hall, namelijk communicatieverschillen tussen hoog- en laagcontextculturen

6.5.4 Culturele identiteit

Niemand heeft maar één cultuur. Het is bekend dat mensen zichzelf soms definiëren in termen van ras, etniciteit, religie, gender, beroep of andere categorie. Maar we zijn veel meer dan onze groepering. We zijn ook individuen. Eerder wezen we er al op dat elk mens als het ware op het snijpunt staat van tal van culturen en subculturen op basis van de groeperingen waarvan hij deel uitmaakt. Je kunt je Brabander voelen en jurist, of Vlaming en bakker, of jongere en Antilliaan, al naar gelang van welke groepering je deel uitmaakt. Maar je bent ook een individu en maakt persoonlijke keuzes. Of je die (sub)cultuur expliciet uitdraagt, is in principe ook een keuze.

Een of meerdere identiteiten

Sommige mensen klampen zich een leven lang vast aan één sterke culturele identiteit. Een identiteit die hen verbindt met de cultuur van hun voorouders, ongeacht waar ze zich in de wereld bevinden. Dat is hun keuze. In andere gevallen zijn er mensen met een migratieachtergrond die geruisloos een typisch Nederlandse of Belgische identiteit hebben aangenomen. Zij vinden het zelfs storend als je naar hun etnische en culturele achtergrond vraagt. 'Hoezo waar kom ik *oorspronkelijk* vandaan? Ik ben in Nederland geboren. Ik ben Nederlander! Klaar!' Dat is ook hun keuze. Maar niet iedereen wil dat, niet iedereen kan dat. In andere gevallen zijn er mensen met roots uit een andere cultuur die heel trots zijn op Nederland of België, maar ook trots zijn op het land waar zij of waar hun ouders vandaan komen. Ze zijn twee- of drietalig opgevoed, als zogenoemde *third culture kids* – mensen met meer dan één identiteit, kinderen van ouders met een migratieachtergrond en van internationale werknemers die opgroeien in een gastland, of kinderen uit cultureel gemengde huwelijken van bijvoorbeeld een Nederlandse vader en een Argentijnse moeder.[88] Iemand kan zich dus *en* Belg *en* Marokkaan voelen, of *en* Nederlandse *en* Somalische.
Dankzij globalisering en veranderende arbeidsmarkten doen organisaties er tegenwoordig goed aan de verschillende culturele identiteiten te respecteren zowel op groepsniveau als op individueel niveau. Als Unilever zaken wil doen in Latijns-Amerika is het goed om te bedenken dat de bevolking gewend is aan lange vakanties. Zou je daarop beknibbelen dan kan je op sterke weerstand rekenen. Als de organisatie rekening wil houden met culturele diversiteit kan ze niet meer volstaan met zich aan te passen aan de meerderheidscultuur maar zou ze zich moeten inspannen zoveel mogelijk aan individuele verschillen tegemoet te komen. Vaak kan het management een brug slaan door flexibiliteit op de werkplek in te bouwen.

Lees op MyLab over de regeling van vrije dagen in Indonesië.

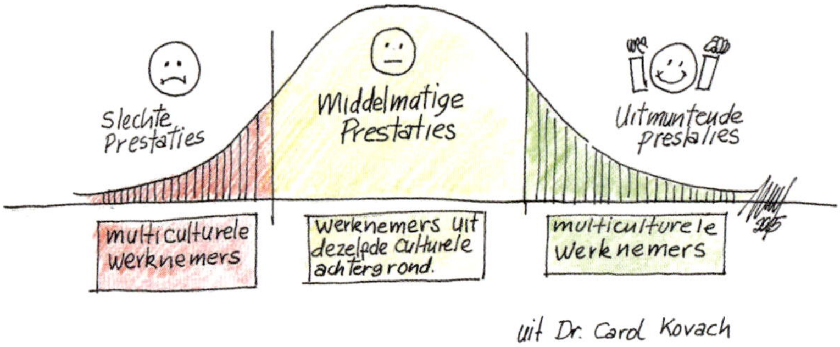

FIGUUR 6.3 **Teameffectiviteit**
Illustratie: Carlos Nunez

6.5.5 Hoe presteren cultureel diverse teams?

Onderzoek laat zien dat cultureel diverse teams nooit 'gewoon' presteren. Vergeleken met groepen werknemers met eenzelfde culturele achtergrond, presteren cultureel diverse teams óf heel slecht óf heel goed.[89] Zie ook figuur 6.3.
Multiculturele teams presteren volgens onderzoek slecht in organisaties waar leiders gebrek hebben aan **culturele intelligentie** (CQ). Culturele intelligentie wordt daarbij gedefinieerd als 'het vermogen om effectief te werken met en tussen mensen van andere culturen.'[90] In organisaties met een laag CQ worden culturele verschillen als obstakel beschouwd en bij voorkeur onderdrukt. In organisaties met een hoog CQ worden culturele verschillen juist openlijk erkend, gewaardeerd en gezien als voordeel en verrijking. In die laatste organisaties blijken multiculturele teams uitmuntend te presteren. Omdat het personeelsbestand van veel organisaties ook cultureel gezien steeds diverser wordt, is het belangrijk dat managers beschikken over culturele intelligentie. Ze moeten immers effectief kunnen werken met werknemers uit allerlei culturen. Het is de taak van de leiding om de kwaliteiten van de **culturele diversiteit** in het bedrijf te zien en deze optimaal te benutten. Omdat cultuurverschillen gemakkelijk aanleiding geven tot misverstanden en conflicten is het van belang dat managers en professionals aandacht hebben voor en inzicht krijgen in de basiswaarden van de verschillende culturen waarmee ze te maken krijgen. Het kan daarbij helpen als we mensen met andere culturele achtergronden niet beoordelen volgens onze eigen basiswaarden. Ook is het nuttig te leren begrijpen hoe ons eigen gedrag kan overkomen bij mensen met andere basiswaarden dan de onze.

6.6 Toepassing in de organisatiepraktijk

Zoals we eerder aangestipt hebben, leidt discriminatie (om welke reden dan ook) tot meer verloop, wat nadelig is voor de prestaties van de organisatie. Hoewel een betere vertegenwoordiging van alle etnische groepen in een organisatie nog steeds nastrevenswaardig is, is de kans dat een werknemer uit een minderheidsgroep de organisatie verlaat veel kleiner als er een gevoel van inclusiviteit heerst, ook wel een positief diversiteitsklimaat genoemd.[91] Hoewel nog niet helemaal duidelijk is waarom, kan een positief diversiteitsklimaat ook leiden tot een hogere omzet, wat erop duidt dat de organisatie qua prestaties iets te winnen heeft bij het verminderen discriminatie op basis van ras of etniciteit.[92]
Hoe kunnen we discriminatie met haar destructiviteit achter ons laten? Het antwoord is dat we elkaars standpunten moeten begrijpen. Uit onderzoek komt naar voren dat

sommige mensen niet goed weten hoe ze met mensen uit een andere etnische groep moeten omgaan tenzij er duidelijke richtlijnen zijn voor hun gedrag.[93] Het zou dus nuttig kunnen zijn om divers samengestelde werkverbanden op te zetten van werknemers die gericht zijn op gemeenschappelijke doelen en om ook een positief diversiteitsklimaat te ontwikkelen.

We hebben een aantal aspecten besproken waarop mensen van elkaar verschillen; in deze paragraaf kijken we hoe we deze verschillen kunnen managen. Diversiteitsmanagement maakt iedereen bewuster van en alerter op de verschillen tussen mensen en hun behoeften. Deze omschrijving benadrukt dat diversiteitsprogramma's voor iedereen bedoeld zijn en niemand buitensluiten. De kans dat een diversiteitsprogramma succesvol is, is veel groter wanneer we het als een zaak van iedereen beschouwen dan wanneer we geloven dat het alleen voor bepaalde groepen werknemers goed is.

6.6.1 Werving, selectie en binding

Een van de methoden om de diversiteit op de werkvloer te vergroten is om de werving te richten op specifieke demografische groepen die ondervertegenwoordigd zijn onder het personeel. Dat betekent dat er advertenties moeten worden gezet in publicaties die gericht zijn op specifieke demografische groepen; dat hbo'ers en wo'ers worden geworven aan hogescholen en universiteiten waar studenten uit culturele minderheden studeren; en door het vormen van partnerschappen met verenigingen. Als men diversiteit wil nastreven in de hogere functies kan men bijvoorbeeld contact zoeken met verenigingen als het KIVI Netwerk Vrouwelijke Ingenieurs, IndiNet (het multiculturele netwerk voor hoogopgeleide vrouwen) of FORUM, Instituut voor Multiculturele Vraagstukken.[94, 95, 96]

Uit onderzoek blijkt dat vrouwen en minderheden meer interesse hebben in werkgevers die in hun wervingsmateriaal hun best doen om te laten zien dat diversiteit voor hen belangrijk is. Vrouwen en etnische minderheden vinden advertenties waarin heel diverse groepen werknemers worden afgebeeld aantrekkelijker. Advertenties waarin vrouwen en minderheden niet in een leidinggevende functie worden afgebeeld, brengen een negatieve boodschap over ten aanzien van het diversiteitsklimaat van een organisatie.[97] Het spreekt vanzelf dat als je zulke foto's wel toont in je advertenties je als bedrijf ook diversiteit in je managementlagen moet hebben!

Het selectieproces is dus een van de belangrijkste momenten om aandacht te besteden aan diversiteit. Rationele bedrijfsvoering vraagt HR-managers waarde toe te kennen aan eerlijkheid en objectiviteit bij de selectie van werknemers en zich te richten op het productieve potentieel van nieuwe werknemers. Gelukkig lijken de procedures die een objectief wervings- en selectieproces bevorderen in de praktijk ook te werken. Waar managers een nauwkeurig omschreven protocol volgen om talentvolle sollicitanten te zoeken en de organisatie duidelijk prioriteit geeft aan non-discriminatiebeleid, zijn kwalificaties veel belangrijker criteria voor selectie dan demografische kenmerken. Organisaties die niet optreden tegen discriminerend gedrag hebben een grotere kans op problemen.[98]

Overeenkomsten in persoonlijkheid lijken van invloed te zijn op promotiekansen. Werknemers met een soortgelijke persoonlijkheid als die van hun collega's maken een grotere kans op promotie dan werknemers met een andere persoonlijkheid.[99] Deze algemene uitkomsten liggen echter in werkelijkheid toch iets genuanceerder: in collectivistische culturen is een soortgelijke persoonlijkheid als die van de direct leidinggevende belangrijker als voorspeller van promotie maken, terwijl in individualistische culturen overeenkomsten met (directe) collega's belangrijker zijn. Nogmaals, factoren gerelateerd aan diversiteit in de diepte lijken meer invloed te hebben op hoe mensen op elkaar reageren dan kenmerken van diversiteit aan de oppervlakte.

Een positief klimaat ten opzichte van diversiteit is effectief en productief. Uit een onderzoek onder ruim zesduizend werknemers van een grote Amerikaanse winkelketen bleek dat in winkels waar diversiteit niet wordt gesteund, Afro-Amerikanen en latino's significant minder verkopen dan witte werknemers, terwijl als het diversiteitsklimaat positief is Latijns-Amerikaanse en witte werknemers ongeveer evenveel verkopen en Afro-Amerikanen meer verkopen dan witte Amerikanen.[100] Uit dit onderzoek valt duidelijk een les te leren: winkels die een positief diversiteitsklimaat stimuleren, kunnen munt slaan uit hun diverse personeelsbestand en meer geld verdienen. Uit een ander, grootschalig Amerikaans onderzoek is gebleken dat er een verband bestaat tussen een positief diversiteitsklimaat en grotere betrokkenheid bij de organisatie en een lager verloop onder Afro-Amerikaanse, Latijns-Amerikaanse en witte managers.[101] Met andere woorden, werknemers met een verschillende culturele achtergrond lijken de voorkeur te geven aan een organisatie die diversiteit waardeert.

6.6.2 Diversiteit in groepen

Bevordert of benadeelt diversiteit de groepsprestaties? Beide is mogelijk (zie paragraaf 6.3 en ook hoofdstuk 11). In sommige gevallen kunnen bijvoorbeeld uiteenlopende karaktereigenschappen slecht zijn voor de teamprestaties, terwijl in andere gevallen diversiteit de teamprestaties juist bevordert.[102] Of diverse of homogene teams effectiever zijn, hangt af van het kenmerk waar het om gaat. Demografische diversiteit (op het gebied van gender, ras, etniciteit) lijkt over het algemeen niet goed of slecht te zijn voor de teamprestaties, hoewel etnische diversiteit in managementgroepen de prestaties van de organisatie onder de juiste omstandigheden kan verbeteren.[103] Maar als we kijken naar psychologische diversiteit dan geldt dat teams met werknemers die allemaal zeer intelligent en plichtsgetrouw zijn en graag in een teamsetting werken effectiever zijn bij een homogene samenstelling. Diversiteit op zulke variabelen is waarschijnlijk minder effectief; het is niet erg verstandig om teams te vormen met andere werknemers die minder intelligent en plichtsgetrouw zijn en niet graag in een team werken. In andere gevallen (bijvoorbeeld als we kijken naar verschillen in kennisgebied of ambitie) kunnen verschillen juist een sterk punt zijn. Groepen van personen met verschillende soorten deskundigheid en verschillende opleidingen zijn effectiever dan homogene groepen. Zo geldt ook dat een groep die bestaat uit allemaal assertieve mensen die de baas willen spelen of een groep die juist bestaat uit mensen die allemaal zeer volgzaam zijn, minder effectief is dan een groep die bestaat uit een mengeling van leiders en volgers.

Ongeacht de samenstelling van de groep kunnen onderlinge verschillen worden benut voor het neerzetten van uitstekende prestaties. De belangrijkste manier om dat te doen is door de overeenkomsten tussen de groepsleden op een hoger niveau (namelijk dat van de doelen) te benadrukken.[104] Met andere woorden, groepen die uit heel verschillende personen zijn samengesteld, zijn effectiever als de leiders kunnen laten zien wat het gemeenschappelijke belang van de leden is voor het succes van de groep. Uit onderzoek blijkt ook dat transformationele leiders (die in hun leiderschapsstijl doelen en waarden van een hogere orde benadrukken) effectiever zijn in het managen van teams die uit heel verschillende werknemers bestaan dan anderen.[105]

6.6.3 Effectieve diversiteitsprogramma's

Organisaties zoals de NS (Nederlandse Spoorwegen) en ABN AMRO spannen zich op een aantal verschillende manieren in op het gebied van diversiteit. Ze kunnen zoals gezegd rekening houden met diversiteit in het wervings- en selectiebeleid, en ook wat betreft opleidings- en ontwikkelingsmogelijkheden. Ten aanzien van diversiteit en inclusie omarmt NS alle verschillen. Zichtbare verschillen, of diversiteit aan de oppervlakte zoals sekse, leeftijd of etniciteit; maar ook minder zichtbare verschillen of diversiteit in de diepte zoals talent, opleidingsachtergrond en waarden. Hierdoor kan NS de klanten beter bedienen en tot betere prestaties komen.[106] Effectieve en uitgebreide programma's voor het bevorderen van diversiteit kennen drie duidelijk onderscheiden componenten. Ten eerste leren ze managers iets over het juridisch kader rond gelijke kansen op de arbeidsmarkt en bevorderen ze de eerlijke behandeling van alle mensen, ongeacht hun demografische kenmerken. Ten tweede leren ze managers hoe een divers samengesteld personeelsbestand een divers samengestelde markt van klanten en cliënten beter kan bedienen. Ten derde bevorderen ze de persoonlijke ontwikkeling van alle werknemers, waardoor zij hun vaardigheden en vermogens kunnen ontplooien, en erkennen ze hoe uiteenlopende perspectieven voor iedereen waardevol kunnen zijn om tot betere prestaties te komen.[107]

Bij diversiteit gaat veel aandacht uit naar het onderwerp gelijke behandeling.[108] De meeste negatieve reacties op arbeidsmarktdiscriminatie zijn gebaseerd op de gedachte dat een discriminerende behandeling oneerlijk is. Ongeacht hun etniciteit of gender zijn mensen in het algemeen vóór diversiteitsprogramma's, met inbegrip van positieve discriminatie, als ze geloven dat de beleidsmaatregelen een garantie zijn dat iedereen een eerlijke kans krijgt om zijn vaardigheden en capaciteiten te laten zien.

Leidinggevenden van organisaties moeten goed naar hun personeelsbestand kijken om vast te stellen of (bepaalde) doelgroepen tot nu toe onderbenut zijn gebleven. Als bepaalde groepen werknemers niet evenredig zijn vertegenwoordigd in het topmanagement, moeten managers kijken welke verborgen barrières er eventueel voor deze mensen zijn om vooruit te komen. Ze kunnen hun wervingspraktijken vaak verbeteren, selectiesystemen doorzichtiger maken en scholing geven aan die werknemers die in het verleden onvoldoende vaardigheden hebben aangeleerd. De organisatie moet haar beleidsmaatregelen ook helder communiceren naar haar werknemers, zodat zij kunnen begrijpen hoe en waarom bepaalde dingen worden gedaan. De communicatie moet zo veel mogelijk gericht zijn op kwalificaties en werkprestaties; het kan namelijk als een boemerang werken als de nadruk ligt op het idee dat bepaalde groepen extra hulp nodig hebben.

INTERNATIONAAL DIVERSITEITSBELEID

Uit onderzoek komt tot slot naar voren dat maatwerk nodig is voor internationale organisaties. Uit een casestudy van de Finse multinational Transco is gebleken dat het in principe mogelijk is om een consistente, wereldwijde filosofie voor diversiteitsmanagement te ontwikkelen. Door verschillen in juridische en culturele factoren tussen de verschillende landen is Transco echter gedwongen om unieke beleidsmaatregelen te ontwikkelen die passen bij het culturele en juridische kader van elk land waarin het bedrijf actief is.[109]

KERN VAN DIT HOOFDSTUK

In dit hoofdstuk hebben we vanuit vele perspectieven naar diversiteit gekeken. We hebben in het bijzonder aandacht besteed aan drie variabelen: biografische kenmerken, culturele diversiteit en diversiteitsprogramma's. De conclusies zijn:

- Biografische kenmerken zijn niet moeilijk op te merken, maar dat betekent niet dat we ze expliciet moeten gebruiken bij managementbeslissingen.

Uit de meeste onderzoeken komt naar vormen dat biografische kenmerken tamelijk geringe effecten hebben op de werkprestaties. We moeten ons ook bewust zijn van impliciete vooroordelen die wij of andere managers kunnen hebben.

- Een effectief selectieproces leidt tot een betere afstemming tussen werknemers en functievereisten.
- Om werknemers met een beperking ook een kans te geven, kunnen managers proberen door wijzigingen en *finetuning* de functie beter af te stemmen op de vermogens van degene die de functie moet uitoefen of uitoefent. Vaak kunnen wijzigingen die niet veel effect hebben op de basisactiviteiten van de functie, zoals het aanbieden van nieuw gereedschap, een braillecomputer of een herverdeling van de taken binnen een groep, voor een betere afstemming zorgen tussen het werk en de specifieke talenten van een werknemer.
- Managen van culturele diversiteit. Cultureel diverse teams presteren nooit middelmatig. Vergeleken met groepen werknemers met een homogene culturele achtergrond, zijn cultureel diverse teams heel ineffectief of heel effectief. Ze presteren slecht in organisaties waar leiders een gebrek hebben aan culturele intelligentie of waar culturele verschillen als obstakel worden beschouwd, dus onderdrukt worden. In organisaties met een cultureel intelligente houding, waar culturele verschillen erkend en gewaardeerd worden, gezien worden als voordeel en verrijking, presteren multiculturele teams uitmuntend.
- Diversiteitsmanagement moet blijvend zijn en zich richten op alle niveaus van de organisatie. Groepsmanagement, mensen werven, selecteren, in dienst nemen en vasthouden, en mogelijkheden om je als werknemer te ontwikkelen kunnen allemaal op zo'n manier worden ontworpen dat diversiteit kan worden benut om de organisatie een voorsprong te geven op de concurrentie.
- Beleidsmaatregelen om het diversiteitsklimaat te verbeteren kunnen effectief zijn, zolang ze de perspectieven van alle werknemers erkennen. Eenmalige diversiteitstrainingen zijn waarschijnlijk minder effectief dan uitgebreide programma's waarin diversiteit op meerdere niveaus centraal staat.

Kortom: het managen van diversiteit en bevorderen van inclusiviteit moet continu op de agenda staan en op alle niveaus van de organisatie moeten mensen zich ervoor inzetten. Beleidsmaatregelen om het diversiteitsklimaat te verbeteren kunnen effectief zijn en diversiteit managen kun je leren.

HOOFDSTUK 7

Basisbegrippen van motivatie

NA BESTUDERING VAN DIT HOOFDSTUK BEN JE IN STAAT OM:

1. de drie hoofdelementen van motivatie te benoemen;
2. de vier vroege motivatietheorieën toe te lichten en hun betekenis te beoordelen;
3. de doelstellingstheorie en zelfbepalingstheorie tegen elkaar af te zetten;
4. de self-efficacy-theorie, de reinforcement-theorie, de billijkheidstheorie en de verwachtingstheorie te vergelijken;
5. het effect van de verschillende dimensies van organisatierechtvaardigheid voor motivatie, betrokkenheid en tevredenheid aan te geven;
6. toe te lichten met welke maatregelen betrokkenheid bij het werk kan worden bevorderd;
7. te bespreken in hoeverre de klassieke en de moderne motivatietheorieën elkaar aanvullen;
8. te verklaren in hoeverre motivatietheorieën cultuurgebonden zijn.

Vanaf het ontstaan van het vakgebied is motivatie een van de belangrijkste aandachtspunten van GiO geweest. In de jaren van wederopbouw na de Tweede Wereldoorlog was de belangstelling voor motivatie bij de overheid, het bedrijfsleven en vakbonden in Nederland erg groot. Men had het idee dat toename van de arbeidsmotivatie zou leiden tot de hogere productiviteit die nodig was voor de zo gewenste economische groei. De Sociaal-Economische Raad (SER) richtte met behulp van gelden uit het Marshallplan de Commissie Opvoering Productiviteit (COP) op. De COP heeft ongeveer dertig jaar bestaan en gedurende die tijd had ze veel invloed op het denken over motivatie in Nederland. Wellicht is dat de reden dat in Nederland de cijfers positiever uitvallen dan in de Verenigde Staten. Van de beroepsbevolking is 70 procent over het algemeen tevreden over de werkinhoud, de werkomstandigheden en de werksfeer. Wel bleek al in 2007 dat men in Nederland steeds ontevredener wordt over het tijdstip waarop men met pensioen kan.[1] Dit terwijl de verhoging naar 67 jaar nog moest komen.
De grote hoeveelheid onderzoek op het gebied van motivatie heeft inmiddels veel kennis over het onderwerp opgeleverd en biedt inzicht in de mogelijkheden om motivatie te verbeteren. In dit hoofdstuk bespreken we de theoretische grondslagen van motivatie.

VRAAG
Hoe zou jij het begrip motivatie definiëren?

7.1 Het begrip motivatie

Soms ben je niet te stuiten (je leest een spannend boek in één ruk uit) en op andere momenten niet vooruit te branden (het bestuderen van een hoofdstuk uit dit boek?). Je gedrevenheid verschilt afhankelijk van de situatie. Je motivatie is dus veranderlijk want tijd- en situatiebepaald. Maar bij nadere beschouwing merken we dat er ook duurzame verschillen in gedrevenheid zijn tussen jou en anderen, met name als we kijken naar je typische gedrag op de werkplek of bij de studie. Hou bij het bestuderen van het begrip motivatie dus in gedachten dat motivatieniveaus sterk kunnen verschillen, zowel tussen mensen als binnen één mens.

We definiëren **motivatie** als 'het proces in de persoon dat de *intensiteit*, de *richting* en de *volharding* bepaalt van zijn pogingen om een of ander doel te bereiken.'[2] Hoewel deze pogingen gericht kunnen zijn op allerlei doelen, beperken we ons hier tot organisatiedoelen, omdat we bij GiO primair geïnteresseerd zijn in werkgerelateerd gedrag. Allereerst bekijken we de drie hoofdelementen van onze definitie wat nauwkeuriger:

1. *Intensiteit* gaat over hoe hard iemand zijn best doet op enig moment. Dit is meestal het eerste waar we aan denken als we het over motivatie hebben.
2. Hoge intensiteit leidt alleen tot gewenste werkprestaties als de inspanningen in de *richting* van de te behalen resultaten worden gekanaliseerd, een richting waarmee de organisatie haar doelen kan bereiken. Daarom moeten we zowel rekening houden met de kwaliteit van de inspanningen als met de intensiteit. Het gaat bij motivatie dus om inspanningen die zijn gericht op, en consistent zijn met, de organisatiedoelen.
3. Ten slotte bevat motivatie de dimensie *volharding*. Deze dimensie zegt iets over hoelang iemand zijn inspanningen ook bij tegenslag kan volhouden. Gemotiveerde mensen blijven werken aan een taak tot zij het gewenste resultaat hebben bereikt.

VOORBEELD

Alex werkt bij een accountantskantoor in Nieuwegein. Na zijn mbo-studie is hij daar terechtgekomen als assistent-accountant. Na drie jaar zakt zijn motivatie weg. In al die tijd heeft hij nagenoeg dezelfde opdrachten gekregen. Veel simpel Excel-werk valt hem ten deel en hij moet steeds stagiaires inwerken. Elke week wordt het moeilijker voor hem om naar het werk te gaan. Alex doet steeds minder hard zijn best (intensiteit) om het werk op tijd af te hebben. Hierdoor raakt hij vaak in de stress vlak voor een deadline waardoor de kwaliteit van zijn werk afneemt. Tot slot merkt hij dat hij bij het werken aan een taak zich steeds sneller laat afleiden door zijn collega's (volharding). In gesprekken met zijn vriendin en zijn baas komt hij erachter dat er voor hem meer mogelijkheden in het verschiet liggen wanneer hij een hbo-opleiding zou afronden. In eerste instantie twijfelt Alex over het idee om een nieuwe opleiding te beginnen. Hij is niet voor niets direct na zijn mbo aan het werk gegaan. Aan de andere kant is de beloning die hij krijgt voor het afronden van een hbo-opleiding, namelijk een nieuwe functie met meer afwisseling in taken en meer uitdaging, erg aantrekkelijk. Zijn baas moedigt hem nog iets meer aan en stelt voor om de kosten van de opleiding voor zijn rekening te nemen. Inmiddels is Alex begonnen aan de opleiding. Het kost hem veel moeite, maar voor het eerst in zijn leven heeft hij het idee dat hij echt iets leert. Het feit dat zijn baas hem hierin steunt, geeft hem het gevoel dat hij er echt toe doet.

VRAAG
Waaraan kun je in het algemeen zien of iemand gemotiveerd is?

7.2 Drie vroege motivatietheorieën

Tussen 1930 en 1970 zijn drie belangrijke theorieën geformuleerd. Wetenschappers betwijfelen de juistheid daarvan tegenwoordig weliswaar sterk, maar in de praktijk zijn het nog steeds de meest gebruikte verklaringen voor de motivatie van werknemers. Inmiddels zijn er betere verklaringen voor motivatie ontwikkeld, zoals we verderop zullen zien. Toch is het nodig om ook op de hoogte te zijn van de vroege theorieën, want die vormen de basis voor de moderne theorieën en je komt ze in de praktijk dus nog steeds veel tegen.

7.2.1 Maslows theorie van de behoeftehiërarchie

We mogen wel stellen dat de bekendste benadering van motivatie op naam staat van psycholoog Abraham Maslow. Hij ontwikkelde de **behoeftehiërarchie**.[3] Zijn hypothese luidde dat ieder mens vijf fundamentele behoeften heeft die hiërarchisch zijn opgebouwd. Recentelijk is een zesde behoefte voorgesteld voor het hoogste niveau – intrinsieke waarden – die ook van Maslow afkomstig zou zijn maar die tot nog toe weinig wordt geaccepteerd. De oorspronkelijke vijf basisbehoeften zijn:

1. **Fysiologische behoeften** – voedsel, water, onderdak, seks en andere lichamelijke behoeften;
2. **Behoefte aan veiligheid** – veiligheid, bescherming tegen fysieke en emotionele gevaren;
3. **Sociale behoeften** – genegenheid, het gevoel erbij te horen, acceptatie, vriendschap;
4. **Behoefte aan respect** – innerlijke factoren zoals zelfrespect, autonomie en succes; uiterlijke factoren zoals status, erkenning en aandacht;
5. **Behoefte aan zelfverwerkelijking** – het verlangen te groeien, de eigen mogelijkheden te realiseren, zelfvervulling.

Zodra een bepaalde behoefte voldoende bevredigd is, zal volgens Maslow de volgende behoefte op de voorgrond treden. Het individu beklimt dus als het ware de piramide uit figuur 7.1. Vanuit het oogpunt van arbeidsmotivatie betekent dit twee dingen: (1) Als een behoefte voldoende is bevredigd, is deze niet langer motiverend en (2) menselijke behoeften zullen nooit helemaal bevredigd zijn.

Voorspellingen van de theorie

Wanneer je iemand echt wilt motiveren, moet je volgens Maslow schatten op welk niveau van de behoeftehiërarchie deze persoon zich op dat moment bevindt, en vervolgens motivatoren aanbieden die op dat niveau of net daarboven behoeftebevrediging mogelijk maken. Maslow maakt onderscheid tussen behoeften van een hogere en van een lagere orde. Fysiologische behoeften en veiligheid behoren tot de

Abraham Maslow (1908-1970).
Foto: Granger Historical Picture Archive / Alamy Stock Photo

lagere orde. Sociale behoeften plus de behoeften aan persoonlijke erkenning en zelfverwerkelijking vormen de hogere orde. De achterliggende gedachte is dat behoeften van de hogere orde geestelijke (intrinsieke) behoeften zijn die vooral in het innerlijk van de persoon zelf bevredigd worden, terwijl de bevrediging van lagere behoeften hoofdzakelijk lichamelijk van aard is en van buitenaf (extrinsiek) plaatsvindt via onder meer huisvesting, lonen, arbeidscontracten en arbeidsvoorwaarden.

VRAAG

Steeds meer mensen stellen bij het reserveren van een hotelkamer, een plek op de camping of een huisje in een vakantiepark als harde voorwaarde dat er wifi moet zijn. Waar past deze basisbehoefte in het schema van Maslow?

Onderzoeksresultaten

Maslows theorie kan bogen op een langdurige brede bekendheid, in het bijzonder bij managers in de praktijk. De theorie is intuïtief logisch en makkelijk te begrijpen, en er is ook enig onderzoek dat de theorie ondersteunt.[4] Helaas is er nog veel meer onderzoek dat de theorie niet ondersteunt; in het bijzonder als we willen nagaan of de theorie ook opgaat in andere culturen.[5] Een uitzondering wordt gevormd door de fysiologische behoeften waarvoor de voorspellingen wel uitkwamen.[6] Toch sterven oude en intuïtief logische theorieën maar moeizaam uit. Wees je er dus van bewust dat de theorie in de praktijk nog erg populair is.

FIGUUR 7.1 **Maslows behoeftehiërarchie**[7]

VRAAG

Volgens Maslow komen hogere behoeften pas aan bod als de lagere vervuld zijn. Maar bekijk nu eens deze veel voorkomende situatie: je zit samen met je vrienden op de tribune een spannende voetbalwedstrijd te kijken. Jouw club scoort! Daar krijg je een enorme kick van! Omdat het regent hebben jullie plastic folie over je heen getrokken. Tijdens de wedstrijd eet je chips en drink je cola. Je voelt je trots als je een supporter van de tegenpartij hoort zeggen dat jouw club echt beter speelt. Op welke manier spreekt deze situatie Maslows behoeftehiërarchie tegen?

7.2.2 De tweefactorentheorie

Frederick Herzberg meende dat de relatie tussen mensen en hun werk fundamenteel is voor hun levensvervulling en dat de attitude tegenover het werk medebepalend is voor hun gevoel van succes of mislukking. Herzberg wilde antwoord vinden op de vraag: ‘Wat willen mensen uit hun werk halen?’ Hij vroeg mensen gedetailleerd situaties te beschrijven waarin ze een uitzonderlijk goed of slecht gevoel hadden over hun werk. Herzberg concludeerde dat mensen heel andere situaties beschreven bij een

goed gevoel over hun werk dan bij een slecht gevoel. Zoals te zien in figuur 7.2 gaan bepaalde kenmerken consequent samen met werktevredenheid en andere met werkontevredenheid. Dit leidde tot de **tweefactorentheorie** (ook wel de motivatiehygiënetheorie genoemd, maar die term wordt tegenwoordig weinig gebruikt).[8]
Intrinsieke factoren (verbonden aan de inhoud van het werk) als carrièrekansen, erkenning, verantwoordelijkheid en prestatie lijken samen te hangen met werktevredenheid. Daar staat tegenover dat ontevreden respondenten vaker extrinsieke factoren (met betrekking tot de werksituatie) aanwezen, zoals leiding, beloning en werkomstandigheden.

Voorspellingen van de theorie

De factoren die tevredenheid bevorderen zijn dus volgens Herzberg niet dezelfde factoren als de factoren die leiden tot ontevredenheid. Managers die laatstgenoemde factoren willen elimineren, zullen misschien meer arbeidsrust creëren, maar niet per se arbeidsmotivatie. Daarom koppelt Herzberg de theoretische term **hygiënefactoren** aan werkomstandigheden zoals de mate van toezicht, beloning, bedrijfsbeleid, fysieke omstandigheden, relaties met anderen en werkzekerheid. Wanneer die factoren toereikend zijn ingevuld, zullen mensen niet ontevreden zijn, maar ook niet zonder meer tevreden. Willen we mensen echt motiveren tot meer inzet, dan moet volgens Herzberg de nadruk verschuiven naar **motivatoren**, intrinsieke factoren die met het werk zelf samenhangen of daar rechtstreeks uit voortvloeien, zoals de kans op promotie, persoonlijke groei, erkenning, verantwoordelijkheid en succes. Merk op dat Herzberg met een tweeledig continuüm komt: het tegenovergestelde van *tevredenheid* is *geen tevredenheid* en het tegenovergestelde van *ontevredenheid* is *geen ontevredenheid* (zie figuur 7.2).

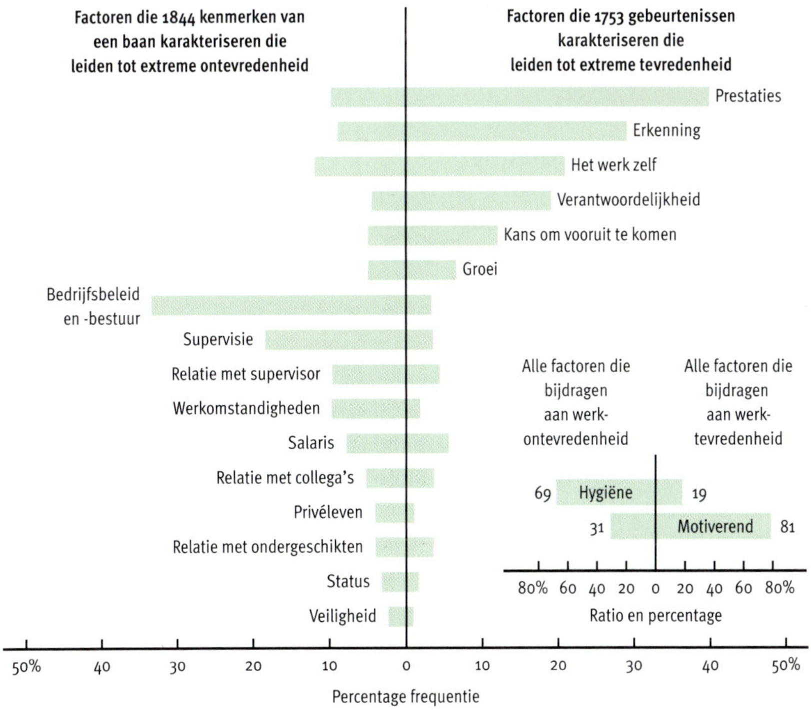

FIGUUR 7.2 **Vergelijking tussen factoren die leiden tot werktevredenheid en werkontevredenheid**

Onderzoeksresultaten

Onderzoekers hebben weinig ondersteuning gevonden voor de tweefactorentheorie. De kritiek is vooral gericht op de oorspronkelijke onderzoekmethoden van Herzberg en zijn aannames, zoals het uitgangspunt dat (werk)tevredenheid sterk samenhangt met productiviteit. Verder is uit onderzoek gebleken dat als de hygiëne- en motivatiefactoren even belangrijk voor iemand zijn, ze allebei motiverend kunnen werken. Ondanks alle kritiek is de theorie van Herzberg invloedrijk en ze wordt nog veel gebruikt in onderzoek in Azië.[9] Wereldwijd zijn de meeste managers bekend met de aanbevelingen ervan.

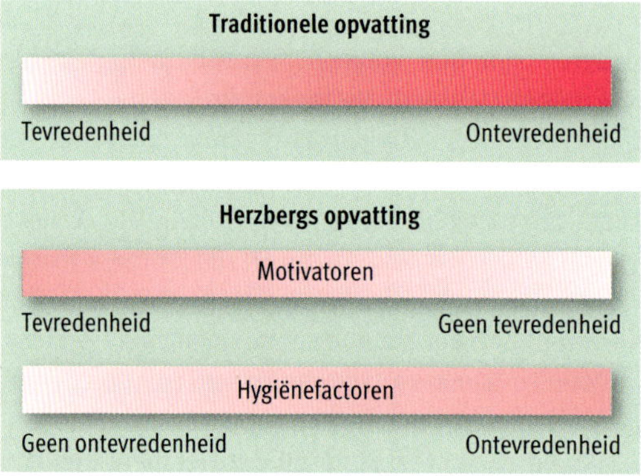

FIGUUR 7.3 **Contrasterende opvatting over tevredenheid en ontevredenheid**

VRAAG

Zouden aanhoudend negatieve werkomstandigheden (qua beloning, aandacht, collega's, stijl van leidinggeven, werkruimte, overwerk enzovoort) op den duur je plezier in het werk kunnen vergallen, ook als je het inhoudelijk erg leuk werk vindt? Wat zou Herzberg daarover zeggen?

7.2.3 De driebehoeftentheorie

Hoe komt het dat mensen onderling zo sterk kunnen verschillen in hun motivatie ook al doen ze hetzelfde werk onder dezelfde omstandigheden? David McClelland en zijn onderzoeksgroep probeerden die vraag te beantwoorden. Naar hun idee vormen drie behoeften de basis voor die verschillen in motivatie.

1. De **prestatiebehoefte** (*need for Achievement* of *nAch*) – de drang uit te blinken, de drijfveer om gestelde doelen te bereiken, het streven naar succes.
2. De **behoefte aan macht** (*need for Power* of *nPow*) – de behoefte anderen aan te zetten tot gedrag dat ze anders niet vertoond zouden hebben.
3. De **behoefte aan affiliatie** (*need for Affiliation* of *nAff*) – het verlangen naar sociale binding, de wens om goede en nauwe banden met anderen aan te gaan.

Afhankelijk van de sterkte van elk van de drie behoeften in verschillende personen zullen zij in dezelfde situatie verschillen in hun motivatie. Omdat McClelland veronderstelt dat de sterkte van deze behoeften per persoon constant is, is de **driebehoeftentheorie** in feite een persoonlijkheidstheorie over motivatie.[10]

Voorspellingen van de theorie

McClelland en andere onderzoekers richtten hun aandacht vooral op de prestatiebehoefte. Mensen met een sterke prestatiedrang vermijden zeer eenvoudige of zeer lastige

(lees: vrijwel onmogelijke) taken. Ze geven de voorkeur aan taken van een gemiddelde moeilijkheidsgraad. Ze hebben een hekel aan gokken, omdat de kans op mislukken dan groot is. Bovendien is het een kwestie van puur toeval als het goed gaat en daar vinden ze geen voldoening in. Ook vermijden ze situaties waarbij er een grote kans op succes is, omdat er dan geen eisen gesteld worden aan hun vaardigheden. Ze presteren het best als hun vaardigheden een beetje op de proef gesteld worden.
De drie behoeften levert belangrijke voorspellingen op in werksituaties. Ten eerste zullen mensen met een sterke prestatiedrang (hoge *nAch*) sterk gemotiveerd worden door werksituaties met verantwoordelijkheid, feedback en een middelmatig hoog risico. Ten tweede zijn prestatiegerichte mensen niet automatisch goede managers, vooral niet in grote organisaties. Mensen met een hoge *nAch* zijn volgens McClelland vooral geïnteresseerd in hoe goed zij persoonlijk presteren en niet in het beïnvloeden van anderen om goed te presteren. Een verkoper met een hoge *nAch* hoeft geen goede verkoopmanager te zijn en de goede manager in een grote organisatie heeft doorgaans geen sterke behoefte om individueel te presteren.[11] Ten derde hebben de effectiefste leiders doorgaans een hoge score op zowel behoefte aan macht (*nPow*) als op behoefte aan affiliatie (*nAff*).[12] De ruwe kantjes van de machtsbehoefte worden blijkbaar wat getemperd door de behoefte aan sociale binding.

VRAAG

Welke van de vijf persoonlijkheidskenmerken van de Big Five (zie hoofdstuk 4) passen het best bij de drie behoeften van McClelland?

Lees op MyLab meer over het verschil tussen de theorie van McClelland en de beide andere vroege theorieën.

Onderzoeksresultaten

De theorie van McClelland wordt door onderzoek ondersteund, vooral als culturele dimensies als machtsafstand worden meegenomen (zie hoofdstuk 4).[13] Zo heeft het begrip nAch heel wat onderzoeksaandacht gekregen en in veel verschillende vakgebieden ingang gevonden, zoals bij gedrag in organisaties (GiO), psychologie en bedrijfskunde.[14] Ten tweede heeft het begrip nPow ook ondersteuning gevonden in onderzoek, maar het klinkt mensen waarschijnlijk bekender in de oren in algemene termen dan in relatie tot de oorspronkelijke definitie.[15] We zullen in hoofdstuk 13 uitgebreider op macht ingaan. Ten derde wordt het begrip nAff in veel onderzoek ondersteund en geaccepteerd. Hoewel nAff misschien lijkt op een nieuwe versie van Maslows begrip *sociale behoeften*, staat het daar in feite tamelijk los van. Veel mensen vinden het een vanzelfsprekende gedachte dat mensen gemotiveerd zijn om relaties aan te gaan, en het kan dus goed zijn dat het bij niemand volledig aan die motivatie ontbreekt. Ten vierde: persoonlijkheidskenmerken zijn ook van invloed op het najagen van onze behoeften. Onderzoek onder volwassenen in Kameroen en Duitsland geeft aan dat een hoge mate van neuroticisme de motivatie kan beperken om relaties op te bouwen (zie hoofdstuk 4). Inschikkelijkheid ondersteunt het najagen van affiliatie, terwijl extraversie geen significant effect heeft.[16]

7.3 De hedendaagse motivatietheorieën

De besproken theorieën zijn weliswaar heel bekend, maar bij nadere beschouwing te algemeen in hun uitspraken of te lastig om toe te passen. Gelukkig geldt voor de modernere theorieën dat deze behoorlijk worden gestaafd door onderzoek. Dat wil echter niet zeggen dat de theorieën die we hierna zullen bespreken in alle opzichten juist zijn. Ook deze theorieën dienen we kritisch te benaderen. Dat we ze hedendaagse theorieën noemen, is overigens niet omdat ze recent ontwikkeld zijn, maar omdat ze een afspiegeling vormen van de huidige staat van het denken over werknemersmotivatie.

7.3.1 De zelfbepalingstheorie

'Het is raar', zegt Maarten. 'Ik ben eerst als vrijwilliger begonnen bij de stichting Mensen houden van dieren. Ik werkte daar vijftien uur per week om mensen te helpen een huisdier te nemen. En ik vond het heerlijk om er te werken. Vervolgens kreeg ik er drie maanden later een fulltimebaan aangeboden voor 11 euro per uur. Ik doe nu hetzelfde werk als eerst. Maar ik vind het lang niet meer zo leuk.'

Lijkt de reactie van Maarten onlogisch? Toch is er een verklaring voor. Die wordt de **zelfbepalingstheorie** (Engels: *self-determination*) genoemd. Deze theorie stelt dat mensen graag het gevoel hebben dat ze zelf uitmaken wat ze doen. Alles waardoor werk dat vroeger met plezier werd gedaan meer als een verplichting gaat voelen dan als een zelfgekozen activiteit is funest voor de motivatie.[17] Deze theorie wordt breed toegepast in de psychologie, het management, onderwijs en medisch onderzoek. Er zijn een tweetal theorieën afgeleid uit de zelfbepalingsgedachte, namelijk de cognitieve evaluatietheorie en de zelfconcordantietheorie, die we hierna bespreken.

Cognitieve evaluatietheorie

Veel onderzoek naar de zelfbepalingstheorie heeft zich gericht op de **cognitieve evaluatietheorie**, een aanvullende theorie die veronderstelt dat extrinsieke beloningen de intrinsieke interesse voor een taak verminderen. Als mensen worden betaald voor hun werk, dan voelt dat minder als iets dat ze *willen* doen en meer als iets dat ze *moeten* doen. Er is veel onderzoek dat de zelfbepalingstheorie ondersteunt.[18] Wat zegt dit over beloningen? Het lijkt erop dat het verstandig is om enigszins terughoudend te zijn met extrinsieke beloningen om werknemers te motiveren, en dat de motivatie beter op peil wordt gehouden als werknemers doelen nastreven vanuit intrinsieke motieven (bijvoorbeeld omdat ze geïnteresseerd zijn in het werk zelf) dan vanwege extrinsieke beloningen. Zo lijkt ook de cognitieve evaluatietheorie erop te duiden dat de intrinsieke motivatie vaak juist wordt ondermijnd als je extrinsieke prikkels biedt.

VOORBEELD

Een ervaren vertegenwoordiger vindt het echt leuk om te verkopen en deals te sluiten. Ze krijgt provisie, waarmee wordt aangegeven dat ze haar werk goed doet. Haar gevoel dat ze competent is, wordt door de bijpassende beloning vergroot, wat vervolgens weer haar intrinsieke motivatie zal verhogen. Maar bij een computerprogrammeur die ervan houdt om code te schrijven omdat ze het leuk vindt om problemen op te lossen, kan dat heel anders uitpakken. Een beloning om te werken volgens een van bovenaf opgelegde norm die ze niet accepteert – bijvoorbeeld elke dag een bepaald aantal regels code schrijven – zal als dwang aanvoelen en daardoor ten koste gaan van haar intrinsieke motivatie. Het is maar de vraag of ze meer of juist minder regels code zal schrijven als gevolg van de externe *motivator*.

Onderzoeksresultaten

De theorie wordt bevestigd in een meta-analyse die liet zien dat intrinsieke motivatie vooral van invloed is op de *kwaliteit* van het werk, terwijl (financiële) prikkels vooral invloed hebben op de *kwantiteit*, dus hoeveel iemand produceert. Hoewel intrinsieke motivatie gepaard gaat met goede prestaties ongeacht of er financiële prikkels zijn, zal het positieve effect afnemen als de prikkels direct aan de prestatie worden verbonden, zoals bij toekennen van bonussen. Het lijkt beter voor de motivatie om bonussen toe te kennen voor algeheel positief werkgedrag zoals kwaliteit en kwantiteit en bijvoorbeeld collegialiteit.[19]

VRAAG

Probeer met het voorgaande in gedachten het (grote) verschil in motivatie in je klas bij het uitvoeren van projectopdrachten te verklaren.

Zelfconcordantietheorie

Een recente uitbreiding van de zelfbepalingstheorie is **zelfconcordantie**. Het idee is dat naarmate je persoonlijke doelen beter overeenstemmen met je diepste wensen, interesses en waarden je motivatie om aan die doelen te werken sterker zal zijn. Concordantie betekent dus *overeenstemming*.

Wat betekent dit alles? Voor werknemers betekent het dat ze hun werk niet alleen om extrinsieke beloningen moeten kiezen. Voor organisaties betekent dit dat zij zowel intrinsieke als extrinsieke prikkels moeten bieden. Ze moeten het werk interessant maken, mensen waardering geven en werknemers in hun groei en ontwikkeling steunen.

Onderzoeksresultaten

Uit GiO-onderzoek komt naar voren dat mensen die om intrinsieke redenen hun werkdoelen proberen te bereiken tevredener zijn met hun werk, het gevoel hebben dat ze beter in de organisatie passen en vaak beter presteren.[20] Ongeacht de cultuur van het land zullen mensen die doelen nastreven uit intrinsieke interesse een grotere kans hebben deze doelen te bereiken. Ze blijken gelukkiger te zijn dan anderen zelfs als het niet lukt een doel te halen.[21] Waarom? Omdat het proces van werken aan een intrinsiek waardevol doel op zichzelf al plezierig is, of je het doel nu haalt of niet. Recent onderzoek laat zien dat plichtsbesef ervoor kan zorgen dat mensen die in hun werk geen intrinsieke motivatie ervaren best redelijk presteren, maar dat gaat dan wel ten koste van hogere niveaus van spanning.[22] Werknemers die het idee hebben dat ze zelf bepalen wat ze doen en dat hun werk een vrije keuze is, zijn sterker gemotiveerd in hun werk en meer betrokken bij hun werkgever dan werknemers voor wie dit niet geldt.[23]

Verbale beloningen vergroten de intrinsieke motivatie, terwijl tastbare beloningen die ondermijnen wanneer mensen ze als dwang beschouwen.

7.3.2 De doelstellingstheorie

Je ouders, je leraar of je sportcoach hebben vast wel eens tegen je gezegd: 'Doe maar je best, meer kun je niet doen.' Maar wat betekent 'doe je best'? Hoe weten we of we dat vage doel 'ons best doen' hebben bereikt? Stel nu eens dat iemand je een heel *specifieke* doelstelling opgaf, bijvoorbeeld: 'Haal een 8 of hoger voor Nederlands.' Zou dat motiverender kunnen zijn? Experimenten met de **doelstellingstheorie** van Edwin Locke onthulden de indrukwekkende effecten van specifieke doelstellingen, uitdagingen en *feedback* op je prestaties. Volgens deze theorie is het voornemen om aan een specifiek (en geaccepteerd) doel te werken een enorme bron van motivatie.[24] In het algemeen blijkt: hoe specifieker de doelstellingen en hoe groter de uitdaging, hoe duidelijker de feedback zal zijn en des te beter de prestaties zullen worden. Stel, je hebt een 7,5 gehaald voor Nederlands (waarvoor je vroeger hooguit zesjes haalde). Dan zal de feedback positief zijn: 'Dit is toch een heel eind in de goede richting. Compliment! Bij de volgende toets gaat het vast nog beter. Blijf oefenen!'

De doelstellingstheorie is wetenschappelijk goed gevalideerd:

1. Er is er veel bewijs dat specifieke én uitdagende doelen – als ze worden aanvaard – betere resultaten opleveren dan gemakkelijke doelen; en heldere feedback leidt tot grotere prestaties dan geen feedback.[25] Hoe moeilijker de doelstelling is des te hoger het prestatieniveau. Als een moeilijke taak eenmaal is aanvaard kunnen we een hoge inzet van de medewerker verwachten om de taak tot een goed einde te brengen.
2. Mensen presteren doorgaans beter als ze feedback krijgen op de voortgang van hun inspanning. Maar niet alle feedback is even effectief. Feedback die je zelf kunt bijhouden is krachtiger dan feedback van buitenaf.[26]
3. Participatie levert niet altijd hogere motivatie op. De resultaten van onderzoek naar participatie versus toegewezen doelen zijn niet eenduidig. In sommige gevallen hebben doelen die in overleg opgesteld waren geleid tot superieure prestaties; in andere gevallen brachten werknemers het er het beste van af met door hun baas toegewezen doelen. Een experiment in China toonde aan dat de participatieve vaststelling van teamdoelen leidde tot hogere teamprestaties.[27] Een ander onderzoek liet zien dat participatie beter haalbare doelstellingen opleverde.[28]
4. Doelbinding: een groot voordeel van participatie is dat men zich vrijwel automatisch achter het doel schaart. Je verbinden aan het doel is een belangrijke factor, zoals we verderop nog zullen zien. Als er geen gebruik wordt gemaakt van participatie, moeten het doel en het belang van het doel in ieder geval duidelijk worden uitgelegd door de persoon die het doel toewijst.[29]

Concrete, lastig te bereiken doelen leveren meer resultaat op dan het vage doel van 'je best doen'. Het specifieke karakter van deze doelen veroorzaakt de innerlijke prikkel tot actie. Wanneer een vrachtwagenchauffeur zich bijvoorbeeld voorneemt om op één dag tien keer heen en weer te rijden tussen Amsterdam en Rotterdam, heeft hij een concrete doelstelling. Onder verder gelijke omstandigheden zal de chauffeur met een concreet doel beter presteren dan een chauffeur zonder doel of met het algemene doel 'zijn best doen'.

Drie moderatorvariabelen: doelbinding, taakkenmerken en nationale cultuur

Naast uitdagende doelen, feedback en (soms) participatie zijn er nog drie factoren die van invloed zijn op de relatie tussen doelen en prestaties: de sterkte van de binding aan het doel, de kenmerken van de taak en de nationale cultuur.

1. *Doelbinding*
   De doelstellingstheorie gaat ervan uit dat het individu (doordat hij het doel heeft geaccepteerd) zich heeft verbonden aan het doel en vastbesloten is om geen compromissen te sluiten. Volgens deze theorie is een sterk betrokken individu ervan overtuigd dat hij het doel kan en wil halen.[30] Maar wanneer is een individu werkelijk betrokken bij het gegeven doel? Uit onderzoek blijkt dat de kans op hoge betrokkenheid bij een doel het grootst is als (1) de doelen openbaar en dus bij iedereen bekend zijn, (2) de persoon gelooft in het eigen kunnen en (3) de doelen zelfgekozen zijn en tenminste gedeeltelijk gebaseerd op de vermogens van de persoon.[31]

2. *Taakkenmerken*
Doelen lijkt het sterkst van invloed te zijn op prestaties als de taken (en dus niet de doelen!) eenvoudig in plaats van ingewikkeld zijn, bekend in plaats van nieuw, en onafhankelijk in plaats van afhankelijk van andere zaken en behoorlijk haalbaar.[32] Bij taken die onderling afhankelijk zijn, is het beter om groepsdoelen te kiezen.
3. *Nationale cultuur*
Tot slot kan het stellen van specifieke en uitdagende individuele doelen in verschillende culturen verschillend uitpakken. In collectivistische culturen met een grote machtsafstand (zie hoofdstuk 4) zijn haalbare, niet te moeilijke, doelen motiverender dan moeilijke doelen.[33] Anders dan je misschien zou verwachten lijken groepsdoelen in collectivistische culturen niet effectiever dan in individualistische culturen.

Lees op MyLab over enkele risico's van klakkeloze toepassing van de doelstellingentheorie.

VRAAG
De landencultuur van de Verenigde Staten wordt gekenmerkt door een vrij geringe machtsafstand en een grote mate van individualisme. Het in overleg afspreken van haalbare doelen voor niet al te ingewikkelde taken bleek in de Verenigde Staten de motivatie te bevorderen. China scoort hoog op machtsafstand en zeer laag op individualisme. Hoe zou in China de motivatie middels doelen kunnen worden bevorderd?

Meer wegen naar Rome: individuele verschillen in focus

Uit onderzoek is gebleken dat mensen verschillen in de manier waarop ze hun gedachten en gedrag sturen bij het nastreven van hun doelen. We kunnen mensen meestal in twee verschillende categorieën indelen, hoewel ze ook in beide categorieën kunnen vallen. Mensen met een **promotiefocus** streven naar carrière maken en iets bereiken, en gaan op omstandigheden af die hun dichter bij hun (gewenste) doelen brengen. Mensen met een **preventiefocus** streven ernaar om aan hun taken en plichten te voldoen en proberen omstandigheden te mijden die hen afhouden van hun (gewenste) doelen. Hoewel je terecht kunt stellen dat beide strategieën gericht zijn op het bereiken van doelen is de manier waarop ze die doelen bereiken heel verschillend. Neem studeren voor een examen. Je zou je kunnen bezighouden met activiteiten die bevorderlijk zijn voor het doel, zoals lesmateriaal doorlezen. Of je zou aan preventiegerichte activiteiten kunnen doen en bijvoorbeeld geen dingen doen die het studeren in de weg zitten, zoals gamen of met je vrienden chatten.
Het is waarschijnlijk het beste om promotie- én preventiegericht te zijn.[34] Onthoud dat iemands werktevredenheid door falen een veel grotere knauw krijgt als hij of zij vooral de neiging tot vermijden vertoont (preventiegerichtheid).[35] Stel daarom haalbare doelen, zorg ervoor dat er geen zaken zijn die daarvan afleiden en bied structuur om de kans op het niet halen van de doelen te verkleinen.[36]

Toepassing

Wat doen organisaties in de praktijk met de kennis over doelen stellen en motivatie? Dat wordt in het algemeen aan de individuele manager of projectleider overgelaten. Het probleem is alleen dat managers in veel gevallen geen heldere doelen stellen. Uit onderzoek bleek dat slechts een minderheid van de ondervraagde werknemers bevestigend antwoordde op de vraag of ze duidelijk geformuleerde doelstellingen hadden gekregen van hun managers.[37]

Een ***management by objectives***-programma **(MBO)** is een systematische manier om doelen te stellen. MBO is populair geworden in de jaren zeventig van de vorige eeuw en wordt nog steeds veel gebruikt. MBO legt sterk de nadruk op in overleg bepaalde doelen die concreet, verifieerbaar en meetbaar zijn. Zoals figuur 7.4 laat zien, worden uit de globale doelstellingen specifieke doelstellingen voor elk volgend niveau afgeleid (divisie, afdeling, individu). Aangezien de lagere managementniveaus betrokken worden bij het opstellen van hun eigen doelen, werkt MBO zowel *bottom-up* als *top-down*. Het gevolg is een hiërarchie van doelstellingen die via opeenvolgende niveaus met elkaar verbonden zijn. De individuele werknemer zal uiteindelijk specifieke persoonlijke prestatiedoelen hebben.

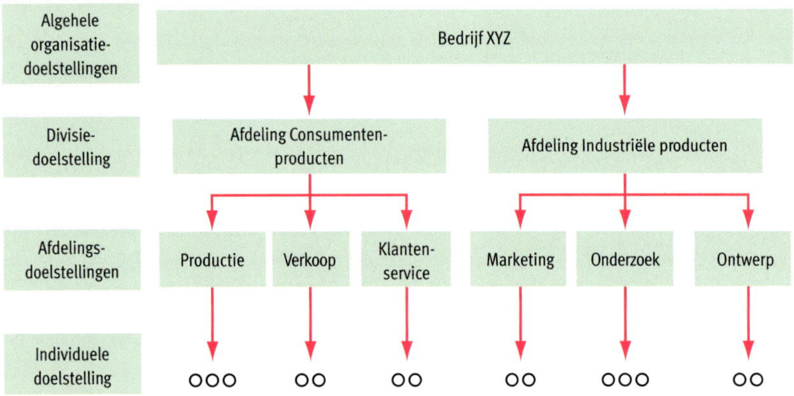

FIGUUR 7.4 **De waterval van doelstellingen**

MBO-programma's hebben vier elementen gemeen:

1. concrete doelen;
2. participatieve besluitvorming (het samen vaststellen van de doelen);
3. een expliciete deadline;
4. feedback over de prestaties.[38]

Veel elementen in MBO-programma's sluiten aan bij de doelstellingstheorie. Het enige verschil tussen MBO en de doelstellingstheorie betreft de kwestie van participatie. MBO is daar een groot voorstander van, terwijl de doelstellingstheorie laat zien dat het soms net zo effectief kan zijn als managers doelen toewijzen. Het gaat volgens die laatste theorie uiteindelijk om verbondenheid met het doel. Daarvoor kan participatie het middel zijn, maar duidelijke uitleg door de leidinggevende over het hoe en waarom eveneens. MBO-programma's vind je in veel bedrijven, zorg- en onderwijsinstellingen, bij de overheid en in non-profitorganisaties.[39]

De overheden van Zweden, Noorwegen en Denemarken kennen al dertig jaar een versie van MBO die *Management by Objectives and Results* (MBOR) wordt genoemd.[40] Maar de populariteit van deze programma's betekent niet dat ze altijd werken.[41] Als MBO niet werkt, ligt de oorzaak meestal bij gebrek aan commitment bij het topmanagement en bij de weigering om (behalve voor de top) voldoende budget te reserveren voor het belonen van behaalde doelstellingen op de lagere niveaus.

Ethische aspecten

De relatie tussen doelen stellen en ethiek zit behoorlijk ingewikkeld in elkaar; als we de nadruk leggen op het behalen van doelen, wat zijn dan de ethische kosten? Het antwoord is waarschijnlijk te vinden in de maatstaven die we aanleggen om doelen te behalen. Als bijvoorbeeld een financiële beloning verbonden is aan het behalen van de doelen, dan kan het zijn dat we ons vooral gaan richten op dat geld en bereid zijn om onze ethische normen geweld aan te doen. Als we vooral bewust nadenken over hoe we onze tijd besteden bij het nastreven van het doel, dan is de kans groter dan we ons ethisch gedragen.[42] Dat geldt echter alleen voor gedachten over *hoe* we onze tijd besteden. Als we onder tijdsdruk komen te staan en ons daar zorgen over maken, dan keren gedachten over tijd zich tegen ons. De tijdsdruk neemt ook toe naarmate we een doel dichter naderen, waardoor we in de verleiding kunnen komen om onethisch te handelen om het doel te bereiken.[43] Specifieker gezegd, we zijn dan minder bezig met het leren van de taken maar gebruiken vaker vermijdingstechnieken om niet slecht over te komen.[44] Door beide aspecten kunnen we eerder geneigd zijn om onethische keuzes te maken.

7.4 Andere hedendaagse motivatietheorieën

De zelfbepalingstheorie en de doelstellingstheorie zijn hedendaagse motivatietheorieën waarvoor in vele onderzoeken bewijs is gevonden. Maar er zijn nog veel meer GiO-theorieën die de moeite waard zijn als het om dit onderwerp gaat. Theorieën over zelfvertrouwen, bekrachtiging, billijkheid of rechtvaardigheid van de organisatie en over verwachtingen gaan in op verschillende aspecten van onze motivatieprocessen en -neigingen.

7.4.1 Self-efficacy-theorie

De **self-efficacy-theorie,** ofwel de theorie van het geloof in eigen kunnen, wijst op het belang van de overtuiging van een individu dat hij in staat is om een taak uit te voeren.[45] Het gaat hier om *geloof in eigen kunnen*. Hoe groter je zelfvertrouwen is ten aanzien van jouw manier van werken, hoe meer vertrouwen je zult hebben in je vermogen om een taak tot een goed einde te brengen. In moeilijke situaties zullen mensen met een gering zelfvertrouwen zich minder inspannen of het al snel helemaal opgeven. Mensen met een sterk geloof in eigen kunnen zullen zich daarentegen juist meer inspannen om de uitdaging onder de knie te krijgen.[46] Daarnaast reageren mensen met een hoge score op self-efficacy extra ijverig en gemotiveerd op negatieve feedback, terwijl degenen die laag scoren hun inspanningen meteen verminderen als ze negatieve feedback krijgen.[47] Een onderzoeker introduceerde als extra mogelijke verklaring dat dit zelfvertrouwen geassocieerd kan zijn met een hoger concentratievermogen wat zou leiden tot betere prestaties.[48]

Organisaties kunnen werknemers helpen hun zelfvertrouwen te vergroten door de doelstellingstheorie met de self-efficacy-theorie te verbinden. In figuur 7.5 is te zien dat werknemers meer in zichzelf gaan geloven en hogere eisen gaan stellen aan hun eigen prestaties wanneer een manager moeilijke doelen voor hen stelt. Waarom is dat zo? Onderzoek heeft aangetoond dat degene die moeilijkere doelen stelt je tevens het signaal geeft dat hij vertrouwen heeft in jouw vermogen om te presteren. Stel bijvoorbeeld dat je baas een uitdagender doel voor jou stelt dan voor je collega's. Hoe zou je dat interpreteren? Zolang je niet het gevoel hebt dat de baas het op je heeft gemunt denk je vermoedelijk: 'Blijkbaar denkt mijn baas dat ik tot betere prestaties in staat ben dan de anderen.' Hiermee wordt een psychologisch proces in werking gesteld, waarin je meer zelfvertrouwen krijgt en ook uitdagender doelen voor jezelf durft te gaan stellen. Vervolgens zul je zowel op de werkvloer als daarbuiten beter presteren.

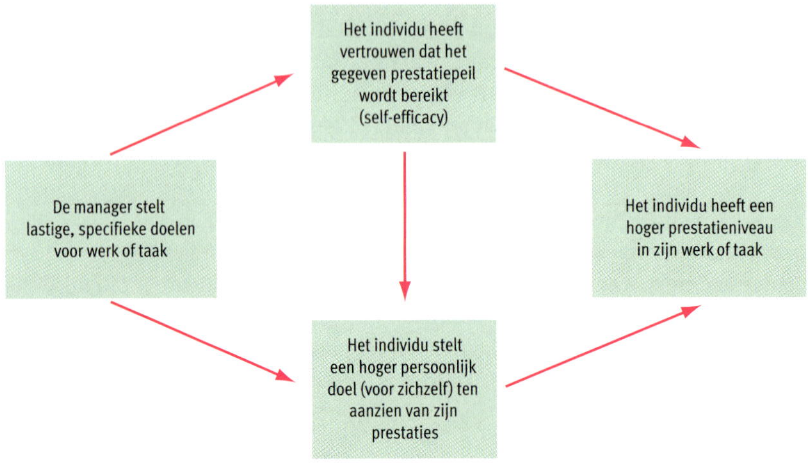

FIGUUR 7.5 **Gezamenlijke effecten van doelen en self-efficacy op prestaties**

Je zelfvertrouwen verbeteren

Albert Bandura, de onderzoeker die deze theorie heeft ontwikkeld, beweert dat geloof in eigen kunnen op vier manieren kan worden verhoogd:[49]

1. *Al doende leren* is de belangrijkste bron van het verbeteren van het zelfvertrouwen, door het opdoen van relevante ervaring in het werk of de taak. Als je een taak in het verleden met succes hebt uitgevoerd, ben je er geruster op dat je dat in de toekomst ook lukt.
2. *De kunst afkijken*. Je krijgt meer vertrouwen als je iemand anders een taak ziet uitvoeren. Deze indirecte leerstrategie is vooral effectief wanneer je jezelf gelijkwaardig acht aan de persoon die je observeert. Tiger Woods een lastige bal zien slaan, zal je zelfvertrouwen waarschijnlijk niet vergroten. Maar als je vriend is gestopt met roken, vergroot dat je vertrouwen in jouw mogelijkheden om hetzelfde te doen.
3. *Moed inspreken*. Je krijgt meer zelfvertrouwen als iemand je ervan overtuigt dat je de vaardigheden hebt om succesvol te zijn. Amerikaanse sprekers die iemands motivatie proberen te beïnvloeden maken veel gebruik van deze tactiek: *'I know you can do it, because you are great!'*
4. *Aansporing*. Aansporing leidt tot een energieke toestand, waardoor iemand extra wordt aangezet om zich voor het doel in te spannen. Denk aan het ophitsende effect dat supporters op een sportteam kunnen hebben. Maar aansporing leidt alleen tot betere prestaties als de extra energie relevant is voor de taak. Als de taak een gestaag maar rustig werktempo vereist (bijvoorbeeld het redigeren van een manuscript of het voeren van politieke onderhandelingen), kan aansporing stressverhogend werken en daarmee schadelijk zijn voor de prestaties

Toenmalig president Barack Obama reikt de National Medal of Science uit aan Dr. Albert Bandura op 19 mei 2016. De medaille is een erkenning voor de uitstekende bijdragen die Bandura (1925) heeft geleverd aan wetenschap.

Foto: UPI / Alamy Stock Photo

omdat we de taak misschien gaan afraffelen, ook al wordt het geloof in eigen kunnen groter.

Intelligentie en persoonlijkheid komen niet op het lijstje van Bandura voor, maar ook die twee persoonskenmerken kunnen het zelfvertrouwen vergroten.[50] Mensen die intelligent, plichtsgetrouw en emotioneel stabiel zijn hebben een dermate grote kans dat ze ook veel zelfvertrouwen hebben, dat sommige onderzoekers menen dat zelfvertrouwen minder belangrijk is dan eerder onderzoek suggereerde.[51] Zij menen dat het deels een bijproduct is van een slim mens met een zelfverzekerde persoonlijkheid.

Zelfvertrouwen bij anderen vergroten

De beste manier waarop managers mensen verbaal tot iets kunnen aanzetten, is via de *self-fulfilling prophecy*. Dit effect houdt in dat een voorspelling, alleen door het feit dat ze gedaan is, zichzelf waarmaakt.[52] In een onderzoek werd bijvoorbeeld tegen docenten gezegd dat hun studenten een heel hoog IQ hadden, terwijl in werkelijkheid hun intelligentiescores normaal varieerden van hoog naar laag. In overeenstemming met de self-fulfilling prophecy bleken de docenten zich langer bezig te houden met de studenten van wie ze dachten dat ze slim waren. Ze gaven die studenten moeilijkere opdrachten en verwachtten meer van hen, wat bij de studenten weer leidde tot een groter geloof in eigen kunnen (self-efficacy, ofwel zelfvertrouwen) en daardoor ook tot hogere cijfers.[53] Deze benadering wordt ook in de werkomgeving gebruikt, met de beste resultaten als de relatie tussen baas en medewerkers zeer goed is.[54] Van een groep matrozen tegen wie vol overtuiging werd gezegd dat ze niet zeeziek zouden worden, werd een kleiner aantal dan normaal zeeziek.[55]

Lees op MyLab over de kritische kanttekening bij Bandura's theorie.

Wat zijn de implicaties van de self-efficacy-theorie voor GiO? Door eenvoudigweg de vier principes van Bandura in een werkcontext toe te passen verbeter je het zelfvertrouwen van mensen en daarmee ook hun motivatie. Opleidingsprogramma's maken vaak gebruik van de principes van al doende leren en de kunst afkijken door mensen hun vaardigheden te laten oefenen in praktijksituaties. Een van de redenen dat een opleiding of scholing effect heeft, is dat het geloof in eigen kunnen erdoor wordt vergroot, vooral als de training interactief is en er duidelijke feedback wordt gegeven.[56] Er is sprake van een wisselwerking: mensen met een groter geloof in eigen kunnen profiteren ook meer van opleidingsprogramma's en gebruiken wat ze geleerd hebben ook eerder in de uitoefening van hun werk.[57]

7.4.2 De reinforcement-theorie

De doelstellingstheorie is een cognitieve benadering, die zegt dat de doelen die iemand stelt zijn of haar handelen sturen. Bij de **reinforcement-theorie** (oftewel de bekrachtigingstheorie) wordt juist van het behavioristisch standpunt uitgegaan dat bekrachtiging het gedrag conditioneert. De twee theorieën zijn qua uitgangspunten duidelijk niet verenigbaar. Reinforcement-theoretici menen dat gedrag wordt veroorzaakt door prikkels en beloningen vanuit de omgeving. Volgens deze theoretici zijn onze interne cognitieve overwegingen geen oorzaak voor gedrag; gedrag wordt volgens hen gestuurd door bekrachtigende externe factoren. Dat zijn alle gevolgen die, als ze onmiddellijk op de respons volgen, de kans vergroten dat het gedrag wordt herhaald. De reinforcement-theorie negeert de innerlijke toestand van het individu en concentreert zich zuiver op wat er gebeurt als iemand een handeling verricht. Omdat die theorie zich niet bezighoudt met wat gedrag in gang zet, is ze strikt gesproken geen motivatietheorie. Maar ze biedt wel een krachtige manier om te analyseren hoe gedrag wordt gestuurd, en daarom worden ook begrippen uit de reinforcement-theorie meestal besproken als het om motivatie gaat.[58]

Operante conditionering/behaviorisme en reinforcement

In de **operante conditioneringstheorie**, waarschijnlijk de meest relevante component van de reinforcement-theorie voor management, wordt betoogd dat mensen leren zich op een bepaalde manier te gedragen om iets te krijgen wat ze willen of om iets te vermijden wat ze niet willen. In tegenstelling tot reflexief of niet-aangeleerd gedrag wordt operant gedrag beïnvloed door de bekrachtiging of het ontbreken daarvan die wordt teweeggebracht door de gevolgen. Bekrachtiging versterkt bepaald gedrag en vergroot de kans op herhaling van dat gedrag.[59]

B.F. Skinner, een van de meest toonaangevende pleitbezorgers van operante conditionering, toonde aan dat mensen zeer waarschijnlijk gewenst gedrag vertonen als ze op positieve wijze worden bekrachtigd om dat te doen; dat beloningen het effectiefst zijn als ze onmiddellijk op de gewenste respons volgen; en dat de kans minder groot is dat gedrag wordt herhaald dat niet beloond of juist bestraft wordt. Het begrip operante conditionering is onderdeel van het bredere begrip **behaviorisme** van Skinner, waarbij wordt betoogd dat gedrag relatief gedachteloos volgt op stimuli. In Skinners variant van het radicaal behaviorisme is geen plaats voor gevoelens, gedachten en andere geestestoestanden als oorzaken van gedrag. Kort gezegd, volgens het behaviorisme leren mensen een stimulus aan een respons te koppelen, maar is het niet relevant of ze zich er ook echt bewust van zijn dat ze dat doen.[60]

De sociale leertheorie en bekrachtiging

Mensen kunnen leren door het krijgen van instructie en door te kijken naar wat er met andere mensen gebeurt, maar ook door directe ervaring. Veel van wat we hebben geleerd hebben we opgestoken door goed naar voorbeelden te kijken, bijvoorbeeld ouders, docenten, leeftijdgenoten, bazen, acteurs en tv-persoonlijkheden enzovoort. De opvatting dat we kunnen leren door zowel te observeren als door directe ervaring wordt de **sociale leertheorie** (of beter: de theorie van het sociaal leren) genoemd.[61] Hoewel de sociale leertheorie een uitbreiding is van operante conditionering – er wordt namelijk van uitgegaan dat het aanleren van bepaald gedrag (bijvoorbeeld een glimlach bij het serveren van de hamburger aan de klant) een functie is van gevolgen (zoals een goede klantbeoordeling of fooi) wat dan weer leidt tot bestendiging van het gewenste gedrag – wordt ook erkend dat observationeel leren en perceptie een rol spelen. Mensen reageren op hun perceptie van de gevolgen van gedrag en op hoe belangrijk ze die gevolgen vinden, dus niet op de objectieve gevolgen zelf.

7.4.3 Billijkheidstheorie en organisatierechtvaardigheid

Ayse Özal is vorig jaar afgestudeerd in de accountancy. Inmiddels heeft ze een baan aangenomen bij een groot accountantskantoor en is ze in de vestiging in Rotterdam gaan werken. Ayse was heel tevreden over het aanbod dat ze kreeg: uitdagend werk bij een prestigieus bedrijf, een prima kans om waardevolle ervaring op te doen en het hoogste salaris (4.550 euro per maand) van alle studenten accountancy die het afgelopen jaar afgestudeerden. Maar Ayse was dan ook de beste leerling van de klas. Ze is welbespraakt en komt volwassen over, en ze verwachtte dan ook niet anders dan dat ze een salaris zou krijgen dat daarbij paste. We zijn inmiddels twaalf maanden verder en het werk is net zo uitdagend en leuk als Ayse hoopte. Haar werkgever is zeer tevreden over haar functioneren en heeft haar onlangs een salarisverhoging gegeven van 200 euro per maand. Maar de afgelopen weken is haar motivatie opeens flink gedaald. Hoe komt dat? Ayses werkgever heeft zojuist een net afgestudeerde jongeman aangenomen. Hij heeft hetzelfde diploma als Ayse, maar dus nog niet het jaar ervaring dat zij heeft. Zijn salaris is 4.800 euro per maand, 50 euro meer dan Ayse nu verdient! Ze is woedend en ze denkt erover een andere baan te gaan zoeken.

Billijkheidstheorie: een kwestie van juiste verhoudingen?

Hier komen we de **billijkheidstheorie** (Engels: *equity theory*) tegen. Deze stelt dat mensen in werksituaties zichzelf voortdurend vergelijken met anderen en dat deze vergelijkingen hun motivatie beïnvloeden. Mensen vergelijken de verhouding tussen hun input (inspanning, ervaring, opleiding, competentie) en de opbrengst (salarisniveau, loonsverhogingen, erkenning) met de input-opbrengstverhouding van anderen (zie figuur 7.6).

Als de verhouding in jouw ogen gelijk is aan die van de relevante anderen met wie je jezelf vergelijkt, beleef je dit als een billijke of eerlijke situatie. Je kunt de uitkomsten dan accepteren, ook al verdient de ander meer dan jij. Wanneer echter de verhoudingen naar jouw oordeel erg ongelijk zijn, beoordeel je die situatie als onbillijk en onredelijk, wat innerlijke spanningen oproept. Is je beloning in verhouding tot je inspanning te laag in vergelijking met iemand anders, dan leidt deze spanning tot woede; krijg je relatief gezien te veel, dan voel je je schuldig.

Verhoudingsgetal*	Perceptie
$\frac{0}{I_A} < \frac{0}{I_B}$	Onredelijkheid als gevolg van onderwaardering
$\frac{0}{I_A} = \frac{0}{I_B}$	Redelijkheid
$\frac{0}{I_A} > \frac{0}{I_B}$	Onredelijkheid als gevolg van overwaardering

*Waarbij $\frac{0}{I_A}$ staat voor de werknemer; en $\frac{0}{I_B}$ voor relevante anderen.

FIGUUR 7.6 Billijkheidstheorie

Volgens de billijkheidstheorie zullen werknemers die de uitkomst van de vergelijking onbillijk vinden een van de volgende zes opties kiezen:[62]

1. de input veranderen (minder hard hun best doen als ze onderbetaald worden of harder hun best doen als ze te veel betaald krijgen);
2. de uitkomst veranderen (werknemers die stukloon krijgen, kunnen hun loon verhogen door een groter aantal eenheden van lagere kwaliteit te produceren);
3. een vertekend beeld van zichzelf geven als ze overbetaald worden ('Ik dacht altijd dat ik een gemiddeld tempo had, maar nu besef ik dat ik het hardst werk van iedereen.');
4. een vertekend beeld van anderen geven ('Die baan van Michiel is niet zo geweldig als ik dacht.');

5. een andere referentiepersoon kiezen ('Ik verdien dan misschien wel niet zo veel als mijn zwager, maar ik verdien heel wat meer dan mijn vader toen hij zo oud was als ik.');
6. het veld ruimen (ontslag nemen).

FIGUUR 7.7 **Model van organisatierechtvaardigheid**

De billijkheidstheorie krijgt steun van sommige onderzoekers maar niet van alle.[63] Maar ook al zijn de beweringen van de billijkheidstheorie niet allemaal overeind gebleven, de hypothese is een belangrijke voorloper geweest van onderzoek naar **organisatierechtvaardigheid**, of simpelweg rechtvaardigheid op het werk.[64] Bij organisatierechtvaardigheid gaat het in grote lijnen om wat werknemers vinden van de manier waarop ze worden behandeld door degenen die op het werk aan de touwtjes trekken. Meestal kijken werknemers naar hoe rechtvaardig of eerlijk ze worden behandeld, zoals in figuur 7.7 te zien is. We gaan nu op enkele onderwerpen in die te maken hebben met organisatierechtvaardigheid.

Verdelende rechtvaardigheid

Bij **verdelende rechtvaardigheid** gaat het erom of de uitkomsten rechtvaardig zijn, zoals het salaris en de erkenning die werknemers krijgen. De uitkomsten kunnen op vele manieren worden toebedeeld. Zo kunnen alle werknemers dezelfde loonsverhoging krijgen, maar de verdeling kan ook zijn gebaseerd op de vraag welke werknemers het geld het hardst nodig hebben. Werknemers vinden de uitkomst echter veelal het eerlijkst, zoals we bij de billijkheidstheorie hebben besproken, als ze gelijk wordt verdeeld.

Is dezelfde logica ook van toepassing op teams? Op het eerste gezicht zou je denken dat een gelijke verdeling van de beloning onder de teamleden het beste is voor het moreel en de teamprestaties; op die manier wordt niemand voorgetrokken. Uit een onderzoek onder Amerikaanse teams uit de nationale hockeycompetitie blijkt echter iets anders. Door de salarissen van de teamleden te differentiëren op basis van hun input (hoe goed ze presteerden tijdens de wedstrijden) kon men betere spelers aantrekken voor het team, was de kans groter dat die spelers bleven en leverde het team betere prestaties.[65]

Procedurele rechtvaardigheid

Hoewel werknemers het heel belangrijk vinden *hoeveel* er wordt verdeeld (verdelende rechtvaardigheid), vinden ze het ook belangrijk *hoe* het wordt verdeeld. Terwijl er bij verdelende rechtvaardigheid wordt gekeken naar welke opbrengsten over de verschillende teamleden worden verdeeld, gaat het bij **procedurele rechtvaardigheid** om de vraag *hoe* (volgens welke criteria) dat gebeurt.[66] Het is duidelijk dat werknemers procedures eerlijker vinden wanneer ze iets te zeggen hebben over het besluitvormingsproces. Als we rechtstreeks invloed hebben op hoe besluiten worden genomen, of als we op zijn minst onze mening kenbaar kunnen maken bij degenen die de besluiten nemen, dan ontstaat er een gevoel van controle en voelen we ons eerder *empowered*. (In hoofdstuk 2 zijn we al uitgebreid ingegaan op empowerment.)
Zijn de uitkomsten gunstig en krijgen mensen wat ze willen, dan vinden ze het proces minder belangrijk. Procedurele rechtvaardigheid doet er dus blijkbaar minder toe als de verdeling goed voor ons uitpakt. Maar bij ongunstige uitkomsten gaan we juist heel goed naar de gevolgde procedure kijken. Als werknemers het proces eerlijk vinden, accepteren ze ongunstige uitkomsten eerder.[67] Waarom is dat zo? Ga maar na. Als je op een loonsverhoging hoopt en je manager zegt tegen je dat je dat kunt vergeten, dan zul je waarschijnlijk willen weten hoe loonsverhogingen worden bepaald. Als blijkt dat je manager een loonsverhoging baseert op verdienste en een collega gewoon beter heeft gepresteerd dan jij, dan is de kans groter dat je het besluit zult accepteren dan wanneer loonsverhoging is gebaseerd op het voortrekken van de een boven de ander. Had je meteen al de gewenste loonsverhoging gekregen, dan had het je vast niet veel kunnen schelen hoe dat besluit tot stand was gekomen.

Informationele rechtvaardigheid

Uit onderzoek blijkt dat werknemers behalve uitkomsten en procedures nog twee andere soorten rechtvaardigheid belangrijk vinden; ze hebben te maken met de manier waarop werknemers worden behandeld in hun contact met anderen. De eerste soort heet **informationele rechtvaardigheid** en gaat over de vraag of managers cruciale beslissingen nader toelichten aan werknemers en hen op de hoogte houden van belangrijke kwesties in de organisatie. Hoe duidelijker en openhartiger managers tegenover hun werknemers zijn, hoe rechtvaardiger de werknemers zich behandeld voelen. Hoewel het vanzelfsprekend lijkt dat managers eerlijk moeten zijn tegenover hun werknemers en hen niet in het ongewisse moeten laten over zaken die in de organisatie spelen, geven veel managers vaak met enige tegenzin openheid van zaken. Dat is vooral het geval bij slecht nieuws, wat zowel ongemakkelijk is voor de manager die het nieuws brengt als voor de werknemer die het krijgt. Een toelichting op slecht nieuws werkt goed in de vorm van excuses achteraf ('Ik weet dat dit vervelend is, en ik wilde jou die kamer geven, maar het was niet mijn besluit') in plaats van dingen recht te praten ('Ik heb besloten om die kamer aan Sam te geven, maar zo belangrijk is het nu allemaal ook weer niet').[68]

Interpersoonlijke rechtvaardigheid

De tweede soort rechtvaardigheid die te maken heeft met omgangsvormen tussen managers en werknemers is **interpersoonlijke rechtvaardigheid**. Daarbij gaat het over de vraag of werknemers waardig en met respect worden behandeld. Vergeleken met de andere vormen van rechtvaardigheid die we besproken hebben, heeft interpersoonlijke rechtvaardigheid de bijzondere eigenschap dat ze elke dag opnieuw zichtbaar is in de dagelijkse omgang tussen managers en werknemers.[69] Hierdoor kunnen managers kansen benutten (of missen) om hun werknemers te laten voelen dat ze eerlijk worden behandeld. Veel managers vinden het misschien 'soft' om werknemers beleefd en met respect te behandelen en kiezen agressievere tactieken vanuit de gedachte dat dat beter is voor de motivatie. Hoewel het vertonen van negatieve emoties als woede in sommige gevallen motiverend kan werken,[70] gaan managers hierin soms te ver. Kijk maar eens naar Mike Rice Jr., de voormalige basketbalcoach van het mannenteam van Rutgers University: op YouTube is (nog steeds) te zien hoe hij spelers verbaal aanvalt en zelfs fysiek mishandelt; hij is daarop subiet ontslagen.[71]

Positieve effecten van rechtvaardigheid

We hebben nu het nodige over de verschillende aspecten van rechtvaardigheid gezegd, maar hoe belangrijk is rechtvaardigheid nu eigenlijk? Heel belangrijk, zo blijkt. Als mensen zich rechtvaardig behandeld voelen, reageren ze op een aantal positieve manieren. Alle hier besproken soorten rechtvaardigheid laten een verband zien met betere prestaties en voorbeeldig gedrag op het werk, bijvoorbeeld spontaan collega's helpen. Ook ongewenst werkgedrag, zoals de kantjes eraf lopen, komt minder voor. Verder blijkt dat verdelende en procedurele rechtvaardigheid sterker samenhangen met werkprestaties, terwijl informationele en interpersoonlijke rechtvaardigheid meer samenhang vertonen met voorbeeldig werkgedrag. Zelfs enkele fysiologische uitkomsten, zoals beter slapen en een betere gezondheid, kunnen in verband worden gebracht met een rechtvaardige behandeling.[72]

Ondanks alle pogingen van organisaties om de rechtvaardigheidsperceptie positief te beïnvloeden blijft de kans bestaan dat mensen dingen niet rechtvaardig vinden. Wat als rechtvaardig of eerlijk wordt beleefd is nogal subjectief; wat de één oneerlijk vindt, kan de ander geen enkel probleem vinden. Over het algemeen vinden mensen verdelingen of procedures eerlijk als ze er zelf voordeel van hebben.[73] Bij het aanpakken van gepercipieerde onrechtvaardigheden moet je je als manager richten op de *perceptie* en niet op het *gedrag* dat daaruit volgt. Focus op de kern van het probleem: gaat het om verdelende, procedurele, informationele of interpersoonlijke (on)rechtvaardigheid? Probeer dan door toelichting de perceptie te wijzigen of biedt anders excuses aan. Daarnaast moet je werknemers die menen dat ze onrechtvaardig zijn behandeld ruimte geven om hun frustratie te uiten. Er is namelijk aangetoond dat de behoefte om wraak te nemen dan afneemt.[74]

Rechtvaardigheid garanderen

Kan een organisatie sturen hoe haar managers tegen rechtvaardigheid aankijken en dat ze zich aan de regels houden? Dat is afhankelijk van de motivatie van de manager. Sommige managers zullen op rationele wijze afwegen in hoeverre ze zich aan de rechtvaardigheidsregels van de organisatie houden. Deze managers proberen steeds beter aan de verwachtingen te voldoen, ontwikkelen tegenover hun werknemers de naam dat ze rechtvaardig zijn of stellen rechtvaardigheidsnormen in. Andere managers laten zich door hun emoties motiveren bij rechtvaardigheidsbesluiten. Als die managers hoog scoren op positief affect en/of laag op negatief affect, dan is de kans groot dat ze rechtvaardig handelen.

Het kan voor organisaties verleidelijk zijn om strenge rechtvaardigheidsrichtlijnen op te stellen in een poging het gedrag van haar managers te sturen, maar dat is niet altijd even effectief. Als managers meer regels en minder handelingsvrijheid krijgen, dan zullen degenen die rechtvaardigheid rationeel afwegen eerder rechtvaardig handelen;

managers bij wie het rechtvaardigheidsgedrag echter uit hun affect volgt, handelen juist eerder rechtvaardig als ze meer handelingsvrijheid hebben.[75]

7.4.4 De verwachtingstheorie

De **verwachtingstheorie** van Victor Vroom wordt door velen gezien als de beste theorie voor de verklaring van motivatie. Er is wel enige kritiek op deze theorie maar zij is inmiddels in tal van gecontroleerde experimenten bevestigd.[76] De verwachtingstheorie stelt dat mensen pas gemotiveerd zijn om zich extra in te spannen wanneer ze denken dat:

1. hun inspanningen tot goede prestaties én goede beoordelingen zullen leiden;
2. een goede beoordeling zal leiden tot extra beloning, bijvoorbeeld in de vorm van een bonus, een loonsverhoging of een promotie; en
3. de beloningen passen bij hun persoonlijke behoeften en doelen.

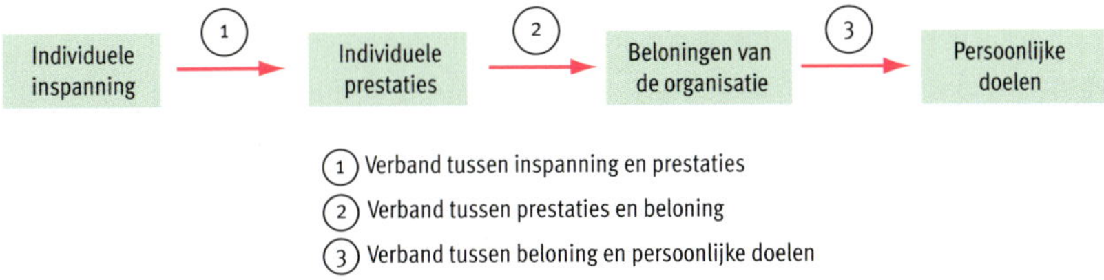

FIGUUR 7.8 **Verwachtingstheorie**

VRAAG

Welke elementen van andere hedendaagse motivatietheorieën worden in de verwachtingstheorie gecombineerd?

Aan de hand van de verwachtingstheorie kunnen we uitleggen waarom werknemers soms niet gemotiveerd zijn voor hun werk en slechts doen wat minimaal vereist is. Om te bepalen of je bereid bent je maximaal in te spannen, zou je volgens deze theorie drie vragen met 'ja' moeten beantwoorden:

> *Vraag 1. Als ik mij maximaal inspan, kan ik dan een goede prestatie leveren die in mijn beoordeling zal meetellen?*

Voor veel werknemers is het antwoord op deze vraag nee. Waarom is dat zo? Hun vaardigheden kunnen gebrekkig zijn, wat betekent dat ze waarschijnlijk nooit echt goed zullen presteren, hoe hard ze ook hun best doen. Een andere mogelijkheid is dat werknemers, al dan niet terecht, denken dat de baas hen niet mag. Daardoor verwachten ze een slechte beoordeling, hoe hard ze hun best ook hebben gedaan. Hieruit volgt dat de motivatie van werknemers ten dele negatief beïnvloed kan worden door de overtuiging dat de kans op een goede prestatie (en dus een positieve prestatiebeoordeling) klein is.

> *Vraag 2. Als ik goed presteer, zal de organisatie mij daar dan ook voor belonen?*

Veel organisaties belonen andere zaken dan prestaties. Het beoordelingssysteem van de organisatie kan zo zijn ingericht dat niet-prestatiegerichte factoren worden beoordeeld, denk bijvoorbeeld aan loyaliteit, initiatief of lef tonen. In die gevallen leidt hard werken niet per se tot een betere beoordeling. Als het loon of salaris is gebaseerd op factoren als aantal dienstjaren, een coöperatieve houding of 'slijmen' bij de baas, zullen werknemers geen verband zien tussen prestaties en beloningen, en dat zal zeker niet motiverend werken.

Vraag 3. Past de beloning bij mijn behoeften of ambities?

De werknemer werkt hard in de hoop promotie te maken, maar krijgt in plaats daarvan een loonsverhoging. Of zij verlangt naar een interessantere baan met meer uitdaging, maar krijgt alleen wat complimenten. Sommige managers hebben maar beperkte mogelijkheden in de beloningen die ze kunnen uitdelen, waardoor het moeilijk is om die af te stemmen op de behoeften van de individuele werknemer. Anderen menen ten onrechte dat alle werknemers hetzelfde willen en gaan dus voorbij aan de motiverende effecten van gedifferentieerde beloningen. In beide gevallen wordt de motivatie van de werknemer ondermijnd.

Sommige managers gaan er ten onrechte van uit dat werknemers allemaal hetzelfde willen en gaan dus voorbij aan de motiverende effecten van gedifferentieerde beloningen.

Werkt de verwachtingstheorie? Sommige critici zeggen dat het nut ervan beperkt is en dat de theorie alleen opgaat als het individu een duidelijk verband kan waarnemen tussen inspanning en prestaties, en tussen prestaties en beloning.[77] Omdat maar weinig mensen zo'n verband zien, zou de theorie over een niet-bestaande situatie gaan. Maar als organisaties individuele werknemers echt zouden gaan belonen voor hun resultaten in plaats van voor het aantal dienstjaren, hun dagelijkse aanwezigheid, diploma's of functieniveau, zou deze theorie wel eens veel waardevoller kunnen blijken te zijn. Overigens is deze kritiek niet eens zozeer een weerlegging van de theorie; het is eerder een verklaring voor het feit dat een deel van het personeel zich niet zo hard inzet als theoretisch gezien mogelijk zou zijn.

Op MyLab kun je lezen hoe de verwachtingstheorie werkt door de theorie toe te passen op de manier waarop beursanalisten werken.

7.5 Betrokkenheid bij het werk

Als verpleegkundige Mieke Jansen op haar werk zit, lijkt het alsof alle andere dingen in haar leven niet meer bestaan: ze gaat volledig op in haar werkzaamheden. Haar emoties, gedachten en gedrag zijn allemaal gericht op de patienten. Sterker nog, ze kan zo in haar werk opgaan, dat ze de tijd helemaal vergeet. Door deze totale betrokkenheid en inzet kan ze heel effectief patiëntenzorg bieden en krijgt ze energie van haar werk. Mieke is sterk betrokken bij haar werk; de lichamelijk, cognitieve en emotionele energie die ze in haar werk stopt is groot.[78]

In veel onderzoek wordt geprobeerd om het diepere niveau van betrokkenheid, dat uit het voorbeeld hiervoor blijkt, te meten. Werkbetrokkenheid is sterk verbonden met medewerkersbetrokkenheid waarover we het in hoofdstuk 2 al hebben gehad. Opiniebureau Gallup gebruikt al dertig jaar twaalf vragen om bij miljoenen Amerikaanse werknemers te meten in hoeverre hun **betrokkenheid bij het werk** gekoppeld is aan positieve werkresultaten.[79] Bij succesvolle organisaties werken veel meer betrokken werknemers dan bij gemiddeld presterende organisaties, en teams met sterker betrokken teamleden zijn productiever, krijgen minder ongelukken en kennen een lager personeelsverloop. In een groot onderzoek is gekeken wat het niveau van betrokkenheid was binnen verschillende businessunits en daarbij werd een positief verband gevonden tussen betrokkenheid, werktevredenheid en bedrijfsresultaten.[80] Verder is uit een meta-analyse van 91 verschillende onderzoeken gebleken dat een hoger niveau van betrokkenheid samenhangt met goede werkprestaties en voorbeeldig werknemersgedrag.[81]

Is er ook kritiek op de motiverende werking van betrokkenheid? Lees erover op MyLab.

Wat maakt dat mensen betrokken zijn bij hun werk? Een cruciale factor is of een werknemer vindt dat het zinvol is om betrokken te zijn bij het werk. Dit wordt deels bepaald door zowel de kenmerken van het werk als door de vraag of er voldoende mogelijkheden (hulpmiddelen, informatie, beslisruimte) zijn om effectief te kunnen werken.[82] Een andere factor is een goede match tussen de waarden van het individu en die van de organisatie.[83] Leiderschapsgedrag dat bij werknemers het besef doet groeien dat ze een missie hebben, vergroot ook de betrokkenheid van werknemers.[84]

VRAAG

Docenten zijn vaak zeer bevlogen in hun werk. Kun je dat verklaren met behulp van de begrippen zelfbepaling, betrokkenheid en waarden? Wat zou hun betrokkenheid kunnen verminderen?

7.6 Hedendaagse motivatietheorieën integreren

Ons werk zou een stuk eenvoudiger zijn als we na deze presentatie van een half dozijn theorieën konden zeggen dat er slechts één wordt ondersteund door onderzoek. Maar veel theorieën uit dit hoofdstuk vullen elkaar aan. We koppelen ze nu aan elkaar, zodat je een beter inzicht krijgt in hun onderlinge verbanden. Als hulpmiddel geeft figuur 7.9 een overkoepelend beeld van wat we over motivatie weten. Aan de basis ligt het verwachtingsmodel, dat in figuur 7.8 werd geschetst. Laten we figuur 7.9 eens doornemen. (In hoofdstuk 17 komen we terug op functieontwerp.)

We beginnen met de expliciete onderkenning dat in de omgeving of de persoon aanwezige mogelijkheden (kansen) de individuele inspanningen kunnen vergroten of belemmeren. Je ziet dat het vak individuele inspanning links ook een pijl heeft die vanuit de doelen van het individu ernaartoe leidt. Conform de doelstellingstheorie is de lus tussen doelen en inspanning bedoeld als geheugensteuntje dat gedrag wordt gestuurd door doelen.

De verwachtingstheorie voorspelt dat werknemers zich flink zullen inspannen als ze zien dat er een sterk verband bestaat tussen inspanning en prestaties, prestaties en beloning, en beloning en bevrediging van persoonlijke doelen. Die verbanden worden op hun beurt weer beïnvloed door andere factoren. Wil inspanning tot goede prestaties leiden, dan moet het individu het vermogen hebben om te presteren en het beoordelingssysteem eerlijk en objectief vinden. Het verband tussen prestaties en beloning zal sterk zijn als het individu ziet dat prestaties (en niet anciënniteit, het lievelingetje van de baas zijn of andere criteria) worden beloond.

Als de cognitieve evaluatietheorie helemaal op zou gaan in de werkpraktijk, dan zou de voorspelling zijn dat de intrinsieke motivatie van het individu daalt als de beloningen op prestaties wordt gebaseerd. De laatste link in de verwachtingstheorie is het verband tussen beloningen en doelen. De motivatie is sterk als de beloning voor goed presteren de dominante behoeften bevredigt die overeenkomen met individuele doelen.

Uit een nadere bestudering van figuur 7.9 wordt ook duidelijk dat het model gaat over prestatiemotivatie, functieontwerp, bekrachtiging en billijkheidstheorieën/organisatierechtvaardigheid. Iemand die graag iets wil bereiken wordt niet gemotiveerd door de prestatiebeoordeling van de organisatie of beloningen op organisatieniveau, vandaar de sprong van inspanning naar persoonlijke doelen voor degenen met een hoge nAch. Onthoud dat mensen die graag iets willen bereiken intern worden gemotiveerd zolang hun baan hun persoonlijke verantwoordelijkheid, feedback en niet al te grote risico's geeft. Ze maken zich niet zo druk om de link tussen inspanning en prestaties, prestaties en beloning, en beloning en doelen.

De reinforcement-theorie komt het model binnen door het inzicht dat de beloningen van de organisatie de prestaties van het individu versterken. Als werknemers een beloningssysteem als 'lonend' voor goed presteren beschouwen, dan zullen die beloningen bekrachtigend en stimulerend werken voor goed presteren. Beloningen spelen ook een sleutelrol bij onderzoek naar de rechtvaardigheid van organisaties. Individuele werknemers kijken naar hoe positief hun uitkomsten (bijvoorbeeld hun salaris) zijn door die te vergelijken met die van hun collega's, maar ook door te kijken hoe ze worden behandeld: als mensen teleurgesteld zijn over hun beloning, zijn ze gevoeliger voor de procedurele rechtvaardigheid die ze waarnemen en voor mate waarin de managers zich meelevend hebben betoond.

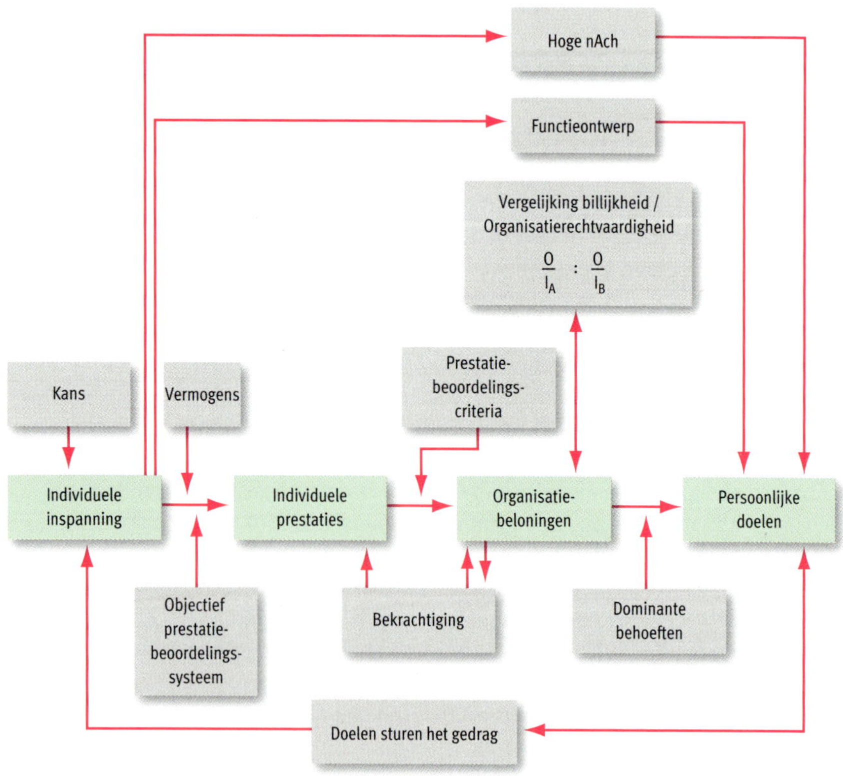

FIGUUR 7.9 **Hedendaagse motivatietheorieën integreren**

7.7 Toepassing in de organisatiepraktijk

In dit hoofdstuk is in detail ingegaan op een van de belangrijkste leerstukken van GiO: motivatie. Over de vraag hoe men gemotiveerde mensen krijgt en behoudt is al veel en lang nagedacht. Het is een vast thema in het personeelsbeleid van – vooral grote – ondernemingen. Inmiddels beschikken we over een heel scala aan instrumenten die door het management van een onderneming kunnen worden ingezet om de motivatie in te schatten, te ontwikkelen en op peil te houden.
In het volgende hoofdstuk wordt uitgebreid ingegaan op zes belangrijke instrumenten:

1. het herontwerpen van taken: taakvariatie en taakverrijking;
2. toevoegen van autonomie door flexibele werkregelingen;
3. vergroten van de betrokkenheid door participatie;
4. belonings- en beoordelingssystemen;
5. verbeteren van de secundaire arbeidsvoorwaarden;
6. waardering en erkenning.

Deze instrumenten zijn bruikbaar wanneer iemand binnen een organisatie werkzaam is. Maar daaraan vooraf gaat uiteraard een fase van instroom in de organisatie en, omdat niemand het eeuwige leven heeft, zal er ooit ook een uitstroomfase zijn.[85] Op deze beide fasen gaan we hierna kort in.

Instroom

Tijdens de wervings- en selectiefase probeert de organisatie medewerkers aan te trekken die qua geschiktheid, attitude, persoonlijkheid, waardepatroon en motivatiestructuur zo goed mogelijk bij haar behoeftes passen. Tijdens deze fase staan diverse instrumenten ter beschikking van de selecteurs:

- Naast de functieomschrijving kan in een *competentieprofiel* de vereiste kennis, vaardigheden en attitude worden vastgelegd, evenals de gewenste persoonlijkheid, motivatie en waarden. Dit profiel vormt de basis voor de vacaturetekst en de voorselectie van kandidaten door het lezen van cv's en sollicitatiebrieven. In het sollicitatiegesprek dient de kandidaat te onderbouwen dat hij beschikt over de gevraagde competenties.
- *Psychologische tests* (op het gebied van persoonlijkheid, prestatiemotivatie en/of attitude) worden soms als aanvullende bron van informatie over verschillen tussen kandidaten gebruikt. Het hangt sterk van het soort functie af of psychologische tests iets toevoegen.
- *Assessments* worden specifiek gebruikt voor het inschatten van de attitude en motivatie. Dit gebeurt meestal door middel van gestandaardiseerde vragenlijsten.
- *Teamgesprekken*. De laatste twee kandidaten voor een functie voeren vaak nog een gesprek met vertegenwoordigers van het team. De vraag hierbij is of de kandidaat in het team past. Het advies van het team zal overigens op zichzelf meestal niet doorslaggevend zijn.

Uitstroom

Gedurende iemands carrière kan de motivatie flink fluctueren. Iemand kan op een gegeven moment uitgeleerd zijn in een bepaalde functie, waardoor de uitdaging is verdwenen. Dit kan naar voren komen tijdens functioneringsgesprekken, maar het kan ook objectief blijken uit gegevens over productiviteit en het werktempo. Werknemer en werkgever dienen dan samen na te gaan wat hieraan te doen is.

De HRM-functie biedt hiervoor onder meer de volgende instrumenten:

- *Promotie (omhoog)* of *herplaatsing (horizontaal)*: dit kan nieuwe perspectieven, een andere status en nieuwe uitdagingen bieden. Vaak levert dit een nieuwe impuls op voor de motivatie. Voorwaarde is wel dat de verandering als nieuwe kans of uitdaging en dus als positief wordt gepercipieerd, niet als gedwongen overplaatsing of straf.
- *Begeleiding naar een andere baan*: soms loopt iemand vast in het werk en raakt hij of zij daardoor gedemotiveerd. Zijn er geen geschikte interne mogelijkheden, dan kan de HRM-functie voorzien in een begeleidingstraject naar een andere functie buiten de organisatie.
- *Ouderenregelingen en demotie*: in de laatste jaren van iemands actieve beroepsleven kan het voorkomen dat het werk te zwaar wordt voor de afnemende vermogens van de medewerker. Vermindering van taken en verantwoordelijkheden biedt kansen om de medewerker weer actief en gemotiveerd te laten werken. Wanneer demotie gepaard gaat met salarisverlaging wordt dat in Nederland vaak als vernederend (statusverlies!) en oneerlijk ervaren. Een andere optie is een ouderenregeling waarbij men een deel van het salaris tegen gunstige (belastingtechnische) voorwaarden inruilt voor extra vrije uren.

Universeel of cultureel?

Veel van de motivatietheorieën zijn in Amerika ontwikkeld. De belangstelling voor dit onderwerp werd gevoed door de snelle ontwikkeling van de economie van dat land vanaf het begin van de twintigste eeuw. Hierdoor groeiden bedrijven uit tot enorme molochs met grote aantallen arbeiders. Onder die omstandigheden was er behoefte aan nieuwe manieren om al die arbeiders te kunnen managen en motiveren. De meeste moderne motivatietheorieën werden dus gemodelleerd aan de hand van (vooral mannelijke) Amerikanen.[86] Dit heeft natuurlijk gevolgen gehad voor de inhoud van deze theorieën. Zo valt bijvoorbeeld op dat zowel de doelstellingstheorie als de verwachtingstheorie de wenselijkheid van het bereiken van doelen en een rationele, individuele denkwijze als vanzelfsprekend vooronderstellen. We zullen hierna nagaan welke effecten deze eenzijdige blik heeft op de motivatietheorieën uit dit hoofdstuk.

Maslow poneert dat mensen in hun behoeftehiërarchie beginnen op het fysiologische niveau en achtereenvolgens opklimmen naar veiligheid, sociale behoeften, respect en zelfverwerkelijking. Als deze hiërarchie al enige geldigheid bezit, is dat vooral in de Amerikaanse samenleving. In andere culturen kan de volgorde van de behoeften afwijken. In landen als Japan, Griekenland of Mexico, die hoog scoren op onzekerheidsvermijding, zullen veiligheidsbehoeften bijvoorbeeld een belangrijke plaats innemen. In landen die laag scoren op masculiniteit (Nederland, Denemarken, Zweden, Noorwegen, Finland, Estland, Letland en Litouwen) zullen sociale behoeften en de behoefte aan zelfverwerkelijking bovenaan staan.[87] Een lage score op masculiniteit (dus een hoge score op femininiteit) betekent immers onder meer dat zorg voor anderen belangrijk wordt gevonden. We mogen dan ook verwachten dat mensen uit deze landen eerder gemotiveerd zijn voor groepswerk.

Herzbergs tweefactorentheorie is – zoals eerder gesteld – aan kritiek onderhevig. De relatie tussen bepaalde motivatiefactoren, tevredenheid en prestatieniveau is niet zo eenduidig en universeel als hij stelde. Toch bestaan er consistente kenmerken door de verschillende culturen heen. In een studie die in zeven landen werd uitgevoerd, plaatsten werknemers uit België, het Verenigd Koninkrijk, Israël en de Verenigde Staten van elf werkdoelen *interessant werk* op nummer één. Deze factor stond in Japan, Nederland en Duitsland op de tweede of derde plaats.[88] En in een studie waarin resultaten over werkvoorkeur werden vergeleken onder afgestudeerde studenten in de Verenigde Staten, Canada en Singapore, bestond de top drie uit groei, *iets bereiken* en verantwoordelijkheid.[89] Beide studies wekken toch de indruk van een zekere universaliteit als het gaat om het belang van intrinsieke factoren in de tweefactorentheorie.

Een ander concept dat duidelijk een Amerikaans stempel draagt, is *prestatiedrang* zoals gepostuleerd door McClelland. Het idee dat een sterke behoefte om te presteren als een intrinsieke motivatiefactor fungeert, is geënt op twee cultuurkenmerken: (1) de bereidheid een middelmatig groot risico te aanvaarden (wat landen uitsluit die hoog scoren op het vermijden van onzekerheid) en (2) grote aandacht voor prestaties (wat vrijwel uitsluitend geldt voor landen waar prestatiedrang belangrijk geacht wordt). Deze combinatie van cultuurkenmerken treffen we aan in Angelsaksische landen zoals de Verenigde Staten, Canada en het Verenigd Koninkrijk, maar bijvoorbeeld juist niet in collectivistische landen als Chili en Portugal.[90]

De *billijkheids-* of *rechtvaardigheidstheorie* kreeg veel aanhang in de Verenigde Staten, omdat men bij Amerikaanse beloningssystemen uitgaat van de aanname dat werknemers zeer gevoelig zijn voor een eerlijke verdeling van beloningen. En in de Verenigde Staten betekent rechtvaardigheid dat er een nauwe relatie is tussen prestaties en beloning. In collectivistische culturen verwachten werknemers eerder dat beloningen passen bij hun individuele behoeften, naast hun prestaties.[91] Ook komt uit onderzoek naar voren dat input en uitkomsten in verschillende culturen ook verschillend worden gewaardeerd.[92] In de meer individualistische culturen worden loon en extra beloningen in geld (salaris, bonussen) eerder als de meest relevante werkuitkomsten beschouwd, terwijl in de collectivistischere culturen maatschappelijke beloningen en status ook als belangrijke uitkomsten worden beschouwd. Internationale managers moeten dus rekening houden met de culturele voorkeuren van de betreffende groep werknemers bij het vaststellen van wat eerlijk is.

Er zijn echter ook overeenkomsten tussen verschillende culturen. Uit een meta-analyse blijkt dat mensen in zowel individualistische als collectivistische culturen de voorkeur geven aan een billijke verdeling van beloningen (de effectiefste werknemers krijgen het meest betaald) boven een gelijke verdeling (iedereen krijgt hetzelfde betaald ongeacht functioneren).[93] In collectivistische culturen verwacht men zoals hiervoor aangegeven naast de billijke beloning nog andere uitkomsten, zoals status. Maar die uitkomsten compenseren onbillijkheden in de verdeling van geldelijke beloningen blijkbaar niet.

Wereldwijd worden dus dezelfde basisprincipes van procedurele rechtvaardigheid gerespecteerd, en werknemers van over de hele wereld geven de voorkeur aan beloningen die op prestaties en vaardigheden zijn gebaseerd boven beloningen die op anciënniteit (het aantal dienstjaren) zijn gebaseerd.[94] Daarom is het van groot belang dat voor iedereen duidelijk is waarop beslissingen zijn gebaseerd en dat er objectieve en consistente procedures worden gevolgd, en dat geldt nog sterker voor besluiten die mensen in hun bestaanszekerheid raken. Als bij mensen de indruk bestaat dat bepaalde besluiten onrechtvaardig zijn, dient het management deze gevoelens niet te negeren of te onderdrukken, maar juist op zoek te gaan naar de oorzaken van deze perceptie.

We kunnen vanuit de culturele dimensies van Hofstede (zie hoofdstuk 4) naar verschillen in rechtvaardigheid kijken. Uit een grootschalig onderzoek onder ruim 190.000 werknemers in 32 landen en regio's komt naar voren dat rechtvaardigheid het belangrijkste is voor mensen in landen met individualistische, feminiene en onzekerheidsvermijdende waarden en een kleine machtsafstand.[95] Organisaties kunnen speciale regelingen ontwikkelen om aan die rechtvaardigheidsverwachtingen te voldoen. In landen die bijvoorbeeld het hoogst scoren op individualisme, zoals Australië en de Verenigde Staten, kunnen concurrerende beloningen en het belonen van uitstekende individuele prestaties rechtvaardigheidsgevoelens versterken. In landen die worden gedomineerd door onzekerheidsvermijding, zoals Frankrijk, voelen werknemers zich vaak prettiger bij vaste lonen en medezeggenschap. In Zweden is de dominante dimensie feminien, wat inhoudt dat relationele zaken belangrijk worden gevonden. Zweedse organisaties doen er daarom goed aan om initiatieven te nemen op het gebied van de balans tussen werk en privéleven, en sociale erkenning. In Oostenrijk hecht men juist zeer veel waarde aan een lage machtsafstand. Ethische aspecten kunnen daar voor mensen het belangrijkste zijn in hun beoordeling van hoe rechtvaardig Oostenrijkse organisaties zijn, zodat deze organisaties er goed aan doen om de ongelijkheid tussen leiders en werknemers openlijk te rechtvaardigen en symbolen van ethisch leiderschap te bieden.
Tot slot kan het stellen van specifieke, moeilijke, individuele doelen in verschillende culturen verschillend uitpakken. Het merendeel van het onderzoek naar de motiverende effecten van het stellen van prestatiedoelen heeft in de Verenigde Staten en Canada plaatsgevonden, waar de meeste waarde wordt gehecht aan individuele prestaties en functioneren. Tot nu toe is uit onderzoek echter nog niet gebleken dat groepsdoelen effectiever zijn in collectivistische dan in individualistische culturen. In culturen die collectivistisch zijn en een grote machtsafstand kennen, kunnen haalbare, niet al te moeilijke doelen wel sterker motiveren dan moeilijke doelen.[96] Opgedragen doelen lijken tot een grotere betrokkenheid bij het doel te leiden in culturen met een grote machtsafstand.[97] Er is meer onderzoek nodig om vast te stellen hoe het theoretische begrip *prestatiedoel* wordt ervaren in verschillende culturen.

KERN VAN DIT HOOFDSTUK

De theorieën die we in dit hoofdstuk hebben besproken, gaan over verschillende uitkomstvariabelen. Sommige zijn bedoeld als verklaring voor personeelsverloop, terwijl andere productiviteit benadrukken. De theorieën verschillen ook in voorspellende kracht. In deze paragraaf hebben we de gangbaarste motivatietheorieën bekeken, om vast te stellen wat hun relevantie is voor de uitleg van onze afhankelijke variabelen, en de voorspellende kracht van elke motivatietheorie beoordeeld.

Behoeftentheorieën
We hebben drie klassieke theorieën over behoeften besproken. Dit waren Maslows behoeftenhiërarchie, de tweefactorentheorie van Herzberg en McClellands driebehoeftentheorie. Geen van deze theorieën heeft wijdverbreide steun gevonden in wetenschappelijk onderzoek, al is de sterkste waarschijnlijk die van McClelland, met name als het gaat om de relatie tussen prestaties en productiviteit. Deze driebehoeftentheorie wordt echter in de praktijk niet veel toegepast, vanwege haar ingewikkelde en subjectieve meetmethode. Maslows theorie, hoe populair ook in het werkveld, biedt helaas geen bijzonder geldige verklaring voor motivatie.
Vervolgens hebben we de hedendaagse theorieën over motivatie besproken: de doelstellingstheorie, de self-efficacy-theorie, de zelfbepalingstheorie, de billijkheidstheorie en tot slot de verwachtingstheorie.

Doelstellingstheorie en self-efficacy-theorie
Het wordt zelden betwist dat duidelijke en uitdagende doelen tot hogere productiviteit onder werknemers leiden. Daaruit concluderen we dat deze theorie een van de beste verklaringen biedt voor verschillen in productiviteit. Daarbij geldt wel dat de doelen ofwel in een participatief proces moeten worden bepaald, ofwel moeten worden voorzien van een duidelijke toelichting over het waarom ervan. Door het stellen van telkens iets moeilijker maar wel haalbare doelen kan het zelfvertrouwen (de self-efficacy) worden vergroot.

Zelfbepalingstheorie
Uit al het onderzoek naar beloning wordt steeds duidelijker dat extrinsieke beloningen de motivatie kunnen schaden, tenminste als deze beloningen worden ervaren als drukmiddel. Voor werknemers betekent dit dat ze hun werk niet alleen om extrinsieke beloningen moeten kiezen. Voor organisaties betekent dit dat zij zowel intrinsieke als extrinsieke prikkels moeten bieden. Werknemers die het idee hebben dat ze zelf bepalen wat ze doen en dat hun werk een vrije keuze is, zijn sterker gemotiveerd in hun werk en meer betrokken bij hun werkgever.

Billijkheidstheorie en rechtvaardigheid
De billijkheidstheorie gaat ook over variabelen als productiviteit, tevredenheid, verzuim en personeelsverloop. De belangrijkste erfenis van deze stroming is de stimulans die zij heeft gegeven aan onderzoek naar de gevolgen van organisatierechtvaardigheid, waarvoor in de literatuur steeds meer steun te vinden is.

Verwachtingstheorie
Onze laatste theorie, de verwachtingstheorie, richt zich op prestatievariabelen. De verwachtingstheorie heeft ons een krachtige verklaring geleverd voor de achtergronden van verschillen in productiviteit, verzuim en verloop. Deze theorie gaat er daarblj wel van uit dat werknemers maar weinig beperkingen kennen bij het nemen van beslissingen. Deze theorie heeft zeker geldigheid, omdat mensen bij allerlei gedragingen rekening houden met verwachte uitkomsten, maar rationele calculatie alleen is te beperkt om elke gedraging mee te kunnen verklaren.

Integratie van motivatietheorieën

Beleidsmakers zouden er goed aan doen hun aandacht te richten op de motivatietheorieën die het meest uitgebreid zijn onderzocht en die ook in onze tijd door onderzoek het meest worden bevestigd. Geen enkele theorie is een-op-een toepasbaar in de complexe wereld van de arbeid. Maar gelukkig bevatten alle theorieën tezamen veel praktische suggesties om de motivatie op de werkvloer te verhogen. In paragraaf 7.5 hebben we laten zien dat inzichten uit diverse hedendaagse theorieën gecombineerd kunnen worden in een omvattend model waarin de invloeden op het proces van gemotiveerd worden en blijven in onderling verband zijn weergegeven.

HOOFDSTUK 8

Motivatie: van begrip naar toepassing

NA BESTUDERING VAN DIT HOOFDSTUK BEN JE IN STAAT OM:

1. aan te geven hoe het taakkenmerkenmodel kan bijdragen aan de motivatie;
2. de voornaamste manieren om werk opnieuw te ontwerpen uit te leggen;
3. een overzicht te geven van alternatieve werkregelingen en hun effect op motivatie;
4. de invloed van strategische beloningsbeslissingen op de motivatie uiteen te zetten;
5. het effect toe te lichten van verschillende variabele beloningssystemen op de motivatie;
6. toe te lichten hoe de intrinsieke motivatie kan worden versterkt door erkenning van de bijdrage van werknemers;
7. te beschrijven hoe de toepassing van motivatietheorieën varieert in verschillende culturen.

8.1 Motiveren door taakontwerp of werkregeling

Onderzoek naar motivatie is sinds de jaren zestig van de vorige eeuw gericht op benaderingen waarin motivatie gekoppeld wordt aan de manier waarop werk wordt gestructureerd. Onderzoek naar **werkstructurering** leverde sindsdien vele aanwijzingen op dat de manier waarop elementen in een taak zijn georganiseerd, bevorderend of belemmerend kan zijn voor de motivatie. Eerst bekijken we het taakkenmerkenmodel, daarna bespreken we een paar methoden om taken opnieuw te ontwerpen en ten slotte onderzoeken we enkele alternatieven in de vorm van moderne werkregelingen.

8.1.1 Theorie: taakkenmerken en motivatie

Het **taakkenmerkenmodel** (**job-characteristicsmodel**) is ontwikkeld door Richard Hackman en Greg Oldham.[1] Het model stelt dat elke taak te beschrijven is met behulp van vijf basisdimensies:

1. **Variatie in vaardigheden**
   De mate waarin het werk verschillende activiteiten (taakvariatie) omvat waarvoor de werknemer verschillende vaardigheden en talenten nodig heeft. Een voorbeeld van werk dat hoog scoort op variatie in vaardigheden is het werk van de eigenaar of monteur van een garage. Hij voert allerlei verschillende reparaties uit en gaat

met klanten om. Een voorbeeld van een baan die op dit punt laag scoort is die van een werknemer aan een lopende band in een fabriek waar tv-toestellen of strijkijzers worden geassembleerd, of waar verse voedingsmiddelen worden gesorteerd en verpakt.

2. **Taakidentiteit**
De mate waarin een volledig, duidelijk te identificeren stuk werk moet worden voltooid. Een voorbeeld van werk dat hoog scoort op taakidentiteit is het werk van een timmerman die een meubelstuk ontwerpt, het hout uitkiest, het meubel maakt en helemaal afwerkt. Laag scoort het werk van een werknemer in een autofabriek die het voorraam monteert in de auto's die op de lopende band langskomen.
3. **Taakbelang**
De mate waarin het werk invloed heeft op het leven en werk van andere mensen. Werk dat bijvoorbeeld hoog scoort op taakbelang is patiënten verzorgen op de intensivecareafdeling van een ziekenhuis. Hoewel zeker niet onbelangrijk, scoort vloeren dweilen in datzelfde ziekenhuis beduidend lager op de dimensie taakbelang.
4. **Autonomie**
De mate waarin de baan vrijheid, zelfstandigheid en zeggenschap biedt. Een telefooninstallateur die zijn werk zelf indeelt, zelfstandig bezoeken aflegt en de beste techniek uitkiest voor een installatie, scoort hoog op deze dimensie. Laag scoort een telefoniste die binnenkomende gesprekken volgens een gedetailleerde standaardprocedure moet afhandelen.
5. **Feedback**
De mate waarin de uitvoering van vereiste activiteiten de werknemer directe en duidelijke informatie oplevert over de effectiviteit van zijn prestaties. Een werknemer in een elektronicafabriek die een heel modem in elkaar zet en zelf test op correct functioneren, scoort hoog op deze functie. Laag scoort een werknemer in een elektronicafabriek die alleen de eindmontage van een modem mag doen en het apparaat vervolgens moet doorsturen naar de eindcontrole, waar het apparaat wordt getest en zo nodig bijgesteld.

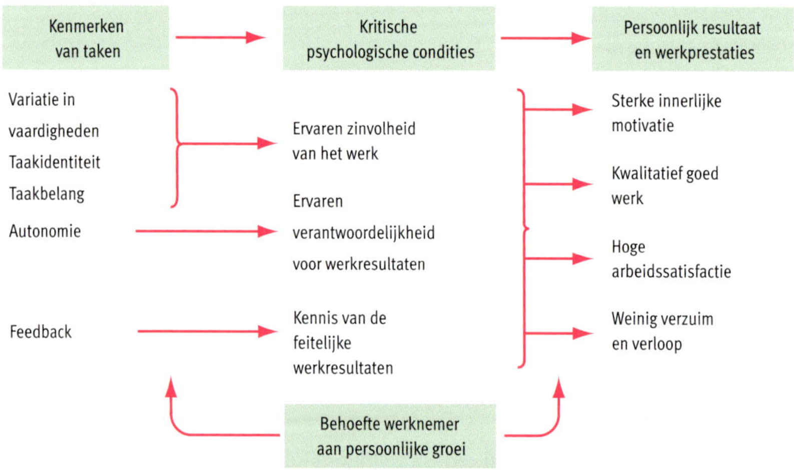

FIGUUR 8.1 **Het taakkenmerkenmodel**[2]

Vraag
Herken je in het model bepaalde ideeën van Herzberg over motivatie (zie hoofdstuk 6)?

De elementen van het model

In figuur 8.1 staat het taakkenmerkenmodel. Je ziet dat de eerste drie dimensies (variatie in vaardigheden, taakidentiteit en taakbelang) samen **zinvol werk** opleveren. Als deze drie kenmerken aanwezig zijn, zegt de theorie dat de werknemer zijn baan als belangrijk, waardevol en zinvol beschouwt. Verder wordt aangenomen dat banen met autonomie de werknemer het gevoel zullen geven persoonlijk verantwoordelijk te zijn voor de resultaten. Dit volgt uit de theorie over zelfbepaling. Als de werknemer in zijn werk dan ook nog duidelijke feedback krijgt, weet hij hoe goed hij het ervan afbrengt. Het model stelt dat er sprake is van interne beloningen wanneer de werknemer merkt (kennis over resultaten) dat hij als individu (ervaren verantwoordelijkheid) een taak die hij belangrijk acht (ervaren zinvolheid) goed uitvoert. En dat is dan weer een uitwerking van de theorieën over doelen stellen en zelfvertrouwen.
De theorie stelt dat hoe sterker deze drie psychologische condities (zinvolheid, verantwoordelijkheid, feedback) aanwezig zijn, des te beter de motivatie, prestaties en tevredenheid, en des te geringer het verzuim en de kans dat de werknemer de organisatie verlaat. Figuur 8.1 laat bovendien zien dat de relaties tussen de taakdimensies en de uitkomsten positief worden beïnvloed door een sterke behoefte aan groei, en verlangen naar zelfrespect en zelfverwerkelijking. Mensen met een sterke behoefte aan persoonlijke ontwikkeling zullen de drie psychologische condities eerder als positief ervaren dan mensen met weinig behoefte aan groei. Deze behoefte is dus een versterkende **moderatorvariabele**. Maslow en Herzberg zouden ontkennen dat iemand door andere dan hogere behoeften gemotiveerd kan zijn, maar dat is dus volgens dit model niet correct. Beiden miskenden dat mensen individueel verschillende en deels veranderlijke behoeftepatronen hebben en vaak ook meerdere behoeften tegelijkertijd kunnen en willen bevredigen.

Onderzoeksresultaten: effectiviteit van het taakkenmerkenmodel

Er is veel onderzoek gedaan naar het taakkenmerkenmodel. De resultaten bevestigen dat aanwezigheid van deze taakkenmerken doorgaans resulteert in grotere werktevredenheid en organisatiebetrokkenheid door grotere motivatie.[3] Eén onderzoek suggereerde dat als medewerkers sterk op het welzijn van anderen zijn georiënteerd, het verband tussen taakkenmerken en werktevredenheid zwakker werd.[4] Een ander onderzoek toonde aan dat onze motivatie toeneemt naarmate we ons meer psychologisch eigenaar voelen van het werk, vooral als dat gevoel gedeeld wordt in het team.[5] Een interessante en actuele onderzoekslijn gaat na hoe de effecten zijn als we in een virtuele werkomgeving werken. Hieruit kwam naar voren dat mensen die online samenwerken zonder dat ze hun collega's in persoon ontmoeten het gevoel van zinvolheid, verantwoordelijkheid en kennis van resultaten kunnen verliezen. Gelukkig kun je als manager daar nog wel iets aan doen door bewust persoonlijke relaties aan te gaan en het belang van het werk te benadrukken, de autonomie te respecteren en geregeld feedback te geven.[6]
Behalve de al genoemde behoefte aan persoonlijke groei, zelfrespect en zelfverwerkelijking blijken andere moderatorvariabelen de sterkte van het verband tussen de vijf basisdimensies en de persoonlijke werkopbrengst ook te kunnen onderdrukken. Als je bijvoorbeeld vindt dat je werklast extra zwaar is in vergelijking met die van anderen zullen je voldoening en motivatie minder groot zijn. Ook al scoor je hoog op de alle drie de taakdimensies.[7] Dit kun je met behulp van de billijkheidstheorie (zie hoofdstuk 7) verklaren. Maar over het algemeen blijkt dat taken met de intrinsieke elementen variatie, identiteit, belang, autonomie en feedback het individu meer voldoening bieden en betere prestaties opleveren dan taken die deze karakteristieken missen.

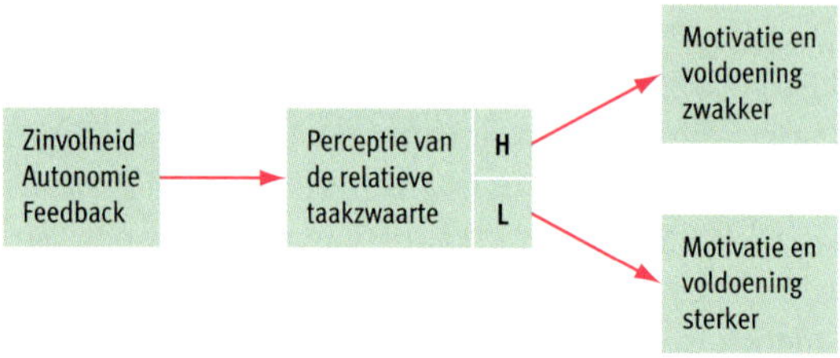

FIGUUR 8.2 **Effect moderatorvariabele taakzwaarte billijkheid**

Motivating potential score (MPS)

We kunnen de vijf kenmerken van het taakkenmerkenmodel combineren in een indicator die de motiverende waarde van een bepaalde baan voorspelt: de zogenoemde **motivating potential score** (MPS) die als volgt wordt berekend:

$$\text{MPS} = \frac{(\text{Taakvariatie} + \text{Taakidentiteit} + \text{Taakbelang})}{3} \times \text{Autonomie} \times \text{Feedback}$$

Om hoog te scoren op motiverend potentieel moet een baan tenminste hoog scoren op één van de drie kenmerken die samen leiden tot ervaren zinvolheid en hoog scoren op autonomie en feedback. Banen die hoog scoren op MPS zullen in vergelijking met laag scorende banen meer motiverend zijn, betere prestaties en hogere tevredenheid laten zien, terwijl verzuim en verloop lager zullen liggen. In plaats van deze fraaie formule kunnen we ook de vijf kenmerken simpelweg optellen. Dat werkt net zo goed. Ga eens na voor je eigen (bij)baan: heb je gevarieerd werk of is het vrij monotoon? Kun je zelfstandig werken of word je in de gaten gehouden door je baas? Je antwoord op deze vragen geven een indicatie van het motiverend potentieel van je baan.

VRAAG

Vergelijk je eigen bijbaan eens met die van anderen of met het werk van je docent. Dit doe je door het werk te scoren op de vijf basisdimensies van het taakkenmerkenmodel hiervoor. Reken per basisdimensie 1 punt als die dimensie laag scoort, 2 bij matig en 3 bij hoog. Tel de scores op (of gebruik de formule). Hoe hoger de score, des te motiverender het werk.

8.1.2 Toepassing: herontwerp van taken en werkschema's

'Elke dag was altijd maar hetzelfde', vertelt Frank Gier. 'Aan de lopende band staan. Wachten tot een instrumentenpaneel op zijn plek beland was. Het mechanisme ontsluiten en het paneel in de auto laten vallen die op de band voorbij schoof. Daarna klikte ik de bedradingsplugs vast. Dat deed ik acht uur per dag. Het kon me niet schelen dat ze me vijftien euro per uur betaalden, ik werd er knettergek van. Ik deed het werk bijna anderhalf jaar. Maar toen zei ik op een gegeven moment tegen mijn vrouw dat ik zo de rest van mijn leven niet wilde doorbrengen. Mijn hersenen verpapten helemaal aan die lopende band. Dus vertrok ik. Nu werk ik in de bierbrouwerij hier in Gulpen en verdien ik ongeveer twaalf euro per uur. Maar het werk dat ik doe, is stukken interessanter en afwisselender. Ik leer voortdurend nieuwe dingen en het is echt een uitdaging! Ik heb 's morgens zin om naar mijn werk te gaan.'

Frank Giers baan in de fabriek bestond uit een kortcyclische herhaling van routinetaken die weinig afwisseling, autonomie of motivatie boden. Zijn baan in de brouwerij is juist stimulerend en vol uitdagingen. In dit gedeelte bespreken we een aantal methoden om taken zo bij te stellen dat ze motiverender worden: taakroulatie, taakverbreding en taakverrijking.

Taakroulatie

Als werknemers gebukt gaan onder de monotonie van hun werk, bestaat de mogelijkheid tot **taakroulatie**. Taakroulatie is een toepassing van taakvariatie, de eerste basisdimensie van het taakkenmerkenmodel. Wij definiëren deze methode als de periodieke verschuiving van een werknemer van de ene taak naar een andere. Biedt een activiteit geen uitdaging meer, dan krijgt de werknemer ander werk toegewezen op hetzelfde niveau, waarvoor vergelijkbare vaardigheden nodig zijn. Singapore Airlines, een van de beste luchtvaartmaatschappijen ter wereld, maakt veelvuldig gebruik van taakroulatie. Een ticketverkoper kan bijvoorbeeld ook bagage afhandelen aan de incheckbalie. Taakroulatie is een van de redenen dat Singapore Airlines hoog scoort als bedrijf waarvoor mensen graag willen werken.[8] De voordelen van taakroulatie zijn dat de verveling daalt, de motivatie stijgt door de toegenomen variatie en dat werknemers beter overzien hoe hun taak bijdraagt aan het eindproduct.[9]
Uiteraard levert taakroulatie de organisatie ook indirecte voordelen op, omdat de flexibiliteit toeneemt doordat werknemers breder inzetbaar zijn. Zo kan de leiding soepeler reageren op veranderingen en vacatures beter opvullen. Nadelen zijn de hogere trainingskosten en de lagere productiviteit als een werknemer naar een nieuwe positie overgeplaatst wordt juist op het moment dat de organisatie profijt begint te trekken van zijn maximale efficiëntie op de vorige werkplek. Ook kan taakroulatie ontwrichting veroorzaken. De werkgroep moet de nieuwkomer inwerken. De manager moet tijd uittrekken om vragen te beantwoorden en het werk van de nieuwkomer te bewaken.

Taakverbreding

Taakverbreding speelt in op de basisdimensies taakvariatie en taakidentiteit. Een andere naam is horizontale **taakverruiming**. Dit houdt in dat men de hoeveelheid en diversiteit van taken vergroot. Een voorbeeld van taakverbreding op een postkamer is dat de medewerker niet alleen de binnenkomende post sorteert, maar die ook rondbrengt op de afdelingen of de frankeermachine voor de uitgaande post bedient. Het verschil tussen taakroulatie en taakverbreding is subtiel. Bij taakroulatie worden de taken niet herontworpen, bij taakverbreding is dat wel het geval.
Pogingen tot taakverbreding zijn niet altijd even enthousiast ontvangen.[10] Een werknemer formuleerde het als volgt: 'Eerst had ik één rotbaan. Na de taakverbreding heb ik er drie tegelijk!' De taak van een schoonmaker in kleine hotels bijvoorbeeld beperkt zich zo niet langer tot het schoonmaken van badkamers, bedden opmaken en stofzuigen, maar omvat nu ook het vervangen van gloeilampen, bijvullen van minibars en het bieden van kleine diensten. Het werk is hierdoor wel wat afwisselender geworden. Hoewel taakverbreding oorspronkelijk bedoeld was om het gebrek aan variatie in te sterk gespecialiseerde banen te verhelpen, is het werk er zelden interessanter en zinvoller op geworden. In een volgende stap werd taakverrijking geïntroduceerd om de tekortkomingen van taakverbreding te compenseren.

Taakverrijking

Bij **taakverrijking** worden de basisdimensies taakbelang, autonomie en feedback toegevoegd. Taken worden verticaal uitgebreid (verticale taakverruiming): er worden verantwoordelijkheden aan toegevoegd zoals bevoegdheden voor besturing, planning en kwaliteitsmeting. De werknemer krijgt hierdoor meer zeggenschap over zijn werk; hij heeft meer invloed op planning, uitvoering en evaluatie. Taken in verrijkte functies bieden werknemers meer autonomie, verantwoordelijkheid en feedback, zodat ze de eigen prestaties kunnen inschatten en corrigeren.[11]

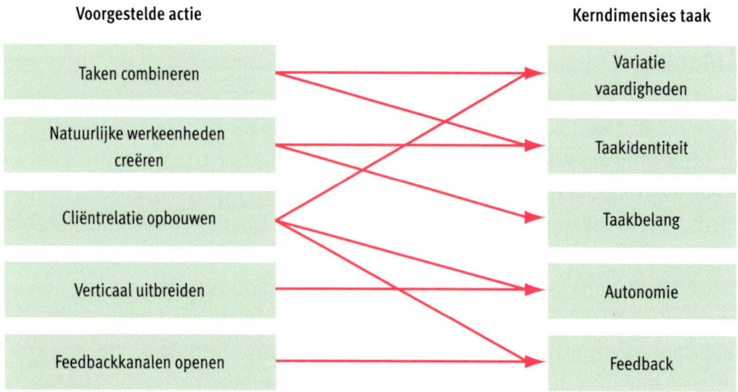

FIGUUR 8.3 **Richtlijnen voor taakverrijking**

Hoe kan een organisatie de taken verrijken? Figuur 8.3 laat een aantal veelgebruikte maatregelen zien en koppelt die aan het taakkenmerkenmodel. We lichten de in de figuur getoonde maatregelen kort toe:

1. **Taken combineren** – bestaande, versnipperde taken worden samengevoegd tot een nieuwe, grotere werkmodule.
2. **Natuurlijke werkeenheden creëren** – hierdoor vormen de taken van een werknemer een afgebakend en zinvol geheel.
3. **Klantrelaties inbouwen** – dit vergroot de directe relaties tussen werknemers en klanten (dat kan zowel een interne klant zijn als een externe afnemer).
4. **Verticaal uitbreiden** – dit geeft werknemers verantwoordelijkheden en bevoegdheden die voorheen aan het management waren voorbehouden.
5. **Feedbackkanalen openen** – feedback laat werknemers niet alleen weten hoe goed ze hun werk doen, maar ook of hun prestaties verbeteren, slechter worden of constant blijven.

Lees meer over recentere versies van taakverrijking op MyLab.

Op MyLab vind je een voorbeeld van taakverrijking bij Scania.

Onderzoek naar de effecten van taakverrijking toont aan dat de kosten voor verloop en verzuim dalen en de werktevredenheid toeneemt. Op het kritieke punt van de productiviteit is de bewijslast niet eenduidig.[12] Kregen medewerkers frequente en specifieke feedback, dan trad een duurzame verbetering van de productiviteit op. Weinig feedback of feedback over problemen uit het verleden in plaats van over oplossingen voor de toekomst leidde tot een verslechtering van de productiviteit. Uit onderzoeksgegevens komt naar voren dat taakverrijking het beste werkt wanneer hierdoor een slecht ontwikkeld feedback- en beloningssysteem wordt gecompenseerd.[13]

Relationeel taakontwerp

Hoewel werk vaak intrinsiek motiverender wordt als je taken (of functies) herontwerpt op basis van het taakkenmerkenmodel, wordt er nu ook onderzoek gedaan naar de vraag hoe je taken of functies in prosociaal opzicht motiverender kunt maken. Anders gezegd, hoe kunnen managers het werk zo inrichten dat hun werknemers worden gemotiveerd om het welzijn te bevorderen van de begunstigden van de organisatie (klanten, cliënten, patiënten en werknemers)? Bij deze invalshoek, **relationeel taakontwerp**, verschuift de aandacht van de werknemer naar de mensen voor wie de werknemer werkt.[14] Ook motiveert dit soort taakontwerp de individuele werknemer om beter te presteren op het werk.[15]

Scania Zwolle combineert verschillende taakverrijkingsmethoden door kleine teams een afgeronde assemblagestap in het totale bouwproces van vrachtwagens te laten uitvoeren.
Foto: Taina Sohlman / 123RF

Een manier om taken in prosociaal opzicht motiverender te maken is door een duidelijkere verbinding te leggen tussen de werknemers en degenen die van hun werk 'profiteren'. Dat kun je bijvoorbeeld doen door verhalen door te vertellen over klanten die baat hebben gehad bij de producten of diensten van het bedrijf. Door een persoonlijke ontmoeting met de begunstigden – of zelfs met alleen een foto van hen – zien de werknemers dat hun activiteiten tastbare gevolgen hebben voor mensen van vlees en bloed. Hierdoor blijven die klanten of cliënten 'beter hangen' en doen ze meer in emotionele zin, waardoor de werknemers meer gaan nadenken over de gevolgen van hun werkzaamheden. Door verbindingen te leggen krijgen werknemers tot slot meer inzicht in de ervaringen van de begunstigden, wat hun inzet ten goede komt.
Relationeel taakontwerp is primair gericht op de klanten van de organisatie. Wat motiverende werking betreft zijn er interessante parallellen met de ervaringen van organisaties die aan maatschappelijk verantwoord ondernemen (MVO) doen. Zoals in hoofdstuk 2 bleek, vallen onder MVO-inspanningen vaak uitnodigingen aan werknemers om wat tijd en energie in vrijwilligerswerk te steken. Hierbij gebruiken medewerkers soms de vaardigheden die ze op hun werk hebben geleerd (bijvoorbeeld werknemers van een bouwmarkt die helpen huizen te renoveren) maar vaak ook niet (bijvoorbeeld als bankmedewerkers bij een vrijwilligersorganisatie helpt huizen te renoveren). In beide gevallen kunnen werknemers in contact komen met de mensen die profiteren van hun inspanningen. Uit onderzoek blijkt ook dat door bedrijven gesponsorde vrijwilligersprogramma's die extra aandacht schenken aan zingeving en taakbelang werknemers motiveren om aan vrijwilligerswerk te doen.[16] Nogmaals: prosociaal gedrag in het kader van MVO is iets anders dan relationeel taakontwerp. Ten eerste vinden de MVO-inspanningen via vrijwilligerswerk plaats (en niet op het werk) en ten tweede zijn de betreffende taken meestal niet hetzelfde als die op het werk. Werknemers van bouwmarkten bouwen geen huizen op hun werk. Qua motivatie voor de medewerkers zijn de effecten echter vergelijkbaar.

8.1.3 Motivatie door alternatieve werkregelingen

Behalve door taakontwerp kan een baan motiverender worden gemaakt door het werk anders te regelen. We bespreken in deze paragraaf drie alternatieve werkregelingen: flextijd, duobanen en Het Nieuwe Werken. Door de toegenomen mogelijkheden van de technologie zijn deze werkregelingen steeds populairder geworden. Alle drie spelen ze in op de behoefte aan zelfbepaling, en zelfvertrouwen, en hebben ze onder meer als doel de betrokkenheid te vergroten.

Flextijd

De term **flextijd** – waarbij *flex* staat voor *flexibel* – biedt werknemers de mogelijkheid tot op zekere hoogte zelf te bepalen hoe laat ze beginnen en stoppen met werken. Werknemers moeten een vastgesteld aantal uren per week werken, maar zijn vrij om binnen bepaalde grenzen te variëren. Zoals in figuur 8.4 te zien is, bestaat elke dag uit een gemeenschappelijke kern van meestal zes uur met daaromheen een flexibele strook. De kern kan bijvoorbeeld lopen van negen tot drie, een uur lunchpauze niet meegerekend, terwijl het kantoor van zes tot zes open is. Alle werknemers moeten op de kerntijden aanwezig zijn, maar mogen de andere twee uur voor of na de kerntijd werken. Sommige flexibiliseringsschema's bieden ook de mogelijkheid extra uren op te sparen tot een of meer vrije dagen.

FIGUUR 8.4 **Voorbeeld van een flextijdrooster**

Flextijd is een enorm populaire manier geworden om werktijd in te delen. Volgens een recente enquête kent de meerderheid van de organisaties in de Verenigde Staten (60 procent) een of andere vorm van flextijd.[17] Dat verschijnsel zie je ook in andere landen. In bijvoorbeeld Duitsland kent 73 procent van de bedrijven flextijd en ook in Japan komt het steeds meer voor.[18] In Duitsland, België, Nederland en Frankrijk mogen werkgevers volgens de wet een werknemer niet weigeren om een parttimefunctie of een flexibel werkrooster te krijgen als dat een redelijk verzoek is, bijvoorbeeld om voor een klein kind te zorgen.[19] In Nederland geeft ongeveer driekwart van de mensen aan dat ze op flexibele basis mogen werken. Dit houdt in dat ze niet gebonden zijn aan vaste kantoortijden. Toch bepaalt maar een vijfde van mensen echt zelf de werktijden.[20]

Voordelen van flextijd zijn onder andere:

1. minder verzuim;
2. grotere productiviteit;
3. minder onkosten voor overwerken;
4. een minder vijandige houding tegenover de bedrijfsleiding;
5. minder opstoppingen rond werklocaties;
6. werknemers komen niet langer te laat;
7. meer autonomie en verantwoordelijkheid voor werknemers, wat tot meer voldoening in het werk kan leiden.

De meeste onderzoeken bevestigen deze claims. Flextijd leidt inderdaad tot minder verzuim en regelmatig tot een hogere productiviteit.[21] Mensen kunnen hun werkuren bijvoorbeeld beter afstemmen op hun privéleven, wat te laat komen en verzuim terugdringt. Ze kunnen hun werk ook doen op de uren dat ze het meest productief zijn. Bedenk echter wel dat dit effect alleen optreedt als flexibilisering wordt ingezet als middel om de werk-leven-gezinbalans te verbeteren en niet als het alleen gaat om het voordeel van de organisatie (zoals met de inzet van oproepkrachten).[22]

Flextijd is zeker niet in elke baan toepasbaar. Het idee gaat prima samen met administratieve werkzaamheden, waarbij de medewerker weinig omgaat met mensen buiten zijn eigen afdeling. Maar het is weer geen levensvatbare optie voor receptionistes, verkooppersoneel in winkels of andere dienstverlenende banen, waarbij mensen op een vaste tijd op hun werkplek aanwezig moeten zijn. Verder blijkt opmerkelijk genoeg uit Brits onderzoek dat werknemers in organisaties met flextijd niet minder stress ervaren. Dat lijkt erop te wijzen dat deze optie de balans tussen werk en privéleven niet echt verbetert.[23]

België

Volgens de Belgische wet mag een werkdag niet langer dan elf uur duren en maximaal vijftig uur per week bedragen. Veel Belgische bedrijven kennen flextijdregelingen: alle werknemers moeten dan aanwezig zijn tijdens de bloktijd' (gewoonlijk van 8.30 tot 11.30 uur en van 13.30 tot 16.00 uur). Vervolgens kunnen de werknemers aan hun vereiste aantal uren komen door eerder te beginnen dan de bloktijd, door minder lang te lunchen of door extra lang door te werken na de bloktijd.

Duobanen

In de jaren tachtig en negentig van de vorige eeuw kwam de **duobaan** in de belangstelling te staan. Dit had te maken met de toestroom van vrouwen op de arbeidsmarkt en de grote behoefte aan parttimebanen. Bij een duobaan delen twee of meer mensen één traditionele baan van veertig werkuren per week. Iemand werkt bijvoorbeeld van acht tot een uur 's middags, waarna een ander de baan overneemt van een tot vijf. Of ze werken beiden hele dagen, maar om de dag.

VOORBEELD

Op hun bureau staan foto's van vier jongetjes. Twee zoontjes van Rianne en twee zoontjes van Annet. Rianne Leenen (38) en Annet Roodenburg (37) vormen al bijna zes jaar een duo bij Unilever Bestfoods in Vlaardingen. Destijds waren de beide doctors elkaars concurrenten in de strijd om een baan daar. Fulltime, maar dat wilden ze geen van beiden. Toen besloten ze de functie te delen. Momenteel leiden Leenen en Roodenburg het Nutrition Expertise Team van Unilever Bestfoods.

De duobaan Leenen-Roodenburg is een van de eerste en oudste, maar nog steeds een unicum in een hogere functie. Al moet daarbij worden gezegd dat er geen goed geregistreerde cijfers over duobanen bestaan. Zelfs gegevensverzamelaars als het Centraal Bureau voor de Statistiek (CBS) en het Sociaal en Cultureel Planbureau (SCP) hebben geen getallen. Personeelsadministraties in den lande registreren alleen of iemand parttime of fulltime werkt.

Bij de Universiteit Utrecht delen twee mannen de leerstoel Eigentijdse geschiedenis. En in De Bilt zijn een man en een vrouw samen gemeentesecretaris. Verder lijkt de duobaan zich te beperken tot de lagere of meer uitvoerende functies, zoals secretaresse of leerkracht op de basisschool.[24]

In 2008 bood ongeveer 31 procent van de grote ondernemingen haar werknemers de mogelijkheid van een duobaan.[25] Desondanks lijkt het erop dat niet veel mensen hiervan gebruikmaken. Dat komt waarschijnlijk door de moeilijkheid om geschikte partners te vinden met wie een baan kan worden gedeeld en door het wantrouwen dat kan bestaan bij mensen die zich niet sterk betrokken voelen bij hun baan en werk-

gever. Toch lijkt het onverstandig de mogelijkheden van duobanen niet te benutten. Duobanen bieden het voordeel dat de werkgever de talenten van meerdere personen in één baan kan benutten. Het opent ook een nieuwe mogelijkheid om hoogopgeleide werknemers te werven die niet op fulltimebasis willen werken, zoals vrouwen met jonge kinderen en gepensioneerden. Veel Japanse bedrijven hebben overigens duobanen om een heel andere reden.[26] Japanse managers sturen niet graag mensen de laan uit en duobanen zijn voor hen een humanitaire manier om ontslagen te vermijden bij personeelsinkrimpingen. Vanuit de werknemer gezien kunnen de motivatie en werktevredenheid groeien door een duobaan.
Als een werkgever duobanen als mogelijkheid invoert, is dat vaak gebaseerd op economische overwegingen en het beleid van de nationale overheid. Twee parttimers met een duobaan zijn vaak minder duur aan salaris en secundaire arbeidsvoorwaarden dan één fulltimer, omdat de kosten van scholing, coördinatie en administratie voor fulltimers hoog kunnen zijn. Anderzijds geldt dat in de Verenigde Staten de *Patient Protection and Affordable Care Act* (beter bekend als *Obamacare*) een financiële prikkel voor bedrijven kan zijn om meer duobaanregelingen in te stellen, omdat ze dan niet aan de eis hoeven te voldoen om voor werknemers met een fulltimebaan in een ziektekostenverzekering te voorzien.[27] Veel Duitse en Japanse bedrijven hebben duobanen ingevoerd, zij het ook weer om heel uiteenlopende redenen.[28] Door het Duitse *Kurzarbeit*-programma, dat inmiddels bijna honderd jaar oud is, stortten de werkgelegenheidscijfers tijdens de economische crisis niet in doordat werknemers met een fulltimebaan een parttimeduobaan kregen.[29]

Het Nieuwe Werken

Werken wanneer je wilt en waar je wilt. Dat is in het kort de omschrijving van **Het Nieuwe Werken** (HNW), een term die de laatste jaren sterk in opkomst is. HNW kent vele vormen. **Telewerken** is er daar één van. Telewerken houdt globaal in dat iemand minstens twee dagen in de week niet op de zaak werkt, maar thuis of elders. In de modernere variant is de (kennis)werker met zijn pc, iPad of laptop altijd verbonden met zijn bedrijf. Zo kan hij tijd- en plaatsonafhankelijk werken: thuis, op een flexplek in het bedrijf, in een hotel en in het buitenland. Een andere vorm van Het Nieuwe Werken is werken en ontspannen op het bedrijf zelf. Zo ben je bij Google wel op het kantoor aanwezig (wat goed is voor contacten met collega's) maar je kunt daar gaan zwemmen, golfen of aan yoga doen wanneer je maar wilt. Het begrip *werktijd* is vervangen door *resultaten behalen*. Het idee om mensen te voorzien van slimme ICT-oplossingen en hen vervolgens zelf te laten kiezen voor een werkvorm en werkplek die hen het beste uitkomt begint wereldwijd aan te slaan. Ook in Nederland stond HNW een tijd lang zeer in de belangstelling. En uit een recente inventarisatie bleek dat 63 procent van Nederlandse bedrijven HNW toestaat.[30] In het westen van het land is dat 70 procent en het oosten 55 procent.

Op MyLab vind je een voorbeeld van telewerkers: hoogopgeleiden met lange werkweek.

Kenniswerkers zoals juristen, ingenieurs, analisten en werknemers die de meeste werktijd achter een computer of aan de telefoon doorbrengen, zoals product-support- en klantenservicemedewerkers, zijn ideale kandidaten voor telewerken. Als telewerkers hebben ze thuis toegang tot alle relevante bedrijfsinformatie die ze voor hun werk nodig hebben. Hoewel met grote koppen in de krant wordt vermeld dat sommige bedrijven weer afstappen van telewerken, is deze aanpak voor de meeste organisa-

ties nog steeds populair. Zo heeft bijna vijftig procent van de managers in Duitsland, het Verenigd Koninkrijk en de Verenigde Staten de mogelijkheid om te telewerken. In China is telewerken minder gangbaar, maar ook hier neemt het toe.[31] In zich ontwikkelende landen ligt het telewerkpercentage tussen de tien en twintig procent.[32] Organisaties die telewerken actief stimuleren zijn bijvoorbeeld Amazon, IBM, American Express, Intel, Cisco Systems en een aantal Amerikaanse overheidsinstanties.[33, 34, 35]
Volgens een recente publicatie van FNV Bondgenoten zijn de voordelen voor de werknemers:[36]

- meer zeggenschap over het eigen werk en vooral over werktijden: betere balans tussen werk en privé;
- minder reistijd en reiskosten: minder files en minder verloren uren;
- grotere arbeidsparticipatie: lichamelijk gehandicapten of ouders met kinderen zijn makkelijker inzetbaar.

Ook werkgevers kunnen veel baat hebben bij HNW:

- betere prestaties van de werknemers door de nadruk op resultaat in plaats van op aanwezigheid;
- minder reis- en kantoorkosten;
- een aantrekkelijker werkgever zijn, waardoor meer mensen bij het bedrijf willen werken;
- een betere dienstverlening aan klanten door tevredener medewerkers;
- overwerk ('s avonds, in het weekend) wordt (minder duur) gewoon werk (de vakbond is hier overigens geen voorstander van);
- flexibelere inzet van werknemers;
- een daling van het kortdurende verzuim.

Het grootste nadeel voor het bedrijf is dat er minder direct toezicht is op de werknemer. Ook kan het moeilijker zijn om teamwerk te coördineren. Vanuit de werknemer bezien, biedt HNW veel meer flexibiliteit. Daar staat tegenover dat werknemers met een grote behoefte aan sociaal contact (denk aan McClellands *need for Affiliation*) zich geïsoleerd kunnen gaan voelen en minder voldoening hebben in hun werk. Recent onderzoek van TNO geeft aan dat HNW zoveel mogelijk individueel moet worden toegepast. Er is behoefte aan een mix van mogelijkheden waaruit de werknemer en werkgever in goed overleg de beste combinatie kunnen kiezen.[37] Inmiddels is wel duidelijk dat de belangstelling voor HNW onder werknemers terugloopt.[38]
Helaas voor de voorstanders van duurzaamheid blijkt de bijdrage aan vermindering van de Co_2-uitstoot tegen te vallen. Thuiswerkers bleken zelfs meer kilometers te maken voor persoonlijke ritjes zoals voor kinderen halen en brengen, mantelzorg bij familie, boodschappen doen en dergelijke.[39]

8.2 Motiveren door betrokkenheid en participatie

Onder **werknemersbetrokkenheid** verstaan we een participatieproces waarbij input van werknemers wordt gebruikt om hun betrokkenheid bij het succes van de organisatie te vergroten.[40] De achterliggende gedachte is dat werknemers die betrokken worden bij beslissingen die hen aangaan en die hierdoor meer autonomie en controle krijgen over hun leven op het werk, meer gemotiveerd raken, meer betrokken raken bij de organisatie, productiever worden en tevredener zullen zijn over hun taken. Dit geldt zowel voor individuele medewerkers als voor teams.[41]

Werkoverleg: een normaal verschijnsel in Europa.
Foto: Wavebreakmedia / Shutterstock / Pearson Asset Library

8.2.1 Werknemersbetrokkenheidsprogramma's

We zullen nu de twee voornaamste vormen van werknemersbetrokkenheid (in Nederland spreken we overigens liever van inspraak en medezeggenschap) nader bestuderen: participatief leiderschap en medezeggenschapsorganen.

Participatief leiderschap

Typerend voor alle programma's van **participatief leiderschap** is de gezamenlijke besluitvorming. Werknemers hebben hierbij een reële invloed op de beslissingen van hun directe leidinggevenden. Dat kan zowel op een formele manier door werkoverleg of afdelingsvergaderingen, maar ook door dagelijkse individuele consultatie wat tevens bijdraagt aan een gevoel van vertrouwen en betrokken worden.[42] Deze methode is wel eens een wondermiddel genoemd tegen een laag moreel en onvoldoende productiviteit. Maar wil participatie werken, dan is daar het volgende voor nodig:

- De kwesties waarbij werknemers betrokken worden, moeten voor hen relevant zijn (ze moeten niet betrokken worden bij zaken omdat dat nou eenmaal moet).
- Werknemers moeten de kennis en vaardigheden hebben om een waardevolle bijdrage te kunnen leveren (het leidt alleen tot frustratie wanneer ze niet weten hoe ze het verschil kunnen maken).
- Alle betrokkenen moeten vertrouwen in elkaar hebben om participatie te laten werken; participatie is geen plaatsvervanger voor vertrouwen.[43]

Onderzoeken naar de invloed van participatie op bedrijfsprestaties laten tegenstrijdige resultaten zien.[44] Organisaties die participatief leiderschap toepassen hebben een hogere aandeelhouderswaarde, geringer verloop en grotere geschatte productiviteit, maar de verschillen zijn klein. Bij een zorgvuldige analyse van de effecten op individueel niveau blijkt dat participatie slechts een bescheiden invloed heeft op de individuele productiviteit, motivatie en werktevredenheid. Participatief management kan onder de juiste omstandigheden dus wel een positief effect hebben, maar het is zeker geen garantie voor betere prestaties.

Medezeggenschap

In plaats van direct deel te nemen aan besluitvorming, kunnen werknemers ook worden vertegenwoordigd door een klein groepje collega's. Dit wordt ook wel representatieve participatie genoemd. In vrijwel ieder West-Europees land is **medezeggenschap** in bedrijven wettelijk voorgeschreven. Medezeggenschap is ook de 'vorm van werknemersbetrokkenheid die wereldwijd het meest bij wet is vastgelegd'.[45] Het doel is een evenwichtiger verdeling van de macht binnen de organisatie, waarbij het personeel een even belangrijke groep wordt als het management of de aandeelhouders.
De twee meest voorkomende vormen van representatieve participatie zijn de **ondernemingsraad (OR)** en de werknemerscommissaris in de Raad van Commissarissen.[46] In Nederland moet ieder bedrijf met meer dan vijftig medewerkers een ondernemingsraad hebben. In de OR overleggen gekozen werknemersvertegenwoordigers met het management. De OR moet bijvoorbeeld geraadpleegd worden wanneer de directie

besluiten neemt die het personeel aangaan. Ondernemingen met minstens honderd werknemers en tenminste 16 miljoen euro geplaatst kapitaal en reserves moeten bovendien een **werknemerscommissaris** hebben, die zitting heeft in de Raad van Commissarissen. Deze dient te letten op de continuïteit van de onderneming en de belangen van de werknemers in het oog houden.

In het Verenigd Koninkrijk, Ierland, Australië en Nieuw-Zeeland was representatieve participatie via ondernemingsraden aanvankelijk de enige regeling om werknemers inspraak te geven; de regeling was opgezet om met werknemersvertegenwoordigers zaken te bespreken die niet waren opgenomen in vakbondsovereenkomsten en de vertegenwoordigers kwamen allemaal uit de vakbonden. Groepen die de werknemers nu vertegenwoordigen zijn steeds vaker een mix van werknemers die al dan niet bij een vakbond zijn aangesloten of helemaal los van de vakbond staan.[47]

De invloed van representatieve participatie op de motivatie en betrokkenheid van werknemers van een organisatie levert een wisselend beeld op. Over het algemeen kun je echter wel stellen dat werknemers het gevoel moeten hebben dat hun belangen goed vertegenwoordigd worden en dat die belangen er voor de organisatie ook toe doen, wil hun motivatie toenemen.

Medezeggenschap lijkt weinig effect te hebben op werknemersbetrokkenheid. Uit onderzoeksgegevens blijkt dat de ondernemingsraden gedomineerd worden door het management en nauwelijks invloed hebben op werknemers of organisatie.[48] En hoewel deze vorm van betrokkenheid mogelijk de motivatie en werktevredenheid van de vertegenwoordigers vergroot, geldt dat niet voor de rest van de werknemers. Over het geheel genomen heeft medezeggenschap vooral symbolische waarde. Voor het veranderen van de attitudes van medewerkers of het verbeteren van de prestaties van de organisatie is het niet de beste aanpak.[49]

MEDEZEGGENSCHAP MOTIVEREND?

Elke hogeschool of universiteit in Nederland beschikt over een medezeggenschapsraad. Over het algemeen heeft in deze raden een mengeling van zowel studenten als docenten zitting. Over alle zaken aangaande het onderwijs vergaderen zij eerst met elkaar en vervolgens met het College van Bestuur. Op deze manier krijgt het College van Bestuur advies, waarin zowel de stem van de docenten als van de studenten wordt weergegeven. Een medezeggenschapsraad heeft officieel geen beslisrecht. Het College van Bestuur neemt de beslissingen, maar betrekt hierbij het oordeel en het advies van een medezeggenschapsraad.

VRAAG

In veel bedrijven en scholen lijken de ondernemings- en medezeggenschapsraden wat los te staan van hun achterban. Soms zijn er bijna geen kandidaten voor te vinden. Welk effect heeft de medezeggenschapsraad van jouw onderwijsinstelling op jouw betrokkenheid?

8.3 Extrinsiek motiveren: beloning en arbeidsvoorwaarden

Zoals we in hoofdstuk 2 zagen, is beloning geen hoofdoorzaak van werktevredenheid. Mensen worden er echter wel door ge(de)motiveerd als ze zichzelf vergelijken met anderen

en bedrijven onderschatten nogal eens hoe belangrijk het salaris is voor het behouden van toptalent. Uit een studie uit 2006 bleek dat slechts 45 procent van de werkgevers dacht dat de beloning een belangrijke reden was voor het verlies van toptalent, terwijl 71 procent van de uitblinkers aangaf dat dit voor hen de hoofdreden was om te vertrekken.[50]
Voor het opzetten of wijzigen van het beloningssysteem dient het management een aantal strategische keuzes te maken. Wil de organisatie de beloningsmarkt aanvoeren, zich daaraan aanpassen of achterblijven? Hoe kan de individuele prestatie van werknemers het beste worden erkend en beloond?
In deze paragraaf nemen we twee belangrijke strategische beloningsbeslissingen onder de loep:

1. Wat gaan we per functie of baan betalen? Dit is de basis voor het opzetten van een loongebouw.
2. Hoe gaan we mensen individueel belonen voor hun bijdrage? Het antwoord voert naar een variabel beloningssysteem.

8.3.1 Wat te betalen: een marktconform loongebouw

Het inrichten van een beloningssysteem is een complex proces, waarbij twee typen rechtvaardigheid tegen elkaar afgewogen moeten worden:

- **Interne afstemming**: wat is de waarde van de taak voor de organisatie (meestal wordt dit vastgesteld via een technisch proces dat **functiewaardering** heet)?
- **Externe afstemming**: het externe concurrentievermogen van de beloning die een organisatie uitkeert ten opzichte van beloningen elders in dezelfde bedrijfstak (meestal vastgesteld op basis van beloningsoverzichten).

VRAAG

Waarom is het zo belangrijk om de verhoudingen tussen de verschillende functies en de bijbehorende beloning vast te leggen in een beloningssysteem? Tip: bedenk welke (de)motivatietheorie hier wordt toegepast.

Het optimale beloningssysteem zal een loon toekennen dat bij de functie past (interne vergelijkbaarheid), terwijl het beloningssysteem ook concurrerend betaalt in vergelijking met de rest van de arbeidsmarkt. Sommige organisaties lopen liever voorop op het gebied van belonen. Andere organisaties lopen achter op de markt, omdat ze de marktconforme tarieven niet kunnen betalen of omdat ze bereid zijn de consequentie daarvan te dragen (namelijk groter personeelsverloop, omdat mensen worden gelokt door beter betalende banen elders).
Als je je personeel beter betaalt, krijg je beter gekwalificeerde en gemotiveerde werknemers, die bovendien langer bij de organisatie blijven werken. Een Amerikaans onderzoek onder 126 grote bedrijven toonde aan dat medewerkers die vonden dat ze relatief goed betaald werden gemotiveerder en productiever waren. Bovendien was de klanttevredenheid in die situaties ook groter.[51]
Zo kwam Walmart erachter dat haar strategisch beloningsbesluit niet goed uitpakte. Terwijl de jaarlijkse groei van deze Amerikaanse winkelketen in 2011 tot zo'n één procent afvlakte, groeide een van Walmarts grootste concurrenten, Costco, met zo'n acht procent. De gemiddelde werknemer bij Costco verdiende ongeveer 45.000 dollar, tegenover ongeveer 17.500 dollar voor de gemiddelde werknemer bij Sam's Club, dat eigendom is van Walmart. Costco's strategie was dat het bedrijf meer zou krijgen als het meer betaalt; de hoge lonen leidden inderdaad tot een hogere arbeidsproductiviteit en minder verloop. Waarschijnlijk is de directie van Walmart het toch eens met Costco's strategie, gezien haar besluit om de lonen over de hele linie te verhogen.[52]

VRAAG

Kun je de in dit Amerikaanse onderzoek veronderstelde oorzaak-gevolgrelatie ook omkeren?

Het lijkt dus aantrekkelijk om alsmaar hogere lonen te betalen dan de concurrent op de arbeidsmarkt. Dat zou betekenen dat Albert Heijn, Jumbo en Lidl zouden concurreren op beloning en dat het loonniveau steeds hoger zou worden. Dat zou mooi zijn voor het personeel, maar het is in de praktijk zeker niet het geval! In veel dienstverlenende bedrijven maken salarissen het leeuwendeel uit van de bedrijfskosten. Te hoge beloningen zouden de diensten van zo'n organisatie te duur maken, waardoor de firma zichzelf uit de markt prijst. Het vaststellen van het beloningsniveau is en blijft een lastige strategische beslissing, waarbij de concurrentiepositie op de arbeidsmarkt steeds moet worden afgewogen tegen de bedrijfskosten en de omzetprognoses.

VOORBEELD

Bij grotere bedrijven (met meer dan vijftig werknemers) worden vaak hogere salarissen toegekend aan vergelijkbare functies dan in kleinere bedrijven. Dit zou wel eens kunnen komen doordat kleinere bedrijven vaak familiebedrijven zijn. De directeur is vaak erg betrokken bij het bedrijf en zal de kosten scherp in de gaten houden. De keerzijde is dat kleinere bedrijven vaak als aantrekkelijke werkgever worden gezien, ondanks het lagere salaris. Bij een klein bedrijf zijn de verhoudingen vaak persoonlijker, omdat de lijnen over het algemeen korter zijn en omdat er minder sprake is van een vaste hiërarchische structuur.[53]

8.3.2 Hoe individueel te belonen: een variabel beloningssysteem

In plaats van iemand alleen voor aanwezigheid en de duur van het dienstverband te belonen, baseert een **variabel beloningssysteem** (een deel van) het loon op een (individuele en/of organisatorische) prestatie. Het variabele deel kan geheel of gedeeltelijk op de loonstrook komen te staan en kan jaarlijks worden uitgekeerd of na het behalen van bepaalde doelen. Verder kan het optioneel zijn voor de werknemer of een vaste arbeidsvoorwaarde.[54] Variabele beloningssystemen worden van oudsher gebruikt om bestuurders, verkoopmedewerkers en topmanagers te belonen. Tegenwoordig kennen steeds meer functies een variabel beloningssysteem vanwege de motiverende kracht die ervan uitgaat.

Wereldwijd biedt zo'n tachtig procent van de bedrijven een of andere vorm van variabele beloning. In de Verenigde Staten heeft 91 procent van de bedrijven een variabele beloningsregeling.[55] Ook in Latijns-Amerika biedt meer dan 90 procent van de bedrijven een vorm van variabele beloning. Het variabele loon maakt in Latijns-Amerikaanse landen het grootste percentage op de loonstrook uit: bijna 18 procent. Bij Europese en Amerikaanse bedrijven ligt dat lager: ongeveer 12 procent.[56] Als het om de beloning van topmanagers en bestuurders gaat, dan gaan Aziatische bedrijven nog sneller dan westerse bedrijven over op het gebruik van variabele beloning.[57]

Nederland behoort op de wereldranglijst tot de middenmoot als het aankomt op de *verhouding* tussen variabel en vast loon (13 tot 18 procent van het Nederlandse loon is variabel). Een uitzondering hierop vormt de Nederlandse financiële sector. Volgens ex-minister Dijsselbloem (Financiën) zorgden de hoge bonussen in deze sector ervoor dat medewerkers in de financiële sector te grote risico's namen. Dat leidde uiteindelijk in 2008 tot omvallende banken en grote schade aan de economie. Per 1 januari 2015

is dan ook een nieuwe regel ingegaan waarbij variabele beloningen niet hoger mogen zijn dan 20 procent van het vaste jaarsalaris. Dit plafond geldt voor alle werknemers in de financiële sector. Daarmee heeft Nederland nu het strengste beloningssysteem van Europa gekregen.[58]
Helaas merken niet alle werknemers het verband tussen loon en prestaties. De resultaten van loon-naar-prestatieregelingen variëren nogal. Enerzijds vond men in een onderzoek onder 415 Zuid-Koreaanse bedrijven dat groepsgebaseerde loon-naar-prestatieregelingen sterk positief uitpakten op de prestaties van de organisatie.[59] Anderzijds gaf onderzoek in Canada aan dat variabele beloningsregelingen alleen de werktevredenheid vergroten als niet alleen de prestaties maar ook de inspanning van de werknemers wordt beloond.[60]
Uit een onderzoek door Randstad in 2005 bleek dat de meeste Nederlandse werknemers prestatieloon wantrouwen.[61] De helft van de ondervraagden gaf aan dat zij denken dat de toedeling vaak niet eerlijk verloopt en dat ze geen sterk verband zien tussen beloning en prestatie. Slechts 29 procent zegt dat hun prestaties worden beloond wanneer ze iets goed hebben gedaan.[62] Veel Nederlanders vinden deze vorm van belonen wel aantrekkelijk mits ze het gevoel hebben dat de toekenning eerlijk en objectief is. Ook moet het mogelijk zijn de prestaties door eigen inzet te beïnvloeden. Systemen waarbij de extra beloning alleen afhankelijk is van het oordeel van de leidinggevende over je functioneren in het algemeen worden met wantrouwen bekeken.
Ook geheimhouding speelt een rol bij de vraag of je met variabele beloningsregelingen de motivatie kunt vergroten. Hoewel bij sommige overheidsinstanties en nonprofitorganisaties de salarissen in algemene of juist zeer specifieke cijfers openbaar worden gemaakt, stimuleren of eisen de meeste Amerikaanse bedrijven juist dat de lonen geheim blijven.[63] Is dat goed of slecht? Dat is helaas slecht: lonen die geheim worden gehouden hebben een nadelige invloed op de werkprestaties. Sterker nog: juist de uitstekend presterende werknemer ondervindt hiervan meer negatieve invloed dan andere werknemers. De kans is zeer groot dat werknemers bij geheimhouding het gevoel krijgen dat de hoogte van de lonen een subjectieve zaak is en dat werkt demotiverend. Misschien is het wel goed om niet rond te bazuinen wat individuele werknemers verdienen. Maar als algemene looncategorieën openbaar worden gemaakt en de werknemers het gevoel hebben dat variabel loon op objectieve wijze aan hun prestaties wordt gekoppeld, dan kan variabele beloning haar motiverende effecten behouden.[64]
Vergroten variabele beloningssystemen in het algemeen de motivatie en de productiviteit? Doorgaans wel, maar dat betekent niet dat ze voor iedereen even motiverend zijn.[65] Veel organisaties kennen meer dan één element van variabele beloning, zoals aandelen in het bedrijf voor werknemers en bonussen. Bedrijven moeten naar de effectiviteit van het totaalpakket kijken en beoordelen wat elk element afzonderlijk bijdraagt en of alle elementen samen wel extra motivatie opleveren. Ze moeten goed kijken wat hun werknemers verwachten van de relatie tussen prestaties en beloning, omdat die combinatie van elementen die werknemers het gevoel geeft dat ze bij betere prestaties een hogere beloning krijgen het motiverendst is.[66] We zullen nu een aantal verschillende vormen van variabele beloning behandelen.

Stukloon

Bij **stukloon** krijgen werknemers een vast bedrag voor elke eenheid geproduceerd, verwerkt of verkocht product. Stukloon als enige vorm van beloning is in Nederland trouwens illegaal, want iedereen heeft hier recht op het wettelijk minimumloon. Veel organisaties kennen wel een variatie op het stukloon, waarbij werknemers een bepaald uurloon krijgen plus daarbovenop stukloon. Dit bevordert de productiviteit, terwijl tegelijkertijd een basisinkomen veiliggesteld is. In het algemeen zorgt stukloon voor een hogere productiviteit en een hoger inkomen, zodat zowel het bedrijfsbelang als het personeelsbelang wordt gediend.[67] Een grote Chinese universiteit bijvoorbeeld, heeft het stukloon verhoogd voor de artikelen die haar hoogleraren en onderzoekers schrijven en hierdoor is de onderzoeksoutput met 50 procent toegenomen.[68] Het is overigens de vraag of dit verstandig beleid is als je ook belang hecht aan kwaliteit.

WETENSCHAPPERS BEZWIJKEN ONDER PUBLICATIEDRUK

Onderzoek, klinische werkzaamheden en ook nog even een afdeling runnen. De hoge publicatiedruk kan leiden tot wetenschappelijk gesjoemel, concludeert psychiater Joeri Tijdink van het VUmc in zijn promotieonderzoek. Mede hierdoor heeft bijna een kwart van de onderzochte medische wetenschappers burn-outverschijnselen.[69] De grootste zorg van werkenden (zowel individuele medewerkers als teams) die stukloon krijgen, is hun financiële risico. Uit een recent experiment in Duitsland blijkt dat 68 procent van de risicomijdende werknemers liever een individueel stukloonsysteem heeft en dat minder goed presterende werknemers liever teamstukloon hebben. Waarom is dat zo? De onderzoekers opperen dat risicomijdende en zeer goed presterende werknemers liever inzetten op loon dat ze zelf in de hand hebben (hun eigen werk), omdat ze bang zijn dat de rest in teamverband minder hard gaat werken.[70] Die zorg is terecht, zoals we in het volgende hoofdstuk zullen zien.

Organisaties moeten nagaan of hun stukloonregeling wel echt motiverend is voor hun werknemers. Europees onderzoek duidt erop dat als het werktempo wordt bepaald door externe factoren waarop de werknemers geen invloed hebben, zoals klantvragen, en niet door interne factoren als collega's, doelen en machines, stukloonregelingen niet motiverend zijn.[71] Hoe dan ook, managers moeten in de gaten houden dat werknemers geen werk van lagere kwaliteit gaan leveren om zo sneller en meer output te kunnen leveren. Managers moeten ook niet vergeten dat er door stukloonregelingen een grotere kans is op ongevallen op het werk.[72]

Beloning op basis van verdienstelijkheid

Beloning op basis van verdienstelijkheid (merit rating) is gebaseerd op een beoordelingssysteem waarin naast prestatieniveau ook andere factoren zijn opgenomen, bijvoorbeeld klantvriendelijkheid of kwaliteit van het werk. Dit wordt ook wel een *merit rating* genoemd. De meeste grote organisaties hebben beloningsregelingen op basis van verdienstelijkheid, vooral bij witteboordenfuncties. Loon op basis van verdienstelijkheid is zo langzamerhand de norm aan het worden in de (Amerikaanse) publieke sector. Zo worden artsen in openbare ziekenhuizen in de stad New York betaald op basis van hoe goed ze de kosten terugdringen, de patiënttevredenheid vergroten en de kwaliteit van de zorg verbeteren.[73] Er zijn echter ook organisaties die zich afkeren van loon op basis van verdienstelijkheid omdat daarmee niet genoeg onderscheid zou kunnen worden gemaakt tussen werknemers die goed en slecht presteren. Als het jaarlijkse functioneringsgesprek en de loonsverhoging nog maanden ver weg zijn, wordt de motiverende kracht van deze beloning voor goed presterende werknemers minder. Zelfs bedrijven die nog steeds belonen op basis van verdienstelijkheid denken na over hoe ze de salarissen op een andere manier kunnen verdelen.[74]

Een voordeel van **bonussen** is dat ze werknemers belonen voor recente prestaties in plaats van voor prestaties in een ver verleden. Ooit alleen bedoeld voor het topmanagement worden bonussen tegenwoordig op alle niveaus van bedrijven en instellingen toegekend. Er kunnen aan dit systeem echter ethische bezwaren kleven. Sommige topmanagers van grote bedrijven kenden zichzelf zelfs in tijden van economische crisis bonussen toe en ook als de resultaten slecht waren. Toen de banken in Europa met belastinggeld moesten worden gered, werd alom geroepen dat de bonuscultuur moest worden afgeschaft.
Bonusregelingen hebben een duidelijk voordeel: ze zijn motiverend. Uit een recent onderzoek in India blijkt bijvoorbeeld dat de productiviteit toeneemt, wanneer een hoger percentage van het totale loon werd gereserveerd voor eventuele bonussen van managers en werknemers.[75] Dit voorbeeld wijst ook meteen op het nadeel van bonussen: het loon van de werknemer kan lager uitpakken. Dat is problematisch, vooral wanneer werknemers afhankelijk zijn van die bonussen of het vanzelfsprekend vinden dat ze die krijgen. 'Mensen zijn gaan leven alsof bonussen helemaal geen bonussen zijn, maar een vast onderdeel van hun jaarinkomen,' aldus Jay Lorsch, hoogleraar aan de Harvard Business School.

VRAAG

Hoe zou je het vinden als een collega die hetzelfde werk doet als jij op grond van extra competenties een hoger salaris verdient?

Regelingen voor winstdeling

Regelingen voor **winstdeling** betekenen dat als er winst wordt gemaakt iedereen in de hele organisatie een extraatje krijgt op basis van een vaste formule. Dat kan in de vorm van contanten of aandelen gebeuren. Uit onderzoek blijkt doorgaans dat organisaties met een winstdelingsregeling meer winst maken dan organisaties zonder zo'n regeling.[76] Ook blijkt dat werknemers zich door deze regelingen harder gaan inzetten, vooral in kleine organisaties.[77] Winstdeling op organisatieniveau lijkt ook een positief effect te hebben op de attitudes van werknemers; werknemers zeggen dat ze zich meer verantwoordelijk voelen.[78] Recent onderzoek in Canada geeft aan dat winstdelingsregelingen werknemers motiveren om beter te presteren als ze worden gebruikt in combinatie met andere loon-naar-prestatieregelingen.[79] Winstdeling werkt uiteraard niet als er geen winst te verdelen valt, zoals bij non-profitorganisaties of in de publieke sector.

Aandelenprogramma's

Aandelenprogramma's voor werknemers worden vaak bedrijfsbreed aangeboden als extra stimulans. Ze bieden werknemers de mogelijkheid onder de marktprijs aandelen te verwerven in het bedrijf waar ze werken, als onderdeel van hun secundaire arbeidsvoorwaarden. Er zijn veel aanwijzingen dat zowel aandelenbezit als een participatieve managementstijl vereist zijn voor een significante verbetering van de bedrijfsresultaten.[80] Toch leiden aandelenprogramma's voor werknemers niet per se tot lager verzuim of een sterkere motivatie,[81] misschien omdat het geldelijk voordeel voor de werknemer pas later volgt, bij de verkoop van de aandelen. Om gemotiveerd te zijn om beter te presteren moet de werknemers dus regelmatig op de hoogte worden gehouden over hoe het bedrijf het doet en zij moeten ook het gevoel hebben dat ze het bedrijfsresultaat op een positieve manier kunnen.[82]
Met aandelenprogramma's voor het topmanagement kan onethisch gedrag worden tegengegaan. Zo is de kans minder groot dat CEO's winstverslagen van het bedrijf manipuleren om zichzelf op de korte termijn voordeliger te laten uitkomen als ze

mede-eigenaar zijn en aandelen hebben.[83] Uiteraard willen niet alle bedrijven aandelenprogramma's voor werknemers en de programma's werken ook niet altijd.

Evaluatie van variabele beloning

Verhogen variabele beloningsprogramma's inderdaad de motivatie en productiviteit? Het antwoord op die vraag is vooralsnog 'ja'. Studies bevestigen over het algemeen het idee dat organisaties met winstdelingsplannen hogere winstmarges hebben dan bedrijven zonder deze plannen.[84] Ook **productiviteitstoerekening** lijkt de productiviteit in de meeste gevallen te bevorderen en heeft vaak een positieve invloed op de attitudes van werknemers.[85] Ook kwam uit onderzoek naar voren dat stukloon de productiviteit stimuleerde, maar dat dit effect niet werd waargenomen bij werknemers die een hekel hadden aan het nemen van risico's. Variabele beloningsprogramma's zijn dus niet voor iedereen even motiverend.[86]

De keerzijde van variabele beloning vanuit werknemersperspectief is de onvoorspelbaarheid ervan. Met een vast basissalaris weten werknemers wat ze verdienen. Ze kunnen huizen en auto's financieren op basis van redelijk solide aannames. Met een variabele beloning is dat lastiger. Bovendien valt te verwachten dat de meeste mensen het op een gegeven moment vanzelfsprekend gaan vinden dat ze elk jaar een prestatiebonus krijgen. Na drie jaar achtereen een bonus van 15 tot 20 procent te hebben gekregen, gaan mensen daar in het vierde jaar op rekenen. Als die dan niet doorgaat, krijgt het management waarschijnlijk te maken met een aantal zeer ontevreden werknemers!

8.3.3 Flexibele arbeidsvoorwaarden

Flexibele arbeidsvoorwaarden geven elke werknemer de mogelijkheid om een arbeidsvoorwaardenpakket samen te stellen dat op zijn eigen behoeften en situatie is toegespitst. Flexibele arbeidsvoorwaarden maken de beloning persoonlijk, in overeenstemming met het idee uit de verwachtingstheorie dat organisatorische beloningen aan de doelen van elke individuele werknemer gekoppeld moeten worden. Elke werknemer kan uit het pakket de voorwaarden kiezen die het best passen bij zijn huidige behoeften en situatie.

Het pakket voorwaarden met keuzemogelijkheden vervangt het traditionele 'gelijke arbeidsvoorwaarden voor iedereen' dat organisaties meer dan vijftig jaar domineerde.[87] Dat pakket arbeidsvoorwaarden was ontworpen voor de typische jarenvijftigkostwinner: een buitenshuis werkende man met een vrouw en een aantal kinderen thuis. Inmiddels beantwoordt minder dan 10 procent van de mannelijke werknemers aan dat stereotype. Ongeveer 25 procent van de werknemers is tegenwoordig alleenstaand en een derde heeft een partner maar geen kinderen. Verder is het aandeel van vrouwen op de arbeidsmarkt enorm gestegen. Flexibele arbeidsvoorwaarden kunnen op maat worden gemaakt om tegemoet te komen aan de verschillende behoeften van verschillende werknemers, op basis van leeftijd, burgerlijke status, de arbeidsvoorwaarden van de partner, aantal en leeftijd van de kinderen enzovoort.

Algemeen gesteld zullen arbeidsvoorwaarden werknemers motiveren om naar hun werk te gaan en de individuele werknemer stimuleren om de ene organisatie te verkiezen boven de andere. Maar motiveren flexibele arbeidsvoorwaarden beter dan de traditionele regelingen? Dat valt moeilijk te zeggen. Sommige organisaties die op flexibele regelingen zijn overgestapt zeggen dat ze nu minder personeelsverloop hebben en een hogere werktevredenheid en productiviteit. Flexibele arbeidsvoorwaarden kunnen hogere lonen echter niet altijd vervangen als het om de motivatie gaat.[88] Verder is het zo dat, nu steeds meer organisaties flexibele arbeidsvoorwaarden hanteren, die regelingen steeds minder als extra prikkel werken omdat ze tegenwoordig als standaardarbeidsvoorwaarde worden gezien.

Het nadeel van flexibele arbeidsregelingen is duidelijk: ze zijn soms duurder en het is vaak moeilijk te zeggen wat het motiverende effect is van de verschillende voorzieningen. Maar gezien de intuïtief motiverende aantrekkingskracht van flexibele regelingen is het eigenlijk ook verrassend dat ze nog niet overal op de wereld worden toegepast. In China biedt slechts een beperkt percentage bedrijven flexibele regelingen,[89] en dat geldt ook voor veel andere Aziatische landen.[90] Bijna alle grote ondernemingen in de Verenigde Staten maken er gebruik van, en uit een enquête in 2012 onder 211 Canadese organisaties bleek dat 60 procent flexibele arbeidsvoorwaarden biedt, terwijl dat in 2005 nog slechts 41 procent was.[91] Uit een vergelijkbare enquête onder bedrijven in het Verenigd Koninkrijk blijkt dat bijna alle grote organisaties flexibele arbeidsvoorwaardenregelingen bieden, met keuzemogelijkheden die variëren van een aanvullende ziektekostenverzekering tot vakantiedagen omruilen (met collega's), korting op busvervoer en kinderopvang.[92]

DRIEKWART BEDRIJVEN HEEFT BELEID ONTWIKKELD VOOR FLEXIBEL WERKEN[93]

Driekwart van de Nederlandse managers ziet het aanbieden van flexibel werken als noodzaak om talent aan zich te binden. Bijna een derde van de respondenten vindt de vrijheid om de werkomgeving te kiezen belangrijker dan een verhoging van het vakantiegeld. Mede als gevolg van deze ontwikkeling heeft 75 procent van de ondervraagde bedrijven in de afgelopen 10 jaar een beleid ontwikkeld voor flexibel werken.

Het aanbieden van flexibel werken is een doorslaggevende factor bij het aantrekken en behouden van talent. Dat blijkt uit het jaarlijkse onderzoek van International Workplace Group (IWG) onder 15.000 managers in 80 landen.

Ook als het gaat om hun eigen carrières, benadrukken managers het belang van flexibel werken. 87 procent van de respondenten kiest bij identieke arbeidsvoorwaarden voor de werkgever die flexibel werken aanbiedt. Bijna 2 op de 3 vindt de keuze van de werklocatie belangrijker dan het imago van zijn of haar werkgever en 68 procent ziet flexibel werken ook daadwerkelijk als een belangrijke factor bij het zoeken naar een geschikte baan.

Flexibel werken nieuwe norm

Wereldwijd zien managers flexibel werken als de nieuwe norm. Op een schaal van 1 tot 5 scoorde deze vraag een 3.74. Bijna de helft van de respondenten werkt al meer dan 2,5 dag per week buiten het hoofdkantoor. In veel landen is flexibel werken inmiddels in de wetgeving verankerd. Zo biedt in Nederland de wet flexibel werken (Wfw) uit 2016 werknemers de mogelijkheid om hun werkduur, werktijden en locatie aan te passen aan hun behoeften. Flexibiliteit op het werk zorgt niet alleen voor een betere balans tussen werk en privé. Het onderzoek laat ook zien dat het diversiteit binnen de organisatie stimuleert en voordelen biedt voor bijvoorbeeld werkende ouders en mantelzorgers.

Flexibel werken leidt tot hogere productiviteit

Flexibiliteit verhoogt ook de productiviteit. 88 procent van de Nederlandse managers (versus 85 procent wereldwijd) geeft aan dat flexibel werken leidt tot een hogere productiviteit. Volgens zo'n driekwart van de ondervraagden is een direct effect te zien op het succes van de organisatie. Deze bedrijven zetten flexibel werken voornamelijk in om ook productiever te worden (91 procent), om het reizen van en naar kantoor te beperken (78 procent) en om personeel te behouden (75 procent).

Veel van de keuzemogelijkheden worden door de overheid gefaciliteerd. Zo mocht je bijvoorbeeld tot 2015 een deel van je bruto vakantiegeld inzetten voor de aanschaf van een fiets om op naar je werk te gaan. Je betaalde dan minder belasting en blijft vermoedelijk langer gezond, wat weer goed uitpakt voor de zorgkosten. Helaas is het overheidsbeleid in dezen niet betrouwbaar! Zodra een regeling succesvol wordt, zien we maar al te vaak dat deze weer wordt afgeschaft. In 2015 is – tot verdriet van de fietsenhandel – de mobiliteitsregeling afgeschaft. Daar kwam een andere (soberder) regeling voor terug.[94]

VRAAG

Zou je flexibele arbeidsvoorwaarden ook kunnen regelen zonder de overheid?

Flexibele arbeidsvoorwaarden snijden beloningen toe op de individuele medewerker. Elke werknemer kan kiezen uit het voorwaardenpakket dat zijn huidige behoeften het best bevredigt.

8.4 Intrinsiek motiveren: persoonlijke erkenning

Fatima Adlouni verdient het minimumloon met haar baan bij Starbucks in Utrecht. Het werk is niet erg interessant of stimulerend. Toch praat Fatima enthousiast over haar baan, haar baas en het bedrijf waar ze in dienst is. 'Wat ik leuk vind, is dat Han Tong [haar chef] waardering heeft voor wat ik doe. Ik krijg regelmatig een complimentje van hem waar de anderen van mijn ploeg bij zijn. En ik ben het afgelopen halfjaar tweemaal verkozen tot Werknemer van de Maand. Heb je mijn foto gezien op het prikbord?'
Steeds meer organisaties beginnen te beseffen wat Fatima beschrijft: erkenning kan een krachtige motivatiefactor zijn. Erkenning van werknemers kan talloze vormen aannemen. Het gaat erom specifiek en wenselijk gedrag te bevorderen door officieel erkenning te geven voor dat gedrag. Erkenning kan variëren van een spontaan en informeel 'Goed gedaan!' voor één persoon tot officiële projecten waaraan veel ruchtbaarheid gegeven wordt en die via duidelijk omschreven procedures bepaalde soorten gedrag aanmoedigen.[95]
Uit een aantal studies bleek dat financiële prikkels misschien motiverend zijn op de korte termijn, maar dat niet-financiële prikkels op de lange termijn motiverender werken.[96] Aan het begin van de deze eeuw werd in een uitgebreid onderzoek aan 1500 werknemers in uiteenlopende werksituaties gevraagd wat ze als de motiverendste factor op het werk ervoeren. En wat antwoordden ze? Erkenning, erkenning en nog eens erkenning![97] Verrassend genoeg is er niet veel onderzoek gedaan naar het motiverende effect of het wereldwijde gebruik van regelingen die de werknemer erkenning geven. Het weinige onderzoek dat er is duidt er echter op dat die erkenningsregelingen samen-

gaan met (meer) eigenwaarde, zelfvertrouwen en werktevredenheid,[98] en verder is er al brede consensus over de positieve effecten van intrinsieke motivatie in het algemeen. Een duidelijk voordeel van programma's voor erkenning is dat ze vaak goedkoop zijn: iemand prijzen kost immers niets! Het zal dus geen verrassing zijn dat de populariteit van deze programma's groot is. In 2002 wees een enquête onder 391 bedrijven uit dat 84 procent een programma had om prestaties van werknemers te erkennen en vier op de tien meldden dat ze meer deden om de erkenning te bevorderen dan het jaar daarvoor. Daarna groeide het percentage naar 89 procent, gevolgd door een kleine dip tussen 2008 en 2015, om in 2019 weer op 89 procent uit te komen.[99]

Lees op MyLab over heel verschillende aanpakken van intrinsieke beloning.

Lees op MyLab over manieren om erkenning te geven.

Deze **erkenningsprogramma's** mogen dan populair zijn, ze zijn volgens critici ook erg gevoelig zijn voor politieke manipulaties door het management. In de meeste banen zijn de criteria voor goede prestaties niet erg eenduidig, wat managers de kans biedt om alleen hun favoriete werknemers erkenning te geven. Wanneer de programma's misbruikt worden, zal dit de werknemers juist demoraliseren. Veel groter dan het risico op misbruik is overigens het probleem dat veel (vooral mannelijke) managers geen idee hebben hoe je erkenning kunt geven. Bijgevolg moet bij het toepassen van formele erkenningsprogramma's extra zorg worden geschonken aan oprechtheid. En bij informelere benaderingen moet er aandacht voor zijn dat medewerkers op consistente wijze worden erkend voor hun inspanningen. Deze conclusie trokken Adrian Gostick en Chester Elton ook na tien jaar onderzoek bij onder andere Disney, DHL, KPMG en Pepsi. Zij ontwikkelden een checklist met 125 manieren om erkenning te geven.[100] Hier zijn er een paar:

- Loopt de temperatuur bij uw mensen hoog op, vanwege het harde werk? Laat een ijscoman komen om de boel een beetje af te koelen. Wedden dat ze glimlachen?
- Stuur een jarige werknemer geen verjaardagskaart, maar lever die kaart persoonlijk bij hem af. Schrijf er een aantal prestaties van de medewerker van het afgelopen jaar op.
- Geef een teamlid een certificaat dat recht geeft op een pauze van twee uur.

8.5 Toepassing in de organisatiepraktijk

In dit hoofdstuk hebben we gezien hoe organisaties de motivatie van hun medewerkers kunnen stimuleren. Het zal duidelijk zijn dat de HRM-functie van een organisatie vooral van belang is bij het opzetten van systemen voor beoordeling, beloning en erkenning. Het inrichten van de medezeggenschap vraagt om bedrijfsjuridische kennis die in ons land vaak bij brancheorganisaties aanwezig is. In Nederland beschikken de vakcentrales over alle expertise die je maar kunt wensen voor het trainen van OR-leden. Participatief leiderschap is meer dan een formele regeling en het bijwonen van een aantal vergaderingen per maand. Veel belangrijker zijn een open houding en sociale vaardigheden bij leidinggevenden. De HRM-functie draagt hieraan bij door trainingen voor leidinggevenden te organiseren waarin ze deze competenties kunnen ontwikkelen. Nederland is rijk aan adviesbureaus die op dit gebied expertise in huis hebben. Tot de bekende grotere opleidingsinstituten en trainingsbureaus behoren De Baak,

TIAS, ICM en Schouten & Nelissen. Maar er zijn daarnaast vele kleinere bureaus die ruimschoots in de behoefte kunnen voorzien.
Als het gaat om taakverbreding en taakverrijking moeten we een onderscheid maken tussen industriële en dienstverlenende organisaties. Bij industriële bedrijven zijn het vaak de ingenieurs die samen met deskundige consultants de arbeidspsychologische principes van het taakkenmerkenmodel toepassen. Een voorbeeld uit de industrie is Scania Zwolle met haar *lean*-assemblage van vrachtauto's. In de dienstensector zien we dat banken en verzekeringsbedrijven consultants inhuren om samen met de afdeling Interne controle de administratieve processen met behulp van ICT te verbeteren. Dit proces is in volle gang en is door de opkomst van internet de laatste jaren zelfs versneld. Door de inzet van informatietechnologie kunnen steeds minder medewerkers steeds meer taken en verantwoordelijkheden aan. De keerzijde is dat dit leidt tot een forse uitstoot van arbeidskrachten. In de bankensector wordt in de komende jaren gerekend met een verlies van 50.000 banen. Die afname wordt deels veroorzaakt door de verschuiving naar online bankieren, maar ook door de voortschrijdende optimalisatie van administratieve processen.

CRISIS NIET GROOTSTE BOOSDOENER BIJ MASSA-ONTSLAGEN

Waardoor banen in 2014 verdwenen? Een veranderende markt. Ontslag maakte deel uit van beleid om de Rabobank kleiner en efficiënter te maken. Eerder al verminderde de bank het aantal lokale kantoren tot 100, waarbij 8.000 banen verdwenen. Door de verschuiving naar online bankieren is er veel minder personeel nodig. In de financiële sector verdwenen hierdoor de afgelopen jaren circa 50.000 banen.[101]

Lees op MyLab over de oorzaak van massaontslagen.

Universeel of cultureel?

Opnieuw kan de vraag gesteld worden of de benaderingen van motivatie in dit hoofdstuk universele geldigheid hebben of dat ze meer cultureel bepaald zijn, en dus vooral opgaan in de Verenigde Staten en West-Europa. Omdat die benaderingen zeer uiteenlopend waren, is het volgens ons beter om ze een voor een te analyseren. Niet elke benadering is bestudeerd door interculturele onderzoekers, dus hoeven we ze niet allemaal te bespreken. We bespreken de interculturele verschillen ten aanzien van de volgende benaderingen: (1) taakkenmerken en taakverrijking, (2) Het Nieuwe Werken, (3) variabele beloning, (4) flexibele arbeidsvoorwaarden en (5) werknemersbetrokkenheid.

Taakkenmerken en taakverrijking

Globalisering leidt ertoe dat steeds meer West-Europese en Amerikaanse bedrijven vestigingen openen in bijvoorbeeld China. De nieuwe vestigingen worden meestal ingericht door ingenieurs die gewend zijn aan westerse ideeën. Zo heeft Friesland-Campina zuivelfabrieken opgezet in China. Gaat het taakkenmerkenmodel daar ook op? Er zijn wel enkele onderzoeken gedaan om het taakkenmerkenmodel in verschillende culturen te toetsen, maar de uitkomsten daarvan waren helaas niet erg consistent. Uit een van die onderzoeken komt naar voren dat als werknemers sterk 'op de ander zijn gericht' (zich druk maken om het welzijn van hun collega's), het verband tussen de vijf intrinsieke taakkenmerken en werktevredenheid zwakker is. Dat zou kunnen betekenen dat prettige collega's minstens zo belangrijk zijn als de aard van de werkzaamheden.

Het feit dat het taakkenmerkenmodel relatief individualistisch is (want het gaat over de relatie tussen de werknemer en zijn werk) suggereert dat maatregelen voor taakverrijking misschien een ander effect hebben in collectivistische culturen zoals in China en Thailand dan in individualistische culturen zoals in Nederland en de Verenigde Staten.[102] En inderdaad, onderzoek in Nigeria, een land met een collectivistische cultuur, liet zien dat de samenhangen lang niet zo sterk waren als die in overwegend individualistische landen.[103] Uit ander onderzoek lijkt echter weer naar voren te komen dat intrinsieke taakkenmerken de werktevredenheid en betrokkenheid bij het werk van Amerikaanse, Japanse en Hongaarse werknemers even goed voorspellen.[104] Het lijkt op zijn minst verstandig dat de kwartiermakers voor Friesland-Campina kenners van de lokale arbeidscultuur raadplegen over hun ideeën en verwachtingen.

Het Nieuwe Werken

Varieert de mate waarin werknemers thuiswerken per natie? Hangt het van de cultuur af hoe effectief dat is? Helaas zijn er te weinig recente gegevens bekend om de percentages uit de Verenigde Staten en de Europese Unie te vergelijken met andere delen van de wereld. We weten dus ook niet echt of telewerken meer of minder wordt toegepast in de Verenigde Staten dan in andere landen. Uit een studie die de percentages in de Verenigde Staten met die in de Europese Unie vergeleek, bleek dat werknemers in Europa evenveel belangstelling hadden voor telewerken als werknemers in de Verenigde Staten. Ongeacht het land is de interesse voor telewerken groter onder werknemers dan werkgevers.[105]

Variabele beloning

Je zou misschien denken dat individuele beloningssystemen (bijvoorbeeld op basis van prestaties of competenties) beter werken in individualistische culturen zoals die van de Verenigde Staten dan in collectivistische culturen, zoals die van China of Venezuela. Ook zou je kunnen veronderstellen dat beloningen op groepsbasis, zoals productiviteits- en winstdeling, het beter doen in collectivistische culturen dan in individualistische. Jammer genoeg is er nog maar weinig onderzoek naar dit onderwerp gedaan. Wel heeft onderzoek uitgewezen dat de mening van Amerikaanse werknemers over de billijkheid van groepsbeloningen een positief verband vertoonde met de tevredenheid over die beloning. Voor werknemers in Hongkong gold dat niet. Dit zou erop kunnen wijzen dat Amerikanen kritischer kijken naar groepsbeloningen; omdat hun cultuur individualistischer is, is het voor hen belangrijk dat ze het idee hebben dat zo'n beloning duidelijk en billijk wordt toegepast.[106]

Flexibele arbeidsvoorwaarden

Tegenwoordig bieden vrijwel alle grote bedrijven in de Verenigde Staten flexibele arbeidsvoorwaarden aan en ook in andere landen worden ze langzaam maar zeker de norm. In een onderzoek onder 211 Canadese organisaties in 2010 bleek dat 60 procent voor flexibele voorwaarden heeft gekozen tegen 41 procent in 2005.[107] Uit een soortgelijk onderzoek (in 2001) onder 307 bedrijven in het Verenigd Koninkrijk kwam naar voren dat weliswaar slechts 16 procent een regeling voor flexibele arbeidsvoorwaarden hanteert, maar dat nog eens 60 procent bezig is dergelijke regelingen te implementeren of dat serieus overweegt.[108] We weten nog niet of de reacties van werknemers op deze voorwaarden per cultuur verschillen.

Werknemersbetrokkenheid

Programma's om werknemers meer bij de organisatie te betrekken verschillen van land tot land.[109] Uit een onderzoek in vier landen, waaronder de Verenigde Staten en India, blijkt opnieuw hoe belangrijk het is om de werkpraktijk aan de betreffende cultuur aan te passen.[110] Amerikaanse werknemers vonden programma's op het gebied van werknemersbetrokkenheid prima, maar leidinggevenden in India die hun werknemers meer verantwoordelijkheid wilden geven, kregen een slechte beoordeling. Nota bene van die werknemers zelf! Deze reacties kunnen verklaard worden aan de hand van de Indiase cultuur. Deze wordt gekenmerkt door een grote machtsafstand; gezagsverschillen worden geaccepteerd en zelfs verwacht. Maar deze culturele kenmerken liggen niet voor de eeuwigheid vast; ze kunnen veranderen! Zo is ook gebleken dat Chinese werknemers die traditionele Chinese waarden aanhingen, zoals respect voor ouderen en gezaghebbers, weinig profiteerden van deelname aan de besluitvorming.[111] Chinese werknemers die zich minder traditioneel opstelden, bleken tevredener en kregen een betere prestatiebeoordeling wanneer er sprake was participatief leiderschap.[112] Zulke verschillen konden wel eens de weerslag zijn van het totale veranderingsproces, zowel economisch, als politiek als cultureel.

KERN VAN DIT HOOFDSTUK

We hebben in dit hoofdstuk en in de voorgaande hoofdstukken een aantal motivatietheorieën en toepassingen daarvan besproken. Het is altijd riskant om een groot aantal complexe ideeën samen te voegen tot een paar eenvoudige richtlijnen, maar met de volgende suggesties hopen we de essentie te vatten van wat we nu weten over het motiveren van werknemers in organisaties.

Erken individuele verschillen

Managers moeten gevoelig zijn voor individuele verschillen en culturele contexten. Werknemers hebben allemaal verschillende behoeften. Behandel ze niet uniform. Neem de tijd om te begrijpen wat elke werknemer afzonderlijk belangrijk vindt. Zo kun je individuele doelen, de mate van betrokkenheid en beloningen in overeenstemming brengen met individuele behoeften. Ontwerp de taken ook zo dat ze aansluiten op individuele behoeften en het motivatiepotentieel optimaal wordt.

Maak gebruik van doelen en feedback

Werknemers moeten duidelijke, specifieke doelen krijgen, maar ook feedback ontvangen om te horen of ze op de goede weg zijn om hun doelen te bereiken.

Laat werknemers deelnemen aan beslissingen die hen aangaan
Werknemers kunnen een bijdrage leveren aan allerlei beslissingen die hen aangaan: doelen stellen, hun eigen arbeidsvoorwaardenpakket kiezen, productiviteits- en kwaliteitsproblemen vaststellen enzovoort. Dat is bevorderlijk voor de productiviteit, de motivatie en de werktevredenheid.

Koppel beloningen aan prestatie
Beloningen moeten samenhangen met prestaties, en werknemers moeten een duidelijke koppeling daartussen waarnemen. Het kan best zijn dat de beloningen in werkelijkheid nauw samenhangen met de gemeten prestatiecriteria. Maar als mensen dat verband niet kunnen waarnemen, zullen slechtere prestaties, een lagere werktevredenheid en een toename in personeelsverloop en verzuim het gevolg zijn. Dit bleek een paar jaar geleden bijvoorbeeld uit een onderzoek onder 1500 werknemers in allerlei werkomgevingen.[113]

Controleer het systeem op billijkheid
Beloningen moeten door werknemers worden ervaren als redelijk ten opzichte van hun inspanningen. Op het eenvoudigste niveau houdt dit in dat ervaring, vaardigheden, vermogens en inspanning de verschillen in prestatie tussen werknemers moeten kunnen verklaren, en daaraan gekoppeld dus ook de verschillen in salaris, toewijzing van uitdagende taken en andere zichtbare beloningen.

HOOFDSTUK 9

Communicatie

NA BESTUDERING VAN DIT HOOFDSTUK BEN JE IN STAAT OM:

1. het communicatieproces en de functies ervan te beschrijven;
2. formele en informele communicatiekanalen te onderscheiden;
3. communicatie in neerwaartse, opwaartse en laterale richting, communicatie via netwerken van kleine groepen en via geruchtencircuits tegen elkaar af te zetten;
4. de effecten van schriftelijke, mondelinge en non-verbale communicatie te benoemen;
5. toe te lichten wat de invloed is van kanaalrijkdom op de keuze van het communicatiekanaal;
6. formele communicatienetwerken te onderscheiden van geruchtencircuits;
7. het verschil tussen automatische (onbewuste) en bewuste verwerking van informatie toe te lichten.
8. aan te geven welke barrières effectieve communicatie in de weg kunnen staan;
9. te laten zien hoe we de potentiële problemen van interculturele communicatie kunnen overwinnen.

Communicatie is een machtig verschijnsel. Geen groep mensen of organisatie kan bestaan zonder communicatie. In dit hoofdstuk zullen we het verschijnsel communicatie analyseren en nagaan hoe we effectiever kunnen communiceren. Alleen door via signalen bepaalde betekenissen naar andere mensen over te brengen, kunnen informatie en ideeën worden overgedragen. Maar communicatie is meer dan het uitzenden van een signaal met betekenis. Die betekenis moet ook worden begrepen. **Communicatie** omvat dus noodzakelijkerwijs zowel de overdracht van betekenis als het begrijpen van de betekenis. Als perfecte communicatie zou bestaan zou een gedachte of idee op zo'n wijze worden verzonden dat de ontvanger het mentale beeld van de zender op dezelfde manier zou begrijpen. In de praktijk wordt dit ideaal nooit gehaald. Beter begrip van de functies en processen van communicatie zal bijdragen aan beter functioneren van de organisatie.

VRAAG

De Groningse hoogleraar communicatiekunde mevrouw prof.dr. Gisela Redeker definieert communicatie als volgt: 'communicatie is het scheppen van gemeenschappelijke betekenis'. Hoe zie jij dit?

9.1 De functies van communicatie

Communicatie vervult in organisaties vijf belangrijke functies, namelijk die van *beheersing*, *feedback*, *delen van emotie*, *overtuigen* en *informatie*.[1] Bijna alle communicatieve interactie in een groep of organisatie dient een of meer van deze functies en geen van de vijf is belangrijker dan de andere.

1. *Beheersing*
   Communicatie is een manier om gedrag te beheersen. Organisaties doen dit via de gezagshiërarchie en officiële richtlijnen voor werknemers. Formele communicatie vervult bijvoorbeeld een controlerende functie wanneer werknemers werkgerelateerde klachten eerst aan hun directe leidinggevende (chef) moeten melden, zich moeten houden aan hun functieomschrijving of zich moeten schikken in het bedrijfsbeleid. Maar ook informele communicatie stuurt het gedrag. Als andere leden van een werkgroep een medewerker op zijn huid zitten omdat hij te veel produceert en het daarom lijkt alsof de rest te weinig uitvoert, proberen ze zijn gedrag bijvoorbeeld informeel te beheersen.
2. *Feedback*
   Communicatie vormt feedback als aan werknemers verduidelijkt wordt wat ze precies moeten doen, als hen wordt verteld hoe goed ze het doen en – eventueel – wat ze kunnen doen om de prestaties nog verder te verbeteren. In hoofdstuk 7 kwamen we dit aspect van communicatie al tegen bij de bespreking van de doelstellingstheorie. Het formuleren van concrete doelstellingen, het geven van feedback over de voortgang en de bekrachtiging van het gewenste gedrag verbeteren de motivatie.
3. *Delen van emoties*
   Een team, werkgroep of afdeling vormt voor mensen (ook) een bron van sociale interacties. Binnen deze groepen uiten we onze frustraties en positieve gevoelens. Communicatie is nodig om emoties te uiten en sociale behoeften te bevredigen.
4. *Overtuigen*
   Net als bij het delen van emoties kan overtuigen zowel positief als negatief zijn. Dit is afhankelijk van de vraag of de leider van de organisatie probeert de medewerkers te binden aan het maatschappelijk verantwoord ondernemen (MVO)-beleid ofwel het tegengestelde, namelijk het overtreden van de wet om kosten te besparen. Dit voorbeeld mag wat extreem lijken, maar het gaat erom te bedenken dat overtuigende boodschappen een organisatie kunnen helpen verbeteren maar ook kunnen schaden.
5. *Informatie*
   Communicatie kan ook gaan om informatie-uitwisseling die nodig is om beslissingen te kunnen nemen. Ze verschaft ons de informatie die we nodig hebben voor de besluitvorming: de gegevens die nodig zijn om keuzemogelijkheden te benoemen en te evalueren.

VOORBEELD

Om het LHBT (of holebi's en transgenders)-vraagstuk te steunen heeft IKEA onder het kopje 'Alle huizen zijn gelijk geschapen' foto's van homoseksuele paren gebruikt in haar catalogi in de Verenigde Staten en Rusland. Het bedrijf kwam echter onder vuur te liggen toen bleek dat er speciale versies van de catalogus waren in Israël en Saoedi Arabië waarin geen vrouwen voorkwamen.[2]

VRAAG

Is het mogelijk om niet te communiceren in interactie met anderen? Welk gedrag hoort daar dan bij?

IKEA

IKEA, de grootste meubelwinkel wereldwijd, staat bekend als een waardegedreven multinational vanwege zijn sociale en milieusparende initiatieven in de gehele waardeketen, van productontwikkeling tot en met verkoop. Zo worden medewerkers aangemoedigd om te kiezen voor virtuele vergaderingen in plaats van te reizen. Zou reizen toch nodig zijn dan kunnen ze op het IKEA intranet de Co_2-uitstoot voor elk vervoermiddel checken om de meest duurzame optie te kiezen.

9.2 Het communicatieproces

Communicatie begint met een doel in de vorm van een boodschap die een zender wil overdragen naar een ontvanger. De boodschap wordt door de zender eerst gecodeerd (omgezet in symbolen, bijvoorbeeld woorden) en vervolgens verzonden via een medium (kanaal) naar de ontvanger, die de boodschap terugvertaalt (decodeert, bijvoorbeeld door de woorden te interpreteren). Op die manier wordt betekenis overgebracht van de een naar de ander.[3]

Figuur 9.1 geeft dit **communicatieproces** weer. Het model omvat acht elementen: (1) de zender; (2) het coderen; (3) de boodschap; (4) het kanaal; (5) het decoderen; (6) de ontvanger; (7) ruis; (8) feedback.

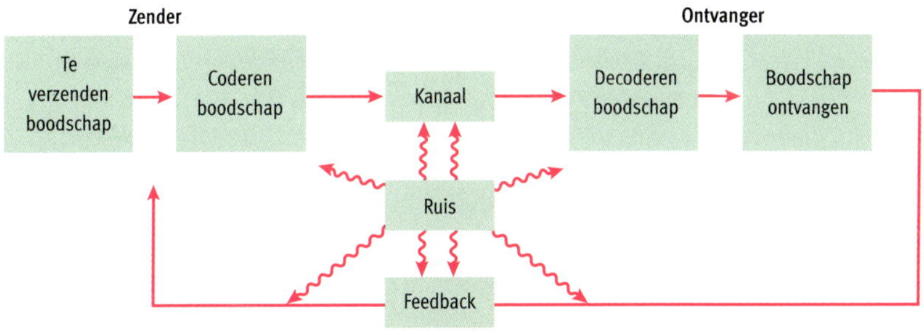

FIGUUR 9.1 **Een model van het communicatieproces**

De zender neemt het initiatief door een gedachte te coderen. De boodschap is het fysieke product van het coderen. Als we spreken, is wat we zeggen de boodschap. Als we schrijven, is wat we schrijven de boodschap. Als we gebaren maken, zijn onze armbewegingen en gezichtsuitdrukking de boodschap. Het kanaal is het medium dat onze boodschap verstuurt. De zender bepaalt of hij een formeel of informeel kanaal gaat gebruiken. **Formele kanalen** zijn ingesteld door de organisatie om boodschappen langs te sturen die verband houden met de taakuitvoering van de leden. Traditiegetrouw volgen die de weg van de gezagsketen binnen de organisatie. De opdracht van de directie om alle betalingen één week op te schorten kan bijvoorbeeld mondeling via het afdelingshoofd (chef) aan de medewerkers van de afdeling Crediteuren worden doorgegeven. Boodschappen met een persoonlijk of sociaal doel lopen via informele kanalen. Deze **informele kanalen** (bijvoorbeeld gesprekken of e-mails) zijn spontaan, het gevolg van individuele keuzes.[4]

De ontvanger, dus degene voor wie de boodschap bedoeld is, moet de symbolen vertalen in een vorm die hij kan begrijpen. Dit is de stap van het decoderen. Dit decoderen gaat niet altijd goed als gevolg van ruis op de lijn. Ruis staat voor eventuele hinderpalen in de communicatie die de boodschap onduidelijk maken. Voorbeelden van mogelijke bronnen van ruis zijn perceptieverschillen, informatie-overload, het niet of anders begrijpen van de betekenis van begrippen en ten slotte culturele verschillen. Dit laatste wordt ook *culturele ruis* genoemd.[5] Vanwege de kans op ruis wordt de laatste fase in het communicatieproces gevormd door de feedbacklus. Met deze feedback controleren we of onze boodschap is overgekomen zoals de zender die bedoeld had en of de ontvanger deze begrepen heeft.

VOORBEELD

Een olietanker vaart met de loods (navigatiespecialist plaatselijk vaarwater) aan boord de Nieuwe Waterweg bij Rotterdam op. De loods (zender) geeft een koers van 150o (boodschap) op aan de roerganger (ontvanger). De loods zegt dan niet 'One hundred and fifty' omdat dit verstaan kan worden als 'One hundred and fifteen' (ruis). De loods codeert de boodschap in plaats daarvan als: 'One five O' (gecodeerde boodschap). De nul wordt dus als de letter 'O' uitgesproken. 'Zero' zou immers als 'three' (ruis) kunnen worden verstaan. De roerganger (ontvanger) herhaalt het commando 'One five O' en weet nu (decodeert) dat hij 150o moet sturen. Hij voert de handeling uit. Zodra het schip op de gewenste koers ligt, roept hij nogmaals 'One five O, pilot!' (feedback).

VRAAG

Jasper solliciteert met het bachelorsdiploma HRM op zak naar de functie van personeelsconsulent bij het ministerie van Justitie en Veiligheid in Den Haag. Na de vacaturetekst op de website gelezen te hebben, typt hij een conceptsollicitatiebrief met als openingszin: 'Hi, ik ben Jasper'. Zijn cv (curriculum vitae) vermeldt enkel dat hij eerder als pakjesbezorger en vakkenvuller gewerkt heeft. Als hij het online sollicitatieformulier heeft ingevuld voegt hij de conceptsollicitatiebrief en zijn cv bij. De personeelsmedewerker die de voorselectie doet op het HRM-portal, selecteert de sollicitatie van Jasper na lezing voor de optie afschrijven via e-mail. Wat is hier het communicatieproces?

9.3 Interpersoonlijke communicatie

Hoe brengen mensen onderling boodschappen aan elkaar over? In wezen zijn er slechts drie opties: mondeling, schriftelijk en non-verbaal. Dat is een open deur maar het gaat erom dat de manier van communiceren bepalend is voor de ontvangst van de boodschap.

9.3.1 Mondelinge communicatie

De voornaamste methode om boodschappen over te brengen is **mondelinge communicatie**. Redevoeringen, formele gesprekken tussen twee mensen, groepsdiscussies en de informele geruchtencircuits (roddels) zijn populaire vormen van verbale communicatie.

De voordelen van mondelinge communicatie zijn de snelheid, de feedback en de directe uitwisseling. In een mum van tijd is een mondelinge boodschap verzonden en beantwoord. Als de ontvanger de boodschap niet goed begrijpt, kan dit via snelle feedback meteen verholpen worden door de zender. Een professional zei het eens zo: 'Mondelinge communicatie op regelmatige basis is nog altijd de beste manier om informatie aan medewerkers over te brengen en van hen te ontvangen.'[6]

Het doorfluisterspelletje levert vaak grappige uitkomsten op.
Foto: Wang Tom / 123RF / Pearson Asset Library

Helaas moeten we erkennen dat we gewoonlijk slechte luisteraars zijn. Onderzoekers stellen dat mensen tijdens een gesprek al snel een *luisteraar-burn-out* oplopen waarbij we de ander onderbreken en op onze beurt adviezen gaan geven. 'Goede luisteraars onderdrukken de natuurlijke neiging om de problemen van de ander op te willen lossen of de conversatie kort te houden', zegt professor Graham Bodie.[7]

Actief luisteren – wat inhoudt dat we geen afleidingen toestaan (mobiele telefoon uit en van tafel!), naar voren buigen, oogcontact maken (althans in westerse culturen), het gezegde parafraseren en de spreker aanmoedigen verder te vertellen[8] – kan ons helpen elkaar beter te begrijpen en te vertrouwen, vooropgesteld dat we echt geïnteresseerd zijn en niet met onze oordelen klaar staan.[9] De uitwisseling die plaatsvindt door mondelinge communicatie omvat veel meer dan informatie alleen. Ze bevat ook sociale, culturele en emotionele componenten. Sociale gedachtenwisseling met mensen uit een andere cultuur, waarbij we doelbewust culturele grenzen trachten te overstijgen, helpt ons bij het opbouwen van wederzijds vertrouwen, samenwerking en overeenstemming tussen individuen en teams.[10]

Het grootste nadeel van mondelinge communicatie komt aan het licht wanneer de mondelinge boodschap via een aantal tussenschakels doorgegeven wordt. Hoe groter het aantal mensen (tussenschakels), hoe sterker de vertekening zal zijn. Als je op een kinderfeestje ooit het spelletje 'doorfluisteren' hebt gedaan, ken je het probleem. Iedereen interpreteert de boodschap op zijn eigen manier. Eenmaal op de eindbestemming aangekomen, is de inhoud vaak totaal anders dan de zender oorspronkelijk bedoelde. In een organisatie waar beslissingen en andere berichten op en neer gaan langs de (hiërarchische) gezagslijn is de kans op vertekening dus levensgroot, zelfs als we denken dat de boodschap eenvoudig en helder is. Dat maakt dat de hiërarchische mondelinge communicatieketens eerder een risico vormen dan een effectief communicatiemiddel voor de organisatie.

VRAAG

Horen en luisteren; wat is het verschil? Waarom wordt horen en luisteren niet als aparte vaardigheid in onderwijsprogramma's opgenomen?

ATOS

Thierry Breton, de CEO van Atos SE, een toonaangevend bedrijf in de digitale dienstverlening met 100.000 werknemers in 72 landen, heeft een bedrijfsbreed *zero-e-mailbeleid* ingevoerd. Hij besloot in 2011 om de productiviteit van zijn werknemers te verbeteren door intern e-mailen uit te bannen. Het eigen sociale netwerk van Atos is een beter uitgerust platform om groepscommunicatie makkelijker te maken. Het heeft geleid tot efficiëntere samenwerking en informatie-uitwisseling tussen de werknemers, die zeggen dat ze veel productiever zijn geworden.

9.3.2 Schriftelijke communicatie

Onder **schriftelijke communicatie** vallen memo's, brieven, e-mails, sms'jes en appjes (*instant messaging*) organisatiebladen en alle andere middelen waarmee woorden of symbolen schriftelijk worden overgebracht. De voordelen zijn afhankelijk van de schriftelijke communicatiewijze die wordt gebruikt. Schriftelijke zakelijke communicatie wordt tegenwoordig meestal gevoerd via e-mail, brieven, powerpointpresentaties, sms'jes, apps, sociale media en blogs. Met behulp van sommige manieren van communiceren kun je een digitaal of fysiek dossier voor de lange termijn opbouwen, terwijl andere manieren als voordeel hebben dat de informatie-uitwisseling snel en vluchtig is. Elke schriftelijke communicatiewijze heeft ook specifieke nadelen. We gaan zo meteen nader in op de verschillende toepassingen.

VRAAG

Wat vind je van de volgende manieren van communiceren? Zou jij het anders doen?

a. *Een directeur van een traditioneel offline-warenhuis voelt zich vanwege de sterke omzetdaling door online concurrentie van de afgelopen twee jaren gedwongen om de helft van het personeel te ontslaan. In een bijeenkomst met alle personeelsleden in de kantine licht hij dit besluit zelf toe. Hij beantwoordt rustig alle vragen en zijn gezichtsuitdrukking laat zien hoe vervelend hij de boodschap vindt.*

b. *Alle studenten van een opleiding in Utrecht krijgen een brief thuis waarin de opheffing van deze studierichting wordt aangekondigd. Zij kunnen volgens de brief de opleiding elders vervolgen of overstappen naar een andere opleiding.*

9.3.3 Non-verbale communicatie

Een uiteenzetting over communicatie is niet compleet zonder aandacht te besteden aan **non-verbale communicatie.** Hiertoe rekenen we lichaamsbewegingen, intonatie of nadruk op woorden, gezichtsuitdrukkingen en de fysieke afstand tussen zender en ontvanger.[11] Een moeder die haar kleuter glimlachend in bed stopt of hem op een ander moment wat streng aankijkt, brengt zonder woorden heel veel betekenis over. Een directeur die op een gedragen, sombere toon in de personeelskantine aankondigt dat het bedrijf moet inkrimpen, laat door houding en toon blijken dat hij ook in zijn maag zit met de situatie en dat hij meeleeft met de mensen die misschien ontslagen (moeten) worden.

We zijn ons ervan bewust dat we 'gezien' worden.

Foto: Sean De Burca / Shutterstock / Pearson Asset Library

Iedere lichaamsbeweging heeft betekenis en geen enkele beweging is toevallig (hoewel soms onbewust). We geven namelijk heel veel informatie over onze gemoeds-

toestand prijs met non-verbale lichaamstaal. We glimlachen bijvoorbeeld om betrouwbaarheid uit te stralen, we houden onze armen langs het lichaam om te laten zien dat we benaderbaar zijn of we gaan staan om autoriteit uit te stralen.[12] Daarbij dienen we ons te realiseren dat non-verbale communicatie een van de punten is waarin culturen sterk van elkaar kunnen verschillen. Een positief gebaar in het ene land kan in het andere land obsceen zijn. Maar in alle culturen geven mensen (vaak zonder dat ze zich daarvan bewust zijn) via non-verbale signalen iets aan over hun eigen gemoedstoestand en over de verhouding tot de gesprekspartner(s).
De volgende Nederlandse non-verbale signalen herken je waarschijnlijk wel: we trekken ongelovig onze wenkbrauwen op. We buigen naar voren om onze interesse te tonen. We slaan onze armen over elkaar om ons te beschermen of om ons af te zonderen. We halen onverschillig onze schouders op, knipogen schalks, trommelen ongeduldig met onze vingers, slaan tegen ons voorhoofd omdat we iets vergeten zijn. We gaan bijvoorbeeld dichter bij mensen zitten die we mogen en raken hen vaker aan. En als iemand de eigen status hoger vindt dan die van de ander, zullen zijn lichaamsbewegingen duiden op een ontspannen en nonchalante houding, bijvoorbeeld door de benen over elkaar te slaan of wat onderuit te zakken.[13]
De twee belangrijkste boodschappen die door lichaamstaal worden overgebracht zijn:

1. de mate waarin iemand een ander aardig vindt en geïnteresseerd is in zijn of haar mening;
2. de relatieve status van zender en ontvanger onderling.

Als je de notulen van een vergadering leest, heeft dat een andere impact dan wanneer je zelf aanwezig bent of de vergadering op video bekijkt. Waarom? Omdat de non-verbale communicatie bij de notulen ontbreekt. Je weet niet welke *nadruk* woorden of zinnen kregen. Figuur 9.2 laat zien hoe *intonaties* de betekenis van een boodschap kunnen veranderen. De *gezichtsuitdrukking* van je baas is ook belangrijk. Een frons zegt iets anders dan een glimlach. Samen met intonatie kan het gezicht arrogantie, agressie, angst, verlegenheid en andere emoties uitdrukken die nooit blijken uit een schriftelijke vastlegging.
Ook de *fysieke afstand* tussen mensen is betekenisvol. Wat de juiste afstand is, hangt sterk af van culturele normen. Amerikanen ervaren de afstand die in een aantal Europese landen in het zakenleven gebruikelijk is als te intiem. Wanneer iemand dichterbij komt dan de normen toestaan, kan dat duiden op agressieve bedoelingen of seksuele belangstelling. Is de afstand tussen jou en de spreker groter dan gebruikelijk, dan wijst dat mogelijk op desinteresse voor de boodschap of het is een signaal dat de boodschap niet bevalt.

VERANDER VAN TOON EN JE VERANDERT DE BETEKENIS VAN WAT JE ZEGT:

PLAATS VAN NADRUK	WAT HET BETEKENT
Waarom neem ik **jou** niet mee uit eten vanavond?	Ik ging eigenlijk met iemand anders.
Waarom neem **ik** jou niet mee uit eten vanavond?	In plaats van degene met wie je ging.
Waarom neem ik jou **niet** mee uit eten vanavond?	Ik zoek naar een reden waarom je niet zou meenemen.
Waarom neem ik jou niet mee uit eten vanavond?	Heb je iets tegen me?
Waarom neem ik jou niet mee **uit eten** vanavond?	In plaats van lunch morgen.
Waarom neem ik jou niet mee uit eten **vanavond?**	Niet morgenavond.

FIGUUR 9.2 **Intonatie: het zit in de manier waarop je het zegt!**

VRAAG

Via non-verbale signalen kan communicatie op bedekte wijze de status van groepsleden binnen de groep aan te geven. De onderlinge relaties in een groep kunnen zo op informele wijze worden bepaald. Bedenk drie 'statusboodschappen' in een werkgroep die een rangorde communiceren zonder dat mensen zich daar echt van bewust zijn.

9.4 Communicatie in organisaties

In deze paragraaf gaan we van interpersoonlijke communicatie (paragraaf 9.3) naar organisatorische communicatie. We bestuderen eerst de verschillende richtingen van de communicatiestromen in de organisatie. Vervolgens zoomen we in op de voor- en nadelen van verschillende formele netwerken die in organisaties gebruikt kunnen worden. Tot slot komt een belangrijk informeel communicatienetwerk aan bod: het geruchtencircuit.

9.4.1 De richting van de communicatie

Communicatie kan naar beneden, naar boven of lateraal (zijwaarts op hetzelfde niveau of iets hoger of lager) verlopen, via formele netwerken van kleine groepen of via geruchtencircuits.[14]

Naar beneden

Communicatie die van het ene niveau van een groep of van een organisatie omlaag stroomt naar het andere niveau heet **neerwaartse communicatie**. Hieraan denken we bij de communicatie van managers naar werknemers wanneer ze doelen bekendmaken, instructies geven, beleid en procedures uitleggen of feedback over prestaties geven. De neerwaartse communicatie beperkt zich niet tot verbale (mondelinge) contacten. De bedrijfsleiding of stafafdeling die werknemers een brief stuurt over het nieuwe bedrijfsbeleid ten aanzien van ziekteverlof, maakt eveneens gebruik van neerwaartse communicatie. Ook een e-mail van een teamleider aan de leden van haar team valt hieronder.

Bij neerwaartse communicatie wordt dikwijls verzuimd voldoende uitleg over de opdracht of het besluit te geven. Dat is jammer, want uit een studie is gebleken dat werknemers twee keer meer bereid zijn om zich in te zetten voor veranderingen wanneer de redenen daarvoor volledig zijn uitgelegd. Veel managers vinden echter dat ze het te druk hebben om dingen uit te leggen of ze zijn bang dat verklaringen tot een hoop gezeur leiden.[15], [16] Bovendien komt uit het meeste onderzoek naar voren dat boodschappen vanuit de bedrijfsleiding pas effectief zijn als ze verschillende keren en via verschillende soorten media worden herhaald.[17] Helaas denken (te) veel leidinggevenden nog steeds dat iets één keer uitleggen wel genoeg is!

Een ander probleem van neerwaartse communicatie is dat het vaak eenrichtingsverkeer is: managers informeren werknemers wel, maar vragen niet om advies of een reactie. Veel werknemers zeggen dat hun leidinggevende hen zelden of nooit om advies vraagt. Toch zijn er ook bedrijven die juist veel waarde hechten aan de inbreng van hun werknemers en die programma's instellen om de feedback zo effectief mogelijk te maken. Zo heeft het Duitse farmaceutisch concern Bayer een ondernemingsbreed programma ingesteld dat Triple-i (inspiratie, ideeën, innovatie) wordt genoemd en dat in één jaar tijd meer dan 9.000 ideeën heeft opgeleverd.[18]

Om zo effectief mogelijk neerwaarts te communiceren is het nodig de reden van een opdracht of besluit goed en herhaaldelijk uit te leggen en om de betrokken werknemers om een reactie te vragen. En dat laatste brengt ons op de volgende richting: opwaartse communicatie.

Naar boven

Opwaartse communicatie stroomt naar een hoger gelegen niveau in de groep of in een organisatie, onder meer om feedback te geven aan managers en hen te informeren over gemaakte vorderingen en actuele problemen. Denk aan managementrapportages, ideeënbussen, enquêtes, interne klachtenprocedures, werkoverleg enzovoort. Managers blijven zo op de hoogte van hoe werknemers denken over hun werk, collega's en de organisatie. Ook krijgen ze via opwaartse communicatie ideeën voor mogelijke verbeteringen.

Bij de topman of -vrouw komen alle lijnen samen. Wees zuinig met zijn of haar tijd.

Foto: Qvist / Shutterstock / Pearson Asset Library

Omdat de meeste managers, chefs en leidinggevenden de laatste jaren steeds meer verantwoordelijkheden hebben gekregen, wordt opwaartse communicatie steeds moeilijker. Managers zijn vaak overladen met werk en worden gemakkelijk afgeleid. Communiceer daarom beknopt en houd waar nodig geen uitgebreide verhandelingen (het is de bedoeling dat je de aandacht van je manager trekt, niet dat je een discussie vol uitweidingen begint), ondersteun je beknopte punten met actieplannen (wat er volgens jou moet gebeuren) en stel een agenda op, zodat je zeker weet dat je goed gebruikmaakt van diens tijd en aandacht.[19]

Lateraal

Laterale communicatie omvat zowel zuiver horizontale als diagonale communicatie. We spreken van laterale communicatie wanneer de communicatie plaatsvindt tussen leden van dezelfde werkgroep, tussen leden van verschillende werkgroepen, tussen medewerkers van verschillende afdelingen of tussen managers op min of meer hetzelfde niveau.

Horizontale communicatie is vaak noodzakelijk om tijd te besparen en de coördinatie te bevorderen. Zo kunnen leidinggevenden de verschillende activiteiten van een werkproces dat door verschillende afdelingen wordt uitgevoerd sneller op elkaar afstemmen. De benodigde informatie wordt lateraal tussen afdelingen gedeeld. In veel gevallen wordt deze laterale afstemming, als ze effectief is gebleken, geformaliseerd en geautomatiseerd. Zo kunnen gegevens direct beschikbaar worden gesteld aan de medewerkers die ze voor hun werk nodig hebben. Als de laterale informatie-uitwisseling sterk geformaliseerd is en alleen door geautoriseerde medewerkers kan worden bewerkt, is continue controle door managers niet meer nodig.

In de praktijk ontstaan laterale communicatiekanalen vooral informeel om acties te bespoedigen. Dat kan zowel positief als negatief zijn. Laterale communicatie is positief als het strikt vasthouden aan de formele verticale structuur een snelle en efficiënte informatieoverdracht belemmert. Maar laterale communicatie kan problematisch zijn als medewerkers buiten medeweten van hun manager of leidinggevende proberen zaken voor elkaar te krijgen of besluiten nemen waar deze niet achter kan staan. Zo kan het erg vervelende gevolgen hebben als medewerkers financiële verplichtingen (bijvoorbeeld voor een dure leaseauto) aangaan buiten medeweten van de leiding.

VRAAG

Een verzekeraar verzekert onder meer het transport van bloemen vanuit het Westland in Nederland naar Oost-Europa. Specialisten berekenen de premie op basis van de waarde van het transport en een schatting van de risico's van verlies, bederf of roof. Transporten met een waarde boven 100.000 euro mogen alleen verzekerd worden als de verantwoordelijke manager akkoord gaat. Hoe zou je deze bedrijfsregel binnen de procedure voor organisatorische communicatie mee kunnen automatiseren?

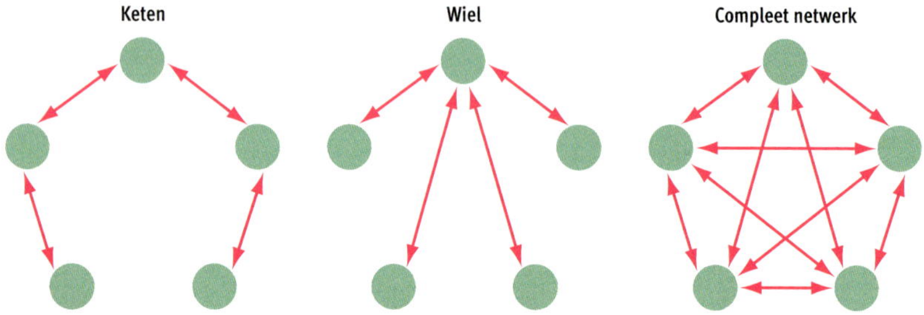

FIGUUR 9.3 **Drie veelvoorkomende communicatienetwerken voor kleine groepen**

9.4.2 Formele netwerken voor kleine groepen

Formele organisatienetwerken kunnen heel complex zijn. Ze omvatten soms honderden mensen en zes of meer niveaus in de hiërarchie. Denk maar eens aan grote internationale bedrijven zoals Unilever, AkzoNobel en Shell. Hoe kan binnen zo'n netwerk zo efficiënt mogelijk worden gecommuniceerd?

Om deze vraag te beantwoorden, bekijken we een sterk vereenvoudigde situatie, namelijk drie veelvoorkomende **communicatienetwerken**, elk bestaande uit vijf personen (zie figuur 9.3). Door deze vereenvoudiging kunnen we de unieke eigenschappen van elk van de drie patronen beter verduidelijken.

- De **keten** volgt strikt de formele gezagslijn. Dit type netwerk benadert de communicatielijnen die je in een starre organisatie van drie of meer niveaus aantreft.
- Bij het **wiel** is de leider het centrale doorgeefluik voor de communicatie tussen leden. Dit is het communicatienetwerk dat je vindt in een team met een sterke leider.
- In een **compleet netwerk** kunnen alle leden met elkaar communiceren. In praktijk gaat het hier vooral om zelfsturende teams, waarvan alle groepsleden vrij zijn om bij te dragen en niemand een leidersrol heeft.

Figuur 9.4 geeft aan dat de effectiviteit van elk type netwerk afhangt van de criteria die je opstelt. De structuur van het wiel is bevorderlijk voor het ontstaan van sterk leiderschap, het complete netwerk is het best als je een hoge werktevredenheid nastreeft en de keten heeft de voorkeur als de eenduidigheid van het grootste belang is.

VRAAG

Een stagiair krijgt de onderzoeksvraag voorgelegd welke communicatiestructuur de beste is voor de organisatie waar hij werkt. Wat zou op grond van figuur 9.4 zijn antwoord moeten zijn?

CRITERIA	KETEN	WIEL	COMPLEET NETWERK
Snelheid	Gemiddeld	Snel	Snel
Plichtsgetrouwheid	Hoog	Hoog	Gemiddeld
Opkomst van leider	Gemiddeld	Hoog	Geen
Tevredenheid	Gemiddeld	Laag	Hoog

FIGUUR 9.4 Netwerken voor kleine groepen en criteria voor effectiviteit

9.4.3 Het geruchtencircuit

Het informele communicatienetwerk dat we in de meeste groepen of organisaties aantreffen wordt ook wel het geruchtencircuit genoemd. Het **geruchtencircuit** mag dan onofficieel zijn, het is wel een belangrijke bron van informatie.[20]
Zo bleek uit een enquête dat 75 procent van de werknemers allerlei dingen voor het eerst hoort via geruchten in de wandelgangen.[21] Het geruchtencircuit heeft drie hoofdkenmerken.[22] Ten eerste gaat het buiten het management om. Ten tweede vinden de meeste werknemers geruchten geloofwaardiger en betrouwbaarder dan de officiële communiqués van het topmanagement. En ten derde dient het geruchtencircuit vooral het eigenbelang van de mensen in het circuit.

VRAAG
Ken jij geruchten die de ronde doen 'in de wandelgangen' onder studenten binnen jouw opleiding en die door velen voor waar worden aangezien? Geef enkele voorbeelden.

Geruchten in organisaties ontstaan vooral als reactie op situaties die belangrijk voor ons zijn, of als er sprake is van ambiguïteit.[23] Een derde ontstaansgrond is de aanwezigheid van beangstigende omstandigheden voor de werknemers, zoals een mogelijke overname.[24] Het feit dat deze drie ontstaansgronden vaak alle drie tegelijk in werksituaties aanwezig zijn, verklaart waarom organisaties wemelen van de geruchten. Wat bedoelt het management van jouw bedrijf met de verklaring 'er zullen geen gedwongen ontslagen vallen door de overname'? Worden de tijdelijke contracten dan misschien niet verlengd? Zal het management aansturen op vrijwillig vertrek? De onderlinge belangenstrijd en de strikte geheimhouding die vaak typerend zijn voor grote concerns rond de aanstelling van nieuwe managers, verhuizing van kantoren of afslankingsoperaties, vormen een uitstekende voedingsbodem voor geruchten in de wandelgangen. Zo'n gerucht zal blijven rondzingen tot de verlangens en verwachtingen die de onzekerheid hebben veroorzaakt zijn vervuld of tot de bezorgdheid is weggenomen.
Het geruchtencircuit vormt in elke organisatie een belangrijk onderdeel van het communicatiepatroon en inzicht daarin kan dus lonend zijn. Het geeft de bedrijfsleiding gevoel voor wat er leeft in de organisatie, hoe het staat met de motivatie en wat bij medewerkers angst oproept. Het informele circuit functioneert als een filter en als feedbackmechanisme dat oppikt wat werknemers relevant vinden. Het geruchtencircuit vervult ook een functie voor de medewerkers: gesprekken over de laatste 'nieuwtjes' zorgen voor een gevoel van inti-

Roddelen op het werk kan een nuttige functie hebben.
Foto: CREATISTA / Shutterstock / Pearson Asset Library

miteit en vriendschap tussen mensen die informatie uitwisselen, hoewel uit onderzoek blijkt dat dit vaak gebeurt ten koste van degenen die 'uit' de groep liggen.[25]

Lees op MyLab meer over roddelen op het werk.

Tot slot kunnen managers de informele beïnvloeders (mensen met een uitgebreid netwerk die worden vertrouwd door hun collega's) identificeren door in de gaten te houden welke medewerkers het meest actief zijn in het verspreiden van de laatste nieuwtjes bij de koffieautomaat, in de wandelgangen of op het bedrijfsnetwerk.[26] De 'wandelende nieuwsagenten' hebben vaak veel invloed. Uit een bepaald onderzoek kwam naar voren dat deze mensen het minst kans maakten op ontslag bij inkrimping van het personeelsbestand.[27] Hoewel het geruchtencircuit dus niet echt te controleren of te onderdrukken valt, kun je er mogelijk wel je voordeel mee doen.

9.5 Een communicatiekanaal kiezen

Waarom kiezen mensen het ene communicatiekanaal en niet het andere? Aan de hand van het begrip kanaalrijkdom (in het Engels: *channel richness*) leggen we uit waarom managers, leidinggevenden en medewerkers een bepaald communicatiekanaal kiezen.[28]

9.5.1 Kanaalrijkdom

Communicatiekanalen verschillen in hun vermogen om informatie over te brengen. Sommige zijn *rijk* of *vol* in de zin dat ze 1) meerdere aanwijzingen tegelijkertijd kunnen doorgeven, 2) snelle feedback mogelijk maken en 3) zeer persoonlijk zijn. Andere zijn *arm* of *schraal* in de zin dat ze laag scoren op deze factoren. Face-to-facegesprekken scoren het hoogst op **kanaalrijkdom**, omdat ze per communicatie-eenheid de meeste informatie overbrengen: veelsoortige stukjes informatie (woorden, houding, gezichtsuitdrukkingen, gebaren, intonatie), directe feedback (verbaal en non-verbaal) en de persoonlijke spreektrant die horen bij het in levende lijve aanwezig zijn. Andere voorbeelden van media met een grote kanaalrijkdom zijn (in aflopende volgorde) videoconferenties, telefoongesprekken, live toespraken en voicemail. Onpersoonlijke schriftelijke media als formele rapporten en bulletins scoren het laagst op kanaalrijkdom, net als memo's, brieven, opgenomen toespraken en e-mails.[29]

Samengevat, rijke communicatiekanalen geven ons de kans om te observeren. Door de onbewuste aspecten van communicatie kunnen we de volledige betekenis van een boodschap of bericht beter doorgronden. Ontbreken deze aspecten, dan moeten we op zoek naar andere aanwijzingen om de emoties en houding van de zender te kunnen interpreteren.

VRAAG

Hoe kan het dat we meer communiceren op meer apparaten en applicaties, en elkaar vaak toch nog niet begrijpen?

9.5.2 De communicatiemethode kiezen

De keuze van het communicatiekanaal is afhankelijk van de vraag of de boodschap een routinekwestie is of niet. Routinematige boodschappen zijn veelal rechttoe, rechtaan en laten weinig aan de verbeelding over; kanalen die laag scoren op rijkdom kunnen dat soort boodschappen efficiënt overbrengen. Niet-routinematige boodschappen zijn veelal complex en kunnen verkeerd worden begrepen. Managers kunnen ze alleen effectief overbrengen door een rijk communicatiekanaal te kiezen.

Mondelinge communicatie kiezen

Als je moet peilen of de ontvanger van jouw boodschap je ziet zitten, dan is het meestal beter om voor mondelinge communicatie te kiezen. Het kan bijvoorbeeld goed zijn om het marketingplan voor een nieuw product samen met de klant uit te werken, zodat je kunt zien hoe die op jouw ideeën reageert. Houd ook rekening met de manier van communiceren die de ontvanger het beste ligt; sommige mensen kunnen zich beter op de inhoud concentreren als die op papier staat, terwijl andere mensen dingen liever mondeling bespreken. Als bijvoorbeeld je manager jou persoonlijk wil spreken, dan ga je niet vragen of het ook per e-mail kan. Ook het tempo van de werkomgeving is van belang. In een zeer snelle werkomgeving kunnen spontaan belegde vergaderingen heel goed werken, terwijl een teamproject met veel deadlines waarschijnlijk sneller vordert met van te voren geplande videoconferenties.
Wat je met face-to-facecommunicatie overbrengt, wordt voor een groot deel bepaald door je presentatie, dus ook je spreekvaardigheid is van belang voor de keuze van je communicatiemethode. Uit onderzoek blijkt dat je stemgeluid twee keer zo belangrijk is als wat je zegt. Een goede spreekstem die duidelijk en niet te hard of te zacht klinkt, kan je verder helpen in je carrière; terwijl een harde, vragende, irritante, kinderlijke, hoge, zwaar ademende stem of een monotoon stemgeluid in je nadeel kan werken. Heb je een problematische stem, vraag dan aan je werkteams of ze je daar zo nu en dan op willen wijzen zodat je er iets aan kunt doen. Het kan ook goed zijn om de hulp van een stemcoach in te roepen.[30]

Schriftelijke communicatie kiezen

Schriftelijke communicatie is doorgaans de betrouwbaarste communicatiewijze voor complexe en lange communicatieboodschappen. Ze kan ook de meest efficiënte methode voor korte boodschappen zijn, bijvoorbeeld wanneer een telefoongesprek van tien minuten te vervangen is door een tekst van twee zinnen. Maar onthoud dat schriftelijke communicatie een beperkte emotionele zeggingskracht kan hebben.
Kies voor schriftelijke communicatie als je wilt dat de informatie tastbaar en verifieerbaar is en 'genoteerd staat'. Brieven worden in het bedrijfsleven voornamelijk gebruikt om te netwerken en zaken vast te leggen of om authentieke handtekeningen te verkrijgen. Het kan ook geen kwaad om als sollicitant na een sollicitatiegesprek een handgeschreven bedankbriefje te sturen; handgeschreven enveloppen worden vaak ongeopend op het bureau van de ontvanger gelegd. Op *instant messages* moet je doorgaans alleen reageren als ze beroepshalve zijn verstuurd, en alleen zelf het initiatief daartoe nemen als je weet dat ze welkom zijn; onthoud dat die berichten niet altijd worden bewaard om er later nog eens op terug te kunnen vallen. Sms'jes en appjes kosten weinig om te verzenden of te ontvangen en zijn bevorderlijk voor goede relaties als je bereid bent om beschikbaar te zijn voor snelle berichten van klanten en managers. Maar sommige gebruikers (en managers) vinden dit soort berichten opdringerig en iets dat hen van hun werk afhoudt, check dus eerst even wat hun 'regels' zijn.
Enkele van de spectaculairste voordelen van de *sociale media* liggen op verkoopgebied, en dan gaat het zowel om business-to-public (B2P) als business-to-business (B2B). Zo haalde een vertegenwoordiger van het virtuele-vergaderingenbedrijf PGi (Premiere Global Services, Inc.) zijn snelste deal ooit binnen door onmiddellijk contact te leggen met een potentiële klant nadat TweetDeck hem erop had gewezen dat een CEO tweets aan het posten was over zijn frustraties over webconferenties.[31] Beperk tot

slot het gebruik van blogs, postings en commentaren; die opties bereiken een groter publiek dan je denkt en je woorden zijn zó terug te vinden door je naam in te tikken op een zoekmachine als Google.

Lees meer over elektronische communicatiemogelijkheden en hun risico's op MyLab.

Non-verbale communicatie kiezen

Het is belangrijk dat je oog hebt voor aspecten van *non-verbale communicatie*; let op dit soort aanwijzingen en niet alleen op de letterlijke betekenis van de woorden van de zender. Kijk vooral naar eventuele tegenstrijdigheden tussen de boodschappen. Zo geeft iemand die veelvuldig op haar horloge kijkt de boodschap af dat ze het gesprek graag wil afronden, ook al zegt ze iets anders. We communiceren niet goed met andere mensen als we verbaal (woordelijk) bijvoorbeeld zeggen dat we vertrouwen hebben, maar non-verbaal een tegenstrijdige boodschap overbrengen die zegt: 'Ik heb geen vertrouwen in jullie.'

9.5.3 Informatie beveiligen

De beveiliging van informatie is een groot punt van zorg voor (bijna) alle organisaties die persoonsgegevens of bedrijfsinformatie over cliënten, klanten en werknemers hebben. Organisaties behoren zich zorgen te maken of de elektronische informatie die ze moeten beschermen, zoals de patiëntgegevens in ziekenhuizen, de fysieke informatie die ze nog steeds in archiefkasten bewaren, of de informatie die ze aan werknemers toevertrouwen, wel veilig is. De meeste bedrijven houden het internetgebruik en informatie over het e-mailverkeer van hun werknemers actief bij, en sommige gebruiken zelfs bewakingscamera's of nemen telefoongesprekken op. Hoe noodzakelijk dat soms ook is, voor de werknemers voelen zulke praktijken vaak aan als een inbreuk op hun privacy. De organisatie kan de zorgen van haar werknemers enigszins wegnemen door hen te betrekken bij de ontwikkeling van een informatiebeveiligingsbeleid en door hun enige zeggenschap te geven over hoe hun persoonlijke informatie wordt gebruikt.[32]

9.6 Persuasieve communicatie

We hebben in het voorgaande een aantal communicatiemethoden besproken. Nu richten we onze aandacht op een van de functies van communicatie, namelijk overtuigen, en gaan we in op de vraag waarom boodschappen meer of minder overtuigend (persuasief) zijn voor degenen tot wie ze gericht zijn.

9.6.1 Automatisch en bewust verwerken

Om te begrijpen hoe **persuasieve communicatie** werkt, is het nuttig om te kijken naar twee verschillende manieren waarop we informatie verwerken.[33] Denk eens aan de laatste keer dat je een blikje frisdrank kocht. Heb je de verschillende merken toen zorgvuldig vergeleken of heb je het blikje genomen dat er het meest aanlokkelijk uitzag? We moeten eerlijk toegeven dat we als consument in onze keuzes worden beïnvloed door flitsende reclames en pakkende slogans. We houden het vaak bij **automatisch verwerken**, een relatief oppervlakkig omgaan met gegevens en informatie, waarbij we gebruikmaken van de soorten vuistregels (heuristieken) die we in hoofdstuk 5 hebben besproken. Automatisch verwerken kost weinig tijd en moeite, en het is daarom logisch

dat je dat toepast bij persuasieve boodschappen over onderwerpen die je maar matig interesseren. Het nadeel is dat we er door allerlei trucjes, bijvoorbeeld een pakkende jingle of een aantrekkelijke foto, zó intrappen.
Denk nu eens terug aan de laatste keer dat je nadacht over waar je wilde gaan wonen. Waarschijnlijk heb je toen informatie opgevraagd bij deskundigen die de buurt kenden, informatie verzameld over de prijzen en de voor- en nadelen van huren versus kopen op een rijtje gezet. Je was bezig met het meer inspannende **bewust verwerken**, een zorgvuldig bekijken van gegevens en informatie waarbij je afging op feiten en cijfers en logisch nadacht. Voor bewust verwerken is inspanning en energie nodig, en het is moeilijker om iemand voor de gek te houden die daar de tijd en moeite voor heeft genomen. Hoe komt het dan dat mensen aan oppervlakkig verwerken of juist aan intensief verwerken doen? Laten we eens kijken hoe we zouden kunnen bepalen welke soorten informatieverwerking mensen gebruiken.

Mate van interesse

Of mensen een persuasieve boodschap automatisch of bewust zullen verwerken wordt veelal bepaald door hun mate van interesse ervoor.[34] In hoeverre je ergens in geïnteresseerd bent weerspiegelt de impact die een beslissing op je leven zal hebben. Zijn mensen erg geïnteresseerd in de uitkomst van een beslissing, dan is de kans groter dat ze de informatie zorgvuldig verwerken. Dat is waarschijnlijk de reden waarom mensen veel meer informatie zoeken als ze een beslissing moeten nemen over iets belangrijks (bijvoorbeeld waar ze gaan wonen) dan over iets relatief onbelangrijks (bijvoorbeeld welke frisdrank ze willen drinken).

Bestaande kennis

Mensen die veel afweten van een onderwerp kiezen waarschijnlijk eerder een strategie van bewust verwerken. Ze hebben reeds verschillende argumenten voor of tegen een specifieke handelwijze doordacht en veranderen daarom niet gauw van standpunt, tenzij er zeer goede redenen worden gegeven die het overdenken waard zijn. Enerzijds geldt dat mensen die weinig van een onderwerp afweten sneller van gedachte kunnen veranderen, zelfs op basis van tamelijk oppervlakkige argumenten die zonder veel nadere ondersteuning worden gegeven. Mensen die beter op de hoogte zijn, zijn meestal veel moeilijker op andere gedachten te brengen.

Persoonlijkheid

Lees je altijd minstens vijf recensies over een film voordat je besluit of je hem wilt zien? Misschien zoek je wel naar films van dezelfde acteurs en regisseur. Als dat zo is, scoor je waarschijnlijk hoog op de **behoefte aan cognitie**, een persoonlijkheidskenmerk van mensen die zich eerder dan andere mensen laten overtuigen door bewijzen en feiten.[35] Mensen met een lagere behoefte aan cognitie kiezen eerder voor automatische verwerkingsstrategieën en vertrouwen op hun intuïtie en emoties bij hun beoordeling van een persuasieve boodschap.

Kenmerken van de boodschap

Nog een factor die beïnvloedt of mensen een automatische of bewuste verwerkingsstrategie hanteren, zijn de kenmerken van de boodschap zelf. Boodschappen die via relatief *schrale* communicatiekanalen worden verzonden en de gebruiker weinig kans geven om iets met de inhoud ervan te doen, stimuleren automatische verwerking. Omgekeerd geldt dat boodschappen die via *rijkere* communicatiekanalen worden geleverd een meer zorgvuldige verwerking stimuleren.

9.6.2 De boodschap afstemmen

De belangrijkste implicatie van dit alles is dat je jouw persuasieve boodschap moet afstemmen op de manier van verwerken die je doelgroep waarschijnlijk toepast. Als de mensen die je wilt bereiken niet geïnteresseerd zijn in het onderwerp van een persuasieve boodschap of er weinig van afweten, als ze een geringe behoefte aan cognitie hebben en als de informatie wordt overgebracht via relatief schrale kanalen, dan is de kans groter dat ze aan automatisch verwerken gaan doen. Gebruik in dit soort gevallen boodschappen die meer emotioneel geladen zijn en associeer positieve beelden met datgene wat je wilt bereiken. Anderzijds geldt dat als je doelgroep geïnteresseerd is in het onderwerp, een grote behoefte aan cognitie heeft of als de informatie wordt overgebracht via rijke kanalen, je je dan maar beter kunt concentreren op rationele argumenten en bewijzen om je punt te maken.

9.7 Factoren die de communicatie belemmeren

Een aantal factoren kan de communicatie vertekenen of vertragen. In deze paragraaf belichten we de voornaamste belemmeringen: informatie filteren, selectieve perceptie, informatie-overload, emoties, taal, niet (willen) communiceren, communicatieangst en liegen.

Informatie filteren

Een zender die **informatie filtert**, manipuleert informatie bewust zo dat de ontvanger de boodschap positiever interpreteert dan die in werkelijkheid is. Een manager die zijn leidinggevende vertelt wat hij wil horen – bijvoorbeeld uit angst slecht nieuws te brengen – filtert informatie. Met name het aantal lagen in de organisatiestructuur is hiervoor bepalend. Hoe groter het aantal verticale niveaus in de hiërarchie, des te meer gelegenheden er is om te filteren. Maar overal waar statusverschillen zijn, zal men in enige mate filteren.

Selectieve perceptie

We hebben het in dit boek al eerder over selectieve perceptie gehad. We snijden het onderwerp hier opnieuw aan om je eraan te herinneren dat de *ontvangers* in het communicatieproces selectief horen en zien op basis van hun eigen behoeften, motivaties, ervaring, achtergrond en persoonlijke eigenschappen. Ontvangers projecteren ook hun interesses en verwachtingen op de communicatie wanneer ze boodschappen decoderen. De manager die sollicitanten aanneemt en verwacht dat vrouwelijke kandidaten hun gezin boven hun carrière stellen, zal dat waarschijnlijk bij alle vrouwelijke kandidaten verwachten, ongeacht of de vrouwen in kwestie daar ook zo over denken. Zoals we al aangaven in hoofdstuk 5 over perceptie: wij mensen zien de werkelijkheid niet; we interpreteren wat we zien en noemen dat de werkelijkheid.

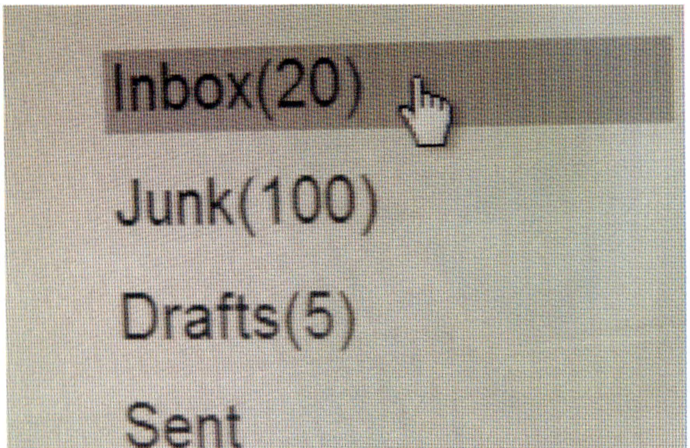

Omgaan met de continue berichtenstroom kan lastig zijn en vraagt om een planmatige aanpak.

Foto: Raywoo / Shutterstock / Pearson Asset Library

Informatie-overload

Word jij ook gebombardeerd met informatie, bijvoorbeeld van instant messages, e-mails, blogs, internet, mobiele telefoons en televisieprogramma's? Het bedrijf Intel heeft een experiment van acht maanden gedaan om te zien hoe deze **informatie-overload** kan worden ingedamd en hoe de productiviteit daardoor bevorderd kan worden. De ene groep werknemers moest zowel het digitale als persoonlijke contact beperken tot vier uur op dinsdag, terwijl de andere groep zijn gebruikelijke routine volgde. De eerste groep was productiever en 75 procent van deze groep zei dat het programma uitgebreid moest worden. 'Het is echt enorm. We hadden er minder van verwacht,' aldus Nathan Zeldes, een bij Intel werkzame ingenieur die de experimenten leidde. 'Als mensen ongehinderd kunnen doorwerken, kunnen ze ook eens rustig achteroverleunen, chips ontwerpen en echt nadenken.'[36]

Op MyLab vind je tips om de e-mail-overload te beperken door mensen te laten weten hoe je bij voorkeur met hen werkt.

We hebben al gewezen op de tijd die de behandeling van e-mail van ons vraagt. Op MyLab vind je enkele tips om hiermee om te gaan. Meer in het algemeen kan het verstandig zijn om, zoals het onderzoek bij Intel aantoont, minder gebruik te maken van internettechnologie. Op die manier is het mogelijk om, aldus een artikel, 'te voorkomen dat de drumbeat van digitale opdrachten de to-dolijst constant opschudt en in een andere volgorde zet.'[37]

Emoties

Hoe je je voelt bepaalt mede hoe je een bericht opvat. Dezelfde boodschap zul je anders interpreteren als je boos of ongerust bent dan als je blij bent. Zo voelen mensen die in een positieve stemming verkeren zich zekerder van hun mening nadat ze een opiniërende boodschap hebben gelezen. Dit betekent dat slim opgebouwde argumenten een sterker effect op hun mening zullen hebben dan wanneer ze negatief gestemd zouden zijn.[38] Mensen in een negatieve stemming zijn eerder geneigd om zo'n boodschap kritisch en tot in detail uit te pluizen, terwijl mensen in een positieve stemming geneigd zijn die zomaar te accepteren.[39] Extreme emoties staan effectieve communicatie het meest in de weg. Iemand in een juichstemming zal een onzinnig rapport niet gauw kritisch beoordelen. Een depressief persoon is er ook met de beste argumenten niet of nauwelijks van te overtuigen dat het leven mooi kan zijn. In zulke situaties zijn we immers het sterkst geneigd om onze rationele en objectieve denkprocessen te vervangen door emotionele oordelen.

Taal

Woorden betekenen niet voor iedereen hetzelfde, zelfs al spreken mensen dezelfde taal. Leeftijd, scholing en culturele achtergrond zijn drie voor de hand liggende variabelen die mede bepalen welke taal iemand gebruikt en hoe hij woorden interpreteert. In een organisatie hebben werknemers meestal uiteenlopende achtergronden. Bovendien ontstaan op afdelingen specialisten die een eigen **jargon** ontwikkelen. Zo zei een business consultant tegen zijn vijftienjarige dochter, toen ze het hadden over wat ze leuk zou vinden om met haar vriendinnen te gaan doen: 'Je moet je KPI's

Hoe iemand zich voelt op het moment dat hij een boodschap ontvangt, is van invloed op zijn interpretatie ervan.
Foto: Vitaliy Mateha / 123RF

Communicatie kan gemakkelijk aanleiding geven tot misverstanden.

Foto: Sam72 / Shutterstock / Pearson Asset Library

formuleren en daar je opties tegen afzetten.' Het is niet verwonderlijk dat zijn dochter hem aankeek alsof hij van een andere planeet kwam.

Voor iemand die nieuw is in de wereld van de grote concerns zullen KPI's en *deliverables* en een zin als 'je moet eerst het laaghangend fruit plukken' net zo verwarrend zijn als de spreektaal van vijftienjarigen kan zijn voor hun ouders. Steeds weer blijkt dat termen en woorden voor ontvangers niet altijd dezelfde betekenis hebben als voor de zender, ook al spreken ze in principe dezelfde taal. De zenders van communicatie gaan er echter maar al te vaak van uit dat de ander precies snapt wat hij bedoelt.

Stilte

Je kunt bij een stilte het ontbreken van communicatie makkelijk negeren, simpelweg omdat er geen informatie is waar je op had kunnen reageren. Maar daar kun je de plank lelijk mee misslaan – stilte is namelijk ook een boodschap: een signaal dat iemand niet geïnteresseerd is of niet weet hoe om te gaan met een vraagstuk. Het kan ook een teken zijn van informatie-overload of een manier zijn om tijd te rekken om over een antwoord na te kunnen denken. Uit onderzoek komt naar voren dat een stilte laten vallen of gedurende enige tijd niet (willen, durven of kunnen) communiceren veel voorkomt en problematisch is.[40] Uit een enquête bleek bijvoorbeeld dat meer dan 85 procent van de managers aangaf gezwegen te hebben over ten minste één kwestie die voor de organisatie best belangrijk was.[41] Als ook de werknemers hun mond houden over problemen in hun werk, hebben managers geen informatie om operationele problemen aan te pakken. En als er wordt gezwegen over discriminatie, (seksuele) intimidatie, corruptie en wangedrag of pesten, dan kan de leiding ook geen actie ondernemen om dat gedrag uit te bannen.

Wat als Maggie Kuhn gezwegen had? Maggie Kuhn was een Amerikaanse activist die centraal stond bij de oprichting van de groep die bekend werd als de Grey Panthers, die werkt voor de rechten en het welzijn van ouderen. Op MyLab lees je meer over haar.

Er vindt meer communicatie plaats in organisaties waar minderheidsmeningen met respect worden behandeld, de werknemers zich sterk met hun werk identificeren, en de procedurele rechtvaardigheid als groot wordt ervaren.[42] Praktisch gezien betekent dit dat managers zich ondersteunend moeten opstellen als werknemers uiteenlopende meningen of zorgen laten horen, en dat ze moeten aangeven dat ze de opmerkingen in hun overwegingen zullen meenemen voordat ze een beslissing nemen. Als je een werknemer één keer negeert of kleineert omdat hij zijn zorgen uitspreekt, dan zou het best kunnen dat die werknemer in het vervolg niets (meer) zegt als het om belangrijke zaken gaat.

Communicatieangst

Nog een enorme barrière voor effectieve communicatie is dat sommige mensen – naar schatting 5 tot 20 procent van de bevolking[43] lijden aan verlammende **communicatieangst**. Bijna iedereen ziet ertegenop om voor een groep te spreken, maar communicatieangst is een heel wat ernstiger probleem, omdat die het gebruik van de meeste communicatietechnieken verhindert. Mensen die hieraan lijden, raken buitengewoon

gespannen en angstig als ze mondeling en/of schriftelijk moeten communiceren.[44] Deze mensen vinden het bijvoorbeeld bijzonder moeilijk om iemand persoonlijk te spreken of krijgen het Spaans benauwd als ze moeten telefoneren. Daarom kiezen ze vaak liever voor een e-mail, sms of een appje. Terwijl een telefoontje misschien niet alleen sneller, maar ook geschikter is om hun boodschap over te brengen.
Uit onderzoek blijkt dat mensen die bang zijn om mondeling te communiceren situaties uit de weg gaan waarvoor mondelinge communicatie een dominante eis is, zoals lesgeven.[45] Maar voor bijna alle banen moet je in enige mate mondeling kunnen communiceren. Het wordt pas echt lastig als mensen met een sterke angst om mondeling te communiceren de communicatie-eisen van hun functie verdraaien om zo de noodzaak om te communiceren zo klein mogelijk te houden. Wees je er dus van bewust dat sommige mensen heel erg weinig zeggen en hun gedrag rationaliseren door tegen zichzelf te zeggen dat het voor hen niet nodig is om te communiceren om hun werk goed te doen.

Liegen

De zaken opzettelijk verkeerd voorstellen, ofwel liegen, is de laatste barrière voor effectieve communicatie. Mensen denken verschillend over wat precies een leugen is. Is informatie achterhouden over een gemaakte fout al een leugen, of moet je je aandeel aan die fout actief ontkennen om de drempel van bedrog te overschrijden? Hoewel de definitie van wat een leugen is ethici, juristen en sociale wetenschappers nog lang zal bezighouden, valt niet te ontkennen dat liegen veel voorkomt. De meeste mensen liegen gemiddeld één tot twee keer per dag, sommigen doen dat nog aanzienlijk vaker.[46] We kunnen dus gevoeglijk aannemen dat in een grote organisatie elke dag een enorme hoeveelheid informatie verdraaid wordt weergegeven of met opzet wordt achtergehouden!
Uit onderzoek is ook gebleken dat mensen het makkelijker vinden om over de telefoon te liegen dan recht in iemands gezicht, en het makkelijker vinden om in e-mails te liegen dan in een handgeschreven brief.[47] Uit al het onderzoek op dit gebied komt ook naar voren dat de meeste mensen niet goed zijn in het ontmaskeren van bedrog door andere mensen.[48]

9.8 Toepassing in de organisatiepraktijk

Je zou kunnen zeggen dat communicatiestijlen diep menselijke eigenschappen zijn waar je niets aan kunt veranderen. Als dat zo is, zou een organisatie simpelweg moeten leren leven met de communicatieproblemen die er nu eenmaal altijd zijn. Dat betekent tevens dat er voor de HRM-functie op dit terrein niets te doen valt. Gelukkig is dit niet het geval! Een aantal ontwikkelingen maken bovendien dat de behoefte aan nadenken over de communicatieaanpak, communicatieve vaardigheden en communicatiekanalen juist is toegenomen.
Als eerste noemen we in dit kader de ontwikkeling en groeiende gewoonte in organisaties om mensen in teams te organiseren. Zowel voor tijdelijk (project)werk als voor permanente taken en zowel in de maakindustrie als in de dienstensector. Werken in teams doet een groot beroep op je vermogen om samen aan een taak te werken, informatie uit te wisselen en in het algemeen zorgvuldig te communiceren. Het beschikken over communicatieve vaardigheden houdt meer in dan alleen berichten sturen en ontvangen. Het gaat ook om feedback kunnen geven en ontvangen. Bij conflicten dien je ook te kunnen reflecteren op je eigen (communicatieve) rol in het conflict.

Als tweede kunnen we wijzen op het fenomeen taakverrijking, waarbij planning, controle en ontwikkeling onderdeel worden van het uitvoerende werk. Het zal duidelijk zijn dat de eisen die gesteld worden aan communicatieve vermogens van mensen in die situatie beduidend hoger zijn dan bij het oude geïsoleerde lopendebandwerk. Hiermee samenhangend noemen we de veranderende leiderschapsstijl die van managers wordt gevraagd bij het omgaan met (zelfsturende) teams en het leidinggeven aan professionals. Van de manager wordt vandaag de dag meer dan ooit een *open, participatieve en coachende rol* verwacht. De oude autoritaire leiderschapsstijl heeft in heel veel gevallen in het bedrijfsleven en bij de overheid afgedaan.
Als derde ontwikkeling wijzen we op de nog altijd groeiende diensteneconomie. Diensten lever je aan klanten, die vaak medebepalend zijn voor de uitvoering van de dienst. We spreken dan van *prosumerschap*: de klant is medeproducent én consument van de dienst (co-creatie). Het opbouwen van een goede klantrelatie vraagt om zeer zorgvuldige interactie met de klant.
Dat geldt voor alle mogelijke contactpunten van de organisatie met de klant. Denk daarbij niet alleen aan de verkoopafdeling, maar ook aan de afdelingen distributie, debiteuren en klantenservice. Omdat veel contacten tegenwoordig via websites verlopen, is er ook veel aandacht nodig voor de vormgeving en de bediening van hiervan.
Wat betekent dit alles voor de HRM-functie? Deze wordt nog dynamischer dan ze al was. Voor de jaren negentig van de vorige eeuw kon men vaak volstaan met een vrij statische vastlegging van organisatiestructuur, functies en taken met bijbehorende functie-eisen, salarisniveaus en beoordelingssystemen, om hieruit vervolgens vacatureteksten, selectie-eisen, loopbaanmogelijkheden en criteria voor promoties af te leiden. Dit min of meer mechanische personeelsbeleid is aan het verschuiven naar een organischer aanpak, waarin groei en ontwikkeling van mens en organisatie in relatie tot de steeds veranderende omgevingseisen centraal staan. Logischerwijs zal de HRM-functie steeds nog meer procesmatig, geautomatiseerd en digitaal worden. De toepassing van digitale HR-systemen en e-HRM wordt steeds meer (de) standaard. Uitdagingen voor de HRM-functie zijn de ontwikkelingen in HR-data en HR-analytics.
In dit hoofdstuk beperkten we ons tot het aspect communicatie. De rol van de HRM-functie in de **wervingsfase** is het verduidelijken van de eisen die aan de communicatieve vermogens van de kandidaat worden gesteld. In de **selectiefase** zal gekeken worden of de kandidaat over die vermogens beschikt. Hiervoor zijn naast de klassieke middelen (sollicitatiebrieven, sollicitatieformulieren, cv's, gesprekken), inmiddels complete digitale competentieschema's en allerlei geautomatiseerde online tests beschikbaar. Zo kan met behulp van specifieke assessment software, al dan niet ondersteund door kunstmatige intelligentie (artificiële intelligentie of AI) worden geanalyseerd wat iemand in huis heeft aan initiatief, mondelinge communicatie, leiderschap, gevoeligheid voor signalen van anderen (interpersoonlijke sensitiviteit) en stressbestendigheid.
Tijdens zijn dienstverband kan een medewerker zich door de organisatie laten ondersteunen bij zijn loopbaanontwikkeling. Tegenwoordig staat daarbij het continu werken aan je persoonlijke kwalificaties en competenties (*éducation permanente, life-long learning* of *leven lang leren)* en het zo op peil houden van de *employability* centraal. Vanwege de toegenomen omgevingsdynamiek en de daarmee gepaard gaande onvoorspelbaarheid van de organisatieontwikkeling gaat het meer om het vergroten van de kansen dan om het uitstippelen van een in beton gegoten carrièrepad. De rol van de HRM-functie hierbij is het ontwikkelen van een geautomatiseerd programma van cursussen, trainingen en (opnieuw) assessments voor het ontwikkelen en peilen van de communicatieve vermogens. Managers kunnen bijvoorbeeld getraind worden in gesprekstechnieken zoals het voeren van slechtnieuwsgesprekken. Voor medewerkers

kan het gaan om trainingen in feedback geven en ontvangen.[49] Ook voor het optimaal omgaan met klantcontacten bestaan trainingen, bijvoorbeeld voor het voeren van verkoopgesprekken en klachtgesprekken.
Tot slot: bij grote organisatieveranderingen zoals fusies of inkrimping speelt communicatie (zowel intern als naar de buitenwereld toe) een cruciale rol. In hoofdstuk 17 komen we hier uitgebreid op terug.

Universeel of cultureel?

Goed communiceren is moeilijk, zelfs onder ideale omstandigheden. Transculturele factoren kunnen nog extra barrières opwerpen. Een gebaar dat in de ene cultuur geaccepteerd en duidelijk is, kan in de andere cultuur betekenisloos of zelfs obsceen zijn. Dit wordt geïllustreerd in figuur 9.5. Helaas hebben lang niet alle bedrijven goed nagedacht over de beste manier van communiceren in een cultureel diverse omgeving.
Er wordt steeds meer wereldwijd zaken gedaan, maar de meeste bedrijfscommunicatie heeft het internationaliseringstempo niet kunnen bijhouden. Slechts 18 procent van de bedrijven heeft gedocumenteerde strategieën voor communicatie met werknemers uit allerlei culturen, en slechts 31 procent heeft in het communicatiebeleid opgenomen dat bedrijfsberichten worden aangepast voor 'consumptie' door andere culturen. Het Amerikaanse bedrijf Procter & Gamble lijkt hierop een positieve uitzondering te zijn; meer dan de helft van de werknemers van het bedrijf heeft het Engels niet als moedertaal, en daarom gebruikt het bedrijf eenvoudige berichten om ervoor te zorgen dat iedereen weet wat belangrijk is.[50]

Het OK-teken

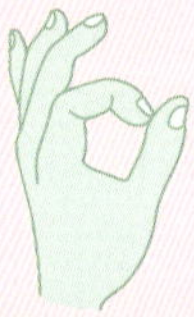

In de VS en West-Europa is dit gewoon een vriendelijk teken voor 'Alles goed!' of 'Prima gedaan!' In Australië en islamitische landen is het equivalent aan de middelvinger opsteken bij ons.

Het 'hook 'em horns'-teken

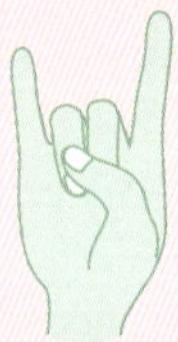

Met dit teken worden sporters aan de Texas University aangemoedigd; in Brazilië en Venezuela is het een gebaar om iemand succes te wensen. In delen van Afrika is het een vloek. En in Italië is het een signaal aan iemand dat 'je vrouw vreemdgaat'.

'V' van victorie-teken

In veel delen van de wereld betekent het 'victorie' of 'vrede'. In Engeland betekent het, als de handpalm en vingers naar binnen zijn gekeerd, 'm'n rug op!', meestal met een ruk naar boven van de vingers.

Wenken-met-de-vinger-teken

Dit teken betekent in het westen 'kom hier'. In Maleisië wordt het alleen gebruikt om dieren te wenken. In Indonesië en Australië wordt het gebruikt om 'dames van lichte zeden' te wenken.

FIGUUR 9.5 *Handgebaren betekenen verschillende dingen in verschillende culturen*

Culturele (taal)barrières

Een van de onderzoekers op dit gebied heeft vier specifieke problemen (culturele taalbarrières) vastgesteld rond taalkwesties in multiculturele communicatie:[51]

1. *Barrières die worden veroorzaakt door semantiek*
   Woorden hebben verschillende betekenissen voor verschillende mensen. Dit geldt met name voor mensen uit verschillende landenculturen. Sommige woorden zijn praktisch niet te vertalen. Het Finse woord *sisu* betekent bijvoorbeeld iets dat op *lef* of *hardnekkig volhouden* lijkt, maar is in feite onvertaalbaar in het Nederlands. De nieuwe kapitalisten in Rusland hebben misschien moeilijkheden met hun westerse collega's, want termen als *efficiëntie*, *vrije markt* en *regulering* zijn niet rechtstreeks te vertalen in het Russisch.
2. *Barrières die worden veroorzaakt door woordconnotaties*
   Woorden impliceren verschillende dingen in verschillende talen. Onderhandelingen tussen Japans- en Engelssprekende directeuren kunnen worden bemoeilijkt omdat het Japanse woord *hai* wordt vertaald met *yes*, maar de connotatie (lees: gevoelswaarde) ervan is eerder 'ja, ik luister' dan 'ja, ik ben het met u eens'.
3. *Barrières die worden veroorzaakt door toonhoogteverschillen*
   In sommige culturen is taal formeel, in andere informeel. In sommige talen verandert de toonhoogte al naargelang de context. Mensen praten anders thuis, in sociale situaties en op het werk. Iemand die een persoonlijke, informele stijl hanteert in een situatie waar men een formelere stijl verwacht, kan onbeleefd overkomen of in gênante situaties terechtkomen.
4. *Barrières die worden veroorzaakt door verschillen in tolerantie van conflicten en methoden om conflicten op te lossen*
   Mensen uit individualistische culturen voelen zich meestal wat gemakkelijker bij directe conflicten en zullen openlijk aangeven wat de bron van het conflict is. Individualisten geven de voorkeur aan openlijke verklaringen waarin een partij de verantwoordelijkheid voor (zijn deel van) het conflict op zich neemt en zijn excuses aanbiedt om de relatie te herstellen.

Mensen uit collectivistische culturen zijn meer geneigd om harmonie in de groep te bevorderen. Het bespreken van conflicten komt uitermate onprofessioneel over. Een persoon openlijk als bron van conflict aanwijzen is ongepast, want in een collectieve maatschappij ben je samen verantwoordelijk. Emotioneel geladen meningsverschillen worden in het openbaar liever vermeden, want het geeft gezichtsverlies en werkt demotiverend. Je bespreekt ze privé en informeel bij een kop koffie of bij de lunch. In collectivistische culturen zal men conflicten eerder toeschrijven aan situaties dan aan personen. Maar de verantwoordelijken begrijpen indirect wel dat zij een fout hebben gemaakt, zonder gezichtsverlies. Excuses aan te bieden is niet nodig om relaties te herstellen. Die relaties stonden immers niet ter discussie, omdat het conflict uit de situatie voortkwam.

Culturele context

Alle communicatie vindt plaats binnen een bepaalde context. Hoeveel betekenis je uit de context haalt, kan van cultuur tot cultuur wezenlijk verschillen. Edward en Mildred Hall maken onderscheid tussen culturen met een hoge en culturen met een lage context (zie figuur 9.6).[52]

Hoge context

Chinees
Koreaans
Japans
Vietnamees
Arabisch
Grieks
Spaans
Italiaans
Engels
Noord-Amerikaans
Scandinavisch
Zwitsers
Duits

Lage context

FIGUUR 9.6 *Continuüm van landen met een hoog- of laagcontextcultuur*

Laagcontextcultuur

In laagcontextculturen wordt informatie expliciet gecommuniceerd met gesproken of geschreven woorden. De informatie is sterk gestructureerd. De boodschap begint meteen bij de hoofdzaak, is gericht op het doel en eindigt, indien nodig, met de bijzaken. In de Engelse en Germaanse taalgebieden is het de norm om laagcontext (dus expliciet) te communiceren. Zo gaat het bijvoorbeeld in de Verenigde Staten, Engelstalig Canada, het Verenigd Koninkrijk, Australië, Duitsland, Nederland en Scandinavië. Ook in België (Vlaanderen) en Nederland is laagcontext de norm. Dat wil niet zeggen dat iedereen in Nederland zo communiceert, maar het wordt over het algemeen wel verwacht.
In een onderzoek van R. Nunez Mahdi werd aan 54 Nederlandse studenten in Utrecht gevraagd om een huis te beschrijven. In het onderzoeksverslag lezen we:[53]
'Dit waren voorbeelden van veelvoorkomende antwoorden:

- Vier muren, een puntdak, een voordeur, een achterdeur en vier ramen.
- Een rijtjeshuis met twee verdiepingen, vier kamers, tuin op het zuiden.
- Een hoekhuis met een grote tuin, een garage en een oprit.

Soms volgt er ook een zeer expliciete beschrijving van details over de inrichting van het huis zelf, zoals:

- een open keuken met moderne apparatuur; of
- een badkamer met ligbad.

Of sfeervol en nog gedetailleerder: "Je komt binnen, links is er een gezellige open haard, rechts staat een grote bank".'

Hoogcontextcultuur

Circa 75 procent van alle mensen op de wereld communiceert hoogcontext. Dit komt met name voor in de Romaans-Europese landen en landen rond de Middellandse Zee, het Midden-Oosten, Azië, Afrika, Latijns-Amerika en Oceanië. Landen in Midden- en Oost-Europa zijn ook redelijk hoogcontext. Voorbeelden van hoogcontextculturen zijn België (Wallonië), Frankrijk, Franstalig Canada, Griekenland, Rusland, Turkije, Marokko, de Antillen, Suriname, Indonesië en China.
In hoogcontextculturen is de persoon zelf een deel van de boodschap. De boodschap begint bij de context, is impliciet en vaak non-verbaal. Eén woord of gebaar over de context is voldoende om het hele verhaal te begrijpen. De

hoofdzaak komt aan het eind, of wordt niet genoemd. Iedereen snapt toch wel waar het om gaat, zo redeneert men.
In hetzelfde onderzoek vroeg Nunez-Mahdi 56 studenten uit veertig verschillende landen, studerend aan internationale opleidingen van de Hogeschool Utrecht, Hochschule Bremerhaven en aan de Sorbonne Universiteit in Parijs, om een huis te beschrijven. Hier volgen zes hoogcontextbeschrijvingen van studenten uit respectievelijk Kenia, Spanje, Indonesië, China, Frankrijk en Japan:

- Het ligt in een grote tuin binnen een omheining. Het dak is van ijzer. De muren zijn van baksteen. De vloeren zijn van cement. Vanuit de ingang kom je in de woonkamer, en op de eerste verdieping zijn nog andere kamers. De keuken is buiten.
- Het huis is in Barcelona. In een buitenwijk, niet ver van het centrum. Het is modern.
- Het is in een laan met grote oude bomen. Daar woonde vroeger een kunstenaarsechtpaar. Ze zijn al overleden, en hun dochter heeft het huis verkocht.
- Het huis is vol met lieve mensen. Vader, moeder en grootouders. Ze eten samen. Als ik 's avonds laat thuiskom, brandt er nog licht voor mij.
- Het ligt aan de kust. Het heeft hele grote ramen, met een pracht uitzicht over het strand en de zee. De woonkamer is op de eerste etage.
- In Japan hebben we vaak aardbevingen ...

Misverstanden door te veel of te weinig context

Mensen die gewend zijn aan laagcontextcommunicatie raken snel geïrriteerd door zulke beschrijvingen. Aardbevingen, buitenwijken en grootouders? Vertel liever over het huis. Hoeveel kamers heeft het? Heeft het een puntdak? Dit gebeurt andersom ook. Mensen uit hoogcontextculturen worden ongeduldig als mensen uit laagcontextculturen met de deur in huis vallen met expliciete informatie. Dat kunnen ze niet plaatsen, want de context ontbreekt. Wat heb je aan zo'n beschrijving? Vier muren, vier kamers en een puntdak? Waar staat dat huis? Aan de kust? Heb je een mooi uitzicht? Wie woont er in het huis? Is het veilig (bestand tegen aardbevingen)?
In GiO gaat het erom dat managers in staat zijn om informatie vanuit zowel hoog- als laagcontext te kunnen interpreteren. De doelgerichtheid en nauwkeurigheid uit laagcontextcommunicatie kan gecombineerd worden met de helikoptervisie en het inlevingsvermogen van hoogcontextcommunicatie. Een manager die zich hiervan bewust is hoort: 'In Japan zijn er veel aardbevingen' en begrijpt: 'Het huis is zo gebouwd dat het aardbevingsbestendig is'.

Richtlijnen voor de omgang met andere culturen

Wat kun je doen om onjuiste waarnemingen, misvattingen en verkeerde beoordelingen te voorkomen in de omgang met mensen uit andere culturen? De problemen zijn waarschijnlijk kleiner wanneer mensen afkomstig zijn uit een culturele context die vergelijkbaar is met die van jou, maar je kunt in ieder geval deze vier regels hanteren:[54]

1. *Ken jezelf en ga uit van verschillen zolang overeenkomsten niet bewezen zijn*
   Inzicht in je eigen culturele identiteit en de vertekeningen die daar vaak opgeld doen, zijn voorwaarden voor het openstaan voor de culturele iden-

titeit van anderen. Maar wees beducht voor de denkfout: 'Ik ben de maat van alle dingen'! We nemen vaak voetstoots aan dat anderen meer met ons gemeen hebben dan daadwerkelijk het geval is. Je zult minder fouten maken als je aanneemt dat anderen niet zijn zoals jij zolang het tegendeel niet bewezen is.

2. *Handhaaf actief een klimaat van wederzijds respect, rechtvaardigheid en democratie*
   Wees er duidelijk over dat je een klimaat van wederzijds respect en gelijkheid wilt. Dat klimaat zal dienen als *derde cultuur* waarin men de onderlinge verschillen kan overstijgen. Het vormgeven en instandhouden van een gedeelde derde cultuur vraagt veel aandacht en onderhoud. Herinner de groepsleden regelmatig aan de gezamenlijke doelen, het belang van wederzijds respect en de noodzaak om je gewoontes qua communicatie aan te passen aan de situatie.[55]
3. *Benadruk beschrijvingen in plaats van interpretaties of evaluaties*
   In tegenstelling tot beschrijvingen zijn interpretaties van wat iemand zegt of doet, meer gebaseerd op de cultuur en achtergrond van de waarnemer dan op de waargenomen situatie. Schort je oordeel dus op tot je voldoende tijd hebt gehad om de situatie te bekijken vanuit de invalshoek van alle betrokken culturen. Zodra je een verklaring voor een nieuwe situatie hebt gevonden of denkt dat je iemand uit een andere cultuur begrijpt, beschouw je die interpretatie als een hypothese, niet als een vaststaand feit. Toets je hypothese aan de feedback van de ontvangers. Bij belangrijke besluiten of mededelingen kan het ook zinvol zijn om van tevoren buitenlandse collega's te raadplegen.
4. *Wees intercultureel sensitief: leef je in de ander in*
   Verplaats je in de ander voordat je een boodschap stuurt. Hoe zien zijn waarden en ervaringen eruit, wat is zijn referentiekader? Wat weet je over zijn opleiding, opvoeding en achtergrond? Probeer de ander te zien zoals hij echt is.

KERN VAN DIT HOOFDSTUK

Terugblikkend op dit hoofdstuk, zien we dat één thema telkens terugkomt in het verband tussen communicatie en tevredenheid onder werknemers: hoe minder onzekerheid, hoe groter de werktevredenheid. Verstoringen, ambiguïteiten en niet op elkaar afgestemde communicatie vergroten de onzekerheid en hebben dus een negatieve invloed op de werktevredenheid.

Hoe minder verstorende invloeden er zijn op de communicatie, hoe meer boodschappen van het management op de werknemers overkomen zoals ze waren bedoeld. Dit moet het aantal ambiguïteiten weer verminderen en de groepstaak verhelderen. Uitgebreid gebruik van verticale, laterale en informele kanalen is bevorderlijk voor de communicatiestroom. De onzekerheid neemt af en de groepsprestaties en -tevredenheid nemen toe. Perfecte communicatie is onhaalbaar. Niettemin is er een positieve relatie tussen effectieve communicatie en productiviteit. Het juiste kanaal kiezen, een goede luisteraar zijn en gebruikmaken van feedback draagt bij aan die effectiviteit.

Wat je intenties als zender van de boodschap ook mogen zijn geweest, de perceptie van de ontvanger bepaalt hoe deze de boodschap ervaart. En deze ervaring bepaalt samen met de motivatie en tevredenheid de uiteindelijke prestatie van de ontvanger. We kunnen verwachten dat gebrek aan overeenstemming tussen verbale en non-verbale communiqués de onzekerheid vergroot en de tevredenheid verkleint. Omdat we zoveel betekenis ontlenen aan de manier waarop een boodschap wordt overgebracht (intonatie, gezichtsuitdrukking, lichaamstaal), is de kans op misinterpretatie van schriftelijke communicatie in principe groot.

Soms produceren we onze berichten 'op de automatische piloot', terwijl we op andere momenten een meer doordacht en tijdrovend procedé volgen. Zorg ervoor dat je communicatie altijd is afgestemd op je publiek en past bij de inhoud die je wilt overbrengen.

Er zijn heel veel culturele en genderbarrières voor effectieve communicatie. Maar als we de hiervoor genoemde tips in ons achterhoofd houden, kunnen we ze overwinnen en effectiever leren communiceren.

Pearson | MyLab

Op **www.pearsonmylab.nl** vind je studiemateriaal en de eText om je begrip en kennis van dit hoofdstuk uit te breiden en te oefenen.

DEEL III
GEDRAG IN GROEPEN

HOOFDSTUK 10

Gedrag in groepen

NA BESTUDERING VAN DIT HOOFDSTUK BEN JE IN STAAT OM:

1. verschillende typen groepen te onderscheiden;
2. het onderbroken-evenwichtmodel van groepsontwikkeling toe te lichten;
3. de zes eigenschappen van groepen op te sommen;
4. toe te lichten hoe normen het gedrag van groepen kunnen beïnvloeden;
5. te laten zien hoe status en groepsgrootte de groepsprestatie beïnvloedt;
6. uit te leggen hoe cohesie en diversiteit kunnen worden geïntegreerd;
7. de sterke en zwakke kanten van besluitvorming in groepen op te sommen;
8. toe te lichten hoe *groupthink* en *groupshift* groepsbesluiten kan ondermijnen;
9. aan te geven hoe de kwaliteit van groepsbesluiten kan worden verbeterd.

In hoofdstuk 10 en 11 maak je kennis met de elementaire groepsconcepten. Inzicht in groepsprocessen en groepsprestaties (*team performance*) is de basis om effectieve teams te vormen. We zullen nu eerst definiëren wat een groep is en vervolgens uitleggen waarom mensen bij een groep willen horen.

10.1 Groepen definiëren en classificeren

Bij een bushalte staan enkele mensen op hun bus te wachten. Is dat een *groep* in de theoretische betekenis? En hoe is dat dan voor een groepje bevriende studenten dat in de pauze staat te overleggen over een feestje? En voor een klas? Hoe zit het met een projectgroepje dat samen aan een onderzoeksrapport werkt? Wat is een groep technici in verschillende landen die via *groupware* en videoconferencing samenwerken aan het ontwerp van een nieuw vliegtuig? Zijn dit allemaal *groepen*?

10.1.1 Groep en groepsidentiteit

Groepen hebben hun sterke kanten, uitdagingen en hun valkuilen. Hoe halen we nu het meeste resultaat uit groepssituaties? We gaan samen de anatomie van het groepsgedrag ontleden en we beginnen met een theoretische definitie. In ons vakgebied (GiO) definiëren we een **groep** als: twee of meer personen die contact met elkaar hebben en wederzijds afhankelijk zijn, en die zijn samengekomen om bepaalde doelstellingen te realiseren.

VRAAG

Kun je nu op basis van deze definitie al bepalen welke mensen uit het voorbeeld in de inleiding van deze paragraaf (10.1) een groep vormen?

Groepen kunnen formeel of informeel zijn. De projectgroep en de groep technische vliegtuigontwerpers zijn voorbeelden van een **formele groep.** De **groep vrienden** vormen een **informele groep**. Formele groepen zijn ingebed in de organisatiestructuur en krijgen van daaruit opdrachten of taken toegewezen. Het gedrag en de taakverdeling binnen een formele groep worden dus gestuurd door de organisatiedoelen. Ook de zes mensen die de bemanning van een vliegtuig vormen zijn een voorbeeld van een formele groep. Informele groepen staan los van de organisatiestructuur. Omdat mensen behoefte hebben aan sociale contacten ontstaan in een werkomgeving ook vaak spontaan informele groepen. Drie werknemers van verschillende afdelingen van een organisatie die regelmatig samen lunchen of koffiedrinken, zijn een voorbeeld van een informele groep. Dit soort interacties tussen personen heeft grote invloed op hun gedrag en prestaties, ook al zijn ze informeel.

Sociale identiteit

Is het je ook opgevallen in jouw omgeving dat mensen vaak sterke gevoelens koesteren voor hun eigen groep? Dat komt deels doordat gemeenschappelijke ervaringen onze perceptie van gebeurtenissen versterken.[1] Zoals te verwachten is, versterken positieve gemeenschappelijke ervaringen onze band met onze groep. Volgens onderzoek in Australië versterken ook pijnlijke gemeenschappelijke ervaringen de band met en het vertrouwen ten opzichte van andere mensen.[2] Denk bijvoorbeeld maar eens aan wat er vlak na een nationaal sportkampioenschap gebeurt. De groepen fans van het winnende team zijn in de wolken en de verkoop van shirts, jasjes en petjes van het team schiet omhoog. De fans van het verliezende team voelen zich juist terneergeslagen en schamen zich zelfs een beetje. Hoe komt dat? Ook al hebben fans weinig van doen met de feitelijke prestaties van het sportteam, hun zelfbeeld wordt deels bepaald door hun identificatie met de groep. Onze neiging om persoonlijk te investeren in de prestaties van de groep, is het terrein van de **theorie van de sociale identiteit**.

VRAAG

Waarom zou een mens die solistisch geboren wordt in een groep moeten kunnen functioneren?

Mensen ontwikkelen in de loop van hun leven vele groepsidentiteiten. Je kunt jezelf omschrijven op basis van de organisatie waarvoor je werkt, de stad waarin je woont, je beroep, je religieuze achtergrond, je etniciteit en/of je gender. In de loop der tijd kan de ene groep waartoe je behoort belangrijker voor je worden dan de andere. Een Belgische expat die in Singapore werkt bijvoorbeeld, kan zich er zeer goed van bewust zijn dat hij uit Vlaanderen komt, maar is helemaal niet bezig met zijn regionale identiteit als hij van Hasselt naar Mechelen reist.[3] We kijken en kiezen dus welke van onze sociale identiteiten van belang zijn voor de situatie, of we bemerken dat onze sociale identiteiten botsen, zoals de identiteiten van vrouwelijke topmanager van een bedrijf zijn enerzijds kan botsen met het tegelijkertijd moeder zijn anderzijds.[4] Op het werk identificeren we ons vaak sterker met onze directe collega's dan met onze organisatie, maar beide zijn belangrijk voor positieve attitudes en gedrag. Als we ons nauwelijks met onze organisatie identificeren, daalt de voldoening in ons werk en vertonen we minder voorbeeldig werkgedrag (zie hoofdstuk 1 voor meer informatie over voorbeeldig werkgedrag).[5]

Wij- en zij-groep

Er is sprake van het *voortrekken van de* **wij-groep** (Engels: *ingroup*) als we de mensen uit onze eigen groep beter vinden dan andere mensen, en de mensen die niet tot onze groep behoren één pot nat vinden. Uit recent onderzoek komt naar voren dat mensen die laag scoren op openheid en/of inschikkelijkheid (zie hoofdstuk 4) vatbaarder zijn voor het voortrekken van de eigen groep.[6] Als er sprake is van een wij-groep, dan is er per definitie ook een **zij-groep** (Engels: *outgroup*). Soms staat die groep voor alle andere mensen, maar meestal gaat het een bepaalde afgebakende groep die mensen uit de wij-groep kennen. Als bijvoorbeeld mijn *wij*-groep in de Amerikaanse politiek de Republikeinse partij is, dan kan mijn *zij*-groep bestaan uit iedereen ter wereld die geen Republikein is, maar het is waarschijnlijker dat hij tot de andere partijen in de Amerikaanse politiek behoort, of misschien wel alleen tot de Democratische partij. Als er sprake is van wij- en zij-groepen, dan staan ze vaak vijandig tegenover elkaar. Een van de krachtigste veroorzakers van wij- en zij-gevoelens zijn: religie en godsdienstbeoefening, ook op het werk. Uit een wereldwijd onderzoek blijkt bijvoorbeeld dat als groepen stevig verwikkeld raken in religieuze rituelen en discussies, ze de zij-groepen bijzonder sterk discrimineren en agressief worden als de zij-groepen meer (financiële) middelen hebben.[7] Of neem een ander onderzoek naar een Britse moslimorganisatie die Al-Qaida steunde en zich afzette tegen gematigde Britse moslims als hun zij-groep. De Al-Qaida wij-groep stond niet neutraal tegenover de gematigde zij-groep; de wij-groep hekelde de gematigde moslims, sprak denigrerend over hen als afvalligen en dreigde hen fysiek iets aan te doen.[8]

10.2 Groepsdynamica: fasen van groepsontwikkeling

Het verschijnsel dat groepen op min of meer vergelijkbare wijze een verandering doormaken noemen we **groepsdynamica**. Een zeer gedegen en diepgaande behandeling van dit aparte vakgebied vind je bij de Nederlandse sociaal psycholoog Jan Remmerswaal.[9]

10.2.1 Fasenmodellen van groepsontwikkeling

Elke nieuwe groep die gevormd wordt om een bepaalde taak uit te voeren staat voor een dubbele opgave: het ontwikkelen van een sociaal-emotionele relatie en het uitvoeren van een opdracht met een bepaald doel (zie figuur 10.1). Er zit dus een rationele kant (wat moeten we doen, hoe moeten we dat doen en wie doet wat?) en een emotionele kant (hoe gaan we met elkaar om, hoe zijn de machtsverhoudingen, wat zijn onze onderlinge relaties?) aan het proces van groepsontwikkeling. Het oplossen van die vraagstukken verloopt in groepen vaak op een min of meer voorspelbare manier (zie figuur 10.1 en 10.2).

TAAKASPECTEN (RATIONALITEIT)	SOCIAAL-EMOTIONELE ASPECTEN
• groep samenstellen op basis van competenties • bereiken van het doel • wat wordt er gedaan? • taakgerichte activiteiten • taakoriëntatie • formele leider bewaakt het resultaat • nadruk op planning, aanpak, expertise	• de groep als groep in stand houden • het interne groepsfunctioneren • hoe gaat men met elkaar om? • de onderlinge betrekkingen • sociaal-emotionele oriëntatie • informele leider bewaakt de satisfactie • nadruk op relaties, emoties en conflicten

FIGUUR 10.1 **Twee aspecten van groepsvorming en groepsprocessen[10]**

Er zijn vele fasenmodellen in gebruik waarmee groepsdynamica kan worden getypeerd. Het eerste model dat we bespreken is het **vijffasenmodel** van groepsontwikkeling van Bruce Tuckman.[11] Dat model is een bruikbaar kader voor het herkennen van de typische ontwikkeling van **taakgroepen**, zoals projectgroepen en teams. Na de bespreking van dit model zullen we in deze paragraaf een alternatief model voor tijdelijke groepen met een deadline behandelen.

Het vijffasenmodel

In figuur 10.2 is gevisualiseerd hoe de groep zich relationeel gezien ontwikkeld gedurende vijf fasen: forming, storming, norming, performing en adjourning.[12]

De vijf fasen zijn in het Engels makkelijker te onthouden, doordat hun namen (bijna) op elkaar rijmen: *forming*, *storming*, *norming*, *performing* en *adjourning*.

In de **forming-fase** wordt de groep samengesteld. Deze fase wordt bepaald door onzekerheid over doel, structuur en leiderschap van de groep. Leden 'tasten de situatie af' om te bepalen welk soort gedrag acceptabel is. Deze fase is voltooid wanneer leden zichzelf als onderdeel van de groep beginnen te zien.

De **storming-fase** wordt gekenmerkt door het intragroepsconflict. Leden accepteren het bestaan van de groep, maar er is weerstand tegen de beperkingen die de groep oplegt aan individualiteit. Verder is er sprake van een conflict over wie de leiding krijgt over de groep. Wanneer deze fase is voltooid, is er een relatief duidelijke hiërarchie ontstaan binnen de groep.

In de derde fase, **norming-fase**, ontwikkelen zich innige relaties en begint de groep samenhang te vertonen. Vaak is er een sterke groepsidentiteit en een gevoel van kameraadschap ontstaan. Deze normerende fase is afgerond wanneer de groepsstructuur steviger wordt en de groep een gezamenlijke reeks verwachtingen heeft aangenomen over het gedrag van de leden dat als correct wordt beschouwd.

De vierde fase is die van **performing.** De groepsstructuur is nu volledig functioneel en geaccepteerd. De groepsenergie is verschoven van elkaar leren kennen en begrijpen naar het uitvoeren van de taak in kwestie. Voor permanente werkgroepen is deze fase van presteren de laatste fase in de groepsontwikkeling. Maar voor tijdelijke commissies, teams, taakgroepen en vergelijkbare groepen die een bepaalde taak eenmalig moeten uitvoeren, volgt er nog een fase van **adjourning** (uiteengaan), waarin de groep zich voorbereidt op haar opheffing. In die fase worden de aanpak en het bereikte resultaat geëvalueerd (dat is het zakelijke deel) en men neemt afscheid van elkaar of maakt afspraken voor toekomstige samenwerking (het sociaal-emotionele deel).

Eén interpretatie van het vijf-fasenmodel is dat een groep vanzelf effectiever wordt in de loop van de vijf fasen. Dat zal in een aantal gevallen wel het geval zijn, maar wat een groep effectief maakt, is complexer dan in dit model wordt weergegeven.[13] Ten eerste doorlopen groepen de fasen van groepsontwikkeling in verschillend tempo.

De oranje Leeuwinnen bereikten onder Sarina Wiegman de performing-fase.

Foto: dpa Picture Alliance / Alamy Stock Photo

Groepen die bestaan uit zeer doelgerichte personen die hun strategie goed voor ogen hebben, bereiken snel goede prestaties en worden in de loop der tijd nog beter. Terwijl de groepen bestaande uit personen die minder doelgericht bezig zijn, hun prestaties in de loop der tijd juist zien achteruitgaan. Zo geldt ook dat groepen die met een positieve sociale focus (zoals groepsbeloning en erkenning) beginnen, de fase van het presteren sneller bereiken. Ook de combinatie van persoonlijkheden, competenties en expertise speelt een rol. Tot slot gaan groepen niet altijd duidelijk van de ene naar de andere fase. Stormen en presteren kunnen tegelijkertijd plaatsvinden en groepen kunnen zelfs in een vorige fase terugvallen.

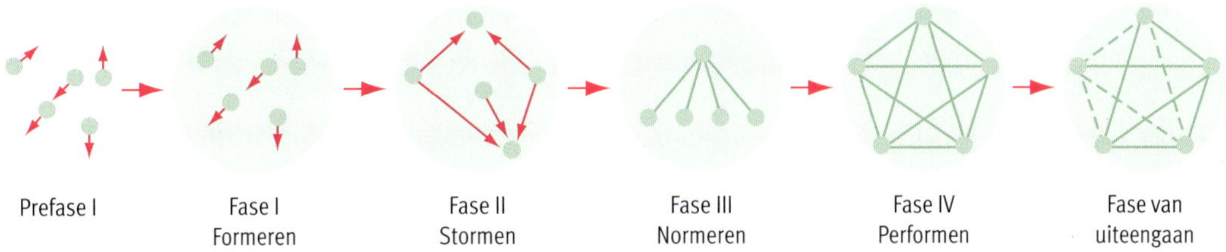

FIGUUR 10.2 **Fasen in groepsontwikkeling**

Het onderbroken-evenwichtmodel

Tijdelijke groepen met een deadline kennen hun eigen unieke opeenvolging van activiteit (of inactiviteit).[14] Dit patroon, dat het **onderbroken-evenwichtmodel** wordt genoemd, wordt in figuur 10.3 weergegeven.

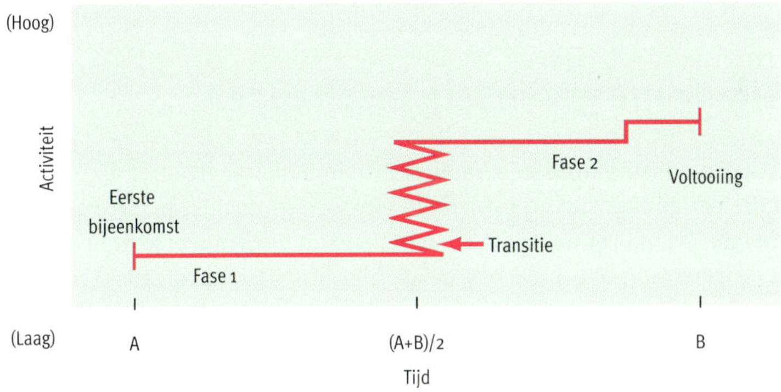

FIGUUR 10.3 **Het onderbroken-evenwichtmodel van groepsontwikkeling**

In de eerste bijeenkomst wordt een kader van gedragspatronen en aannamen vastgesteld waarmee de groep zijn project gaat benaderen. Soms gebeurt dit al in de eerste paar seconden van het bestaan van de groep. Als het kader eenmaal is vastgesteld, is de richting die de groep opgaat duidelijk bepaald en is het niet waarschijnlijk dat de groepsleden er in de eerste helft van het bestaan van de groep nog eens kritisch naar gaan kijken. Dit is een periode van inertie (traagheid); de groep staat veelal stil of komt vast te zitten in een bepaalde werkwijze, ook al doen de leden nieuwe inzichten op die de aanvankelijke patronen en aannamen ter discussie stellen.
Een van de interessantste ontdekkingen is dat elke groep precies halverwege de eerste bijeenkomst en de officiële deadline een overgang kent, of de groepsleden nu een uur of zes maanden met hun project bezig zijn geweest.[15] Dit punt halverwege werkt kennelijk als een alarmbel. Het versterkt het besef van de leden dat het project een

'Halen we die deadline nog?'
Illustratie: Carlos Nunez

beperkte duur heeft en dat ze voort moeten maken. Deze overgang betekent het einde van de eerste fase en wordt gekenmerkt door een geconcentreerde uitbarsting van veranderingen, het laten vallen van oude patronen en het ontdekken van nieuwe perspectieven.

Met de overgang wordt een herziene richting ingeslagen voor de tweede fase, een nieuw evenwicht of een periode van inertie waarin de groep de plannen uitvoert die in de overgangsperiode zijn gemaakt. De laatste bijeenkomst van de groep wordt gekenmerkt door een laatste uitbarsting van activiteit om het werk op tijd af te krijgen.

Samengevat stelt het onderbroken-evenwichtmodel dat groepen worden gekenmerkt door lange perioden van inertie. Die perioden worden onderbroken door korte revolutionaire veranderingen die voornamelijk worden veroorzaakt doordat de leden beseffen dat hun tijd beperkt is en dat er een deadline is. Er zijn veel fasenmodellen van groepsontwikkeling, maar dit is het dominante model dat door veel onderzoek is gestaafd. Onthoud echter dat dit model niet op alle groepen van toepassing is. Het gaat in wezen alleen over tijdelijke werkgroepen die hun werk op een vast moment af moeten hebben.[16]

10.3 Zes algemene groepseigenschappen

Werkgroepen zijn geen ongeorganiseerde bendes. Er is een aantal eigenschappen van groepen bekend die het gedrag van groepsleden beïnvloeden. Inzicht in deze groepseigenschappen helpen bij het verklaren en voorspellen van individueel gedrag en van de prestaties van de groep als geheel. We bespreken hierna achtereenvolgens (1) rollen, (2) normen, (3) status, (4) groepsgrootte, (5) groepscohesie en (6) diversiteit.

? VRAAG

Is groepsgedrag nature (natuurlijk gedrag) of nurture (aangeleerd gedrag)?

10.3.1 Groepseigenschap 1: rollen

Met het begrip **rol** bedoelen we een verzameling van gedragspatronen die van iemand met een bepaalde positie in een sociale eenheid wordt verwacht. We spelen allemaal uiteenlopende rollen, zowel op het werk als daarbuiten. Om gedrag op een bepaald moment te begrijpen is het belangrijk te weten welke rol iemand op dat moment speelt.

VOORBEELD

Wim van Arken is productiemanager bij ElectroParts, een grote fabrikant van elektrische apparatuur in Berfelo. Hij vervult een aantal rollen: hij is werknemer en lid van het middenmanagement. Hij is opgeleid tot vakman elektrotechnieken. Tevens is hij de voornaamste woordvoerder van het bedrijf naar de pers. Buiten zijn werk vervult Wim nog meer rollen: hij is echtgenoot, vader, lid van de kerk, hij speelt tennis en is bestuurslid van de tennisvereniging en tot slot voorzitter van het buurtcomité. Veel van deze rollen zijn onderling verenigbaar; enkele leiden tot conflicten. Wat is bijvoorbeeld de invloed van Wims geloof op zijn managementbeslissingen bij ontslagen, het reageren op gesjoemel met declaraties en het verstrekken van correcte informatie aan de Belastingdienst? Voor een mogelijke promotie zou Wim moeten verhuizen naar het hoofdkantoor in Rotterdam, maar zijn vrouw en kinderen willen in het landelijke Berfelo blijven. Kunnen de roleisen van zijn baan worden verzoend met de eisen die aan zijn rollen van echtgenoot en vader worden gesteld? Net als Wim spelen we allemaal een aantal rollen en ons gedrag verschilt naargelang de rol die we spelen.

Maar hoe weten we wat de vereisten voor een bepaalde rol zijn? Ten eerste gaan we uit van onze rolpercepties om een raamwerk, framework, van passend gedrag te ontwikkelen. Ook letten we op verwachtingen van groepsleden over het gedrag in de groep. We proberen achter de mogelijkheden en begrenzingen van onze rollen te komen om rolconflicten te vermijden.

Rolperceptie

Ons eigen idee over het gedrag dat we horen te vertonen in een gegeven situatie, is in feite onze **rolperceptie**. Op basis van onze interpretatie van wat de rol van ons vraagt, gaan we bepaalde typen gedrag vertonen. We ontlenen die percepties aan collega's, vrienden, boeken, films, televisie. Hedendaagse politiemensen en rechercheurs hebben misschien vaak de televisieserie Baantjer gekeken en de boeken over rechercheur De Cock gelezen. Veel aanstaande advocaten zijn mogelijk beïnvloed door het doen en laten van de advocaten in populaire series. De belangrijkste reden dat hbo-opleidingen altijd een stage in hun programma opnemen, is het feit dat beginnende beroepsbeoefenaars dan het gedrag van een *professional* in de beroepspraktijk kunnen waarnemen, waardoor ze leren hoe ze zich in de praktijk horen te gedragen.

Rolverwachtingen

De verwachting van anderen over jouw gedrag in een gegeven situatie, noemen we de **rolverwachtingen**. Hoe je je gedraagt, wordt in hoge mate bepaald door de context, de omgeving, waarin je acteert of handelt. Een rechter wordt bijvoorbeeld gezien als iemand met gezag en waardigheid, terwijl een voetbaltrainer wordt gezien als strijdlustig, dynamisch en een bron van inspiratie voor zijn spelers.

In de werksituatie kijken we naar rolverwachtingen vanuit het perspectief van het psychologisch contract. Het **psychologisch contract** is een ongeschreven overeenkomst tussen werknemers en werkgevers waarin de wederzijdse verwachtingen zijn aangegeven.[17] Van managers en leidinggevenden wordt verwacht dat ze hun werknemers rechtvaardig behandelen, acceptabele werkomstandigheden bieden, duidelijk maken wat de arbeidstijden en het arbeidsethos zijn en feedback geven op het functioneren van de werknemer. Van werk-

Het begin van je stage: hoe werkt het hier?

Foto: Andrey Popov / Shutterstock / Pearson Asset Library

nemers wordt verwacht dat ze laten zien dat ze de juiste werkhouding hebben, aanwijzingen opvolgen en loyaal zijn tegenover de organisatie.

Maar wat gebeurt er als het management zich niet houdt aan zijn kant van het psychologisch contract? Dan is te verwachten dat dat negatieve gevolgen heeft voor de prestaties en tevredenheid van de werknemers. Uit een onderzoek onder restaurantmanagers blijkt dat een schending van het psychologisch contract leidt tot een grotere intentie van werknemers om op te stappen, terwijl uit een ander onderzoek in enkele verschillende bedrijfssectoren blijkt dat schending van het psychologisch contract samengaat met een lager productiviteitsniveau en meer diefstal en terugtrekgedrag op het werk.[18]

Rolconflict

Wanneer je in een situatie komt met uiteenlopende rolverwachtingen, is een **rolconflict** het gevolg.[19] Dit doet zich voor als de eisen van de ene rol botsen met de eisen van een andere rol. In het extreemste geval gaat het om situaties waarin twee of meer rolverwachtingen elkaar tegenspreken. Als iemand zijn hoogste manager ontmoet buiten het werk is het vaak voor beiden lastig om hun gedrag te bepalen: informeel of formeel, vriendelijk of afstandelijk? Als je bijvoorbeeld als manager een werknemer zou moeten beoordelen die je begeleid hebt, dan kunnen je rollen van beoordelaar en begeleider met elkaar in botsing komen. Zo kunnen we ook een **interrolconflict** ervaren:[20] dan zijn de verwachtingen van de verschillende groepen waartoe we behoren strijdig met elkaar. Een voorbeeld is het werk-gezinsconflict dat Wim van Arken uit Berfelo had toen de verwachtingen waarmee hij te maken had als echtgenoot en vader verschilden van de verwachtingen waarmee hij te maken had als productiemanager bij ElectroParts; Wims vrouw en kinderen wilden in Berfelo blijven wonen, terwijl ElectroParts van zijn werknemers verwacht dat ze de behoeften en eisen van het bedrijf vooropstellen. Hoewel het in het belang van Wims financiën en carrière is om in te stemmen met overplaatsing, gaat het conflict over het maken van een keuze tussen de rolverwachtingen rond gezin en werk. Sterker nog, uit veel onderzoek blijkt dat werk-gezinsconflicten voor de meeste werknemers één van de belangrijkste stressbronnen zijn.[21]

> **? VRAAG**
>
> *Bedenk een paar mogelijke situaties waarin je als student of als werknemer reeds in een rolconflict kwam of terecht kunt komen.*

10.3.2 Groepseigenschap 2: normen

Golfspelers houden op met praten als hun partners een bal op het veld *putten*. Werknemers bekritiseren hun manager meestal niet in het openbaar. Waarom is dat? Het antwoord is: **normen**. Elke groep heeft (vaak impliciete) normen voor gedrag: hoe je je behoort te gedragen en hoe niet. Normen zijn dus gedragsregels die door alle (of in ieder geval de meeste) groepsleden worden gedeeld. Het uitspreken van jouw opvattingen als groepsleider is op zichzelf niet voldoende; zelfs als de groep je normen overneemt zal dat effect hooguit drie dagen standhouden![22] Als de groep de normen echt accepteert, dan beïnvloeden ze het gedrag van de groepsleden zonder dat er van buitenaf sterk op hoeft te worden gestuurd. Alle groepen, gemeenschappen en samenlevingen hebben een breed scala van – vaak zeer verschillende – normen.[23]

De **Hawthorne-studies** (een beroemde serie GiO-onderzoeken, uitgevoerd tussen 1927 en 1933 in de Hawthorne-fabrieken van het Amerikaanse bedrijf Western Electric) leverden het vakgebied GiO de eerste inzichten op over groepsgedrag. In een van de studies werd namelijk de invloed van **groepsnormen** op werkgedrag en productiviteit voor het eerst ontdekt. De hypothese was dat de prestatie per individu zou toenemen

als voor een hogere productie extra beloond zou worden. Tot verbazing van de onderzoekers reageerden de arbeiders echter veel minder op de in het vooruitzicht gestelde beloning dan werd verwacht. Het bleek dat ze hun prestatie afstemden op het gemiddelde van de groep. Groepsleden bepaalden onderling wat een 'redelijke prestatie' was. Ook viel op dat de individuele arbeiders onjuiste gegevens over hun dagproductie rapporteerden. De dagelijkse rapporten vermeldden een stabiele output, ongeacht de werkelijke dagproductie.
Uit vraaggesprekken bleek dat de groep ver onder haar kunnen werkte en een gelijkmatig verdeelde output meldde om zichzelf te beschermen. De groepsleden hadden in het verleden ervaren dat de bonus per geproduceerde eenheid verlaagd werd als ze hun productiviteit opvoerden. Het management eiste dan een hogere dagproductie voor hetzelfde geld. Als de groep hier niet tegenin zou gaan, zouden – naar overtuiging van de groep – mensen ontslagen worden en tragere arbeiders op het matje geroepen worden. De groep bepaalde daarom onderling een redelijke output – niet te veel, niet te weinig.
Tot de normen van de groep behoorden ook een aantal groepsverboden. Geen uitslover zijn, maar ook niet de kantjes eraf lopen. En je collega's niet verklikken. Hoe zorgde de groep ervoor dat iedereen zich aan de normen hield? Dat ging niet erg zachtaardig of subtiel; er was sprake van sarcasme, uitschelden, belachelijk maken en vuistslagen op de bovenarm van degenen die de groepsnormen overtraden. Soms werd een individuele arbeider zelfs doodgezwegen en volledig genegeerd door de anderen.

SNIJDEN OP TARIEVEN

Het wijzigen van de spelregels is een terugkerend fenomeen in de relatie en het psychologisch contract tussen werkgevers en werknemers. Overal waar beloning is gebaseerd op stukloon worden regelmatig de tarieven en normen herzien. In vakbondskringen spreekt men van 'snijden op tarieven'. Voor het aanpassen van de normen kunnen goede redenen bestaan, zoals verbeterde werkmethoden waardoor het makkelijker is een grotere productie te behalen, maar vanuit de groep arbeiders gezien voelt het vaak als bedrog. Zo bezien hadden de groepsleden bij Western Electric dus misschien wel gelijk. Ze wilden voorkomen dat ze zich uiteindelijk over de kop zouden werken.

Er is omvangrijk bewijsmateriaal uit onderzoeken, waaruit blijkt dat groepen sterke druk uitoefenen op individuele leden om hun attitudes en gedrag aan de groepsnorm te conformeren.[24] Deze kunnen met vrijwel elk aspect van groepsgedrag te maken hebben. De meest voorkomende groepsnorm is waarschijnlijk de **prestatienorm**. Werkgroepen geven hun leden gewoonlijk aanwijzingen over hoe hard ze moeten werken, hoe ze de taak voor elkaar kunnen krijgen, hoeveel output er van hen wordt verwacht, hoeveel vertraging aanvaardbaar is, enzovoort. Groepsnormen beïnvloeden de prestaties van individuele werknemers veel meer dan je op grond van hun capaciteiten en individuele motivatie zou voorspellen. Andere normen gaan over hoe je overkomt op anderen (bijvoorbeeld kledingvoorschriften of wanneer je moet zorgen dat het lijkt alsof je vreselijk druk bent). Dan zijn er nog **sociale normen** (met wie je gaat lunchen en met welke collega's je vriendschappelijke banden aanknoopt) en **allocatienormen** over de verdeling van budgetten, middelen en taken (toewijzing van moeilijke taken, verdeling van loon of gereedschap).

Normen vertellen groepsleden wat moet, mag of niet mag in specifieke omstandigheden.

Vergadernorm: meedoen hoeft niet?

Foto: Andrey Popov / Shutterstock / Pearson Asset Library

Normen en emoties

Is het je wel eens opgevallen hoe de emoties van een familielid, vooral als het om sterke emoties ging, de emoties van de andere familieleden kunnen beïnvloeden? Families zijn zeer normatieve groepen. Ook een taakgroep kan sterk normatief worden als de leden dagelijks samenwerken en frequent met elkaar moeten communiceren om de klus te klaren. In een recente studie werd gevonden dat in bepaalde taakgroepen de emoties van een groepslid die van de anderen beïnvloedden en omgekeerd. Dat is op zichzelf niet verrassend, maar wat wel verraste was de ontdekking dat groepsnormen voorschreven hoe de emotie moest worden ervaren door iedereen. Met andere woorden: de leden van de groep hadden geleerd gedeelde emoties op dezelfde manier te ervaren![25] We zagen het hiervoor al bij de Hawthorne GiO-onderzoeken: groepsnormen kunnen onze attitudes en prestaties sterk beïnvloeden.

Normen en conformisme

De neiging om je aan te passen aan groepsopvattingen wordt niet alleen verklaard uit actieve groepsdruk. De beroemde gestaltspsycholoog Solomon Asch toonde aan dat het simpele feit dat een groot aantal mensen iets vindt (zonder dat ze expliciet druk uitoefenen) voor verrassend veel mensen voldoende is om hun mening aan te passen. Het zit blijkbaar in ons als mensen dat wij ons graag aan de groep **conformeren**.
In een klassiek geworden reeks experimenten toonde Asch deze groepsinvloed aan.[26] Asch liet groepjes van zeven of acht mensen in een lokaal plaatsnemen, waar de begeleider van het experiment hen vroeg twee kaarten te vergelijken die hij omhooghield. Op de ene kaart stond één rechte lijn, op de andere stonden drie rechte lijnen van verschillende lengte. Zoals je kunt zien in figuur 10.4, was een van de lijnen op de tweede kaart in lengte identiek aan de lijn op de eerste kaart. Het verschil in lengte was ook heel duidelijk zichtbaar. Onder normale omstandigheden zou minder dan één procent van de proefpersonen de verkeerde lijn benoemen. Maar wat gebeurt er als bijna alle groepsleden achtereenvolgens een fout antwoord geven? Zal de nietsvermoedende individuele proefpersoon zijn antwoord dan aanpassen aan dat van de groep (conformeren)?
Dat was wat Asch graag wilde weten. Hij zorgde dat de enige echte proefpersoon in de groep (die uiteraard niet wist dat de andere groepsleden vooraf geïnstrueerd waren) als laatste antwoord moest geven.

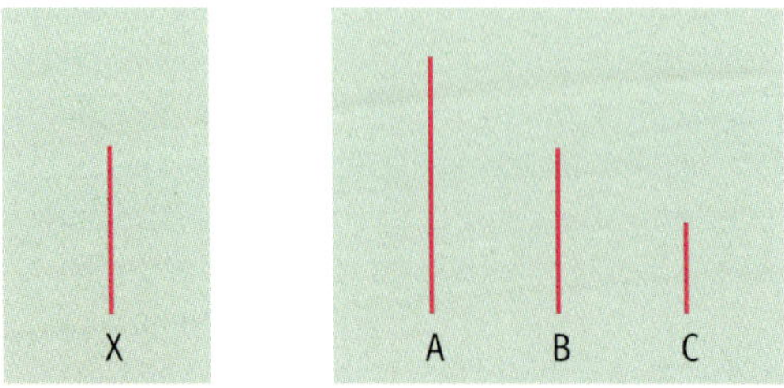

FIGUUR 10.4 **Voorbeelden van kaarten uit de Asch-experimenten**

Het experiment begon met een paar inleidende oefeningen, waarin alle groepsleden het juiste antwoord noemden. Bij het derde setje vergelijkingskaarten gaf het eerste groepslid een duidelijk fout antwoord (bijvoorbeeld C in figuur 10.4). Het volgende groepslid kwam met hetzelfde onjuiste antwoord en zo verder tot de nietsvermoedende proefpersoon aan de beurt was. Die vond zelf dat B correct was, maar iedereen om hem heen had C gezegd. Hij moest kiezen: 'Wijk ik publiekelijk af van het door alle anderen ingenomen standpunt of geef ik een antwoord waarvan ik weet dat het fout is?' Het experiment werd vele malen uitgevoerd, verspreid over de Verenigde Staten. Asch toonde met zijn grote aantal experimenten aan dat in ongeveer 75 procent van alle uitgevoerde proeven minstens één proefpersoon zich conformeerde aan de groep en bewust een fout antwoord gaf. Gemiddeld conformeerde 37 procent van alle proefpersonen zich aan de onjuiste groepsantwoorden. Dit lijkt erop te duiden dat er een innerlijke drijfveer bestaat die ons in de richting van conformisme duwt. We willen bij de groep horen en niet opvallend 'anders' zijn.

De Asch-experimenten toonden aan dat sommige mensen zich niet aan de groepsnorm aanpasten.

Foto: Andresr / Shutterstock / Pearson Asset Library

VOORBEELD

In sommige voetbalsupportersgroepen zijn (veel) bier drinken en drugsgebruik de norm. Groepsleden die alleen frisdrank drinken, worden onder druk gezet om zich aan de 'biernorm' te conformeren. Wat zou jij doen? Ga je toch maar bier drinken of zoek je aansluiting bij een andere kennissenkring? Slechts een enkeling slaagt erin zich te handhaven in de groep en standvastig te blijven in zijn afkeer van bier. Meestal compenseert zo iemand zijn 'karaktergebrek' met humor, zelfspot of bijvoorbeeld door zich extra grof te gedragen. Overigens: dezelfde voetbalfan die elke wedstrijd dronken is, kan zich poeslief en keurig gedragen als hij op bezoek is bij oma, of wat stijfjes op het kantoor waar hij stage loopt.

Conformeren individuen zich aan de druk van alle groepen waartoe ze behoren? Blijkbaar niet, want mensen horen bij allerlei groepen en hun normen variëren. In sommige gevallen hebben ze zelfs tegenstrijdige normen. Daarom conformeren ze zich aan de belangrijke groepen waartoe ze behoren of hopen te behoren. Deze groepen worden **referentiegroepen** genoemd. Kenmerkend voor dergelijke groepen is dat leden zich bewust zijn van andere leden; ze beschouwen zichzelf als lid of zouden dat graag willen zijn en vinden de groepsleden belangrijk voor zichzelf.

Positieve normen en groepsgedrag

Een van de doelen van alle organisaties die zich inzetten voor maatschappelijk verantwoord ondernemen (MVO; zie hoofdstuk 2) is dat hun kernwaarden ook voor de werknemers een normatief karakter krijgen. Immers, als werknemers hun denken aan positieve normen koppelen, dan worden die normen sterker en neemt de kans op een positief effect exponentieel toe. Je zou dezelfde uitkomsten verwachten voor normen over politieke correctheid (oftewel *policor*). Maar klopt dat ook in werkelijkheid? Vaak wordt bijvoorbeeld gedacht dat je, om de creativiteit in groepen te verhogen, de normen moet versoepelen. Onderzoek naar man-vrouwgroepen wijst er echter inderdaad op dat sterke policor-normen de groepscreativiteit verhogen. Hoe komt dat? Door de duidelijke verwachtingen die worden gesteld aan de interacties tussen mannen en vrouwen in een omgeving waar de policor groot is, heerst er minder onzekerheid over het gedrag, waardoor de groepsleden hun creatieve ideeën makkelijker kunnen inbrengen zonder stereotype normen te hoeven bestrijden.[27]

Het kan goed zijn dat je met positieve groepsnormen positief gedrag uitlokt, maar dan moeten er ook nog andere factoren aanwezig zijn. Zo kon in een recent onderzoek een hoge mate van extraversie in een groep hulpvaardig gedrag beter voorspellen als er in de groep positieve normen over samenwerken bestonden.[28] Maar hoe krachtig (positieve) groepsnormen ook kunnen zijn, niet iedereen is er even gevoelig voor. Ook de individuele persoonlijkheid en in hoeverre iemand zich sociaal gezien identificeert met de groep spelen een rol. Verder blijkt uit een recent onderzoek in Duitsland dat hoe tevredener mensen zijn met hun groep, hoe beter ze de groepsnormen volgen.[29]

Negatieve normen en groepsgedrag

Ted Voswinkel is gefrustreerd over een collega die voortdurend kwaadaardige en ongefundeerde praatjes over hem rondstrooit. Fatima Adlouni is het gedrag van een collega beu, die telkens tegen haar en andere collega's begint te schreeuwen als zij met een probleem zit. En Miranda Lieberman heeft pas ontslag genomen als mondhygiëniste nadat ze door haar baas werd lastiggevallen met ongewenste intimiteiten.

Wat hebben deze drie voorbeelden met elkaar gemeen? Ze staan voor werknemers die blootstaan aan ongewenst gedrag op het werk.[30] **Ongewenst gedrag op het werk** (ook asociaal gedrag of **grensoverschrijdend gedrag** genoemd), is opzettelijk gedrag dat belangrijke organisatorische normen schendt en daardoor het welzijn van de organisatie en diens leden bedreigt. Figuur 10.5 laat een aantal typen ongewenst gedrag op het werk zien, met voorbeelden.

Slechts weinig organisaties zullen toegeven dat ze condities scheppen of toestaan die afwijkende normen stimuleren en handhaven. Toch bestaan ze wel. Sommige groepen (zoals sommige voetbalsupporters of motorclubs) ontwikkelen negatieve karaktertrekken zoals agressie en normloosheid. Zo'n groep gaat gemakkelijk over tot bedrog, misdadig en gewelddadig gedrag.[31] Net als normen in het algemeen worden ook de asociale daden van individuen gevormd door de groepscontext waarbinnen ze werken. Onderzoek heeft aangetoond dat een werkgroep waarin asociaal gedrag de norm is, individuele leden ook aanzet tot asociaal gedrag.[32] Dat is in lijn met de experimenten van Asch.

Maar er is meer. Werknemers meldden een toenemende onbeschoftheid en respectloosheid van leidinggevenden en collega's ten aanzien van anderen. Ook slaapgebrek, vaak veroorzaakt door te hoge werkdruk en leidend tot verminderd vermogen om emoties te reguleren, kan aan de basis liggen van afwijkend en ongewenst gedrag. Waar ondernemingen proberen het onderste uit de kan te halen bij hun medewerkers, zijn ze ongewild misschien wel medeveroorzakers van afwijkend en ongewenst gedrag. Alertheid op risico's en negatieve gevolgen is belangrijk.

CATEGORIE	VOORBEELDEN
Productie	Te vroeg weggaan
	Met opzet langzaam werken
	Verspilling
Eigendom	Sabotage
	Liegen over gewerkte uren
	Stelen van het bedrijf
Politiek	Voorkeuren laten blijken
	Roddelen en geruchten verspreiden
	Collega's beschuldigen
Persoonlijke agressie	Aanranding
	Uitschelden
	Stelen van collega's

FIGUUR 10.5 Typen ongewenst gedrag op het werk

VRAAG

Hoe beoordeel je de volgende voorbeelden van mogelijk ongewenst gedrag van studenten? Spieken, plagiaat plegen, te laat in de les komen, opdrachten niet op tijd inleveren.

Beantwoord dezelfde vraag voor de volgende voorbeelden van mogelijk ongewenst gedrag van docenten: zich tijdens excursies te buiten gaan aan drank, cijfers zonder mededeling van reden veel te laat inleveren, lessen zonder geldige reden laten vervallen.

Het maakt ook uit of je alléén werkt of in een groep. Iemand die gewoonlijk geen ongewenst gedrag zou vertonen, zal dat eerder doen wanneer hij in een groep werkt waar dat de norm is.

Als mensen alleen werken is de kans dat ze liegen of frauderen kleiner dan wanneer ze in groepen werken. Meer informatie hierover vind je op MyLab.

Normen en cultuur

Houden mensen in collectivistische culturen er andere normen op na dan mensen in individualistische culturen? Uiteraard. Maar wist je dat onze normen kunnen veranderen, ook al leef je jaren in een bepaalde samenleving? In een recent experiment werd een rollenspeloefening in organisaties gegeven aan een neutrale groep deelnemers; in de oefening werd de nadruk gelegd op collectivistische of individualistische (zie hoofdstuk 4) normen. Vervolgens kregen de deelnemers een taak die ze zelf mochten uitkiezen of kregen ze een taak toegewezen door iemand uit de eigen groep of van buiten de groep. Als de individualistisch-gestuurde deelnemers zelf hun taak mochten uitkiezen of als de collectivistisch-gestuurde deelnemers hun taak kregen toegewezen door iemand uit de eigen groep, dan nam de motivatie toe.[33]

10.3.3 Groepseigenschap 3: status

We laten zien hoe de rollen die je speelt en de normen die je hebt geïnternaliseerd jouw gedrag voor een belangrijk deel regelen. Maar dat zijn niet de enige twee factoren die van invloed zijn op groepsgedrag. Heb je wel eens gemerkt dat binnen een groep een soort gelaagdheid bestaat van statusverschillen? Soms reflecteert de status van een persoon zijn status in de samenleving, maar niet altijd.

Status

Een sociaal bepaalde positie of rang die anderen toekennen aan groepen of groepsleden bestaat in elke maatschappij. Zelfs de kleinste groep ontwikkelt rollen, rechten en rituelen om onderscheid te maken tussen zijn leden. Denk bijvoorbeeld aan je eigen ervaringen met het werken in projectgroepen met medestudenten. **Status** is een belangrijke factor om menselijk gedrag te begrijpen. Dit omdat het een motiverende factor is en grote gevolgen voor gedrag heeft wanneer mensen een discrepantie zien tussen wat zij denken dat hun status is en hoe anderen die zien.

Wat bepaalt status? Volgens de **theorie van statuskenmerken** komt status voort uit een van drie mogelijke bronnen:[34]

1. *Macht over anderen*
   Mensen die de resultaten van een groep kunnen beïnvloeden door hun machtspositie, hebben een hoge status in de ogen van anderen.
2. *Het vermogen een bijdrage te leveren aan de groepsdoelen*
   Mensen die een belangrijke bijdrage leveren aan het succes van de groep, hebben eveneens veel status.
3. *Persoonlijkheidskenmerken*
   Iemand wiens persoonlijke uitstraling gewaardeerd wordt in een groep hoeft zich niet zo te bekommeren om de groepsnormen.

Status en normen

Status heeft interessante gevolgen voor de invloed van normen en de druk om zich te conformeren. Groepsleden met een hoge status hebben meer vrijheid om van de normen af te wijken dan andere groepsleden.[35] Verder kunnen zij zich beter verzetten tegen druk om zich te conformeren dan andere groepsleden met een lagere status. Iemand die hogelijk gewaardeerd wordt in de groep maar die het niet kan schelen of hij waardering krijgt, kan de groepsnormen gemakkelijk naast zich neerleggen.[36]

Deze bevindingen verklaren waarom veel topatleten, beroemdheden, uitstekende verkopers en vermaarde wetenschappers vaak geen acht lijken te slaan op hun uiterlijk en op de sociale normen die voor de andere groepsleden beperkend werken. Omdat het mensen met een hoge status zijn, krijgen ze meer ruimte om te doen waar ze zin in hebben, zolang hun activiteiten niet sterk nadelig zijn voor het bereiken van de groepsdoelen. In het algemeen zal het inbrengen van een figuur met hoge status leiden tot verbetering van de prestaties maar daar zijn wel grenzen aan want zo iemand kan ook ongewenste normen introduceren.[37]

> Groepsleden met een hoge status hebben meer vrijheid om van de groepsnormen af te wijken dan andere groepsleden.

VRAAG

Het eigenwijze gedrag van beroemdheden is vermoedelijk niet helemaal willekeurig. Kun je voorbeelden geven van de verschillende manieren waarop sommige bekende vloggers, popsterren, wetenschappers en filmsterren laten zien dat ze zich niet aan sociale normen gebonden voelen?

Status en groepsinteractie

De omgang van de groepsleden onderling wordt medebepaald door status. We constateren bijvoorbeeld dat mensen met een hoge status assertiever zijn.[38] Ze doen vaker hun zegje, hebben meer kritiek, geven meer bevelen en vallen anderen vaker in de rede. Maar statusverschillen zijn in feite belemmerend voor de diversiteit aan ideeën en de creativiteit in groepen, omdat leden met een lagere status minder actief deelnemen aan groepsdiscussies. In situaties waar zij expertise en inzicht hebben waarvan de groep zou kunnen profiteren, wordt hun expertise niet ten volle benut, wat de algehele groepsprestaties niet ten goede komt. Maar dat betekent niet dat het verstandig is alleen hoge-statusfiguren in de groep op te nemen. Slechts enkelen toevoegen is beter, want een teveel aan hoge-statusfiguren leidt tot rivaliteit en verlies van productie.[39]

Een teveel aan hoge-statusfiguren leidt tot rivaliteit en verlies van productie.

Foto: German Federal Government / UPI / Alamy Stock Photo

Ongerechtvaardigde status

Het is belangrijk dat groepsleden de statushiërarchie als billijk zien (zie ook onze bespreking van de billijkheidstheorie in hoofdstuk 7). Is dat niet het geval, dan wordt het evenwicht verstoord en zien we allerlei vormen van corrigerend gedrag ontstaan. De kenmerken en statussymbolen die bij officiële posities horen, zijn ook belangrijke elementen bij het handhaven van rechtvaardigheid. Wanneer we van mening zijn dat iemands positie en de uiterlijke kenmerken die de organisatie hem verleent niet met elkaar in overeenstemming zijn, is er sprake van **statusincongruentie**. Statusincongruentie treedt bijvoorbeeld op wanneer iemand met een lagere status een erg gewild kantoor bezet. Kortom: werknemers verwachten dat de dingen die mensen hebben en ontvangen in overeenstemming zijn met hun status. Grote verschillen in status binnen een groep kunnen als gevolg hebben dat er minder wordt gepresteerd en dat er een groter verloop ontstaat onder degenen met de laagste status in de groep.[40]

Status en stigmatisering

Je eigen status is natuurlijk van invloed op hoe mensen tegen jou aankijken, maar de status van mensen met wie je omgaat is dat ook, ten goede of ten kwade. Uit onderzoek is gebleken dat gestigmatiseerde mensen andere mensen kunnen 'besmetten' met hun stigma. Dit effect van *stigma door associatie* kan leiden tot negatieve meningen en oordelen van degene die verbonden is met het gestigmatiseerde individu, ook al is de associatie maar kort en puur toevallig. Uiteraard geldt voor vele culturele statusverschillen dat ze nergens op gebaseerd zijn.

Wat straalt deze directiekamer uit?

Foto: Baojia1998 / 123RF / Pearson Asset Library

Groepsstatus

Al vroeg in ons leven verwerven we een *wij tegen zij-mentaliteit*.[41] Je vermoedt misschien al wel dat wanneer je tot een zij-groep behoort, jouw groep een lagere status heeft in de ogen van de wij-groep. Cultureel gezien staan wij-groepen soms

voor de dominante krachten in een samenleving waaraan een hoge status wordt toegekend, wat tot discriminatie kan leiden van de zij-groepen.
Groepen met een lagere status maken, misschien als reactie van de ondervonden discriminatie, zelf ook gebruik van wij-groepsbevoordeling om zo te concurreren om een hogere status.[42] Als groepen met een hoge status vervolgens merken dat ze worden achtergesteld door groepen met een lage status, dan zullen hun vooroordelen tegen de zij-groepen sterker worden.[43] Met elke cyclus raken de groepen steeds sterker gepolariseerd.

10.3.4 Groepseigenschap 4: groepsgrootte

Heeft de groepsgrootte effect op het gedrag van de groep als geheel? Het antwoord op deze vraag luidt: ja, maar het effect hangt af van waar je naar kijkt. Groepen met zo'n twaalf leden zijn beter in staat om feiten te onderzoeken en ideeën te genereren. Kleinere groepen van ongeveer zeven leden zijn beter in iets productiefs doen, zoals een website bouwen, een winkel draaiend houden, machines assembleren en een onderwijsproject uitvoeren.
Een van de belangrijkste bevindingen over groepsgrootte betreft het zogenoemde **lijntrekken** (ook wel social loafing of **meeliften**genoemd). Dat is de neiging van mensen om zich minder in te spannen bij collectieve inspanningen, dan wanneer ze alleen werken.[44] Deze bevinding staat haaks op de gedachte dat de productiviteit van een groep minstens gelijk moet zijn aan de som van de productiviteit van alle individuele groepsleden, ongeacht de groepsomvang. De implicaties voor GiO zijn van belang. Managers die gebruik maken van groepen moeten er wel voor zorgen dat het individu en zijn bijdrage zichtbaar blijven. Hoe groter het verschil in prestatie en hoe langer de groep bij elkaar is des te slechter de prestaties.[45]

VRAAG
In het onderwijs kennen we dit gedrag als 'meeliften' bij groepsopdrachten. Heb je een idee hoe je dit gedrag in jouw groep kunt voorkomen of bijsturen?

Wat denk jij? Is de groepsinspanning bij touwtrekken groter, gelijk of kleiner dan alle individuele inspanningen bij elkaar opgeteld? Het antwoord vind je op MyLab.

Onderzoek heeft laten zien dat hoe sterker iemands arbeidsethos is hoe minder kans op lijntrekgedrag.[46] En hoe plichtsgetrouwer en inschikkelijker (zie hoofdstuk 4) hoe meer kans dat de prestatie op peil blijft ongeacht of anderen de lijn trekken.[47]
Lijntrekken of meeliften kan op verschillende manieren worden voorkomen:

1. Formuleer *groepsdoelen*, zodat de groep naar een gezamenlijk doel kan streven.
2. Vergroot de *competitie tussen groepen*, waardoor de groep zich ook op een gezamenlijk resultaat concentreert.
3. Houd *evaluaties* onder groepsleden, zodat de bijdrage van alle leden wordt beoordeeld door elk groepslid.
4. Deel als dat mogelijk is *groepsbeloningen* uit, die deels zijn gebaseerd op de unieke bijdrage van elk groepslid afzonderlijk.[48]
5. Ook kan het helpen *individuele prestaties* van groepsleden zichtbaar te maken, bijvoorbeeld op een scherm zoals het Nederlandse bedrijf AFAS doet op haar klantenserviceafdeling.[49]

10.3.5 Groepseigenschap 5: groepscohesie

Groepen verschillen wat betreft samenhang of **cohesie**; de mate waarin de leden zich tot elkaar aangetrokken voelen en gemotiveerd zijn om in de groep te blijven.[50]

Sommige werkgroepen hebben een grote interne samenhang, omdat de leden veel tijd samen doorbrengen, de geringe omvang aanzet tot veel onderling contact of de groep zich aaneensluit tegen externe dreiging. Groepscohesie is van belang omdat er een verband is met de productiviteit.[51]
Alle onderzoeken wijzen uit dat de relatie tussen cohesie en productiviteit afhangt van de prestatienormen van de groep.[52] Hoe hechter de groep, hoe groter de inzet van de leden. Als de prestatienormen hoog zijn (bijvoorbeeld hoge output, kwaliteitswerk, goede samenwerking met mensen buiten de groep), zal een hechte groep productiever zijn dan een minder hechte. Maar als een hechte groep lage prestatienormen heeft, zal de productiviteit ook laag zijn. Is de groepscohesie echter hoog en zijn de prestatienormen laag, dan zal de productiviteit ook laag zijn. Als de groepscohesie laag is en de prestatienormen hoog zijn, stijgt de productiviteit, maar minder dan in een situatie van sterke groepscohesie en hoge normen. Wanneer zowel de groepscohesie als de prestatienormen laag zijn, is er geen significant effect op de productiviteit. Deze conclusies staan samengevat in figuur 10.6.

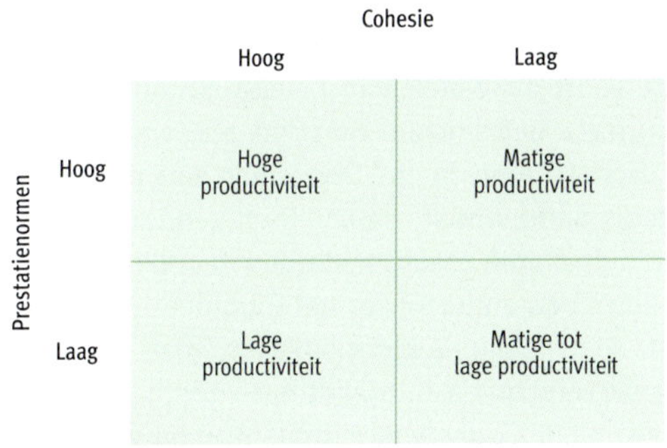

FIGUUR 10.6 **Verband tussen groepscohesie en productiviteit**

Als manager of leidinggevende kun je een paar dingen doen om groepscohesie te stimuleren:
- maak de groep kleiner;
- zorg dat iedereen instemt met de groepsdoelen;
- laat de leden meer tijd samen doorbrengen;
- verhoog de status van de groep en maak het lidmaatschap moeilijker bereikbaar;
- stimuleer competitie met andere groepen;
- beloon de groep, niet de individuele leden;
- zet de groep fysiek apart van de rest.[53]

10.3.6 Groepseigenschap 6: diversiteit
De laatste eigenschap van groepen die we hier bespreken is de diversiteit van de groepsleden, de mate waarin de groepsleden op elkaar lijken of van elkaar verschillen. Er is veel onderzoek gedaan naar de invloed van diversiteit op groepsprestaties (zie ook hoofdstuk 6). In sommige studies is gekeken naar culturele diversiteit en in andere studies naar etnische diversiteit, gender, aantal dienstjaren en andere verschillen. Over het geheel genomen blijken er zowel voordelen als nadelen aan groepsdiversiteit te zitten.
Door diversiteit *lijkt* er een grotere kans op groepsconflicten te bestaan, vooral in de eerste fasen van de groepsontwikkeling, waardoor het moreel van de groep vaak daalt en het percentage uitvallers stijgt. In een onderzoek zijn twee soorten groepen vergeleken: groepen die *cultureel heterogeen* (samengesteld uit mensen uit verschillende

landen) en homogene groepen (samengesteld uit mensen uit hetzelfde land) waren. Tijdens een survivaloefening in de wildernis presteerden alle groepen even goed, maar waren de heterogene groepen minder tevreden met hun groep, was er in hun groep minder samenhang en waren er meer conflicten.[54]

Diversiteit in groepen draagt wel bij aan een ruimer blikveld, meer en betere ideeën, en aan meer creativiteit en innovatie. Groepsleiders die hun invloed gebruiken door de groepsaandacht te richten op de taak en het leren van elkaar aan te moedigen, verminderen de conflicten en bevorderen een open discussie in de groep.[55] Diversiteit naar gender kan ook een hele opgave zijn maar als wordt benadrukt dat iedereen erbij hoort, worden groepsconflicten en ontevredenheid merkbaar verminderd.[56]

VRAAG

Het is moeilijk om vanzelfsprekendheden te benoemen, juist omdat ze zo vanzelfsprekend zijn. Probeer toch eens drie onderwerpen te ontdekken waar (1) mannen en vrouwen, (2) jongeren en ouderen, (3) mensen met verschillende religies en (4) mensen uit verschillende culturen heel anders over denken.

Soorten groepsdiversiteit

Waarschijnlijk vermoedde je al dat de soort diversiteit van belang is. Cultureel en demografisch heterogene groepen kunnen beter gaan functioneren wanneer ze hun aanvankelijke conflicten achter zich kunnen laten. Diversiteit aan de oppervlakte – in waarneembare kenmerken als nationaliteit, etniciteit en gender – maakt mensen attent op mogelijke diversiteit in de diepte zoals verschillen in onderliggende houdingen, waarden en opvattingen. Zoals een onderzoeker het formuleert: ‘Puur de aanwezigheid van zichtbare diversiteit, zoals iemands kleur of sekse, geeft een team een aanwijzing dat er waarschijnlijk ook verschillen in opvattingen bestaan.[57] Door diversiteit aan de oppervlakte kunnen teamleden onbewust ruimdenkender worden in hun opvattingen. Uit twee onderzoeken onder groepen MBA-studenten bleek dat diversiteit aan de oppervlakte tot meer openheid leidde. Het kan zijn dat uiterlijke diversiteit de teamleden hier onbewust een seintje geeft dat ze meer open-minded moeten zijn in hun opvattingen.[58]

Veel minder duidelijk is wat de effecten zijn van diversiteit in de diepte. Onderzoek in Zuid-Korea wijst erop dat als je mensen met een grote behoefte aan macht (nPow; zie hoofdstuk 7) bij mensen met een kleine behoefte aan macht zet er minder onproductieve concurrentie in de groep optreedt. Verder blijkt dat als je mensen met een vergelijkbare behoefte om te presteren bij elkaar zet, de werkprestaties hoger kunnen worden.[59]

Zorgvuldiger beraadslaging in divers samengestelde rechtbankjury.
Foto: Sirtravelalot / Shutterstock / Pearson Asset Library

Uitdagingen rond groepsdiversiteit

Hoewel verschillen tot conflicten kunnen leiden, bieden ze ook een kans om problemen op een unieke manier op te lossen. Uit een onderzoek naar het gedrag van rechtbankjury’s blijkt dat divers samengestelde jury’s vaak langer beraadslagen, meer informatie uitwisselen en minder feitelijke fouten maken in hun discussies over de bewijzen.

Al met al kunnen we stellen dat er geen eenduidige conclusies zijn te trekken over het effect dat diversiteit op groepen heeft. Het is moeilijker om in een heterogene groep te zitten, gelet op de korte termijn. Als de groepsleden echter met hun verschillen kunnen omgaan, dan kunnen ze in de loop der tijd juist ruimdenkender en creatiever worden en beter functioneren door hun diversiteit. Maar het is niet waarschijnlijk dat die positieve effecten bijzonder sterk zijn. Zoals in een literatuuroverzicht wordt gesteld: 'Een pleidooi voor diversiteit in het bedrijf (vanuit aantoonbare financiële resultaten) blijkt moeilijk met argumenten te ondersteunen als we afgaan op het bestaande onderzoek.'[60] Daartegenover brengen andere onderzoekers in dat we de effecten van homogeniteit niet over het hoofd moeten zien, omdat die vaak nadelig kunnen zijn.[61]

Een van de mogelijke negatieve effecten van heterogene teams — vooral teams die divers zijn aan oppervlaktekenmerken — zijn **breuklijnen**, oftewel waargenomen scheidslijnen die groepen in twee of meer subgroepen splitsen op basis van individuele verschillen als gender, etniciteit, leeftijd, werkervaring en opleiding. Stel bijvoorbeeld dat groep A bestaat uit drie mannen en drie vrouwen. De drie mannen hebben ongeveer even veel werkervaring en dezelfde achtergrond in marketing. De drie vrouwen hebben ongeveer even veel werkervaring en dezelfde achtergrond in financiën. Groep B bestaat uit drie mannen en drie vrouwen die allemaal van elkaar verschillen wat betreft werkervaring en achtergrond. Twee van de mannen hebben veel ervaring maar de derde is een nieuwkomer. Een van de vrouwen werkt al enkele jaren voor het bedrijf, terwijl de andere twee nieuw zijn. Daarnaast hebben twee van de mannen en één vrouw in groep B een achtergrond in marketing, terwijl de andere man en de overige twee vrouwen een achtergrond in financiën hebben. De kans is dus groot dat er een breuklijn zal optreden die leidt tot de subgroepen mannen en vrouwen in groep A maar niet in groep B, op basis van de differentiërende kenmerken.

Uit onderzoek naar breuklijnen is gebleken dat afsplitsingen doorgaans nadelig zijn voor het functioneren en de prestaties van de groep. Er kan concurrentie tussen subgroepen optreden, waardoor er minder tijd is voor kerntaken en de groepsprestaties dalen. Groepen met subgroepen leren langzamer, nemen riskantere besluiten, zijn minder creatief en kennen meer conflicten. Ook kan het zijn dat de subgroepen elkaar niet vertrouwen. Tot slot is de tevredenheid onder de subgroepen doorgaans hoog, maar is de tevredenheid onder de totale groep lager als er sprake is van breuklijnen.[62]

Breuklijnen wat betreft vaardigheden, kennis en deskundigheid kunnen echter goed werken in een resultaatgerichte organisatiecultuur.[63] Verder kunnen problemen die het gevolg zijn van sterke breuklijnen worden overwonnen door een gemeenschappelijk doel. Al met al kan gedwongen samenwerking tussen de leden van de subgroepen, die een gemeenschappelijk doel voor ogen hebben, de breuklijnen overstijgen.[64]

10.4 Besluitvorming in groepen

De opvatting dat twee meer weten dan één is tegenwoordig zo wijdverspreid dat ook veel besluiten in organisaties genomen worden in groepen, teams of commissies.[65] In deze paragraaf bespreken we de sterke kanten en de risico's van besluitvorming in groepen.

10.4.1 Groep versus individu

Besluitvorming door groepen wordt veel gebruikt binnen organisaties, maar betekent dat ook dat groepsbeslissingen de voorkeur verdienen boven beslissingen die door een individu zijn genomen? Het antwoord op deze vraag hangt af van een aantal factoren. Groepen zijn goed in staat om vele stappen in het besluitvormingsproces te doorlopen en geven bij het verzamelen van informatie brede en diepe input. Als de groepsleden een uiteenlopende achtergrond hebben, dan zouden de aangedragen alternatieven uitgebreider en de analyse kritischer moeten zijn. Als er overeenstemming is bereikt over de uiteindelijke oplossing, zijn er bij een groepsbesluit meer mensen die het steunen en kunnen uitvoeren. Deze pluspunten wegen echter lang niet altijd op tegen de (langere) tijd die het nemen van groepsbesluiten kost, de interne conflicten die erdoor ontstaan en de druk die op mensen wordt uitgeoefend om zich te conformeren. We moeten dan wel nauwkeurig omschrijven om welke soorten interne conflicten het gaat. Zo bracht een onderzoek in Zuid-Korea aan het licht dat groepsconflicten over taken de groepsprestaties kunnen verhogen, terwijl relationele conflicten de prestaties kunnen verlagen.[66] In sommige gevallen kunnen we dus verwachten dat mensen individueel betere besluiten nemen dan in groepen. We gaan hierna wat dieper in op de voor- en nadelen van groepsbesluiten.

Voordelen van groepsbesluiten

Groepen beschikken over het algemeen over *betere informatie en meer kennis*. Doordat meer mensen een aandeel leveren, is de input voor het besluitvormingsproces groter. Dat geldt ook voor heterogeniteit. Er zijn *meer verschillende invalshoeken*, zodat meer benaderingen en alternatieven overwogen worden. Daarbij is de *bredere acceptatie van oplossingen* een voordeel van groepen. Veel besluiten mislukken bij de implementatie, omdat mensen de oplossing van de hand wijzen. Groepsleden die betrokken waren bij het besluit, zullen het besluit eerder enthousiast ondersteunen en anderen aanmoedigen dat ook te doen.

Nadelen van groepsbesluiten

Ondanks de zojuist genoemde voordelen heeft besluitvorming in groepen ook zo haar nadelen. Het kost bijvoorbeeld veel tijd, omdat groepen doorgaans meer tijd nodig hebben om een besluit te nemen dan individuen. Verder is er in groepen *de druk van conformisme*. Het verlangen van groepsleden om te worden geaccepteerd en om als waardevol te worden beschouwd, kan leiden tot onderdrukking van openlijke meningsverschillen. Groepsdiscussies kunnen ook worden *gedomineerd door een of enkele leden*. Wanneer deze dominante coalitie bestaat uit leden met mindere capaciteiten, zullen de prestaties van de groep daaronder lijden. Het voordeel van de grotere input en de verschillende invalshoeken kan hierdoor verloren gaan. Tot slot leiden groepsbeslissingen onder *diffuse verantwoordelijkheid*: wie draagt verantwoordelijkheid voor de effecten van de beslissing. Bij een beslissing die wordt genomen door een individu, is het duidelijk wie verantwoordelijk is voor de uitkomst. Bij een groepsbeslissing is de verantwoordelijkheid van een enkel lid niet zo expliciet.

Effectiviteit en efficiëntie

Of groepen effectiever zijn dan individuen, hangt af van de criteria die je hanteert voor de definitie van effectiviteit. In termen van *nauwkeurigheid* zijn groepsbeslissingen gewoonlijk beter dan de gemiddelde beslissingen van de afzonderlijke individuen, maar minder nauwkeurig dan het oordeel van het nauwkeurigste groepslid.[67] Als de effectiviteit van beslissingen wordt gedefinieerd in termen van *snelheid*, zijn individuen beter. Is *creativiteit* belangrijk, dan zijn groepen vaak effectiever dan individuen. En als effectiviteit de graad van *acceptatie* van de uiteindelijke beslissing betekent, gaat de prijs weer naar de groep.[68]

We kunnen effectiviteit in ieder geval niet bekijken zonder rekening te houden met efficiëntie. In termen van efficiëntie steken groepen naast de individuele beslisser bijna altijd povertjes af. Een groepsbeslissing kost veel meer tijd dan wanneer een individu een probleem in zijn eentje aanpakt, uitzonderingen daargelaten. De uitzonderingen zijn vaak omstandigheden waarin de individuele beslisser veel tijd nodig heeft om dossiers te bekijken en met mensen te praten om vergelijkbare hoeveelheden input te krijgen. Als een groep leden uit allerlei vakgebieden omvat, kan er worden bezuinigd op de tijd die opgaat aan het zoeken van informatie. Maar nogmaals, dergelijke efficiëntievoordelen zijn eerder een uitzondering. In het algemeen zijn groepen minder efficiënt dan individuen. Bij de keuze tussen een groep of een individu is het dus verstandig om te beoordelen of de grotere effectiviteit opweegt tegen het verlies aan efficiëntie. *Artificial intelligence* en *big data* zullen steeds meer een rol gaan spelen als het gaat om effectiviteit en efficiëntie.

10.4.2 Groupthink

Groupthink, een bijproduct van besluitvorming in groepen, kan het vermogen van de groep om alternatieven objectief te beoordelen ernstig hinderen en daardoor de kwaliteit van besluiten of oplossingen aantasten. Groupthink houdt verband met groepsnormen. Het beschrijft situaties waarin groepsdruk en de neiging tot conformiteit verhinderen dat de groepsleden onbevangen en open durven uit te komen voor minderheids- of impopulaire opvattingen.

Groupthink is een typisch voorbeeld van de uitkomsten van de experimenten van gestaltspsycholoog Solomon Asch over groepsdruk en conformiteit. Is het wel eens gebeurd dat je iets wilde zeggen op een vergadering, in een klas of informele groep, maar besloot het niet te doen? Het kan zijn dat verlegenheid je parten speelde. Maar misschien was je het slachtoffer van **groupthink,** het fenomeen dat zich voordoet wanneer de groepsleden zo gespitst zijn op consensus dat deze norm een realistische beoordeling van alternatieve handelwijzen onmogelijk maakt en afwijkende, impopulaire visies of minderheidsstandpunten onderdrukt worden. Het gevolg van de groepsdruk is dat het individu ineffectief nadenkt, denkbeelden minder aan de werkelijkheid toetst en zijn morele oordeel afzwakt.[69]

Als je tijdens vergaderingen eens goed om je heen kijkt, zie je waarschijnlijk de symptomen van groupthink wel:

- Groepsleden rationaliseren elke weerstand tegen hun aannames. Hoe sterk het tegenbewijs ook is, groepsleden zullen voortdurend blijven proberen hun aannames van redelijke verklaringen te voorzien.
- Groepsleden oefenen druk uit op mensen die twijfel uiten over de algemene mening van de groep of die de geldigheid van argumenten die het meerderheidsstandpunt ondersteunen in twijfel trekken.
- Twijfelaars uiten hun bedenkingen niet en bagatelliseren voor zichzelf het belang van hun twijfels zelfs.
- Illusie van unanimiteit. De groep interpreteert het zwijgen van leden als een stem voor het meerderheidsstandpunt: wie zwijgt, stemt toe.[70]

Groepen die sterker gericht zijn op presteren dan op leren kunnen gemakkelijk slachtoffer worden van groupthink, met als kwalijk gevolg dat meningen die niet in lijn zijn met de meerderheid onderdrukt worden.[71] Zijn alle groepen even kwetsbaar voor groupthink? Waarschijnlijk niet. Het lijkt het meest voor te komen wanneer (1) er sprake is van een sterke groepsidentiteit, (2) leden het positieve groepsimago willen beschermen en (3) ze het gevoel hebben dat dit positieve imago wordt bedreigd. Groupthink is dus niet zozeer een onderdrukking van andersdenkenden, als wel een manier van *alle* groepsleden om het positieve groepsbeeld te beschermen.[72]

Lees op MyLab meer over enkele beroemde gevallen van groupthink.

Hoe kun je groupthink tot een minimum beperken?[73] Ten eerste door de groepsomvang beperkt te houden tot minder dan tien personen. Mensen zijn eerder geïntimideerd en onzeker wanneer de groepsomvang toeneemt. Groepsleiders moeten participatie van alle leden aanmoedigen en niet zomaar hun eigen mening poneren, zeker niet aan het begin van een discussie. Een goede tactiek is het aanwijzen van een 'advocaat van de duivel' om openlijk de mening van de groep tegen te spreken en andere invalshoeken te bieden. Nog een suggestie is een actieve bespreking van verschillende alternatieven te stimuleren zonder dat ze de groep bedreigen of een betere bescherming van de groepsidentiteit nodig maken. Laat de leden van de groep eerst praten over de gevaren of risico's die inherent zijn aan een beslissing. Pas later komen dan de voordelen aan bod. Als je de leden vraagt om zich eerst te concentreren op de negatieve kanten van een alternatief, dan is de kans kleiner dat afwijkende meningen de kop wordt ingedrukt en is de kans groter dat er een objectieve beoordeling zal plaatsvinden.

VRAAG

Hoe groot schat je dat het risico van groupthink is in elk van de volgende groepen? Een lokale afdeling van de politieke partij PVV, een groep schrijvers in een café, een projectgroep van onderzoekers aan de Universiteit en een groepje toeristen in een bus.

Groupshift of polarisatie

Bij **groupshift** hechten groepsleden bij een bespreking van een aantal alternatieven overdreven veel waarde aan hun uitgangspunt. Dat uitgangspunt kan risicomijdend of juist risicoverhogend zijn. Wanneer we groepsbesluiten afzetten tegen individuele besluiten van leden binnen de groep, dan zien we verschillen.[74] In sommige situaties overheerst voorzichtigheid, is men risicomijdend, en is er sprake van een conservatieve shift.

Maar vaker wijst onderzoek uit dat groepen neigen naar een riskante shift (risicoverhogend). Het lijkt erop dat de discussie in groepen de leden aanzet tot het innemen van een extremer standpunt dan vóór de discussie, maar wel in dezelfde richting als waarin ze al dachten. Conservatieve groepsleden worden voorzichtiger en de meer agressieve groepsleden zijn bereid steeds grotere risico's te nemen. Groupshift is eigenlijk een speciaal geval van groupthink. De beslissing van de groep weerspiegelt de dominante norm — naar meer voorzichtigheid (risicomijdend) of naar meer risico — die tijdens de discussie komt bovendrijven.

VOORBEELD

Er is discussie in de klas over de toets algemene economie. Claire heeft bij de andere klassen geïnformeerd: 'Overal zijn de cijfers laag, zelfs in de beste klas. Er is stof getoetst die niet is opgegeven of behandeld. Zullen we protest aantekenen bij de examencommissie?' Diverse klasgenoten mengen zich in de discussie: nee, dat heeft geen zin. Zonde van je tijd. Je krijgt toch geen gelijk. Dit calimerocomplex (gevoel van minderwaardigheid) ondermijnt elke poging om tot actie over te gaan. Men is het uiteindelijk roerend met elkaar eens: docenten dekken elkaar toch altijd! Daar kun je niet van winnen. Stel je nu eens voor dat een voetbalteam zo aan de wedstrijd begint!

Groupshift in de vorm van zelfoverschatting (risicoverhogend) komt vaker voor. De groepsleden kennen zichzelf bijzondere eigenschappen toe die maken dat de kracht van een eventuele tegenstander wordt onderschat. Een touroperator in Twente dacht de concurrentie te verslaan met een nieuw reisproduct: luxe vipbustours. De (enorm dure) bussen werden alvast aangeschaft voordat men in de markt de behoefte had gepeild. Daarnaast werden de bestaande reiswinkels gehandhaafd waardoor de bedrijfskosten hoog bleven. Men investeerde zelfs in luxe zithoeken voor de vipklanten, want 'onze klanten willen persoonlijk advies'. Elke twijfel of dit wel de goede aanpak was werd de kop ingedrukt onder het mom 'wij kennen de markt beter dan wie dan ook'. Dit overdreven zelfvertrouwen kostte het bedrijf uiteindelijk de kop.

De verschuiving van meningen binnen de groep naar grotere polarisatie kent een aantal verklaringen.[75] De discussie zou een grotere vertrouwdheid onder de groepsleden creëren. Naarmate ze zich beter op hun gemak voelen, durven ze meer risico's te nemen. Een andere verklaring is dat de meeste samenlevingen in de geïndustrialiseerde westerse wereld het nemen van risico's waarderen. Veel deskundigen menen dat in een groep de persoonlijke verantwoordelijkheid daalt, omdat groepsbesluiten ieder lid ontheffen van de verantwoordelijkheid voor de uiteindelijke keuze. Niemand is dan volledig verantwoordelijk voor een eventuele mislukking. En tot slot is het waarschijnlijk ook waar dat sommige mensen in een groep extreme standpunten innemen om te demonstreren hoe anders en beter zij (als lid van de wij-groep) zijn dan 'die lui van de zij-groep'.[76] Sommige leden van actiegroepen of politieke bewegingen nemen steeds extremere standpunten in – tot gebruik van geweld aan toe – om te laten zien dat ze 'echt achter de zaak staan', terwijl voorzichtigere activisten gematigder standpunten innemen om te tonen 'hoe redelijk ze in feite zijn'. De gele-hesjesbeweging in Frankrijk en België liet diverse voorbeelden van deze verschillen in gedrag zien.

VOORBEELD

Twee projectgroepjes werken aan de afronding van een opdracht voor hun opleiding. Het is woensdag en de deadline is aanstaande maandag. In de eerste groep roept iemand angstig dat ze alle tijd hard nodig hebben. Andere groepsleden vallen haar bij. 'Het is zelfs de vraag of we alles voor maandag wel af kunnen krijgen!' Iemand sombert: 'We krijgen het nooit op tijd af!' Ze besluiten de opdracht maar niet in te leveren.

In de andere groep wordt wat heen en weer gepraat. Sommigen vragen of ze nog lang moeten vergaderen. Vanavond is er voetbal op de tv en ze moeten nog naar huis reizen. Een van hen meent dat het met de klus wel meevalt. 'Zo moeilijk kan het toch niet zijn? Ze kunnen ons toch niet allemaal laten zakken?' Een tweede valt hem bij: 'Ik maak mijn aandeel zaterdagmiddag wel af. Vanavond wil ik voetbal kijken en morgen heb ik les. Donderdag is mijn stapavond en vrijdagavond ga ik uit met mijn vriendin. Mail me anders zondag alles door, dan draai ik er wel een punt aan'. Tot hun verbazing is de docent verre van tevreden. Ze hadden nog wel zo hun best gedaan ...

VRAAG

Is bij de groepen uit het voorbeeld hiervoor sprake van groupthink of van groupshift?

Nu we groepsbesluitvorming en de voor- en nadelen daarvan hebben besproken, gaan we over naar de technieken waarmee groepen beslissingen nemen. Met deze technieken kunnen enkele disfunctionele aspecten van groepsbesluitvorming worden verminderd.

Technieken voor besluitvorming in groepen

Meestal vindt de besluitvorming in **interacterende groepen** plaats. De leden ontmoeten elkaar persoonlijk voor overleg en uitwisseling van informatie en vertrouwen op hun verbale en non-verbale interactie om met elkaar te communiceren. Maar zoals uit het verhaal over groupthink bleek, kan er sprake zijn van zelfcensuur of druk op individuele groepsleden om zich te conformeren aan de meerderheid. We bespreken nu de bekendste methoden om te komen tot een zuivere groepsbeslissing: brainstormen en de nominale groepstechniek.

Brainstorming

Brainstormen is bedoeld om de druk tot conformisme, die belemmerend werkt op de ontwikkeling van creatieve alternatieven, weg te nemen.[77] Brainstormen is een proces met als doel ideeën te genereren, waarbij deelnemers worden aangemoedigd om alle mogelijke alternatieven naar voren te brengen zonder dat anderen deze bekritiseren. Tijdens een brainstormsessie zitten zes tot tien mensen rond een tafel. De groepsleider begint met het duidelijk formuleren van het probleem, zodat alle deelnemers het begrijpen. Vervolgens mogen ze allemaal zoveel alternatieven naar voren brengen als de tijd toelaat. Kritiek is verboden en alle ideeën worden genoteerd. In een later stadium volgen nog discussies en analyses. Dit stimuleert de deelnemers om hun vaste denkpatronen los te laten, omdat het ene idee weer aanleiding is voor een volgende en iedereen zijn mening over zelfs de meest bizarre suggesties bewaart voor een later tijdstip.
Brainstormen mag dan ideeën losmaken, het doet dit niet op een erg efficiënte manier. Onderzoek toont steeds aan dat individuen die alleen werken meer ideeën genereren dan een groep in een brainstormsessie. Een van de belangrijkste redenen hiervoor is *production blocking*. Met andere woorden: wanneer mensen in een groep ideeën genereren, praten veel mensen tegelijkertijd, wat het denkproces blokkeert en uiteindelijk het delen van ideeën juist verhindert.[78] De volgende techniek gaat verder dan brainstormen, er wordt een methode geboden waarmee de groep sneller tot een oplossing komt die draagvlak heeft.[79]

Nominale groepstechniek

De **nominale groepstechniek** legt de discussie en onderlinge communicatie tijdens het besluitvormingsproces aan banden. Weliswaar zijn alle groepsleden fysiek aanwezig, net als bij een traditionele commissievergadering, maar ze moeten zelfstandig (individueel) opereren. Eerst wordt het probleem of vraagstuk voorgelegd en toegelicht. Daarna bestaat het proces uit de volgende stappen:

1. Voordat de discussie begint, schrijft iedereen in stilte zijn eigen ideeën over het probleem op.
2. Na deze periode van stilte leest iedereen om de beurt één idee voor aan de groep. Hiermee gaat men door tot alle ideeën zijn gepresenteerd en vastgelegd (meestal op een schoolbord of flip-over). Er wordt nog niet gediscussieerd.
3. Dan worden de ideeën besproken, verduidelijkt en geëvalueerd.
4. Elk groepslid rangschikt voor zichzelf in stilte de ideeën al naargelang zijn voorkeur. Het idee dat uiteindelijk het hoogst eindigt in de totaalscore van de groep, is het winnende idee.

Het belangrijkste voordeel van deze techniek is dat de groep wel formeel vergadert (waardoor er besluiten kunnen worden genomen), maar zonder het zelfstandige denken van de leden in te perken, zoals zo vaak gebeurt in groepen met traditionele overlegvormen. Onderzoek wijst over het algemeen uit dat nominale groepen beter presteren dan brainstormgroepen.[80]

		Type groep	
Effectiviteitscriteria	**Interacterend**	**brainstormend**	**Nominaal**
Aantal ideeën en kwaliteit ervan	Laag	Gemiddeld	Hoog
Sociale druk	Hoog	Laag	Gemiddeld
Financiële kosten	Laag	Laag	Laag
Snelheid	Gemiddeld	Gemiddeld	Gemiddeld
Taakgerichtheid	Laag	Hoog	Hoog
Potentieel voor interpersoonlijk conflict	Hoog	Laag	Gemiddeld
Achter de oplossing staan	Hoog	Niet van toepassing	Gemiddeld
Ontwikkeling van groepscohesie	Hoog	Hoog	Gemiddeld

FIGUUR 10.7 **De effectiviteit van groepen beoordelen**

Brainstormen en de nominale groepstechniek hebben allebei sterke en zwakke kanten. De keuze is afhankelijk van welke criteria het belangrijkst zijn en van de kosten-baten-afweging, zoals figuur 10.7 laat zien. Een groep met (veel) onderling interactie is goed voor het verkrijgen van betrokkenheid bij een oplossing, met brainstormen wordt de groepscohesie groter en de nominale groepstechniek is een adequaat middel om een groot aantal ideeën te genereren.

10.5 Toepassing in de organisatiepraktijk

Organisaties zijn opgebouwd uit groepen. Dat betekent dat de sociaalpsychologische kennis over groepsgedrag een belangrijk aandachtspunt moet zijn voor leidinggevenden. Groepsdynamische wetmatigheden (verschijnselen) uiten zich op verschillende terreinen van het personeelsmanagement, waaronder: prestatiebeoordeling, voorbeeldgedrag, motivatie en werktevredenheid. We geven hierna slechts enkele voorbeelden. In het volgende hoofdstuk gaan we dieper in op het werken met groepen in de praktijk.

Rolperceptie en prestatiebeoordeling

Als de medewerker en de leidinggevende dezelfde opvattingen hebben over de eisen die de rol stelt, zal de beoordeling in het algemeen positief uitvallen. Verduidelijking van de verwachtingen en eventueel bijstelling daarvan (dat kan naar twee kanten nodig zijn) zal bijdragen aan positieve werkverhoudingen en werktevredenheid.

Groepsnormen en individueel gedrag

Gedrag van personen wordt deels verklaard door de normen in de groep waarvan ze deel uitmaken. Als de leidinggevende die normen openlijk benoemt en bespreekbaar maakt, wordt in de groep de discussie over wenselijk gedrag aangemoedigd. In de meeste gevallen zal (een groot deel van) de groep de aandacht voor haar ingesleten patronen alleen maar op prijs stellen. Hieraan geen aandacht geven bevestigt de leden in de gedachte dat de normen goed zijn zoals ze zijn.

Te grote statusverschillen leiden tot demotivatie

Behandel als leidinggevende de medewerkers van de afdeling zo veel mogelijk gelijk. Zorg dat in groepsgesprekken de jongere of nieuwere groepsleden ook aan bod komen en dat er naar hun mening wordt geluisterd. Dat vergroot hun betrokkenheid en motivatie.

Hou rekening met de effecten van groepsgrootte

Voor het snel en efficiënt aanpakken van specifieke problemen zijn kleine taakgroepen het aangewezen middel. Bij lastige vraagstukken die onderzoek vereisen kan een grotere groep goede diensten bewijzen. Het managen van heel grote groepen zou vergezeld moeten gaan van objectieve en individueel meetbare prestatie-indicatoren om lijntrekken tegen te gaan. Vooral bij professionele teams is het van belang de groepsgrootte binnen de perken te houden. Te grote groepen verhinderen betrokkenheid en maken het lastiger consensus te bereiken.

Universeel of cultureel?

Zoals op de meeste terreinen van GiO is het meeste onderzoek naar groepen gedaan in Noord-Amerika, maar die situatie is snel aan het veranderen. Er zijn drie terreinen van groepsonderzoek waarin interculturele kwesties centraal staan.

Conformisme: tijd- en cultuurgebonden

De conclusies van Asch zijn gebaseerd op onderzoek van vijftig jaar geleden. Zijn ze inmiddels achterhaald? En kunnen we deze bevindingen generaliseren, naar alle culturen? Recente studieresultaten wijzen erop dat er in de loop der tijd veranderingen in het conformiteitspeil zijn opgetreden en dat de bevindingen van Asch cultuurgebonden zijn.[81] Vooral het conformiteitspeil is gestaag afgenomen sinds de studies van Asch begin jaren vijftig van de vorige eeuw werden gehouden. Daarnaast is conformiteit aan sociale normen hoger in collectivistische dan in individualistische culturen. Toch is de conformiteit aan groepsnormen zelfs in individualistische landen nog altijd sterk.

Status en cultuur

Zijn culturele verschillen van invloed op status? Het antwoord is een luid en duidelijk '*ja*'! Het belang van status varieert per cultuur. In de Nederlandse (egalitaire) cultuur wordt minder waarde gehecht aan statussymbolen. Er wordt soms zelfs neergekeken op mensen die hun status etaleren. 'Doe maar gewoon dan doe je gek genoeg' is een bekende uitspraak. Fransen daarentegen zijn veel meer statusbewust: ze zijn vaak trots op hun erfgoed en zich sterk bewust van hun aanwezigheid. Wel hanteren landen verschillende criteria voor status. In Latijns-Amerikaanse en Aziatische landen zijn de criteria ontleend aan de positie binnen de familie en aan de formele rol in de organisatie.
Hoewel status nog wel belangrijk is in landen als de Verenigde Staten en Australië, zijn de statussymbolen er minder opvallend. En status wordt er eerder op basis van prestaties toegekend dan op basis van titels en familiestambomen.[82] De boodschap is dus: zorg dat je begrijpt wie welke status heeft wanneer je te maken hebt met mensen uit een andere cultuur. Een Amerikaanse manager die niet snapt dat de grootte van het kantoor geen maatstaf is voor

de positie van een Japanse *executive* of die niet ziet hoeveel belang de Britten hechten aan afstamming en sociale klasse, zal onopzettelijk zijn Japanse of Britse tegenhanger beledigen en daarmee minder effectief zijn in de sociale omgang.

Lijntrekken

Lijntrekken lijkt vooral in het Westen voor te komen. Het is consistent met individualistische culturen, zoals de culturen van de Verenigde Staten en Canada, die worden beheerst door eigenbelang. Het is niet consistent met collectieve samenlevingen, waarin individuen worden gemotiveerd door doelen binnen de groep. In vergelijkende studies naar werknemers in de Verenigde Staten en werknemers uit de Volksrepubliek China en Israël (beide collectivistische landen), vertoonden de Chinezen en Israëliërs geen neiging om te lijntrekken.

Culturele diversiteit

Onderzoek toont aan dat cultureel diverse groepen zelden 'middelmatig' presteren. Ze zijn *of* heel problematisch, *of* ze doen het uitmuntend. De prestaties zijn laag wanneer de culturele verschillen worden genegeerd of ontkend.[83] Cultureel diverse groepen blinken uit wanneer verschillen worden erkend als waardevolle bronnen van innovatie en groei. Ook in dat geval zijn cultureel diverse groepen heel goed bij het uitvoeren van creatieve taken. Zij presteren iets minder goed bij routinewerk.[84]

KERN VAN DIT HOOFDSTUK

Een aantal groepskenmerken vertoont een verband met prestatie. De meest opvallende hiervan zijn rolperceptie, normen, statusverschillen, groepsomvang, cohesie en effect van diversiteit op groepsprestaties:

- Er bestaat een positief verband tussen rolperceptie en de prestatiebeoordeling van werknemers. De mate van overeenstemming tussen de werknemer en diens leidinggevende over de taakperceptie van de werknemer beïnvloedt de mate waarin de leidinggevende hem als een effectief presterende werknemer ziet. Hoe meer de werknemer zijn rol percipieert en invult volgens de rolverwachtingen van de leidinggevende, des te beter wordt zijn prestatiebeoordeling.
- Groepsnormen beheersen het gedrag van groepsleden door (impliciete) regels over goed en fout gedrag. Wanneer normen een hoge groepsprestatie ondersteunen, kunnen managers verwachten dat de individuele prestaties aanzienlijk hoger liggen dan wanneer groepsnormen de resultaten proberen te beperken. Zo wordt ook de kans groter dat individuen ongewenste activiteiten op de werkvloer gaan ontplooien als de normen ongewenst gedrag ondersteunen.
- Ongelijkheid in status schept frustratie en kan de productiviteit negatief beïnvloeden. Ook zijn mensen in dergelijke situaties vaak minder bereid om bij de organisatie te blijven. Mensen die gevoelig zijn voor gelijke status, raken door incongruentie al snel minder gemotiveerd en gaan actief op zoek naar manieren om gerechtigheid te krijgen of zoeken een andere baan.

- De invloed van de groepsgrootte op de groepsprestaties hangt af van het type taken van de groep. Grotere groepen zijn effectiever als het gaat om feiten boven tafel te krijgen. Kleinere groepen zijn beter in actiegerichte taken. Op basis van onze kennis over lijntrekken is het verstandig om in grotere groepen maatstaven aan te leggen om individuele prestaties binnen de groep te kunnen meten. Cohesie kan een belangrijke rol spelen in de productiviteit van een groep. Hoe groot die invloed is, hangt af van de prestatiegerelateerde normen van de groep.
- Het effect van diversiteit op groepsprestaties lijkt wisselend te zijn: uit sommige onderzoeken komt naar voren dat diversiteit bevorderlijk is voor de prestaties en uit andere onderzoeken dat diversiteit juist nadelig kan zijn. Het lijkt erop dat de situatie – het erkennen en omarmen van diversiteit als meerwaarde of het onderdrukken van diversiteit als iets ongewenst – (mede)bepaalt of er sprake is van vooral positieve of negatieve uitkomsten.

Tot slot is rolconflict vaak verbonden aan de baangerelateerde spanning en werkontevredenheid.[85] Door goed en zorgvuldig leiderschap kunnen groepen worden gestuurd naar positieve uitkomsten voor de organisatie en optimale besluitvorming. In het volgende hoofdstuk gaan we verschillende mogelijkheden om dat te bereiken wat uitdiepen.

HOOFDSTUK 11

Van groepen naar teams

NA BESTUDERING VAN DIT HOOFDSTUK BEN JE IN STAAT OM:

1. de aanhoudende populariteit van teams in organisaties te verklaren;
2. de verschillen tussen teams en groepen te onderscheiden;
3. de vijf verschillende soorten teams met elkaar te vergelijken;
4. de kenmerken van effectieve teams te beschrijven;
5. de invloed van context-, samenstelling- en procesvariabelen op de effectiviteit van teams aan te geven;
6. uit te leggen hoe organisaties teamgedrag kunnen bevorderen.

Nu we in hoofdstuk 10 groepen hebben besproken, richten we onze aandacht in dit hoofdstuk op een bijzonder soort groep, namelijk een team. Teams zijn in de huidige bedrijfsomgeving zo langzamerhand een populaire manier voor het organiseren van werk geworden. Het gebruik van zelfsturende, zelforganiserende of resultaatverantwoordelijke teams (soorten teams) is ook in Nederland steeds gebruikelijker.

11.1 Waarom zijn teams zo populair geworden?

Waarom zijn teams zo populair? Kort gezegd, omdat we denken dat ze effectief zijn. ‘Een team mensen dat met plezier met elkaar aan een project werkt presteert altijd beter dan een briljant individu,’ aldus Rich Karlgaard, de uitgever van het zakenblad *Forbes*.[1] In zekere zin heeft hij gelijk. Teams kunnen soms dingen tot stand brengen, die iemand alleen nooit voor elkaar zou krijgen.[2] Organisaties ontdekten in de praktijk dat teams flexibeler zijn en alerter inspelen op veranderende gebeurtenissen dan traditionele afdelingen of andere permanente groepen. Teams zijn snel te formeren, in te zetten, voor nieuwe doelstellingen te gebruiken en te ontbinden. Een andere reden dat teams zo populair zijn is dat het topmanagement er de organisatie mee democratiseert en de motivatie van werknemers ermee oppept. En tot slot wijst onderzoek uit dat lid zijn van een team onze manier van denken positief beïnvloedt naar meer samenwerkingsgerichtheid, zelfs als het gaat om persoonlijke beslissingen.[3]

Dat organisaties het werk steeds meer rond teams organiseren, betekent echter niet per se dat teams altijd even effectief zijn. Teamleden kunnen, menselijk als ze zijn, toegeven aan kuddegedrag wat kan leiden tot slechte besluitvorming. Welke omstandigheden beïnvloeden het potentieel van een team? Hoe kunnen teamleden het beste samenwerken? Vinden we teams eigenlijk wel leuk? Misschien niet altijd. Onder andere deze vragen zullen we in dit hoofdstuk beantwoorden. Maar eerst maken we onderscheid tussen groepen en teams.

Het gaat niet altijd goed ...
Illustratie: Carlos Nunez

11.2 Het verschil tussen teams en groepen

Een groep werkende mensen is niet automatisch ook een team. In hoofdstuk 10 definieerden we een groep als twee of meer individuen die met elkaar in contact staan en wederzijds afhankelijk zijn, en die samenkomen om bepaalde doelstellingen te verwezenlijken. Een **werkgroep** is een groep mensen die primair samenwerkt om informatie uit te wisselen en besluiten te nemen, met als doel dat elk individu geholpen wordt om individueel beter te presteren op de taken op zijn eigen verantwoordelijkheidsgebied. Bij werkgroepen is er dus geen noodzaak om zich gezamenlijk in te spannen voor een collectief resultaat. De prestaties van een werkgroep zijn enkel de optelsom van de individuele bijdragen van alle groepsleden. De positieve synergie die zou leiden tot een hoger prestatieniveau dan de som van alle input ontbreekt bij een werkgroep.

In een groep die als **team** opereert zijn alle handelingen afgestemd op elkaar én op het gemeenschappelijke doel. Alle inspanningen van de teamleden staan in dienst van het team. Er wordt positieve **synergie van een team** gegenereerd via de goed op elkaar afgestemde inspanningen. De individuele input van allen levert bij elkaar een groepsprestatie op die groter is dan de som van alle individuele bijdragen. Figuur 11.1 belicht de verschillen tussen werkgroepen en werkteams.

VRAAG

TEAM = Together Everyone Achieves More. Is dat eigenlijk wel zo?

Werkgroepen		Werkteams
Informatie-uitwisseling	← doel →	Collectieve prestatie
Neutraal (soms negatief)	← synergie →	Positief
Individueel	← verantwoording →	Individueel en gezamenlijk
Willekeurig en wisselend	← vaardigheden →	Aanvullend

FIGUUR 11.1 **Vergelijking tussen werkgroepen en werkteams**

De kenmerken van werkteams maken duidelijk waarom veel organisaties tegenwoordig hun werkprocessen rond teams organiseren. Het management zoekt naar positieve synergie om de prestaties te verbeteren. Als een organisatie over de volle breedte gebruikmaakt van teams, creëert zij in principe *de potentie* om beter te presteren; meer output zonder extra input. Een team is echter geen wondermiddel dat deze positieve synergie garandeert. De afdeling Inkoop omdopen tot het *team* Inkoop betekent nog niet dat de prestaties automatisch verbeteren. Verderop in dit hoofdstuk leggen we uit dat succesvolle of uitstekend presterende teams een aantal gemeenschappelijke kenmerken hebben. Als je de prestaties in je organisatie wilt verbeteren door teams in te zetten, moet je bevorderen dat de teams dié kenmerken bezitten.

Werkgroep of werkteam: sommige leden lijken meer met zichzelf (en de eigen doelen?) bezig dan met het collectief resultaat.

Foto: Mast3r / Shutterstock / Pearson Asset Library

VRAAG

Zou je in het onderstaande voorbeeld van een team kunnen spreken? Waarom wel of niet?

In het managementteam van een keukenproducent vindt overleg plaats over klachten van een klant. De verschillende afdelingshoofden zijn wat terughoudend met het geven van informatie. De klant klaagt over een onvolledige uitlevering van een order. Het hoofd Verkoop begint uitvoerig te verklaren dat hij niet verantwoordelijk is voor trage werkprocessen bij Productie. Het hoofd Productie wijst vervolgens naar de afdeling Inkoop, die inkooporders te laat zou hebben doorgegeven aan de leverancier.

11.3 Soorten teams

Teams kunnen uiteenlopende dingen doen, waaronder het maken van producten, het leveren van diensten, het voeren van onderhandelingen, het coördineren van projecten, het adviseren en het nemen van beslissingen.[4] In deze paragraaf beschrijven we de vier soorten teams die we het meest tegenkomen in organisaties: *probleemoplossende teams*, *zelfsturende teams*, *crossfunctionele teams* en *virtuele teams* (zie figuur 11.2). Daarna zullen we ingaan op *multi-teamsystemen*, die gebruikmaken van een 'team van teams' en die steeds meer worden ingezet om de toegenomen complexiteit van werk aan te kunnen.

Werkgroep of werkteam: in deze groep lijken de leden meer gericht op de taak en op elkaar.

Foto: Rido / Shutterstock / Pearson Asset Library

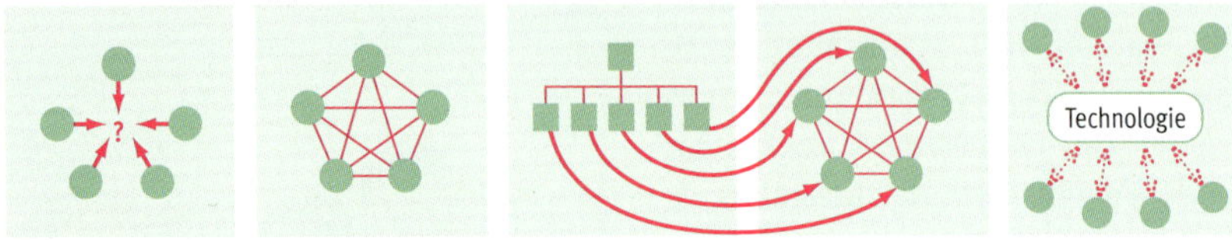

FIGUUR 11.2 **Vier soorten teams**

11.3.1 Probleemoplossende teams

Al sinds tijden worden kwaliteitscontroleteams ingezet. Oorspronkelijk zag je ze het meest bij productiefabrieken en waren het vaste teams die meestal regelmatig bij elkaar kwamen, om zich te buigen over de kwaliteit van de (vervaardigde) producten en alle problemen die daarmee gepaard gingen. Ook op andere werkterreinen is men kwaliteitscontroleteams gaan gebruiken, zoals in de medische wereld, waar ze worden ingezet om de patiëntzorg te verbeteren. Zulke **probleemoplossende teams** zijn meestal niet bevoegd om hun verbetervoorstellen op eigen initiatief door te voeren, maar als hun aanbevelingen worden gekoppeld aan uitvoeringsprocessen, kunnen er aanzienlijke verbeteringen tot stand worden gebracht.

11.3.2 Zelfsturende teams

Hoewel er in probleemoplossende teams werknemers bij de beslissingen zijn betrokken, mogen ze 'slechts' aanbevelingen doen. Sommige organisaties zijn verdergegaan en hebben teams samengesteld die niet alleen komen met probleemoplossingen, maar die oplossingen ook implementeren en verantwoordelijkheid nemen voor de resultaten. Zulke **zelfsturende teams** bestaan doorgaans uit tien tot vijftien mensen die nauw aan elkaar verwante taken uitvoeren en een beperkt aantal verantwoordelijkheden van hun leidinggevende (chef) overnemen.[5] Deze teams zijn verantwoordelijk voor: de verdeling en planning van het werk, de verdeling van taken, het werktempo en de pauzes, beslissingen over de uitvoering, het nemen van actie en de maatregelen bij problemen, en de samenwerking met leveranciers en klanten. Volledig zelfsturende teams selecteren en kiezen zelfs hun eigen leden en laten de leden elkaars prestaties beoordelen. Toezicht door de leidinggevende wordt minder belangrijk en de functie van leidinggevende (chef) kan soms zelfs opgeheven worden.

VRAAG
Zelfsturende teams: waarom is dat nodig? Ieder mens stuurt zichzelf toch al?

In Nederland was Hoogovens IJmuiden (nu: Tata Steel) een van de eerste bedrijven die experimenteerde met zelfsturende teams in de staalproductie. Zakelijke tijdschriften stonden bol van de artikelen over succesvolle toepassingen van zelfsturende teams. Maar daarbij moet een kanttekening worden geplaatst: niet alle onderzoeksresultaten over de effectiviteit van zelfsturende werkteams zijn zo positief.[6] Uit sommige onderzoeken komt naar voren dat de effectiviteit van zelfsturende teams afhangt van de mate waarin teamgericht gedrag wordt beloond. Dit is het eerste onderzoeksgebied van zelfsturende teams. Uit een onderzoek naar 45 zelfsturende teams blijkt bijvoorbeeld dat als de teamleden denken dat economische beloningen zoals het loon afhankelijk zijn van de input van hun teamgenoten, zowel individuele teamleden als het hele team beter presteren.[7]
Een tweede onderzoeksgebied houdt zich bezig met de invloed van conflicten op de effectiviteit van zelfsturende teams. Er is onderzoek dat erop duidt dat zelfsturende

teams niet effectief zijn als er conflicten spelen. Als er meningsverschillen ontstaan, stoppen de teamleden vaak met samenwerken en ontstaat er een strijd om de macht, die tot dalende groepsprestaties leidt.[8] Ander onderzoek duidt er echter op dat als teamleden erop vertrouwen dat ze hun mening kunnen geven zonder door andere teamleden voor schut te worden gezet, afgewezen of gestraft te worden – en zich dus in psychologische zin veilig voelen – conflicten een goede uitwerking kunnen hebben en het team beter gaat presteren.[9]

Ten derde is onderzoek gedaan naar het effect van zelfsturende werkteams op het gedrag van de teamleden. Ook hier zijn de uitkomsten niet eenduidig. Hoewel teamleden vaak een hoger werktevredenheidsniveau hebben dan anderen, zijn hun absentie- en verloopcijfers soms ook hoger.[10] Uit een grootschalig onderzoek naar de arbeidsproductiviteit in Britse ondernemingen blijkt dat, hoewel het gebruik van teams in het algemeen goed is voor de arbeidsproductiviteit, er geen bewijs te vinden is voor de stelling dat zelfsturende teams beter presteren dan traditionele teams.[11] De onderzoeksresultaten zijn mogelijk vertekend doordat verschillende onderzoekers verschillende definities van zelfsturende teams hanteren.[12]

Op MyLab vind je een interview met Jos de Blok, directeur van Buurtzorg, over lean management en zelfsturende teams.

VOORBEELD

De zorgorganisatie Sensire Thuiszorg werkt al jaren met zelfsturende teams. Deze zijn georganiseerd rond de buurten waar ze werken. Een team omvat alle benodigde deskundigheden. Hun taken zijn goed afgebakend en goed meetbaar. Is een zorgpakket eenmaal toegekend aan een buurtbewoner dan weet elk lid van het team wat hij moet doen. De verantwoordelijkheid voor werkverdeling en kwaliteit werd aan de werkers zelf overlaten. Dat deze werkwijze een succes was, blijkt uit het onderzoek van Matthijs Almekinders waarop hij in juni 2006 promoveerde. Zijn conclusie over de toepassing van zelfsturende teams (vanuit sociotechnisch organisatieperspectief): 'leidt de invoering van het sociotechnisch organisatie perspectief tot significante verbetering van de doelmatigheid, de klantenwaardering en de kwaliteit van de arbeid van zorgmedewerkers'.[13]

VRAAG

Zelfsturende teams: betekent dit het einde van de leidinggevende en van managers?

VOORBEELD[14]

In 2012 startte het Wit-Gele Kruis Oost-Vlaanderen een proef in verband met de uitdagingen en verbeterpunten voor de toekomst, rekening houdend met onder andere de stijgende zorgvraag versus de noodzaak tot het rekruteren van veel nieuwe medewerkers en nieuwe verwachtingen van patiënten en de overheid. De strategische keuze ging uiteindelijk naar *customer intimacy* met een nieuwe visie: 'de referentie zijn in thuisverpleging binnen maatschappelijk verantwoorde totaalzorg'. Om deze visie te realiseren werd gekozen voor een integrale aanpak van structuur, mens, systemen en cultuur. De voormalige dertig plaatselijke afdelingen bestaande uit zo'n zestig personen die elk hun hiërarchische leidinggevenden hadden, zijn vervangen door circa 125 kleine zelfsturende teams.

Een dergelijke verandering is een werk van jaren en heeft impact op de hele organisatie, ook op directieniveau werden bevoegdheden anders ingedeeld. Bij aanvang werd de volledige zorgorganisatie herontworpen, met daaraan gekoppeld ontwikkel- en selectietrajecten, onder andere voor teamcoaches, die de teams helpen groeien naar meer zelfsturing. In een tweede fase volgde de herstructurering van de ondersteunende diensten en het selectie- en ontwikkelproces.

De omschakeling naar een zelfsturende organisatie bracht heel wat HR-uitdagingen met zich mee, onder meer:
- de evolutie van individueel denken naar teamdenken en -handelen;
- meer verantwoordelijkheid nemen en het heft in eigen handen nemen;
- geloof in competenties van anderen en geduld tijdens het leerproces;
- zeer resultaatgericht gaan werken en meten;
- teams nemen zelf initiatief voor opleiding op basis van teamcompetenties;
- werkdruk zelf evenwichtiger verdelen;
- bepalen van aanspreekpunten (rolhouders) voor *regeltaken* (bijvoorbeeld communicatie, rekrutering, mentoring).

11.3.3 Crossfunctionele teams

Een voorbeeld van de onderneming Starbucks laat het gebruik van **crossfunctionele teams** zien; teams opgebouwd uit werknemers van hetzelfde niveau in de hiërarchie van de organisatie, maar van verschillende werkgebieden, die samen een taak moeten volbrengen. Starbucks stelde een team samen uit medewerkers van productie, logistiek, marktonderzoek en productpromotie om op basis van smaak en behoeften een nieuw merk instantkoffie genaamd VIA® te ontwikkelen Het resultaat was een product dat efficiënt geproduceerd en gedistribueerd kon worden en dat tegelijkertijd wereldwijd werd gepromoot door een goed afgestemde marketingactie.[15]
De populariteit van crossfunctionele teams nam eind jaren tachtig een geweldige vlucht. Alle grote autofabrikanten – Toyota, Honda, Nissan, BMW, General Motors, Ford en Daimler AG – coördineren sindsdien ingewikkelde projecten met behulp van dit soort teams. In deze teams zitten mensen van de afdelingen ontwerp, fabricage en inkoop, en vertegenwoordigers van externe leveranciers. Bij Thales Nederland (onder meer producent van radarsystemen voor de marine) in Hengelo Overijssel worden nieuwe systemen vrijwel altijd in zulke crossfunctionele teams ontwikkeld.
Medewerkers in crossfunctionele teams van diverse afdelingen (of zelfs tussen organisaties) zijn bij uitstek geschikt om informatie uit te wisselen, nieuwe ideeën te ontwikkelen, problemen op te lossen en ingewikkelde projecten te coördineren. Natuurlijk is het management van crossfunctionele teams niet makkelijk vanwege de complexere coördinatienoodzaak. De aanloopfases zijn vaak erg tijdrovend, omdat de leden moeten leren omgaan met hogere niveaus van diversiteit en complexiteit. Verder kost het tijd om vertrouwen en teamwork op te bouwen, vooral als de ervaring, achtergrond en visie van de teamleden sterk verschillen. De projectmanager moet dus beschikken over uitstekende *people skills*. Daarnaast zijn voldoende deskundigheid en gevoel voor de machtsverhoudingen in de organisatie van belang. Een actuele ontwikkeling in de praktijk is het projectmatig werken door crossfunctionele teams volgens scrum; een *agile*-methodiek.

Kortom: de kracht van traditionele crossfunctionele teams is de gezamenlijke inzet van individuen met uiteenlopende vaardigheden en kennis. Door gebruik te maken van de kracht van de diversiteit kunnen zulke teams zeer effectief zijn.

VOORBEELD

Crossfunctionele teams moet je niet verwarren met werkgroepen. Mensen uit werkgroepen zitten alleen bij elkaar om informatie uit te wisselen, besluiten te nemen en conclusies te trekken vanuit eigen verantwoordelijkheidsgebieden. Crossfunctionele teams hebben een gezamenlijk doel of een gezamenlijke taak. Zij dienen nauw samen te werken om hun opdracht met succes te kunnen afronden. Denk aan een projectteam in een ziekenhuis dat een nieuw softwarepakket moet selecteren, waarmee patiëntafspraken met verschillende specialisten en onderzoeksafdelingen op verschillende locaties van het ziekenhuis kunnen worden afgestemd. Zo'n crossfunctioneel projectteam zal bestaan uit diverse deskundigheden. Technische, inhoudelijke, financiële en organisatorische deskundigheid wordt dan samengebracht om tot een goed werkende oplossing te komen.

11.3.4 Virtuele teams

De leden van de tot nu toe genoemde teams zijn fysiek (lichamelijk) aanwezig in dezelfde ruimte. **Virtuele teams** maken gebruik van computertechnologie en verbinden mensen met elkaar die over de hele aardbol verspreid kunnen zijn.[16] Teamleden kunnen online samenwerken, waarbij ze communiceren door middel van bijvoorbeeld *wide area networks, corporate social media,* videoconferencing of e-mail, ongeacht of ze zich dichtbij bevinden of op een ander continent. Vrijwel alle hedendaagse teams doen tegenwoordig ten minste een deel van hun werk op afstand.

Bedrijven als Ahold, Heineken en Shell maken op grote schaal gebruik van virtuele teams. Vliegtuigfabrikanten zoals Boeing en Airbus werken met virtuele teams om nieuwe vliegtuigen te ontwikkelen. Zo'n team bestaat uit technici en ontwerpers uit de hele wereld die tegelijkertijd werken aan projecten van miljarden dollars. Door deze teamstructuur verwacht men honderden miljoenen dollars te besparen, gedurende de lange tijd die het kost om een vliegtuig te ontwerpen en bouwen.

Virtuele teams moeten anders worden gemanaged dan teams die in levende lijve met elkaar omgaan op kantoor, deels omdat de teamleden van virtuele teams niet altijd de traditionele hiërarchische patronen volgen in de samenwerking (interacties). Uit onderzoek komt naar voren dat vanwege de complexiteit van die interacties, de teamprestaties aanzienlijk kunnen verbeteren door de leiding over virtuele teams te delen (zogenoemd gedeeld leiderschap; *shared leadership*), al is dat idee nog niet helemaal uitgekristalliseerd.[17]

Volgens een aantal onderzoekers dienen managers actief te bevorderen dat een virtueel team effectief blijft presteren. De leiding dient dan te zorgen voor:

1. vertrouwen tussen de teamleden (één opvliegende opmerking in een e-mail van een teamlid kan het teamvertrouwen ernstig ondermijnen);
2. zorgvuldig toezicht op de teamvorderingen (zodat het team zijn doelen niet uit het oog verliest en geen enkel teamlid 'verdwijnt');
3. publicatie van de inspanningen en het zichtbaar maken van producten van het virtuele team in de hele organisatie (zodat het team niet onzichtbaar wordt).[18]

VRAAG

Tussen de beschreven vier typen teams bestaan verschillen. Die hebben voornamelijk met de context te maken: het soort opdracht, tijdelijk of permanent, dicht bij elkaar of op grote afstand. Welke overeenkomsten in kenmerken hebben deze vier typen als 'echte teams'?

11.3.5 Multi-teamsystemen

De tot nu toe besproken soorten teams zijn veelal kleinere, zelfstandige teams, hoewel hun activiteiten verbonden zijn met de bredere organisatiedoelen. Maar naarmate taken ingewikkelder worden, worden teams vaak groter. Als teams groter worden, moet er meer gecoördineerd worden en dat leidt tot een omslagpunt waarbij het toevoegen van een extra teamlid meer kwaad dan goed doet. Om dit probleem op te lossen gebruiken organisaties multi-teamsystemen: verzamelingen van twee of meer onderling afhankelijke teams die een gemeenschappelijk, hoger doel hebben. Anders gezegd, een **multi-teamsysteem** is een *team van teams*.[19]

Denk bij een multi-teamsysteem bijvoorbeeld aan het coördineren van een adequaat antwoord op een ernstig auto-ongeluk. Je hebt het ambulanceteam, dat als eerste reageert en de gewonden naar het ziekenhuis vervoert. Een team van de spoedeisende hulp (SEH) neemt het daar over en biedt de eerste medische zorg, gevolgd door een team dat langdurige medische zorg biedt. Hoewel het ambulanceteam, het team van de spoedeisende hulp en het langdurige-zorgteam technisch onafhankelijk zijn, zijn hun activiteiten onderling afhankelijk en hangt het succes van het ene team af van het succes van het andere team. Waarom is dat zo? Omdat de drie teams als gemeenschappelijk doel hebben dat ze levens redden.

Sommige factoren waardoor kleinere, meer traditionelere teams effectiever worden, hoeven niet op te gaan voor multi-teamsystemen en kunnen hun functioneren zelfs belemmeren. Uit een onderzoek blijkt dat multi-teamsystemen beter presteren als ze zogenoemde **boundary spanners** hebben. Dit zijn teamleden die de inspanningen van alle teamleden coördineren. Hierdoor is er wat minder onderlinge communicatie tussen de teamleden nodig en dat is handig omdat er daardoor ook minder gecoördineerd hoeft te worden.[20] Leiding geven aan een multi-teamsysteem is ook heel wat anders dan leiding geven aan zelfstandige teams. Terwijl bij alle teams de leiding van invloed is op de teamprestaties, moet de leider van een multi-team niet alleen de teams leiden, maar ook de coördinatie tussen de teams faciliteren. Uit onderzoek komt naar voren dat teams die meer aandacht en betrokkenheid krijgen van de leiding (leiders) van de organisatie zich verantwoordelijker gaan voelen, waardoor ze effectiever worden omdat ze hun problemen zelf proberen op te lossen.[21] Over het algemeen geldt dat men beter voor een multi-teamsysteem kan kiezen als het team te groot is geworden om nog effectief te zijn, of als teams met onderscheiden functies sterk gecoördineerd moeten worden.

11.4 Hoe creëer je effectieve teams?

Vaak worden teams bewust van bovenaf georganiseerd maar soms ontstaan ze op organische wijze, van onderop. Uit de Verenigde Staten komt het idee van bijenkorven (*hives*) overwaaien. Sinds enkele jaren is dit voorbeeld van organische evolutie sterk in opkomst. De oorzaak is de enorme toename van een bepaald type zzp'ers: freelancers die zeer gespecialiseerd zijn in hun vakgebied en tegen goede tarieven klussen doen voor bedrijven. Specialistische deskundigheid is hun kracht maar tegelijkertijd missen ze marketingvaardigheden, boekhoudkundige en andere – complementaire – kennis in andere vakgebieden die voor de opdracht van belang kunnen zijn. Om dit op te lossen zijn tijdelijke samenwerkingsverbanden ontstaan waarin de krachten en deskundigheden worden gebundeld. Op deze wijze kan men aan de opdrachtgever een samenhangend team presenteren: een *hive*. Zo'n organische teambenadering is in de praktijk erg succesvol.[22]

Aan pogingen om factoren te vinden die verband houden met de effectiviteit van teams heeft het zeker niet ontbroken. Uit onderzoek kwam een hele 'waslijst van kenmerken' naar voren. Latere onderzoeken hebben deze waslijst tot een relatief eenvoudig model teruggebracht.[23] Figuur 11.3 vat de kennis samen over de factoren die teams effectief maken. Het model bouwt voort op de begrippen die in hoofdstuk 10 behandeld zijn.

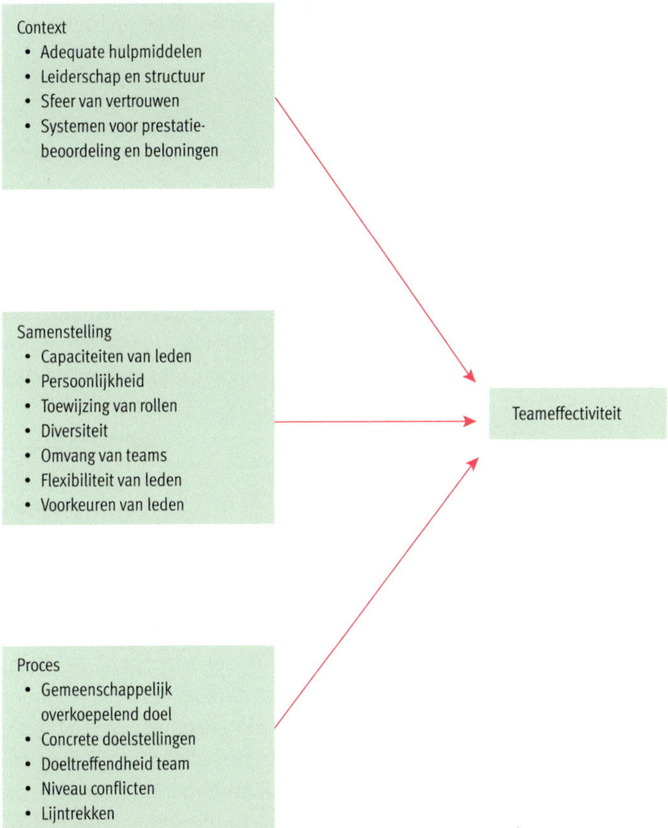

FIGUUR 11.3 **Model van teameffectiviteit**

De sleutelfactoren van effectieve teams vallen in drie brede groepen uiteen. Ten eerste de *contextuele* invloeden die teams effectief maken, waaronder de hulpmiddelen. Vervolgens de *samenstelling* van het team. En tot slot zijn er nog *procesvariabelen:* gebeurtenissen binnen het team met gevolgen voor de effectiviteit. Hierna worden de elementen per groep uitgewerkt.

VRAAG

In Nederland hebben, naast enkele industriële bedrijven zoals Heineken en Du Pont, ook veel organisaties in de dienstverlening (onderwijs, thuiszorg, schoonmaak) geëxperimenteerd met zelfsturende teams. De ervaringen zijn verschillend. Zoek op Google de term zelfsturende teams, gevolgd door nadelen of randvoorwaarden. Vergelijk je bevindingen met het model van figuur 11.3. Wat valt je op?

11.4.1 De contextuele factoren voor succesvolle teams

De vier contextuele factoren die het duidelijkst verband houden met teamprestaties, zijn de aanwezigheid van adequate hulpmiddelen, goed leiderschap, een sfeer van vertrouwen en een belonings- en prestatiebeoordelingssysteem waarin de teambijdragen tot uiting komen. We zullen deze factoren hierna bespreken.

Adequate hulpmiddelen

Teams maken deel uit van een breder organisatiesysteem. Alle werkteams zijn dus ook afhankelijk van externe hulpmiddelen. Zijn deze middelen schaars, dan kan het team zijn werk minder goed doen. Belangrijke externe hulpmiddelen zijn: goede en tijdige informatie, adequate apparatuur, voldoende personeel, aanmoediging en steun van het management en administratieve ondersteuning.

Leiderschap en structuur

Teams kunnen niet functioneren als ze het niet eens kunnen worden over wie wat moet doen of er niet voor kunnen zorgen dat alle leden een gelijke bijdrage leveren. Overeenstemming bereiken over de details van het werk en hoe die bij elkaar passen, zodat de individuele vaardigheden geïntegreerd kunnen worden, vereist leiderschap en structuur. Goed leiderschap is met name belangrijk in multi-teamsystemen. In dergelijke systemen moeten leiders de teams zeggenschap geven door de verantwoordelijkheid naar hen te delegeren. Daarnaast moet de leider zich beperken tot de rol van gespreksleider, die ervoor zorgt dat de teams hun inspanningen op elkaar afstemmen en dus gaan samenwerken.[24]

Sfeer van vertrouwen

Vertrouwen is de hoeksteen van leiderschap. Vertrouwen in de leider is belangrijk, omdat het team dan bereid is de doelen en beslissingen van hun leider te aanvaarden en zich ervoor in te zetten. Teamleden van effectieve teams vertrouwen elkaar. Ook tonen ze vertrouwen in hun leider.[25] Vertrouwen tussen de leden onderling bevordert de samenwerking, terwijl de leden elkaars gedrag minder in de gaten hoeft te houden. Ook verstevigt vertrouwen de onderlinge band door de overtuiging dat anderen in het team geen misbruik van je maken. Teamleden zullen eerder risico's nemen en zich kwetsbaar opstellen als ze vinden dat ze op anderen in het team kunnen vertrouwen. Als de mate van vertrouwen asymmetrisch en onevenwichtig is verdeeld tussen de teamleden, zal dat de voordelen van teamwerk teniet doen. In dat soort omstandigheden zien we vaak coalities ontstaan binnen het team die de teamprestatie ondermijnen.[26]
Vertrouwen is een perceptie die kwetsbaar is voor veranderende omstandigheden binnen de teamomgeving. Zo werd in onderzoeken in Singapore waargenomen dat in teams met een hoog wederzijds vertrouwen deelnemers zich minder lieten voorstaan op het 'eigendom' van hun bijdragen en ideeën. Dat was dus de groepsnorm en dit werd duidelijk toen enkele groepsleden wel *persoonlijk eigendom* claimden, wat leidde tot een negatieve beoordeling van hun bijdrage. Zoiets kan makkelijk leiden tot conflicten, uiteenvallen van het team of onderpresteren.[27]

Belonings- en prestatiebeoordelingssystemen

Het traditionele beoordelings- en beloningssysteem dat op het individu gericht is, moet zo aangepast worden dat het geschikt is voor teamprestaties.[28] Individuele prestatiebeoordelingen, een vast uurloon, individuele bonussen en dergelijke gaan niet goed samen met de ontwikkeling van excellente teams. In aanvulling op de individuele beoordeling en beloning van werknemers zou het management het beloningssysteem moeten aanvullen met instrumenten om teamprestaties ook te kunnen waarderen en zo de inzet als team te bekrachtigen. Te denken valt aan groepsbeoordelingen, winstdeling, extra bonussen voor kleine groepen en andere aanpassingen van het systeem.

VOORBEELD

In tal van grote en middelgrote bedrijven gebruikt men projectmanagement voor het aanpakken van eenmalige opgaven, zoals een productinnovatie, de selectie van een softwarepakket, de aanschaf en plaatsing van nieuwe machines, nieuwbouwprojecten, het ontwerpen van een nieuwe administratieve procedure enzovoort.

Voorafgaand aan de start van een project begint men met een projectplan waarin doelen, middelen en randvoorwaarden worden beschreven. Het bedrijf stelt budget, menskracht, werkruimte, een ervaren projectleider en secretariële ondersteuning ter beschikking. Elk project wordt bewaakt door een van de managers. Deelname aan projecten wordt vaak extra beloond.

VRAAG

Welke van de vier contextfactoren voor een succesvol project worden in dit voorbeeld duidelijk goed geregeld? En welke factor ontbreekt nog?

11.4.2 De samenstelling van het team

De tweede categorie uit het model van teameffectiviteit (figuur 11.3) omvat variabelen voor de bemensing van teams. In deze paragraaf kijken we daarom naar de vermogens en persoonlijkheid van teamleden, het toewijzen van rollen, diversiteit, culturele verschillen, teamomvang en voorkeuren van leden voor teamwork.

Vermogens van teamleden

De teamprestaties hangen deels af van de kennis, vaardigheden en vermogens van de afzonderlijke leden.[25] We kunnen ons natuurlijk de diverse Nederlandse elftallen van Oranje herinneren waar men niet veel van verwachtte, maar die vanwege uitstekende coaching en perfecte teamgeest toch mooi een heel eind wisten te komen op een wereldkampioenschap. Maar dergelijke teams halen juist het nieuws omdat ze bijzonder zijn. De prestaties van een team zijn meer dan de vermogens van afzonderlijke leden bij elkaar opgeteld. Het gezegde luidt niet voor niets: hardlopers zijn doodlopers. Een team dat uit hardlopers bestaat die onderling niet samenwerken, zal zich inderdaad 'doodlopen'. Toch vormen diezelfde individuele vermogens de basis voor een fantastische teamprestatie, mits de teamleden op de juiste manier leren samenwerken.

Wil een team effectief presteren, dan moeten de teamleden mensen zijn met drie verschillende soorten vaardigheden:

1. technische vaardigheden;
2. vaardigheden in probleemoplossing en besluitvorming om problemen boven tafel te krijgen, alternatieven te genereren en te evalueren, en oordeelkundig tot een keuze te komen;
3. interpersoonlijke vaardigheden zoals goed kunnen luisteren, feedback geven, conflicten oplossen.

Onderzoek naar de intellectuele capaciteiten van teamleden heeft een paar interessante inzichten in de samenstelling en prestaties van teams opgeleverd. Ten eerste blijkt dat wanneer een taak aanzienlijk denkwerk vergt (het ontwerp van een nieuwe machine of een nieuw bouwwerk), teams met overwegend intelligente leden het beter doen. Teams met veel intellectuele capaciteit in hun midden kunnen zich ook beter aan veranderende situaties aanpassen; ze kunnen eerder opgedane kennis effectiever aanpassen aan een serie nieuwe problemen. Ten tweede speelt de intellectuele capaciteit van de teamleider ook een rol. Slimme teamleiders kunnen minder intelligente leden helpen als ze worstelen met een bepaalde taak. Maar een minder intelligente leider kan het effect van een team met grote capaciteiten juist tenietdoen.[29]

Persoonlijkheid van de teamleden

Bepaalde dimensies van het Big Five-persoonlijkheidsmodel blijken relevant voor de teamprestaties. Het persoonlijkheidsmodel bestaat uit persoonlijkheidstrekken; kenmerken van de persoonlijkheid (karakter). Plichtsgetrouwheid als persoonlijkheidstrek is bijvoorbeeld bijzonder van belang voor teams. Plichtsgetrouwe mensen zijn zo waardevol omdat ze andere teamleden goed kunnen ondersteunen, en ze voelen ook goed aan wat werkelijk nodig is. Hoe zit het met andere trekken?

Teams met een hoog niveau van openstaan voor ervaring presteren beter en onderzoek heeft aangetoond dat constructieve taakconflicten dit effect nog versterken. Open teamleden communiceren beter met elkaar en spuien meer ideeën, waardoor teams die zijn samengesteld uit open mensen creatiever en innovatiever zijn.[30] Taakconflicten vergroten ook het prestatieniveau van teams met een hoog niveau van emotionele stabiliteit.[31] Het zijn niet de conflicten zelf die de prestatie verbeteren, maar het feit dat deze teams in staat zijn de conflicten te hanteren en te gebruiken om tot betere inzichten te komen.

Een redelijk niveau van inschikkelijkheid is ook van belang: teams doen het slechter als zij een of meer starre figuren in hun midden hebben en een grote spreiding van de scores op deze persoonlijkheidstrek verlaagt de productiviteit. Het onderzoek naar het effect van extraversie leverde nog geen duidelijke resultaten op. Maar er is een onderzoek dat erop wijst dat veel extraversie in een team de bereidheid om elkaar te helpen vergroot.[32] We concluderen dat de persoonlijkheidstrekken van de individuele leden net zo belangrijk zijn voor teams als het totale karakter van het team.

Lees meer over plichtsgetrouwheid op MyLab.

VRAAG

Stel dat een organisatie twintig teams van elk vier mensen moet samenstellen uit veertig zeer plichtsgetrouwe mensen en veertig mensen die laag scoren op de trek plichtsgetrouwheid. Welke samenstelling zou dan het beste zijn voor de organisatie? (a) Alle plichtsgetrouwe mensen bij elkaar zetten (dus tien teams met zeer plichtsgetrouwe leden en tien teams met leden die laag scoren op plichtsgetrouwheid) of (b) Elk team indelen met twee mensen die hoog en twee mensen die laag scoren op plichtsgetrouwheid, zodat 'kruisbestuiving' ontstaat?

Rollen toewijzen

Teams hebben uiteenlopende behoeften en bij de selectie van mensen moet men zorgen dat alle rollen vervuld worden. Wij onderscheiden negen potentiële teamrollen (zie figuur 11.4). Succesvolle werkteams hebben leden voor alle rollen, geselecteerd op

FIGUUR 11.4 **Teamrollen**

basis van hun vaardigheden en voorkeuren. In veel teams vervullen mensen echter ook meerdere rollen. Managers moeten zich bij de samenstelling van een team rekenschap geven van de sterke punten die elk teamlid inbrengt en vervolgens de taken verdelen op basis van de voorkeuren van de teamleden. Door de individuele voorkeuren te laten aansluiten bij de benodigde teamrollen, vergroten managers de kans dat de teamleden goed zullen samenwerken.

Diversiteit van de groepsleden

Wat is de invloed van teamdiversiteit op de prestaties van het team? De mate waarin de leden van een werkeenheid (groep, team of afdeling) een gemeenschappelijk demografisch kenmerk hebben als leeftijd, gender, etnische afkomst en opleidingsniveau of het aantal dienstjaren in de organisatie, is het onderwerp van het vakgebied organisatiedemografie. De **organisatiedemografische theorie** luidt dat kenmerken als leeftijd of datum van indiensttreding een voorspeller zijn van personeelsverloop in situaties waarin mensen intensief moeten samenwerken. De redenering luidt als volgt: het verloop zal groter zijn onder werknemers die sterk verschillen in leeftijd en ervaring binnen hetzelfde bedrijf. In zulke afdelingen of teams verloopt de communicatie moeizamer, wat de kans op conflicten groter maakt. Door meer conflicten wordt het lidmaatschap van zo'n werkeenheid minder aantrekkelijk, waardoor de kans groter is dat werknemers opstappen. De verliezers in zo'n machtsstrijd zullen eveneens meer geneigd zijn om vrijwillig op te stappen, als ze al niet worden gedwongen om te vertrekken.[33] Dit zou kunnen voeren tot de conclusie dat diversiteit een negatieve invloed uitoefent op teamprestaties. Vooral waar sprake is van een dominante cultuur binnen de groep, die eist dat de anderen zich moeten aanpassen aan het gedrag van de dominante cultuur. (Bijvoorbeeld als de vrouwen zich altijd moeten aanpassen aan de normen van de mannen in de groep, en ideeën van vrouwen genegeerd worden. Of als er verwacht wordt dat oudere medewerkers zich moeten schikken naar de ideeën van jongeren in de organisatie.) Onder dergelijk *niet-inclusief* diversiteitsbeleid, zal diversiteit een negatieve invloed hebben op prestaties.

Uit twee meta-analyses van de onderzoeksliteratuur blijkt echter dat er in feite geen verband is tussen demografische diversiteit en de algehele teamprestaties, terwijl een derde meta-analyse er zelfs op duidt dat diversiteit op het gebied van etniciteit en gender een negatief verband laat zien met teamprestaties.[34] Andere onderzoeken hebben gemengde resultaten opgeleverd. Een beperkende bepaling is dat gender en etnische diversiteit een negatiever effect hebben in beroepen waarin blanke of mannelijke personen in de meerderheid zijn, maar dat in beroepen met een evenwichtiger demografische samenstelling diversiteit in mindere mate een probleem is. Diversiteit qua functie, opleiding en deskundigheid laat een positief verband zien met groepsprestaties, maar deze effecten zijn tamelijk zwak en afhankelijk van de situatie.

Veel mensen hangen de optimistische opvatting aan dat diversiteit in groepen altijd goed is – heterogene teams zouden profiteren van uiteenlopende standpunten. Hiervoor is *inclusief* beleid nodig, waarbij alle cultureel diverse personen en minderheden evenveel erkenning krijgen als personen uit de meerderheidscultuur. Daarbij hoeft niemand zijn of haar diversiteit te onderdrukken, om zich te schikken naar de dominante culturele norm. De diversiteit zou juist bijdragen aan ruimer team-denken, meer en betere ideeën en meer en betere oplossingen.

VRAAG

Een doordenker: wat zal op grond van het bovenstaande makkelijker gaan: vrouwen laten integreren in overwegend mannelijke politieteams of mannen laten integreren in teams van overwegend vrouwelijke verpleegkundigen?

Omvang van teams

De meeste experts geven aan dat de omvang van teams klein moet zijn om de effectiviteit van de groep te verbeteren.[35] Jef Bezos, CEO van Amazon, hanteert de 'twee pizza'-regel. Hij zegt: 'Als het meer dan twee pizza's kost om het team te voeden is het team te groot.'[36] Psycholoog George Miller claimt: 'Het magische aantal [is] zeven, plus of min twee', als de ideale teamomvang.[37] En auteur en publicist Rich Karlgaard beweert: 'De grootte van teams correleert vrijwel nooit met kans op succes', omdat de aantallen verbindingen exponentieel toenemen als het aantal leden groeit en daarmee de communicatie moeilijker wordt.[38]

In het algemeen hebben de beste teams tussen de vijf en negen leden. Daarnaast raden experts aan om altijd het kleinste aantal mensen te kiezen dat het werk nog aankan. Helaas zijn managers sterk geneigd om teams te groot te maken. Een minimum van vier of vijf mensen mag dan nodig zijn om diverse perspectieven en vaardigheden te ontwikkelen, managers onderschatten hoe snel de coördinatieproblemen toenemen naarmate er meer teamleden aan teams toegevoegd worden. Wanneer teams te veel leden hebben, worden de interne samenhang en onderlinge verantwoording minder, neemt het lijntrekken toe en houden steeds meer leden zich op de vlakte tijdens besprekingen over de aanpak van taken en de voortgang van het werk. Bovendien is bij grote teams de coördinatie lastig, zeker wanneer ze onder tijdsdruk werken. Als je een effectief team wilt opzetten, zou je dus bij voorkeur moeten streven naar een omvang van minder dan tien leden. Als een natuurlijke werkeenheid groter is, overweeg dan de groep in deelteams op te splitsen.[39]

Voorkeuren van leden

Niet iedere werknemer is een teamspeler. Veel werknemers kiezen er zelfs voor om níét in teamverband te werken, als ze de keus krijgen. Als mensen die er de voorkeur aan geven alleen werken gedwongen worden tot teamwork, brengt dat het teammoreel en de individuele werktevredenheid in gevaar.[40] Bij de selectie van teamleden moeten dus naast intellectuele capaciteiten, persoonlijkheid en vaardigheden ook individuele voorkeuren meegenomen worden. Goed presterende (excellente) teams bestaan veelal uit mensen die graag in een groep werken.

VOORBEELD

Projectteams zijn zelden groter dan zes personen. Bij de samenstelling let men op deskundigheid, ervaring en houding, maar ook op diversiteit. Naast 'oude rotten' zet men ook jongeren in en let erop dat er niet alleen enthousiastelingen in de groep komen, maar ook voorzichtige en kritische collega's. Deelname aan projecten wordt vaak wel aangemoedigd, maar niet afgedwongen.

VRAAG
Welke van de genoemde factoren van effectieve teams herken je in dit voorbeeld?

11.4.3 De invloed van procesvariabelen

Procesvariabelen vormen de laatste categorie die verband houdt met **teameffectiviteit** (zie ook figuur 11.3). Bij deze variabelen gaat het om:

1. de bereidheid zich in te zetten voor een gemeenschappelijk doel;
2. de helderheid van de teamdoelstellingen;
3. de doeltreffendheid van het team;
4. overeenstemming over de mentale modellen;
5. een beheersbaar conflictniveau;
6. het terugdringen van lijntrekken/meeliftgedrag.

Deze variabelen zijn in het bijzonder van belang bij grote teams en bij teams waarin de onderlinge afhankelijkheid om tot een goed resultaat te komen groot is. Waarom zijn procesvariabelen belangrijk voor de teameffectiviteit? Om deze vraag te beantwoorden, keren we even terug naar het voorbeeld van lijntrekken. Bij teamtaken waarbij de bijdrage van ieder lid afzonderlijk niet zichtbaar is, zijn er dikwijls teamleden die de neiging hebben om zich minder in te spannen; het zogenoemde lijntrekken. Dit gedrag van teamleden is een voorbeeld van **procesverlies**. Het streven is natuurlijk dat alle procesvariabelen samen leiden tot een positief resultaat. Dat wil zeggen dat de output van het team groter is dan de som van alle input van de individuele leden.

Onderzoeksteams worden vaak ingezet in onderzoekslaboratoria, omdat de teamleden kunnen profiteren van elkaars vaardigheden om als team een betekenisvoller onderzoek uit te voeren. Ze produceren dus positieve synergie. Hun **proceswinsten** overstijgen de procesverliezen. Figuur 11.4 illustreert hoe groepsprocessen de effectiviteit van een groep beïnvloeden.

Gemeenschappelijk doel

Effectieve teams beginnen met het analyseren van de gezamenlijke missie. Ze ontwikkelen vervolgens **gemeenschappelijke doelen** en strategieën om hun missie te realiseren. Teams die iedere keer tot de beste behoren, hebben een gezamenlijk, betekenisvol doel waarachter de leden zich kunnen scharen. Het geeft richting aan het handelen en het enthousiasmeert.[41] Dit doel heeft de vorm van een visie. Het omvat

dus meer dan alleen specifieke doelstellingen. Dit ligt voor de hand maar helaas negeren veel teams dit fundamentele teamproces.
Effectieve teams tonen **reflexiviteit**, dat wil zeggen: ze denken na over hun masterplan en stellen het bij als dat nodig is. Reflexiviteit is de bereidheid van teamleden om zowel binnen als buiten het team actief te zoeken naar feedback over de uitvoering en de uitkomsten van het werk. Een team moet een goed plan hebben, maar moet ook bereid en in staat zijn om dat plan aan te passen als de omstandigheden daarom vragen.[42]

Concrete doelstellingen

Succesvolle teams vertalen hun overkoepelende visie in concrete, meetbare en realistische doelstellingen. Die doelstellingen stimuleren teams op dezelfde manier als personen, zoals we in hoofdstuk 7 over motivatie bespraken. Bij concrete doelen is goede communicatie mogelijk en blijft het team naar de gewenste resultaten toewerken. Ook moeten de doelstellingen ambitieus zijn, net als individuele doelen. Onderzoek toont aan dat moeilijke doelstellingen leiden tot betere teamprestaties op de relevante criteria. Dus doelstellingen over kwantiteit leiden tot grotere kwantiteit, doelstellingen over de snelheid verbeteren de snelheid enzovoort.[43]

Doeltreffendheid van het team

Effectieve teams hebben vertrouwen in zichzelf. Ze geloven dat ze succes kunnen boeken. Dit noemen we **doeltreffendheid van het team**.[44] Je zou het ook *teamgeest met winnaarsmentaliteit* kunnen noemen. Succes brengt nieuwe successen voort. Teams die een succes geboekt hebben, krijgen meer vertrouwen in toekomstige successen, wat hen weer motiveert om harder te werken. Teams waarin iedereen weet wat de kwaliteiten van elke lid zijn, kunnen gebruikmaken van die individuele kwaliteiten door informatie bij de juiste persoon te halen.[45]
Wat kan een leidinggevende of coach nu doen om de gewenste *teamgeest* te bevorderen? Er zijn grofweg heeft twee opties:

1. *Het team helpen kleine successen te boeken*
   Naarmate het team meer en betere prestaties op zijn naam heeft staan, raken de teamleden ervan overtuigd dat hun inspanningen in de toekomst ook succes zullen hebben.
2. *Het trainen van technische en interpersoonlijke vaardigheden*
   Hoe groter de capaciteiten van de teamleden, des te groter de kans dat het team vertrouwen in eigen kunnen krijgt en dat vertrouwen ook waarmaakt.

> **? VRAAG**
> ***Doe je aan een teamsport? Leg dan eens uit aan anderen die dat niet doen wat de betekenis is van teamgeest voor de effectiviteit van jouw team.***

Teamidentiteit

In hoofdstuk 10 zijn we ingegaan op de belangrijke rol die de sociale identiteit speelt voor mensen. Als mensen een emotionele band opbouwen met de groep waartoe ze behoren, dan is de kans groter dat ze investeren in hun relatie met die groep. Dat geldt ook voor teams. Zo geeft onderzoek onder militairen in Nederland aan dat de soldaten die zich door hun teamleden opgenomen en gerespecteerd voelen, bereidwilliger worden om hard voor hun team te werken, ook al wordt er van hen als soldaat reeds verwacht dat ze zich hard inzetten voor hun legeronderdeel. Door de specifieke vaardigheden en capaciteiten van de individuele teamleden te erkennen en ook door een klimaat te scheppen van respect en door niemand buiten te sluiten, kunnen leiders en teamleden een positieve teamidentiteit kweken en betere teamprestaties leveren.[46] Ook de identiteit van de organisatie is belangrijk. Teams opereren zelden in een vacuüm; meestal hebben ze te maken met andere teams, waardoor er afstemming tussen de teams nodig is. Teamleden met een positieve **teamidentiteit** maar zonder positieve organisatie-identiteit denken soms alleen aan hun eigen team, en zijn niet bereid om zaken af te stemmen met andere teams in de organisatie.[47]

De kern van het teamidee is ...?

Foto: lqoncept / 123RF

Teamcohesie

Ben je ooit lid van een team geweest waarin het echt 'klikte'? Een team waarin de teamleden zich met elkaar verbonden voelden? De term **teamcohesie** betekent dat de teamleden een emotionele band met elkaar hebben en het team(belang) vooropstellen omdat ze zo hecht zijn. Teamcohesie is een handig begrip om teamuitkomsten te voorspellen. Uit een groot onderzoek in China bijvoorbeeld blijkt dat bij teams met een sterke cohesie en ingewikkelde taken dure investeringen in promoties, beloningen, trainingen enzovoort tot meer en winstgevende teamcreativiteit leiden. Teams met weinig cohesie en eenvoudige taken worden zelden creatiever van deze incentives.[48] Teamcohesie is een sterke voorspeller van teamprestaties in de zin dat als de cohesie wordt aangetast, de prestaties vaak ook achteruitgaan. Negatieve relaties zijn een factor die de cohesie aantasten. Om dit effect te temperen kunnen teams ervoor zorgen dat er een hoge mate van onderlinge afhankelijkheid ontstaat en zo hoogwaardige onderlinge interacties bevorderen.

Mentale modellen

Effectieve teams hebben nauwkeurige en gemeenschappelijke **mentale modellen**. Een mentaal model is een georganiseerd geheel van kennis en opvattingen over de beste manier van werken en over de invloed van sleutelfactoren in de omgeving. Dergelijke modellen zijn als het ware *psychologische kaarten* van de relevante werkelijkheid waarin het team opereert. Ze geven aan wat in deze situatie zal werken en *hoe* de aanpak moet zijn.

Als een team vanuit onjuiste mentale modellen werkt – iets wat gemakkelijk gebeurt in stressvolle situaties – zal hun werk niet het gewenste resultaat opleveren.[49] Met de kennis van nu zouden we niet durven beweren dat de interventie van enkele westerse mogendheden onder leiding van de Verenigde Staten in Irak een succes is geweest. In het mentale model

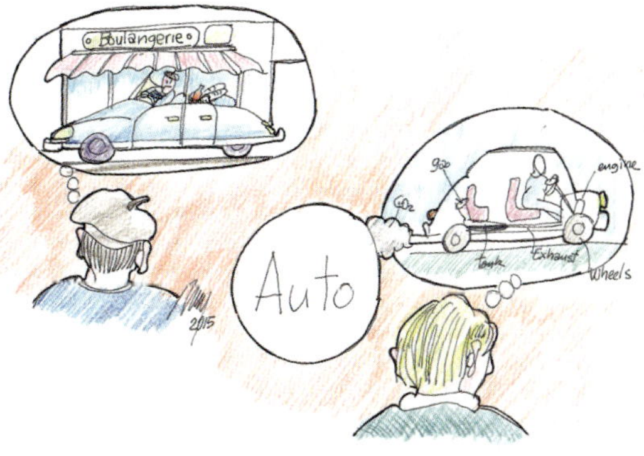

Een mentaal model.

Illustratie: Carlos Nunez

Over interpretatieverschillen.
Illustratie: Carlos Nunez

van voormalig president George Bush Junior was een 'dankbare bevrijde bevolking' opgenomen die spontaan zou kiezen voor een vreedzame democratische staatsvorm naar westers model. Niemand aan westerse militaire zijde had verwacht dat de overwinning op de dictator Saddam Hoessein in het 'bevrijde' Irak zou leiden tot een hevige sektarische strijd onder de verschillende religieuze bevolkingsgroepen.
Niet alleen moet je beschikken over een adequaat mentaal model, het is ook van belang dat de mentale modellen van teamleden met elkaar overeenkomen. Als teamleden verschillende ideeën hebben over de manier van aanpak, zullen de teams namelijk vooral daarover vechten, in plaats van zich te concentreren op wat er gedaan moet worden.[50] Uit een bespreking van 65 onafhankelijke studies naar heersende denkbeelden in teams blijkt dat de leden van teams met een gemeenschappelijk mentaal model frequenter met elkaar omgaan, gemotiveerder zijn, een positievere houding hebben ten aanzien van hun werk en objectief gezien beter presteren.[51]

Mogelijke effectiviteit van de groep + Proceswinsten – Procesverliezen = Eigenlijke effectiviteit van de groep

FIGUUR 11.5 **Effecten van groepsprocessen**

Conflictniveau

Conflicten in een team hoeven niet per se slecht te zijn. Zoals we later nog zullen zien, ligt de relatie tussen conflicten en teamprestaties nogal ingewikkeld. Relationele conflicten, die zijn gebaseerd op onverenigbare karakters, spanningen en vijandigheid ten opzichte van de ander, zijn bijna altijd schadelijk. Maar als teams niet-routinematige activiteiten uitvoeren, dan kan onenigheid over de inhoud van de taak (een zogenoemd taakconflict) de discussie stimuleren, een kritische beoordeling van problemen en mogelijkheden bevorderen en tot betere teambesluiten leiden. Uit een in China gehouden onderzoek blijkt dat een gematigd niveau van taakconflicten tijdens de eerste fasen waarin het team werkt een positief verband toont met de creativiteit van het team, maar dat zowel een heel hoog als een heel laag niveau van taakconflicten een negatief verband toont met de teamprestaties.[52] Met andere woorden, zowel te veel als te weinig overeenstemming in een team over de vraag hoe een creatieve taak moet worden aangepakt, kan de prestaties in de weg staan.
De manier waarop conflicten worden opgelost kan ook het verschil uitmaken tussen effectieve en ineffectieve teams. Een studie van vergaderverslagen en tussentijdse rapportages van 37 autonome werkgroepen toonde aan dat effectieve teams conflicten oplossen door de problemen expliciet bespreekbaar te maken, terwijl ineffectieve teams conflicten hebben die meer over karakters gaan en over de manier waarop dingen worden gezegd.[53]

Taakconflicten stimuleren het debat, bevorderen een kritische beschouwing van problemen en opties, en kunnen resulteren in betere teambesluiten.

Lijntrekken (meeliften, social loafing) werd wetenschappelijk bewezen door de 19e-eeuwse Franse landbouwkundige Max Ringelmann. Op MyLab lees je meer over dit Ringelmann-effect.

Lijntrekken

In hoofdstuk 10 zagen we dat mensen de groep als 'schuilplaats' kunnen gebruiken. Ze gaan lijntrekken of meeliften en laten zich meedrijven op de golven van de groepsprestaties, omdat hun eigen aandeel opgaat in de massa. Effectieve teams voorkomen dit met behulp van individuele en collectieve verantwoordelijkheid voor de teamvisie, doelstellingen en werkwijze.[54] Ze leggen deze verantwoordelijkheden duidelijk vast.

VRAAG

Als student werk je vaak in projectgroepen aan opdrachten. Sommige groepen zie je moeizaam ploeteren naar een vaak gebrekkig resultaat. Wat zouden hiervan – gezien de voorgaande theorie – de oorzaken kunnen zijn? Wat ontbreekt er in die groepen?

11.5 Toepassing in de organisatiepraktijk

Als een organisatie wil gaan werken met teams, dient zij zich allereerst af te vragen welk probleem daarmee wordt opgelost en/of welke kans benut gaat worden. Is een indeling in teams de beste keuze voor dit bedrijf? Als deze vraag positief wordt beantwoord, rijst de vraag hoe een organisatie kan bevorderen dat de teams ook bestaan uit echte teamspelers. Op deze twee vraagstukken gaan we hierna verder in. Tot slot besteden we aandacht aan de behoefte aan teamgedrag bij het opzetten van kwaliteitsmanagementsystemen. Het spreekt vanzelf dat de HRM-functie een belangrijke rol speelt bij de beslissing over het invoeren van teams en bij het ontwikkelen van mensen tot effectieve teamspelers.

Soms heeft een groep last van meelifters.
Foto: Wavebreak Media Ltd / 123RF / Pearson Asset Library

11.5.1 Teams zijn niet altijd het juiste antwoord

Teamwork vraagt meer tijd en vaak meer bedrijfsmiddelen dan individueel werk. Teams stellen bijvoorbeeld hogere eisen aan de communicatie, hebben conflicten die aangepakt moeten worden, en bovendien moet er regelmatig overlegd worden. De baten dienen daarom groter te zijn dan de lasten. En dat is niet altijd het geval.[55]
Hoe weet je of het werk van je groep beter in teams gedaan kan worden? Er zijn drie

Niet alles kan in een team gedaan worden.
Foto: Pressmaster / Shutterstock / Pearson Asset Library

manieren om te toetsen of een team in een bepaalde situatie de meest geschikte organisatievorm is:[56]

- *Kan het werk beter door meer dan een persoon gedaan worden?*
  Een goede indicatie hiervoor is de complexiteit van het werk en de behoefte aan meerdere invalshoeken. Eenvoudige taken waarvoor een grote diversiteit aan inbreng niet nodig is, kan men waarschijnlijk beter aan individuen overlaten.
- *Is er een gemeenschappelijk doel van de groep dat groter is dan de som van de individuele doelen?*
  Een voorbeeld vinden we in de vele nieuwe serviceteams van autodealers, waarin het personeel van klantenservice, de monteurs, de specialisten in onderdelen en de verkoopvertegenwoordigers bijeen zijn gebracht. Zulke teams kunnen de collectieve verantwoordelijkheid beter dragen voor het voldoen aan klantbehoeften.
- *Is er sprake van onderlinge afhankelijkheid tussen de groepsleden?*
  Teams zijn zinvol als taken van elkaar afhangen en als het succes van het geheel bepaald wordt door het succes van elke afzonderlijke taak. Voetbal is een teamsport bij uitstek. Wil een elftal succes boeken, dan is er veel coördinatie nodig tussen wederzijds afhankelijke spelers. Omgekeerd geldt dat een zwemploeg niet echt een ploeg is – behalve bij estafettes. Het is een groep mensen die individueel presteren, een groep waarvan de totale prestaties gelijk zijn aan de som van de individuele prestaties.

Zorgvuldige beantwoording van deze drie vragen kan voorkomen dat teams ondoordacht worden ingevoerd en averechts werken. Slechts als alle drie de vragen met een duidelijk 'ja' kunnen worden beantwoord, heeft het zin om te kiezen voor werkteams als leidend principe van de werkorganisatie.

11.5.2 Het ontwikkelen van teams

In vacatures voor afgestudeerde hbo'ers staat in de functie-eisen vaak dat de kandidaat zowel zelfstandig moet kunnen werken als moet kunnen optreden als *teamplayer*. Maar lang niet iedereen is van nature een teamspeler. Sommige mensen werken het liefst alleen of willen gewaardeerd worden voor hun eigen prestaties. Ook hebben veel organisaties van oudsher een bedrijfscultuur waar individuele successen werden gestimuleerd. Ze zorgden voor een competitie die alleen 'de sterksten' overleefden. Als deze organisaties teams invoeren, wat moeten ze dan met de sterk op het eigenbelang gerichte werknemers?
Teams lijken zich goed te lenen voor organisaties met medewerkers uit landen die hoog scoren op collectivisme. Maar hoe kan een organisatie teams introduceren bij een beroepsbevolking die opgegroeid is in een individualistische samenleving? Hierna geven we kort de belangrijkste methoden aan waarmee je teamgedrag kunt bevorderen. We kijken hierbij naar selectie, training en beloning.

Teamselectie: zoek de goede teamspelers

Sommige mensen beschikken al over de interpersoonlijke vaardigheden van teamspelers. Bij **teamselectie**, het aannemen van teamleden, moeten managers goed (laten) nagaan of de kandidaten naast de voor het werk vereiste technische vaardigheden ook teamrollen kunnen vervullen.[57] Als je kandidaten voor je hebt die het aan teamvaardigheden ontbreekt, kun je uit drie opties kiezen. De eerste optie is: ze niet aannemen. De tweede optie: zijn ze vanuit het verleden al lid van je afdeling, geef ze dan taken of een functie waarvoor geen teamwork nodig is. Ten derde: als optie twee niet haalbaar is, laat de kandidaten dan een training volgen om ze in een teamspeler te veranderen. In gevestigde organisaties die besluiten om functies opnieuw rond teams te ontwerpen, zullen sommige werknemers geen teamspeler willen worden en/of niet te trainen blijken. Zij worden soms de dupe van de nieuwe teambenadering.

Teamgedrag kun je leren: bijvoorbeeld een waardig verliezer zijn.
Foto: Ralf Falbe / Alamy Stock Photo

Teams vormen betekent vaak dat je de neiging moet onderdrukken om hoe dan ook de beste kandidaat te kiezen. Een mooi voorbeeld uit de organisatiepraktijk van hoe je er naast kunt zitten: een professioneel basketbalteam (de New York Knicks) betaalt hun topspeler Carmelo Anthony extra goed omdat hij vaak scoort. Maar een statistische analyse van de spelers toonde aan dat Carmelo vaak zelf op de basket schiet met als gevolg dat zijn teamgenoten minder scorekansen krijgen.[58] Door bepaalde persoonlijkheidskenmerken lijken sommige mensen geschikter om in heterogene teams te werken dan anderen. Teamleden die graag moeilijke mentale (denk)puzzels oplossen, lijken effectiever te zijn in het benutten van de uiteenlopende standpunten die een gevolg kunnen zijn van diversiteit in leeftijd, gender en opleiding.[59]

Training teamvaardigheden: leer mensen teamgedrag aan

Trainingsdeskundigen hebben oefeningen ontwikkeld om werknemers te laten ervaren hoeveel voldoening teamwork kan geven. Ze organiseren workshops om mensen te helpen hun vaardigheden te verbeteren op het gebied van communicatie, onderhandelen, conflictmanagement, begeleiden en groepsontwikkeling. Werknemers krijgen daarmee een **training in teamvaardigheden**.

VOORBEELD

L'Oréal is tot de conclusie gekomen dat er veel meer nodig is om succesvolle verkoopteams te vormen dan het vinden van zeer kundige verkopers: het management moest een groot deel van zijn inspanningen (juist) op teambuilding richten. 'Waar we geen rekening mee hadden gehouden, was dat veel leden van onze beste verkoopteams promotie hadden gemaakt omdat ze uitstekende technische en uitvoerende vaardigheden hadden,' aldus David Waldock, adjunct-directeur verkoop van L'Oréal. Door de aandacht voor teamtraining is er volgens Waldock flink vooruitgang geboekt. 'We zijn niet langer slechts op papier een team, terwijl we ondertussen gewoon zelfstandig werken. We hebben nu een echte groepsdynamiek, en een goede ook.'[60] Een effectief team ontwikkel je echter niet van de ene op de andere dag; dat kost tijd.

Teambeloning: moedig teamgedrag consequent aan

De **teambeloning** kan bijgesteld worden, zodat die samenwerking aanmoedigt in plaats van rivaliteit.[61] Hallmark Cards Inc. voegde aan zijn systeem voor individuele bonussen een jaarlijkse bonus toe voor het bereiken van teamdoelstellingen. Promoties, loonsverhogingen en andere vormen van waardering moeten bij voorkeur worden gegeven aan werknemers die effectief werken als teamleden door nieuwe collega's te

trainen, informatie uit te wisselen, teamconflicten te helpen oplossen en nieuwe vaardigheden op te doen. Dat betekent niet dat individuele bijdragen niet tellen, maar dat ze aangevuld moeten worden met onbaatzuchtige bijdragen aan het team.
Nederlands onderzoek wijst uit dat het zeer ingewikkeld is om teamprestaties te verbeteren door middel van prestatiebeloningen.[62] Het kan gemakkelijk fout lopen als de samenwerking tussen teamleden en de teamdoelen niet goed op elkaar afgestemd zijn. Het gaat erom hoe de prestatiebeloning zich verhoudt tot het teamwork en de teamdoelen. Die combinatie bepaalt of het effectief is of niet. Prestatiebeloning moet daarom worden gezien als een laatste stap in een keten van prestatiebevorderende maatregelen. Het concept moet zeker niet geïsoleerd worden toegepast.
Tot slot: bedenk dat werknemers ook intrinsieke beloningen kunnen halen uit teamwork. In teams vind je vriendschap en sociale contacten. Het is interessant en geeft voldoening om bij een succesvol team te horen. De gelegenheid om te groeien en de groei van anderen te ondersteunen, is voor veel werknemers een zeer bevredigende ervaring.

VRAAG
Als student werk je vaak in projectgroepen aan opdrachten. Soms zie je een groep zich ontwikkelen tot een echt team. Ze gaan 'als een trein' aan het werk en boeken goede resultaten. Welke factoren uit het model van figuur 11.3 zijn bepalend voor het ontstaan van zo'n teamgeest?
Kunnen de begeleiders ervoor zorgen dat zo'n teamgeest ontstaat door toepassing van de instrumenten selectie, training en beloning? Zo ja, hoe dan? Zo nee, waarom niet?

Universeel of cultureel?

Hoewel onderzoek naar overwegingen over het gebruikmaken van teams in de hele wereld nog niet lang geleden is begonnen, is er op drie terreinen al wel iets te melden: de omvang van teamwork, zelfsturende teams en teamculturele diversiteit.

Omvang van teamwork
In de Verenigde Staten is het werken met teams weliswaar algemeen ingeburgerd, maar onderzoeksgegevens wijzen erop dat de omvang van teamwork in de Verenigde Staten niet zo significant is als in andere landen. Een studie waarin werknemers uit de Verenigde Staten met die uit Canada en Azië werden vergeleken, onthulde dat 51 procent van de werknemers in het gebied van Azië en de Stille Oceaan en 48 procent van Canadese werknemers een hoog teamworkniveau laten zien. Maar slechts een derde (32 procent) van de werknemers uit de Verenigde Staten zegt dat hun organisatie een hoog teamworkniveau heeft.[63] Teamwork mag dan wijdverbreid zijn in de Verenigde Staten; uit deze gegevens blijkt dat er voor individuele bijdragen nog altijd een grote rol is weggelegd. En aangezien de cultuur in de Verenigde Staten uiterst individualistisch is, zou dat nog wel eens een hele tijd zo kunnen blijven.

Zelfsturende teams
Zelfsturende teams zijn niet het *wondermiddel* gebleken dat ze volgens velen zouden zijn. Er is dus grote zorgvuldigheid geboden bij de inzet van zelfstu-

rende teams. Er zijn bijvoorbeeld gegevens waaruit blijkt dat dit soort teams over het geheel genomen minder goed werken in Mexico. Dat kan worden verklaard door de relatief hoge score op onzekerheidsvermijding in het cultuurmodel van Hofstede en door het respect van werknemers voor hiërarchisch gezag.[64] In landen met een relatief hoge score op machtsafstand moet een team misschien zo worden ingericht dat de leidersrollen goed zijn uitgelegd en dat is vastgesteld hoe de machtsverhoudingen liggen.

Culturele diversiteit en teamprestaties

Onderzoek naar teamdiversiteit in termen van factoren als etniciteit en gender kwam al eerder aan de orde. Maar hoe zit het met diversiteit die ontstaat door nationale verschillen? Net als bij eerder onderzoek blijkt ook hier dat deze elementen van diversiteit het teamproces belemmeren, althans op de korte termijn.[65] Diversiteit draagt echter wel bij tot een grotere ideeënrijkdom, ruimer denken en meer creativiteit en innovatie. Mits diversiteit erkent wordt als voordeel en niet onderdrukt wordt onder het mom van: alle neuzen de zelfde kant op; pas jij je maar aan aan mij! Als we wat dieper graven, rijst de vraag: hoe staat het met verschillen in culturele status? Onderzoekers in het Verenigd Koninkrijk vonden dat culturele statusverschillen de teamprestatie beïnvloedden en wel zo, dat teams met meer leden met een hoge status dan met een lage status betere prestaties leverden. Dit gold voor alle (!) teamleden.[66] Deze uitkomst wijst erop dat we bij het samenstellen van een divers team er goed aan doen ons te verdiepen in hoe mensen zich identificeren met de culturele status van de teamleden.

In het algemeen lijkt culturele diversiteit positief te werken bij taken waarvoor verschillende standpunten nodig zijn. Cultureel heterogene teams hebben er meer moeite mee om met elkaar te leren samenwerken en problemen op te lossen, maar deze problemen verdwijnen na verloop van tijd. Hoewel pasgevormde cultureel heterogene teams slechter presteren dan pasgevormde cultureel homogene teams, verdwijnt dit verschil in prestatie na ongeveer drie maanden.[67] Bepaalde strategieën om de teamprestaties te verbeteren lijken in vele culturen goed te werken. Uit onderzoek is gebleken dat teams in landen met een collectivistische cultuur en landen met een individualistischere cultuur in de Europese Unie evenveel baat hadden bij het hebben van groepsdoelen.[68]

KERN VAN DIT HOOFDSTUK

Slechts weinig trends hebben zo'n grote impact op banen gehad als de grootscheepse introductie van teams. De verschuiving van alleen werken naar in teamverband werken, vraagt van mensen dat ze samenwerken met anderen, informatie uitwisselen, verschillen en geschillen niet uit de weg gaan en persoonlijke belangen opzijzetten voor het belang van het hele team.

Effectieve teams blijken een aantal kenmerken gemeen te hebben:

- voldoende hulpmiddelen;
- goed leiderschap;
- een sfeer van vertrouwen;
- een beloningssysteem waarin bij de prestatiebeoordeling rekening gehouden wordt met teambijdragen.

Teams bestaan uit leden met inhoudelijke expertise en leden met vaardigheden in probleemoplossing, besluitvorming en omgang met anderen. Effectieve teamleden scoren hoog op de persoonlijkheidskenmerken: openstaan voor ervaringen, plichtsgetrouwheid en inschikkelijkheid.
Effectieve teams zijn meestal klein – minder dan tien mensen – en bestaan bij voorkeur uit mensen met verschillende achtergronden. De teamleden kunnen meerdere rollen vervullen, zijn flexibel en werken graag in een groep. Het werk dat de leden doen, heeft invloed op anderen, biedt vrijheid en autonomie, de kans verschillende vaardigheden en talenten te gebruiken en het vermogen een volledige taak uit te voeren of een heel product te maken.
Verder delen goed functionerende teamleden een gemeenschappelijk, overkoepelend doel en concrete teamdoelstellingen. De leden geloven in de capaciteiten van het team, weten conflicten tot een aanvaardbaar niveau te beheersen en lijntrekkerij tot een minimum te beperken.
Omdat individualistische samenlevingen individuele successen verlangen en belonen, is het in dergelijke samenlevingen moeilijker mensen zich te laten ontwikkelen tot teamspelers dan in een collectivistische omgeving. Bedrijven die de omslag willen maken moeten proberen personen te selecteren met de juiste interpersoonlijke vaardigheden om effectieve teamspelers te worden. Organisaties moeten trainingen aanbieden om teamgedrag te bevorderen en individuele leden belonen voor collectieve inspanningen.
Tot slot: ga er niet vanuit dat teams altijd het beste antwoord zijn. Als taken geen voordeel hebben van wederzijdse afhankelijkheid kunnen ze beter door individuele medewerkers worden uitgevoerd.

HOOFDSTUK 12

Leiderschap

NA BESTUDERING VAN DIT HOOFDSTUK BEN JE IN STAAT OM:

1. de conclusies over persoonlijkheids- en gedragstheorieën samen te vatten;
2. de centrale leerstellingen en de beperkingen van de gedragstheorieën uit te leggen;
3. de wetenschappelijke waarde van contingentietheorieën over leiderschap te beoordelen;
4. de hedendaagse leiderschapstheorieën te beschrijven en het verband met de basistheorieën leiderschap aan te geven;
5. de bijdrage van leiders aan een ethische organisatie te bediscussiëren;
6. uit te leggen hoe leiders een positieve invloed op hun organisaties kunnen hebben door vertrouwen op te bouwen en te coachen;
7. vast te stellen wanneer leiderschap misschien niet nodig is;
8. te beoordelen of de concepten van leiderschap in alle culturen gelden.

In dit hoofdstuk bekijken we de basisstijlen van leiderschap en gaan we in op de hedendaagse leiderschapstheorieën en ontwikkelingen in leiderschap. Ten eerste bespreken we de leiderschapstheorieën die uitgaan van de persoonlijkheid, het gedrag en de contingentie. Vervolgens bespreken we de problemen en uitdagingen rond de betekenis, het belang en het al dan niet toepassen van leiderschap. Maar laten we om te beginnen duidelijk maken wat we bedoelen met de term *leiderschap*.

12.1 Persoonlijkheidstheorieën over leiderschap

Leiderschap en management zijn termen die vaak door elkaar worden gehaald. Wat is het verschil? John Kotter van de Harvard Business School voert aan dat **management** gaat over het omgaan met complexiteit.[1] Goed management zorgt voor orde en samenhang, door het genereren van formele plannen, het ontwerpen van organisatiestructuren en door het bewaken van de voortgang van de plannen. Leiderschap daarentegen gaat over omgaan met verandering. **Leiders** zetten de koers uit door een toekomstvisie te ontwikkelen; vervolgens zorgen ze dat mensen achter deze visie gaan staan door deze over te brengen en hen te inspireren om de obstakels te overwinnen. Misschien is het je al opgevallen dat niet alle managers echte leiders zijn en andersom? Het is zelfs zo dat **informeel leiderschap** – het vermogen om buiten de formele structuren van de organisatie om invloed te hebben – soms belangrijker is dan formele invloed.

VRAAG

Stel je een organisatie voor met een manager aan de top en allemaal echte leiders daaronder. Wat zou dit betekenen voor de onderlinge afstemming en de koersvastheid van deze organisatie, denk je?

Wij definiëren **leiderschap** daarom als het vermogen om een groep zo te beïnvloeden dat die zich inzet voor een visie of serie doelstellingen. Wat je hopelijk opvalt, is dat we leiderschap niet koppelen aan formele positie, aantal dienstjaren of salaris.

VRAAG

Marieke is door de docent formeel aangesteld als projectleider. Zij houdt overzicht over wat iedereen moet doen en verzamelt de deelproducten. Ook plant ze vergaderingen en reserveert dan een projectruimte voor de groep. Ze rapporteert wekelijks over het gebrek aan voortgang. Als de docent vraagt wat zij gaat doen aan de trage voortgang, zegt ze: 'Niets, dat is toch ieders eigen verantwoordelijkheid?' Is hier sprake van leiderschap? Zo ja, waar blijkt dat uit? Zo niet, wat is het dan wel?

Wat maakt iemand tot leider? Denk eens aan de volgende leiders: Alexander de Grote, Haroen al Rashid, Karel de Grote, Napoleon, Atatürk, Churchill, Mao, Thatcher, Mandela. Toen bijvoorbeeld Margaret Thatcher (bijgenaamd *The Iron Lady*) premier van het Verenigd Koninkrijk was, werd ze vaak beschreven als zelfverzekerd, als iemand met een ijzeren wil, vastberaden en besluitvaardig. In Nederland kennen we onder anderen oud-minister en oud-eurocommissaris Neelie Kroes, die bekendstaat om haar inhoudelijke kwaliteiten en daadkracht. Eveneens kennen we in Nederland Annemarie Rakhorst die bekend staat om haar visie, intellect en daadkracht op het gebied duurzaamheid.[2]

Door de hele geschiedenis heen werden sterke leiders beschreven in termen van hun bijzondere persoonlijke eigenschappen. Hierbij aansluitend heeft de wetenschap geprobeerd te identificeren welke persoonlijke, sociale, fysieke en intellectuele trekken (*traits*) leiders onderscheiden van niet-leiders. Zoals je zult zien, zijn er ook andere benaderingen om het concept leiderschap te analyseren. Hou in gedachten dat die benaderingen elkaar aanvullen en niet vervangen. In feite is nog steeds niet helder welke variabelen in welke combinatie het beste leiderschap opleveren. Maar we komen stap voor stap dichterbij.

VOORBEELD

Begin jaren negentig onderging het Philipsconcern een grootscheepse reorganisatie *Operatie Centurion* genaamd. Deze reorganisatie door president-directeur Jan Timmer zorgde ervoor dat wereldwijd 50.000 van de 300.000 medewerkers hun baan verloren. In 1994 haalde Philips Cor Boonstra (topman van Sara Lee) binnen om in een organisatieveranderingstraject een sterk technologie-gedreven bedrijf tot een meer marktgerichte onderneming te maken. Boonstra gaf tot 2001 met zijn visie, ervaring en overtuigingskracht de richting, de doelen en de kaders van het vernieuwde Philips aan. Onder zijn leiding vervijfvoudigde de beurswaarde van het bedrijf. Dat kon alleen gebeuren doordat managers op alle niveaus bereid waren zijn visie te volgen en die te vertalen in praktisch dagelijks handelen.

Om te beginnen: de **persoonlijkheidstheorieën van leiderschap** richten zich op persoonlijkheidskenmerken zoals die van de Big Five (zie hoofdstuk 4) waarbij met name wordt gelet op karaktertrekken die twee te onderscheiden gevallen voorspellen: de kans om leider te worden én of je een goede leider bent. Op basis van de nieuwste onderzoeksresultaten kunnen we twee conclusies trekken. Ten eerste: persoonlijkheidskenmerken kunnen leiderschap inderdaad voorspellen. Ten tweede: de Big Five-persoonlijkheidskenmerken kunnen wel het *opkomen* van leiders voorspellen, maar niet of iemand een effectieve leider wordt.[3] Dat andere mensen je als leider beschouwen, hoeft nog niet te betekenen dat je de groep ertoe kan brengen haar doelen te realiseren. We beginnen met enkele sterke verbanden tussen persoonlijkheidskenmerken en leiderschap.

12.1.1 Persoonlijkheid en leiderschap

Wat maakt iemand tot een groot leider? Over het algemeen geldt dat mensen die graag mensen om zich heen hebben en voor zichzelf kunnen opkomen (extravert), gedisciplineerd zijn en zich aan hun beloften houden (plichtsgetrouw), en creatief en flexibel (open) zijn een duidelijk voordeel hebben als het op leiderschap aankomt. Laten we daar eens beter naar kijken aan de hand van de persoonlijkheidskenmerken.

VRAAG

Voor je verder leest: wat denk je? Welk persoonlijkheidsprofiel uit de Big Five verwacht je bij mensen die minder of helemaal niet geschikt zijn om leiding te geven? En welke dimensies zijn relevant voor de voorspelling van geschiktheid?

Big Five-persoonlijkheidskenmerken

Bij de bestudering van persoonlijkheidskenmerken vinden onderzoekers telkens weer dat *extraversie* het persoonlijkheidskenmerk is dat effectief leiderschap het beste voorspelt.[4] Toch heeft het persoonlijkheidskenmerk *extraversie* soms meer te maken met de manier waarop leiders zich tonen (etaleren) dan met hun effectiviteit. De toelichting is dat sociaal vaardige en dominante mensen zich waarschijnlijk eerder laten gelden in groepssituaties, waardoor extraverte mensen eerder als leider kunnen worden gezien. Echter, effectieve leiders zijn (juist) niet dominant. Uit een onderzoek blijkt dat de leiders die zeer hoog scoorden op assertiviteit, een facet van extraversie, minder effectief waren dan de leiders die daar gematigd hoog op scoorden.[5] Hoewel extraversie dus effectief leiderschap kan voorspellen, kan dat verband te maken hebben met unieke facetten van dat persoonlijkheidskenmerk.

In tegenstelling tot *inschikkelijkheid* en *emotionele stabiliteit*, persoonlijkheidskenmerken die leiderschap niet lijken te voorspellen, kunnen *plichtsgetrouwheid* en *openstaan voor ervaringen* leiderschap soms wel voorspellen, en dan vooral of dat leiderschap effectief is. Zo komt uit een onderzoek naar voren dat topmanagementteams die hoog scoorden op plichtsgetrouwheid met hun leiderschap een positieve invloed uitoefenden op de prestaties van de organisatie.[6] Plichtsgetrouwheid en extraversie vertonen een positief verband met het geloof in eigen kunnen (self-efficacy; zie hoofdstuk 7) van leiders.[7] En omdat mensen eerder iemand volgen die ervan overtuigd is dat hij of zij de goede weg inslaat, worden die personen als leiders gezien.

Duistere persoonlijkheidskenmerken

Hoe zit het dan met het duistere drietal: de persoonlijkheidskenmerken machiavellisme, narcisme en psychopathie (zie hoofdstuk 4)? Uit onderzoek blijkt dat ze niet helemaal slecht zijn voor leiderschap. Uit een onderzoek in Europa en de Verenigde

Een leider moet zijn duistere persoonlijkheidskenmerken in toom kunnen houden.
Foto: Elwynn / 123RF

Staten blijkt dat gemiddelde scores op de duistere persoonlijkheidskenmerken optimaal waren en dat lage (en hoge) scores samenhingen met ineffectief leiderschap. Verder lijkt uit het onderzoek naar voren te komen dat een hoge mate van emotionele stabiliteit ineffectief gedrag juist kan versterken.[8] Hogere scores op de duistere persoonlijkheidskenmerken en emotionele stabiliteit kunnen er echter aan bijdragen dat iemand als leider naar boven komt. Gelukkig is het zo dat zowel dit onderzoek als ander internationaal onderzoek aangeeft dat het ontwikkelen van vaardigheden op het gebied van zelfbewustzijn en zelfregulatie nuttig kan zijn voor leiders om de effecten van hun duistere persoonlijkheidskenmerken in toom te houden.[9]

12.1.2 Emotionele intelligentie (EQ) en leiderschap

Een ander persoonlijkheidskenmerk dat op effectief leiderschap kan duiden is emotionele intelligentie (EQ). Zoals we in hoofdstuk 3 besproken hebben, is empathie een kernelement van EQ. Empathische leiders kunnen zich goed inleven in de behoeften van andere mensen, ze luisteren naar wat hun volgers zeggen (en niet zeggen) en ze kunnen de reacties van andere mensen goed peilen. Leiders die op effectieve wijze emoties kunnen tonen en hanteren, zullen de gevoelens van hun volgers makkelijker kunnen beïnvloeden door oprecht enthousiast te zijn over goede prestaties en irritatie te laten blijken wanneer werknemers niet goed presteren.[10] Nader onderzoek naar het verband tussen EQ en effectief leiderschap is nodig.[11] Ook heeft onderzoek aangetoond dat de kans groter is dat mensen met een hoog EQ als leider naar boven komen, zelfs als rekening wordt gehouden met hun intelligentie en persoonlijkheid.[12]

VRAAG

Het lijkt erop dat een hoog EQ goede prestaties als verkoper, onderhandelaar en leidinggevende voorspelt. Extraversie (uit de Big Five) is vooral een goede voorspeller voor het verwerven van deze rollen, niet zozeer voor de mate van succes die een leider vervolgens heeft. Betekent dit dat EQ een aangeboren persoonlijkheidseigenschap is en dus niet aan te leren valt? Moeten we de trainingsprogramma's ter verhoging van je EQ schrappen?

12.2 Theorieën over leiderschapsgedrag

Persoonlijkheidstheorieën kunnen leiderschap *voorspellen* maar ze bieden geen *verklaring* over wat leiderschap inhoudt. De **gedragstheorieën van leiderschap** die we nu gaan bespreken geven meer inzicht in wat een leider *doet*. Ze verschillen dus qua nuttige toepassing. Op persoonlijkheidseigenschappen kun je wellicht leiders *selecteren*, maar als het om specifieke gedrag gaat kun je leiderschap ook *trainen*. Immers: gedrag kun je leren!

De meest uitgebreide gedragstheorie kwam voort uit onderzoek dat eind jaren veertig van de twintigste eeuw uitgevoerd werd aan de Ohio State University.[13] De onderzoekers wilden de fundamentele dimensies van leidersgedrag opsporen. Ze begonnen met ruim duizend dimensies en reduceerden de lijst uiteindelijk tot twee categorieën die het grootste deel verklaarden van het leidersgedrag zoals beschreven door werknemers. Ze noemden deze twee dimensies structuur aanbrengen (structuurinitiatie) en consideratie.

12.2.1 Structuur aanbrengen (structuurinitiatie)

Structuurinitiatie is de mate waarin een leider zijn rol en die van werknemers definieert en structureert om doelen te bereiken. Daartoe behoort het organiseren en ordenen van werkzaamheden, werkrelaties en doelen. De leider die hoog scoort op deze dimensie, 'verdeelt taken onder groepsleden, verwacht dat ze zich aan duidelijke prestatienormen houden en benadrukt dat deadlines gehaald moeten worden'.[14] Volgens een overzicht van de leiderschapsliteratuur is structuurinitiatie sterk verbonden met hogere productiviteit en hogere scores op prestatiebeoordelingen.

12.2.2 Consideratie(gedrag)

Consideratie is de mate waarin iemands werkrelaties gekenmerkt worden door wederzijds vertrouwen en respect voor ideeën en gevoelens van werknemers. Dit type leider bekommert zich zichtbaar om het welzijn, de status en tevredenheid van zijn volgers. Een leider die hoog scoort op deze dimensie, helpt werknemers bij persoonlijke problemen, is vriendelijk en toegankelijk, behandelt alle werknemers als gelijken en geeft openlijk blijk van zijn waardering en ondersteuning.[15] Premier Mark Rutte scoort bijvoorbeeld zeer hoog op consideratiegedrag. Zijn leiderschap is sterk mensgericht, omdat hij voortdurend op zoek is naar samenwerking en consensus, ook met de oppositie, al dan niet in crisistijd. In Angelsaksische landen en in Noord-Europa willen de meeste mensen het liefst voor een consideratieleider (ook wel: relatiegerichte leider, zie hierna) werken. Toen in een Amerikaanse studie werd gevraagd wat het meest motiverend was in het werk antwoordde 66 procent: waardering krijgen.[16] Een ander onderzoek liet zien dat mensen die voor relatiegerichte leiders werkten tevredener waren met hun werk en meer respect hadden voor hun leidinggevende.

12.2.3 Onderzoek van de Universiteit van Michigan

Leiderschapsonderzoek van het Survey Research Center aan de Universiteit van Michigan dat in dezelfde periode plaatsvond (eind jaren veertig van de twintigste eeuw), had vrijwel dezelfde doelstellingen: gedragskenmerken van leiders identificeren die verband hielden met goede prestaties. Ook de Michigan-groep kwam met twee dimensies van leidersgedrag, die zij werknemergericht en productiegericht noemden. **Werknemergericht leiderschap** is vergelijkbaar met consideratiegedrag, en **productiegericht leiderschap** is vergelijkbaar met het aanbrengen van structuur. De meeste onderzoekers van leiderschap gebruiken deze termen tegenwoordig dan ook als synoniemen.[17] Robert Blake en Jane Mouton namen de Ohio State- en Michigan-onderzoeken als uitgangspunt voor hun **leiderschapsmatrix** (hun *managerial grid* is zelfs een geregistreerd handelsmerk). Deze is gebaseerd op de leiderschapsstijlen 'aandacht voor mensen' en 'aandacht voor productie'. In de Nederlandstalige literatuur gebruiken we hiervoor meestal de termen: **relatiegericht** en **taakgericht**.

VRAAG

Zoek op internet naar informatie over de leiderschapsmatrix. Blake en Mouton stellen dat er één ideaal leiderstype bestaat: de effectieve leider. Daarnaast onderscheiden zij vier minder effectieve typen, waarvan er één nauwelijks nog leider genoemd kan worden. Welke zijn dit?

12.2.4 Samenvatting van persoonlijkheidstheorieën en gedragstheorieën

Zowel de gedragstheorieën als de theorieën over persoonlijkheidskenmerken dragen bij aan ons inzicht in effectief leiderschap. Leiders met bepaalde eigenschappen die relatiegericht en taakgericht gedrag vertonen, lijken effectiever te zijn dan anderen. Misschien kunnen deze twee theorieën wel worden geïntegreerd. Je zou bijvoorbeeld denken dat gewetensvolle leiders (een eigenschap) eerder structuur aanbrengen (een gedragsvorm). En misschien neigen extraverte leiders wel eerder naar consideratiegedrag. Helaas weten we nog niet zeker of zo'n verband bestaat. Er is dus meer onderzoek nodig voor we deze twee benaderingen kunnen integreren. Wellicht iets voor jou?
Hoewel sommige leiders dus over de juiste eigenschappen beschikken en ook het juiste gedrag vertonen, bleek uit verder onderzoek dat ook zij in de praktijk toch niet altijd de gewenste doelen haalden. De combinatie van karakter- en gedragstheorieën van leiderschap was nog niet krachtig genoeg om succesvol leiderschap goed te kunnen voorspellen. Vandaar dat de vraag opkwam of de context (**contingenties**) waarbinnen leiding wordt gegeven wellicht ook een rol zou spelen. Dat is het onderwerp van de volgende paragraaf.

12.3 Contingentietheorieën

Soms lijken keiharde leiders heel wat bewonderaars te hebben als ze een bedrijf overnemen dat het moeilijk heeft en dat ze uit de ellende moeten zien te krijgen. Zo haalde Siemens Löscher (zie kader) vast niet binnen om zijn aangename persoonlijkheid.

OPKOMST EN ONDERGANG VAN EEN CEO[18]

Peter Löscher moet het veld ruimen als topman van Siemens. De aandeelhouders van het Duitse industriële conglomeraat zijn ontevreden over de tegenvallende resultaten die onder Löscher worden behaald. Afgelopen donderdag kwam het bedrijf met een winstwaarschuwing, de vijfde in zes jaar onder Löscher.

Löscher kwam zes jaar geleden als eerste topman van 'buiten', omdat Siemens toen worstelde met een corruptieaffaire, waarbij leidende functionarissen van het concern verantwoordelijk waren voor het omkopen van Griekse politici. De nieuwe topmanager presenteerde direct een drastisch bezuinigingsplan, genaamd Fit for 2010, waarbij wereldwijd in totaal 17.000 banen moesten worden geschrapt. Vorig jaar kondigde Löscher opnieuw een pakket van hervormingen aan dat het bedrijf 'sneller, slanker en beweeglijker' moest maken.

Het voorspellen van leiderschapssucces blijkt complexer te zijn dan het vinden van een paar voorbeelden van heldhaftige leiders. De opkomst en ondergang van bepaalde leiders laat zien dat goed leiderschap van méér variabelen afhangt dan karakter en gedrag alleen. Toen het onderzoek naar persoonsgebonden factoren geen consistente resultaten opleverde, verlegde onderzoekers de blik naar **situationele factoren**. Dit leidde tot het ontstaan van de **contingentietheorieën**, die zich richten op de vraag onder welke situationele condities een bepaalde leiderschapsstijl wel of niet effectief is. Het idee is dat een relatiegerichte leiderschapsstijl misschien in een bepaalde situatie geschikt is, terwijl een taakgerichte stijl in een andere situatie meer effect heeft. Met andere woorden: of een bepaalde combinatie van persoonlijkheid en leiderschapsgedrag effectief is, hangt samen met (Engels: *is contingent on*) de aan- of afwezigheid van bepaalde voorwaarden. Maar wat zijn die voorwaarden precies? Er zijn verschillende pogingen gedaan om erachter te komen welke situationele factoren een rol spelen. We bespreken nu eerst de **contingentietheorie van leiderschap** volgens Fiedler, die als eerste situationele factoren wist te isoleren in zijn onderzoek. Daarna komen andere situationele theorieën aan bod.

12.3.1 Het model van Fiedler

Het eerste uitvoerige contingentiemodel van leiderschap is opgezet door Fred Fiedler.[19] Voor goede groepsprestaties moet volgens het **model van Fiedler** de wijze waarop de leider omgaat met zijn werknemers aansluiten op de hoeveelheid invloed die de situatie hem geeft. Het model gaat ervan uit dat de leiderschapsstijl van een individu permanent is.

Lees op MyLab welke originele aanpak Fiedler bedacht om de basisstijl van leidinggevenden te meten.

Als eerste stap wordt met behulp van de **least-preferred-coworker (LPC)-vragenlijst** bepaald of een leidinggevende taakgeoriënteerd of relatiegeoriënteerd is. Dit gebeurt door elke respondent (de leider) te vragen om alle medewerkers aan wie hij ooit leiding gaf langs te lopen en degene met wie ze het minst graag samenwerkten te beschrijven. Als de respondent die persoon op positieve wijze beschreef (een hoge LPC-score) is hij relatiegeoriënteerd. Maar was de beschrijving negatief (een lage LPC-score) dan is de respondent meer geïnteresseerd in productie en dus taakgeoriënteerd. Nadat deze score is vastgesteld, moeten we volgens Fiedler verschillende situaties combineren met de leiderschapsstijl om de effectiviteit van de leiderschapsstijl te kunnen voorspellen. De verschillende situaties worden aan de hand van drie contingentievariabelen beschreven, waarna we de situaties als zeer gunstig, middelmatig gunstig of ongunstig kunnen typeren. De kenmerken zijn:

1. **Leider-groepslidrelaties**: Het vertrouwen en respect van werknemers voor hun leider.
2. **Taakstructuur**: De mate van structurering (procedures, werkinstructies, richtlijnen) van de taken van werknemers.
3. **Positiemacht**: De mate waarin de leider bevoegdheden heeft zoals iemand kunnen ontslaan of aannemen, sancties kunnen opleggen of beslissingen nemen over promotie en salarisverhoging.

Lees op MyLab meer over leiderschapstheorieën en -scholen.

Het model zegt dat hoe hoger de taakstructuur, hoe meer procedures er zijn uitgewerkt; en hoe sterker de positiemacht, hoe meer invloed of controle de leider heeft. De gunstige situaties staan aan de linkerkant van het model in figuur 12.1.

Een voorbeeld van een zeer gunstige situaties (met veel invloed voor de leider) is bijvoorbeeld een hoofd van de loonadministratie die door zijn werknemers wordt gerespecteerd (goede relatie tussen leider en groepsleden); werkzaamheden heeft die duidelijk en specifiek zijn, zoals de lonen berekenen, vergoedingen uitschrijven en verslagen archiveren (hoge taakstructuur); en tamelijk veel vrijheid heeft om werknemers te belonen en sancties op te leggen (sterke positiemacht).

Een voorbeeld van een ongunstige situatie, te zien aan de rechterkant van het model, is een impopulaire voorzitter van een vrijwilligersorganisatie die aan fondsenwerving doet (weinig relaties tussen de leider en de leden, een lage taakstructuur, geringe positiemacht). In deze functie heeft de leider erg weinig invloed of controle ('weinig te zeggen'). Nogmaals, Fiedler stelde dat de leider meer invloed of controle in situaties heeft naarmate:

- de relaties beter zijn tussen deze leider en zijn groepsleden (werknemers);
- het werk meer gestructureerd is;
- de positiemacht groter is.

VRAAG

Welke leiderschapsstijl zou in de twee hiervoor genoemde voorbeeldsituaties (hoofd loonadministratie en voorzitter fondsenwervingsteam) het effectiefst zijn volgens de contingentietheorie van Fiedler?

Fiedlers theorie voorspelt dat taakgerichte leiders het beter doen in de categorieën I, II, III, VII en VIII. Relatiegerichte leiders zijn effectiever in de middelmatig gunstige situaties van de categorieën IV tot en met VI.[20]

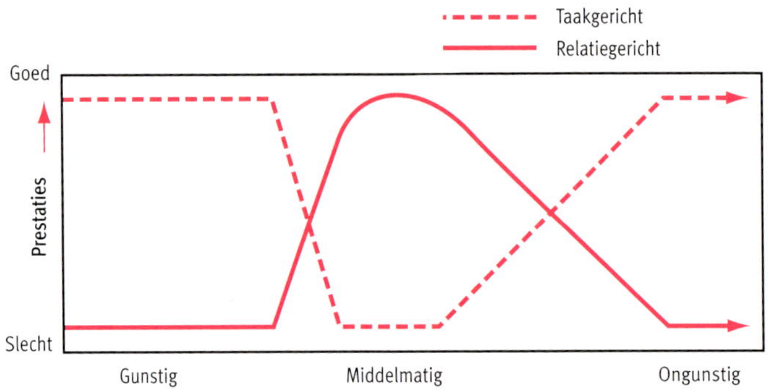

Categorie	I	II	III	IV	V	VI	VII	VIII
Leider-groepslid-relaties	Goed	Goed	Goed	Goed	Slecht	Slecht	Slecht	Slecht
Taakstructuur	Hoog	Hoog	Laag	Laag	Hoog	Hoog	Laag	Laag
Positiemacht	Sterk	Zwak	Sterk	Zwak	Sterk	Zwak	Sterk	Zwak

FIGUUR 12.1 Uitkomsten van het Fiedler-model

Fiedler heeft later de acht situaties gecomprimeerd tot drie.[21] Hij stelt nu dat taakgerichte leiders het best presteren in situaties met gunstige of heel ongunstige invloedsmogelijkheden terwijl relatiegerichte leiders het best presteren in situaties met een middelmatige invloedmogelijkheden.

Evaluatie van de theorie van het model van Fiedler

Over het geheel genomen geven onderzoeken waarin de validiteit van Fiedlers model getest is een positief beeld. Het model van Fiedler is de laatste jaren echter niet veel verder bestudeerd en onderzocht. Derhalve levert het model te overwegen inzichten op, maar is de praktische toepassing problematisch. Met name manier waarop Fiedler de leiderschapsstijl vaststelt, levert problemen op.[22] In de praktijk blijkt het lastig om te bepalen hoe goed de relaties tussen leider en leden zijn, hoe gestructureerd de taak is en hoeveel positiemacht de leider heeft.[23]

12.3.2 Situationeel leiderschap

In het contingentiemodel van Fiedler wordt de leiderschapsstijl als onveranderbaar (vast) beschouwd. Maar wat als je je leiderschapsstijl juist wel zou kunnen aanpassen? En wat als de medewerkers verschillende behoeften aan leiding hebben? Dat zou goed passen bij het gegeven dat mensen (zowel leidinggevenden als medewerkers) zich qua kennis, prestatie, houding en behoeften kunnen ontwikkelen. De mondige en kritische werknemer in de moderne samenleving vraagt om een veel individueler benadering dan voorheen. Maar op welke individuele behoeften zou de manager zijn stijl dan moeten baseren?
Paul Hersey en Ken Blanchard doen heel andere aannames dan Fiedler in hun **theorie van situationeel leiderschap**:[24]

- De behoefte aan een bepaalde stijl van leidinggeven (leiderschapsstijl) verandert naarmate iemand ervarener en deskundiger wordt in zijn taak.
- Een leider kan zijn leiderschapsstijl aanpassen aan de situatie en de behoefte van de medewerker. Daardoor kan hij zijn effectiviteit sterk verbeteren.

Hershey en Blanchard onderscheiden vier stijlen van leidinggeven die elk bij een ander ontwikkelingsniveau van de medewerkers of teams passen:

1. **Instrueren** (opdrachtgevende en controlerende stijl)
   Dit is nodig voor medewerkers die pas in dienst zijn, nog weinig ervaring hebben met de taak en door hun onzekerheid ook minder gemotiveerd zijn (lage taakvolwassenheid en lage motivatie).
2. **Overtuigen** (begeleiden en coachen)
   Dit is nodig voor medewerkers die enige ervaring hebben maar nog opzien tegen lastige aspecten van de taak waarin zelfstandig oordelen en beslissen wordt gevraagd. Hun motivatie is hoog maar hun zelfvertrouwen is nog vrij laag (lage taakvolwassenheid en hoge motivatie).
3. **Participeren** (mee laten denken, het *wat* wordt bepaald door de leiding, het *hoe* door de medewerkers)
   Dit is geschikt voor medewerkers die meer dan voldoende ervaring en kennis hebben maar minder gemotiveerd zijn om verantwoordelijkheid te nemen (hoge taakvolwassenheid, lage motivatie).
4. **Delegeren** (medewerkers bepalen zelf het *wat* en *hoe* en rapporteren alleen achteraf over de bereikte resultaten)
   Dit is geschikt voor professionele medewerkers die deskundig en gemotiveerd zijn. De leiding bepaalt globale kaders, de medewerkers vullen deze naar eigen inzicht in (hoge taakvolwassenheid en hoge motivatie).

SITUATIONEEL (BEGE)LEIDEN VAN STUDENTEN

Een eerstejaarsstudent heeft een andere begeleiding nodig dan een vierdejaars. De relatie student-begeleider ontwikkelt zich dus dynamisch. In het eerste jaar geeft de docent heldere opdrachten met een concreet voorgeschreven aanpak, zodat de student weet wat er van hem wordt verlangd. In de volgende jaren worden opdrachten breder met minder concreet beschreven aanpakken. Nu moet de student zelf – in overleg met docenten of opdrachtgevers – kiezen voor een bepaalde aanpak. Bij de begeleiding van een vierdejaars wordt ervan uitgegaan dat deze een afstudeerproject zelfstandig kan uitvoeren. De docent is dan meer sparringpartner dan instructeur.

VRAAG
Bekijk het model van Hersey en Blanchard. Zoek aanvullende informatie op het internet. Welke verschillen zie je met de theorie van Fiedler?

De theorie van situationeel leiderschap heeft een intuïtieve aannemelijkheid. Ze erkent het belang van de medewerkers die leiding krijgen. De theorie van situationeel leiderschap is gebaseerd op de ervaring dat leiders de beperkte (beginners)vaardigheden en motivatie van medewerkers kunnen compenseren. Toch leverden onderzoeksinspanningen om de theorie te toetsen overwegend teleurstellende resultaten op.[25] Waarom? Mogelijk wordt dit veroorzaakt door onduidelijkheden in het model zelf of misschien was de onderzoeksaanpak niet geschikt. Dus, ondanks de intuïtieve aantrekkelijkheid van dit model kunnen we nog niet zeker zijn van de juistheid.

12.3.3 Pad-doeltheorie van leiderschap

In de **pad-doeltheorie** van Robert House zijn elementen opgenomen van het onderzoek naar het initiëren van structuur, consideratie en de verwachtingstheorie over motivatie.[26] In de pad-doeltheorie wordt gesteld dat het de taak van de leider is om zijn volgers informatie, steun of andere hulpmiddelen te geven die nodig zijn om een doel te bereiken (de term pad-doel impliceert dat effectieve leiders hun volgers duidelijk maken wat de weg naar hun werkdoelen is en de obstakels op die weg zoveel mogelijk wegnemen). De theorie gaat uit van het volgende:

- **Directief leiderschap** levert een grotere werktevredenheid onder werknemers op wanneer taken onduidelijk of stressvol zijn dan wanneer ze sterk gestructureerd en duidelijk zijn.
- **Ondersteunend leiderschap** leidt tot goede prestaties en grote tevredenheid van de werknemers wanneer ze gestructureerde taken moeten uitvoeren.

Directief leiderschap wordt door werknemers die goed zijn in hun werk of de nodige ervaring hebben veelal als overbodig gezien. Dit is uiteraard een versimpeling. De afstemming tussen leiderschapsstijl en situatie kan van persoon tot persoon verschillen en veranderlijk zijn. Sommige taken kunnen zowel stressvol als sterk gestructureerd zijn, en werknemers zijn ervaren (goed) in de ene taak maar minder ervaren (matig) in andere. Uit ander onderzoek blijkt dat zeer doelgerichte leiders emotionele uitputting kunnen veroorzaken onder ondergeschikten die weinig plichtsgetrouw en emotioneel niet stabiel zijn.[27] Dat duidt erop dat leiders die doelen stellen plichtsgetrouwe werknemers in staat stellen om beter te presteren, maar stress kunnen veroorzaken bij werknemers die veel minder plichtsgetrouw zijn.
Net als voor de theorie van het situationeel leiderschap lijkt er wel wat te zeggen voor de pad-doeltheorie, vooral als het bereiken van doelen het uitgangspunt is. Maar net als bij de theorie van het situationeel leiderschap kan de pad-doeltheorie van leiderschap slechts heel voorzichtig worden toegepast, al vormt ze een nuttig kader om de belangrijke rol van leiderschap te verkennen.[28]

VRAAG
'Als je wilt leiden, moet je volgen' (Lao Tzu). Ben je het hiermee eens of oneens?

12.3.4 Participatief leiderschap

De laatste van de vier contingentietheorieën die we bespreken stelt dat de manier waarop de leider besluiten neemt net zo belangrijk is als wat hij of zij besluit. Bij de **theorie van participatief leiderschap** wordt het gedrag van de leider gekoppeld aan de deelname van diens medewerkers aan de besluitvorming.[29] Net als in de pad-doel-theorie wordt gesteld dat leiders zich in hun gedrag moeten aanpassen aan de taakstructuur (bijvoorbeeld routinetaken, non-routinetaken of ertussenin), maar niet alle soorten leiderschapsgedrag worden in deze theorie besproken. De theorie van participatief leiderschap blijft beperkt tot aanbevelingen over welke soorten besluiten het beste kunnen worden genomen met participatie van medewerkers. De theorie legt de basis voor de vraag in welke situaties met welk leiderschapsgedrag de kans het grootst is dat de medewerkers erin meegaan. Of, zoals een wetenschapper over dit onderwerp opmerkte: 'Leiders leven niet in een vacuüm'; leiderschap is een symbiotische relatie tussen leiders en volgers.[30]

De tot nu toe besproken theorieën gaan echter uit van de aanname dat leiders een tamelijk homogene stijl hanteren tegenover al hun werknemers. Maar zijn dat algemene ervaringen in groepen? Of gaan groepsleiders doorgaans verschillend om met verschillende mensen?

12.4 Hedendaagse leiderschapstheorieën

Leiders zijn belangrijk voor organisaties en hun werknemers. Toch is het wetenschappelijk begrip van wat leiderschap eigenlijk is nog volop in ontwikkeling. Met de nieuwere theorieën wordt voortgebouwd op het fundament dat we zojuist hebben besproken. Onderzoekers zijn op zoek gegaan naar de unieke manieren waarop leiders naar boven komen, invloed uitoefenen en hun werknemers en organisatie de weg wijzen. We gaan nu enkele van die toonaangevende hedendaagse theorieën bespreken en kijken of we aspecten van de reeds besproken theorieën tegenkomen.

12.4.1 De leader-member-exchange-theorie (LMX-theorie)

De oudere leiderschapstheorieën namen als vanzelfsprekend aan dat leiders dezelfde stijl hanteren tegenover alle mensen in hun werkeenheden. Maar klopt dat wel? Denk eens aan je eigen ervaringen in werk- en studiegroepen. Is het je ooit opgevallen dat je leidinggevenden of docenten zich heel verschillend gedroegen tegenover verschillende mensen? Had de leidinggevende of docent misschien favorieten die samen met hem een kliek vormden? Als het antwoord ja is, dan begrijp je waarschijnlijk ook de grondslag van de theorie over uitwisseling tussen leider en leden.[31]

De **leader-member-exchange-theorie (LMX-theorie)** stelt dat leiders een kleine groep volgers kiezen waarmee ze een speciale relatie opbouwen. Deze personen vormen de wij-groep: de intimi die de leider vertrouwt, waar hij onevenredig veel tijd in steekt en die van hem bepaalde privileges krijgen. De leiderschapsstijl is naar die mensen vooral relatiegericht. Andere volgers vallen in de zij-groep. De leider besteedt minder tijd aan hen, ze krijgen een kleiner deel van de beloningen waarover de leider beschikt, en hun relatie met de leider heeft een formalistisch en hiërarchisch karakter, wat duidt op een meer taakgerichte stijl.

De theorie stelt dat de leider al in het prille begin van de interacties tussen leider en volger de volger onbewust indeelt in een van beide groepen, en dat die relatie behoorlijk stabiel blijft in de loop der tijd. Leiders geven de aanzet tot *uitwisseling* door die werknemers te belonen met wie ze een nauwer contact willen en door degenen met wie ze dat niet willen te straffen of te negeren.[32] Om de uitwisselingsrelatie intact te houden, moeten de leider en volger allebei in de relatie investeren.

VRAAG

Jan is ploegbaas bij Vredestein, een bandenfabriek te Enschede. Jan is een echte Twentenaar. Hij drinkt graag een biertje, kijkt de kat uit de boom, maakt zich nooit druk en viert elk jaar carnaval in Oldenzaal. Met welke ploegleden zou hij het vaakst informeel contact hebben als zijn ploeg bestaat uit vier Turkse Nederlanders, één Pool, drie Twentenaren en twee Groningers?

Hoe de leider precies tot zijn beslissingen komt, is niet duidelijk. Er zijn wel aanwijzingen dat leiders vertrouwelingen kiezen omdat hun attitudes en persoonlijkheidskenmerken overeenkomen met die van de leider, of omdat ze competenter zijn dan andere volgers (zie figuur 12.2).[33] Leiders en ondergeschikten van hetzelfde geslacht lijken dikwijls makkelijker een uitwisselingsrelatie aan te gaan.[34] Hoewel de leider zelf lijkt te bepalen met wie hij meer of minder contact wil, zijn het de kenmerken van de ondergeschikte die de leider aanzetten tot zijn keuze.

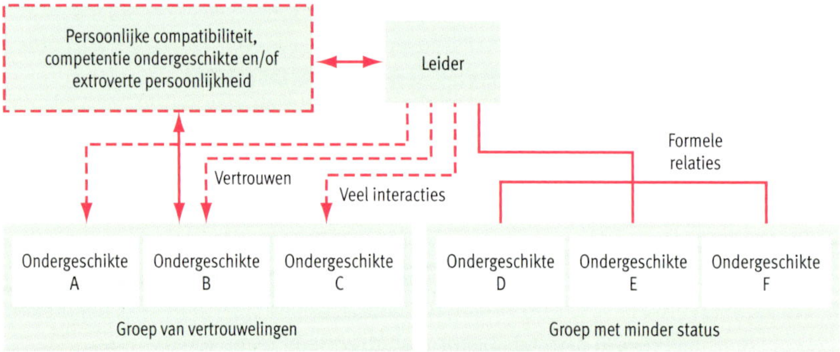

FIGUUR 12.2 **Overeenkomsten en interactie tussen leiders, wij-groep en zij-groep**

Evaluatie van de LMX-theorie

In onderzoek wordt deze theorie meestal bevestigd. Sterker nog, het onderzoek naar deze theorie leverde overtuigende bewijzen op voor het volgende:

- Leiders maken onderscheid tussen ondergeschikten.
- Het onderscheid tussen ondergeschikten is niet willekeurig.
- Medewerkers met de status van vertrouweling krijgen een betere prestatiebeoordeling, zijn minder geneigd te vertrekken, zijn tevredener over hun superieur en hun algehele tevredenheid is hoger dan die van mensen in de groep met minder status.[35]

Uit onderzoek in Portugal en de Verenigde Staten blijkt dat de LMX sterk samenhangt met een grotere inzet van de volgers voor de organisatie als zij vinden dat de leiders de waarden en identiteit van de organisatie belichamen.[36] Uit ander onderzoek komt naar voren dat werknemers van leiders die oog hebben voor hun gezinssituatie (de werknemers helpen om een betere balans te vinden tussen werk en privéleven) zich in de LMX-relatie beter inzetten en beter presteren.[37] Deze positieve uitkomsten voor groepsleden die tot de wij-groep horen, zijn niet erg verrassend, gegeven onze kennis over de *self-fulfilling prophecy* (zie hoofdstuk 7). Leiders investeren hun middelen in degenen van wie ze het meeste verwachten als het gaat om prestaties. Ze hebben de overtuiging dat hun vertrouwelingen het competentst zijn en behandelen hen daardoor anders. Zo laten ze onbewust hun *prophecy* uitkomen.

VRAAG

In aansluiting op het vorige vraagstuk: wat is je antwoord als je de volgende extra informatie meeneemt?
Twee van de vier Turkse Nederlanders kent Jan al lang, ze praten goed Nederlands met een sterk Twents accent en drinken ook graag een biertje. Hun kinderen gaan naar dezelfde school als die van Jan. De andere twee houden zich strikt aan hun geloofsvoorschriften. Fijne, constante werkers zijn het, maar ze communiceren alleen met Jan over het werk en het loon. De Groningers werken hard, drinken niet en vieren zeker geen carnaval. De Pool spreekt nauwelijks Nederlands, drinkt wodka, en spaart zijn loon om in Polen een huis te bouwen. De drie Twentse jongens zijn lid van een motorclub. Zij vieren ook elk jaar carnaval in Oldenzaal. Alle drie gaven ze aan Jan te kennen dat ze graag ander werk willen.

Ondanks al het positiefs dat de LMX-theorie voor de wij-groep oplevert, blijkt uit onderzoek dat die uitwisseling voor de zij-groep én de wij-groep negatieve gevolgen kan hebben. In een onderzoek in Turkije werden bijvoorbeeld leiders gevolgd die veel onderscheid maakten in de relatie met hun medewerkers (sommigen hadden een zeer positieve uitwisseling met de leidinggevende, anderen een zeer negatieve). De medewerkers die de organisatie daardoor als onrechtvaardig beschouwden, hadden een negatievere houding ten opzichte van het werk. Onder hen was ook sprake van een groter verloop.[38]
Uit onderzoek in China en de Verenigde Staten blijkt dat als de leider werknemers ongelijk behandelt, dat slecht is voor het vertrouwen van het team en het team ook gaat twijfelen of procedures (wel) rechtvaardig worden toegepast, vooral als de teamleden nauw samenwerken.[39] Ander onderzoek geeft aan dat hoewel de teamleden van de wij-groep in een LMX-omgeving beter gaan presteren, het team als geheel slecht(er) gecoördineerd raakt en de prestaties over de hele linie achteruitgaan.[40] Hechte teams kunnen, door een ondersteunende omgeving te bieden, ervoor zorgen dat de zij-groepsleden hun zelfvertrouwen en geloof in eigen kunnen niet verliezen,[41] maar dat gaat vaak ten koste van de relatie tussen de werknemer en de leider.

12.4.2 Charismatisch leiderschap

Mensen als Mahatma Gandhi, Mustafa Kemal Atatürk, John F. Kennedy, Martin Luther King Jr., Barack Obama, Moeder Teresa, Steve Jobs en Malala Yousafzai, maar ook Lenin, Hitler, Mao, Idi Amin en Fidel Castro staan bekend als charismatische leiders. Wat hebben deze mensen met elkaar gemeen?

VRAAG

Is leiderschap aangeboren of aangeleerd? En managementvaardigheden dan?

Denk je dat mensen als leider worden geboren (*nature*) of tot leider worden gemaakt (*nurture*)? Het kan inderdaad zo zijn dat iemand letterlijk wordt geboren in een leiderschapspositie (denk bijvoorbeeld aan de erfgenamen van families met namen als Ford of Van der Valk) en een leiderschapspositie in de schoot geworpen krijgt door prestaties uit het verleden (net als CEO's die zich een weg omhoog hebben gewerkt in de organisatie). Het kan ook zijn dat iemand informeel als leider worden gezien (net als een werknemer bij Twitter die alles weet omdat hij 'er van het begin af aan bij was').

We zullen nu echter niet ingaan op de weg waarlangs mensen een leiderschapsrol krijgen, want in deze paragraaf gaat het om de vraag wat grote leiders zo *bijzonder* maakt. Twee hedendaagse theorieën over leiderschap – charismatisch leiderschap en transformationeel leiderschap – hebben een gemeenschappelijk thema in het debat over grote leiders: ze zien leiders als individuen die hun volgers inspireren met hun woorden, ideeën en gedrag.

RICHARD BRANSON

Charismatisch leider Richard Branson verwacht van zijn werknemers dat ze zijn onconventionele gedrag volgen. Hij doet aan *te gekke* stunts als jetskiën in smoking en met een tank over 5th Avenue in New York rijden, en daardoor zorgt hij ervoor dat zijn werknemers lol hebben in en op hun werk. Hij stimuleert dat ze risico's nemen; dat wordt gezien als teken van een creatieve geest. Hoewel de werknemers onder de norm van de bedrijfstak betaald krijgen, vinden ze het heerlijk dat ze deel uitmaken van die *te gekke* Virgin-familie.

VRAAG
Leiders creëren fans; managers hebben werknemers. Eens of oneens?

Wat is charismatisch leiderschap?

De socioloog Max Weber was de eerste wetenschapper die **charismatisch leiderschap** besprak in zijn werk. Meer dan een eeuw geleden definieerde hij charisma (dat *gave* betekent in het Grieks) als 'een bepaalde eigenschap van de persoonlijkheid van een individu, op grond waarvan hij of zij zich onderscheidt van gewone mensen en wordt behandeld als zijnde begenadigd met bovennatuurlijke, bovenmenselijke of op zijn minst uitzonderlijke krachten of kwaliteiten. Deze eigenschappen worden niet toegedicht aan de gewone man, maar worden beschouwd als van goddelijke oorsprong of als voorbeeldig. Op basis daarvan wordt het betreffende individu behandeld als een leider.'[42]

Max Weber (1864-1920).
Foto: INTERFOTO / Alamy Stock Photo

De eerste onderzoeker die charismatisch leiderschap onderzocht in termen van GiO was Robert House. Volgens de **theorie van het charismatisch leiderschap** van House kennen volgers iemand heroïsche of buitengewone kwaliteiten toe wanneer ze bepaald gedrag waarnemen.[43] Er zijn meerdere pogingen ondernomen om persoonlijke eigenschappen van de charismatische leider te identificeren en uit de best gedocumenteerde onderzoeken zijn vier kenmerken gedistilleerd: de charismatische leider heeft een visie, is bereid risico's te nemen om die visie te verwezenlijken, is gevoelig voor behoeften van volgers, en vertoont onconventioneel gedrag.[44] Zie ook figuur 12.3.

Op basis van recent onderzoek in Griekenland wordt gesteld dat charismatisch leiderschap de identificatie (of betrokkenheid) van de volgers met de organisatie vergroot doordat dit soort leiderschap een gemeenschappelijke groepsidentiteit opbouwt onder de volgers.[45] Ander onderzoek geeft aan dat charismatisch leiderschap de werktevredenheid van de volgers zou kunnen voorspellen.[46]

EEN CHARISMATISCH LEIDER:

1. Heeft een visie – uitgedrukt als een geïdealiseerd doel – dat een betere toekomst belooft dan de status quo, en is in staat het belang van de visie zo te verwoorden dat anderen het begrijpen (*visie en verduidelijking*).
2. Is bereid om grote persoonlijke risico's te lopen, hoge kosten te maken en zich op te offeren voor de verwerkelijking van zijn visie (*persoonlijke risico's*).
3. Ziet de capaciteiten van anderen en gaat in op hun behoeften en gevoelens (*gevoeligheid voor behoeften voor volgers*).
4. Vertoont gedrag dat nieuw en anders is, houdt zich niet aan normen (*onconventioneel gedrag*).

FIGUUR 12.3 **Hoofdkenmerken van charismatische leiders**[47]

Worden charismatische leiders geboren of gemaakt?

Zijn charismatische leiders geboren met hun kwaliteiten? Of kunnen mensen in feite ook leren hoe ze charismatische leiders kunnen worden? Het antwoord op deze vragen is, paradoxaal genoeg, twee keer 'ja'. Mensen worden inderdaad geboren met persoonlijkheidskenmerken die hen charismatisch maken. Sterker nog, uit onderzoek onder identieke tweelingen is gebleken dat die min of meer hetzelfde scoren op charismatisch leiderschap, ook als ze in verschillende huishoudens zijn opgegroeid en elkaar nog nooit hebben gezien. Ook de persoonlijkheid kan in verband gebracht worden met charismatisch leiderschap; charismatische leiders zijn meestal extravert, stralen veel zelfvertrouwen uit en zijn prestatiegericht.[48] Denk bijvoorbeeld aan de legendarische kwaliteiten van oud-presidenten van de Verenigde Staten Ronald Reagan en Barack Obama; of je hen nu mag of niet, ze worden vaak met elkaar vergeleken, omdat ze beiden de eigenschappen van een charismatisch leider vertoonden.

Uit onderzoek blijkt dat charismatisch leiderschap niet alleen voorbehouden is aan wereldleiders, maar dat iedereen binnen zijn grenzen een meer charismatische leiderschapsstijl kan ontwikkelen. Als je jouw leiderschapsrollen actief en duidelijk blijft uitoefenen, dan zul je jouw visie op het bereiken van de doelen op een natuurlijke manier aan je volgers overbrengen, wat de kans vergroot dat je als charismatisch leider wordt gezien.[49] Wil je jouw charisma verder ontwikkelen, gebruik dan je passie als katalysator om enthousiasme op te wekken. Spreek met een levendige stem, versterk je boodschap met oogcontact en expressieve gezichtsuitdrukkingen, en onderstreep woorden met gebaren. Breng het potentieel in jouw teamleden naar boven door hun emoties aan te boren en een inspirerende band te scheppen. Onthoud dat enthousiasme aanstekelijk werkt!

Malala Yousafzai (1997).

Foto: Brazil Photo Press / Alamy Stock Photo

Barack Obama (1961).

Foto: Danita Delimont / Alamy Stock Photo

Ronald Reagan (1911-2004).
Foto: IanDagnall Computing / Alamy Stock Photo

Hoe charismatische leiders hun volgers beïnvloeden

Hoe beïnvloeden charismatische leiders hun volgers? Allereerst zal de leider een aanlokkelijke **visie** formuleren om op de lange termijn een doel te bereiken dat de organisatie beter zal maken. Deze visie geeft de volgers een gevoel van continuïteit, doordat het heden gekoppeld wordt aan een betere toekomst voor de organisatie. Ook moeten de mensen in de organisatie geloven dat het verwerkelijken van de visie een hele uitdaging is, maar wel haalbaar. Het is niet alleen de passie van de spreker die zijn volgers inspireert maar ook de aantrekkelijkheid van de boodschap.

In de tweede plaats is een visie niet compleet zonder een bijbehorende missionstatement, een formele verwoording van de visie van een organisatie. Charismatische leiders gebruiken de visie om een sfeer te scheppen van samenwerking en wederzijdse ondersteuning. Ze bevorderen een positief zelfbeeld en vertrouwen, die de hoge verwachtingen qua inzet en prestaties rechtvaardigen. Door woorden (taal) en (voorbeeld)gedrag draagt de leider de nieuwe waarden uit.

Tot slot weet de charismatische leider sterk in te spelen op emoties en vertoont hij onconventioneel gedrag waaruit moed en overtuiging blijken. Onderzoek toont aan dat volgers worden 'geraakt' door de emoties die hun leider overbrengt.[50] Uit een bepaalde studie bleek dat medewerkers zich sterker persoonlijk betrokken voelden als ze charismatische leiders hadden, waardoor ze op hun beurt extra bereid waren anderen te helpen en zich te houden aan voorschriften.[51]

VRAAG

De voormalige minister van Buitenlandse Zaken Frans Timmermans maakte grote indruk toen hij in de Veiligheidsraad van de Verenigde Naties het Nederlandse standpunt naar aanleiding van het drama met vlucht MH17 verwoordde. Bekijk zijn speech op YouTube. Wat maakt volgens jou zijn speech zo charismatisch dat Nederland als één man achter hem ging staan?

De negatieve kant van charismatisch leiderschap

Veel charismatische zakenlieden zijn beroemdheden geworden. Ieder bedrijf wil wel een charismatische president-directeur. En om die te paaien, krijgt deze soms ongekende autonomie en onbeperkte beschikking over middelen. Topdirecteuren hebben soms een privévliegtuig tot hun beschikking, wonen in een penthouse ter waarde van miljoenen dollars, kopen met een rentevrije lening een strandhuis of kunstwerken, worden omringd door bodyguards op kosten van het bedrijf en genieten dus letterlijk vorstelijke privileges. Het is echter steeds de vraag of die privileges gerechtvaardigd zijn. Onderzoek wees zelfs uit dat charismatische leiders in staat waren om een hoger salaris te krijgen dan anderen, zelfs wanneer hun prestaties onder de maat waren.[52]

Helaas handelen charismatische leiders niet altijd in het belang van hun organisatie.[53] Velen gebruikten hun macht om het bedrijf naar hun eigen beeltenis te vormen. Deze leiders hadden geen respect voor de scheidslijn tussen hun persoonlijke belangen en die van de organisatie. In het ergste geval is het gevaar van dit egoïstische charisma dat leiders hun eigenbelang en persoonlijke doelen boven de doelen van de organisatie stellen. Bij Amerikaanse bedrijven als Enron, Tyco, WorldCom en HealthSouth resulteerde dit in leiders die roekeloos de middelen van de organisatie voor hun eigen voordeel aanwendden, en directeuren die wetten overtraden en het niet zo nauw namen met ethische grenzen. Ze genereerden bijvoorbeeld financiële cijfers die tijdelijk de aandelenkoers omhoog joegen, zodat zij miljoenen dollars aan aandelenopties konden incasseren. Sommige charismatische leiders – zoals Hitler of Stalin – zijn helaas maar al te effectief in het overtuigen van hun volgers om een rampzalige visie te volgen. Als charisma *macht* betekent kan die ten goede maar ook ten kwade worden aangewend.

Erik Staal, voormalig topman bij woningcorporatie Vestia, werd verantwoordelijk gehouden voor het zeer risicovolle financiële beleid van Vestia.

Foto: Joeppoulssen / 123RF

VOORBEELD

In de afgelopen jaren hebben we in Nederland schandalen gezien bij de woningcorporaties Rochdale en Vestia en bij de onderwijsinstelling Amarantis, waarvan de directies grote risico's namen. Het is dan ook niet verrassend dat uit onderzoek is gebleken dat narcistische personen hoog scoren op bepaald gedrag dat met charismatisch leiderschap wordt geassocieerd.[54]

We willen hier niet suggereren dat charismatisch leiderschap niet effectief is. Over het algemeen is het dat namelijk wel. Charisma is echter niet altijd het juiste antwoord op de problemen waar een organisatie of de samenleving voor staat. Succes hangt tot op zekere hoogte af van de visie van de charismatische leider, maar ook van diens moraal en ingebouwde controle- en beheersingsinstrumenten om de effecten van het leiderschap in de gaten te houden.

VRAAG

Is leiderschap de capaciteit om visie te vertalen in realiteit (Warren Bennis)? Waarom wel of niet volgens jou?

Hangt effectief charismatisch leiderschap af van de situatie?

Charismatisch leiderschap heeft positieve effecten in vele uiteenlopende contexten en situaties. Bepaalde kenmerken van de volgers en de situatie kunnen die effecten echter versterken of enigszins beperken. Stress is een van de factoren die charismatisch leiderschap versterkt. Mensen zijn bijzonder ontvankelijk voor charismatisch leiderschap als er een crisis dreigt, als ze last van stress hebben of als ze voor hun leven vrezen. Misschien zijn we ontvankelijker voor charismatisch leiderschap in tijden van crisis omdat we dan menen dat er een leider met lef nodig is. Maar deels kan het ook een meer primaire reactie zijn. Zelfs in experimenten, waarbij proefpersonen toch vaak extra alert zijn, blijken mensen beter te reageren op charismatische leiders dan in een meer normale levenssituatie.[55]

Daarnaast zijn sommige persoonlijkheden extra ontvankelijk voor charismatisch leiderschap.[56] Denk maar aan het persoonlijkheidskenmerk *gevoel van eigenwaarde*. Als iemand twijfelt aan zichzelf, zal hij eerder volgens de ideeën van een leider handelen dan zijn eigen richting kiezen. Voor deze mensen doet de situatie er minder toe maar de charismatische kwaliteiten van de leider des te meer.

12.4.3 Transactioneel en transformationeel leiderschap

Charismatisch leiderschap berust op het vermogen van de leider om volgers te inspireren. Het model van Fiedler, situationeel leiderschap en de pad-doel theorie daarentegen gingen over **transactionele leiders**. Zulke leiders sturen of motiveren hun volgers naar vastgestelde doelen door de rol- en taakvereisten te verduidelijken. Veel onderzoek gaat over het onderscheid tussen transformationele en transactionele leiders.[57] Bij **transformationeel leiderschap** inspireert de leider zijn volgers om hun eigenbelang te overstijgen en het succes van hun organisatie boven alles te stellen. Ze hebben een buitengewoon groot effect op hun volgers, die met een toenemende mate van betrokkenheid reageren.[58]

Transformationele leiders vallen op doordat ze:

1. aandacht besteden aan de zorgen en ontwikkelingsbehoeften van individuele volgers;
2. de perceptie van bepaalde vraagstukken veranderen door hun volgers op een nieuwe manier naar oude problemen te helpen kijken;
3. volgers enthousiast maken en inspireren om zich extra in te spannen voor de doelstellingen van de groep.

Uit onderzoek blijkt dat transformationele leiders het meeste succes boeken als hun medewerkers kunnen waarnemen dat hun werk positief uitpakt voor klanten of andere betrokkenen.[59]

In figuur 12.4 zijn de kenmerken die deze twee typen leiderschap van elkaar onderscheiden en worden ze kort opgesomd en uitgelegd. Transactioneel en transformationeel leiderschap vullen elkaar aan. Je moet ze dus niet zien als elkaar uitsluitende benaderingen om dingen voor elkaar te krijgen.[60] Dit betekent niet dat ze even belangrijk zijn. Transformationeel leiderschap bouwt voort op transactioneel leiderschap en levert inspannings- en prestatieniveaus op die een louter transactionele aanpak overstijgen. Het omgekeerde is niet waar, dus als iemand een goede transactionele leider is, maar geen transformationele kwaliteiten heeft, zal hij over het geheel genomen eerder een middelmatige leider zijn dan andersom. De effectiefste leiders zijn echter transactioneel én transformationeel.

Het spectrum van leiderschapsstijlen

Figuur 12.5 toont het gehele **spectrum van leiderschapsstijlen**. **Laisser-faire** is het passiefste en dus minst effectieve leidersgedrag.[61] Leiders die deze stijl hanteren, worden zelden effectief gevonden. **Management by exception** – of het nu *actief* of *passief* is – is iets beter dan laisser-faire, maar wordt nog steeds als ineffectief leiderschap gezien. Zulke leiders zijn alleen bezig 'brandjes te blussen' en dan is het dikwijls al te laat.

Prestatiebeloning (gedragsbeloning) als leiderschapsstijl, waarbij het voldoen aan prestatie-eisen en het naleven van organisatiewaarden extra wordt beloond, kan effectief zijn. Maar werknemers zullen niet boven zichzelf uitstijgen bij dit type leiderschap. Alleen de vier overige stijlen – die alle vier aspecten van transformationeel leiderschap

TRANSACTIONELE LEIDER	
Laisser-faire	Ziet af van verantwoordelijkheden, vermijdt het nemen van beslissingen.
Management by exception (passief)	Grijpt alleen in als niet aan de normen wordt voldaan.
Management by exception (actief)	Kijkt en zoekt naar afwijkingen van regels en normen, onderneemt de juiste actie.
Prestatiebeloning	Contractuele uitwisseling van beloningen voor inspanning, belooft beloningen voor goede prestaties, erkent dingen die zijn bereikt.
TRANSFORMATIONELE LEIDER	
Geïndividualiseerde consideratie	Schenkt persoonlijke aandacht, behandelt elke werknemer individueel, coacht en adviseert.
Intellectuele stimulans	Promoot intelligentie, rationaliteit en zorgvuldige probleemoplossing.
Inspirerende motivatie	Brengt hoge verwachtingen over, gebruikt symbolen om de inspanningen te richten, drukt belangrijke doelstellingen op eenvoudige wijze uit.
Geïdealiseerde invloed	Levert visie en een missiegevoel, brengt trots bij, wint respect en vertrouwen.

FIGUUR 12.4 Kenmerken van transactionele en transformationele leiders

omvatten – kunnen mensen motiveren om boven verwachting te presteren en hun eigenbelang te overstijgen ten behoeve van de organisatie.

Geïndividualiseerde consideratie, **intellectuele stimulans**, **inspirerende motivatie** en **geïdealiseerde invloed** (het optreden van de leider als een authentiek en hoogstaand rolmodel) resulteren allemaal in extra inspanningen van werknemers, hogere productiviteit, een hoger moreel en meer tevredenheid, grotere organisatorische effectiviteit, minder personeelsverloop, minder verzuim en een groter aanpassingsvermogen van de organisatie. Volgens dit model zijn leiders gewoonlijk het effectiefst wanneer ze regelmatig gebruikmaken van elk van de vier transformationele gedragingen.

Hoe transformationeel leiderschap werkt

Organisaties met transformationele leiders kennen in het algemeen een grotere decentralisatie van verantwoordelijkheden, hun managers zijn sterker geneigd om risico's te nemen en hun beloningsregelingen zijn meer op langetermijnresultaten gericht; allemaal elementen die de ondernemingszin van grote bedrijven versterken.[62] Zo is uit een onderzoek onder ICT-werknemers in China gebleken dat als werknemers meer verantwoordelijkheid kregen, ze het gevoel kregen dat ze de touwtjes zelf in handen hadden, waardoor ze creatiever werden in hun werk.[63] Een ander onderzoek in Duitsland toonde aan dat transformationeel leiderschap de creativiteit bevorderde, maar ook dat leiders ervoor moeten waken dat medewerkers zich niet té afhankelijk opstellen, aangezien dat de creativiteit smoort.[64]

Bij bedrijven met transformationele leiders is er onder topmanagers vaak overeenstemming over de doelen van de organisatie, waardoor de organisatie uitstekend presteert.[65] In het Israëlische leger zijn vergelijkbare uitkomsten te zien, namelijk dat transformationele leiders voor betere prestaties zorgen doordat zij aan consensus onder de groepsleden werken.[66]

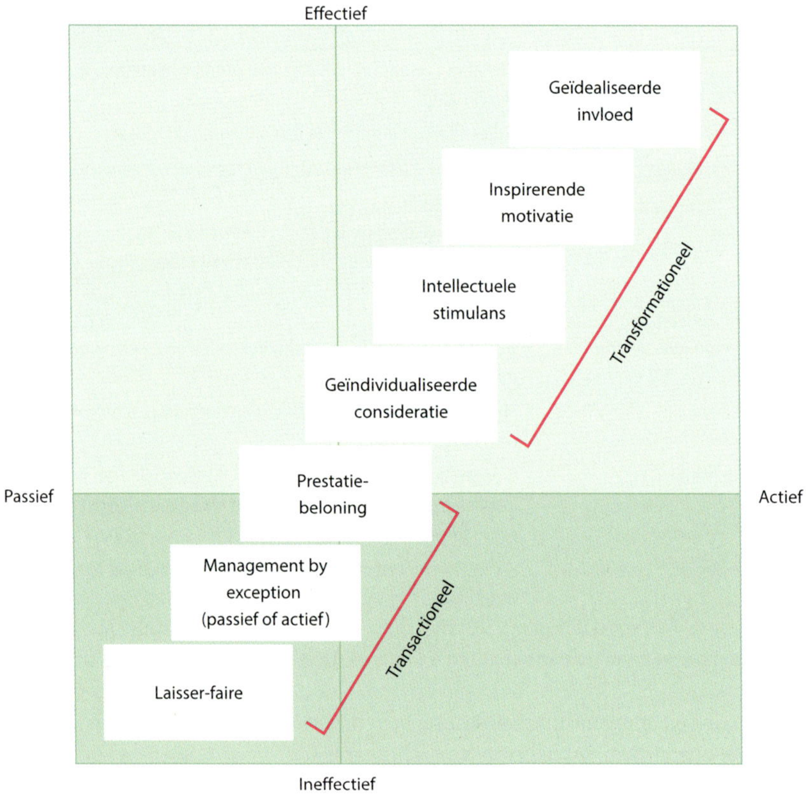

FIGUUR 12.5 **Het hele spectrum van leiderschapsstijlen**

Evaluatie van de theorie van transformationeel leiderschap

Er zijn indrukwekkende bewijzen voor de effectiviteit van transformationeel leiderschap op verschillende functieniveaus en in verschillende beroepen (schoolhoofden, docenten, marinecommandanten, ministers, voorzitters van alumniverenigingen, legerofficieren, vakbondsleiders en vertegenwoordigers). Uit een studie naar R&D-bedrijven kwam bijvoorbeeld naar voren dat teams die werden aangevoerd door projectleiders die hoog scoorden op transformationeel leiderschap, bij controle een jaar later producten van betere kwaliteit bleken te leveren. Vijf jaar later waren deze teams nog steeds winstgevender.[67] Uit een ander onderzoek bleek dat werknemers met een transformationele leider meer vertrouwen hadden in hun eigen vermogen om creatief te zijn op hun werk en ook daadwerkelijk betere prestaties leverden op creatief gebied.[68] Uit een bespreking van 117 studies waarin transformationeel leiderschap werd getoetst, blijkt dat er een verband bestaat met betere prestaties van de individuele medewerker, van het team en de organisatie als geheel.[69]

Transformationeel leiderschap is niet in alle situaties even effectief. Het heeft een grotere impact op de winst- en verliescijfers van kleinere, particuliere bedrijven dan op die van complexere organisaties.[70] De effectiviteit van transformationeel leiderschap hangt ook af van de vraag of werk wordt beoordeeld op team- of individueel niveau.[71] Individueel gericht transformationeel leiderschap geeft individuele volgers de mogelijkheid om ideeën te ontwikkelen, hun capaciteiten te vergroten en het geloof in eigen kunnen te versterken. Teamgerichte transformationele leiders leggen de nadruk op groepsdoelen, gemeenschappelijke waarden en overtuigingen en eendrachtige inspanningen. Toch is het succes van transformationeel leiderschap niet gegarandeerd. Uit bijvoorbeeld onderzoek in China blijkt dat in teamsituaties de identificatie van de groepsleden met de groep de effecten van transformationeel leiderschap teniet kunnen doen.[72]

Transformationeel versus transactioneel leiderschap

We hebben gezien dat transformationeel leiderschap vele wenselijke uitkomsten voor de organisatie heeft. Vergelijkend onderzoek tussen transformationeel en transactioneel leiderschap geeft aan dat transformationeel leiderschap, meer dan transactioneel leiderschap, samenhangt met minder personeelsverloop, een hogere productiviteit en grotere tevredenheid onder werknemers.[73] Echter, transformationeel leiderschap is niet perfect; het eerder getoonde spectrum van leiderschapsstijlen laat een scherp onderscheid tussen beide benaderingen zien, dat niet altijd past bij effectief leiderschap in de praktijk. De vier gedragingen onder transformationeel (de vier I's: individueel, intellectueel, inspirerend en idealisme) in figuur 12.5 zijn niet altijd beter dan de transactionele aanpak. Soms werkt prestatiebeloning voor behaalde doelen net zo goed als transformationele middelen dat doen. Maar over het algemeen kunnen we stellen dat transformationeel leiderschap, mits in de juiste situatie toegepast, wenselijk is en succesvol zal zijn.

Transformationeel versus charismatisch leiderschap

Bij onze bespreking van transformationeel en charismatisch leiderschap vallen enkele overeenkomsten op. Maar er zijn ook verschillen? Bij charismatisch leiderschap ligt iets sterker de nadruk op *hoe* leiders communiceren (zijn ze gepassioneerd en dynamisch?), terwijl bij transformationeel leiderschap de aandacht sterker ligt op *wat* ze communiceren (hebben ze een overtuigende visie?). Toch zijn de overeenkomsten tussen de theorieën groter dan de verschillen. Uiteindelijk staat in beide theorieën het vermogen van leiders om hun volgers te inspireren centraal, en soms wordt daar op dezelfde manier naar gekeken. Er zijn dan ook onderzoekers die menen dat de concepten enigszins uitwisselbaar zijn.

12.5 Verantwoordelijk leiderschap

Theorieën over charismatisch en transformationeel leiderschap hebben ons veel meer inzicht gegeven in effectief leiderschap, maar ze behandelen niet expliciet zaken als de rol van ethiek en vertrouwen. Sommige deskundigen stellen dat juist deze begrippen essentieel zijn om het beeld van effectief leiderschap compleet te maken. Nu gaan we hedendaagse begrippen bespreken die expliciet ingaan op de rol van de leider bij het scheppen van een ethische organisatie. Deze en de eerder besproken theorieën zijn geen ideeën die elkaar wederzijds uitsluiten: een transformationeel leider kan ook een verantwoordelijk leider zijn.

12.5.1 Authentiek leiderschap

Authentieke leiders richten zich op de morele aspecten van het leiderschap. Ze weten wie ze zijn, ze weten waar ze in geloven en waar ze waarde aan hechten en handelen daar open en oprecht naar. Hun volgers beschouwen hen als ethisch hoogstaande mensen.[74] De belangrijkste eigenschap die voortkomt uit **authentiek leiderschap** is vertrouwen. Authentieke leiders delen informatie met de betrokkenen, stimuleren open communicatie en houden vast aan hun idealen. Het resultaat is dat mensen vertrouwen in deze leiders krijgen. Dit gedrag is verbonden met het idee van nederig-

heid, wat ook een kenmerk is van authenticiteit. Onderzoek wijst uit dat leiders die als rolmodel nederigheid uitstralen hun medewerkers helpen om hun eigen groeiproces beter te begrijpen.[75]
Authentiek leiderschap kan, vooral als het gedeeld wordt door het managementteam aan de top, positieve energie genereren die het bedrijfsresultaat verbeterd.[76] Leiders kunnen een visie hebben en die overtuigend overbrengen, maar soms pakt die visie verkeerd uit, of is de leider meer bezig met zijn eigen behoeften of genoegens, zoals het geval was met de zakelijk leiders van het bedrijf Tyco, Dennis Kozlowski, en Enrons ex-directeur Jeff Skilling, die beiden in de gevangenis terechtkwamen.[77] Visie of idealen alleen maken een leider dus nog niet authentiek. Daarvoor moet hij ook een moreel hoogstaand persoon zijn. Authentieke leiders vertonen eerdergenoemd kwalijk gedrag niet. Ze zijn ook actiever met maatschappelijk verantwoord ondernemen (MVO) en meervoudige waardecreatie (zie hoofdstuk 2).

12.5.2 Ethisch leiderschap

Leiderschap is niet waardenvrij. Als we willen bepalen hoe effectief leiders zijn, dan moeten we (ook) ingaan op de middelen die ze gebruiken om hun doelen te bereiken en ook de inhoud van die doelen. De rol die de leider speelt bij het scheppen van de ethische verwachtingen van alle organisatieleden is van cruciaal belang.[78] Het ethisch leiderschap van de top beïnvloedt niet alleen de directe volgers, maar iedereen tot onderaan de hiërarchie van de organisatiestructuur. De hoogste leiders scheppen een ethische cultuur en verwachten van de leiders onder hen dat die zich volgens hun ethische richtlijnen gedragen.[79] Leiders met een sterke ethiek hebben doorgaans eerder volgers die meer voorbeeldig werkgedrag tonen (zie hoofdstuk 1) en eerder bereid zijn om problemen onder de aandacht van de leider te brengen.[80] Uit onderzoek blijkt ook dat er door ethisch leiderschap minder interpersoonlijke conflicten ontstaan.[81]
Ethische waarden en leiderschapsstijlen hebben meerdere raakvlakken. Transformationele leiders zijn bijvoorbeeld beschreven als leiders die morele deugden kweken wanneer ze de attitudes en het gedrag van volgers proberen te veranderen.[82] Ook charisma heeft een ethische component. Onethische leiders zullen hun charisma eerder aanwenden om hun macht over volgers te vergroten uit eigenbelang. Ethische leiders worden beschouwd als leiders die hun charisma op een constructieve manier aanwenden om anderen te dienen.[83] Een paar jaar geleden probeerden wetenschappers ethisch en charismatisch leiderschap te combineren tot één begrip: **gesocialiseerd charismatisch leiderschap** – leiderschap dat waarden overdraagt die op anderen zijn gericht (dus niet egogericht), door leiders die hoogstaand ethisch gedrag vertonen.[84] Zulke leiders zijn in staat de waarden van hun medewerkers in lijn te brengen met die van henzelf, door hun woorden en daden.[85]

12.5.3 Dienend leiderschap

Een van de laatste ontwikkelingen in het denken over ethisch leiderschap is het idee van **dienend leiderschap**.[86] Dienende leiders overstijgen hun eigenbelang en concentreren zich op kansen op groei en ontwikkeling van hun volgers. Kenmerkend gedrag van dienende leiders bestaat uit luisteren, meeleven, overtuigen, goed rentmeesterschap tonen en het potentieel van volgers actief ontwikkelen. Omdat dienend leiderschap vooral gaat om het vervullen van de behoeften van anderen, is het onderzoek ernaar sterk gericht op wat het oplevert voor het welzijn van volgers. Het zal niemand verrassen dat een onderzoek onder 126 CEO's een negatieve correlatie liet zien tussen dienend leiderschap en narcisme als persoonlijkheidstrek.[87]

Wat zijn de effecten van dienend leiderschap?

Uit een onderzoek onder 123 direct leidinggevenden blijkt dat dienend leiderschap leidt tot meer commitment aan de direct leidinggevende, meer zelfvertrouwen en een sterker gevoel dat het er in de organisatie rechtvaardig aan toegaat; allemaal factoren die te maken hebben met voorbeeldig gedrag in organisaties.[88] Dit verband tussen dienend leiderschap en voorbeeldig gedrag van de volgers lijkt sterker te zijn als de volgers zich plichtsgetrouw en verantwoordelijk proberen te gedragen.[89] Ten tweede leidt dienend leiderschap tot een sterke teamgeest (de overtuiging dat het eigen team bovengemiddelde vaardigheden en capaciteiten heeft), wat weer tot betere groepsprestaties leidt.[90] Ten derde is uit een representatieve steekproef onder 250 werknemers in de Verenigde Staten gebleken dat een sterkere mate van voorbeeldig werknemersgedrag samengaat met een gerichtheid op groei en vooruitkomen, wat dan weer samengaat met betere creatieve prestaties.[91] Ander onderzoek laat zien dat dienend leiderschap en de eruit voortvloeiende cultuur van dienstbaarheid het gevoel van werkbetrokkenheid en de creativiteit van medewerkers deed toenemen terwijl het personeelsverloop daalde.[92]

VOORBEELD

Managementgoeroe Jim Collins onderscheidt managers, effectieve leidinggevenden en *niveau 5-leidinggevenden*. Deze laatste categorie is volgens Collins het hoogste niveau dat je als leidinggevende kunt bereiken, maar tevens de minst voorkomende. Niveau-5-leidinggevenden worden gekenmerkt door persoonlijke bescheidenheid en vastberadenheid en betekenen veel voor de organisatie en de samenleving.

Marjolein is een niveau 5-leidinggevende: zij stelt zich op als een soort voorzitter van het bedrijf, waarbij ze de marketing- en salesafdeling, de planning en uitvoeringsafdeling voorziet van de juiste randvoorwaarden en de procesgang in de gaten houdt. Ze durft knopen door te hakken, zegt waar het op staat en vestigt zo min mogelijk aandacht op zichzelf. De organisatie is het belangrijkste, niet zijzelf, haar status of haar portemonnee.

VOORBEELDEN VAN LEIDERSCHAP IN BELGIË[93]

'Vandaar dat Schoenen Torfs al sinds vele jaren het verhaal brengt van de werkgever die voor gelukkige werknemers zorgt. De bekroningen als beste werkgever zijn niet meer op de vingers van één hand te tellen.'

'Dat was de start van ons verhaal toen ik CEO ben geworden en daar bouwen we op voort,' zegt Wouter Torfs, 'maar we proberen de lat wel altijd hoger te leggen en dat verhaal altijd maar uit te breiden. Verhalen moeten volgens mij altijd in beweging zijn.'

'Hij is immers zowat het symbool van de "nieuwe" leider, de promotor van de zachte waarden, de man die niet te beroerd is om toe te geven dat hij het soms ook niet meer weet.'

'Anderzijds heb ik ook een verhaal te vertellen. Niet alleen over ons bedrijf, maar ook over het feit dat ik ervaar dat een andere vorm van leiderschap, met aandacht voor sharing dat ook caring is, echt wel nodig is in deze bijzonder snel veranderende tijden.'

'Het leiderschap beoefenen zoals ik het zie: het draait erom mensen in hun kracht te zetten en het beste in hen naar boven te brengen.'

VRAAG

Wouter Torfs heeft als CEO een visie op leiderschap die hij zelf in de praktijk brengt. In welke van de categorieën van verantwoordelijk leiderschap zou jij hem positioneren? Waarom?

Lees op MyLab hoe Wouter Torfs leiderschap betekenis geeft.

12.6 Positief leiderschap

Elke besproken theorie biedt aanknopingspunten voor het in praktijk brengen van goed, middelmatig en slecht leiderschap. Laten we eens nadenken over het bewust nastreven van situaties die positief leiderschap bevorderen.

12.6.1 Vertrouwen en leiderschap

Vertrouwen is een psychologische toestand waarbij je je kwetsbaar durft op te stellen naar anderen omdat je positieve verwachtingen hebt over het vervolg.[94] Ook al ben je de situatie niet helemaal meester, je wilt de gok wel wagen dat de ander zich volgens verwachting gedraagt.
Volgers die hun leider vertrouwen, hebben er het volste vertrouwen in dat hun rechten en belangen niet geschaad zullen worden.[95] Zoals te verwachten is, krijgen transformationele leiders inderdaad meer vertrouwen van hun volgers dan niet-transformationele leidinggevenden, wat weer leidt tot meer teamvertrouwen en uiteindelijk ook tot betere teamprestaties.[96] Het lijkt erop dat de transformationele leider die zich opstelt als een authentiek, ethisch en dienend leider het vertrouwen van zijn medewerkers maximaliseert. Vertrouwen is een primair kenmerk van leiderschap; het beschamen van vertrouwen heeft grote gevolgen voor groepsprestaties.[97]

Wat levert vertrouwen op?

Vertrouwen tussen (direct) leidinggevenden en werknemers heeft enkele belangrijke voordelen. Hierna noemen we enkele voordelen die uit onderzoek zijn gebleken:

- *Vertrouwen stimuleert het nemen van risico's* – Als werknemers besluiten om af te wijken van de gebruikelijke werkwijze of de leidinggevende op zijn woord geloven over de nieuw te volgen koers, dan nemen ze een risico. In beide gevallen kan een vertrouwensrelatie 'de sprong' vergemakkelijken.
- *Vertrouwen maakt informatie-uitwisseling makkelijker* – Als managers laten zien dat ze de ideeën van hun werknemers eerlijk zullen beoordelen en bereid zijn actief dingen te veranderen, dan zijn werknemers eerder bereid om hun mond open te doen.[98]
- *Groepen met een grote mate van onderling vertrouwen zijn effectiever* – Als een leider een sfeer van vertrouwen in een groep weet te scheppen, zijn de leden sterker bereid om elkaar te helpen en wat extra's voor elkaar te doen, waardoor het vertrouwen nog groter wordt.

- *Vertrouwen vergroot de productiviteit* –Werknemers die hun direct leidinggevende vertrouwen, krijgen vaak een betere beoordeling, wat wijst op grotere productiviteit.[99]

Vertrouwen opbouwen

Wat zijn de belangrijkste kenmerken van een leider waardoor men vindt dat die het vertrouwen waard is? Uit onderzoek komen de volgende drie kenmerken naar voren: integriteit, welwillendheid en bekwaamheid (capaciteiten) (zie ook figuur 12.6):[100]

- *Integriteit* gaat over eerlijkheid en oprechtheid. Bij een onderzoek waarin 570 kantoormedewerkers een lijst kregen met 28 kenmerken die met leiderschap te maken hadden, vonden ze eerlijkheid verreweg het belangrijkste.[101] Integriteit betekent ook dat je doet wat je zegt.
- *Welwillendheid* betekent dat degene aan wie men vertrouwen geeft rekening houdt met diens belangen, ook al zijn die belangen niet per se dezelfde. Betrokken en ondersteunend gedrag maakt deel uit van de emotionele band tussen leiders en volgers.
- *Bekwaamheid* gaat over de technische en interpersoonlijke vaardigheden van de leider. Medewerkers zullen waarschijnlijk maar weinig vertrouwen hebben in iemand die volgens hen over onvoldoende capaciteiten beschikt, ook al heeft diegene hoogstaande principes en de beste bedoelingen.

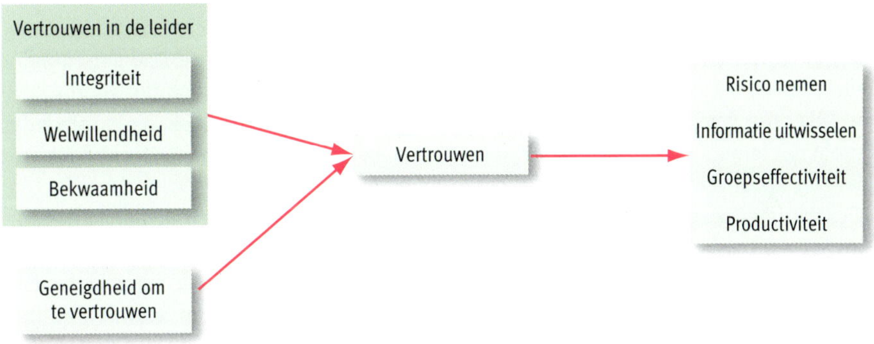

FIGUUR 12.6 **Model van vertrouwen in organisaties**

Geneigdheid om te vertrouwen

Bij de **geneigdheid om te vertrouwen** gaat het om de vraag hoe waarschijnlijk het is dat een bepaalde werknemer de leider vertrouwt. Sommige mensen geloven nu eenmaal eerder dan anderen dat andere mensen te vertrouwen zijn.[102] De geneigdheid om anderen te vertrouwen hangt nauw samen met het persoonlijkheidskenmerk inschikkelijkheid; en mensen met een lager gevoel van eigenwaarde vertrouwen andere mensen vaak minder gauw.[103]

Vertrouwen en cultuur

Ziet vertrouwen er in alle culturen hetzelfde uit? Als we de standaarddefinitie van vertrouwen gebruiken, dan is dat zeker zo. Echter, in werkrelaties kan vertrouwen van cultuur tot cultuur verschillen en gebaseerd zijn op heel uiteenlopende percepties. Zo blijkt uit een recent onderzoek in Taiwan dat werknemers met toenemend vertrouwen reageerden op paternalistisch leiderschap als dat welwillend en ethisch was.[104] Deze positieve reactie op paternalisme kan uniek zijn voor de collectivistische

Taiwanese context, waar confuciaanse waarden zoals hiërarchie en relaties belangrijk zijn. In individualistische samenlevingen (zie hoofdstuk 4) kunnen we verwachten dat paternalistisch leiderschap niet goed 'valt' bij veel werknemers die liever niet willen behoren tot een hiërarchisch familiewerkverband. Werknemers in individualistische culturen kunnen hun vertrouwen juist baseren op de hoeveelheid steun die ze van de leider krijgen en hoe consistent die is in zijn handelen.

De rol van tijd

Mensen leren anderen vertrouwen door hun gedrag een tijd lang te observeren.[105] Het is ten eerste goed dat leiders dan laten zien dat ze integer, welwillend en capabel zijn in situaties waar vertrouwen belangrijk is; bijvoorbeeld in situaties waarin ze zich (ook) opportunistisch zouden kunnen gedragen of werknemers zouden kunnen laten vallen. Ten tweede kunnen leiders vertrouwen in hun capaciteiten wekken door te laten zien dat ze competent zijn. Ten derde wordt op basis van een wereldwijd onderzoek onder honderd bedrijven geconcludeerd dat leiders vertrouwen kunnen opbouwen door hun communicatiestijl te veranderen van top-downbevelen naar een voortdurende dialoog in de organisatie.[106] Tot slot is het zo dat als leiders regelmatig interpersoonlijke gesprekken met hun werknemers voeren die persoonlijk, interactief en inclusief zijn en bewust een agenda volgen, de volgers vertrouwen tonen door een sterkere mate van betrokkenheid.[107]

Vertrouwen terugwinnen

Managers die het psychologisch contract met hun werknemers schenden, laten zien dat ze geen betrouwbare leiders zijn. Ze zullen merken dat hun werknemers minder tevreden en betrokken zijn, sterker van plan zijn om op te stappen, minder voorbeeldig werkgedrag vertonen en hun taken minder goed uitvoeren.[108] De kans is bijzonder groot dat leiders die het vertrouwen beschamen negatief worden beoordeeld door hun volgers als er verder al een geringe leader-member-exchange (LMX) is.[109]
Geschonden vertrouwen kan worden teruggewonnen, maar alleen in bepaalde situaties en afhankelijk van om welke soort schending het gaat.[110] Als een gebrek aan capaciteiten de oorzaak is, dan kun je als leider meestal het beste maar je excuses aanbieden en erkennen dat je het beter had moeten doen. Als een gebrek aan integriteit het probleem is, dan werken excuses averechts. Waardoor het vertrouwen ook geschonden is, niets zeggen, ontkennen of weigeren schuld te erkennen zijn nooit effectieve strategieën om vertrouwen terug te winnen. Vertrouwen kan worden hersteld als we een consistent patroon zien van vertrouwenswaardig gedrag van de schender. Maar als de schender mensen heeft misleid, dan komt het vertrouwen nooit helemaal terug, zelfs niet na excuses, beloften of een consistent patroon van vertrouwenswaardig handelen.[111]

12.6.2 Mentorschap

Leiders nemen vaak de verantwoordelijkheid op zich om toekomstige leiders te kweken. Een **mentor** is een ervaren werknemer die een minder ervaren werknemer, een beschermeling, begeleidt en steunt. Succesvolle mentoren zijn goede leraren. Ze leggen ideeën duidelijk uit, luisteren goed en kunnen zich verplaatsen in de problemen van hun beschermelingen. Mentorrelaties zijn goed voor de carrière en psychosociale functies.[112] Is de kans groot dat alle werknemers in de organisatie een mentor krijgen? Helaas niet. Uit onderzoek komt steeds maar weer naar voren dat werkgevers mentorprogramma's moeten instellen omdat zowel de mentor als de beschermeling daar baat bij heeft. Zo blijkt uit een onderzoek in Zuid-Korea dat mentoren een grotere mate van transformationeel leiderschap bereikten door hun mentorschap, terwijl zowel de mentoren als hun beschermelingen zich meer inzetten voor de organisatie en zich beter voelden.[113]

Je zou kunnen denken dat mentorschap wordt vertaald in objectieve uitkomsten als salaris en werkprestaties, maar onderzoek duidt erop dat de winst vooral psychologisch is. Hoewel mentorschap positieve gevolgen voor je carrière kan hebben, zijn capaciteiten of persoonlijkheid belangrijker. Het voelt misschien fijn om mentor te zijn, maar het lijkt er niet op dat het van wezenlijk belang is voor je carrière om (een goede) mentor te zijn. Mentor zijn is vooral goed voor je zelfvertrouwen.

12.7 Het leiderschapsconcept ter discussie gesteld

Managementgoeroe Jim Collins stelt de oppermachtige rol die academici, managers en het algemene publiek aan het concept leiderschap hebben gegeven ter discussie. Hij zegt: 'In de zestiende eeuw schreven mensen alle gebeurtenissen die ze niet begrepen toe aan God. Waarom mislukte de oogst? God. Waarom ging iemand dood? God. Nu is onze verklaring voor alles: leiderschap!'[114] Dit lijkt een wat gevatte observatie van een managementconsultant, maar Collins is serieus. Het succes of het falen van een bedrijf is volgens Collins heel vaak het gevolg van factoren waarop leiderschap helemaal geen invloed heeft. In veel gevallen is succes of falen een kwestie van op het juiste moment op de juiste plek zijn. We bespreken hierna twee kritische opvattingen die het algemeen verbreide geloof in het belang van leiderschap ter discussie stellen.

12.7.1 Leiderschap als attributie

In hoofdstuk 5 kwam ter sprake dat er in de attributietheorie wordt gekeken naar hoe mensen oorzaak-en-gevolgrelaties interpreteren. Volgens dezelfde redenering wordt in de **attributietheorie van leiderschap** gezegd dat leiderschap iets is dat louter wordt toegeschreven aan mensen.[115] Als iemand wordt gezien als een leider, worden hem allerlei eigenschappen toegeschreven zoals: intelligentie, een extraverte persoonlijkheid, sterke verbale vaardigheden, agressiviteit, begrip en vlijt.[116] Op organisatieniveau houden we leiders vaak, al dan niet terecht, verantwoordelijk voor buitengewoon slechte of buitengewoon goede prestaties.[117]

Percepties van volgers van leiders beïnvloeden het vermogen van de leider om effectief te zijn. Ten eerste: uit een longitudinaal onderzoek onder 128 grote Amerikaanse ondernemingen is gebleken dat hoewel percepties van volgers van het charisma van CEO's niet tot objectieve bedrijfsprestaties leidden, de bedrijfsprestaties wel tot percepties van charisma van de CEO's leidden.[118] Ten tweede: de perceptie die werknemers van het gedrag van hun leider hebben, is een belangrijke voorspeller van de vraag of zij hun leider de schuld geven van falen, ongeacht hoe de leider zichzelf beoordeelt.[119] En ten derde: uit een onderzoek onder meer dan 3.000 werknemers uit West-Europa, de Verenigde Staten en het Midden-Oosten is gebleken dat mensen die de neiging hebben om leiderschap op voorhand te idealiseren doorgaans denken dat hun eigen leider transformationeel is.[120]

Mensen zijn ook geneigd demografische stereotypen te gebruiken bij het beoordelen van leiderschap. In een onderzoek waarin niets over etnische afkomst werd gezegd, gingen respondenten ervan uit dat de leider wit was, en wel in sterkere mate dan zou aansluiten bij het percentage witte werknemers in de betreffende bedrijven. In scenario's waarin identieke leiderschapssituaties worden beschreven maar de etnische afkomst van de leiders wordt gemanipuleerd, worden witte leiders als effectiever

beoordeeld dan leiders met een andere huidskleur.[121] Uit een grootschalige meta-analyse blijkt daarnaast dat veel mensen het stereotype aanhangen dat mannen meer leiderschapseigenschappen hebben dan vrouwen, hoewel de tendens om leiderschap gelijk te stellen aan mannelijkheid de afgelopen jaren wel minder is geworden.[122] Uit andere gegevens komt naar voren dat het idee dat vrouwen succesvoller zijn als transformationele leiders gebaseerd kan zijn op stereotype beeldvorming. Teams bleken de voorkeur te geven aan mannelijke leiders als ze agressief moesten concurreren met andere teams, maar juist aan vrouwelijke leiders als er veel competitie binnen de teams was en de relaties in de groep verbeterd moesten worden.[123]
Volgens de attributietheorie van leiderschap moet een leider, als hij erkend wil worden, zich vooral richten op 'de schijn ophouden' een leider te zijn, in plaats van je te richten op werkelijke prestaties. Mensen die graag leider willen worden, moeten dus de perceptie dat ze slim, aardig, verbaal vaardig, ondernemend, hardwerkend en consistent zijn trachten te beïnvloeden. Daarmee vergroten ze de kans dat hun bazen, collega's en werknemers hen inderdaad als effectieve leiders zien.

12.7.2 Vervangende of neutraliserende factoren voor leiderschap

In een andere kritische theorie over leiderschap wordt gesteld dat het in veel situaties simpelweg irrelevant is wat de leider doet.[124] Ervaring en scholing kunnen substituten zijn voor de behoefte aan steun van de leider of diens vermogen om structuur te scheppen. Ook organisatiekenmerken als expliciet geformaliseerde doelen, strakke regels en procedures kunnen formeel leiderschap vervangen, terwijl onverschilligheid voor organisatiebeloningen de effecten van leiderschap kan neutraliseren . Door **neutralisatoren** wordt het voor de leider onmogelijk om met zijn gedrag een verschil te maken voor (de uitkomsten van) de volgers (zie figuur 12.7).
Het verschil tussen vervangende en neutraliserende factoren is bovendien nogal vaag. Als je bijvoorbeeld werkt aan een taak die intrinsiek leuk is, voorspelt de theorie dat leiderschap minder belangrijk is, omdat de taak zelf al voldoende motivatie biedt. Maar betekent dit dat intrinsiek leuke taken leiderschapseffecten neutraliseren, dat ze die vervangen of beide? Het feit dat bepaalde vervangende factoren (zoals eigenschappen van werknemers, de aard van de taak enzovoort) invloed hebben op prestaties, betekent niet dat leiderschap niet óók invloed zou kunnen hebben.[125] Het zou toch simplistisch zijn om aan te nemen dat werknemers alleen door de inspanningen van hun leiders naar hun doelen worden geleid. Leiderschap is uiteindelijk niet meer dan een van de onafhankelijke variabelen in het algemene Gedrag in Organisaties-model (GiO-model).

Lees op MyLab over het nieuwe leiderschapsvraagstuk, veroorzaakt door de moderne communicatiemedia.

12.8 Toepassing in de organisatiepraktijk

We hebben heel wat onderwerpen besproken in dit hoofdstuk. Maar uiteindelijk willen we vooral een antwoord vinden op de volgende vraag: hoe kunnen organisaties effectieve leiders vinden of vormen? Laten we die vraag eens proberen te beantwoorden door te kijken naar de HRM-instrumenten of -activiteiten selectie en training.

12.8.1 Selectie

Het hele proces dat organisaties doormaken om managementposities (leiders) op te vullen, is in wezen een oefening in het identificeren van personen die effectieve leiders

KENMERKEN DIE LEIDERSCHAP BEPALEN	RELATIEGEORIËNTEERD LEIDERSCHAP	TAAKGEORIËNTEERD LEIDERSCHAP
Individu		
Ervaring/training	Geen effect op	Vervanging voor
Professionalisme	Vervanging voor	Vervanging voor
Onverschilligheid tegenover beloningen	Neutraliseert	Neutraliseert
Taak		
Sterk gestructureerde taak	Geen effect op	Vervanging voor
Levert eigen feedback	Geen effect op	Vervanging voor
Intrinsiek bevredigend	Vervanging voor	Geen effect op
Organisatie		
Expliciete, geformaliseerde doelen	Geen effect op	Vervanging voor
Rigide regels en procedures	Geen effect op	Vervanging voor
Coherente werkgroepen	Geen effect op	Vervanging voor

FIGUUR 12.7 **Vervangende en neutraliserende factoren voor leiderschap**

zullen zijn. Je begint je zoektocht bijvoorbeeld met het maken van een lijst met specifieke vereisten voor de functie. Welke kennis, vaardigheden en vermogens zijn er nodig om de taak effectief uit te voeren? Vervolgens kun je kandidaten zoeken die goed aan die vereisten voldoen.

Aan de hand van digitale persoonlijkheidstests kun je zoeken naar en mogelijk een voorspelling doen over eigenschappen die geassocieerd worden met leiderschap: extraversie, plichtsgetrouwheid en openstaan voor ervaring. Het heeft ook zin om te testen hoe kandidaten scoren op self-monitoring. Kandidaten die hoog scoren op self-monitoring, doen het waarschijnlijk beter dan degenen die daar lager op scoren, omdat de eersten situaties beter kunnen inschatten en hun optreden daarop kunnen aanpassen. Je kunt kandidaten daarnaast ook beoordelen op emotionele intelligentie. Gezien het belang van sociale vaardigheden voor effectief management, zouden kandidaten met een hoog EQ in het voordeel moeten zijn, vooral in situaties die transformationeel leiderschap vereisen.[126]

> Aan de hand van digitale persoonlijkheidstests kun je zoeken naar eigenschappen die geassocieerd worden met leiderschap: extraversie, plichtsgetrouwheid en openstaan voor ervaringen.

Sollicitatiegesprekken bieden ook een mogelijkheid om leiderschapskandidaten te evalueren. We weten dat ervaring in het algemeen weinig zegt over de effectiviteit van een leider, maar situatiespecifieke ervaring is wel relevant. Je kunt in het sollicitatiegesprek vaststellen of de eerdere ervaring van een kandidaat past bij de situaties die hij in jouw organisatie zal tegenkomen. Een sollicitatiegesprek is ook een middel om vast te stellen in hoeverre een kandidaat leiderschapskwaliteiten heeft als extraversie, zelfvertrouwen, een visie, de verbale vaardigheden om vraagstukken te verwoorden en eventueel ook over enig charisma beschikt.

We weten hoe belangrijk situationele factoren zijn voor succesvol leiderschap. Deze kennis dienen we dan ook te gebruiken om de juiste leiders aan de situatie te koppelen. Vraagt de situatie om een veranderingsgerichte leider? Zo ja, zoek dan naar transformationele eigenschappen; zo niet, zoek dan naar transactionele eigenschappen. Je zou je ook kunnen afvragen of leiderschap eigenlijk wel belangrijk is in deze specifieke situatie. Situationele factoren kunnen immers leiderschap vervangen of neutraliseren. In dat geval speelt de leider in wezen alleen maar een symbolische rol en is het selecteren van de *juiste* persoon niet zo belangrijk. Je kunt je afvragen of je dan wel een leidinggevende moet willen selecteren.

12.8.2 Training

Bedrijven en overheidsinstellingen spenderen alles bij elkaar miljarden euro's, dollars en yens aan leiderschapstraining en -ontwikkeling.[127] Deze inspanningen nemen allerlei vormen aan, van leiderschapsprogramma's van 50.000 dollar voor directieleden aan universiteiten als Harvard tot zeilreisjes bij andere instellingen. Hoewel veel van het geld dat wordt uitgegeven aan trainingsprogramma's geen duidelijk aantoonbare voordelen oplevert, suggereert onze bespreking dat managers wel een aantal dingen kunnen doen om hun budgetten voor leiderschapstraining maximaal te benutten.[128]

We moeten echter wel erkennen dat niet iedereen even goed te trainen is. De kans dat een of andere leiderschapstraining succes heeft, is het grootst bij individuen die hoog scoren op self-monitoring. Dergelijke mensen hebben de flexibiliteit om hun eigen gedrag te veranderen.

Wat kunnen mensen leren waardoor ze effectiever als leider worden? Het is wat optimistisch gedacht dat we *visie creëren* kunnen leren, maar we kunnen iemand wel operationele vaardigheden aanleren. We kunnen mensen trainen om 'inzicht te krijgen in de inhoudelijke thema's die essentieel zijn voor effectieve visies'.[129] We kunnen ook vaardigheden aanleren als vertrouwen opbouwen en mensen coachen. Leiders kunnen bovendien ervaring opdoen in het analyseren van situaties. Ze kunnen leren hoe ze situaties moeten inschatten, hoe ze situaties kunnen wijzigen om ze beter te laten aansluiten bij hun stijl, en hoe ze kunnen beoordelen welk leidersgedrag het effectiefst is in een gegeven situatie. Zo trekken sommige bedrijven coaches aan om specifieke persoonlijke trainingen te geven aan hun directieleden, om hun interpersoonlijke vaardigheden te verbeteren en minder autocratisch op te treden.[130]

Een positief punt is dat uit onderzoeksgegevens naar voren komt dat gedragstraining waarin oefeningen met rolmodellen zijn opgenomen iemands vermogen om charismatische leiderschapskwaliteiten te vertonen kan vergroten. Onderzoekers boekten succes met het trainen van bestaande zakelijke leiders en, zoals we eerder in dit hoofdstuk al zagen, zelfs met een scenario waarin studenten bedrijfskunde charisma moesten 'spelen'.[131] Ten slotte wijst steeds meer onderzoek uit dat transformationele leiderschapsvaardigheden bij leiders getraind kunnen worden. Als die eenmaal zijn aangeleerd, hebben ze resultaten voor de omzet, of het nu gaat om de financiële prestaties van een bank of de effectieve training van soldaten in het leger.[132]

Lees op MyLab hoe jonge toptalenten het selectie- en trainingsvraagstuk op een heel nieuwe manier benaderen.

Universeel of cultureel?

Het meeste onderzoek naar leiderschapstheorieën in dit hoofdstuk is gedaan in Engelstalige landen. Het is dus de vraag of de uitkomsten ook voor landen met een andere cultuur opgaan. Het GLOBE-onderzoeksprogramma, dat in hoofdstuk 4 ook al aan de orde kwam, verzamelde gegevens over ongeveer 18.000 managers uit het middenkader van 825 organisaties in 62 landen. Het is de uitgebreidste studie naar leiderschap die ooit is ondernomen. De bevindingen mogen dus niet zomaar van tafel worden geveegd.[133]

Leiderschapsstijl en cultuurverschillen

In een artikel dat is gebaseerd op de GLOBE-studie, probeerden de auteurs een antwoord te vinden op de praktische vraag hoe cultuur een manager uit de Verenigde Staten kan beïnvloeden als hij twee jaar de leiding krijgt over een project in vier prototypische landen met culturen die in verschillende opzichten afwijken van die van de Verenigde Staten: Brazilië, Frankrijk, Egypte en China. Laten we elk geval afzonderlijk bekijken.

Brazilië

Op basis van bevindingen in de GLOBE-studie over de waarden van Braziliaanse werknemers, moet een Amerikaanse manager die een team in Brazilië leidt teamgeoriënteerd, participerend en menswaardig te werk gaan. Dit suggereert dat leiders die hoog scoren op consideratie, die de nadruk leggen op participerende besluitvorming en die ook met hun minder sympathieke medewerkers een positieve relatie kunnen onderhouden, het geschiktst zijn om werknemers in deze cultuur te managen. Een Braziliaanse manager zei in de studie: 'We hebben liever geen leiders die eigengereide beslissingen nemen en op eigen houtje optreden zonder de groep te raadplegen. Zo zitten wij nu eenmaal in elkaar.'

Frankrijk

Vergeleken met werknemers uit de Verenigde Staten, hebben Franse werknemers vaak een bureaucratische kijk op leiders en verwachten ze minder dat de leiders menselijk en voorkomend zijn. Dit past ook bij de hoge score van Frankrijk op onzekerheidsvermijding. Een leider die hoog scoort op het initiëren van structuur of die relatief taakgericht is, zal het daarom in Frankrijk het beste doen. Hij kan tamelijk autocratisch beslissingen nemen. Een manager die hoog scoort op voorkomendheid (mensgericht) kan ondervinden dat deze stijl tegen hem werkt in Frankrijk.

Egypte

Net als werknemers in Brazilië waarderen Egyptenaren eerder teamgericht en participerend leiderschap dan Amerikaanse werknemers. Maar de Egyptische cultuur is ook een cultuur met een relatief grote machtsafstand, wat inhoudt dat men rekent op statusverschillen tussen leiders en volgers. Hoe kan een Amerikaanse manager participerend leiderschapsgedrag vertonen en toch zo handelen dat zijn hoge status naar voren komt? Volgens de auteurs moeten leiders de werknemers vragen om hun mening en conflicten tot een minimum proberen te beperken, maar ook niet bang zijn om de leiding te nemen en de uiteindelijke beslissing te nemen na teamleden te hebben geraadpleegd.

China

Volgens de GLOBE-studie legt de Chinese cultuur de nadruk op beleefdheid, voorkomendheid en belangeloosheid. De cultuur is echter ook sterk prestatiegericht. Deze twee factoren duiden erop dat zowel voorkomendheid als het initiëren van structuur van belang kunnen zijn. Hoewel participatie in de Chinese cultuur in vergelijking met de Amerikaanse relatief veel voorkomt, zijn

er ook statusverschillen tussen leiders en werknemers. Dat suggereert dat een gematigd participerende stijl van leidinggeven het beste werkt.
Cultuurverschillen vormen dus ten opzichte van de mogelijke effectiviteit van de twee basisstijlen (taakgericht en relatiegericht) een extra contextvariabele. Deze variabele vult het model van Fiedler en dat van Blake en Mouton aan. Een participerende leiderschapsstijl (dat wil zeggen een grote mate van voorkomendheid met veel aandacht voor relaties) doet het misschien goed in collectivistische landen als Brazilië, maar minder goed in nogal bureaucratische landen als Frankrijk.

Charismatisch en transformationeel leiderschap en cultuurverschillen

In hetzelfde GLOBE-onderzoek werd tevens een positief verband blootgelegd tussen een aantal elementen van transformationeel leiderschap en effectief leiderschap. Deze relatie bleek niet cultuurgebonden, maar universeel van aard.[134] Deze conclusie is heel belangrijk, omdat het een weerlegging is van de contingentieopvatting dat de leiderschapsstijl zich altijd (!) aan culturele verschillen zou moeten aanpassen.
Welke elementen van transformationeel leiderschap lijken universeel te zijn? Visie, een vooruitziende blik, mensen stimuleren, betrouwbaarheid en dynamisch, positief en proactief zijn staan bovenaan de lijst. De GLOBE-onderzoekers concluderen dat 'ondergeschikten in alle landen van effectieve zakelijk leiders verwachten dat zij een krachtige en proactieve visie ontwikkelen om het bedrijf de toekomst in te leiden, sterke motivationele vaardigheden hebben om alle werknemers te stimuleren de visie te verwezenlijken, en uitstekende planningsvaardigheden hebben om de visie te helpen uitvoeren.'[135]
In alle culturen is een visie dus belangrijk, maar de manier waarop zij tot stand komt en overgebracht wordt kan per cultuur verschillen. Over Egypte wordt bijvoorbeeld gezegd: 'Egyptische werknemers verwachten dat hun leiders heroïsche en grootse strategieën uiteenzetten. Dankzij hun sterk institutionele collectivisme en prestatiegerichtheid helpt het om ambitieuze strategieën uit te denken en over te brengen en ze in de bredere context van de corporatie te plaatsen.' En een topman van General Electrics, die zijn Amerikaanse leiderschapsstijl in Japan gebruikte, herinnert zich het volgende: 'Er gebeurde niets. Ik kwam er al gauw achter dat ik mijn aanpak moest veranderen en meer een raadgever voor mijn collega's moest zijn en een teamgericht motivationeel besluitvormingsproces in gang moest zetten in plaats van de meer doelgerichte stijl te hanteren die in het Westen veelal gebruikelijk is. In Japan betekent het zwijgen van een leider veel meer dan duizend woorden die door iemand anders worden gezegd.'[136] Net als in andere culturen blijkt charismatisch leiderschap ook in China effectief te zijn. De GLOBE-onderzoekers merken in dit kader op: 'Het ontwikkelen van een opwindende visie is zeer effectief.'

Dienend leiderschap en cultuurverschillen

Het kan zijn dat dienend leiderschap in bepaalde culturen meer voorkomt en effectiever is.[137] Toen proefpersonen in de Verenigde Staten een tekening van een leider moesten maken, tekenden zij die meestal voor de groep, waarbij de leider bevelen gaf aan de volgers. Mensen uit Singapore tekenen een leider meestal achter de groep, omdat een leider volgens hen meer bezig is om de meningen van de groep te verzamelen en de groep tot één geheel te smeden.

Het Oost-Aziatische prototype lijkt meer op dat van de dienende leider. Maar zou dat ook betekenen dat dienend leiderschap alleen in deze culturen effectief is? Dat lijkt een verkeerde conclusie, die voorbijgaat aan het feit dat men van elkaar kan leren.
Nederlandse en Belgische studenten zullen een organigram waarschijnlijk zonder enige aarzeling tekenen met de directie bovenaan. Het lijkt er soms op alsof in onze cultuur alles om de leider draait. Volgens Japanse kwaliteitszorgdeskundigen moet juist het primaire proces waarmee je de markt bedient bovenaan staan. Dat is het belangrijkst. Zij zouden het organigram dus andersom tekenen. Directie en stafafdelingen zijn er volgens hen om dat proces (en de mensen die erin werken) te dienen en verder te ontwikkelen. In de jaren zeventig en tachtig hebben bedrijven in het Westen zich met succes het kwaliteitsdenken van de Japanners eigen gemaakt. Niets staat westerse bedrijven nog in de weg om ook het concept van dienend leiderschap in het denken en handelen te integreren.

De leader-member-exchange-theorie (LMX-theorie)

Een onderzoek van Siomara Mac Donald (2015) naar leiderschap en motivatie in Suriname bevestigt dat Surinaamse medewerkers met een positieve LMX een gemiddelde of hoge motivatie hebben. Medewerkers die aangeven dat ze laag of niet gemotiveerd zijn hebben altijd een negatieve relatie met de leidinggevende. Medewerkers met dezelfde etnische achtergrond als hun leidinggevende hebben een neutrale of positieve LMX.[138] Hoewel de juiste leiderschapsstijl tot op zekere hoogte per cultuur verschilt, zijn er ook aspecten die alle culturen gemeen hebben, zoals de voorkeur voor charismatisch of visionair leiderschap. De specifieke manier waarop dit tot uitdrukking wordt gebracht kan per cultuur wel verschillen, maar het principe blijft overeind.

KERN VAN DIT HOOFDSTUK

Leiderschap speelt een centrale rol bij het begrijpen van groepsgedrag, want de leider is gewoonlijk degene die richting geeft en te realiseren doelen vaststelt. Weten wat een goede leider is, helpt de prestaties van organisaties te verbeteren. De eerste zoektocht naar een verzameling universele leiderschapskenmerken liep op niets uit. Maar uit recentere pogingen is gebleken dat er een sterk en consistent verband bestaat tussen leiderschap en de Big Five-persoonlijkheidskenmerken extraversie, plichtsgetrouwheid en openstaan voor ervaringen.

- De gedragsbenadering bracht leiderschapsgedrag terug tot een taakgerichte (structuur aanbrengen; structuurinitiatie) en een mensgerichte (consideratie: voorbeeldgedrag tonen) stijl.
- Het model van Fiedler, situationeel leiderschap, de pad-doel theorie en participatief leiderschap, zijn contingentietheorieën. Deze contingentietheorieën vullen de beide vorige theoretische invalshoeken (persoonlijkheid en gedrag) aan door rekening te houden met de situatie waarin de leider opereert. Deze inzichten tezamen zouden tot nog betere voorspellingen moeten leiden, al is het zo dat alleen de manier waarop Fiedler de *situatie* bepaalde het in dit opzicht goed heeft gedaan in onderzoek naar leiderschap.

- Onderzoek naar hedendaagse theorieën van leiderschap, zoals de leader-member-exchange-theorie (LMX-theorie), duidt aan dat leiders inderdaad onderscheid maken tussen ondergeschikten:
  - het onderscheid tussen ondergeschikten is niet willekeurig;
  - medewerkers met de status van vertrouweling krijgen een betere prestatiebeoordeling, zijn minder geneigd te vertrekken, zijn tevredener met hun leidinggevende en hun algehele tevredenheid is groter dan die van mensen in de groep met minder status.
- Onderzoek naar charismatisch en transformationeel leiderschap heeft ons inzicht in de bepalende factoren voor effectief leiderschap verder verdiept. Organisaties willen graag managers die transformationele leiderschapskwaliteiten kunnen tonen en die de visie en het charisma hebben om de organisatiedoelstellingen te realiseren.
- Wetenschappers benadrukken het belang van ethiek en authenticiteit. Het idee daarachter is dat het niet alleen om de visie gaat, maar ook om de vraag of die in het belang van de organisatie (in plaats in het belang van de leider zelf) wordt geïmplementeerd.
- Effectieve managers moeten een vertrouwensrelatie met hun volgers opbouwen, zeker wanneer organisaties minder stabiel en voorspelbaar zijn geworden. Sterke vertrouwensbanden kunnen een vervanging zijn van bureaucratische regels bij de beschrijving van verwachtingen en relaties.
- Bedrijven die zich afvragen hoe ze effectieve leiders op sleutelposities in hun organisatie kunnen zetten, moeten daarvoor mensen selecteren met bepaalde karaktereigenschappen en gedragsneigingen. Daarbij dienen ze speciale aandacht schenken aan charisma en inspirerend vermogen. Door bewustwording en training is ook nog veel verbetering mogelijk.

HOOFDSTUK 13

Macht en politiek in organisaties

NA BESTUDERING VAN DIT HOOFDSTUK BEN JE IN STAAT OM:

1. macht en leiderschap te definiëren en tegen elkaar af te zetten;
2. drie bronnen van formele macht en twee bronnen van persoonlijke macht toe te lichten;
3. de rol die afhankelijkheid speelt in machtsverhoudingen uit te leggen;
4. de machts- en beïnvloedingstactieken te beschrijven;
5. de oorzaken en gevolgen van machtsmisbruik te beschrijven;
6. de ethische kant van politiek en machtsuitoefening te beoordelen;
7. te beschrijven hoe politiek binnen organisaties werkt;
8. de invloed van cultuur op opvattingen en politieke tactieken aan te tonen.

13.1 Macht en leiderschap

We hebben het vaak over macht in abstracte termen – met respect, trots, eerbied of afkeuring. Maar binnen het vakgebied Gedrag in Organisatie oftewel GiO is **macht** 'het vermogen van persoon A om het gedrag van persoon B zó te beïnvloeden dat persoon B handelt in overeenstemming met de wensen van persoon A.'[1]

VRAAG

Hoeveel macht heeft een docent over een klas en hoe kan de klas macht uitoefenen op een docent? Welke machtsmiddelen passen daarbij?

Laten we de definitie van macht eens goed bekijken. Deze zegt om te beginnen dat macht een bepaald vermogen of potentieel is. Dit impliceert dat iemand macht kan *hebben*, maar die niet per se hoeft te *gebruiken*. Waarschijnlijk het belangrijkste aspect van macht is de relatie met **afhankelijkheid**. Hoe sterker B afhankelijk is van A, hoe groter de macht van A over B is. Afhankelijkheid is gebaseerd op de alternatieven die B ziet en het belang dat B hecht aan alternatieve manieren om de baas te spelen. Macht hangt dus af van de perceptie van B over wat A hem zou kunnen aandoen en ook van de perceptie van B over wat hij daartegenover kan stellen. Macht kan verder alleen worden uitgeoefend als B de relatie als asymmetrisch (ongelijkwaardig) ziet, waarbij hij de zwakkere partij is. Iemand heeft macht over een ander als hij controle heeft over iets wat die ander graag wil hebben, bijvoorbeeld een beter salaris of een promotiekans.

VRAAG
Van wie ben jij afhankelijk als het gaat om jouw bijbaan en/of studie?

13.1.1 Leiderschap en macht

In het vorige hoofdstuk kwam het begrip leiderschap aan de orde. Leiderschap en macht hebben veel met elkaar te maken, maar zijn toch niet hetzelfde. Leiders gebruiken macht als een manier om groepsdoelen te bereiken en macht is een middel dit te vergemakkelijken. Er zijn ook verschillen tussen macht en leiderschap: we noemen vier verschillen die eruit springen:

1. Voor machtsuitoefening is het niet vereist dat de *doelen* van de leider en de ondergeschikten overeenstemmen. Afhankelijkheid in de relatie is op zichzelf al voldoende om macht te kunnen uitoefenen. Leiderschap daarentegen vereist wel degelijk dat de doelen van leider en medewerkers geheel of gedeeltelijk overeenstemmen. Jonge kinderen zijn afhankelijk van hun ouders. Daardoor kunnen ouders opdrachten als 'en nu naar bed' geven. Een dergelijke opdracht zal opgevolgd moeten worden, ook zonder dat het kind het doel heeft om te gaan slapen. Na enig tegenstribbelen zal het kind zich meestal gewonnen geven.
2. Een ander verschil betreft de *richting* van de invloed. Leiderschap gaat uit van neerwaartse invloed, waardoor laterale en opwaartse invloed van minder belang zijn. Macht kan alle kanten opgaan. Aansluitend bij het vorige voorbeeld: soms draait het kind de rollen om. In de diverse opvoedprogramma's op tv is een heel puur machtsspel zichtbaar. De ouders zijn geheel afhankelijk geworden van het kind voor hun rust en dus machteloos. Van overeenstemming van doelen is geen sprake. Opvallend in dit soort programma's is dat de kinderjuffrouw, *the nanny*, vaak als leider optreedt. Zij gebruikt haar macht om gemeenschappelijke doelen te bereiken: liefde, geborgenheid en rust (vrede).
3. *De focus van onderzoek* naar leiderschap ligt op de individuele leidinggevende en het effect van zijn stijl van leidinggeven. Onderzoekers proberen vragen te beantwoorden als: hoeveel steun moet een leider geven? In welke mate moet de beslissingsbevoegdheid gedeeld worden met werknemers? Onderzoek naar macht bestrijkt een veel breder terrein en kijkt veelal naar tactieken om gehoorzaamheid te verkrijgen. Het onderzoeksgebied omvat meer dan de individuele machthebber, aangezien macht zowel door groepen als door individuen kan worden uitgeoefend.
4. Tot slot, bij onderzoek naar *leiderschap* ligt de focus op de invloed van de individuele leider, terwijl bij onderzoek naar *macht* wordt erkend dat zowel individuen als groepen macht kunnen gebruiken om de baas te spelen over andere individuen of groepen. Opmerkelijk is dat machtssituaties alleen kunnen bestaan als de ene persoon of groep middelen in handen heeft die de andere persoon of groep waardevol vindt. Dat is meestal het geval in situaties waarin duidelijk is dat er een leider is. Machtsrelaties zijn echter op alle levensterreinen mogelijk en macht kan op vele manieren worden verkregen. Laten we de verschillende bronnen van macht eens nader bekijken.

De minder machtige manager is voorzichtig met het uiten van kritiek.

Foto: Peter Bernik / Shutterstock / Pearson Asset Library

VRAAG

Leg eens uit hoe het ontbreken van persvrijheid een dictator helpt om door zijn volk gezien te worden als leider in plaats van onderdrukker.

13.2 Machtsbronnen

Hoe krijgt een individu of groep invloed op anderen? Om die vraag te kunnen beantwoorden is het handig om macht in twee algemene categorieën te verdelen: formele macht en persoonlijke macht. Deze categorieën kunnen we eenvoudig ontleden door te kijken naar hun specifieke machtsbronnen.[2]

VRAAG

Met welke machtsbronnen ben jij weleens in aanraking gekomen in jouw bijbaan en/of studie?

13.2.1 Formele macht

Formele macht is gebaseerd op iemands individuele positie in een organisatie. Formele macht kan voortkomen uit het vermogen iemand te dwingen of te belonen, uit officieel gezag of uit controle over informatie. Deze drie bronnen van formele macht zullen we hierna bespreken.

Afgedwongen macht

Macht die is gebaseerd op angst noemen we **afgedwongen macht**. Uit angst voor negatieve gevolgen schikt iemand zich. Deze macht berust op fysieke sancties of het dreigen daarmee, zoals pijn toebrengen, beperking van bewegingsvrijheid of het niet vervullen van de fysieke basisbehoeften en de behoefte aan veiligheid. Op organisatieniveau heeft A afgedwongen macht over B als A B kan ontslaan, tijdelijk op non-actief kan stellen of in een lagere functie kan terugzetten, ervan uitgaande dat B zijn werk met plezier doet. Hierdoor kan A onder andere aan B taken opdragen die B onplezierig vindt, of B op een manier behandelen die B gênant vindt. Afgedwongen macht kan ook voortvloeien uit het feit dat er belangrijke informatie wordt achtergehouden. Mensen in een organisatie die gegevens of kennis hebben die andere mensen nodig hebben, kunnen die andere mensen afhankelijk van hen maken.

Beloningsmacht

Het tegenovergestelde van afgedwongen macht is **beloningsmacht**. Bij deze vorm van macht willigen mensen verzoeken van anderen in, omdat ze daar baat bij hebben. Iemand die beloningen kan verdelen die anderen waardevol vinden, heeft macht over hen. De beloningen kunnen in organisaties variëren van materieel tot immaterieel:[3]

- materieel: salarisverhogingen, bonussen, promoties (de zakelijke kant: positieverbetering);

De macht van een dictator berust vaak op een combinatie van machtsbronnen. Dwang en beloning horen er altijd bij, net als het creëren van een persoonscultus.

Foto: Thijsvrijstaat / 123RF

Een organigram laat onder meer zien hoe de formele machtsverdeling binnen de organisatie is geregeld.
Illustratie: EDHAR / Shutterstock / Pearson Asset Library

- immaterieel: erkenning, promoties (de emotionele kant: erkenning), interessante opdrachten, vriendelijke collega's, een gewild verkooprayon of gunstige werktijden.

Legitieme macht

In formele groepen en organisaties krijgt een werknemer vooral toegang tot één of meer machtsbronnen dankzij de eigen positie binnen de officiële organisatiehiërarchie. Dit heet **legitieme macht**. Deze macht berust op de formele bevoegdheid om de middelen van de organisatie te beheersen en te gebruiken. Een hoge positie brengt ook beloningsmacht en afgedwongen macht met zich mee. Maar legitieme macht is breder: de leden van de organisatie aanvaarden meestal het gezag van iemand in een bepaalde positie. Stel dat een verantwoordelijke manager op basis van een onderzoek en adviezen tot een wijziging in een procedure of richtlijn besluit. Dan is het waarschijnlijk dat zowel het besluitvormingsproces als de positie van de manager ervoor zorgen dat de medewerkers de beslissing als legitiem ervaren, ook als ze niet blij zijn met de verandering.
We associëren macht zo sterk met het concept hiërarchie dat alleen al door langere lijnen in een organigram te trekken mensen ervan uitgaan dat de leiders bijzonder machtig zijn. Als een machtige manager wordt beschreven, dan hebben veel mensen (zeker in de westerse wereld) de neiging om die persoon op een hoger niveau te plaatsen in het organigram.[4] Als mensen met een leidinggevende functie zoals schooldirecteuren, bankpresidenten of legerkapiteins opdrachten verstrekken (ervan uitgaande dat die passen bij hun bevoegdheden), dan zullen leraren, bankmedewerkers en luitenants (meestal) ook gehoorzamen. Dat komt omdat deze opdrachten vanwege de functie als legitiem worden beschouwd.

13.2.2 Persoonlijke macht

Een officiële hiërarchische positie in een organisatie is niet de enige manier om macht te kunnen uitoefenen. De meest competente en productieve chip-ontwerpers bij chipfabrikant Intel hebben macht, maar zijn geen manager en zijn niet officieel toegerust met allerlei bevoegdheden. Zij hebben in plaats daarvan **persoonlijke macht**, die voortkomt uit bepaalde unieke kenmerken. In deze paragraaf kijken we naar twee soorten persoonlijke macht: op basis van kennis en kunde (expertisemacht) enerzijds en op basis van respect en bewondering van anderen (referentiemacht) anderzijds. Persoonlijke macht kan geheel onafhankelijk zijn van formele macht, maar beide kunnen ook heel goed samengaan.
Expertise- of deskundigheidsmacht is invloed die voortkomt uit deskundigheid, speciale vaardigheden of kennis. Expertise is waarschijnlijk één van de belangrijkste bronnen van macht nu onze wereld steeds afhankelijker wordt van technologie. Naarmate taken gespecialiseerder worden, neemt onze afhankelijkheid van experts toe om gestelde doelen te bereiken. Daarom wordt expertisemacht waarschijnlijk steeds belangrijker. Het wordt algemeen aanvaard dat artsen over specifieke deskundigheid beschikken als het gaat om ziektes. De meeste mensen volgen de adviezen (voor-

schriften) van hun huisarts of specialist dan ook netjes op. Specialisten zoals informaticaspecialisten, belastingadviseurs, economen, bedrijfspsychologen, HR-specialisten en ingenieurs – om er maar een paar te noemen – zijn zo deskundig op hun terrein dat ze over een zekere macht kunnen beschikken.

VRAAG

Kennis is macht, maar kennis delen is kracht. Deel je dit inzicht? Op basis waarvan wel of niet?

Referentiemacht is erop gebaseerd dat mensen zich identificeren met iemand die aantrekkelijke hulpmiddelen of persoonlijke eigenschappen bezit. Referentiemacht komt voort uit bewondering en de wens net zo te zijn als de ander. Dit verklaart waarom beroemdheden miljoenen verdienen met een optreden in een reclamefilmpje. Met een beetje oefening zouden de meeste mensen wel in staat zijn een leuk verkooppraatje voor een energiemaatschappij te houden, maar ze zouden toch niet evenveel invloed hebben als beroemde Nederlanders of Belgen.

VRAAG

Om te voorkomen dat een patiënt vaker dan nodig naar het ziekenhuis moet komen, wil de ziekenhuisdirectie een nieuw afsprakensysteem invoeren. Zo kunnen afdelingssecretaresses zien of een bepaalde patiënt al afspraken heeft bij andere afdelingen. De afdelingssecretaresses zijn enthousiast. De chirurgen vinden het echter maar niets. Een van hen stelt: 'Onze secretaresses gaan hier geen tijd aan besteden, ze zijn al druk genoeg!' Het plan gaat niet door. Welke machtsbron is hier gebruikt om de invoering te verhinderen?

Op MyLab vind je een link naar een YouTube-video van een reclamespot met Mr. Bean. Hoe werkt de referentiemacht in dat geval, denk je?

Hoe werkt referentiemacht binnen teams? Het wordt stil in de vergadering van de softwareontwikkelaars van het bedrijf IT-Builders als Java-expert Nashuan het woord neemt. Hij wordt door iedereen gezien als buitengewoon ervaren en deskundig. Hoewel hij geen formele macht heeft, zullen zowel de leiding als de collega's niet gauw tegen zijn adviezen ingaan.

Een van de manieren waarop mensen referentiemacht krijgen, is door charisma (zie ook hoofdstuk 12 over leiderschap). Sommige mensen met referentiemacht zijn, ondanks het feit dat ze geen officiële leiderschapspositie hebben, toch in staat om anderen te beïnvloeden door hun charismatische dynamiek, sympathie en emotionele effecten op anderen. Ook hiervan geven we een voorbeeld.

VOORBEELD

Kelly houdt een gloedvol betoog over de mogelijkheden om de principes van duurzaamheid en recycling in de productieprocessen, de producten en op het kantoor van de plastic-tuinmeubelenfabriek Van Leverman toe te passen. Ze onderbouwt haar verhaal met tal van praktijkvoorbeelden. En ze wijst haar collega's emotioneel op het belang dat hun kinderen hebben bij een schone en bewoonbare wereld. Haar collega's van marketing, productie en inkoop zijn diep onder de indruk van haar verhaal. Een van hen zegt: 'Door Kelly heb ik echt het licht gezien!'

13.2.3 Welke machtsbronnen zijn het meest effectief?

Uit allerlei onderzoek komt duidelijk naar voren dat van alle machtsbronnen de twee persoonlijke machtsbronnen het effectiefst zijn. Zowel expertisemacht als referentiemacht heeft een positief verband met de tevredenheid van werknemers over supervisie, hun inzet en hun prestaties, terwijl beloning en legitieme macht hiermee geen verband laten zien. Tot slot kan één bron van macht – afgedwongen macht – een averechtse uitwerking hebben, omdat dit machtsmiddel afbreuk doet aan werktevredenheid en motivatie van de werknemers.[5]

13.3 Afhankelijkheid: de sleutel tot macht

Het belangrijkste aspect van macht is dat het een functie is van afhankelijkheid. We gaan nu in op de vraag hoe we met het begrip afhankelijkheid verschillende gradaties van macht kunnen begrijpen .

13.3.1 Het algemene axioma van de afhankelijkheid

We beginnen met een algemeen axioma: *Hoe afhankelijker B van A is, hoe meer macht A over B heeft*. Als jij iets bezit waarvan andere mensen geloven dat alleen jij daar de baas over bent, maak je hen afhankelijk van jou en daardoor krijg je macht over hen.[6] Zoals het oude gezegde luidt: in het land der blinden is eenoog koning! Maar als iets in overvloed aanwezig is, zal het bezit ervan jouw macht niet vergroten. Daarom geldt dat hoe meer je je eigen opties kunt vermeerderen, hoe minder macht je andere mensen geeft. Dat verklaart waarom de meeste organisaties meerdere leveranciers hebben en zich niet willen binden aan slechts één leverancier. Het verklaart ook waarom zoveel mensen naar financiële onafhankelijkheid streven. Door onafhankelijk te zijn kunnen anderen minder macht aanwenden om onze kansen en middelen te beperken.

13.3.2 Waardoor ontstaat afhankelijkheid?

De afhankelijkheid neemt toe wanneer jij een middel in handen hebt dat belangrijk, schaars en/of onvervangbaar is.[7] We bespreken ze alle drie hierna kort.

Belang

Als niemand belang hecht aan het middel waarover jij beschikt ontstaat er geen afhankelijkheid. Maar vergeet niet dat het belang dat we ergens aan hechten vele subjectieve gradaties kent, van het middel nodig hebben om te kunnen overleven tot een middel willen hebben omdat het in de mode of een leuke gadget is.

Schaarste

Werkgelegenheid is zo'n situatie waarbij de relatie tussen schaarste en afhankelijkheid zichtbaar is. Is het aanbod aan arbeidskrachten voor een bepaalde functie klein in vergelijking met de vraag, dan kunnen deze werknemers er lonen en secundaire arbeidsvoorwaarden uitslepen die veel aantrekkelijker zijn dan werknemers met vaardigheden waar er veel meer van zijn dan gevraagd wordt. Zo hebben Amerikaanse universiteitsbesturen tegenwoordig geen problemen met het vinden van docenten Engels omdat er een ruim aanbod en weinig vraag is. De markt voor systeemanalisten is juist relatief krap, met een grote vraag en een beperkt aanbod. Door de hieruit voortvloeiende onderhandelingsmacht kunnen computeranalisten er bij universiteiten een hoger salaris uitslepen plus een lagere onderwijslast en andere voordelen.

Onvervangbaarheid

Hoe moeilijker het is een middel te vervangen, hoe meer macht degene heeft die het middel in handen heeft. Bij universiteiten die waarde hechten aan faculteitspublicaties geldt dat hoe meer erkenning een faculteitslid krijgt door zijn of haar wetenschappelijke publicaties, hoe meer macht die persoon heeft, omdat andere universiteiten ook faculteitsleden willen hebben die veel publiceren en grote bekendheid genieten.

13.3.3 Sociale-netwerkanalyse: een instrument om middelen te beoordelen

Een van de instrumenten om de uitruil te onderzoeken van middelen en afhankelijkheden in een organisatie is de *sociale-netwerkanalyse*.[8] Bij deze methode brengen we communicatiepatronen tussen de leden van een organisatie in kaart. Dit om vast te stellen hoe de informatiestromen tussen hen lopen. In een sociaal netwerk wordt elk individu of groep een knooppunt (*node*) genoemd. De verbindingen tussen de knooppunten in een sociaal netwerk worden banden (*ties*) genoemd. Als knooppunten veelvuldig met elkaar communiceren of middelen ruilen, dan wordt gezegd dat ze zeer sterke banden hebben. Andere knooppunten die niet rechtstreeks met elkaar communiceren, brengen stromen middelen tot stand via intermediaire knooppunten. Met andere woorden, sommige knooppunten treden als makelaar (*broker*) op tussen knooppunten die verder niet met elkaar verbonden zijn. Een grafische voorstelling van de samenhang tussen de individuen in een sociaal netwerk wordt een **sociogram** genoemd. Het sociogram fungeert als een informele versie van een organigram. Het verschil is dat een officieel organigram laat zien hoe het gezag zou moeten stromen, terwijl een sociogram laat zien hoe hulpbronnen in werkelijkheid in een organisatie stromen. Een voorbeeld van een sociogram vind je in figuur 13.1.

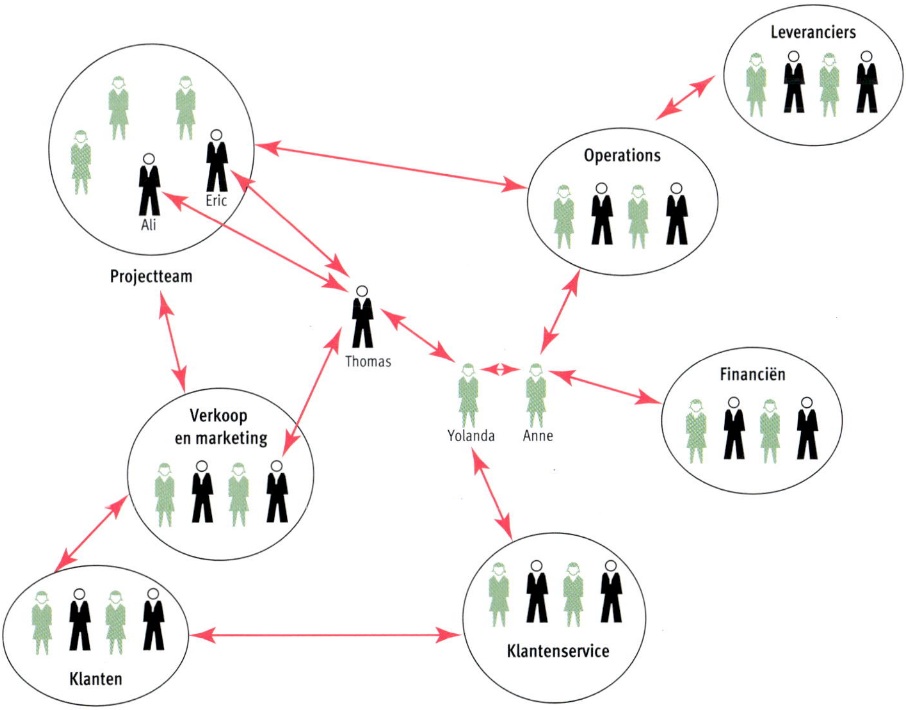

FIGUUR 13.1 **Voorbeeld van een sociogram**

Netwerken kunnen een flinke machtsdynamiek doen ontstaan. Degenen die de functie van makelaar (broker) vervullen in een netwerk, hebben meestal meer macht omdat ze voordelen realiseren uit de unieke middelen die ze kunnen betrekken van verschillende groepen. Anders gezegd, veel mensen zijn afhankelijk van de makelaars, waardoor de makelaars meer macht krijgen. Zo beginnen veranderingen in de organisatiecultuur, bijvoorbeeld dat er aan maatschappelijk verantwoord ondernemen moet worden gedaan, vaak met één hecht groepje medewerkers dat sterker wordt en zich geleidelijk via makelaars uitbreidt naar andere onderling verbonden groepen.[9] Uit gegevens van de Britse publieke gezondheidszorg (de National Health Service) blijkt dat de zogenoemde *change agents*, mensen die tot taak hebben om een organisatie te helpen met een flinke verandering, succesvoller zijn als ze informatiemakelaars zijn.[10] Deze functies kennen echter ook nadelen. Uit een onderzoek blijkt dat er een grotere kans was dat mensen die als centrale figuren in adviesnetwerken werden beschouwd ontslag zouden nemen, misschien doordat ze veel extra werk hadden gedaan zonder daarvoor beloond te worden.[11]

Je kunt op vele manieren een sociale-netwerkanalyse uitvoeren in een organisatie.[12] Sommige organisaties houden de stroom aan e-mailberichten of verzonden documenten tussen de afdelingen bij. Dit soort big datatechnieken en -instrumenten zijn relatief makkelijke manieren om objectieve informatie te verkrijgen over hoe mensen informatie uitwisselen. Andere organisaties gebruiken gegevens uit de HR-informatiesystemen en analyseren hoe leidinggevenden en hun medewerkers met elkaar omgaan. Deze databronnen kunnen sociogrammen opleveren, die laten zien hoe de stromen van hulpbronnen en macht lopen. De managers of leidinggevenden kunnen dan vaststellen welke makelaars het machtigst zijn en de grootste invloed uitoefenen op diverse groepen. Dit om deze personen vervolgens de rol van sleutelfiguur in een verandertraject geven.

13.4 Machtstactieken

Welke **machtstactieken** gebruiken mensen om hun machtsbronnen om te zetten in specifieke acties. Welke opties hebben mensen om hun leidinggevenden, collega's of medewerkers te beïnvloeden? Uit onderzoek komen negen tactieken naar voren:[13]

- **Legitimiteit**: een verzoek of opdracht baseren op bevoegdheden of benadrukken dat het verzoek in overeenstemming is met het beleid of de regels van de organisatie.
- **Rationele overreding**: logische argumenten en feitelijk bewijs aanvoeren om aan te tonen dat een verzoek redelijk is.
- **Inspirerend appel**: mensen emotioneel bij het verzoek betrekken door een beroep te doen op hun waarden, behoeften, hoop en aspiraties.
- **Consultatie**: de motivatie en steun vergroten door de ander te betrekken bij de beslissing over hoe een plan of verandering het beste kan worden uitgevoerd.
- **Ruil**: voordelen of gunsten aanbieden in ruil voor iemands steun en medewerking.
- **Persoonlijk appel**: op basis van vriendschap of loyaliteit iemand vragen om steun en medewerking.
- **Innemendheid**: proberen iemand door vleierij, complimenten of vriendelijk gedrag gunstig te stemmen voorafgaand aan een verzoek.
- **Druk**: gebruikmaken van waarschuwingen, herhaalde vragen en dreigementen om de aangesprokene tot de gewenste actie aan te zetten.
- **Coalities**: de hulp van anderen inroepen om iemand over te halen of de steun van anderen aanvoeren als reden dat de aangesprokene zou moeten instemmen.

VRAAG

Yu-Han heeft dagenlang hard gestudeerd, maar voor de toets toch een onvoldoende gehaald. Hij vraagt de docent hem toch een voldoende te geven, omdat hij altijd in de les is geweest. Die antwoordt op vriendelijke toon dat hij Yu-Hans frustratie best begrijpt, maar dat het zijn taak is cijfers te geven zonder aanzien des persoons, en dat hij dat doet met behulp van het beoordelingsmodel. Welke machtstactieken heeft de docent nu gebruikt?

13.4.1 Effectiviteit van machtstactieken

Onderzoek wijst uit dat rationele overreding, inspirerend appel en consultatie het effectiefst zijn. Aan de andere kant werkt druk vaak averechts. Druk uitoefenen is daarom doorgaans de minst effectieve van de negen machtstactieken.[14] De kans op succes kan men vergroten door meer dan één tactiek tegelijk of achter elkaar te gebruiken, zolang die tactieken maar bij elkaar passen.[15] Door innemendheid (aardig doen) te combineren met legitimiteit (het bedrijfsbeleid, de vaste regels en procedures of de functionele bevoegdheid), kunnen de negatieve reacties verminderen die mensen vaak hebben als ze denken dat ze worden gecommandeerd. Maar dat werkt alleen als mensen geen emotionele bezwaren hebben tegen de taak, of als het om een routineprocedure gaat.[16] In de meeste organisaties in Nederland (wellicht met uitzondering van het leger, politie en brandweer) is het gebruikelijk dat een opdracht wordt gegeven door het stellen van een vriendelijke vraag.

OPWAARTSE INVLOED	NEERWAARTSE INVLOED	LATERALE INVLOED
Rationele overreding	Rationele overreding	Rationele overreding
	Inspirerend appel	Consultatie
	Druk	Innemendheid
	Consultatie	Ruil
	Vleierij	Legitimiteit
	Legitimiteit	Coalities

FIGUUR 13.2 **Geprefereerde machtstactieken naar beïnvloedingsrichting**

De ene tactiek werkt beter dan de andere, afhankelijk van de beïnvloedingsrichting.[17] In figuur 13.2 zijn de bevindingen op dit gebied samengevat. De figuur laat zien dat rationele overreding de enige tactiek is die op alle organisatieniveaus effectief is. Een inspirerend appel op mensen doen werkt het beste als tactiek om ondergeschikten te beïnvloeden. En het gebruik van consultatie en innemendheid is het effectiefst als poging om gelijken te beïnvloeden: dat noemen we laterale beïnvloeding. Naast de beïnvloedingsrichting is er nog een aantal andere factoren ontdekt die bepalen welke tactiek het beste werkt. Dit zijn onder andere de keuze van opeenvolgende tactieken, de vaardigheid in het hanteren van de tactiek en de organisatiecultuur.

De kans op een positief effect is groter door met een *softere* tactiek te beginnen op basis van persoonlijke macht, bijvoorbeeld een appel op basis van inspiratie, rationele overreding en consultatie. Als dit niets oplevert, kan men overgaan op *hardere* tactieken zoals een ruil aanbieden, coalities vormen en druk uitoefenen.[18] Interessant is de ontdekking dat het hanteren van een enkele softe tactiek effectiever is dan één enkele harde tactiek en dat de combinatie van twee softe tactieken, of een softe tactiek in combinatie met rationele overreding, effectiever is dan het gebruik van een enkele harde tactiek of de combinatie van harde tactieken.[19] De effectiviteit van een tactiek hangt behalve van de zender ook af van de ontvanger.[20] Mensen die zich vooral laten beïnvloeden door softe tactieken zijn vaker bespiegelend van aard en intrinsiek gemotiveerd; ze hebben meer zelfvertrouwen en een grotere behoefte aan autonomie. Diegenen die positief reageren op harde tactieken zijn vaak meer actiegericht, extrinsiek gemotiveerd en streven meer naar goede onderlinge verhoudingen dan dat ze hun eigen zin willen doordrijven.

13.4.2 Toepassen van machtstactieken

Mensen verschillen in hun **politieke vaardigheid**, ofwel in hun vermogen om anderen te beïnvloeden om zo hun eigen doelen na te streven. Degenen met goede politieke vaardigheden benutten hun machtsbronnen doorgaans het best.[21] Zij zetten ook alle beïnvloedingstactieken effectiever in dan anderen. Politieke vaardigheid lijkt effectiever te zijn als er veel op het spel staat, bijvoorbeeld als iemand de verantwoordelijkheid draagt voor belangrijke organisatieresultaten. Politiek vaardige mensen kunnen invloed uitoefenen zonder dat andere mensen dat merken, wat cruciaal is om effectief te kunnen zijn. Het is namelijk schadelijk voor je imago als mensen van je zeggen dat je bezig bent politiek te bedrijven.[22] Politiek vaardige personen krijgen het makkelijkste hun zin in een omgeving die wordt gekenmerkt door een geringe mate van procedurele en distributieve rechtvaardigheid (zie hoofdstuk 7). In organisaties die op basis van objectieve regels worden bestuurd, zonder vriendjespolitiek of discriminatie, valt op dat het gebruik van politieke handigheidjes dikwijls leidt tot een lagere prestatiebeoordeling.[23]

VRAAG

Geef een voorbeeld van politiek handig gedrag in de volgende situaties:

- *situatie 1, waarin sprake is van geringe procedurele en distributieve rechtvaardigheid;*
- *situatie 2, waarin de regels objectief worden toegepast.*

Ten slotte weten we dat culturen binnen organisaties behoorlijk verschillen. Sommige organisatieculturen zijn bijvoorbeeld warm, ontspannen en stimulerend; andere zijn formeel en conservatief. Sommige culturen stimuleren participatie en consultatie, sommige vertrouwen op ieders bereidheid naar argumenten te luisteren en weer andere vertrouwen op het uitoefenen van druk. Mensen die qua karakter goed passen in een bepaalde cultuur zullen in die cultuur eerder meer invloed krijgen.[24] Zo geldt dat extraverte mensen vaak wat invloedrijker zijn in een teamgerichte organisatie. Zeer plichtsgetrouwe mensen zijn daarentegen invloedrijker in een organisatie die er waarde aan hecht dat men als individu zelfstandig technische taken uitvoert. Mensen die in een cultuur passen kunnen invloedrijk zijn omdat ze bijzonder goed presteren in de domeinen die in die cultuur het belangrijkst voor succes worden geacht. Met andere woorden, ze zijn invloedrijk omdat ze competent zijn. De organisatiecultuur zelf bepaalt dus in hoge mate welke machtstactieken aanvaardbaar worden geacht.

Lees op MyLab meer over machtsvorming door coalities in groepen.

13.5 Hoe macht mensen beïnvloedt

We hebben nu besproken wat macht is en hoe iemand macht verwerft. Maar één belangrijke vraag hebben we nog niet beantwoord: corrumpeert macht? Daar zijn zeker bewijzen voor. Door macht gaan mensen hun eigenbelang stellen boven de behoeften of doelen van anderen. Waarom gebeurt dat? Interessant is dat macht er niet alleen toe leidt dat mensen zich op hun eigenbelang richten omdat ze dat kunnen; macht bevrijdt hen ook van de noodzaak om op zichzelf te reflecteren waardoor ze een groter gewicht gaan toekennen aan hun eigen doelen en belangen. Het lijkt er tevens op dat mensen met macht andere mensen gaan *objectiveren* (tot *object* maken door anderen alleen nog te zien als instrument om de eigen doelen mee te bereiken) en dat ze relaties minder belangrijk gaan vinden.[25]
En dat is nog niet alles. Machtige mensen reageren bijzonder negatief op een bedreiging van hun competentie. Mensen in machtsposities geven hun macht niet zomaar uit handen en mensen die zich in hun macht bedreigd voelen, zijn vaak zeer gemotiveerd om actie te ondernemen om hun macht te behouden, of hun handelen nu wel of niet schadelijk is voor anderen. De kans is ook groter dat mensen met veel macht besluiten zullen nemen die in hun eigen belang zijn als er sprake is van een moreel risico (bijvoorbeeld managers van hedgefondsen die meer risico nemen met het geld van andere mensen omdat ze bij winst worden beloond en bij verlies minder vaak worden gestraft). Mensen die aan de macht zijn, zijn sterker bereid om anderen te kleineren. Macht leidt ook tot het nemen van overmoedige besluiten.[26]

13.5.1 Machtsvariabelen

Zoals we eerder besproken hebben, blijkt macht enkele belangrijke verontrustende effecten op mensen te hebben. Maar dat is nog niet alles; macht is een ingewikkeld verschijnsel. Niet iedereen wordt er op dezelfde manier door beïnvloed en macht heeft ook positieve effecten. Laten we dit alles eens één voor één bekijken.
Ten eerste zijn eventuele schadelijke effecten van macht afhankelijk van de persoonlijkheid van degene die de macht gebruikt. Onderzoek duidt erop dat als je een angstige persoonlijkheid bent, macht jou niet corrumpeert, dit omdat je minder geneigd bent te denken dat het gebruik van macht jou ten goede komt.[27]
Ten tweede kunnen organisatiesystemen het ondermijnende effect van macht intomen. Zo blijkt uit een onderzoek dat mensen door macht weliswaar hun eigenbelang voorop gaan stellen, maar aan dat egoïstische gedrag een einde komt als ze zich voor hun gedrag moeten gaan verantwoorden.
Ten derde hebben we middelen om de negatieve effecten van macht te ontkrachten. Uit een onderzoek blijkt dat alleen al door je tegenover machtige mensen dankbaar te gedragen, de kans kleiner wordt dat ze agressief tegen je zijn.
Tot slot wordt wel gezegd dat mensen met weinig macht het beetje macht dat ze hebben gaan misbruiken. Hierin lijkt een kern van waarheid in te zitten, in de zin dat de mensen met de grootste kans om hun macht te misbruiken diegenen zijn die vanuit een lage status macht verwerven. Waarom is dat zo? Het lijkt erop dat een lage status als bedreigend kan worden ervaren en dat de hiermee gepaard gaande angst of onzekerheid op een negatieve manier wordt gebruikt als mensen later macht verwerven.[28]
Er zijn dus enkele factoren die de negatieve effecten van macht kunnen temperen. Er kunnen echter ook positieve effecten aan macht zitten. Macht geeft energie en vergroot de motivatie om doelen te bereiken. Ook kan de motivatie om anderen te helpen er sterker door worden. Uit een onderzoek is bijvoorbeeld gebleken dat de wens om mensen te helpen in feitelijk gedrag wordt omgezet als mensen het gevoel hebben dat

ze macht hebben.[29] Dat onderzoek gaf ons een belangrijk inzicht over macht. Het is niet zozeer dat macht corrumpeert, maar dat macht duidelijk maakt wat we waardevol vinden. Deze gedachte wordt door ander onderzoek ondersteund waaruit blijkt dat macht alleen tot egoïstisch gedrag leidt bij mensen met een zwakke morele identiteit (de mate waarin ethische waarden een centraal aspect van iemands identiteit vormen). Bij mensen met een sterke ethische identiteit versterkt macht hun moreel bewustzijn en de bereidheid om daarnaar te handelen.[30]

13.5.2 Seksuele intimidatie: ongelijke machtsverhoudingen op het werk

Seksuele intimidatie op het werk omschrijven we als ongewenste activiteiten van seksuele aard die van invloed zijn op iemands werk of een vijandige werkomgeving scheppen. Volgens de Amerikaanse overheidsinstantie voor gelijke kansen op (het) werk (EEOC: Equal Employment Opportunity Commission) is er sprake van seksuele intimidatie als iemand te maken heeft met 'ongewenste seksuele avances, een verzoek om seksuele gunsten en ander verbaal of fysiek gedrag van seksuele aard' op het werk die het functioneren op het werk verstoren of een 'intimiderende, vijandige of aanstootgevende' werkomgeving scheppen.[31] In Nederland, hanteert het ministerie van Sociale Zaken en Werkgelegenheid de volgende definitie: 'Seksuele intimidatie op het werk is elke vorm van seksuele toenadering, verzoeken om seksuele gunsten of ander seksueel getint verbaal, non-verbaal of fysiek gedrag in de werkomgeving, die als ongewenst worden ervaren.'[32]
Over het algemeen geldt dat seksuele intimidatie meer wijdverbreid is in door mannen gedomineerde samenlevingen. Uit bijvoorbeeld een onderzoek in Pakistan blijkt dat maar liefst 93 procent van de vrouwelijke werknemers last heeft van seksuele intimidatie.[33] In Singapore zegt 54 procent van de werknemers (vrouwen en mannen) dat ze te maken hebben gehad met seksuele intimidatie.[34] De percentages in de Verenigde Staten en enkele andere landen zijn doorgaans veel lager maar toch nog verontrustend. Uit enquêtes blijkt dat ongeveer 25 procent van de vrouwen en 10 procent van de mannen in de Verenigde Staten last hebben gehad van seksuele intimidatie.[35]

Wat zijn de cijfers voor Nederland?

Op de vraag 'Heb je wel eens seksueel geweld meegemaakt?' antwoordt 33,3 procent van de onderzochte vrouwen en 7,7 procent van de onderzochte mannen in Nederland bevestigend, volgens onderzoek in 2017 door Rutgers Kenniscentrum voor seksualiteit. Bij mannen en vrouwen tussen de 25 en 70 jaar is dit zelfs hoger: 42,2 procent van de vrouwen en 13,1 procent van de mannen! 50 procent van de vrouwen en 33 procent van de mannen hebben niet-fysiek seksueel grensoverschrijdend gedrag meegemaakt.[36]
Gegevens van de U.S. Equal Employment Opportunity Commission (EEOC) lijken erop te wijzen dat seksuele intimidatie afneemt: klachten over seksuele intimidatie vormen nu 10 procent van alle discriminatieklachten, vergeleken met 20 procent midden jaren negentig. Het percentage klachten van mannen is echter toegenomen van 11 procent van het totaal aantal klachten in 1997 tot 17,5 procent nu.[37] Seksuele intimidatie van vrouwen komt onevenredig veel voor in bepaalde soorten banen. In een onderzoek naar de restaurantsector bijvoorbeeld, zei 80 procent van de vrouwen in de bediening dat ze te maken hadden gehad met seksuele intimidatie van collega's of klanten, vergeleken met 70 procent van de mannen in de bediening.[38]
De conclusie is dat managers en leidinggevenden hun werknemers dienen te beschermen tegen een vijandige werkomgeving. Het kan makkelijk gebeuren dat ze

niet in de gaten hebben dat een van hun werknemers last heeft van seksuele intimidatie, maar dat is geen excuus. Wordt in onderzoek overtuigend aangetoond dat de manager van de intimidatie af had kunnen weten, dan kunnen in bijvoorbeeld de Verenigde Staten zowel de manager als het bedrijf aansprakelijk worden gesteld.

13.6 Politiek: macht in actie

Overal waar mensen samenwerken wordt macht uitgeoefend. Mensen zoeken naar ruimte (een *niche*) in de organisatie waar ze invloed hebben, beloningen kunnen verdienen en verder kunnen komen. Als ze daarbij hun machtsmiddelen actief inzetten, zeggen we dat ze politiek bedrijven. Mensen met goede politieke vaardigheden zijn in staat hun machtsmiddelen effectief in te zetten.[39]

13.6.1 Politiek gedrag: definitie

In essentie gaat het bij politiek gedrag in organisaties om het gebruik van macht om de besluitvorming in organisaties te beïnvloeden of om het eigen belang te dienen.[40] Voor ons doel definiëren wij **politiek gedrag** in organisaties als 'activiteiten die niet vereist zijn voor iemands officiële rol binnen de organisatie, maar die de verdeling van voor- en nadelen binnen de organisatie proberen te beïnvloeden'.[41]

In deze definitie vinden we de voornaamste elementen terug van wat mensen onder organisatiepolitiek verstaan. Politiek gedrag in een organisatie staat los van functie-eisen. Het omvat pogingen om doelen, criteria en procedures van besluitvorming te beïnvloeden. En politiek gedrag gaat altijd gepaard met het inzetten van één of meer machtstactieken. Onze definitie is ruim genoeg om verschillende soorten politiek gedrag te kunnen dekken, waaronder het:

- onthouden van cruciale informatie aan besluitvormende organen;
- vormen van coalities om samen sterker te staan;
- klokkenluiden bij (vermeende of echte) misstanden;
- verspreiden van geruchten;
- lekken van vertrouwelijke informatie naar de media;
- verlenen van gunsten aan derden in de organisatie om er iets voor terug te krijgen;
- lobbyen voor of juist tegen een persoon of een bepaalde oplossing om het eigen belang te bevorderen.

Zo beschouwd is politiek gedrag vaak negatief, maar dat is toch niet altijd het geval.

13.6.2 Politiek gedrag als natuurlijk verschijnsel

Uit interviews met ervaren managers blijkt dat het merendeel meent dat politiek gedrag een normaal deel van het organisatieleven is.[42] Veel managers zeggen dat enig politiek gedrag zowel ethisch acceptabel als noodzakelijk is, zolang het anderen niet direct schaadt. Dit valt dan onder **legitiem politiek gedrag**. Zij omschrijven deze activiteit als een noodzakelijk kwaad en geloven dat iemand die nooit politiek gedrag inzet het bijzonder moeilijk zal hebben om dingen gedaan te krijgen. Daarnaast wordt gesproken van **illegitiem politiek gedrag** (politieke 'spelletjes'). Hierbij schroomt men niet de organisatie of andere personen te benadelen, het belang van de eigen persoon of groep gaat dan blijkbaar voor.

Lees op MyLab meer over vormen van legitiem en illegitiem politiek gedrag.

Kan een organisatie zonder politiek? De vraag of een organisatie (of een land) zonder enige vorm van politiek kan, kunnen we alleen bevestigend beantwoorden als:

- alle leden van die organisatie dezelfde doelen en belangen voor ogen hebben;
- er voldoende middelen voor iedereen en voor alle doelen zijn; en
- de te leveren prestaties volledig duidelijk en objectief zijn.

Dat is echter niet de realiteit van de organisatorische wereld waarin de meesten van ons leven. Organisaties bestaan uit mensen en groepen met verschillende waarden, doelen en belangen.[43] Daarmee ontstaat het potentieel voor conflicten over middelen. Afdelingsbudgetten, toewijzing van ruimtes, projectverantwoordelijkheden en salarisaanpassingen zijn maar een paar voorbeelden van zaken die tot onenigheid kunnen leiden.[44] De middelen van organisaties zijn ook beperkt, waardoor een potentieel conflict vaak verandert in een echt conflict. Door de schaarste aan middelen kan er niet in ieders behoeften worden voorzien. Verder worden budgetten of managementaandacht die een individu of groep weet te verwerven waargenomen alsof dit ten koste gaat van anderen binnen de organisatie, of dit nu terecht is of niet. Deze permanent aanwezige krachten en gevoelens zijn een voedingsbodem voor concurrentie tussen leden van de organisatie. Overigens: dieren die in een sociaal verband leven, zoals chimpansees, vertonen ook politiek gedrag.

Lees op MyLab hoe chimpansees politiek gedrag vertonen.

Misschien wel de belangrijkste factor die tot politiek in organisaties leidt, is het besef dat de meeste 'feiten' die worden gebruikt om de beperkte middelen te verdelen zich lenen voor discussie. Wat is bijvoorbeeld een goede prestatie? Wanneer is iets voldoende verbeterd? Waaruit bestaat een onbevredigende baan? De 'onbaatzuchtige inzet voor de organisatie' van de ene persoon wordt door de ander gezien als een 'schaamteloze poging om zijn eigen belang te dienen'.[45] In dit grote en ambigue middenveld van het organisatieleven – waar de feiten niet voor zichzelf spreken – gedijt de politiek. Feiten zijn zelden zuiver objectief en zijn dus onderhevig aan interpretatie; mensen in organisaties zullen elke mogelijke invloed aanwenden om de feiten zo te kleuren dat ze hun eigen doelen en belangen ondersteunen. En dat leidt vanzelf tot activiteiten die we *politieke spelletjes* noemen.

VRAAG

Hoe zou een wereld eruitzien zonder politiek gedrag? Aan welke voorwaarden zou voldaan moeten zijn om dat mogelijk te maken?

13.7 Politiek gedrag: oorzaken en gevolgen

Nu we hebben vastgesteld dat politiek gedrag onlosmakelijk is verbonden met GiO kunnen we gaan onderzoeken wat de oorzaken en gevolgen van dit gedrag zijn. Niet alle groepen of organisaties zijn even politiek. In sommige organisaties tieren politieke tactieken welig in alle openheid, terwijl ze in andere organisaties maar een kleine rol spelen in de beïnvloeding van de resultaten. Wat maakt het verschil? Onderzoeken en observaties leverden een aantal factoren op die politiek gedrag stimuleren. Deels gaat het om individuele kenmerken van de mensen die de organisatie in dienst heeft; andere factoren hebben te maken met de organisatiecultuur of de interne omgeving (zie figuur 13.3). In deze paragraaf behandelen we eerst deze invloedsfactoren. Vervolgens gaan we in op de reacties van mensen op politiek gedrag.

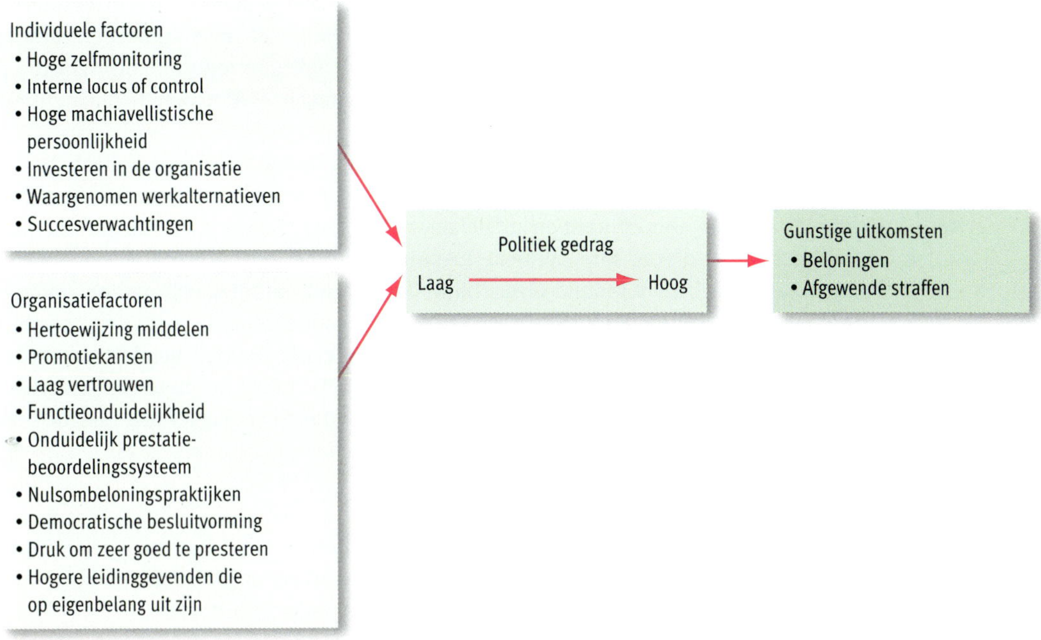

FIGUUR 13.3 **Oorzaken en gevolgen van politiek gedrag**

13.7.1 Factoren die politiek gedrag stimuleren

Individuele factoren

Uit een onderzoek bleek dat werknemers die zich makkelijk aan anderen aanpassen (hoog scoren op self-monitoring), een interne *locus of control* hebben en een grote behoefte aan macht (hoog scoren op nPow, zie hoofdstuk 7),[46] eerder politiek gedrag zullen vertonen.[47] Iemand die hoog scoort op self-monitoring (zie hoofdstuk 4) is gevoeliger voor sociale signalen, is meer geneigd tot conformisme aan sociale normen en is beter in politiek gedrag dan iemand die zich moeilijker aanpast. Individuen met een interne locus of control nemen vaak het initiatief omdat ze geloven dat ze hun omgeving kunnen beheersen, en proberen dan situaties in hun voordeel te beïnvloeden. Het is dan ook niet verassend dat iemand met een machiavellistische persoonlijkheid heeft – gekenmerkt door de wil om te manipuleren en het verlangen naar macht – politiek zal gebruiken als een middel om persoonlijke belangen te behartigen.

Politiek is de kunst van het haalbare. Wat haalbaar is wordt onderzocht door middel van debat in de Tweede Kamer.

Foto: Jan Kranendonk / 123RF / Pearson Asset Library

Daarnaast zijn de eigen investeringen in de organisatie, de alternatieven die men meent te hebben en de verwachtingen over succes van invloed op de vraag of iemand kiest voor illegitieme methoden om politieke actie te ondernemen of juist niet.[48] Iemand die veel in de organisatie heeft geïnvesteerd in termen van verwachtingen en toekomstvoordelen, heeft veel te verliezen als hij ontslagen zou worden. Dat leidt tot voorzichtig gedrag. Zo iemand zal minder snel zijn toevlucht nemen tot illegitieme tactieken. Mensen met meer alternatieve mogelijkheden – bijvoorbeeld dankzij een gunstige arbeidsmarkt of een vaardigheid of kennis die maar weinigen hebben, een uitstekende reputatie of invloedrijke contacten buiten de organisatie – zullen daarentegen eerder illegitieme politieke acties durven te ondernemen.

Tot slot doen sommige mensen aan politiek gedrag omdat ze er nu eenmaal goed in zijn. Zulke mensen kunnen interacties tussen mensen goed 'lezen', passen hun gedrag aan de situatie aan en kunnen uitstekend netwerken.[49] Deze mensen worden vaak indirect beloond voor hun politieke inspanningen. Uit bijvoorbeeld een onderzoek naar een bouwbedrijf in Zuid-China blijkt dat politiek vaardige ondergeschikten een grotere kans hadden om voorgedragen te worden voor een (extra) beloning door hun directe leidinggevenden, en vooral politiek georiënteerde leidinggevenden reageerden vaak positief op politiek vaardige ondergeschikten.[50] Uit ander, wereldwijd onderzoek blijkt ook dat een hogere mate van politieke vaardigheid samengaat met hogere (door anderen) waargenomen werkprestaties.[51]

Organisatiefactoren

Hoewel we dus erkennen dat individuele verschillen een rol kunnen spelen bij de keuze om politiek gedrag te vertonen, zijn er nog sterkere aanwijzingen dat bepaalde situaties en organisatieculturen politiek gedrag als het ware uitlokken.

We gaan eerst in op de situationele factoren:

1. Beslissingen over promoties blijken de voornaamste aanleidingen tot politiek gedrag te zijn. De kans om hogerop te komen, moedigt mensen aan te wedijveren om de beperkte middelen en om de beslissing te beïnvloeden.[52]
2. Als een organisatie moet bezuinigen om de efficiëntie te verbeteren en het mes zet in de bedrijfsmiddelen, worden mensen bang middelen (budget, formatieplaatsen, tijd) te verliezen en ondernemen politieke actie om veilig te stellen wat ze hebben.
3. Elke verandering in een organisatie, vooral wanneer het gaat om een belangrijke verschuiving in de middelentoewijzing, zal conflicten oproepen en politiek gedrag bevorderen.

Daarnaast zijn er factoren die deel uitmaken van de **organisatiecultuur**:[53]

1. Prestatiebeoordelingen zijn in de praktijk verre van volmaakt. Des te meer een organisatie gebruikmaakt van subjectieve criteria, slechts op één manier de uitkomsten meet of veel tijd laat voorbijgaan voordat een actie beoordeeld wordt, des te groter is de kans dat de werknemer ongestraft politiek gedrag vertoont. Subjectieve prestatiecriteria laten ruimte voor meerdere interpretaties. Het gebruik van één prestatiemeting zet mensen ertoe aan te doen wat ze kunnen om die ene score te beïnvloeden, ook als dat ten koste gaat van andere belangrijke onderdelen van hun werk die niet beoordeeld worden. De hoeveelheid tijd tussen een actie en de beoordeling is eveneens relevant. Hoe langer de tussenliggende periode, des te geringer de kans dat de werknemer verantwoording moet afleggen voor politiek gedrag.
2. Als er weinig vertrouwen is in de organisatie, is de kans groot dat er politiek gedrag optreedt. Ook zullen werknemers het spel eerder hard spelen. Heerst er vertrouwen, dan krijgen politieke spelletjes in het algemeen weinig kans en worden keiharde of illegitieme tactieken een halt toegeroepen.
3. Rolambiguïteit betekent dat niet duidelijk is welk gedrag vereist is van de werknemer. Dat opent de deur naar ongebreideld politiek gedrag. Aangezien politieke

activiteiten gedefinieerd zijn als activiteiten die geen deel uitmaken van de officiële rol, zullen de politieke spelletjes niet erg in de gaten lopen wanneer de toegewezen rol in de organisatie dubbelzinnig is.

De fixed pie.

Foto: Africa Studio / Shutterstock / Pearson Asset Library

4. Wanneer een organisatie de **zero-sumbenadering** (zie ook hoofdstuk 14) van belonen toepast, zijn werknemers gemotiveerd tot politiek gedrag. Van een zero-sumsituatie is sprake als er een gegeven hoeveelheid 'taart' is die verdeeld kan worden in punten; alles wat een individu of groep krijgt, gaat dus ten koste van de rest (*fixed pie*). Als ik win, moet jij verliezen. Stel dat er 20.000 euro aan salarisverhoging onder vijf werknemers te verdelen is. Elk bedrag boven de 4000 euro dat een werknemer krijgt, komt uit het deel van de ander(en). Hierdoor voelt men zich al gauw geroepen om zich extra te profileren en de prestaties van anderen te bagatelliseren.
5. Hoe groter de prestatiedruk, hoe groter de kans dat werknemers politieke spelletjes spelen. Wanneer werknemers direct afgerekend worden op meetbare prestaties (bijvoorbeeld: aantal geproduceerde eenheden, aantal uitgeschreven boetes, verkoopcijfers over een periode) en dus aanspreekbaar zijn op hun prestaties, ervaren ze grote druk om 'goed voor de dag te komen'. Iemand die denkt dat zijn loopbaan staat of valt met de verkoopcijfers van het volgend kwartaal of de productiviteit van deze maand, zal uiterst gemotiveerd zijn om de cijfers een tikje op te poetsen.
6. Tot slot: wanneer werknemers merken dat topmanagers politieke spelletjes spelen – vooral als ze daarmee succes hebben en ervoor beloond worden – ontstaat een klimaat dat politiek gedrag ondersteunt. In zekere zin geeft de bedrijfsleiding hiermee een signaal af dat mensen op lagere posities ook politieke spelletjes mogen spelen; de bedrijfsleiding impliceert dat dit gedrag aanvaardbaar is.

VRAAG

Een uitgeverij werd gekenmerkt door open communicatie, onderling vertrouwen en een prettig werkklimaat. De uitgeverij werd overgenomen door een grotere concurrent. De directie en een deel van het management werden vervangen. Nu, twee jaar later, is de sfeer volkomen verziekt. Iedereen wantrouwt iedereen, er is sprake van sabotage en totale verloedering. Hoe kan zo'n grote omslag in de organisatiecultuur zo snel zijn ontstaan?

Factoren tussen organisaties

Ook in de relatie tussen organisaties zijn er politieke krachten aan het werk, maar politiek gedrag pakt verschillend uit afhankelijk van de organisatiecultuur.[54] Uit een onderzoek blijkt dat als twee organisaties met veel intern politiek gedrag met elkaar te maken hebben, de politieke interacties tussen hen slecht zijn voor de prestaties bij gezamenlijke projecten. Anderzijds blijkt dat als bedrijven met minder intern politiek gedrag met elkaar te maken hebben, zelfs politieke geschillen tussen hen niet leiden tot lagere prestaties bij gezamenlijke projecten. Dit onderzoek laat zien dat bedrijven moeten oppassen met het aangaan van allianties met organisaties met een hoge mate van intern politiek gedrag.

13.7.2 Hoe reageren mensen op politiek in de organisatie?

Trix Donners schrijft mee aan het script van een wekelijkse comedyserie voor een streamingdienst. Ze houdt van haar werk, maar haat de interne politieke strijd. 'Een paar schrijvers hier zijn meer bezig met een wit voetje te halen bij de producer dan met hun werk. En de producer heeft duidelijk zijn lievelingetjes. Ik verdien heel goed en ik kan mijn creativiteit de vrije loop laten, maar ik ben het zat om op mijn hoede te zijn voor een dolk in mijn rug en voortdurend mijn bijdragen te moeten "verkopen". Ik heb er genoeg van om het grootste deel van het werk te doen en daar nauwelijks eer voor te krijgen.'

Is het commentaar van Trix typerend voor mensen die werken bij een organisatie waar politieke spelletjes aan de orde van de dag zijn? Allemaal hebben we vrienden of familieleden die regelmatig klagen over politieke strijd op hun werk. Maar hoe reageren mensen in het algemeen op die strijd? Laten we het feitenmateriaal eens bekijken.
Voor de meeste mensen – die weinig politieke vaardigheden bezitten of geen zin hebben in de politieke spelletjes – zijn de uitkomsten overwegend negatief. Zo zijn er onder meer sterke bewijzen dat de perceptie van politieke spelletjes in de organisatie negatief gecorreleerd is aan werktevredenheid.[55] Ook stress en angst op het werk nemen hierdoor toe. Dit lijkt te wijten aan de perceptie dat iemand terrein moet prijsgeven aan mensen die actief het politieke spel spelen, of aan de extra druk die iemand ervaart na het betreden van de politieke arena.[56] Soms vertrekken werknemers wanneer de strijd te hevig wordt.[57] Tot slot zijn er aanwijzingen in de vorm van zelfrapportages dat het politieke spel leidt tot lagere prestaties. Dit zou komen doordat de politieke omgeving als oneerlijk wordt gezien, wat demotiverend werkt (zie figuur 13.4).[58]

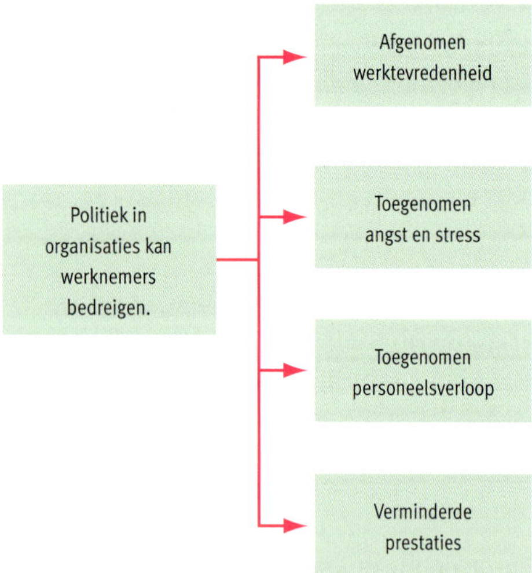

FIGUUR 13.4 **Reacties van werknemers op politiek in organisaties**

Behalve de conclusies hier zijn er nog andere interessante kanttekeningen te plaatsen:

- Ten eerste wordt het verband tussen politieke spelletjes en prestaties beïnvloed door iemands inzicht in het *hoe* en *waarom* van politiek. 'Iemand die goed begrijpt wie verantwoordelijk is voor besluiten en waarom iemand geselecteerd is als beslisser, snapt beter hoe en waarom dingen gebeuren zoals ze gebeuren dan iemand die het besluitvormingsproces van de organisatie niet begrijpt.'[59] Bij veel politiek en veel inzicht zullen de prestaties toenemen, omdat het individu de politieke acties als kansen ziet. Vooral als hij goede politieke vaardigheden heeft. Maar bij een gebrekkig inzicht zullen mensen de politieke spelletjes eerder als bedreigend ervaren, wat een negatief effect heeft op de prestaties.[60]

- Ten tweede heeft politiek gedrag op het werk invloed op de reacties van medewerkers op ethisch leiderschap.[61] Uit een onderzoek blijkt dat mannelijke werknemers positiever reageren op ethisch leiderschap en het vaakst voorbeeldig werkgedrag tonen als er sprake is van een sterke mate van politiek en duidelijk ethisch leiderschap. Vrouwen lijken juist meer voorbeeldig werkgedrag te tonen als de omgeving consistent ethisch is en apolitiek.
- Tot slot: wanneer medewerkers politiek niet als een kans, maar als een bedreiging zien, reageren ze met **defensief gedrag**. Dit is reactief gedrag om zichzelf te beschermen, om actie, beschuldigingen of veranderingen te vermijden (in figuur 13.5 staat een aantal voorbeelden van defensief gedrag).[62] Vaak gaat dit samen met negatieve gevoelens over het werk en de werkomgeving.[63] Op de korte termijn vinden werknemers dat een defensieve reactie hun belangen verdedigt, maar op den duur is dit uitputtend. Werknemers die continu defensief gedrag vertonen zullen vrijwel zeker negatieve gevolgen ervaren, zoals het verlies van vertrouwen en steun van collega's, leidinggevenden en klanten.

VRAAG

'Vertrouwen komt te voet en gaat te paard!' Kun je dit spreekwoord toelichten op basis van het voorgaande?

INSPANNING VERMIJDEN

- *Te sterk conformeren.* Je verantwoordelijkheid al te letterlijk interpreteren, door iets te zeggen als: 'De regels stellen duidelijk dat ...' of 'Zo hebben we het altijd gedaan.'
- *Zwartepiet doorspelen.* Verantwoordelijkheid voor de uitvoering van een taak of beslissing aan iemand anders overlaten.
- *Zich van de domme houden.* Een ongewenste taak uit de weg gaan door te doen alsof je die niet aankunt.
- *Rekken.* Een taak laten voortduren, zodat het lijkt of je druk bezig bent – bijvoorbeeld twee maanden doen over een taak van twee weken.
- *Aan het lijntje houden.* In het openbaar doen alsof je iets ondersteunt zonder verder enige actie te ondernemen.

BESCHULDIGINGEN VERMIJDEN

- *Bluffen.* Dit komt neer op 'je indekken' en betekent dat je je handelingen uitgebreid documenteert om een beeld van competentie en grondigheid over te brengen.
- *Op safe spelen.* Situaties vermijden die voor jou ongunstig kunnen zijn. Alleen projecten op je nemen die grote kans van slagen hebben, risicovolle beslissingen laten goedkeuren door superieuren, kanttekeningen plaatsen bij je oordelen, een neutrale positie kiezen in conflicten.
- *Rechtvaardigen.* Verklaringen bedenken om geen verantwoordelijkheid te hoeven nemen voor negatieve resultaten en/of excuses aanbieden om je berouw te tonen.
- *Zondebok aanwijzen.* De schuld voor een negatief resultaat bij externe factoren leggen die er part noch deel aan hebben.
- *Verkeerde voorstelling van zaken geven.* Informatie manipuleren, vertekenen, verfraaien, bedriegen, verwarring zaaien.

VERANDERING VERMIJDEN

- *Preventie.* Proberen een dreigende verandering te voorkomen.
- *Zelfbescherming.* Dusdanig handelen dat je eigen belangen beschermd worden tijdens veranderingen door informatie of andere middelen naar je toe te trekken.

FIGUUR 13.5 **Voorbeelden van defensief gedrag**

13.7.3 Impressiemanagement: hoe maak je een goede indruk?

De meeste mensen willen graag een positieve indruk op anderen maken. Amerikanen geven met z'n allen miljarden dollars uit aan diëten, fitnesscentra, cosmetica en plastische chirurgie, alles om maar aantrekkelijk te zijn. Een positief oordeel van anderen over jou heeft ook in organisaties voordelen. Dat kan helpen om bijvoorbeeld de verlangde baan te krijgen en na de indiensttreding om een positieve evaluatie of een forse salarisverhoging te krijgen, en sneller promotie te maken dan anderen. Het proces waarmee mensen proberen de indruk te sturen die anderen van hen krijgen, noemen we **impressiemanagement (IM)**.[64]

Niet iedereen is bezig met IM. Het is niet verbazend dat het vooral wordt gebruikt door mensen die hoog scoren op self-monitoring.[65] Mensen die daar laag op scoren, presenteren meestal een beeld van zichzelf dat consistent is met hun persoonlijkheid, ongeacht de voor- of nadelen daarvan voor henzelf. Mensen die zichzelf wél anders kunnen voordoen dan ze zijn, schatten echter de eisen en verwachtingen in verschillende situaties in en passen hun verschijning en gedrag daarop aan. Figuur 13.6 toont een aantal veelgebruikte IM-technieken met van elk een voorbeeld.

LERENDE VERMOGEN	IM-TECHNIEK	VOORBEELD
Assertief gedrag	Complimentjes uitdelen: anderen complimenteren met hun goede kanten om zelf aardig gevonden te worden.	Nieuw afdelingshoofd tegen collega: 'Wat heb je de klacht van die ene klant tactvol afgehandeld! Dat was mij nooit gelukt.'
Assertief gedrag	Extra inzet tonen: zichtbaar meer doen dan nodig is, om te laten zien hoe toegewijd en gemotiveerd je bent.	Een medewerker stuurt e-mails vanuit zijn werkaccount als hij overwerkt, om zijn baas te laten zien dat hij 's avonds nog aan het werk is.
Defensief gedrag	Uitvluchten verzinnen: smoesjes, goedpraterij en andere verklaringen die de ernst van de situatie moeten verhullen.	Verkoopmanager tegen chef: 'Oké, we hadden die advertentie dus niet op tijd in de krant, maar ach, er reageert toch nooit iemand op dat soort advertenties.'
Defensief gedrag	Excuses aanbieden: toegeven verantwoordelijk te zijn voor een onplezierige gebeurtenis en tegelijkertijd daarvoor vergiffenis vragen.	Werknemer tegen chef: 'Het spijt me dat ik een fout in het rapport gemaakt heb. Neem het me alsjeblieft niet kwalijk.'
Ik-gericht gedrag	Zelfpromotie: iemand die zijn beste eigenschappen accentueert, gebreken verdoezelt en de aandacht vestigt op zijn prestaties.	Vertegenwoordiger tegen haar baas: 'Mark heeft drie jaar vergeefs geprobeerd die account binnen te halen. Ik heb het in zes weken voor elkaar. Niemand in dit bedrijf is zo goed in deals sluiten als ik.'
Ik-gericht gedrag	Prestaties opkloppen: benadrukken dat een bepaalde actie van jou veel meer voorstelde dan men op het eerste gezicht zou denken.	Krantenjournalist tegen zijn hoofdredacteur: 'Mijn artikel over de scheiding van Beyoncé heeft toch maar mooi de verkoopcijfers verbeterd!' (dit terwijl het artikel niet verder kwam dan de roddelrubriek achterin).
Innemend gedrag	Een wit voetje proberen te halen: iemand openlijk gelijk geven of je bij zijn mening aansluiten louter om hem voor je in te nemen.	Manager tegen superieur: 'Je hebt volkomen gelijk met dat reorganisatieplan voor het regiokantoor. Ik ben er helemaal voor.'
Innemend gedrag	Ongevraagde gunsten verlenen: iets aardigs doen voor iemand om zijn goedkeuring te krijgen.	Vertegenwoordiger tegen potentiële klant: 'Ik heb twee kaartjes voor een toneelvoorstelling vanavond. Ik ben helaas verhinderd. Ze zijn voor u. Als dank omdat u tijd uittrekt om met mij te praten.'

FIGUUR 13.6 Voorbeelden van veelgebruikte impressiemanagementtechnieken[66]

VRAAG

Kun je bepaalde technieken van IM koppelen aan het gedrag van politici? Tip: zoek enkele voorbeelden van recente optredens van bekende politici en probeer hun tactiek te duiden.

Bedenk dat IM in principe betekent dat men een onjuist beeld van zichzelf probeert over te brengen.[67] Dat onjuiste beeld zou onder andere omstandigheden best kunnen kloppen. Soms zijn excuses echt op hun plaats. En iemand kan werkelijk van mening zijn dat advertenties in dagbladen weinig invloed hebben op de verkoopcijfers van haar rayon. Het gaat erom of gedrag als 'echt' of als 'onecht' wordt ervaren. Als dat verkeerd uitpakt, kan iemand dat duur komen te staan. Als collega's merken dat het beeld dat ze van iemand hadden onjuist is, vertrouwen zij die persoon niet meer. Het is dus belangrijk om ervoor te zorgen niet onoprecht of manipulerend over te komen.[68] Uit onderzoek naar IM blijkt verder dat als managers het voorbeeldig werkgedrag van werknemers toeschrijven aan impressiemanagement, de managers vaak kwaad worden (waarschijnlijk omdat ze zich gemanipuleerd voelen), waarop ze deze ondergeschikten een slechte prestatiebeoordeling geven. Als managers hetzelfde voorbeeldige werkgedrag toeschrijven aan sociale waarden en zorg voor de organisatie, leidt dat tot een opgewekte stemming en geven ze vervolgens een veel betere prestatiebeoordeling voor hetzelfde gedrag.[69] Kortom, mensen hebben niet graag het gevoel dat anderen hen met impressiemanagement manipuleren, en voorzichtigheid is geboden bij het toepassen van dergelijke tactieken.

Nog een laatste opmerking over dit onderwerp. In situaties die voor iedereen heel onzeker of dubbelzinnig zijn, is het moeilijker om *echt* gedrag van *onecht* (IM-)gedrag te onderscheiden. Dat maakt de risico's kleiner, waardoor het gebruik van IM toeneemt.[70] Toen een bepaald bedrijf werd overgenomen door een grote Zuid-Afrikaanse concurrent heerste er met name op management- en stafniveau grote onzekerheid. Over het behoud van de baan, maar ook over welk gedrag 'passend' was. In die situatie stelden sommigen zich heel voorzichtig en formeel op en gingen anderen zich juist heel ondernemend gedragen in de hoop een goede indruk te maken.[71]

13.8 De ethiek van politiek gedrag

We eindigen onze uiteenzetting over politiek gedrag met een aantal ethische richtlijnen. Hoewel we niet beschikken over een simpele methode om ethisch politiek gedrag van onethisch politiek gedrag te onderscheiden, kunnen een aantal (onderzoeks)vragen daarbij wel helpen:

1. *Heeft het echt nut om dit gedrag te vertonen?*
   Soms spelen we een politiek spelletje door ons anders voor te doen (te gedragen) dan we zijn, zonder dat daar een goede reden voor is. Wat heeft het voor zin je curriculum vitae (cv) aan te dikken als iedereen kan controleren of je verhaal wel klopt? Waarom zou je jezelf eigenschappen toedichten die je niet hebt? Dat kan alleen maar tot problemen leiden. Zie de voorbeelden hierna.
2. *Weegt het nut van politiek gedrag op tegen schade (of potentiële schade) aan anderen?*
   Een leidinggevende complimenteren met zijn kleding om bij hem in het gevlij te komen, is waarschijnlijk minder schadelijk dan als je probeert met de eer te gaan strijken voor iets wat anderen gedaan hebben. In het eerste geval breng je waarschijnlijk niemand schade toe, in het tweede geval pak je iemand zijn welverdiende veren af om er zelf mee te gaan pronken.

3. *Voldoen mijn politieke gedragingen aan normen van eerlijkheid en rechtvaardigheid?*
Soms is het lastig om de voor- en nadelen van een politieke daad tegen elkaar af te wegen, maar is de ethiek ervan wel duidelijk. Stel dat een afdelingshoofd de beoordeling van zijn favoriete werknemer extra positief maakt en tegelijkertijd de beoordeling van iemand die hij niet mag naar beneden bijstelt. Als op basis van die beoordeling de eerste een flinke loonsverhoging krijgt en de laatste niets, is het wel duidelijk dat dit zowel oneerlijk als onrechtvaardig is.

VOORBEELDEN

Journalist Charles Schwietert beweerde dat hij in de Verenigde Staten een masterdiploma had behaald toen hij in 1982 voor de VVD staatssecretaris van Defensie in het eerste kabinet Lubbers zou worden. Na vier dagen moest hij aftreden toen bleek dat hij nooit was afgestudeerd aan een universiteit. Ook had hij op zijn cv gezet dat hij luitenant was geweest, terwijl hij het slechts tot korporaal had gebracht. Was hij eerlijk geweest, dan had dit zijn benoeming niet in de weg hoeven te staan.

Politica Philomena Bijlhout werd op 22 juli 2002 beëdigd als staatssecretaris van Sociale Zaken en Werkgelegenheid, Een paar uur na haar beëdiging trad zij weer af. RTL Nieuws had namelijk foto's van haar (in militair uniform) getoond. Daaruit bleek dat ze nog in 1983 (dus na de Decembermoorden van 1982) actief was geweest in de burgermilities van het regime-Bouterse in Suriname. Eerder had zij dat ontkend. Was zij eerlijk geweest, dan had zij misschien niet hoeven af te treden.

Regelrechte leugens als die van Charles Schwietert en Philomena Bijlhout vormen een extreem voorbeeld van impressiemanagement (IM), maar bedenk dat we allemaal wel eens informatie over onszelf hebben vervormd om een gunstige indruk te wekken. Bedenk als je zoiets doet van tevoren goed of dit het risico wel waard is.
Helaas worden mensen met veel macht er vaak erg goed in om deze vragen zo te beantwoorden dat onethische praktijken gerechtvaardigd lijken. Ze zijn in staat hun egocentrische gedrag te verkopen als functioneel voor de organisatiedoelen. Ook kunnen ze overtuigend 'aantonen' dat oneerlijke acties eigenlijk eerlijk zijn. Immorele mensen kunnen eigenlijk alles goedpraten. De verbaal meest begaafde, overtuigendste machthebbers zijn vaak degenen die de dans ontspringen met hun onethische gedrag. Probeer bij een ethisch dilemma de vragen naar waarheid te beantwoorden. En als je een sterke machtsbasis bezit, besef dan dat macht corrumpeert. Vergeet tot slot niet dat het aantrekkelijk is voor mensen zonder macht om ethisch te handelen, want zij hebben nu eenmaal 'weinig in de melk te brokkelen'. Bij een ethisch beleid kunnen zij alleen maar winnen.

13.8.1 Je eigen politieke carrière uitstippelen

Politiek is, zoals we gezien hebben, niet alleen iets voor politici. Je kunt de in dit hoofdstuk gepresenteerde concepten en begrippen ook heel goed op jouw organisatie toepassen. Er is echter nog een andere toepassingsmogelijkheid: jijzelf. Een van de nuttigste manieren om over macht en politiek na te denken is met je eigen carrière voor ogen. Wat zijn je ambities? Wie heeft de macht om jou te helpen je ambities te verwezenlijken? In welke relatie sta jij tot deze mensen? Dit soort vragen kun je het beste beantwoorden met een politieke kaart waarop je jouw relaties uittekent met de mensen van wie je carrière afhankelijk is. In figuur 13.7 vind je zo'n politieke kaart.[72] Laten we die eens doornemen.

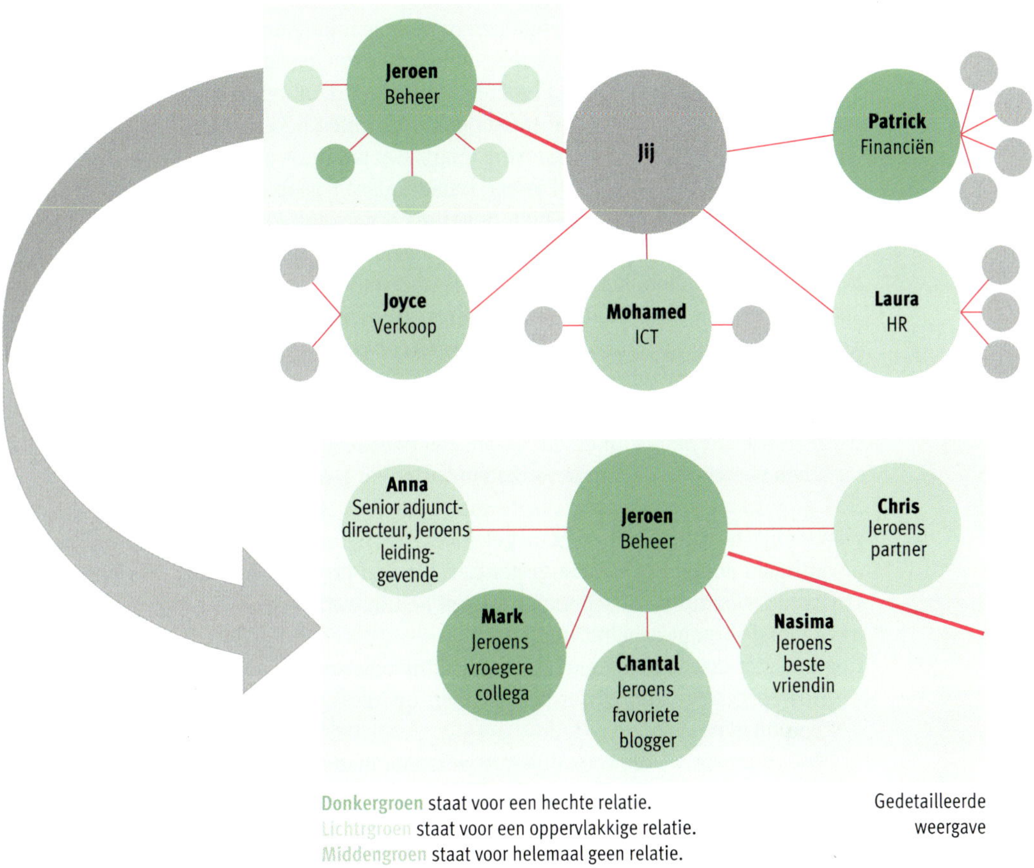

FIGUUR 13.7 **Voorbeeld van een politieke kaart[73]**

Stel dat je toekomstige promotie afhankelijk is van vijf mensen, onder wie Jeroen, jouw directe leidinggevende. Zoals uit het figuur blijkt, heb je een goede relatie met Jeroen (anders zou je aardig in de problemen zitten ...). Je hebt ook een goede relatie met Patrick van de afdeling financiën. Met de overige drie mensen heb je een veel minder hechte relatie (Laura) of helemaal geen relatie (Joyce en Mohamed). Deze politieke kaart maakt duidelijk dat je een plan moet maken om meer invloed te krijgen op die mensen en een hechtere relatie met hen op te bouwen. Hoe pak je dat aan?

Een van de beste manieren om mensen te beïnvloeden is langs indirecte weg. Stel dat je regelmatig tennist met Mark, een oud-collega van Jeroen die nog steeds bevriend is met hem. Als je Mark beïnvloedt, beïnvloed je Jeroen waarschijnlijk ook. Of plaats eens een berichtje op de blog van Chantal, Jeroens favoriete blogger. Dat biedt weer aanknopingspunten voor een praatje met Jeroen. Je kunt een vergelijkbare analyse maken voor de andere vier mensen die over jouw carrière beslissen en hun netwerk.

Misschien komt dit alles wat machiavellistisch over. Vergeet dan niet dat slechts één iemand die promotie krijgt en jouw concurrenten ook zo'n analyse gemaakt (kunnen) hebben. Zoals we in het begin van dit hoofdstuk opmerkten, zijn macht en politiek een vast onderdeel van het leven in een organisatie.

13.9 Toepassing in de organisatiepraktijk

Om als organisatie je doelen te realiseren, moet je middelen ofwel *resources* (mensen, natuurlijke materialen, materialen, geld, menselijke en artificiële intelligentie) inzetten om taken te kunnen uitvoeren. Allereerst moet je als organisatie werkzame strategieën kiezen om de organisatiedoelen te kunnen bereiken. De doelbepaling zelf is een belangrijk organisatievraagstuk apart: wat wil je als organisatie? Wat geeft jouw organisatie bestaansrecht? Wil je een balans tussen people, planet en profit? Of wil je winstmaximalisatie, continuïteit, liever maximale aandeelhouderswaarde of maximale waarde voor belanghebbenden (*stakeholdersvalue*)? Het bewust verdelen van de schaarse middelen, het bepalen van je doelstelling en het maken van strategische keuzes vormen rijke bronnen van menings- en belangenverschillen. Het eerste grote organisatievraagstuk is dan ook: 'Zorgen we ervoor dat beslissingen op een verantwoorde en legitieme wijze worden genomen?'
Organisaties die groeien bieden meestal werk aan steeds grotere groepen mensen, die zeer uiteenlopende taken uitvoeren. Het tweede grote vraagstuk is daardoor: 'Hoe stemmen we die verschillende werkzaamheden op elkaar af?'
Hoe groter een groep wordt, des te moeilijker het is om iedereen te leren kennen, persoonlijk te benaderen en te begeleiden. De invloed van de groep op individuele opvattingen en gedrag is vaak groter dan die van de bedrijfsleiding. Het derde grote vraagstuk is daarom: 'Hoe brengen we het gedrag van al die mensen in overeenstemming met de organisatiedoelstellingen?'
Nogmaals de drie vraagstukken uit de praktijk opgesomd:

- Hoe zorgen we ervoor dat beslissingen op een verantwoorde en legitieme wijze worden genomen?'
- Hoe stemmen we die verschillende werkzaamheden op elkaar af?'
- Hoe brengen we het gedrag van al die mensen in overeenstemming met de organisatiedoelstellingen?

Bij al deze vraagstukken speelt legitieme macht een belangrijke rol.

13.9.1 Wetten en zelfregulering

Het eerste vraagstuk wordt via wetgeving en zelfregulering opgelost. Allereerst is er de wetgeving, die bepaalt hoe een onderneming juridisch moet worden gestructureerd. In het ondernemingsrecht is vastgelegd hoe het bestuur van een onderneming moet zijn ingericht en wat de eigendomsverhoudingen, verantwoordelijkheden en aansprakelijkheden zijn. Zo is bij een naamloze vennootschap (nv) de aandeelhoudersvergadering het hoogste orgaan. Zij benoemt de Raad van Bestuur (RvB) en kan die ook wegsturen. De Raad van Commissarissen (RvC) controleert namens de aandeelhouders de Raad van Bestuur. Het jaarverslag dient door een accountant te worden goedgekeurd. In de Wet op de ondernemingsraden (WOR) is geregeld dat ondernemingen met meer dan vijftig werknemers een ondernemingsraad (OR) moeten hebben, zodat werknemers enige invloed op het bedrijfsbeleid kunnen uitoefenen.
Aanvullend op de wetgeving geeft de overheid in Nederland de voorkeur aan **zelfregulering**. Dit houdt in dat voor beursgenoteerde en andere ondernemingen gedragscodes kunnen worden afgesproken. Een bekende code is de Nederlandse Corporate

Governance Code. Deze code noemen we ook wel de **Code Tabaksblat**, naar de voorzitter van de eerste commissie die de code heeft opgesteld.[74] Deze **corporate governance**-code regelt wat *behoorlijk bestuurlijk gedrag* is binnen beursgenoteerde bedrijven. De code is vooral gericht op de bescherming van de belangen van de aandeelhouders en belanghebbenden. Verder geeft de code onder andere een verbeterde transparantie in de jaarrekening, geeft de code richtlijnen voor de aanstellingsduur en het maximum aantal commissariaten en stelt hij een maximum aan de hoogte van de zogenoemde *gouden handdruk*.

Recht spreekt altijd.

Foto: N.Minton / Shutterstock / Pearson Asset Library

Deze regelgeving heeft als doel de **corrumperende werking van macht** te voorkomen, te beheersen en te corrigeren en de belangen van de onderneming, haar eigenaren, financiers en medewerkers in evenwicht te brengen. In de praktijk komt het echter toch nogal eens voor dat bedrijfsdirecties 'uit de bocht vliegen'. Denk aan de bouwfraude, de Enron-affaire, de miskleunen bij twee woningbouwcorporaties (Vestia en Rochdale) en het faillissement van de onderwijsgroep Amarantis, het op zijn minst immorele flitsfaillissement van de thuiszorgorganisatie Estro en het schandaal rond Libor en Euribor bij enkele banken. De lijst lijkt eindeloos, maar bedenk wel dat de lijst van ondernemingen waar het wel goed gaat nog veel langer is!

VRAAG

Kun je met behulp van een of meer van de eerder besproken psychologische theorieën verklaren waarom het soms misgaat bij organisaties op het gebied van macht?

13.9.2 Structuur en hiërarchie: statische stuurmiddelen

Het tweede vraagstuk betreft het op elkaar afstemmen van verbijzonderde werkzaamheden. Organisatie, planning en taakspecialisatie zijn al duizenden jaren het middel om op een voorspelbare manier grote klussen te klaren, zoals in vroeger tijden het bouwen van een piramide of stadsmuur. In de organisatiestructuur zien we de verbijzondering terug in de functionele afdelingen. In aanvulling hierop werken functiebeschrijvingen de verantwoordelijkheden en de taken. Werkinstructies geven gedetailleerd aan hoe taken zo rationeel mogelijk moeten worden aangepakt. Zulke beschrijvingen vormen een belangrijk middel om het werk in goede banen te leiden en te voorkomen dat mensen zich door politieke spelletjes onterecht middelen of bevoegdheden toe-eigenen.

De hiërarchische structuur die in het organisatieschema (organigram) wordt afgebeeld laat zien welke managers leidinggeven aan groepen medewerkers en ook wie boven deze managers zijn gesteld. Via een vastgestelde besluitvormingsprocedure worden jaarlijks de budgetten voor de functionele eenheden afgesproken en de prioriteiten bepaald van investeringen. Hiërarchische macht maakt het (in combinatie met wet- en regelgeving) mogelijk om in het geval van conflicterende belangen besluiten te nemen en wrijvingen tussen groepen te beheersen.

13.9.3 Beoordelings- en beloningssystemen: dynamische stuurmiddelen

Het derde en laatste vraagstuk betreft het continu kunnen beïnvloeden en bijsturen van het gedrag van individuen. In veel bedrijven zijn hiervoor beoordelings- en beloningssystemen (performancemanagement) ontwikkeld. Doel van deze systemen is positief gedrag en prestaties te stimuleren door ze te benoemen en te belonen. Matige of ondermaatse prestaties en een negatieve houding (bijvoorbeeld ten aanzien van samenwerking) worden bespreekbaar gemaakt en bijvoorbeeld bestraft door een periodieke loonstijging achterwege te laten.

Zoals we gezien hebben, is de leidinggevende niet altijd geneigd het gedrag van individuele medewerkers bespreekbaar te maken, te beoordelen en (soms) te belonen. Daarbij spelen twee zaken een hoofdrol: (1) de wederzijdse afhankelijkheid: de medewerker kan afhankelijk zijn van de leidinggevende (bij lager gekwalificeerde functies) of omgekeerd (als professionals beschikken over grote deskundigheidsmacht) en (2) de aanwezigheid van objectieve beoordelingssystemen en -procedures en vastgelegde beloningsregels.

Als de medewerker in een afhankelijkere positie verkeert en de organisatie heeft gezorgd voor een objectief beoordelingssysteem, zal de macht als procedureel en structureel rechtvaardig worden beschouwd. De managementbeslissingen worden dan onderbouwd en er is een beroepsmogelijkheid als de manager naar de mening van de medewerker het systeem niet juist hanteert.

Het beïnvloeden van het gedrag van professionals via beoordelings- en beloningssystemen is een stuk lastiger. Door de grotere wederzijdse afhankelijkheid is de machtspositie van de leidinggevende zwakker. Het hangt in dit geval veel meer van de persoonlijkheid en de sociale vaardigheden van de manager af of hij onvoldoende prestaties bespreekbaar durft te maken of niet.

13.9.4 Bedrijfscultuur als stuurvariabele

Zoals eerder opgemerkt in paragraaf 13.7.1, is de bedrijfscultuur sterk van invloed op het al of niet voorkomen van excessief politiek gedrag. De belangrijkste voorspellende factor is de mate waarin de topmanagers optreden als onkreukbare en integere rolmodellen. Corruptie of machtsmisbruik aan de top leidt vrijwel altijd tot verloedering in de rest van de organisatie. Onduidelijke beoordelingscriteria en vaagheid over wat *goed gedrag* is laten gemakkelijk de indruk van oneerlijk spel ontstaan. Prestatiedruk en een zero-sumbenadering van beloning leiden tot stress, jaloezie en het vertekenen van informatie. Een positieve cultuur ontstaat wanneer mensen merken dat ze de top kunnen vertrouwen en dat correct en eerlijk gedrag wordt gewaardeerd.

13.9.5 Beïnvloeding van machthebbers door het individu

Als individu kun je proberen de machthebber te beïnvloeden met behulp van impressiemanagement (IM). De meeste GiO-onderzoeken naar de effectiviteit van IM-technieken in de praktijk hebben de effectiviteit ervan gekoppeld aan twee criteria: (1) succes van sollicitatiegesprekken en (2) prestatiebeoordelingen.

Om een idee te krijgen hoe effectief de verschillende IM-technieken bij sollicitatiegesprekken zijn, werden in een onderzoek de gegevens van duizenden wervings- en selectiegesprekken gegroepeerd in op het uiterlijk gerichte inspanningen (inspanningen om professioneel over te komen), expliciete tactieken (zoals vleiende opmerkingen maken tegenover degenen die het sollicitatiegesprek leiden of de eigen prestaties opkloppen) en verbale suggestie (zoals positieve termen gebruiken en enthousiast reageren).[75] Het blijkt overduidelijk dat IM op alle dimensies een krachtige voorspeller is van hoe goed mensen het doen. Er zit echter een *maar* aan. Als de sollicitatiegesprekken sterk gestructureerd waren, in de zin dat de vragen van te voren waren uitgeschreven en vooral gingen over de kwalificaties van de sollicitant, dan had IM aanzienlijk minder effect. Manipulatief gedrag als IM heeft een grotere kans op succes bij ongestructureerde sollicitatiegesprekken die niet eenduidig een bepaalde kant opgaan.

VRAAG
Wat is de functie van een (1) sollicitatiebrief, (2) een cv en (3) gedrag zoals op tijd komen opdagen voor het gesprek, in je netste kleding en goed verzorgd?

Als we kijken naar **prestatiebeoordelingen**, ziet het plaatje er heel anders uit. Innemendheid wordt positief gerelateerd aan prestatiebeoordelingen, wat inhoudt dat degenen die zich innemend gedragen tegenover hun meerderen betere prestatiebeoordelingen krijgen. Maar zelfpromotie werkt averechts: degenen die zichzelf promoten, lijken slechtere prestatiebeoordelingen te krijgen.[76] Uit een andere studie onder 760 directiebesturen bleek dat mensen die 'een wit voetje halen' bij de zittende directieleden, (het eens zijn met de directeur, wijzen op gezamenlijke houding en opvattingen, de directeur complimenteren met zijn inzicht) meer kans maken om in een directiebestuur terecht te komen.[77]
Uit een ander onderzoek bleek dat stagiaires die een wit voetje probeerden te halen bij hun leidinggevenden doorgaans onsympathiek werden gevonden, tenzij ze politiek zeer vaardig waren. De politiek bedreven stagiaires werden door hun leidinggevenden juist sympathieker gevonden als ze een wit voetje probeerden te halen en kregen een betere prestatiebeoordeling.[78]
Hoe kunnen we deze resultaten verklaren? Als je erover nadenkt, zijn ze eigenlijk wel logisch. Innemendheid werkt altijd, omdat iedereen graag aardig wordt behandeld, of dit nu een interviewer of een leidinggevende is. Maar zelfpromotie werkt alleen in sollicitatiegesprekken, omdat de interviewer geen idee heeft of je loopt op te scheppen over alles wat je hebt bereikt. De leidinggevende weet dat wel, want hij kan je werkelijke gedrag immers observeren. Bedenk dus als je jezelf gaat promoten dat de technieken die in een sollicitatiegesprek wel goed werken, niet altijd hetzelfde resultaat hebben als je eenmaal aan het werk bent.

Universeel of cultureel?

Cultuur speelde een rol in alle onderwerpen die we tot dusver hebben behandeld, maar hier zijn drie vragen in het bijzonder van belang:

1. Beïnvloedt cultuur de perceptie van politiek?
2. Heeft cultuur invloed op de machtstactieken die mensen het liefst gebruiken?
3. Beïnvloedt cultuur de effectiviteit van verschillende machtstactieken?

Perceptie van politiek

We hebben al eerder opgemerkt dat het meestal negatieve consequenties heeft voor algemene werkattitudes en gedrag wanneer mensen hun werkomgeving als een toneel van politieke spelletjes zien. Het meeste onderzoek naar perceptie van politiek gedrag is in de Verenigde Staten gedaan. Uit een bepaalde studie komt echter naar voren dat percepties van politiek gedrag in Nigeria hetzelfde effect hebben. Toen werknemers van twee bureaus in Nigeria hun werkomgeving als een politiek toneel beschouwden, meldden ze hogere stressniveaus en waren ze minder bereid om hun collega's te helpen. Ontwikkelingslanden als Nigeria zijn misschien meer ambigu en politieker als werkomgeving, maar de negatieve consequenties van politieke spelletjes zijn kennelijk gelijk aan die in de Verenigde Staten.[79]

Voorkeur voor machtstactieken

Mensen uit verschillende landen geven de voorkeur aan verschillende machtstactieken.[80] Mensen uit individualistische landen zien macht vaak in persoonlijke termen en beschouwen het als een legitiem middel om hun persoonlijke doelen na te streven, terwijl mensen in collectivistische landen macht in sociale termen zien en het beschouwen als een legitiem middel om anderen te helpen.[81] Uit een onderzoek onder managers in de Verenigde Staten en China is gebleken dat Amerikaanse managers de voorkeur geven aan een rationeel appel, terwijl Chinese managers de voorkeur geven aan coalitietactieken.[82] Deze verschillen komen min of meer overeen met de waarden in deze twee landen. De rationele aanpak past bij de Amerikaanse voorkeur voor directe confrontatie en rationele overtuiging om andere mensen te beïnvloeden en geschillen op te lossen, terwijl coalitietactieken op één lijn liggen met de Chinese voorkeur om met een indirecte aanpak aan moeilijke of controversiële verzoeken te voldoen.

Effectiviteit van machtstactieken

Ook al weten we dat mensen in verschillende culturen verschillende voorkeuren hebben voor het gebruik van machts- of invloedstactieken, helaas zijn er nog maar weinig gegevens bekend over de vraag of deze tactieken in sommige culturen beter werken dan in andere. Uit een studie van managers in de Amerikaanse cultuur en drie Chinese culturen (de Volksrepubliek China, Hongkong, Taiwan) bleek dat Amerikaanse managers van *zachte overredingstactieken* als consultatie en inspirerend appel een positiever effect verwachtten dan hun Chinese tegenhangers.[83] Dit gegeven heeft duidelijke implicaties voor de effectiviteit van IM-technieken in individualistische en collectivistische landen.
Uit ander onderzoek komt naar voren dat effectieve Amerikaanse leiders invloed verwerven door zich te concentreren op de persoonlijke doelen van de groepsleden en de voorliggende taken (een analytische benadering), terwijl invloedrijke Oost-Aziatische leiders zich concentreren op de relaties tussen de groepsleden en aan de eisen van de mensen om hen heen proberen te voldoen (een holistische benadering).[84]

Impressiemanagement

In een Zwitserse onderzoek stelde iemand zich aan een groep voor als bekende van de tennisser Roger Federer en een tweede persoon die later binnen kwam zei dat hij Roger zeer bewonderde. Daarna konden de groepsleden aangeven wat ze van beide personen vonden. De eerste persoon werd als opschepperig gezien en de tweede persoon als sympathiek. Deze uitkomst is ook cultureel bepaald. Zwitserland is een *achieved status*-cultuur (jouw status hangt af van wat jij doet of bereikt hebt). In landen met een *ascribed status*-cultuur (jouw status hangt af van wie je kent, en waarmee je in verband wordt gebracht) zou juist de proefpersoon die beweerde dat hij een persoonlijke vriend van Roger Federer was een positieve beoordeling krijgen.[85]

KERN VAN DIT HOOFDSTUK

Maar weinig werknemers vinden het fijn om geen macht te hebben in hun functie of organisatie. Mensen reageren verschillend op de verschillende machtsbases. Iemand ontleent expertisemacht of referentiemacht aan persoonlijke kwaliteiten. Afgedwongen macht, beloningsmacht en legitieme macht worden in wezen door de organisatie toegekend. Vooral bedrevenheid lijkt mensen aantrekkelijk te maken, en het gebruik ervan als machtsbasis leidt tot zeer goede prestaties van de groepsleden.

Een effectieve manager accepteert dat organisaties een politiek karakter hebben. Sommige mensen zijn politiek gezien handiger dan anderen, in de zin dat ze zich bewust zijn van de onderliggende politieke spelletjes en weten hoe ze aan IM moeten doen. Degenen die bedreven zijn in het politieke spel krijgen meestal een betere prestatiebeoordeling en daardoor meer salarisverhoging; ook maken ze meer promotie dan politiek gezien naïeve of niet-vaardige werknemers. Degenen die politiek handig zijn, zijn vaak ook tevredener met hun werk en kunnen beter omgaan met stressfactoren op hun werk.

Een politieke kaart kan goed inzichtelijk maken waar kansen liggen om op een positieve manier politiek te bedrijven.

Tot slot, macht en politiek hebben belangrijke ethische implicaties. Als je accepteert dat deze dimensies altijd een rol spelen in organisaties, dan moet je je daar ook bewust van zijn en je ethisch gedragen.

- Wanneer je als werknemer je macht wil vergroten, moet je zorgen dat anderen afhankelijk van je worden. Je kunt bijvoorbeeld meer macht over je leidinggevende krijgen door kennis of door een vaardigheid te ontwikkelen die hij nodig heeft en elders niet kan krijgen.
- Collega's zullen proberen jou van hen afhankelijk te maken, terwijl jij juist probeert onafhankelijk te blijven en hen afhankelijker te maken. Zo ontstaat een constante strijd.
- Probeer anderen niet in een positie te plaatsen waarin ze het gevoel hebben dat ze geen macht hebben.
- Wanneer je gedrag in een politiek kader analyseert, kun je beter voorspellen wat anderen zullen doen en die informatie benutten om politieke strategieën te bedenken die jou en je afdeling voordeel opleveren.
- Als je zelf handig bent in politiek handelen probeer dan anderen uit te leggen waarom het belangrijk is om politiek handig te worden.

HOOFDSTUK 14

Conflicten in organisaties

NA BESTUDERING VAN DIT HOOFDSTUK BEN JE IN STAAT OM:

1. het begrip conflict te definiëren;
2. de (dis)functionele effecten van de drie conflictsoorten, taak-, relatie en procesconflicten, te onderscheiden;
3. de drie conflictkaders (dyadisch, intragroep en intergroep) te onderscheiden;
4. de verschillende fasen van het conflictproces te onderscheiden;
5. een aantal conflicthanteringstrategieën te onderscheiden;
6. de distributieve en de integratieve onderhandeling te onderscheiden;
7. de vijf stappen van het onderhandelingsproces te onderscheiden;
8. te onderscheiden hoe individuele verschillen onderhandelingen beïnvloeden;
9. te onderscheiden hoe sociale factoren van invloed zijn op onderhandelingen;
10. de rollen en functies van derde partijen bij onderhandelingen te onderscheiden;
11. de culturele invloeden op conflicthantering en onderhandelen te onderscheiden.

Conflicten worden vaak persoonlijk. Ze kunnen voor chaotische omstandigheden zorgen, waardoor werknemers nauwelijks nog als team kunnen samenwerken. Maar conflicten hebben ook een, wellicht minder bekende, positieve kant. In dit hoofdstuk leggen we het verschil uit tussen negatieve en positieve conflicten en geven we een model dat laat zien hoe conflicten zich kunnen ontwikkelen. Aansluitend bespreken we een onderwerp dat sterk op een conflict lijkt: onderhandelen.

14.1 Een definitie van conflict

Definities van conflict zijn er genoeg, maar de meeste deskundigen zijn het er vooral over eens dat een conflict een perceptie is.[1] Als niemand zich bewust is van een conflict, dan ís er ook geen conflict. Om een conflict te laten ontstaan moet er oppositie of onverenigbaarheid zijn én een vorm van interactie.

Conflicten leiden vaak tot hoog oplopende emoties.
Foto: Dmitriy Shironosov / 123RF / Pearson Asset Library

Wij definiëren een **conflict** als een proces dat begint zodra een partij bemerkt dat een andere partij negatieve invloed uitoefent, of op het punt staat dat te doen, op iets wat de eerste partij ter harte gaat.[2] Deze definitie is bewust heel ruim. De term *proces* wordt gebruikt om aan te geven dat conflicten niet als een geïsoleerde gebeurtenis beschouwd moeten worden, maar als een proces met oorzaken, motivaties en oplossingen. Onze definitie wijst het beginpunt aan waarop een interactie verandert in een botsing van belangen of meningen. De definitie omvat het brede scala aan conflicten dat mensen in organisaties meemaken: onverenigbare doelen, onenigheid over de interpretatie van feiten, ruzies over verwachtingen, over gedrag en dergelijke. Tot slot is onze definitie flexibel genoeg om het hele scala van conflictniveaus te omvatten: van openlijk conflictgedrag en gewelddadig gedrag tot subtiele vormen van onenigheid.

Moderne opvattingen onderscheiden twee soorten conflicten op basis van hun gevolgen. **Functionele conflicten** zijn bevorderlijk voor de teamdoelen en verbeteren de prestaties; dat zijn dus constructieve conflicten. Een discussie in een team over de beste manier om de productiviteit te verbeteren zal functioneel zijn zolang de verschillende standpunten maar open worden besproken. Een persoonlijke strijd tussen teamleden om de macht die afleidt van de taken van het team is een **disfunctioneel conflict**. Figuur 14.1 geeft een overzicht van de gevolgen van conflictniveaus. Voor een beter begrip zullen we nu dieper ingaan op conflictsoorten en conflictloci.

14.1.1 Conflictsoorten

Een van de manieren om conflicten te begrijpen is door eerst te kijken om wat voor type onenigheid of conflict het gaat. Gaat het over mensen die niet met elkaar overweg kunnen? Gaat het conflict over doelen? Of gaat het over de beste manier om werkzaamheden uit te voeren? Hoewel elk conflict uniek is, hebben onderzoekers conflicten in drie soorten conflicten ingedeeld: relatieconflicten, taakconflicten en procesconflicten. Hierna werken we ze verder uit.

Relatieconflict

Relatieconflicten richten zich op de interpersoonlijke relaties. Uit studies blijkt dat relatieconflicten in werksituaties vrijwel altijd disfunctioneel zijn.[3] Waarom? Omdat blijkt dat de frictie en vijandelijkheden bij relationele problemen het aantal botsingen tussen persoonlijkheden doen toenemen en het wederzijds begrip doen afnemen. Dat maakt het goed afronden van taken waarvoor medewerkers moeten samenwerken vrijwel onmogelijk. Van de drie typen conflicten lijken relatieconflicten ook in geestelijk opzicht het meest uitputtend te zijn. Omdat relatieconflicten meestal om persoonlijkheden draaien, snap je waarschijnlijk wel hoe die conflicten destructief kunnen worden. We kunnen immers niet verwachten dat we de persoonlijkheid van collega's kunnen veranderen, en de meeste mensen zouden ook beledigd zijn als ze kritiek krijgen op wie ze zijn in plaats van op hoe ze zich gedragen.

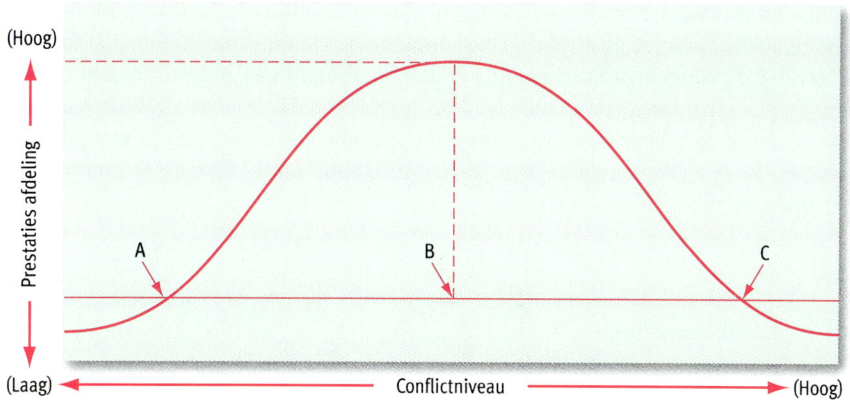

Situatie	Conflictniveau	Type conflict	Interne kenmerken van de afdeling	Prestaties van de afdeling
A	Laag of geen	Disfunctioneel	Apathisch Stagnerend Reageert niet op veranderingen Gebrek aan nieuwe ideeën	Laag
B	Optimaal	Functioneel	Levensvatbaar Zelfkritisch Innovatief	Hoog
C	Hoog	Disfunctioneel	Ontwrichtend/ verstorend Chaotisch Niet coöperatief	Laag

FIGUUR 14.1 **De gevolgen van conflictniveaus**

Taakconflict

Taakconflicten gaan over de inhoud en de doelen van het werk. Hoewel wetenschappers het erover eens zijn dat relatieconflicten disfunctioneel zijn, is er aanzienlijk minder overeenstemming over de vraag of taak- en procesconflicten functioneel zijn. Het eerste onderzoek hierover leek uit te wijzen dat taakconflicten binnen groepen samenhingen met hogere groepsprestaties, maar in een overzicht van de onderzoeksliteratuur (116 studies) wordt geconcludeerd dat gegeneraliseerde taakconflicten geen gevolgen hebben voor de groepsprestaties. Uit nader onderzoek blijkt echter dat taakconflicten tussen topmanagementteams positief samenhangen met groepsprestaties, terwijl conflicten lager in de organisatie negatief samenhangen met groepsprestaties. Dat komt misschien doordat mensen in topfuncties zich door conflicten niet zo sterk bedreigd voelen in hun rol in de organisatie. Uit dit literatuuronderzoek blijkt ook dat het uitmaakt of er tegelijkertijd andere typen conflicten spelen. Als er tegelijkertijd een taakconflict en een relatieconflict is, dan is de kans groter dat het taakconflict negatief is, terwijl als het taakconflict op zichzelf staat, de kans groter is dat het positief is. Andere onderzoekers stellen dat de conflictintensiteit belangrijk is: als het taakconflict een geringe intensiteit heeft, dan zijn mensen er niet echt bij betrokken of stellen ze de belangrijke kwesties niet aan de orde; als het taakconflict te hoog oplaait, dan zal de heimelijke concurrentiestrijd snel ontaarden in een relatieconflict. Een niet te grote en niet te kleine mate van taakconflict is dus optimaal. Deze gedachte wordt ondersteund door een onderzoek in China waaruit is gebleken dat een gemiddeld niveau van taakconflict in de vroege fasen van groepsontwikkeling de creativiteit in groepen kan verhogen, terwijl een hoge mate van taakconflict in dat geval de teamprestaties juist doet afnemen.[4]

VRAAG
Kun je het verband tussen groepsontwikkeling en de effecten van taakconflicten in een model samenvatten?
Tip: start vanuit het vijffasenmodel van groepsontwikkeling uit hoofdstuk 10.

Tot slot lijken de persoonlijkheden van de teamleden ertoe te doen. In een onderzoek werd aangetoond dat teams die bestaan uit mensen die gemiddeld genomen hoog op openheid en emotionele stabiliteit scoren, een taakconflict beter kunnen omzetten in grotere groepsprestaties. Dat zou kunnen komen doordat open en emotioneel stabiele teams een taakconflict in perspectief kunnen plaatsen en zich met hun uiteenlopende ideeën op de oplossing van het probleem richten, in plaats van het taakconflict te laten ontaarden in een relatieconflict.

Procesconflict

Hoe zit het met procesconflicten? **Procesconflicten** gaan over de vraag hoe het werk moet worden uitgevoerd. Onderzoekers concluderen dat procesconflicten over delegeren en rollen gaan. Conflicten over delegeren draaien vaak om het idee dat sommige groepsleden 'er de kantjes van aflopen'. Bij conflicten over rollen kunnen sommige groepsleden het gevoel hebben dat ze niet meetellen. Procesconflicten worden daardoor vaak zeer persoonlijk en ontaarden snel in relatieconflicten. Ook is het zo, dat door ruzie te maken over hoe iets gedaan moet worden, er minder tijd overblijft voor het eigenlijke werk. We hebben allemaal weleens in groepen gezeten waarin de ruzies en discussies over rollen en verantwoordelijkheden nergens toe leken te leiden.

14.1.2 Conflictloci

Nog een manier om inzicht te krijgen in conflicten is door naar de *locus* ervan te kijken, oftewel het kader (raamwerk) waarin het conflict zich voordoet. Wederom worden drie basistypen onderscheiden: **dyadische conflicten** zijn conflicten tussen twee mensen, **intragroepsconflicten** vinden plaats binnen een groep of team en **intergroepsconflicten** zijn conflicten tussen groepen of teams.
Bijna de hele onderzoeksliteratuur over relatie-, taak- en procesconflicten gaat over intragroepsconflicten (binnen de groep). Dat is logisch gezien het feit dat groepen en teams vaak alleen maar bestaan om een bepaalde taak uit te voeren. Het zegt echter nog niet alles over de context en uitkomsten van conflicten. Uit onderzoek blijkt bijvoorbeeld dat – willen intragroepsconflicten over taken een positieve invloed hebben op de prestaties van het team – het van belang is dat het team in een ondersteunend klimaat werkt waarin fouten niet worden bestraft en elk teamlid de ander 'rugdekking' geeft.[5] Maar is dat idee van toepassing op de gevolgen van intergroepsconflicten? Denk bijvoorbeeld aan een voetbalcompetitie. Zoals we gezegd hebben, kan een zekere mate van intragroepsconflict (maar niet te veel) goed zijn voor de teamprestaties, als een team zich wil aanpassen en beter worden, vooral als de teamleden elkaar steunen. Maar zouden we het erg vinden als de leden van een team de leden van een ander

team niet steunen? Waarschijnlijk niet. Sterker nog, als groepen met elkaar in strijd zijn en slechts één team kan 'winnen', dan is het bijna onvermijdelijk dat er conflicten ontstaan. Die conflicten moeten in goede banen worden geleid. Heftige intergroepsconflicten kunnen erg veel stress opleveren voor de groepsleden en van invloed zijn op de manier waarop ze met elkaar omgaan. Uit een onderzoek blijkt bijvoorbeeld dat hoge conflictniveaus tussen teams de individuele teamleden ertoe aanzetten de normen binnen hun eigen team nauwgezet na te leven.[6]

Misschien verbaast het je, maar tijdens intergroepsconflicten lijken relatief marginale individuen ineens belangrijk te worden. Uit een onderzoek naar intergroepsconflicten blijkt dat er een wisselwerking bestaat tussen de plaats die iemand in de groep inneemt en de manier waarop die persoon met conflicten tussen groepen omgaat. Groepsleden die in hun eigen groep een relatief marginale plaats innemen, zijn beter in het oplossen van conflicten tussen de eigen groep en de andere groep. Dit gold alleen voor situaties waarin die marginale leden ook verantwoording moesten afleggen aan hun eigen groep en het effect kon tenietgedaan worden door reeds bestaande dyadische conflicten.[7] Het feit dat je een centrale plaats in je team inneemt, wil dus niet zeggen dat je de geschiktste persoon bent om een conflict met andere groepen in goede banen te leiden. Al met al is het zo dat we voor het begrijpen van functionele en disfunctionele conflicten niet alleen moeten weten om welk type conflict het gaat; we moeten ook weten waar het conflict zich voordoet. Hoewel de begrippen relatie-, taak- en procesconflict nuttig zijn om intragroepsconflicten of zelfs dyadische conflicten te begrijpen, zouden ze minder nuttig kunnen zijn om de gevolgen van intergroepsconflicten uit te leggen. Maar hoe maken we conflicten zo productief mogelijk? Met een beter begrip van het conflictproces, waarover meer in de volgende paragraaf, krijg je inzicht in de variabelen waarmee conflicten beheersbaar kunnen worden gehouden.

VRAAG
Leveren conflicten op het werk een nuttige bijdrage aan de organisatie?

14.2 Het conflictproces

Ongeacht de uitkomst doorloopt een conflict altijd vijf fasen:
(I) potentiële oppositie of onverenigbare doelen, (II) bewustwording en personalisatie, (III) intenties, (IV) gedrag en (V) uitkomsten. We noemen deze vijf fasen tezamen het **conflictproces.** In figuur 14.2 staat dit proces afgebeeld. Hierna bespreken we die verschillende fasen een voor een.

14.2.1 Fase I: Potentiële oppositie of onverenigbare doelen

De eerste stap in het conflictproces is de aanwezigheid van condities – oorzaken of bronnen – die conflicten mogelijk maken. Die aanwezigheid hoeft niet direct tot conflicten te leiden, maar voor het ontstaan van een conflict is minimaal een van die condities noodzakelijk. Voor de duidelijkheid zijn de condities (die je dus ook als bronnen of oorzaken van conflicten kunt zien) samengevoegd tot drie algemene categorieën: communicatie, structuur en persoonlijke variabelen.

Communicatie

Communicatie kan op zichzelf een **conflictbron** zijn.[8] Een blik op het vele onderzoek dat hiernaar gedaan is, leert ons dat verschillende betekenissen van woorden en begrippen (semantische communicatieproblemen), het gebruik van vakjargon,

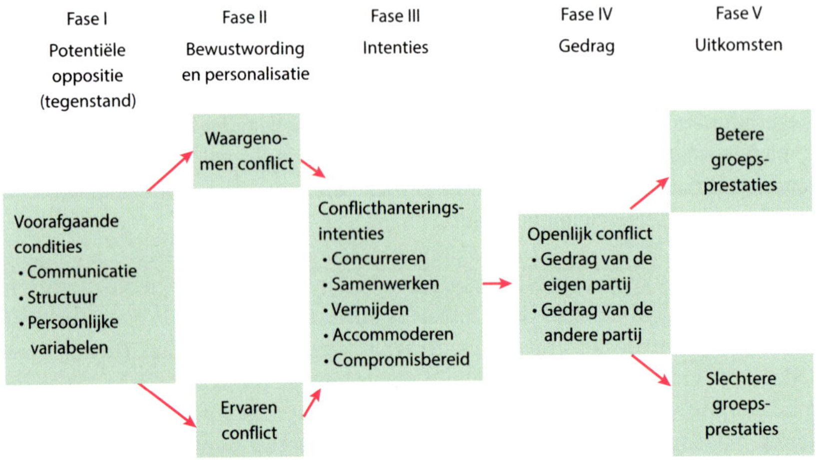

FIGUUR 14.2 **Het conflictproces**

onvoldoende informatie-uitwisseling en ruis in de kanalen allemaal de communicatie belemmeren. Dit zijn dus condities die vooraf kunnen gaan aan conflicten. Onderzoek heeft nog een verrassend resultaat opgeleverd: de kans op conflicten neemt ook toe wanneer er te weinig óf te veel communicatie plaatsvindt. Kennelijk is méér communicatie slechts functioneel tot een bepaald punt. Zoals aangegeven in hoofdstuk 12 kunnen ook cultuurverschillen gemakkelijk leiden tot ruis in de communicatie. Hierbij dient het begrip cultuur breed te worden opgevat. Een typisch mannelijke manier van communiceren kan bijvoorbeeld leiden tot misverstanden en uiteindelijk tot conflicten met vrouwen en omgekeerd geldt hetzelfde. De indirecte manier waarop mensen uit hoog-contextculturen (bijvoorbeeld Indonesiërs) kritiek uiten kan leiden tot conflicten met groepsleden uit een laag-contextcultuur (bijvoorbeeld Nederlanders), omdat die laatsten gewend zijn aan een directere vorm van communicatie.

Zie MyLab voor een voorbeeld van een semantisch communicatieprobleem.

VRAAG

Kun je voorbeelden geven van woorden waaraan mensen in hetzelfde taalgebied heel verschillende betekenissen geven?

Structuur

Het begrip structuur slaat in dit verband op de context van het conflict. We doelen dan op variabelen als groepsgrootte, routinematigheid, specialisatie en standaardisatie van taken, heterogeniteit van de groep, leiderschapsstijl, beloningssysteem en mate van afhankelijkheid tussen groepen. Uit onderzoek blijkt dat groepsgrootte en specialisatie krachten zijn die conflicten stimuleren. Hoe groter de groep en hoe gespecialiseerder de activiteiten, des te meer kans op conflicten. Aantal dienstjaren en conflicten zijn negatief gecorreleerd. De kans op conflicten is dus het grootst bij groepsleden die korter in dienst zijn in een organisatie met een groot verloop.[9]

Persoonlijke variabelen

Onze laatste categorie potentiële bronnen van conflict omvat de persoonlijke variabelen, zoals persoonlijkheid, emoties en waarden. Gebleken is dat mensen die laag scoren op de persoonlijkheidskenmerken inschikkelijkheid en emotionele stabiliteit of hoog op self-monitoring vaker geneigd zijn om ruzie te maken en slechter reageren als er conflicten optreden.[10] Los daarvan kunnen emoties op zichzelf al conflicten opleveren.[18] Het voorbeeld hierna maakt dat hopelijk voldoende duidelijk.

VOORBEELD

Vanwege files in de ochtendspits kwam Hans totaal over de rooie op zijn werk aan. Zijn boze stemming hield nog een hele tijd aan en was in de vergadering van tien uur nog steeds merkbaar. Dit veroorzaakte veel ergernis bij zijn collega's, die zijn geprikkelde stemming niet op prijs stelden, wat vervolgens tot een gespannen en ruzieachtige sfeer in de vergadering leidde.

Verder kunnen verschillen in voorkeuren en waarden tot een hoger conflictniveau leiden. Zo blijkt uit een onderzoek in Zuid-Korea dat als de groepsleden het niet met elkaar eens kunnen worden over het gewenste prestatieniveau er meer taakconflicten zijn; als de groepsleden het niet met elkaar eens zijn over welke mate van interpersoonlijk contact wenselijk is er meer relatieconflicten zijn; en ten slotte als de groepsleden in uiteenlopende mate naar macht verlangen er vaker statusconflicten voorkomen.[11]

14.2.2 Fase II: Bewustwording en personalisatie

Als de condities uit de eerste fase van het conflictproces ('fase I') bij een van de betrokken partijen frustratie oproepen, wordt in de tweede fase ('fase II') de oppositie of onverenigbaarheid van doelen zichtbaar. Eerder zeiden we al dat het draait om de perceptie (beleving) van een conflict. Een of meer partijen moeten zich dus bewust zijn van de voorafgaande condities. Maar dat een conflict waargenomen wordt, betekent nog niet dat dat de partijen het ook persoonlijk opvatten. Pas wanneer het conflict echt beleefd wordt, wanneer mensen zich emotioneel en persoonlijk bij het conflict betrokken voelen, ontstaan spanningen, vijandigheid, frustraties en angstgevoelens.
Fase II is belangrijk, omdat in deze fase het conflict wordt afgebakend. Op dit punt besluiten de partijen waar het conflict over gaat.[12] De definiëring van het conflict is belangrijk, want daarmee wordt doorgaans ook de oplossingsruimte bepaald. Uit het meeste onderzoek komt allereerst naar voren dat mensen standaard coöperatieve strategieën gebruiken in hun interpersoonlijke interacties, tenzij ze een duidelijk signaal krijgen dat ze te maken hebben met een competitief ingesteld iemand. Als bijvoorbeeld ons meningsverschil over jouw salaris een zero-sumsituatie is. Zo'n zero-sumsituatie doet zich voor in het volgende voorbeeld. De loonsverhoging die jij wilt hebben betekent dat het betreffende bedrag van de totale salarispot wordt afgetrokken. De ander is dan veel minder snel bereid om een compromis te sluiten dan wanneer die het conflict als een potentiële win–winsituatie kan zien; als de euro's in de salarispot kunnen worden aangevuld, zodat beiden de gewenste loonsverhoging zouden kunnen krijgen.
Het tweede punt is dat emoties een zeer belangrijke rol spelen in de perceptie. Negatieve emoties vernauwen onze blik, zodat we het vraagstuk al gauw te veel vereenvoudigen, het vertrouwen in de goede afloop verliezen en het gedrag van anderen bij voorbaat negatief interpreteren.[13] Positieve gevoelens daarentegen helpen bij het ontdekken van overeenkomsten in de elementen van een probleem, het ontwikkelen van een bredere kijk op de probleemsituatie en het eerder bedenken van originele oplossingen voor het probleem.[14]

14.2.3 Fase III: Intenties

Intenties bepalen of en hoe iemands percepties en emoties kunnen worden omgezet in gedrag. Je intenties vertellen hoe je wilt reageren.[15] Er zit vaak ruimte (marge) tussen iemands intenties en zijn daadwerkelijke gedrag. Gedrag weerspiegelt dus lang niet altijd een op een iemands bedoelingen. Het kan daarom de moeite waard zijn de andere partij te vragen wat zijn of haar intenties zijn. Wat wil hij of zij eigenlijk van je? Hoe wil hij of zij met je omgaan?

Aan de hand van twee dimensies, coöperatieve houding en assertiviteit, kunnen we vijf intenties identificeren voor het oplossen van conflicten. De dimensie **coöperativiteit** is de mate waarin de ene partij probeert aan de andere partij tegemoet te komen en de dimensie **assertiviteit** is de mate waarin de ene partij zijn eigen behoeften probeert te bevredigen. Deze dimensies helpen bij het identificeren van de volgende vijf **intenties** om conflicten op te lossen (zie ook figuur 14.3):[16]

1. *Concurreren*
   Assertief en oncoöperatief, bijvoorbeeld wanneer iemand een doel probeert te bereiken ten koste van de andere partij, die ook zijn eigen doel nastreeft. Mensen zijn meer geneigd te concurreren als de middelen schaars zijn.
2. *Samenwerken*
   Assertief en coöperatief, met de bedoeling om een win-winoplossing te vinden die beide partijen tevreden stemt.
3. *Vermijden*
   Niet-assertief en oncoöperatief, bijvoorbeeld wanneer je een conflict vermijdt in de hoop dat het vanzelf verdwijnt.
4. *Accommoderen*
   Niet-assertief en coöperatief, bijvoorbeeld wanneer je toegeeft, alleen maar om de ander een plezier te doen.
5. *Compromisbereid*
   Tussen assertief en coöperatief in, waarbij allebei de partijen een beetje water bij de wijn doen. Beiden zijn bereid de ander iets tegemoet te komen.

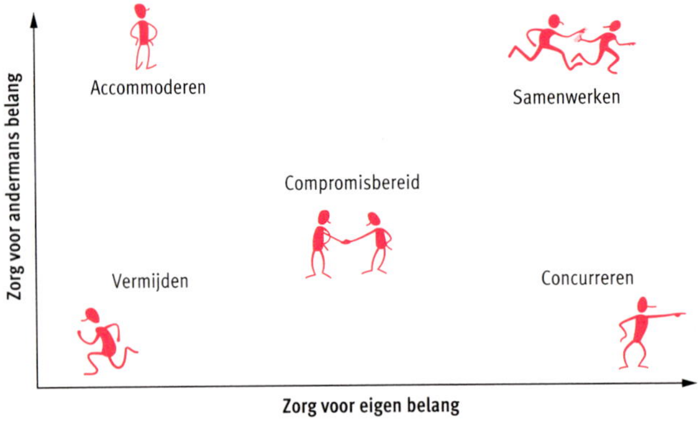

FIGUUR 14.3 **Vijf intenties om conflicten op te lossen**

In de loop van een conflict kunnen de oorspronkelijke intenties veranderen, bijvoorbeeld als de partijen in staat zijn om zich in het standpunt van de ander te verplaatsen of als ze emotioneel reageren op het gedrag van de ander. In het algemeen hebben de meeste mensen een bepaalde voorkeur voor een van de vijf intenties om met conflicten om te gaan. We kunnen iemands intenties ook tamelijk goed voorspellen uit een combinatie van intellectuele en persoonlijkheidskenmerken.

In een bespreking van de onderzoeksliteratuur over de effecten van de eerste vier soorten intenties blijkt dat *samenwerken* en *accommoderen* (2 en 4) gepaard gaan met zeer goede groepsprestaties, terwijl *vermijden* en *concurreren* (1 en 3) gepaard gaan met aanzienlijk slechtere groepsprestaties.[17] Deze effecten zijn bijna net zo groot als de effecten van relatieconflicten. Dit toont nogmaals aan dat niet alleen het bestaan van conflicten of zelfs het type conflict tot problemen leidt, maar eerder de manier waarop mensen op conflicten reageren en met het proces omgaan als er eenmaal een conflict is ontstaan.

14.2.4 Fase IV: Gedrag

Het helpt als we fase IV zien als een **dynamisch interactieproces**. Jij eist iets van mij. Ik reageer door bezwaar te maken; jij dreigt; ik dreig terug enzovoort. Figuur 14.4 visualiseert de escalatie van conflicten. Elke fase in het conflict bouwt voort op een fundament. Helemaal onderaan in de figuur vinden we percepties (zienswijzen), misverstanden en meningsverschillen. Die kunnen zich ontwikkelen tot subtiele, indirecte en nog net beheersbare vormen van spanning, zoals bijvoorbeeld wanneer een student tijdens een college een punt dat de docent zojuist heeft uitgelegd probeert te ondergraven. De conflictintensiteit loopt op naarmate we hoger op het continuüm (*de figuur*) komen, tot het bovenaan uiterst destructief wordt. Stakingen, rellen en oorlogen en dergelijke vallen duidelijk in de bovenste conflictregionen (*top van de figuur*). Conflicten die de bovenste regionen van het continuüm bereiken zijn vrijwel altijd disfunctioneel. Functionele conflicten horen typisch thuis in de onderste regionen van het continuüm.

FIGUUR 14.4 **Dynamische escalatie van conflicten**[18]

In conflictsituaties zullen intenties worden omgezet in bepaalde waarschijnlijke gedragsvormen, zoals we in figuur 14.3 al zagen. Bij *concurreren* worden er actieve pogingen gedaan om de strijd aan te gaan met (bepaalde) teamleden, en spant het individu zich harder in om doelen te bereiken zonder samen te werken. *Samenwerking* omvat allerlei pogingen om oplossingen te vinden met de andere leden van het team, waarbij de oplossingen alle partijen iets moeten opleveren. *Vermijden* houdt in dat we weigeren om problemen te bespreken en dat we ons minder inspannen om groepsdoelen te bereiken. Mensen die *accommoderen* stellen hun relatie boven de zaken die in het conflict spelen, conformeren zich aan de mening van anderen en handelen soms alsof ze lid zijn van de andere groep. Als mensen tot slot bereid zijn om *compromissen te sluiten*, dan verwachten beide partijen dat ze een deel van hun belangen moeten opofferen (en doen ze dat ook), in de hoop dat als iedereen dat doet er een akkoord zal uitrollen.

14.2.5 Fase v: Uitkomsten

De wisselwerking tussen openlijk conflictgedrag en gedrag om conflicten te kunnen hanteren, heeft al dan niet functionele gevolgen. In figuur 14.1 zagen we al dat conflicten soms tot betere prestaties van de groep kunnen leiden. Als de groepsprestaties echter belemmerd worden door het conflict, is de uitkomst disfunctioneel. We zullen beide uitkomsten hierna bespreken.

Functionele conflicten

Functionele conflicten zijn conflicten die:

- de kwaliteit van besluiten verbeteren;
- creativiteit en innoverend vermogen aanboren;
- belangstelling en nieuwsgierigheid onder groepsleden aanwakkeren;
- een uitlaatklep voor spanningen bieden en problemen boven tafel krijgen;
- een sfeer van zelfkritiek en verbetering scheppen.

Conflicten zetten vraagtekens bij de status quo en kunnen zo een aanzet geven tot nieuwe ideeën, de kans vergroten dat de groep doelen en activiteiten bijstelt en op veranderingen zal inhaken.

Matige conflicten kunnen emoties oproepen die groepsleden tot grotere activiteit en betrokkenheid aanzetten.[19] Conflicten zijn een remedie tegen *groupthink* (zie hoofdstuk 10). Ze voorkomen dat de groep zonder slag of stoot beslissingen kan nemen op grond van onjuiste aannames, zonder relevante alternatieven te overwegen. Conflicten zetten vraagtekens bij de status quo en geven zo een aanzet tot nieuwe ideeën. Ze vergroten de kans dat de groep haar doelen en activiteiten bijstelt om op veranderingen in te spelen. Een open discussie die gericht is op doelen van een hogere orde kan de kans op deze functionele uitkomsten vergroten. Groepen die extreem gepolariseerd zijn, reguleren hun onderliggende onenigheid echter niet effectief. Zij zijn geneigd om suboptimale oplossingen te accepteren of nemen helemaal geen beslissing in plaats van het conflict op te lossen.[20] Onderzoek bevestigt de functionaliteit van conflicten in diverse werksituaties. Teamleden die qua werkstijl en ervaring sterker van elkaar verschillen wisselen vaak ook meer informatie met elkaar uit.[21]

VRAAG

In een groep eerstejaarsstudenten bouwkunde die onderhevig is aan groupthink (zie hoofdstuk 10) legt studente Charlotte zich neer bij de overheersende groepsmening, hoewel ze het er eigenlijk helemaal niet mee eens is. Welke gedragsintenties en persoonlijkheidskenmerken zijn vermoedelijk typisch voor Charlotte?

Disfunctionele conflicten

De destructieve gevolgen van disfunctionele conflicten op de prestaties van groepen of de organisatie zijn alom bekend. Die kunnen we als volgt samenvatten: ongereguleerde oppositievoering resulteert in ontevredenheid en verlies aan onderling vertrouwen, wat een eind maakt aan gemeenschappelijke banden en op den duur aan de groep. Een substantieel deel van de literatuur beschrijft dat bij disfunctionele conflicten de groep haar taken niet of minder effectief kan uitvoeren.[22] De ongewenste gevolgen van zulke conflicten zijn: een moeizamere communicatie; minder groepscohesie en een machtsstrijd tussen groepsleden, waardoor de groepsdoelen naar de achtergrond verdwijnen.

Alle soorten conflicten (dus ook de functionele varianten) leiden tot verlies van tevredenheid en vertrouwen van de groepsleden.[23] Als lopende discussies veranderen in openlijke relatieconflicten tussen de leden, dan vindt er aanzienlijk minder informatie-uitwisseling plaats.[24] In extreme gevallen kan de groep zelfs niet langer functioneren en komt het voortbestaan van de groep in gevaar.

Kijk op MyLab voor een voorbeeld van een destructief conflict.

Figuur 14.1 laat de relatie tussen conflictintensiteit en groepsprestaties zien. Te sterke of zeer zwakke conflicten belemmeren de groepsprestaties. Een optimaal conflictniveau voorkomt stagnatie, stimuleert de creativiteit, biedt een uitlaatklep voor spanningen en legt de kiem voor veranderingen zonder de groep te ontwrichten. De **conflicthanteringsvisie** is zich bewust van deze risico's en stelt dan ook dat elk conflict actief moeten worden begeleid om te voorkomen dat het contraproductief wordt. Lees daarover meer in de volgende paragraaf.

14.2.6 Conflicthantering

Stel, een conflict dreigt disfunctioneel te worden. Wat kunnen partijen dan doen 'om de lont uit het kruitvat te halen'? En omgekeerd, welke mogelijkheden bestaan er voor partijen om een te klein conflict groter te maken? Deze vragen brengen ons op technieken van **conflicthantering** (Engels: *conflict management*).
Een eerste voorwaarde om te voorkomen dat conflicten disfunctioneel worden is het tijdig signaleren van de aard van het meningsverschil. Dat moet dus bij voorkeur gebeuren als het conflict fase II nog niet is gepasseerd. Veel schijnbare conflicten zijn te wijten aan het feit dat mensen een verschillende 'taal' spreken. Zo kan iemand van marketing spreken van distributieproblemen, terwijl iemand van productie & logistiek het heeft over problemen in supply chain management. In wezen beschrijven zij hetzelfde vraagstuk. Bij een succesvolle conflicthantering worden deze verschillende benaderingen onderkend en kan men ze oplossen door een open discussie te stimuleren die op belangen in plaats van geschilpunten is gericht.
Een andere benadering (bij conflicten in fase III of IV) is het inschakelen van een bemiddelaar. Dat kan een leidinggevende zijn, maar ook een buitenstaander. De bemiddelaar onderzoekt om te beginnen de intenties van de conflictpartijen. Hij probeert ze te bewegen om ten minste compromisbereid te zijn. Als dat laatste lukt, kan hij de tegenover elkaar staande partijen vragen de delen van de oplossing te kiezen die voor hen het belangrijkst zijn. Vervolgens probeert hij aan de belangrijkste behoeften van elke partij tegemoet te komen. Geen van beide partijen krijgt misschien precies wat ze wil, maar aan hun belangrijkste eisen wordt wel voldaan.[25] Zo'n arbitrage moet wel door beide partijen van tevoren zijn geaccepteerd.
Groepen die conflicten met succes oplossen bespreken hun meningsverschillen openlijk en zijn bereid om conflicten, wanneer ze ontstaan, in goede banen te leiden.[26] De meest ontwrichtende conflicten zijn conflicten die men niet rechtstreeks heeft durven aanpakken. Met een open discussie wordt het veel makkelijker om een gemeenschappelijke kijk op de voorliggende geschilpunten te ontwikkelen. Alleen zo kunnen de groepen ook werken aan een oplossing die voor alle partijen acceptabel is. Managers moeten de nadruk leggen op gemeenschappelijke belangen bij het oplossen van conflicten, zodat de groepen die het niet met elkaar eens zijn zich niet te zeer opsluiten in hun eigen standpunt en het conflict persoonlijk gaan opvatten. Groepen met een coöperatieve conflictstijl en een sterke onderliggende identificatie met de algemene groepsdoelen zijn effectiever dan groepen met een concurrerende stijl.[27]

Nu we de aard, oorsprong en gevolgen van conflicten besproken hebben, kunnen we onze aandacht richten op onderhandelen. Dat is per slot van rekening de gebruikelijke manier om conflicten als gevolg van belangentegenstellingen op te lossen.

VRAAG
Is conflictmanagement een cruciaal aspect van het organisatiemanagement?

14.3 Onderhandelingen

Onderhandelingen zijn een integraal onderdeel van groepen en organisaties. Een bekend voorbeeld hiervan is de periodieke cao-onderhandeling over arbeidscontracten. Andere voorbeelden zijn onderhandelingen tussen managers en ondergeschikten, collega's of superieuren; tussen vertegenwoordigers en klanten; tussen inkopers en leveranciers; tussen partijen in een coalitie. Zelfs als een lid van het verkoopteam zich bereid toont de telefoongesprekken van een collega een paar minuten te beantwoorden in ruil voor een tegenprestatie, is er al sprake van een onderhandeling. In de 'losjes' gestructureerde organisaties, waarin mensen met collega's samenwerken over wie ze geen formeel gezag hebben en die misschien zelfs een andere baas hebben, zijn vaardigheden om te onderhandelen van het grootste belang.
We definiëren **onderhandelen** als het proces waarin twee of meer partijen goederen of diensten uitwisselen waarvoor ze een *wisselkoers* moeten overeenkomen.[28] Hoewel we de uitkomst van onderhandelingen meestal in economische termen (zoals de prijs van een auto) benoemen, beïnvloedt elke onderhandeling ook de relatie tussen de onderhandelaars en het zelfbeeld van de onderhandelaars.[29] Afhankelijk van de hoeveelheid contact tussen de partijen is het soms net zo belangrijk om de sociale verhoudingen (*sociaal en relationeel kapitaal*) goed te houden en je ethisch te gedragen als om een goed resultaat (*financieel kapitaal*) te halen.

VRAAG
Ouders onderhandelen vaak met hun kinderen. Bijvoorbeeld over hoe laat ze thuis moeten zijn; hoelang ze mogen gamen of hoeveel zakgeld ze krijgen. Wat is bij die onderhandelingen eigenlijk de wisselkoers? Met andere woorden, welke waarden worden er uitgeruild?

14.3.1 Onderhandelingsstrategieën

We onderscheiden twee manieren van onderhandelen: distributief en integratief onderhandelen.[30] Zoals te zien is in figuur 14.5 verschillen deze twee manieren van elkaar qua doelen, focus, interesses, het delen van informatie en de duur van de relatie. We bekijken deze verschillen nu nader.

Distributief onderhandelen

Online wordt een tweedehands auto te koop aangeboden, precies de auto waar je naar op zoek was. Je gaat de auto bekijken en je wilt hem graag hebben. De eigenaar noemt zijn vraagprijs. Je wilt niet te veel betalen. Jullie onderhandelen over de prijs. Dit heet **distributief onderhandelen**. Het belangrijkste kenmerk ervan is dat er zerosumcondities gelden. Iedere winst die de verkoper maakt, gaat ten koste van jou. En omgekeerd: iedere euro die de verkoper van zijn prijs af doet, komt jou ten goede. Dit type onderhandeling gaat over wie welk deel van 'de koek' krijgt (*fixed pie*, zie ook hoofdstuk 13). Het fixed pie-concept houdt in dat de onderhandelende partijen ervan

KENMERK ONDERHANDELING	DISTRIBUTIEF ONDERHANDELEN	INTEGRATIEF ONDERHANDELEN
Doel	Zo groot mogelijk deel van 'de koek'	De koek groter maken tot ieders (voor)deel
Te verdelen middelen	Hoeveelheid staat vast	Hoeveelheid is variabel
Primaire motivatie	Ik win, jij verliest (zero-sum)	Ik win, jij wint (win-win)
Nadruk ligt op	Posities (wat ik wil: m'n uiterste bod!)	Belangen (waarom en wat is jouw belang hierbij?)
Primaire belangen	Tegenstrijdig	Congruent
Informatie-uitwisseling	Gering (kan de ander misbruiken)	Groot (inzicht in elkaars behoeften)
Termijn van relatie	Korte termijn	Lange termijn

FIGUUR 14.5 Distributief versus integratief onderhandelen

uitgaan dat er een eindige hoeveelheid goederen of diensten beschikbaar is die moet worden verdeeld. Over die goederen of diensten gaan de partijen distributief onderhandelen. Loononderhandelingen tussen vakbonden en werkgevers van bedrijven zijn een duidelijk voorbeeld van deze onderhandelingsvorm. Vakbondsvertegenwoordigers zijn eropuit zo veel mogelijk geld voor hun vakbondsleden in de wacht te slepen. Loonsverhoging betekent echter een directe kostenstijging voor het bedrijf. Werkgevers willen daarom de lonen het liefst laag houden, om zo meer winst voor de aandeelhouders te kunnen behalen. Dit kan leiden tot een felle strijd die via de media, stakingen en mogelijk andere acties wordt uitgevochten. In Nederland ontmoeten werkgevers, werknemers en de overheid elkaar in de Sociaal-Economische Raad (SER). Dit orgaan probeert in het poldermodel (*Nederlandse consensusmodel*) de gemeenschappelijke belangen te benoemen en wederzijds begrip te kweken. Mede door dit zogenoemde *polderen* kent Nederland een grote mate van arbeidsrust. Stakingen in Nederland zijn hierdoor zeldzaam, duren kort en zijn slechts zelden echt heftig.

VRAAG
Kost een arbeidsconflict meer dan dat het oplevert?

Lees op MyLab over de rituele dans van vakbonden en werkgevers bij cao-onderhandelingen.

Figuur 14.6 geeft de strategie van distributief onderhandelen weer. De twee partijen A en B zijn de onderhandelaars. Allebei hebben ze een streefdoel dat ze zouden willen bereiken. Ook hebben ze elk een weerstandspunt dat is het laagste resultaat dat ze willen accepteren; daaronder zullen ze de onder-handelingen afbreken. De gebieden tussen deze twee punten zijn de aspiratiegebieden van beide onderhandelaars. Zolang er enige overlap is in de aspiratiegebieden, is er ruimte waarin beider aspiraties in vervulling kunnen gaan.

Afdingen is distributief onderhandelen.
Foto: Dmitriy Shironosov / 123RF / Pearson Asset Library

Ga naar MyLab om te lezen hoe je een hoger beginsalaris kunt bedingen.

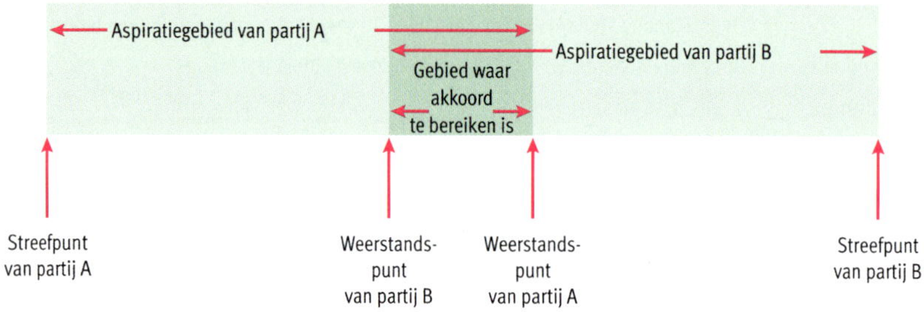

FIGUUR 14.6 **De onderhandelingszone afbakenen**

Acties helpen om druk uit te oefenen.
Foto: ZUMA Press Inc / Alamy Stock Photo

Als je aan een distributieve onderhandeling begint, kun je zelf het beste het eerste bod doen en ervoor zorgen dat dat een agressief bod is. Dat wil zeggen: begin met hoge eisen te stellen. Uit onderzoek blijkt consistent dat de beste onderhandelaars degenen zijn die het eerste bod doen, een bod met voor hen zeer gunstige voorwaarden. Waarom is dat zo? Een van de redenen is dat je macht toont door het eerste bod te doen. Onderzoek toont aan dat individuen die de macht hebben, eerder het openingsbod doen, het eerst spreken op vergaderingen, en daardoor het voordeel aan hun kant hebben. Een andere reden is het verschijnsel verankering, een concept dat we in hoofdstuk 5 al hebben besproken. Dit is de neiging van mensen om zich te fixeren op initiële informatie. Als het verankeringspunt eenmaal is vastgesteld, lukt het mensen vaak niet goed om het bij te stellen op basis van latere informatie. Een gehaaide onderhandelaar zet een anker vast met het openingsbod. Uit onderzoeken blijkt dat dergelijke ankers sterk in het voordeel zijn van de persoon die ze heeft vastgesteld.[31]

VRAAG

Het college bedrijfseconomie staat gepland op donderdag van 15.00-18.00 uur. Bij het eerste college-uur staan de studenten in drommen rondom hun docent meneer Assab. Hun verzoek: om 17.00 uur stoppen. Meneer Assab voelt daar niets voor. College is college en het rooster is het rooster! Studenten geven allerlei argumenten voor hun standpunt: 'Ik moet nog een uur met de bus!'; 'Ik moet trainen op donderdag!'; 'Ik moet al om 18.30 uur op mijn werk zijn!' en ook: 'Het is uitgaansavond!' Ze dreigen met staken en het indienen van klachten als ze hun zin niet krijgen. Welk mogelijk resultaat verwacht je als de focus ligt op de eindtijd en distributief onderhandelen?

Integratief onderhandelen

VOORBEELD

Een vertegenwoordigster van een fabriek in sportkleding voor vrouwen heeft zojuist met een sportzaak een order afgesloten ter waarde van 15.000 euro.

De vertegenwoordigster zet de order in het ERP-systeem. Dit systeem zet de order onder andere door aan de kredietafdeling van haar bedrijf. De vertegenwoordigster krijgt te horen dat het krediet niet goedgekeurd wordt, omdat deze klant in het verleden te laat betaalde. De volgende dag gaat de vertegenwoordigster met de kredietmanager rond de tafel zitten. De vertegenwoordigster wil de klant niet kwijt. De kredietmanager ook niet, maar hij weigert opgezadeld te worden met een oninbare vordering. De twee bespreken hun mogelijkheden. Na enige discussie besluiten ze tot een oplossing: de kredietmanager keurt de order goed, maar de eigenaar van de sportzaak moet een bankgarantie afgeven die de betaling regelt indien de rekening niet binnen twee maanden betaald is.

Dit is een voorbeeld van **integratief onderhandelen**. In tegenstelling tot distributief onderhandelen gaat integratief onderhandelen ervan uit dat er een of meer mogelijkheden voor een win-winoplossing bestaan.

Op MyLab vind je een voorbeeld van de integratieve oplossing van een probleem.

Kies je onderhandelingsmethode

Integratief onderhandelen heeft – zeker binnen organisaties – de voorkeur boven distributief onderhandelen, omdat hiermee een duurzame relatie wordt opgebouwd die samenwerking in de toekomst mogelijk maakt (*sociaal* en *relationeel kapitaal*). Bij distributief onderhandelen is één partij de verliezer. Dat schept vijandigheid, de kloof tussen mensen die moeten samenwerken wordt breder.

Waarom zien we integratief onderhandelen dan niet vaker terug in organisaties? Het antwoord op die vraag ligt besloten in de condities die noodzakelijk zijn om dit type te onderhandelingen te laten slagen. Om integratief te kunnen onderhandelen moet je je werkelijke belangen naar voren brengen aan de andere partij. Daarvoor is een bepaalde mate van vertrouwen nodig. Ook moet je oog hebben voor de belangen en behoeften van de andere partij. Veel organisatieculturen en relaties tussen organisaties worden helaas niet gekenmerkt door openheid, vertrouwen en flexibiliteit. Daarom is het nauwelijks verrassend dat onderhandelingen vaak een sfeer ademen van 'willen winnen tot elke prijs'. Er is dus een algemene tendens naar een *win-lose* situatie. Samenwerken vraagt om een open houding, vertrouwen en de bereidheid je in de ander te verplaatsen.

Bij een win-winresultaat is iedereen blij.

VRAAG

Zie de vorige vraag. Zou je dit probleem ook integratief kunnen oplossen? De studenten willen eerder klaar zijn met het college. Meneer Assab wil dat ze alle oefeningen maken, anders zakken er te veel studenten voor de toets, vreest hij.

14.4 Het onderhandelingsproces

Figuur 14.7 toont een vereenvoudigd model van het onderhandelingsproces. Het proces van onderhandelen doorloopt vijf stappen:

1. voorbereiding en planning;
2. definitie van de grondregels;
3. uitleg en rechtvaardiging;
4. onderhandeling en probleemoplossing;
5. officiële overeenkomst en implementatie.[32]

FIGUUR 14.7 Het onderhandelingsproces

14.4.1 De vijf stappen van onderhandelen

Stap 1: Voorbereiding en planning

Dit zou wel eens het belangrijkste onderdeel van het proces kunnen zijn. Voor je aan een onderhandeling begint, moet je je huiswerk doen, door jezelf vragen te stellen. Wat is de aard van het conflict? Welke geschiedenis is voorafgegaan aan de onderhandeling? Wie is erbij betrokken en hoe zien zij het conflict? Begin met vast te stellen wat je wilt bereiken met de onderhandeling. Wat zijn jouw belangrijkste doelen? Vaak helpt het als je jouw doelen opschrijft en een aantal mogelijke resultaten definieert, variërend van 'hopelijk te bereiken' tot 'nog net aanvaardbaar'. Zo blijf je geconcentreerd op je doelen.

VOORBEELD

Stel, je bent voorraadmanager bij Dell Computers. Je wilt een flinke korting bij de leverancier van toetsenborden regelen. Zorg dan dat dit doel voorop blijft staan tijdens je besprekingen en dat het niet door andere kwesties wordt overschaduwd. Verder wil je alvast inschatten wat de doelen van de andere partij zijn. Wat zullen ze vermoedelijk vragen? Hoe groot is de kans dat ze hardnekkig aan hun standpunten vasthouden? Welke zichtbare of verborgen belangen zijn misschien belangrijk voor hen? Waar zullen ze waarschijnlijk genoegen mee nemen? Als je kunt anticiperen op de positie van je tegenstander, ben je beter uitgerust om argumenten met feiten en cijfers te pareren en zo je eigen positie te versterken.

Denk goed na over wat de andere partij bereid is op te geven. Mensen die de bereidheid van hun tegenstander om cruciale kwesties op te geven te laag inschatten voordat de onderhandelingen begonnen zijn, eindigen uiteindelijk met een minder goed onderhandelingsresultaat.[33]

Als je eenmaal je informatie hebt verzameld, gebruik die dan om een strategie te ontwikkelen. Schat als onderdeel van je strategie in wat het **beste alternatief zonder overeenkomst** (**BAZO**, Engels: *BATNA*) voor de ander is.[34] Bepaal ook je eigen BAZO of **weerstandpunt**. Het BAZO geeft de laagste uitkomst van een onderhandeling aan die voor iemand nog acceptabel is. Elk bod van de ander dat jouw BAZO overstijgt, is beter dan een impasse. Andersom geredeneerd moet je geen succes van je onderhandelingen verwachten, tenzij je de ander een bod kunt doen dat voor hem aantrekkelijker is dan zijn eigen BAZO. Als uit je schatting naar voren komt dat het BAZO van de ander voor jou niet haalbaar is (je kunt er dan niet aan voldoen), moet je ofwel stoppen met de onderhandelingen ofwel een poging doen om het BAZO van de andere partij te verlagen. Vrijwel altijd zal de partij met de beste alternatieven het bij onderhandelingen het beste doen, zodat deskundigen onderhandelaars adviseren om voor de interactie te bepalen wat hun BAZO is.[35] Wees daarom voorbereid om argumenten te bestrijden met feiten en cijfers die jouw standpunt ondersteunen. Er is een interessante uitzondering op deze regel: onderhandelaars zonder enig alternatief voor een overeenkomst gaan soms 'alles of niets' spelen, omdat ze zich zelfs niet bezighouden met de vraag wat er zal gebeuren als de onderhandelingen op niets uitlopen.[36]

Onder je BAZO is geen deal mogelijk.
Foto: Wayne Ruston / 123RF / Pearson Asset Library

VRAAG
Zie de vorige vragen. Wat zou de BAZO van meneer Assab kunnen zijn, gegeven dat hij liever geen gezeur met de directie krijgt over stakende en klagende studenten? Wat zou de BAZO van de studenten kunnen zijn, gegeven dat ze liever geen ruzie met meneer Assab willen?

Lees op MyLab meer over Business Negotiation Strategies: BATNA en ZOPA.

Stap 2: Bepalen van de grondregels

Als je eenmaal klaar bent met de planning en een onderhandelingsstrategie, kun je de grondregels en procedures over de onderhandelingen zelf met de andere partij gaan vaststellen. Wie doet de onderhandelingen? Waar gaan ze plaatsvinden? Welke tijdslimiet is eventueel aan de orde? Tot welke kwesties worden de onderhandelingen beperkt? Moet er een specifieke procedure worden gevolgd als er een impasse wordt bereikt? In deze fase wisselen de partijen ook hun beginvoorstellen of eisen uit.

Stap 3: Uitleg en rechtvaardiging

Na de uitwisseling van de beginvoorstellen gaan beide partijen de oorspronkelijke eisen uitleggen, ze een beetje verstevigen en rechtvaardigen. Dit hoeft niet al te confronterend te gebeuren. Het is eerder een mogelijkheid om elkaar over de kwesties in te lichten, uit te leggen waarom ze belangrijk zijn en hoe beide partijen tot hun eerste eisen zijn gekomen. Dit is het punt waarop je de andere partij documentatie kunt geven die je positie ondersteunt.

Stap 4: Onderhandeling en probleemoplossing

De essentie van het onderhandelingsproces is het geven en nemen dat nodig is om tot overeenstemming te komen. In deze fase moeten beide partijen ongetwijfeld 'water bij de wijn doen'. De onderlinge verhoudingen kunnen sterk veranderen ook als gevolg van het onderhandelingsproces. Hou daar rekening mee. Als je het gevoel hebt dat je gaat 'winnen' voorkom dan dat de andere partij zich vernederd voelt want dat kan resulteren in afkeer en vijandigheid. In dat geval is het beter zelf wat meer compromisbereidheid te tonen om de relatie goed te houden. Maar als aandacht voor de relatie ertoe leidt dat je het gevoel krijgt 'uitgekleed te worden' ga dan gerust over tot een meer agressieve stijl. Om een voorbeeld te geven van hoe de toon waarop iets gezegd wordt net zo belangrijk is als de inhoud van de boodschap (*c'est le ton qui fait la musique*): mensen die een goed gevoel hebben over het *proces* van de salarisonderhandeling bij een sollicitatie zijn daarna tevredener met hun werk en zullen waarschijnlijk niet binnen een jaar vertrekken ongeacht de *uitkomsten* van de salarisonderhandeling![37]

Stap 5: Officiële overeenkomst en implementatie

Het onderhandelingsproces eindigt met de formalisering van de overeenkomst waarover is onderhandeld en met de ontwikkeling van procedures die nodig zijn voor de implementatie van en het toezicht op de overeenkomst. Bij grote onderhandelingen – tussen werknemers en management, over leasevoorwaarden van een leaseauto of bij het kopen van een huis – is het noodzakelijk dat de specifieke details van de overeenkomst in een formeel contract worden vastgelegd. In de meeste gevallen is de bevestiging van een overeenkomst echter niet formeler dan een handdruk.

Zijn alle stappen nodig? Kun je misschien een stap overslaan? Lees op MyLab het antwoord.

14.4.2 Individuele onderhandelingsverschillen

Zijn sommige mensen betere onderhandelaars dan andere? Je denkt misschien dat het antwoord op deze vraag voor de hand ligt, maar het blijkt toch complexer dan je zou denken. We bespreken drie factoren die de effectiviteit van onderhandelingen beïnvloeden: persoonlijkheid, stemming en emoties, en gender.

Persoonlijkheid

Er lijkt een zwak verband te bestaan tussen persoonlijkheid en onderhandelingsresultaten.[38] Wellicht kun je daar ooit nog je voordeel mee doen.

In het meeste onderzoek staat het Big Five-persoonlijkheidskenmerk inschikkelijkheid centraal, en dat is niet vreemd: inschikkelijke mensen zijn coöperatief, volgzaam en vriendelijk en houden niet van conflicten (zie hoofdstuk 4). Je zou denken dat zulke eigenschappen inschikkelijke mensen een makkelijke prooi maken bij onderhandelingen, en dan vooral bij distributieve onderhandelingen. Uit de onderzoeksliteratuur komt echter naar voren dat inschikkelijkheid al met al maar een zwak verband vertoont met onderhandelingsuitkomsten.

Self-efficacy (zie hoofdstuk 7) is daarentegen een variabele die positief lijkt samen te hangen met onderhandelingsuitkomsten.[39] Dat is vrij logisch: het is niet al te verrassend dat mensen effectiever presteren wanneer ze geloven dat ze meer succes zullen hebben in onderhandelingssituaties. Het kan zijn dat mensen met meer zelfvertrouwen hogere eisen op tafel leggen, minder gauw terugkomen op hun standpunt en zo'n zelfvertrouwen uitstralen dat ze anderen intimideren. Hoewel de precieze betekenis nog niet duidelijk is, lijkt het erop dat onderhandelaars er baat bij kunnen hebben om hun zelfvertrouwen een oppepper te geven voordat ze de onderhandelingen ingaan.

Stemmingen en emoties bij onderhandelingen

Zijn stemmingen en emoties van invloed op onderhandelingen? Ja. Maar op welke manier dat gebeurt, hangt af van zowel de emoties als de context.

VRAAG
Zonder 'vonk' geen 'vlam': zonder conflict geen passie?

Een onderhandelaar die laat merken dat hij of zij boos is kan er concessies uitslepen, bijvoorbeeld omdat de andere onderhandelaar meent dat er geen verdere concessies van de boze partij mogelijk zijn. Een van de factoren die bepalend is voor deze uitkomst is echter macht: je mag bij onderhandelingen alleen laten zien dat je boos bent als je minstens evenveel macht hebt als je tegenhanger. Heb je minder macht, dan lijkt boosheid *stevige* reacties van de andere kant uit te lokken.[40] *Nepboosheid* of boosheid als vorm van oppervlakte-acteren is niet effectief, maar echte boosheid tonen (diepte-acteren) (zie hoofdstuk 3) wel.[41] Als je erom bekendstaat dat je vaak boos wordt, dan leidt dat niet tot wraaklust bij de andere partij maar juist tot meer concessies. Dit omdat de andere partij de onderhandelaar als 'een harde' ziet.[42] Boosheid heeft een culturele context. Uit een onderzoek blijkt bijvoorbeeld dat als Oost-Aziatische onderzoeks-deelnemers laten zien dat ze boos zijn, dat tot meer concessies leidt dan wanneer de boze onderhandelaar uit de Verenigde Staten of Europa komt, misschien vanwege het stereotype dat Oost-Aziaten hun boosheid nooit laten blijken.[43]
Een andere relevante emotie is teleurstelling. Over het algemeen is het zo dat een onderhandelaar meer toegeeft als hij of zij merkt dat de tegenpartij teleurgesteld is. Bange voorgevoelens kunnen ook van invloed zijn op de onderhandelingen. Zo blijkt uit een onderzoek dat degenen die wat angstig waren in de onderhandelingen, meer misleidend te werk gingen in hun omgang met de ander.[44] Uit een ander onderzoek blijkt dat onderhandelaars die ertegen opzien om echt te onderhandelen: lagere uitkomsten verwachten; sneller op een aanbod reageren; sneller van de onderhandelingen weglopen en daardoor een slechter resultaat behalen.[45] Zelfs emotionele onvoorspelbaarheid beïnvloedt de uitkomst. Onderzoekers zijn tot de conclusie gekomen dat onderhandelaars die op een onvoorspelbare manier positieve en negatieve emoties laten zien, er meer concessies uitslepen omdat de andere partij door dit gedrag minder het gevoel heeft dat ze de touwtjes in handen heeft.[46] Zoals een onderhandelaar het formuleerde: 'Je hebt in een bepaalde richting aan iets gewerkt en dan wordt er opeens iets totaal nieuws ingebracht waarop je moet reageren, en dan moet je dus van koers veranderen en opnieuw focussen.'[47]

VRAAG
Heb je wel eens moeten onderhandelen met je ouders, bijvoorbeeld over hoe laat je moest thuiskomen als je uitging? Kwamen daar emoties als boosheid, verdriet en angst bij kijken? Wie hanteerde welke emotie?

Genderverschillen bij onderhandelingen

Er zijn vele gebieden van GiO waarop mannen en vrouwen weinig van elkaar verschillen. Onderhandelen behoort daar niet toe. Het lijkt tamelijk duidelijk dat mannen en vrouwen anders onderhandelen, dat mannen en vrouwen anders worden behandeld door hun onderhandelingspartner(s) en dat deze verschillen de uitkomsten beïnvloeden.
Een veelvoorkomend stereotiep beeld is dat van de vrouw die gericht is op samenwerking (*coöperatief*) en met wie het veel plezieriger onderhandelen is dan met een man. Hoewel deze uitspraak vandaag de dag omstreden is, zit er wel een kern van waarheid in: mannen hechten doorgaans meer waarde aan status, macht en erkenning, terwijl vrouwen doorgaans meer waarde hechten aan mededogen (*compassie*) en altruïsme.

Voormalig Europees Commissaris voor Mededinging Neelie Kroes legde Microsoft een half miljard euro boete op wegens verboden koppelverkoop.

Foto: dpa Picture Alliance / Alamy Stock Photo

Bovendien hechten vrouwen doorgaans meer waarde aan relatie-uitkomsten dan mannen en hechten mannen doorgaans meer waarde aan economische uitkomsten dan vrouwen.[48]

Deze verschillen zijn van invloed op het gedrag bij onderhandelingen en op de uitkomsten van de onderhandeling(en). Vrouwen gedragen zich in vergelijking met mannen doorgaans minder assertief, zijn minder op hun eigenbelang uit en komen de ander eerder tegemoet. Zoals in een overzicht van de onderzoeksliteratuur wordt geconcludeerd: 'vrouwen zijn minder snel geneigd om het initiatief tot onderhandelingen te nemen en als ze dat toch doen, dan vragen ze minder, zijn ze meer bereid om het aanbod te accepteren en doen ze hun onderhandelingspartner(s) een royaler aanbod dan mannen.'[49] Uit een onderzoek onder MBA-studenten van de Carnegie Mellon University in Pittsburgh in de Verenigde Staten blijkt dat de mannelijke studenten in 57 procent van de gevallen de stap namen om over hun eerste salarisaanbod te onderhandelen, vergeleken met 4 procent van de vrouwelijke studenten. Het nettoresultaat? Een verschil van 4000 dollar in startsalaris.[50]

Uit een uitgebreid overzicht van de onderzoeksliteratuur blijkt dat de tendens dat mannen betere onderhandelingsresultaten behalen niet in alle situaties opgaat. Sterker nog, uit de onderzoeksresultaten komt naar voren dat vrouwen en mannen in bepaalde situaties op een meer vergelijkbare manier onderhandelen. Ook komt naar voren dat vrouwen het soms beter doen dan mannen en dat mannen en vrouwen vaker bijna dezelfde resultaten behalen als ze namens iemand anders onderhandelen.[51] Met andere woorden, iedereen is beter in het opkomen voor de belangen van anderen dan in het opkomen voor zijn of haar eigen belangen. Bepaalde factoren die de onderhandelingen een grotere voorspelbaarheid geven, doen de genderverschillen ook afnemen. Als er een duidelijk scala aan mogelijke onderhandelings-uitkomsten ligt, dan liggen de behaalde resultaten van mannen en vrouwen dichter bij elkaar. Als er meer ervaren onderhandelaars aan tafel zitten, dan behalen mannen en vrouwen bijna dezelfde resultaten. De onderzoekers van het eerdergenoemde literatuuroverzicht stellen dat bij minder eenduidige situaties, met minder duidelijk omschreven voorwaarden en minder ervaren onderhandelaars, stereotypen een sterker effect kunnen hebben, waardoor er grotere man-vrouwverschillen in de uitkomsten ontstaan.

14.5 Onderhandelen in een sociale context

We hebben het vooral gehad over onderhandelingen tussen partijen (personen) die slechts één keer bij elkaar komen en waar geen andere mensen bij zijn. Veel onderhandelingen in organisaties kennen echter een open einde en zijn openbaar. Vaak zit er een sociale component aan de onderhandelingen, bijvoorbeeld als je probeert te bepalen wie van de werknemers van een team een vervelende taak op zich moet nemen, of als je onderhandelt met je leidinggevende over een zakenreis naar het buitenland, of als je om meer budget voor een project vraagt. Dan onderhandel je waarschijnlijk met iemand die je al kent en met wie je opnieuw zult gaan werken, en de onderhandelingen en de uitkomst zijn waarschijnlijk een onderwerp waar op het werk over gepraat gaat worden. Wil je echt kunnen begrijpen hoe onderhandelen in de praktijk werkt, dan moet je vooral ook kijken naar de sociale factoren reputatie en relaties.

Reputatie

Jouw reputatie gaat over hoe andere mensen over je denken en praten. Bij onderhandelingen is het van belang dat je de reputatie hebt dat je te vertrouwen bent. Vertrouwen opent bij een onderhandelingsproces de deur naar vele vormen van integratieve onderhandelingsstrategieën waar beide partijen baat bij hebben.[52] De effectiefste manier om vertrouwen te winnen is door je bij de verschillende onderhandelingen steeds eerlijk op te stellen. Dan voelt de ander zich prettiger bij het doen van een aanbod met een open einde dat op verschillende manieren kan uitpakken. Hierdoor wordt eerder een win–winresultaat bereikt, omdat beide partijen kunnen werken aan wat voor henzelf het belangrijkste is, maar de andere partij er ook nog steeds baat bij kan hebben.

Soms vertrouwen of wantrouwen we mensen op basis van wat we ‘van horen zeggen’ over hen weten. Maar met welke eigenschappen kunnen mensen de reputatie opbouwen dat ze te vertrouwen zijn? Het gaat om een combinatie van **competentie** en **integriteit**.[53] Onderhandelaars met meer zelfvertrouwen en betere verstandelijke vermogens worden door hun onderhandelingspartners als *competenter* beschouwd.[54] Ze worden geacht in staat te zijn om een nauwkeurige beschrijving te geven van de situatie en van hun eigen mogelijkheden. Ze zijn geloofwaardiger wanneer ze voorstellen doen voor een creatieve oplossing om uit een impasse te komen. Mensen die de reputatie hebben *integer* te zijn, kunnen ook effectiever onderhandelen.[55] Van hen wordt gevonden dat ze zich eerder aan hun beloften houden en informatie juist weergeven, waardoor de tegenpartij meer bereid is om hun beloften te accepteren als onderdeel van een akkoord. Hierdoor krijgen onderhandelaars vele mogelijkheden die ze anders niet zouden hebben. Tot slot is het zo dat mensen met een betere reputatie aardiger worden gevonden en meer vrienden en bondgenoten hebben. Anders gezegd, ze hebben meer sociale hulpbronnen, wat hen meer macht geeft bij onderhandelingen.

Relaties

Bij onderhandelingen over meerdere rondes gaat het om meer dan alleen reputatie(s). Door de sociale, interpersoonlijke component van relaties kijken de onderhandelaars bij langere onderhandelingen niet alleen naar wat goed is voor henzelf, maar gaan ze ook nadenken over wat het beste is voor de andere partij en de hele relatie.[56] Langere onderhandelingen die zijn gebaseerd op een fundament van vertrouwen leiden ook tot ruimere opties, omdat er vandaag een gunst kan worden verleend of een concessie kan worden gedaan in ruil voor een tegemoetkoming later in het proces.[57] Bij langere onderhandelingen is het makkelijker om een integratieve oplossing voor het probleem te vinden. Dat komt deels doordat mensen in de loop der tijd op een persoonlijkere manier tegen hun onderhandelingspartner gaan aankijken en omdat ze een emotionele band ontwikkelen.[58] Door langere onderhandelingen wordt een integratieve benadering ook werkbaarder, omdat er een sfeer van vertrouwen en betrouwbaarheid is opgebouwd.[59]

14.6 Onderhandelingen met derden

Tot nu toe hebben we alleen over directe onderhandelingen gesproken. Het kan echter gebeuren dat individuele onderhandelaars of vertegenwoordigers van groepen in een impasse terechtkomen en hun verschillen niet meer kunnen oplossen via directe onderhandelingen. In zulke gevallen kunnen ze de hulp inschakelen van een derde partij om samen met hen een oplossing te zoeken. Een derde partij kan drie basisrollen vervullen: mediator, arbiter of bemiddelaar.

Een **mediator** is een neutrale derde partij die tot een onderhandelingsoplossing probeert te komen door te redeneren en te overtuigen, alternatieve voorstellen te doen enzovoort. Mediators worden veel ingezet bij onderhandelingen tussen (individuele) werknemers en werkgevers en bij civielrechtelijke procedures. De effectiviteit van mediators is nogal indrukwekkend. Volgens de Amerikaanse overheidsinstantie voor gelijke kansen op (het) werk (EEOC) wordt er bij mediatie in 72,1 procent van de gevallen een schikking getroffen.[60] Maar of mediatie succes heeft is vooral afhankelijk van de situatie; de strijdende partijen moeten bereid zijn om te onderhandelen en het conflict op te lossen. Ook mag het conflict niet te heftig zijn; mediatie is het effectiefst bij een gematigd conflict. Tot slot is het belangrijk hoe tegen de mediator wordt aangekeken; de mediator kan alleen effectief zijn als hij of zij als neutraal en niet-dwingend wordt beschouwd.

Een **arbiter** is een derde partij die bevoegd is om een overeenkomst te dicteren. Arbitrage kan vrijwillig zijn (op verzoek van de partijen) of verplicht (door de wet of een contract aan de partijen opgelegd). Het grote pluspunt van arbitrage vergeleken met mediatie is dat er altijd een schikking of overeenkomst uitrolt. Of er nadelen aan verbonden zijn, is afhankelijk van het opereren van de arbiter zelf. Als de ene partij het gevoel overhoudt dat ze met lege handen zit, dan zal die partij zeker ontevreden zijn en kan het conflict later weer de kop op steken.

Een **bemiddelaar** is een derde partij waar men vertrouwen in stelt en die als informeel communicatiekanaal fungeert tussen de onderhandelaar en diens tegenstander. Deze rol is beroemd gemaakt door Robert Duval in de eerste Godfather-film. Als de geadopteerde zoon van Don Corleone en afgestudeerd advocaat treedt Duval op als intermediair (consigliere) tussen de familie Corleone en de andere maffiafamilies. Het is moeilijk te zeggen wat effectiever is: bemiddeling of mediatie, want de twee rollen overlappen elkaar flink. In de praktijk zijn bemiddelaars vaak meer dan alleen een communicatiekanaal. Ze houden zich ook bezig met het verzamelen van feiten, het interpreteren van boodschappen en het overreden van de strijdende partijen om een overeenkomst te sluiten.

14.7 Toepassing in de organisatiepraktijk

Welk advies hebben we voor managers die met zware conflicten geconfronteerd worden? Neem niet zonder meer aan dat er één methode om conflicten te hanteren bestaat die altijd goed uitpakt! Je moet in plaats daarvan in iedere situatie de techniek kiezen die het meest geschikt is. Hierna volgen een paar richtlijnen om dat te doen.[61]

Tips voor conflicthantering

- Gebruik *competitie*:
  a. als snel en doortastend optreden essentieel is (in noodsituaties);
  b. bij belangrijke kwesties als er impopulaire maatregelen genomen moeten

worden (kostenverlaging, regels doorvoeren, disciplinaire maatregelen);
   c. bij kwesties die essentieel zijn voor het welzijn van de organisatie, maar alleen als je zeker weet dat je gelijk hebt;
   d. wanneer mensen misbruik maken van niet-competitief gedrag.
- Gebruik *samenwerking*:
   a. wanneer de standpunten te belangrijk zijn om een compromis te sluiten;
   b. als je informatie wilt krijgen;
   c. om inzichten van mensen met verschillende invalshoeken te integreren;
   d. om betrokkenheid tot stand te brengen via consensus;
   e. om gevoelens door te spreken die een goede verstandhouding in de weg staan.
- Gebruik *vermijding*;
   a. bij triviale details of wanneer zich belangrijker zaken aandienen;
   b. wanneer je merkt dat een oplossing voor je zorgen niet mogelijk is;
   c. wanneer de potentiële ontwrichting de voordelen van een oplossing overschaduwt;
   d. wanneer informatie verzamelen vóór een directe beslissing gaat;
   e. wanneer anderen het probleem beter kunnen oplossen;
   f. wanneer problemen symptomen zijn van andere conflicten.
- Gebruik *aanpassing*;
   a. als je het bij het verkeerde eind hebt en andere visies een kans wilt geven, om daarvan te leren en te laten zien dat je redelijk bent;
   b. wanneer problemen belangrijker zijn voor anderen dan voor jou;
   c. om een goede samenwerking te waarborgen;
   d. om sociaal krediet op te bouwen voor toekomstige conflicten;
   e. om de verliezen beperkt te houden als je het onderspit delft;
   f. wanneer harmonie en stabiliteit heel belangrijk zijn;
   g. om werknemers te laten leren van fouten.
- Gebruik *compromissen*:
   a. wanneer doelen belangrijk zijn, maar niet de potentiële ontwrichting rechtvaardigen van een assertievere aanpak;
   b. wanneer tegenstanders met evenveel macht doelen nastreven die elkaar uitsluiten;
   c. om tijdelijk tot een vergelijk te komen over ingewikkelde kwesties;
   d. om onder tijdsdruk tot een redelijke oplossing te komen;
   e. als laatste redmiddel wanneer samenwerking en competitie falen.

Hoe kun je de kennis uit dit hoofdstuk toepassen om beter te onderhandelen? Hierna volgen wat tips om je onderhandelingsvaardigheden te verbeteren.[62]

Praktische tips voor onderhandelen

- *Stel ambitieuze doelen*
  Onderzoek heeft uitgewezen dat de beste overeenkomsten worden bereikt door mensen die ambitieuze doelen stellen en een agressief openingsbod doen.
- *Besteed niet te veel aandacht aan het openingsbod van de tegenpartij*
  Omdat een openingsbod vaak de toon zet voor onderhandelingen, moet je erop letten dat je je niet laat vastzetten door het bod van de andere partij. Zeker bij distributief onderhandelen moet je vasthouden aan je eigen doelen.
- *Verdiep je in de tegenpartij*
  Verzamel zo veel mogelijk informatie over de doelen en belangen van de ander. Welke **belangengroepen** moet hij tevredenstellen? Welke strategie hanteert hij?

Deze kennis helpt je het gedrag van je tegenstander te begrijpen, zijn reacties op jouw biedingen te voorspellen en oplossingen te formuleren in termen van zijn belangen.

- *Laat de persoon van de ander buiten de onderhandelingen*
  Concentreer je op datgene waarover je onderhandelt, niet op de persoonlijke karaktertrekjes van de ander. Val bij moeilijke onderhandelingen niet de tegenpartij aan. Je bent het niet eens met zijn ideeën of standpunt, maar dat staat los van hem als persoon. Houd mens en probleem gescheiden.
- *Wees creatief en benadruk win-winoplossingen*
  Als de situatie zich daarvoor leent, zoek je naar een integratieve oplossing. Formuleer opties in termen van de belangen van de ander en zoek naar oplossingen waarbij jullie beiden als overwinnaar uit de bus komen. Probeer opties te bieden waar beide partijen blij van worden. Onthoud dat er geen gevaar ligt in het naar voren brengen van mogelijke oplossingen, zolang ze bijdragen aan het bereiken van je doelen.

Universeel of cultureel?

Het zal je niet verwonderen dat de cultuur waar je deel van bent van invloed is op de manier waarop je met conflicten en onderhandelen omgaat. Het gaat hier immers om interacties tussen mensen, die worden per definitie door de cultuur beïnvloed. We laten dit zien aan de hand van onderzoek naar conflicthanteringstrategieën in verschillende landen. Daarna bekijken we het onderzoek over onderhandelingen tussen mensen uit verschillende landen.

Conflict en cultuur

Verschillen in conflicthanteringstrategieën tussen landen kunnen te maken hebben met het verschil tussen collectivistische en individualistische landenculturen.[63] Collectivistische culturen beschouwen mensen als integraal onderdeel van de sociale context (een radertje in het geheel), terwijl individualistische culturen mensen zien als autonome individuen met een eigen wil en eigen belangen. Onderzoek suggereert dat teams van topmanagers in Chinese hightech firma's de voorkeur geven aan samenwerking zelfs boven compromis en vermijding. De collectivisten zullen meer geneigd zijn relaties in stand te houden en het groepsbelang voor te laten gaan. Individualisten zullen meningsverschillen juist bloot willen leggen en open benaderen. Naar hun idee moet het om de zaak gaan, niet om de relatie met de persoon.
Onderhandelingen tussen partijen uit verschillende culturen kunnen tot vertrouwensproblemen leiden.[64] Uit een onderzoek naar onderhandelaars uit India en de Verenigde Staten blijkt dat de respondenten zeiden dat ze minder vertrouwen hadden in de onderhandelaars van de tegenpartij uit de andere cultuur. Dat geringere vertrouwen ging gepaard met het vinden van minder gemeenschappelijke belangen tussen de partijen. Dat kwam doordat de onderhandelaars uit de andere cultuur minder bereid waren om informatie te geven en te vragen. Uit een ander onderzoek blijkt dat zowel de Amerikaanse als de Chinese onderhandelaars ertoe neigden om partij te trekken voor de eigen groep, waardoor ze de onderhandelaars uit hun eigen cultuur bevoordeelden. Bij Chinese onderhandelaars die veel verantwoording moesten afleggen gold dit helemaal sterk.

Cultuurverschillen in onderhandelingen

In vergelijking met het onderzoek naar conflicten, is er veel meer onderzoek gedaan naar verschillende onderhandelingsstijlen in nationale culturen.[65] In een onderzoek werden Amerikaanse en Japanse onderhandelaars vergeleken. De onderzoekers ontdekten dat de Japanse onderhandelaars vaak indirect communiceerden en hun gedrag aanpasten aan de situatie. Een vervolgstudie toonde aan dat een vroeg bod tussen Amerikaanse onderhandelaars leidde tot het verankeringseffect, dat we hebben genoemd bij de bespreking van distributieve onderhandelingen. Maar bij Japanse onderhandelaars leidde een vroeg bod tot meer informatie-uitwisseling en betere integratieve resultaten.[66]

Een volgend onderzoek vergeleek de tactieken van Noord-Amerikaanse, Russische en Arabische onderhandelaars.[67] Noord-Amerikanen probeerden de ander te overtuigen met feiten en logica. Ze weerlegden argumenten van de tegenpartij met objectieve feiten. In de beginfase deden ze een paar kleine concessies om een relatie op te bouwen en na concessies van de tegenpartij kwamen ze meestal zelf ook met concessies. Ze vonden deadlines heel belangrijk. De Arabieren probeerden de ander te overtuigen door te appelleren aan emoties. Ze weerlegden argumenten met subjectieve gevoelens. Ze deden concessies gedurende het gehele onderhandelingsproces en na concessies van de tegenpartij kwamen ze bijna altijd zelf ook met concessies. Ze vonden deadlines vrij onbelangrijk. De Russen baseerden hun argumenten op idealen. Ze deden weinig of geen concessies. Iedere concessie van de tegenpartij werd als een teken van zwakte opgevat, ze kwamen vrijwel nooit zelf met concessies en ze negeerden deadlines.

Het derde onderzoek vergeleek de verbale en non-verbale onderhandelingstactieken van groepjes Noord-Amerikanen, groepjes Japanners en groepjes Brazilianen, telkens gedurende een sessie van een half uur.[68] Daaruit kwamen interessante verschillen naar voren. De Brazilianen zeiden gemiddeld 83 keer 'nee', de Japanners vijf keer en de Noord-Amerikanen negen keer. De Japanners zwegen gedurende elke sessie meer dan vijf keer langer dan tien seconden, de Noord-Amerikanen 3,5 keer en de Brazilianen nul keer. De Japanners en Noord-Amerikanen onderbraken hun tegenstander ongeveer even vaak, maar de Brazilianen deden dat 2,5 tot drie maal zo vaak als de Japanners en Noord-Amerikanen. En bij de Japanners en Noord-Amerikanen ontbrak elk lichamelijk contact met de tegenpartij (afgezien van een handdruk), terwijl de Brazilianen elkaar bijna vijf keer aanraakten tijdens een dergelijke sessie van dertig minuten.

Onderhandelen mensen uit andere culturen anders? Het simpele antwoord ligt voor de hand: *ja*. In het algemeen geldt dat mensen effectiever onderhandelen binnen hun eigen cultuur dan met een andere cultuur. Zo onderhandelt een Colombiaan meestal beter met een Colombiaan dan met een Sri Lankaan. Willen onderhandelingen tussen verschillende culturen slagen, dan lijkt het vooral erg belangrijk te zijn dat de onderhandelaars heel open zijn. Dan zou het dus een goede strategie zijn om onderhandelaars te kiezen die hoog scoren op openheid. Verder is het goed om dingen te vermijden waardoor het moeilijker wordt om de andere partij te leren kennen, zoals tijdsdruk.[69] Ten derde geldt dat onderhandelaars, omdat emoties van cultuur tot cultuur kunnen verschillen, zich zeer bewust moeten zijn van de emotionele dynamiek bij onderhandelingen tussen verschillende culturen. Zo kunnen onderhandelaars uit een OostAziatische cultuur vinden dat het geen geoorloofde tactiek is om boosheid bij onderhandelingen in te zetten om je zin te krijgen, zodat ze weigeren om samen te werken wanneer hun tegenstanders kwaad worden.[70]

KERN VAN DIT HOOFDSTUK

Conflicten beheersen

De traditionele visie dat conflicten altijd leiden tot slechte prestaties van groepen en organisaties en dat ze daarom vermeden moeten worden, is intussen verlaten. De tegenovergestelde visie dat conflicten positief kunnen zijn voor creativiteit, innovatie en openheid van teams klopt soms wel, maar niet in alle gevallen. Het idee dat het goed zou zijn conflicten in teams te stimuleren, vraagt om nuancering. Er moet hierbij onderscheid gemaakt worden tussen functionele en disfunctionele conflicten, tussen een matige en een hoge conflictintensiteit en tot slot tussen routine- en non-routinetaken.

Functionele conflicten dragen bij aan een betere taakuitvoering. Taak- of procesconflicten zijn vaak (maar niet altijd) functioneel. Professionele teams die non-routinetaken uitvoeren, kunnen baat hebben bij matige taak- of procesconflicten. Vooral in het begin van de groepsontwikkeling kan dit bijdragen aan een betere taak- en doeldefinitie. Dit inzicht is van groot belang bij projectmatig werken, waarbij telkens nieuwe opdrachten worden aangepakt in wisselend samengestelde projectteams.

Relatieconflicten zijn altijd disfunctioneel, doordat mensen persoonlijk en emotioneel worden geraakt. Taak- en procesconflicten worden wanneer ze te lang duren en/of onvoldoende worden aangepakt op den duur relatieconflicten. Met name mensen die laag scoren op inschikkelijkheid en emotionele stabiliteit, mensen die hoog scoren op self-monitoring en mensen die door oorzaken buiten de werksituatie zeer emotioneel zijn komen gemakkelijker in conflicten terecht.

In elke fase van het conflictproces kunnen bepaalde tactieken voor conflicthantering worden ingezet. Zorgvuldig en open communiceren kan schijnconflicten voorkomen. In de beginfases is het nog mogelijk het conflict binnen de perken te houden door de focus te leggen op gemeenschappelijke doelen. Bij geëscaleerde conflicten kan men openlijk laten verklaren wat men belangrijk vindt bij een oplossing. Hierdoor is het mogelijk tot een uitruil te komen, waardoor beide partijen zich gezien voelen.

Onderhandelen

Onderhandelen heeft tot doel overeenstemming te bereiken tussen twee partijen over de inzet van schaarse middelen bij een ruiltransactie. Er wordt onderscheid gemaakt tussen distributief en integratief onderhandelen. De eerste vorm is van toepassing wanneer er sprake is van een zero-sumsituatie. De tweede past in situaties waarin beide partijen door een geschikte uitruil van waarden iets te winnen hebben: een win-winsituatie.

Distributief onderhandelen heeft als nadeel dat het relaties kan beschadigen. Het dient daarom alleen te worden gebruikt in situaties die als zakelijk worden gezien of door zeer ervaren onderhandelaars, zoals bij cao-onderhandelingen. Voordat beide partijen beginnen te onderhandelen, bepalen ze hun doel en hun weerstandspunt (BAZO). Als deze gebieden overlappen, is er onderhandelingsruimte. Een belangrijk deel van het proces bestaat uit het aftasten van die onderhandelingsruimte. Vervolgens kan men diverse tactieken toepassen, waaronder het geven van ondersteunende (en soms misleidende) informatie, macht en emotie. Extraverte en inschikkelijke persoonlijkheden halen vaak wat minder goede resultaten dan mensen die introvert en assertief zijn.

Integratief onderhandelen heeft de voorkeur wanneer men in teams of afdelingen met elkaar verder moet. Het zoeken naar gezamenlijke voordelen is niet altijd eenvoudig; er is een tendens om terug te vallen op een win-lose-scenario. Het kan helpen in teams te onderhandelen, meerdere kwesties tegelijkertijd op tafel te leggen en/of de onderliggende belangen van elke partij aandacht te geven in plaats van het specifieke twistpunt. Samenwerkingsbereidheid en open communicatie dragen bij aan de kans op succes.
Ook onderhandelen kent zijn eigen procesgang. Het is het beste alle stappen zorgvuldig te doorlopen en er geen over te slaan, vooral bij distributief onderhandelen. Of mannen betere onderhandelaars zijn dan vrouwen, zoals het cliché luidt, valt nog te bezien. De gevonden verschillen kunnen ook het gevolg zijn van verschil in machtspositie of van stereotiepe beelden die soms als self-fulfilling prophecy het zelfbeeld van vrouwen ten onrechte beïnvloeden.

DEEL IV

GEDRAG IN ORGANISATIES

HOOFDSTUK 15

Fundamenten van organisatiestructuur

NA BESTUDERING VAN DIT HOOFDSTUK BEN JE IN STAAT OM:

1. de zeven basiselementen van een organisatiestructuur te benoemen;
2. de kenmerken te benoemen van de functionele structuur, de divisiestructuur en de matrixstructuur;
3. de kenmerken te benoemen van de virtuele structuur, de teamstructuur en de circulaire structuur;
4. de effecten van downsizing op de organisatiestructuur en de medewerkers te beschrijven;
5. de omstandigheden te noemen die een organische of mechanische structuur bevorderen;
6. de effecten van organisatieontwerpen op het gedrag van medewerkers te analyseren;
7. de invloed van cultuur op de organisatiestructuur aan te duiden.

In dit hoofdstuk gaan we in op de verschillende structuren die organisaties kunnen hebben en hun invloed op attitudes en gedrag van werknemers.

15.1 De kenmerken van een organisatie

Reeds in het stenen tijdperk werd het idee van specialisatie en samenwerking om een plan te realiseren toegepast. De piramiden van Egypte, de bouwwerken van de Maya's, de tempels van Angkor Wat in Cambodja, de steencirkel van Stonehenge in Engeland hadden niet gebouwd kunnen worden zonder organisatie. Mensen richten nog steeds organisaties op om samen doelen te bereiken die ze alleen niet kunnen bereiken. Elke organisatie, hoe klein en simpel ook, heeft drie fundamentele kenmerken: er is (1) een manier bedacht om het gezamenlijke doel te bereiken (een plan, een werkwijze), er zijn (2) taken verdeeld over verschillende mensen om het werk te kunnen uitvoeren, en die taken worden (3) op de één of andere manier op elkaar afgestemd om het organisatiedoel te kunnen (blijven) realiseren.
We definiëren een **organisatie** als volgt: een samenwerkingsverband van mensen die met behulp van geschikte kennis en middelen samenwerken om een bepaald doel te bereiken.

Een bedrijf is een organisatie die aan andere personen of rechtspersonen producten levert of diensten verleent. Een organisatie is niet altijd een bedrijf, maar een bedrijf is wel altijd een organisatie.

15.1.1 Wat is een organisatiestructuur?

Is het je al eens opgevallen hoe verschillende werksituaties het gedrag van medewerkers beïnvloeden? We weten inmiddels dat niet elke situatie effectief gedrag in de organisatie bevordert. Zorgvuldige analyse van gegevens heeft onthuld dat de structuur van een organisatie een groot effect heeft op het gedrag in die organisatie. Om zo'n organisatie gedurende kortere of langere tijd goed te kunnen laten werken aan het doel (bijvoorbeeld smartphones produceren) is er behoefte aan stabiliteit en vaste afspraken. Die stabiliteit wordt geleverd door de **organisatiestructuur**. Een organisatiestructuur geeft aan hoe taken formeel verdeeld, gegroepeerd en gecoördineerd worden. Zeven belangrijke elementen bepalen in samenhang het ontwerp van de organisatiestructuur, namelijk: taakspecialisatie, afdelingsvorming, gezagslijn, *span of control*, centralisatie/decentralisatie, formalisatie van gedrag en *boundary spanning*.[1] In figuur 15.1 worden al deze elementen gepresenteerd als antwoorden op een belangrijke vraag naar de structuur. We zullen ze hierna een voor een bespreken.

DE HAMVRAAG:	HET ANTWOORD KOMT VAN:
1. In hoeverre zijn werkzaamheden opgesplitst in deeltaken?	Taakspecialisatie
2. Op basis van welke overwegingen worden taken gegroepeerd?	Afdelingsvorming
3. Aan wie zijn individuen en groepen verantwoording schuldig?	Gezagslijn
4. Aan hoeveel individuen kan een manager effectief en efficiënt leiding geven?	Span of control
5. Waar liggen de bevoegdheden om beslissingen te nemen?	Centralisatie en decentralisatie
6. Hoeveel regels en voorschriften sturen het gedrag van werknemers en managers?	Formalisatie
7. Is er behoefte aan uitwisseling van informatie over de grenzen van afdelingen en organisaties heen?	Boundary spanning (Overbrugging)

FIGUUR 15.1 **Zeven belangrijke vragen die managers moeten beantwoorden om de juiste organisatiestructuur te ontwerpen**

15.1.2 Taakspecialisatie

De groei van welvaart in de geïndustrialiseerde landen was niet mogelijk geweest zonder de ontwikkeling van de massa-industrie. Drie ontwikkelingen gaven daarbij de doorslag: (1) de uitvinding van de stoommachine, (2) het ontwerpen van producten met standaardonderdelen, wat snelle assemblage en uitwisseling mogelijk maakte (een van de eerste producten die op deze manier gemaakt werden was de Colt-revolver)[2] en *last but not least* (3) het steeds verder doorvoeren van **taakspecialisatie.**

Frederick Winslow Taylor vond dat taakspecialisatie zo ver moest worden doorgevoerd dat mensen nog slechts één handeling uitvoerden, met steeds dezelfde – exact voorgeschreven – bewegingen en met speciaal ontworpen gereedschap.[3] Hij geloofde dat systematisch onderzoek naar *best practices* de productiviteit nog flink kon opvoeren. Daarmee werd hij de grondlegger van een nieuwe managementleer: het wetenschappe-

lijk management (*scientific management*). Zijn ideeën vonden snel ingang. Helaas gold dat niet voor zijn voorstel om de winst van de extra productiviteit eerlijk te verdelen (namelijk fiftyfifty) tussen bedrijf en arbeiders.
Zijn ideeën werden in het begin van de twintigste eeuw toegepast door Henry Ford die de productie van auto's aan de lopende band invoerde. Iedere werknemer moest één handeling uitvoeren en die steeds herhalen. De ene arbeider monteerde alleen het rechtervoorwiel en iemand anders alleen het rechterportier. Doordat Ford de werkzaamheden in kleine, gestandaardiseerde deeltaken opsplitste, produceerde hij elke tien seconden een auto met betrekkelijk ongeschoolde werknemers. Door deze gestandaardiseerde en op maat gesneden massaproductie werden producten per eenheid steeds goedkoper. Daardoor konden steeds meer mensen ze kopen, wat uiteindelijk leidde tot grotere winsten. Vrijwel iedere Amerikaan kon zich een T-Ford veroorloven en Henry Ford werd er rijk door.
Ford bewees dat werk inderdaad (zoals Taylor had beweerd) efficiënter uitgevoerd kon worden door gespecialiseerde werknemers. Tegenwoordig duiden we de mate waarin werkzaamheden binnen de organisatie opgesplitst zijn in deeltaken aan als taakspecialisatie. Taakspecialisatie betekent dat een taak wordt opgedeeld in simpele handelingen die elk door verschillende mensen worden uitgevoerd – in plaats van één individu (of een kleine groep) alle handelingen achter elkaar te laten uitvoeren. Door taakspecialisatie verdween het ambachtelijke steeds meer uit de fabrieken. Het kortcyclische monotone *lopendebandwerk* kwam ervoor terug. Taakspecialisatie is dus een middel om op de meest efficiënte manier gebruik te maken van de vaardigheden van mensen en deze nog te verbeteren door herhaling van de handelingen. Zo wordt minder tijd verspild aan het wisselen van taken, en het opruimen van het gereedschap dat in de vorige bewerkingsstap werd gebruikt en alles klaarzetten voor de volgende stap.

VRAAG
Wat kun je zeggen over de motiverende aspecten van dit soort taken op basis van de tweefactorentheorie (Herzberg) en het taakkenmerkenmodel (Hackman en Oldham)? Tip: blader even terug naar hoofdstuk 7 en 8.

In de eerste helft van de vorige eeuw dachten managers dat voortdurende taakspecialisatie een steeds hogere productiviteit zou opleveren. En daar hadden ze in eerste instantie ook gelijk in. Omdat taakspecialisatie nog vrij nieuw was, steeg na de invoering de productiviteit vrijwel altijd. Maar in het begin van de jaren zestig van de vorige eeuw waren er tekenen dat de grenzen van productiviteitsverbetering door taakspecialisatie waren bereikt.
In sommige banen was het punt bereikt waarop de nadelen van specialisatie op de voorgrond traden – verveling, vermoeidheid, stress, lagere productiviteit, slechte kwaliteit, hoger arbeidsverzuim en personeelsverloop – en de schaalvoordelen naar het tweede plan werden verdrongen (zie

In de film *Modern Times* staat Charlie Chaplin aan de lopende band.
Foto: AF archive / Alamy Stock Photo

figuur 15.2). In die gevallen kon de productiviteit verbeterd worden door de taken juist uit te breiden in plaats van op te splitsen. Sommige bedrijven merkten dat wanneer ze werknemers uiteenlopende activiteiten lieten uitvoeren, een heel product in elkaar lieten zetten en teams formeerden met onderling verwisselbare vaardigheden, de output en de kwaliteit aanmerkelijk hoger waren en werknemers tevredener waren.

De meeste managers van nu zien in dat specialisatie schaalvoordelen geeft bij bepaalde taken en weten wat de problemen zijn als dat te ver wordt doorgevoerd. Als functierollen onderverdeeld kunnen worden in specifieke taken of projecten, dan is specialisatie mogelijk. Specialisatie wordt natuurlijk vaak gebruikt in productiefabrieken, maar kan ook op andere terreinen nieuwe voordelen opleveren, vooral als er relatief veel duobanen en deeltijdbanen zijn.[4] Met het Mechanical Turk-programma van Amazon, TopCoder en vergelijkbare programma's is het eenvoudiger geworden om een nieuwe trend te introduceren in microspecialisatie: extreem kleine delen van programmeer-, dataverwerkings- of beoordelingstaken worden door een programmamanager uitgezet in een wereldwijd netwerk van individuele werknemers en de resultaten worden vervolgens door die manager bij elkaar gevoegd tot één geheel.[5] Terwijl specialisatie vroeger was gericht op het opdelen van fabricagetaken in specifieke opdrachten binnen dezelfde fabriek, betekent specialisatie tegenwoordig dat ingewikkelde taken op een deskundige manier in specifieke elementen worden opgesplitst en uitgevoerd door meerdere organisaties op basis van technologie, deskundigheid en regio. Maar het kernbeginsel is hetzelfde gebleven.

VRAAG

Hoe kun je de verbeteringen in output, kwaliteit en tevredenheid in de jaren tussen 1960 en 1990 verklaren?

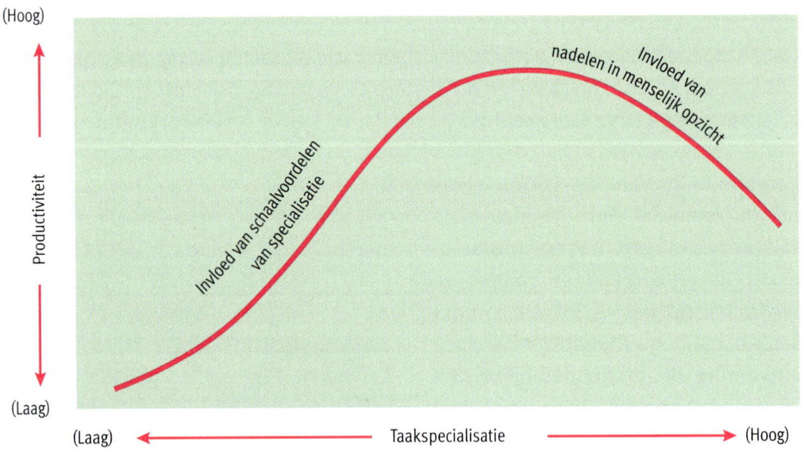

FIGUUR 15.2 **Voor- en nadelen van taakspecialisatie**

15.1.3 Afdelingsvorming

Als de werkzaamheden via taakspecialisatie zijn opgesplitst in afzonderlijke handelingen en specialismen, ontstaat er als vanzelf behoefte aan coördinatie en aansturing. Dit kan worden opgelost door de werkzaamheden te groeperen onder een bepaalde leiding of aansturing. Dit noemen we **afdelingsvorming**. Het groeperen van werkzaamheden gebeurt volgens bepaalde principes. We zullen ze achtereenvolgens bespreken.

Functioneel of proces (F-indeling)

Dit veelgebruikte indelingsprincipe kent twee vormen, die we na elkaar zullen behandelen:

- *Indeling naar aard (functie) van de werkzaamheden*
  Eén manier om werkzaamheden te groeperen in afdelingen, is een indeling maken naar de *functies* die uitgevoerd worden. Een fabrieksdirecteur organiseert zijn fabriek door aparte afdelingen op te zetten voor techniek, boekhouding, productie, personeelszaken en inkoop. Hetzelfde principe wordt toegepast in ziekenhuizen, verzekeringsbedrijven, hogescholen, winkelketens enzovoort. De namen van afdelingen zullen uiteraard variëren, al naargelang de soort organisatie. Een ziekenhuis heeft afdelingen voor patiëntenzorg, onderzoek, boekhouding enzovoort. Het grote voordeel van deze manier van indelen is dat het efficiëntie-voordelen oplevert om specialisten met dezelfde vaardigheden op één afdeling te plaatsen.
- *Indeling naar fase in het proces*
  In de pvc-buizenfabriek van Wavin (producent van buizen voor riolering en waterleiding) te Hardenberg is de productie georganiseerd in vijf afdelingen: Mengen (pvc-korrels met hergebruikt pvc), Extrusie (het trekken van de buizen), Bakken (afharden van de buizen), Zagen (op maat maken) en Verpakken en verzenden. Dit is een speciale vorm van functionele afdelingsvorming, aangezien elke afdeling gericht is op een bepaalde fase van de productie van de buizen. Het pvc wordt gegoten in enorme extrusiemachines en vervolgens vervoerd naar de bakafdeling, waar het pvc wordt afgehard. Daarna wordt het vervoerd naar de zaagafdeling, waar de buizen op maat worden gemaakt. Tot slot arriveert het op de afdeling voor inspectie, verpakking en verzending. Omdat elk proces andere vaardigheden vereist, vormt deze indelingswijze de basis voor groepering naar homogene activiteiten.

De afdelingsvorming naar procesfase kan worden gebruikt voor de verwerking van zowel afzonderlijke klantorders in de dienstensector als van industriële massaproducten. Als je een zorgverzekering wilt afsluiten, wordt je aanvraag door verschillende afdelingen behandeld: de verkoopafdeling stelt je wensen vast, de acceptatieafdeling controleert je gegevens, de medische afdeling bepaalt het medische risico, de polisafdeling bepaalt de premie en stuurt de polis toe en de financiële afdeling int de premie.

Product (P-indeling)

Taken kunnen ook ingedeeld worden naar de verschillende producten die door de organisatie worden geproduceerd. Bij Procter & Gamble vallen bijvoorbeeld de producten Dreft, Pampers, Pantène en Pringles elk onder een eigen topmanager die wereldwijd de verantwoordelijkheid draagt voor die producten. Het voordeel van deze indeling is de duidelijkheid over de verantwoordelijkheid voor productopbrengsten, aangezien alle activiteiten voor een bepaald product onder één manager vallen. Als de organisatie zich bezighoudt met dienstverlening in plaats van producten, kan elke dienst autonoom gegroepeerd worden. Een accountantskantoor heeft bijvoorbeeld afdelingen voor belastingzaken, management consulting en auditing – allemaal met een eigen manager aan het hoofd.

Geografisch (G-indeling)

Een andere indeling is die naar geografisch gebied of rayon. Een verkoopfunctie kan bijvoorbeeld regio's in het zuiden, midden en oosten van het land hebben. Elke regio is in feite een afdeling die op grond van een territorium tot stand is gekomen. Wanneer de klanten van een organisatie over een groot gebied verspreid wonen, kan dit een zinvolle indelingswijze zijn. Voorbeelden van organisaties die vaak met een G-indeling werken zijn uitzendbureaus en winkelketens. Maar ook autofabrikant Toyota heeft zijn topmanagement ingedeeld naar continent om voeling te houden met de verschillende smaken en behoeften.[6]

Markt (M-indeling)

Deze indelingsvorm neemt het type klant dat de organisatie wil bereiken als basis. De verkoopactiviteiten in een bedrijf in kantoorartikelen kunnen opgesplitst worden in drie afdelingen: de groothandel, de detailhandel en de overheid. Een groot advocatenkantoor kan zijn personeel segmenteren op basis van hun dienstverlening aan individuele klanten of bedrijven. Het idee achter de indeling naar klanttype is dat klanten van elke afdeling gemeenschappelijke behoeften en problemen hebben, die het best aangepakt kunnen worden door marktgerichte specialisten.

Hybride indelingen

Grote concerns maken soms gebruik van alle genoemde vormen van afdelingsvorming tegelijk. Een groot Japans elektronicabedrijf organiseert bijvoorbeeld zijn divisies langs productgerichte lijnen en zijn productie-eenheden rond processen; de verkoop is ingedeeld volgens zeven geografische regio's en elke verkoopregio bestaat weer uit vier klantafdelingen. In het algemeen geldt dat de laagste niveaus in een organisatie heel vaak een F-indeling kennen, hetzij naar functie, hetzij naar proces.

VRAAG

Welk indelingsprincipe vind je in dit schema van een besloten vennootschap terug?

Implicaties voor GiO

Interessant genoeg blijven organisaties niet altijd bij het indelingsprincipe dat ze aanvankelijk hebben gekozen. Zo heeft Microsoft jarenlang de marktindeling gebruikt en was het georganiseerd rondom zijn klantenbestand: consumenten, grote bedrijven, softwareontwikkelaars en kleine bedrijven. CEO Steve Ballmer stuurde in juni 2013 echter alle werknemers een brief waarin hij een herstructurering aankondigde in een functionele indeling, met als argument dat continue innovatie gestimuleerd moest worden. Op de nieuwe afdelingen zijn de banen ingedeeld naar traditionele functies, zoals software-engineering, marketing, bedrijfsontwikkeling, strategie en onderzoek, financiën, personeelszaken en juridische zaken.[7]

Ballmer verwachtte dat de verandering in de organisatiestructuur van Microsoft 'ingrijpend [zou] veranderen hoe we omgaan met onze klanten, ontwikkelaars en belangrijkste innovatiepartners, en een duidelijkere boodschap en productfamilie [zou] opleveren.'[8] Zoals overal in dit boek blijkt, geldt dat als dingen in een organisatie weloverwogen worden veranderd om de werkwijzen en structuren beter af te stemmen op de organisatiedoelen, in het bijzonder de doelen van sterke leiders, de

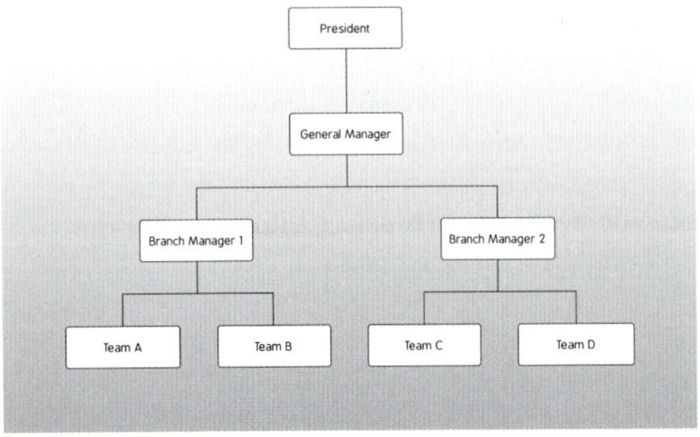

Voorbeeld van een organisatieschema.
Illustratie: Brunoilfo / 123RF / Pearson Asset Library

kans op verbetering veel groter is als de veranderingen goed worden uitgevoerd. In het geval van Microsoft staat het resultaat nog niet vast; Ballmer, een sterke leider, kondigde twee maanden later aan dat hij met pensioen ging (in 2014 is hij officieel vertrokken bij Microsoft), wat tot nog meer veranderingen leidde. Microsoft bleef worstelen met de reorganisatie en kondigde minder dan een jaar later aan dat er nog meer veranderingen zouden komen in de leiding van het bedrijf en de teamstructuur.[9]

15.1.4 Gezagslijn

Vanaf de oudheid was de gezagslijn of bevelslijn een hoeksteen van het organisatieontwerp. Zie het voorbeeld van het Romeinse leger hierna. De **gezagslijn** is de ononderbroken lijn van gezag die van de top van de organisatie naar het laagste echelon loopt en aangeeft wie de leiding heeft over wie. Dit is het aloude principe van hiërarchische leiding. Het principe geeft antwoord op de vraag: 'Hoe kan één persoon of een kleine groep een grote massa mensen beheersen en ze op een doel richten?' Voor mensen waaraan leiding wordt gegeven geeft de gezagslijn antwoord op vragen als: 'Bij wie kan ik aankloppen met een probleem?' en: 'Aan wie moet ik verantwoording afleggen?'.

Gezagslijn

Vandaag de dag is dit concept veel minder belangrijk.[10] Toch moeten managers nog steeds de gezagslijn meenemen in hun denken over de beste structuur voor hun organisatie, in het bijzonder in bedrijven die met zaken van leven of dood te maken kunnen krijgen waar uitvoerenden moeten kunnen vertrouwen op snelle en eenduidige besluiten aan de top. Denk aan politie, brandweer of leger.

Bevoegdheid

Een bespreking van de gezagslijn is onmogelijk zonder twee andere begrippen ook te bespreken: bevoegdheid en het principe van eenheid van bevel. **Bevoegdheid** is het recht dat iemand op grond van zijn positie heeft om opdrachten te geven en te verwachten dat die uitgevoerd worden. Om de coördinatie te vergemakkelijken, krijgt elke managerspositie een eigen plek binnen de gezagslijn en heeft elke manager bepaalde bevoegdheden.

Eenheid van bevel

Dit principe houdt in dat een werknemer slechts één superieur heeft aan wie hij rechtstreeks verantwoording schuldig is. Dankzij **eenheid van bevel** blijft de gezagslijn ononderbroken. Als de eenheid van gezag wel doorbroken zou worden, wordt de werknemer geconfronteerd met tegenstrijdige eisen of prioriteiten van verschillende superieuren. Dit wordt volgens de aanhangers van het eenheid-van-bevelprincipe als zeer onwenselijk gezien.

Het Romeinse Leger

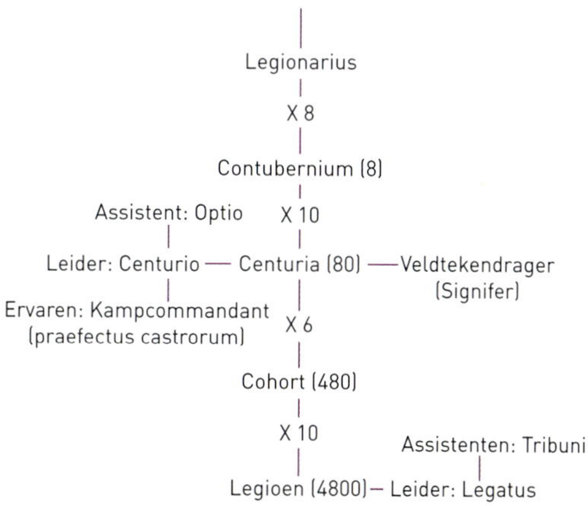

In het Romeinse leger was de gezagslijn goed geregeld. Let op: het schema begint bovenaan met de individuele soldaat (legionarus) en eindigt onderaan met de hoogste leiding van het legioen: de legatus met zijn tribunen.

15.1.5 Span of control

Aan hoeveel ondergeschikten kan een manager efficiënt en effectief leidinggeven? Het antwoord op deze vraag naar de zogenoemde **span of control** is belangrijk, omdat deze in hoge mate bepalend is voor het aantal niveaus en managers van de organisatie. Hoe breder of groter de span of control, hoe lager de managementkosten voor de organisatie. We illustreren dit aan de hand van een voorbeeld. Stel, er zijn twee organisaties met elk ongeveer 4100 werknemers op de werkvloer. Figuur 15.3 laat zien dat als de ene organisatie een *span* van vier heeft en de andere een *span* van acht, de eerste organisatie twee niveaus minder heeft en ongeveer 800 managers minder. Als de gemiddelde manager 100.000 euro per jaar verdient, levert de bredere span dus een besparing op van tachtig miljoen euro! Bredere *spans* zijn dus efficiënter wat de kosten aangaat. Maar op een bepaald punt daalt de effectiviteit. De prestaties van werknemers gaan achteruit bij een te brede span of control, omdat de manager geen tijd meer heeft om iedereen voldoende leiding en ondersteuning te geven.

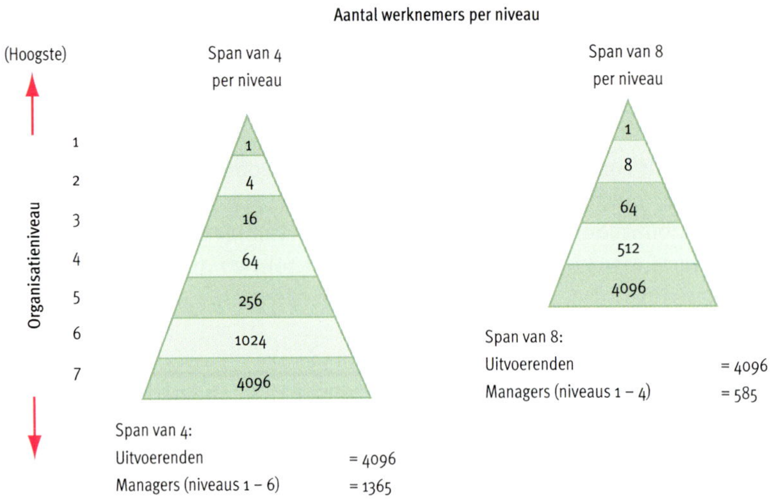

FIGUUR 15.3 **Vergelijking tussen twee spans of control**

Ook kleine *spans* hebben voordelen. Bij een span of control van vijf of zes werknemers kan de manager goed toezicht houden en is er minder kans op onduidelijkheid.[11] Aan kleine spans kleven echter ook drie nadelen. Ze zijn relatief kostbaar, omdat ze meer managementniveaus toevoegen. Ze maken de verticale communicatie in de organisatie ingewikkelder; de extra niveaus in de hiërarchie belemmeren de besluitvorming en isoleren het topmanagement. En tot slot leidt een (te) kleine span of control tot een te strakke controle waardoor ze de autonomie van werknemers belemmeren.

VRAAG

Aangenomen dat elk cohort geleid werd door één tribuun, wat is dan de span of control van een legatus? En van een tribuun? En van een centurio?

15.1.6 Centralisatie en decentralisatie

In sommige organisaties nemen topmanagers alle besluiten. Lagere managers voeren alleen de opdrachten van het topmanagement uit binnen de van hogerhand gegeven kaders. Dit noemen we **centralisatie**. Daartegenover staan organisaties die de beslisbevoegdheid delegeren naar de managers die zich het dichtst bij de 'actie' bevinden.

Dan spreken we van **decentralisatie**. Het gaat hier overigens uitsluitend om het formele gezag – de rechten die inherent zijn aan een positie.

Implicaties voor GiO

Een organisatie met een centrale structuur heeft andere kenmerken dan een decentrale organisatie. In een decentrale organisatie worden problemen sneller opgelost, hebben meer mensen deel aan beslissingen en ervaren werknemers minder afstand tot degenen die besluiten nemen die hen direct aangaan. De uitkomsten van centralisatie of decentralisatie kunnen worden voorspeld: gecentraliseerde organisaties zijn beter in het vermijden van foute keuzes, terwijl gedecentraliseerde organisaties beter zijn in het vermijden van gemiste kansen.[12]
Geheel in lijn met recente pogingen om de flexibiliteit en het reactievermogen van organisaties te verbeteren, is er een duidelijke trend naar decentralisatie zichtbaar. In grote bedrijven hebben lagere managers gedetailleerdere informatie over problemen dan topmanagers. Veel grootwinkelbedrijven hebben hun winkelmanagers inmiddels meer bevoegdheid gegeven om zelf de inkoop te bepalen. Hierdoor kunnen deze filialen beter concurreren met andere lokale detaillisten.
Zo heeft ook Procter & Gamble groepjes werknemers de verantwoordelijkheid gegeven om onafhankelijk van de gebruikelijke hiërarchie beslissingen te nemen over de ontwikkeling van nieuwe producten; dit heeft geleid tot een snelle toename van het aandeel nieuwe producten dat klaar was voor introductie op de markt.[13] Onderzoek naar een groot aantal Finse organisaties toont aan dat bedrijven met gedecentraliseerde onderzoeks- en ontwikkelingsafdelingen op uiteenlopende locaties beter zijn in innovatie dan bedrijven die alle onderzoek en ontwikkeling in één afdeling op één locatie hebben gecentraliseerd.[14]
Decentralisatie is dikwijls een noodzaak voor multinationals die in diverse landen vestigingen hebben omdat lokale beslissers beter in staat zijn marktkansen te pakken, klantgedrag te begrijpen en plaatselijke wetgeving toe te passen. Daarnaast blijft centralisatie aan de top nodig om lokale managers verantwoording te kunnen laten afleggen. Als het bedrijf er niet in slaagt deze prioriteiten goed in evenwicht te houden kan dit niet alleen de organisatie schaden maar ook haar relaties met buitenlandse overheden.[15]

15.1.7 Formalisatie van gedrag

Formalisatie is de mate waarin de uitvoeringswijze, het tijdstip en de volgorde van bepaalde taken binnen de organisatie gestandaardiseerd is. In een sterk geformaliseerde baan heeft de werknemer vrijwel niets te zeggen over wat er gedaan wordt, wanneer en hoe. Werknemers moeten dezelfde input altijd op precies dezelfde manier verwerken tot uniforme output. Sterk geformaliseerde organisaties hebben expliciete functieomschrijvingen, talloze regels en duidelijke procedures voor werkprocessen. In weinig geformaliseerde organisaties is het werkgedrag niet of nauwelijks geprogrammeerd en hebben mensen veel keuzevrijheid. De beslissingsvrijheid van het individu is omgekeerd evenredig aan de mate waarin gedrag op het werk voorgeprogrammeerd is. Met andere woorden: hoe groter de standaardisatie, hoe minder de werknemer in te brengen heeft in de manier waarop het werk gedaan moet worden. Niet alleen wordt het werknemers door standaardisatie onmogelijk gemaakt om alternatief gedrag te vertonen, werknemers hoeven zelfs niet over alternatieven na te denken.
De mate van formalisatie varieert per organisatie, maar ook binnen de organisatie. Sommige banen zijn van nature weinig geformaliseerd. Onderzoek onder 94 hightechbedrijven in China gaf aan dat formalisatie afbreuk deed aan de flexibiliteit van teams

in gedecentraliseerde organisaties. Formalisatie werkt dus niet goed als complexe taken vragen om veel onderling contact of als er behoefte is aan flexibiliteit en innovatie.[16] Vertegenwoordigers van uitgevers die bij hoogleraren langsgaan om de nieuwste publicaties bij hen onder de aandacht te brengen, hebben bijvoorbeeld veel vrijheid. Ze hebben geen vast verkooppraatje en de regels houden weinig meer in dan dat ze een wekelijks verslag moeten aanleveren. Aan het andere uiterste staan de administratief medewerkers en redacteuren van dezelfde uitgever, die om 8 uur 's morgens aanwezig moeten zijn op hun werkplek om vervolgens gedetailleerde procedures te volgen, die de leiding heeft voorgeschreven.

VRAAG

Bij welke van de hierna genoemde organisaties of afdelingen verwacht je veel formalisatie, bij welke matige formalisatie en bij welke juist geringe formalisatie? Bank, verzekeraar, chirurgische afdeling, makelaar, krantenredactie, winkelketen Blokker, lagere school, kapperszaak, discotheek, bruin café.

ORGANISATIESTRUCTUUR: DE ORGANISATIE OP ZONDAG

Iemand zei eens: 'De organisatiestructuur is wat er van de organisatie overblijft op zondag! Er wordt dan niet gewerkt, maar de structuur is er wel. Anders zou op maandag niemand weten wat zijn taken zijn, waar de werkplek is, aan wie gerapporteerd wordt en wie de collega's zijn, hoe er gewerkt moet worden of welke regels moeten worden gevolgd.' De organisatiestructuur heeft dus als belangrijkste doel het reguleren en sturen van het gedrag van de leden van die organisatie.

15.1.8 Boundary spanning (overbrugging)

We hebben hiervoor beschreven hoe organisaties duidelijk omschreven taakstructuren en gezagslijnen ontwikkelen. Door deze systemen kan controle worden uitgeoefend op specifieke taken en kunnen deze op elkaar worden afgestemd. Maar als we te ver gaan met het opdelen van de organisatie in steeds kleinere en specialistische groepen zullen pogingen om al deze verschillende groepen te coördineren op totale verwarring uitdraaien! Eén manier om te voorkomen dat iedereen zich op zijn eigen gebied terugtrekt en tegelijkertijd de positieve effecten te behouden, is door verbindende rollen te creëren. Dit wordt **boundary spanning (overbrugging)** genoemd.
Het gaat dus om dwarsverbindingen die de formele gezagslijnen en de afdelingsgrenzen doorbreken. Er is sprake van boundary spanning (overbrugging) als individuele medewerkers regelmatig contact hebben met mensen van buiten de eigen afdelingen waar ze deel van uitmaken. Een hoofd personeelszaken die regelmatig overlegt met de ICT-groep doet aan boundary spanning, net als een onderzoeker van het R&D-team die met de ideeën van een productieteam aan de slag gaat. Deze activiteiten voorkomen dat de formele structuren te rigide worden en bevorderen tevens de creativiteit van de teams en de organisatie.[17] Organisaties maken gebruik van formele mechanismen om overbruggingsactiviteiten te faciliteren, namelijk via hun structuren. Ze wijzen bijvoorbeeld formele verbindingsrollen toe of vormen commissies van medewerkers op verschillende terreinen van de organisatie. Ook ontwikkelingsactiviteiten vragen vaak om een vorm van boundary spanning. Werknemers met ervaring in uiteenlopende functies, zoals boekhouding en marketing, zullen eerder aan boundary spanning doen.[18] Vele organisaties proberen dit soort positieve relaties te bevorderen

door taakroulatieprogramma's te ontwerpen, zodat nieuwe werknemers een beter beeld krijgen van de verschillende terreinen waarop de organisatie werkt. Een laatste methode om boundary spanning te stimuleren is door de aandacht te vestigen op de overkoepelende organisatiedoelen en gemeenschappelijke identiteitsbegrippen.
Boundary spanning-activiteiten komen niet alleen binnen een organisatie voor, maar ook tussen organisaties. Informatie verzamelen bij externe deskundigen werkt heel erg goed in innovatieve bedrijfssectoren waar het een hele opgave is om niet achterop te raken bij de concurrentie. Vooral ook in organisaties die veel interne communicatie stimuleren, worden positieve resultaten behaald. Kortom: externe overbrugging is het effectiefst als er ook aan interne overbrugging wordt gedaan.[19]

15.2 Veelvoorkomende organisatieontwerpen en structuren

Nu we de fundamentele kenmerken van organisatiestructuren hebben bekeken, kunnen we drie veelvoorkomende ontwerpen toelichten: de eenvoudige structuur, de bureaucratie en de matrixstructuur.

15.2.1 De eenvoudige structuur

Wat hebben een kleine winkel, een elektronicabedrijf onder leiding van een enthousiaste ondernemer en het crisiscentrum van een stad die getroffen wordt door een overstroming met elkaar gemeen? Ze hebben waarschijnlijk allemaal een **eenvoudige structuur**. De eenvoudige structuur wordt vooral gekenmerkt door wat het níét is. Het is geen uitgebreide structuur.[20] Afdelingsvorming en formalisatie ontbreken bijna volledig; er zijn brede spans of control. Het takenpakket van elke medewerker is meer het gevolg van waar deze toevallig handig in is en wat hij leuk vindt dan van een vooraf uitgewerkte functie-indeling. De medewerkers hebben dan ook zelden vastomlijnde functies, maar kunnen voor meerdere taken worden ingezet al naargelang de behoefte. De organisatie is plat: er zijn vaak maar twee of drie verticale niveaus en de centrale beslissingsbevoegdheid berust bij één persoon. De eenvoudige structuur vinden we vooral in kleine bedrijven, waar de eigenaar tevens aan het hoofd staat. De meeste grote bedrijven zijn begonnen met een eenvoudige structuur en veel innovatieve technologiebedrijfjes, zoals bedrijfjes die apps voor smartphones bouwen, blijven gedurende hun hele bestaan eenvoudig van structuur.[21]
De kracht van deze structuur ligt in haar eenvoud. De structuur is snel, flexibel, brengt weinig kosten met zich mee en het is duidelijk aan wie men verantwoording moet afleggen. Zolang de organisatie klein blijft, is dit de best mogelijke structuur, waar alle organisatieleden zich waarschijnlijk ook goed bij voelen. Een nadeel kan zijn dat de eenvoudige structuur risico's met zich meebrengt: alles hangt af van één persoon. Een hartaanval kan letterlijk het informatie- en beslissingscentrum van de organisatie stilleggen.

> De eenvoudige structuur heeft weinig afdelingsvorming, brede spans of control, slechts twee of drie verticale niveaus, één persoon waarbij de centrale beslissingsbevoegdheid berust en een lage formalisatiegraad.

Als het bedrijf door haar eigen successen in de markt snel groeit, kan de eenvoudige structuur echt problematisch worden! De medewerkers zijn immers gewend dat de directeur alle beslissingen neemt. In een snelgroeiende organisatie wordt de top dan ook al gauw overstroomd met informatie en verzoeken. De besluitvorming verloopt door die overbelasting steeds langzamer en uiteindelijk komt ze helemaal tot stilstand wanneer die ene topman blijft proberen alle beslissingen zelf te nemen. Wanneer een organisatie vijftig of honderd mensen in dienst heeft, kan de eigenaar-directeur onmogelijk nog alle keuzes zelf maken. Als de structuur niet gewijzigd wordt, raakt het bedrijf zijn stuwkracht kwijt, wat fataal kan zijn.

VRAAG

Kees Parlevliet heeft een restauratiebedrijf in Den Haag. Hij geeft dagelijks leiding aan timmerlui, steenhouwers, decorateurs en metselaars. De boekhouding en loonadministratie, het opstellen van offertes en het factureren doet hij 's avonds thuis. Het bedrijf groeit als kool en Kees verliest het overzicht. Hij dreigt overspannen te raken. Welke maatregelen zou je hem op korte termijn adviseren?

15.2.2 De bureaucratie

Standaardisatie! Dat is het kernbegrip in elke bureaucratie. Voorbeelden van bureaucratische organisaties zijn de bank waar je een lopende rekening hebt, warenhuizen als C&A waar je misschien je kleren koopt, de Belastingdienst, het zelfstandig bestuursorgaan UWV, maar ook de hogeschool of de universiteit waar je studeert. Al deze organisaties ontwerpen en coördineren hun werkprocessen door vergaande taakverdeling en een vorm van standaardisatie.

Een **bureaucratie** wordt gekenmerkt door sterk gespecialiseerde routinetaken, geformaliseerde regels en voorschriften, taken gegroepeerd in functionele afdelingen, centraal gezag, een kleine span of control en besluitvorming die de gezagslijn volgt. Bureaucratie omvat de grootste mate van dichtgetimmerde afdelingsvorming die we eerder beschreven.

Voor bijna iedereen is bureaucratie een lelijk woord, het kan zelfs een scheldwoord zijn! Toch heeft deze structuur ook voordelen! Ze bant willekeur uit, garandeert gelijke behandeling en ze is in staat gestandaardiseerde activiteiten heel efficiënt uit te voeren. Door bij elkaar passende specialismen in functionele afdelingen onder te brengen, verkrijgt de organisatie schaalvoordelen, een minimale duplicatie van personeel en apparatuur, en werknemers die 'dezelfde taal' spreken als hun collega's. Verder kunnen bureaucratieën volstaan met minder getalenteerde en dus minder dure managers op lagere niveaus en in het middenkader. De vele regels en voorschriften vervangen de vrijheid van handelen van managers. Dit betekent ook dat de klanten van de organisatie erop kunnen rekenen dat ze allemaal gelijk worden behandeld. Dit is een voordeel van de bureaucratie, omdat mensen immers sterk hechten aan procedurele rechtvaardigheid. De combinatie van gestandaardiseerde werkzaamheden en een sterke formalisatie betekent dat de besluitvorming centraal kan plaatsvinden. Er is dus weinig behoefte aan creatieve en ervaren beslissers onder het hoogste niveau.

Bureaucratie bant willekeur uit. Als de één wel een kapvergunning krijgt en de ander niet, willen we er zeker van zijn dat beide aanvragen op basis van dezelfde criteria zijn beoordeeld.

VRAAG

Het werken volgens gestandaardiseerde procedures en beslisregels maakt dat iedereen die zijn paspoort of rijbewijs wil verlengen gelijk wordt behandeld. Hoe kan een gemeente zorgen dat mensen zich niet als een nummer behandeld voelen?

Een groot nadeel van de bureaucratie is dat specialisatie conflicten aanwakkert tussen werkeenheden. De doelen, werkwijzen en regels van functionele afdelingen worden vaak belangrijker gevonden (door de functionarissen) dan de overkoepelende organisatiedoelen. Een tweede nadeel van de bureaucratie – en tevens de oorsprong van haar slechte imago – is berucht: de werknemers weigeren soms een duimbreed van de regels af te wijken, ook bij gevallen die niet helemaal in de kant-en-klare hokjes passen. De bureaucratie is efficiënt zolang werknemers problemen moeten verhelpen die ze eerder zijn tegengekomen en waarvoor geprogrammeerde beslisregels bestaan. Twee typen bureaucratie werken we iets verder uit: de functionele structuur en de divisiestructuur.

De functionele structuur

Bij een **functionele structuur** worden werknemers in groepen ingedeeld op basis van hun specialisme, rollen of taken.[22] Een voorbeeld is een organisatie die is gestructureerd in een productie-, marketing-, HR- en financiële afdeling. Veel grote organisaties gebruiken deze structuur, al is die inmiddels aan het veranderen om sneller te kunnen reageren op zakelijke kansen. Toch heeft een functionele structuur nog steeds voordelen, zoals het feit dat specialisten hier sneller echte deskundigen kunnen worden dan wanneer ze op een meer generieke afdeling zouden werken. Ook worden werknemers gemotiveerd door een duidelijke carrièreroute naar de top van het organisatieonderdeel van hun specialisme. De functionele structuur werkt goed als de organisatie op één product of dienst is gericht. Helaas levert het veel rigide, formele communicatie op omdat de hiërarchie het communicatieprotocol dicteert. Het coördineren van de vele eenheden is een probleem, en door onderhuidse concurrentie binnen en tussen eenheden kan de motivatie dalen.

De divisiestructuur

Bij een **divisiestructuur** worden werknemers in verschillende tamelijk zelfstandige bedrijven ingedeeld naar product, dienst, klant of geografische markt.[23] Deze structuur is sterk gedecentraliseerd, dat wil zeggen dat beslissingen over productontwikkeling en marketingstrategie op bedrijfsniveau (dus lokaal) worden genomen. De investeringen en winsten worden verkregen respectievelijk afgedragen aan het overkoepelende bestuur. Soms wordt deze structuur genoemd naar het type divisiestructuur dat wordt gebruikt: product-/dienststructuur (zoals eenheden voor kattenvoer, hondenvoer en vogelvoer die rapporteren aan een diervoederfabrikant); klantgerichte structuur (zoals afdelingen voor poliklinische ziekenhuiszorg, klinische ziekenhuiszorg en de apotheek die rapporteren aan het ziekenhuisbestuur); of een geografische structuur (zoals afdelingen voor Europa, Azië en Zuid-Amerika die aan het hoofdkantoor rapporteren).[24]

De divisiestructuur heeft de omgekeerde voor- en nadelen van de functionele structuur. Het wordt er makkelijker door om afdelingen of eenheden te coördineren, zodat ze hun producten op tijd af hebben, begrotingsdoelen halen en nieuwe producten kunnen ontwikkelen en op de markt brengen, terwijl de specifieke zorgen van elke afdeling of eenheid aangepakt kunnen worden. Ook is bij een organisatie met een divisiestructuur heel duidelijk wat alle activiteiten rond een product inhouden en wie daarvoor verantwoordelijk zijn, al zijn er wel dubbele functies en kosten. Soms is dat handig, bijvoorbeeld als een organisatie een afdeling in Spanje en in China heeft en er een marketingstrategie nodig is voor een nieuw product. Marketingdeskundigen in beide landen kunnen het passende cultuurperspectief meenemen in de marketingcampagne voor hun regio. Maar het kan een grotere kostenpost voor de organisatie zijn om werknemers met een marketingfunctie in twee verschillende landen te hebben, omdat ze in wezen dezelfde taak op twee verschillende plaatsen uitvoeren.

15.2.3 De matrixstructuur

De **matrixstructuur** combineert de functionele structuur en de productstructuur. Deze structuur treffen we aan bij reclamebureaus, Research & Developmentlaboratoria, aannemersbedrijven, ziekenhuizen, overheidsinstellingen, universiteiten, consultancybureaus en in de amusementssector.[25]

De matrixstructuur combineert twee principes voor afdelingsvorming: de indeling naar functie en de indeling naar product. Het opvallendste kenmerk van de matrixstructuur is dat gebroken wordt met het principe van *eenheid van bevel*. Werknemers hebben twee bazen: hun functionele afdelingshoofden en de productmanagers. De matrix heeft dus een dubbele gezagslijn. In figuur 15.4 staat de matrixstructuur van een opleidingsinstituut bedrijfskunde weergegeven. De vaksecties accounting, bedrijfskunde, marketing enzovoort zijn functionele eenheden. Daarnaast zijn er concrete onderwijsprogramma's (de producten). De leden in een matrixstructuur hebben een dubbele taak: ze werken voor hun functionele afdeling en voor hun productgroepen. Een docent Accounting die een studieblok voor propedeusestudenten opzet, rapporteert zowel aan de directeur voor propedeuseprogramma's als aan het hoofd van de vakgroep Accounting.

Programma's / Afdeling	BA	MA	MBA	Onderzoek	Management	Gemeenschap
Accounting						
Financiën						
Informatie- en besliskunde						
Management						
Marketing						

FIGUUR 15.4 De matrixstructuur van een opleiding bedrijfskunde

De kracht van de matrixstructuur is gelegen in de coördinatie van complexe, onderling afhankelijke activiteiten. In de matrix ontbreken de 'ziekmakende' kanten van de bureaucratie. Zo is men door de dubbele gezagslijn minder geneigd de eigen afdeling zo sterk te beschermen dat de organisatiedoelen op de tweede plaats komen.[26] De grootste nadelen van de matrixstructuur zijn de onduidelijkheid die ontstaat, de machtsstrijd en de stress voor medewerkers.[27] Als je het concept *eenheid van gezag* overboord zet, groeit de ambiguïteit aanzienlijk. Het is niet duidelijk wie precies onder wie valt en productmanagers beconcurreren elkaar dikwijls om de beste specialisten voor hun producten. Verwarring en ambiguïteit vormen altijd een voedingsbodem voor machtsstrijd. Bij een bureaucratie is minder kans op een greep naar de macht, omdat de regels van het spel vastliggen. Als iedereen zelf regels mag bedenken, kan er makkelijk een machtsstrijd ontstaan, bijvoorbeeld tussen functionele managers en productmanagers.

Voor mensen die graag zekerheid en eenduidigheid willen, betekent dit meer stress. Als je twee bazen hebt, ontstaan er eerder rolconflicten en onduidelijke verwachtingen kunnen rolambiguïteit oproepen. De aangename voorspelbaarheid van de bureaucratie is afwezig in de matrixstructuur en maakt plaats voor onzekerheid en stress.

VRAAG
Welke eisen stelt een matrixorganisatie aan individuele vermogens, communicatieve vaardigheden en/of persoonlijkheidskenmerken van medewerkers?

DE MATRIXORGANISATIE EN DE CONFIGURATIES VAN MINTZBERG

De bekende Canadese wetenschapper en organisatieonderzoeker Henry Mintzberg heeft veel onderzoek gedaan naar de effectiviteit van organisatieontwerpen. Zijn indeling van organisaties in vijf (later: zeven) types of configuraties is wereldberoemd. Hij liet zien dat het antwoord op de vraag welke organisatievorm op den duur gaat ontstaan afhankelijk is van de omgevingsfactoren, de kenmerken van de organisatie (soort medewerkers, soort product, soort productieproces) en de ouderdom van de organisatie. Kortom: of organisaties willen of niet, ze tenderen ten slotte toch naar een bepaalde 'ideale' vorm. Dit zijn de zeven configuraties van Mintzberg:

1. de eenvoudige structuur (zie hiervoor);
2. de machineorganisatie of machinebureaucratie (zie hiervoor);
3. de professionele organisatie of professionele bureaucratie;
4. de innovatieve organisatie of ad-hocratie;
5. de gedivisonaliseerde organisatie.

De twee later toegevoegde configuraties zijn:

6. de zendingsorganisatie;
7. de politieke organisatie.

Volgens Mintzberg is er niet één type matrixorganisatie maar zijn er twee, namelijk configuratie 3 en 4. De matrixorganisatie bestaat dus uit twee subvormen: de stabiele matrix (configuratie 3) en de projectorganisatie (configuratie 4).

Op MyLab gaan we uitgebreider in op de zeven organisatietypen die Mintzberg heeft beschreven.

De stabiele matrix is geschikt voor het telkens opnieuw uitvoeren van dezelfde activiteiten. Denk aan een school, een groot advocatenkantoor of een ziekenhuis. De door Henry Mintzberg geïntroduceerde *configuratie* die hierbij past is die van de professionele bureaucratie. Professioneel slaat op het feit dat de kern van de werkzaamheden wordt uitgevoerd door professionals die op grond van hun opleiding zelf bepalen hoe zij hun takenpakket invullen. Omdat de organisatie telkens opnieuw dezelfde soort opgaven uitvoert, is het mogelijk (en handig) om procedures en richtlijnen te ontwerpen om de efficiëntie te verhogen. Het gaat daarbij vooral om de planning, de ondersteuning, de voorzieningen en de informatievoorziening. De kern van het werk (bijvoorbeeld lesgeven over bedrijfseconomie) laat zich niet door de leiding standaardiseren.

De tweede vorm is de projectorganisatie. Deze is geschikt om telkens nieuwe opdrachten aan te pakken. Henry Mintzberg noemt deze tweede vorm de innovatieve organisatie. Een belangrijk kenmerk van dit type organisatie is dat er telkens opnieuw een tijdelijke organisatiestructuur ontstaat om bepaalde projecten uit te voeren en af te ronden. Denk aan een consortium van bedrijven voor het aanleggen van een brug of gebouw waarin specialisten (architecten, bouwkundigen, uitvoerders) tijdelijk bij elkaar komen om het bouwwerk te realiseren. Na de afronding valt de groep specialisten uit elkaar.

15.3 Andere ontwerpmogelijkheden

De voortschrijdende trend naar steeds plattere organisaties stimuleert bedrijven om nieuwe structuren te ontwikkelen die hun bedrijf aan een betere concurrentiepositie moeten helpen. In deze paragraaf behandelen we drie van deze ontwerpen: de teamstructuur, de virtuele organisatie en de cirkelstructuur.

15.3.1 Zelfsturende teamstructuur

Zoals in hoofdstuk 11 besproken, zijn teams tegenwoordig een zeer populaire manier om de werkzaamheden te organiseren. Het voornaamste kenmerk van de teamstructuur is dat muren tussen afdelingen afgebroken worden en dat de besluitvorming naar het decentrale niveau van het werkteam afdaalt. Zo worden teams in staat gesteld de verschillende taken in goede samenhang uit te voeren en in te spelen op lokale behoeften.

In kleine bedrijven geldt de structuur met zelfsturende teams vaak voor de hele organisatie. Thuiszorg Amstelring biedt in en rond Amsterdam en Amstelveen thuiszorgdiensten aan.[28] De organisatie is gebaseerd op zelfsturende teams die zelf verantwoordelijk zijn voor afspraken over taken, bemensing en werktijden. Zowel de wijkteams als de cliënten ervaren de nieuwe werkwijze als positief en vooral als minder bureaucratisch en veel persoonlijker. Ook sommige grote bedrijven zijn geheel opgezet rond teams. Zo wordt bij W.L. Gore & Associates, producent van Gore-Tex, gewerkt in zelfstandig gemanagede teams van niet meer dan tweehonderd medewerkers, ondanks het totale aantal van 6200 medewerkers. Vaker is de teamstructuur echter meer een aanvulling op de bureaucratie. Veel grote organisaties maken graag gebruik van de efficiëntie van standaardisatie in combinatie met de flexibiliteit van zelfsturende teams.

NIEUWE FABRIEK DSM WERKT MET ZELFSTURENDE TEAMS

In 2000 bouwde DSM in Delft een nieuwe antibioticafabriek die met behulp van technologische innovatie en zelfsturende teams de meest efficiënte fabriek ter wereld moest worden. Na de nodige opstartproblemen en enkele bijstellingen draait de fabriek nu op volle toeren. Eind 2011 produceren ze nog steeds beter en goedkoper dan waar ook ter wereld. Hierdoor is de productie nog steeds niet naar China verplaatst. In 2019 staat het bedrijf onder een nieuwe naam en met nieuwe investeerders nog steeds in Delft.[29]

15.3.2 De virtuele organisatie

Waarom kopen als je ook kunt huren? Dat is de essentie van de **virtuele organisatie** (soms ook de netwerkorganisatie of modulaire organisatie genoemd).[30] Dit is een kleine kernorganisatie die belangrijke bedrijfsfuncties (productie, marketing, accounting) uitbesteedt aan derden die daar specialist in zijn. In structureel opzicht is de virtuele organisatie sterk centraal, met weinig of geen afdelingsgroepering.

Lees op MyLab hoe Hollywood gebruikmaakt van de virtuele-organisatievorm.

Ancle Hsu en David Ji richtten in 1997 in Californië een virtuele organisatie op: Apex Digital. Dit virtuele bedrijf is een van de grootste producenten ter wereld van dvd-spelers, terwijl het bedrijf geen fabrieken bezit en ook geen technici in dienst heeft. Ze besteden alles uit aan bedrijven in China. Met een minimale investering is Apex uit het niets opgeklommen tot een jaarlijkse omzet van meer dan 500 miljoen dollar in slechts drie jaar tijd.

Grote concerns die de virtuele structuur toepassen, besteden de productie vaak uit. Nike, Reebok en Cisco Systems zijn slechts een paar van de vele duizenden bedrijven die ontdekt hebben dat ze hoge omzetten kunnen realiseren zonder eigen productiefaciliteiten. Cisco is bijvoorbeeld een R&D-bedrijf dat externe leveranciers en onafhankelijke fabrikanten inschakelt voor de montage van de internetrouters die door zijn technische mensen zijn ontworpen. Procter & Gamble besteedt het beheer van zijn informatietechnologie uit aan Hewlett-Packard.

In figuur 15.5 staat een virtuele organisatie waarvan alle primaire bedrijfsfuncties zijn uitbesteed. De kern van de organisatie is een kleine groep topmanagers. Zij houden toezicht op alle activiteiten die binnen het bedrijf zelf gedaan worden en coördineren de betrekkingen met toeleveranciers die – meestal op contractbasis – de productie, de marketing en andere cruciale functies voor hun rekening nemen. De stippellijnen in figuur 15.5 geven die betrekkingen weer. Managers in een virtuele structuur besteden het grootste deel van hun tijd aan het *online* coördineren en sturen van externe relaties. Het grote voordeel van de virtuele organisatie is de flexibiliteit.[31] Het voornaamste nadeel is dat het management minder vat heeft op essentiële bedrijfsonderdelen.

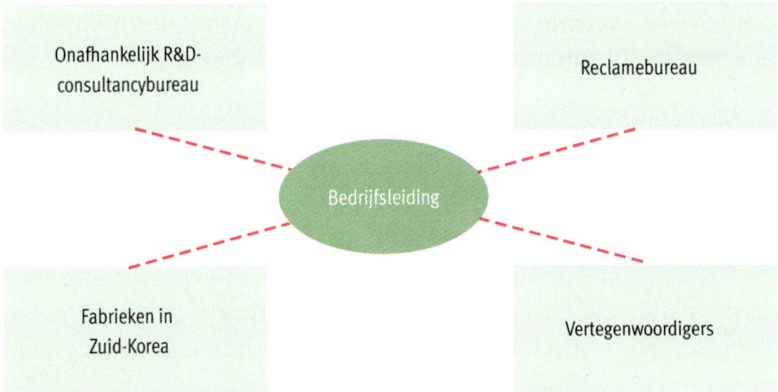

FIGUUR 15.5 De structuur van een virtuele organisatie

15.3.3 De teamstructuur

Met een **teamstructuur** probeert men de bevelsketen uit te schakelen en de afdelingen te vervangen door teams met meer verantwoordelijkheden.[32] Met deze structuur worden verticale en horizontale grenzen opgeheven en ook externe barrières weggenomen tussen het bedrijf en zijn klanten en leveranciers. Door verticale grenzen op te heffen maakt het management de hiërarchie platter en worden status en rang onbelangrijk. In cross-hiërarchische teams (waarin topmanagers, het middenkader, directe leidinggevenden en de werknemers op de werkvloer zitten) kan gebruik worden

gemaakt van participerende besluitvorming en een 360-gradenprestatiebeoordeling (waarbij directe collega's en overige werknemers het functioneren beoordelen). Bij de Deense firma Oticon A/S, 's werelds grootste fabrikant van gehoorapparaten, is bijvoorbeeld geen spoor van hiërarchie meer te vinden. Iedereen werkt aan uniforme, mobiele werkplekken en het werk wordt gecoördineerd door projectteams en niet via functies of afdelingen.
Een volledig operationele teamstructuur kan geografische barrières slechten. De meeste grote Amerikaanse bedrijven van tegenwoordig zien zichzelf als teamgerichte wereldwijde multinationals; vele, zoals Coca-Cola en McDonald's, doen net zoveel zaken in het buitenland als in de Verenigde Staten, en sommige kost het moeite om de geografische regio's in hun structuur op te nemen. Bij weer andere bedrijven is de teambenadering op behoeften gebaseerd. Dat is het geval met de Chinese bedrijven die in vijf jaar tijd samen 93 acquisities hebben gedaan in de olie- en gasindustrie – elke acquisitie wordt als nieuw team in het geheel opgenomen – om aan de verwachte vraag te voldoen waaraan ze met hun bestaande voorraden in China niet kunnen voldoen.[33] De teamstructuur biedt een oplossing omdat geografische ligging daarbij eerder als een tactische, logistieke kwestie wordt gezien dan een structurele. Kortom, het doel ervan kan zijn om culturele barrières te slechten en kansen te scheppen.
Sommige organisaties hebben teams ingesteld die bestaan uit werknemers en klanten of leveranciers. Zo heeft Honeywell International enkele van zijn ingenieurs gekoppeld aan managers van zijn leveranciers om te garanderen dat zij belangrijke productonderdelen volgens heel precieze specificaties betrouwbaar produceren.

15.3.4 De cirkelstructuur

Beschouw de concentrische cirkels van een dartboard eens als model voor een organisatiestructuur. Pal in het midden zitten de directie- of bestuursleden; daaromheen zie je in naar functie gegroepeerde cirkels de managers, dan de specialisten, dan de werknemers op de werkvloer. Dit wordt een **cirkelstructuur** genoemd.[34] Komt het over als een organisatie waar anarchie heerst? In feite is er nog steeds een hiërarchie, maar het topmanagement staat centraal in de organisatie en verspreidt zijn visie naar buiten.
De cirkelstructuur lijkt op het eerste gezicht aantrekkelijk voor creatieve ondernemers, en enkele kleine innovatieve bedrijven hebben die dan ook ingevoerd. Maar net als in vele van de huidige hybride modellen zeggen werknemers vaak dat het niet duidelijk aan wie ze rapporteren en wie de boel draaiende houdt. Toch is de kans best groot dat de cirkelstructuur populair gaat worden. Het kan een aantrekkelijke structuur zijn als een organisatie bijvoorbeeld een toekomstbeeld wil verspreiden over wat ze op het gebied van maatschappelijk verantwoord ondernemen (MVO) wil gaan doen.

15.3.5 De slankere organisatie: inkrimpen

Het doel van enkele eerder beschreven organisatiestructuren is om de wendbaarheid te verbeteren door organisaties slank, doelgericht en flexibel te maken. Inkrimpen is een systematische poging om een organisatie slanker te maken door locaties te sluiten, in het personeelsbestand te snijden of bedrijfseenheden te verkopen die geen waarde toevoegen. Inkrimpen hoeft niet per se te betekenen dat de bedrijfsvestiging qua omvang wordt afgeslankt, hoewel dat soms ook gebeurt. Sommige bedrijven krimpen in om al hun inspanningen op hun kerncompetenties te kunnen richten. American Express zegt dat te hebben gedaan met een reeks massaontslagen in een periode van ruim tien jaar: 7700 banen in 2001, 6500 banen in 2002, 7000 banen (10 procent van zijn personeelsbestand) in 2008, 4000 banen in 2009. Het verdwijnen van 5400 banen (8,5 procent van het resterende personeel) in 2013 was wel de grootste inkrimping in een decennium. Een extra ontslagronde waarbij nog eens 4000 banen zouden verdwijnen werd in 2015 doorgevoerd. Elke ontslagronde ging gepaard met een herstructurering die de veranderende klantvoorkeuren weerspiegelde en de persoonlijke klantenservice plaatsmaakt voor de online klantenservice. In de woorden van CEO Ken Chennault: 'Onze klanten en bedrijfssector veranderen nog steeds ingrijpend door de technologie. Door deze veranderingen hebben we de behoefte en de kans om onze organisatie en kostenstructuur verder te ontwikkelen.'[35]

Ondanks de voordelen van een slanke organisatie heeft inkrimpen gevolgen voor de prestaties van de organisatie die niet iedereen toejuicht. Het snijden in het personeelsbestand heeft een direct positief resultaat in de vorm van lagere loonkosten, en bedrijven die aankondigen dat ze gaan inkrimpen om hun strategische focus te verbeteren zien vaak positieve effecten op de aandelenkoersen. Een voorbeeld is Automobielfabriek Gorki (GAZ) uit Rusland, die voor de eerste keer in vele jaren winst wist te maken nadat bestuursvoorzitter Bo Andersson 50.000 werknemers had ontslagen, oftewel de helft van het personeel.[36] Anderzijds is het zo dat bij bedrijven die alleen in het personeelsbestand snijden maar geen herstructurering doorvoeren, de winst en aandelenkoers gewoonlijk dalen. Een deel van het probleem is het effect dat de inkrimping op de houding van de werknemers heeft. Werknemers die mogen blijven, maken zich vaak zorgen om komende ontslagen en gaan zich soms minder verbonden voelen met de organisatie. Stressreacties kunnen leiden tot een hoger ziekteverzuim, minder geconcentreerd werken en minder creativiteit.

Inkrimpen kan er ook toe leiden dat meer werknemers zelf opstappen, zodat essentieel menselijk kapitaal verloren gaat. Het resultaat is een bedrijf dat eerder futloos dan slank te noemen is. Kort samengevat, bedrijven die een slanke organisatie worden kunnen wendbaarder, efficiënter en productiever zijn. Maar dat gebeurt alleen als ze zorgvuldig inkrimpen en hun werknemers door dit proces heen loodsen door in mensen te investeren, meer te communiceren, hun erbij te betrekken en die werknemers bij te staan die door de veranderingen in de stress zijn geraakt.

15.4 Waarom verschillen structuren van elkaar?

We hebben nu diverse organisatieontwerpen beschreven, variërend van de sterk gestructureerde en gestandaardiseerde bureaucratie tot de open circulaire organisatie en structuren die ergens tussen deze twee extremen in staan. We zullen nu twee extreme ideaaltypische modellen van organisatiestructurering bekijken: het mechanische en het organische model.

Aan het ene uiteinde staat het **mechanisch model**. Dat is meestal synoniem aan de bureaucratie, aangezien het gekenmerkt wordt door een omvangrijke afdelingsvorming, sterke formalisatie, een beperkt informatienetwerk (dat voornamelijk neerwaartse communicatie gebruikt) en weinig participatie van lagere werknemers in de besluitvorming. Aan het andere uiteinde staat het **organische model**. Dit vertoont veel overeenkomsten met de virtuele structuur en de teamstructuur. De structuur is plat, heeft diagonale en transfunctionele (multidisciplinaire) teams, weinig formalisatie, een uitgebreid informatienetwerk (dat van zowel laterale en opwaartse communicatie gebruikmaakt als van neerwaartse) en veel participatie in de besluitvorming.[37] In figuur 15.6 zetten we beide extremen nog eens tegenover elkaar.

Mechanische structuur

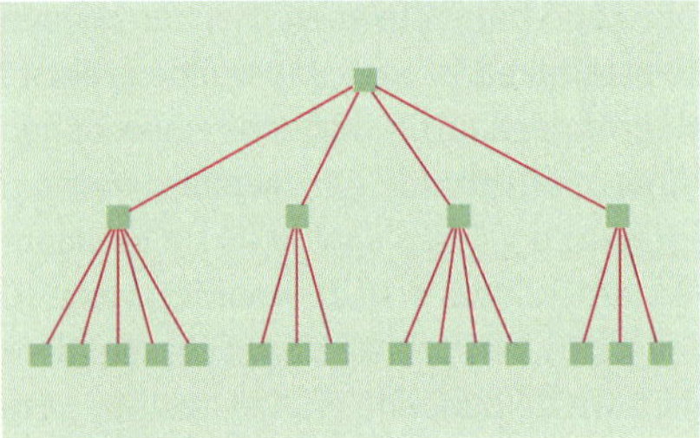

- Sterke horizontale differentiatie
- Rigide hiërarchische relaties
- Vaste plichten
- Sterke formalisatie
- Geformaliseerde communicatiekanalen
- Centrale besluitvorming

Organische structuur

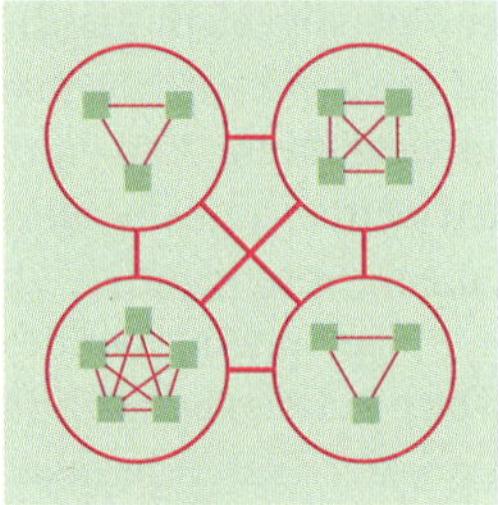

- Geringe horizontale differentiatie
- Samenwerking (verticaal en horizontaal)
- Wisselende plichten
- Weinig formalisatie
- Informele communicatie
- Decentrale besluitvorming

FIGUUR 15.6 Mechanische versus organische structuur

Met deze twee modellen in gedachten kunnen we nu twee vragen beantwoorden: Waarom volgen sommige organisaties meer het mechanische model en neigen andere naar het organische model? Welke krachten bepalen de keuze voor het ontwerp? Er zijn vier belangrijke invloedsfactoren: de strategie, de grootte (en leeftijd) van de organisatie, de technologie (lees: de specifieke vaardigheden) van de organisatie en de omgeving van de organisatie. We zullen deze factoren achtereenvolgens behandelen.[38]

15.4.1 Organisatiestrategieën

De organisatiestructuur is een middel om de doelstellingen van de organisatie te realiseren. Doelstellingen komen voort uit de bedrijfsstrategie en volgens strategie-onderzoeker en Harvardprofessor Alfred Chandler spreekt het dus vanzelf dat 'de structuur de strategie moet volgen'.[39] Hij stelt dat als het management de strategie ingrijpend verandert, aanpassing van de structuur nodig is om de verandering te ondersteunen. Zo wijst recent onderzoek er bijvoorbeeld op dat de organisatiecultuur gevolgen kan hebben voor het succes van MVO-initiatieven.[40] Als de cultuur wordt ondersteund door de structuur is de kans op succesvolle implementatie van zo'n beleidskeuze groter.

In de literatuur vind je tal van modellen om strategieën in te delen. Omdat we hier specifiek de relatie tussen structuurontwerp en strategie willen toelichten, kiezen we voor de indeling van Miles en Snow.[41] Voor de organisatie-inrichting zijn volgens deze auteurs drie strategische richtingen van belang: kiest het bedrijf vooral voor innovatie, voor kostenminimalisering of voor een strategie van imitatie van anderen?

Alfred DuPont Chandler (1918-2007): de 'vader' van strategie.
Foto: Gado Images / Alamy Stock Photo

Innovatiestrategie

Een **innovatiestrategie** is niet bedoeld voor cosmetische aanpassingen in het productassortiment, maar voor nuttige, unieke innovaties. Niet alle bedrijven streven naar innovatie. Bedrijven die dat wel doen introduceren met enige regelmaat belangrijke nieuwe producten of diensten.

Deze strategie is kenmerkend voor bijvoorbeeld Philips en Apple, maar leent zich absoluut niet voor AkzoNobel Zoutchemie of voor de Tata Steel Hoogovens.

Kostenminimalisering

Een organisatie die een strategie van **kostenminimalisering** volgt, houdt de kosten zo veel mogelijk binnen de perken en geeft zo min mogelijk geld uit aan innovatie en marketing. Zo'n organisatie biedt basisproducten aan tegen lage prijzen. Dit is de strategie van onder meer ketens als Aldi, Lidl, Praxis en Gamma.

Imitatiestrategie

Organisaties met een **imitatiestrategie** halen het beste uit de twee vorige strategieën. Ze willen zo min mogelijk risico's lopen en zo veel mogelijk winstkansen creëren. Ze zullen alleen nieuwe producten uitbrengen of nieuwe markten betreden als innovatieve bedrijven al hebben laten zien dat dit vruchten afwerpt. Ze imiteren de succesvolle ideeën van die bedrijven. Fabrikanten van confectiekleding die afgekeken is van designkleding volgen bijvoorbeeld deze imitatiestrategie. Een ander voorbeeld is Samsung, die het met behulp van deze strategie zelfs presteerde zijn grote voorbeeld Apple voorbij te streven.

Hoe verbinden we strategie en structuur nu met elkaar? Innovators hebben de flexibiliteit van de organische structuur nodig, terwijl kostenverlagers streven naar de efficientie en stabiliteit van de mechanische structuur. Imitators combineren beide structuren. Ze gebruiken een mechanische structuur omwille van de strakke controle en lage kosten in hun bestaande activiteiten, terwijl ze tegelijkertijd organische bedrijfseenheden opzetten voor vernieuwende activiteiten.

In figuur 15.7 vind je de structuuroptie die het beste bij de verschillende strategieën past.

Strategie	Structurele optie
Innovatie	**Organisch:** een losse structuur; geringe specialisatie, weinig geformaliseerd, gedecentraliseerd
Kostenminimalisering	**Mechanisch:** strakke controle; vergaande functiespecialisatie, zwaar geformaliseerd, verregaande centralisatie
Imitatie	**Mechanisch en organisch:** mix van losse en strakke kenmerken; strakke controle op huidige activiteiten en minder strakke controle op nieuwe activiteiten

FIGUUR 15.7 De optimale structuuroptie voor de verschillende organisatiestrategieën

15.4.2 Grootte van de organisatie

Uit onderzoek blijkt dat de omvang van de organisatie aanzienlijke invloed uitoefent op de structuur.[42] Grote organisaties (met meer dan 2000 werknemers) zijn meestal ook ouder en hebben al veel ervaring met organiseren. Om bestuurbaar te blijven hebben ze een grotere mate van specialisatie, veel afdelingen, meer verticale niveaus en meer regels of voorschriften dan kleine. Maar deze relatie is niet lineair, want de invloed van de grootte op de structuur neemt af naarmate de organisatie groeit. Waarom? Een organisatie met zo'n 2000 werknemers is al behoorlijk mechanisch. Of er nog 500 mensen bijkomen, maakt dan niet veel uit. Maar 500 werknemers extra in een bedrijf met 300 personeelsleden zal betekenen dat de structuur veel mechanischer wordt.

15.4.3 Technologie

Technologie is de manier waarop een organisatie input omzet in output. Iedere organisatie heeft ten minste één technologie om financiële, menselijke en fysieke bedrijfs-

middelen te transformeren tot producten of diensten. Ford maakt vooral gebruik van één technologie: assemblage van auto's aan de lopende band. Universiteiten gebruiken meerdere technologieën voor hun onderwijs: hoorcolleges, werkcolleges, praktische oefeningen, probleemgestuurd leren enzovoort. De technologieën van banken bestaan uit goed kunnen rekenen en grote massa's gegevens correct verwerken. Deze twee vaardigheden vormen de basis voor online bankieren en het leveren van financiële producten zoals bedrijfskredieten, persoonlijke leningen en hypotheken.
In talrijke onderzoeken is gekeken naar de samenhang tussen het type technologie en de structuur.[43] Wat technologieën van elkaar onderscheidt, is de *mate* waarin ze *routinematig* zijn:

- Routinematige activiteiten worden gekenmerkt door vergaand gestandaardiseerde en vaak geautomatiseerde handelingen. Voorbeelden hiervan zijn het spuitgietproces om tuinmeubels te maken, de geautomatiseerde verwerking van verkooptransacties, het gerobotiseerde productieproces bij Volkswagen en het drukken en binden van dit boek.
- Niet-routinematige activiteiten zijn maatwerk. De benodigde handelingen voor het gevraagde resultaat moeten veelvuldig herzien en vernieuwd worden. Te denken hierbij valt aan het repareren van meubels, het aanmeten van schoenen, genetisch onderzoek en het schrijven en redigeren van dit boek.

In het algemeen geldt dat organisaties die zich bezighouden met niet-routinematige activiteiten de voorkeur geven aan organische structuren, terwijl bedrijven die routinematige activiteiten uitvoeren als vanzelf tenderen naar mechanische structuren.

15.4.4 Omgeving

Tot de **omgeving** van een organisatie behoren de instellingen of krachten buiten de organisatie die het functioneren van de organisatie kunnen beïnvloeden, zoals leveranciers, klanten, concurrenten, overheidsinstanties met hun regelgeving en pressiegroepen. Een **dynamische omgeving** levert aanzienlijk meer onzekerheid op voor managers dan een **statische omgeving**. Om de onzekerheid zo klein mogelijk te maken kunnen managers hun structuur uitbreiden met nieuwe functies om bedreigingen op te merken en erop te reageren. Zo hebben de meeste grote bedrijven, waaronder bierbrouwer Heineken en verzekeraar Achmea, tegenwoordig een **webcareteam** ingesteld om snel te kunnen reageren op negatieve en positieve informatie die over hen op sociale media als Twitter en Facebook wordt gezet. Ook kan het bedrijf nu sneller vragen van klanten beantwoorden en informatie verspreiden over bepaalde acties. Tot slot zien we dat sommige bedrijven strategische allianties aangaan met andere bedrijven (bijvoorbeeld: leveranciers en afnemers) om onzekerheden in de omgeving te minimaliseren.
De relevante omgeving van een organisatie kunnen we beschrijven aan de hand van drie dimensies: capaciteit, veranderlijkheid en complexiteit.[44] **Omgevingscapaciteit** staat voor de mate waarin de omgeving groeimogelijkheden biedt. Groeiende en rijke omgevingen genereren voor de organisatie een overschot aan middelen die als buffer kunnen dienen in tijden van relatieve schaarste. **Omgevingsveranderlijkheid** staat voor de mate van instabiliteit van de omgeving. In een dynamische omgeving met veel onvoorspelbare veranderingen is het lastig voor het management om nauwkeurige voorspellingen te doen. Omdat de mogelijkheden van informatietechnologie in rap tempo toenemen, wordt de omgeving van steeds meer organisaties veranderlijker. **Omgevingscomplexiteit**, tot slot, is de mate van heterogeniteit en concentratie van omgevingselementen. Eenvoudige omgevingen (zoals de tabaksindustrie), waar de

productiemethoden, de concurrentieomgeving, de druk van regelgevende instanties en dergelijke al tijden niet zijn veranderd, zijn homogeen en geconcentreerd. Omgevingen die worden gekenmerkt door heterogeniteit en snelle verspreiding (zoals de breedbandsector) zijn complex en divers en kennen talrijke concurrenten.

Omgevingsmodel

Figuur 15.8 vat onze definitie van de bedrijfsomgeving langs drie dimensies samen. De pijlen wijzen op grotere onzekerheid. Organisaties die in een schaarse, dynamische en complexe omgeving opereren, hebben met de grootste mate van onzekerheid te maken, omdat ze een hoge graad van onvoorspelbaarheid hebben, er weinig ruimte voor fouten is en er een heterogene verzameling elementen in de omgeving is die continu in de gaten moet worden gehouden. Gegeven deze driedimensionale definitie van een omgeving, kunnen we nu enkele conclusies trekken over omgevingsonzekerheid en structuurvoorkeuren. Hoe schaarser, dynamischer en complexer de omgeving, hoe organischer de structuur moet zijn. Hoe overvloediger, stabieler en eenvoudiger de omgeving, hoe sterker de voorkeur voor een mechanische structuur is.

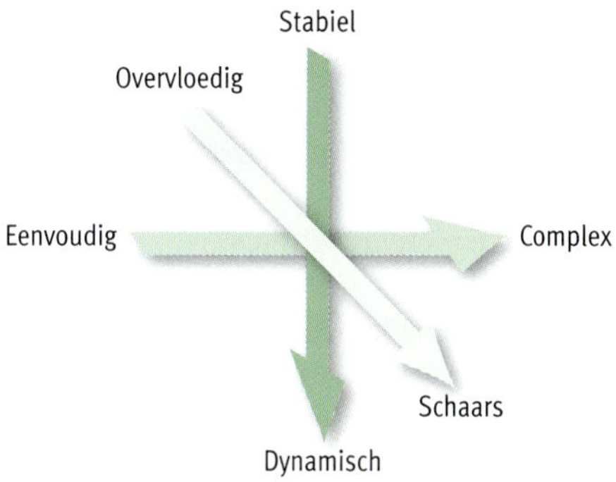

FIGUUR 15.8 **De bedrijfsomgeving in drie dimensies**

VRAAG

Wat is het organisatiedilemma in de snel veranderende wereld van grote hogescholen met 20.000-40.000 hbo-studenten die door hoogopgeleide docenten worden onderwezen in toegepaste kennis?

15.4.5 Instituties

Een andere factor die de structuur van organisaties vormt, zijn instituties. Dit zijn culturele factoren die als richtlijn werken voor wat gepast gedrag is.[45] In de theorie over instituties worden enkele krachten beschreven waardoor veel organisaties eenzelfde soort structuur krijgen. Deze theorie vestigt de aandacht op vormen van culturele druk die juist niet gericht is op aanpassing van de structuur aan de hiervoor beschreven invloeden. Sterker nog, veel wetenschappers die zich met instituties bezighouden, onderzoeken hoe het komt dat het gedrag van sommige organisaties *schijnbaar* prestatiegericht is, maar eigenlijk wordt gestuurd door sociale normen en conformismen die niet ter discussie worden gesteld.

De meest voor de hand liggende institutionele factoren hebben te maken met de regelgevingsdruk; bepaalde bedrijfssectoren bijvoorbeeld, die in opdracht van de overheid werken, moeten op een voorgeschreven wijze hun verantwoordingslijnen inrichten en volgens strakke richtlijnen rapporteren. Soms wordt de vorm van de organisatie puur door gewoonte bepaald: bedrijven worden dan gestructureerd op de manier

die men nu eenmaal gewend is. Organisaties in landen met een grote machtsafstand hebben vaak een structuurvorm met strenge gezagsrelaties omdat dat in die cultuur nu eenmaal legitiem wordt gevonden. Onderzoekers hebben de aanpassingsproblemen van Japanse organisaties wel toegeschreven aan de institutionele druk om vast te houden aan gezagsrelaties.
Soms nemen organisaties een bepaalde structuur aan vanwege modes of trends. Ze proberen bijvoorbeeld andere succesvolle bedrijven te imiteren om goed over te komen bij hun investeerders, en niet omdat ze die structuur nodig hebben om beter te presteren. Vele bedrijven hebben de afgelopen jaren geprobeerd om de organische vorm van een bedrijf als Google te imiteren om er vervolgens achter te komen dat zo'n structuur heel slecht bij hun werkprocessen past. Institutionele druk is vaak moeilijk te zien, vooral omdat we er verder niet over nadenken. Maar dat betekent niet dat die druk niet sterk is.

15.5 Toepassing in de organisatiepraktijk

15.5.1 Trends en mode in hedendaagse structuurkeuzes

In deze paragraaf kijken we nogmaals naar de verschillende elementen van de organisatiestructuur. Dit keer met het oog op de uitdagingen van hedendaagse organisaties.

Taakspecialisatie: balans tussen schaalvoordelen en motivatieverlies

De meeste managers zien taakspecialisatie tegenwoordig niet langer als een verouderd concept, maar ook niet als een onuitputtelijke bron van productiviteitsgroei. Ze onderkennen dat het bij bepaalde taken schaalvoordelen oplevert, maar ook dat het tot problemen leidt als specialisatie te ver wordt doorgevoerd. Een bedrijf als McDonald's past taakspecialisatie toe en ook medisch specialisten in de gezondheidszorg maken er gebruik van. Daartegenover staan bedrijven als de Volvo-autofabrieken, die juist succes boeken met minder taakspecialisatie en meer taakverrijking.

Afdelingsvorming: van F-indeling naar procesgeoriënteerd teamwerk

Bij alle organisaties, groot of klein, komt de afgelopen tien jaar een sterke trend naar voren: starre functionele indelingen worden aangevuld met teams van mensen uit allerlei afdelingen. We zagen in hoofdstuk 11 al dat naarmate taken complexer worden en er meer verschillende vaardigheden nodig zijn, het management vaker crossfunctionele teams zal invoeren.

Belang gezagslijn neemt af: meer autonomie dan vroeger

De tijden zijn veranderd en momenteel gelden er andere uitgangspunten voor het organisatieontwerp dan vroeger. Gezagslijn, bevoegdheden en eenheid van bevel zijn thans veel minder relevante begrippen door de geavanceerde computertechnologie en toegenomen empowerment van werknemers. Een werknemer helemaal onder in de hiërarchie beschikt binnen een paar seconden over informatie die 25 jaar geleden alleen toegankelijk was voor topmanagers. Ook kunnen werknemers dankzij computernetwerken met iedereen binnen de organisatie communiceren buiten de formele kanalen om. Bovendien worden formeel gezag en gezagslijn als beheersingsinstrumenten steeds minder belangrijk nu werknemers steeds meer bevoegdheden hebben om zelf beslissingen te nemen die vroeger voorbehouden waren aan het management. In combinatie met de populariteit van zelfsturende en crossfunctionele teams, met nieuwe structuurontwerpen die meerdere leidinggevenden omvatten, leidt deze trend ertoe dat het principe van eenheid van bevel steeds minder belangrijk wordt. Natuurlijk zijn er nog veel organisaties die vinden dat ze productiever zijn met een duidelijke gezagslijn. Het zijn er alleen minder dan vroeger.

Span of control: trend naar verbreding

De laatste jaren gaat de trend in de richting van een bredere span of control.[46] Dit sluit aan op pogingen van bedrijven om de kosten terug te dringen, het mes in de overhead te zetten, de besluitvorming te versnellen, de flexibiliteit te vergroten, dichter bij de klant te staan en werknemers meer empowerment te geven. Tegelijkertijd investeren organisaties zwaar in werknemerstrainingen om te zorgen dat de prestaties niet teruglopen als gevolg van de bredere span. Managers beseffen dat hun span breder kan worden als werknemers hun werk op hun duimpje kennen en met vragen bij collega's terechtkunnen.

Formalisatie: zoeken naar balans

In de jaren vijftig en zestig van de twintigste eeuw beleefde de bureaucratie een hoogtepunt. In die periode had zo ongeveer ieder groot bedrijf in de wereld een bureaucratische structuur, denk aan IBM, General Electric, Volkswagen, Matsushita en Royal Dutch Shell. Hoewel de bureaucratie nu uit de mode is – hoofdzakelijk omdat ze niet snel op veranderingen kan inspelen – ontwikkelen de meeste grote bedrijven nog altijd bureaucratische kenmerken, met name taakspecialisatie en een sterke formalisatie. De organisaties zijn echter over het algemeen platter, doordat enkele managementlagen zijn geschrapt. Hierdoor is de span of control groter geworden, het gezag is decentraler en naast de functionele afdelingen zien we meer en meer teams ontstaan.

15.5.2 Structuur en gedrag van werknemers

Aan het begin van dit hoofdstuk zeiden we al dat de organisatiestructuur grote gevolgen voor haar leden kan hebben. Nu bekijken we wat die gevolgen zijn. Als er één ding duidelijk wordt uit al het onderzoek naar de relatie tussen organisatiestructuur en prestatieniveau of werktevredenheid, is het wel dat generaliseren onmogelijk is! Niet iedereen floreert in de vrijheid en flexibiliteit van de organische structuur. Sommige mensen zijn pas productief en tevreden als de werktaken gestandaardiseerd zijn en de ambiguïteit minimaal is. Iedere discussie over het effect van het organisatieontwerp op het gedrag van werknemers moet daarom rekening houden met individuele verschillen. Ter illustratie kijken we hier naar de voorkeuren van werknemers voor taakspecialisatie, span of control en decentralisatie, voorspelbaarheid en autonomie.[47]

Taakspecialisatie en gedrag

Resulteerde taakspecialisatie in het verleden dikwijls in een toename van de productiviteit, tegenwoordig lijken de grenzen wel bereikt. Ver doorgevoerde taakspecialisatie ging vaak ten koste van de werktevredenheid. Immers, de individuele verschillen in behoeften en mogelijkheden en de verschillen tussen diverse soorten taken worden in dat geval volledig genegeerd. Taakspecialisatie is geen onuitputtelijke bron van hogere productiviteit. Toen mensen problemen kregen met de steeds herhaalde en monotone routinetaken, verdwenen de schaalvoordelen van specialisatie. Nu mensen gemiddeld hoger opgeleid zijn dan vroeger en vaker naar intrinsiek lonend werk verlangen, wordt het punt waarop de productiviteit gaat dalen nog eerder bereikt dan voorheen. Terwijl afname van productiviteit organisaties stimuleert om extra management- en inspectierollen toe te voegen is het waarschijnlijk beter om functies en verantwoordelijkheden te reorganiseren.[48]

Span of control en gedrag

Afgaande op de onderzoeksresultaten durven we met enige zekerheid te stellen dat er geen bewijzen zijn voor een relatie tussen de span of control en werknemersprestaties. Je zou misschien verwachten dat een wat bredere (maar niet te brede!) span of control – naast een besparing op de managementkosten – ook betere prestaties zou kunnen opleveren, omdat er minder streng toezicht is en er meer mogelijkheden zijn voor het ontplooien van persoonlijke initiatieven, maar dit vermoeden wordt in onderzoek tot op heden niet bevestigd. Ook is niet bekend of een bepaalde span of control meer tevredenheid zou opleveren. De grote variatie van individuele verschillen is hier debet aan. Sommige mensen willen in alle rust werken, anderen willen het liefst altijd een chef in de buurt voor eventualiteiten. Op grond van een aantal contingentietheorieën over leiderschap uit hoofdstuk 12 zouden we verwachten dat ervaringen, vaardigheden van werknemers en gestructureerdheid van hun taken factoren zijn die kunnen verklaren onder welke voorwaarden een grote of kleine span of control hun tevredenheid en prestaties zal verbeteren. Maar het enige wat we kunnen zeggen is dat de werktevredenheid van managers toeneemt met een wat grotere span of control.

Decentralisatie en gedrag

Er is een duidelijk verband tussen decentralisatie en werktevredenheid. In het algemeen bieden decentrale organisaties meer autonomie op de werkvloer. En autonomie heeft zoals bekend een positieve correlatie met werktevredenheid. Opnieuw zijn individuele verschillen echter van belang. Sommige mensen vinden werksituaties waarin ze mee mogen praten en meebeslissen juist onduidelijk en frustrerend.

Voorspelbaarheid en autonomie

Voor we dit onderwerp afsluiten, willen we je nog dit inzicht meegeven: mensen kiezen hun werkgevers niet willekeurig. Uit allerlei onderzoeken blijkt dat mensen worden aangetrokken door, worden geselecteerd door en blijven zitten bij organisaties die bij hun persoonlijke karaktereigenschappen passen.[49] Kandidaten die bijvoorbeeld de voorkeur geven aan stabiliteit, zullen eerder een baan zoeken in mechanische structuren, terwijl degenen die graag autonomie willen, eerder zullen kiezen voor een organische structuur. Het effect van structuur op werknemersgedrag wordt dus ongetwijfeld kleiner wanneer er in het selectieproces wordt gelet op de juiste match tussen individuele en organisatorische kenmerken. Tot slot moeten bedrijven overwegen hun structuren te versterken, te promoten en te onderhouden omdat de beste medewerkers mogelijk ontslag nemen als er dramatische veranderingen worden doorgevoerd.[50]

Universeel of cultureel?

Nadenkend over de invloed van cultuur op de manier waarop organisaties zijn gestructureerd, komt er een aantal vragen naar boven. Ten eerste: is cultuur werkelijk van belang voor de organisatiestructuur? Ten tweede: beleven werknemers in verschillende landen verschillende typen organisatiestructuur anders? En ten slotte: hoe passen culturele overwegingen in onze bespreking over de grenzeloze organisatie? We zullen deze vragen een voor een onder de loep nemen.

Cultuur en organisatiestructuur

Heeft de cultuur van een land invloed op de voorkeuren voor een bepaald type organisatiestructuur? Het antwoord ligt voor de hand – *ja* – maar er zijn toch redenen waarom cultuur er niet zo veel toe doet als je zou denken. Het Amerikaanse bedrijfsmodel heeft zo'n grote invloed gehad dat de organisaties in andere landen vaak de structuur van Amerikaanse organisaties hebben overgenomen. Bovendien zijn structuren in de Verenigde Staten zelf beïnvloed door structuren in andere landen (met name Japan, het Verenigd Koninkrijk en Duitsland). Toch zijn culturele overwegingen misschien nog van belang. In sommige delen van Europa (Duitsland, Spanje en Frankrijk) en Azië is de bureaucratische structuur bijvoorbeeld dominant. In andere landen (Scandinavië, Nederland) bestaat er een voorkeur voor eenvoudigere structuren of sterk gedecentraliseerde organische structuren. Ook de matrixorganisatie tref je daar mogelijk wat vaker aan. Ten slotte beweert een expert op het gebied van management dat in de Verenigde Staten te veel nadruk wordt gelegd op individueel leiderschap, wat tot wrijving kan leiden in landen waar de besluitvorming meer gedecentraliseerd is.[51]

Cultuur en structuurvoorkeuren van werknemers

Onderzoek laat zien dat de nationale cultuur de voorkeur voor een bepaalde organisatiestructuur beïnvloedt.[52] We moeten daar dus rekening mee houden. Organisaties die bijvoorbeeld opereren in culturen met een grote machtsafstand, zoals in Griekenland, Frankrijk en vrijwel heel Latijns-Amerika, merken dat werknemers daar mechanische structuren veel gemakkelijker accepteren dan werknemers uit landen met een kleine machtsafstand. We moeten dus rekening houden met culturele verschillen én individuele verschillen bij de voorspelling over de invloed van structuur op de prestaties en tevredenheid van werknemers.

Het veranderende landschap van de organisatiestructuur heeft, tot slot, gevolgen voor de individuele werknemer en diens carrière. Uit onderzoek onder managers in Japan, het Verenigd Koninkrijk en de Verenigde Staten blijkt dat degenen die met de inkrimping van hun organisatie en de daaruit voortvloeiende hybride organisatiestructuur wisten om te gaan, meenden dat hun carrièrevooruitzichten slechter waren geworden. Of dat nu wel of niet zo is, hun denken laat zien dat de organisatiestructuur wel degelijk van invloed is op de werknemer. Ze moet daarom zorgvuldig worden ontworpen.[53]

Nationale culturen en lokale structuurkeuze

Het slechten van cultuurbarrières lijkt vooral voorbehouden aan de zeer grote en machtige concerns. Voor veel andere bedrijven is het nodig zich flexibel aan te passen aan de lokale gewoontes. Stork is bijvoorbeeld betrokken bij de bouw van tal van elektriciteitscentrales in China en kan dat alleen doen door delen van het proces uit te besteden aan lokale agentschappen, bouwondernemingen en exploitanten. FrieslandCampina introduceert zuivelproducten in China en zet samen met lokale partners productiebedrijven op. Men heeft ervaren dat zakendoen in China heel anders gaat dan in Nederland. Succes hangt sterk af van de vraag of je het vertrouwen kunt winnen van lokale beslissers. Dat kun je onder andere doen door strategische allianties te sluiten. Stork en FrieslandCampina hebben elk strategische allianties of partnerschappen met tientallen andere bedrijven. Als deze samenwerking eenmaal tot stand gekomen is, zien we een wederzijds leerproces op gang komen. Deze allianties maken het onderscheid tussen de ene en de andere organisatie vager, omdat werknemers uit allerlei landen aan gezamenlijke projecten werken.

KERN VAN DIT HOOFDSTUK

De interne organisatiestructuur kan ertoe bijdragen het gedrag van werknemers te verklaren en te voorspellen. Naast individuele en groepsfactoren zijn de structurele relaties waarin mensen werken belangrijk voor hun attitudes en gedrag.

Omdat de organisatiestructuur ambiguïteit vermindert en onderlinge relaties verduidelijkt, krijgen de attitudes van werknemers duidelijker vorm en worden zij gemotiveerd tot betere werkprestaties.

- Hoewel taakspecialisatie de efficiëntie bevordert, leidt overdreven specialisatie tot verlies aan motivatie en stijgende ontevredenheid.
- Formele hiërarchische structuren bieden voordelen zoals eenheid van doelen, maar leiden bij overdrijving tot te geringe eigen beslisruimte en tot demotivatie. Ook hier gaat het om het vinden van de juiste balans.
- Organisaties met weinig specialisatie, weinig formalisatie en brede spans of control geven werknemers juist meer vrijheid en zullen een grotere variatie in gedrag laten zien.
- Virtuele en circulaire organisaties veranderen het gezicht van veel organisaties. Managers van nu moeten de implicaties ervan doorgronden en de voordelen en mogelijke valkuilen onderkennen.
- Als managers willen bepalen wat een geschikte organisatievorm is, dan moeten ze rekening houden met schaarste, dynamiek en de complexiteit van de omgeving, en een evenwicht zoeken tussen de organische en mechanische elementen die eigen zijn aan de omgeving van hun organisatie.

HOOFDSTUK 16

Organisatiecultuur

NA BESTUDERING VAN DIT HOOFDSTUK BEN JE IN STAAT OM:

1. de gebruikelijke kenmerken van een organisatiecultuur te beschrijven;
2. functionele en disfunctionele effecten van organisatiecultuur op werknemers en de organisatie te vergelijken;
3. de factoren te verklaren die de cultuur van een beginnende organisatie scheppen en continueren;
4. een verband te leggen tussen structurele variabelen en hun effect op de cultuur;
5. uit te leggen hoe cultuur wordt overgebracht op werknemers;
6. een aantal interventies voor het begeleiden van cultuurveranderingen te benoemen;
7. toe te lichten wat wordt bedoeld met een ethische, spirituele cultuur en positieve cultuur;
8. aan te tonen dat nationale cultuur van invloed is op hoe de organisatiecultuur in een ander land tot uiting komt.

16.1 Wat is een organisatiecultuur?

Cultuur in organisaties is moeilijk exact te definiëren, maar is onmiskenbaar aanwezig en wordt door de organisatieleden ook herkend. Net als verschillende volkeren hun nationale culturen hebben die via ongeschreven regels bepalen hoe je je tegenover elkaar en tegenover buitenstaanders moet gedragen, hebben ook organisaties een cultuur die grenzen stelt aan het gedrag. Wat is het verschil tussen landencultuur en organisatiecultuur? Volgens Geert Hofstede zijn leden van een organisatiecultuur, in tegenstelling tot landen- of nationale culturen, niet in hun organisatie opgegroeid. Ze hebben als volwassenen gekozen om tot die organisatie toe te treden, tegen die tijd zijn de basiswaarden die ze hebben geleerd in de groepen waartoe ze behoren al blijvend gevormd. Ze zijn er alleen tijdens werkuren. En op een dag verlaten ze de organisatie.[1]

16.1.1 Een definitie van organisatiecultuur

De gangbare opvatting is dat **organisatiecultuur** staat voor: een systeem van gedeelde betekenisgeving door de leden, dat de ene organisatie van andere organisaties onderscheidt.[2]

Bij nadere beschouwing blijkt dit systeem een reeks kenmerken te bevatten waar de organisatie waarde aan hecht. Uit onderzoek komt naar voren dat zeven primaire kenmerken samen de essentie van de organisatiecultuur weergeven:[3]

1. **Innovatie en risico's nemen** – de mate waarin werknemers aangemoedigd worden om innovatief te zijn en risico's te nemen.
2. **Aandacht voor details** – de mate waarin van werknemers precisie, analyse en aandacht voor detail verwacht wordt.
3. **Gerichtheid op resultaten** – de mate waarin het management kijkt naar uitkomsten in plaats van naar de technieken en processen om die resultaten te bereiken.
4. **Gerichtheid op mensen** – de mate waarin het management in zijn beslissingen rekening houdt met de gevolgen voor de mensen in de organisatie.
5. **Gerichtheid op teams** – de mate waarin werkactiviteiten georganiseerd zijn rond teams en niet rond individuen.
6. **Agressiviteit** – de mate waarin mensen agressief en competitief zijn in plaats van gemakkelijk in de omgang.
7. **Stabiliteit** – de mate waarin activiteiten van de organisatie de status quo benadrukken in plaats van groei.

Al deze kenmerken kunnen we op een continuüm van hoog naar laag plaatsen. Wanneer we een organisatie beoordelen op deze zeven kenmerken, ontstaat een totaalbeeld van de organisatiecultuur. Dit beeld geeft een indruk van de gedeelde ideeën van de organisatieleden over hoe zaken aangepakt moeten worden, en over hoe de leden zich behoren te gedragen.

In figuur 16.1 is de zien hoe uit een vergelijking tussen de culturen van een reclamebureau (de stippellijn) en een accountantsfirma (de doorlopende lijn) de zeven profielen naar voren komen. Elk profiel is een weergave van een eigen organisatiecultuur.

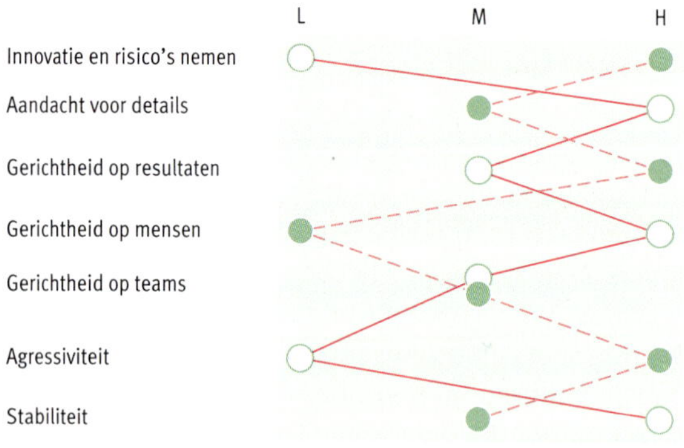

FIGUUR 16.1 **Twee culturen in profielen**

VRAAG

Probeer de cultuurverschillen tussen reclamebureau XYZ (de stippellijn) en accountantsfirma ABC (de doorlopende lijn) te verklaren.

De term organisatiecultuur slaat op de positie die de organisatie volgens de medewerkers (of buitenstaanders) inneemt op de zeven kenmerken. Organisatiecultuur duidt een min of meer duurzame toestand (van ongeschreven waarden, normen en gewoontes) in een organisatie aan. Onderzoek naar de organisatiecultuur meet hoe werknemers hun organisatie zien: moedigt de organisatie teamwerk aan? Zijn er

duidelijke doelstellingen en verwachtingen over de prestaties? Beloont de organisatie innovaties of competitie?
Onderzoek naar werktevredenheid gaat deels ook over cultuur, maar meet vooral hoe de werknemers de verwachtingen van de organisatie, de normen en de gedeelde betekenissen waarderen. De term organisatiecultuur beschrijft hoe de organisatie is, terwijl de term werktevredenheid meer gaat over de vraag hoe het volgens de medewerkers zou moeten zijn. Hierna volgt een voorbeeld dat twee sterk contrasterende organisatieculturen beschrijft.

VOORBEELD

Organisatie A

Deze organisatie is een productiebedrijf. Van de managers wordt verwacht dat ze alle besluiten documenteren, en goede managers zijn degenen die hun aanbevelingen met gedetailleerde informatie kunnen onderbouwen. Het wordt niet gestimuleerd om creatieve besluiten te nemen die flinke veranderingen of risico's betekenen. Omdat managers van mislukte projecten openlijk bekritiseerd en gestraft worden, proberen de managers geen ideeën door te voeren die te veel afwijken van de status-quo. Een leidinggevende uit het middenkader citeert een bekende uitspraak in het bedrijf: 'Blijf er af als het niet kapot is.' (*If it ain't broke, don't fix it.*) Het bedrijf staat bol van de regels en voorschriften die de werknemers dienen te volgen. De leidinggevenden houden de werknemers nauwlettend in de gaten om ervoor te zorgen dat niemand uit de pas loopt. Het management vindt hoge productiviteit belangrijk, zonder te kijken welke impact dat heeft op het moreel van de werknemers of het personeelsverloop.

De werkzaamheden zijn opgezet rond de individuele werknemer. Er zijn duidelijk onderscheiden afdelingen en gezagslijnen, en van de werknemers wordt verwacht dat ze formele contacten met andere werknemers buiten hun functiegebied of bevelslijn tot een minimum beperken. Bij prestatiebeoordelingen en beloningen staan individuele inspanningen centraal, hoewel anciënniteit veelal de belangrijkste factor is voor opslag en promotie.

Organisatie B

Ook deze organisatie is een productiebedrijf. Hier stimuleert het management dat er risico's worden genomen en dingen veranderen. Besluiten die op intuïtie zijn gebaseerd worden net zo gewaardeerd als sterk gerationaliseerde besluiten. Het management is er trots op dat het graag experimenteert met nieuwe technologieën en regelmatig innovatieve producten op de markt brengt. Managers of werknemers met een goed idee worden gestimuleerd om 'ervoor te gaan'. En mislukkingen worden gezien als leermomenten. Het bedrijf is er trots op dat het marktgestuurd is en heel snel reageert op de veranderende behoeften van zijn klanten.

Er zijn weinig regels en voorschriften die de werknemers dienen te volgen en het toezicht is niet erg strak: het management is ervan overtuigd dat zijn werknemers hard werken en te vertrouwen zijn. Het management vindt hoge productiviteit belangrijk, maar gelooft dat je dat bereikt door je mensen goed te behandelen. Het bedrijf is trots op zijn reputatie van goede werkgever. De werkzaamheden zijn opgezet rond werkteams, en de teamleden worden gestimuleerd om contacten aan te gaan met werknemers met een andere functie of van een ander gezagsniveau. De werknemers praten op een positieve manier over de concurrentie tussen de teams. Individuele werknemers en teams hebben doelen, en bonussen zijn gebaseerd op het behalen van die doelen. De werknemers hebben een aanzienlijke mate van autonomie in het kiezen van de middelen om de doelen te bereiken.

16.1.2 Hebben organisaties een uniforme cultuur?

De organisatiecultuur vertegenwoordigt gemeenschappelijke percepties van de leden. Dit kenmerk van gedeelde betekenisgeving noemden we al in onze definitie. We mogen daarom verwachten dat mensen met diverse achtergronden of op verschillende niveaus in de organisatie de organisatiecultuur in dezelfde termen zullen beschrijven.[4]

De **dominante cultuur** vertegenwoordigt de kernwaarden van de meerderheid van de leden. Als we het hebben over de organisatiecultuur, bedoelen we de dominante cultuur waaraan de organisatie haar eigen karakter ontleent.[5] Naast deze dominante cultuur kunnen er **subculturen** bestaan in grote organisaties op basis van bepaalde problemen, situaties of ervaringen. Vaak zullen ze geografisch of door afdelingen begrensd zijn. De meeste grote organisaties hebben een dominante cultuur met talloze subculturen.[6] De inkoopafdeling heeft bijvoorbeeld een subcultuur die alleen geldt voor de mensen die op die afdeling werken. De subcultuur omvat dan de kernwaarden van de dominante cultuur, zoals bijvoorbeeld agressiviteit, plus unieke waarden van de inkoopmedewerkers, zoals het nemen van risico's.

Als organisaties alleen bestonden uit een verzameling subculturen, zou organisatiecultuur als onafhankelijke variabele een stuk minder interessant zijn. Juist de gedeelde betekenisgeving van de overkoepelende organisatiecultuur helpt om het gedrag van alle medewerkers van alle afdelingen te kunnen beïnvloeden. Een breedgedragen organisatiecultuur kan zo een krachtig middel zijn om gedrag te sturen en te vormen.

Lees op MyLab over de cultuur en subculturen van een grote krantenuitgever.

VOORBEELD

Klanten van een groot elektronica- en apparatenwinkelbedrijf merken dat de afhandeling van klachten soepel en prettig geregeld is. Gekochte apparaten (zoals iPads, pc's, smartphones of lcd-tv's) die het volgens de klant niet goed doen, worden zonder vragen of commentaar in reparatie genomen en eventueel vervangen. Ook met de garantietermijn wordt soepel omgegaan. Hoewel het bij de servicebalie soms erg druk is bewaart het servicepersoneel zijn kalmte. Elke klant krijgt de aandacht waar hij of zij om vraagt. Deze klantgerichte aanpak vind je bij alle vestigingen van dit bedrijf. Dit alles duidt op een organisatiecultuur waarin klantgerichtheid en snelle behandeling van klachten hoog in het vaandel staan. Deze kernwaarden van de organisatiecultuur maken het gedrag (zorgvuldigheid van de communicatie, getoonde empathie, snelle afhandeling) van de serviceafdeling inzichtelijk.

16.1.3 Sterke en zwakke organisatieculturen

We kunnen onderscheid maken tussen sterke en zwakke organisatieculturen.[7] Als de medewerkers volgens een interne enquête met een overtuigende meerderheid achter de kernwaarden en missie van de organisatie staan, is er sprake van een sterke cultuur. Is er echter veel variatie in de opinies, dan is de cultuur zwak. Dat wil zeggen dat er weinig of geen gedeelde waarden zijn.

Een **sterke organisatiecultuur** houdt in dat iedereen niet alleen achter de kernwaarden van de organisatie staat, maar deze ook intensief naleeft.[8] Hoe meer leden de kernwaarden aanvaarden en zich daaraan houden, des te sterker de cultuur. Daarom heeft een sterke cultuur een grotere invloed op het gedrag dan een zwakke; de intensiteit van de verbondenheid aan gemeenschappelijke waarden perken de ruimte voor ander gedrag dan het gewenste enorm in. De cultuur van McDonald's (een hamburger met een glimlach, en een kindvriendelijke houding) is alom bekend. Werknemers weten precies wat er van hen verwacht wordt en dat is in hoge mate bepalend voor hun gedrag.

McDonald's cultuur is zo sterk dat ze wereldwijd herkenbaar is.

Foto: Iain Masterton / Alamy Stock Photo

Een concrete uitkomst van een sterke cultuur is een gering personeelsverloop. Wanneer werknemers unaniem de organisatiedoelen accepteren, groeien de loyaliteit, groepscohesie en inzet. Werknemers zijn dan minder geneigd de organisatie te verlaten.[9]

> Een sterke organisatiecultuur kan ook minder positief uitpakken. Klassiek is het voorbeeld van grote bureaucratische organisaties met een sterke rolcultuur, waarin het naleven van regels belangrijker was dan het bedienen van klanten. Het kon dan voorkomen dat een rij wachtenden bij een loket om precies 12.30 uur zag hoe er een kaart werd omgedraaid met de tekst: 'Lunchpauze tot 13.30.'

Je kunt een **zwakke organisatiecultuur** herkennen aan het feit dat er grote verschillen zijn tussen de kernwaarden die de top van de organisatie verkondigt en het feitelijke gedrag van de medewerkers op verschillende niveaus. Uit een onderzoek bleek bijvoorbeeld dat in sommige organisaties de wijze waarop de teammanagers een van de kernwaarden van hun bedrijf ('wij steunen medewerkers in hun ontwikkeling') in praktijk brachten door medewerkers in het geheel niet als steun werd ervaren. Dat ging samen met een negatievere stemming onder de teamleden en lagere teamprestaties in die organisaties.[10] Deze negatieve effecten zijn het sterkst als managers het idee hebben dat de organisatie al veel steun biedt, terwijl de werknemers dat helemaal niet zo ervaren.

16.1.4 Cultuur versus formalisatie

In het vorige hoofdstuk hebben we besproken hoe formalisatie werknemersgedrag stuurt door middel van regels en voorschriften. Een hoge formalisatiegraad in een organisatie creëert voorspelbaarheid, orde en consistentie. Een sterke organisatiecultuur bereikt hetzelfde, zonder dat daar schriftelijke documentatie voor nodig is. Daarom zijn formalisatie en cultuur te beschouwen als twee verschillende wegen naar een gemeenschappelijke bestemming. Hoe sterker een organisatiecultuur is, hoe minder het management zich hoeft te bekommeren om het ontwikkelen van formele regels en voorschriften om werknemersgedrag te sturen. Die richtlijnen maken de werknemers zich vanzelf eigen als ze de organisatiecultuur accepteren.

VRAAG

Kan een (te) grote mate van formalisatie ook tot een bepaalde organisatiecultuur leiden? En wat voor cultuur zou je dan verwachten?

16.2 Wat doet de cultuur?

We gaan nu de functies van organisatiecultuur bestuderen en de rol die cultuur speelt bij het vormgeven van het werkklimaat, de ethiek, duurzaamheid en innovatie. Daarna gaan we verkennen wanneer de cultuur een waardevol bezit is en wanneer een groot risico.

16.2.1 Functies van de cultuur

De organisatiecultuur heeft een aantal belangrijke functies:

- ze grenst de eigen organisatie af van de rest;
- ze biedt de leden een eigen identiteit;
- ze stimuleert betrokkenheid bij waarden die uitstijgen boven het eigenbelang;
- ze versterkt de stabiliteit van het sociale systeem;
- ze legt spelregels voor gedrag, uiterlijk, kleding en houding vast.[11]

Cultuur is dus de sociale lijm die de organisatie bijeenhoudt. Daarnaast fungeert een organisatiecultuur als betekenisgever en controlemechanisme, waarmee de attitudes en het gedrag van werknemers worden gestuurd en beheerst. Vooral die laatste functie is van groot belang. Een sterke cultuur gesteund door formele regels en voorschriften verzekert het bedrijf ervan dat de medewerkers op een relatief uniforme en voorspelbare wijze zullen optreden.

De trend naar decentralisatie (zie hoofdstuk 15) van organisaties maakt organisatiecultuur als stuurmiddel belangrijker. De ironie wil echter dat juist in een sterk gedecentraliseerde organisatie het vestigen van een overkoepelende *corporate culture* lastig is. Waarom is dat zo? Professionele organisaties die hun structuren platter hebben gemaakt, teams in het leven hebben geroepen, de mate van formalisatie hebben verminderd en werknemers meer beslisruimte hebben toebedeeld, willen vervolgens wel graag dat iedereen dezelfde organisatiedoelen voor ogen houdt. De gedeelde betekenissen en kernwaarden van een overkoepelende organisatiecultuur zouden daaraan bij moeten dragen. Helaas hebben professionals die in een team zijn georganiseerd, de neiging zich meer aan hun team en de teamwaarden gelegen te laten liggen dan aan de waarden die de top van de organisatie uitdraagt. Een intensieve dialoog tussen de top en de professionals is in zo'n geval nodig om te kunnen bepalen aan welke kernwaarden iedereen zich wil binden.

In virtuele (innovatieve) organisaties is het door een gebrek aan veelvuldig face-to-face-contact nog moeilijker om gemeenschappelijke waarden en normen te ontwikkelen. Een sterke leiding die de gemeenschappelijke doelen en prioriteiten veelvuldig onder de aandacht brengt, is vooral bij innovatieve organisaties van groot belang.[12]

Zoals we in paragraaf 16.8 nog zullen zien, is de ***fit* tussen individu en organisatie** – passen de attitudes en het gedrag van de werknemers of sollicitanten bij de cultuur? – in hoge mate bepalend voor de vraag wie bijvoorbeeld een baan aangeboden krijgt of wie promotie maakt. Het is geen toeval dat eigenlijk alle werknemers bij Disney-themaparken er aantrekkelijk, schoon en gezond uitzien en voortdurend glimlachen. Dat is het imago dat Disney wil uitstralen. Het bedrijf selecteert mensen die dat imago in stand houden.

Een sterke organisatiecultuur vergroot de betrokkenheid en leidt tot consistent werknemersgedrag.

16.2.2 Cultuur creëert een psychologisch klimaat

Heb je wel eens samengewerkt met een collega wiens positieve houding je inspireerde om nóg beter je best te doen? Of heb je ervaring met het werken in een futloos werkgroepje dat je motivatie volledig onderuit haalde? Dan heb je de effecten van organisatieklimaat ervaren. Het begrip **organisatieklimaat** staat voor het psychologische effect van gemeenschappelijke ideeën over een bepaald aspect in je werkomgeving.[13] Denk aan het veiligheidsklimaat of een klimaat van klantgerichtheid.

Dit aspect van cultuur lijkt op teamspirit, maar dan op organisatieniveau. Als iedereen hetzelfde globale gevoel heeft over wat belangrijk is of over hoe goed het in deze organisatie allemaal werkt, dan zal het effect van deze attitudes groter zijn dan de som van de individuele delen. Uit een meta-analyse van tientallen verschillende steekproeven is gebleken dat er een sterk verband bestaat tussen het psychologisch klimaat en de mate van individuele werktevredenheid, betrokkenheid, commitment en motivatie.[14] Een positief organisatieklimaat blijkt bijvoorbeeld samen te hangen met een hogere mate van klanttevredenheid en betere financiële resultaten.[15]

Er zijn inmiddels tientallen dimensies van organisatieklimaat onderzocht, bijvoorbeeld veiligheid, rechtvaardigheid, diversiteit en klantenservice.[16] Een aantal uitkomsten van onderzoek ondersteunen je bij structuur-ontwerp en teambuilding. Bijvoorbeeld: in een omgeving die positief staat tegenover diversiteit voel je je prettiger bij het samenwerken met collega's, ongeacht hun demografische achtergrond. Verschillende klimaten kunnen op elkaar reageren en tot bepaald gedrag leiden. Zo kan een werkklimaat waarin werknemers meer verantwoordelijkheden krijgen toebedeeld tot betere prestaties leiden in organisaties die ook een klimaat hebben waarin verantwoording afleggen belangrijk is.[17]

Het klimaat is ook van invloed op de werkroutines die mensen ontwikkelen. Een positief veiligheidsklimaat in de bouw heeft bijvoorbeeld tot gevolg dat iedereen zijn veiligheidsuitrusting draagt en de veiligheidsprocedures opvolgt, zelfs al denken de werknemers individueel misschien niet dagelijks aan hun veiligheid. Sterker nog, uit veel onderzoeken blijkt dat een positief veiligheidsklimaat leidt tot minder geregistreerde ongevallen en letsel op de werkplek.[18]

Als het veiligheidsklimaat stevig is verankerd vinden medewerkers het gebruik van de veiligheidsmiddelen vanzelfsprekend.

Foto: Diego Cervo / Shutterstock / Pearson Asset Library

16.2.3 De ethische dimensie van cultuur

Organisatieculturen zijn niet neutraal in hun ethisch denken, zelfs als ze niet expliciet ethische doelen nastreven. In de loop der tijd ontwikkelt zich een **ethisch klimaat (EK)** als onderdeel van het organisatieklimaat. Dat zijn de gemeenschappelijke denkbeelden over wat goed en slecht gedrag is. Het EK weerspiegelt de werkelijke waarden van de organisatie en geeft vorm aan de ethische besluitvorming in de organisatie.

Onderzoekers hebben een theorie van het ethisch klimaat (EKT) en een index van het ethisch klimaat (EKI) ontwikkeld om de ethische dimensies van organisatiecultuur te meten en in categorieën in te delen.[19] Van de negen onderscheiden categorieën komen de volgende vijf het meeste voor in organisaties: instrumenteel, betrokken, onafhankelijk, wetten en gedragscodes, en regels. Met elke categorie kun je de manier van denken in het algemeen en de waarden en verwachtingen van de managers en werknemers over hun organisatie uitleggen. In bijvoorbeeld een instrumenteel ethisch klimaat nemen managers hun besluiten op basis van de aanname dat werknemers (en bedrijven) worden gemotiveerd door eigenbelang (dus egoïstisch zijn). In een betrokken klimaat werken managers juist vanuit de gedachte dat hun besluiten een positieve invloed zullen hebben op een zo groot mogelijk aantal belanghebbenden (werknemers, klanten, leveranciers).

Bij een ethisch klimaat waar onafhankelijkheid centraal staat, mag elke werknemer vanuit zijn of haar eigen morele ideeën bepalen hoe hij of zij zich op het werk gedraagt. Bij een klimaat waar wetten en gedragscodes vooropstaan, wordt van managers en werknemers verwacht dat ze een extern geijkt moreel kompas gebruiken, bijvoorbeeld een gedragscode voor de beroepsgroep, terwijl klimaten waarin regels centraal staan doorgaans opereren vanuit intern gestandaardiseerde verwachtingen bijvoorbeeld op basis van een beleidshandleiding van de organisatie. Organisaties doorlopen vaak verschillende categorieën tijdens hun levenscyclus.

Het ethisch klimaat van een organisatie beïnvloedt dus in sterke mate hoe de individuele leden zich gedragen, en wel zozeer dat onderzoekers op basis van de klimaatcategorieën organisatie-uitkomsten kunnen voorspellen.[20] Zo is er een negatief verband tussen een instrumenteel klimaat en de werktevredenheid van de werknemer en het zich verbonden voelen met de organisatie, ook al appelleert zo'n klimaat aan het eigenbelang (van de werknemer en het bedrijf). Er is een positief verband met de intentie om op te stappen, afwijkend gedrag op de werkvloer en disfunctioneel gedrag. Een klimaat waar betrokkenheid en regels heersen kan tot grote werktevredenheid leiden. Bij een klimaat van betrokkenheid, onafhankelijkheid, regels en wetten en gedragscodes is de intentie om op te stappen, vervelend gedrag te vertonen op de werkvloer en op disfunctioneel gedrag kleiner. Uit onderzoek komt naar voren dat (moreel goede) ethische culturen zijn gericht op een langetermijnperspectief en een evenwicht zoeken tussen de rechten van verschillende partijen, zoals werknemers, belanghebbenden en de maatschappij. Managers worden in zo'n cultuur gesteund wanneer ze risico's nemen en innoveren, ontmoedigd om aan ongebreidelde concurrentie te doen en moeten niet alleen letten op welke doelen worden bereikt maar ook hoe ze worden bereikt.

16.2.4 Cultuur en duurzaamheid

Duurzaamheid heeft, zoals het woord al zegt, betrekking op werkwijzen die over een lange duur kunnen worden aangehouden omdat de ondersteunende instrumenten of structuren niet zijn aangetast door de processen.[21] Uit een enquête blijkt dat de overgrote meerderheid van de topmanagers en bestuurders duurzaamheid belangrijk vindt voor een succesvolle toekomst.[22] Begrippen rond duurzaam management stammen uit de milieubeweging, en processen die in harmonie zijn met de natuurlijke omgeving worden dus gestimuleerd. Bij sociale duurzaamheid gaat het om de manier waarop sociale systemen in de loop der tijd worden beïnvloed door het handelen van organisaties, en hoe die veranderende sociale systemen op hun beurt organisaties weer beïnvloeden.

Zo zijn boeren in Australië collectief in actie gekomen om zuiniger om te gaan met water, bodemerosie zoveel mogelijk tegen te gaan, en landbewerkings- en oogstmethoden

door te voeren die de levensvatbaarheid van hun boerenbedrijf voor de lange termijn garanderen.[23] In een heel andere context heeft het bedrijf 3M een innovatieprogramma doorgevoerd om vervuiling zoveel mogelijk te voorkomen; de culturele uitgangspunten zijn natuurbehoud, producten maken die het milieu zo min mogelijk belasten en samenwerken met regelgevingsinstanties om de gevolgen voor het milieu te beperken.[24]
Wil een organisatie een echt duurzaam bedrijf worden, dan moet ze een cultuur voor de lange termijn ontwikkelen en haar waarden in daden omzetten.[25] Met andere woorden, er is een duurzaam systeem nodig om tot duurzaamheid te komen. In een onderzoek naar de werkvloer concludeerde een bedrijf dat aan energiebesparing wilde doen, dat het energieverbruik aanzienlijk sterker daalde door zijn werknemers om feedback te vragen dan door gewoon wat leesmateriaal te verspreiden over het belang ervan voor het milieu.[26] Praten over energiebesparing en die waarde inbouwen in de organisatiecultuur leidde dus tot een positieve gedragsverandering onder de werknemers. Net als andere culturele praktijken heeft duurzaamheid tijd en aandacht nodig om te groeien.

16.2.5 Cultuur en innovatie

De innovatiefste bedrijven worden vaak gekenmerkt door hun open, onconventionele, op samenwerking gerichte, visiegedreven en accelererende cultuur.[27] *Start-ups* hebben vaak per definitie een innovatieve cultuur omdat ze veelal klein en wendbaar zijn en gericht op het oplossen van problemen om te kunnen overleven en groeien. Kijk bijvoorbeeld eens naar The Echo Nest, een toonaangevend bedrijf in de digitale muziek dat in 2014 door Spotify is overgenomen. Als start-up was The Echo Nest een onconventioneel, flexibel en open bedrijf; ze hielden zelfs *muziekapphackdagen* voor hun gebruikers en kweekten een muziekcultuur in hun organisatie.[28] Al deze dingen zijn ook kenmerkend voor de cultuur van Spotify, waardoor de bedrijven tamelijk naadloos in elkaar zijn overgegaan.[29] Vanwege hun vergelijkbare organisatiecultuur kunnen The Echo Nest en Spotify hun start-upniveau van innovatie waarschijnlijk voortzetten.
Kijk aan het andere uiteinde van het start-upspectrum eens naar het dertigjarige Intuit, een van de honderd meest innovatieve bedrijven ter wereld volgens zakenblad Forbes. Intuit-werknemers wonen workshops bij om creatief en onconventioneel te leren denken. Tijdens zulke sessies spraken managers via poppenkastpoppen en ook werden prototypen van apps 'als bakgerei verkocht' bij hun zelfgebakken cupcakes. In de cultuur van Intuit wordt openlijk verantwoording afleggen belangrijk gevonden. 'Ik zag iemand die er al heel lang zat en aan wiens idee ze al ruim negen maanden werkten tot het van de ene op de andere dag werd afgeserveerd omdat iemand anders een betere manier wist. Hij ging voor de hele groep staat en zei: "Dat is mijn fout. Ik had mijn hypothese eerder moeten toetsen"', aldus Eric Ries, de auteur van *De lean startup*. Ries, die ondernemers adviseert, vindt dat het oude softwarebedrijf door zijn cultuur net zo innovatief is als start-ups.[30]
Alexion Pharmaceuticals staat ook op de lijst van innovatiefste bedrijven van Forbes, en net als Intuit is het de gebruikelijke innovatiefase van de levenscyclus al lang voorbij. Maar in tegenstelling tot Intuit staat deze fabrikant van levensreddende medicijnen niet bekend om zijn managementgedoe. De sleutel tot de voortdurende innovatie bij Alexion is een cultuur van betrokkenheid, waardoor het medicijnen wil ontwikkelen om de slachtoffers van zeldzame ziektes te redden, ook al gaat het om slechts kleine aantallen patiënten, zijn de ontwikkelkosten enorm hoog en is de kans op succes klein.[31]

? VRAAG

Bekijk ook eens de website **https://alexionpharma.eu**. *Herken je iets van de beschreven cultuur?*

16.2.6 Cultuur als bedrijfskwaliteit

De organisatiecultuur kan dus een positieve ethische omgeving bieden en innovatie bevorderen. Ook kan de organisatiecultuur op allerlei manieren een flinke bijdrage leveren aan het financiële resultaat van een organisatie.

Een goed voorbeeld is het Amerikaanse ChildNet. ChildNet is een non-profitorganisatie in de jeugdzorg in Florida; haar organisatiecultuur werd als 'grimmig' omschreven van 2000 (toen een van haar pleegkinderen verdween) tot 2007 (toen de CEO werd ontslagen na beschuldigingen door de FBI van fraude en valsheid in geschrifte). 'We wisten niet of we onze baan nog hadden of wie de boel zou overnemen', aldus werknemer Maggie Tilelli. Maar na zeer intensieve inspanningen om de organisatiecultuur te veranderen, werd ChildNet in vier jaar tijd de beste organisatie in Florida en won het in 2012 de Optimas Award van het blad *Workforce* in de categorie General Excellence.

Terwijl ChildNet aantoont dat de organisatiecultuur een positieve uitwerking kan hebben op de uitkomsten, illustreert Dish Network hoe lastig het is om een bepaalde cultuur in een bedrijfssector of organisatie door te voeren. Dish Network lijkt in alle opzichten een succesverhaal: het bedrijf is de op één na grootste aanbieder van satelliet-tv in de Verenigde Staten en oprichter Charlie Ergen is daarmee een van de rijkste mannen ter wereld geworden. En toch stond Dish onlangs boven aan de lijst van slechtste werkgevers. Volgens de werknemers komt dat door de micromanagementcultuur die Ergen heeft ontwikkeld en die hij nog steeds oplegt. Ze vertellen over lange verplichte overuren, vingerafdrukscanners om de gewerkte tijd tot op de minuut vast te leggen, publiekelijke uitbranders (ook van Ergen zelf), dat het management zich laatdunkend en wantrouwend gedraagt, de 'bloedbadontslagen' die ieder kwartaal plaatsvinden en dat je niet vanuit huis mag werken. Een werknemer zei online tegen een andere: 'Je zit daar in een verderfelijke omgeving ... ga gauw een baan zoeken waar je met je talenten goede dingen kunt doen in plaats van slechte.'

16.2.7 Cultuur als risico

Afgezien van de positieve effecten die een sterke organisatiecultuur kan hebben voor de bedrijfsleiding en de medewerkers, kunnen er ook risico's verbonden zijn aan zo'n sterke cultuur. Hewlett-Packard, dat ooit bekendstond als topfabrikant van computers, verloor haar marktaandeel snel en zag de winsten dalen toen de onenigheid in de top doorsijpelde naar de werkvloer. Medewerkers raakten hun betrokkenheid kwijt, verloren hun creativiteit, voelden zich niet gewaardeerd en waren onderling ook sterk verdeeld.[32]

We zullen hierna vier bekende risico's bespreken: institutionalisering, cultuur als belemmering voor veranderingen, cultuur als hinderpaal voor diversiteit en cultuur als barrière voor overnames en fusies.

De koffiejuffrouw: in sommige organisaties een bloempje van Catharina en in andere (nog) niet. Maar hoe lang nog?

Foto: 67photo / Alamy Stock Photo

Institutionalisering

Als een organisatie een proces van **institutionalisering** doormaakt en geïnstitutionaliseerd raakt – dat wil zeggen dat zij wordt gewaardeerd enkel om het feit dat ze er is, en niet zozeer om de goederen en diensten die zij produceert – gaat zij een eigen leven leiden, los van haar oprichters of doelgroep.[33] Zelfs als haar oorspronkelijke doelen bereikt of niet meer relevant zijn, houdt een dergelijke organisatie niet op te bestaan. Dat hun bestaan en het werk dat ze doen wenselijk en juist is, spreekt voor de leden vanzelf. Zij *weten* gewoon dat het goed is. Hoewel dat niet altijd negatief hoeft te zijn, ontbreekt in de geïnstitutionaliseerde organisatie een prikkel om eigen gedrag en gewoontes ter discussie te stellen. Het in stand houden van de eigen cultuur wordt dan een doel op zich. Het mag duidelijk zijn dat dit niet bijdraagt aan innovatie en veranderbereidheid.

BLOEMPJE VAN CATHARINA

Het verhaal over het 'bloempje van Catharina' is een klassiek voorbeeld van institutionalisering. Toen Catharina de Grote, tsarina van Rusland, erachter kwam dat een geliefd bloemperkje in de tuin van haar paleis vertrapt was, ontstak ze in woede. Ze liet wat koppen rollen, eiste dat er nieuwe bloemen zouden worden geplant en beval dat er voortaan een soldaat voor het perkje op wacht moest staan om te voorkomen dat het weer zou gebeuren. Zo geschiedde. Lang na haar dood wandelde haar kleinzoon tsaar Alexander door de tuin van het paleis. Op een gegeven moment zag hij een soldaat op wacht staan in een bouwvallig wachthokje. Toen Alexander vroeg wat de soldaat daar deed, vertelde deze dat het zijn eervolle taak was te voorkomen dat mensen achter het hokje langs zouden lopen. Alexander was verbaasd. Achter het hokje lag een modderig veldje overwoekerd met onkruid ...

Bloempjes van Catharina treffen we wel vaker in grote organisaties aan. Door alle organisatieveranderingen in de loop der tijd wordt soms vergeten een taak op te heffen waarvan de bestaansreden al lang verdwenen is. In de meeste kantoren is de traditionele koffiejuffrouw inmiddels vervangen door de koffieautomaat. In enkele verzorgingshuizen tref je haar nog wel aan. Zij vormt dan een onderdeel van de persoonlijke zorg die zo'n tehuis wil bieden. In Japan zou ze echter toch ook een *bloempje van Catharina* kunnen worden nu ze vervangen lijkt te worden door een robot.
Er zijn vele voorbeelden van organisaties of organisatieonderdelen die zichzelf hebben overleefd, maar dat niet onder ogen kunnen of willen zien. Denk aan de inloopwinkels van reisbureaus die bijna geen klanten meer krijgen nu de meeste mensen via internet hun reizen boeken. Of aan rapporteurs bij overheidsinstanties naar wiens rapporten door niemand gevraagd wordt. Of aan actiegroepen die steeds nieuwe doelen zoeken om het eigen voortbestaan te verzekeren. Het is maar de vraag of bijvoorbeeld de Dierenbescherming zichzelf zal opheffen als al haar huidige doelen verwezenlijkt zijn. Er is immers altijd wel wat om voor te vechten?

Lees op MyLab over een suïcide die een organisatie in Nederland wakker heeft geschud.

Belemmering voor veranderingen

De cultuur vormt een risico wanneer de gedeelde waarden niet stroken met waarden die de effectiviteit van de organisatie verbeteren. Deze situatie doet zich vooral voor in een dynamische omgeving. Wanneer de omgeving in hoog tempo verandert, is de ingesleten organisatiecultuur misschien niet langer toereikend.[34] Consistent gedrag is een voordeel voor een organisatie in een stabiele omgeving, maar kan een last worden als het ervoor zorgt dat de organisatie niet adequaat reageert op omgevingsveranderingen.

Sommige hogescholen en universiteiten vorderen maar langzaam met het introduceren van digitaal (afstands)onderwijs. Deeltijdstudenten (maar ook veel voltijdstudenten) hebben behoefte aan goed toegankelijk en goed doordacht digitaal lesmateriaal, extra oefeningen en andere hulpmiddelen. Als lesmateriaal op afstand zou kunnen worden benaderd en wel op het moment dat het jou uitkomt (thuis, in de trein, in het buitenland) zou dat de flexibiliteit van het studeren sterk kunnen vergroten. Voorbeelden uit het buitenland (Zweden) laten zien dat er op dit gebied veel mogelijk is. Er zijn wel veel initiatieven in Nederland op allerlei niveaus, maar de ontwikkelingen gaan – enkele successen daargelaten – nogal traag.
Zouden de grote onderwijsinstellingen wat kunnen leren van instituten als de LOI of van uitgevers van lesmaterialen voor het lager en middelbaar onderwijs, die al over flink wat ervaring met digitaal lesmateriaal beschikken? Misschien wel, maar het is ook mogelijk dat sommige besturen en docenten in het hoger onderwijs elkaar bevestigen in het idee (gedeelde betekenisgeving) dat de inhoud en vormgeving van het onderwijs het beste bepaald kunnen worden door de eigen professionals. Een landelijke aanpak zou kunnen betekenen dat men een deel van de eigen autonomie zou moeten opgeven. Autonomie is namelijk een belangrijke culturele kernwaarde in wetenschap en onderwijs. Dezelfde culturele waarden (academische vrijheid) die hebben bijgedragen aan tal van ontdekkingen, kunnen bij pogingen tot organisatieverandering en vernieuwing dus ook als hindernis fungeren.

? VRAAG

In de jaren zeventig overwoog de overheid op advies van wetenschappers om aan drinkwater fluoride toe te voegen, omdat daarmee tandbederf kon worden tegengegaan. Kun je met behulp van Nederlandse kernwaarden uitleggen waarom dit plan stukliep op massaal verzet?

Hinderpaal voor diversiteit

Als organisaties mensen aannemen die qua afkomst, leeftijd, gender, beperkingen of anderszins afwijken van de meerderheid van de organisatie, schept dat meestal een paradox.[35] Het management wil dat werknemers de kernwaarden van de organisatie aanvaarden. Anders zullen ze zich niet op hun plaats voelen en niet geaccepteerd worden. Tegelijkertijd wil het management openlijk erkenning en steun uitstralen voor de verschillen die deze mensen meebrengen naar het werk. Het is duidelijk dat dit een dilemma veroorzaakt. Sterke organisatieculturen zetten werknemers onder zware druk om zich daaraan te conformeren. Ze beperken het scala aan waarden en stijlen die aanvaardbaar zijn.
Organisaties nemen vaak juist mensen met diverse achtergronden aan vanwege hun uiteenlopende kwaliteiten, terwijl diezelfde diversiteit met de bijbehorende voordelen in sterke organisatieculturen zal verdwijnen wanneer mensen zich aanpassen. Sterke culturen kunnen dus een blok aan het been zijn wanneer ze unieke sterke kanten onderdrukken in

De fusie tussen de banken ABN en Amro leidde tot een halvering van het aantal bankkantoren en geldautomaten in het straatbeeld.
Foto: Marcel Jancovic / Shutterstock / Pearson Asset Library

plaats van erkennen van mensen met een andere dan de gebruikelijke achtergrond. Daarnaast zijn deze culturen soms ook een sta-in-de-weg als ze institutionele vooroordelen steunen of ongevoelig zijn voor mensen die anders zijn.

Lees op MyLab meer over het cultuurverschil tussen ABN en Amro tijdens de fusieperiode.

VRAAG

Veel managers nemen graag hbo-stagiairs aan vanwege hun 'frisse blik'. Zij verwachten dat de stagiair in het eindverslag de organisatie een spiegel voorhoudt waar ze van kunnen leren. In de praktijk passen veel stagiairs zich echter binnen enkele weken volledig aan de cultuur aan. Hoe zou je ervoor kunnen zorgen dat die kritische blik overeind blijft?

Versterkende disfuncties

We hebben culturen besproken die meestal draaien om positieve waarden en attitudes. Deze consensus kan een krachtig, voorwaarts gericht momentum scheppen. Bij een negatieve cultuur met disfunctionele managementsystemen kan een bedrijf echter in een net zo sterke neerwaartse spiraal terechtkomen. Uit een onderzoek onder duizenden werknemers in de horeca op honderden locaties blijkt dat lokale organisatieculturen die worden gekenmerkt door een geringe of dalende werktevredenheid een hoger personeelsverloop kennen, ook al is de cultuur van de hele organisatie over het algemeen positief.[36] Zoals we eerder bespraken, wijzen een lage werktevredenheid en een hoog verloop op disfunctioneren van de organisatie zelf. Negatieve attitudes in groepen maken het allemaal nog erger, wat erop duidt dat de cultuur een sterke invloed heeft op mensen.

Barrière voor overnames en fusies

Van oudsher waren de belangrijkste motieven voor het aangaan van fusies de financiële voordelen of de mogelijke productsynergie. De laatste jaren draait een dergelijke beslissing echter in de eerste plaats om culturele compatibiliteit.[37] Een gunstige financiële balans of productlijn kan wel de voornaamste reden zijn om een overnamekandidaat aan te trekken, maar of de overname zal werken, lijkt meer af te hangen van de vraag of de twee organisatieculturen wel bij elkaar passen. Veel overnames stranden kort na de realisatie omdat dat niet het geval is.

Als de twee organisatieculturen niet goed bij elkaar passen, dan vormen beide culturen een risico voor de nieuwe organisatie. Uit bijvoorbeeld een door Bain & Company uitgevoerd onderzoek blijkt dat er bij 70 procent van de fusies geen hogere aandeelhouderswaarde kan worden gerealiseerd, en uit onderzoek van de Hay Group blijkt dat bij meer dan 90 procent van de fusies in Europa de financiële doelstellingen niet worden gehaald.[38] Over dit armzalige succespercentage merkt Lawrence Chia van Deloitte Consulting op: 'Een van de grootste tekortkomingen zijn de mensen. De mensen van bedrijf A doen de dingen op een andere manier dan de mensen van bedrijf B ... je kunt geen gemeenschappelijke doelen vinden.' Een botsing van culturen wordt meestal ook als een van de oorzaken gezien van de problemen bij AOL Time Warner. De 183 miljard dollar kostende fusie tussen America Online (AOL) en Time Warner in 2001 was de grootste fusie uit de geschiedenis van het Amerikaanse bedrijfsleven. Het werd een ramp. Nog geen twee jaar later zag het nieuwe bedrijf zijn aandelenkoers met een schokkende 90 procent dalen en werd het tot dan toe grootste financiële verlies uit de Amerikaanse geschiedenis geleden.

VRAAG
Kun je voorbeelden noemen van problematische en succesvolle fusies in het Nederlandse bedrijfsleven?

16.3 Een cultuur vormen en je eigen maken

Organisatieculturen komen niet uit de lucht vallen. Is er eenmaal een cultuur, dan zal ze niet snel verdwijnen, maar steeds doorgegeven worden aan nieuwkomers. Welke krachten bepalen het ontstaan van de cultuur? En hoe maken medewerkers zich de cultuur eigen?

16.3.1 De vorming van de cultuur

De vaste gewoonten, tradities en algemene werkwijze in een organisatie zijn grotendeels toe te schrijven aan wat zij in het verleden gedaan heeft en hoeveel succes daarmee geboekt is. De oprichters van een organisatie hebben dan ook grote invloed op de organisatiecultuur, zeker in de begintijd.[39] Ze hebben een bepaalde visie op de toekomst van de organisatie en worden daarbij niet ingeperkt door bestaande werkwijzen of ideologieën. De geringe omvang van nieuwe organisaties maakt het bovendien gemakkelijk om de visie op te leggen aan alle leden.
Een organisatiecultuur ontstaat op drie manieren.[40] Om te beginnen selecteren de oprichters bij voorkeur werknemers die hetzelfde denken en voelen als zij. Ten tweede indoctrineren en socialiseren ze deze werknemers met hun manier van denken en voelen. En ten slotte fungeren de oprichters zelf als rolmodel, wat werknemers stimuleert om zich met hen te identificeren en zich hun overtuigingen, waarden en aannames eigen te maken. Als dat proces slaagt, wordt als het ware de persoonlijkheid van de oprichters verankerd in de organisatiecultuur. Er is dan een duidelijke *fit* tussen de waarden van de organisatie en die van de medewerkers. We zullen deze drie manieren nu nader bekijken.

Selectie

Het expliciete doel van het selectieproces is mensen te vinden en in dienst te nemen met de kennis, vaardigheden en capaciteiten om de werkzaamheden met succes uit te voeren. De uiteindelijke beslissing over wie wordt aangenomen, zal vooral worden beïnvloed door het oordeel van de besluitvormer over de vraag hoe goed de kandidaten in de organisatie passen.

Socialisatie

Hoe goed de organisatie ook werft en selecteert, nieuwe werknemers zijn nog niet doordrenkt met de organisatiecultuur. Omdat ze het minst goed op de hoogte zijn van de organisatiecultuur, zullen ze als eersten tornen aan de vaste opvattingen en gebruiken. Daarom zal de organisatie nieuwe werknemers willen helpen bij hun **socialisatie**,[41] oftewel de aanpassing aan de organisatiecultuur. Dit is het zogenoemde **socialisatieproces.** We zullen dit proces hierna wat uitgebreider bespreken.
Door socialisatie kunnen problemen worden verlicht die veel werknemers zeggen te hebben als hun nieuwe baan anders is dan ze verwacht hadden. Zo gebruiken Facebook, Google en andere bedrijven nu procedures om nieuwe werknemers in hun organisatie te assimileren, door bijvoorbeeld *collega-coaches* aan te wijzen, socialisatie-evenementen te houden, introductieprogramma's persoonlijker te maken en directe werkopdrachten te geven. 'Als we de persoonlijke identiteit van mensen kunnen onderstrepen en als ze meer van zichzelf op hun werk kunnen laten zien, dan zijn ze tevredener over hun baan en presteren ze beter,' concludeert onderzoeker Francesca Gino van Harvard University.[42]

Socialisatie is te beschouwen als een proces dat bestaat uit drie fasen: de vooraf-fase, de kennismakingsfase en de metamorfose.[43] Dit socialisatieproces heeft invloed op de productiviteit, de betrokkenheid bij de organisatiedoelen en de beslissing om bij de organisatie te blijven. In figuur 16.2 wordt het proces weergegeven.

1. VOORAF-FASE

De vooraf-fase vindt plaats voordat de werknemer zich aansluit bij de organisatie; hij komt al binnen met bepaalde waarden, attitudes en verwachtingen. Die hebben zowel betrekking op het werk als op de organisatie. In veel banen, vooral van hoogopgeleiden, dienen nieuwe leden al eerder aanzienlijk gesocialiseerd te zijn door opleiding en scholing. Een hoofddoel van een bedrijfskunde- of managementopleiding is bijvoorbeeld studenten de attitudes en gedragingen bijbrengen die bedrijven verlangen. Als managers van mening zijn dat succesvolle werknemers waarde hechten aan arbeidsethos, loyaal zijn, hard werken, iets willen bereiken en goed kunnen samenwerken in een team, dan kunnen ze kersverse hbo'ers in dienst nemen die tijdens de opleiding al klaargestoomd zijn voor deze cultuur.

2. KENNISMAKINGSFASE

De toetreding tot de organisatie begint met de kennismakingsfase. Nu worden mensen geconfronteerd met discrepanties tussen hun verwachtingen – over de baan, hun collega's, chef en de organisatie – en de werkelijkheid. Waren de verwachtingen van meet af aan redelijk juist, dan is deze kennismakingsfase alleen een bevestiging van de bestaande percepties. Maar vaak is dat niet het geval. In extreme gevallen raken nieuwe leden volledig gedesillusioneerd en nemen ze al na korte tijd ontslag. Een goede selectieprocedure kan de kans daarop aanzienlijk verkleinen.

3. METAMORFOSE

Tot slot moeten nieuwe leden eventuele problemen verwerken die aan het licht komen in de kennismakingstijd. Daarvoor moeten ze veranderingen ondergaan, en dat gebeurt in de fase van de metamorfose. De keuzes in figuur 16.3 vormen de alternatieven die een organisatie kan gebruiken om de gewenste metamorfose tot stand te brengen.

FIGUUR 16.2 Een socialisatiemodel

FORMEEL – INFORMEEL

Hoe meer de werknemer afgezonderd wordt van de normale werkomgeving en in een totaal andere situatie zijn nieuwe rol krijgt uitgelegd, des te formeler de socialisatie. Speciale inwerk- en trainingsprogramma's zijn een voorbeeld van formele socialisatie. Bij informele socialisatie moet de nieuwkomer meteen aan de slag, zonder veel extra aandacht.

INDIVIDUEEL – COLLECTIEF

Nieuwe leden kunnen individueel ingewerkt worden. Veel kantoren voor professionals socialiseren nieuwe mensen op deze manier. Ook zijn nieuwelingen samen als groep te socialiseren door hen een serie gezamenlijke ervaringen te laten doormaken, zoals in een militair trainingskamp voor rekruten gebeurt.

VAST – VARIABEL

Het tijdschema voor de overgang van buitenstaander naar insider kan vastliggen of variëren. Een vast schema kent standaardfasen, zoals bij trainingen voor taakroulatie. Proefperiodes vallen hieronder, bijvoorbeeld de termijn voordat een wetenschapper een vaste aanstelling krijgt aan de universiteit. Variabele tijdschema's kennen geen vaste momenten waarop de overgang voltooid is. Een voorbeeld hiervan is de procedure voor promoties, waarbij werknemers pas een stapje omhoog mogen als ze daarvoor *klaar* zijn.

GESTRUCTUREERD – ONGESTRUCTUREERD

Gestructureerde socialisatie wordt gekenmerkt door het gebruik van rolmodellen die de nieuwkomer trainen en aanmoedigen. Voorbeelden hiervan zijn de leertijd en het mentorschap. Bij ongestructureerde socialisatie wordt de nieuwkomers opzettelijk rolmodellen onthouden. De werknemer moet het allemaal zelf maar uitzoeken.

INSTALLATIE – ONTGROENING

Een installatie is een officiële bevestiging dat de kwaliteiten en kwalificaties van de nieuwkomer de noodzakelijke ingrediënten zijn voor succes in het werk. Bij ontgroening probeert men juist de rekruut van bepaalde kenmerken te ontdoen. Ontgroeningsperiodes bij studentenverenigingen zijn een voorbeeld van socialisatie om nieuwe leden de juiste rol bij te brengen.

FIGUUR 16.3 Opties voor socialisatie bij indiensttreding[44]

Interessant is het onderzoek naar de verandering van de attitudes van werknemers tijdens het socialisatieproces door deze attitudes op verschillende momenten in de eerste maanden te meten. Uit meerdere onderzoeken is gebleken dat er bij nieuwe werknemers een patroon waarneembaar is van *wittebroodsweken* en een *kater*: de eerste periode van aanpassing wordt vaak gekenmerkt door een beginperiode waarin iemand opgewekt en verwachtingsvol aan zijn werkdag begint, gevolgd door een daling van de werktevredenheid als de geïdealiseerde verwachtingen botsen met de werkelijkheid van het organisatieleven.[45] Nieuwelingen kunnen ervaren dat de steun van chefs en collega's na de eerste paar weken langzamerhand minder wordt als iedereen zich weer gewoon aan zijn dagelijkse taken zet.[46] Uit een ander onderzoek bleek dat rolconflicten en een teveel aan rollen bij nieuwkomers in de loop der tijd toenemen, en dat werknemers met de grootste toename van deze rolproblemen de grootste daling van hun commitment en werktevredenheid ervaren.[47] Juist in de periode van kennismaking en metamorfose is men volop aan het leren en bezig zich aan te passen. Een inwerkperiode met passende begeleiding is bij de meeste functies wenselijk voordat de medewerker vol wordt belast met alle taken en verantwoordelijkheden van zijn nieuwe functie.

Lees op MyLab hoe supermarktketen Wegmans en textielbedrijf W.L. Gore ieder hun eigen sterke cultuur hebben gecreëerd en in stand houden.

Topmanagement als rolmodel

De acties van het topmanagement hebben zoals gezegd veel invloed op de organisatiecultuur.[48] Met hun woorden en daden stellen topmanagers normen vast die zich door de hele organisatie verspreiden:

- Is het nemen van risico's acceptabel?
- Hoeveel vrijheid mogen managers hun mensen geven?
- Wat is geschikte kleding?
- Welke acties worden beloond met salarisverhogingen, promoties en dergelijke?

Richard Branson (1950) van Virgin.
Foto: Trinity Mirror / Mirrorpix / Alamy Stock Photo

De felle, prestatiegerichte stijl en het gedisciplineerde, autoritaire karakter van Hyundai laat kenmerken zien die ook vaak worden gebruikt om de grondlegger ervan, Chung Ju-Yung, te beschrijven. Andere grondleggers met een ontzettend grote impact op de cultuur van hun organisatie zijn bijvoorbeeld Bill Gates bij Microsoft, Ingvar Kamprad bij IKEA, Freddy Heineken bij Heineken, Frits Philips bij Philips en Richard Branson bij de Virgin Group.

Figuur 16.4 vat samen hoe een organisatiecultuur zich doorgaans heeft ontwikkeld en hoe ze in stand gehouden wordt. De oorspronkelijke cultuur is geënt op de filosofie van de oprichter. Die beïnvloedt weer de selectiecriteria voor nieuw personeel. De daden van het bestaande topmanagement geven de toon aan voor acceptabel gedrag. Hoe werknemers gesocialiseerd worden, hangt af van de mate waarin men erin slaagt de waarden van nieuwkomers af te stemmen op de waarden van de organisatie tijdens het selectieproces, en van de door het topmanagement gekozen socialisatiemethoden.

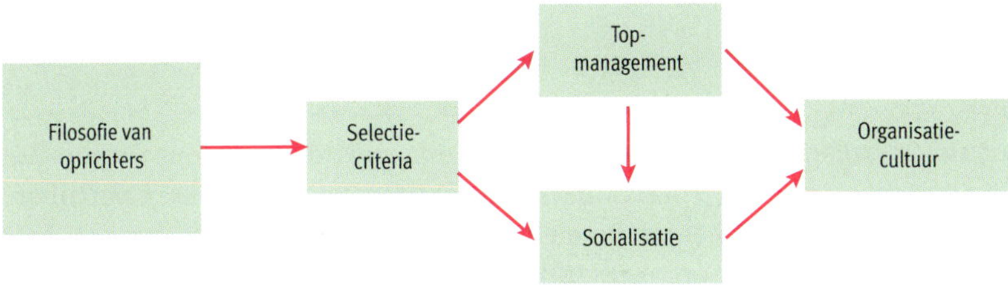

FIGUUR 16.4 Het ontstaan van een organisatiecultuur

16.3.2 Structurele invloeden op de cultuur

Behalve door de invloed van de ideeën van de oprichters en de huidige topmanagers op de organisatiecultuur, kan organisatiecultuur ook worden voorspeld op basis van andere – meer structurele – invloedsfactoren. Bekende variabelen die het in hun samenhang mogelijk maken om de organisatiecultuur te voorspellen zijn de omvang en leeftijd van de organisatie, het type producten of diensten dat ze produceert, de productiewijze, het type medewerkers en de kenmerken van de markt.
Harrison en Handy onderscheiden op basis van deze variabelen vier ideaaltypische organisatieculturen: de machtscultuur, de rolcultuur, de taakcultuur en de personencultuur.[49] We zullen deze hierna bespreken.

Machtscultuur

In beginnende en kleine organisaties waar een sterke oprichter of eigenaar aan het roer staat, zal een **machtscultuur** ontstaan. Het gedrag van de medewerkers wordt grotendeels bepaald door de ideeën, wensen en opvattingen van de eigenaar. Medewerkers zullen zijn beslissingen niet gauw ter discussie stellen, temeer daar zij door hem worden geselecteerd op aansluiting bij zijn ideeën en acceptatie van zijn macht. De voordelen van deze cultuur zijn slagvaardigheid en eenheid van bevel. Ze kan echter soms ontaarden in een autoritaire angstcultuur.

Rolcultuur

In grote organisaties die producten en diensten op efficiëntie wijze *en masse* produceren (industriële bedrijven, scholen, banken) kan de top het gedrag op de werkvloer niet meer aansturen via opdrachten. In plaats daarvan probeert men via regels en procedures het gedrag van de medewerkers te sturen. Na enige tijd wordt het spelen van het spel volgens de regels, binnen de ruimte die door je bevoegdheden wordt bepaald, belangrijker dan individuele resultaten. Er ontstaat dan een **rolcultuur**. De voordelen van deze cultuur zijn voorspelbaarheid en regelmaat; nadelen kunnen zijn het ontstaan van *bureaucratisch* gedrag en van vervreemding.

Taakcultuur

Organisaties die op projectbasis en op order produceren voor telkens andere opdrachtgevers ontwikkelen vaak een **taakcultuur**. Denk aan aannemingsbedrijven in de bouw of aan softwareontwikkelaars. De mensen die tijdelijk betrokken zijn bij het project werken intensief samen, zowel onderling als met vertegenwoordigers van de opdrachtgever. Ze vormen tijdelijk een hecht werkverband. Niet de hiërarchie of de rol staat centraal maar het op te leveren resultaat. Vaak leidt dit tot een sterke motivatie, wat overigens wel kan ontaarden in het omzeilen van regels en ongezonde werkpatronen (dag en nacht doorwerken) om het resultaat maar op tijd op te kunnen leveren. Veel organisaties proberen het ontstaan van deze cultuur van samenwerking en gerichtheid op het resultaat te stimuleren door de mensen in zelfstandig werkende teams te organiseren.

Personencultuur

Tot slot zijn er organisaties die bestaan uit professionals die individueel voor hun klanten en opdrachtgevers op basis van hun persoonlijke expertise taken vervullen. In deze organisaties draait het om de deskundigheid en het welbevinden van deze personen. Vandaar de naam **personencultuur**. Hoogopgeleide en autonoom werkende professionals vinden doorgaans dat de organisatie er voor hen is en niet omgekeerd. Denk aan advocatenkantoren en ingenieursbureaus. Soms blijft de organisatie beperkt tot een maatschap waarin men faciliteiten deelt, maar verder autonoom opereert. In positieve zin kan deze cultuur voor alle deelnemers prettig en stimulerend zijn. Dat vereist wel een open houding waarin men elkaar respecteert en successen gunt. Anders zal de cultuur ontaarden in rivaliteit, kliekvorming en afgunst.
Uiteraard zijn er mengvormen: op een hogeschool verwacht je een tendens naar rolgedrag vanwege het zich herhalende en massale karakter van de werkzaamheden, maar tevens verwacht je op het niveau van docententeams en vakgroepen een personencultuur. In een snelgroeiend mkb-bedrijf zal de toename van formalisatie, afdelingsvorming en vastlegging van functies leiden tot het ontstaan van een rolcultuur naast en door de nog steeds heersende machtscultuur. Vaak geven medewerkers van een dergelijk bedrijf aan dat ze terugverlangen naar vroeger: 'Toen het veel gemoedelijker was. Je hielp elkaar zo nodig, ook als het jouw taak niet was!'
Ideële, structurele en nationale cultuurinvloeden lopen in de praktijk door elkaar. Zo zijn Philips en Siemens vergelijkbare bedrijven met een duidelijk herkenbare rolcultuur. Toch zal je verschillen ervaren in de sfeer en omgangsvormen. Die verschillen zijn deels terug te voeren op nationale culturen, maar ook op de ideeën en opvattingen van de oorspronkelijke oprichters en van de huidige topmanagers. Nog duidelijker wordt dit als je ABN AMRO vergelijkt met de Rabobank. Beide hebben een rolcultuur (procedure- en regelgericht gedrag), maar beide verschillen ook van elkaar als je kijkt naar hun kernwaarden en maatschappelijke oriëntatie.

Lees op MyLab hoe de theorie van Handy en die van Mintzberg kunnen worden gecombineerd om de cultuur van een bepaalde organisatie enigszins te voorspellen.

16.3.3 Hoe maken werknemers zich de cultuur eigen?

Stel, je komt te werken bij een reclamebureau, een woningbouwvereniging, een bank of misschien bij een verzekeringsbedrijf. Het zal je niet verbazen dat deze organisaties vaak een typerende cultuur hebben. Maar hoe leer je die cultuur aan? Dat gaat vaak vanzelf en haast onmerkbaar. Alle waarden, gedragingen en attitudes die de organisatie echt belangrijk vindt, liggen besloten in de uiterlijke symbolen, de gebruikte vaktaal, de rituelen en de heldenverhalen die mensen elkaar vertellen. In figuur 16.5 zie je dit terug. Hierna bespreken we de verschillende facetten van een organisatiecultuur die op werknemers worden overgebracht.

Een organisatiecultuur bestaat uit verschillende lagen. Dit wordt wel gesymboliseerd met een plaatje van een ui. Hoe dieper je in de ui komt, hoe moeilijker het is deze laag te veranderen. Symbolen vormen de meest oppervlakkige laag en waarden zijn de diepste laag van een organisatiecultuur. Helden en rituelen zitten daartussenin.

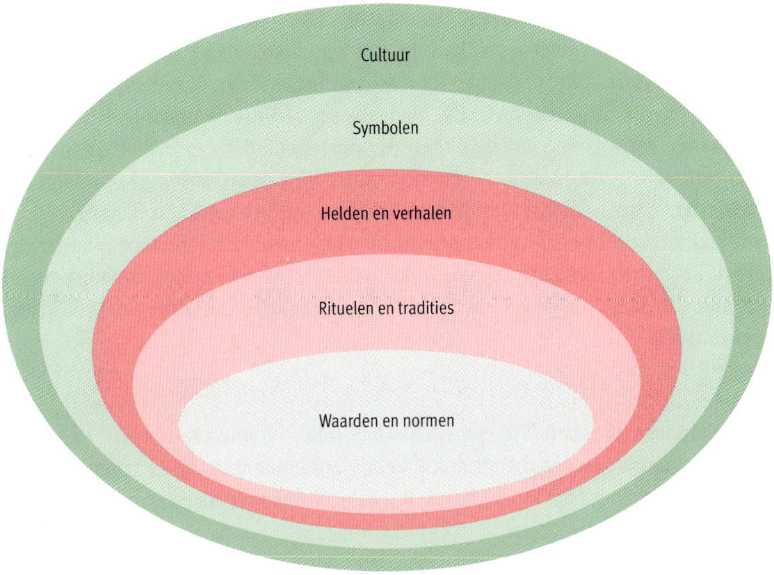

FIGUUR 16.5 **Lagen in een organisatiecultuur[50]**

Symbolen

De indeling van het hoofdkantoor, het type auto waarin de topmanagers rijden en of ze een eigen bedrijfsvliegtuig hebben, zijn enkele voorbeelden van materiële symbolen. Andere voorbeelden hiervan zijn de grootte van de kantoren, de elegantie van het meubilair, de extraatjes voor de topmanagers en de kleding die ze dragen.[51] Dit soort zaken maakt de werknemers duidelijk wie belangrijk is, welke mate van gelijkheid het topmanagement wenselijk vindt en wat voor gedrag op zijn plaats is, zoals risico's nemen of je conservatief, autoritair, participatief, individualistisch of sociaal gedragen.

Het hoofdkantoor van Centraal Beheer ziet er niet uit als een doorsnee hoofdkantoor. Er zijn heel weinig aparte kantoren, ook voor hoge managers. Het gebouw bestaat vooral uit hokjes, vergaderzalen en gemeenschappelijke ruimtes. Zo wordt aan werknemers de boodschap overgebracht dat Centraal Beheer waarde hecht aan openheid, gelijkheid, creativiteit en flexibiliteit.

Sommige bedrijven geven hun topmanagers een limousine met chauffeur en onbeperkt gebruik van het bedrijfsvliegtuig. In andere organisaties krijgen topmanagers wel een auto van de zaak en wordt hun vliegticket vergoed, maar de auto is een Japanse auto zonder chauffeur en de manager vliegt *economy class* in een gewoon lijntoestel.

Bij sommige bedrijven, zoals T-shirtfabrikant Threadless uit Chicago, wordt met een 'alles kan'-sfeer een creatieve cultuur benadrukt. Vergaderingen worden bij Threadless gehouden in een Airstream-camper, die in het omgebouwde FedEx-magazijn van het bedrijf staat, terwijl werknemers in korte broek en op slippers in grote afgesloten ruimtes werken met discoballen en kakelbonte versieringen die elk team zelf heeft uitgekozen.[52]

Alternatieve vergaderruimte: Airstream-camper.
Foto: HildaWeges Photography / Shutterstock / Pearson Asset Library

Sommige culturen staan bekend om hun extraatjes, zoals de jeu-de-boulebanen van Google, de truckladingen taartjes, kaashapjes en cupcakes van FACTSET Research, de neem-je-hond-mee-naar-kantoor van softwareontwikkelaar Autodesk, de gratis gezondheidskliniek van SAS, de biologische wellnessfaciliteit van Microsoft en het gratis kunnen lenen van een uitrusting bij buitensportspecialist REI. Andere bedrijven brengen de waarden van hun cultuur over door hun werknemers de tijd te geven om creatief na te denken, hetzij met leidende figuren of buiten het werk. Zo bieden Genentech, een toonaangevend bedrijf in de biotechnologie, en veel andere vooraanstaande bedrijven betaald verlof; Genentech geeft elke werknemer zes weken betaald verlof voor elke zes jaar dat ze in dienst zijn om zo een cultuur hoog te houden van billijkheid en innovatief denken.[53]

VRAAG

Medewerkers van de frontoffice van ABN Amro staan de klanten steevast keurig gekleed te woord in beschaafd Nederlands. Ze zijn behulpzaam en correct, maar nooit familiair. Wat is volgens jou de boodschap die de bank daarmee wil uitstralen?

Taal en jargon

Veel organisaties en onderdelen van de organisatie helpen leden zich te identificeren met een cultuur (of subcultuur) met behulp van **taal.** Doordat ze die taal leren, tonen de leden dat ze de cultuur accepteren en in stand houden. In de loop der tijd ontwikkelen organisaties vaak unieke termen voor machines, kantoren, sleutelfiguren, klanten of producten. Nieuwe werknemers staan soms te kijken van de grote hoeveelheid acroniemen en het **jargon**, dat ze echter na een half jaar zelf moeiteloos bezigen. Zodra men deze terminologie beheerst, is het een gemeenschappelijk kenmerk dat een band smeedt tussen leden van een cultuur of subcultuur.

De medewerkers van een ICT-bedrijf gebruiken termen als *sleutel* (een uniek nummer voor elke individuele record in een database); *KWIC* (een reeks *key words in context*); en *relationele operator* (om een database te doorzoeken op namen of termen in een bepaalde volgorde). Als je bij vliegtuigbouwer Boeing in dienst treedt als ingenieur of monteur, moet je een unieke serie acroniemen leren; bijvoorbeeld *BOLD* (Boeing online data) en *SLO* (*service-level objectives*).

Verhalen en helden

Op het hoofdkantoor van autofabrikant Ford kent elke manager nog de verhalen over de oude Henry Ford. Als zijn naaste medewerkers zich te veel met de bedrijfsvoering wilden bemoeien, was zijn reactie: 'It's my name that's on the building!' De boodschap was duidelijk: Henry Ford was de onbetwiste leider. Toen de marketingafdeling voorstelde de auto's verschillende kleuren te geven, omdat daar in de markt behoefte aan was zei hij: 'Any customer can have a car painted any colour that he wants so long as it is black!'

Enkele ervaren topmanagers van Nike besteden een groot deel van hun tijd aan het vertellen van verhalen over hun bedrijf.[54] Als ze vertellen over hoe medeoprichter (en atletiekcoach van Oregon) Bill Bowerman naar zijn werkplaats ging om rubber te gieten in het wafelijzer van zijn vrouw om zo een betere loopschoen te ontwikkelen, dan hebben ze het over de innovatieve geest van Nike. Als nieuwe werknemers verhalen horen over hoe hard Steve Prefontaine, steratleet van Oregon, heeft moeten strijden om van hardlopen een professionele sport te maken en beter sportmateriaal te krijgen om te kunnen presteren, dan leren ze hoezeer Nike zich inzet om atleten te helpen.

In veel organisaties doen dit soort **verhalen over helden** de ronde. Doorgaans betreft het anekdotes over de oprichters, het overtreden van regels, succesverhalen over hoe iemand het tot president-directeur schopte, afslankingsoperaties, personeelsinkrimpingen, overplaatsingen, reacties op fouten in het verleden en dergelijke.[55] Werknemers 'bedenken' ook hun eigen verhaal over hoe ze tijdens het socialisatieproces in de organisatie zijn gaan passen (of juist niet), met anekdotes over hun eerste dag op het werk, de eerste kennismaking met collega's en de eerste indruk van het reilen en zeilen van de organisatie.[56]

Op bepaalde lagere scholen staan de leerkrachten elke morgen bij de deur van het lokaal om alle kinderen een hand te geven. Daarna volgt een kort kringgesprek over de vorige dag of de belevenissen in het weekend. De boodschap is: het lokaal is van de leerkracht en jij bent hier als gast. Alle 'gasten' hebben belangstelling voor elkaar en vragen dus aan ieder wat hen bezighoudt.

Foto: MBI / Alamy Stock Photo

Rituelen

Rituelen zijn activiteiten die in een vaste volgorde herhaald worden; ze brengen tot uiting wat de kernwaarden van de organisatie zijn, wat de hoofddoelen zijn, wie de belangrijkste personen zijn en welke mensen overbodig zijn.[57]

Het bekende Nederlandse adviesbureau Twynstra Gudde houdt elke maand een dag vrij voor alle consultants om nieuwe ontwikkelingen te bespreken. Gedurende die dag stellen enkele senior en junior consultants hun projecten voor en laten zich adviseren door hun collega's. Het bedrijf maakt hiermee het streven tastbaar naar open communicatie, voortdurende ontwikkeling en hoge kwaliteitseisen.

Banken en verzekeraars hanteren vaste processen bij hypotheekaanvragen en schadeclaims. De communicatie heeft een zeer vormelijk karakter. De boodschap is: wij streven naar uiterste zorgvuldigheid en objectiviteit.

De organisatiecultuur ontwikkelt zich in de loop der jaren en is diepgeworteld in de kernwaarden, waar werknemers helemaal achter staan.

CULTUUR IN HET APENVERBLIJF

Een bekende anekdote om het ontstaan van cultuur te verduidelijken is het verhaal van de natte apen. In een dierentuin in Berlijn bevindt zich een apenkooi met een klimboom. Verzorgers hangen elke dag boven in de boom een banaan. Buiten de kooi staan verzorgers die de apen natspuiten zodra één aap ernaartoe wil klimmen. Al snel hebben de apen door dat zij de banaan dienen te negeren als ze droog willen blijven. Na verloop van tijd hoeft er niet meer gespoten te worden. Geleidelijk worden alle apen vervangen door nieuwe. Ook nadat de laatste aap die het natspuiten nog heeft meegemaakt vervangen is, wordt elke nieuwe aap, die – naïef als hij is – naar de verse banaan wil klimmen, onmiddellijk gecorrigeerd. Alle apen springen boven op hem om hem met schreeuwen en stompen duidelijk te maken dat zulk gedrag *not done* is. De herinnering aan de oorspronkelijke reden is wellicht verbleekt, maar wat overblijft, is een ongeschreven regel over hoe je je 'bij ons in de dierentuin' dient te gedragen. Ongeschreven gedragsregels en rituelen zijn kenmerkende elementen van elke cultuur.

16.4 Cultuurveranderingen begeleiden

Een organisatiecultuur ontwikkelt zich in de loop der jaren en is diepgeworteld in de kernwaarden, waar werknemers helemaal achter staan. Bovendien houdt een aantal krachten de cultuur in stand. Dat zijn onder meer op schrift gestelde verklaringen over de missie en filosofie van het bedrijf, de indeling van ruimtes en gebouwen, de dominante leiderschapsstijl, de traditionele selectiecriteria, promotiepraktijken uit het verleden, ingesleten rituelen, populaire verhalen over mensen en gebeurtenissen, vroegere criteria voor beoordelingen en de formele organisatiestructuur.
Juist omdat een organisatiecultuur bestaat uit zulke relatief stabiele kenmerken, is zij moeilijk te veranderen. Maar helemaal onmogelijk is het niet. Uit onderzoek blijkt dat het veranderen van de cultuur de grootste kans van slagen heeft als aan één of meer van de volgende voorwaarden is voldaan:

- *Er is sprake van een grote crisis*
  Een dergelijke schok ondermijnt de status quo en zet vraagtekens bij de bestaande cultuur. Voorbeelden zijn een onverwachte financiële tegenvaller, het verlies van een belangrijke afnemer of een grote technologische doorbraak bij een concurrent. Het komt voor dat topmanagers doelbewust een crisis in gang zetten om een cultuuromslag te stimuleren.
- *Een inspirerende leider*
  Een wisseling van de wacht, met andere kernwaarden, is doorgaans nodig om de cultuurverandering te laten slagen. De Raad van Commissarissen is mogelijk van oordeel dat nieuwe leiders een beter antwoord op de crisis kunnen vinden. Een nieuwe CEO van buitenaf zal eerder nieuwe cultuurwaarden inbrengen.
- *De organisatie is jong en klein*
  Cultuurveranderingen slaan beter aan in een jonge, kleine organisatie. Daar is de cultuur nog minder stevig verankerd. Ook kan het management in een kleine organisatie gemakkelijker zijn nieuwe waarden kenbaar maken. Dit verklaart trouwens waarom grote concerns vaak op zoveel moeilijkheden stuiten bij pogingen de cultuur te veranderen.
- *Een zwakke cultuur*
  Hoe wijder verspreid een cultuur is en hoe meer de leden overeenstemmen over de waarden, des te moeilijker is de cultuur te veranderen. Omgekeerd geldt dat zwakke culturen zich beter lenen voor veranderingen.
- *Het autonome effect van nieuwe bezems*
  Vaak brengt de komst van een nieuwe topmanager (bijvoorbeeld na pensionering van zijn voorganger) veranderingen met zich mee. De nieuwe topmanager zal trachten de waarden waar hij of zij in gelooft in het bedrijf in te voeren. Ook deze *nieuwe bezems* creëren soms een crisissfeer om te kunnen *vegen*. Het effect van dat geveeg wordt zichtbaar doordat sommige mensen plotseling een paar sporten lager op de ladder staan, terwijl anderen ineens meer invloed krijgen.

VRAAG
Kun je dit verschijnsel verklaren met behulp van de leader-member-exchange-theorie (LMX-theorie) uit hoofdstuk 12?

Ook als bovenstaande voorwaarden aanwezig zijn, mogen managers echter geen onmiddellijke of grote veranderingen in de organisatiecultuur verwachten. Cultuuromslag is een langdurig proces, dat gemeten moet worden in jaren en niet in maanden.

Lees op MyLab hoe Jan Timmer en Cor Boonstra in de jaren negentig de naar binnen gekeerde cultuur van Philips moesten veranderen naar een meer marktgerichte opstelling.

16.5 Een ethische organisatiecultuur creëren

Bijna dagelijks zijn er in de media wel voorbeelden te vinden van organisaties die geen fatsoenlijke ethische gedragscode hebben ingesteld. Sommige organisaties misleiden hun klanten of cliënten zelfs actief. Andere organisaties maken producten die de consument of de omgeving schaden, of zij intimideren of discrimineren bepaalde groepen werknemers. Een systematische cultuur van onethisch gedrag kan echter op den duur zeer negatieve gevolgen hebben: denk aan een faillissement door fraude, een negatief imago in de publieke opinie, een klantenboycot, hoge boetes, slepende rechtszaken en het uitlokken van nieuwe overheidsregels die door alle verplichte controles en extra registraties de kosten van de bedrijfsvoering omhoogjagen.

Het instellen van een positief ethisch klimaat moet aan de top van de organisatie beginnen.[58] Een onderzoek onder 195 managers heeft aangetoond dat als het topmanagement sterk ethische waarden benadrukt, de kans groter is dat de lagere leidinggevenden ook ethisch leiderschap tonen. Een positieve ethische houding wordt overgedragen op de lijnmedewerkers, die minder afwijkend gedrag vertonen, meer samenwerken en elkaar willen helpen. Uit een onderzoek onder accountants is gebleken dat de door hen waargenomen druk vanuit de organisatieleiding om zich onethisch te gedragen leidt tot een grotere intentie om zich ook werkelijk onethisch te gaan gedragen.[59] Het is duidelijk dat het verkeerde soort organisatiecultuur een negatieve invloed kan uitoefenen op het ethische gedrag van de werknemers. Tot slot blijkt dat werknemers die ethische waarden hebben die vergelijkbaar zijn met die van hun afdeling een grotere kans op promotie maken.[60]

Ondanks verschillen tussen bedrijfstakken en culturen hebben alle ethische culturen bepaalde waarden en processen gemeen.[61] Wat kan het management doen om een ethischer cultuur te creëren? Het lijkt het beste om twee of meer van onderstaande maatregelen te combineren:[62]

- *Wees zichtbaar als rolmodel*
  Werknemers zien het gedrag van het topmanagement als een na te volgen voorbeeld voor het definiëren van hun eigen gedrag. Wanneer het hogere management ethisch hoogstaande principes hanteert, is dat een duidelijke boodschap voor het personeel.
- *Draag ethische verwachtingen duidelijk uit*
  Ethische ambiguïteit is minimaal als je een ethische gedragscode voor de hele organisatie verspreidt. Daarin verduidelijk je de primaire waarden en de ethische regels waaraan werknemers zich moeten houden.
- *Zorg voor trainingen in ethiek*
  Organiseer seminars, workshops en andere trainingsprogramma's. Versterk daarmee de gedragsregels van de organisatie. Leg uit welke praktijken niet toelaatbaar zijn en ga ethische dilemma's niet uit de weg.
- *Beloon, voor iedereen zichtbaar, ethisch handelen en straf onethisch handelen*
  In prestatiebeoordelingen van managers moeten hun beslissingen afgezet worden tegen de ethische normen van de organisatie. Daarbij moet men zowel naar doelen als naar gebruikte middelen kijken. Mensen die ethisch handelen, moeten openlijk beloond worden. Even belangrijk is dat onethisch gedrag openlijk bestraft wordt.

- *Zorg voor beschermingsmechanismen*
  De organisatie moet formele mechanismen instellen, zodat werknemers ethische dilemma's kunnen bespreken en onethisch gedrag kunnen melden zonder bang te hoeven zijn voor represailles. Het kan verstandig zijn om een functie van vertrouwenspersoon of ombudsman te creëren.

16.6 Een positieve organisatiecultuur creëren

De trend van het laatste decennium is het streven naar een positieve organisatiecultuur. Sommigen zullen dit als hopeloos naïef beschouwen, 'want alles draait toch alleen om geld?'. Maar omdat er tekenen zijn dat managementpraktijken en GiO-onderzoek beginnen samen te vallen, denken wij toch dat deze trend zich zal doorzetten. Een **positieve organisatiecultuur** wordt gedefinieerd als een cultuur die de nadruk legt op de sterke kanten van werknemers, meer beloont dan straft en de nadruk legt op individuele vitaliteit en groei. We lopen nu deze drie aspecten elk afzonderlijk langs.

Lees op MyLab meer over integriteit bij de Nederlandse overheid en in het Nederlandse bedrijfsleven.

Vertrouwen op de sterke kanten van werknemers

Veel GiO- en managementpraktijken gaan over het oplossen van problemen met werknemers. Een positieve organisatiecultuur negeert die problemen niet, maar richt de aandacht meer op de vraag hoe werknemers hun sterke kanten optimaal kunnen benutten. Managementgoeroe Peter Drucker formuleerde het zo: 'De meeste Amerikanen weten niet wat hun sterke kanten zijn. Wanneer je hun ernaar vraagt, kijken ze je glazig aan, of ze geven een antwoord in termen van kennis over het onderwerp, wat een fout antwoord is.' Kun jij je sterke kanten benoemen? Zou het niet mooi zijn als je in een organisatiecultuur werkte die je hielp om je sterke kanten te ontdekken en je leerde hoe je daar het meeste uit kunt halen?

Kijk op MyLab voor een integrale vergelijking van tien aspecten van een positieve en negatieve organisatiecultuur.

Meer belonen dan straffen

De meeste organisaties concentreren zich voldoende op extrinsieke beloningen als salarisverhogingen en promoties, maar vaak vergeten ze de kracht van kleinere (en goedkopere) beloningen zoals complimenten. Het creëren van een positieve organisatiecultuur betekent dat managers erop uit zijn werknemers 'te betrappen wanneer ze iets goed doen'. Het uiten van complimenten is een onderdeel van het creëren van een positieve organisatiecultuur. Veel managers houden hun lof voor zich, omdat ze bang zijn dat werknemers de boel dan laten versloffen of omdat ze denken dat lof niet wordt gewaardeerd. Werknemers niet prijzen kan echter een 'sluipmoordenaar' worden, omdat de frustratie zich 'opstapelt'. Omdat werknemers gewoonlijk niet om lof vragen, beseffen managers meestal niet wat de gevolgen zijn als ze die niet geven.

Lees op MyLab meer over hoe een Poolse manager een naargeestige situatie positief wist te beïnvloeden.

Vitaliteit en groei aanmoedigen

Een positieve organisatiecultuur legt niet alleen de nadruk op de effectiviteit van de organisatie, maar ook op de groei van mensen. Geen enkele organisatie haalt het beste uit zijn werknemers als die zichzelf alleen maar als een instrument of onderdeel van de organisatie zien. Een positieve organisatiecultuur laat merken dat de eigen ambities van werknemers ook belangrijk zijn. Ze toont niet alleen belangstelling voor de bijdrage van de werknemer aan de effectiviteit van de organisatie, maar ook voor alles wat de organisatie kan doen om werknemers te helpen hun carrièredoelen te verwezenlijken.

VRAAG

Past het concept van de positieve organisatiecultuur bij de vijf werkgerelateerde attitudes (zie paragraaf 2.2)?

Lees op MyLab hoe een Belgische manager een vertegenwoordiger hielp zich te ontwikkelen tot een vooraanstaande deskundige medewerker.

Rekening houden met de buitenwereld

Is een positieve cultuur een wondermiddel? Het is nog te vroeg om daarover te oordelen. Al hebben veel bedrijven aspecten van een positieve organisatiecultuur ingevoerd, het terrein is nog zo nieuw dat nog niet precies bekend is hoe en wanneer de cultuur het beste werkt.

Niet alle culturen waarderen een positieve houding zozeer als in de Verenigde Staten en in West-Europa, en ook binnen de Europese culturen zijn er grenzen aan het handhaven van een positieve cultuur. Een voorbeeld waar waarschijnlijk heel verschillend over gedacht zal worden is Admiral, een Brits verzekeringsbedrijf. Admiral heeft een zogenaamd 'Ministerie van Lol' opgericht in zijn callcenters, voor het organiseren van activiteiten als gedichten schrijven, voetbal, conkerwedstrijden (een Brits spel met kastanjes) en dagen waarop iedereen chic gekleed moet zijn.

VRAAG

Sommige studenten hebben een bijbaan in een callcenter. Als die in je klas of werkgroep zitten, vraag ze dan eens wat ze vinden van dit idee van Admiral. Wat zou de functie kunnen zijn van deze activiteiten?

Wanneer begint het streven naar een positieve cultuur dwangmatig of zelfs orwelliaans aan te doen? Een criticus merkte op: 'Bij het stimuleren van een sociale leer van altijd positief zijn richt men de aandacht op een stelsel van gewenste eigenschappen, maar dat kan stigmatiserend werken voor degenen die niet in dit sjabloon passen.'[63]

In het algemeen kunnen we stellen dat het creëren van een positieve cultuur zeker voordelen heeft, maar een organisatie moet ervoor blijven waken dat het niet ten koste gaat van de effectiviteit.

16.7 Een spirituele cultuur

Wat hebben Southwest Airlines, Hewlett-Packard, Ford, The Men's Wearhouse, Tyson Foods, Wetherill Associates en Tom's of Maine gemeen? Zij behoren tot een toenemend aantal organisaties dat een spirituele werkomgeving wil bieden.

Wat is spiritualiteit?

Spiritualiteit op het werk gaat niet over georganiseerde godsdienstbeoefening. Het gaat niet over god of theologie. Bij **spiritualiteit op het werk** wordt erkent dat mensen een geestelijk leven hebben dat leeft van en wordt gevoed door zinvol werk te doen in een bredere context.[64] Organisaties met een spirituele cultuur erkennen dat mensen zinvol werk willen doen en met andere mensen verbonden willen zijn als onderdeel van een grotere gemeenschap. Vele tot nu toe besproken onderwerpen – van taakontwerp tot maatschappelijk verantwoord ondernemen (MVO) – passen goed bij het begrip spirituele organisatie. Een bedrijf dat zijn best doet om leveranciers uit ontwikkelingslanden een eerlijke prijs (boven de markt) te betalen voor hun producten zodat die landen zich kunnen ontwikkelen – zoals Starbucks heeft gedaan – of zijn werknemers stimuleert om gebeden of inspirerende boodschappen met anderen te delen via e-mail – zoals Interstate Batteries heeft gedaan – kan een meer spirituele cultuur bevorderen.[65]

Waarom is spiritualiteit nu actueel?

Zoals we in hoofdstuk 3 opmerkten bij onze bespreking van emoties, ging de mythe van de rationaliteit uit van de aanname dat goed bestuurde organisaties de gevoelens van mensen uitschakelden. Aandacht voor het gemoedsleven van de werknemer bestond niet in dit volslagen rationeel model. Maar net zoals we inzien dat we door de bestudering van emoties een beter begrip van gedrag in organisaties krijgen, kunnen we met een (beter) besef van spiritualiteit het gedrag van werknemers beter begrijpen. Werknemers hebben uiteraard altijd al een gemoedsleven gehad. Waarom is het zoeken naar zinvol werk dan nu pas actueel geworden? In figuur 16.6 vatten we de redenen samen.

- Spiritualiteit kan een tegenwicht bieden tegen de druk en stress van een hectisch levenstempo.
- Moderne levensstijlen – eenoudergezinnen, geografische mobiliteit, het tijdelijke karakter van banen, nieuwe technologieën die afstand scheppen tussen mensen – onderstrepen het gebrek aan gemeenschap dat veel mensen ervaren, waardoor er een grotere behoefte aan betrokkenheid en verbinding ontstaat.
- De officiële religies werken voor veel mensen niet en daardoor blijven ze zoeken naar ankers die dat geloof kunnen vervangen en het toenemende gevoel van leegte kunnen vullen.
- Werk is voor veel mensen een dominante plaats in hun leven gaan innemen doordat het zo veeleisend is, maar toch blijven mensen zich afvragen of hun werk wel zinvol is.
- Mensen willen dat hun persoonlijke waarden aansluiten op het werk dat ze doen.
- Steeds meer mensen komen tot de conclusie dat hard werken om steeds meer materiële dingen te kunnen kopen niet bevredigend is.

FIGUUR 16.6 Redenen waarom de belangstelling voor spiritualiteit toeneemt

Kenmerken van spirituele organisaties

Het begrip spiritualiteit op het werk heeft raakvlakken met onze eerdere besprekingen van waarden, ethiek, motivatie en leiderschap. Hoewel we nog pas voorlopige onderzoeksresultaten hebben, lijken spirituele organisaties de volgende culturele kenmerken te bezitten:[66]

- *Welwillendheid*
  Spirituele organisaties hechten er waarde aan dat mensen vriendelijk tegen elkaar zijn en dat de werknemers van de organisatie en andere belanghebbenden zich goed voelen.

- *Sterk besef van een zinvol doel*
  Spirituele organisaties bouwen hun cultuur rond een zinvol doel. Hoewel winst maken belangrijk kan zijn, is dat niet de voornaamste waarde.
- *Vertrouwen en respect*
  Spirituele organisaties worden gekenmerkt door wederzijds vertrouwen, eerlijkheid en openheid. Werknemers worden fatsoenlijk behandeld en gewaardeerd, en de individuele werknemer wordt in zijn waarde gelaten.
- *Ruimdenkendheid*
  Spirituele organisaties vinden het belangrijk dat hun werknemers flexibel kunnen denken en creatief zijn.

Een spirituele organisatie scheppen

Veel organisaties zijn geïnteresseerd geraakt in spiritualiteit, maar hebben ook gemerkt dat het nog niet zo gemakkelijk is om hun principes in praktijk te brengen. Een spirituele werkomgeving kan op verschillende manieren worden bevorderd,[67] bijvoorbeeld door regelingen in te voeren voor een beter evenwicht tussen werk- en privéleven. De leiders kunnen waarden, attitudes en gedrag (ver)tonen die de werknemers intrinsiek motiveren en hen het gevoel geven dat ze met hun werk een roeping vervullen. Ten tweede kun je een spirituele werkomgeving scheppen door werknemers te stimuleren na te denken over wat hun werk zinvol maakt; vaak wordt dit gedaan via groepsbegeleiding en organisatieontwikkeling, een onderwerp dat we in hoofdstuk 17 behandelen. Ten derde bieden steeds meer bedrijven, zoals Taco Bell en Sturdisteel, hun werknemers de mogelijkheid om met een pastoraal werker te spreken. In de Verenigde Staten zijn veel van dat soort pastoraal werkers in dienst van uitzendbureaus, zoals Marketplace Chaplains USA, terwijl bedrijven als R.J. Reynolds Tobacco en Tyson Foods zelf pastoraal werkers in dienst hebben. Dat er in een organisatie bedrijfspastors werken, die vaak gewijde priesters of aangestelde predikanten uit de christelijke kerk zijn, valt uiteraard niet bij iedereen in goede aarde. Maar het is niet de bedoeling dat ze missie- of zendingswerk doen; ze helpen personeelszaken om werknemers te bedienen die het christelijk geloof al aanhangen.[68] Het moet zeker worden gestimuleerd dat leiders van andere geloofsrichtingen een vergelijkbare rol krijgen.

Kritiek op spiritualiteit

Critici van de spiritualiteitsbeweging richten zich op drie punten. Ten eerste de vraag wat nu eigenlijk de wetenschappelijke basis is. Er is relatief weinig onderzoek gedaan naar spiritualiteit op het werk, en soms wordt er zo'n brede definitie gehanteerd dat zaken variërend van taakroulatie tot bedrijfsuitjes naar meditatiecentra spiritueel worden genoemd. Ten tweede kunnen sommige werknemers een ongemakkelijk gevoel krijgen van de nadruk op spiritualiteit. Critici stellen dat seculiere instellingen, en dan vooral bedrijven, geen spirituele waarden moeten opleggen aan hun werknemers.[69] Dit punt van kritiek is ongetwijfeld terecht als spiritualiteit wordt omschreven als godsdienst en god op het werk brengen. Maar de kritiek lijkt minder steekhoudend als spiritualiteit betekent dat je werknemers helpt om zingeving in hun werk te vinden. Tot slot is de vraag of spiritualiteit en winst maken verenigbare doelen zijn, relevant voor managers en investeerders in het bedrijfsleven. Het beperkte bewijs dat er is, duidt erop dat ze wel verenigbaar zijn. Uit een onderzoek blijkt dat organisaties die hun werknemers de gelegenheid bieden om zich spiritueel te ontwikkelen beter presteren dan organisaties die dat niet doen.[70] Andere onderzoeken concluderen dat er een positief verband is tussen spiritualiteit in de organisatie en creativiteit, werktevredenheid, betrokkenheid bij het werk en het zich verbonden voelen met de organisatie.[71]

VOORBEELD

Een Nederlandse invulling van spiritualiteit (lees: betekenisgeving) is identiteitsmarketing. In dit model dat losjes is gebaseerd op de behoeftehiërarchie van Maslow wordt gesteld dat organisaties zich kunnen ontwikkelen van overleven, via relatievorming en optimaal presteren tot betekenisgeven. Kernvraag is: wat dragen wij als organisatie eigenlijk bij aan onze omgeving? Het is duidelijk dat betekenis geven aan je handelen, het gevoel hebben dat je zinvol bezig bent en voor een hoger doel dan winst alleen een vorm van spiritualiteit kan zijn. Zie bijvoorbeeld de Facebookpagina van De Betekenisfabriek.

16.8 Toepassing in de organisatiepraktijk

Om een sterke cultuur te ontwikkelen en in stand te houden is het belangrijk dat er een goede *fit* is tussen organisatiecultuur en medewerkers. Zoals aangegeven in paragraaf 16.2.1 zijn daarvoor drie zaken van belang: goede selectie, voorbeeldgedrag en – vooral – aandacht voor een succesvolle socialisatie. Vooral bij de eerste en laatste voorwaarde speelt de HR-functie van een organisatie een doorslaggevende rol. We zullen deze twee voorwaarden daarom hier nog iets verder uitdiepen.

Selectie

Meestal worden er meerdere kandidaten aangewezen die voldoen aan de vereisten van een baan. Naast de beoordeling van ervaring en competenties moet de selectieprocedure ervoor zorgen dat de organisatie zich een oordeel kan vormen over hoe goed de kandidaten in de organisatie passen. Deze poging om voor een juiste match te zorgen, of dat nu bewust of onbewust gebeurt, leidt ertoe dat er mensen worden aangenomen met waarden die in essentie overeenkomen met die van de organisatie (of in ieder geval voor een groot deel).[72] Daarnaast krijgen sollicitanten tijdens het selectieproces ook informatie over de organisatie. Kandidaten leren de organisatie kennen en kunnen zich terugtrekken als ze denken dat hun eigen waarden met die van de organisatie botsen. De selectie is dus tweerichtingsverkeer; de werkgever of de sollicitant kan de samenwerking laten schieten als er onvoldoende overeenkomsten blijken te zijn. Het selectieproces houdt dus de cultuur van de organisatie in stand door personen die haar kernwaarden zouden kunnen ondermijnen of aanvallen niet te selecteren.

Socialisatie

Nieuwe werknemers zijn nog niet doordrenkt met de organisatiecultuur. De meeste grote organisaties hebben introductieprogramma's en mentorschappen ingevoerd om het socialisatieproces op een voorspelbare manier te laten verlopen. De belangrijkste socialisatiefase is immers de periode dat je nog nieuw bent in de organisatie. Dat is het moment dat de organisatie de buitenstaander nog kan 'kneden' tot een passende werknemer. Mensen die het essentiële rolgedrag niet aanleren, lopen het risico het stempel van *non-conformisten* of *rebellen* te krijgen en uiteindelijk de laan uitgestuurd te worden. Na de beginfase zal de organisatie iedere medewerker verder indoctrineren, al dan niet expliciet, via diens loopbaan binnen de organisatie. Dit doorgaande proces draagt bij aan het *voortbestaan* van de cultuur.
In het sollicitatieproces spelen de sollicitatiebrief en het cv een belangrijke rol. Deze middelen geven een blik op de voorfase van de socialisatie. In veel banen, vooral van hoogopgeleiden, zijn mensen al aanzienlijk gesocialiseerd door opleiding en scholing.

De meeste HR-functionarissen in bedrijven weten heel goed dat je niet elke willekeurige persoon in de door jouw gewenste vorm kunt socialiseren. Sterker nog, gedrag uit het verleden voorspelt het beste hoe nieuwkomers zich in de toekomst zullen gedragen. Het gaat er dus vooral om mensen met de geschikte 'opmaak' te vinden. Uit onderzoek blijkt dat wat mensen weten, voordat ze bij een organisatie komen én de mate waarin ze een proactieve persoonlijkheid hebben (zoals beschreven in hoofdstuk 4) van vitaal belang zijn bij de voorspelling over hun aanpassingsvermogen aan de nieuwe cultuur.[73] Door werknemers met de *juiste opmaak* te selecteren, kan het bedrijf profiteren van de socialisatie tijdens de voorfase. Het bedrijf kan het selectieproces gebruiken om de beoogde werknemers te informeren over de organisatie als geheel. Daarnaast werkt het selectieproces ook om het *juiste type* eruit te halen – degenen die in de organisatiecultuur passen. Of iemand een passend beeld van zichzelf kan laten zien tijdens de selectieprocedure, bepaalt of hij überhaupt bij de organisatie kan komen werken. Of een kandidaat daarin slaagt, hangt af van het vermogen van de kandidaat om correct te anticiperen op de verwachtingen en wensen van de organisatieleden die over de selectieprocedure gaan.[74]
Tijdens de kennismakingsfase ontdekken mensen of de baan en de sfeer overeenkomen met hun verwachtingen. Dit proces kan volledig aan het individu worden overgelaten, maar ook worden begeleid. Veel grote organisaties kiezen voor het laatste door de instelling van introductieprogramma's en mentorschappen. Nieuwe werknemers krijgen een rondleiding door het bedrijf, maken kennis met andere afdelingen en worden ingewijd in de geheimen van de softwarepakketten of machines waarmee ze zullen gaan werken. Er zijn sessies die gaan over de bedrijfsregels en instructiebijeenkomsten over de taakuitvoering. Vaak krijgen mensen een persoonlijk begeleider of mentor toegewezen. Van de collega's wordt verwacht dat zij de nieuwkomer helpen als die vragen heeft. De leidinggevende checkt regelmatig of de nieuwkomer het naar zijn zin heeft en ziet erop toe dat de interne procedures (het vastleggen van persoons-, functie- en salarisgegevens, het toekennen van een interne e-mailaccount en autorisatie voor gebruik van toegekende systemen, een werkplek enzovoort) zo snel mogelijk leiden tot inpassing. Als het proces goed verloopt, zal de medewerker de zorg waarderen en zich veilig gaan voelen in de organisatie.
Ook het netwerk van vrienden en collega's van werknemers kan een cruciaal middel zijn om de cultuur en het werk te leren kennen. Nieuwkomers zijn meer betrokken bij de organisatie wanneer ze daar een groot en divers vriendennetwerk hebben. Organisaties kunnen nieuwkomers dus helpen socialiseren door hen te stimuleren vriendschapsbanden aan te gaan binnen organisaties.[75]
Hoe meer organisaties gebruikmaken van formele, collectieve, vaste en opeenvolgende socialiseringsprogramma's gericht op afstand doen van voorgaande waarden, hoe groter de kans is dat de verschillen in opvattingen van nieuwkomers verdwijnen en worden vervangen door gestandaardiseerd en voorspelbaar gedrag. En dus hoe beter de metamorfose verloopt.
Vaste introductie- en begeleidingsprogramma's zijn vooral gebruikelijk bij de politie, brandweer en allerlei andere organisaties die veel waarde hechten aan het volgen van de regels en orde (handhaven). Programma's die informeel, individueel, willekeurig en variabel zijn, geven de nieuwkomers eerder het besef dat ze hun rol innovatief en autonoom kunnen invullen. In creatieve sectoren als research & development, de reclamewereld en de filmindustrie vertrouwt men vaak op deze individuele praktijken. Uit het meeste onderzoek komt naar voren dat geplande programma's de afstemming tussen de persoon en de organisatie en commitment bevorderen, terwijl individuele ad-hocpraktijken tot meer rolinnovatie leiden.[76]

Universeel of cultureel?

We hebben al een aantal keer gezegd dat we rekening moeten houden met nationale verschillen als we goede voorspellingen willen doen over gedrag in organisaties in verschillende landen. Het behoeft geen betoog dat organisatieculturen van internationale bedrijven in verschillende landen beïnvloed zullen worden door nationale culturen. Maar is de nationale cultuur belangrijker dan de organisatiecultuur?

De invloed van de nationale cultuur

Weerspiegelt een IBM-vestiging in Duitsland meer het Duitse karakter of meer de organisatiecultuur van IBM? Onderzoek geeft aan dat de nationale cultuur een grotere invloed heeft op werknemers dan de organisatiecultuur. Duitse werknemers in een IBM-vestiging in München zullen dus sterker beïnvloed zijn door de Duitse cultuur dan door de IBM-cultuur. Dat betekent dat hoe sterk de organisatiecultuur het gedrag van werknemers ook vormt, de nationale cultuur altijd nog meer invloed heeft. Wel moeten we de kanttekening plaatsen dat bij personeelswerving een zekere zelfselectie plaatsvindt. Wanneer een Britse multinational iemand aanneemt voor de activiteiten in Italië, zal hij niet zozeer bezig zijn met of hij een *typisch Italiaanse werknemer* is, maar veel meer met of die persoon past bij het bedrijf. We mogen verwachten dat multinationals het selectieproces zullen benutten om mensen aan te trekken die goed passen in de dominante organisatiecultuur, ook als de sollicitanten geen typische vertegenwoordigers van hun land zijn.

Cultuurgevoeligheid is tweerichtingsverkeer

Rekening houden met de cultuur van andere landen is geen eenrichtingsverkeer. Cultuurgevoeligheid werkt natuurlijk twee kanten op. Bedrijven moeten zich rekenschap geven van de verschillen tussen de eigen cultuur en die van de landen waar ze hun bedrijven vestigen. Soms wordt in een buitenlandse vestiging de eigen cultuur klakkeloos meeverhuisd. Dit komt doordat men de eigen cultuur niet als zodanig herkent. De eigen waarden worden als vanzelfsprekend beschouwd en daardoor is men er blind voor.
Toen McDonalds naar Rusland kwam, brachten ze hun sterke organisatiecultuur mee. Ze trainden hun Russische personeel in de open en uitbundige 'McDonalds-glimlach'. Tot grote schrik van de Russische klanten. 'Wat staan jullie naar me te grijnzen?!', vroeg een Russische klant: 'Wat is er met je aan de hand?' Het verschil lag behalve aan de McDonalds organisatiecultuur ook aan de landencultuur. Met een score van 68 op de dimensie hedonisme-versus-soberheid, kennen de Verenigde Staten een sterk hedonistische cultuur (zie hoofdstuk 4). Het tonen van en toegeven aan geluk, zoals breeduit glimlachen is in de Verenigde Staten normaal. Met een score van twintig, is Rusland sterk in soberheid, en is het niet de norm om tegen wildvreemden te lachen of breeduit te glimlachen.[77]
En ja, net als westerse bedrijven maken ook oosterse bedrijven hierin fouten. Een voorbeeld van zo'n bedrijf is de Japanse computerspelontwikkelaar Koei, die een vestiging in Canada heeft. Koei verlangt van de medewerkers dat ze drie keer per week de dag naast hun bureau beginnen met hun gezicht naar de baas. Ze zeggen in koor 'goedemorgen', en daarna zijn er korte speeches van werknemers over onderwerpen die uiteenlopen van bedrijfsprincipes tot

3D-game-mechanismen. Daarnaast worden de vrouwelijke werknemers bij Koei geacht thee te serveren aan belangrijke gasten. Deze gang van zaken is consistent met de (Japanse) cultuur van Koei, maar ze past bepaald niet in de Canadese cultuur. 'Het is net of je in het kringgesprek op de lagere school zit', zei een Canadese werknemer hierover.[78]

Cultuur en ethiek

Ethisch gedrag managen is een van de terreinen waarop wrijving kan ontstaan tussen de nationale cultuur en de bedrijfscultuur.[52] Amerikaanse managers staan achter de suprematie van anonieme marktkrachten en zien winstmaximalisatie impliciet of expliciet als een morele verplichting voor zakelijke organisaties. In dit wereldbeeld worden omkoping, nepotisme en vriendjespolitiek als zeer onethisch beschouwd. Activiteiten die niet op winstmaximalisatie zijn gericht, worden beschouwd als ongepast of corrupt gedrag. Voor managers in ontwikkelingslanden zijn ethische beslissingen juist vaker ingebed in een sociale omgeving. Dat betekent dat speciale gunsten verlenen aan familie en vrienden voor hen niet alleen gepast is, maar misschien wel een ethische verantwoordelijkheid. In de meeste landen van de Europese Unie, kijken mensen sceptisch aan tegen het extreme Amerikaanse kapitalisme. De overheersende mening is dat de belangen van de werknemers tegen de belangen van de aandeelhouders moeten worden afgewogen, wat de winstmaximalisering zou kunnen belemmeren.

KERN VAN DIT HOOFDSTUK

Figuur 16.7 geeft een beeld van de invloed van organisatiecultuur op gedrag. Werknemers vormen zich een algemeen subjectief beeld van de organisatie op basis van factoren als de mate van risicotolerantie, nadruk op teamwerk en de steun voor mensen. Deze algemene perceptie zal in feite de cultuur of persoonlijkheid van de organisatie worden en beïnvloedt de prestaties en de tevredenheid van de werknemers, waarbij sterkere culturen een grotere impact hebben.

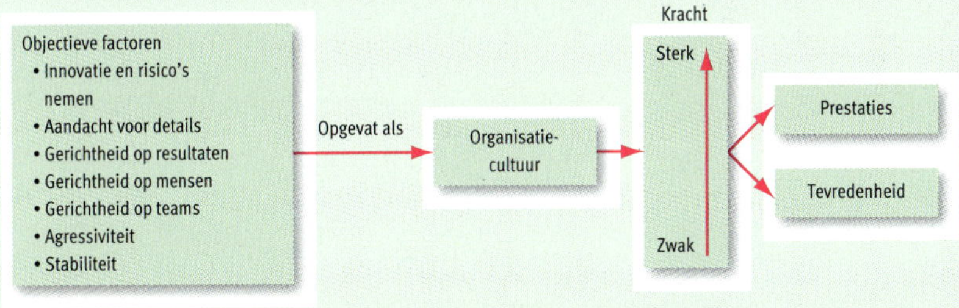

FIGUUR 16.7 Hoe de organisatiecultuur de werknemersprestaties en -tevredenheid beïnvloedt

- Hou in de gaten dat een organisatiecultuur betrekkelijk vastligt op de korte termijn. Om verandering aan te brengen heb je het topmanagement nodig en een langetermijnstrategie.
- Neem bij voorkeur mensen in dienst van wie de waarden passen bij die van de organisatie; zulke medewerkers blijven namelijk langer betrokken en tevreden. Het is niet verrassend dat het personeelsverloop onder *misfits* aanzienlijk groter is.

- Zorg dat de nieuwe medewerkers goed getraind worden en hou ze op de hoogte van veranderingen in hun taken en rollen. Als een werknemer begrijpt wat de juiste manier is om zijn werk te doen, dan geeft dat aan dat de socialisatie in de functie goed is verlopen.
- Als manager geef je vorm aan de cultuur van je werkomgeving en soms word je zelf in even grote mate door die cultuur gevormd. Iedere manager kan zijn steentje bijdragen aan het tot stand brengen van een ethische cultuur. Eveneens kan elke manager zich afvragen wat spiritualiteit kan betekenen voor zijn organisatie en hoe die kan bijdragen aan een positieve cultuur.
- Wees je ervan bewust dat je de organisatiecultuur misschien niet kunt 'overplanten' naar andere landen. Verdiep je eerst goed in de relevantie van jouw organisatienormen voor een ander land voordat je nieuwe plannen of initiatieven ontplooit in dat land.

Pearson | MyLab

Op **www.pearsonmylab.nl** vind je studiemateriaal en de eText om je begrip en kennis van dit hoofdstuk uit te breiden en te oefenen.

HOODFSTUK 17

Organisatieverandering en organisatieontwikkeling

NA BESTUDERING VAN DIT HOOFDSTUK BEN JE IN STAAT OM:

1. vast te stellen welke krachten aanzetten tot veranderen en geplande verandering;
2. te beschrijven op welke manieren weerstand tegen verandering kan worden overwonnen;
3. de vier belangrijkste veranderkundige benaderingen met elkaar te vergelijken;
4. de kenmerken van een lerende organisatie te beschrijven;
5. het belang van innovatie voor organisaties te kunnen toelichten;
6. de oorzaken, symptomen en gevolgen van werkstress te beschrijven;
7. individuele en organisatiebenaderingen te noemen om stress op het werk te beheersen;
8. de mondiale verschillen in reacties op organisatorische verandering en stress te verklaren.

Het doel van dit boek is een bijdrage te leveren aan het beter functioneren van organisaties. Om dat te bereiken moeten we extra aandacht besteden aan twee praktijken die in alle organisaties spelen: verandering en stress. We beginnen met het verschijnsel verandering dat vaak leidt tot stress. We zullen zien dat er twee soorten organisatieverandering te onderscheiden zijn: reactieve verandering en proactieve (geplande) verandering.

17.1 Krachten die aanzetten tot verandering

Bijna alle organisaties hebben te maken met een dynamische en veranderlijke omgeving waaraan ze zich moeten aanpassen. Ook al had Apple veel succes met zijn iPad, het stijgende aantal concurrenten op het gebied van tablets duidt erop dat Apple continu zal moeten vernieuwen en innoveren om marktleider te blijven. *Change or die!*

is wereldwijd een veelgehoorde kreet onder leidinggevenden en managers. We geven nu eerst een overzicht van zes krachten die een aanzet geven tot verandering.

17.1.1 Veranderde samenstelling van het personeelsbestand

Vrijwel iedere organisatie moet zich aanpassen aan een multiculturele omgeving, aan demografische en technologische veranderingen (vergrijzing, digitalisering, robotisering, kunstmatige intelligentie en nanotechnologie), vrij verkeer van mensen binnen de Europese Unie en het verplaatsen van werk naar andere landen.

17.1.2 Technologische ontwikkelingen

Banen en organisaties veranderen steeds sneller door technologie. Computers zijn volstrekt normaal in vrijwel elke organisatie en *devices* zoals smartphones en tablets worden door een groot deel van de bevolking als onontbeerlijk beschouwd. Computernetwerken geven hele bedrijfstakken een ander aanzien en dynamiek, bijna alle bedrijven moeten nu een evenwicht zien te vinden tussen toegang tot technologie en privacykwesties. Kantoren als werkplek zijn in de toekomst waarschijnlijk iets uit het verleden (een *antiek concept*). De invoering van de ov-chipkaart heeft grote gevolgen gehad voor reizigers, maar ook voor medewerkers van de vervoersbedrijven. De loketten op de stations zijn vrijwel verdwenen, de werkgelegenheid eveneens. De centrale afdeling van de NS, die de gelden van de decentrale verkooppunten inde, is door deze technieken sterk worden ingekrompen. Tegelijkertijd is er een flinke IT-afdeling en communicatieafdeling opgetuigd om in de veranderende bedrijfsprocessen te ondersteunen.

Kwaliteitszorg en continue verbetering

In hoofdstuk 1 beschreven we het management van kwaliteit als het streven naar klanttevredenheid door middel van continue verbetering van alle processen in de organisatie. Deze speurtocht naar **continue verbetering** erkent dat 'goed' niet langer goed genoeg is en dat we zelfs uitmuntende prestaties moeten blijven verbeteren. Een voor 99,99 procent foutloze prestatie klinkt misschien heel fraai. Maar daar kom je snel van terug als je beseft dat deze norm van 99,99 procent zou betekenen dat de Amerikaanse posterijen 2000 poststukken per dag kwijtraken of dat er elke dag een vliegtuig neerstort op Schiphol! Programma's voor kwaliteitsbeheersing streven naar continue procesverbeteringen, zodat de variabiliteit steeds geringer wordt. Wanneer je variaties elimineert, wordt het product of de dienst uniformer. En dat resulteert weer in lagere kosten en een hogere kwaliteit.

Wat zijn de gevolgen voor werknemers als de organisaties waar ze werken met behulp van methoden als *total quality management* en *lean management* continue procesverbetering invoeren? Ze zullen niet langer op de lauweren van hun successen uit het verleden kunnen rusten. Sommige mensen zullen meer stress ervaren, omdat hun baan en positie op de langere termijn niet zeker zijn. Een race zonder finish kan nooit gewonnen worden – een situatie die constant spanning oproept. Deze spanning kan positief uitpakken voor de organisatie (denk maar aan de functionele conflicten uit hoofdstuk 14), maar de druk van de niet-aflatende speurtocht naar procesverbeteringen kan bij sommige mensen angst en stress teweegbrengen.

Re-engineering van processen

Toegepast op organisaties houdt ***re-engineering*** van processen in dat het management met een schone lei begint en de kernprocessen waarmee de organisatie waarde creëert grondig analyseert en herontwerpt. Alles wat niet direct ten goede komt aan kwaliteit, levertijd en klantgerichtheid van het proces wordt zeer kritisch tegen het licht gehouden. Verouderde activiteiten die niet langer voldoen worden geschrapt en nieuwe activiteiten worden zo veel mogelijk geautomatiseerd.[1]

Kenmerkend voor re-engineering is dat de organisatie alle activiteiten wil organiseren rond horizontale processen. Dit brengt de inzet van crossfunctionele en zelfsturende teams met zich mee. Het betekent dat de focus ligt op processen in plaats van op functies. Het betekent ook dat het mes gezet wordt in overbodige lagen in het middenkader.

Deze banen zijn in Europa goeddeels verdwenen.

Foto's: (b:) Christine Langer-Pueschel / Shutterstock / Pearson Asset Library; (o:) Ammit Jack / Shutterstock / Pearson Asset Library

Al sinds de jaren tachtig is re-engineering van processen populair. Een van de belangrijke gevolgen hiervan is geweest dat veel mensen – met name werknemers die werkzaam waren op het gebied van administratieve ondersteuning en middenmanagement – hun baan verloren. Nu ook de grote administratieve organisaties als banken, verzekeraars en het UWV de mogelijkheden van ICT voluit kunnen benutten, lezen we regelmatig berichten over plannen om duizenden arbeidsplaatsen te schrappen. En de werknemers die hun baan behouden na afloop van de re-engineering, merken nogal eens dat ze niet meer dezelfde baan hebben. Hun werk vereist een breder scala aan vaardigheden en omgaan met dynamiek – meer interactie met klanten en leveranciers, meer uitdaging, grotere verantwoordelijkheid en dat lang niet altijd tegen een hoger salaris. De drie tot vijf jaar die het herontwerp van processen gemiddeld in beslag neemt, is meestal een moeilijke periode voor werknemers. Ze kampen met onzekerheid en spanningen rond de nieuwe taken en moeten vertrouwde werkmethoden en formele sociale netwerken opgeven.

Lees op MyLab hoe Ford Motor Company op de crediteurenafdeling een reductie van het aantal fte's realiseerde van 500 naar 75.

Lees op MyLab hoe procesverbetering vanwege kwaliteitszorg, of lean management uitwerkt voor de medewerkers.

VRAAG

In de industriële revolutie tijdens de negentiende eeuw werd ambachtelijk handwerk overgenomen door machines. De mechanisering van de landbouw leidde tot het afstoten van massa's landarbeiders. Al deze mensen vonden nieuwe banen in de industrie, de handel en distributie, de financieel-administratieve sector en in allerlei andere delen van de dienstensector. De automatisering in de jaren tachtig en negentig van de twintigste eeuw lieten een soortgelijk effect zien. De data economie is de huidige industriële revolutie, denk aan big data en business intelligence. In welke sectoren verwacht je dat nu en in de toekomst nieuwe werkgelegenheid ontstaat?

17.1.3 Economische schokken

Economische schokken hebben ook een enorme impact op organisaties. Tijdens de grote recessie van 2007 tot 2009 verloren wereldwijd miljoenen mensen hun baan, daalde de waarde van huizen drastisch en verdwenen vele bekende grote Amerikaanse financiële bedrijven als Merrill Lynch, Countrywide Financial en Ameriquest, of werden overgenomen. In veel landen is het economisch herstel weer ingezet en zijn er nieuwe vooruitzichten op banen en investeringen. Andere landen, zoals Griekenland en Spanje, kost het meer moeite om er economisch bovenop te komen, waardoor de levensvatbaarheid van veel Griekse en Spaanse organisaties beperkt is.

BANKENCRISIS

In de nasleep van de kredietcrisis stond topman Gerrit Zalm voor de opgave de integratie van het restant van Fortis met ABN AMRO af te ronden en tegelijkertijd de culturele integratie van ABN en AMRO te voltooien. Vanwege Europese regelgeving moest hij tevens enkele delen van de bank afsplitsen en verkopen. Deze veranderingen hebben grote gevolgen gehad voor de medewerkers. Ze kregen andere bazen en moesten leren werken met andere procedures en informatiesystemen. Ook waren er taal- en cultuurverschillen tussen de oorspronkelijke organisaties. Tegelijkertijd moeten ook nu nog andere veranderingen worden doorgevoerd als gevolg van de technologische ontwikkelingen. De moderne klant komt vrijwel niet meer op de kantoren, maar handelt zijn bank- en verzekeringszaken af achter de pc thuis of via een app op zijn smartphone. Denk aan contactloos betalen en betaalapps. Dit leidt op zijn beurt tot sluiting van kantoren en verlies van arbeidsplaatsen. Voor tal van medewerkers betekent dit frustratie omdat *hun* projecten niet doorgaan of omdat ze ontslagen worden.

17.1.4 Concurrentie

De concurrentieverhoudingen veranderen eveneens. In de mondiale economie van vandaag kan de concurrentie net zo goed aan de andere kant van de oceaan zitten als aan de andere kant van de wijk of stad. Door de fellere concurrentie moeten gevestigde bedrijven zich enerzijds verdedigen tegen traditionele concurrenten die nieuwe producten en diensten ontwikkelen, en anderzijds tegen kleine ondernemende bedrijven met een innovatief aanbod. Organisaties kunnen het volhouden als ze alert reageren op de concurrentie. In de traditionele lineaire economie moeten ze in korte tijd nieuwe producten ontwikkelen en op de markt brengen. Ze kunnen een bepaald product (of een bepaald model, denk aan de jaarlijkse stroom nieuwe modellen smartphones) maar korte tijd produceren, gaan uit van korte productlevenscycli en een voortdurende stroom nieuwe producten ofwel modellen. Vanuit de maatschappij ontstaat echter ook de vraag naar circulaire businessmodellen; de organisatie zal moeten transformeren. Met andere woorden: organisaties moeten flexibel zijn. Het benodigde personeel is ook flexibel en snel reagerend; het personeel kan zich aanpassen aan snel en drastisch veranderende omstandigheden.

17.1.5 Sociale trends

Sociaal maatschappelijke trends zijn sterk dynamisch; dus in beweging. In tegenstelling tot nog maar twintig jaar geleden delen mensen tegenwoordig enorme hoeveelheden informatie met elkaar en met tal van bedrijven en instanties via internet. Privacy is dan soms ver te zoeken. Tegelijkertijd snakken veel mensen naar geborgenheid, herkenbaarheid en kleinschaligheid. Consumenten, medewerkers en managers en andere stakeholders zijn in toenemende mate gericht op milieu- en klimaataspecten. Duurzame bedrijfsvoering en circulaire productie- en dienstprocessen zijn niet langer een optionele keuze maar worden verwacht.

Veranderingen leiden wereldwijd tot onzekerheid en protest.

Foto: Lucian Milasan / 123RF

17.1.6 Globalisering

Zelfs de grootste voorstanders van globalisering hadden niet kunnen weten dat de wereld zo sterk zou veranderen. We hebben grote financiële crises gezien die de wereldwijde markten op hun grondvesten hebben doen schudden, een enorme toename van de macht en invloed van China, en dramatische en radicale omwentelingen in de Arabische wereld. In de geïndustrialiseerde wereld is het bedrijfsleven (in het bijzonder de financiële sector) onder een vergrootglas komen te liggen vanwege allerlei schandalen en machtsmisbruik. En op de achtergrond is er steeds de dreiging van de klimaatverandering met haar ontwrichtende gevolgen, bijvoorbeeld door bosbranden of overstroming van dichtbevolkte kustgebieden. Inmiddels komt er een tegenbeweging op gang.

> **VRAAG**
> *In welk soort banen voor hogeropgeleiden loop je de meeste kans slachtoffer te worden van veranderingen op het werk?*

Reactieve versus geplande verandering

Verandering betekent simpelweg dingen anders maken (dingen veranderen). In dit hoofdstuk bespreken we verandering als een welbewuste, doelgerichte activiteit. Veel veranderingen zijn een directe reactie van organisaties op bijvoorbeeld de eisen van werknemers of nieuwe wetgeving. Sommige organisaties gaan met alle veranderingen om alsof de veranderingen onbedoeld gebeuren. Maar alleen in proactieve situaties is er sprake van **geplande verandering**. Wat proberen organisaties met geplande verandering te bereiken? In de eerste plaats hopen zij hun aanpassingsvermogen te verbeteren om zich steeds opnieuw te kunnen schikken naar de veranderende omstandigheden. Op de tweede plaats willen organisaties zo het gedrag van de werknemers veranderen.

Wie is verantwoordelijk voor het managen van de activiteiten rond organisatieveranderingen? Dat zijn de zogenoemde **change agents.**[2] Zij zien een toekomst voor de organisatie die andere mensen nog niet hebben ontdekt en zij kunnen goed motiveren, deze visie verder uitwerken en implementeren. Een change agent kan een leidinggevende of manager zijn of juist geen leidinggevende of manager, maar een huidige of nieuwe werknemer, of een adviseur van buiten.

Lees op MyLab meer over change agents en hun rollen in het veranderproces.

17.2 Weerstand tegen verandering

Onze ego's zijn kwetsbaar en vaak zien we verandering als een bedreiging.[3] Een onderzoek toonde aan dat mensen, zelfs als ze worden geconfronteerd met harde gegevens die aangeven dat veranderingen onontkoombaar zijn, zich blijven vastklampen aan alle informatie die ze maar kunnen vinden waaruit blijkt dat er niets mis is met de huidige manier van werken en ze dus niet hoeven te veranderen. Mensen die opzien tegen een verandering proberen er het hoofd aan te bieden door er niet aan te denken, zich er zoveel mogelijk aan te onttrekken of door op te stappen. Al deze reacties kunnen vitale energie aan de organisatie onttrekken, juist op het moment dat de organisatie die energie het hardst nodig heeft.[4]

Weerstand tegen verandering komt niet alleen op de lagere niveaus in de organisatie voor. In veel gevallen is het juist het hogere management dat voorstellen tot verandering van lager geplaatsten afwijst, vooral als deze leiders op de kortetermijndoelen gericht zijn.[5] Omgekeerd, als de leiders zich meer richten op excelleren en het onderzoeken van nieuwe wegen zullen ze voorstellen van ondergeschikten eerder agenderen en overnemen.

17.2.1 Verschijningsvormen van weerstand

Weerstand kan op diverse manieren zichtbaar worden. Er kan sprake zijn van openlijke of impliciete, directe of uitgestelde weerstand. Openlijke of directe weerstand, zoals klachten, stiptheidsacties of stakingsdreigingen zijn voor de leiding het eenvoudigst om mee om te gaan. Impliciete of uitgestelde weerstand is in dat opzicht veel lastiger. Het is moeilijk om in te schatten wat de betekenis is van gedragsreacties van medewerkers als motivatieverlies, meer fouten maken of vaker thuisblijven. Zulke subtiele reacties kunnen immers meerdere oorzaken hebben. Ook uitgesteld gedrag werkt vertroebelend, doordat het verband tussen bepaalde veranderingen en de reactie erop bij de medewerker pas weken, maanden of zelfs jaren later zichtbaar wordt. Hierdoor kan een latere verandering die op zichzelf weinig impact heeft net de druppel zijn die de emmer doet overlopen voor iemand die zijn gevoelens heeft opgekropt en zijn eerdere reacties heeft uitgesteld.

Lees op MyLab over de mislukte invoering van rekeningrijden in Nederland.

Lees op MyLab hoe piloten Air France na een geslaagde staking nieuwe eisen stellen.

Figuur 17.1 toont de voornaamste krachten die aanzetten tot weerstand tegen verandering, ingedeeld naar individuele en organisatorische bronnen. Individuele bronnen van weerstand (verzet) zijn geworteld in elementaire menselijke kenmerken als perceptie, persoonlijkheid en behoeften. Organisatorische bronnen wortelen in de structuur van de organisatie zelf.

17.2.2 Weerstand overwinnen

In deze paragraaf bespreken we acht **veranderingsinstrumenten** die tot doel hebben weerstand te overwinnen of te verminderen:[6]

1. *Educatie en communicatie*
   Communicatie is belangrijker dan ooit tijdens een veranderproces. Uit een onderzoek onder Duitse organisaties blijkt dat veranderingen het effectiefst zijn als het

INDIVIDUELE BRONNEN VAN WEERSTAND	
Angst voor het onbekende	Verandering is het onbekende en staat voor ambiguïteit en onzekerheid over het onbekende.
Economische factoren	Veranderingen in werktaken of vaste werkroutines kunnen economische angst wekken als mensen bang zijn dat ze bij de nieuwe taken of routines misschien niet kunnen voldoen aan de nieuwe productienormen, vooral wanneer de beloning nauw samenhangt met de productiviteit.
Gewoonte	Om met de complexe zaken van het leven te kunnen omgaan, vertrouwen we op gewoonten of geprogrammeerde reacties. Maar wanneer we met verandering te maken krijgen, wordt deze neiging om te reageren zoals we gewend zijn, een bron van verzet.
Selectieve informatieverwerking	Mensen maken zich schuldig aan selectieve informatieverwerking om hun percepties intact te houden. Ze horen wat ze willen horen en negeren informatie die de wereld die ze hebben geschapen, ter discussie stelt.
Veiligheid	Mensen met een grote behoefte aan veiligheid/zekerheid, zullen zich waarschijnlijk verzetten tegen veranderingen, omdat die hun gevoelens van veiligheid bedreigen.
ORGANISATORISCHE BRONNEN VAN WEERSTAND	
Bedreiging van bestaande machtsverhoudingen	Elke herverdeling van het besluitvormende gezag kan de langdurig bestaande machtsverhoudingen binnen de organisatie bedreigen.
Bedreiging van bestaande middelentoewijzingen	Groepen in de organisatie die zeggenschap hebben over de toewijzing van middelen, zien verandering vaak als een bedreiging. Gewoonlijk zijn ze tevreden met de manier waarop de dingen gaan.
Beperkte focus op verandering	Organisaties bestaan uit een aantal onderling afhankelijke subsystemen. Het ene kan niet worden veranderd, zonder dat dit het andere beïnvloedt. Daarom worden beperkte veranderingen in subsystemen vaak tenietgedaan door het grotere systeem.
Groepsnormen	Zelfs als individuele medewerkers hun gedrag wel willen veranderen, werken groepsnormen soms als een belemmering.
Structurele traagheid	Organisaties hebben ingebouwde mechanismen – zoals hun selectieproces en formele reguleringen – die voor stabiliteit zorgen. Wanneer een organisatie wordt geconfronteerd met verandering, werkt deze structurele traagheid als tegenwicht om de stabiliteit te waarborgen.

FIGUUR 17.1 **Bronnen van weerstand tegen verandering**

bedrijf goede argumenten laat horen, waarbij de belangen van de verschillende belanghebbenden (aandeelhouders, medewerkers, de gemeenschap en klanten) in evenwicht zijn, in plaats van alleen oog te hebben voor de belangen van de aandeelhouders.[7]

2. *Participatie*
Mensen kunnen zich niet zo gemakkelijk verzetten tegen een beslissing over veranderingen waaraan ze zelf hebben deelgenomen. Betrek dus voordat de verandering wordt doorgevoerd de 'werkvloer' bij het besluitvormingsproces. Indien de werknemers over voldoende kennis beschikken om een zinvolle bijdrage te leveren (en dat is bijna altijd het geval), zal hun betrokkenheid de weerstand verminderen. Tevens zal de kwaliteit van de beslissing over de verandering verbeteren. Een nadeel van deze aanpak is het gevaar van een zwakke oplossing en het feit dat het veel tijd kost.

3. *Steun en betrokkenheid opbouwen*
Onderzoek onder middenkaders heeft uitgewezen dat managers of werknemers die emotioneel niet erg betrokken zijn bij de organisatie doorgaans de voorkeur geven aan het handhaven van de status quo en daarom weerstand zullen bieden aan de verandering.[8] Als de werknemers zich emotioneel wel betrokken voelen bij de organisatie als geheel, zullen zij eerder bereid zijn aan veranderingen mee te werken. Werknemers enthousiast maken voor de doelen en hun betrokkenheid bij de organisatie benadrukken kan dus helpen om hen voor de verandering in te nemen in plaats van dat zij aan de status quo vasthouden.
4. *Positieve relaties opbouwen*
Mensen zijn eerder bereid om veranderingen te accepteren als ze de managers of leidinggevenden die de veranderingen doorvoeren, vertrouwen.[9] In ons land werd een enquête gehouden onder 235 werknemers van een grote woningbouwcorporatie die in een fusieproces zat. De werknemers die een positievere relatie met hun leidinggevende hadden en meenden dat de werkomgeving ontwikkeling steunde, waren veel positiever over het veranderingsproces.[10] Het belang van sociale omstandigheden wordt nog eens onderstreept door ander onderzoek dat laat zien dat zelfs mensen die in het algemeen niet van verandering zijn gediend, toch bereid zijn nieuwe ideeën te aanvaarden als zij steun van collega's ervaren en geloven dat de werkomgeving veilig genoeg is om het risico te namen.[11] Uit een aantal andere onderzoeken is gebleken dat mensen die van nature weerstand tegen verandering hebben positiever over de veranderingen denken als ze de change agent(s) vertrouwen.[12]
5. *Veranderingen rechtvaardig implementeren*
Zoals we in hoofdstuk 6 hebben geleerd, wordt procedurele rechtvaardigheid vooral dan belangrijk wanneer werknemers de uitkomst (ontslag of overplaatsing, een promotie die niet doorgaat) als een grote teleurstelling of harde klap ervaren. Wanneer organisaties dus veranderingen implementeren, is het van cruciaal belang dat ze er alles aan doen om de werknemers ervan te overtuigen dat de veranderingen consistent en rechtvaardig, zonder aanzien des persoons, worden geïmplementeerd.[13]
6. *Manipulatie en coöptatie*
Manipulatie betekent dat er bedekte pogingen tot beïnvloeding worden gedaan. De feiten verdraaien om ze aantrekkelijker voor te stellen (geen gedwongen ontslagen), informatie (zoals nieuwe lucratieve orders) achterhouden en valse geruchten (het bedrijf staat op omvallen) in omloop brengen om de werknemers zover te krijgen dat ze (de) veranderingen accepteren, zijn allemaal voorbeelden van manipulatie. Bij coöptatie gaat het om een combinatie van manipulatie en participatie. Met coöptatie proberen leiders een groep die zich verzet *af te kopen* door hen een sleutelrol te geven in de veranderingsbeslissing. Er wordt advies aan de groep gevraagd, niet om een betere oplossing te vinden, maar om hun goedkeuring te krijgen. Manipulatie en coöptatie zijn relatief goedkope en gemakkelijke manieren om de steun van tegenstanders te winnen. Alleen kunnen de tactieken tegen de leidinggevende werken als de medewerkers erachter komen dat ze worden bedot of misbruikt. Als dat eenmaal is ontdekt, blijft er van de geloofwaardigheid van de change agents niet veel over.
7. *Mensen selecteren die openstaan voor verandering*
Onderzoek wijst uit dat mensen die zich het gemakkelijkst aan verandering aanpassen een persoonlijkheid hebben die openstaat voor ervaringen.[14] Ze staan positief tegenover verandering, durven risico's te nemen en laten flexibel gedrag

zien. Dit effect schijnt universeel te zijn. Uit een studie onder managers in de Verenigde Staten, Europa en Azië bleek dat degenen met een positief zelfbeeld en grote risicotolerantie beter omgingen met organisatorische verandering. Uit een onderzoek onder 258 politieagenten is gebleken dat degenen die hoger scoren op groeibehoefte, interne locus of control en interne werkmotivatie positiever staan tegenover de veranderingsinspanningen van de organisatie.[15] Zulke mensen kunnen optreden als sleutelfiguren tijdens de verandering. Zij hebben vaak informeel gezag in hun afdelingen en kunnen meehelpen om de communicatie over de verandering vorm en inhoud te geven.[16] Zij hebben weliswaar geen formele verantwoordelijkheid voor de verandering, maar zoals we eerder gezien hebben, is informeel leiderschap vaak ook heel effectief.

Veel Amerikanen stemden op Barack Obama in de presidentsverkiezingen omdat hij hen wist te raken.
Foto: John Beam / Alamy Stock Photo

8. *Dwang uitoefenen*
   Als laatste op de lijst met tactieken staat pure dwang, dat wil zeggen de toepassing van rechtstreekse dreigingen of machtsmiddelen tegenover degenen die zich verzetten. Als het topmanagement laat weten dat ze vastbesloten is om de fabriek te sluiten indien de werknemers geen loonsverlaging accepteren, is er sprake van dwang als veranderingstactiek. Andere voorbeelden van dwang zijn dreiging tot overplaatsing, verlies van promotiekansen, negatieve beoordelingen en een slechte aanbevelingsbrief. Dwang is het effectiefst als we druk kunnen uitoefenen op tenminste een deel van de tegenstanders – bijvoorbeeld als we een medewerker die een redelijk verzoek doet, publiekelijk goedkeuring weigeren.

Bij de omvorming en reorganisatie van TNT naar het huidige PostNL speelden vooral de veranderingsinstrumenten 4 en 7 een rol. De concurrentiedruk maakte een reorganisatie met gedwongen ontslagen onvermijdelijk. Het sociaal plan dat met de vakbonden en de ondernemingsraad werd afgesproken bevorderde dat de aanpak als redelijk en rechtvaardig werd ervaren. Bij de omvorming van de aloude overheidsdienst PTT naar KPN (waarbij TNT later werd afgesplitst) werd aan het begin dwang toegepast (de overheid had privatisering in een wet vastgelegd), maar tijdens de verandering werd vooral gebruikgemaakt van de instrumenten 1, 3 en 6. Zo werd een harde benadering gecombineerd met zachte technieken.

VRAAG

Stel, je moet als manager een grote verandering doorvoeren die verlies van banen met zich meebrengt. Welke veranderingsinstrumenten zou je bij voorkeur willen inzetten en welke liever niet?

Rollen in het veranderproces

Zoals we eerder al schreven, is een change agent iemand die een verandering invoert of begeleidt. Dit is geen vaste functie in de organisatie, maar een tijdelijke rol. Deze rol kan intern toebedeeld worden aan een manager, een leidinggevende, een project-

leider, een stafmedewerker of iemand van de werkvloer. Soms huren organisaties een externe change agent in. Denk aan een ICT-consultant, een communicatieadviseur of een organisatieadviseur.
Degene op het hoogste niveau die de aanzet geeft tot de verandering heeft de tijdelijke rol van opdrachtgever of **sponsor**. Meestal is dat een topmanager, de directeur-eigenaar of de Raad van Commissarissen. Andere rollen zijn de **champion** (topman/vrouw die het belang van de verandering openlijk onderschrijft), **medestander** (andere voorstanders in de organisatie), **regisseur** (degene die het totale veranderingsproces doordenkt en vormgeeft) en de **trekker** (de projectleider die de verandering praktisch leidt of uitvoert). In kleine organisaties en bij goed planbare veranderingen (in productietechnische of administratieve processen of op het gebied van marketing en communicatie) zal de change agent de rol van regisseur en trekker combineren. Bij complexe veranderingen is het beter de rollen te scheiden, ook omdat er dan vaak meerdere trekkers zullen zijn.[17]

17.2.3 Positief omgaan met weerstand

Weerstand tegen verandering kan echter ook positief worden opgevat! Bijvoorbeeld als we de weerstand aangrijpen om tot open gesprekken en discussies te komen over de wenselijkheid, bezwaren en mogelijkheden.[18] Aan zulke inzichten van medewerkers heb je doorgaans meer dan aan een apathische houding of het zich zwijgend terugtrekken. Weerstand duidt er immers ook op dat de leden van de organisatie zich betrokken (willen) voelen bij het proces. Hiermee geven ze de change agents ook de kans om de redenen voor de verandering toe te lichten. Change agents kunnen van de weerstand gebruikmaken om de verandering bij te sturen, zodat deze beter tegemoetkomt aan de wensen van andere mensen in de organisatie. Als deze veranderaars de weerstand alleen als een bedreiging beschouwen en niet als iets waarover gepraat kan worden, dan zullen er ongetwijfeld meer disfunctionele conflicten ontstaan.
Het is belangrijk om te beseffen dat niet elke verandering goed is. Uit onderzoek is gebleken dat snelle beslissingen vaak slechte beslissingen zijn. Soms beseffen de opdrachtgevers of sponsors van de verandering niet de volle omvang van de gevolgen en de werkelijke kosten voor de organisatie die ermee gepaard gaan. Sommige organisaties, bijvoorbeeld de Baring Banks in het Verenigd Koninkrijk, zijn om deze reden omgevallen. Weerstand tegen een verandering kan dus ook gewoon terecht zijn. Consultants die de verandering begeleiden dienen zich hier goed rekenschap van te geven.

17.2.4 Verandering en politiek

Geen enkele bespreking van weerstand is volledig zonder iets te zeggen over de politiek van de verandering. Omdat verandering zonder uitzondering een bedreiging van de status quo is, gaat ze altijd gepaard met politieke activiteiten. Onze kennis van politieke processen in organisaties suggereert dat de aanzet tot verandering eerder van change agents van buiten de organisatie zal komen, of van werknemers die nieuw zijn in de organisatie (en minder gevestigde belangen hebben bij de status quo), of van managers die iets verder van de centrale machtsstructuur afstaan. Managers die al heel lang bij een organisatie werken en een hogere functie in de hiërarchie hebben bereikt, zijn namelijk vaak de grootste dwarsliggers bij veranderingen. Je kunt wel raden dat mensen die al tijden aan de macht zijn als ze worden gedwongen om veranderingen door te voeren zullen proberen deze zo beperkt mogelijk te houden. Radicale veranderingen worden vaak als te bedreigend gezien. Dat verklaart waarom raden van bestuur die inzien dat snelle en radicale veranderingen noodzakelijk zijn, vaak op zoek gaan naar kandidaten van buiten de organisatie om de nieuwe leiding te vormen.[19]

17.3 Benaderingen om geplande verandering te managen

Hierna bespreken we enkele manieren om een geplande verandering effectiever te sturen: Lewins klassieke driestappenmodel van het veranderingsproces en Kotters achtstappenplan gevolgd door een korte beschrijving van actieonderzoek als veranderaanpak. Daarna zullen we de aandacht richten op een benadering waarbij niet de aanpak van één specifieke verandering centraal staat, maar waarin het *leren veranderen* een doel op zich is: organisatieontwikkeling (OO).

17.3.1 Lewins driestappenmodel

Kurt Lewin redeneerde dat succesvolle verandering in organisatie in drie stappen moet verlopen: unfreeze-move-refreeze. In de eerste stap van zijn **driestappenmodel** moet men de status quo ontdooien, in de tweede een beweging op gang brengen naar een gewenste eindtoestand en in de derde stap het aangeleerde gedrag opnieuw bevriezen om de verandering permanent te maken.[20] (Zie figuur 17.2.)

FIGUUR 17.2 **Het veranderingsproces volgens Lewin**

De status quo kan worden beschouwd als een toestand van evenwicht. Om dit evenwicht te kunnen verlaten – en de druk van zowel individueel verzet als groepsconformiteit te overwinnen – is ontdooien noodzakelijk. Dit kan op drie manieren gebeuren (zie figuur 17.3). Ten eerste kunnen de **drijvende krachten** die verandering van de status quo bevorderen, worden geïntensiveerd. Ten tweede kunnen de **belemmerende krachten** die de beweging vanuit het bestaande evenwicht hinderen, worden afgezwakt. Een derde alternatief is dat de eerste twee benaderingen worden gecombineerd. Bedrijven die in het verleden succesvol zijn geweest, krijgen vaak met veel belemmerende krachten te maken, omdat mensen vasthouden aan het voorheen succesvolle gedrag en twijfelen aan de noodzaak van verandering.[21] Zo is ook in onderzoek aangetoond dat bedrijven met sterke organisatieculturen uitblinken in continue stap-voor-stapveranderingen (ook wel incrementele veranderingen genoemd), maar overstelpt worden door belemmerende krachten als het gaat om radicale veranderingen (ook wel big-bang-veranderingen genoemd).[22]

Zodra de beweging begint is het van het grootste belang het momentum vast te houden. Organisaties die langzaam toewerken naar zo'n verandering, doen het slechter dan organisaties die de bewegingsfase snel bereiken en doorlopen. Als de verandering eenmaal is geïmplementeerd, zal die pas succesvol zijn als de nieuwe situatie wordt bevroren, zodat de verandering gehandhaafd kan worden. Als deze stap niet goed wordt uitgevoerd, is de kans levensgroot dat de verandering van korte duur is en dat werknemers terug zullen vallen op het gedrag dat paste bij het voorgaande evenwicht. Het doel van deze her-bevriezing of consolidatie is dus om de nieuwe situatie te stabiliseren door de drijvende en belemmerende krachten in evenwicht te houden.

17.3.2 Kotters achtstappenplan

John Kotter breidde Lewins driestappenmodel uit tot een **achtstappenplan**, een gedetailleerder plan om verandering te implementeren.[23] Kotter maakte eerst een lijst met veelvoorkomende fouten die managers maken wanneer ze veranderingen proberen te

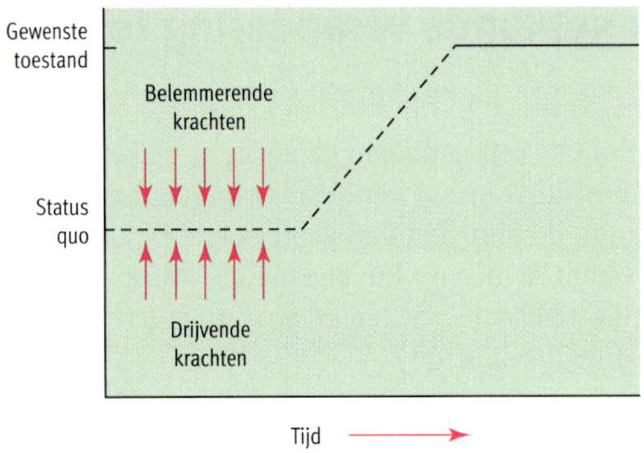

FIGUUR 17.3 **De status quo ontdooien**

introduceren. Ze zijn bijvoorbeeld niet in staat om de urgentie en de noodzaak van verandering te laten voelen, ze kunnen geen coalitie vormen voor het managen van het veranderingsproces, een visie voor de verandering ontbreekt, ze kunnen een ontwikkelde visie niet doeltreffend overbrengen, bereikbare doelen voor de korte termijn ontbreken of ze hebben de neiging om te snel de overwinning uit te roepen en de veranderingen niet in de organisatiecultuur te verankeren. Vervolgens stelde hij acht opeenvolgende stappen op waarmee die problemen overwonnen kunnen worden. Deze staan in figuur 17.4.

Op MyLab vind je een uitgebreidere beschrijving van Kotters verandermodel.

1. Verhoog het gevoel van urgentie door een dwingende reden te creëren voor de verandering.
2. Vorm een coalitie met voldoende macht om de verandering te leiden.
3. Creëer een uitdagende nieuwe visie om de verandering te sturen.
4. Breng de visie over op de hele organisatie en ontwikkel strategieën om de visie te realiseren.
5. Geef anderen zeggenschap om aan de visie te werken, door blokkades van verandering af te breken, risico's te nemen en creatieve probleemoplossing te stimuleren.
6. Plan, creëer en beloon quick-wins (snelle succesjes) die de organisatie voor de nieuwe visie kunnen winnen.
7. Consolideer eenmaal bereikte verbeteringen, beoordeel de verandering opnieuw en pas zo nodig de nieuwe programma's aan.
8. Bekrachtig de verandering door het verband tussen nieuw gedrag en succes van de organisatie publiekelijk te benadrukken.

FIGUUR 17.4 **Kotters achtstappenplan voor implementatie van verandering**[24]

VRAAG

Heb je gezien dat figuur 17.4 een uitbreiding is van Lewins model? Probeer voor jezelf de acht stappen van Kotter eens te koppelen aan de drie fasen van Lewin.

17.3.3 Actieonderzoek

Actieonderzoek is een veranderingsproces waarbij gegevens systematisch worden verzameld en een veranderactie wordt uitgekozen op basis van de analyse van die gegevens.[25] De waarde ervan is dat je een wetenschappelijke methode hanteert om geplande verandering te managen. Actieonderzoek bestaat uit vijf stappen (hierin zie je de grote parallellen met de wetenschappelijke methode): diagnose, analyse, feedback, actie en evaluatie.

Actieonderzoek heeft minstens twee specifieke voordelen. Ten eerste is het probleemgericht onderzoek. De change agent gaat objectief op zoek naar problemen en het soort probleem is bepalend voor de soort veranderactie. Een tweede voordeel van actieonderzoek is dat het weerstand vermindert. Omdat de werknemers bij actieonderzoek sterk bij het proces worden betrokken, neemt hun weerstand tegen verandering af. Hebben ze eenmaal actief deelgenomen aan de feedbackfase, dan krijgt het veranderingsproces doorgaans een eigen momentum.

17.3.4 Organisatieontwikkeling

Een uiteenzetting over het management van veranderingen is niet volledig zonder het begrip **organisatieontwikkeling (OO)** (Engels: *organizational development*). Dit is geen gemakkelijk te definiëren begrip. Integendeel, de term staat voor een verzameling interventies voor het omgaan met verandering die geënt zijn op humanistisch-democratische **waarden** en die de effectiviteit van de organisatie en het welzijn van werknemers moet verbeteren.[26] Kenmerkend voor OO is dat de organisatie niet vertrekt vanuit een specifieke noodzaak tot veranderen (zoals een technologische ontwikkeling, een nieuwe wet of een marktverandering). Er is dus ook geen specifiek doel dat binnen een bepaalde tijd bereikt moet worden (zoals 20 procent bezuinigen op de kosten).

Het uitgangspunt van OO is: ontwikkel het **verandervermogen** bij de medewerkers. Een bekend OO-motto, ontleend aan het taoïsme, is 'de weg is het doel'. Een OO-programma stimuleert medewerkers om zelf na te denken over betere manieren van werken, om actief te onderzoeken wat klanten nodig hebben of welke ontwikkelingen in de markt kansen bieden in plaats van te wachten tot er een dreiging vanuit de buitenwereld op de organisatie afkomt. Doel ervan is dat mensen en organisaties zelf actief bezig gaan met voortdurend proactief veranderen.

Volgens de OO-visie op veranderen moeten organisaties dus in een continu veranderproces verkeren. Organisaties die laten zien dat ze waarde hechten aan de groei van mensen en organisatie, aan samenwerking en participatie en aan een onderzoekende geest zullen daarin succesvoller zijn dan andere organisaties.[27] Organisaties die dit proces van voortdurend alert reageren op de omgeving en continu verder ontwikkelen onder de knie hebben noemen we ook wel **lerende organisaties**.

Welke technieken en interventies worden binnen OO gebruikt om verandering te bewerkstelligen? Hierna presenteren we zes veelgebruikte interventies: sensitiviteitstraining, enquêtefeedback, procesconsultatie, teambuilding, intergroepsontwikkeling en *appreciative inquiry*.

Sensitiviteitstraining

Met allerlei verschillende benamingen – **sensitiviteitstraining**, laboratoriumtraining, encountergroepen en T-groepen (trainingsgroepen) – wordt verwezen naar een vroege methode om gedrag te veranderen door middel van ongestructureerde groepsinteractie.[28] Huidige interventies in de organisatie, zoals diversiteitstraining, topmanagers coachen en teambuildingsoefeningen, zijn allemaal voortgekomen uit deze vroege OO-interventietechniek.

Enquêtefeedback

Deze interventie is bedoeld om de houding van medewerkers te peilen en eventuele discrepanties in percepties tussen managers en medewerkers op te sporen.[29] Gegevens die via strategische enquêtes zijn verzameld, worden vervolgens gebruikt om problemen vast te stellen en de discussie erover een zetje te geven.

De **enquêtefeedbackmethode** kan handig zijn om managers op de hoogte te houden van de attitudes van de werknemers over de organisatie. Bedenk echter dat mensen door tal van factoren worden beïnvloed bij de beantwoording van enquêtevragen, waardoor de uitkomsten niet altijd betrouwbaar zijn. Verder kan een hoog non-responspercentage best duiden op een slecht functionerende organisatie of een sterk gedaalde werktevredenheid; door de non-respons wordt dat mogelijk niet zichtbaar. Managers die de methode van enquêtefeedback gebruiken, moeten daarom de actuele gebeurtenissen in de organisatie goed in de gaten houden en ook rekening houden met het responspercentage onder de werknemers.

Procesconsultatie

Geen enkele organisatie werkt perfect. Managers voelen vaak dat de prestatie van hun organisatieonderdeel kan worden verbeterd, maar ze hebben soms moeite erachter te komen wat eraan schort en hoe dat kan worden verbeterd. Het doel van **procesconsultatie** is dat een externe consultant een cliënt – doorgaans een manager – helpt om procesgebeurtenissen waarmee hij te maken krijgt, beter te zien, te begrijpen en aan te pakken.[30] Deze gebeurtenissen kunnen betrekking hebben op de werkstromen, de informele relaties binnen afdelingen of de formele communicatiekanalen van de organisatie.

Procesconsultatie heeft als uitgangspunt dat de effectiviteit van organisaties kan worden verbeterd door intermenselijke problemen aan te pakken en de betrokkenheid te benadrukken. Procesconsultants geven de leidinggevende inzicht in wat er om hen heen gebeurt, in hemzelf en tussen hem en andere mensen. Ze lossen de problemen van de organisatie echter niet op. De consultant fungeert als gids of coach en probeert samen met zijn cliënt erachter te komen welke processen verbetering behoeven. Het doel is dat de cliënt vervolgens zelf vaardigheden ontwikkelt voor het analyseren van processen en omgangsvormen binnen zijn afdeling, vaardigheden die hij ook kan gebruiken als de consultant weer vertrokken is. Omdat de cliënt actief deelneemt aan zowel de diagnose als de ontwikkeling van alternatieven zal hij een beter begrip ontwikkelen van het proces en de remedie en daardoor meer bereid zijn mee te werken aan het invoeren van de oplossing.

? VRAAG

We zijn het begrip proces eerder tegengekomen als geordende verzameling activiteiten om een product of dienst te leveren. Wat is de betekenis van het begrip proces in bovenstaande tekst eigenlijk?

Teambuilding

In dit boek hebben we regelmatig gezegd dat organisaties steeds meer op teams vertrouwen om het werk gedaan te krijgen. Bij **teambuilding** worden er groepsactiviteiten die veel interactie vergen ingezet om het vertrouwen en de openheid tussen de teamleden te versterken, de onderlinge afstemming te verbeteren en de teamprestaties te verhogen.[31] Onder teambuilding valt meestal het stellen van doelen, het opbouwen van de onderlinge relaties tussen de teamleden, een analyse van rollen om helder te krijgen wat ieders rol en verantwoordelijkheden zijn en een analyse van teamprocessen. Bepaalde activiteiten kunnen worden benadrukt of juist geschrapt worden, afhankelijk van het doel van de teambuilding en de specifieke problemen waarvoor het team staat. Uitgangspunt is echter intensieve interactie tussen de leden om vertrouwen en openheid te bevorderen. Tegenwoordig draaien organisaties steeds meer op teams, wat teambuilding vanzelfsprekend belangrijk maakt.

Intergroepsontwikkeling

Een groot punt van zorg binnen GiO zijn disfunctionele conflicten tussen groepen. Bij **intergroepsontwikkeling** probeert de organisatie de houdingen, stereotypen en percepties van groepen over elkaar te veranderen. De trainingssessies lijken sterk op trainingen in het omgaan met diversiteit, zij het dat de aandacht niet wordt gericht op demografische verschillen maar op verschillen tussen beroepsgroepen, afdelingen of divisies binnen een organisatie. Er zijn meerdere benaderingen om de relaties tussen groepen te verbeteren. Eén daarvan is erg populair: probleemoplossing in groepen.[32] De groepen komen hierbij onafhankelijk van elkaar bijeen en stellen elk een lijstje op van de percepties van zichzelf en van de andere groep(en), en hoe ze denken dat de andere groep(en) dat ziet/zien. De groepen wisselen vervolgens hun lijstjes uit, bespreken de overeenkomsten en verschillen, en zoeken naar de oorzaken van de verschillen. Als de groepen de oorzaken van de problemen eenmaal hebben vastgesteld, gaan ze naar de integratiefase, waarin ze oplossingen bedenken om de onderlinge relaties te verbeteren. Er kunnen ook subgroepen worden gevormd die bestaan uit leden van de conflicterende groepen om de diagnose te verdiepen en alternatieve oplossingen te bedenken.

? VRAAG

Een stafafdeling van een grote organisatie schrijft richtlijnen en procedures voor aan de lijnafdelingen die verantwoordelijk zijn voor de productie, distributie en verkoop van de producten. Doel van die voorschriften is de uitvoering van werkprocessen voorspelbaar en correct te laten verlopen. De lijn ervaart die voorschriften echter vaak als omslachtig, tijdrovend en bureaucratisch. Dit leidt tot spanningen, misverstanden en soms openlijk verzet. Hoe zou je als change agent of manager deze problemen het beste te lijf kunnen gaan?

Appreciative inquiry

De meeste OO-projecten stellen problemen centraal. De organisatie benoemt één of meer problemen, waarna de werknemers in groepen aan oplossingen gaat werken. ***Appreciative inquiry*** (AIN) (onderzoek gericht op positieve waardering) accentueert niet het problematische maar juist het positieve.[33] Deze benadering wil de unieke kwaliteiten en sterke punten van een organisatie identificeren en benutten om de prestaties te verbeteren. Centraal staan dus de successen van de organisatie, niet haar problemen.

Het appreciative inquiry-proces bestaat uit vier stappen (Engels: *discovery, dreaming, design and destiny*) en vindt vaak plaats in een grote groep die twee of drie dagen bijeenkomt onder leiding van een goed opgeleide change agent. De eerste stap is het *ontdekken*. Het idee is erachter te komen wat mensen de sterke kanten van de organisatie vinden. Werknemers wordt bijvoorbeeld gevraagd zich momenten te herinneren waarop de organisatie het best functioneerde of waarop zij het meeste voldoening in hun werk hadden. De tweede stap is *dromen*. Aan de hand van de informatie uit de eerste fase gaan de deelnemers speculeren over de toekomstmogelijkheden voor het bedrijf. Mensen krijgen bijvoorbeeld de opdracht zich een beeld te vormen van de organisatie over vijf jaar en te beschrijven wat de verschillen zijn met vandaag. De derde stap is *ontwerpen*. Op basis van de dromen proberen de deelnemers een gemeenschappelijke visie te formuleren over hoe de organisatie eruitziet en wat haar unieke kwaliteiten zijn. In de vierde fase definiëren de deelnemers de *bestemming* van de organisatie. Tijdens deze laatste stap discussiëren de deelnemers over de vraag hoe de organisatie haar droom gaat verwezenlijken. Hiertoe behoort meestal het schrijven van actieplannen en het ontwikkelen van implementatiestrategieën.

Lees op MyLab over het kwaliteitsstreven van een ziekenhuis.

In Nederland werd Ben Tiggelaar bekend met zijn boek *Dromen, Durven, Doen*.[34] Uit de titel blijkt al dat hij de appreciative inquiry-benadering toepast. Overigens leidt deze benadering niet altijd tot succes. Goede voornemens en mooie plannen willen wel eens verzanden in de waan van de dag. Het is niet voor niets dat we op internet vele variaties op Tiggelaars titel vinden.[35]

17.4 Een veranderingsgezinde cultuur creëren

We hebben besproken hoe organisaties zich aan verandering kunnen *aanpassen*. Sinds een aantal jaar richten GiO-onderzoekers zich ook op een proactievere benadering van verandering: hoe kunnen organisaties innovatiever (en dus ook meer veranderingsgezind) worden? In deze paragraaf bekijken we hoe er een innovatieve cultuur kan worden gecreëerd. We zullen drie benaderingen bestuderen: paradoxen managen, innovatie stimuleren en een lerende organisatie ontwikkelen. Daarna gaan we dieper in op de relatie tussen verandering en stress.

17.4.1 Paradoxen managen

Managers kunnen enkele lessen trekken uit de **paradoxtheorie**,[36] die stelt dat de belangrijkste managementparadox is dat er voor een organisatie geen definitieve optimale toestand bestaat.[37] In een paradoxale situatie wordt van ons verwacht dat we spanningen die ontstaan door verschillende handelwijzen die naast elkaar bestaan in evenwicht brengen. Er is een continu proces gaande van het zoeken naar een evenwichtspunt, een dynamisch evenwicht tussen prioriteiten die in de loop der tijd veranderen. De eerste les is dat als de omgeving en de leden van de organisatie veranderen, verschillende elementen meer of minder belangrijk worden. Zo moet een bedrijf soms erkennen dat bepaalde werkwijzen vroeger succesvol waren en opnieuw geleerd moeten worden, terwijl op andere momenten achteruitkijken alleen maar belemmerend is om vooruit te komen. Er is enig bewijs dat die managers die holistisch denken en inzien dat het belangrijk is om een evenwicht te vinden tussen paradoxale factoren effectiever zijn, vooral bij het opwekken van aanpassingsgericht en creatief gedrag bij hun collega's.[38]

17.4.2 Een innovatieve cultuur bevorderen

Een goed voorbeeld van een innovatieve organisatie is W.L. Gore, een Amerikaans bedrijf met een omzet van 1,4 miljard dollar per jaar dat met name bekend is als maker van het materiaal Gore-Tex.[39] Gore heeft een reputatie opgebouwd als een van Amerika's meest innovatieve bedrijven, met de ontwikkeling van zeer uiteenlopende producten, waaronder gitaarsnaren, tandzijde, medische apparatuur en brandstofcellen. Wat is het geheim van Gore's succes? En hoe kunnen andere organisaties die innovatieve prestaties evenaren? Laten we, voor we daarop ingaan, eerst uitleggen wat we bedoelen met innovatie.

We zeiden al dat verandering betekent dat dingen anders worden gedaan dan voorheen. **Innovatie** is een bijzonder soort verandering. Het gaat bij innovatie om een nieuw idee, dat wordt ingevoerd om nieuwe producten, processen of diensten te introduceren of deze te verbeteren.[40] Bij alle innovaties komt verandering kijken, maar niet alle veranderingen zijn gebaseerd op nieuwe ideeën en ze leiden ook niet per se tot significante verbeteringen. Innovaties kunnen variëren van kleine, stapsgewijze verbe-

teringen (bijvoorbeeld een snellere laptop) tot radicale doorbraken als bijvoorbeeld de elektrische auto van Nissan, de Nissan Leaf.
Er bestaat geen gegarandeerde formule voor succes, maar bepaalde kenmerken duiken steeds weer op wanneer we innovatieve organisaties bestuderen. We hebben ze onderverdeeld in structurele, culturele en humanresourcesvariabelen (HR-variabelen). We raden je aan om deze kenmerken in jouw organisatie te introduceren als je een innovatief klimaat wilt scheppen en dus wil innoveren.

Structurele bronnen van innovatie

Structurele variabelen die als bron van innovatie kunnen dienen, zijn het meest onderzocht.[41] De conclusies van een uitgebreide studie naar de relatie tussen structuur en innovatie luiden als volgt:[42]

- *Organische structuren* hebben een positieve invloed op innovatie. Omdat ze minder verticale differentiatie, formalisering en centralisatie vertonen, is het voor organische organisaties gemakkelijker om flexibel te zijn en zich aan te passen. In deze organisaties komt ook meer kruisbestuiving voor.
- *De lengte van het dienstverband van het management* hangt positief samen met innovatie. Uitgebreide ervaring en diepgaande kennis over doelen en werkwijzen leveren vertrouwen op in de aanpak en zienswijze van managers.
- Innovatie wordt ook bevorderd door de *beschikbaarheid van ruim voldoende middelen*. Organisaties die middelen in overvloed hebben, kunnen het zich veroorloven om innovaties te kopen, de kosten van implementatie te betalen en mislukkingen te verwerken.
- *Intensieve communicatie tussen verschillende afdelingen* komt veel voor in innovatieve organisaties.[43] Deze organisaties maken veel gebruik van commissies, taakgroepen, crossfunctionele teams en andere mechanismen die de interactie over de grenzen van afdelingen heen bevorderen.

Culturele bronnen van innovatie

Innovatieve organisaties stimuleren experimenten, belonen zowel successen als mislukkingen en juichen fouten toe. Helaas worden mensen in te veel organisaties eerder beloond voor het niet maken van fouten dan voor het bereiken van successen. Dergelijke culturen draaien de bereidheid om risico's te nemen en dus van innovatie de nek om. Innovatieve organisaties voeren een actief beleid om hun leden te scholen en te ontwikkelen, zodat ze bij de tijd blijven. Verder bieden ze een grote baanzekerheid, zodat hun werknemers niet bang zijn om ontslagen te worden als ze fouten maken. En ze stimuleren hun werknemers om verandering actief te promoten. Organisaties zouden deze dingen ook voor teams moeten doen. Uit een onderzoek onder 1059 werknemers uit meer dan 200 verschillende teams in een Chinees hightechbedrijf, blijkt dat werksystemen die betrokkenheid bij de werknemers benadrukten de creativiteit in teams verhogen.[44] Deze effecten zijn nog groter in teams met veel onderlinge cohesie.

Ideeënkampioenen en innovatie

Als een nieuw idee eenmaal is ontwikkeld, promoten **ideeënkampioenen** het enthousiast, ze zoeken steun voor het idee, overwinnen weerstand en zorgen dat de innovatie wordt geïmplementeerd.[45] Onderzoek laat zien dat ideeënkampioenen bepaalde karaktereigenschappen met elkaar gemeen hebben. Zo zijn ze extreem zelfverzekerd, ze hebben doorzettingsvermogen, energie en de neiging om risico's te nemen. Ideeënkampioenen vertonen ook eigenschappen die worden geassocieerd met transformationeel leiderschap. Ze inspireren anderen en geven anderen energie met hun visie over het potentieel van een innovatie en door hun sterke persoonlijke geloof in hun missie. Ze zijn er verder goed in om anderen voor hun missie te winnen. Ideeënkampioenen hebben vaak banen met een aanzienlijke beslissingsbevoegdheid. Deze autonomie helpt hen om innovaties in organisaties te introduceren en te implementeren zolang de omgeving dat ondersteunt.[46]

17.4.3 Een lerende organisatie ontwikkelen

Nog een manier waarop een organisatie proactief verandering kan managen is door continue groei in haar cultuur op te nemen: door een lerende organisatie te worden.[47]

Wat is een lerende organisatie?

Net zoals mensen leren, zo leren organisaties ook. Een lerende organisatie heeft het vermogen ontwikkeld om zich continu aan te passen en te veranderen. De vragenlijst *Dimensions of the Learning Organization Questionnaire* (DLOQ) wordt gebruikt en internationaal aangepast om te bepalen in hoeverre organisaties zich inspannen om de uitgangspunten van lerende organisaties toe te passen.[48] In figuur 17.5 vind je een samenvatting van de vijf basiskenmerken van een lerende organisatie; dat is een organisatie waarin mensen hun oude manier van denken opzijschuiven, leren open te zijn tegenover elkaar, begrijpen hoe hun organisatie echt werkt, een plan of toekomstbeeld vormen waar iedereen achter kan staan en samenwerken om dat toekomstbeeld te bewerkstelligen.[49]

1. Er is een gemeenschappelijk toekomstbeeld waar iedereen achter staat.
2. Mensen schuiven hun oude manier van denken en de standaardroutines die ze gebruiken om problemen op te lossen of hun werk te doen opzij.
3. De leden zien alle organisatieprocessen, -activiteiten, -functies en interacties met de omgeving als onderdeel van een systeem van onderlinge relaties.
4. Mensen communiceren openlijk met elkaar (en overstijgen verticale en horizontale grenzen) zonder bang te zijn voor kritiek of straf.
5. Mensen sublimeren hun eigenbelang en hun afdelingsbelang en werken samen aan het gemeenschappelijk toekomstbeeld van de organisatie.

FIGUUR 17.5 Basiskenmerken van een lerende organisatie[50]

Leren managen

Wat kunnen managers en leidinggevenden doen om van hun bedrijf of organisatie een lerende organisatie te maken? Hier zijn enkele suggesties:

- Stel een strategie vast. Het management moet expliciet laten blijken dat het wil veranderen en aan innovatie en continue verbetering wil doen.
- Geef de organisatie een andere structuur. De formele structuur kan het leren ernstig belemmeren. Door de structuur platter te maken, afdelingen op te heffen of te combineren, en meer crossfunctionele teams te gebruiken wordt de onderlinge afhankelijkheid groter en worden grenzen afgebroken.
- Hervorm de cultuur van de organisatie. Om een lerende organisatie te worden moeten managers in hun handelen laten zien dat het wenselijk is om risico's te nemen en fouten te erkennen. Dat betekent dat je mensen die een gok wagen en fouten maken, moet belonen. Het management moet functionele conflicten stimuleren (zie hoofdstuk 14).

17.4.4 Organisatieverandering en stress

Denk eens aan de keren dat je je gestrest voelde over je werk. Kijk nu even niet naar de dagelijkse stressfactoren die je kunt meenemen naar je werk, zoals in de file staan of treinvertragingen waardoor je te laat op je werk komt. Wat zijn op je werk de meest memorabele en langdurige stressvolle tijden geweest? Voor veel mensen heeft dat te maken met veranderingen in de organisatie.

Het is geen verrassing dat ook de rol van leiders in tijden van organisatieveranderingen van cruciaal belang is. Uit een onderzoek komt naar voren dat transformationele leiders de gevoelsbeleving van werknemers mede kunnen vormgeven, zodat de werknemers achter de veranderingen (blijven) staan en die niet als stressvol ervaren.[51] Uit ander onderzoek komt naar voren dat door positief naar veranderingen te kijken voordat nieuwe initiatieven worden gepland, werknemers tijdens de organisatieveranderingen minder stress ervaren en meer positieve attitudes ontwikkelen. Managers kunnen continu proberen om het geloof in eigen kunnen te versterken en ook positieve de attitudes ten aanzien van verandering en de waargenomen controle over de situatie om deze positieve kijk op verandering te ontwikkelen. Ze kunnen bijvoorbeeld rollen verduidelijken en continu beloningen inzetten om het geloof in eigen kunnen te vergroten. En natuurlijk kunnen ze ook de waargenomen controle van de werknemers en positieve attitudes tegenover verandering versterken door hen overal bij te betrekken: vanaf de planningsfase tot en met de toepassing van nieuwe processen.[52] Uit nog een ander onderzoek blijkt dat het tijdens een veranderingsproces nodig is om meer met de werknemers te communiceren om hun geestelijke veerkracht te peilen en te versterken door sociale steun, en om hen te trainen in emotionele zelfregulatietechnieken.[53] Met deze methoden kunnen managers en leidinggevenden hun werknemers helpen om hun stressniveau laag en hun commitment hoog te houden.

17.5 Werkstress en stressmanagement

Hoe vaak horen we niet van vrienden en bekenden dat ze gestrest zijn door de hogere werkdruk en dat ze meer uren moeten maken sinds hun bedrijf afgeslankt is? Verandering in organisaties is niet de enige oorzaak van stress, maar wel een van de grootste boosdoeners. Niet alleen is verandering soms direct stressvol voor mensen – zoals we eerder hebben opgemerkt, zijn de meeste mensen dol op routine – een verandering kan ook indirect stressvol zijn, omdat ze bijvoorbeeld nieuwe verantwoordelijkheden met zich meebrengt, een grotere werklast, bezuinigingen, veranderingen in productlijnen en klanten, en/of nieuwe regels en voorschriften waaraan werknemers zich moeten aanpassen.[54]

En inderdaad, zoals figuur 17.6 laat zien: werk is een voorname bron van stress in de levens van de meeste mensen. Wat zijn nu de oorzaken en gevolgen van stress en wat kunnen individuen en organisaties doen om het stressniveau te verminderen?

Welk levensgebied levert u de meeste stress op?

Gebied	Levert de meeste stress op
Financiële zorgen	64%
Werk	60%
Verantwoordelijkheden gezin/familie	47%
Zorgen om de gezondheid	46%

FIGUUR 17.6 Werk is een belangrijke bron van stress[55]

17.5.1 Wat is stress?

Stress is, ongeacht de bron, altijd 'een dynamische situatie waarin een individu te maken heeft met een kans, een beperking of een eis aangaande zijn doelen of wensen, waarbij hij meent dat de uitkomst onzeker en belangrijk is.'[56]

Stress is niet per se slecht. Hoewel er vaak negatief over stress wordt gesproken, kunnen mensen er soms wel degelijk baat bij hebben.[57] Bij sport of theater presteren mensen door stress juist vaak beter. In dergelijke situaties gebruikt men stress op een positieve manier, om kansen te benutten en het maximale uit zichzelf te halen. Zo zien veel professionals de druk van een zware werklast en deadlines als positieve uitdagingen die de kwaliteit van hun werk verbeteren, zodat ze tevredener zijn over hun werk. Kortom: bepaalde stress kan goed zijn, andere slecht. Maar als je de situatie als negatief en bedreigend ervaart kan stress schadelijk zijn en je prestaties in de weg staan door verhoogde bloeddruk en hartritmestoornissen terwijl jij worstelt om nog logisch te denken en te spreken.[58]

Stressoren

Sommige onderzoekers redeneren dat **uitdagingsstress**, of stress die samenhangt met uitdagingen in de werkomgeving (zoals een grote hoeveelheid projecten, opdrachten en verantwoordelijkheden), heel anders werkt dan **belemmeringsstress** of stress die je van je doelen afhoudt (bureaucratie, het bedrijfsbeleid, onduidelijkheid over taakverantwoordelijkheid). Hoewel er naar uitdagingsstress nog weinig onderzoek is gedaan, blijkt uit de eerste gegevens dat het veel minder negatieve invloeden heeft dan belemmeringsstress.[59]

Wetenschappers hebben geprobeerd te ontdekken onder welke voorwaarden de verschillende soorten stress optreden. Het lijkt erop dat mensen met een sterke affectieve betrokkenheid bij de organisatie hun stressgevoelens omzetten in meer concentratie en betere prestaties. Mensen die zich niet betrokken voelen reageren op stress juist met een terugval van de prestaties.[60] Ook de mate waarin de organisatie haar medewerkers ondersteunt maakt veel uit. In een ondersteunende werkomgeving zal uitdagingsstress de prestaties verbeteren terwijl belemmeringsstress in elke werkomgeving prestaties vermindert.[61]

Eisen en middelen

Stress wordt vaak geassocieerd met de (on)balans tussen de beschikbare middelen en de eisen van de taak. **Eisen** zijn verantwoordelijkheden, druk, verplichtingen en onzekerheden waarmee je te maken krijgt op de werkvloer. **Middelen** zijn zaken waarover je controle hebt en waarmee je aan de eisen kunt voldoen. Dit **eisen-middelenmodel** van stress krijgt steeds meer steun en betekenis in de literatuur.[62] Als je een tentamen maakt of je jaarlijkse functioneringsgesprek hebt, ervaar je stress omdat je te maken hebt met kansen en prestatiedruk. Een goed functioneringsgesprek leidt misschien tot promotie, meer verantwoordelijkheid en een hoger salaris. Maar als het niet goed loopt, krijg je misschien geen promotie en in het ergste geval leidt het misschien tot je ontslag. Als je in zo'n situatie middelen kunt aanwenden om aan de eisen te voldoen, zoals je voorbereiden, het tentamen of het functioneringsgesprek in het juiste perspectief plaatsen of sociale steun verwerven, voel je minder stress.

Als emotionele eisen je stress bezorgen, is het bijzonder belangrijk dat je emotionele middelen hebt in de vorm van sociale steun. Dit laatste hulpmiddel – sociale steun – kon op den duur wel eens belangrijker zijn dan alle andere. Volgens recente studies ervaren mensen die emotioneel worden gesteund lagere stressniveaus, zijn ze minder vaak depressief en bovendien beter in staat hun levensstijl aan te passen als dat nodig is om de stress te verminderen.[63] Volgens het perspectief van het eisen-middelenmodel, werken het hebben van middelen om stress het hoofd te bieden even sterk stressverminderend als de eisen stressverhogend werken.[64]

VRAAG

Was de spanning die het eindexamen opriep voor jou uitdagingsstress of belemmeringsstress? Welke middelen hielpen je om de stress in de hand te houden die je toen voelde?

Allostase

Het voorafgaande dat we beschreven hebben, wekt misschien de indruk dat mensen een stabiele toestand zoeken waarbij eisen en middelen helemaal in evenwicht zijn. Terwijl in het vroege onderzoek vaak zo'n visie van homeostase, of een uitgebalanceerd evenwicht, werd benadrukt, is inmiddels duidelijk geworden dat er niet één enkele ideale toestand bestaat. Je kunt beter spreken van modellen van allostase, waarbij de eisen verschuiven, de middelen verschuiven en de systemen om de onevenwichtigheden aan te pakken verschuiven.[65] Bij allostase gaan we stabiliteit zoeken door ons gedrag en onze attitudes te veranderen. Het heeft allemaal te maken met de **allostatische last**, oftewel het cumulatieve effect van de stressfactoren op ons, gegeven de beschikbare middelen.[66] Als je bijvoorbeeld bijzonder veel vertrouwen hebt in je capaciteiten en veel steun krijgt van anderen, dan ben je waarschijnlijk beter in staat om aan spanning bloot te staan en om middelen te mobiliseren om met die spanning om te gaan. In zo'n situatie is de allostatische last niet erg groot. Maar als de allostatische last te groot is en te lang aanhoudt, dan kunnen we geestelijke of lichamelijke stresssymptomen krijgen.

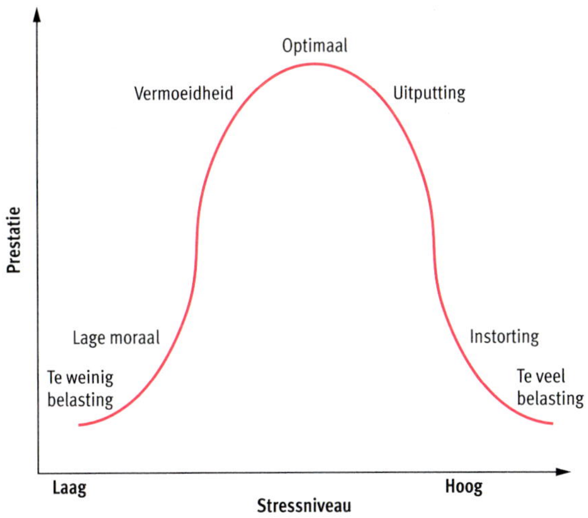

FIGUUR 17.7 **Allostatische last**

17.5.2 Potentiële bronnen van stress op het werk

Wat veroorzaakt stress? Uit een meta-analyse van de antwoorden van meer dan 35.000 respondenten blijkt dat onduidelijk rollen, rolconflicten, een te grote rolbelasting, baanonzekerheid, onzekerheid in de omgeving en situationele beperkingen alle negatief samenhangen met de werkprestaties.[67] We kijken hier verder naar met het model in figuur 17.8.

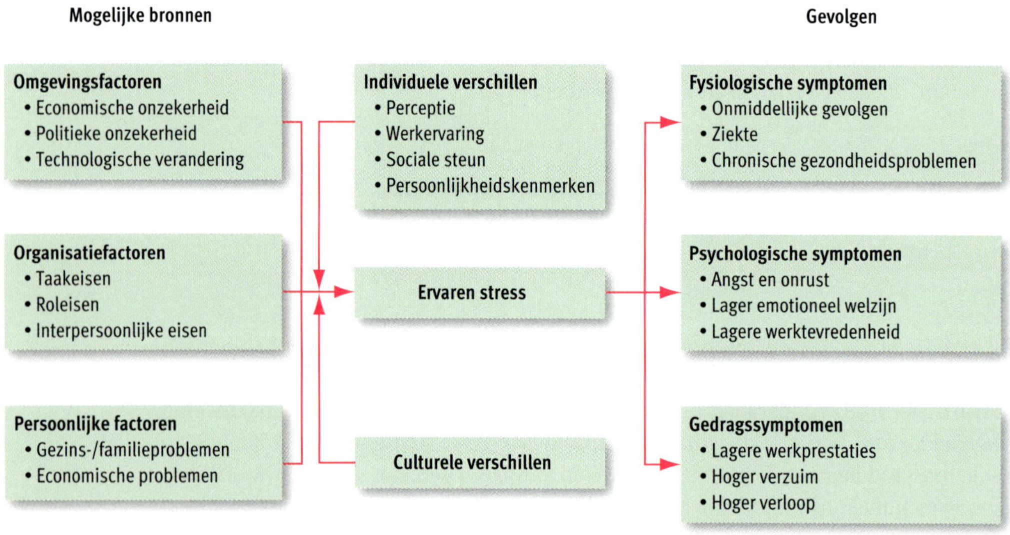

FIGUUR 17.8 **Een model van stress**

Omgevingsfactoren

Een onzekere omgeving beïnvloedt niet alleen het ontwerp van een organisatiestructuur, ze beïnvloedt ook het stressniveau van de werknemers in die organisatie. Sterker nog, onzekerheid is de voornaamste reden waarom mensen moeite hebben met veranderingen in hun organisatie.[68] Er zijn drie belangrijke vormen van onzekerheid in de omgeving: economisch, politiek en technologisch.
Veranderingen in de bedrijfscyclus leiden tot economische onzekerheid. Bij een krimpende economie bijvoorbeeld, worden mensen steeds ongeruster of ze hun baan wel kunnen behouden. Politieke onzekerheid levert bijvoorbeeld Noord-Amerikanen meestal niet zoveel stress op als werknemers uit Haïti of Venezuela. De voor de hand liggende reden is dat de Verenigde Staten en Canada een stabieler politiek systeem hebben, waarin veranderingen doorgaans op een ordelijke manier worden doorgevoerd. En toch kunnen politieke dreigingen en veranderingen elders ter wereld stress veroorzaken. Omdat door innovatie de vaardigheden en ervaring van werknemers heel snel verouderd raken, is het bijblijven met nieuwe computerprogramma's, robottechnologie, automatisering en vergelijkbare vormen van *technologische verandering* een extra last voor veel mensen op het werk die stress veroorzaakt.

Organisatiefactoren

Er zijn veel factoren in een organisatie die stress kunnen veroorzaken. De druk om geen fouten te maken of taken binnen een korte tijd te voltooien, een te grote werklast, een veeleisende en gevoelloze leidinggevende en een vervelende collega zijn hier voorbeelden van. We hebben die factoren in drie categorieën ingedeeld:

1. **Taakeisen** hebben betrekking op de baan. Hieronder vallen taak- of functieontwerp (bijvoorbeeld de mate van autonomie, de afwisseling van taken en automatisering), de werkomstandigheden en de fysieke manier van werken. De grootste stressfactor op het werk blijkt de hoeveelheid werk te zijn die gedaan moet worden, op de voet gevolgd door opdoemende deadlines.[69] Ook werken in een ruimte met te veel mensen of op een zichtbare plek vol lawaai en onderbrekingen kan tot meer onrust en stress leiden.[70]

2. **Roleisen** hebben betrekking op de druk die op iemand wordt gelegd door de rol die hij of zij heeft in de organisatie. Door rolconflicten ontstaan er verwachtingen die moeilijk met elkaar te verenigen zijn of waaraan moeilijk voldaan kan worden. Er is sprake van een te grote rolbelasting als van de werknemer wordt verwacht dat die te veel werk op zich neemt. Rolonduidelijkheid betekent dat de rolverwachtingen niet duidelijk begrepen worden en de werknemer niet goed weet wat hij of zij moet doen. Helaas kunnen werknemers die door hun rol te maken hebben met grote situationele beperkingen (zoals vaste werktijden of veeleisende taken) minder goed aan proactief copinggedrag (lees: hoe je ermee omgaat) doen, bijvoorbeeld even pauzeren om de stress wat te laten zakken.[71]
3. **Interpersoonlijke eisen** hebben betrekking op de druk die andere werknemers veroorzaken. Enige druk valt te verwachten, maar uit de snelgroeiende onderzoeksliteratuur blijkt dat vooral negatief gedrag van collega's en directe leidinggevenden, waaronder ruzies, pesten, onbeleefd zijn, raciale en seksuele intimidatie, sterk samenhangt met stress op het werk.[72] Een slechte interpersoonlijke behandeling kan gevolgen hebben op fysiologisch niveau, waarbij uit één onderzoek in een gecontroleerde setting blijkt dat door een oneerlijke behandeling cortisol wordt afgescheiden, een hormoon dat een rol speelt in het stressreactieproces.[73] Verder blijkt dat mensen die vinden dat ze in een sociaal klimaat zitten waarin ze van meerdere kanten worden gediscrimineerd, in de loop der tijd een hoger niveau van psychische spanning ervaren, zelfs als rekening wordt gehouden met hun welzijnsniveau bij de nulmeting.[74]

Persoonlijke factoren

Zeg dat een werknemer gemiddeld zo'n dertig à veertig uur per week werkt. Maar wat iemand in de overige 130 uren of meer per week (aan problemen) heeft kan ook meespelen op het werk. Tot de laatste categorie stressbronnen op het werk behoren factoren die te maken hebben met het persoonlijk leven van de werknemer: familiekwesties en economische problemen. Uit enquêtes blijkt steeds weer dat mensen erg aan hun gezin of familie hechten. Familiekwesties, zelfs als het om prettige zaken gaat, kunnen stress veroorzaken en veel impact hebben op de werknemer. Familiekwesties hangen vaak nauw samen met een botsing tussen werk- en privéleven.

Persoonlijke economische problemen in de zin van een tekort aan financiële middelen veroorzaken stress en leiden de aandacht af van het werk. Hoe hoog hun inkomen ook is, sommige mensen kunnen niet met geld omgaan of hebben wensen en behoeften die hun inkomen te boven gaan. Een voorbeeld: mensen in de Verenigde Staten die 100.000 dollar per jaar verdienen lijken net zoveel problemen te hebben met hun financiën als mensen die 20.000 dollar per jaar verdienen, al duidt recent onderzoek erop dat mensen die minder dan 50.000 dollar per jaar verdienen wel degelijk meer stress ervaren.[75]

Stress werkt cumulatief

Nu we de stressfactoren één voor één hebben besproken, kun je makkelijk over het hoofd zien dat stress een cumulatief verschijnsel is: het bouwt zich op.[76] Elke nieuwe en langdurige vorm van stress leidt tot een hoger stressniveau. Eén enkele stressfactor kan op zichzelf tamelijk onbeduidend zijn, maar als hij boven op een al hoog stressniveau komt, dan kan het gauw te veel worden: de druppel die de emmer doet overlopen. Wil je kunnen inschatten hoeveel stress iemand heeft, dan moet je alle stressbronnen bij elkaar optellen plus de mate van stress per bron. Omdat dit niet makkelijk te zien of te kwantificeren is, moeten managers zich bewust zijn van de stresslast die organisatiefactoren kunnen veroorzaken. Tegenover een manager die zich betrokken toont zullen veel werknemers bereid zijn om te zeggen hoeveel stresslast ze ervaren.

17.5.3 Individuele verschillen in stressbeleving

Sommige mensen doen het uitstekend in een stressvolle situatie, terwijl andere mensen er helemaal onder bezwijken. Welke factoren onderscheiden mensen in hun vermogen om met stress om te gaan? Welke variabelen op individueel niveau temperen het verband tussen potentiële stressveroorzakende factoren en de daadwerkelijk ervaren stress? Minstens vier factoren zijn hier relevant: perceptie, werkervaring, sociale steun en persoonlijkheidskenmerken.

Perceptie

In hoofdstuk 5 hebben we aangetoond dat werknemers reageren op hun perceptie van de werkelijkheid en niet zozeer op de werkelijkheid zelf. Perceptie speelt daarom een rol bij het verband tussen een potentiële stressveroorzakende situatie en de reactie van de werknemer erop. Door massaontslagen kan de ene werknemer bang zijn om zijn baan kwijt te raken, terwijl de andere dat als een kans ziet om een hoge ontslagvergoeding te bedingen en een eigen bedrijf te beginnen. Het stresspotentieel ligt dus niet in de objectieve omstandigheden; het ligt eerder in de manier waarop de werknemer die omstandigheden interpreteert.

Werkervaring

Ervaring met het werk hangt veelal negatief samen met werkstress. Waarom is dat zo? Er zijn twee verklaringen voor.[77] De eerste is selectieve terugtrekking. Vrijwillig opstappen komt eerder voor bij mensen die meer stress ervaren. Daarom hebben degenen die langer bij een organisatie blijven meer stressbestendige kenmerken of zijn ze beter bestand tegen de stresskenmerken van de organisatie. Ten tweede ontwikkelen mensen uiteindelijk mechanismen om (goed) met die stress om te gaan. Omdat dat tijd kost, is de kans groter dat werknemers die al langer bij de organisatie werken volledig aangepast zijn; daarom zouden ze minder stress ervaren.

Sociale steun

Sociale steun – collegiale relaties met directe collega's of leidinggevenden – kunnen een buffer vormen tegen de impact van stress.[78] Dit is een van de best gedocumenteerde relaties in de literatuur over stress. Sociale steun werkt als een pijnstiller en verzacht de negatieve effecten zelfs van banen die veel spanning opleveren.

Persoonlijkheidskenmerken

Stresssymptomen die op het werk naar buiten komen, kunnen ook te maken hebben met de persoonlijkheid van de werknemer.[79] Misschien wel het meest onderzochte *persoonlijkheidskenmerk* bij onderzoek naar stress is neuroticisme, dat we in hoofdstuk 4 hebben besproken. Zoals te verwachten valt, voelen neurotische mensen eerder psychische spanning.[80] Uit onderzoek komt naar voren dat neurotische mensen eerder stressfactoren in hun werkomgeving vinden en hun werkomgeving daardoor als een grotere bedreiging beschouwen. Ze kiezen ook veelal minder aanpassingsgerichte mechanismen om met die stress om te gaan en gaan problemen eerder uit de weg dan dat ze die proberen op te lossen.[81]

17.6 De gevolgen van werkstress

Stress vertaalt zich op verschillende manieren, bijvoorbeeld in een hoge bloeddruk, een maagzweer, snel geïrriteerd zijn, moeite hebben met het nemen van routinematige beslissingen, minder eetlust hebben en sneller ongelukken krijgen. Kijk nog even naar figuur 17.8. De symptomen van stress kunnen we onderverdelen in drie algemene categorieën: fysiologische, psychische en gedragssymptomen.

Fysiologische symptomen

Het vroege onderzoek naar stress heeft vooral betrekking gehad op de fysiologische symptomen, omdat de onderzoekers specialisten waren in de gezondheidswetenschappen of de medische wetenschap. Hun werk heeft tot de conclusie geleid dat stress kan leiden tot veranderingen in de stofwisseling, een verhoogde hartslag en een sneller ademhalingstempo, een hogere bloeddruk, hoofdpijn en uiteindelijk zelfs een hartaanval.

Uit een longitudinaal onderzoek in het Verenigd Koninkrijk is gebleken dat werkstress samengaat met een hogere prevalentie van bepaalde hartaandoeningen.[82] Uit een ander onderzoek, dat onder Deense maatschappelijk werkers is gehouden, is gebleken dat een hoger percentage psychologische burn-outs op een afdeling samengaat met een aanzienlijk hoger ziekteverzuim.[83] Vele andere onderzoeken hebben vergelijkbare uitkomsten laten zien en een verband aangetoond tussen werkstress en een aantal uiteenlopende indicatoren van een slechte gezondheid.

Psychische symptomen

Geen lol in je werk hebben is het eenvoudigste en duidelijkste psychische effect, van stress. Maar stress is ook af lezen aan andere psychische toestanden, zoals gespannen zijn, onrustig zijn, snel geïrriteerd zijn, nergens zin in hebben en dingen voor je uit schuiven. Zo is uit een onderzoek gebleken dat stress onder werknemers door een (te) zware werklast samengaat met een hogere bloeddruk én een lager emotioneel welzijn.[84]

Banen die veel verschillende en tegenstrijdige eisen aan iemand stellen of die niet duidelijk aangeven wat de bijbehorende plichten en verantwoordelijkheden zijn, leiden tot meer stress en onvrede.[85] Bovendien geldt dat hoe minder mensen te zeggen hebben over het werktempo, hoe groter de stress en onvrede zijn. Banen met weinig afwisseling, die verder weinig voorstellen en weinig autonomie, feedback en identiteit geven, lijken meer stress op te leveren en tot minder tevredenheid en betrokkenheid bij het werk te leiden dan andere banen.[86] Al moet gezegd worden dat niet iedereen hetzelfde op autonomie reageert. Voor mensen met een *externe locus of control* leidt meer zeggenschap over hun werk bijvoorbeeld juist tot een grotere kans op stress en uitputting.[87]

De hoeveelheid informatie die verwerkt moet worden leidt samen met de hoge communicatiedruk gemakkelijk tot (te veel) stress.

Foto: Lichtmeister / Shutterstock / Pearson Asset Library

Gedragssymptomen

In verschillende landen is jarenlang onderzoek gedaan naar gedrag, en stress, en er lijken in de loop der tijd weinig veranderingen in het gevonden verband op te treden. Tot de gedragssymptomen van stress behoren een daling van de productiviteit, een hoger verzuim en groter personeelsverloop. Ook veranderingen van eetgewoonten, meer roken of alcohol drinken, sneller spreken, onrustig bewegen en slaapproblemen zijn gedragssymptomen van stress.[88] De relatie tussen stress en prestatie heeft reeds veel aandacht gehad in onderzoeken. Uit een bepaalde studie kwam naar voren dat mensen met een hoge EQ (zie hoofdstuk 3) misschien in staat zijn de effecten van stress op prestatie te verkleinen.[89]

VRAAG

De eerdergenoemde fysiologische en psychische stressgevolgen zijn zo vaak bij managers waargenomen dat wij ook wel spreken van de managersziekte. Kun je dit verschijnsel verklaren met behulp van het eisen-middelenmodel van stress?

De kans is groot dat de werknemers en het management er verschillende opvattingen op nahouden over wat een acceptabel stressniveau op het werk inhoudt. Wat het management misschien ziet als *een positieve stimulus die de adrenaline op peil houdt*, ziet de werknemer waarschijnlijk als *veel te grote druk*. In de volgende paragraaf staat dan ook de individuele aanpak centraal. Wat kan iemand zelf doen om met stress om te gaan?[90]

17.6.1 Individueel omgaan met stress

Een werknemer kan (en behoort) zelf de verantwoordelijkheid op zich nemen om de stress te verminderen. Individuele , strategieën die hun effectiviteit hebben bewezen zijn bijvoorbeeld technieken van timemanagement, lichaamsbeweging, ontspanningsoefeningen en een groter netwerk (opbouwen) voor sociale steun. Daarnaast kunnen werknemers gebruikmaken van gezondheidsprogramma's. We zullen deze strategieën hierna bespreken.

Timemanagement

Veel mensen gaan niet goed met hun tijd om. Een systematisch werkende werknemer kan, net als een systematisch werkende student, vaak twee keer zo veel doen als iemand die weinig systematisch werkt. **Timemanagement** is een vaardigheid die ervoor zorgt dat je zo min mogelijk dingen uitstelt doordat je nu aan heldere en overzichtelijke doelen werkt. Dit geeft de motivatie een flinke oppepper, zelfs bij taken die je minder leuk vindt.[91]

Lichaamsbeweging

Artsen bevelen lichaamsbeweging zonder wedstrijdelement aan, zoals bewegen op muziek, wandelen, joggen, zwemmen en fietsen, als manier om met te veel stress om te gaan. Hierdoor vergroot de longcapaciteit, verlaagt de hartslag in rust en de activiteit geeft afleiding van de druk op het werk, waardoor het niveau van werkgerelateerde stress effectief daalt. De schadelijke fysiologische reacties op stress nemen af en lichaamsbeweging stelt ons in staat om sneller te herstellen.[92]

Ontspanningstechnieken gebruiken

Mensen kunnen spanningen ook verminderen door ontspanningstechnieken te leren als meditatie, hypnose, diepe ademhaling en mindfulness. Het doel is om een staat van diepgaande lichamelijke ontspanning te bereiken, waarbij je al je energie op de spierspanning richt.[93] Als je elke dag vijftien tot twintig minuten aan diepgaande ontspanning doet, laat je de spanning los en krijg je een uitgesproken gevoel van vredigheid, plus een flinke positieve verandering in je hartslag, bloeddruk en andere fysiologische factoren. Uit steeds meer onderzoek blijkt dat ook met vaste regelmaat een pauze tijdens je werk nemen het geestelijk herstel al kan bevorderen, de stress aanzienlijk kan verminderen en tot betere werkprestaties kan leiden. Deze effecten zijn nog groter als je ontspanningstechnieken gebruikt.[94]

Inschakelen sociaal netwerk

Vrienden, familie of collega's kunnen een uitlaatklep voor je zijn als de stress te groot wordt. Door je netwerk aan sociale steun uit te breiden kun je (altijd wel) iemand vinden bij wie je je problemen kwijt kunt en die met een frissere blik naar een stressvolle situatie kijkt dan jijzelf.

VRAAG

Kun je een recept bedenken om zo snel mogelijk opgebrand te raken en dus een burn-out te krijgen? En wat moet je doen (of laten) om niet overspannen te raken?

VRAAG

Hoe voorkom je een bore-out? Kan je dezelfde technieken gebruiken als bij een burn-out om niet onderspannen te raken?

17.7 Toepassing in de organisatiepraktijk

17.7.1 De rol van consultants

Zoals eerder aangegeven worden bij belangrijke veranderingsprojecten vaak de diensten van externe consultants ingeschakeld voor advies en assistentie. Doordat zij van buiten de organisatie komen, hebben zij vaak een objectiever perspectief dan insiders. Het nadeel van externe consultants is dat ze doorgaans onvoldoende kennis hebben van de geschiedenis, cultuur, werkprocedures en het personeel van het bedrijf. Externe consultants zijn ook vaak geneigd om radicalere veranderingen door te voeren – soms gunstig, soms niet – omdat ze de gevolgen daarvan niet aan den lijve ondervinden. Interne specialisten of managers zijn daarentegen vaak bedachtzamer en voorzichtiger dan externe change agents, omdat ze met de gevolgen van hun daden moeten leven.

Consultancy review stelt klanten van adviesbureaus in staat hun ervaringen systematisch te delen. Lees hier meer over op MyLab.

17.7.2 Het driestromenland van verandering

We hebben veel verschillende aanpakken voor verandering besproken. Samengevat zijn er drie stromingen: geplande verandering, organisatieontwikkeling en cultuurverandering.

Geplande veranderingen zoals **reorganisaties** en **fusies** worden vooral vanuit de top geïnitieerd om de organisatie aan te passen aan de (veronderstelde) kansen en bedreigingen vanuit de omgeving of om de ambitie van een zojuist aangetreden topbestuurder te kunnen realiseren. Dit soort veranderingen roept bijna automatisch weerstand op. Geen wonder, omdat vrijwel altijd de belangen van grote groepen managers en medewerkers worden geraakt. Bij het doorvoeren van geplande veranderingen wordt vaak de hulp ingeroepen van gespecialiseerde adviesbureaus. Bekende bureaus in Nederland zijn Bureau Berenschot, &samhoud, Twynstra Gudde, Rijnconsult en McKinsey. Zij leveren vaak ook de change agents.

Organisatieontwikkeling (OO) als verzameling methodieken om van onderaf veranderingen te initiëren richt zich meer op aanpassing en verbetering van organisaties gedurende relatief rustige (en soms langere periodes) tussen grootscheepse veranderingen in. Het gaat er bij OO om dat medewerkers en leiding gezamenlijk bepaalde verbeterbehoeften ontdekken en in overleg tot veranderingen komen. Zo ontstaat de *lerende organisatie*. Deze veranderprocessen vinden vaak plaats gedurende een langere periode, omdat ze niet onder druk van de markt plaatsvinden maar vanuit interne wensen en behoeften. Er zijn tal van adviesbureaus die zich met OO bezighouden.

Cultuurverandering als doel op zich kan gericht zijn op het creëren van een innovatief werkklimaat, ook wel **intrapreneurship** genoemd. Het gaat dan om *ondernemen binnen de onderneming*. Sinds de jaren negentig van de vorige eeuw, zijn veel bedrijven in de dienstensector en met name ook overheidsinstellingen bezig geweest met klantgericht organiseren. Een uitvloeisel hiervan is het ontstaan van bureaus die de mate van klantgericht gedrag periodiek of continu meten en de resultaten terugkoppelen. In het onderwijs meet de Nationale Studenten Enquête (NSE) bijvoorbeeld de kwaliteit van elke opleiding op hogescholen en universiteiten. Lage scores op bepaalde aspecten of een lage positie in de landelijke vergelijking kunnen voor de opleidingsmanagers een aanleiding vormen om op zoek te gaan naar verbeteringen.

Het streven naar duurzaamheid en maatschappelijk verantwoord ondernemen (MVO) kan eveneens aanleiding geven tot cultuurveranderingen. Hoewel de top hierbij duidelijk het initiatief moet nemen zijn medewerkers vaak heel enthousiast en gemotiveerd om mee te werken aan veranderingen die hiermee verband houden. De weerstand hiertegen is vaak laag. Blijkbaar hebben heel veel mensen een diepe behoefte om 'goede dingen' te doen en zingeving te ervaren.

17.7.3 Reorganisatie en downsizing

De radicale afslankingen van de banken (Rabobank, ABN AMRO en ING) en het automobielbedrijf General Motors van de afgelopen jaren is een voorbeeld van inkrimpen om te overleven na het verlies van marktaandeel en veranderingen in de consumentenvraag. Andere bedrijven, zoals BlackBerry, voorheen Research in Motion (de maker van de BlackBerry), en Cisco, krimpen in om al hun inspanningen op hun kerncompetenties te richten. Het UWV, een zelfstandig bestuursorgaan, krimpt sterk in om te voldoen aan de bezuinigingsdrift van de overheid.

In het algemeen geldt dat de top van (multi)nationale bedrijven de wendbaarheid en snelle aanpasbaarheid van hun onderneming willen vergroten door een slanke, doelgerichte en flexibele organisatie te creëren. **Inkrimpen (downsizing)** is een systematische poging om een organisatie slanker te maken door locaties te sluiten, personeel te ontslaan of bedrijfseenheden die geen toegevoegde waarde hebben af te stoten.

Snijden in het personeelsbestand heeft een directe positieve uitkomst in de vorm van lagere loonkosten. Bedrijven die inkrimpen om hun strategische focus te verbeteren zien vaak positieve effecten op de aandelenkoers (stakeholders) nadat ze ontslagen hebben aangekondigd. Anderzijds geldt dat bedrijven die alleen maar werknemers ontslaan en de organisatie niet herstructureren, hun winst en aandelenkoers gewoonlijk zien dalen.[95] En uiteraard hebben inkrimpingen effect op de houding van de werknemers. Degenen die mogen blijven maken zich vaak (terecht) zorgen over toekomstige ontslagen en gaan zich minder betrokken voelen bij de organisatie.[96] Stressreacties kunnen leiden tot een hoger ziekteverzuim, minder geconcentreerd werken en een lagere creativiteit. Bij bedrijven die niet veel in hun werknemers investeren, kan

inkrimpen ook leiden tot een hoger vrijwillig personeelsverloop, waardoor essentieel menselijk kapitaal verloren gaat. Het resultaat is een bedrijf dat eerder bloedeloos dan slank is.
Bedrijven kunnen de negatieve impact van inkrimping verkleinen door zich goed voor te bereiden. Daardoor kunnen ze een deel van de stress bij de werknemers wegnemen en de steun voor de nieuwe richting vergroten.[97] Hierna noemen we enkele effectieve strategieën om in te krimpen. De meeste zijn nauw verbonden met de principes van rechtvaardigheid in de organisatie die we eerder hebben besproken:

- *Investeren*
  Bedrijven die inkrimpen omdat ze zich op hun kerncompetenties willen richten, zijn effectiever als ze daarna in werkpraktijken investeren die voor een sterke betrokkenheid zorgen.
- *Communiceren*
  Als werkgevers al vroeg in het proces proberen om een inkrimping met de werknemers te bespreken, zijn de werknemers minder bezorgd over wat er gebeuren gaat en hebben ze het gevoel dat het bedrijf rekening met hen houdt.
- *Participeren*
  Werknemers maken zich minder zorgen als ze op de een of andere manier aan het proces kunnen deelnemen. Door actief overleg met de vakbonden, het opstellen van een sociaal plan en door gebruik te maken van vrijwillige afvloeiingsregelingen kan een afslankingsoperatie zo veel mogelijk zonder gedwongen ontslagen doorgevoerd worden. Dit soort mogelijkheden neemt in Nederland overigens de laatste jaren wel sterk af, zeker nu de regering de pensioenleeftijd heeft verhoogd, het ontslagrecht heeft versoepeld en tegelijkertijd de werkloosheidsuitkeringen qua hoogte en duur aan banden heeft gelegd.
- *Hulp bieden*
  Afvloeiingsregelingen, verlengde ziektekostenregelingen en ondersteuning bij het zoeken naar een andere baan laten zien dat een bedrijf om zijn werknemers geeft en hun bijdrage waardeert.

Kortom, bedrijven die afslanken kunnen wendbaarder, efficiënter en productiever worden, maar alleen als ze voorzichtig in hun organisatie snijden en hun werknemers door het stressvolle proces heen helpen. Over dit laatste onderwerp gaat de laatste paragraaf van dit hoofdstuk.

17.7.4 Organisatiemethoden om stress te hanteren

Verschillende organisatiefactoren die stress veroorzaken – in het bijzonder de eisen die aan nieuwe taken en rollen worden gesteld – staan onder controle van het management en kunnen dus aangepast of veranderd worden. Strategieën die organisaties kunnen overwegen, zijn bijvoorbeeld een betere plaatsing in (nieuwe) functies, scholing, realistische doelen stellen, functies herontwerpen, de werknemers meer bij de organisatie betrekken en een intensievere formele communicatie.

Plaatsing en scholing

Bepaalde banen brengen meer stress met zich mee dan andere, maar mensen reageren (zoals we hebben gezien) ook verschillend op een stressvolle situatie. We weten dat mensen met weinig ervaring of een externe locus of control eerder stress ervaren. De organisatie zou met deze feiten rekening kunnen houden bij (over)plaatsingsbeslissingen. Zo kan iemand door scholing meer vertrouwen in eigen kunnen krijgen en daardoor minder stress van zijn nieuwe of veranderde functie hebben.

Realistische doelen

In hoofdstuk 7 hebben we het gehad over doelen stellen. Mensen presteren beter als ze specifieke en uitdagende doelen hebben en feedback krijgen tijdens het toewerken naar deze doelen. Doelen stellen kan stressverlagend en ook motiverend werken.[98] Werknemers die hun doelen graag willen bereiken en hun baan zinvol vinden, ervaren minder stress omdat zij stressfactoren eerder als een uitdaging dan als een belemmering zien. De onzekerheid van de werknemer of hij zijn veranderde werk (wel) goed doet wordt kleiner door feedback over de voortgang. Het resultaat is dat de werknemers minder gefrustreerd zijn en minder rolambiguïteit en stress ervaren.

Functies herontwerpen

Door functies zodanig te herontwerpen dat de werknemers meer verantwoordelijkheid en zinvoller werk krijgen met meer autonomie en meer feedback, kan de stress worden verminderd, omdat de werknemers zo meer controle over hun werkactiviteiten krijgen en minder afhankelijk van anderen worden. Maar zoals we in onze bespreking van het herontwerp van functies al hebben opgemerkt, willen niet alle werknemers een verrijkte functie. Het juiste herontwerp voor werknemers met een geringe behoefte aan groei zou dus ook gericht kunnen zijn op minder verantwoordelijkheid en meer specialisatie. Als werknemers de voorkeur geven aan structuur en routine, zouden minder verschillende vaardigheden tot minder onzekerheid en stress moeten leiden.

De werknemers meer bij de organisatie betrekken

Stress over rollen is grotendeels schadelijk, omdat de werknemers onzeker zijn over de doelen en verwachtingen, hoe ze beoordeeld gaan worden en dergelijke. Door deze werknemers te laten meebeslissen over zaken die direct met de uitvoering van hun werk te maken hebben kan het management de zeggenschap van de werknemers vergroten en de stress over rollen verminderen. Managers zouden dus moeten overwegen om de werknemers sterker bij de besluitvorming te betrekken, omdat uit onderzoek duidelijk is gebleken dat meer verantwoordelijkheid van werknemers tot minder psychische spanningen leidt.[99]

Actieve formele communicatie

Als de organisatie via de formele kanalen regelmatig duidelijkheid biedt over de nieuwe rollen en rolverwachtingen daalt de onzekerheid, doordat de ambiguïteit over rollen en rolconflicten minder wordt. Gegeven het belang van perceptieverschillen voor de reacties van mensen op stress kan het management effectieve communicatie ook gebruiken als middel om de percepties van de werknemers te beïnvloeden. Hoe mensen de eisen, verwachtingen of kansen op het werk zien is immers een kwestie van interpretatie, en die interpretatie kan worden beïnvloed door de woorden en daden van het management.

Sabbaticals

Sommige mensen hebben er behoefte om even te ontsnappen aan het gekmakende tempo van hun werk. Veel bedrijven zoals bijvoorbeeld Genentech, Starbucks, Unilever, Shell en universiteiten bieden de mogelijkheid van vrijwillig verlof. Zulke *sabbatticals* – met een duur van enkele weken tot zelfs een vol jaar – kunnen de medewerker revitaliseren zodat hij er weer fris tegenaan kan in plaats van regelrecht op een burn-out af te stevenen.

Gezondheidsprogramma's

Bij de meeste gezondheidsprogramma's gaat men ervan uit dat de werknemers zelf de verantwoordelijkheid op zich moeten nemen voor hun lichamelijke en geestelijke gezondheid en dat de organisatie alleen kan faciliteren. Met andere woorden: deelname is vrijwillig. Om medewerkers te steunen bieden veel grote organisaties gezondheidsprogramma's aan. Typische voorbeelden hiervan zijn cursussen om mensen van het roken af te helpen, minder (alcohol) te drinken, af te vallen, gezonder te eten of een programma om regelmatig aan lichaamsbeweging te doen; de totale lichamelijke en geestelijke conditie van de werknemer komt zo aan bod.[100] Sommige programma's helpen werknemers ook om hun psychische gezondheid te verbeteren. Uit een meta-analyse van 36 programma's ter vermindering van stress (waaronder ook gezondheidsprogramma's) blijkt dat interventies waarbij werknemers leren stressvolle situaties in een ander licht te zien en/of actieve strategieën te gaan gebruiken om met de stress om te gaan het stressniveau duidelijk verlagen.[101]

De meeste bedrijven met een gezondheidsprogramma hebben hier aanzienlijk van geprofiteerd. Volgens Johnson & Johnson hebben zij met hun gezondheidsprogramma in tien jaar tijd 250 miljoen dollar aan ziektekosten bespaard, en onderzoek duidt erop dat het personeelsverloop in de meeste organisaties met effectieve gezondheidsprogramma's aanzienlijk is teruggedrongen.[102] Uit ander onderzoek van het Amerikaanse ministerie van Arbeid en het ministerie van Volksgezondheid en Sociale Zaken in Nederland blijkt dat gezondheidsprogramma's organisaties gezondere werknemers opleveren die minder gezondheidsrisico's lopen.[103]

VRAAG

Op een sociale werkplaats werken vaak mensen die moeite hebben met het verwerken van prikkels uit de omgeving. Hun stresstolerantie is vaak laag. Welke organisatorische maatregelen zou je kunnen nemen om voor hen het stressniveau laag te houden en het prestatieniveau te optimaliseren?

Universeel of cultureel?

Bij veranderingen spelen ideeën over (on)wenselijkheid en (on)mogelijkheid vrijwel altijd een rol. Dat geeft aanleiding tot spanningen. Accepteren mensen rationele of gezagsargumenten klakkeloos of stellen ze die ter discussie? Hoe we tegen de verandering aankijken en hoe we ermee omgaan is ten minste voor een deel cultureel bepaald.

Mogelijk geldt dat ook voor stress en hoe we daarmee omgaan. In deze kritische afsluiting van het laatste hoofdstuk van ons boek zoomen we in op de culturele invloed op veranderproblematiek en stress.

De invloed van cultuur op veranderprocessen

Een aantal veranderingskwesties die we in dit hoofdstuk hebben besproken, is cultuurgebonden. We behandelen achtereenvolgens vijf vragen:

1. *Denken mensen dat verandering mogelijk is?*
   Vergeet niet dat in verschillende culturen verschillend wordt gedacht over de mogelijkheid om de omgeving te beïnvloeden. In culturen waar mensen hebben geleerd dat ze hun natuurlijke omgeving door toepassing van kennis en technologie kunnen beheersen en veranderen, hebben individuen een proactief idee over verandering. Dit geldt bijvoorbeeld voor de

Verenigde Staten ook voor Nederland en België. In veel andere landen, zoals Iran en Saoedi-Arabië, hebben mensen geleerd dat ze onderworpen zijn aan hun natuurlijke omgeving. Daar zullen mensen eerder een accepterende benadering kiezen ten aanzien van verandering.
Hierbij moet worden aangetekend dat we het hier alleen hebben over de gemiddelde houding van mensen ten aanzien van organisatieverandering. Dit zegt niets over mensen zelf en ook niets over de mate waarin het land zich bezighoudt met wetenschappelijk onderzoek. Iran doet bijvoorbeeld baanbrekend wetenschappelijk onderzoek op het gebied van de ruimtevaart, nanotechnologie, stamcellen en kloontechnologie.

2. *Als verandering mogelijk is, hoelang duurt het dan om die door te voeren?*
Langetermijngerichtheid en onzekerheidsvermijding in een cultuur helpen die vraag beantwoorden. (Zie Hofstede in hoofdstuk 4.) In culturen met een sterke langetermijngerichtheid in combinatie met een sterke onzekerheidsvermijding, zoals Japan, is men bereid lang te wachten op de positieve resultaten van veranderingsmaatregelen. In kortetermijngerichte culturen gecombineerd met een lage onzekerheidsvermijding, zoals de Verenigde Staten, Canada en in iets mindere mate Noordwest-Europa, verwachten mensen snelle verbeteringen. Hier kiezen mensen dan ook voor veranderingsprogramma's die snelle resultaten beloven.
Nederland en China zijn beide langetermijngerichte landen, en laag in onzekerheidsvermijding. In beide landen gaan veranderingsprocessen behoorlijk snel. Het lijkt er dus op dat vooral zwakke onzekerheidsvermijding van belang is voor de verklaring van de verandersnelheid.
3. *Is de weerstand tegen verandering in sommige culturen groter dan in andere?*
Weerstand tegen verandering wordt beïnvloed door de kracht van tradities in een samenleving. Italianen richten zich bijvoorbeeld over het algemeen op het verleden, terwijl Amerikanen het accent eerder op het heden leggen. Daarom zullen Italianen in het algemeen een grotere weerstand aan de dag leggen tegen veranderingsmaatregelen dan hun Amerikaanse tegenhangers. Een andere en misschien betere verklaring is dat Italië hoog scoort op onzekerheidsvermijding en de Verenigde Staten laag.
4. *Is de landcultuur van invloed op de aanpak van de verandering?*
Machtsafstand speelt in deze kwestie een rol. In culturen met een grote machtsafstand, zoals Spanje of Thailand, worden veranderingsmaatregelen meestal autocratisch van bovenaf geïmplementeerd. Culturen met een kleinere machtsafstand stellen minder hiërarchische methoden op prijs. Daarom is de participatie van werknemers naar verwachting groter in landen als Nederland en Denemarken. Daarnaast moeten managers met hun gedrag laten zien dat risico's nemen en fouten toegeven wenselijke karaktereigenschappen zijn.
5. *Doen succesvolle voorvechters van ideeën dingen anders in verschillende culturen?*
Ja![104] Mensen in collectivistische culturen, in tegenstelling tot mensen in individualistische culturen, geven de voorkeur aan een appel op organisatiebrede steun bij veranderingen. Mensen in culturen met een grote machtsafstand willen liever dat voorvechters van verandering nauw samenwerken met gezagsfiguren, en dat die innovatieve activiteiten goedkeuren voordat het werk door hen wordt uitgevoerd. Als een

bepaald land hoog scoort op onzekerheidsvermijding is het belangrijk dat de veranderaars de verandering netjes volgens de bestaande regels en procedures voor besluitvorming laten verlopen. Deze bevindingen suggereren dat effectieve managers hun verander-aanpak zo zullen kiezen dat hun culturele waarden daarin weerspiegeld worden. Voorvechters van nieuwe ideeën kunnen in Nederland misschien budgetlimieten negeren en beperkende procedures omzeilen, maar in Oostenrijk, België, Duitsland of andere culturen die hoog scoren op onzekerheidsvermijding, zullen deze voorvechters juist effectiever zijn als ze zich strak aan budgetten, regels en procedures houden.

Omgaan met stress in andere culturen

Uit onderzoek blijkt dat de werkomstandigheden die stress veroorzaken per cultuur kunnen verschillen. Uit één zo'n onderzoek blijkt dat Amerikaanse werknemers gestrest raken als ze te weinig inbreng in hun werk hebben, maar Chinese werknemers gestrest raken van functioneringsgesprekken en te weinig scholing. De effecten van de persoonlijkheid op stress lijken echter niet per cultuur te verschillen. Uit een onderzoek onder werknemers in Hongarije, Italië, het Verenigd Koninkrijk, Israël en de Verenigde Staten blijkt dat type A-persoonlijkheidskenmerken (zie hoofdstuk 4) in alle landen een even goede voorspeller van stress zijn.[105] Uit een onderzoek onder 5270 managers uit twintig landen blijkt dat managers uit individualistische landen als de Verenigde Staten, Canada en het Verenigd Koninkrijk een hogere mate van stress ondervinden door botsingen tussen hun werk en privéleven dan managers uit collectivistische landen in Azië en Latijns-Amerika.[106] Een mogelijke verklaring zou zijn dat overuren maken in collectivistische culturen wordt gezien als een offer om het gezin te helpen, terwijl in individualistische culturen werk wordt gezien als een middel om je persoonlijk te verbeteren en dit juist ten koste van het gezin gaat. De onderzoeksresultaten wijzen er tot slot op dat bekende stressfactoren bij werknemers in de verschillende landen ook verband houden met door medewerkers waargenomen stress en spanning. Met andere woorden, stress is in alle culturen even slecht voor de werknemer.[107]

KERN VAN DIT HOOFDSTUK

We leven in een turbulente wereld, en organisaties en hun leden worden gedwongen om op die veranderende wereld in te spelen om te kunnen blijven bestaan. De noodzaak om te veranderen raakt bijna alle aspecten van het gedrag in organisaties. Denk aan houding, perceptie, teams, leiderschap, motivatie, organisatieontwerp en dergelijke. We kunnen ons deze aspecten onmogelijk nog als stabiel en onveranderlijk voorstellen binnen onze voortdurend veranderende organisaties.

In de meeste organisaties zijn de managers de primaire change agents. Door de besluiten die ze nemen en het feit dat ze rolmodellen zijn, vormen zij de verandercultuur van de organisatie. Managementbesluiten die te maken hebben met structuurontwerp, culturele factoren en het HR-beleid bepalen grotendeels de mate van innovatie en veranderbereidheid in de organisatie. Het beleid en de praktijken van het management bepalen in welke mate de organisatie leert en zich aanpast aan veranderende omgevingsfactoren. De toepassing

van OO-programma's met hun uitgebreide instrumentarium kan organisaties helpen om de veranderingsbereidheid en de proactieve houding van leiding en medewerkers te vergroten. Hierdoor zullen deze organisaties beter zijn voorbereid op noodzakelijke veranderingen.
Omgaan met alle veranderingen kan een bron zijn van stress. Een hoog stressniveau, of zelfs een gemiddeld stressniveau dat een lange periode aanhoudt, eist uiteindelijk zijn tol en heeft een negatieve invloed op medewerkers en prestaties. Het bestaan van werkstress hoeft op zich nog niet te betekenen dat de prestaties minder worden. Bij een laag tot gemiddeld stressniveau doen mensen hun werk vaak zelfs beter, doordat de intensiteit waarmee ze werken, hun alertheid en reactievermogen toenemen. Veranderingen brengen vaak grote onzekerheid met zich mee over de nieuwe taken, rollen en verhoudingen. Het management kan diverse rationele instrumenten inzetten om de stress die hiervan het gevolg is bij werknemers op te vangen. Mensen hebben echter ook een eigen verantwoordelijkheid om individueel te werken aan hun stresstolerantie.

- Bedenk dat je als manager een change agent bent in je organisatie. De besluiten die jij neemt en je gedrag als rolmodel leveren een bijdrage aan de verandercultuur in de organisatie.
- Jouw beleid en handelen als manager bepaalt de mate waarin de organisatie leert en zich aanpast aan de veranderende omgevingsfactoren.
- Een zekere mate van stress is goed. Door de toegenomen autonomie en verantwoordelijkheid op het werk kunnen werknemers extra stress ervaren, maar krijgen ze ook sterker het gevoel dat ze iets presteren, wat meer voldoening geeft.
- Stressfactoren die belemmerend werken, zoals bureaucratie en interpersoonlijke conflicten, zijn juist alleen maar negatief en moeten worden weggenomen.
- Je kunt schadelijke stress voor je werknemers enigszins verminderen door hun werklast nauwkeurig op hen persoonlijk af te stemmen, hen middelen te geven om met stress om te gaan en hun zorgen serieus te nemen.
- Als de prestaties dalen, het personeelsverloop stijgt, meer mensen om gezondheidsredenen thuiszitten en de betrokkenheid afneemt kun je ervanuit gaan dat jouw werknemers met een extreme mate van stress te kampen hebben. Tegen de tijd dat deze symptomen zichtbaar zijn, kan het al te laat zijn; wees daarom alert op de eerste tekenen van stress en doe er meteen iets aan.

Pearson | MyLab

Op **www.pearsonmylab.nl** vind je studiemateriaal en de eText om je begrip en kennis van dit hoofdstuk uit te breiden en te oefenen.

Noten

Hoofdstuk 1

1. Geciteerd in R. Alsop (2002, 9 september). Playing Well with Others. *Wall Street Journal*, pp. R11, R14.
2. Accountemps (2013, 19 juni). Survey: Few CFOs Plan to Invest in Interpersonal Skills Development for Their Teams. Accountemps press release.
3. Zie ook https://www.greatplacetowork.nl/best-workplaces/best-workplaces-nederland-2019/
4. I.S. Fulmer, B. Gerhart en K.S. Scott (2003). Are the 100 Best Better? An Empirical Investigation of the Relationship Between Being a 'Great Place to Work' and Firm Performance. *Personnel Psychology*, winter, pp. 965-993.
5. E.R. Burris (2012). The Risks and Rewards of Speaking Up: Managerial Responses to Employee Voice. *Academy of Management Journal*, *55*(4):851-875.
6. T.L. Miller, C.L. Wesley II en D.E. Williams (2012). Educating the Minds of Caring Hearts: Comparing the Views of Practitioners and Educators on the Importance of Social Entrepreneurship Competencies. *Academy of Management Learning & Education*, *2*(3):349-370.
7. H. Aguinis en A. Glavas (2012). What We Don't Know about Corporate Social Responsibility: A Review and Research Agenda. *Journal of Management*, *38*(4):932-968.
8. D. Meinert (2014). Background on Bosses. *HR Magazine*, augustus, p. 29.
9. Ibid.
10. Ibid.
11. Zie bijvoorbeeld C. Heath en S.B. Sitkin (2001). Big-B Versus Big-O: What Is Organizational About Organizational Behavior? *Journal of Organizational Behavior*, februari, pp. 43-58. Voor een overzicht van wat volgens een vooraanstaande onderzoeker bij gedrag in organisaties zou moeten horen, zie J.B. Miner (2003). The Rated Importance, Scientific Validity, and Practical Usefulness of Organizational Behavior Theories: A Quantitative Review. *Academy of Management Learning & Education*, september, pp. 250-268.
12. Voor het oorspronkelijke onderzoek, zie F. Luthans (1988). Successful vs. Effective Real Managers. *Academy of Management Executive*, *2*(2):127-132. Een groot deel van het onderzoek is opgezet door Fred Luthans en anderen. Zie bijvoorbeeld M.M. Hopkins, D.A. O'Neil, en J.K. Stoller (2015). Distinguishing Competencies of Effective Physician Leaders. *Journal of Management Development*, *34*(5):566-584.
13. P. Wu, M. Foo en D.B. Turban (2008). The Role of Personality in Relationship Closeness, Developer Assistance, and Career Success. *Journal of Vocational Behavio*, *73*(3):440-448.
14. L. Dragoni, H. Park, J. Soltis en S. Forte-Trammell (2014). Show and Tell: How Supervisors Facilitate Leader Development Among Transitioning Leaders. *Journal of Applied Psychology*, *99*(1):66-86.
15. D.M. Rousseau (2014). *The Oxford Handbook of Evidence-based Management*. New York: Oxford University Press.
16. J. Welchand, S. Welch (2013, 12 november). When to go with your gut. *LinkedInPulse*. [blog post] Geraadpleegd van https://www.linkedin.com/pulse/20131112125301-86541065-when-to-go-with-your-gut
17. Z. Karabell (2014, 19 februari). Everyone Has a Data Point. *The Wall Street Journal*, p. A11.
18. E. Morozov (2014, 18 mei). Every Little Byte Counts. *The New York Times Book Review*, p. 23.
19. M. Taves (2014, 24 maart). If I Could Have More Data... *The Wall Street Journal*, p. R5.
20. https://pulse.microsoft.com/nl-nl/business-leadership-nl-nl/retail-nl-nl/fa2-the-power-of-prediction-how-aholddelhaize-is-using-data-and-ai-to-provide-more-personalised-shopping-experiences/
21. PricewaterhouseCoopers (2014). The Future of Work – A Journey to 2022. [LLP Report] Geraadpleegd van http://www.pwc.com/gx/en/issues/talent/future-of-work/journey-to-2022.html
22. N. Bloom, R. Sadun en J. Van Reenan (2012). Does Management Really Work? How Three Essential Practices can Address Even the Most Complex Global Problems. *Harvard Business Review*, november, pp. 77-82.
23. C. Cole (2014). Association for Psychological Science. Changing Neurobiology with Behavior. *Observer*, *27*(6):29-32.
24. E. Dwoskin (2014, 21 oktober). Big Data Knows When You Turn off the Lights. *The Wall Street Journal*, pp. B1-B2.
25. S. Lohr (2014, 22 juni). Unblinking Eyes Track Employees. *The New York Times*, pp. 1 en 15.
26. A. de Groot (2008, 9 september). Duitse Lidl beboet voor schenden privacy. *de Volkskrant*. Geraadpleegd op 20 januari 2020, van https://www.volkskrant.nl/economie/duitse-lidl-beboet-voor-schenden-privacy~b11b2f89/
27. R. Karlgaard (2014, 26 mei). Danger Lurking: Taylor's Ghost. *Forbes*, p. 34.
28. C. Karmin en S. Chaturvedi (2015, 4 maart). Grosvenor House Is Seized. *The Wall Street Journal*, p. C8.
29. V. McGrane (2014, 3 februari). The Downside of Lower Unemployment. *The Wall Street Journal*, p. A2.
30. A. Lowrey (2014, 4 april). Long Out of Work, and Running Out of Options. *The New York Times*, pp. B1 en B4.
31. L. Weber en R.E. Silverman (2015, 28 januari). On-Demand Workers: 'We Are Not Robots'. *The Wall Street Journal*, pp. B1 en B7.
32. C. Porter en M. Korn (2014, 4 maart). Can This Online Course Get Me a Job? *The Wall Street Journal*, p. B7.
33. D. Belkin en M. Peters (2014, 24-25 mei). For New Grads, Path to a Career Is Bumpy. *The Wall Street Journal*, p. A5.
34. N. Kitsantonis (2014, 25 maart). A Hands-On Approach to the Greek Economy. *The New York Times*, p. B3.
35. G. Naik (2014, 18 december). Global Life Expectancy Rises by Six Years. *The Wall Street Journal*, p. A10.
36. Zie M.E.A. Jayne en R.L. Dipboye (2004). Leveraging Diversity to Improve Business Performance: Research Findings and Recommendations for Organizations. *Human Resource Management*, winter, pp. 409-424.
37. J. Greenwald (2015, 6 maart). Tips for Dealing with Employees Whose Social Media Posts Reflect Badly on Your Company. *Forbes*. Geraadpleegd van www.forbes.com/sites/entrepreneursorganization/2015/03/06/tips-for-dealing-with-employees-whosesocial-media-posts-reflect-badly-on-your-company/

38. E. Jaffe (2014). Association for Psychological Science. Using Technology to Scale the Scientific Mountain. *Observer, 27*(6):17-19.
39. N. Fallon (2014, 2 oktober). No Face Time? No Problem: How to Keep Virtual Workers Engaged. *Business News Daily*. Geraadpleegd van http://www.businessnewsdaily.com/7228-engaging-remoteemployees.html
40. E.J. Hirst (2012, 19 oktober). Burnout on the Rise. *Chicago Tribune*. Geraadpleegd van http://articles.chicagotribune.com/2012-10-29/business/ct-biz-1029-employee-burnout-20121029_1_employeeburnout-herbert-freudenberger-employee-stress
41. D.M. Mayer, M. Kuenzi, R. Greenbaum, M. Bayer en R. Salvador (2009). How Low Does ethical Leadership Flow? Test of a Trickle-Down Model. *Organizational Behavior and Huma Decision Processses, 108*(1):1-13; en A. Ardichvili, J.A. Mitchell en D. Jondle (2009). Characteristics of Ethical Business Cultures. *Journal of Business Ethics, 85*(4):445-51.
42. D. Meinert (2014). Managers' Influence. *HR Magazine*, april, p. 25.
43. F. Luthans en C.M. Youssef (2007). Emerging Positive Organizational Behavior. *Journal of Management, 33*(3):321-349; C.M. Youssef en F. Luthans (2007). Positive Organizational Behavior in the Workplace: The Impact of Hope, Optimism, and Resilience. *Journal of Management, 33*(5):774-800; en J.E. Dutton and S. Sonenshein (2007). Positive Organizational Scholarship. In: C. Cooper en J. Barling (red.). *Encyclopedia of Positive Psychology*. Thousand Oaks, CA: Sage.
44. Five Jobs That Won't Exist in 10 Years... And One New Title You'll Start to See (2014). *HR Magazine*, februari, p. 16.
45. D. Ofman (1992). *Bezieling en kwaliteit in organisaties*. Cothen: Servire.
46. F. Kluitmans (2014). *Leerboek HRM*, 2e druk. Groningen: Noordhoff uitgevers.
47. X. Zhao en A.S. Mattila (2013). Examining the Spillover Effect of Frontline Employees' Work-Family Conflict on Their Affective Work Attitudes and Customer Satisfaction. *International Journal of Hospitality Management, 33*(2013):310-315.

Hoofdstuk 2

1. A. Barsky, S.A. Kaplan en D.J. Beal (2011). Just Feelings? The Role of Affect in the Formation of Organizational Fairness Judgments. *Journal of Management, 37*(1):248-279; J.A. Mikels, S.J. Maglio, A.E. Reed en L.J. Kaplowitz (2011). Should I Go with My Gut? Investigating the Benefits of Emotion-Focused Decision Making. *Emotion, 11*(4):743-753; A.J. Rojas Tejada, O.M. Lozano Rojas, M. Navas Luque en P.J. Perez Moreno (2011). Prejudiced Attitude Measurement Using the Rasch Scale Model. *Psychological Reports, 109*(2):553-572.
2. Zie L.S. Glasman en D. Albarracin (2006). Forming Attitudes That Predict Future Behavior: A Meta-Analysis of the Attitude-Behavior Relation. *Psychological Bulletin, 132*(5):778-822.
3. Y.L. Liu en C.-J. Keng (2014). Cognitive Dissonance, Social Comparison and Disseminating Untruthful or Negative Truthful EWOM Messages. *Social Behavior and Personality, 24*(6):979-994.
4. Dissonantie: wanklank. In de muziek is een dissonant een noot die de harmonie van klanken plotseling doorbreekt. Hier is de term gebruikt om aan te geven dat iemand zich bewust wordt (cognitie) van een tegenspraak die bestaat tussen attitudes of tussen attitudes en gedrag. Ze passen niet bij elkaar, ze zijn dus inconsistent.
5. A.S. McCance, C.D. Nye, L. Wang, K.S. Jones en C. Chiu (2013). Alleviating the Burden of Emotional Labor: The Role of Social Sharing. *Journal of Management, 39*(2):392-415.
6. Zie L.S. Glasman en D. Albarracin (2006). Forming Attitudes That Predict Future Behavior: A Meta-Analysis of the Attitude-Behavior Relation. *Psychological Bulletin, 132*(5):778-822.
7. L. Festinger (1957). *A Theory of Cognitive Dissonance*. Stanford, CA: Stanford University Press.
8. Zie bijvoorbeeld I.R. Newby-Clark, I. McGregor en M.P. Zanna (2002). Thinking and Caring About Cognitive Consistency: When and for Whom Does Attitudinal Ambivalence Feel Uncomfortable? *Journal of Personality & Social Psychology*, februari, pp. 157-166.
9. D.A. Harrison, D.A. Newman, en P.L. Roth (2006). How Important Are Job Attitudes? Meta-analytic Comparisons of Integrative Behavioral Outcomes and Time Sequences. *Academy of Management Journal, 49*(2):305-325.
10. S. Zhang (2014). Impact of Job Involvement on Organizational Citizenship Behaviors in China. *Journal of Business Ethics, 120*(2):165-174.
11. G.J. Blau (1986). Job Involvement and Organizational Commitment as Interactive Predictors of Tardiness and Absenteeism. *Journal of Management*, winter, pp. 577-584.
12. B.J. Avolio, W. Zhu, W. Koh, en P. Bhatia (2004). Transformational Leadership and Organizational Commitment: Mediating Role of Psychological Empowerment and Moderating Role of Structural Distance. *Journal of Organizational Behavior, 25*(8):951-968.
13. J.P. Meyer, N.J. Allen en C.A. Smith (1993), Commitment to Organizations and Occupations: Extension and Test of a Three- Component Conceptualization. *Journal of Applied Psychology, 78*(4):538-551; Organizational Commitment. *Journal of Applied Psychology*, mei 1988, pp. 139-145.
14. Zie bijvoorbeeld J.M. Diefendorff , D.J. Brown, en A.M. Kamin (2002). Examining the Roles of Job Involvement and Work Centrality in Predicting Organizational Citizenship Behaviors and Job Performance. *Journal of Organizational Behavior*, februari, pp. 93-108.
15. A. Ergeneli, G. Saglam, en S. Metin (2007). Psychological Empowerment and Its Relationship to Trust in Immediate Managers. *Journal of Business Research*, januari, pp. 41-49.
16. M. Riketta (2002). Attitudinal Organizational Commitment and Job Performance: A Meta-analysis. *Journal of Organizational Behavior*, maart, pp. 257-266.
17. D.M. Rousseau (1997). Organizational Behavior in the New Organizational Era. In: J.T. Spence, J.M. Darley en D.J. Foss (red.). *Annual Review of Psychology*, vol. 48. Palo Alto, CA: Annual Reviews, p. 523.
18. E. Snape en T. Redman (2003). An Evaluation of a Three-Component Model of Occupational Commitment: Dimensionality and Consequences Among United Kingdom Human Resource Management Specialists. *Journal of Applied Psychology, 88*(1):152-159.
19. L. Rhoades, R. Eisenberger, en S. Armeli (2001). Affective Commitment to the Organization: The Contribution of Perceived Organizational Support. *Journal of Applied Psychology, 86*(5):825-836.
20. D. Chiaburu, S. Chakrabarty, J. Wang en N. Li (2015, 21 januari 2020). Organizational Support and Citizenship Behaviors: A Comparative Cross-Cultural Meta-Analysis. *Management International Review, 55*(5). Geraadpleegd van https://www.researchgate.net/publication/277977800_Organizational_Support_and_Citizenship_Behaviors_A_Comparative_Cross-Cultural_Meta-Analysis

21. W.B. Schaufeli en A.B. Bakker (2001). Werk en welbevinden: Naar een positieve Arbeids- en Organisatiepsychologie. *Gedrag & Organisatie, 14*, pp. 229-253.
22. J.K. Harter, F.L. Schmidt en T.L. Hayes (2002). Business-Unit- Level Relationship Between Employee Satisfaction, Employee Engagement en Business Outcomes: A Meta-analysis. *Journal of Applied Psychology, 87*(2):268-279.
23. Employee Engagement (2013, februari). *Workforce Management*. p. 19; en The Cornerstone OnDemand 2013 U.S. Employee Report (2013). *Cornerstone*. Geraadpleegd van www.cornerstoneondemand.com/resources/research/survey-2013
24. Y. Brunetto, S.T.T. Teo, K. Shacklock en R. Farr-Wharton (2012). Emotional Intelligence, Job Satisfaction, Well-being and Engagement: Explaining Organisational Commitment and Turnover Intentions in Policing. *Human Resource Management Journal, 22*(4):428-441.
25. P. Petrou, E. Demerouti, M.C.W. Peeters, W.B. Schaufeli en J. Hetland (2012). Crafting a Job on a Daily Basis: Contextual Correlates and the Link to Work Engagement. *Journal of Organizational Behavior, 33*(8):1120-1141.
26. J. Wanous, A.E. Reichers en M.J. Hudy (1997). Overall Job Satisfaction: How Good Are Single-Item Measures? *Journal of Applied Psychology*, april, pp. 247-252.
27. *Employee's Job Satisfaction Worldwide 2012* (2012). Distributed by New York, NY: Statista. Geraadpleegd van http://www.statista.com/statistics/224508/employee-job-satisfaction-worldwide/; Kelly Services, Kelly Global Workforce Index (2012). *Acquisition and Retention in the war for Talent*. Geraadpleegd van http://www.kellyservices .no/NO/Om-oss/KGWI-APRIL-2012-Talent-Acquisitonand-Retention/
28. CBS (2017, 24 oktober). Zelfstandigen meest tevreden, uitzendkrachten minst. Geraadpleegd op 25 januari 2020 van https://www.cbs.nl/nl-nl/nieuws/2017/43/zelfstandigen-meest-tevreden-uitzendkrachten-minst
29. K. Bowman (2003). Attitudes About Work, Chores, and Leisure in America. *AEI Opinion Studies*, augustus, p. 25.
30. N.A. Bowling, M.R. Hoepf, D.M. LaHuis, en L.R. Lepisto (2013). Mean Job Satisfaction Levels over Time: Are Things Bad and Getting Worse? *The Industrial-Organizational Psychologist, 50*(4):57-64.
31. L. Weber (2014, 18 juni). U.S. Workers Can't Get No (Job) Satisfaction, *The Wall Street Journal: At Work* (blog). Geraadpleegd van http://blogs.wsj.com/atwork/2014/06/18/u-s-workerscant-get-no-job-satisfaction/
32. B. Cheng, M. Kan, G. Levanon en R.L. Ray (2014). Job Satisfaction: 2014 Edition. *The Conference Board*. Geraadpleegd van https://www.conference-board.org/topics/publicationdetail.cfm?publicationid=2785
33. G. Levanon, R. Erickson, A. Li en C. RongJob (2019). Satisfaction 2019: Satisfaction Continues to Rapidly Increase in a Very Tight Labor Market. *The Conference Board*. Geraadpleegd op 25 januari 2020 van https://www.conference-board.org/publications/publicationdetail.cfm?publicationid=8736
34. Doing Business in South Korea (2016, 14 januari). *World Business Culture*. Geraadpleegd van www.worldbusinessculture.com/Business-in-South-Korea.html.
35. J. Barling, E.K. Kelloway en R.D. Iverson (2003). High-Quality Work, Job Satisfaction, and Occupational Injuries. *Journal of Applied Psychology, 88*(2):276-283; en F.W. Bond en D. Bunce (2003). The Role of Acceptance and Job Control in Mental Health, Job Satisfaction, and Work Performance. *Journal of Applied Psychology, 88*(6):1057-1067.
36. S.E. Humphrey, J.D. Nahrgang en F.P. Morgeson (2007). Integrating Motivational, Social, and Contextual Work-Design Features: A Meta-Analytic Summary and Theoretical Extension of the Work Design Literature. *Journal of Applied Psychology, 92*(5):1332-1356; en D.S. Chiaburu en D.A. Harrison (2008). Do Peers Make the Place? Conceptual Synthesis and Meta-Analysis of Coworker Effect on Perceptions, Attitudes, OCBs, and Performance. *Journal of Applied Psychology, 93*(5):1082-1103.
37. K.H. Fong en E. Snape, Empowering Leadership, Psychological Empowerment and Employee Outcomes: Testing a Multi-Level Mediating Model. *British Journal of Management*.
38. S. Ronen en M. Mikulincer (2012). Predicting Employees' Satisfaction and Burnout from Managers' Attachment and Caregiving Orientations. *European Journal of Work and Organizational Psychology, 21*(6):828-849.
39. A. Calvo-Salguero, J.-M. Salinas Martinez-de-Lecea en A.-M. Carrasco-Gonzalez (2011). Work-Family and Family-Work Conflict: Does Intrinsic-Extrinsic Satisfaction Mediate the Prediction of General Job Satisfaction? *Journal of Psychology, 145*(5):435-461.
40. J. Zhang, Q. Wu, D. Miao, X. Yan en J. Peng (2014). The Impact of Core Self-Evaluations on Job Satisfaction: The Mediator Role of Career Commitment. *Social Indicators Research, 116*(3):809-822.
41. E. Diener en M.E.P. Seligman (2004). Beyond Money: Toward an Economy of Well-Being. *Psychological Science in the Public Interest, 5*(1):1-31; en A. Grant (2005, 8 januari). Money=Happiness? That's Rich: Here's the Science Behind the Axiom. *The (South Mississippi) Sun Herald*.
42. D. Thorpe (2013, 18 mei). Why CSR? The Benefits of Corporate Social Responsibility Will Move You to Act, Forbes. Geraadpleegd van http://www.forbes.com/sites/devinthorpe/2013/05/18/why-csr-the-benefits-of-corporate-social-responsibility-willmove-you-to-act/
43. N. Fallon (2014, 22 december). What Is Corporate Responsibility? *Business News Daily*. Geraadpleegd van http://www.businessnewsdaily.com/4679-corporate-social-responsibility.html
44. R. Feintzeig (2015, 25 februari). I Don't Have a Job. I Have a Higher Calling. *The Wall Street Journal*, pp. B1 en B4.
45. Zie I. Filatotchev en C. Nakajima (2014). Corporate Governance, Responsible Managerial Behavior, and Corporate Social Responsibility: Organizational Efficiency versus Organizational Legitimacy? *Academy of Management Perspectives, 28*(3):289-306.
46. A. Hurst (2014, 20 april). Being 'Good' Isn't the Only Way to Go. *The New York Times*, p. 4.
47. M.C. Bolino, H.-H. Hsiung, J. Harvey en J.A. LePine (2015). Well, I'm Tired of Tryin'! Organizational Citizenship Behavior and Citizenship Fatigue. *Journal of Applied Psychology, 100*(1):56-74.
48. Ge.E. Newman en D.M. Cain (2014). Tainted Altruism: When Doing Some Good Is Evaluated as Doing Worse Than Doing No Good at All. *Psychological Science, 25*(3):648-655.
49. Ibid.
50. N.P. Podsakoff, P.M. Podsakoff en S.B. MacKenzie (2014). Consequences of Unit-Level Organizational Citizenship Behaviors: A Review and Recommendations for Future Research. *Journal of Organizational Behavior, 35*(S1):S87-S119.
51. B.J. Hoffman, C.A. Blair, J.P. Maeriac en D.J. Woehr (2007). Expanding the Criterion Domain? A Quantitative Review of the OCB Literature. *Journal of Applied Psychology, 92*(2):555-566; en J.A. LePine, A. Erez, en D.E. Johnson (2002). The

Nature and Dimensionality of Organizational Citizenship Behavior: A Critical Review and Meta-analysis. *Journal of Applied Psychology*, februari, pp. 52-65.
52. B.B. Reiche et al. (2014). Why Do Managers Engage in Trustworthy Behavior? A Multilevel Cross-Cultural Study in 18 Countries. *Personnel Psychology, 67*(1):61-98.
53. D.S. Chiaburu en D.A. Harrison (2008). Do Peers Make the Place? Conceptual Synthesis and Meta-Analysis of Coworker Effect on Perceptions, Attitudes, OCBs, and Performance. *Journal of Applied Psychology, 93*(5):1082-1103.
54. R. Ilies, I.S. Fulmer, M. Spitzmuller en M.D. Johnson (2009). Personality and Citizenship Behavior: The Mediating Role of Job Satisfaction. *Journal of Applied Psychology, 94*(4):945-959.
55. G.L. Lemoine, C.K. Parsons en S. Kansara (2015). Above and Beyond, Again and Again: Self-Regulation in the Aftermath of Organizational Citizenship Behaviors. *Journal of Applied Psychology, 100*(1):40-55.
56. C. Vandenberghe, K. Bentein, R. Michon, J. Chebat, M. Tremblay en J. Fils (2007). An Examination of the Role of Perceived Support and Employee Commitment in Employee-Customer Encounters. *Journal of Applied Psychology, 92*(4):1177-1187; en P. Eder en R. Eisenberger (2008). Perceived Organizational Support: Reducing the Negative Influence of Coworker Withdrawal Behavior. *Journal of Management, 34*(1):55-68.
57. M.J. Bitner, B.H. Booms en L.A. Mohr (1994). Critical Service Encounters: The Employee's Viewpoint. *Journal of Marketing*, oktober, pp. 95-106.
58. J. Barling, E.K. Kelloway en R.D. Iverson (2003). High-Quality Work, Job Satisfaction, and Occupational Injuries. *Journal of Applied Psychology, 88*(2):276-283; en F.W. Bond en D. Bunce (2003). The Role of Acceptance and Job Control in Mental Health, Job Satisfaction, and Work Performance. *Journal of Applied Psychology, 88*(6):1057-1067.
59. Y. Georgellis en T. Lange (2012). Traditional versus Secular Values and the Job-Life Satisfaction Relationship across Europe. *British Journal of Management, 23*(4):437-454.
60. O. Stavrova, T. Schlosser en A. Baumert (2014). Life Satisfaction and Job-Seeking Behavior of the Unemployed: The Effect of Individual Differences in Justice Sensitivity. *Applied Psychology: An International Review, 64*(4):643-670.
61. R. Gibney, T.J. Zagenczyk en M.F. Masters (2009). The Negative Aspects of Social Exchange: An Introduction to Perceived Organizational Obstruction. *Group & Organization Management, 34*(6):665-697.
62. C. Caldwell en M. Canuto-Carranco (2010). 'Organizational Terrorism' and Moral Choices- Exercising Voice when the Leader is the Problem. *Journal of Business Ethics, 97*(1):159-171; en A.J. Nyberg en R.E. Ployhart (2013). Context Emergent Turnover (CET) Theory, A theory of Collective Turnover. *Academy of Management Review, 38*(1):109-131.
63. Zie J. Zhou en J.M. George (2001). When Job Dissatisfaction Leads to Creativity: Encouraging the Expression of Voice. *Academy of Management Journal*, augustus, pp. 682-696; en A. Davis-Blake, J.P. Broschak, en E. George (2003). Happy Together? How Using Nonstandard Workers Affects Exit, Voice, and Loyalty Among Standard Employees. *Academy of Management Journal, 46*(4):475-485.
64. P.A. O'Keefe (2014, 7 september). Liking Work Really Does Matter. *The New York Times*, p. 12.
65. D. Iliescu, D. Ispas, C. Sulea en A. Ilie (2015). Vocational Fit and Counterproductive Work Behaviors: A Self-Regulation Perspective. *Journal of Applied Psychology, 100*(1):21-39.
66. A.S. Gabriel, J.M. Diefendorff, M.M. Chandler, C.M.M. Pradco en G.J. Greguras (2014). The Dynamic Relationships of Work Affect and Job Satisfaction with Perceptions of Fit. *Personnel Psychology, 67*(2):389-420.
67. S. Diestel, J. Wegge en K.-H. Schmidt (2014). The Impact of Social Context on the Relationship between Individual Job Satisfaction and Absenteeism: The Roles of Different Foci of Job Satisfaction and Work-Unit Absenteeism. *Academy of Management Journal, 57*(2):353-382.
68. H. Lian, D.L. Ferris, R. Morrison en D.J. Brown (2014). Blame It on the Supervisor or the Subordinate? Reciprocal Relations between Abusive Supervision and Organizational Deviance. *Journal of Applied Psychology, 99*(4):651-664.
69. T.A. Beauregard (2014). Fairness Perceptions of Work-Life Balance Initiatives; Effects on Counterproductive Work Behavior. *British Journal of Management, 25*(4):772-789.
70. D. Iliescu, D. Ispas, C. Sulea en A. Ilie (2015). Vocational Fit and Counterproductive Work Behaviors: A Self-Regulation Perspective. *Journal of Applied Psychology, 100*(1):21-39.
71. A.S. Gabriel, J.M. Diefendorff, M.M. Chandler, C.M.M. Pradco en G.J. Greguras (2014). The Dynamic Relationships of Work Affect and Job Satisfaction with Perceptions of Fit. *Personnel Psychology, 67*(2):389-420.
72. S. Diestel, J. Wegge en K.-H. Schmidt (2014). The Impact of Social Context on the Relationship between Individual Job Satisfaction and Absenteeism: The Roles of Different Foci of Job Satisfaction and Work-Unit Absenteeism. *Academy of Management Journal, 57*(2):353-382.
73. J.F. Ybema, P.G.W. Smulders en P.M. Bongers (2010). Antecedents and Consequences of Employee Absenteeism: A Longitudinal Perspective on the Role of Job Satisfaction and Burnout. *European Journal of Work and Organizational Psychology, 19*(1):102-124.
74. G. Chen, R.E. Ployhart, H.C. Thomas, N. Anderson en P.D. Bliese (2011). The Power of Momentum: A New Model of Dynamic Relationships between Job Satisfaction Change and Turnover Intentions. *Academy of Management Journal, 54*(1):159-181.
75. D. Liu, T.R. Mitchell, T.W. Lee, B.C. Holtom en T.R. Hinkin (2012). When Employees Are Out of Step with Coworkers: How Job Satisfaction Trajectory and Dispersion Influence Individual- and Unit-Level Voluntary Turnover. *Academy of Management Journal, 55*(6):1360-1380.
76. K. Kiazad, B.C. Holtom, P.W. Hom en A. Newman (2015). Job Embeddedness: A Multifoci Theoretical Extension. *Journal of Applied Psychology, 100*(3):641-659.
77. T.H. Lee, B. Gerhart, I. Weller en C.O. Trevor (2008). Understanding Voluntary Turnover: Path-Specific Job Satisfaction Effects and the Importance of Unsolicited Job Offers. *Academy of Management Journal, 51*(4):651-671.
78. K. Holland (2007, 28 januari). Inside the Minds of Your Employees. *New York Times*, p. B1; Study Sees Link Between Morale and Stock Price (2006, 27 februari). *Workforce Management*, p. 15; en The Workplace as a Solar System (2006, 28 oktober). *New York Times*, p. B5.
79. E. White (2007, 18 juni). How Surveying Workers Can Pay Off, *The Walll Street Journal*, p. B3.
80. J. Barling, E.K. Kelloway en R.D. Iverson (2003). High-Quality Work, Job Satisfaction, and Occupational Injuries. *Journal of Applied Psychology, 88*(2):276-283; en F.W. Bond en D. Bunce (2003). The Role of Acceptance and Job Control in Mental Health, Job Satisfaction, and Work Performance. *Journal of Applied Psychology, 88*(6):1057-1067.
81. M. Benz en B.S. Frey (2003). *The Value of Autonomy: Evidence from the Self-Employed in 23 Countries. Working paper 173*. Institute for Empirical Research in Economics,

University of Zurich. Geraadpleegd van http://ssrn.com/abstract=475140
82. M.J. Gelfand, M. Erez, en Z. Aycan (2007). Cross-Cultural Organizational Behavior. *Annual Review of Psychology, 58*:479-514; en A.S. Tsui, S.S. Nifadkar, en A.Y. Ou (2007). Cross-National, Cross-Cultural Organizational Behavior Research: Advances, Gaps, and Recommendations. *Journal of Management*, juni, pp. 426-478.
83. Benz en Frey. *The Value of Autonomy: Evidence from the Self-Employed in 23 Countries*; P. Warr (2007). *Work, Happiness, and Unhappiness*, Mahwah, NJ: Laurence Erlbaum.
84. C. Vandenberghe, K. Bentein, R. Michon, J. Chebat, M. Tremblay en J. Fils (2007). An Examination of the Role of Perceived Support and Employee Commitment in Employee-Customer Encounters. *Journal of Applied Psychology, 92*(4):1177-1187; en P. Eder en R. Eisenberger (2008). Perceived Organizational Support: Reducing the Negative Influence of Coworker Withdrawal Behavior. *Journal of Management, 34*(1):55-68.
85. J. Farh, R.D. Hackett en J. Liang (2007). Individual-Level Cultural Values as Moderators of Perceived Organizational Support – Employee Outcome Relationships in China: Comparing the Effects of Power Distance and Traditionality. *Academy of Management Journal, 50*(3):715-729.
86. Harrison, Newman, en Roth, How Important Are Job Attitudes?, pp. 320-321.

Hoofdstuk 3

1. Zie bijvoorbeeld C.D. Fisher en N.M. Ashkanasy (2000). The Emerging Role of Emotions in Work Life: An Introduction. *Journal of Organizational Behavior*, Special Issue, pp. 123-129; en N.M. Ashkanasy, C.E.J. Hartel en C.S. Daus (2002). Diversity and Emotion: The New Frontiers in Organizational Behavior Research. *Journal of Management, 28*(3):307-338.
2. H.M. Weiss en R. Cropanzano (1996). Affective Events Theory: A Theoretical Discussion of the Structure, Causes and Consequences of Affective Experiences at Work. In: B.M. Staw en L.L. Cummings (red.). *Research in Organizational Behavior*, vol. 18. Greenwich, CT: JAI Press, pp. 17-19.
3. N.H. Frijda (1993). Moods, Emotion Episodes and Emotions. In: M. Lewis en J. M. Haviland (red.). *Handbook of Emotions.* New York: Guilford Press, p. 381.
4. Zie P. Ekman en R.J. Davidson (red.) (1994). *The Nature of Emotions.* Oxford, England: Oxford University Press.
5. Zie bijvoorbeeld P. Ekman (1992). An Argument for Basic Emotions. *Cognition and Emotion*, mei/juli, pp. 169-200; C.E. Izard (1992). Basic Emotions, Relations Among Emotions, and Emotion-Cognition Relations. *Psychological Bulletin*, november, pp. 561-565; en J.L. Tracy en R.W. Robins (2007). Emerging Insights into the Nature and Function of Pride. *Current Directions in Psychological Science, 16*(3):147-150.
6. R.C. Solomon (2002). Back to Basics: On the Very Idea of 'Basic Emotions'. *Journal for the Theory of Social Behaviour, 32*(2):115-144.
7. P. Ekman (1992). An Argument for Basic Emotions. *Cognition and Emotion*, mei/juli, pp. 169-200.
8. Geciteerd in R.D. Woodworth (1938). *Experimental Psychology.* New York: Holt.
9. P. Ekman (2003). *Emotions revealed: Recognising Faces and Feelings to Improve Communication and Emotional Life.* New York: Times Books/Henry Holt and Co.
10. P.S. Russell en R. Giner-Sorolla (2013). Bodily Moral Disgust: What It Is, How It Is Different from Anger, and Why It Is an Unreasoned Emotion. *Psychological Bulletin, 139*(2):328-351.
11. J.T. Cacioppo en W.L. Gardner (1999). Emotion. *Annual Review of Psychology*, vol. 50, Palo Alto, CA: Annual Reviews, pp. 191-214.
12. D. Holman. T.D. Wall, C. Clegg, P. Sparrow en A. Howard (red.) (2005). *Call Centres, in The Essentials of the New Work Place: A Guide to the Human Impact of Modern Working Practices*. Chichester, UK: Wiley, pp. 111-132.
13. D. Xanthopoulou, A.B. Bakker, E. Demerouti en W.B. Schaufeli (2012). A Diary Study on the Happy Worker: How Job Resources Relate to Positive Emotions and Personal Resources. *European Journal of Work and Organizational Psychology, 21*(4):489-517.
14. J.R. Spence, D.J. Brown, L.M. Keeping en H. Lian (2014). Helpful Today, But Not Tomorrow? Feeling Grateful as a Predictor of Daily Organizational Citizenship Behaviors. *Personnel Psychology, 67*(3):705-738.
15. E. Bernstein (2015, 24 februari). Feeling Awesome: Studies Find an Emotion Has Myriad Benefits. *The Wall Street Journal*, p. D3.
16. L.M. Poverny en S. Picascia (2009, 20 oktober). There Is No Crying in Business. *Womensmedia.com*. Geraadpleegd van www.womensmedia.com/new/Crying-at-Work.shtml
17. A.R. Damasio (1994). *Descartes' Error: Emotion, Reason, and the Human Brain.* New York: Quill.
18. J. Haidt (2007, 18 mei). The New Synthesis in Moral Psychology. *Science, 316*, pp. 998, 1002; I.E. de Hooge, R.M.A. Nelissen, S.M. Breugelmans en M. Zeelenberg (2011). What is Moral about Guilt? Acting 'Prosocially' at the Disadvantage of Others. *Journal of Personality and Social Psychology, 100*, pp. 462-473; en C.A. Hutcherson en J.J. Gross (2011). The Moral Emotions: A Social-Functionalist Account of Anger, Disgust, and Contempt. *Journal of Personality and Social Psychology, 100*:719-737.
19. T. Jacobs (2012). My Morals Are Better Than Yours. *Miller-Mc-Cune,* maart/april, pp. 68-69.
20. A. Gopnik (2014, 30-31 augustus). Even Children Get More Outraged at 'Them' and 'Us'. *The Wall Street Journal*, p. C2.
21. N. Angier (2014, 1 april). Spite Is Good. Spite Works. *The Wall Street Journal*, pp. D1, D3.
22. F. van de Waal (2017). *De Bonobo en de tien geboden.* Amsterdam: Atlas Contact Uitgeverij.
23. F. van de Waal (2012). *Een tijd voor empathie*, Amsterdam: Olympus.
24. S.A. Golder en W.M. Macy (2011, 30 september). Diurnal and Seasonal Mood Vary with Work, Sleep, and Daylength across Diverse Cultures. *Science, 333*(6051):1878-1881.
25. Ibid.
26. A.M. Isen, Positive Affect as a Source of Human Strength. In: L.G. Aspinwall en U. Staudinger (red.) (2003). *The Psychology of Human Strengths.* Washington, DC: American Psychological Association, pp. 179-195.
27. M.G. Gard en A.M. Kring (2007). Sex Differences in the Time Course of Emotion. *Emotion, 7*(2):429-437; M. Jakupcak, K. Salters, K.L. Gratz en L. Roemer (2003). Masculinity and Emotionality: An Investigation of Men's Primary and Secondary Emotional Responding. *Sex Roles, 49*:111-120; en M. Grossman en W. Wood (1992). Sex Differences in Intensity of Emotional Experience: A Social Role Interpretation. *Journal of Personality and Social Psychology*, november, pp. 1010-1022.
28. J.M. Diefendorff en G.J. Greguras (2009). Contextualizing Emotional Display Rules: Examining the Roles of Targets and Discrete Emotions in Shaping Display Rule Perceptions. *Journal of Management, 35*, pp. 880-898.
29. D. Meinert (2012). Sleepless in Seattle ... and Cincinnati and Suracuse. *HRM Magazine, oktober*, pp. 55-57.

30. E. Bernstein (2015, 10 maart). Changing the Clocks Wasn't Good for Your Relationships. *The Wall Street Journal*, pp. D1, D2.
31. B.A. Scott en T.A. Judge (2006). Insomnia, Emotions, and Job Satisfaction: A Multilevel Study. *Journal of Management 32*(5):622-645.
32. E. Bernstein (2015). Changing the Clocks Wasn't Good for Your Relationships, *The Wall Street Journal*.
33. Zie Monday Blahs (2005, 16 mei). Geraadpleegd van www.ashidome.com/blogger/housearrest.asp?c=809&m=5&y=2005
34. G. Schaffer (2012). Association for Psychological Science, What's Good, When, and Why? *The Observer, 25*(9):27-29.
35. M. LaFrance en M. Banaji (1992). Toward a Reconsideration of the Gender-Emotion Relationship. In: M. Clark (red.), *Review of Personality and Social Psychology*, vol. 14. Newbury Park, CA: Sage, pp. 178-197; en A.M. Kring en A.H. Gordon (1998). Sex Differences in Emotion: Expression, Experience, and Physiology. *Journal of Personality and Social Psychology*, maart, pp. 686-703.
36. M.G. Gard en A.M. Kring (2007). Sex Differences in the Time Course of Emotion. *Emotion, 7*(2):429-437; M. Jakupcak, K. Salters, K.L. Gratz en L. Roemer (2003). Masculinity and Emotionality: An Investigation of Men's Primary and Secondary Emotional Responding. *Sex Roles, 49*:111-120; en M. Grossman en W. Wood (1992). Sex Differences in Intensity of Emotional Experience: A Social Role Interpretation. *Journal of Personality and Social Psychology*, november, pp. 1010-1022.
37. A.H. Fischer, P.M. Rodriguez Mosquera, A.E.M. van Vianen en A.S.R. Manstead (2004). Gender and Culture Differences in Emotion. *Emotion, 4*:84-87.
38. Zie J.A. Morris en D.C. Feldman (1997). Managing Emotions in the Workplace. *Journal of Managerial Issues, 9*(3)257-274; S.M. Kruml en D. Geddes (2000). Catching Fire Without Burning Out: Is There an Ideal Way to Perform Emotion Labor? In: N.M. Ashkansay, C.E.J. Hartel en W.J. Zerbe. *Emotions in the Workplace*. New York: Quorum Books, pp. 177-188.
39. J.M. Diefendorff en G.J. Greguras (2009). Contextualizing Emotional Display Rules: Examining the Roles of Targets and Discrete Emotions in Shaping Display Rule Perceptions. *Journal of Management, 35*:880-898.
40. A.R. Hochschild (1979). Emotion Work, Feeling Rules, and Social Structure. *American Journal of Sociology*, november, pp. 551-575; W.-C. Tsai (2001). Determinants and Consequences of Employee Displayed Positive Emotions. *Journal of Management, 27*(4):497-512; en J.M. Diefendorff en E.M. Richard (2003). Antecedents and Consequences of Emotional Display Rule Perceptions. *Journal of Applied Psychology*, april, pp. 284-294.
41. B.M. DePaulo (1992). Nonverbal Behavior and Self- Presentation. *Psychological Bulletin*, maart, pp. 203-243.
42. C.S. Hunt (1996). *Although I Might Be Laughing Loud and Hearty, Deep Inside I'm Blue: Individual Perceptions Regarding Feeling and Displaying Emotions at Work*. Paper presented at the Academy of Management Conference, Cincinnati, augustus, p. 3.
43. D.T. Wagner, C.M. Barnes en B.A. Scott (2014). Driving it Home: How Workplace Emotional Labor Harms Employee Home Life. *Personnel Psychology, 67*(2):487-516.
44. J.P. Trougakos, D.J. Beal, B.H. Cheng, I. Hideg en D. Zweig (2015). Too Drained to Help: A Resource Depletion Perspective on Daily Interpersonal Citizenship Behaviors. *Journal of Applied Psychology 100*(1):227-236.
45. J.D. Kammeyer-Mueller et al. (2013). A Meta-Analytic Structural Model of Dispositional Affectivity and Emotional Labor. *Personnel Psychology, 66*(1):47-90.
46. B.A. Scott, C.M. Barnes en D.T. Wagner (2012). Chameleonic or Consistent? A Multilevel Investigation of Emotional Labor Variability and Self-Monitoring. *Academy of Management Journal, 55*(4):905-926.
47. J.P. Trougakos, D.J. Beal, S.G. Green en H.M. Weiss (2008). Making the Break Count: An Episodic Examination of Recovery Activities, Emotional Experiences, and Positive Affective Displays. *Academy of Management Journal, 51*(1):131-146.
48. U.R. Hulsheger, J.W.B. Lang, A.F. Schewe en F.R.H. Zijlstra (2015). When Regulating Emotions at Work Pays Off: A Diary and an Intervention Study on Emotion Regulation and Customer Tips in Service Jobs. *Journal of Applied Psychology, 100*(2):263-277.
49. J.D. Kammeyer-Mueller, A. Rubenstein, D.M. Long, M.A. Odio, B.R. Buckman, Y. Zhang en Marie Halvorsen-Ganepola (2013). A Meta-Analytic Structural Model of Dispositionally Affectivity and Emotional Labor. *Personnel Psychology, 66*(1).
50. K.L. Wang en M. Growth (2014). Buffering the Negative Effects of Employee Surface Acting: The Moderating Role of Employee-Customer Relationship Strength and Personalized Services. *Journal of Applied Psychology, 99*(2):341-350.
51. A.A. Grandey (2003). When 'The Show Must Go on': Surface Acting and Deep Acting as Determinants of Emotional Exhaustion and Peer-Rated Service Delivery. *Academy of Management Journal, 46*(1):86-96.
52. U.R. Hulsheger, H.J.E. Alberts (2013). A. Feinholdt en J.W.B. Lang, Benefits of Mindfulness at Work: The Role of Mindfulness in Emotion Regulation, Emotional Exhaustion, and Job Satisfaction. *Journal of Applied Psychology, 98*(2):310-325.
53. R. Teper (2013). Z.V. Segal en M. Inzlicht, Inside the Mindful Mind: How Mindfulness Enhances Emotion Regulation through Improvements in Executive Control. *Current Directions in Psychological Science, 22*(6):449-454.
54. H. Guenter, I.J.H. van Emmerik en B. Schreurs (2014). The Negative Effects of Delays in Information Exchange: Looking at Workplace Relationships from an Affective Events Perspective. *Human Resource Management Review, 24*(4):283-298; en F.K. Matta, H.T. Erol-Korkmaz, R.E. Johnson en P. Bicaksiz (2014). Significant Work Events and Counterproductive Work Behavior: The Role of Fairness, Emotions, and Emotion Regulation. *Journal of Organizational Behavior, 35*(7):920-944.
55. C.D. Fisher, A. Minbashian, N. Beckmann en R.E. Wood (2013). Task Appraisals, Emotions, and Performance Goal Orientations. *Journal of Applied Psychology, 98*(2):364-373.
56. K.L. Wang en M. Growth (2014). Buffering the Negative Effects of Employee Surface Acting: The Moderating Role of Employee-Customer Relationship Strength and Personalized Services. *Journal of Applied Psychology, 99*(2):341-350.
57. Gebaseerd op D.R. Caruso, J.D. Mayer en P. Salovey (2002). Emotional Intelligence and Emotional Leadership. In: R.E. Riggio, S.E. Murphy en F.J. Pirozzolo (red.). *Multiple Intelligences and Leadership*. Mahwah, NJ: Lawrence Erlbaum, p. 70.
58. Deze paragraaf is gebaseerd op D. Goleman (1995). *Emotional Intelligence*. New York: Bantam; P. Salovey en D. Grewal (2005). The Science of Emotional Intelligence. *Current Directions in Psychological Science, 14*(6):281-285; D. Geddes en R.R. Callister (2007). Crossing the Line(s): A

Dual Threshold Model of Anger in Organizations. *Academy of Management Review, 32*(3):721-746; en J. Ciarrochi, J.P. Forgas en J.D. Mayer (red.) (2001). *Emotional Intelligence in Everyday Life*. Philadelphia: Psychology Press.

59. R. Bar-On, D. Tranel, N.L. Denburg en A. Bechara (2003). Exploring the Neurological Substrate of Emotional and Social Intelligence. *Brain, 126*(8):1790-1800; E.A. Locke (2005). Why Emotional Intelligence Is an Invalid Concept. *Journal of Organizational Behavior, 26*(4):425-431.
60. R. Gilkey, R. Caceda en C. Kilts (2010). When Emotional Reasoning Trumps IQ. *Harvard Business Review*, september, p. 27.
61. M. Seo en L.F. Barrett (2007). Being Emotional during Decision Making – Good or Bad? An Empirical Investigation. *Academy of Management Journal, 50*(4):923-940.
62. S.L. Koole (2009). The Psychology of Emotion Regulation: An Integrative Review. *Cognition and Emotion, 23*(1):4-41; en H.A. Wadlinger en D.M. Isaacowitz (2011). Fixing Our Focus: Training Attention to Regulate Emotion. *Personality and Social Psychology Review, 15*(1):75-102.
63. *Intermediair*, 3 december 2009.
64. D.H. Kluemper, T. DeGroot en S. Choi (2013). Emotion Management Ability: Predicting Task Performance, Citizenship, and Deviance. *Journal of Management, 39*(4):878-905.
65. J.V. Wood, S.A. Heimpel, L.A. Manwell en E.J. Whittington (2009). This Mood Is Familiar and I Don't Deserve to Feel Better Anyway: Mechanisms Underlying Self-Esteem Differences in Motivation to Repair Sad Moods. *Journal of Personality and Social Psychology, 96*(2):363-380.
66. E. Kim, D.P. Bhave en T.M. Glomb (2013). Emotion Regulation in Workgroups: The Roles of Demographic Diversity and Relational Work Context. *Personnel Psychology, 66*(3):613-644.
67. Ibid.
68. S.L. Koole (2009). The Psychology of Emotion Regulation: An Integrative Review. *Cognition and Emotion, 23*(1):4-41.
69. L.K. Barber, P.G. Bagsby en D.C. Munz (2010). Affect Regulation Strategies for Promoting (or Preventing) Flourishing Emotional Health. *Personality and Individual Differences, 49*(6):663-666.
70. J.J. Lee en F. Gino (2015). Poker-Faced Morality: Concealing Emotions Leads to Utilitarian Decision Making. *Organizational Behavior and Human Decision Processes, 126*, pp. 49-64.
71. Ibid.
72. R.H. Humphrey (2012). How Do Leaders Use Emotional Labor? *Journal of Organizational Behavior, 33*(5):740-744.
73. A.M. Grant (2013). Rocking the Boat But Keeping It Steady: The Role of Emotion Regulation in Employee Voice. *Academy of Management Journal, 56*(6):1703-1723.
74. S. Reddy (2014, 18 november). Walk This Way: Acting Happy Can Make It So. *The Wall Street Journal*, p. D3.
75. U.R. Hulsheger, J.W.B. Lang, A.F. Schewe en F.R.H. Zijlstra (2015). When Regulating Emotions at Work Pays Off: A Diary and an Intervention Study on Emotion Regulation and Customer Tips in Service Jobs. *Journal of Applied Psychology, 100*(2):263-277.
76. reuvenbaron.org/wp, www.invoorzorg.nl
77. Zie A.M. Isen (2000). Positive Affect and Decision Making. In: M. Lewis en J.M. Haviland-Jones (red.). *Handbook of Emotions*, 2e ed. New York: Guilford, pp. 261-277.
78. B.E. Ashforth en R.H. Humphrey (1995). Emotion in the Workplace: A Reappraisal. *Human Relations*, februari, p. 116.
79. N. Nunez, K. Schweitzer, C.A. Chai en B. Myers (2015). Negative Emotions Felt during Trial: The Effect of Fear, Anger, and Sadness on Juror Decision Making. *Applied Cognitive Psychology, 29*(2):200-209.
80. S.N. Mohanty en D. Suar (2014). Decision Making under Uncertainty and Information Processing in Positive and Negative Mood States. *Psychological Reports, 115*(1):91-105.
81. S.-C. Chuang en H.-M. Lin (2007). The Effect of Induced Positive and Negative Emotion and Openness-to-Feeling in Student's Consumer Decision Making. *Journal of Business and Psychology, 22*(1):65-78.
82. D. van Knippenberg, H.J.M. Kooij-De Bode en W.P. van Ginkel (2010). The Interactive Effects of Mood and Trait Negative Affect in Group Decision Making. *Organization Science, 21*(3):731-744.
83. A.M. Isen (1999). On the Relationship Between Affect and Creative Problem Solving. In: S.W. Russ (red.). *Affect, Creative Experience and Psychological Adjustment*. Philadelphia, PA: Brunner/Mazel, pp. 3-17; en S. Lyubomirsky, L. King en E. Diener (2005). The Benefits of Frequent Positive Affect: Does Happiness Lead to Success? *Psychological Bulletin, 131*(6):803-855.
84. S. Lyubomirsky, L. King en E. Diener (2005). The Benefits of Frequent Positive Affect: Does Happiness Lead to Success? *Psychological Bulletin, 131*(6):803-855.
85. N. Madjar, G.R. Oldham en M.G. Pratt (2002). There's No Place Like Home? The Contributions of Work and Nonwork Creativity Support to Employees' Creative Performance. *Academy of Management Journal, 45*(4):757-767.
86. C.K.W. De Dreu, M. Baas en B.A. Nijstad (2008). Hedonic Tone and Activation Level in the Mood-Creativity Link: Toward a Dual Pathway to Creativity Model. *Journal of Personality and Social Psychology, 94*(5):739-756; en J.M. George en J. Zhou (2007). Dual Tuning in a Supportive Context: Joint Contributions of Positive Mood, Negative Mood, and Supervisory Behaviors to Employee Creativity. *Academy of Management Journal, 50*(3):605-622.
87. M.B. Wieth en R.T. Zacks (2011). Time of Day Effects on Problem Solving: When the Non-Optimal Is Optimal. *Thinking & Reasoning, 17*(4):387-401.
88. A. Erez en A.M. Isen (2002). The Influence of Positive Affect on the Components of Expectancy Motivation. *Journal of Applied Psychology, 87*(6):1055-1067.
89. R. Ilies en T.A. Judge (2005). Goal Regulation Across Time: The Effect of Feedback and Affect, *Journal of Applied Psychology, 90*(3):453-467.
90. W. Tsai, C.-C. Chen en H. Liu (2007). Test of a Model Linking Employee Positive Moods and Task Performance. *Journal of Applied Psychology*, *92*(6):1570-1583.
91. J.E. Bono, H.J. Foldes, G. Vinson en J.P. Muros (2007). Workplace Emotions: The Role of Supervision and Leadership. *Journal of Applied Psychology, 92*(5):1357-1367.
92. S.G. Liang en S.-C. S. Chi (2013). Transformational Leadership and Follower Task Performance: The Role of Susceptibility to Positive Emotions and Follower Positive Emotions. *Journal of Business and Psychology, 28*(1):17-29.
93. V.A. Visser, D. van Knippenberg, G. Van Kleef en B. Wisse (2013). How Leader Displays of Happiness and Sadness Influence Follower Performance: Emotional Contagion and Creative versus Analytical Performance. *Leadership Quarterly, 24*(1):172-188.
94. W.-C. Tsai en Y.-M. Huang (2002). Mechanisms Linking Employee Affective Delivery and Customer Behavioral Intentions. *Journal of Applied Psychology*, oktober, pp. 1001-1008.
95. Grandey, When 'the Show Must Go On'.
96. Zie P.B. Barker en A.A. Grandey (2006). Service with a Smile and Encounter Satisfaction: Emotional Contagion and

Appraisal Mechanisms. *Academy of Management Journal, 49*(6):1229-1238; en S.D. Pugh (2001). Service with a Smile: Emotional Contagion in the Service Encounter. *Academy of Management Journal*, oktober, pp. 1018-1027.
97. D.E. Rupp en S. Spencer (2006). When Customers Lash Out: The Effects of Customer Interactional Injustice on Emotional Labor and the Mediating Role of Emotions. *Journal of Applied Psychology, 91*(4):971-978; en Tsai en Huang, Mechanisms Linking Employee Affective Delivery and Customer Behavioral Intentions.
98. R. Rau (2004). Job Strain or Healthy Work: A Question of Task Design. *Journal of Occupational Health Psychology, 9*(4):322-338; en R. Rau en A. Triemer (2004). Overtime in Relation to Blood Pressure and Mood During Work, Leisure, and Night Time. *Social Indicators Research, 67*(1-2):51-73.
99. T.A. Judge en R. Ilies (2004). Affect and Job Satisfaction: A Study of Their Relationship at Work and at Home. *Journal of Applied Psychology, 89*, pp. 661-673.
100. Z. Song, M. Foo en M.A. Uy (2008). Mood Spillover and Crossover among Dual-Earner Couples: A Cell Phone Event Sampling Study. *Journal of Applied Psychology, 93*(2):443-452.
101. T.J. Zagenczyk, S.L.D. Restubog, C. Kiewitz, K. Kiazad en R.L. Tang (2014). Psychological Contracts as a Mediator between Machiavellianism and Employee Citizenship and Deviant Behaviors. *Journal of Management, 40*(4):1109-1122.
102. Zie R.J. Bennett en S.L. Robinson (2000). Development of a Measure of Workplace Deviance. *Journal of Applied Psychology*, juni, pp. 349-360. Zie ook P.R. Sackett en C.J. DeVore (2001). Counterproductive Behaviors at Work. In N. Anderson, D.S. Ones, H.K. Sinangil en C. Viswesvaran (red.). *Handbook of Industrial, Work & Organizational Psychology*, vol. 1. Thousand Oaks, CA: Sage, pp. 145-164.
103. T.A. Judge, B.A. Scott en R. Ilies (2006). Hostility, Job Attitudes, and Workplace Deviance: Test of a Multilevel Mode. *Journal of Applied Psychology, 91*(1):126-138; en S. Kaplan, J.C. Bradley, J.N. Luchman en D. Haynes (2009). On the Role of Positive and Negative Affectivity in Job Performance: A Meta-Analytic Investigation. *Journal of Applied Psychology, 94*(1):152-176.
104. A.G. Bedeian (1995). Workplace Envy. *Organizational Dynamics*, voorjaar, p. 50; en Ben-Ze'ev (2000). *The Subtlety of Emotions*. Cambridge, MA: MIT Press, pp. 281-326.
105. S.C. Douglas, C. Kiewitz, M. Martinko, P. Harvey, Y. Kim en J.U. Chun (2008). Cognitions, Emotions, and Evaluations: An Elaboration Likelihood Model for Workplace Aggression. *Academy of Management Review, 33*(2):425-451.
106. K. Khan, S. Ouratulain en J.R. Crawshaw (2013). The Mediating Role of Discrete Emotions in the Relationship between Injustice and Counterproductive Work Behaviors: A Study in Pakistan. *Journal of Business and Psychology, 28*(1):49-61.
107. R.D. Iverson en P.J. Erwin (1997). Predicting Occupational Injury: The Role of Affectivity. *Journal of Occupational and Organizational Psychology, 70*(2):113-128; Kaplan, Bradley, Luchman en Haynes, On the Role of Positive and Negative Affectivity in Job Performance: A Meta-Analytic Investigation.
108. P. Totterdell (2000). Catching Moods and Hitting Runs: Mood Linkage and Subjective Performance in Professional Sports Teams. *Journal of Applied Psychology, 85*(6):848-859.
109. J.E. Bono en R. Ilies (2006). Charisma, Positive Emotions and Mood Contagion. *Leadership Quarterly, 17*(4):317-334.
110. S. Lyubomirsky, L. King en E. Diener (2005). The Benefits of Frequent Positive Affect: Does Happiness Lead to Success? *Psychological Bulletin, 131*(6):803-855.
111. M. Eid en E. Diener (2001). Norms for Experiencing Emotions in Different Cultures: Inter- and International Differences. *Journal of Personality & Social Psychology, 81*(5):869-885.
112. S. Oishi, E. Diener en C. Napa Scollon (2004). Cross-Situational Consistency of Affective Experiences Across Cultures. *Journal of Personality & Social Psychology, 86*(3):460-472.
113. M. Gendron, D. Roberson, J.M. van der Vyver en L.F. Barrett (2014). Cultural Relativity of Perceiving Emotion from Vocalizations. *Psychological Science, 25*(4):911-920.
114. S.D. Pressman, M.W. Gallagher, S.J.Lopez en B. Campos (2014). Incorporating Culture into the Study of Affect and Health. *Psychological Science, 25*(12):2281-2283.
115. K.B. Curhan, T. Simms, H.R. Markus, C.D. Ryff (2014). Just How Bad Negative Affect Is for Your Health Depends on Culture. *Psychological Science, 25*(12):2277-2280.
116. Eid en Diener, Norms for Experiencing Emotions in Different Cultures.
117. Ibid.
118. B.E. Ashforth en R.H. Humphrey (1995). Emotion in the Workplace: A Reappraisal, *Human Relations*, februari, p. 116.
119. H.A. Elfenbein en N. Ambady (2003). When Familiarity Breeds Accuracy: Cultural Exposure and Facial Emotional Recognition. *Journal of Personality and Social Psychology, 85*(2):276-290.
120. B.R.I. Levy (1973). *Tahitians: Mind and Experience in the Society Islands*. Chicago: University of Chicago Press.
121. B. Mesquita en N.H. Frijda (1992). Cultural Variations in Emotions: A Review. *Psychological Bulletin*, september, pp. 179-204; en B. Mesquita (2001), Emotions in Collectivist and Individualist Contexts. *Journal of Personality and Social Psychology*, januari, pp. 68-74.
122. D. Matsumoto, Cross-Cultural Psychology in the 21e Century. Geraadpleegd van http://teachpsych.lemoyne.edu/teachpsych/faces/script/Ch05.htm
123. S. Nelton (1996). Emotions in the Workplace. *Nation's Business*, februari, p. 25.

Hoofdstuk 4

1. D. Leising, J. Scharloth, O. Lohse en D. Wood (2014). What Types of Terms Do People Use When Describing an Individual's Personality? *Psychological Science, 25*(9):1787-1794.
2. *Tabula rasa* betekent schone lei of onbeschreven blad. Als er niets op jouw 'persoonlijkheidsblad' staat bij je geboorte, wordt dit 'blad' pas daarna 'beschreven' door je opvoeders, leraren, vrienden en andere externe invloeden, zoals schrijvers, tv-persoonlijkheden of popidolen.
3. C. Peeters, Aristoteles revisited. Geraadpleegd van www.vn.nl/Literaire-kroniek-2/Literaire-kroniek/
4. Zie T.J. Bouchard, Jr. en J.C. Loehlin (2001). Genes, Evolution, and Personality. *Behavior Genetics*, mei, pp. 243-273.
5. S. Srivastava, O.P. John en S.D. Gosling (2003). Development of Personality in Early and Middle Adulthood: Set Like Plaster or Persistent Change? *Journal of Personality and Social Psychology*, mei, pp. 1041-1053; en B.W. Roberts, K.E. Walton en W. Viechtbauer (2006). Patterns of Mean-Level Change in Personality Traits across the Life Course: A Meta-Analysis of Longitudinal Studies. *Psychological Bulletin, 132*(1):1-25.
6. Zie bijvoorbeeld G.W. Allport en H.S. Odbert (1936). Trait Names, A Psycholexical Study. *Psychological Monographs*, nr. 47; en R.B. Cattell (1973). Personality Pinned Down. *Psychology Today*, juli, pp. 40-46.

7. R.B. Kennedy en D.A. Kennedy (2004). Using the Myers-Briggs Type Indicator in Career Counseling. *Journal of Employment Counseling*, maart, pp. 38-44.
8. T. Luken (1998). De Myers-Briggs Type Indicator. *Loopbaan*, 4(3):22-25.
9. Zie bijvoorbeeld D.J. Pittenger (2005). Cautionary Comments Regarding the Myers-Briggs Type Indicator. *Consulting Psychology Journal: Practice and Research*, zomer, pp. 210-221; L. Bess en R.J. Harvey (2002). Bimodal Score Distributions and the Myers-Briggs Type Indicator: Fact or Artifact? *Journal of Personality Assessment*, februari, pp. 176-186; en R.C. Arnau, B.A. Green, D.H. Rosen, D.H. Gleaves en J.G. Melancon (2003). Are Jungian Preferences Really Categorical? An Empirical Investigation Using Taxometric Analysis. *Personality & Individual Differences*, januari, pp. 233-251.
10. D.H. Kluemper, B.D. McLarty en M.N. Bing (2015). Acquaintance Ratings of the Big Five Personality Traits: Incremental Validity beyond and Interactive Effects with Self-Reports in the Prediction of Workplace Deviance. *Journal of Applied Psychology, 100*(1): 237-248; en I. Oh, G. Wang en M.K. Mount (2011), Validity of Observer Ratings of the Five-Factor Model of Personality Traits: A Meta-Analysis. *Journal of Applied Psychology, 96*(4):762-773.
11. R.D. Zimmerman, W.R. Boswell, A.J. Shipp, B.B. Dunford en J.W. Boudreau (2012). Explaining the Pathways between Approach-Avoidance Personality Traits and Employees' Job Search Behavior. *Journal of Management, 38*(5):1450-1475.
12. Zie bijvoorbeeld I. Oh en C.M. Berry (2009). The Five-Factor Model of Personality and Managerial Performance: Validity Gains Through the Use of 360 Degree Performance Ratings. *Journal of Applied Psychology, 94*(6):1498-1513; G.M. Hurtz en J.J. Donovan (2000). Personality and Job Performance: The Big Five Revisited. *Journal of Applied Psychology, 85*(6):869-879; J. Hogan en B. Holland (2003). Using Theory to Evaluate Personality and Job-Performance Relations: A Socioanalytic Perspective, *Journal of Applied Psychology, 88*(1):100-112; en M.R. Barrick en M.K. Mount (2004). Select on Conscientiousness and Emotional Stability. In: E.A. Locke (red.). *Handbook of Principles of Organizational Behavior,* Malden, MA: Blackwell, pp. 15-28.
13. P.R. Sackett and P.T. Walmsley (2014). Which Personality Attributes Are Most Important in the Workplace? *Perspectives on Psychological Science*, 9(5):538-551.
14. A.E. Poropat (2009). A Meta-Analysis of the Five-Factor Model of Personality and Academic Performance. *Psychological Bulletin, 135*(2):322-338.
15. A.K. Nandkeolyar, J.A. Shaffer, A. Li, S. Ekkirala en J. Bagger (2014). Surviving an Abusive Supervisor: The Joint Roles of Conscientiousness and Coping Strategies. *Journal of Applied Psychology, 99*(1):138-150.
16. B. Wille, F. De Fruyt en M. Feys (2013). Big Five Traits and Intrinsic Success in the New Career Era: A 15-Year Longitudinal Study on Employability and Work-Family Conflict. *Applied Psychology: An International Review, 62*(1):124-156.
17. M.K. Shoss, K. Callison en L.A. Witt (2015). The Effects of Other-Oriented Perfectionism and Conscientiousness on Helping at Work. *Applied Psychology: An International Review, 64*(1):233-251.
18. C. Robert en Y.H. Cheung (2010). An Examination of the Relationship between Conscientiousness and Group Performance on a Creative Task. *Journal of Research in Personality, 44*(2):222-231; en M. Batey, T. Chamorro-Premuzic en A. Furnham (2010). Individual Differences in Ideational Behavior. Can the Big Five and Psychometric Intelligence Predict Creativity Scores? *Creativity Research Journal, 22*(1):90-97.
19. J.L. Huang, A.M. Ryan, K.L. Zabel en A. Palmer (2014). Personality and Adaptive Performance at Work: A Meta-Analytic Investigation. *Journal of Applied Psychology, 99*(1):162-179.
20. R.D. Zimmerman, W.R. Boswell, A.J. Shipp, B.B. Dunford en J.W. Boudreau (2012). Explaining the Pathways between Approach-Avoidance Personality Traits and Employees' Job Search Behavior. *Journal of Management, 38*(5):1450-1475.
21. B. Wille, F. De Fruyt en M. Feys, Big Five Traits and Intrinsic Success in the New Career Era: A 15-Year Longitudinal Study on Employability and Work-Family Conflict.
22. R.J. Foti en M.A. Hauenstein (2007). Pattern and Variable Approaches in Leadership Emergence and Effectiveness. *Journal of Applied Psychology, 92*(2):347-355.
23. B. Weiss en R.S. Feldman (2006). Looking Good and Lying to Do It: Deception as an Impression Management Strategy in Job Interviews. *Journal of Applied Social Psychology, 36*(4):1070-1086.
24. A. Minbashian, J. Earl en J.E.H. Bright (2013). Openness to Experience as a Predictor of Job Performance Trajectories. *Applied Psychology: An International Review, 62*(1):1-12.
25. B. Wille, F. De Fruyt en M. Feys, Big Five Traits and Intrinsic Success in the New Career Era: A 15-Year Longitudinal Study on Employability and Work-Family Conflict.
26. R. Ilies, I.S. Fulmer, M. Spitzmuller en M.D. Johnson (2009). Personality and Citizenship Behavior: The Mediating Role of Job Satisfaction. *Journal of Applied Psychology, 94*(4):945-959.
27. D.H. Kluemper, B.D. McLarty en M.N. Bing (2015). Acquaintance Ratings of the Big Five Personality Traits: Incremental Validity beyond and Interactive Effects with Self-Reports in the Prediction of Workplace Deviance. *Journal of Applied Psychology, 100*(1):237-248.
28. S. Clarke en I. Robertson (2008). An Examination of the Role of Personality in Accidents Using Meta-Analysis. *Applied Psychology: An International Review, 57*(1):94-108.
29. B. Wille, F. De Fruyt en M. Feys, Big Five Traits and Intrinsic Success in the New Career Era: A 15-Year Longitudinal Study on Employability and Work-Family Conflict.
30. J.F. Rauthmann (2012). The Dark Triad and Interpersonal Perception: Similaritis and Differences in Social Consequences of Narcissism, Machiavellism en Psychopathy. *Social, Psychological and Personality Science, 3*(4):487-496.
31. P.D. Harms en S.M Spain (2015). Beyond the Bright Side: Dark Personality at Work. *Applied Psychology: An International Review, 64*(1):15-24.
32. O'Boyle, Forsyth, Banks en McDaniel, A Meta-Analysis of the Dark Triad and Work Behavior: A Social Exchange Perspective, 558.
33. B. Wille, F. De Fruyt en B. De Clercq (2013). Expanding and Reconceptualizing Aberrant Personality at Work: Validity of Five-Factor Model Aberrant Personality Tendencies to Predict Career Outcomes. *Personnel Psychology, 66*(1):173-223.
34. P.K. Jonason, S. Slomski en J. Partyka (2012). The Dark Triad at Work: How Toxic Employees Get Their Way. *Personality and Individual Differences, 52*(3): 449-453; en H.M. Baughman, S. Dearing, E. Giammarco en P.A. Vernon (2012). Relationships between Bullying Behaviours and the Dark Triad: A Study with Adults. *Personality and Individual Differences, 52*(5):571-575.
35. U. Orth en R.W. Robins (2013). Understanding the Link between Low Self-Esteem and Depression. *Current Directions in Psychological Science, 22*(6):455-460.
36. B. Wille, F. De Fruyt en B. De Clercq, Expanding and Reconceptualizing Aberrant Personality at Work: Validity of Five-

Factor Model Aberrant Personality Tendencies to Predict Career Outcomes.
37. A. Erez en T.A. Judge (2001). Relationship of Core Self-Evaluations to Goal Setting, Motivation, and Performance. *Journal of Applied Psychology, 86*(6):1270-1279.
38. A.N. Salvaggio, B. Schneider, L.H. Nishi, D.M. Mayer, A. Ramesh en J.S. Lyon (2007). Manager Personality, Manager Service Quality Orientation, and Service Climate: Test of a Model. *Journal of Applied Psychology, 92*(6):1741-1750; B.A. Scott en T.A. Judge (2009). The Popularity Contest at Work: Who Wins, Why, and What Do They Receive? *Journal of Applied Psychology, 94*(1):20-33; en T.A. Judge en C. Hurst (2008). How the Rich (and Happy) Get Richer (and Happier): Relationship of Core Self-Evaluations to Trajectories in Attaining Work Success. *Journal of Applied Psychology, 93*(4):849-863.
39. A.M. Grant en A. Wrzesniewksi (2010). I Won't Let You Down... or Will I? Core Self-Evaluations, Other-Orientation, Anticipated Guilt and Gratitude, and Job Performance. *Journal of Applied Psychology, 95*(1):108-121.
40. Zie www.mt.nl/522/86810/de-natuurlijke-leider/zelfvertrouwen-word-eerst-maar-eens-een-beter-leider.html
41. U. Malmendier en G. Tate (2005). CEO Overconfidence and Corporate Investment. *Journal of Finance, 60*(6):2661-2700.
42. R. Sandomir (2007, 12 januari). Star Struck. *New York Times*, pp. C10, C14.
43. S.M. Wechsler, C. Vendramini en T. Oakland (2012). Thinking and Creative Styles: A Validity Study. *Creativity Research Journal, 24*(2-3):235-242.
44. Y. Gong, S. Cheung, M. Wang en J. Huang (2012). Unfolding the Proactive Processes for Creativity: Integration of the Employee Proactivity, Information Exchange, and Psychological Safety Perspectives. *Journal of Management, 38*(5):1611-1633.
45. R.D. Meyer, R.S. Dalal en R. Hermida (2010). A Review and Synthesis of Situational Strength in the Organizational Sciences. *Journal of Management, 36*(1):121-140.
46. R.D. Meyer et al. (2014). Measuring Job-Related Situational Strength and Assessing Its Interactive Effects with Personality on Voluntary Work Behavior. *Journal of Management, 40*(4):1010-1041.
47. A.M. Watson et al. (2013). When Big Brother Is Watching: Goal Orientation Shapes Reactions to Electronic Monitoring during Online Training. *Journal of Applied Psychology, 98*(4):642-657.
48. Y. Kim, L. Van Dyne, D. Kamdar en R. E. Johnson (2013). Why and When Do Motives Matter? An Integrative Model of Motives, Role Cognitions, and Social Support as Predictors of OCB. *Organizational Behavior and Human Decision Processes, 121*(2):231-245.
49. G.R. Maio, J.M. Olson, M.M. Bernard en M.A. Luke (2003). Ideologies, Values, Attitudes and Behavior. In: J. Delamater (red.). *Handbook of Social Psychology.* New York: Springer, pp. 283-308.
50. Geraadpleegd op 28 januari 2020, van www.partijvoordedieren.nl/standpunten/dierenrechten
51. Zie bijvoorbeeld A. Bardi, J.A. Lee, N. Hofmann-Towfigh en G. Soutar (2009). The Structure of Intraindividual Value Change. *Journal of Personality and Social Psychology, 97*(5):913-929.
52. B.C. Holtz en C.M. Harold (2013). Interpersonal Justice and Deviance: The Moderating Effects of Interpersonal Justice Values and Justice Orientation. *Journal of Management, 39*(2):339-65.
53. Rokeach, *The Nature of Human Values*, p. 6.
54. Rokeach, *The Nature of Human Values.*
55. J.M. Munson en B.Z. Posner (1980). The Factorial Validity of a Modifi ed Rokeach Value Survey for Four Diverse Samples. *Educational and Psychological Measurement*, winter, pp. 1073-1079; en W.C. Frederick en J. Weber (1990). The Values of Corporate Managers and Their Critics: An Empirical Description and Normative Implications. In: W.C. Frederick en L.E. Preston (red.). *Business Ethics: Research Issues and Empirical Studies.* Greenwich, CT: JAI Press, pp. 123-144.
56. Frederick en Weber, The Values of Corporate Managers and Their Critics, pp. 123-144.
57. M. Rokeach en S.J. Ball-Rokeach (1989). Stability and Change in American Value Priorities, 1968-1981. *American Psychologist, 44*(5):775-784; en B.M. Meglino en E.C. Ravlin, Individual Values in Organizations: Concepts, Controversies, and Research. *Journal of Management, 24*(3):355.
58. K.W. Smola en C.D. Sutton (2002). Generational Differences: Revisiting Generational Work Values for the New Millenium. *Journal of Organizational Behavior, 23*(4):363-382.
59. E. Parry en P. Urwin (2011). Generational Differences in Work Values: A Review of Theory and Evidence. *International Journal of Management Reviews, 13*(1):79-96.
60. J.M. Twenge, S.M. Campbell, B.J. Hoffman en C.E. Lance (2010). Generational Differences in Work Values: Leisure and Extrinsic Values Increasing, Social and Intrinsic Values Decreasing. *Journal of Management, 36*(5):1117-1142.
61. C. Nunez, R. Nunez Mahdi en L. Popma (2010). *Interculturele Communicatie. Van ontkenning tot wederzijdse integratie.* Assen: Koninklijke Van Gorcum, p. 12.
62. G. Hofstede, G.J. Hofstede en M. Minkov (2012). *Allemaal anders-denkenden. Omgaan met cultuurverschillen.* Amsterdam: Business Contact.
63. C. Nunez, R. Nunez Mahdi en L. Popma (2010). *Interculturele Communicatie. Van ontkenning tot wederzijdse integratie.* Assen: Koninklijke Van Gorcum, p. 53.
64. Nunez, Nunez Mahdi en Popma, *Interculturele Communicatie*, p. 53.
65. http://www.innovatieforganiseren.nl/innovatief-hrm-beleid/veel-onduidelijkheid-productiviteit-van-oudere-werknemers-2/
66. http://roshanvrouwenvereniging.nl/?portfolio=verslag-bijeenkomst-indinet
67. K.I. van der Zee, J.N. Zaal en J. Piekstra (2003). Validation of the Multicultural Personality Questionnaire in the Context of Personnel Selection. *European Journal of Personality, 17*:S77-S100.
68. T.A. Judge, C.A. Higgins, C.J. Thoresen en M.R. Barrick (1999). The Big Five Personality Traits, General Mental Ability, and Career Success Across the Life Span. *Personnel Psychology, 52*(3):621-652.
69. B.J. Dik, S.R. Strife en J.-I.C. Hansen (2010). The Flip Side of Holland Type Congruence: Incongruence and Job Satisfaction. *Career Development Quarterly, 58*(4):352-358; A. Rezaei, A. Qorbanpoor, T.A. Gatab en A. Rezaei (2011). Comparative Research for Personality Types of Guilan University Physical Exercise and Counseling Students Based on Holland Theory. *Procedia – Social and Behavioral Sciences, 30*:2032-2036; en D.L. Ohler en E.M. Levinson (2012). Using Holland's Theory in Employment Counseling: Focus on Service Occupations. *Journal of Employment Counseling, 49*(4):148-159.
70. Zie bijvoorbeeld J.L. Holland (1996). Exploring Careers with a Typology: What We Have Learned and Some New Directions. *American Psychologist*, april, pp. 397-406.

71. J.L. Holland (1997). *Making Vocational Choices: A Theory of Vocational Personalities and Work Environments.* Odessa, FL: Psychological Assessment Resources.
72. C. Nunez, R. Nunez Mahdi en L. Popma (2010). *Interculturele Communicatie. Van ontkenning tot wederzijdse integratie.* Assen: Koninklijke Van Gorcum, p. 12.
73. J.L. Holland (1997). *Making Vocational Choices: A Theory of Vocational Personalities and Work Environments.* Odessa, FL: Psychological Assessment Resources.
74. Zie A.L. Kristof (1996). Person-Organization Fit: An Integrative Review of Its Conceptualizations, Measurement, and Implications. *Personnel Psychology*, voorjaar, pp. 1-49; en B. Schneider, D.B. Smith, S. Taylor en J. Fleenor (1998). Personality and Organizations: A Test of the Homogeneity of Personality Hypothesis. *Journal of Applied Psychology*, juni, pp. 462-470.
75. Gebaseerd op T.A. Judge en D.M. Cable (1997). Applicant Personality, Organizational Culture, and Organization Attraction. *Personnel Psychology*, zomer, pp. 359-394.
76. M.L. Verquer, T.A. Beehr en S.E. Wagner (2003). A Meta-analysis of Relations Between Person-Organization Fit and Work Attitudes. *Journal of Vocational Behavior, 63*(3):473-489.
77. K.H. Ehrhart, D.M. Mayer en J.C. Ziegert (2012). Web- Based Recruitment in the Millennial Generation: Work-Life Balance, Website Usability, and Organizational Attraction. *European Journal of Work and Organizational Psychology, 21*(6):850-874.
78. Zie bijvoorbeeld S. Yamagata, A. Suzuki, J. Ando, Y. Ono, K. Yutaka, N. Kijima, et al. (2006). Is the Genetic Structure of Human Personality Universal? A Cross-Cultural Twin Study from North America, Europe, and Asia. *Journal of Personality and Social Psychology, 90*(6):987-998; H.C. Triandis en E.M. Suh (2002). Cultural Influences on Personality. *Annual Review of Psychology, 53*(1):133-160; en R.R. McCrae, P.T. Costa Jr., T.A. Martin, V.E. Oryol, A.A. Rukavishnikov, I.G. Senin, et al. (2004). Consensual Validation of Personality Traits Across Cultures. *Journal of Research in Personality, 38*(2):179-201.
79. A.T. Church en M.S. Katigbak (2000). Trait Psychology in the Philippines. *American Behavioral Scientist, 44*(1):73-94.
80. J.F. Salgado (1997). The Five Factor Model of Personality and Job Performance in the European Community. *Journal of Applied Psychology, 82*(1):30-43.
81. M. Gurven, C. von Ruden, M. Massenkoff, H. Kaplan en M.L. Vie (2013). How Universal Is the Big Five? Testing the Five-Factor Model of Personality Variation among Forager-Farmers in the Bolivian Amazon. *Journal of Personality and Social Psychology, 104*(2):354-370.
82. K.L. Cullen, W.A. Gentry en F.J. Yammamarino (2015). Biased Self-Perception Tendencies: Self-Enhancement/Self-Diminishment and Leader Derailment in Individualistic and Collectivistic Cultures. *Applied Psychology: An International Review, 64*(1):161-207.
83. M. Javidan en R.J. House (2001). Cultural Acumen for the Global Manager: Lessons from Project GLOBE. *Organizational Dynamics, 29*(4):289-305; en R.J. House, P.J. Hanges, M. Javidan en P.W. Dorfman (red.) (2004). *Leadership, Culture, and Organizations: The GLOBE Study of 62 Societies*, Thousand Oaks, CA: Sage.
84. P.C. Early (2006). Leading Cultural Research in the Future: A Matter of Paradigms and Taste. *Journal of International Business Studies*, september, pp. 922-931.
85. L.A. Witt (2002). The Interactive Effects of Extraversion and Conscientiousness on Performance, *Journal of Management, 28*(6):836.
86. R.P. Tett en D.D. Burnett (2003). A Personality Trait-Based Interactionist Model of Job Performance. *Journal of Applied Psychology*, juni, pp. 500-517.

Hoofdstuk 5

1. E. Bernstein (2015, 24 maart). 'Honey, You Never Said...'. *The Wall Street Journal*, pp. D1, D4.
2. K.C. Yam, R. Fehr en C.M. Barnes (2014). Morning Employees Are Perceived as Better Employees: Employees' Start Times Influence Supervisor Performance Ratings. *Journal of Applied Psychology, 99*(6):1288-1299.
3. J. Dwyer (2015, 14 mei). Witness Accounts in Midtown Hammer Attack Show the Power of False Memory. *The New York Times.* Geraadpleegd van http://www.nytimes.com/2015/05/15/nyregion/witness-accounts-in-midtown-hammer-attack-show-thepower-of-false-memory.html?_r=1
4. G. Fields en J.R. Emshwiller (2014, 26 december). Long after Arrests, Records Live On. *The Wall Street Journal*, pp. A1, A10.
5. S.S. Wang (2014, 18 maart). The Science of Standing Out. *The Wall Street Journal*, pp. D1, D4.
6. E. Zell en Z. Krizan (2014). Do People Have Insight into Their Abilities? A Metasynthesis. *Perspectives on Psychological Science, 9*(2):111-125.
7. E. Demerouti, D. Xanthopoulou, I. Tsaousis en A.B. Bakker (2014). Disentangling Task and Contextual Performance. *Journal of Personnel Psychology, 13*(2):59-69.
8. P. Harvey, K. Madison, M. Martinko, T.R. Crook en T.A. Crook (2014). Attribution Theory in the Organizational Sciences: The Road Traveled and the Path Ahead. *Academy of Management Perspectives, 28*(2):128-146; en M.J. Martinko, P. Harvey en M.T. Dasborough (2011). Attribution Theory in the Organizational Sciences: A Case of Unrealized Potential. *Journal of Organizational Behavior, 32*(1):144-149.
9. Zie A.G. Miller en T. Lawson (1989). The Effect of an Informational Option on the Fundamental Attribution Error. *Personality and Social Psychology Bulletin*, juni, pp. 194-204.
10. Zie bijvoorbeeld M. Goerke, J. Moller, S. Schulz-Hardt, U. Napiersky en D. Frey (2004). 'It's not My Fault – but Only I Can Change It': Counterfactual and Prefactual Thoughts of Managers. *Journal of Applied Psychology*, april, pp. 279-292.
11. Tekst ontleend aan S. Weusten (2013, 16 januari). Selectieve waarneming: zien wat we verwachten. *de Volkskrant.* Geraadpleegd op 27 januari 2020, van https://www.volkskrant.nl/nieuws-achtergrond/selectieve-waarneming-zien-wat-we-verwachten~b5cddc5b/
12. P. Burrows (1999, 2 augustus). HP's Carly Fiorina: The Boss. *BusinessWeek*; J.D. Markman (2005, 10 februari). Lessons of Carly Fiorina's Fall. *TheStreet.com*; en C. Edwards (2005, 9 februari). Where Fiorina Went Wrong. *BusinessWeek.*
13. Zie bijvoorbeeld G.N. Powell (1992). The Good Manager: Business Students' Stereotypes of Japanese Managers Versus Stereotypes of American Managers. *Group & Organizational Management*, maart, pp. 44-56; W.C.K. Chiu, A.W. Chan, E. Snape en T. Redman (2001). Age Stereotypes and Discriminatory Attitudes Towards Older Workers: An East-West Comparison. *Human Relations*, mei, pp. 629-661; C. Ostroff en L.E. Atwater (2003). Does Whom You Work with Matter? Effects of Referent Group Gender and Age Composition on Managers' Compensation. *Journal of Applied Psychology*, augustus, pp. 725-740; en M.E. Heilman, A.S. Wallen, D. Fuchs en M.M. Tamkins (2004). Penalties for Success: Reactions to Women Who Succeed at Male Gender-Typed Tasks. *Journal of Applied Psychology*, juni, pp. 416-427.

14. J.T. Hilton en W. von Hippel (1996). Stereotypes. In: J.T. Spence, J.M. Darley en D.J. Foss (red.), *Annual Review of Psychology*, vol. 47. Palo Alto, CA: Annual Reviews, , pp. 237-271.
15. J.L. Eberhardt, P.G. Davies, V.J. Purdic-Vaughns en S.L. Johnson (2006). Looking Deathworthy: Perceived Stereotypicality of Black Defendants Predicts Capital-Sentencing Outcomes. *Psychological Science, 17*(5):383-386.
16. A.S. Rosette, G.J. Leonardelli en K.W. Phillips (2008). The White Standard: Racial Bias in Leader Categorization. *Journal of Applied Psychology, 93*(4):758-777.
17. E. Bernstein (2014, 11 maart). The Right Answer is 'No'. *The Wall Street Journal*, pp. D1-D2.
18. Zie H.A. Simon (1997). *Administrative Behavior*, 4e ed. New York: The Free Press; en M. Augier (2001). Simon Says: Bounded Rationality Matters. *Journal of Management Inquiry*, september, pp. 268-275.
19. M. Bazerman (1994). *Judgment in Managerial Decision Making*, 3e ed. New York: Wiley, p. 5.
20. J.E. Russo, K.A. Carlson en M.G. Meloy (2006). Choosing an Inferior Alternative. *Psychological Science, 17*(10):899-904.
21. N. Halevy en E.Y. Chou (2014). How Decisions Happen: Focal Points and Blind Spots in Interdependent Decision Making. *Journal of Personality and Social Psychology, 106*(3):398-417; D. Kahneman (2003). Maps of Bounded Rationality: Psychology for Behavioral Economics, *The American Economic Review, 93*(5):1449-1475; en J. Zhang, C.K. Hsee en Z. Xiao (2006). The Majority Rule in Individual Decision Making. *Organizational Behavior and Human Decision Processes, 99*(1):102-111.
22. D. Kahneman (2003). Maps of Bounded Rationality: Psychology for Behavioral Economics. *The American Economic Review, 93*(5):1449-1475; en J. Zhang, C.K. Hsee en Z. Xiao (2006). The Majority Rule in Individual Decision Making. *Organizational Behavior and Human Decision Processes, 99*(1):102-111.
23. Zie H.A. Simon (1997). *Administrative Behavior*, 4e ed. New York: The Free Press; en M. Augier (2001). Simon Says: Bounded Rationality Matters. *Journal of Management Inquiry*, september, pp. 268-275.
24. G. Gigerenzer (2008). Why Heuristics Work. *Perspectives on Psychological Science, 3*(1):20-29; en A.K. Shah en D.M. Oppenheimer (2008). Heuristics Made Easy: An Effort-Reduction Framework. *Psychological Bulletin, 134*(2):207-222.
25. Zie T. Gilovich, D. Griffin en D. Kahneman (2002). *Heuristics and Biases: The Psychology of Intuitive Judgment*. New York: Cambridge University Press.
26. E. Dane en M.G. Pratt (2007). Exploring Intuition and Its Role in Managerial Decision Making, *Academy of Management Review, 32*(1):33-54.
27. C. Akinci en E. Sadler-Smith (2012). Intuition in Management Research: A Historical Review. *International Journal of Management Reviews, 14*(1):104-122.
28. S.P. Robbins (2004). *Decide & Conquer: Making Winning Decisions and Taking Control of Your Life*. Upper Saddle River, NJ: Financial Times/Prentice Hall, p. 13.
29. S. Ludwig en J. Nafziger (2011). Beliefs about Overconfidence. *Theory and Decision, 70*(4):475-500.
30. B. Fischhoff, P. Slovic en S. Lichtenstein (1977). Knowing with Certainty: The Appropriateness of Extreme Confi dence. *Journal of Experimental Psychology: Human Perception and Performance*, november, pp. 552-564.
31. J. Kruger en D. Dunning (1999). Unskilled and Unaware of It: How Difficulties in Recognizing One's Own Incompetence Leads to Inflated Self-Assessments. *Journal of Personality and Social Psychology*, november, pp. 1121-1134; en R.P. Larrick, K.A. Burson en J B. Soll (2007). Social Comparison and Confidence: When Thinking You're Better than Average Predicts Overconfidence (and When It Does Not). *Organizational Behavior and Human Decision Processes, 102*:76-94.
32. K.M. Hmieleski en R.A. Baron (2009). Entrepreneurs' Optimism and New Venture Performance: A Social Cognitive Perspective. *Academy of Management Journal, 52*(3):473-488.
33. Zie bijvoorbeeld A. Tversky en D. Kahneman (1974). Judgment Under Uncertainty: Heuristics and Biases. *Science*, september, pp. 1124-1131.
34. Zie A. Tversky en D. Kahneman (1982). Availability: A Heuristic for Judging Frequency and Probability. In: D. Kahneman, P. Slovic en A. Tversky (red.). *Judgment Under Uncertainty: Heuristics and Biases*. Cambridge, UK: Cambridge University Press, pp. 163-178; en B.J. Bushman en G.L. Wells (2001). Narrative Impressions of Literature: The Availability Bias and the Corrective Properties of Meta-analytic Approaches. *Personality and Social Psychology Bulletin*, september, pp. 1123-1130.
35. T. Pachur, R. Hertwig en F. Steinmann (2012). How Do People Judge Risks: Availability Heuristic, Affect Heuristic, or Both? *Journal of Experimental Psychology: Applied, 18*(3): 314-330.
36. G. Morgenson (2009, 7 december). Debt Watchdogs: Tamed or Caught Napping? *The New York Times*, pp. 1, 32.
37. Zie B.M. Staw (1981). The Escalation of Commitment to a Course of Action. *Academy of Management Review*, oktober, pp. 577-587; K. Fai, E. Wong, M. Yik, en J.Y.Y. Kwong (2006). Understanding the Emotional Aspects of Escalation of Commitment: The Role of Negative Affect. *Journal of Applied Psychology, 91*(2):282-297; H. Moon (2001). Looking Forward and Looking Back: Integrating Completion and Sunk-Cost Effects Within an Escalation-of-Commitment Progress Decision. *Journal of Applied Psychology*, februari, pp. 104-113; en A. Zardkoohi (2004). Do Real Options Lead to Escalation of Commitment? Comment. *Academy of Management Review*, januari, pp. 111-119.
38. D.J. Sleesman, D.E. Conlon, G. McNamara en J.E. Miles (2012). Cleaning Up the Big Muddy: A Meta-Analytic Review of the Determinants of Escalation of Commitment. *Academy of Management Journal, 55*(3):541-562.
39. H. Drummond (2014). Escalation of Commitment: When to Stay the Course? *Academy of Management Perspectives, 28*(4):430-446.
40. Zie bijvoorbeeld A. James en A. Wells (2002). Death Beliefs, Superstitious Beliefs and Health Anxiety. *British Journal of Clinical Psychology*, maart, pp. 43-53.
41. Zie bijvoorbeeld D.J. Keys en B. Schwartz (2007). Leaky Rationality: How Research on Behavioral Decision Making Challenges Normative Standards of Rationality. *Psychological Science, 2*(2):162-180; en U. Simonsohn (2009). Direct Risk Aversion: Evidence from Risky Prospects Valued Below Their Worst Outcomes. *Psychological Science, 20*(6):686-692.
42. J.K. Maner, M.T. Gailliot, D.A. Butz en B.M. Peruche (2007). Power, Risk, and the Status Quo: Does Power Promote Riskier or More Conservative Decision Making. *Personality and Social Psychology Bulletin, 33*(4):451-462.
43. A. Chakraborty, S. Sheikh en N. Subramanian (2007). Termination Risk and Managerial Risk Taking. *Journal of Corporate Finance, 13*:170-188.
44. BN DeStem (2007, 20 februari). *Schooladvies allochtonen wijkt af van cito-toets*. Geraadpleegd op 17 oktober 2019,

van https://www.bndestem.nl/overig/schooladvies-allochtonen-wijkt-af-van-cito-toets~ab6b5002/?referrer=https://www.google.nl/

45. Zie bijvoorbeeld A. James en A. Wells (2002). Death Beliefs, Superstitious Beliefs and Health Anxiety, *British Journal of Clinical Psychology*, maart, pp. 43-53.
46. R.L. Guilbault, F.B. Bryant, J.H. Brockway en E.J. Posavac (2004). A Meta-analysis of Research on Hindsight Bias. *Basic and Applied Social Psychology*, september, pp. 103-117; en L. Werth, F. Strack en J. Foerster (2002). Certainty and Uncertainty: The Two Faces of the Hindsight Bias. *Organizational Behavior and Human Decision Processes*, maart, pp. 323-341.
47. S.P. Robbins (2004). *Decide & Conquer: Making Winning Decisions and Taking Control of Your Life.* Upper Saddle River, NJ: Financial Times/Prentice Hall, pp. 81-84.
48. H. Moon e.a. (2003). The Tripartite Model of Neuroticisme and the Suppression of Depression and Anxiety within an Escalation of Commitment Dilemma. *Journal of Personality, 71*(3):347-368
49. J. Much (2003). Personality Differences in Hindsight Bias. *Memory, 11*(4-5):473-489.
50. T. Huston (2014, 19 oktober). Are Women Better Decision Makers? *The New York Times*, p. 9.
51. K.E. Stanovich en R.F. West (2008). On the Relative Independence of Thinking Biases and Cognitive Ability. *Journal of Personality and Social Psychology, 94*(4):672-695.
52. B. Burrough (2014, 9 maart). How Big Business Can Take the High Road. *The New York Times*, p. 10.
53. K.V. Kortenkamp en C.F. Moore (2014). Ethics under Uncertainty: The Morality and Appropriateness of Utilitarianism When Outcomes Are Uncertain. *American Journal of Psychology, 127*(3):367-382.
54. A. Lukits (2014, 13 mei). Hello and Bonjour to Moral Dilemmas. *The Wall Street Journal*, p. D4.
55. J. Hollings (2013). Let the story go: The Role of Emotion in the Decision-making Process of the Reluctant, Vulnerable Witness or Whistle-Blower. *Journal of Business Ethics, 114*(3):501-512.
56. D.E. Rupp, P.M. Wright, S Aryee en Y. Luo (2015). Organizational Justice Behavioral Ethics, and Corporate Social Responsibility: Finally the Three Shall Merge. *Management and Organization Review, 11*(1):15-24.
57. N. Klein en H. Zhou (2014, 25 maart). Their Pants Aren't on Fire. *The New York Times*, p. D3.
58. Ibid.
59. S.D. Levitt en S.J. Dubner (2014, 10-11 mei). Traponomics. *The Wall Street Journal*, pp. C1, C2.
60. N. Anderson, K. Potocnik en J. Zhou (2014). Innovation and Creativity in Organizations: A State-of-the-Science Review, Prospective Commentary, and Guiding Framework. *Journal of Management, 40*(5):1297-1333.
61. M.M. Gielnik, A.-C. Kramer, B. Kappel en M. Frese (2014). Antecedents of Business Opportunity Identification and Innovation: Investigating the Interplay of Information Processing and Information Acquisition. *Applied Psychology: An International Review, 63*(2):344-381.
62. G. Reynolds (2014, 6 mei). Want a Good Idea? Take a Walk. *The New York Times*, p. D6.
63. S. Shellenbarger (2014, 30 juli). The Power of the Doodle: Improve Your Focus and Memory. *The Wall Street Journal*, pp. D1, D3.
64. C.K.W. De Dreu, B.A. Nijstad, M. Baas, I. Wolsink en M. Roskes (2012). Working Memory Benefits Creative Insight, Musical Improvisation, and Original Ideation through Maintained Task-Focused Attention. *Personality and Social Psychology Bulletin, 38*(5):656-669.
65. C.-H. Wu, S.K. Parker en J.P.J. de Jong (2014). Need for Cognition as an Antecedent of Individual Innovation Behavior. *Journal of Management, 40*(6):1511-1534.
66. S.M Wechsler, C. Vendramini en T. Oakland (2012). Thinking and Creative Styles: A Validity Study. *Creativity Research Journal, 20*(2-3):235-242.
67. Y. Gong, S. Cheung, C. Marques, M. Wang en J. Huang (2012). Unfolding the Proactice Processes of Creativity: Integration of the Employee Proactivity, Information Exchange, and Psychological Safe Safety Perspective. *Journal of Management, 38*(5):1611-1633.
68. A. Rego, F. Sousa, C. Marques en M.P.E. Cunha (2012). Retail Employees' Self-Efficacy and Hope Predicting Their Positive Affect and Creativity. *European Journal of Work and Organizational Psychology, 21*(6):923-945.
69. H. Zhang, H.K. Kwan, X. Zhang en L.-Z. Wu (2012). High Core Self-Evaluators Maintain Creativity: A Motivational Model of Abusive Supervision. *Journal of Management, 40*(4):1151-1174.
70. D.K. Simonton (2014). The Mad-Genius Paradox: Can Creative People Be More Mentally Healthy But Highly Creative People More Mentally Ill? *Perspectives on Psychological Science, 9*(5):470-480.
71. C. Wang, S. Rodan, M. Fruin en X. Xu (2014). Knowledge Networks, Collaboration Networks, and Exploratory Innovation. *Academy of Management Journal, 57*(2):484-514.
72. F. Gino en S.S. Wiltermuth (2014). Evil Genius? Dishonesty Can Lead to Greater Creativity. *Psychological Science, 25*(4):973-981.
73. S.N. de Jesus, C.L. Rus, W. Lens en S. Imaginario (2013). Intrinsic Motivation and Creativity Related to Product: A Meta-Analysis of the Studies Published between 1990-2010. *Creativity Research Journal, 25*(1):80-84.
74. A. Somech en A. Drach-Zahavy (2013). Translating Team Creativity to Innovation Implementation: The Role of Team Composition and Climate for Innovation. *Journal of Management, 39*(3):684-708.
75. L. Sun, Z. Zhang, J. Qi en Z. X. Chen (2012). Empowerment and Creativity: A Cross-Level Investigation. *Leadership Quarterly, 23*(1):55-65.
76. M. Cerne, C.G.L. Nerstad, A. Dysvik en M. Skerlavaj (2014). What Goes Around Comes Around: Knowledge Hiding, Perceived Motivational Climate, and Creativity. *Academy of Management Journal, 57*(1):172-192.
77. I.J. Hoever, D. van Knippenberg, W.P. van Ginkel en H.G. Barkema (2012). Fostering Team Creativity: Perspective Taking as Key to Unlocking Diversity's Potential. *Journal of Applied Psychology, 97*(5):982-996.
78. S.J. Shin, T. Kim, J. Lee en L. Bian (2012). Cognitive Team Diversity and Individual Team Member Creativity: A Cross-Level Interaction. *Academy of Management Journal, 55*(1):197-212.
79. T. Montag, C.P. Maertz en M. Baer (2012). A Critical Analysis of the Workplace Creativity Criterion Space. *Journal of Management, 38*(4):1362-1386.
80. M. Baer (2012). Putting Creativity to Work: The Implementation of Creative Ideas in Organizations. *Academy of Management Journal, 55*(5):1102-1119.
81. Zie bijvoorbeeld A.H. Mezulis, L.Y. Abramson, J.S. Hyde en B.L. Hankin (2004). Is There a Universal Positivity Bias in Attributions: A Meta-Analytic Review of Individual, Developmental, and Cultural Differences in the Self-Serving Attributional Bias. *Psychological Bulletin, 130*(5):711-747; C.F. Falk, S.J. Heine, M. Yuki en K. Takemura (2009). Why

Do Westerners Self-Enhance More than East Asians? *European Journal of Personality, 23*(3):183-203; en F.F.T. Chiang en T.A. Birtch (2007). Examining the Perceived Causes of Successful Employee Performance: An East-West Comparison. *International Journal of Human Resource Management, 18*(2):232-248.

82. S. Nam, *Cultural and Managerial Attributions for Group Performance*. Unpublished doctoral dissertation, University of Oregon. Geciteerd in R.M. Steers, S.J. Bischoff en L.H. Higgins (1992). Cross-Cultural Management Research. *Journal of Management Inquiry*, december, pp. 325-326.
83. T. Menon, M.W. Morris, C.Y. Chiu en Y.Y. Hong (1999). Culture and the Construal of Agency: Attribution to Individual Versus Group Dispositions. *Journal of Personality and Social Psychology, 76*(5):701-717; en R. Friedman, W. Liu, C.C. Chen en S.S. Chi (2007). Causal Attribution for Interfirm Contract Violation: A Comparative Study of Chinese and American Commercial Arbitrators. *Journal of Applied Psychology, 92*(3):856-864.
84. J. Spencer-Rodgers, M.J. Williams, D.L. Hamilton, K. Peng en L. Wang (2007). Culture and Group Perception: Dispositional and Stereotypic Inferences about Novel and National Groups. *Journal of Personality and Social Psychology, 93*(4):525-543.
85. J.D. Brown (2010). Across the (Not So) Great Divide: Cultural Similarities in Self-Evaluative Processes. *Social and Personality Psychology Compass, 4*(5):318-330.
86. A. Zhang, C. Reyna, Z. Qian en G. Yu (2008). Interpersonal Attributions of Responsibility in the Chinese Workplace: A Test of Western Models in a Collectivistic Context. *Journal of Applied Social Psychology, 38*(9):2361-2377; en A. Zhang, F. Xia en C. Li (2007). The Antecedents of Help Giving in Chinese Culture: Attribution, Judgment of Responsibility, Expectation Change and the Reaction of Affect. *Social Behavior and Personality, 35*(1):135-142.
87. M.J. Gelfand, M. Erez en Z. Aycan (2007). Cross-Cultural Organizational Behavior. *Annual Review of Psychology*, januari, pp. 479-514; en A.S. Tsui, S.S. Nifadkar en A.Y. Ou (2007). Cross-National, Cross-Cultural Organizational Behavior Research: Advances, Gaps, and Recommendations. *Journal of Management*, juni, pp. 426-478.
88. N.J. Adler (2002). *International Dimensions of Organizational Behavior*, 4e ed. Cincinnati, OH: SouthWestern Publishing, pp. 182-189.
89. T. Jackson (2001). Cultural Values and Management Ethics: A 10- Nation Study. *Human Relations*, oktober, pp. 1267-1302; zie ook J.B. Cullen, K.P. Parboteeah en M. Hoegl (2004). Cross- National Differences in Managers' Willingness to Justify Ethically Suspect Behaviors: A Test of Institutional Anomie Theory. *Academy of Management Journal*, juni, pp. 411-421.
90. W. Chow Hou (1996). To Bribe or Not to Bribe? *Asia, Inc.*, oktober, p. 104.
91. P. Digh (1997). Shades of Gray in the Global Marketplace. *HRMagazine*, april, p. 91.

Hoofdstuk 6

1. CBS (2019, 17 december). *Prognose: 19 miljoen inwoners in 2039*. Geraadpleegd op 7 april 2020, van https://www.cbs.nl/nl-nl/nieuws/2019/51/prognose-19-miljoen-inwoners-in-2039
2. D.A. Harrison, K.H. Price, J.H. Gavin en A.T. Florey (2002). Time, Teams, and Task Performance: Changing Effects of Surfaceand Deep-Level Diversity on Group Functioning. *Academy of Management Journal, 45*(5):1029-1045; en A.H. Eagly en J.L. Chin (2010). Are Memberships in Race, Ethnicity, and Gender Categories Merely Surface Characteristics? *American Psychologist, 65*:934-935.
3. P. Chattopadhyay, M. Tluchowska en E. George (2004). Identifying the Ingroup: A Closer Look at the Influence of Demographic Dissimilarity on Employee Social Identity. *Academy of Management Review, 29*(2):180-202; en P. Chattopadhyay (1999). Beyond Direct and Symmetrical Effects: The Influence of Demographic Dissimilarity on Organizational Citizenship Behavior. *Academy of Management Journal, 42*(3):273-287.
4. R. Nunez Mahdi (2014). *Cultural Diversity and Learning Styles in Multicultural Teams*. Utrecht: Prescriptum.
5. D.C. Pollock en R.E. van Reken (2001). *Third Culture Kids*. Londen: Nicholas Breadley Publishing.
6. Zie http://www.rijksoverheid.nl/onderwerpen/discriminatie/verbod-op-discriminatie
7. Zie http://www.fnv.nl/site/media/pdf/107079/Discriminatie_op_de_werkvloer.pdf
8. Zie http://www.belgium.be/nl/justitie/slachtoffer/klachten_en_aangiften/discriminatie/
9. Zie http://gov.sr/media/160144/grondwet_suriname.pdf en http://www.wipo.int/wipolex/en/text.jsp?file_id=209755
10. J.H. Carlson en J.D. Seacat. Multiple Threat: Overweight/Obese Women in the Workforce. *Industrial and Organizational Psychology*, *7*(3):482-487; en B.J. Casad and S.M. Merritt (2014). The Importance of Stereotype Threat Mechanisms in Workplace Outcomes. *Industrial and Organizational Psychology, 7*(3):413-418.
11. G. Czukor en M. Bayazit (2014). Casting a Wide Net? Performance Deficit, Priming, and Subjective Performance Evaluation in Organizational Stereotype Threat Research. *Industrial and Organizational Psychology, 7*(3):409-412; K.S. Jones en N.C. Carpenter (2014). Toward a Sociocultural Psychological Approach to Examining Stereotype Threat in the Workplace. *Industrial and Organizational Psychology, 7*(3):429-432; en C.T. Kulik (2014). Spotlight on the Context: How a Stereotype Threat Framework Might Help Organizations to Attract and Retain Older Workers. *Industrial and Organizational Psychology, 7*(3):456-461.
12. L.M. Cortina (2008). Unseen Injustice: Incivility as Modern Discrimination in Organizations. *Academy of Management Review, 33*(1):55-75; en C.M. Harold en B.C. Holtz (2015). The Effects of Passive Leadership on Workplace Incivility. *Journal of Organizational Behavior, 36*(1):16-38.
13. Dit houdt de gemoederen sowieso erg bezig de laatste jaren. Zo verscheen er vorig jaar een advies van de SER op dit punt: https://www.ser.nl/nl/publicaties/adviezen/2010-2019/2014/discriminatie-werkt-niet.aspx. De minister van Sociale Zaken en Werkgelegenheid kwam in 2014 met een 'actieplan' om discriminatie op de arbeidsmarkt tegen te gaan: http://www.rijksoverheid.nl/documenten-en-publicaties/kamerstukken/2014/05/16/kamerbrief-actieplan-arbeidsmarktdiscriminatie-en-kabinetsreactie-ser-advies.html.
14. Congres. Seks in de witte jas; grensoverschrijdend gedrag op de werkvloer. Geraadpleegd van https://www.umcg.nl/NL/UMCG/Agenda/Evenementen/Pages/Congres-Seksindewittejas.aspx
15. D. Walker (2008, 29 juni). Incident with Noose Stirs Old Memories. *McCatchy-Tribune Business News*.
16. R. Nunez Mahdi (2014). *Culture Shock, Re-entry Shock and Student Exchange*. Ongepubliceerd.
17. T. Heijmans (2013, 28 november). Klacht ingediend over Chinezengrappen Gordon. *Volkskrant*, Cultuur en Leven. Geraadpleegd van http://www.volkskrant.nl/leven/klacht-ingediend-over-chinezengrappen-gordon~a3552771/

18. A. Raghavan (2009, 16 maart). Wall Street's Disappearing Women, *Forbes*, pp 72-78.
19. L.M. Cortina 2008). Unseen Injustice: Incivility as Modern Discrimination in Organisations, *Academy of Management Review, 33*(1):55-75.
20. J. Levitz en P. Shishkin (2009, 11 maart). More Workers Cite Age Bias after Layoffs. *Wall Street Journal*, pp. D1-D2; W.M. Bulkeley (2007, 12 september). A Data-Storage Titan Confronts Bias Claims. *Wall Street Journal*, pp. A1, A16; D. Walker (2008, 29 juni). Incident with Noose Stirs Old Memories. *McClatchy-Tribune Business News*; D. Solis (2005, 30 juli). Racial Horror Stories Keep EEOC Busy. *Knight-Ridder Tribune Business News*, pp. 1; H. Ibish en A. Stewart (2003). *Report on Hate Crimes and Discrimination Against Arab Americans: The Post-September 11 Backlash, September 11, 2001- October 11, 2001*. Washington, DC: American-Arab Anti-Discrimination Committee; A. Raghavan (2009, 16 maart). Wall Street's Disappearing Women, *Forbes*, pp. 72-78; en L.M. Cortina (2008). Unseen Injustice: Incivility as Modern Discrimination in Organisations. *Academy of Management Review, 33*(1):55-75.
21. R.J. Grossman (2008). Keep Pace with Older Workers, *HR Magazine*, mei, pp. 39-46.
22. Zie http://www.rijksoverheid.nl/onderwerpen/pensioen, geraadpleegd op 31 december 2014.
23. K.A. Wrenn en T.J. Maurer (2004). Beliefs About Older Workers' Learning and Development Behavior in Relation to Beliefs About Malleability of Skills, Age-Related Decline, and Control. *Journal of Applied Social Psychology, 34*(2):223-242; en R.A. Posthuma en M.A. Campion (2009). Age Stereotypes in the Workplace: Common Stereotypes, Moderators, and Future Research Directions. *Journal of Management, 35*:158-188.
24. Zie http://www.rijksoverheid.nl/onderwerpen/ontslag/collectief-ontslag, geraadpleegd op 31 december 2014.
25. Geciteerd in K. Labich (1993, 8 maart). The New Unemployed. *Fortune*, p. 43.
26. Zie T.W.H. Ng en D.C. Feldman (2010). The Relationship of Age with Job Attitudes: A Meta-Analysis. *Personnel Psychology, 63*:677-718.
27. Ibid.
28. K.M. Kacmar en G.R. Ferris (1989). Theoretical and Methodological Considerations in the Age-Job Satisfaction Relationship. *Journal of Applied Psychology*, april, pp. 201-207; en W.A. Hochwarter, G.R. Ferris, P.L. Perrewe, L.A. Witt en C. Kiewitz (2001). A Note on the Nonlinearity of the Age-Job Satisfaction Relationship. *Journal of Applied Social Psychology*, juni, pp. 1223-1237.
29. F. Kunze, S.A. Boehm en H. Bruch (2011). Age Diversity, Age Discrimination Climate and Performance Consequences-A Cross Organizational Study. *Journal of Organizational Behavior, 32*:264-290.
30. E. Zell, Z. Krizan en S.R. Teeter (2015). Evaluating Gender Similarities and Differences Using Metasynthesis. *American Psychologist, 70*(1):10-20.
31. J.B. Allendorfer et al. (2012). Females and Males Are Highly Similar in Language Performance and Cortical Activation Patterns during Verb Generation. *Cortex, 48*(9):1218-1233; en A. Ardilla, M. Rosselli, E. Matute en O. Inozemtseva (2011). Gender Differences in Cognitive Development. *Developmental Psychology, 47*(4):984-990.
32. P.L. Roth, K.L. Purvis en P. Bobko (2012). A Meta-Analysis of Gender Group Differences for Measures of Job Performance in Field Studies. *Journal of Management, 38*(2):719-739.
33. S.C. Paustian-Underdahl, L.S. Walker en D.J. Woehr (2014). Gender and Perceptions of Leadership Effectiveness: A Meta-Analysis of Contextual Moderators. *Journal of Applied Psychology, 99*(6):1129-1145.
34. R.E. Silverman (2013, 9 januari). Study Suggests Fix for Gender Bias on the Job. *The Wall Street Journal*, p. D4.
35. A.J. Koch, S.D. D'Mello en P.R. Sackett (2015). A Meta-Analysis of Gender Stereotypes and Bias in Experimental Simulations of Employment Decision Making. *Journal of Applied Psychology, 100*(1):128-161.
36. E.B. King et al. (2012). Benevolent Sexism at Work: Gender Differences in the Distribution of Challenging Developmental Experiences. *Journal of Management, 38*(6):1835-1866.
37. L. Gartzia, M.K. Ryan, N. Balluerka en A. Aritzeta (2014). Think Crisis-Think Female: Further Evidence. *European Journal of Work and Organizational Psychology, 21*(4):603-628.
38. P. Wechsler (2015, 24 februari). 58 Women CFOs in the Fortune 500: Is This Progress? *Fortune*. Geraadpleegd van http://fortune.com/2015/02/24/58-women-cfos-in-the-fortune-500-is-thisprogress/
39. Zie http://www.uitdekastwerktbeter.nl/site/docs/best-practices_lhbt-netwerk.pdf
40. M. Douwes en W. Hooftman (red.) (2019). *ARBOBALANS 2018: Kwaliteit van de arbeid, effecten en maatregelen in Nederland*. Leiden: TNO. Geraadpleegd op 7 april 2020, van https://www.monitorarbeid.tno.nl/dynamics/modules/SPUB0102/view.php?pub_Id=100596&att_Id=4911
41. M. van der Klein, S. Tan, I. de Groot, J.W. Duyvendak en D. Witteveen (2009, april). *Discriminatie is het woord niet. Lesbische vrouwen en homoseksuele mannen op de werkvloer: bejegening en beleid*. Utrecht: Verwey-Jonker Instituut. Geraadpleegd van http://www.uitdekastwerktbeter.nl/site/docs/discriminiatie_is_het_woord_niet.pdf
42. Ibid., p. 123
43. Ibid., p. 122
44. Zie http://www.abvakabofnv.nl/3944/192493/192752/roze-werkt-2010.pdf
45. Zie http://workplacepride.org/
46. L.Buijz (2012). *It's Gender, Stupid! Over hoe de Nederlandse wetenschap en politiek over homofobie heen kijken*. Amsterdam: Amsterdams Instituut voor ArbeidsStudies (AIAS), FMG: Amsterdam Institute for Social Science Research (AISSR), p. 71.
47. L. Buijz, G. Hekma, J.W. Duyvendak (2009). *Als ze maar van me afblijven. Een onderzoek naar antihomoseksueel geweld in Amsterdam* Amsterdam: Universiteit van Amsterdam, School for Social Science Research.
48. L. Buijz, *It's Gender, Stupid!*
49. Ibid., p. 71.
50. Zie https://www.fnvcabine.nl/j15/laatste-nieuws/723-klm-over-the-rainbow en https://blog.klm.com/nl/journey-progress-vijftig-jaar-stonewall/
51. College voor de Rechten van de Mens (2017, 26 april). *Bescherming transgender personen en mensen met een intersekse conditie explicieter door wijziging Algemene wet gelijke behandeling*. Geraadpleegd op 7 april 2020, van https://mensenrechten.nl/en/node/550
52. The Yogyakarta Principles (2017). Geraadpleegd op 7 april 2020, van https://yogyakartaprinciples.org/principles-en/
53. Ibid.
54. T.W.H. Ng en D.C. Feldman (2010). Organizational Tenure and Job Performance. *Journal of Management, 36*:1220-1250.
55. I.R. Gellatly (1995). Individual and Group Determinants of Employee Absenteeism: Test of a Causal Model. *Journal of Organizational Behavior*, september, pp. 469-485.

56. Dit lijkt in tegenspraak met het eerder vermelde onderzoeksresultaat over ouderen en ziekteverzuim. Maar bedenk wel dat iemand van 26 al wel 10 dienstjaren kan hebben, met andere woorden; anciënniteit is veel meer over alle leeftijdscategorieën gespreid.
57. P.O. Popp en J.A. Belohlav (1982). Absenteeism in a Low Status Work Environment. *Academy of Management Journal*, september, p. 681.
58. R.W. Griffeth, P.W. Hom en S. Gaertner (2000). A Meta-analysis of Antecedents and Correlates of Employee Turnover: Update, Moderator Tests, and Research Implications for the Next Millennium. *Journal of Management, 26*(3):463-488.
59. M.R. Barrick en R.D. Zimmerman (2009). Hiring for Retention and Performance. *Human Resource Management, 48*:183-206.
60. W. van Breukelen, R. van der Vlist en H. Steensma (2004). Voluntary Employee Turnover: Combining Variables from the 'Traditional' Turnover Literature with the Theory of Planned Behavior. *Journal of Organizational Behavior, 25*(7):893-914.
61. (Belgische) Hoge Raad voor Werkgelegenheid. Advies over het verband tussen loon en anciënniteit. http://www.siod.belgie.be/publicationDefault.aspx?id=42053
62. http://www.innovatieforganiseren.nl/innovatief-hrm-beleid/veel-onduidelijkheid-productiviteit-van-oudere-werknemers-2/
63. F. de Weerd (2014, 25 januari). Eén op vier ervaart discriminatie. *Trouw*. Geraadpleegd van http://www.trouw.nl/tr/nl/5009/Archief/archief/article/detail/3583611/2014/01/25/Een-op-vier-ervaart-discriminatie.dhtml
64. http://interculturelecommunicatie.com/shadid/de-stigmatiseringsdriehoek-van-de-media-populisme-marktgerichtheid-en-islamofobie/
65. Ibid.
66. P.A. Freund en N. Kasten (2012). How Smart Do You Think You Are? A Meta-Analysis of the Validity of Self-Estimates of Cognitive Ability. *Psychological Bulletin, 138*(2):296-321.
67. R.E. Nisbett et al. (2012). Intelligence: New Findings and Theoretical Developments. *American Psychologist, 67*(2):130-159.
68. M.D. Dunnette en E.A. Fleishman (red.) (2014). *Human Performance and Productivity: Human Capability Assessment*. New York en London: Psychology Press/Taylor & Francis Group.
69. J.W.B. Lang, M. Kersting, U.R. Hülscheger en J. Lang (2010). General Mental Ability, Narrower Cognitive Abilities, and Job Performance: The Perspective of the Nested-Factors Model of Cognitive Abilities. *Personnel Psychology, 63*:595-640.
70. N. Barber (2005). Educational and Ecological Correlates of IQ: A Cross-National Investigation. *Intelligence*, mei-juni, pp. 273-284.
71. J.F. Salgado, N. Anderson, S. Moscoso, C. Bertua, F. de Fruyt en J.P. Rolland (2003). A Meta-analytic Study of General Mental Ability Validity for Different Occupations in the European Community. *Journal of Applied Psychology*, december, pp. 1068-1081; F.L. Schmidt en J.E. Hunter (2004). Select on Intelligence. In: E.A. Locke (red.). *Handbook of Principles of Organizational Behavior*. Malden, MA: Blackwell.
72. Y. Ganzach (1998). Intelligence and Job Satisfaction. *Academy of Management Journal, 41*(5):526-539; en Y. Ganzach (2003). Intelligence, Education, and Facets of Job Satisfaction. *Work and Occupations, 30*(1):97-122.
73. S.S. Wang (2014, 28 maart). Companies Find Autism Can Be a Job Skill. *The Wall Street Journal*, pp. B1-B2.
74. B.S. Bell en K.J. Klein (2001). Effect of Disability, Gender, and Job Level on Ratings of Job Applicants. *Rehabilitation Psychology, 46*(3):229-246; en E. Louvet (2007). Social Judgment Toward Job Applicants with Disabilities: Perception of Personal Qualities and Competences. *Rehabilitation Psychology, 52*(3):297-303.
75. L.R. Ren, R.L. Paetzold en A. Colella (2008). A Meta-Analysis of Experimental Studies on the Effects of Disability on Human Resource Judgments. *Human Resource Management Review, 18*(3):191-203.
76. S. Almond en A. Healey (2003). Mental Health and Absence from Work: New Evidence from the UK Quarterly Labour Force Survey. *Work, Employment, and Society, 17*(4):731-742.
77. E. Louvet (2007). Social Judgment Toward Job Applicants with Disabilities: Perception of Personal Qualities and Competences. *Rehabilitation Psychology, 52*(3):297-303; en W.D. Gouvier, S. Sytsma-Jordan en S. Mayville (2003). Patterns of Discrimination in Hiring Job Applicants with Disabilities: The Role of Disability Type, Job Complexity, and Public Contact. *Rehabilitation Psychology, 48*(3):175-181.
78. A. Colella, A.S. DeNisi en A. Varma (1998). The Impact of Ratee's Disability on Performance Judgments and Choice as Partner: The Role of Disability-Job Fit Stereotypes and Interdependence of Rewards. *Journal of Applied Psychology, 83*(1):102-111.
79. P.T.J.H. Nelissen, K. Vornholt, G.M.C. Van Ruitenbeek, U.R. Hülsheger en S. Uitdewilligen (2014). Disclosure or Nondisclosure – Is This the Question? *Industrial and Organizational Psychology, 7*(2): 231-235.
80. A.M. Santuzzi, P.R. Waltz en L.M. Finkelstein (2014). Invisible Disabilities: Unique Challenges for Employees and Organizations. *Industrial and Organizational Psychology, 7*(2):204-219.
81. Ibid.
82. R.A. Schriber, R.W. Robins en M. Solomon (2014). Personality and Self-Insight in Individuals with Autism Spectrum Disorder. *Journal of Personality and Social Psychology, 106*(1):112-130.
83. C.L. Nittrouer, R.C.E. Trump, K.R. O'Brien en M. Hebl (2014). Stand Up and Be Counted: In the Long Run, Disclosing Helps All. *Industrial and Organizational Psychology, 7*(2):235-241.
84. http://perspectief.uwv.nl/artikelen/werken-met-een-beperkinghet-gaat-om-je-talenten#ck-attentionpe
85. http://www.rijksoverheid.nl/onderwerpen/wajong/vraag-en-antwoord/wat-is-de-overheid-van-plan-met-de-participatiewet.html
86. C. Nunez, R. Nunez Mahdi en L. Popma (2010). *Interculturele Communicatie. Van ontkenning tot wederzijdse integratie*. Assen: Koninklijke Van Gorcum, p. 12.
87. Ibid., p. 10
88. D.C. Pollock en R.E. van Reken (2017). In: C. Nunez, R. Nunez-Mahdi en L. Popma. *Intercultural sensitivity: From denial to intercultural competence*. Assen: Koninklijke Van Gorcum, p. 141.
89. C. Kovach (2002). Team Effectiveness. In: N.J. Adler. *International Dimensions of Organizational Behavior*, 4e ed. Cincinnati, OH: SouthWestern Publishing.
90. P.C. Earley en Soon Ang (2003). *Cultural Intelligence: Individual Interactions Across Cultures*. Stanford, CA: Stanford University Press.
91. B.R. Ragins, J.A. Gonzalez, K. Ehrhardt en R. Singh (2012). Crossing the Threshold: The Spillover of Community Racial

Diversity and Diversity Climate to the Workplace. *Personnel Psychology, 65*(4):755-787.
92. P.F. McKay, D.R. Avery en M.A. Morris (2008). Mean Racial-Ethnic Differences in Employee Sales Performance: The Moderating Role of Diversity Climate. *Personnel Psychology, 61*(2):349-374.
93. D.R. Avery, J.A. Richeson, M.R. Hebl en N. Ambady (2009). It Does Not Have to Be Uncomfortable: The Role of Behavioral Scripts in Black-White Interracial Interactions. *Journal of Applied Psychology, 94*(6):1382-1393.
94. Zie https://afdelingen.kivi.nl/nvi/PAG000005757/Home.html
95. Zie http://roshanvrouwenvereniging.nl/?portfolio=verslag-bijeenkomst-indinet
96. Zie http://www.forum.nl/forumtalent
97. D.R. Avery, J.A. Richeson, M.R. Hebl en N. Ambady (2009). It Does Not Have to Be Uncomfortable: The Role of Behavioral Scripts in Black-White Interracial Interactions. *Journal of Applied Psychology, 94*(6):1382-1393.
98. M.R. Buckley, K.A. Jackson, M.C. Bolino, J.G. Veres en H.S. Field (2007). The Influence of Relational Demography on Panel Interview Ratings: A Field Experiment. *Personnel Psychology, 60*:627-646; J.M. Sacco, C.R. Scheu, A.M. Ryan en N. Schmitt (2003). An Investigation of Race and Sex Similarity Effects in Interviews: A Multilevel Approach to Relational Demography. *Journal of Applied Psychology, 88*:852-865; en J.C. Ziegert en P.J. Hanges (2005). Employment Discrimination: The Role of Implicit Attitudes, Motivation, and a Climate for Racial Bias. *Journal of Applied Psychology, 90*:553-562.
99. J. Schaubroeck en S.S.K. Lam (2002). How Similarity to Peers and Supervisor Influences Organizational Advancement in Different Cultures. *Academy of Management Journal, 45*:1120-1136.
100. P.F. McKay, D.R. Avery en M.A. Morris (2008). Mean Racial-Ethnic Differences in Employee Sales Performance: The Moderating Role of Diversity Climate. *Personnel Psychology, 61*(2):349-374.
101. P.F. McKay, D.R. Avery, S. Tonidandel, M.A. Morris, M. Hernandez en M.R. Hebl (2007). Racial Differences in Employee Retention: Are Diversity Climate Perceptions the Key? *Personnel Psychology, 60*(1):35-62.
102. S.T. Bell (2007). Deep-Level Composition Variables as Predictors of Team Performance: A Meta-Analysis. *Journal of Applied Psychology, 92*(3):595-615; S.K. Horwitz en I.B. Horwitz (2007). The Effects of Team Diversity on Team Outcomes: A Meta-Analytic Review of Team Demography. *Journal of Management, 33*(6):987-1015; G.L. Stewart (2006). A Meta-Analytic Review of Relationships Between Team Design Features and Team Performance. *Journal of Management, 32*(1):29-54; en A. Joshi en H. Roh (2009). The Role of Context in Work Team Diversity Research: A Meta-Analytic Review. *Academy of Management Journal, 52*(3):599-627.
103. G. Andrevski, O.C. Richard, J.D. Shaw en W.J. Ferrier (2014). Racial Diversity and Firm Performance: The Mediating Role of Competitive Intensity. *Journal of Management, 40*(3):820-844.
104. A.C. Homan, J.R. Hollenbeck, S.E. Humphrey, D. van Knippenberg, D.R. Ilgen en G.A. van Kleef (2008). Facing Differences with an Open Mind: Openness to Experience, Salience of Intragroup Differences, and Performance of Diverse Work Groups. *Academy of Management Journal, 51*(6):1204-1222.
105. E. Kearney en D. Gebert (2009). Managing Diversity and Enhancing Team Outcomes: The Promise of Transformational Leadership. *Journal of Applied Psychology, 94*(1):77-89.
106. A. van Beek en W. Hendrikse (2015). 'Good principles' toegepast in de praktijk. Goede voorbeelden in culturele Diversiteit, in opdracht van Ministerie van SZW, p. 19.
107. C.L. Holladay en M.A. Quiñones (2008). The Influence of Training Focus and Trainer Characteristics on Diversity Training Effectiveness. *Academy of Management Learning and Education, 7*(3):343-354; R. Anand en M. Winters (2008). A Retrospective View of Corporate Diversity Training from 1964 to the Present. *Academy of Management Learning and Education, 7*(3):356-372.
108. Q.M. Roberson en C.K. Stevens (2006). Making Sense of Diversity in the Workplace: Organizational Justice and Language Abstraction in Employees' Accounts of Diversity-Related Incidents. *Journal of Applied Psychology, 91*(2):379-391; en D.A. Harrison, D.A. Kravitz, D.M. Mayer, L.M. Leslie en D. Lev-Arey (2006). Understanding Attitudes Toward Affirmative Action Programs in Employment: Summary and Meta-Analysis of 35 Years of Research. *Journal of Applied Psychology, 91*(5):1013-1036.
109. A. Sippola en A. Smale (2007). The Global Integration of Diversity Management: A Longitudinal Case Study. *International Journal of Human Resource Management, 18*(11):1895-1916.

Hoofdstuk 7

1. C. Hupkens en P. Smulders (2007). Werknemers positief over werkomstandigheden, maar negatief over doorwerken tot 65 jaar. In: CBS. *Sociaal-economische Trends*, 1e kwartaal 2007, pp. 58-62. Geraadpleegd van http://www.cbs.nl/NR/rdonlyres/1646A2F8-7F5A-4B30-906C-D2E6BFCC6E59/0/2007k1v4p58artpdf.pdf
2. Zie bijvoorbeeld T.R. Mitchell (1997). Matching Motivational Strategies with Organizational Contexts. In: L.L. Cummings en B.M. Staw (red.). *Research in Organizational Behavior*, vol. 19. Greenwich, CT: JAI Press, pp. 60-62.
3. H. Skelsey-Guest (2014). Maslow's Hierarchy of Needs – The Sixth Level. *Psychologist, 27*(12):982-983.
4. Ibid.
5. S.H. Mousavi en H. Dargahi (2013). Ethnic Differences and Motivation Based on Maslow's Theory on Iranian Employees. *Iranian Journal of Public Health, 42*(5):516-521.
6. D. Lester (2013). Measuring Maslow's Hierarchy of Needs. *Psychological Reports, 113*(1):127-129.
7. H. Skelsey-Guest (2014). Maslow's Hierarchy of Needs – The Sixth Level. *Psychologist, 27*(12):982-983.
8. F. Herzberg, B. Mausner, en B. Snyderman (1959). *The Motivation to Work.* New York: Wiley.
9. J.-G. Choi en J.-K. Lee (2012). Testing the Applicability of the Herzberg's Motivation-Hygiene Theory to the Hotel Industry. *DaeHan Journal of Business, 25*(4):2091-2111.
10. D.C. McClelland (1961). *The Achieving Society.* New York: Van Nostrand Reinhold; J.W. Atkinson en J.O. Raynor (1974). *Motivation and Achievement.* Washington, DC: Winston; D.C. McClelland (1975). *Power: The Inner Experience.* New York: Irvington; en M.J. Stahl (1986). *Managerial and Technical Motivation: Assessing Needs for Achievement, Power, and Affiliation.* New York: Praeger.
11. B. Steinmann, S.L. Doerr, O.C. Schultheiss en G.W. Maier (2015). Implicit Motives and Leadership Performance Revisited: What Constitutes the Leadership Motive Pattern? *Motivation and Emotion, 39*(2):167-174.
12. H. van Emmerick, W.L. Gardner, H. Wendt en D. Fischer (2010). Associations of Culture and Personality with McClelland's Motives: A Cross-Cultural Study of Managers in 24 Countries. *Group and Organization Management, 35*(3):329-367.

13. Zie bijvoorbeeld F. Yang, J.E. Ramsay, O.C. Schultheiss en J.S. Pang (2015). Need for Achievement Moderates the Effect of Motive-Relevant Challenge on Salivary Cortisol Changes. *Motivation and Emotion, 39*(3):321-334; en M.S. Khan, R.J. Breitnecker en E.J. Schwarz (2015). Adding Fuel to the Fire: Need for Achievement Diversity and Relationship Conflict in Entrepreneurial Teams. *Management Decision, 53*(1):75-79.
14. M.G. Koellner en O.C. Schultheiss (2014). Meta-Analytic Evidence of Low Convergence between Implicit and Explicit Measures of the Needs for Achievement, Affiliation, and Power. *Frontiers in Psychology, 5*:826; en T. Bipp en K. van Dam (2014). Extending Hierarchical Achievement Motivation Models: The Role of Motivational Needs for Achievement Goals and Academic Performance. *Personality and Individual Differences, 64*:157-162.
15. M.G. Koellner en O.C. Schultheiss (2014). Meta-Analytic Evidence of Low Convergence between Implicit and Explicit Measures of the Needs for Achievement, Affiliation, and Power.
16. J. Hofer, H. Busch en C. Schneider (2015). The Effect of Motive-Trait Interaction on Satisfaction of the Implicit Need for Affiliation among German and Cameroonian Adults. *Journal of Personality, 83*(2):167-178.
17. E. Deci en R. Ryan (red.) (2002). *Handbook of Self-Determination Research.* Rochester, NY: University of Rochester Press; R. Ryan en E. Deci (2000). Self-Determination Theory and the Facilitation of Intrinsic Motivation, Social Development, and Well-Being. *American Psychologist, 55*(1):68-78; en M. Gagné en E.L. Deci (2005). Self-Determination Theory and Work Motivation. *Journal of Organizational Behavior, 26*(4):331-362.
18. Zie bijvoorbeeld E.L. Deci, R. Koestner en R.M. Ryan (1999). A Meta-Analytic Review of Experiments Examining the Effects of Extrinsic Rewards on Intrinsic Motivation. *Psychological Bulletin, 125*(6):627-668; G.J. Greguras en J.M. Diefendorff (2009). Different Fits Satisfy Different Needs: Linking Person-Environment Fit to Employee Commitment and Performance Using Self-Determination Theory. *Journal of Applied Psychology, 94*(2):465-477; en D. Liu, X. Chen en X. Yao (2011). From Autonomy to Creativity: A Multilevel Investigation of the Mediating Role of Harmonious Passion. *Journal of Applied Psychology, 96*(2):294-309.
19. C.P. Cerasoli, J.M. Nicklin en M.T. Ford (2014). Intrinsic Motivation and Extrinsic Incentives Jointly Predict Performance: A 40-Year Meta-Analysis. *Psychological Bulletin, 140*(4):980-1008.
20. J.E. Bono en T.A. Judge (2003). Self-Concordance at Work: Toward Understanding the Motivational Effects of Transformational Leaders. *Academy of Management Journal, 46*(5):554-571.
21. K.M. Sheldon, A.J. Elliot en R.M. Ryan (2004). Self-Concordance and Subjective Well-Being in Four Cultures. *Journal of Cross-Cultural Psychology, 35*(2):209-223.
22. L.M. Graves, M.N. Ruderman, P.J. Ohlott en J. Webber (2012). Driven to Work and Enjoyment of Work: Effects on Manager's outcomes. *Journal of Management, 38*(5):1655-1680.
23. J.P. Meyer, T.E. Becker en C. Vandenberghe (2004). Employee Commitment and Motivation: A Conceptual Analysis and Integrative Model. *Journal of Applied Psychology, 89*(6):991-1007.
24. E.A. Locke en G.P. Latham (2006). New Directions in Goal-Setting Theory. *Current Directions in Psychological Science, 15*(5):265-268.
25. Ibid.
26. C. Gabelica, P. Van den Bossche, M. Segers en W. Gijselaers (2012). Feedback, a Powerful Lever in Teams: A Review. *Educational Research Review, 7*(2):123-144.
27. J. Lee en F. Wei (2011). The Mediating Effect of Psychological Empowerment on the Relationship between Participative Goal Setting and Team Outcomes – A Study in China. *International Journal of Human Resource Management, 22*(2):279-295.
28. S.W. Anderson, H.C. Dekker en K.L. Sedatole (2010). An Empirical Examination of Goals and Performance-to-Goal Following the Introduction of an Incentive Bonus Plan with Participative Goal Setting. *Management Science, 56*(1):90-109.
29. T.S. Bateman en B. Bruce (2012). Masters of the Long Haul: Pursuing Long-Term Work Goals. *Journal of Organizational Behavior, 33*(7):984-1006.
30. E.A. Locke (1997). The Motivation to Work: What We Know. *Advances in Motivation and Achievement* 10, pp. 375-412; en Latham, Erez en Locke, Resolving Scientific Disputes by the Joint Design of Crucial Experiments by the Antagonists, pp. 753-772.
31. J.R. Hollenbeck, C.R. Williams en H.J. Klein (1989). An Empirical Examination of the Antecedents of Commitment to Difficult Goals. *Journal of Applied Psychology, 74*(1):18-23. Zie ook J.C. Wofford, V.L. Goodwin en S. Premack (1992). Meta-Analysis of the Antecedents of Personal Goal Level and of the Antecedents and Consequences of Goal Commitment. *Journal of Management, 18*(3):595-615; M.E. Tubbs (1993). Commitment as a Moderator of the Goal-Performance Relation: A Case for Clearer Construct Definition. *Journal of Applied Psychology, 78*(1):86-97; en J.E. Bono en A.E. Colbert (2005). Understanding Responses to Multi-Source Feedback: The Role of Core Self-Evaluations. *Personnel Psychology, 58*(1):171-203.
32. Zie R.E. Wood, A.J. Mento en E.A. Locke (1987). Task Complexity as a Moderator of Goal Effects: A Meta-Analysis. *Journal of Applied Psychology, 72*(3):416-425; R. Kanfer en P.L. Ackerman (1989). Motivation and Cognitive Abilities: An Integrative/Aptitude-Treatment Interaction Approach to Skill Acquisition. *Journal of Applied Psychology, 74*(4):657-690; T.R. Mitchell en W.S. Silver (1990). Individual and Group Goals When Workers Are Interdependent: Effects on Task Strategies and Performance. *Journal of Applied Psychology, 75*(2):185-193; en A.M. O'Leary-Kelly, J.J. Martocchio en D.D. Frink (1994). A Review of the Influence of Group Goals on Group Performance. *Academy of Management Journal, 37*(5):1285-1301.
33. D.F. Crown (2007). The Use of Group and Groupcentric Individual Goals for Culturally Heterogeneous and Homogeneous Task Groups: An Assessment of European Work Teams. *Small Group Research, 38*(4):489-508.
34. K. Lanaj, C.D. Chang en R.E. Johnson (2012). Regulatory Focus and Work-Related Outcomes: A Review and Meta-Analysis. *Psychological Bulletin, 138*(5):998-1034.
35. D.L. Ferris, R.E. Johnson, C.C. Rosen, E. Djurdjevic, C.-H. Chang en J.A. Tan (2013). When Is Success Not Satisfying? Integrating Regulatory Focus and Approach/Avoidance Motivation Theories to Explain the Relation between Core Self-Evaluation and Job Satisfaction. *Journal of Applied Psychology, 98*(2):342-353.
36. M. Roskes, A.J. Elliot en C.K.W. De Dreu (2014). Why Is Avoidance Motivation Problematic, and What Can Be Done about It? *Current Directions in Psychological Science, 23*(2):133-138.
37. KEYGroup Survey Finds Nearly Half of All Employees Have No Set Performance Goals (2006, 10 maart). *IPMA-HR*

Bulletin, p. 1; S. Hamm (2006, 22 mei). SAP Dangles a Big, Fat Carrot. *BusinessWeek*, pp. 67-68; en P&G CEO Wields High Expectations but No Whip (2007, 19 februari). *USA Today*, p. 3B.
38. Zie bijvoorbeeld S.J. Carroll en H.L. Tosi (1973). *Management by Objectives: Applications and Research.* New York: Macmillan; en R. Rodgers en J.E. Hunter (1991). Impact of Management by Objectives on Organizational Productivity. *Journal of Applied Psychology*, april, pp. 322-336.
39. Zie bijvoorbeeld E. Lindberg en T.L. Wilson (2011). Management by Objectives: The Swedish Experience in Upper Secondary Schools. *Journal of Educational Administration, 49*(1):62-75; en A.C. Spaulding, L.D. Gamm en J.M. Griffith (2010). Studer Unplugged: Identifying Underlying Managerial Concepts. *Hospital Topics, 88*(1):1-9.
40. M.B. Kristiansen (2015). Management by Objectives and Results in the Nordic Countries: Continuity and Change, Differences and Similarities. *Public Performance and Management Review, 38*(3):542-569.
41. Zie bijvoorbeeld M. Tanikawa (2001, 22 maart). Fujitsu Decides to Backtrack on Performance-Based Pay. *The New York Times*, p. W1; en W.F. Roth (2009). Is Management by Objectives Obsolete? *Global Business and Organizational Excellence, 28*(4):36-43.
42. F. Gino en C. Mogilner (2014). Time, Money, and Morality. *Psychological Science, 25*(2):414-421.
43. V. Lopez-Kidwell, T.J. Grosser, B.R. Dineen en S.P. Borgatti (2012). What Matters When: A Multistage Model and Empirical Examination of Job Search Effort. *Academy of Management Journal, 56*(6):1655-1678.
44. J.W. Beck en A.M. Schmidt (2013). State-Level Goal Orientations as Mediators of the Relationship between Time Pressure and Performance: A Longitudinal Study. *Journal of Applied Psychology, 98*(2):354-363.
45. J.R. Themanson en P.J. Rosen (2015). Examining the Relationships between Self-Efficacy, Task-Relevant Attentional Control, and Task Performance: Evidence from Event-Related Brain Potentials. *British Journal of Psychology, 106*(2):253-271
46. A. Bandura (2004). Cultivate Self-Efficacy for Personal and Organizational Effectiveness. In: E. Locke (red.). *Handbook of Principles of Organizational Behavior.* Malden, MA: Blackwell, pp. 120-136.
47. M. Ventura, M. Salanova en S. Llorens (2015). Professional Self-Efficacy as a Predictor of Burnout and Engagement: The Role of Challenge and Hindrance Demands. *Journal of Psychology, 149*(3):277-302.
48. J.R. Themanson en P.J. Rosen (2015). Examining the Relationships between Self-Efficacy, Task-Relevant Attentional Control, and Task Performance: Evidence from Event-Related Brain Potentials. *British Journal of Psychology, 106*(2):253-271.
49. M. Ben-Ami, J. Hornik, D. Eden en O. Kaplan (2014). Boosting Consumers' Self-Efficacy by Repositioning the Self. *European Journal of Marketing, 48*(11/12):1914-1938; L. De Grez en D. Van Lindt (2013). Students' Gains in Entrepreneurial Self-Efficacy: A Comparison of 'Learning-by-Doing' versus Lecture-Based Courses, Proceedings of the 8th European Conference on Innovation and Entrepreneurship, pp. 198-203; en K.S. Hendricks (2014). Changes in Self-Efficacy Beliefs over Time: Contextual Influences of Gender, Rank-Based Placement, and Social Support in a Competitive Orchestra Environment. *Psychology of Music, 42*(3):347-365.
50. T.A. Judge, C.L. Jackson, J.C. Shaw, B. Scott en B.L. Rich (2007). Self-Efficacy and Work-Related Performance: The Integral Role of Individual Differences. *Journal of Applied Psychology, 92*(1):107-127.
51. Ibid.
52. A.M. Paul (2013, 1 april). How to Use the 'Pygmalion' Effect, *Time*. Geraadpleegd van http://ideas.time.com/2013/04/01/how-to-use-the-pygmalion-effect/
53. A. Friedrich, B. Flunger, B. Nagengast, K. Jonkmann en U. Trautwein (2015). Pygmalion Effects in the Classroom: Teacher Expectancy Effects on Students' Math Achievement. *Contemporary Educational Psychology, 41*:1-12.
54. A. Gegenfurtner, C. Quesada-Pallares en M. Knogler (2014). Digital Simulation-Based Training: A Meta-Analysis. *British Journal of Educational Technology, 45*(6):1097-1114.
55. D. Eden (2003). Self-Fulfilling Prophecies in Organizations. In: J. Greenberg (red.). *Organizational Behavior: The State of the Science*, 2nd ed. Mahwah, NJ: Lawrence Erlbaum, pp. 91-122.
56. C.L. Holladay en M.A. Quiñones (2003). Practice Variability and Transfer of Training: The Role of Self-Efficacy Generality. *Journal of Applied Psychology, 88*(6):1094-1103.
57. E.C. Dierdorff, E.A. Surface en K.G. Brown (2010). Frame-of-Reference Training Effectiveness: Effects of Goal Orientation and Self-Efficacy on Affective, Cognitive, Skill-Based, and Transfer Outcomes. *Journal of Applied Psychology, 95*(6):1181-1191; en R. Grossman en E. Salas (2011). The Transfer of Training: What Really Matters. *International Journal of Training and Development, 15*(2):103-120.
58. K.M. Eddington, C. Majestic en P.J. Silvia (2012). Contrasting Regulatory Focus and Reinforcement Sensitivity: A Daily Diary Study of Goal Pursuit and Emotion. *Personality and Individual Differences, 53*(3):335-340.
59. B.F. Skinner (1948). 'Superstition' in the Pigeon. *Journal of Experimental Psychology, 38*(2).
60. M.J. Goddard (2014). Critical Psychiatry, Critical Psychology, and the Behaviorism of B.F. Skinner. *Review of General Psychology, 18*(3):208-215.
61. J.R. Brauer en C.R. Tittle (2012). Social Learning Theory and Human Reinforcement. *Sociological Spectrum, 32*(2):157-177.
62. Zie bijvoorbeeld E. Walster, G.W. Walster en W.G. Scott (1978). Equity: Theory and Research, Boston: Allyn & Bacon; en J. Greenberg (1989). Cognitive Reevaluation of Outcomes in Response to Underpayment Inequity. *Academy of Management Journal*, maart, pp. 174-184.
63. J. Bai (2012). Analysis of Equity Theory in the Modern Enterprise Staff Motivation. *Proceedings of the 2012 International Conference on Management Innovation and Public Policy*, pp. 165-167; en C. Buzea (2014). Equity Theory Constructs in a Romanian Cultural Context. *Human Resource Development Quarterly, 25*(4):421-439.
64. Zie bijvoorbeeld T. Simons en Q. Roberson (2003). Why Managers Should Care about Fairness: The Effects of Aggregate Justice Perceptions on Organizational Outcomes. *Journal of Applied Psychology, 88*(3):432-443; en B.C. Holtz and C.M. Harold (2009). Fair Today, Fair Tomorrow? A Longitudinal Investigation of Overall Justice Perceptions. *Journal of Applied Psychology, 94*(5):1185-1199.
65. C.O. Trevor, G. Reilly en B. Gerhart (2012). Reconsidering Pay Dispersion's Effect on the Performance of Interdependent Work: Reconciling Sorting and Pay Inequality. *Academy of Management Journal, 55*(3):585-610.
66. A. Caza, M.W. McCarter en G.B. Northcraft (2015). Performance Benefits of Reward Choice: A Procedural Justice Perspective. *Human Resource Management Journal, 25*(2):184-199; R.E. Johnson, K. Lanaj en C.M. Barnes (2014). The Good and Bad of Being Fair: Effects of Procedural and

Interpersonal Justice Behaviors on Regulatory Resources. *Journal of Applied Psychology, 99*(4):635-650; en D. Liu, M. Hernandez en L. Wang (2014). The Role of Leadership and Trust in Creating Structural Patterns of Team Procedural Justice: A Social Network Investigation. *Personnel Psychology, 67*(4):801-845.

67. H. He, W. Zhu en X. Zheng (2014). Procedural Justice and Employee Engagement: Roles of Organizational Identification and Moral Identity Centrality. *Journal of Business Ethics, 122*(4):681-695.
68. J.C. Shaw, E. Wild en J.A. Colquitt (2003). To Justify or Excuse? A Meta-Analytic Review of the Effects of Explanations. *Journal of Applied Psychology, 88*(3):444-458.
69. R.J. Bies (2005). Are Procedural and Interactional Justice Conceptually Distinct? In: J. Greenberg en J.A. Colquitt (red.). *Handbook of Organizational Justice*. Mahwah, NJ: Erlbaum, pp. 85-112; en B.A. Scott, J.A. Colquitt en E.L. Paddock (2009). An Actor-Focused Model of Justice Rule Adherence and Violation: The Role of Managerial Motives and Discretion. *Journal of Applied Psychology, 94*(3):756-769.
70. G.A. Van Kleef, A.C. Homan, B. Beersma, D.V. Knippenberg, B.V. Knippenberg en F. Damen (2009). Searing Sentiment or Cold Calculation? The Effects of Leader Emotional Displays on Team Performance Depend on Follower Epistemic Motivation. *Academy of Management Journal, 52*(3):562-580.
71. Rutgers Fires Mike Rice (2013, 3 april). *ESPN*. Geraadpleegd van http://espn.go.com/sportsnation/post/_/id/9129245/rutgers-fires-mike-rice
72. J.M. Robbins, M.T. Ford en L.E. Tetrick (2012). Perceived Unfairness and Employee Health: A Meta-Analytic Integration. *Journal of Applied Psychology, 97*(2):235-272.
73. K. Leung, K. Tong en S.S. Ho (2004). Effects of Interactional Justice on Egocentric Bias in Resource Allocation Decisions. *Journal of Applied Psychology, 89*(3):405-415; en L. Francis-Gladney, N.R. Manger en R.B. Welker (2010). Does Outcome Favorability Affect Procedural Fairness as a Result of Self-Serving Attributions. *Journal of Applied Social Psychology, 40*(1):182-194.
74. L.J. Barlcay en D.P. Skarlicki (2009). Healing the Wounds of Organizational Injustice: Examining the Benefits of Expressive Writing. *Journal of Applied Psychology, 94*(2):511-523.
75. This section is based on B.A. Scott, A.S. Garza, D.E. Conlon en Y.J. Kim (2014). Why Do Managers Act Fairly in the First Place? A Daily Investigation of 'Hot' and 'Cold' Motives and Discretion, *Academy of Management Journal, 57*(6):1571-1591.
76. P.M. Muchinsky (1977). A Comparison of Within- and Across- Subjects Analyses of the Expectancy-Valence Model for Predicting Effort. *Academy of Management Journal*, maart, pp. 154-158; en C.W. Kennedy, J.A. Fossum en B.J. White (1983). An Empirical Comparison of Within-Subjects and Between- Subjects Expectancy Theory Models. *Organizational Behavior and Human Decision Process*, augustus, pp. 124-143.
77. R.J. House, H.J. Shapiro en M.A. Wahba (1974). Expectancy Theory as a Predictor of Work Behavior and Attitudes: A Reevaluation of Empirical Evidence. *Decision Sciences, 5*(3):481-506.
78. W.A. Kahn (1990). Psychological Conditions of Personal Engagement and Disengagement at Work. *Academy of Management Journal, 33*(4):692-724.
79. www.gallup.com/consulting/52/Employee-Engagement.aspx
80. J.K. Harter, F.L. Schmidt en T.L. Hayes (2002). Business-Unit-Level Relationship Between Employee Satisfaction, Employee Engagement, and Business Outcomes: A Meta-Analysis. *Journal of Applied Psychology, 87*(2):268-279.
81. M.S. Christian, A.S. Garza en J.E. Slaughter (2011). Work Engagement: A Quantitative Review and Test of Its Relations with Task and Contextual Performance. *Personnel Psychology, 64*(1):89-136.
82. W.B. Schaufeli, A.B. Bakker en W. van Rhenen (2009). How Changes in Job Demands and Resources Predict Burnout, Work Engagement, and Sickness Absenteeism. *Journal of Organizational Behavior, 30*(7):893-917; E.R. Crawford, J.A. LePine en B.L. Rich (2010). Linking Job Demands and Resources to Employee Engagement and Burnout: A Theoretical Extension and Meta-Analytic Test. *Journal of Applied Psychology, 95*(5):834-848; en D. Xanthopoulou, A.B. Bakker, E. Demerouti en W.B. Schaufeli (2009). Reciprocal Relationships Between Job Resources, Personal Resources, and Work Engagement. *Journal of Vocational Behavior, 74*(3):235-244.
83. B.L. Rich, J.A. LePine en E.R. Crawford (2010). Job Engagement: Antecedents and Effects on Job Performance. *Academy of Management Journal, 53*(3):617-635.
84. M. Tims, A.B. Bakker en D. Xanthopoulou (2011). Do Transformational Leaders Enhance Their Followers' Daily Work Engagement? *Leadership Quarterly, 22*(1):121-131; en F.O. Walumbwa, P. Wang, H. Wang, J. Schaubroeck en B.J. Avolio (2010). Psychological Processes Linking Authentic Leadership to Follower Behaviors. *Leadership Quarterly, 21*(5):901-914.
85. F. Kluijtmans (2014). *Leerboek HRM*, 2e druk. Groningen: Noordhoff uitgevers.
86. G. Hofstede (1980). Motivation, Leadership, and Organization: Do American Theories Apply Abroad? *Organizational Dynamics*, zomer, p. 55.
87. Ibid.
88. I. Harpaz (1990). The Importance of Work Goals: An International Perspective. *Journal of International Business Studies*, eerste kwartaal, pp. 75-93
89. G.E. Popp, H.J. Davis en T.T. Herbert (1986). An International Study of Intrinsic Motivation Composition. *Management International Review*, januari, pp. 28-35.
90. J.B. Miner (1965). *Studies in Management Education*. New York: Springer.
91. J.K. Giacobbe-Miller, D.J. Miller en V.I. Victorov (1998). A Comparison of Russian and U.S. Pay Allocation Decisions, Distributive Justice Judgments, and Productivity Under Different Payment Conditions. *Personnel Psychology, 51*(1):137-163.
92. M.C. Bolino en W.H. Turnley (2008). Old Faces, New Places: Equity Theory in Cross-Cultural Contexts. *Journal of Organizational Behavior, 29*(1):29-50.
93. R. Fischer en P.B. Smith (2003). Reward Allocation and Culture: A Meta-Analysis. *Journal of Cross-Cultural Psychology, 34*(3):251-268.
94. F.F.T. Chiang en T. Birtch (2007). The Transferability of Management Practices: Examining Cross-National Differences in Reward Preferences. *Human Relations, 60*(9):1293-1330; A.E. Lind, T.R. Tyler en Y.J. Huo (1997). Procedural Context and Culture: Variation in the Antecedents of Procedural Justice Judgments. *Journal of Personality and Social Psychology, 73*(4):767-780; en M.J. Gelfand, M. Erez en Z. Aycan (2007). Cross-Cultural Organizational Behavior. *Annual Review of Psychology, 58*:479-514.
95. R. Shao, D.E. Rupp, D.P. Skarlicki en K.S. Jones (2013). Employee Justice across Cultures: A Meta-Analytic Review. *Journal of Management, 39*(1):263-301.

96. D.F. Crown (2007). The Use of Group and Groupcentric Individual Goals for Culturally Heterogeneous and Homogeneous Task Groups: An Assessment of European Work Teams. *Small Group Research, 38*(4):489-508; J. Kurman (2001). Self-Regulation Strategies in Achievement Settings: Culture and Gender Differences. *Journal of Cross-Cultural Psychology, 32*(4):491-503; en M. Erez en P.C. Earley (1987). Comparative Analysis of Goal-Setting Strategies Across Cultures. *Journal of Applied Psychology, 72*(4):658-665.
97. C. Sue-Chan en M. Ong (2002). Goal Assignment and Performance: Assessing the Mediating Roles of Goal Commitment and Self-Efficacy and the Moderating Role of Power Distance. *Organizational Behavior and Human Decision Processes, 89*(2):1140-1161.

Hoofdstuk 8

1. C.B. Gibson, J.L. Gibbs, T.L. Stanko, P. Tesluk en S.G. Cohen (2011). Including the 'I' in Virtuality and Modern Job Design: Extending the Job Characteristics Model to Include the Moderating Effect of Individual Experiences of Electronic Dependence and Copresence. *Organization Science, 22*(6), 1481-1499.
2. J.R. Hackman en G.R. Oldham (1975). Development of job diagnostic survey. *Journal of Applied Psychology, 60*:159-170.
3. J.R. Hackman en G.R. Oldham (1976). Motivation Through the Design of Work: Test of a Theory. *Organizational Behavior and Human Performance*, augustus, pp. 250-279; en J.R. Hackman en G.R. Oldham (1980). *Work Redesign*. Reading, MA: Addison-Wesley.
4. B.M. Meglino en A.M. Korsgaard (2007). The Role of Other Orientation in Reactions to Job Characteristics. *Journal of Management, 33*(1):57-83.
5. J.L. Pierce, I. Jussila en A. Cummings (2009). Psychological Ownership within the Job Design Context: Revision of the Job Characteristics Model. *Journal of Organizational Behavior, 30*(4):477-496.
6. C.B. Gibson, J.L. Gibbs, T.L. Stanko, P. Tesluk en S.G. Cohen, Including the 'I' in Virtuality and Modern Job Design: Extending the Job Characteristics Model to Include the Moderating Effect of Individual Experiences of Electronic Dependence and Copresence.
7. C.A. O'Reilly en D.F. Caldwell (1979). Informational Influence as a Determinant of Perceived Task Characteristics and Job Satisfaction. *Journal of Applied Psychology*, april, pp. 157-165.
8. Review of Singapore Airlines. *Skytrax*. Geraadpleegd op 31 mei 2013, van www.airlinequality.com/Airlines/SQ.htm
9. S.-Y. Chen, W.-C. Wu, C.-S. Chang en C.-T. Lin (2015). Job Rotation and Internal Marketing for Increased Job Satisfaction and Organisational Commitment in Hospital Nursing Staff. *Journal of Nursing Management, 23*(3):297-306.
10. Zie bijvoorbeeld informatie over baanvergroting beschreven in M.A. Campion en C.L. McClelland (1993). Follow-up and Extension of the Interdisciplinary Costs and Benefits of Enlarged Jobs. *Journal of Applied Psychology*, juni, pp. 339-351.
11. Zie bijvoorbeeld Hackman en Oldham, *Work Redesign*; Miner, *Theories of Organizational Behavior*, pp. 231-266; en R.W. Griffin (1991). Effects of Work Redesign on Employee perceptions, Attitudes, and Behaviors: A Long-Term Investigation. *Academy of Management Journal, 34*(2):425-435.
12. F.P. Morgeson, M.D. Johnson, M.A. Campion, G.J. Medsker en T.V. Mumford (2006). Understanding Reactions to Job Redesign: A Quasi-Experimental Investigation of the Moderating Effects of Organizational Contact on Perceptions of Performance Behavior. *Personnel Psychology, 3*:333-363.
13. A.M. Grant (2012). Leading with Meaning: Beneficiary Contact, Prosocial Impact, and the Performance Effects of Transformational Leadership. *Academy of Management Journal, 55*(2):458-476; en A.M. Grant en S.K. Parker (2009). Redesigning Work Design Theories: The Rise of Relational and Proactive Perspectives. *Annals of the Academy of Management, 3*(1):317-375.
14. J. Devaro (2010). A Theoretical Analysis of Relational Job Design and Compensation. *Journal of Organizational Behavior, 31*(2-3):279-301.
15. K. Pajo en L. Lee (2011). Corporate-Sponsored Volunteering: A Work Design Perspective. *Journal of Business Ethics, 99*(3):467-482.
16. K. Bal (2014, 23 juni). Does Flextime Penalize Night Owls? *Human Resource Executive*.
17. T. Kato (2009). Work and Family Practices in Japanese Firms: Their Scope, Nature, and Impact on Employee Turnover. *International Journal of Human Resource Management, 20*(2):439-456; en P. Mourdoukotas (2013, 25 maart). Why Do Women Fare Better in the German World of Work Than in the US? *Forbes*.
18. R. Waring (2013, 19 januari). Sunday Dialogue: Flexibe Work hours. *The New York Times*. Geraadpleegd van www.nytimes.com
19. Zie bijvoorbeeld D.A. Ralston en M.F. Flanagan (1985). The Effect of Flextime on Absenteeism and Turnover for Male and Female Employees. *Journal of Vocational Behavior*, april, pp. 206-217; en B.B. Baltes, T.E. Briggs, J.W. Huff, J.A. Wright en G.A. Neuman (1999). Flexible and Compressed Workweek Schedules: A Meta-analysis of Their Effects on Work-Related Criteria. *Journal of Applied Psychology, 8*(4):496-513.
20. Zie http://www.profnews.nl/922814/werknemers-zijn-blij-met-flexibele-werktijden
21. B.Y. Lee en S.E. DeVoe (2012). Flextime and Profitability. *Industrial Relations, 51*(2):298-316.
22. D. Eldridge en T.M. Nisar (2011). Employee and Organizational Impacts of Flextime Work Arrangements. *Industrial Relations, 66*(2):213-234.
23. *Intermediair*, 20 juni 2002.
24. Society for Human Resource Management (2008). *2008 Employee Benefits*. Alexandria, VA: Author.
25. C. Dawson (2001, 24 december). Japan: Work-Sharing Will Prolong the Pain. *BusinessWeek*, p. 46.
26. C.B. Mulligan (2013, 8 mei). What Job Sharing Brings. *Forbes*. Geraadpleegd van http://economix.blogs.nytimes.com/2013/05/08/what-job-sharing-brings/; en ObamaCare Employer Mandate. *ObamacareFacts.com*. Geraadpleegd van http://obamacarefacts.com/obamacare-employer-mandate/
27. L. Woellert (2013, 24 januari). U.S. Work Share Program Helps Employers Avoid Layoffs. *Bloomberg Businessweek*. Geraadpleegd van www.businessweek.com/articles/2013-01-24/u-dot-s-dotwork-share-program-helps-employers-avoid-layoffs
28. P.R. Gregory (2013, 5 mei). Why Obama Cannot Match Germany's Jobs Miracle. *Forbes*. Geraadpleegd van www.forbes.com/sites/paulroderickgregory/2013/05/05/why-obama-cannot-match-germanys-jobs-miracle/
29. T. Braun (2020, 6 maart). *Wat is er nog nieuw aan het nieuwe werken?* Geraadpleegd op 25 maart 2020, van https://www.ikwilmobielwerken.nl/orienteren/is-er-nog-nieuw-aan-nieuwe-werken/
30. E.J. Hill, M. Ferris en V. Martinson (2003). Does it Matter Where You Work? A Comparison of How Three Work Venues (Traditional Office, Virtual Office, and Home Office) Influ-

ence Aspects of Work and Personal/Family Life. *Journal of Vocational Behavior, 63*(2):220-241.
31. S. Raghuram en D. Fang (2014). Telecommuting and the Role of Supervisory Power in China. *Asia Pacific Journal of Management, 31*(2):523-547.
32. D. Wilkie (2015, 1 juni). Has the Telecommuting Bubble Burst? *HR Magazine*. Geraadpleegd van https://www.shrm.org/hr-today/news/hrmagazine/pages/june-2015.aspx
33. B.W. Reynolds (2015, 20 januari). 100 Top Companies with Remote Jobs in 2015. *Flexjobs*. Geraadpleegd van http://www.flexjobs.com/blog/post/100-top-companies-with-remote-jobs-in-2015
34. S. Florentine (2014, 15 januari). 10 Most Telecommuting-Friendly Tech Companies. *CIO*. Geraadpleegd van http://www.cio.com/article/2369810/telecommuting/136064-10-Most-Telecommuting-Friendly-Tech-Companies.html#slide11
35. Zie bijvoorbeeld M. Conlin (2005, 12 december). The Easiest Commute of All. *BusinessWeek*, p. 78; en E. O'Keefe (2011, 22 februari). Teleworking Grows But Still a Rarity. *The Washington Post*, p. B3.
36. FNV Bondgenoten (2013). *Handboek Het Nieuwe Werken voor iedereen*. Geraadpleegd op 15 december 2014, van www.fnvbondgenoten.nl/site/dossiers/245944/245956/
37. https://www.tno.nl/nl/over-tno/nieuws. Publicatiedatum 4 december 2013 [geraadpleegd op 15 december 2014].
38. http://www.werken20.nl/nieuws-over-nieuwe-werken/productiviteit/38595/enthousiasme-voor-thuiswerken-neemt-af/ [geraadpleegd 3 maart 2015].
39. P. Zhu en S. G. Mason (2014). The Impact of Telecommuting on Personal Vehicle Usage and Environmental Sustainability. *International Journal of Environmental Science and Technology, 11*(8):2185-2200.
40. M. Marchington (2015). Analysing the Forces Shaping Employee Involvement and Participation (EIP) at Organisation Level in Liberal Market Economies (LMEs). *Human Resource Management Journal, 25*(1):1-18.
41. Zie bijvoorbeeld D.P. Ashmos, D. Duchon, R.R. McDaniel Jr. en J.W. Huonker (2002). What a Mess! Participation as a Simple Managerial Rule to 'Complexify' Organizations. *Journal of Management Studies, 39*(2):189-206; zie bijvoorbeeld literatuur over empowerment, zoals S.E. Seibert, S.R. Silver en W.A. Randolph (2004). Taking Empowerment to the Next Level: A Multiple-Level Model of Empowerment, Performance, and Satisfaction. *Academy of Management Journal, 47*(3):332-349; M.M. Butts, R.J. Vandenberg, D.M. DeJoy, B.S. Schaffer en M.G. Wilson (2009). Individual Reactions to High Involvement Work Processes: Investigating the Role of Empowerment and Perceived Organizational Support. *Journal of Occupational Health Psychology, 14*(2):122-136; R. Park, E. Applebaum en D. Kruse (2010). Employee Involvement and Group Incentives in Manufacturing Companies: A Multi-Level Analysis. *Human Resource Management Journal, 20*(3):227-243; D.C. Jones, P. Kalmi en A. Kauhanen (2010). How Does Employee Involvement Stack Up? The Effects of Human Resource Management Policies in a Retail Firm. *Industrial Relations, 49*(1):1-21; en M.T. Maynard, L.L. Gilson en J.E. Mathieu (2012). Empowerment – Fad or Fab? A Multilevel Review of the Past Two Decades of Research. *Journal of Management, 38*(4):1231-1281.
42. M. Marchington, Analysing the Forces Shaping Employee Involvement and Participation (EIP) at Organisation Level in Liberal Market Economies (LMEs).
43. F. Heller, E. Pusic, G. Strauss en B. Wilpert (1998). *Organizational Participation: Myth and Reality*. Oxford, UK: Oxford University Press. Zie bijvoorbeeld K.L. Miller en P.R. Monge (1986). Participation, Satisfaction, and Productivity: A Meta-analytic Review. *Academy of Management Journal*, december, pp. 727-753; E.A. Locke, M. Alavi en J.A. Wagner III (1997). Participation in Decision Making: An Information Exchange Perspective. In: G.R. Ferris (red.). *Research in Personnel and Human Resource Management*, vol. 15. Greenwich, CT: JAI Press, pp. 293-331; en J.A. Wagner III en J.A. LePine (1999). Effects of Participation on Performance and Satisfaction: Additional Meta-Analytic Evidence. *Psychological Reports*, juni, pp. 719-725.
44. Zie bijvoorbeeld A. Pendleton en A. Robinson (2010). Employee Stock Ownership, Involvement, and Productivity: An Interaction-Based Approach. *Industrial and Labor Relations Review, 64*(1):3-29.
45. Cotton (1993). *Employee Involvement*. Newbury Park, CA: Sage, p. 114.
46. Zie bijvoorbeeld M. Gilman en P. Marginson (2002). Negotiating European Works Council: Contours of Constrained Choice. *Industrial Relations Journal*, maart, pp. 36-51; en B. Keller (2002). The European Company Statute: Employee Involvement – And Beyond. *Industrial Relations Journal*, december, pp. 424-445.
47. M. Marchington (2015). Analysing the Forces Shaping Employee Involvement and Participation (EIP) at Organisation Level in Liberal Market Economies (LMEs). *Human Resource Management Journal, 25*(1):1-18.
48. Cotton (1993). *Employee Involvement*. Newbury Park, CA: Sage, p. 114.
49. Ibid., p. 140.
50. E. White (2006, 28 augustus). Employers Increasingly Favor Bonuses to Raises. *The Wall Street Journal*, p. B3.
51. M. Sabramony, N. Krause, J. Norton en G.N. Burns (2008). The Relationship Between Human Resource Investments and Organizational Performance: A Firm-Level Examination of Equilibrium Theory. *Journal of Applied Psychology, 93*(4):778-788.
52. C. Isidore (2015, 19 februari). Walmart Ups Pay Well above Minimum Wage. *CNN Money*. Geraadpleegd van http://money.cnn.com/2015/02/19/news/companies/walmart-wages/
53. http://www.technischweekblad.nl/resultaten-tw-salaris-onderzoek-2013.348918.lynkx [2-3-2015].
54. M. Damiani en A. Ricci (2014). Managers' Education and the Choice of Different Variable Pay Schemes: Evidence from Italian Firms. *European Management Journal, 32*(6):891-902.
55. S. Miller (2014, 2 september). Variable Pay Spending Spikes to Record High. *Society for Human Resource Management: Compensation Topics & Strategy*.
56. S. Miller (2010, 1 maart). Companies Worldwide Rewarding Performance with Variable Pay. *Society for Human Resource Management: Compensation Topics & Strategy*.
57. S. Miller (2012, 28 maart). Asian Firms Offer More Variable Pay Than Western Firms. *Society for Human Resource Management: Compensation Topics & Strategy*. Geraadpleegd van https://www.shrm.org/resourcesandtools/hr-topics/compensation/pages/asianvariablepay.aspx
58. Zie: http://www.rijksoverheid.nl/nieuws/2013/11/26/beloningsbeleid-financiele-sector-aangescherpt.html [geraadpleegd 2 oktober 2014].
59. H. Kim, K.L. Sutton en Y. Gong (2013). Group-Based Pay-for-Performance Plans and Firm Performance: The Moderating Role of Empowerment Practices. *Asia Pacific Journal of Management, 30*(1):31-52.

60. J. Cloutier, D. Morin en S. Renaud (2013). How Does Variable Pay Relate to Pay Satisfaction among Canadian Workers? *International Journal of Manpower, 34*(5):465-485.
61. Zie: http://mrb.lynkx-01.nl/Uploads/Files/Randstad_20WErkmonitor_20JUni_202005.pdf [geraadpleegd 2 maart 2015].
62. Geciteerd in Pay Programs (2003, juni). Few Employees See the Pay-for- Performance Connection. *Compensation & Benefits Report*, p. 1.
63. E. Belogolovsky en P.A. Bamberger (2014). Signaling in Secret: Pay for Performance and the Incentive and Sorting Effects of Pay Secrecy. *Academy of Management Journal, 57*(6):1706-1733.
64. Ibid.
65. C.B. Cadsby, F. Song en F. Tapon (2007). Sorting and Incentive Effects of Pay for Performance: An Experimental Investigation. *Academy of Management Journal, 50*(2):387-405.
66. J.H. Han, K.M. Barol en S. Kim, Tightening Up the Performance- Pay Linkage: Roles of Contingent Reward Leadership and Profit-Sharing in the Cross-Level Influence of Individual Pay-for-Performance.
67. K.A. Bender, C.P. Green en J.S. Heywood (2012). Piece Rates and Workplace Injury: Does Survey Evidence Support Adam Smith? *Journal of Population Economics, 25*(2):569-590.
68. A. Dijardin (2016, 28 juni). Wetenschappers bezwijken onder publicatiedruk. *Trouw*. Geraadpleegd op 25 maart 2020, van https://www.trouw.nl/home/wetenschappers-bezwijken-onder-publicatiedruk~ac651b61/
69. J.S. Heywood, X. Wei en G. Ye (2011). Piece Rates for Professors. *Economics Letters, 113*(3):285-287.
70. A. Baker en V. Mertins (2013). Risk-Sorting and Preference for Team Piece Rates. *Journal of Economic Psychology, 34*:285-300.
71. A. Clemens (2012). Pace of Work and Piece Rates. *Economics Letters, 115*(3):477-479.
72. K.A. Bender, C.P. Green en J.S. Heywood, Piece Rates and Workplace Injury: Does Survey Evidence Support Adam Smith?
73. Paying Doctors for Performance (2013, 27 januari). *The New York Times*, p. A16.
74. S. Halzack (2012, 6 november). Companies Look to Bonuses Instead of Salary Increases in an Uncertain Economy. *The Washington Post*. Geraadpleegd van https://www.washingtonpost.com/business/economy/companies-look-to-bonuses-instead-of-salaryincreases-in-an-uncertain-economy/2012/11/06/52a7ec12-2751-11e2-9972-71bf64ea091c_story.html
75. N. Chun en S. Lee (2015). Bonus Compensation and Productivity: Evidence from Indian Manufacturing Plant-Level Data. *Journal of Productivity Analysis, 43*(1):47-58.
76. D. D'Art en T. Turner (2004). Profit Sharing, Firm Performance, and Union Influence in Selected European Countries. *Personnel Review, 33*(3):335-350; en D. Kruse, R. Freeman en J. Blasi (2010). *Shared Capitalism at Work: Employee Ownership, Profit and Gain Sharing, and Broad-Based Stock Options*. Chicago: University of Chicago Press.
77. A. Bayo-Moriones en M. Larraza-Kintana (2009). Profit-Sharing Plans and Affective Commitment: Does the Context Matter? *Human Resource Management, 48*(2):207-226.
78. N. Chi en T. Han (2008). Exploring the Linkages between Formal Ownership and Psychological Ownership for the Organization: The Mediating Role of Organizational Justice. *Journal of Occupational and Organizational Psychology, 81*(4):691-711.
79. J.H. Han, K.M. Barol en S. Kim, Tightening Up the Performance-Pay Linkage: Roles of Contingent Reward Leadership and Profit-Sharing in the Cross-Level Influence of Individual Pay-for-Performance.
80. Zie informatie in D. Stamps (1996). A Piece of the Action. *Training*, maart, p. 66.
81. A. Pendleton (2011). Shared Capitalism at Work: Employee Ownership, Profit and Gain Sharing, and Broad-Based Stock Options. *Industrial and Labor Relations Review, 64*(3):621-622.
82. A. Pendleton en A. Robinson (2010). Employee Stock Ownership, Involvement, and Productivity: An Interaction-Based Approach. *Industrial and Labor Relations Review, 64*(1): 3-29.
83. X. Zhang, K.M. Bartol, K.G. Smith, M.D. Pfarrer en D.M. Khanin (2008). CEOs on the Edge: Earnings Manipulation and Stock-Based Incentive Misalignment. *Academy of Management Journal, 51*(2):241-258.
84. C.G. Hanson en W.D. Bell (1987). *Profit Sharing and Profitability: How Profit Sharing Promotes Business Success*. London: Kogan Page; en D. D'Art en T. Turner (2004). Profit Sharing, Firm Performance, and Union Influence in Selected European Countries. *Personnel Review, 33*(3):335-350.
85. T.M. Welbourne en L.R. Gomez-Mejia (1995). Gainsharing: A Critical Review and a Future Research Agenda. *Journal of Management, 21*(3):559-609.
86. C.B. Cadsby, F. Song en F. Tapon (2007). Sorting and Incentive Effects of Pay for Performance: An Experimental Investigation. *Academy of Management Journal, 50*(2):387-405.
87. Zie bijvoorbeeld M.W. Barringer en G.T. Milkovich (1998). A Theoretical Exploration of the Adoption and Design of Flexible Benefit Plans: A Case of Human Resource Innovation. *Academy of Management Review*, april, pp. 305-324; en N.D. Cole en D.H. Flint (2004). Perceptions of Distributive and Procedural Justice in Employee Benefits: Flexible Versus Traditional Benefit Plans. *Journal of Managerial Psychology, 19*(1):19-40.
88. Z. Lin, J. Kelly en L. Trenberth (2011). Antecedents and Consequences of the Introduction of Flexible Benefit Plans in China. *International Journal of Human Resource Management, 22*(5):1128-1145.
89. Ibid.
90. R.C. Koo (2011). Global Added Value of Flexible Benefits. *Benefits Quarterly, 27*(4):17-20.
91. P. Stephens (2010). Flex Plans Gain in Popularity. *CA Magazine*, januari/februari, p. 10.
92. D. Lovewell (2010). Flexible Benefits: Benefits on Offer. *Employee Benefits*, maart, p. S15.
93. International Workplace Group (2019, 18 oktober). Driekwart bedrijven heeft beleid ontwikkeld voor flexibel werken. Geraadpleegd op 28 januari 2020, van https://www.hrpraktijk.nl/topics/verandermanagement/nieuws/driekwart-bedrijven-heeft-beleid-ontwikkeld-voor-flexibel-werken
94. www.belastingdienst.nl/wps/wcm/connect/bldcontentnl/campagnes/landingspaginas/zakelijk/werkkostenregeling/ [geraadpleegd 3 maart 2015].
95. D.A. DeCenzo en S.P. Robbins (2002). *Human Resource Management*, 7e ed. New York: Wiley, pp. 346-348.
96. S.E. Markham, K.D. Scott en G.H. McKee (2002). Recognizing Good Attendance: A Longitudinal, Quasi- Experimental Field Study. *Personnel Psychology*, najaar, p. 641
97. S.J. Peterson en F. Luthans (2006). The Impact of Financial and Nonfinancial Incentives on Business Unit Outcomes over Time. *Journal of Applied Psychology, 91*(1):156-165.
98. C. Xu en C. Liang (2013). The Mechanisms Underlying an Employee Recognition Program. In: L. Hale en J. Zhang

(red.). *Proceedings of the International Conference on Public Human Resource Management and Innovation*, pp. 28-35.
99. De enquête wordt om de paar jaar gehouden onder de leden van World at Work. Zie ook: https://www.worldatwork.org/dA/d0815e4c41/trends-in-employee-recognition-2017.pdf
100. A. Gostick en C. Elton (2009). *Het wortelprincipe*. Amsterdam: Business Contact.
101. M. Visser (2014, 7 februari). Crisis niet grootste boosdoener bij massa-ontslagen. Geraadpleegd op 25 maart 2020, van http://www.trouw.nl/tr/nl/4504/Economie/article/detail/3592548/2014/02/07/Crisis-niet-grootste-boosdoener-bij-massa-ontslagen.dhtml
102. B.M. Meglino en A.M. Korsgaard (2007). The Role of Other Orientation in Reactions to Job Characteristics. *Journal of Management, 33*(1):57-83.
103. B.M. Naba en L. Fan (2013). Employee Motivation and Satisfaction in Niger: An Application of the Job Characteristics Model. In: A. de Hoyos, K. Kaminishi en G. Duysters (red.). *Proceedings of the 10th International Conference on Innovation and Management*, pp. 523-527.
104. M.F. Peterson en S.A. Ruiz-Quintanilla (2003). Cultural Socialization as a Source of Intrinsic Work Motivation. *Group & Organization Management, 28*(2):188-216.
105. P. Peters en L. den Dulk (2003). Cross Cultural Differences in Managers' Support for Home-Based Telework: A Theoretical Elaboration. *International Journal of Cross Cultural Management*, december, pp. 329-346.
106. S.C.L. Fong en M.A. Shaffer (2003). The Dimensionality and Determinants of Pay Satisfaction: A Cross-Cultural Investigation of a Group Incentive Plan. *International Journal of Human Resource Management*, juni, pp. 559-580.
107. Brown (2002). Everybody Loves Flex. *Canadian HR Reporter*, november, p. 1.
108. E. Unsworth (2001, 21 mei). U.K. Employers Find Flex Benefits Helpful: Survey. *Business Insurance*, pp. 19-20.
109. Zie bijvoorbeeld A. Sagie en Z. Aycan (2003). A Cross-Cultural Analysis of Participative Decision-Making in Organizations. *Human Relations, 56*(4):453-473; en J. Brockner (2003). Unpacking Country Effects: On the Need to Operationalize the Psychological Determinants of Cross-National Differences. In: R.M. Kramer en B.M. Staw (red.). *Research in Organizational Behavior*, vol. 25. Oxford, UK: Elsevier, pp. 336-340.
110. C. Robert, T.M. Probst, J.J. Martocchio, R. Drasgow en J.J. Lawler (2000). Empowerment and Continuous Improvement in the United States, Mexico, Poland, and India: Predicting Fit on the Basis of the Dimensions of Power Distance and Individualism. *Journal of Applied Psychology, 85*(5):643-658.
111. Geraadpleegd op 2 maart 2015, van http://chinawebsite.jimdo.com/cultuur/tradities-en-waarden/
112. Z.X. Chen en S. Aryee (2007). Delegation and Employee Work Outcomes: An Examination of the Cultural Context of Mediating Processes in China. *Academy of Management Journal, 50*(1):226-238.
113. K.J. Dunham (2002, 19 november). Amid Shrinking Workplace Morale, Employers Turn to Recognition. *Wall Street Journal*, p. B8.

Hoofdstuk 9

1. R. Wijn en K. van den Bos (2010). On the Social-Communicative Function of Justice: The Influence of Communication Goals and Personal Involvement on the Use of Justice Assertions. *Personality and Social Psychology Bulletin, 36*(2):161-172.
2. J. Michael Cole (2016, 6 oktober). IKEA Unveils LGBT-Friendly 'All Homes Are Created Equal' Ad Campaign. *The NewsLens*. Geraadpleegd van https://international.thenewslens.com/article/50834; The IKEA Group Approach To Sustainability, *IKEA*. Geraadpleegd in mei 2017, van http://www.ikea.com/ms/en_KW/pdf/sustainability_report/group_approach_sustainability_fy11.pdf; M. Bianchi en L. Hedenskog (2016). What Home Is For A Refugee Without One. *IKEA Highlights*. Geraadpleegd van https://highlights.ikea.com/2016/home-for-a-refugee; IKEA Group (2015). *Yearly Summary*. Geraadpleegd van http://www.ikea.com/ms//en_JP/pdf/yearly_summary/IKEA_Group_Yearly_Summary_2015.pdf; en E. Graham-Harrison (2017, 19 maart). Banned And Barred, Israel's Women Stand Up To Religious Hardliners, *The Guardian*. Geraadpleegd van https://www.theguardian.com
3. D.C. Barnlund (2008). A Transactional Model of Communication. In: C.D. Mortenson (red.). *Communication Theory*. New Brunswick, NJ: Transaction, pp. 47-57; en zie K. Byron (2008). Carrying Too Heavy a Load? The Communication and Miscommunication of Emotion by E-mail. *Academy of Management Review, 33*(2):309-327.
4. A. Tenhiaelae en F. Salvador (2014). Looking inside Glitch Mitigation Capability: The Effect of Intraorganizational Communication Channels. *Decision Sciences, 45*(3):437-466.
5. C. Nunez, R. Nunez Mahdi en L. Popma (2002). *Interculturele Communicatie*. Assen: Van Gorcum, p. 20
6. L. Duyle (2006). Get Out of Your Office. *HR Magazine*, juli, pp. 99-101.
7. E. Bernstein (2015, 13 januari). How Well Are You Listening? *The Wall Street Journal*, p. D1.
8. E. Bernstein (2015, 12 januari). How 'Active Listening' Makes Both Participants in a Conversation Feel Better. *The Wall Street Journal*. Geraadpleegd van http://www.wsj.com/articles/howactive-listening-makes-both-sides-of-a-conversation-feel-better-1421082684
9. S. Shellenbarger (2014, 30 juli). Work & Family Mailbox. *The Wall Street Journal*, p. D2.
10. E.C. Ravlin, A.-K. Ward en D.C. Thomas (2014). Exchanging Social Information across Cultural Boundaries. *Journal of Management, 40*(5):1437-1465.
11. L.S. Rashotte (2002). What Does That Smile Mean? The Meaning of Nonverbal Behaviors in Social Interaction. *Social Psychology Quarterly*, maart, pp. 92-102; en K. Goman (2013, 14 maart). 5 Body Language Tips to Increase Your Curb Appeal. *Forbes*. Geraadpleegd van www.forbes.com/sites/carolkinseygoman/2013/03/14/5-body-language-tips-to-increase-your-curb-appeal/
12. K. Goman (2013, 14 maart). 5 Body Language Tips to Increase Your Curb Appeal, *Forbes*. Geraadpleegd van www.forbes.com/sites/carolkinseygoman/2013/03/14/5-body-language-tips-to-increase-your-curb-appeal/
13. K. Goman (2013, 14 maart). 5 Body Language Tips to Increase Your Curb Appeal, *Forbes*. Geraadpleegd van www.forbes.com/sites/carolkinseygoman/2013/03/14/5-body-language-tips-to-increase-your-curb-appeal/
14. S. Jhun, Z.-T. Bae en S.-Y. Rhee (2012). Performance Change of Managers in Two Different Uses of Upward Feedback: A Longitudinal Study in Korea. *International Journal of Human Resource Management, 23*(20):4246-4264; B. Oc, M.R. Bashshur en C. Moore (2015). Speaking Truth to Power: The Effect of Candid Feedback on How Individuals with Power Allocate Resources. *Journal of Applied Psychology, 100*(2):450-463; en J.W. Smither en A.G. Walker (2004). Are the Characteristics of Narrative Comments Related to

Improvement in Multirater Feedback Ratings over Time? *Journal of Applied Psychology, 89*(3):575-581.
15. E. Nichols (2007). Hyper-Speed Managers. *HRMagazine*, april, pp. 107-110.
16. P. Dvorak (2007, 19 maart). How Understanding the 'Why' of Decisions Matters. *Wall Street Journal*, p. B3.
17. T. Neeley en P. Leonardi (2011). Effective Managers Say the Same Thing Twice (or More). *Harvard Business Review*, mei, pp. 38-39.
18. T. Waghorn (2010, 15 maart). How One Company Gets Its Employees Innovating. *Wall Street Journal*, p. 1.
19. E. Nichols (2007). Hyper-Speed Managers. *HR Magazine*, april, pp. 107-110.
20. Zie bijvoorbeeld G. Michelson, A. van Iterson en K. Waddington (2010). Gossip in Organizations: Contexts, Consequences, and Controversies. *Group & Organization Management, 35*(4):371-390.
21. Geciteerd in Heard It Through the Grapevine (1997, 10 februari). Forbes, p. 22.
22. Zie bijvoorbeeld J.W. Newstrom, R.E. Monczka en W.E. Reif (1974). Perceptions of the Grapevine: Its Value and Influence. *Journal of Business Communication*, voorjaar, pp. 12-20; en S.J. Modic (1989, 15 mei). Grapevine Rated Most Believable. *IndustryWeek*, p. 14.
23. Ambiguïteit betekent dubbelzinnigheid. Een ambigue communicatie is er een die meerdere betekenissen kan hebben. Bijvoorbeeld: 'ons paard beviel goed', of: 'de jongen sloeg de hond met de stok'.
24. R.L. Rosnow en G.A. Fine (1976). *Rumor and Gossip: The Social Psychology of Hearsay.* New York: Elsevier.
25. J.K. Bosson, A.B. Johnson, K. Niederhoffer en W.B. Swann, Jr. (2006). Interpersonal Chemistry Through Negativity: Bonding by Sharing Negative Attitudes About Others. *Personal Relationships, 13*:135-150.
26. R. Feintzeig (2014, 12 februari). The Boss's Next Demand: Make Lots of Friends. *The Wall Street Journal*, pp. B1, B6.
27. R.E. Silverman (2014, 28 oktober). A Victory for Small Office Talkers. The Wall Street Journal, p. D2.
28. Zie N. Kock (2004). The Psychobiological Model: Towards a New Theory of Computer-Mediated Communication Based on Darwinian Evolution. *Organization Science, 15*(3):327-348; en C.E. Timmerman en S.N. Madhavapeddi (2008). Perceptions of Organizational Media Richness: Channel Expansion Effects for Electronic and Traditional Media across Richness Dimensions. *IEEE Transactions on Professional Communication, 51*(1):18-32.
29. R.L. Daft en R.A. Noe (2001). *Organizational Behavior*. Fort Worth, TX: Harcourt, p. 311.
30. S. Shellenbarger (2013, 24 april). Is This How You Really Talk? *The Wall Street Journal*, pp. D1, D3.
31. B. Giamanco en K. Gregoire (2012). Tweet Me, Friend Me, Make Me Buy. *Harvard Business Review*, juli-augustus, pp. 88-93.
32. At Many Companies, Hunt for Leakers Expands Arsenal of Monitoring Tactics (2006, 11 september). *The Wall Street Journal*, pp. B1, B3; en B.J. Alge, G.A. Ballinger, S. Tangirala en J.L. Oakley (2006). Information Privacy in Organizations: Empowering Creative and Extrarole Performance. *Journal of Applied Psychology, 91*(1):221-232.
33. R.E. Petty en P. Brinol (2008). Persuasion: From Single to Multiple to Metacognitive Processes. *Perspectives on Psychological Science, 3*(2):137-147; F.A. White, M.A. Charles en J.K. Nelson (2008). The Role of Persuasive Arguments in Changing Affirmative Action Attitudes and Expressed Behavior in Higher Education. *Journal of Applied Psychology, 93*(6):1271-1286.
34. K.L. Blankenship en D.T. Wegener (2008). Opening the Mind to Close It: Considering a Message in Light of Important Values Increases Message Processing and Later Resistance to Change. *Journal of Personality and Social Psychology, 94*(2):196-213.
35. Zie bijvoorbeeld R.E. Petty en L.R. Fabrigar (2008). Affective and Cognitive Meta-Bases of Attitudes: Unique Effects of Information Interest and Persuasion. *Journal of Personality and Social Psychology, 94*(6):938-955.
36. C. Huff (2008). Staying Afloat in a Digital Flood. *Workforce Management Online*, juli. Geraadpleegd van www.workforce.com
37. M. Richtel (2008, 14 juni). Lost in E-mail, Tech Firms Face Self-Made Beast. *The New York Times*, pp. A1, A14; en M. Johnson (2008). Quelling Distraction. *HR Magazine*, augustus, pp. 43-46.
38. P. Briñol, R.E. Petty en J. Barden (2007). Happiness Versus Sadness as a Determinant of Thought Confidence in Persuasion: A Self-Validation Analysis. *Journal of Personality and Social Psychology, 93*(5):711-727.
39. R.C. Sinclair, S.E. Moore, M.M. Mark, A.S. Soldat en C.A. Lavis (2010). Incidental Moods, Source Likeability, and Persuasion: Liking Motivates Message Elaboration in Happy People. *Cognition and Emotion, 24*(6):940-961; en V. Griskevicius, M.N. Shiota en S.L. Neufeld (2010). Influence of Different Positive Emotions on Persuasion Processing: A Functional Evolutionary Approach. *Emotion, 10*(2):190-206.
40. B.E. Ashforth en V. Anand (2003). The Normalization of Corruption in Organizations. *Research in Organizational Behavior, 25*:1-52; en E. Liu en M.E. Roloff (2015). Exhausting Silence: Emotional Costs of Withholding Complaints. *Negotiation and Conflict Management Research, 8*(1):25-40.
41. H.F.J. Milliken, E.W. Morrison en P.F. Hewlin (2003). An Exploratory Study of Employee Silence: Issues That Employees Don't Communicate Upward and Why. *Journal of Management Studies, 40*(6):1453-1476.
42. S. Tangirala en R. Ramunujam (2008). Employee Silence on Critical Work Issues: The Cross-Level Effects of Procedural Justice Climate. *Personnel Psychology, 61*(1):37-68; en F. Bowen en K. Blackmon (2003). Spirals of Silence: The Dynamic Effects of Diversity on Organizational Voice. *Journal of Management Studies, 40*(6):1393-1417.
43. L.A. Withers en L.L. Vernon (2006). To Err Is Human: Embarrassment, Attachment, and Communication Apprehension. *Personality and Individual Differences, 40*(1):99-110.
44. Zie bijvoorbeeld B.D. Blume, T.T. Baldwin en K.C. Ryan (2013). Communication Apprehension: A Barrier to Students' Leadership, Adaptability, and Multicultural Appreciation. *Academy of Management Learning & Education, 12*(2):158-172; B.D. Blume, G.F. Dreher en T.T. Baldwin (2010). Examining the Effects of Communication Apprehension within Assessment Centres. *Journal of Occupational and Organizational Psychology, 83*(3):663-671; en X. Shi, T.M. Brinthaupt en M. McCree (2015). The Relationship of Self-Talk Frequency to Communication Apprehension and Public Speaking Anxiety. *Personality and Individual Differences, 75*:125-129.
45. Zie bijvoorbeeld T.L. Rodebaugh (2004). I Might Look OK, But I'm Still Doubtful, Anxious, and Avoidant: The Mixed Effects of Enhanced Video Feedback on Social Anxiety Symptoms. *Behaviour Research & Therapy, 42*(12):1435-1451.
46. K.B. Serota, T.R. Levine en F.J. Boster (2010). The Prevalence of Lying in America: Three Studies of Self-Reported Lies. *Human Communication Research, 36*(1):2-25.

47. C.E. Naguin, T.R. Kurtzberg en L.Y. Belkin (2010). The Finer Points of Lying Online: E-Mail Versus Pen and Paper. *Journal of Applied Psychology*, *95*(2):387-394.
48. A. Vrij, P.A. Granhag en S. Porter (2010). Pitfalls and Opportunities in Nonverbal and Verbal Lie Detection. *Psychological Science in the Public Interest*, *11*(3):89-121.
49. Kluitmans, 2014, p. 336 en verder.
50. E. Axtell (1991). *Gestures: The Do's and Taboos of Body Language Around the World.* New York: Wiley; Watson Wyatt Worldwide, Effective Communication: A Leading Indicator of Financial Performance – 2005/2006 Communication ROI Study. Geraadpleegd van www.watsonwyatt.com/research/resrender.asp?id=w-868; en A. Markels (2006, 30 oktober). Turning the Tide at P&G. *U.S. News & World Report*, p. 69.
51. Zie M. Munter (1993). Cross-Cultural Communication for Managers. *Business Horizons*, mei/juni, pp. 75-76; en H. Ren en B. Gray (2009). Repairing Relationship Conflict: How Violation Types and Culture Influence the Effectiveness of Restoration Rituals. *Academy of Management Review*, *34*(1):105-126.
52. Edward T. Hall en Mildred R. Hall (1990). Understanding Cultural Differences: Germans, French and Americans. *Intercultural Press*.
53. C. Nunez, R. Nunez Mahdi en L. Popma (2002). *Interculturele Communicatie*. Assen: Van Gorcum, p. 20.
54. N. Adler (2002). *International Dimensions of Organizational Behavior*, 4th ed. Cincinnati, OH: South-Western Publishing, p. 94.
55. C. Nunez, R. Nunez Mahdi en L. Popma (2002). *Interculturele Communicatie*. Assen: Van Gorcum, p. 20.

Hoofdstuk 10

1. E.J. Boothby, M.S. Clark en J.A. Bargh (2014). Shared Experiences Are Amplified. *Psychological Science*, *25*(12):2209-2216.
2. B. Bastien, J. Jetten en L.J. Ferris (2014). Pain as Social Glue: Shared Pain Increases Cooperation. *Psychological Science*, *25*(11):2079-2085.
3. O. Yakushko, M.M. Davidson en E.N. Williams (2009). Identity Salience Model: A Paradigm for Integrating Multiple Identities in Clinical Practice. *Psychotherapy*, *46*(2):180-192; en S.M. Toh en A.S. Denisi (2007). Host Country Nationals as Socializing Agents: A Social Identity Approach. *Journal of Organizational Behavior*, *28*(3):281-301.
4. N. Karelaia en L. Guillen (2014). Me, a Woman and a Leader: Positive Social Identity and Identity Conflict. *Organizational Behavior and Human Decision Processes*, *125*(2):204-219.
5. S. Zhang, G. Chen, X.-P. Chen, D. Liu en M. D. Johnson (2014). Relational versus Collective Identification within Workgroups: Conceptualization, Measurement Development, and Nomological Network Building. *Journal of Management*, *40*(6):1700-1731.
6. G.J. Lewis en T.C. Bates (2014). Common Heritable Effects Underpin Concerns over Norm Maintenance and In-Group Favoritism: Evidence from Genetic Analyses of Right-Wing Authoritarianism and Traditionalism. *Journal of Personality*, *82*(4):297-309.
7. S.L. Neuberg et al. (2014). Religion and Intergroup Conflict: Findings from the Global Group Relations Project. *Psychological Science*, *25*(1):198-206.
8. W.M.L. Finlay (2014). Denunciation and the construction of Norms in Group Conflict: Examples from an Al-Qaeda-Supporting Group. *British Journal of Social Psychology*, *53*(4):691-710.
9. J. Remmerswaal (2013). *Handboek groepsdynamica, Een inleiding op theorie en praktijk*. Soest: Boom/Nelissen.
10. Ibid.
11. J.F. McGrew, J.G. Bilotta en J.M. Deeney (1999). Software Team Formation and Decay: Extending the Standard Model for Small Groups. *Small Group Research*, *30*(2):209-234.
12. B.W. Tuckman (1965). Developmental Sequences in Small Groups. *Psychological Bulletin*, juni, pp. 384-399; B.W. Tuckman en M.C. Jensen (1977). Stages of Small-Group Development Revisited, *Group and Organizational Studies*, december, pp. 419-427; M.F. Maples (1988). Group Development: Extending Tuckman's Theory. *Journal for Specialists in Group Work*, najaar, pp. 17-23; en K. Vroman en J. Kovacich (2002). Computer-Mediated Interdisciplinary Teams: Theory and Reality. *Journal of Interprofessional Care*, *16*(2):159-170.
13. J.E. Mathieu en T.L. Rapp (2009). Laying the Foundation for Successful Team Performance Trajectories: The Roles of Team Charters and Performance Strategies. *Journal of Applied Psychology*, *94*(1):90-103; E.C. Dierdorff, S.T. Bell en J.A. Belohlav (2011). The Power of 'We': Effects of Psychological Collectivism on Team Performance Over Time. *Journal of Applied Psychology*, *96*(2):247-262.
14. C.J.G. Gersick (1988). Time and Transition in Work Teams: Toward a New Model of Group Development. *Academy of Management Journal*, maart, pp. 9-41; C.J.G. Gersick (1989). Marking Time: Predictable Transitions in Task Groups. *Academy of Management Journal*, juni, pp. 274-309; M.J. Waller, J.M. Conte, C.B. Gibson en M.A. Carpenter (2001). The Effect of Individual Perceptions of Deadlines on Team Performance. *Academy of Management Review*, oktober, pp. 586-600; en A. Chang, P. Bordia en J. Duck (2003). Punctuated Equilibrium and Linear Progression: Toward a New Understanding of Group Development. *Academy of Management Journal*, februari, pp. 106-117.
15. C.J.G. Gersick (1988). Time and Transition in Work Teams: Toward a New Model of Group Development. *Academy of Management Journal*, maart, pp. 9-41; en C.J.G. Gersick (1989). Marking Time: Predictable Transitions in Task Groups. *Academy of Management Journal*, juni, pp. 274-309.
16. M.M. Kazmer (2010). Disengaging from a Distributed Research Project: Refining a Model of Group Departures. *Journal of the American Society for Information Science and Technology*, *61*(4):758-771.
17. K. Giese en A. Theil (2015). The Psychological Contract in Chinese- African Informal Labor Relations. *International Journal of Human Resource Management*, *26*(14):1807-1826; L. Sels, M. Janssens en I. van den Brande (2004). Assessing the Nature of Psychological Contracts: A Validation of Six Dimensions. *Journal of Organizational Behavior*, *25*(4):461-488; en C. Gui, C. Lee en D.M. Rousseau (2004). Psychological Contract and Organizational Generalizability and Instrumentality. *Journal of Applied Psychology*, *89*(2):311-321.
18. M.D. Collins (2010). The Effect of Psychological Contract Fulfillment on Manager Turnover Intentions and Its Role as a Mediator in a Casual, Limited-Service Restaurant Environment. *International Journal of Hospitality Management*, *29*(4):736-742; en J.M. Jensen, R.A. Opland en A.M. Ryan (2010). Psychological Contracts and Counterproductive Work Behaviors: Employee Responses to Transactional and Relational Breach. *Journal of Business and Psychology*, *25*(4):555-568.
19. K.S. Wilson en H.M. Baumann (2015). Capturing a More Complete View of Employees' Lives outside of Work: The

Introduction and Development of New Interrole Conflict Constructs. *Personnel Psychology*, *68*(2):235-282.
20. Ibid.
21. Zie bijvoorbeeld: F.T. Amstad, L.L. Meier, U. Fasel, A. Elfering en N.K. Semmer (2011). A Meta-Analysis of Work-Family Conflict and Various Outcomes with a Special Emphasis on Cross-Domain versus Matching-Domain Relations. *Journal of Occupational Health Psychology*, *16*(2):151-169.
22. Y. Huang, K.M. Kendrick en R. Yu (2014). Conformity to the Opinions of Other People Lasts for No More Than 3 Days. *Psychological Science*, *25*(7):1388-1393.
23. M.S. Hagger, P. Rentzelas en N.K.D. Chatzisrantis (2014). Effects of Individualist and Collectivist Group Norms and Choice on Intrinsic Motivation. *Motivation and Emotion*, *38*(2):215-223; en M.G. Ehrhart en S.E. Naumann (2004). Organizational Citizenship Behavior in Work Groups: A Group Norms Approach. *Journal of Applied Psychology*, *89*(6):960-974.
24. R.B. Cialdini en N.J. Goldstein (2004). Social Influence: Compliance and Conformity. *Annual Review of Psychology*, *55*:591-621.
25. Zie bijvoorbeeld, J.R. Hackman (1992). Group Influences on Individuals in Organizations. In: M.D. Dunnette en L.M. Hough (red.). *Handbook of Industrial & Organizational Psychology,* 2e ed., vol. 3. Palo Alto, CA: Consulting Psychologists Press, pp. 235-250; M.G. Ehrhart en S.E. Naumann (2004). Organizational Citizenship Behavior in Work Groups: A Group Norms Approach. *Journal of Applied Psychology,* december, pp. 960-974.
26. P. Kundu en D.D. Cummins (2013). Morality and Conformity: The Asch Paradigm Applied to Moral Decisions. *Social Influence*, *8*(4):268-279.
27. J.A. Goncalo, J.A. Chatman, M.M. Duguid en J.A. Kennedy (2015). Creativity from Constraint? How the Political Correctness Norm Influences Creativity in Mixed-Sex Work Groups. *Administrative Science Quarterly*, *60*(1):1-30.
28. E. Gonzalez-Mule, D.S. DeGeest, B.W. McCormick, J.Y. Seong en K.G. Brown (2014). Can We Get Some Cooperation around Here? The Mediating Role of Group Norms on the Relationship between Team Personality and Individual Helping Behaviors. *Journal of Applied Psychology*, *99*(5):988-999.
29. T. Masson en I. Fritsche (2014). Adherence to Climate Change-Related Ingroup Norms: Do Dimensions of Group Identification Matter? *European Journal of Social Psychology*, *44*(5):455-465.
30. Zie S.L. Robinson en R.J. Bennett (1995). A Typology of Deviant Workplace Behaviors: A Multidimensional Scaling Study. *Academy of Management Journal*, april, pp. 555-572; S.L. Robinson en A.M. O'Leary-Kelly (1998). Monkey See, Monkey Do: The Influence of Work Groups on the Antisocial Behavior of Employees. *Academy of Management Journal*, december, pp. 658-672; R.J. Bennett en S.L. Robinson (2003). The Past, Present, and Future of Workplace Deviance. In: J. Greenberg (red.). *Organizational Behavior: The State of the Science*, 2e ed. Mahwah, NJ: Erlbaum, pp. 237-271; en C.M. Berry, D.S. Ones en P.R. Sackett (2007). Interpersonal Deviance, Organizational Deviance, and Their Common Correlates: A Review and Meta-Analysis. *Journal of Applied Psychology, 92*(2):410-424.
31. M.A. Baysinger, K.T. Scherer en J.M. LeBreton (2014). Exploring the Disruptive Effects of Psychopathy and Aggression on Group Processes and Group Effectiveness. *Journal of Applied Psychology*, *99*(1):48-65.
32. Robinson en O'Leary-Kelly, Monkey See, Monkey Do; en T.M. Glomb en H. Liao (2003). Interpersonal Aggression in Workgroups: Social Influence, Reciprocal, and Individual Effects. *Academy of Management Journal, 46*:486-496.
33. M.S. Hagger, P. Rentzelas en N.K.D. Chatzisrantis, Effects of Individualist and Collectivist Group Norms and Choice on Intrinsic Motivation.
34. J. Dippong en W. Kalkhoff (2015). Predicting Performance Expectations from Affective Impressions: Linking Affect Control Theory and Status Characteristics Theory. *Social Science Research*, *50*:1-14; en A.E. Randel, L. Chay-Hoon en P.C. Earley (2005). It's Not Just about Differences: An Integration of Role Identity Theory and Status Characteristics Theory. In: M.C.T. Hunt (red.). *Research on Managing Groups and Teams*, pp. 23-42.
35. A.E. Randel, L. Chay-Hoon en P.C. Earley, It's Not Just about Differences: An Integration of Role Identity Theory and Status Characteristics Theory.
36. P.F. Hewlin (2009). Wearing the Cloak: Antecedents and Consequences of Creating Facades of Conformity. *Journal of Applied Psychology*, *94*(3):727-741.
37. B. Groysberg, J.T. Polzer en H.A. Elfenbein, Too Many Cooks Spoil the Broth: How High-Status Individuals Decrease Group Effectiveness.
38. C. Bendersky en N.P. Shah (2012). The Cost of Status Enhancement: Performance Effects of Individuals' Status Mobility in Task Groups. *Organization Science*, *23*(2):308-322.
39. B. Groysberg, J.T. Polzer en H.A. Elfenbein, Too Many Cooks Spoil the Broth: How High-Status Individuals Decrease Group Effectiveness.
40. A.M. Christie en J. Barling (2010). Beyond Status: Relating Status Inequality to Performance and Health in Teams. *Journal of Applied Psychology*, *95*(5):920-934; en L.H. Nishii en D.M. Mayer (2009). Do Inclusive Leaders Help to Reduce Turnover in Diverse Groups? The Moderating Role of Leader-Member Exchange in the Diversity to Turnover Relationship. *Journal of Applied Psychology*, *94*(6):1412-1426.
41. M. Cikara en J.J. Van Bavel (2014). The Neuroscience of Intergroup Relations: An Integrative Review. *Perspectives on Psychological Science*, *9*(3):245-274.
42. M. Rubin, C. Badea en J. Jetten (2014). Low Status Groups Show In-Group Favoritism to Compensate for Their Low Status and Compete for Higher Status. *Group Processes & Intergroup Relations*, *17*(5):563-576.
43. C.L. Wilkins, J.D. Wellman, L.G. Babbitt, N.R. Toosi en K.D. Schad (2014). You Can Win But I Can't Lose: Bias against High-Status Groups Increases Their Zero-Sum Beliefs about Discrimination. *Journal of Experimental Social Psychology*, *57*:1-14.
44. R.B. Lount Jr. en S.L. Wilk (2014). Working Harder or Hardly Working? Posting Performance Eliminates Social Loafing and Promotes Social Laboring in Workgroups. *Management Science*, *60*(5):1098-1106; S.M. Murphy, S.J. Wayne, R.C. Liden en B. Erdogan (2003). Understanding Social Loafing: The Role of Justice Perceptions and Exchange Relationships. *Human Relations*, januari, pp. 61-84; en R.C. Liden, S.J. Wayne, R.A. Jaworski en N. Bennett (2004). Social Loafing: A Field Investigation. *Journal of Management*, april, pp. 285-304.
45. C. Rubino, D.R. Avery, S.D. Volpone en L. Ford (2014). Does Teaming Obscure Low Performance? Exploring the Temporal Effects of Team Performance Diversity. *Human Performance*, *27*(5):416-434.
46. D.L. Smrt en S.J. Karau (2011). Protestant Work Ethic Moderates Social Loafing. *Group Dynamics: Theory Research and Practice*, *15*(3):267-274.
47. M.C. Schippers (2014). Social Loafing Tendencies and Team Performance: The Compensating Effect of Agreeableness

and Conscientiousness. *Academy of Management Learning & Education, 13*(1):62-81.

48. G.A. Gunnthorsdottir en A. Rapoport (2006). Embedding Social Dilemmas in Intergroup Competition Reduces Free-Riding. *Organizational Behavior and Human Decision Processes, 101*, pp. 184-199; E.M. Stark, J.D. Shaw en M.K. Duffy (2007). Preference for Group Work, Winning Orientation, and Social Loafing Behavior in Groups. *Group and Organization Management, 32*(6):699-723.
49. R.B. Lount Jr. en S.L. Wilk, Working Harder or Hardly Working? Posting Performance Eliminates Social Loafing and Promotes Social Laboring in Workgroups.
50. Voor de controverse rondom het begrip cohesie zie: J. Keyton en J. Springston (1990). Redefining Cohesiveness in Groups. *Small Group Research*, mei, pp. 234-254.
51. B. Mullen en C. Cooper (1994). The Relation Between Group Cohesiveness and Performance: An Integration. *Psychological Bulletin*, maart, pp. 210-227; P.M. Podsakoff, S.B. MacKenzie en M. Ahearne (1997). Moderating Effects of Goal Acceptance on the Relationship Between Group Cohesiveness and Productivity. *Journal of Applied Psychology*, december, pp. 974-983; en D.J. Beal, R.R. Cohen, M.J. Burke en C.L. McLendon (2003). Cohesion and Performance in Groups: A Meta-analytic Clarification of Construct Relations. *Journal of Applied Psychology*, december, pp. 989-1004.
52. A. Gunnthorsdottir en A. Rapoport (2006). Embedding Social Dilemmas in Intergroup Competition Reduces Free-Riding. *Organizational Behavior and Human Decision Processes, 101*:184-199; en E.M. Stark, J.D. Shaw en M.K. Duffy (2007). Preference for Group Work, Winning Orientation, and Social Loafing Behavior in Groups. *Group and Organization Management, 32*(6):699-723.
53. L.L. Greer (2012). Group Cohesion: Then and Now. *Small Group Research, 43*(6):655-661.
54. D.S. Staples en L. Zhao (2006). The Effects of Cultural Diversity in Virtual Teams versus Face-to-Face Teams. *Group Decision and Negotiation, 15*(4):389-406.
55. K.J. Klein, A.P. Knight, J.C. Ziegert, B.C. Lim en J.L. Saltz (2011). When Team Members' Values Differ: The Moderating Role of Team Leadership. *Organizational Behavior and Human Decision Processes, 114*(1):25-36; en G. Park en R.P. DeShon (2010). A Multilevel Model of Minority Opinion Expression and Team Decision-Making Effectiveness. *Journal of Applied Pshychology, 95*(5):824-833.
56. J.S. Chun en J.N. Choi (2014). Members' Needs, Intragroup Conflict, and Group Performance. *Journal of Applied Psychology, 99*(3):437-450.
57. M. Rigoglioso (2006, 15 augustus). Diverse Backgrounds and Personalities Can Strengthen Groups. *Standford Knowledgebase*. Geraadpleegd van www.stanford.edu/group/knowledgebase/
58. K.W. Phillips en D.L. Loyd (2006). When Surface and Deep-Level Diversity Collide: The Effects on Dissenting Group Members. *Organizational Behavior and Human Decision Processes, 99*:143-160; en S.R. Sommers (2006). On Racial Diversity and Group Decision Making: Identifying Multiple Effects of Racial Composition on Jury Deliberations. *Journal of Personality and Social Psychology*, april, pp. 597-612.
59. J.S. Chun en J.N. Choi, Members' Needs, Intragroup Conflict, and Group Performance.
60. E. Mannix en M.A. Neale (2005). What Differences Make a Difference? The Promise and Reality of Diverse Teams in Organizations. *Psychological Science in the Public Interest, 6*(2):31-55.
61. E.P. Apfelbaum, K.W. Phillips en J.A. Richeson (2014). Rethinking the Baseline in Diversity Research: Should We Be Explaining the Effects of Homogeneity? *Perspectives on Psychological Science, 9*(3):235-244.
62. Zie M.B. Thatcher en P.C. Patel (2012). Group Faultlines: A Review, Integration, and Guide to Future Research. *Journal of Management, 38*(4):969-1009.
63. K. Bezrukova, S.M.B. Thatcher, K.A. Jehn en C.S. Spell (2012). The Effects of Alignments: Examining Group Faultlines, Organizational Cultures, and Performance. *Journal of Applied Psychology, 97*(1):77-92.
64. R. Rico, M. Sanchez-Manzanares, M. Antino en D. Lau (2012). Bridging Team Faultlines by Combining Task Role Assignment and Goal Structure Strategies. *Journal of Applied Psychology, 97*(2):407-420.
65. N. Foote, E. Matson, L. Weiss en E. Wenger (2002). Leveraging Group Knowledge for High-Performance Decision-Making. *Organizational Dynamics, 31*(2):280-295.
66. J.S. Chun en J.N. Choi. Members' Needs, Intragroup Conflict, and Group Perfomance.
67. B.L. Bonner, S.D. Sillito en M.R. Baumann (2007). Collective Estimation: Accuracy, Expertise, and Extroversion as Sources of Intra-Group Influence. *Organizational Behavior and Human Decision Processes, 103*:121-133.
68. J.E. Kammer, W. Gaissmaier, T. Reimer en C.C. Shermuly (2014). The Adaptive Use of Recognition in Group Decision Making. *Cognitive Science, 38*(5):911-942.
69. L. Janis (1982). *Groupthink*. Boston: Houghton Mifflin; W. Park (1990). A Review of Research on Groupthink. *Journal of Behavioral Decision Making*, juli, pp. 229-245; J.N. Choi en M.U. Kim (1999). The Organizational Application of Groupthink and Its Limits in Organizations. *Journal of Applied Psychology*, april, pp. 297-306; en W.W. Park (2000). A Comprehensive Empirical Investigation of the Relationships Among Variables of the Groupthink Model. *Journal of Organizational Behavior*, december, pp. 873-887.
70. J.A. Goncalo, E. Polman en C. Maslach (2010). Can Confidence Come Too Soon? Collective Efficacy, Conflict, and Group Performance over Time. *Organizational Behavior and Human Decision Processes, 113*(1):13-24.
71. G. Park en R.P. DeShon (2010). A Multilevel Model of Minority Opinion Expression and Team Decision Making Effectiveness. *Journal of Apllied Psychology, 95*(5):824-833.
72. R. Benabou (2013). Groupthink: Collective Delusions in Organizations and Markets. *Review of Economic Studies, 80*:429-462.
73. Zie S. Schultz-Hardt, F.C. Brodbeck, A. Mojzisch, R. Kerschreiter en D. Frey (2006). Group Decision Making in Hidden Profile Situations: Dissent as a Facilitator for Decision Quality. *Journal of Personality and Social Psychology, 91*(6):1080-1093.
74. Zie I. Yaniv (2011). Group Diversity and Decision Quality: Amplification and Attenuation of the Framing Effect. *International Journal of Forecasting, 27*(1):41-49.
75. M.P. Brady en S.Y. Wu (2010). The Aggregation of Preferences in Groups: Identity, Responsibility, and Polarization. *Journal of Economic Psychology, 31*(6):950-963.
76. Z. Krizan en R.S. Baron (2007). Group Polarization and Choice Dilemmas: How Important Is Self-Categorization? *European Journal of Social Psychology, 37*(1):191-201.
77. Zie R.P. McGlynn, D. McGurk, V.S. Effland, N.L. Johll en D.J. Harding (2004). Brainstorming and Task Performance in Groups Constrained by Evidence. *Organizational Behavior and Human Decision Processes, 93*(1):75-87; en R.C. Litchfield (2008). Brainstorming Reconsidered: A Goal-Based View. *Academy of Management Review, 33*(3):649-668.

78. N.L. Kerr en R.S. Tindale (2004). Group Performance and Decision-Making. *Annual Review of Psychology*, *55*:623-655.
79. Zie A.L. Delbecq, A.H. van de Ven en D.H. Gustafson (1975). *Group Techniques for Program Planning: A Guide to Nominal and Delphi Processes*. Glenview, IL: Scott, Foresman; en P.B. Paulus en H.-C. Yang (2000). Idea Generation in Groups: A Basis for Creativity in Organizations. *Organizational Behavior and Human Decision Processing*, mei, pp. 76-87.
80. C. Faure (2004). Beyond Brainstorming: Effects of Different Group Procedures on Selection of Ideas and Satisfaction with the Process. *Journal of Creative Behavior*, *38*:13-34.
81. R. Bond en P.B. Smith (1996). Culture and Conformity: A Meta-analysis of Studies Using Asch's (1952, 1956) Line Judgment Task. *Psychological Bulletin*, januari, pp. 111-137.
82. P.R. Harris en R.T. Moran (1999). *Managing Cultural Differences*, 5e ed. Houston: Gulf Publishing.
83. C. Nunez, R. Nunez Mahdi, en L. Popma (2009). *Intercultural Sensitivity.* Assen: Koninklijke Van Gorcum; en C. Nunez, R. Nunez Mahdi en L. Popma (2002). *Interculturele communicatie*. Assen: Van Gorcum, p. 20.
84. C. Nunez, R. Nunez Mahdi en L. Popma (2009). *Intercultural Sensitivity*, Assen: Koninklijke Van Gorcum; en C. Nunez, R. Nunez Mahdi en L. Popma (2002). *Interculturele communicatie*. Assen: Van Gorcum.
85. P.L. Perrewe, K.L. Zellars, G.R. Ferris, A.M. Rossi, C.J. Kacmar en D.A. Ralston (2004). Neutralizing Job Stressors: Political Skill as an Antidote to the Dysfunctional Consequences of Role Conflict. *Academy of Management Journal*, *47*(1):141-152.

Hoofdstuk 11

1. R. Karlgaard (2015, 13 april). Think (Really!) Small. *Forbes*, p. 32.
2. J.C. Gorman (2014). Team Coordination and Dynamics: Two CentralbIssues. *Current Directions in Psychological Science*, *23*(5):355-360.
3. Ibid.
4. J. Mathieu, M.T. Maynard, T. Rapp en L. Gilson (2008). Team Effectiveness 1997-2007: A Review of Recent Advancements and a Glimpse into the Future. *Journal of Management*, *34*(3):410-476.
5. Zie bijvoorbeeld S.-B. Yang en M.E. Guy (2011). The Effectiveness of Self-Managed Work Teams in Government Organizations. *Journal of Business and Psychology*, *26*(4):531-541; en G.S. van der Vegt, S. Bunderson en B. Kuipers (2010). Why Turnover Matters in Self-Managing Work Teams: Learning, Social Integration, and Task Flexibility. *Journal of Management*, *36*(5):1168-1191.
6. Zie bijvoorbeeld C.W. Langfred (2004). Too Much of a Good Thing? Negative Effects of High Trust and Individual Autonomy in Self- Managing Teams. *Academy of Management Journal*, juni, pp. 385-399.
7. G.L. Stewart, S.H. Courtright en M.R. Barrick (2012). Peer-Based Control in Self-Managing Teams: Linking Rational and Normative Influence with Individual and Group Performance. *Journal of Applied Psychology*, *97*(2):435-447.
8. C.W. Langfred (2007). The Downside of Self-Management: A Longitudinal Study of the Effects of Conflict on Trust, Autonomy, and Task Interdependence in Self-Managing Teams. *Academy of Management Journal*, *50*(4):885-900.
9. B.H. Bradley, B.E. Postlethwaite, A.C. Klotz, M.R. Hamdani en K.G. Brown (2012). Reaping the Benefits of Task Conflict in Teams: The Critical Role of Team Psychological Safety Climate. *Journal of Applied Psychology*, *97*(1):151-158.
10. H. van Mierlo, C.G. Rutte, M.A.J. Kompier en J.A.C.M. Doorewaard (2004). Een theoretisch en methodologische analyse van empirisch onderzoek naar psychisch welbevinden in zelfsturende teams. *Gedrag & Organisatie*, *17*:43-59.
11. Devaro (2008). The Effects of Self-Managed and Closely Managed Teams on Labor Productivity and Product Quality: An Empirical Analysis of a Cross-Section of Establishments. *Industrial Relations*, *47*(4):659-698.
12. Zie ook: https://www.kessels-smit.com/files/Artikel_2003_tjepkema_-_verscheidenheid_in_zelfsturende_teams1.pdf
13. M. Almekinders (2006). *Teams beter thuis in thuiszorg*. [Sl] Stichting Sensire. Geraadpleegd op 27 januari 2020, van https://repository.ubn.ru.nl/bitstream/handle/2066/27454/27454.pdf?sequence=1
14. Verso (2019, 20 augustus). *Wit-Gele Kruis Oost-Vlaanderen komt met kleine teams dicht bij de mensen*. Geraadpleegd op 13 maart 2020, van https://verso-net.be/advies/cases/detail/2019/08/20/Wit-Gele-Kruis-Oost-Vlaanderen-komt-met-kleine-teams-dicht-bij-de-mensen
15. A. Shah (2009, 1 december). Starbucks Strives for Instant Gratification with Via Launch, *PRWeek*, p. 15.
16. Zie bijvoorbeeld L.L. Martins, L.L. Gilson en M.T. Maynard (2004). Virtual Teams: What Do We Know and Where Do We Go from Here? *Journal of Management*, *30*(6):805-835; en B. Leonard (2011). Managing Virtual Teams. *HR Magazine*, juni, pp. 39-42.
17. J.E. Hoch en S.W.J. Kozlowski (2014). Leading Virtual Teams: Hierarchical Leadership, Structural Supports, and Shared Team Leadership. *Journal of Applied Psychology*, *99*(3):390-403.
18. A. Malhotra, A. Majchrzak en B. Rosen (2007). Leading Virtual Teams. *Academy of Management Perspectives*, *21*(1):60-70; en J.M. Wilson, S.S. Straus en B. McEvily (2006). All in Due Time: The Development of Trust in Computer-Mediated and Face-to-Face Teams. *Organizational Behavior and Human Decision Processes*, *19*(1):16-33.
19. P. Balkundi en D.A. Harrison (2006). Ties, Leaders, and Time in Teams: Strong Inference about Network Structure's Effects on Team Viability and Performance. *Academy of Management Journal*, *49*(1):49-68; G. Chen, B.L. Kirkman, R. Kanfer, D. Allen en B. Rosen (2007). A Multilevel Study of Leadership, Empowerment, and Performance in Teams. *Journal of Applied Psychology*, *92*(2):331-346; L.A. DeChurch en M.A. Marks (2006). Leadership in Multiteam Systems. *Journal of Applied Psychology*, *91*(2):311-329; A. Srivastava, K.M. Bartol en E.A. Locke (2006). Empowering Leadership in Management Teams: Effects on Knowledge Sharing, Efficacy, and Performance. *Academy of Management Journal*, *49*(6):1239-1251; en J.E. Mathieu, K.K. Gilson en T.M. Ruddy (2006). Empowerment and Team Effectiveness: An Empirical Test of an Integrated Model. *Journal of Applied Psychology*, *91*(1):97-108.
20. R.B. Davison, J.R. Hollenbeck, C.M. Barnes, D.J. Sleesman en D.R. Ilgen (2012). Coordinated Action in Multiteam Systems. *Journal of Applied Psychology*, *97*(4):808-824.
21. M.M. Luciano, J.E. Mathieu en T.M. Ruddy (2014). Leading Multiple Teams: Average and Relative External Leadership Influences on Team Empowerment and Effectiveness. *Journal of Applied Psychology*, *99*(2):322-331.
22. R. Greenwald (2014, 3 februari). Freelancing Alone – But Together. *The Wall Street Journal*, p. R5.
23. V. Gonzalez-Roma en A. Hernandez (2014). Climate Uniformity:Its Influence on Team Communication Quality, Task Conflict, and Team Performance. *Journal of Applied Psychology*, *99*(6):1042-1058; en C.F. Peralta, P.N. Lopes, L.L. Gilson, P.R. Lourenco en L. Pais (2015). Innovation Processes and Team Effectiveness: The Role of Goal Clarity

and Commitment, and Team Affective Tone. *Journal of Occupational and Organizational Psychology, 88*(1):80-107.

24. P. Balkundi en D.A. Harrison (2006). Ties, Leaders, and Time in Teams: Strong Inference about Network Structure's Effects on Team Viability and Performance. *Academy of Management Journal, 49*(1):49-68; G. Chen, B.L. Kirkman, R. Kanfer, D. Allen en B. Rosen (2007). A Multilevel Study of Leadership, Empowerment, and Performance in Teams. *Journal of Applied Psychology, 92*(2):331-346; L.A. DeChurch en M.A. Marks (2006). Leadership in Multiteam Systems. *Journal of Applied Psychology, 91*(2):311-329; A. Srivastava, K.M. Bartol en E.A. Locke (2006). Empowering Leadership in Management Teams: Effects on Knowledge Sharing, Efficacy, and Performance. *Academy of Management Journal, 49*(6):1239-1251; en J.E. Mathieu, K.K. Gilson en T.M. Ruddy (2006). Empowerment and Team Effectiveness: An Empirical Test of an Integrated Model. *Journal of Applied Psychology, 91*(1):97-108.
25. J. Schaubroeck, S.S.K. Lam en A.C. Peng (2011). Cognition-Based and Affect-Based Trust as Mediators of Leader Behavior Influences on Team Performance. *Journal of Applied Psychology, 96*(4):863-871.
26. B.A. De Jong en K.T. Dirks (2012). Beyond Shared Perceptions of Trust and Monitoring in Teams: Implications of Asymmetry and Dissensus. *Journal of Applied Psychology, 97*(2):391-406.
27. G. Brown, C. Crossley en S.L. Robinson (2014). Psychological Ownership, Territorial Behavior, and Being Perceived as a Team Contributor: The Critical Role of Trust in the Work Environment. *Personnel Psychology, 67*(2):463-485.
28. Zie F. Aime, C.J. Meyer en S.E. Humphrey (2010). Legitimacy of Team Rewards: Analyzing Legitimacy as a Condition for the Effectiveness of Team Incentive Designs. *Journal of Business Research, 63*(1):60-66; P.A. Bamberger en R. Levi (2009). Team-Based Reward Allocation Structures and the Helping Behaviors of Outcome-Interdependent Team Members. *Journal of Managerial Psychology, 24*(4):300-327; en M.J. Pearsall, M.S. Christian en A.P.J. Ellis (2010). Motivating Interdependent Teams: Individual Rewards, Shared Rewards, or Something in Between? *Journal of Applied Psychology, 95*(1):183-191.
29. H. Moon, J.R. Hollenbeck en S.E. Humphrey (2004). Asymmetric Adaptability: Dynamic Team Structures as One-Way Streets. *Academy of Management Journal, 47*(5):681-695; A.P.J. Ellis, J.R. Hollenbeck en D.R. Ilgen (2003). Team Learning: Collectively Connecting the Dots. *Journal of Applied Psychology, 88*(5):821-835; C.L. Jackson en J.A. LePine (2003). Peer Responses to a Team's Weakest Link: A Test and Extension of LePine and Van Dyne's Model. *Journal of Applied Psychology, 88*(3):459-475; en J.A. LePine (2003). Team Adaptation and Postchange Performance: Effects of Team Composition in Terms of Members' Cognitive Ability and Personality. *Journal of Applied Psychology, 88*(1):27-39.
30. C.C. Cogliser, W.L. Gardner, M.B. Gavin en J.C. Broberg (2012). Big Five Personality Factors and Leader Emergence in Virtual Teams: Relationships with Team Trustworthiness, Member Performance Contributions, and Team Performance. *Group & Organization Management, 37*(6):752-784; en S.T. Bell (2007). Deep-Level Composition Variables as Predictors of Team Performance: A Meta-Analysis. *Journal of Applied Psychology, 92*(3):595-615.
31. A.P.J. Ellis, J.R. Hollenbeck en D.R. Ilgen, Team Learning: Collectively Connecting the Dots; C.O.L.H. Porter, J.R. Hollenbeck en D.R. Ilgen (2003). Backing up Behaviors in Teams: The Role of Personality and Legitimacy of Need. *Journal of Applied Psychology, 88*(3):391-403; en M.C. Schilpzand, D.M. Herold en C.E. Shalley (2011). Members' Openness to Experience and Teams' Creative Performance. *Small Group Research, 42*(1):55-76.
32. B.H. Bradley, B.E. Postlewaite en K.G. Brown (2013). Ready to Rumble: How Team Personality Composition and Task Conflict Interact to Improve Performance. *Journal of Applied Psychology, 98*(2):385-392.
33. A. Joshi (2006). The Influence of Organizational Demography on the External Networking Behavior of Teams. *Academy of Management Review, 31*(3):583-595.
34. A. Joshi en H. Roh (2009). The Role of Context in Work Team Diversity Research: A Meta-Analytic Review. *Academy of Management Journal, 52*(3):599-627; S.K. Horwitz en I.B. Horwitz (2007). The Effects of Team Diversity on Team Outcomes: A Meta-Analytic Review of Team Demography. *Journal of Management, 33*(6):987-1015; en S.T. Bell, A.J. Villado, M.A. Lukasik, L. Belau en A.L. Briggs (2011). Getting Specific about Demographic Diversity Variable and Team Performance Relationships: A Meta-Analysis. *Journal of Management, 37*(3):709-743.
35. D. Coutu (2009). Why Teams Don't Work. *Harvard Business Review*, mei, pp. 99-105. The evidence in this section is described in L.L. Thompson (2013). *Making the Team*, 5e ed. New York, NY: Pearson, pp. 65-67. Zie ook R.C. Liden, S.J. Wayne en R.A. Jaworski (2004). Social Loafing: A Field Investigation. *Journal of Management, 30*(2):285-304.
36. R. Karlgaard (2015, 13 april). Think (Really!) Small. *Forbes*, p. 32.
37. Ibid.
38. Ibid.
39. Is Your Team Too Big? Too Small? What's the Right Number? (2006, 14 juni). *Knowledge@Wharton*. Geraadpleegd van http://knowledge.wharton.upenn.edu/article/is-your-team-too-big-too-smallwhats-the-right-number-2/. Zie ook A.M. Carton en J.N.Cummings (2012). A Theory of Subgroups in Work Teams. *Academy of Management Review, 37*(3):441-470.
40. S.A. Kiffin-Peterson en J.L. Cordery (2003). Trust, Individualism, and Job Characteristics of Employee Preference for Teamwork. *International Journal of Human Resource Management, 14*(1):93-116.
41. J.A. LePine, R.F. Piccolo, C.L. Jackson, J.E. Mathieu en J.R. Saul (2008). A Meta-Analysis of Teamwork Processes: Tests of a Multidimensional Model and Relationships with Team Effectiveness Criteria. *Personnel Psychology, 61*:273-307; en J.E. Mathieu en T.L. Rapp (2009). Laying the Foundation for Successful Team Performance Trajectories: The Roles of Team Charters and Performance Strategies. *Journal of Applied Psychology, 94*(1):90-103.
42. A. Gurtner, F. Tschan, N.K. Semmer en C. Nagele (2007). Getting Groups to Develop Good Strategies: Effects of Reflexivity Interventions on Team Process, Team Performance, and Shared Mental Models. *Organizational Behavior and Human Decision Processes, 102*(2):127-142; M.C. Schippers, D.N. den Hartog en P.L. Koopman (2007). Reflexivity in Teams: A Measure and Correlates. *Applied Psychology:An International Review, 56*(2):189-211; en C.S. Burke, K.C. Stagl, E. Salas, L. Pierce en D. Kendall (2006). Understanding Team Adaptation: A Conceptual Analysis and Model. *Journal of Applied Psychology, 91*(6):1189-1207.
43. Zie R.P. DeShon, S.W.J. Kozlowski, A.M. Schmidt, K.R. Milner en D. Wiechmann (2004). A Multiple-Goal, Multilevel Model of Feedback Effects on the Regulation of Individual and Team Performance. *Journal of Applied Psychology, 89*(6):1035-1056.

44. K. Tasa, S. Taggar en G.H. Seijts (2007). The Development of Collective Efficacy in Teams: A Multilevel and Longitudinal Perspective. *Journal of Applied Psychology*, *92*(1):17-27; D.I. Jung en J.J. Sosik (2003). Group Potency and Collective Efficacy: Examining Their Predictive Validity, Level of Analysis, and Effects of Performance Feedback on Future Group Performance. *Group & Organization Management*, *28*(3):366-391; en R.R. Hirschfeld en J.B. Bernerth (2008). Mental Efficacy and Physical Efficacy at the Team Level: Inputs and Outcomes among Newly Formed Action Teams. *Journal of Applied Psychology*, *93*(6):1429-1437.
45. A.W. Richter, G. Hirst, D. van Knippenberg en M. Baer (2012). Creative Self-Efficacy and Individual Creativity in Team Contexts: Cross-Level Interactions with Team Informational Resources. *Journal of Applied Psychology*, *97*(6):1282-1290.
46. N. Ellemers, E. Sleebos, D. Stam en D. de Gilder (2013). Feeling Included and Valued: How Perceived Respect Affects Positive Team Identity and Willingness to Invest in the Team. *British Journal of Management*, *24*(1):21-37.
47. T.A. De Vries, F. Walter, G.S. Van derr Vegt en P.J.M.D. Essens (2014). Antecedents of Individuals' Interteam Coordination: Broad Functional Experiences as a Mixed Blessing. *Academy of Management Journal*, *57*(5):1334-1359.
48. S. Chang, L. Jia, R. Takeuchi en Y. Cai (2014). Do High-Commitment Work Systems Affect Creativity? A Multilevel Combinational Approach to Employee Creativity. *Journal of Applied Psychology*, *99*(4):665-680.
49. A.P.J. Ellis (2006). System Breakdown: The Role of Mental Models and Transactive Memory on the Relationships between Acute Stress and Team Performance. *Academy of Management Journal*, *49*(3):576-589.
50. S.W.J. Kozlowski en D.R. Ilgen (2006). Enhancing the Effectiveness of Work Groups and Teams. *Psychological Science in the Public Interest*, december, pp. 77-124; en B.D. Edwards, E.A. Day, W. Arthur Jr. en S.T. Bell (2006), Relationships Among Team Ability Composition, Team Mental Models, and Team Performance. *Journal of Applied Psychology*, *91*(3):727-736.
51. L.A. DeChurch en J.R. Mesmer-Magnus (2010). The Cognitive Underpinnings of Effective Teamwork: A Meta-Analysis. *Journal of Applied Psychology*, *95*(1):32-53.
52. J. Farh, C. Lee en C.I.C. Farh (2010). Task Conflict and Team Creativity: A Question of How Much and When. *Journal of Applied Psychology*, *95*(6):1173-1180.
53. K.J. Behfar, R.S. Peterson, E.A. Mannix en W.M.K. Trochim (2008). The Critical Role of Conflict Resolution in Teams: A Close Look at the Links Between Conflict Type, Conflict Management Strategies, and Team Outcomes. *Journal of Applied Psychology*, *93*(1):170-188.
54. K.H. Price, D.A. Harrison en J.H. Gavin (2006). Withholding Inputs in Team Contexts: Member Composition, Interaction Processes, Evaluation Structure, and Social Loafing. *Journal of Applied Psychology*, *91*(6):1375-1384.
55. C.E. Naquin en R.O. Tynan (2003). The Team Halo Effect: Why Teams Are Not Blamed for Their Failures. *Journal of Applied Psychology*, april, pp. 332-340.
56. A.B. Drexler en R. Forrester (1998). Teamwork – Not Necessarily the Answer. *HR Magazine*, januari, pp. 55-58.
57. G. Hertel, U. Konradt en K. Voss (2006). Competencies for Virtual Teamwork: Development and Validation of a Web-Based Selection Tool for Members of Distributed Teams. *European Journal of Work and Organizational Psychology*, *15*(4):477-504.
58. T.V. Riper (2013, 5 april). The NBA's Most Overpaid Players. *Forbes*. Geraadpleegd van http://www.forbes.com/sites/tomvanriper/2013/04/05/the-nbas-most-overpaid-players/
59. E. Kearney, D. Gebert en S.C. Voelpel (2009). When and How Diversity Benefits Teams: The Importance of Team Members' Need for Cognition. *Academy of Management Journal*, *52*(3):581-598.
60. H.M. Guttman (2008, 27 oktober). The New High-Performance Player. *The Hollywood Reporter*. Geraadpleegd van www.hollywoodreporter.com
61. S. DeMatteo, L.T. Eby en E. Sundstrom (1998). Team-Based Rewards: Current Empirical Evidence and Directions for Future Research. In: B.M. Staw en L.L. Cummings (red.). *Research in Organizational Behavior*, vol. 20. Stamford, CT: JAI Press, pp. 141-183.
62. H. van Vijfeijken, A. Kleingeld, H. van Tuijl, J. Algera en H. Thierry (2004). Doel- en beloningsafhankelijkheid als sleutel voor het ontwerpen van effectieve combinaties van prestatiedoelen en prestatiebeloning voor het verbeteren van teamprestaties. *Gedrag & Organisatie*, *17*(6):460-471.
63. Watson Wyatt's Global Work Studies. *WatsonWyatt.com*. Geraadpleegd van www.watsonwyatt.com/research/featured/workstudy.asp
64. C. Nicholls, H. Lane en M. Brehm Brechu (1999). Taking Self-Managed Teams to Mexico. *Academy of Management Executive*, *13*(3):15-27.
65. W.E. Watson, K. Kumar en L.K. Michaelsen (1993). Cultural Diversity's Impact on Interaction Process and Performance: Comparing Homogeneous and Diverse Task Groups. *Academy of Management Journal*, juni, pp. 590-602; P.C. Earley en E. Mosakowski (2000). Creating Hybrid Team Cultures: An Empirical Test of Transnational Team Functioning. *Academy of Management Journal*, februari, pp. 26-49; en S. Mohammed en L.C. Angell (2004). Surface- and Deep-Level Diversity in Workgroups: Examining the Moderating Effects of Team Orientation and Team Process on Relationship Conflict. *Journal of Organizational Behavior*, december, pp. 1015-1039.
66. Y.F. Guillaume, D. van Knippenberg en F.C. Brodebeck (2014). Nothing Succeeds Like Moderation: A Social Self-Regulation Perspective on Cultural Dissimilarity and Performance. *Academy of Management Journal*, *57*(5):1284-1308.
67. Watson, Kumar en Michaelsen, Cultural Diversity's Impact on Interaction Process and Performance.
68. D.F. Crown (2007). The Use of Group and Groupcentric Individual Goals for Culturally Heterogeneous and Homogeneous Task Groups: An of European Work Teams. *Small Group Research*, *38*(4):489-508.

Hoofdstuk 12

1. J.P. Kotter (1990). What Leaders Really Do. *Harvard Business Review*, mei-juni, pp. 103-111.
2. https://www.annemarierakhorst.nl/
3. N. Ensari, R.E. Riggio, J. Christian en G. Carslaw (2011). Who Emerges as a Leader? Meta-Analyses of Individual Differences as Predictors of Leadership Emergence. *Personality and Individual Differences*, *51*(4):532-536.
4. Zie M.H. Do en A. Minbashian (2014). A Meta-Analytic Examination of the Agentic and Affiliative Aspects of Extraversion on Leadership Outcomes. *Leadership Quarterly*, *25*(5):1040-1053.
5. D.R. Ames en F.J. Flynn (2007). What Breaks a Leader: The Curvilinear Relation between Assertiveness and Leadership. *Journal of Personality and Social Psychology*, *92*(2):307-324.

6. A.E. Colbert, M.R. Barrick en B.H. Bradley (2014). Personality and Leadership Composition in Top Management Teams: Implications for Organizational Effectiveness. *Personnel Psychology, 67*(2):351-387.
7. K.-Y. Ng, S. Ang en K. Chan (2008). Personality and Leader Effectiveness: A Moderated Mediation Model of Leadership Self-Efficacy, Job Demands, and Job Autonomy. *Journal of Applied Psychology, 93*(4):733-743.
8. R.B. Kaiser, J.M. LeBreton en J. Hogan (2015). The Dark Side of Personality and Extreme Leader Behavior. *Applied Psychology: An International Review, 64*(1):55-92.
9. B.H. Gaddis en J.L. Foster (2015). Meta-Analysis of Dark Side Personality Characteristics and Critical Work Behaviors among Leaders across the Globe: Findings and Implications for Leadership Development and Executive Coaching. *Applied Psychology: An International Review, 64*(1):25-54.
10. R.H. Humphrey, J.M. Pollack en T.H. Hawver (2008). Leading with Emotional Labor. *Journal of Managerial Psychology, 23*(2):151-168.
11. F. Walter, M.S. Cole en R.H. Humphrey (2011). Emotional Intelligence: Sine Qua Non of Leadership or Folderol? *Academy of Management Perspectives, 25*(1):45-59.
12. S. Cote, P.N. Lopes, P. Salovey en C.T.H. Miners (2010). Emotional Intelligence and Leadership Emergence in Small Groups. *Leadership Quarterly, 21*(3):496-508.
13. R.M. Stogdill en A.E. Coons (red.) (1951). *Leader Behavior: Its Description and Measurement.* Research Monograph no. 88. Columbus: Ohio State University, Bureau of Business Research. Dit onderzoek is ge-updatet in C.A. Schriesheim, C.C. Cogliser en L.L. Neider (1995). Is It 'Trustworthy'? A Multiple-Levels-of-Analysis Reexamination of an Ohio State Leadership Study, with Implications for Future Research. *Leadership Quarterly,* zomer, pp. 111-145; en T.A. Judge, R.F. Piccolo en R. Ilies (2004). The Forgotten Ones? The Validity of Consideration and Initiating Structure in Leadership Research. *Journal of Applied Psychology,* februari, pp. 36-51.
14. Ibid.
15. D. Akst, The Rewards of Recognizing a Job Well Done, *Wall Street Journal,* 31 januari 2007, p. D9.
16. Ibid.
17. T.A. Judge, R.F. Piccolo en R. Ilies (2004). The Forgotten Ones? The Validity of Consideration and Initiating Structure in Leadership Research. *Journal of Applied Psychology,* februari, pp. 36-51.
18. L. Boon (2013, 28 juli). Topman Siemens aan de kant gezet na winstwaarschuwing. *NRC Handelsblad.* Geraadpleegd op 2 januari 2015, van www.nrc.nl/nieuws/2013/07/28/topman-siemens-aan-de-kant-gezet-na-winstwaarschuwing/
19. Zie voor een recentere bespreking van het model van Fiedler: S. Altmaee, K. Tuerk en O.-S. Toomet (2013). Thomas-Kilmann's Conflict Management Modes and Their Relationship to Fiedler's Leadership Styles (Basing on Estonian Organizations). *Baltic Journal of Management, 8*(1):45-65.
20. F.E. Fiedler, M.M. Chemers en L. Mahar (1977). *Improving Leadership Effectiveness: The Leader Match Concept.* New York: Wiley.
21. Geciteerd in R.J. House en R.N. Aditya (1997). The Social Scientific Study of Leadership. *Journal of Management,* 23(3):422.
22. Zie bijvoorbeeld R.W. Rice (1978). Psychometric Properties of the Esteem for the Least Preferred Coworker (LPC) Scale. *Academy of Management Review,* januari, pp. 106-118; C.A. Schriesheim, B.D. Bannister en W.H. Money (1979). Psychometric Properties of the LPC Scale: An Extension of Rice's Review. *Academy of Management Review,* april, pp. 287-290; en J.K. Kennedy, J.M. Houston, M.A. Korgaard en D.D. Gallo (1987). Construct Space of the Least Preferred Coworker (LPC) Scale. *Educational and Psychological Measurement,* najaar, pp. 807-814.
23. Zie E.H. Schein (1980). *Organizational Psychology,* 3e ed. Upper Saddle River, NJ: Prentice Hall, pp. 116-117; en B. Kabanoff (1981). A Critique of Leader Match and Its Implications for Leadership Research. *Personnel Psychology,* winter, pp. 749-764.
24. P. Hersey (2014). *Situationeel leidinggeven,* 30e druk. Amsterdam: Business Contact.
25. Zie ook G. Thompson en R.P. Vecchio (2009). Situational Leadership Theory: A Test of Three Versions. *Leadership Quarterly, 20*(5):837-848; en R.P. Vecchio, C.R. Bullis en D.M. Brazil (2006). The Utility of Situational Leadership Theory – A Replication in a Military Setting. *Small Group Research, 37*(5):407-424.
26. R. Fehr, K.C. Yam en C. Dang (2015). Moralized Leadership: The Construction and Consequences of Ethical Leader Perceptions. *Academy of Management Review, 40*(2):182-209; en M. Hernandez, C.P. Long en S.B. Sitkin (2014). Cultivating Follower Trust: Are All Leader Behaviors Equally Influential? *Organization Studies, 35*(12):1867-1892.
27. S.J. Perry, L.A. Witt, L.M. Penney en L. Atwater (2010). The Downside of Goal-Focused Leadership: The Role of Personality in Subordinate Exhaustion. *Journal of Applied Psychology, 95*(6):1145-1153.
28. R.R. Vecchio, J.E. Justin en C.L. Pearce (2008). The Utility of Transactional and Transformational Leadership for Predicting Performance and Satisfaction within a Path-Goal Theory Framework. *Journal of Occupational and Organizational Psychology, 81*:71-82.
29. V.H. Vroom en A.G. Jago (2007). The Role of the Situation in Leadership, *American Psychologist, 62*(1):17-24.
30. W. Bennis (2007). The Challenges of Leadership in the Modern World. *American Psychologist, 62*(1):2-5.
31. X. Zhou en C.A. Schriesheim (2009). Supervisor-Subordinate Convergence in Descriptions of Leader-Member Exchange (LMX) Quality: Review and Testable Propositions. *Leadership Quarterly, 20*(6):920-932; G.B. Graen en M. Uhl-Bien (1995). Relationship-Based Approach to Leadership: Development of Leader-Member Exchange (LMX) Theory of Leadership Over 25 Years: Applying a Multi-Domain Perspective. *Leadership Quarterly,* zomer, pp. 219-247; R.C. Liden, R.T. Sparrowe en S.J. Wayne (1997). Leader-Member Exchange Theory: The Past and Potential for the Future. In: G.R. Ferris (red.). *Research in Personnel and Human Resource Management,* vol. 15. Greenwich, CT: JAI Press, pp. 47-119; en C.A. Schriesheim, S.L. Castro, X. Zhou en F.J. Yammarino (2001). The Folly of Theorizing 'A' but Testing 'B': A Selective Level-of-Analysis Review of the Field and a Detailed Leader-Member Exchange Illustration. *Leadership Quarterly,* winter, pp. 515-551.
32. B. Erdogan en T.N. Bauer (2010). Differentiated Leader-Member Exchanges: The Buffering Role of Justice Climate. *Journal of Applied Psychology, 95*(6):1104-1120; R.C. Liden, S.J. Wayne en D. Stilwell (1993). A Longitudinal Study of the Early Development of Leader-Member Exchanges. *Journal of Applied Psychology,* augustus, pp. 662-674; S.J. Wayne, L.M. Shore, W.H. Bommer en L.E. Tetrick (2002). The Role of Fair Treatment and Rewards in Perceptions of Organizational Support and Leader-Member Exchange. *Journal of Applied Psychology, 87*(3):590-598; S.S. Masterson, K. Lewis en B.M. Goldman (2000). Integrating Justice and Social Exchange: The Differing Effects of Fair Procedures and

Treatment on Work Relationships. *Academy of Management Journal, 43*(4):738-748; en X. Zhou en C.A. Schrisheim (2010). Quantitative and Qualitative Examination of Propositions Concerning Supervisor-Subordinate Convergence in Descriptions of Leader-Member Exchange (LMX) Quality. *Leadership Quarterly, 21*(5):826-843.
33. D. Duchon, S.G. Green en T.D. Taber (1986). Vertical Dyad Linkage: A Longitudinal Assessment of Antecedents, Measures, and Consequences. *Journal of Applied Psychology*, februari, pp. 56-60; Liden, Wayne en Stilwell, A Longitudinal Study on the Early Development of Leader-Member Exchanges; en M. Uhl-Bien (2003). Relationship Development as a Key Ingredient for Leadership Development. In: S.E. Murphy en R.E. Riggio (red.). *Future of Leadership Development.* Mahwah, NJ: Lawrence Erlbaum, pp. 129-147.
34. R. Vecchio en D.M. Brazil (2007). Leadership and Sex-Similarity: A Comparison in a Military Setting. *Personnel Psychology, 60*:303-335.
35. Zie bijvoorbeeld C.R. Gerstner en D.V. Day (1997). Meta-Analytic Review of Leader-Member Exchange Theory: Correlates and Construct Issues. *Journal of Applied Psychology*, december, pp. 827-844; R. Ilies, J.D. Nahrgang en F.P. Morgeson (2007). Leader-Member Exchange and Citizenship Behaviors: A Meta-Analysis. *Journal of Applied Psychology, 92*(1):269-277; en Z. Chen, W. Lam, en J.A. Zhong (2007). Leader-Member Exchange and Member Performance: A New Look at Individual-Level Negative Feedback-Seeking Behavior and Team-Level Empowerment Culture. *Journal of Applied Psychology, 92*(1):202-212.
36. R. Eisenberger et al. (2010). Leader-Member Exchange and Affective Organizational Commitment: The Contribution of Supervisor's Organizational Embodiment. *Journal of Applied Psychology, 95*(6):1085-1103.
37. J. Bagger en A. Li (2014). How Does Supervisory Family Support Influence Employees' Attitudes and Behaviors? A Social Exchange Perspective. *Journal of Management, 40*(4):1123-1150.
38. B. Erdogan en T.N. Bauer (2010). Differentiated Leader-Member Exchanges: The Buffering Role of Justice Climate. *Journal of Applied Psychology, 95*(6):1104-1120.
39. D. Liu, M. Hernandez, en L. Wang (2014). The Role of Leadership and Trust in creating Structural Patters of Team Procedural Justice: A Social Network Investigation. *Personnel Psychology, 67*(4):801-845.
40. A.N. Li en H. Liao (2014). How Do Leader-Member Exchange Quality and Differentiation Affect Performance in Teams? An Integrated Multilevel Dual Process Model. *Journal of Applied Psychology, 99*(5):847-866.
41. J. Hu en R.C. Liden (2013). Relative Leader-Member Exchange within Team Contexts: How and When Social Comparison Impacts Individual Effectiveness. *Personnel Psychology, 66*(1):127-172.
42. M. Weber (vertaling: A.M. Henderson en T. Parsons) (2012). *The Theory of Social and Economic Organization.* New York: The Free Press1947EAstford, CT: Martino Fine Books.
43. J.A. Conger en R.N. Kanungo (1988). Behavioral Dimensions of Charismatic Leadership. In: J.A. Conger, R.N. Kanungo et al. (red.). *Charismatic Leadership.* San Francisco: Jossey-Bass, p. 79.
44. J.A. Conger en R.N. Kanungo (1998). *Charismatic Leadership in Organizations.* Thousand Oaks, CA: Sage; en R. Awamleh en W.L. Gardner (1999). Perceptions of Leader Charisma and Effectiveness: The Effects of Vision Content, Delivery, and Organizational Performance. *Leadership Quarterly*, najaar, pp. 345-373.
45. A. Xenikou (2014). The Cognitive and Affective Components of Organisational Identification: The Role of Perceived Support Values and Charismatic Leadership. *Applied Psychology: An International Review, 63*(4):567-588.
46. P.A. Vlachos, N.G. Panagopoulos en A.A. Rapp (2013). Feeling Good by Doing Good: Employee CSR-Induced Attributions, Job Satisfaction, and the Role of Charismatic Leadership. *Journal of Business Ethics, 118*(3):577-588.
47. Gebaseerd op J.A. Conger en R.N. Kanungo (1998). *Charismatic Leadership in Organizations.* Thousand Oaks, CA: Sage, p. 94.
48. A. Deinert, A.C. Homan, D. Boer, S.C. Voelpel en D. Gutermann (2015). Transformational Leadership Sub-Dimensions and Their Link to Leaders' Personality and Performance. *Leadership Quarterly, 26*(6):1095-1120; en R.E. de Vries (2012). Personality Predictors of Leadership Styles and the Self-Other Agreement Problem. *Leadership Quarterly, 23*(5):809-821.
49. P. Balkundi, M. Kilduff en D.A. Harrison (2012). Centrality and Charisma: Comparing How Leader Networks and Attributions Affect Team Performance. *Journal of Applied Psychology, 96*(6):1209-1222.
50. A. Erez, V.F. Misangyi, D.E. Johnson, M.A. LePine en K.C. Halverson (2008). Stirring the Hearts of Followers: Charismatic Leadership as the Transferal of Affect. *Journal of Applied Psychology, 93*(3):602-615. Zie ook S.J. Zaccaro (2001). Visionary and Inspirational Models of Executive Leadership: Empirical Review and Evaluation. In: S.J. Zaccaro (red.). *The Nature of Executive Leadership: A Conceptual and Empirical Analysis of Success.* Washington, DC: American Psychological Association, pp. 259-278; en M. Hauser en R.J. House (2004). Lead Through Vision and Values. In: E.A. Locke (red.). *Handbook of Principles of Organizational Behavior.* Malden, MA: Blackwell, pp. 257-273.
51. D.N. den Hartog, A.H.B. de Hoogh en A.E. Keegan (2007). The Interactive Effects of Belongingness and Charisma on Helping and Compliance. *Journal of Applied Psychology, 92*(4):1131-1139.
52. H.L. Tosi, V. Misangyi, A. Fanelli, D.A. Waldman en F.J. Yammarino (2004). CEO Charisma, Compensation, and Firm Performance. *Leadership Quarterly*, juni, pp. 405-420.
53. Zie bijvoorbeeld R. Khurana (2002). *Searching for a Corporate Savior: The Irrational Quest for Charismatic CEOs.* Princeton, NJ: Princeton University Press; J.A. Raelin (2003). The Myth of Charismatic Leaders. *Training and Development*, maart, pp. 47-54; en P.A. Vlachos, N.G. Panagopoulos en A.A. Rapp (2013). Feeling Good by Doing Good: Employee CSR-Induced Attributions, Job Satisfaction, and the Role of Charismatic Leadership. *Journal of Business Ethics, 118*(3):577-588.
54. B.M. Galvin, D.A. Waldman en P. Balthazard (2010). Visionary Communication Qualities as Mediators of the Relationship between Narcissism and Attributions of Leader Charisma. *Personnel Psychology, 63*(3):509-537.
55. J.C. Pastor, M. Mayo en B. Shamir (2007). Adding Fuel to Fire: The Impact of Followers' Arousal on Ratings of Charisma. *Journal of Applied Psychology, 92*(6):1584-1596.
56. F. Cohen, S. Solomon, M. Maxfield, T. Pyszczynski en J. Greenberg (2004). Fatal Attraction: The Effects of Mortality Salience on Evaluations of Charismatic, Task-Oriented, and Relationship-Oriented Leaders. *Psychological Sciences*, december, pp. 846-851; M.G. Ehrhart en K.J. Klein (2001). Predicting Followers' Preferences for Charismatic Leadership: The Influence of Follower Values and Personality. *Leadership Quarterly*, zomer, pp. 153-179; en J. Griffith, S.

Connelly, C. Thiel en G. Johnson (2015). How Outstanding Leaders Lead with Affect: An Examination of Charismatic, Ideological, and Pragmatic Leaders. *Leadership Quarterly, 26*(4):502-517.

57. Zie bijvoorbeeld D. Deichmann en D. Stam (2015). Leveraging Transformational and Transactional Leadership to Cultivate the Generation of Organization-Focused Ideas. *Leadership Quarterly, 26*(2):204-219; H.-J. Wolfram en L. Gratton (2014). Gender Role Self-Concept, Categorical Gender, and Transactional-Transformational Leadership: Implications for Perceived Workgroup Performance. *Journal of Leadership & Organizational Studies, 21*(4):338-353; en T.A. Judge en R.F. Piccolo (2004). Transformational and Transactional Leadership: A Meta-Analytic Test of Their Relative Validity. *Journal of Applied Psychology*, oktober, pp. 755-768.
58. A.E. Colbert, M.R. Barrick en B.H. Bradley (2014). Personality and Leadership Composition in Top Management Teams: Implications for Organizational Effectiveness. *Personnel Psychology, 67*(2):351-387.
59. A.M. Grant (2012). Leading with Meaning: Beneficiary Contact, Prosocial Impact, and the Performance Effects of Transformational Leadership. *Academy of Management Journal, 55*(2):458-476.
60. B.M. Bass (1985). Leadership: Good, Better, Best. *Organizational Dynamics*, winter, pp. 26-40; en J. Seltzer en B.M. Bass (1990). Transformational Leadership: Beyond Initiation and Consideration. *Journal of Management*, december, pp. 693-703.
61. T.R. Hinkin en C.A. Schriescheim (2008). An Examination of 'Nonleadership': From Laissez-Faire Leadership to Leader Reward Omission and Punishment Omission. *Journal of Applied Psychology, 93*(6):1234-1248.
62. Y. Ling, Z. Simsek, M.H. Lubatkin en J.F. Veiga (2008). Transformational Leadership's Role in Promoting Corporate Entrepreneurship: Examining the CEO-TMT Interface. *Academy of Management Journal, 51*(3):557-576.
63. X. Zhang en K.M. Bartol (2010). Linking Empowering Leadership and Employee Creativity: The Influence of Psychological Empowerment, Intrinsic Motivation, and Creative Process Engagement. *Academy of Management Journal, 53*(1):107-128.
64. S.A. Eisenbeib en S. Boerner (2013). A Double-Edged Sword: Transformational Leadership and Individual Creativity. *British Journal of Management, 24*(1):54-68.
65. A.E. Colbert, A.E. Kristof-Brown, B.H. Bradley en M.R. Barrick (2008). CEO Transformational Leadership: The Role of Goal Importance Congruence in Top Management Teams. *Academy of Management Journal, 51*(1):81-96.
66. D. Zohar en O. Tenne-Gazit (2008). Transformational Leadership and Group Interaction as Climate Antecedents: A Social Network Analysis. *Journal of Applied Psychology, 93*(4):744-757.
67. R.T. Keller (2006). Transformational Leadership, Initiating Structure, and Substitutes for Leadership: A Longitudinal Study of Research and Development Project Team Performance. *Journal of Applied Psychology, 91*(1):202-210.
68. Y. Gong, J. Huang en J. Farh (2009). Employee Learning Orientation, Transformational Leadership, and Employee Creativity: The Mediating Role of Employee Creative Self-Efficacy. *Academy of Management Journal, 52*(4):765-778.
69. G. Wang, I. Oh, S.H. Courtright en A.E. Colbert (2011). Transformational Leadership and Performance Across Criteria and Levels: A Meta-Analytic Review of 25 Years of Research. *Group and Organization Management, 36*(2):223-270.
70. Y. Ling, Z. Simsek, M.H. Lubatkin en J.F. Veiga (2008). The Impact of Transformational CEOs on the Performance of Small- to Medium-Sized Firms: Does Organizational Context Matter? *Journal of Applied Psychology, 93*(4):923-934.
71. X. Wang and J. M. Howell (2010). Exploring the Dual-Level Effects of Transformational Leadership on Followers. *Journal of Applied Psychology, 95*(6):1134-1144.
72. N. Li, D.S. Chiaburu, B.L. Kirkman en Z. Xie (2013). Spotlight on the Followers: An Examination of Moderators of Relationships between Transformational Leadership and Subordinates' Citizenship and Taking Charge. *Personnel Psychology, 66*(1):225-260.
73. M. Birasnav (2014). Knowledge Management and Organizational Performance in the Service Industry: The Role of Transformational Leadership beyond the Effects of Transactional Leadership. *Journal of Business Research, 67*(8):1622-1629; H. Hetland, G.M. Sandal en T.B. Johnsen (2007). Burnout in the Information Technology Sector: Does Leadership Matter? *European Journal of Work and Organizational Psychology, 16*(1):58-75; K.B. Lowe, K.G. Kroeck en N. Sivasubramaniam (1996). Effectiveness Correlates of Transformational and Transactional Leadership: A Meta-Analytic Review of the MLQ Literature. *Leadership Quarterly*, najaar, pp. 385-425; en A.K. Tyssen, A. Wald en S. Heidenreich (2014). Leadership in the Context of Temporary Organizations: A Study on the Effects of Transactional and Transformational Leadership on Followers' Commitment in Projects. *Journal of Leadership & Organizational Studies, 21*(4):376-393.
74. A. Carter (2006, 4 december). Lighting a Fire Under Campbell. *BusinessWeek*, pp. 96-101.
75. B.P. Owens en D.R. Hekman (2012). Modeling How to Grow: An Inductive Examination of Humble Leader Behaviors, Contingencies, and Outcomes. *Academy of Management Journal, 55*(4):787-818.
76. K.M. Hmieleski, M.S. Cole en R.A. Baron (2012). Shared Authentic Leadership and New Venture Performance. *Journal of Management, 38*(5):1476-1499.
77. R. Ilies, F.P. Morgeson en J.D. Nahrgang (2005). Authentic Leadership and Eudaemonic Well-being: Understanding Leader-follower Outcomes. *Leadership Quarterly, 16*:373-394.
78. J. Stouten, M. van Dijke en D. De Cremer (2012). Ethical Leadership: An Overview and Future Perspectives. *Journal of Personnel Psychology, 11*(1):1-6.
79. J. M. Schaubroeck et al. (2012). Embedding Ethical Leadership within and across Organization Levels. *Academy of Management Journal, 55*(5):1053-1078.
80. K.M. Kacmar, D.G. Bachrach, K.J. Harris en S. Zivnuska (2011). Fostering Good Citizenship through Ethical Leadership: Exploring the Moderating Role of Gender and Organizational Politics, *Journal of Applied Psychology, 96*(3):633-642; en F.O. Walumbwa en J. Schaubroeck (2009). Leader Personality Traits and Employee Voice Behavior: Mediating Roles of Ethical Leadership and Work Group Psychological Safety. *Journal of Applied Psychology, 94*(5):1275-1286.
81. D.M. Mayer, K. Aquino, R.L. Greenbaum en M. Kuenzi (2012). Who Displays Ethical Leadership, and Why Does It Matter? An Examination of Antecedents and Consequences of Ethical Leadership, *Academy of Management Journal, 55*(1):151-171.
82. J.M. Burns (1978). *Leadership*. New York: Harper & Row.
83. J.M. Howell en B.J. Avolio (1992). The Ethics of Charismatic Leadership: Submission or Liberation? *Academy of Management Executive*, mei, pp. 43-55.

84. M.E. Brown en L.K. Treviño (2006). Socialized Charismatic Leadership, Values Congruence, and Deviance in Work Groups. *Journal of Applied Psychology, 91*(4):954-962.
85. M.E. Brown en L.K. Treviño (2009). Leader-Follower Values Congruence: Are Socialized Charismatic Leaders Better Able to Achieve It? *Journal of Applied Psychology, 94*(2):478-490.
86. D. van Dierendonck (2011). Servant Leadership: A Review and Synthesis. *Journal of Management, 37*(4):1228-1261.
87. S.J. Peterson, F.M. Galvin en D. Lange (2012). CEO Servant Leadership: Exploring Executive Characteristics and Firm Performance. *Personnel Psychology, 65*(3):565-596.
88. F. Walumbwa, C.A. Hartnell en A. Oke (2010). Servant Leadership, Procedural Justice Climate, Service Climate, Employee Attitudes, and Organizational Citizenship Behavior: A Cross-Level Investigation, *Journal of Applied Psychology, 95*(3):517-529.
89. D. de Cremer, D.M. Mayer, M. van Dijke, B.C. Schouten en M. Bardes (2009). When Does Self-Sacrificial Leadership Motivate Prosocial Behavior? It Depends on Followers' Prevention Focus. *Journal of Applied Psychology, 94*(4):887-899.
90. J. Hu en R.C. Liden (2011, 14 februari). Antecedents of Team Potency and Team Effectiveness: An Examination of Goal and Process Clarity and Servant Leadership. *Journal of Applied Psychology.* Online first publication., doi: 10.1037/a0022465.
91. M.J. Neubert, K.M. Kacmar, D.S. Carlson, L.B. Chonko en J.A. Roberts (2008). Regulatory Focus as a Mediator of the Influence of Initiating Structure and Servant Leadership on Employee Behavior. *Journal of Applied Psychology, 93*(6):1220-1233.
92. R.C. Liden, S.J. Wayne, C. Liao en J.D. Meuser (2014). Servant Leadership and Serving Culture: Influence on Individual and Unit Performance. *Academy of Management Journal, 57*(5):1434-1452.
93. De voorbeelden zijn afkomstig van Het verhaal van de leider (z.d.). *Wouter Torfs: Er is in Vlaanderen echt behoefte aan beter leiderschap.* Geraadpleegd op 13 maart 2020, van http://www.hetverhaalvandeleider.be/interview-wouter-torfs/
94. D.M. Rousseau, S.B. Sitkin, R.S. Burt en C. Camerer (1998). Not So Different After All: A Cross-Discipline View of Trust. *Academy of Management Review*, juli, pp. 393-404; J.A. Simpson (2007). Psychological Foundations of Trust. *Current Directions in Psychological Science, 16*(5):264-268; en J.A. Simpson (2007). Psychological Foundations of Trust. *Current Directions in Psychological Science, 16*(5):264-268.
95. X.-P. Chen, M.B. Eberly, T.-J. Chiang, J.-L. Farh en B.-Shiuan Cheng (2014). Affective Trust in Chinese Leaders: Linking Paternalistic Leadership to Employee Performance. *Journal of Management, 40*(3):796-819.
96. J.A. Simpson, Foundations of Interpersonal Trust.
97. Zie bijvoorbeeld K. Dirks en D. Ferrin (2002). Trust in Leadership: Meta-Analytic Findings and Implications for Research and Practice. *Journal of Applied Psychology, 87*(4):611-628; D.I. Jung en B.J. Avolio (2000). Opening the Black Box: An Experimental Investigation of the Mediating Effects of Trust and Value Congruence on Transformational and Transactional Leadership. *Journal of Organizational Behavior,* december, pp. 949-964; en A. Zacharatos, J. Barling en R.D. Iverson (2005). High-Performance Work Systems and Occupational Safety. *Journal of Applied Psychology,* januari, pp. 77-93.
98. B. Groysberg en M. Slind (2012). Leadership Is a Conversation. *Harvard Business Review,* juni, pp. 76-84.
99. J.A. Colquitt, B.A. Scott en J.A. LePine (2007). Trust, Trustworthiness, and Trust Propensity: A Meta-Analytic Test of Their Unique Relationships with Risk Taking and Job Performance. *Journal of Applied Psychology, 92*(4):909-927.
100. J.A. Colquitt, B.A. Scott en J.A. LePine, Trust, Trustworthiness, and Trust Propensity: A Meta-Analytic Test of Their Unique Relationships with Risk Taking and Job Performance; en F.D. Schoorman, R.C. Mayer en J.H. Davis, An Integrative Model of Organizational Trust: Past, Present, and Future.
101. Cited in D. Jones (2003, 12 februari). Do You Trust Your CEO? *USA Today,* p. 7B.
102. M.J. Ashleigh, M. Higgs en V. Dulewicz (2012). A New Propensity to Trust Scale and Its Relationship with Individual Well-Being: Implications for HRM Policies and Practices. *Human Resource Management Journal, 22*(4):360-376; R.C. Mayer en M.B. Gavin (2005). Trust in Management and Performance: Who Minds the Shop While the Employees Watch the Boss? *Academy of Management Journal, 48*(5):874-888; en C.F. Peralta en M.F. Saldanha (2014). Knowledge-Centered Culture and Knowledge Sharing: The Moderator Role of Trust Propensity. *Journal of Knowledge Management, 18*(3):538-550.
103. J.A. Simpson (2007). Foundations of Interpersonal Trust. In: A.W. Kruglanski en E.T. Higgins (red.). *Social Psychology: Handbook of Basic Principles*, 2e ed. New York: Guilford, pp. 587-607.
104. X.-P. Chen, M.B. Eberly, T.-J. Chiang, J.-L. Farh en B.-Shiuan Cheng (2014). Affective Trust in Chinese Leaders: Linking Paternalistic Leadership to Employee Performance. *Journal of Management, 40*(3):796-819.
105. J.A. Simpson, Foundations of Interpersonal Trust.
106. Ibid.
107. B. Groysberg en M. Slind (2012). Leadership Is a Conversation. *Harvard Business Review.* juni, pp. 76-84.
108. H. Zhao, S.J. Wayne, B.C. Glibkowski en J. Bravo (2007). The Impact of Psychological Contract Breach on Work-Related Outcomes: A Meta-Analysis. *Personnel Psychology, 60*(3):647-680.
109. D.L. Shapiro, A.D. Boss, S. Salas, S. Tangirala en M.A. Von Glinow (2011). When Are Transgressing *Leaders* Punitively Judged? An Empirical Test. *Journal of Applied Psychology, 96*(2):412-422.
110. D.L. Ferrin, P.H. Kim, C.D. Cooper en K.T. Dirks (2007). Silence Speaks Volumes: The Effectiveness of Reticence in Comparison to Apology and Denial for Responding to Integrity-and Competence-Based Trust Violations. *Journal of Applied Psychology, 92*(4):893-908.
111. M.E. Schweitzer, J.C. Hershey en E.T. Bradlow (2006). Promises and Lies: Restoring Violated Trust, *Organizational Behavior and Human Decision Processes, 101*(1):1-19.
112. Zie bijvoorbeeld: L. Eby, M. Buits en A. Lockwood (2004). Proteges' Negative Mentoring Experiences: Construct Development and Nomological Validation. *Personnel Psychology, 57*(2):411-447.
113. J.U. Chun, J.J. Sosik en N.Y. Yun (2012). A Longitudinal Study of Mentor and Protege Outcomes in Formal Mentoring Relationships. *Journal of Organizational Behavior, 33*(8):35-49.
114. Commentaar van Jim Collins, geciteerd in J. Useem (2001, 19 februari). Conquering Vertical Limits. *Fortune*, p. 94.
115. Zie bijvoorbeeld J.R. Meindl (1995). The Romance of Leadership as a Follower-centric Theory: A Social Constructionist Approach. *Leadership Quarterly,* najaar, pp. 329-341; en B. Schyns, J. Felfe en H. Blank (2007). Is Charisma Hyper-Romanticism? Empirical Evidence from New Data and

a Meta-Analysis. *Applied Psychology: An International Review, 56*(4):505-527.
116. R.G. Lord, C.L. DeVader en G.M. Alliger (1986). A Meta-Analysis of the Relation Between Personality Traits and Leadership Perceptions: An Application of Validity Generalization Procedures. *Journal of Applied Psychology,* augustus, pp. 402-410; en M.J. Martinko, P. Harvey, D. Sikora en S.C. Douglas (2011). Perceptions of Abusive Supervision: The Role of Subordinates' Attribution Styles. *Leadership Quarterly, 22*(4):751-764.
117. J.R. Meindl, S.B. Ehrlich en J.M. Dukerich (1985). The Romance of Leadership. *Administrative Science Quarterly,* maart, pp. 78-102; en M.C. Bligh, J.C. Kohles, C.L. Pearce, J.E. Justin en J.F. Stovall (2007). When the Romance Is Over: Follower Perspectives of Aversive Leadership. *Applied Psychology: An International Review, 56*(4):528-557.
118. B.R. Agle, N.J. Nagarajan, J.A. Sonnenfeld en D. Srinivasan (2006). Does CEO Charisma Matter? *Academy of Management Journal, 49*(1):161-174.
119. Bligh, Kohles, Pearce, Justin en Stovall, When the Romance Is Over.
120. Schyns, Felfe en Blank, Is Charisma Hyper-Romanticism?
121. A.S. Rosette, G.J. Leonardelli en K.W. Phillips (2008). The White Standard: Racial Bias in Leader Categorization. *Journal of Applied Psychology, 93*(4):758-777.
122. A.M. Koenig, A.H. Eagly, A.A. Mitchell en T. Ristikari (2011). Are Leader Stereotypes Masculine? A Meta-Analysis of Three Research Paradigms. *Psychological Bulletin, 137*(4):616-642.
123. M. van Vugt en B.R. Spisak (2008). Sex Differences in the Emergence of Leadership During Competitions Within and Between Groups. *Psychological Science, 19*(9):854-858.
124. Ibid.
125. S.D. Dionne, F.J. Yammarino, L.E. Atwater en L.R. James (2002). Neutralizing Substitutes for Leadership Theory: Leadership Effects and Common-Source Bias. *Journal of Applied Psychology, 87*:454-464; J.R. Villa, J.P. Howell, P.W. Dorfman en D.L. Daniel (2002). Problems with Detecting Moderators in Leadership Research Using Moderated Multiple Regression. *Leadership Quarterly, 14*:3-23; en L. Pedraja-Rejas (2015). The Importance of Leadership in the Knowledge Economy, *Interciencia, 40*(10):654.
126. F. Walter, M.S. Cole en R.H. Humphrey (2011). Emotional Intelligence: Sine Qua Non of Leadership or Folderol? *Academy of Management Perspectives,* februari, pp. 45-59.
127. J. Weber (2006, 12 juni). The Leadership Factor. *BusinessWeek*, pp. 60-64.
128. Zie bijvoorbeeld Barling, Weber, en Kelloway, Effects of Transformational Leadership Training on Attitudinal and Financial Outcomes.
129. M. Sashkin (1988). The Visionary Leader. In: J.A. Conger, R.N. Kanungo et al. (red.). *Charismatic Leadership.* San Francisco: Jossey-Bass, p. 150.
130. D.V. Day (2000). Leadership Development: A Review in Context. *Leadership Quarterly*, winter, pp. 590-593.
131. J.M. Howell en P.J. Frost (1989). A Laboratory Study of Charismatic Leadership. *Organizational Behavior and Human Decision Processes,* april, pp. 243-269. Zie ook Frese, Beimel en Schoenborn, Action Training for Charismatic Leadership.
132. Zie bijvoorbeeld J. Barling, T. Weber en E.K. Kelloway (1996). Effects of Transformational Leadership Training on Attitudinal and Financial Outcomes: A Field Experiment. *Journal of Applied Psychology,* december, pp. 827-832; en T. Dvir, D. Eden en B.J. Avolio (2002). Impact of Transformational Leadership on Follower Development and Performance: A Field Experiment. *Academy of Management Journal,* augustus, pp. 735-744.
133. R.J. House, M. Javidan, P. Hanges en P. Dorfman (2002). Understanding Cultures and Implicit Leadership Theories Across the Globe: An Introduction to Project GLOBE. *Journal of World Business,* voorjaar, pp. 3-10.
134. Ibid.
135. D.E. Carl en M. Javidan (2001). *Universality of Charismatic Leadership: A Multi-Nation Study.* Paper presented at the National Academy of Management Conference. Washington, DC, augustus, p. 29.
136. N. Beccalli (2003). European Business Forum Asks: Do Companies Get the Leaders They Deserve? *European Business Forum.* Geraadpleegd van www.pwcglobal.com/extweb/pwcpublications.nsf/DocID/D1EC3380F58984458 5256D7300346A1B
137. T. Menon, J. Sim, J. Ho-Ying Fu, C. Chiu en Y. Hong (2010). Blazing the Trail Versus Trailing the Group: Culture and Perceptions of the Leader's Position. *Organizational Behavior and Human Decision Processes, 113*(1):51-61.
138. S. Mac Donald (2016). *Leiderschap en Motivatie in Suriname.* Rotterdam: Erasmus Universiteit.

Hoofdstuk 13

1. B. Oc, M.R. Bashshur en C. Moore (2015). Speaking Truth to Power: The Effect of Candid Feedback on How Individuals with Power Allocate Resources. *Journal of Applied Psychology, 100*(2):450-463.
2. E. Landells en S.L. Albrecht (2013). Organizational Political Climate: Shared Perceptions about the Building and Use of Power Bases. *Human Resource Management Review, 23*(4):357-365; P. Rylander (2015). Coaches' Bases of Power: Developing Some Initial Knowledge of Athletes' Compliance with Coaches in Team Sports. *Journal of Applied Sport Psychology, 27*(1):110-121; en G. Yukl (2004). Use Power Effectively. In: E.A. Locke (red.). *Handbook of Principles of Organizational Behavior.* Malden, MA: Blackwell, pp. 242-247.
3. Zie bijvoorbeeld O. Baumann en N. Stieglitz (2014). Rewarding Value-Creating Ideas in Organizations: The Power of Low- Powered Incentives. *Strategic Management Journal, 35*(3):358-375.
4. S.R. Giessner en T.W. Schubert (2007). High in the Hierarchy: How Vertical Location and Judgments of Leaders' Power Are Interrelated. *Organizational Behavior and Human Decision Processes, 104*(1):30-44.
5. P.M. Podsakoff en CA. Schriesheim (1985). Field Studies of French and Raven's Bases of Power: Critique, Reanalysis, and Suggestions for Future Research. *Psychological Bulletin,* mei, pp. 387-411; T.R. Hinkin en C.A. Schriesheim (1989). Development and Application of New Scales to Measure the French and Raven (1959) Bases of Social Power. *Journal of Applied Psychology,* augustus, pp. 561-567; en P.P. Carson, K.D. Carson en C.W. Roe (1993). Social Power Bases: A Meta-Analytic Examination of Interrelationships and Outcomes. *Journal of Applied Social Psychology, 23*(14):1150-1169.
6. R.E. Sturm en J. Antonakis (2015). Interpersonal Power: A Review, Critique, and Research Agenda. *Journal of Management, 41*(1):136-163.
7. M.C.J. Caniels en A. Roeleveld (2009). Power and Dependence Perspectives on Outsourcing Decisions. *European Management Journal, 27*(6):402-417; en R.-J.B. Jean, D. Kim en R.S. Sinkovics (2012). Drivers and Performance Outcomes of Supplier Innovation Generation in Customer-Supplier Relationships: The Role of Power-Dependence. *Decision Sciences, 43*(6):1003-1038.

8. R.S. Burt, M. Kilduff en S. Tasselli (2013). Social Network Analysis: Foundations and Frontiers on Advantage. *Annual Review of Psychology, 64*: 527-547; M.A. Carpenter, M. Li en H. Jiang (2012). Social Network Research in Organizational Contexts: A Systematic Review of Methodological Issues and Choices. *Journal of Management, 38*(4):1328-1361; en M. Kilduff en D.J. Brass (2010). Organizational Social Network Research: Core Ideas and Key Debates. *Academy of Management Annals, 4*(1):317-357.
9. J. Gehman, L.K. Trevino en R. Garud (2013). Values Work: A Process Study of the Emergence and Performance of Organizational Values Practices. *Academy of Management Journal, 56*(1):84-112.
10. J. Battilana en T. Casciaro (2012). Change Agents, Networks, and Institutions: A Contingency Theory of Organizational Change. *Academy of Management Journal, 55*(2):381-398.
11. S.M. Soltis, F. Agneessens, Z. Sasovova en G. Labianca (2013). A Social Network Perspective on Turnover Intentions: The Role of Distributive Justice and Social Support. *Human Resource Management, 52*(4):561-584.
12. R. Kaše, Z. King en D. Minbaeva (2013). Using Social Network Research in HRM: Scratching the Surface of a Fundamental Basis of HRM. *Human Resource Management, 52*(4):473-483; R. Cross en L. Prusak (2002). The People Who Make Organizations Go – Or Stop, *Harvard Business Review*, juni. Geraadpleegd van https://hbr.org/2002/06/the-people-who-make-organizations-go-or-stop
13. D.M. Cable en T.A. Judge (2003). Managers' Upward Influence Tactic Strategies: The Roll of Manager Personality and Supervisor Leadership Style. *Journal of Organizational Behavior, 24*(2):197-214; M.P.M. Chong (2014). Influence Behaviors and Organizational Commitment: A Comparative Study. *Leadership and Organization Development Journal, 35*(1):54-78; en M. Lewis-Duarte en M.C. Bligh (2012). Agents of 'Influence': Exploring the Usage, Timing, and Outcomes of Executive Coaching Tactics. *Leadership & Organization Development Journal, 33*(3-4):255-281.
14. G.R. Ferris, W.A. Hochwarter, C. Douglas, F.R. Blass, R.W. Kolodinksy en D.C. Treadway (2003). Social Influence Processes in Organizations and Human Resource Systems. In: G.R. Ferris en J.J. Martocchio (red.). *Research in Personnel and Human Resources Management*, vol. 21. Oxford, UK: JAI Press/Elsevier, pp. 65-127; C.A. Higgins, T.A. Judge en G.R. Ferris (2003). Influence Tactics and Work Outcomes: A Meta-Analysis. *Journal of Organizational Behavior*, maart, pp. 89-106; en M. Uhl-Bien, R.E. Riggio, K.B. Lowe en M.K. Carsten (2004). Followership Theory: A Review and Research Agenda. *Leadership Quarterly, 25*(1):83-104.
15. M.P.M. Chong, Influence Behaviors and Organizational Commitment: A Comparative Study.
16. R.E. Petty en P. Briñol (2008). Persuasion: From Single to Multiple to Metacognitive Processes. *Perspectives on Psychological Science, 3*(2):137-147.
17. M.P.M. Chong (2014). Influence Behaviors and Organizational Commitment: A Comparative Study. *Leadership and Organization Development Journal, 35*(1):54-78
18. Ibid.
19. O. Epitropaki en R. Martin (2013). Transformational-Transactional Leadership and Upward Influence: The Role of Relative Leader-Member Exchanges (RLMX) and Perceived Organizational Support (POS). *Leadership Quarterly, 24*(2):299-315.
20. A.W. Kruglanski, A. Pierro en E.T. Higgins (2007). Regulatory Mode and Preferred Leadership Styles: How Fit Increases Job Satisfaction. *Basic and Applied Social Psychology, 29*(2):137-149; en A. Pierro, L. Cicero en B.H. Raven (2008). Motivated Compliance with Bases of Social Power. *Journal of Applied Social Psychology, 38*(7):1921-1944.
21. H. Mintzberg (1983). *Power In and Around Organizations*. Englewood Cliffs, NJ: Prentice Hall, p. 26. Zie ook K.M. Kacmar en R.A. Baron (1999). Organizational Politics: The State of the Field, Links to Related Processes, and an Agenda for Future Research. In: G.R. Ferris (red.). *Research in Personnel and Human Resources Management*, vol. 17. Greenwich, CT: JAI Press, pp. 1-39; en G.R. Ferris, D.C. Treadway, R.W. Kolokinsky, W.A. Hochwarter, C.J. Kacmar en D.D. Frink (2005). Development and Validation of the Political Skill Inventory. *Journal of Management*, februari, pp. 126-152.
22. G.R. Ferris, D.C. Treadway, P.L. Perrewé, R.L. Brouer, C. Douglas en S. Lux (2007). Political Skill in Organizations. *Journal of Management*, juni, pp. 290-320; K.J. Harris, K.M. Kacmar, S. Zivnuska en J.D. Shaw (2007). The Impact of Political Skill on Impression Management Effectiveness. *Journal of Applied Psychology, 92*(1):278-285; W.A. Hochwarter, G.R. Ferris, M.B. Gavin, P.L. Perrewé, A.T. Hall en D.D. Frink (2007). Political Skill as Neutralizer of Felt Accountability-Job Tension Effects on Job Performance Ratings: A Longitudinal Investigation. *Organizational Behavior and Human Decision Processes, 102*:226-239; en D.C. Treadway, G.R. Ferris, A.B. Duke, G.L. Adams en J.B. Tatcher (2007). The Moderating Role of Subordinate Political Skill on Supervisors' Impressions of Subordinate Ingratiation and Ratings of Subordinate Interpersonal Facilitation. *Journal of Applied Psychology, 92*(3):848-855.
23. M.C. Andrews, K.M. Kacmar en K.J. Harris (2009). Got Political Skill? The Impact of Justice on the Importance of Political Skills for Job Performance. *Journal of Applied Psychology, 94*(6):1427-1437.
24. C. Anderson, S.E. Spataro en F.J. Flynn (2008). Personality and Organizational Culture as Determinants of Influence. *Journal of Applied Psychology, 93*(3):702-710.
25. Y. Cho en N.J. Fast (2012). Power, Defensive Denigration, and the Assuaging Effect of Gratitude Expression, *Journal of Experimental Social Psychology, 48*(3):778-782.
26. M. Pitesa en S. Thau (2013). Masters of the Universe: How Power and Accountability Influence Self-Serving Decisions under Moral Hazard. *Journal of Applied Psychology, 98*(3):550-558; N.J. Fast, N. Sivanathan, D.D. Mayer en A.D. Galinsky (2012). Power and Overconfident Decision-Making. *Organizational Behavior and Human Decision Processes, 117*(2):249-260; en M.J. Williams (2014). Serving the Self from the Seat of Power: Goals and Threats Predict Leaders' Self-Interested Behavior. *Journal of Management, 40*(5):1365-1395.
27. J.K. Maner, M.T. Gaillot, A.J. Menzel en J.W. Kunstman (2012). Dispositional Anxiety Blocks the Psychological Effects of Power, *Personality and Social Psychology Bulletin, 38*(11):1383-1395.
28. N.J. Fast, N. Halevy en A.D. Galinsky (2012). The Destructive Nature of Power without Status. *Journal of Experimental Social Psychology, 48*(1):391-394.
29. T. Seppala, J. Lipponen, A. Bardi en A. Pirttila-Backman (2012). Change-Oriented Organizational Citizenship Behaviour: An Interactive Product of Openness to Change Values, Work Unit Identification, and Sense of Power. *Journal of Occupational and Organizational Psychology, 85*(1):136-155.
30. K.A. DeCelles, D.S. DeRue, J.D. Margolis en T.L. Ceranic (2012). Does Power Corrupt or Enable? When and Why Power Facilitates Self-Interested Behavior. *Journal of Applied Psychology, 97*(3):681-689.

31. Facts about Sexual Harassment, The U.S. Equal Employment Opportunity Commission. Geraadpleegd op 19 juni 2015, van www.eeoc.gov/facts/fs-sex.html
32. www.arboportaal.nl › onderwerpen › seksuele-intimidatie › wat-is.
33. F. Ali en R. Kramar (2014). An Exploratory Study of Sexual Harassment in Pakistani Organizations. *Asia Pacific Journal of Management, 32*(1):229-249.
34. Workplace Sexual Harassment Statistics (2015). Association of Women for Action and Research. Geraadpleegd van http://www.aware.org.sg/ati/wsh-site/14
35. R. Ilies, N. Hauserman, S. Schwochau en J. Stibal (2003). Reported Incidence Rates of Work-Related Sexual Harassment in the United States: Using Meta-Analysis to Explain Reported Rate Disparities. *Personnel Psychology, 56*(3):607-631; en G. Langer (2011, 16 november). One in Four U.S. Women Reports Workplace Harassment. *ABC News*. Geraadpleegd van http://abcnews.go.com/blogs/politics/2011/11/one-in-four-u-s-women-reports-workplace-harassment/
36. https://www.rutgers.nl/sites/rutgersnl/files/PDF-Onderzoek/Samenvatting_SGIN_2017.pdf
37. Sexual Harassment Charges. Equal Employment Opportunity Commission. Geraadpleegd op 20 augustus 2015, van www.eeoc.gov/eeoc/statistics/
38. B. Popken (2014, 7 oktober). Report: 80% of Waitresses Report Being Sexually Harassed, *USA Today*. Geraadpleegd van http://www.today.com/money/report-80-waitresses-report-being-sexually-harassed-2D80199724
39. G.R. Ferris, D.C. Treadway, R.W. Kolokinsky, W.A. Hochwarter, C.J. Kacmar en D.D. Frink (2005). Development and Validation of the Political Skill Inventory. *Journal of Management*, februari, pp. 126-152.
40. A. Pullen en C. Rhodes (2014). Corporeal Ethics and the Politics of Resistance in Organizations. *Organization, 21*(6):782-796.
41. G.R. Ferris en W.A. Hochwarter (2011). Organizational Politics. In: S. Zedeck (red.). *APA Handbook of Industrial and Organizational Psychology*, vol. 3. Washington, DC: American Psychological Association, pp. 435-459.
42. D.A. Buchanan (2008). You Stab My Back, I'll Stab Yours: Management Experience and Perceptions of Organization Political Behavior. *British Journal of Management, 19*(1):49-64.
43. J. Pfeffer (2010). *Power: Why Some People Have It – And Others Don't*. New York: HarperCollins.
44. Drory en Romm, The Definition of Organizational Politics.
45. S.M. Rioux en L.A. Penner (2001). The Causes of Organizational Citizenship Behavior: A Motivational Analysis. *Journal of Applied Psychology*, december, pp. 1306-1314; M.A. Finkelstein en L.A. Penner (2004). Predicting Organizational Citizenship Behavior: Integrating the Functional and Role Identity Approaches. *Social Behavior and Personality, 32*(4):383-398; en J. Schwarzwald, M. Koslowsky en M. Allouf (2005). Group Membership, Status, and Social Power Preference. *Journal of Applied Social Psychology, 35*(3):644-665.
46. Het is weinig verrassend dat de machiavellistische persoonlijkheid – gekenmerkt door de wil te manipuleren en machtsverlangen – zich er prima bij voelt om via politieke spelletjes te krijgen wat hij wil (zie MyLab Verdieping 'Persoonlijkheidskenmerken').
47. Zie bijvoorbeeld G.R. Ferris, G.S. Russ en P.M. Fandt (1989). Politics in Organizations. In: R.A. Giacalone en P. Rosenfeld (red.). *Impression Management in the Organization*. Hillsdale, NJ: Lawrence Erlbaum, pp. 155-156; en W.E. O'Connor en T.G. Morrison (2001). A Comparison of Situational and Dispositional Predictors of Perceptions of Organizational Politics. *Journal of Psychology*, mei, pp. 301-312.
48. Farrell en Petersen (1982). Patterns of Political Behavior in Organizations. *Academy of Management Review, 7*(3):403-412.
49. G.R. Ferris, D.C. Treadway, P.L. Perrewe, R.L. Grouer, C. Douglas en S. Lux (2007). Political Skill in Organizations. *Journal of Management, 33*(3): 290-320.
50. J. Shi, R.E. Johnson, Y. Liu en M. Wang (2013). Linking Subordinate Political Skill to Supervisor Dependence and Reward Recommendations: A Moderated Mediation Model. *Journal of Applied Psychology, 98*(2):374-384.
51. W.A. Gentry, D.C. Gimore, M.L. Shuffler en J.B. Leslie (2012). Political Skill as an Indicator of Promotability among Multiple Rater Sources. *Journal of Organizational Behavior, 33*(1):89-104; en I. Kapoutsis, A. Paplexandris, A. Nikolopoulous, W.A. Hochwarter en G.R. Ferris (2011). Politics Perceptions as a Moderator of the Political Skill-Job Performance Relationship: A Two-Study, Cross-National, Constructive Replication. *Journal of Vocational Behavior, 78*(1):123-135.
52. M. Abbas, U. Raja, W. Darr en D. Bouckenooghe (2014). Combined Effects of Perceived Politics and Psychological Capital on Job Satisfaction, Turnover Intentions, and Performance. *Journal of Management, 40* (7):1813-1830; en C.C. Rosen, D.L. Ferris, D.J. Brown en W.-W. Yen (2015). Relationships among Perceptions of Organizational Politics (POPs), Work Motivation, and Salesperson Performance. *Journal of Management and Organization, 21*(2):203-216.
53. Zie bijvoorbeeld P.M. Fandt en G.R. Ferris (1990). The Management of Information and Impressions: When Employees Behave Opportunistically. *Organizational Behavior and Human Decision Processes*, februari, pp. 140-158; Ferris, Russ en Fandt, Politics in Organizations, p. 147; en J.M.L. Poon (2003). Situational Antecedents and Outcomes of Organizational Politics Perceptions. *Journal of Managerial Psychology, 18*(2):138-155.
54. J. Walter, F.W. Kellermans en C. Lechner (2012). Decision Making within and between Organizations: Rationality, Politics, and Alliance Performance. *Journal of Management, 38*(5):1582-610.
55. Ferris en Hochwarter, Organizational Politics; W.A. Hochwarter, C. Kiewitz, S.L. Castro, P.L. Perrewe en G.R. Ferris (2003). Positive Affectivity and Collective Efficacy as Moderators of the Relationship Between Perceived Politics and Job Satisfaction. *Journal of Applied Social Psychology*, mei, pp. 1009-1035; en C.C. Rosen, P.E. Levy en R.J. Hall (2006). Placing Perceptions of Politics in the Context of Feedback Environment, Employee Attitudes, and Job Performance. *Journal of Applied Psychology, 91*(1):211-230.
56. G.R. Ferris, D.D. Frink, M.C. Galang, J. Zhou, K.M. Kacmar en J.L. Howard (1996). Perceptions of Organizational Politics: Prediction, Stress-Related Implications, and Outcomes. *Human Relations*, februari, pp. 233-266; en E. Vigoda (2002). Stress-Related Aftermaths to Workplace Politics: The Relationships Among Politics, Job Distress, and Aggressive Behavior in Organizations. *Journal of Organizational Behavior*, augustus, pp. 571-591.
57. C. Kiewitz, W.A. Hochwarter, G.R. Ferris en S.L. Castro (2002). The Role of Psychological Climate in Neutralizing the Effects of Organizational Politics on Work Outcomes. *Journal of Applied Social Psychology*, juni, pp. 1189-1207; M.C. Andrews, L.A. Witt en K.M. Kacmar (2003). The Interactive Effects of Organizational Politics and Exchange Ideology on Manager Ratings of Retention. *Journal of Vocational Behavior*, april, pp. 357-369.

58. S. Aryee, Z. Chen en P.S. Budhwar (2004). Exchange Fairness and Employee Performance: An Examination of the Relationship Between Organizational Politics and Procedural Justice. *Organizational Behavior and Human Decision Processes*, mei, pp. 1-14; en K.M. Kacmar, D.P. Bozeman, D.S. Carlson en W.P. Anthony (1999). An Examination of the Perceptions of Organizational Politics Model. *Human Relations*, *52*(3):383-416.
59. K.M. Kacmar, D.P. Bozeman, D.S. Carlson en W.P. Anthony (1999). An Examination of the Perceptions of Organizational Politics Model. *Human Relations*, *52*(3):389; K.M. Kacmar, M.C. Andrews, K.J. Harris en B. Tepper (2013). Ethical Leadership and Subordinate Outcomes: The Mediating Role of Organizational Politics and the Moderating Role of Political Skill. *Journal of Business Ethics*, *115*(1):33-44.
60. Ibid., p. 409.
61. K.M. Kacmar, D.G. Bachrach, K.J. Harris en S. Zivnuska (2011). Fostering Good Citizenship Through Ethical Leadership: Exploring the Moderating Role of Gender and Organizational Politics. *Journal of Applied Psychology*, *96*:633-642.
62. B.E. Ashforth en R.T. Lee (1990). Defensive Behavior in Organizations: A Preliminary Model. *Human Relations*, juli, pp. 621-648; en C. Homburg en A. Fuerst (2007). See No Evil, Hear No Evil, Speak No Evil: A Study of Defensive Organizational Behavior towards Customer Complaints. *Journal of the Academy of Marketing Science*, *35*(4):523-536.
63. M. Valle en P.L. Perrewe (2000). Do Politics Perceptions Relate to Political Behaviors? Tests of an Implicit Assumption and Expanded Model. *Human Relations*, maart, pp. 359-386.
64. Zie bijvoorbeeld W.L. Gardner en M.J. Martinko (1988). Impression Management in Organizations. *Journal of Management*, juni, pp. 321-338; M.C. Bolino en W.H. Turnley (2003). More Than One Way to Make an Impression: Exploring Profiles of Impression Management. *Journal of Management*, *29*(2):141-160; S. Zivnuska, K.M. Kacmar, L.A. Witt, D.S. Carlson en V.K. Bratton (2004). Interactive Effects of Impression Management and Organizational Politics on Job Performance. *Journal of Organizational Behavior*, augustus, pp. 627-640; en M.C. Bolino, K.M. Kacmar, W.H. Turnley en J.B. Gilstrap (2008). A Multi-Level Review of Impression Management Motives and Behaviors. *Journal of Management*, *34*(6):1080-1109.
65. M. Snyder en J. Copeland (1989). Self-monitoring Processes in Organizational Settings. In: R.A. Giacalone en P. Rosenfeld (red.). *Impression Management in the Organization*. Hillsdale, NJ: Lawrence Erlbaum, p. 11; Bolino en Turnley, More Than One Way to Make an Impression; W.H. Turnley en M.C. Bolino (2001). Achieved Desired Images While Avoiding Undesired Images: Exploring the Role of Self-Monitoring in Impression Management. *Journal of Applied Psychology*, april, pp. 351-360.
66. Based on B. R. Schlenker (1980). *Impression Management*. Monterey, CA: Brooks/Cole; M.C. Bolino, K.M. Kacmar, W.H. Turnley en J.B. Gilstrap (2008). A Multi-Level Review of Impression Management Motives and Behaviors. *Journal of Management*, *34*(6):1080-1109; en R.B. Cialdini (1989). Indirect Tactics of Image Management Beyond Basking. In: R.A. Giacalone en P. Rosenfeld (red.). *Impression Management in the Organization*. Hillsdale, NJ: Lawrence Erlbaum, pp. 45-71.
67. Leary en Kowalski, Impression Management, p. 40.
68. J. Ham en R. Vonk (2011). Impressions of Impression Management: Evidence of Spontaneous Suspicion of Ulterior Motivation. *Journal of Experimental Social Psychology*, *47*(2):466-471; W.M. Bowler, J.R.B. Halbesleben en J.R.B. Paul (2010). If You're Close with the Leader, You Must Be a Brownnose: The Role of Leader-Member Relationships in Follower, Leader, and Coworker Attributions of Organizational Citizenship Behavior Motives. *Human Resource Management Review*, *20*(4):309-316.
69. J.R.B. Halbesleben, W.M. Bowler, M.C. Bolino en W.H Turnley (2010). Organizational Concern, Prosocial Values, or Impression Management? How Supervisors Attribute Motives to Organizational Citizenship Behavior. *Journal of Applied Social Psychology*, *40*(6):1450-1489.
70. G.R. Ferris, J.N. Harris, Z.A. Russell en L.P. Maher (2018). Politics in organizations. In: D.S. Ones, N. Anderson, C. Viswesvaran, en H.K. Sinangil (Red.). *The SAGE handbook of industrial, work & organizational psychology: Organizational psychology*, p. 469-486.
71. Noot van bewerker: persoonlijke mededeling van medewerkers van het overgenomen bedrijf.
72. D. Clark (2012). A Campaign Strategy for Your Career. *Harvard Business Review*, november, pp. 131-134.
73. Gebaseerd op D. Clark (2012). 'A Campaign Strategy for Your Career'. *Harvard Business Review*, november, 131-134.
74. Rijksoverheid (2003). *Nederlandse corporate governance code*. Geraadpleegd op 2 januari 2015, van http://www.rijksoverheid.nl/documenten-en-publicaties/richtlijnen/2003/12/09/code-tabaksblat.html
75. M.R. Barrick, J.A. Shaffer en S.W. DeGrassi (2009). What You See May Not Be What You Get: Relationships among Self-Presentation Tactics and Ratings of Interview and Job Performance. *Journal of Applied Psychology*, *94*(6):1394-1411.
76. C.A. Higgins, T.A. Judge en G.R. Ferris (2003). Influence Tactics and Work Outcomes: A Meta-Analysis. *Journal of Organizational Behavior*, maart, pp. 89-106; en E. Molleman, B. Emans en N. Turusbekova (2012). How to Control Self-Promotion among Performance-Oriented Employees: The Roles of Task Clarity and Personalized Responsibility. *Personnel Review*, *41*(1):88-105.
77. J.D. Westphal en I. Stern (2007). Flattery Will Get You Everywhere (Especially if You Are a Male Caucasian): How Ingratiation, Boardroom Behavior, and Demographic Minority Status Affect Additional Board Appointments of U.S. Companies. *Academy of Management Journal*, *50*(2):267-288.
78. Y. Liu, G.R. Ferris, J. Xu, B.A. Weitz en P.L. Perrewe (2014). When Ingratiation Backfires: The Role of Political Skill in the Ingratiation-Internship Performance Relationship. *Academy of Management Learning & Education*, *13*(4):569-586.
79. O.J. Labedo (2006). Perceptions of Organisational Politics: Examination of the Situational Antecedent and Consequences Among Nigeria's Extension Personnel. *Applied Psychology: An International Review*, *55*(2):255-281.
80. P.P. Fu en G. Yukl (2000). Perceived Effectiveness of Influence Tactics in the United States and China. *Leadership Quarterly*, zomer, pp. 251-266; O. Branzei, Cultural Explanations of Individual Preferences for Influence Tactics in Cross-Cultural Encounters. *International Journal of Cross Cultural Management*, augustus 2002, pp. 203-218; G. Yukl, P.P. Fu en R. McDonald (2003). Cross-Cultural Differences in Perceived Effectiveness of Influence Tactics for Initiating or Resisting Change. *Applied Psychology: An International Review*, januari, pp. 66-82; en P.P. Fu, T.K. Peng, J.C. Kennedy en G. Yukl (2004). Examining the Preferences of Influence Tactics in Chinese Societies: A Comparison of

Chinese Managers in Hong Kong, Taiwan, and Mainland China. *Organizational Dynamics, 33*(1):32-46.
81. C.J. Torelli en S. Shavitt (2010). Culture and Concepts of Power. *Journal of Personality and Social Psychology, 99*(4):703-723.
82. P.P. Fu en G. Yukl (2000). Perceived Effectiveness of Influence Tactics in the United States and China. *The Leadership Quarterly, 11*(2):251-266.
83. J.L.T. Leong, M.H. Bond en P.P. Fu (2006). Perceived Effectiveness of Influence Strategies in the United States and Three Chinese Societies. *International Journal of Cross Cultural Management*, mei, pp. 101-120.
84. Y. Miyamoto en B. Wilken (2010). Culturally Contingent Situated Cognition: Influencing Other People Fosters Analytic Perception in the United States but Not in Japan. *Psychological Science, 21*(11):1616-1622.
85. C. Nunez, R. Nunez en L. Popma (2007). *Intercultural Sensitivity* (4e editie). Assen: Koninklijke van Gorcum, p. 90; en F. Trompenaars en C. Hampden-Turner (1997). *Riding the Waves of Culture* (2e editie). Boston, MA: Nicholas Brealey Publishing, p. 9.

Hoofdstuk 14

1. Zie bijvoorbeeld D. Tjosvold (2006). Defining Conflict and Making Choices About Its Management: Lighting the Dark Side of Organizational Life. *International Journal of Conflict Management, 17*(2):87-95; en M.A. Korsgaard, S.S. Jeong, D.M. Mahony en A.H. Pitariu (2008). A Multilevel View of Intragroup Conflict. *Journal of Management, 34*(6):1222-1252.
2. K.W. Thomas (1992). Conflict and Negotiation Processes in Organizations. In: M.D. Dunnette en L.M. Hough (red.). *Handbook of Industrial and Organizational Psychology*, 2e ed., vol. 3. Palo Alto, CA: Consulting Psychologists Press, pp. 651-717.
3. J. Yang en K.W. Mossholder (2004). Decoupling Task and Relationship Conflict: The Role of Intragroup Emotional Processing. *Journal of Organizational Behavior, 25*(5):589-605; en N. Gamero, V. González-Romá en J.M. Peiró (2008). The Influence of Intra-Team Conflict on Work Teams' Affective Climate: A Longitudinal Study. *Journal of Occupational and Organizational Psychology, 81*(1):47-69.
4. J. Farh, C. Lee en C.I.C. Farh (2010). Task Conflict and Team Creativity: A Question of How Much and When. *Journal of Applied Psychology, 95*(6):1173-1180.
5. B.H. Bradley, B.E. Postlewaite, A.C. Klotz, M.R. Hamdani en K.G. Brown (2011, 4 juli). Reaping the Benefits of Task Conflict in Teams: The Critical Role of Team Psychological Safety Climate. *Journal of Applied Psychology.* Advance publication, doi: 10.1037/a0024200.
6. S. Benard (2012). Cohesion from Conflict: Does Intergroup Conflict Motivate Intragroup Norm Enforcement and Support for Centralized Leadership? *Social Psychology Quarterly, 75*(2):107-130.
7. G.A. van Kleef, W. Steinel en A.C. Homan (2013). On Being Peripheral and Paying Attention: Prototypicality and Information Processing in Intergroup Conflict. *Journal of Applied Psychology, 98*(1):63-79.
8. R.S. Peterson en K.J. Behfar (2003). The Dynamic Relationship between Performance Feedback, Trust, and Conflict in Groups: A Longitudinal Study. *Organizational Behavior and Human Decision Processes, 92*(1-2):102-112.
9. Jehn, A Multimethod Examination of the Benefits and Detriments of Intragroup Conflict.
10. T.M. Glomb en H. Liao (2003). Interpersonal Aggression in Work Groups: Social Influence, Reciprocal, and Individual Effects. *Academy of Management Journal, 46*(4):486-496; en V. Venkataramani en R.S. Dalal (2007). Who Helps and Harms Whom? Relational Aspects of Interpersonal Helping and Harming in Organizations. *Journal of Applied Psychology, 92*(4):952-966.
11. R. Friedman, C. Anderson, J. Brett, M. Olekalns, N. Goates en C.C. Lisco (2004). The Positive and Negative Effects of Anger on Dispute Resolution: Evidence from Electronically Mediated Disputes. *Journal of Applied Psychology*, april, pp. 369-376.
12. Zie bijvoorbeeld R.L. Pinkley (1990). Dimensions of Conflict Frame: Disputant Interpretations of Conflict. *Journal of Applied Psychology*, april, pp. 117-126; R.L. Pinkley en G.B. Northcraft (1994). Conflict Frames of Reference: Implications for Dispute Processes and Outcomes. *Academy of Management Journal*, februari, pp. 193-205; J.R. Curhan (2006). What Do People Value When They Negotiate? Mapping the Domain of Subjective Value in Negotiation. *Journal of Personality and Social Psychology, 91*(3):117-126; en N. Halevy, E. Chou en J.K. Murnighan (2012). Mind Games: The Mental Representation of Conflict. *Journal of Personality and Social Psychology, 102*(1):132-148.
13. A.M. Isen, A.A. Labroo en P. Durlach (2004). An Influence of Product and Brand Name on Positive Affect: Implicit and Explicit Measures. *Motivation and Emotion*, maart, pp. 43-63.
14. P.J.D. Carnevale en A.M. Isen (1986). The Influence of Positive Affect and Visual Access on the Discovery of Integrative Solutions in Bilateral Negotiations. *Organizational Behavior and Human Decision Processes*, februari, pp. 1-13; en C. Montes, D. Rodriguez en G. Serrano (2012). Affective Choice of Conflict Management Styles. *International Journal of Conflict Management, 23*(1):6-18.
15. Zie bijvoorbeeld R. Troetschel en P.M. Gollwitzer (2007). Implementation Intentions and the Willful Pursuit of Prosocial Goals in Negotiations. *Journal of Experimental Social Psychology, 43*(4):579-598.
16. Thomas, Conflict and Negotiation Processes in Organizations. Zie P. Badke-Schaub, G. Goldschmidt en M. Meijer (2010). How Does Cognitive Conflict in Design Teams Support the Development of Creative Ideas? *Creativity and Innovation Management, 19*(2):119-133; en Z. Ma, A. Erkus en A. Tabak (2010). Explore the Impact of Collectivism on Conflict Management Styles: A Turkish Study. *International Journal of Conflict Management, 21*(2):169-185.
17. L.A. DeChurch, J.R. Mesmer-Magnus en D. Doty (2013). Moving beyond Relationship and Task Conflict: Toward a Process-State Perspective. *Journal of Applied Psychology, 98*(4):559-578.
18. P.T. Coleman, R.R. Vallacher, A. Nowak en L. Bui-Wrzosinska (2007). Intractable Conflict as an Attractor: A Dynamical Systems Approach to Conflict Escalation and Intractability. *The American Behavioral Scientist, 50*(11):1545-1575; en K.K. Petersen (2010). Conflict Escalation in Dyads with a History of Territorial Disputes. *International Journal of Conflict Management, 21*(4):415-433.
19. G. Todorova, J.B. Bear en L.R. Weingart (2014). Can Conflict Be Energizing? A Study of Task Conflict, Positive Emotions, and Job Satisfaction. *Journal of Applied Psychology, 99*(3):451-467.
20. B.A. Nijstad en S.C. Kaps (2008). Taking the Easy Way Out: Preference Diversity, Decision Strategies, and Decision Refusal in Groups. *Journal of Personality and Social Psychology, 94*(5):860-870.
21. M.E. Zellmer-Bruhn, M.M. Maloney, A.D. Bhappu en R. Salvador (2008). When and How Do Differences Matter? An

Exploration of Perceived Similarity in Teams. *Organizational Behavior and Human Decision Processes, 107*(1):41-59.
22. P.J. Hinds en D.E. Bailey (2003). Out of Sight, Out of Sync: Understanding Conflict in Distributed Teams. *Organization Science*, november-december, pp. 615-632.
23. Jehn, Greer, Levine en Szulanski, The Effects of Conflict Types, Dimensions, and Emergent States on Group Outcomes; en K.A. Jehn, L. Greer, S. Levine en G. Szulanski (2005). The Effects of Conflict Types, Dimensions, and Emergent States on Group Outcomes. *Group Decision and Negotiation, 17*(6):777-796.
24. Zellmer-Bruhn, Maloney, Bhappu en Salvador, When and How Do Differences Matter?
25. J. Fried (2010). I Know You Are, But What Am I? *Inc.*, juli-augustus, pp. 39-40.
26. K.J. Behfar, R.S. Peterson, E.A. Mannix en W.M.K. Trochim (2008). The Critical Role of Conflict Resolution in Teams: A Close Look at the Links Between Conflict Type, Conflict Management Strategies, and Team Outcomes. *Journal of Applied Psychology, 93*(1):170-188; A.G. Tekleab, N.R. Quigley en P.E. Tesluk (2009). A Longitudinal Study of Team Conflict, Conflict Management, Cohesion, and Team Effectiveness. *Group and Organization Management, 34*(2):170-205; en E. van de Vliert, M.C. Euwema en S.E. Huismans (1995). Managing Conflict with a Subordinate or a Superior: Effectiveness of Conglomerated Behavior. *Journal of Applied Psychology, 80*:271-281.
27. A. Somech, H.S. Desivilya en H. Lidogoster (2009). Team Conflict Management and Team Effectiveness: The Effects of Task Interdependence and Team Identification. *Journal of Organizational Behavior, 30*(3):359-378.
28. M.H. Bazerman, J.R. Curhan, D.A. Moore en K.L. Valley (2000). Negotiation. *Annual Review of Psychology, 51*:279-314. Zie ook D. Druckman en L.M. Wagner (2016). Justice and Negotiation. *Annual Review of Psychology, 67*:387-413.
29. Zie bijvoorbeeld D.R. Ames (2008). Assertiveness Expectancies: How Hard People Push Depends on the Consequences They Predict. *Journal of Personality and Social Psychology, 95*(6):1541-1557; J.R. Curhan, H.A. Elfenbein en H. Xu (2006). What Do People Value When They Negotiate? Mapping the Domain of Subjective Value in Negotiation. *Journal of Personality and Social Psychology, 91*(3):493-512.
30. R. Lewicki, D. Saunders en B. Barry (2009). *Negotiation*, 6e ed. New York: McGraw-Hill/Irwin.
31. J.C. Magee, A.D. Galinsky en D.H. Gruenfeld (2007). Power, Propensity to Negotiate, and Moving First in Competitive Interactions. *Personality and Social Psychology Bulletin*, februari, pp. 200-212.
32. Dit model is gebaseerd op R.J. Lewicki (1981). Bargaining and Negotiation. *Exchange: The Organizational Behavior Teaching Journal, 6*(2):39-40; en R.J. Lewicki, D. Saunders en B. Barry (2014). *Negotiation*, 7e ed. New York: McGraw-Hill.
33. R.P. Larrick en G. Wu (2007). Claiming a Large Slice of a Small Pie: Asymmetric Disconfirmation in Negotiation. *Journal of Personality and Social Psychology, 93*(2):212-233.
34. M.H. Bazerman en M.A. Neale (1992). *Negotiating Rationally.* New York: The Free Press, pp. 67-68.
35. L.L. Thompson, J. Wang en B.C. Gunia (2010). Negotiation. *Annual Review of Psychology, 61*:491-515.
36. M. Schaerer, R.I. Swaab en A.D. Galinsky (2014). Anchors Weigh More Than Power: Why Absolute Powerlessness Liberates Negotiators to Achieve Better Outcomes. *Psychological Science, 26*(2):170-181, doi:10.1177/0956797614558718.
37. J.R. Curhan, H.A. Elfenbein en G.J. Kilduff (2009). Getting off on the Right Foot: Subjective Value versus Economic Value in Predicting Longitudinal Job Outcomes from Job Offer Negotiations. *Journal of Applied Psychology, 94*(2):524-534.
38. H.A. Elfenbein (2015). Individual Difference in Negotiation: A Nearly Abandoned Pursuit Revived. *Current Directions in Psychological Science, 24*(2):131-136.
39. S. Sharma, W. Bottom en H. A. Elfenbein (2013). On the Role of Personality, Cognitive Ability, and Emotional Intelligence in Predicting Negotiation Outcomes: A Meta-Analysis. *Organizational Psychology Review, 3*(4):293-336.
40. G. Lelieveld, E. van Dijk, I. van Beest en G. A. van Kleef (2012). Why Anger and Disappointment Affect Other's Bargaining Behavior Differently: The Moderating Role of Power and the Mediating Role of Reciprocal Complementary Emotions. *Personality and Social Psychology Bulletin, 38*(9):1209-1221.
41. S. Cote, I. Hideg en G.A. van Kleef (2013). The Consequences of Faking Anger in Negotiations. *Journal of Experimental Social Psychology, 49*(3):453-463.
42. G.A. van Kleef en C.K.W. de Dreu (2010). Longer-Term Consequences of Anger Expression in Negotiation: Retaliation or Spillover? *Journal of Experimental Social Psychology, 46*(5):753-760.
43. H. Adam en A. Shirako (2013). Not All Anger Is Created Equal: The Impact of the Expresser's Culture on the Social Effects of Anger in Negotiations. *Journal of Applied Psychology, 98*(5):785-798.
44. M. Olekalns en P.L Smith (2009). Mutually Dependent: Power, Trust, Affect, and the Use of Deception in Negotiation. *Journal of Business Ethics, 85*(3):347-365.
45. A.W. Brooks en M.E. Schweitzer (2011). Can Nervous Nellie Negotiate? How Anxiety Causes Negotiators to Make Low First Offers, Exit Early, and Earn Less Profit. *Organizational Behavior and Human Decision Processes, 115*(1):43-54.
46. M. Sinaceur, H. Adam, G.A. van Kleef en A.D. Galinsky (2013). The Advantages of Being Unpredictable: How Emotional Inconsistency Extracts Concessions in Negotiation. *Journal of Experimental Social Psychology, 49*(3):498-508.
47. K. Leary, J. Pillemer en M. Wheeler (2013). Negotiating with Emotion. *Harvard Business Review*, januari-februari, pp. 96-103.
48. P.D. Trapnell en D.L. Paulhus (2012). Agentic and Communal Values: Their Scope and Measurement. *Journal of Personality Assessment, 94*(1):39-52.
49. C.T. Kulik en M. Olekalns (2012). Negotiating the Gender Divide: Lessons from the Negotiation and Organizational Behavior Literatures. *Journal of Management, 38*(4):1387-1415.
50. C. Suddath (2012, 26 november). The Art of Haggling. *Bloomberg Businessweek*, p. 98.
51. J. Mazei, J. Huffmeier, P.A. Freund, A.F. Stuhlmacher, L. Bilke en G. Hertel (2015). A Meta-Analysis on Gender Differences in Negotiation Outcomes and Their Moderators. *Psychological Bulletin, 141*(1):85-104.
52. D.T. Kong, K.T. Dirks en D.L. Ferrin (2014). Interpersonal Trust within Negotiations: Meta-Analytic Evidence, Critical Contingencies, and Directions for Future Research. *Academy of Management Journal, 57*(5):1235-1255.
53. G.R. Ferris, J.N. Harris, Z.A. Russell, B.P. Ellen, A.D. Martinez en F.R. Blass (2014). The Role of Reputation in the Organizational Sciences: A Multilevel Review, Construct Assessment, and Research Directions. *Research in Personnel and Human Resources Management, 32*:241-303.
54. R. Zinko, G.R. Ferris, S.E. Humphrey, C.J. Meyer en F. Aime (2012). Personal Reputation in Organizations: Two-Study Constructive Replication and Extension of Antecedents and

Consequences. *Journal of Occupational and Organizational Psychology, 85*(1):156-180.
55. A. Hinshaw, P. Reilly en A. Kupfer Schneider (2013). Attorneys and Negotiation Ethics: A Material Misunderstanding? *Negotiation Journal, 29*(3):265-287; en N.A. Welsh (2012). The Reputational Advantages of Demonstrating Trustworthiness: Using the Reputation Index with Law Students. *Negotiation Journal, 28*(1):117-145.
56. J.R. Curhan, H.A. Elfenbein en X. Heng (2006). What Do People Value When They Negotiate? Mapping the Domain of Subjective Value in Negotiation. *Journal of Personality and Social Psychology, 91*(3):493-512.
57. W.E. Baker en N. Bulkley (2014). Paying It Forward vs. Rewarding Reputation: Mechanisms of Generalized Reciprocity. *Organization Science, 25*(5):1493-1510.
58. G.A. van Kleef, C.K.W. de Dreu en A.S.R. Manstead (2010). An Interpersonal Approach to Emotion in Social Decision Making: The Emotions as Social Information Model. *Advances in Experimental Social Psychology, 42*:45-96.
59. F. Lumineau en J.E. Henderson (2012). The Influence of Relational Experience and Contractual Governance on the Negotiation Strategy in Buyer-Supplier Disputes. *Journal of Operations Management, 30*(5):382-395.
60. U.S. Equal Employment Opportunity Commission. Questions and Answers About Mediation. Geraadpleegd op 9 juni 2015, van http://www.eeoc.gov/eeoc/mediation/qanda.cfm
61. K.W. Thomas (1977). Toward Multidimensional Values in Teaching: The Example of Conflict Behaviors. *Academy of Management Review*, juli, p. 487.
62. Gebaseerd op R. Fisher en W. Ury (1981). *Getting to Yes: Negotiating Agreement Without Giving In.* Boston: Houghton Mifflin; Wall en Blum, Negotiations, pp. 295-296; en Bazerman en Neale, *Negotiating Rationally.*
63. H.R. Markus en S. Kitayama (1991). Culture and the Self: Implications for Cognition, Emotion, and Motivation. *Psychological Review, 98*(2):224-253; en H. Ren en B. Gray (2009). Repairing Relationship Conflict: How Violation Types and Culture Influence the Effectiveness of Restoration Rituals. *Academy of Management Review, 34*(1):105-126.
64. W. Liu, R. Friedman en Y. Hong (2012). Culture and Accountability in Negotiation: Recognizing the Importance of In-Group Relations. *Organizational Behavior and Human Decision Processes, 117*(1):221-234; en B.C. Gunia, J.M. Brett, A.K. Nandkeolyar en D. Kamdar (2010). Paying a Price: Culture, Trust, and Negotiation Consequences. *Journal of Applied Psychology, 96*(4):774-789.
65. P.P. Fu, X.H. Yan, Y. Li, E. Wang en S. Peng (2008). Examining Conflict-Handling Approaches by Chinese Top Management Teams in IT Firms. *International Journal of Conflict Management, 19*(3):188-209.
66. Gelfand et al. Culture and Egocentric Perceptions of Fairness in Conflict and Negotiation, pp. 833-845; X. Lin en S.J. Miller (2003). Negotiation Approaches: Direct and Indirect Effect of National Culture. *International Marketing Review, 20*(3):286-303.
67. W.L. Adair, T. Okumura en J.M. Brett (2001). Negotiation Behavior When Cultures Collide: The United States and Japan. *Journal of Applied Psychology*, juni, pp. 371-385; W.L. Adair, L. Weingart en J. Brett (2007). The Timing and Function of Offers in U.S. and Japanese Negotiations. *Journal of Applied Psychology, 92*(4):1056-1068.
68. E.S. Glenn, D. Witmeyer en K.A. Stevenson (1977). Cultural Styles of Persuasion, *Journal of Intercultural Relations*, najaar, pp. 52-66.
69. L.A. Liu, R. Friedman, B. Barry, M.J. Gelfand en Z. Zhang (2012). The Dynamics of Consensus Building in Intracultural and Intercultural Negotiations. *Administrative Science Quarterly, 57*(2):269-304.
70. M. Liu (2009). The Intrapersonal and Interpersonal Effects of Anger on Negotiation Strategies: A Cross-Cultural Investigation. *Human Communication Research, 35*(1):148-169; en H. Adam, A. Shirako en W.W. Maddux (2010). Cultural Variance in the Interpersonal Effects of Anger in Negotiations. *Psychological Science, 21*(6):882-889.

Hoofdstuk 15

1. Zie bijvoorbeeld R.L. Daft (2010). *Organization Theory and Design*, 10e ed. Cincinnati, OH: South-Western Publishing,.
2. Zie ook http://nos.nl/artikel/156365-wat-is-de-overeenkomst-tussen-een-coltrevolver-en-een-ikeakastje.html
3. F.W. Taylor (1911). *The Principles of Scientific Management.* NRC Lux vertaling, Main Press BV.
4. J.G. Miller (2013, 9-10 maart). The Real Women's Issue: Time. *The Wall Street Journal*, p. C3.
5. T.W. Malone, R.J. Laubacher en T. Johns (2011). The Age of Hyperspecialization. *Harvard Business Review*, juli-augustus, pp. 56-65.
6. C. Woodyard (2013, 6 maart). Toyota Brass Shakeup Aims to Give Regions More Control. *USA Today*. Geraadpleegd van www.usatoday.com/story/money/cars/2013/03/06/toyota-shakeup/1966489/
7. S. Ballmer (2013, 11 juli). One Microsoft: Company Realigns to Enable Innovation at Greater Speed, Efficiency, Microsoft. Geraadpleegd van http://blogs.microsoft.com/firehose/2013/07/11/onemicrosoft-company-realigns-to-enable-innovation-at-greaterspeed-efficiency/
8. Ibid.
9. A. Wilhelm (2015, 17 juni). Microsoft Shakes Up Its Leadership and Internal Structure as its Fiscal Year Comes to a Close. *Tech-Crunch.* Geraadpleegd van http://techcrunch.com/2015/06/17/microsoft-shakes-up-its-leadership-and-internal-structure-asits-fiscal-year-comes-to-a-close/#.mcn-4e0:0nA3
10. C. Hymowitz (2003, 12 augustus). Managers Suddenly Have to Answer to a Crowd of Bosses. *Wall Street Journal*, p. B1.
11. Zie bijvoorbeeld J.H. Gittell (2001). Supervisory Span, Relational Coordination, and Flight Departure Performance: A Reassessment of Postbureaucracy Theory. *Organization Science*, juli-augustus, pp. 468-483.
12. F.A. Csascar (2013). Organizational Structure as a Determinant of Performance: Evidence from Mutual Funds. *Strategic Management Journal, 33*(6):611-632.
13. B. Brown en S.D. Anthony (2011). How P&G Tripled Its Innovation Success Rate, *Harvard Business Review*, juni, pp. 64-72.
14. A. Leiponen en C.E. Helfat (2011). Location, Decentralization, and Knowledge Sources for Innovation. *Organization Science, 22*(3):641-658.
15. K. Parks (2013, 19 maart). HSBC Unit Charged in Argentine Tax Case. *The Wall Street Journal*, p. C2.
16. P. Hempel, Z.-X. Zhang en Y. Han (2012). Team Empowerment and the Organizational Context: Decentralization and the Contrasting Effects of Formalization. *Journal of Management, 38*(2):475-501.
17. J. E. Perry-Smith en C.E. Shalley (2014). A Social Composition View of Team Creativity: The Role of Member Nationality-Heterogeneous Ties Outside of the Team. *Organization Science, 25*(5):1434-1452; J. Han, J. Han en D.J. Brass (2014). Human Capital Diversity in the Creation of Social Capital for Team Creativity, *Journal of Organizational Behavior*

35(1):54-71; N. Sivasubramaniam, S.J. Liebowitz en C.L. Lackman (2012). Determinants of New Product Development Team Performance: A Meta Analytic Review. *Journal of Product Innovation Management, 29*(5):803-820.
18. T.A de Vries, F. Walter, G.S. van der Vegt en P.J.M.D. Essens (2014). Antecedents of Individuals' Interteam Coordination: Broad Functional Experiences as a Mixed Blessing. *Academy of Management Journal, 57*(5):1334-1359.
19. N.J. Foss, K. Laursen en T. Pedersen (2011). Linking Customer Interaction and Innovation: The Mediating Role of New Organizational Practices. *Organization Science, 22*(4):980-999; N.J. Foss, J. Lyngsie en S.A. Zahra (2013). The Role of External Knowledge Sources and Organizational Design in the Process of Opportunity Exploitation. *Strategic Management Journal, 34*(12):1453-1471; en A. Salter, P. Crisuolo en A.L.J. Ter Wal (2014). Coping with Open Innovation: Responding to the Challenges of External Engagement in R&D. *California Management Review, 56*(2):77-94.
20. H. Mintzberg (1983). *Structure in Fives: Designing Effective Organizations*. Upper Saddle River, NJ: Prentice Hall, p. 157.
21. A. Murray (2013, 18 maart). Built Not to Last. *The Wall Street Journal*, p. A11.
22. Voor een snel overzicht, zie J. Davoren. Functional Structure Organization Strength and Weakness. *Small Business Chronicle*. Geraadpleegd op 25 juni 2015, van http://smallbusiness.chron.com/functional-structure-organization-strength-weakness-60111.html
23. Zie bijvoorbeeld A. Writing. Different Types of Organizational Structure. *Small Business Chronicle*. Geraadpleegd op 25 juni 2015, van http://smallbusiness.chron.com/different-typesorganizational-structure-723.html
24. Voor een snel overzicht, zie Types of Business Organizational Structures (2013, 24 juli). *Pingboard*. Geraadpleegd op 25 juni 2015, van https://pingboard.com/blog/types-business-organizational-structures/.
25. J.R. Galbraith (2009). *Designing Matrix Organizations That Actually Work: How IBM, Procter & Gamble, and Others Design for Success*. San Francisco: Jossey-Bass; en E. Krell (2011). Managing the Matrix. *HR Magazine*, april, pp. 69-71.
26. Zie bijvoorbeeld M. Bidwell (2012). Politics and Firm Boundaries: How Organizational Structure, Group Interests, and Resources Affect Outsourcing. *Organization Science, 23*(6):1622-1642.
27. Zie bijvoorbeeld T. Sy en L.S. D'Annunzio (2005). Challenges and Strategies of Matrix Organizations: Top-Level and Mid-Level Managers' Perspectives. *Human Resource Planning, 28*(1):39-48; en T. Sy en S. Cote (2004). Emotional Intelligence: A Key Ability to Succeed in the Matrix Organization. *Journal of Management Development, 23*(5):437-455.
28. Zie http://vvt.captise.nl/LinkClick.aspx?fileticket=MhVNP2eb8FM%3D&tabid=40 [geraadpleegd op 5 januari 2015].
29. Biotech Campus Delft (2019, 9 mei). DSP is nu Centrient Pharmaceuticals: Groter groeien in farma. Geraadpleegd op 28 januari 2020, van https://www.biotechcampusdelft.com/omwonenden/nieuws/dsp-is-nu-centrient-pharmaceuticals-groter-groeien-in-farma/?acceptCookies=5e2fff29d1d39
30. Zie bijvoorbeeld N.S. Contractor, S. Wasserman en K. Faust (2006). Testing Multitheoretical, Multilevel Hypotheses About Organizational Networks: An Analytic Framework and Empirical Example. *Academy of Management Review, 31*(3):681-703; en Y. Shin (2004). A Person-Environment Fit Model for Virtual Organizations. *Journal of Management*, oktober, pp. 725-743.
31. J. Schramm (2010). At Work in a Virtual World. *HR Magazine*, juni, p. 152.
32. Zie bijvoorbeeld E. Devaney (2014, 23 december). The Pros & Cons of 7 Popular Organizational Structures. *Hubspot*. Geraadpleegd op 25 juni 2015, van http://blog.hubspot.com/marketing/team-structure-diagrams
33. J. Scheck, L. Moloney en A. Flynn (2013, 15 maart). Eni, CNPC Link Up in Mozambique. *The Wall Street Journal*, p. B3.
34. E. Devaney, The Pros & Cons of 7 Popular Organizational Structures.
35. L. Gensler (2015, 21 januari). American Express to Slash 4,000 Jobs on Heels of Strong Quarter, *Forbes*. Geraadpleegd van http://www.forbes.com/sites/laurengensler/2015/01/21/american-express-earnings-rise-11-on-increased-cardholder-spending/
36. L.I. Alpert (2013, 20 maart). Can Imported CEO Fix Russian Cars? *The Wall Street Journal*. Geraadpleegd van http://www.wsj.com/articles/SB10001424127887323639604578370121394214736
37. T. Burns en G.M. Stalker (1961). The Management of Innovation, London: Tavistock; J.A. Courtright, G.T. Fairhurst en L.E. Rogers (1989). Interaction Patterns in Organic and Mechanistic Systems. *Academy of Management Journal*, december, pp. 773-802.
38. Zie ook J.R. Hollenbeck, H. Moon, A.P.J. Ellis, B.J. West, D.R. Ilgen, L. Sheppard, C.O.L.H. Porter en J.A. Wagner III (2002). Structural Contingency Theory and Individual Differences: Examination of External and Internal Person-Team Fit. *Journal of Applied Psychology*, juni, pp. 599-606; en A. Drach-Zahavy en A. Freund (2007). Team Effectiveness Under Stress: A Structural Contingency Approach. *Journal of Organizational Behavior, 28*(4):423-450.
39. A.D. Chandler Jr. (1962). *Strategy and Structure: Chapters in the History of the Industrial Enterprise*. Cambridge, MA: MIT Press. Zie ook T.L. Amburgey en T. Dacin (1994). As the Left Foot Follows the Right? The Dynamics of Strategic and Structural Change. *Academy of Management Journal*, december, pp. 1427-1452.
40. K. Walker, N. Ni en B. Dyck (2015). Recipes for Successful Sustainability: Empirical Organizational Configurations for Strong Corporate Environmental Performance. *Business Strategy and the Environment, 24*(1):40-57.
41. Zie bijvoorbeeld R.E. Miles en C.C. Snow (1978). *Organizational Strategy, Structure, and Process*. New York: McGraw-Hill; D.C. Galunic en K.M. Eisenhardt (1994). Renewing the Strategy-Structure-Performance Paradigm. In: B.M. Staw en L.L. Cummings (red.). *Research in Organizational Behavior*, vol. 16. Greenwich, CT: JAI Press, pp. 215-255; en S.M. Toh, F.P. Morgeson en M.A. Campion (2008). Human Resource Configurations: Investigating Fit with the Organizational Context. *Journal of Applied Psychology, 93*(4):864-882.
42. Zie bijvoorbeeld P.M. Blau en R.A. Schoenherr (1971). *The Structure of Organizations*. New York: Basic Books; D.S. Pugh (1981). The Aston Program of Research: Retrospect and Prospect. In: A.H. van de Ven en W.F. Joyce (red.). *Perspectives on Organization Design and Behavior*. New York: Wiley, pp. 135-166; R.Z. Gooding en J.A. Wagner III (1985). A Meta-Analytic Review of the Relationship Between Size and Performance: The Productivity and Efficiency of Organizations and Their Subunits. *Administrative Science Quarterly*, december, pp. 462-481; en A.C. Bluedorn (1993). Pilgrim's Progress: Trends and Convergence in Research on Organizational Size and Environments. *Journal of Management*, zomer, pp. 163-192.
43. Zie C. Perrow (1967). A Framework for the Comparative Analysis of Organizations. *American Sociological Review*, april, pp. 194-208; J. Hage en M. Aiken (1969). Routine

Technology, Social Structure, and Organizational Goals. *Administrative Science Quarterly,* september, pp. 366-377; C.C. Miller, W.H. Glick, Y. Wang en G.P. Huber (1991). Understanding Technology-Structure Relationships: Theory Development and Meta-Analytic Theory Testing. *Academy of Management Journal,* juni, pp. 370-399; en W.D. Sine, H. Mitsuhashi, en D.A. Kirsch (2006). Revisiting Burns and Stalker: Formal Structure and New Venture Performance in Emerging Economic Sectors. *Academy of Management Journal, 49*(1):121-132.

44. Zie bijvoorbeeld J.A. Cogin en I.O. Williamson (2014). Standardize or Customize: The Interactive Effects of HRM and Environment Uncertainty on MNC Subsidiary Performance. *Human Resource Management, 53*(5):701-721; G. Kim en M.-G. Huh (2015). Exploration and Organizational Longevity: The Moderating Role of Strategy and Environment. *Asia Pacific Journal of Management, 32*(2):389-414.
45. R. Greenwood, C.R. Hinings en D. Whetten (2014). Rethinking Institutions and Organizations. *Journal of Management Studies, 51*(7):1206-1220; en D. Chandler en H. Hwang (2015). Learning from Learning Theory: A Model of Organizational Adoption Strategies at the Microfoundations of Institutional Theory. *Journal of Management, 41*(5):1446-1476.
46. J. Child en R.G. McGrath (2001). Organizations Unfettered: Organizational Form in an Information-Intensive Economy. *Academy of Management Journal,* december, pp. 1135-1148.
47. Zie bijvoorbeeld Spell en Arnold, A Multi-Level Analysis of Organizational Justice Climate, Structure, and Employee Mental Health; J.D. Shaw en N. Gupta (2004). Job Complexity, Performance, and Well-Being: When Does Supplies-Values Fit Matter? *Personnel Psychology, 57*(4):847-879; en C. Anderson en C.E. Brown (2010). The Functions and Dysfunctions of Hierarchy, *Research in Organizational Behavior, 30*:55-89.
48. T. Martin (2013, 16-17 maart). Pharmacies Feel More Heat. *The Wall Street Journal,* p. A3.
49. Zie bijvoorbeeld R.E. Ployhart, J.A. Weekley en K. Baughman (2006). The Structure and Function of Human Capital Emergence: A Multilevel Examination of the Attraction-Selection-Attrition Model. *Academy of Management Journal, 49*(4):661-677.
50. J.B. Stewart (2013, 16 maart). A Place to Play for Google Staff. *The New York Times,* p. B1.
51. P. Dvorak (2006, 22 mei). Making U.S. Management Ideas Work Elsewhere. *Wall Street Journal,* p. B3.
52. Zie bijvoorbeeld B.K. Park, J.A. Choi, M. Koo, S. Sul en I. Choi (2013). Culture, Self, and Preference Structure: Transitivity and Context Independence Are Violated More by Interdependent People. *Social Cognition, 31*(1):106-118.
53. J. Hassard, J. Morris en L. McCann (2012). 'My Brilliant Career?' New Organizational Forms and Changing Managerial Careers in Japan, the UK, and USA. *Journal of Management Studies, 49*(3):571-599.

Hoofdstuk 16

1. G. Hofstede, G.J. Hofstede en M. Minkov (2010). *Cultures and Organizations: Software of the Mind,* 3e ed. New York: McGraw-Hill, p. 47.
2. Zie bijvoorbeeld B. Schneider, M.G. Ehrhart en W. H. Macey (2013). Organizational Climate and Culture. *Annual Review of Psychology, 64*:361-388.
3. I. Borg, J.F. Groenen, K.A. Jehn, W. Bilsky en S.H. Schwartz (2011). Embedding the Organizational Culture Profile into Schwartz's Theory of Universals in Values. *Journal of Personnel Psychology, 10*(1):1-12.
4. Zie bijvoorbeeld C. Ostroff, A.J. Kinicki en M.M. Tamkins (2003). Organizational Culture and Climate. In: W.C. Borman, D.R. Ilgen en R.J. Klimoski (red.). *Handbook of Psychology: Industrial and Organizational Psychology.* Hoboken, NJ: Wiley, pp. 565-593.
5. D.A. Hoffman en L.M. Jones (2005). Leadership, Collective Personality, and Performance. *Journal of Applied Psychology, 90*(3):509-522.
6. P. Lok, R. Westwood en J. Crawford (2005). Perceptions of Organisational Subculture and Their Significance for Organisational Commitment. *Applied Psychology: An International Review, 54*(4):490-514; en B.E. Ashforth, K.M. Rogers en K.G. Corley (2011). Identity in Organizations: Exploring Cross-Level Dynamics. *Organization Science, 22*(5):1144-1156.
7. For discussion of how culture can be evaluated as a shared perception, zie D. Chan (2014). Multilevel and Aggregation Issues in Climate and Culture Research. In: B. Schneider en K.M. Barbera (red.). *The Oxford Handbook of Organizational Climate and Culture.* New York, NY: Oxford University Press, pp. 484-495.
8. L.M. Kotrba, M.A. Gillespie, A.M. Schmidt, R.E. Smerek, S.A. Ritchie en D.R. Denison (2012). Do Consistent Corporate Cultures Have Better Business Performance: Exploring the Interaction Effects. *Human Relations, 65*(2):241-262; en M.W. Dickson, C.J. Resick en P.J. Hanges (2006). When Organizational Climate Is Unambiguous, It Is Also Strong. *Journal of Applied Psychology, 91*(2):351-364.
9. M. Schulte, C. Ostroff, S. Shmulyian en A. Kinicki (2009). Organizational Climate Configurations: Relationships to Collective Attitudes, Customer Satisfaction, and Financial Performance. *Journal of Applied Psychology, 94*(3):618-634.
10. M.R. Bashshur, A. Hernández en V. González-Romá (2011). When Managers and Their Teams Disagree: A Longitudinal Look at the Consequences of Differences in Perceptions of Organizational Support. *Journal of Applied Psychology, 96*(3):558-573.
11. Zie C.A. O'Reilly en J.A. Chatman (1996). Culture as Social Control: Corporations, Cults, and Commitment. In: B.M. Staw en L.L. Cummings (red.). *Research in Organizational Behavior,* vol. 18. Greenwich, CT: JAI Press, pp. 157-200. Zie ook M. Pinae Cunha (2002). The 'Best Place to Be': Managing Control and Employee Loyalty in a Knowledge-Intensive Company. *Journal of Applied Behavioral Science,* december, pp. 481-495.
12. Y. Ling, Z. Simsek, M.H. Lubatkin en J.F. Veiga (2008). Transformational Leadership's Role in Promoting Corporate Entrepreneurship: Examining the CEO-TMT Interface. *Academy of Management Journal, 51*(3):557-576; en A. Malhotra, A. Majchrzak en B. Rosen Benson (2007). Leading Virtual Teams. *Academy of Management Perspectives, 21*(1):60-70.
13. L.R. James, C.C. Choi, C.E. Ko, P.K. McNeil, M.K. Minton, M.A. Wright en K. Kim (2008). Organizational and Psychological Climate: A Review of Theory and Research. *European Journal of Work and Organizational Psychology, 17*(1):5-32; en B. Schneider en K.M. Barbera (2014). Introduction and Overview. In: B. Schneider en K.M. Barbera (red.). *The Oxford Handbook of Organizational Climate and Culture.* New York, NY: Oxford University Press, pp. 3-22.
14. J.Z. Carr, A.M. Schmidt, J.K. Ford en R.P. DeShon (2003). Climate Perceptions Matter: A Meta-Analytic Path Analysis Relating Molar Climate, Cognitive and Affective States, and Individual Level Work Outcomes. *Journal of Applied Psychology, 88*:605-619.

15. Schulte, Ostroff, Shmulyian en Kinicki, Organizational Climate Configurations: Relationships to Collective Attitudes, Customer Satisfaction, and Financial Performance.
16. S.D. Pugh, J. Dietz, A.P. Brief en J.W. Wiley (2008). Looking Inside and Out: The Impact of Employee and Community Demographic Composition on Organizational Diversity Climate. *Journal of Applied Psychology, 93*(6):1422-1428; K.H. Ehrhart, L.A. Witt, B. Schneider en S.J. Perry (2011). Service Employees Give as They Get: Internal Service as a Moderator of the Service Climate-Service Outcomes Link. *Journal of Applied Psychology, 96*(2):423-431; en A. Simha en J.B. Cullen (2011). Ethical Climates and Their Effects on Organizational Outcomes: Implications from the Past and Prophecies for the Future. *Academy of Management Perspectives, 26*(4):20-34.
17. J.C. Wallace, P.D. Johnson, K. Mathe en J. Paul (2011). Structural and Psychological Empowerment Climates, Performance,and the Moderating Role of Shared Felt Accountability: A Managerial Perspective. *Journal of Applied Psychology, 96*(3):840-850.
18. J.M. Beus, S.C. Payne, M.E. Bergman en W. Arthur (2010). Safety Climate and Injuries: An Examination of Theoretical and Empirical Relationships. *Journal of Applied Psychology, 95*(4):713-727.
19. A. Simha en J.B. Cullen (2011). Ethical Climates and Their Effects on Organizational Outcomes: Implications from the Past and Prophecies for the Future. *Academy of Management Perspectives, 26*(4):20-34.
20. Ibid.
21. J. Howard-Greenville, S. Bertels en B. Lahneman (2014). Sustainability: How It Shapes Organizational Culture and Climate. In: B. Schneider en K.M. Barbera (red.). *The Oxford Handbook of Organizational Climate and Culture.* New York, NY: Oxford University Press, pp. 257-275.
22. P. Lacy, T. Cooper, R. Hayward en L. Neuberger (2010, juni). A New Era of Sustainability: UN Global Compact-Accenture CEO Study 2010. *Joint Report from Accenture and the United Nations: The Global Compact.* Geraadpleegd van https://www.unglobalcompact.org/docs/news_events/8.1/UNGC_Accenture_CEO_Study_2010.pdf
23. B. Fitzgerald (2015, 28 mei). Sustainable Farming Will Be Next, 'Revolution in Agriculture'. *Australian Broadcasting Company: Rural.* Geraadpleegd van http://www.abc.net.au/news/2015-05-29/state-of-tomorrow-sustainable-farming/6504842
24. A.A. Marcus en A.R. Fremeth (2009). Green Management Matters Regardless. *Academy of Management Perspectives, 23*(3):17-26.
25. P. Bansal (2003). From Issues to Actions: The Importance of Individual Concerns and Organizational Values in Responding to Natural Environmental Issues. *Organization Science, 14*(5):510-527; P. Bansal (2005). Evolving Sustainably: A Longitudinal Study of Corporate Sustainable Development. *Strategic Management Journal, 26*(3):197-218; en J. Howard-Grenville en A.J. Hoffman (2003). The Importance of Cultural Framing to the Success of Social Initiatives in Business. *Academy of Management Executive, 17*(2):70-84.
26. A.R. Carrico en M. Riemer (2011). Motivating Energy Conservation in the Workplace: An Evaluation of the Use of Group-Level Feedback and Peer Education. *Journal of Environmental Psychology, 31*(1):1-13.
27. J.P. Kotter (2012). Change Management: Accelerate! *Harvard Business Review,* november, pp. 44-58.
28. R. Walker (2012, 29 oktober). Behind the Music. *Fortune,* pp. 57-58.
29. J.P. Titlow (2014, 20 augustus). How Spotify's Music-Obsessed Culture Keeps Employees Hooked. *Fast Company.* Geraadpleegd van http://www.fastcompany.com/3034617/how-spotifys-music-obsessed-culture-makes-the-company-rock
30. E. Ries (2011). *The Lean Startup.* New York: Crown Publishing.
31. M. Herper (2012, 24 september). Niche Pharma. *Forbes,* pp. 80-89.
32. J. Bandler en D. Burke (2012, 21 mei). How HP Lost Its Way. *Fortune,* pp. 147-164.
33. G.F. Lanzara en G. Patriotta (2007). The Institutionalization of Knowledge in an Automotive Factory: Templates, Inscriptions, and the Problems of Durability. *Organization Studies, 28*(5):635-660; en T.B. Lawrence, M.K. Mauws, B. Dyck en R.F. Kleysen (2005). The Politics of Organizational Learning: Integrating Power into the 4I Framework. *Academy of Management Review,* januari, pp. 180-191.
34. L.G. Flores, W. Zheng, D. Rau en C.H. Thomas (2012). Organizational Learning: Subprocess Identification, Construct Validation, and an Empirical Test of Cultural Antecedents. *Journal of Management, 38*(2):640-667; en W.S. Shim en R.M. Steers (2012). Symmetric and Asymmetric Leadership Cultures: A Comparative Study of Leadership and Organizational Culture at Hyundai and Toyota. *Journal of World Business, 47*(4):581-591.
35. D.L. Stone, E.F. Stone-Romero en K.M. Lukaszewski (2007). The Impact of Cultural Values on the Acceptance and Effectiveness of Human Resource Management Policies and Practices. *Human Resource Management Review, 17*(2):152-165; D.R. Avery (2011). Support for Diversity in Organizations: A Theoretical Exploration of Its Origins and Offshoots. *Organizational Psychology Review, 1*(3):239-256; en A. Groggins en A.M. Ryan (2013). Embracing Uniqueness: The Underpinnings of a Positive Climate for Diversity. *Journal of Occupational and Organizational Psychology, 86*(2):264-282.
36. D. Liu, T.R. Mitchell, T.W. Lee, B.C. Holtom en T.R. Hinkin (2012). When Employees Are out of Step with Coworkers: How Job Satisfaction Trajectory and Dispersion Influence Individual and Unit-Level Voluntary Turnover. *Academy of Management Journal, 55*(6):1360-1380.
37. R.A. Weber en C.F. Camerer (2003). Cultural Conflict and Merger Failure: An Experimental Approach. *Management Science, 49*(4):400-412; I.H. Gleibs, A. Mummendey en P. Noack (2008). Predictors of Change in Postmerger Identification during a Merger Process: A Longitudinal Study. *Journal of Personality and Social Psychology, 95*(5):1095-1112; en F. Bauer en K. Matzler (2014). Antecedents of M&A Success: The Role of Strategic Complementarity, Cultural Fit, and Degree and Speed of Integration. *Strategic Management Journal, 35*(2):269-291.
38. K. Voigt (2009, 22 mei). Mergers Fail More Often Than Marriages. *CNN.* Geraadpleegd van http://edition.cnn.com/2009/BUSINESS/05/21/merger.marriage/
39. Y.L. Zhao, O.H. Erekson, T. Wang en M. Song (2012). Pioneering Advantages and Entrepreneurs' First-Mover Decisions: An Empirical Investigation for the United States and China. *Journal of Product Innovation Management, 29*(S1):190-210.
40. E.H. Schein (2010). *Organizational Culture and Leadership,* vol. 2. New York, NY: John Wiley & Sons.
41. V. Tabvuma, Y. Georgellis en T. Lange (2015). Orientation Training and Job Satisfaction: A Sector and Gender Analysis. *Human Resource Management, 54*(2):303-321; en T.N. Bauer, T. Bodner, B. Erdogan, D.M. Truxillo en J.S. Tucker (2007). Newcomer Adjustment during Organizational Socialization: A Meta-Analytic Review of Antecedents,

Outcomes, and Methods. *Journal of Applied Psychology, 92*(3):707-721.
42. R.E. Silverman (2013, 28 mei). Companies Try to Make the First Day for New Hires More Fun. *The Wall Street Journal.* ,Geraadpleegd van http://online.wsj.com/article/SB10001424127887323336104578501631475934850.html
43. D.M. Cable, F. Gino en B.R. Staats (2013). Breaking Them in or Eliciting Their Best? Reframing Socialization around Newcomers' Authentic Self-Expression. *Administrative Science Quarterly, 58*(1):1-36; en M. Wang, J. Kammeyer-Mueller en Y. Liu (2015). Context, Socialization, and Newcomer Learning. *Organizational Psychology Review, 5*(1):3-25.
44. Vrij naar J. van Maanen (1978). People Processing: Strategies of Organizational Socialisation. *Organizational Dynamics*, zomer, pp. 19-36; en E.H. Schein (1990). Organizational Culture. *American Psychologist*, februari, p. 116.
45. W.R. Boswell, A.J. Shipp, S.C. Payne en S.S. Culbertson (2009). Changes in Newcomer Job Satisfaction Over Time: Examining the Pattern of Honeymoons and Hangovers. *Journal of Applied Psychology, 94*(4):844-858; en W.R. Boswell, J.W. Boudreau en J. Tichy (2005). The Relationship between Employee Job Change and Job Satisfaction: The Honeymoon- Hangover Effect. *Journal of Applied Psychology, 90*(5):882-892.
46. J.D. Kammeyer-Mueller, C.R. Wanberg, A.L. Rubenstein en Z. Song (2013). Support, Undermining, and Newcomer Socialization: Fitting in during the First 90 Days. *Academy of Management Journal, 56*(4):1104-1124; en M. Jokisaari en J. Nurmi (2009). Change in Newcomers' Supervisor Support and Socialization Outcomes after Organizational Entry. *Academy of Management Journal, 52*(3):527-544.
47. C. Vandenberghe, A. Panaccio, K. Bentein, K. Mignonac en P. Roussel (2011). Assessing Longitudinal Change of and Dynamic Relationships Among Role Stressors, Job Attitudes, Turnover Intention, and Well-Being in Neophyte Newcomers. *Journal of Organizational Behavior, 32*(4):652-671.
48. D.C. Hambrick en P.A. Mason (1984). Upper Echelons: The Organization as a Reflection of Its Top Managers. *Academy of Management Review*, april, pp. 193-206; M.A. Carpenter, M.A. Geletkanycz en W.G. Sanders (2004). Upper Echelons Research Revisited: Antecedents, Elements, and Consequences of Top Management Team Composition. *Journal of Management, 30*(6):749-778; en H. Wang, A.S. Tsui en K.R. Xin (2011). CEO Leadership Behaviors, Organizational Performance, and Employees' Attitudes. *The Leadership Quarterly, 22*(1):92-105.
49. C. Handy (2007). *Understanding organizations.* Penguin books.
50. Zie http://www.010projecten.nl/cms/?q=node/28
51. M.G. Pratt en A. Rafaeli (2006). Artifacts and Organizations: Understanding Our Objective Reality. In: A. Rafaeli en M.G. Pratt. *Artifacts and Organizations: Beyond Mere Symbolism.* Mahwah, NJ: Lawrence Erlbaum, pp. 279-288.
52. B. Gruley (2012, 17-23 september). Relaxed Fit. *Bloomberg Businessweek*, pp. 98-99.
53. M. Moskowitz en R. Levering (2012, 6 februari). The 100 Best Companies to Work For. *Fortune*, pp. 117-124.
54. E. Ransdell (2000). The Nike Story? Just Tell It! *Fast Company*, januari- februari, pp. 44-46; en A. Muccino (2011, 4 februari). Exclusive Interview with Chuck Eichten. *Liquid Brand Summit Blog.* Geraadpleegd van http://blog.liquidbrandsummit.com/.
55. S.L. Dailey en L. Browning (2014). Retelling Stories in Organizations: Understanding the Functions of Narrative Repetition. *Academy of Management Review, 39*(1):22-43.
56. A.J. Shipp en K.J. Jansen (2011). Reinterpreting Time in Fit Theory: Crafting and Recrafting Narratives of Fit in Medias Res. *Academy of Management Review, 36*(1):76-101.
57. Zie G. Islam en M.J. Zyphur (2009). Rituals in Organizations: A Review and Expansion of Current Theory. *Group and Organization Management, 34*(1):114-139.
58. D.M. Mayer, M. Kuenzi, R. Greenbaum, M. Bardes en S. Salvador (2009). How Low Does Ethical Leadership Flow? Test of a Trickle-Down Model. *Organizational Behavior and Human Decision Processes, 108*(1):1-13; en L.J. Christensen, A. Mackey en D. Whetten (2014). Taking Responsibility for Corporate Social Responsibility: The Role of Leaders in Creating, Implementing, Sustaining, or Avoiding Socially Responsible Firm Behaviors. *Academy of Management Perspectives, 28*(2):164-178.
59. B. Sweeney, D. Arnold en B. Pierce (2010). The Impact of Perceived Ethical Culture of the Firm and Demographic Variables on Auditors' Ethical Evaluation and Intention to Act Decisions. *Journal of Business Ethics, 93*(4):531-551.
60. M.L. Gruys, S.M. Stewart, J. Goodstein, M.N. Bing, en A.C. Wicks (2008). Values Enactment in Organizations: A Multi-Level Examination. *Journal of Management, 34*(4):806-843.
61. A. Ardichvilli, J.A. Mitchell en D. Jondle (2009). Characteristics of Ethical Business Cultures. *Journal of Business Ethics, 85*(4):445-451; en D.M. Mayer (2014). A Review of the Literature on Ethical Climate and Culture. In: B. Schneider en K.M. Barbera (red.). *The Oxford Handbook of Organizational Climate and Culture.* New York, NY: Oxford University Press, pp. 415-440.
62. J.P. Mulki, J.F. Jaramillo en W.B. Locander (2009). Critical Role of Leadership on Ethical Climate and Salesperson Behaviors. *Journal of Business Ethics, 86*(2):125-141; en M. Schminke, M.L. Ambrose en D.O. Neubaum (2005). The Effect of Leader Moral Development on Ethical Climate and Employee Attitudes. *Organizational Behavior and Human Decision Processes, 97*(2):135-151.
63. S. Fineman (2006). On Being Positive: Concerns and Counterpoints. *Academy of Management Review, 31*(2):270-291.
64. E. Poole (2009). Organisational Spirituality: A Literature Review. *Journal of Business Ethics, 84*(4):577-588.
65. L.W. Fry en J.W. Slocum (2008). Managing the Triple Bottom Line through Spiritual Leadership. *Organizational Dynamics, 37*(1):86-96.
66. Zie bijvoorbeeld C.L. Jurkiewicz en R.A. Giacalone (2004). A Values Framework for Measuring the Impact of Workplace Spirituality on Organizational Performance. *Journal of Business Ethics, 49*(2):129-142.
67. Zie bijvoorbeeld B.S. Pawar (2009). Workplace Spirituality Facilitation: A Comprehensive Model. *Journal of Business Ethics, 90*(3):375-386; en L. Lambert (2009). *Spirituality Inc.: Religion in the American Workplace.* New York: University Press.
68. M. Oppenheimer (2012, 23 augustus). The Rise of the Corporate Chaplain. *Bloomberg Businessweek*, pp. 58-61.
69. M. Lips-Miersma, K.L. Dean en C.J. Fornaciari (2009). Theorizing the Dark Side of the Workplace Spirituality Movement. *Journal of Management Inquiry, 18*(4):288-300.
70. J.-C. Garcia-Zamor (2003). Workplace Spirituality and Organizational Performance. *Public Administration Review, 63*(3):355-363; en L.W. Fry, S.T. Hannah, M. Noel en F.O. Walumbwa (2011). Impact of Spiritual Leadership on Unit Performance. *Leadership Quarterly, 22*(2):259-270.

71. A. Rego en M. Pina e Cunha (2008). Workplace Spirituality and Organizational Commitment: An Empirical Study. *Journal of Organizational Change Management, 21*(1):53-75; R.W. Kolodinsky, R.A. Giacalone en C.L. Jurkiewicz (2008). Workplace Values and Outcomes: Exploring Personal, Organizational, and Interactive Workplace Spirituality. *Journal of Business Ethics, 81*(2):465-480; en M. Gupta, V. Kumar en M. Singh (2014). Creating Satisfied Employees through Workplace Spirituality: A Study of the Private Insurance Sector in Punjab, India. *Journal of Business Ethics, 122*(1):79-88.
72. B. Schneider, H.W. Goldstein en D.B. Smith (1995). The ASA Framework: An Update. *Personnel Psychology*, winter, pp. 747-773; D.M. Cable en T.A. Judge (1997). Interviewers' Perceptions of Person-Organization Fit and Organizational Selection Decisions. *Journal of Applied Psychology*, augustus, pp. 546-561; M.L. Verquer, T.A. Beehr en S.H. Wagner (2003). A Meta-Analysis of Relations Between Person-Organization Fit and Work Attitudes. *Journal of Vocational Behavior*, december, pp. 473-489; en W. Li, Y. Wang, P. Taylor, K. Shi en D. He (2008). The Influence of Organizational Culture on Work-Related Personality Requirement Ratings: A Multilevel Analysis. *International Journal of Selection and Assessment, 16*(4):366-384.
73. J.D. Kammeyer-Mueller en C.R. Wanberg (2003). Unwrapping the Organizational Entry Process: Disentangling Multiple Antecedents and Their Pathways to Adjustment. *Journal of Applied Psychology, 88*:779-794; E.W. Morrison (2003). Longitudinal Study of the Effects of Information Seeking on Newcomer Socialization. *Journal of Applied Psychology, 78*:173-183; en M. Wang, Y. Zhan, E. McCune en D. Truxillo (2011). Understanding Newcomers' Adaptability and Work-Related Outcomes: Testing the Mediating Roles of Perceived P-E Fit Variables. *Personnel Psychology, 64*(1):163-189.
74. J. van Maanen en E.H. Schein (1977). Career Development. In: J.R. Hackman en J.L. Suttle (red.). *Improving Life at Work*. Santa Monica, CA: Goodyear Publishing, pp. 30-95.
75. E.W. Morrison (2002). Newcomers' Relationships: The Role of Social Network Ties During Socialization. *Academy of Management Journal, 45*:1149-1160.
76. T.N. Bauer, T. Bodner, B. Erdogan, D.M. Truxillo en J.S. Tucker (2007). Newcomer Adjustment During Organizational Socialization: A Meta-Analytic Review of Antecedents, Outcomes, and Methods. *Journal of Applied Psychology, 92*(3):707-721.
77. G. Hofstede, G.J. Hofstede en M. Minkov (2010). *Cultures and Organizations: Software of the Mind*, 3e editie. New York: McGraw-Hill, p. 294.
78. P. Dvorak (2006, 3 april). A Firm's Culture Can Get Lost in Translation. *Wall Street Journal*, pp. B1, B3; K. Kranhold (2006, 11 september). The Immelt Era, Five Years Old, Transforms GE. *Wall Street Journal*, , pp. B1, B3; en S. McCartney (2006, 11 april). Teaching Americans How to Behave Abroad. *Wall Street Journal*, pp. D1, D4.

Hoofdstuk 17

1. M. Hammer en J. Champy (1993). *Reengineering the Corporation: A Manifesto for Business Revolution*. New York: Harper-Business.
2. Zie bijvoorbeeld J. Birkinshaw, G. Hamel en M. J. Mol (2008). Management Innovation. *Academy of Management Review, 33*(4):825-845; en J. Welch en S. Welch (2008, 20 oktober). What Change Agents Are Made Of. *BusinessWeek*, p. 96.
3. P.G. Audia en S. Brion (2007). Reluctant to Change: Self-Enhancing Responses to Diverging Performance Measures. *Organizational Behavior and Human Decision Processes, 102*:255-269.
4. M. Fugate, A.J. Kinicki en G.E. Prussia (2008). Employee Coping with Organizational Change: An Examination of Alternative Theoretical Perspectives and Models. *Personnel Psychology, 61*(1):1-36.
5. R.B.L. Sijbom, O. Janssen en N.W. van Yperen (2015). How to Get Radical Creative Ideas into a Leader's Mind? Leader's Achievement Goals and Subordinates' Voice of Creative Ideas. *European Journal of Work and Organizational Psychology, 24*(2):279-296.
6. J.P. Kotter en L.A. Schlesinger (1979). Choosing Strategies for Change. *Harvard Business Review*, maart-april, pp. 106-114.
7. P.C. Fiss en E.J. Zajac (2006). The Symbolic Management of Strategic Change: Sensegiving via Framing and Decoupling. *Academy of Management Journal, 49*(6):1173-1193.
8. Q.N. Huy (2002). Emotional Balancing of Organizational Continuity and Radical Change: The Contribution of Middle Managers. *Administrative Science Quarterly*, maart, pp. 31-69; D.M. Herold, D.B. Fedor en S.D. Caldwell (2007). Beyond Change Management: A Multilevel Investigation of Contextual and Personal Influences on Employees' Commitment to Change. *Journal of Applied Psychology, 92*(4):942-951; en G.B. Cunningham (2006). The Relationships Among Commitment to Change, Coping with Change, and Turnover Intentions. *European Journal of Work and Organizational Psychology, 15*(1):29-45.
9. J.P. Kotter (1995). Leading Changes: Why Transformation Efforts Fail. *Harvard Business Review*, maart-april, pp. 59-67; en J.P. Kotter (1996). *Leading Change*. Harvard Business School Press.
10. K. van Dam, S. Oreg en B. Schyns (2008). Daily Work Contexts and Resistance to Organisational Change: The Role of Leader-Member Exchange, Development Climate, and Change Process Characteristics. *Applied Psychology: An International Review, 57*(2):313-334.
11. A.H.Y. Hon, M. Bloom en J.M. Crant (2014). Overcoming Resistance to Change and Enhancing Creative Performance. *Journal of Management, 40*(3):919-941.
12. S. Oreg en N. Sverdlik (2011). Ambivalence toward Imposed Change: The Conflict between Dispositional Resistance to Change and the Orientation toward the Change Agent. *Journal of Applied Psychology, 96*(2):337-349.
13. D.B. Fedor, S. Caldwell en D.M. Herold (2006). The Effects of Organizational Changes on Employee Commitment: A Multilevel Investigation. *Personnel Psychology, 59*:1-29; en R.D. Foster (2010). Resistance, Justice, and Commitment to Change. *Human Resource Development Quarterly, 21*(1):3-39.
14. S. Oreg (2006). Personality, Context, and Resistance to Organizational Change. *European Journal of Work and Organizational Psychology, 15*(1):73-101.
15. S.M. Elias (2009). Employee Commitment in Times of Change: Assessing the Importance of Attitudes Toward Organizational Change. *Journal of Management, 35*(1):37-55.
16. S. Oreg (2006). Personality, Context, and Resistance to Organizational Change. *European Journal of Work and Organizational Psychology, 15*(1):73-101.
17. L. de Caluwe, H. Vermaak (2006). *Leren veranderen, handboek voor de veranderkundige*. Deventer: Kluwer.
18. J.D. Ford, L.W. Ford en A. D'Amelio (2008). Resistance to hange: The Rest of the Story. *Academy of Management Review, 33*(2):362-377.
19. Zie bijvoorbeeld: A. Karaevli (2007). Performance Consequences for New CEO 'Outsiderness': Moderating Effects of

Pre- and Post-Succession Contexts. *Strategic Management Journal, 28*(7):681-706.
20. J. Manchester et al. (2014). Facilitating Lewin's Change Model with Collaborative Evaluation in Promoting Evidence Based Practices of Health Professionals. *Evaluation and Program Planning, 47*:82-90.
21. P.G. Audia, E.A. Locke en K.G. Smith (2000). The Paradox of Success: An Archival and a Laboratory Study of Strategic Persistence Following Radical Environmental Change. *Academy of Management Journal*, oktober, pp. 837-853; en P.G. Audia en S. Brion (2007). Reluctant to Change: Self-Enhancing Responses to Diverging Performance Measures. *Organizational Behavior and Human Decision Processes, 102*(2):255-269.
22. J.B. Sorensen (2002). The Strength of Corporate Culture and the Reliability of Firm Performance. *Administrative Science Quarterly*, maart, pp. 70-91.
23. J. Kim (2015). Use of Kotter's Leading Change Model to Develop and Implement a Heart Failure Education Program for Certified Nursing Assistants in a Long-Term Care Facility. *Nursing Research, 64*(2):E35; en J. Pollack en R. Pollack (2015). Using Kotter's Eight Stage Process to Manage an Organisational Change Program: Presentation and Practice. *Systemic Practice and Action Research, 28*(1):41-66.
24. Gebaseerd op M. du Plessis (2011). Re-implementing an Individual Performance Management System as a Change Intervention at Higher Education Institutions Overcoming Staff Resistance. *Proceedings of the 7th European Conference on Management Leadership and Governance*, pp. 105-115.
25. Zie bijvoorbeeld L.S. Lüscher en M.W. Lewis (2008). Organizational Change and Managerial Sensemaking: Working through Paradox. *Academy of Management Journal, 51*(2):221-240.
26. Voor een bespreking van verschillende definities van Organisatieontwikkeling (OO) zie H.K. Sinangil en F. Avallone (2001). Organizational Development and Change. In: N. Anderson, D.S. Ones, H.K. Sinangil en C. Viswesvaran (red.). *Handbook of Industrial, Work and Organizational Psychology*, vol. 2. Thousand Oaks, CA: Sage, pp. 332-335; R.J. Marshak en D. Grant (2008). Organizational Discourse and New Organization Development Practices. *British Journal of Management, 19*(1):S7-S19.
27. Zie bijvoorbeeld R. Lines (2004). Influence of Participation in Strategic Change: Resistance, Organizational Commitment and Change Goal Achievement. *Journal of Change Management*, september, pp. 193-215.
28. M.J. Mol en J. Birkinshaw (2014). The Role of External Involvement in the Creation of Management Innovations. *Organization Studies, 35*(9):1287-1312; en R. Slater en A. Coyle (2014). The Governing of the Self/the Self-Governing Self: Multi-Rater Feedback and Practices 1940-2011. *Theory & Psychology, 24*(2):233-255.
29. J.E. Edwards en M.D. Thomas (1993). The Organizational Survey Process: General Steps and Practical Considerations. In: P. Rosenfeld, J.E. Edwards en M.D. Thomas (red.). *Improving Organizational Surveys: New Directions, Methods,and Applications.* Newbury Park, CA: Sage, pp. 3-28.
30. E.H. Schein (1988). *Process Consultation: Its Role in Organizational Development*, 2e ed. Reading, MA: Addison-Wesley, p. 9. Zie ook E.H. Schein (1999). *Process Consultation Revisited: Building Helpful Relationships.* Reading, MA: Addison-Wesley.
31. W.W.G. Dyer, W.G. Dyer en J.H. Dyer (2007). *Team Building: Proven Strategies for Improving Team Performance.* Hoboken, NJ: Jossey-Bass.
32. U. Wagner, L. Tropp, G. Finchilescu en C. Tredoux (red.) (2008). *Improving Intergroup Relations.* New York: Wiley-Blackwell.
33. Zie bijvoorbeeld R. Fry, F. Barrett, J. Seiling en D. Whitney (red.) (2002). *Appreciative Inquiry & Organizational Transformation: Reports from the Field.* Westport, CT: Quorum; J.K. Barge en C. Oliver (2003). Working with Appreciation in Managerial Practice. *Academy of Management Review*, januari, pp. 124-142; D. van der Haar en D.M. Hosking (2004). Evaluating Appreciative Inquiry: A Relational Constructionist Perspective. *Human Relations*, augustus, pp. 1017-1036. Zie ook B. Verleysen, F. Lambrechts en F. van Acker (2015). Building Psychological Capital with Appreciative Inquiry: Investigating the Mediating Role of Basic Psychological Need Satisfaction. *Journal of Applied Behavioral Science, 51*(1):10-35.
34. A.B. Tiggelaar (2015). *Dromen, durven, doen*, Houten: Spectrum.
35. Zie bijvoorbeeld http://www.thijsdelacourt.nl/post/63358598959/dromen-durven-doen-denken-doorzetten
36. P. Jarzabkowski, J. Le en A. van de Ven (2013). Responding to Competing Strategic Demands: How Organizing, Belonging, and Performing Paradoxes Coevolve. *Strategic Organization, 11*(3):245-280; en W.K. Smith (2014). Dynamic Decision Making: A Model of Senior Leaders Managing Strategic Paradoxes. *Academy of Management Journal, 57*(6):1592-1623.
37. J. Jay (2013). Navigating Paradox as a Mechanism of Change and Innovation in Hybrid Organizations. *Academy of Management Journal, 56*(1):137-159.
38. Y. Zhang, D. A. Waldman, Y. Han en X. Li (2015). Paradoxical Leader Behaviors in People Management: Antecedents and Consequences. *Academy of Management Journal, 58*(2):538-566.
39. Harrington (2003, 10 november). Who's Afraid of a New Product? *Fortune*, , pp. 189-192; C.C. Manz, F. Shipper en G.L. Stewart (2009). Everyone a Team Leader: Shared Influence at W.L. Gore and Associates. *Organizational Dynamics, 38*(3):239-244.
40. Zie bijvoorbeeld R.M. Kanter (1988). When a Thousand Flowers Bloom: Structural, Collective and Social Conditions for Innovation in Organizations. In: B.M. Staw en L.L. Cummings (red.). *Research in Organizational Behavior*, vol. 10. Greenwich, CT: JAI Press, pp. 169-211; en G.P. Pisano (2015). You Need an Innovation Strategy. *Harvard Business Review*, juni, pp. 44-54.
41. H.W. Volberda, F.A.J. van den Bosch en C.V. Heij (2013). Management Innovation: Management as Fertile Ground for Innovation. *European Management Review, 10*(1):1-15.
42. F. Damanpour (1991). Organizational Innovation: A Meta-Analysis of Effects of Determinants and Moderators. *Academy of Management Journal*, september, p. 557.
43. Zie P.R. Monge, M.D. Cozzens en N.S. Contractor (1992). Communication and Motivational Predictors of the Dynamics of Organizational Innovation. *Organization Science*, mei, pp. 250-274; en P. Schepers en P.T. van den Berg (2007). Social Factors of Work-Environment Creativity. *Journal of Business and Psychology, 21*(3):407-428.
44. S. Chang, L. Jia, R. Takeuchi en Y. Cai (2014). Do High-Commitment Work Systems Affect Creativity? A Multilevel Combinational Approach to Employee Creativity. *Journal of Applied Psychology, 99*(4):665-680.

45. D.L. Day (1994). Raising Radicals: Different Processes for Championing Innovative Corporate Ventures. *Organization Science,* mei, pp. 148-172; M.E. Mullins, S.W.J. Kozlowski, N. Schmitt en A.W. Howell (2008). The Role of the Idea Champion in Innovation: The Case of the Internet in the Mid-1990s. *Computers in Human Behavior, 24*(2):451-467.
46. J.M. Howell en C.A. Higgins (1990). Champions of Change: Identifying, Understanding, and Supporting Champions of Technological Innovations. *Organizational Dynamics, 19*:40-55; en S.C. Parker (2011). Intrapreneurship or Entrepreneurship? *Journal of Business Venturing, 26*(1):19-34.
47. T.B. Lawrence, M.K. Mauws, B. Dyck en R.F. Kleysen (2005). The Politics of Organizational Learning: Integrating Power into the 4I Framework. *Academy of Management Review, 30*(1):180-191.
48. J. Kim, T. Egan en H. Tolson (2015). Examining the Dimensions of the Learning Organization Questionnaire: A Review and Critique of Research Utilizing the DLOQ. *Human Resource Development Review, 14*(1):91-112.
49. L. Berghman, P. Matthyssens, S. Streukens en K. Vandenbempt (2013). Deliberate Learning Mechanisms for Stimulating Strategic Innovation Capacity. *Long Range Planning, 46*(1-2):39-71.
50. Gebaseerd op P.M. Senge (2006). *The Fifth Discipline: The Art and Practice of the Learning Organ*ization. New York: Doubleday.
51. M.-G. Seo, M.S. Taylor, N.S. Hill, X. Zhang, P.E. Tesluk en N.M. Lorinkova (2012). The Role of Affect and Leadership during Organizational Change. *Personnel Psychology, 65*(1):121-165.
52. M. Fugate, G. E. Prussia en A. J. Kinicki (2012). Managing Employee Withdrawal during Organizational Change: The Role of Threat Appraisal. *Journal of Management, 38*(3):890-914.
53. J. Shin, M.S. Taylor en M.-G. Seo (2012). Resources for Change: The Relationships of Organizational Inducements and Psychological Resilience to Employees' Attitudes and Behaviors toward Organizational Change. *Academy of Management Journal, 55*(3):727-748.
54. Zie K. Slobogin, Many U.S. Employees Feel Overworked, Stressed, Study Says. Geraadpleegd van www.cnn.com; en S. Armour (2003, 29 juli). Rising Job Stress Could Aff ect Bottom Line. *USA Today*, p. 1B.
55. American Psychological Association (2015). *Stress in America: Paying with Our Health.* Geraadpleegd van http://www.apa.org/news/press/releases/stress/2014/stress-report.pdf
56. R.S. Schuler (1980). Definition and Conceptualization of Stress in Organizations. *Organizational Behavior and Human Performance,* april, p. 189. Voor herziene review definities, zie C.L. Cooper, P.J. Dewe en M.P. O'Driscoll (2002). *Organizational Stress: A Review and Critique of Theory, Research, and Applications.* Thousand Oaks, CA: Sage.
57. Zie bijvoorbeeld M.A. Cavanaugh, W.R. Boswell, M.V. Roehling en J.W. Boudreau (2000). An Empirical Examination of Self-Reported Work Stress Among U.S. Managers. *Journal of Applied Psychology,* februari, pp. 65-74.
58. What Is Stress? *The American Institute of Stress website.* Geraadpleegd op 24 februari 2016, van http://www.stress.org/what-is-stress
59. N.P. Podsakoff, J.A. LePine en M.A. LePine (2007). Differential Challenge-Hindrance Stressor Relationships with Job Attitudes, Turnover Intentions, Turnover, and Withdrawal Behavior: A Meta-Analysis. *Journal of Applied Psychology, 92*(2):438-454; en J.A. LePine, M.A. LePine en C.L. Jackson (2004). Challenge and Hindrance Stress: Relationships with Exhaustion, Motivation to Learn, and Learning Performance. *Journal of Applied Psychology,* oktober, pp. 883-891.
60. L.W. Hunter en S.M.B. Thatcher (2007). Feeling the Heat: Effects of Stress, Commitment, and Job Experience on Job Performance. *Academy of Management Journal, 50*(4):953-968.
61. J.C. Wallace, B.D. Edwards, T. Arnold, M.L. Frazier en D.M. Finch (2009). Work Stressors, Role-Based Performance, and the Moderating Influence of Organizational Support. *Journal of Applied Psychology, 94*(1):254-262.
62. N.W. van Yperen en O. Janssen (2002). Fatigued and Dissatisfied or Fatigued but Satisfied? Goal Orientations and Responses to High Job Demands. *Academy of Management Journal,* december, pp. 1161-1171; en N.W. van Yperen en M. Hagedoorn (2003). Do High Job Demands Increase Intrinsic Motivation or Fatigue or Both? The Role of Job Control and Job Social Support. *Academy of Management Journal,* juni, pp. 339-348.
63. Stress in America: Paying with Our Health (2015, 4 februari). *American Psychological Association press release.* Geraadpleegd van https://www.apa.org/news/press/releases/stress/2014/stress-report.pdf
64. J. de Jonge en C. Dormann (2006). Stressors, Resources, and Strain at Work: A Longitudinal Test of the Triple-Match Principle. *Journal of Applied Psychology, 91*(5):1359-1374.
65. D.C. Ganster en C.C. Rosen (2013). Work Stress and Employee Health: A Multidisciplinary Review. *Journal of Management, 39*(5):1085-1122.
66. P. Sterling (2012). Allostasis: A Model of Predictive Regulation. *Physiology & Behavior, 106*(1):5-15.
67. S. Gilboa, A. Shirom, Y. Fried en C. L. Cooper (2008). A Meta-Analysis of Work Demand Stressors and Job Performance: Examining Main and Moderating Effects. *Personnel Psychology, 61*(2):227-271.
68. A.E. Rafferty en M.A. Griffin (2007). Perceptions of Organizational Change: A Stress and Coping Perspective. *Journal of Applied Psychology, 71*(5):1154-1162.
69. R. Ilies, N. Dimotakis en I.E. De Pater (2010). Psychological and Physiological Reactions to High Workloads: Implications for Well-Being. *Personnel Psychology, 63*(2):407-436; en A.B. Bakker, E. Demerouti en A.I. Sanz-Vergel (2014). Burnout and Work Engagement: The JD-R Approach. *Annual Review of Organizational Psychology and Organizational Behavior, 1*:389-411.
70. T.L. Smith-Jackson en K.W. Klein (2009). Open-Plan Offices: Task Performance and Mental Workload. *Journal of Environmental Psychology, 29*(2):279-289.
71. C. Fritz en S. Sonnentag (2009). Antecedents of Day-Level Proactive Behavior: A Look at Job Stressors and Positive Affect during the Workday. *Journal of Management, 35*(1):94-111.
72. S. Lim, L.M. Cortina en V.J. Magley (2008). Personal and Workgroup Incivility: Impact on Work and Health Outcomes. *Journal of Applied Psychology, 93*(1):95-107; N.T. Buchanan en L.F. Fitzgerald (2008). Effects of Racial and Sexual Harassment on Work and the Psychological Well-Being of African American Women. *Journal of Occupational Health Psychology, 13*(2):137-151; C.R. Willness, P. Steel en K. Lee (2007). A Meta-Analysis of the Antecedents and Consequences of Workplace Sexual Harassment. *Personnel Psychology, 60*(1):127-162; en B. Moreno-Jimenez, A. Rodriguez-Munoz, J.C. Pastor, A.I. Sanz-Vergel en E. Garrosa (2009). The Moderating Effects of Psychological Detachment and Thoughts of Revenge in Workplace Bullying. *Personality and Individual Differences, 46*(3):359-364.

73. L. Yang, J. Bauer, R.E. Johnson, M.W. Groer en K. Salomon (2014). Physiological Mechanisms That Underlie the Effects of Interactional Unfairness on Deviant Behavior: The Role of Cortisol Activity. *Journal of Applied Psychology, 99*(2):310-321.
74. M.T. Schmitt, N.R. Branscombe, T. Postmes en A. Garcia (2014). The Consequences of Perceived Discrimination for Psychological Well-Being: A Meta-Analytic Review. *Psychological Bulletin, 140*(4):921-948.
75. Stress in America: Paying with Our Health (2015, 4 february). *American Psychological Association press release.* Geraadpleegd van http://www.apa.org/news/press/releases/stress/2014/stress-report.pdf
76. Q. Hu, W.B. Schaufeli en T.W. Taris (2011). The Job Demands-Resources Model: An Analysis of Additive and Joint Effects of Demands and Resources. *Journal of Vocational Behavior, 79*(1):181-190.
77. E.R. Crawford, J.A. LePine en B.L. Rich (2010). Linking Job Demands and Resources to Employee Engagement and Burnout: A Theoretical Extension and Meta-Analytic Test. *Journal of Applied Psychology, 95*(5):834-848.
78. Zie J.B. Halbesleben (2006). Sources of Social Support and Burnout: A Meta-Analytic Test of the Conservation of Resources Model. *Journal of Applied Psychology, 91*(5):1134-1145; N. Bolger en D. Amarel (2007). Effects of Social Support Visibility on Adjustment to Stress: Experimental Evidence. *Journal of Applied Psychology, 92*(3):458-475; en C. Fernet, M. Gagne en S. Austin (2010). When Does Quality of Relationships with Coworkers Predict Burnout over Time? The Moderating Role of Work Motivation. *Journal of Organizational Behavior, 31*(8):1163-1180.
79. J.B. Avey, F. Luthans en S.M. Jensen (2009). Psychological Capital: A Positive Resource for Combating Employee Stress and Turnover. *Human Resource Management, 48*(5):677-693.
80. Zie bijvoorbeeld C.M. Middeldorp, D.C. Cath, A.L. Beem, G. Willemsen en D.I. Boomsma (2008). Life Events, Anxious Depression, and Personality: A Prospective and Genetic Study. *Psychological Medicine, 38*(11):1557-1565; en A.A. Uliaszek et al. (2010). The Role of Neuroticism and Extraversion in the Stress-Anxiety and Stress-Depression Relationships. *Anxiety, Stress, and Coping, 23*(4):363-381.
81. J.D. Kammeyer-Mueller, T.A. Judge en B.A. Scott (2009). The Role of Core Self-Evaluations in the Coping Process. *Journal of Applied Psychology, 94*(1):177-195.
82. M. Kivimäki, J. Head, J.E. Ferrie, E. Brunner, M.G. Marmot, J. Vahtera en M.J. Shipley (2006). Why Is Evidence on Job Strain and Coronary Heart Disease Mixed? An Illustration of Measurement Challenges in the Whitehall II Study. *Psychosomatic Medicine, 68*(3):398-401.
83. M. Borritz, K.B. Christensen, U. Bültmann, R. Rugulies, T. Lund, I. Andersen, E. Villadsen, F. Didreichsen en T.S. Krisensen (2010). Impact on Burnout and Psychosocial Work Characteristics on Future Long-Term Sickness Absence, Prospective Results of the Danish PUMA Study Among Human Service Workers. *Journal of Occupational and Environmental Medicine, 52*(10):964-970; en B.D. Steffy en J.W. Jones (1988). Workplace Stress and Indicators of Coronary-Disease Risk. *Academy of Management Journal, 31*(3):686-698.
84. R. Illies, N. Dimotakis en I.E. DePater (2010). Psychological and Physiological Reactions to High Workloads: Implications for Well-Being. *Personnel Psychology, 63*(2):407-463.
85. D. Örtqvist en J. Wincent (2006). Prominent Consequences of Role Stress: A Meta-Analytic Review, *International Journal of Stress Management, 13*(4):399-422.
86. J.J. Hakanen, A.B. Bakker en M. Jokisaari (2011). A 35-Year Follow-Up Study on Burnout Among Finnish Employees. *Journal of Occupational Health Psychology, 16*(3):345-360; E.R. Crawford, J.A. LePine en B.L. Rich (1995). Linking Job Demands and Resources to Employee Engagement and Burnout. *Journal of Applied Psychology, 95*(5):834-848; G.A. Chung-Yan (2010). The Nonlinear Effects of Job Complexity and Autonomy on Job Satisfaction, Turnover, and Psychological Well-Being. *Journal of Occupational Health Psychology, 15*(3):237-251.
87. L.L. Meier, N.K. Semmer, A. Elfering en N. Jacobshagen (2008). The Double Meaning of Control: Three-Way Interactions Between Internal Resources, Job Control, and Stressors at Work. *Journal of Occupational Health Psychology, 13*(3):244-258.
88. E.M. de Croon, J.K. Sluiter, R.W.B. Blonk, J.P.J. Broersen en M.H.W. Frings-Dresen (2004). Stressful Work, Psychological Job Strain, and Turnover: A 2-Year Prospective Cohort Study of Truck Drivers. *Journal of Applied Psychology,* juni, pp. 442-454; R. Cropanzano, D.E. Rupp en Z.S. Byrne (2003). The Relationship of Emotional Exhaustion to Work Attitudes, Job Performance, and Organizational Citizenship Behaviors. *Journal of Applied Psychology,* februari, pp. 160-169; S. Diestel en K. Schmidt (2011). Costs of Simultaneous Coping with Emotional Dissonance and Self-Control Demands at Work: Results from Two German Samples. *Journal of Applied Psychology, 96*(3):643-653.
89. Y.-C. Wu (2011). Job Stress and Job Performance among Employees on the Taiwanese Finance Sector: The Role of Emotional Intelligence. *Social Behavior and Personality, 39*(1):21-31. This study was replicated with similar results in U. Yozgat, S. Yurtkoru en E. Bilginoglu (2013). Job Stress and Job Performance among Employees in Public Sector in Istanbul: Examining the Moderating Role of Emotional Intelligence. In: E. Eren (red.). *Procedia – Social and Behavioral Sciences,* vol. 75, pp. 518-524.
90. Zie ook J.M. Ivancevich, M.T. Matteson, S.M. Freedman en J.S. Phillips (1990). Worksite Stress Management Interventions. *American Psychologist,* februari, pp. 252-261; R. Schwarzer (2004). Manage Stress at Work Through Preventive and Proactive Coping. In: E.A. Locke (ed.). *Handbook of Principles of Organizational Behavior.* Malden, MA: Blackwell, pp. 342-355; en K.M. Richardson en H.R. Rothstein (2008). Effects of Occupational Stress Management Intervention Programs: A Meta-Analysis. *Journal of Occupational Health Psychology, 13*(1):69-93.
91. R.W. Renn, D.G. Allen en T.M. Huning (2011). Empirical Examination of Individual-Level Personality-Based Theory of Self-Management Failure. *Journal of Organizational Behavior, 32*(1):25-43; P. Gröpel en P. Steel (2008). A Mega-Trial Investigation of Goal Setting, Interest Enhancement, and Energy on Procrastination. *Personality and Individual Differences, 45*(5):406-411.
92. S. Klaperski, B. von Dawans, M. Heinrichs en R. Fuchs (2013). Does the Level of Physical Exercise Affect Physiological and Psychological Responses to Psychosocial Stress in Women? *Psychology of Sport and Exercise, 14*(2):266-274.
93. K.M. Richardson en H.R. Rothstein (2008). Effects of Occupational Stress Management Intervention Programs: A Meta-Analysis. *Journal of Occupational Health Psychology, 13*(1):69-93.
94. V.C. Hahn, C. Binnewies, S. Sonnentag en E.J. Mojza (2011). Learning How to Recover From Job Stress: Effects of a Recovery Training Program on Recovery, Recovery-Related Self-Efficacy, and Well-Being. *Journal of Occupational Health Psychology, 16*(2):202-216; en C. Binnewies, S. Sonnentag en

E.J. Mojza (2010). Recovery During the Weekend and Fluctuations in Weekly Job Performance: A Week-Level Study Examining Intra-Individual Relationships. *Journal of Occupational and Organizational Psychology, 83*(2):419-441.

95. Zie J.P. Guthrie en D.K. Datta (2008). Dumb and Dumber: The Impact of Downsizing on Firm Performance as Moderated by Industry Conditions. *Organization Science, 19*(1):108-123; en K.P. de Meuse, T.J. Bergmann, P.A. Vanderheiden en C.E. Roraff (2004). New Evidence Regarding Organizational Downsizing and a Firm's Financial Performance: A Long-Term Analysis. *Journal of Managerial Issues, 16*(2):155-177.
96. Zie bijvoorbeeld C.O. Trevor en A.J. Nyberg (2008). Keeping Your Headcount When All About You Are Losing Theirs: Downsizing, Voluntary Turnover Rates, and the Moderating Role of HR Practices. *Academy of Management Journal, 51*(2):259-276; T.M. Probst, S.M. Stewart, M.L. Gruys en B.W. Tierney (2007). Productivity, Counterproductivity and Creativity: The Ups and Downs of Job Insecurity. *Journal of Occupational and Organizational Psychology, 80*(3):479-497; en C.P. Maertz, J.W. Wiley, C. LeRouge en M.A. Campion (2010). Downsizing Effects on Survivors: Layoffs, Offshoring, and Outsourcing. *Industrial Relations, 49*(2):275-285.
97. C.D. Zatzick en R.D. Iverson (2006). High-Involvement Management and Workforce Reduction: Competitive Advantage or Disadvantage? *Academy of Management Journal, 49*(5):999-1015; A. Travaglione en B. Cross (2006). Diminishing the Social Network in Organizations: Does There Need to Be Such a Phenomenon as 'Survivor Syndrome' After Downsizing? *Strategic Change, 15*(1):1-13; en J.D. Kammeyer-Mueller, H. Liao en R.D. Arvey (2001). Downsizing and Organizational Performance: A Review of the Literature from a Stakeholder Perspective. *Research in Personnel and Human Resources Management, 20*:269-329.
98. E.R. Greenglass en L. Fiksenbaum (2009). Proactive Coping, Positive Affect, and Well-Being: Testing for Mediation Using Path Analysis. *European Psychologist, 14*(1):29-39; en P. Miquelon en R.J. Vallerand, Goal Motives (2006). Well-Being, and Physical Health: Happiness and Self-Realization as Psychological Resources under Challenge. *Motivation and Emotion, 30*(4):259-272.
99. M.M. Butts, R.J. Vandenberg, D.M. DeJoy, B.S. Schaffer en M.G. Wilson (2009). Individual Reactions to High Involvement Work Processes: Investigating the Role of Empowerment and Perceived Organizational Support. *Journal of Occupational Health Psychology, 14*(2):122-136.
100. L. Blue (2009, 12 november). Making Good Health Easy. *Time*. Geraadpleegd van www.time.com; M. Andrews (2007, 5 november). Americas Best Health Plans. *US News and World Report*, pp. 54-60.
101. K.M. Richardson en H.R. Rothstein (2008). Effects of Occupational Stress Management Intervention Programs: A Meta-Analysis. *Journal of Occupational Health Psychology, 13*(1):69-93.
102. L.L. Berry, A.M. Mirabito en W.B. Baun (2010, december). What's the Hard Return on Employee Wellness Programs? *Harvard Business Review*. Geraadpleegd van https://hbr.org/2010/12/whats-the-hard-return-on-employee-wellness-programs
103. S. Mattke, et al. (2013). *Workplace Wellness Programs Study*. Santa Monica, CA: RAND.
104. Zie S. Shane, S. Venkataraman en I. MacMillan (1995). Cultural Differences in Innovation Championing Strategies. *Journal of Management, 21*(5):931-952.
105. J. Chen, C. Silverthorne en J. Hung (2006). Organization Communication, Job Stress, Organizational Commitment, and Job Performance of Accounting Professionals in Taiwan and America. *Leadership & Organization Development Journal, 27*(4):242-249; en C. Liu, P.E. Spector en L. Shi (2007). Cross-National Job Stress: A Quantitative and Qualitative Study. *Journal of Organizational Behavior*, februari, pp. 209-239.
106. P.E. Spector et al. (2004). A Cross-National Comparative Study of Work-Family Stressors, Working Hours, and Well-Being: China and Latin America Versus the Anglo World. *Personnel Psychology*, voorjaar, pp. 119-142.
107. H.M. Addae en X. Wang (2006). Stress at Work: Linear and Curvilinear Eff ects of Psychological-, Job-, and Organization-Related Factors: An Exploratory Study of Trinidad and Tobago. *International Journal of Stress Management*, november, pp. 476-493.

Begrippenlijst

Aandacht voor details: Cultuurkenmerk, de mate waarin van werknemers precisie, analyses en aandacht voor details wordt verwacht.

Aandelenprogramma's voor werknemers: Winstplannen die een bedrijf heeft ingesteld en waarmee werknemers vaak onder de marktprijs aandelen verwerven, als onderdeel van hun secundaire arbeidsvoorwaarden.

Achtstappenplan van Kotter: Veranderkundig model dat een uitbreiding vormt op het model van Lewin.

Actief luisteren: Luisteren zonder afleidingen toe te staan, naar voren buigen, oogcontact maken (althans in westerse culturen), het gezegde parafraseren en de spreker aanmoedigen verder te vertellen.

Actieonderzoek: Een veranderingsproces waarbij gegevens systematisch worden verzameld en een veranderactie wordt uitgekozen op basis van de analyse van die gegevens.

Activatieniveaus: De mate waarin een positieve of negatieve emotie of stemming leidt tot actie, of juist niet.

Activerend affect: Een positieve of negatieve emotie of stemming die de persoon aanzet tot actie (bewegen, iets doen, handelend optreden).

Activerende stemming: Een positieve of negatieve emotie of stemming die de persoon aanzet tot actie. (Zie ook activerend affect.)

Adjourning: De laatste fase van het vijffasenmodel, waarin de groep zich voorbereidt op ontbinding.

Afdelingsvorming: Het groeperen van taken en mensen in eenheden die onder leiding staan van een manager. Een afdeling is een duurzaam onderdeel van de organisatiestructuur (terug te vinden in het organigram) waarin mensen zijn gegroepeerd voor het uitvoeren van bepaalde taken. De eenheid staat onder leiding van een manager (afdelingshoofd).

Affect: Een overkoepelende term voor alle mogelijke gevoelens die mensen kunnen hebben.

Affectieve binding: Een emotionele gehechtheid aan de organisatie en geloof in de waarden daarvan.

Affectieve component: Het emotionele deel van een attitude.

Affectieve-gebeurtenissentheorie: Theorie die stelt dat werknemers emotioneel reageren op dingen die ze op hun werk meemaken en dat die reactie hun werkprestaties en werktevredenheid beïnvloedt.

Afgedwongen macht: Macht die is gebaseerd op angst en dreiging.

Afhankelijkheid: Principe dat stelt dat hoe sterker B afhankelijk is van A, des te meer macht A heeft in die relatie.

Agressiviteit: Cultuurkenmerk, de mate waarin mensen agressief en competitief zijn in plaats van soepel in de omgang.

Allocatienorm: Norm die bepaalt hoe middelen verdeeld dienen te worden over groepen en doelen.

Allostatische last: Het cumulatieve effect van de stressfactoren op mensen, gegeven de beschikbare middelen.

Anciënniteit: De tijd dat een werknemer in dezelfde organisatie werkt. (Zie ook dienstjaren.)

Antropologie: De wetenschap die verschillende samenlevingen of organisaties vergelijkt om meer te weten te komen over de verschillen in basiswaarden, attitudes en gedrag tussen mensen uit verschillende landen en binnen organisaties.

***Appreciative inquiry* (AIN):** Onderzoek dat is gericht op positieve waardering en dat het positieve accentueert.

Arbiter: Een derde partij die bevoegd is om een overeenkomst te dicteren. Arbitrage kan vrijwillig zijn (op verzoek van de partijen) of verplicht (door de wet of een contract aan de partijen opgelegd).

Assertiviteit: De mate waarin een conflictpartij zijn eigen behoefte tracht te bevredigen.

Attitude: Een houding die je hebt tegenover mensen, dingen of gebeurtenissen.

Attributie: Het toeschrijven van persoonlijkheidseigenschappen en intenties aan andere personen, op basis van onze perceptie van hun gedrag.

Attributietheorie: Theorie die stelt dat wanneer we iemands gedrag observeren, we proberen te bepalen of aan dat gedrag interne of externe oorzaken ten grondslag lagen.

Attributietheorie van leiderschap: Theorie die stelt dat leiderschap niet meer is dan een kenmerk dat mensen aan bepaalde andere mensen toeschrijven.

Authentiek leiderschap: Vorm van leiderschap waarbij de leider informatie uitwisselt, open communicatie stimuleert en vasthoudt aan zijn idealen.

Automatisch verwerken: Een relatief oppervlakkige afweging van bewijs en informatie met behulp van heuristieken (ezelsbruggetjes of geheugensteuntjes).

Autonomie: De mate waarin de baan vrijheid, zelfstandigheid en zeggenschap biedt.

Basisemoties: Het idee dat een beperkte verzameling emoties universeel is en dat de bijbehorende gezichtsuitdrukkingen wereldwijd herkend zullen worden.

Basisstemmingen: De indeling van stemmingen in positief of negatief enerzijds en activerend of passief anderzijds.

Behaviorisme: De stroming in de psychologie die stelt dat alleen objectief waarneembaar gedrag onderwerp van wetenschappelijk onderzoek kan zijn en dat gedrag wordt bepaald door leerprocessen. In de meest extreme vorm gaat men er vanuit dat de mens zonder eigenschappen en gedrag wordt geboren: de *tabula rasa* (of schone lei)-gedachte.

Behoefte aan affiliatie: Het verlangen naar sociale binding, de wens om goede en nauwe banden met anderen aan te gaan. Ook wel *need for Affiliation* of *nAff* genoemd.

Behoefte aan cognitie: Een persoonlijkheidskenmerk van mensen die, meer dan anderen, behoefte hebben aan cijfers en feiten om zich te laten overtuigen.

Behoefte aan macht: De behoefte anderen te dwingen tot gedrag dat ze anders niet vertoond zouden hebben. Ook wel *need for Power* of *nPow* genoemd.

Behoefte aan respect: Innerlijke factoren zoals zelfrespect, autonomie en succes; uiterlijke factoren zoals status, erkenning en aandacht.

Behoefte aan veiligheid: Verlangen naar veiligheid, bescherming tegen fysieke en emotionele gevaren.

Behoefte aan zelfverwerkelijking: Het verlangen te groeien, de eigen mogelijkheden te realiseren, zelfvervulling.

Behoeftehiërarchie: De hypothese van Abraham Maslow dat in ieder mens een hiërarchie van vijf universele behoeften bestaat.

Belangengroep: Groep bestaande uit mensen die al dan niet in dezelfde werk- of taakgroepen zitten en zich aaneensluiten om een bepaald doel te realiseren dat hen allemaal aangaat.

Beleefde emoties: De werkelijke gevoelens die iemand heeft ten aanzien van personen en gebeurtenissen.

Belemmerende krachten: Krachten die beweging vanaf het bestaande evenwicht hinderen (Lewin).

Belemmeringsstress: Het type stress dat ontstaat als de organisatie zelf het snel bereiken van je doelen in de weg staat. Bijvoorbeeld door te veel bureaucratie, al lang achterhaald bedrijfsbeleid of onduidelijkheid over taakverantwoordelijkheid.

Beloning op basis van verdienstelijkheid (*merit rating*): Beloning gebaseerd op een beoordelingssysteem waarin buiten prestatiefactoren ook andere factoren zijn opgenomen, zoals klantvriendelijkheid of de kwaliteit van werk.

Beloningsmacht: Macht die is gebaseerd op de mogelijkheid om beloningen te verdelen die anderen waardevol vinden.

Bemiddelaar: Een derde partij waar men vertrouwen in stelt en die als informeel communicatiekanaal fungeert tussen de onderhandelaar en diens tegenstander.

Beperkte rationaliteit: In het zoekproces naar oplossingen kiezen voor de eerste oplossing die min of meer het probleem oplost, ook al is die oplossing niet optimaal. Het zoekproces is dus maar ten dele rationeel.

Beroepsbinding: De mate waarin een werknemer zich identificeert met zijn beroep en de waarden die bij dat beroep horen.

Beroepskeuzetheorie: Het idee dat de persoonlijkheidskenmerken van een individu moeten aansluiten op de eisen die een baan stelt. De theorie stelt dat een persoon die goed past bij de functie, gemotiveerder en tevredener zal zijn en minder geneigd zal zijn om van baan te wisselen.

Beslissing: Een keuze uit twee of meer alternatieven.

Beste alternatief zonder overeenkomst (BAZO): Het minimaal nagestreefde resultaat van onderhandelingen. Onder dit punt heeft in de perceptie van degene wiens BAZO dit is een overeenkomst geen zin meer.

Betrokkenheid bij het werk: Motivatietheorie die stelt dat mensen meer energie in hun werk steken als ze zich sterk emotioneel bij het werk (of bij degenen voor wie het werk wordt gedaan) betrokken voelen.

Bevestiging achteraf: Een specifiek geval van selectieve waarneming waarin we zoeken naar informatie die onze keuzes uit het verleden bevestigt en waarbij we informatie naast ons neerleggen die ons eerdere oordeel tegenspreekt.

Bevlogenheid: De vitaliteit (energie), toewijding (betrokkenheid) en absorptie (echt opgaan in het werk) waarmee mensen hun werk uitvoeren.

Bevoegdheid: Het recht dat de manager op grond van zijn positie heeft om orders te geven en te verwachten dat die uitgevoerd worden.

Bewust verwerken: Het zorgvuldig bekijken van gegevens en informatie waarbij iemand afgaat op feiten en cijfers en logisch nadacht. Voor bewust verwerken is inspanning en energie nodig.

Big Five-model: Een persoonlijkheidsmodel dat de persoonlijkheid beschrijft op basis van vijf dimensies.

Billijkheidstheorie: Theorie die stelt dat onze motivatie wordt beïnvloedt door onze perceptie dat we in vergelijking met anderen evenredig worden beloond voor een vergelijkbare inspanning.

Biografische kenmerken: Persoonlijke verschillen zoals leeftijd, gender, beperking en dienstjaren – gegevens die bekend zijn in de personeelsdossiers. Deze kenmerken vallen onder diversiteit aan de oppervlakte.

Bonussen: Een extra beloning naast het basissalaris op basis van een prestatie boven een bepaalde norm.

Boundary spanners: Een functionaris die een verbindende rol heeft over afdelingsgrenzen heen.

Boundary spanning (overbrugging): Het verschijnsel binnen organisaties waarbij men scheidslijnen tussen afdelingen probeert te overbruggen door speciale rollen te creëren.

Brainstormen: Een proces met als doel ideeën te genereren, waarbij deelnemers worden aangemoedigd om alle mogelijke alternatieven naar voren te brengen zonder dat anderen deze bekritiseren.

Breuklijnen: Waargenomen scheidslijnen die groepen in twee of meer subgroepen splitsen op basis van individuele verschillen als gender, etniciteit, leeftijd, werkervaring en opleiding.

Bureaucratie: Organisatiestructuur die wordt gekenmerkt door sterk gespecialiseerde routinetaken, geformaliseerde regels en voorschriften, taken in functionele afdelingen, centraal gezag, een kleine span of control en een besluitvorming die de gezagslijn volgt.

Centralisatie: De mate waarin besluitvorming in één punt van de organisatie geconcentreerd is.

Champion: Hooggeplaatste functionaris die een verandering actief ondersteunt om commitment op de hogere niveaus te handhaven.

***Change agents*:** Managers, medewerkers binnen de organisatie of externe consultants die verantwoordelijk zijn voor het begeleiden van de veranderingsactiviteiten.

Charismatisch leiderschap: Leiderschapsstijl waarbij volgers iemand heroïsche of buitengewone kwaliteiten toekennen wanneer ze bepaald gedrag waarnemen.

Cirkelstructuur: Een organisatiestructuur met pal in het midden de directie- of bestuursleden; met daaromheen in naar functie gegroepeerde cirkels respectievelijk de managers, de specialisten en de werknemers op de werkvloer.

Coalitievorming: De hulp van anderen inroepen om iemand over te halen of de steun van anderen aanvoeren als reden dat de aangesprokene zou moeten instemmen.

Code Tabaksblat: Een door een commissie onder leiding van de heer Morris Tabaksblat, voormalig topman van Unilever, samengestelde code over goed bestuur waar beursgenoteerde bedrijven in Nederland zich vrijwillig aan zouden moeten houden. Ook wel Nederlandse Corporate Governance Code genoemd.

Cognitieve component (kenniscomponent): Een oordeel of mening, onderdeel van een attitude.

Cognitieve dissonantie: Elke mogelijke inconsistentie die een individu waarneemt tussen twee of meer attitudes of tussen gedrag en attitudes.

Cognitieve evaluatietheorie: Theorie die veronderstelt dat extrinsieke beloningen de intrinsieke interesse voor een taak verminderen, waardoor teveel extrinsieke beloning demotiverend zou kunnen werken.

Cohesie: De mate waarin de leden van een groep zich tot elkaar aangetrokken voelen en gemotiveerd zijn om in de groep te blijven.

Collectivisme: Een samenleving is collectivistisch als mensen vanaf hun geboorte opgenomen zijn in grote en hechte verbanden (zoals familie, regio, volk), die hen levenslang bescherming bieden in ruil voor onvoorwaardelijke loyaliteit. Wederzijdse verantwoordelijkheid is een belangrijke waarde in collectivistische culturen.

Communicatie: De overdracht van betekenis en het begrijpen (de begripsvorming) van de betekenis van de ene naar de andere persoon.

Communicatieangst: Het buitengewoon gespannen en angstig raken als iemand mondeling en/of schriftelijk moet communiceren.

Communicatienetwerk: Een bepaalde samenstelling van communicatiekanalen, zenders en ontvangers. Voorbeelden zijn de keten, het wiel en het complete netwerk.

Communicatieproces: Proces dat de acht elementen van het overbrengen van betekenis weergeeft.

Competentie: Het vermogen om een taak met de juiste kennis en vaardigheden te verrichten.

Compleet netwerk: Een communicatienetwerk waarin alle leden met elkaar kunnen communiceren. In de praktijk gaat het hier vooral om zelfsturende teams, waarin alle groepsleden vrij zijn om bij te dragen en niemand een leidersrol heeft.

Conflict: Een proces dat begint zodra een partij ziet dat een andere partij negatieve invloed uitoefent, of op het punt staat dat te doen, op iets wat de eerste partij ter harte gaat.

Conflictbronnen: Mogelijke veroorzakers van conflicten, zoals communicatie, persoonlijke variabelen en structurele factoren.

Conflicthantering: Een verzameling bewust gekozen manieren om het conflict in goede banen te leiden, bespreekbaar te maken of op te lossen.

Conflicthanteringsvisie: Het uitgangspunt dat conflicten in de meeste organisaties onvermijdelijk zijn en dat de aandacht gericht moet zijn op een productieve oplossing ervan.

Conflictintentie: Fase van het conflictproces waarin men op basis van perceptie en emotie ideeën vormt over hoe zich in het conflict op te stellen.

Conflictoplossingsintentie: Op basis van de begrippen coöperativiteit en assertviteit kunnen vijf algemene gedragsintenties worden onderscheiden om met een conflict om te gaan.

Conflictperceptie: Datgene wat tijdens de fase van de bewustwording van een conflict bepaalt of men zich erbij betrokken voelt.

Conflictproces: Proces dat vijf fasen doorloopt: potentiële tegenstand of incompatibiliteit, bewustwording en personalisatie, intenties, gedrag en uitkomsten.

Conformeren: Je gedrag aanpassen aan wat de referentiegroep verwacht.

Conformisme: Het respecteren van de groepsnormen omdat men als groepslid geaccepteerd wil worden door de anderen.

Consideratie(gedrag): De mate waarin iemands werkrelaties gekenmerkt worden door wederzijds vertrouwen en respect voor ideeën en gevoelens van werknemers.

Consultatie: Machtstactiek waarbij de motivatie en steun wordt vergroot door de ander te betrekken bij de beslissing over hoe het plan of de verandering het beste kan worden uitgevoerd.

Contingentie: De invloed op uitkomsten van de context waarbinnen iets gebeurt.

Contingentietheorie: Theorie die stelt dat bepaalde uitkomsten alleen optreden onder bepaalde goed gedefinieerde omstandigheden.

Contingentietheorie van leiderschap: Theorie die stelt dat er bepaalde situationele condities zijn waarbij een bepaalde leiderschapsstijl wel of niet effectief is.

Contingentievariabelen: Contextuele factoren die de relatie tussen onafhankelijke en afhankelijke variabelen beïnvloeden; anders gezegd: de voorwaarden die mogelijk maken dat stimulus X leidt tot respons Y of juist tot respons Z.

Continue verbetering: Strategie van kwaliteitsbeheersing door steeds kleine verbeteringen aan te brengen, op basis van systematische metingen in het productie- of dienstverleningsproces.

Contrasteffect: Beoordeling van (het gedrag van) personen door onwillekeurige vergelijking met voorafgaande waarnemingen van andere personen, hetgeen de perceptie vervormt.

Coöperativiteit: De mate waarin een partij bereid is tot constructieve samenwerking met de andere partij.

***Corporate governance*:** De eisen van behoorlijk bestuur gesteld aan het bestuur van beursgenoteerde ondernemingen, die een goede bescherming van de belangen van aandeelhouders moet garanderen.

Corrumperende werking van macht: Het verschijnsel dat machthebbers na verloop van tijd menen dat zij zich niet aan wetten en fatsoensnormen hoeven te houden omdat zij 'daarboven staan'.

Creatief potentieel: Het inschakelen van een onaangeboorde bron van creativiteit bij een beslissing.

Creativiteit: Het vermogen nieuwe en (binnen de context) zinvolle ideeën te genereren.

Crossfunctionele teams: Teams die zijn opgebouwd uit werknemers van hetzelfde niveau in de hiërarchie van de organisatie maar uit verschillende werkgebieden, die samen een taak moeten volbrengen.

Culturele dimensies van Hofstede: Een model van Geert Hofsteede met zes basiswaarden – dimensies – waarmee de samenleving rekening moet houden om zichzelf te organiseren, en waarin in landen van elkaar verschillen. De dimensies zijn gekwantificeerd met scores tussen 0 en 100. De zes dimensies zijn 1. Machtsafstand, 2. Individualisme – collectivisme, 3. Masculiniteit – femininiteit, 4. Onzekerheidsvermijding, 5. Lange- en kortetermijngerichtheid en 6. Hedonisme – soberheid.

Culturele (taal)barrières: Barrières die worden veroorzaakt door verschillen in semantiek, woordconnotaties, toonhoogteverschillen en perceptie.

Culturele diversiteit: Culturele verschillen.

Culturele intelligentie (CQ): Het vermogen om effectief te werken met en tussen mensen van andere culturen.

Cultuur: De collectieve mentale programmering die leden van een groep onderscheidt van die van andere groepen. (Geert Hofstede). Cultuur is aangeleerd (programmering) via de opvoeding, door socialisatie en interactie met mensen in de groeperingen (collectieven) waartoe men behoort.

Cultuur met een grote C: Culturele verschillen zoals architectuur, kunst, literatuur, muziek en theater; en andere producten van kunst en wetenschap.

Cultuur met een kleine c: Culturele verschillen zoals patronen van denken, voelen en handelen, die mensen hebben aangeleerd; normen en waarden waarmee zij vertrouwd zijn, die ze delen met andere leden van hun gemeenschap, en die ze later weer doorgeven aan de volgende generatie.

Cultuurgevoeligheid: De mate waarin iemand oog heeft voor de invloed van een cultuur op het gedrag van medewerkers of anderen, zonder daar meteen een veroordeling aan te verbinden.

Cultuurverandering: Het gedrag van medewerkers op alle niveaus en inclusief de top veranderen in een nieuwe gewenste richting door het (bij voorkeur in samenspraak) formuleren van nieuwe kernwaarden, een aansprekende visie op de ontwikkelingen in de omgeving en een nieuwe missieverklaring.

Decentralisatie: Een bestuursvorm waarbij veel beslissingsbevoegdheden zijn gedelegeerd naar de lagere niveaus.

Defensief gedrag: Reactief gedrag tot zelfbescherming, om actie, beschuldigingen of veranderingen te vermijden.

Delegeren: Stijl van leidinggeven die verantwoordelijkheid overdraagt aan uitvoerenden. Verantwoording geschiedt achteraf en/of steun wordt pas gegeven als de uitvoerende erom vraagt. Geschikt voor professionele medewerkers die deskundig en gemotiveerd zijn.

Dienend leiderschap: Leiderschapsstijl waarbij leiders hun eigenbelang overstijgen en zich concentreren op kansen op groei en ontwikkeling van hun volgers, zodat deze blijvend in staat zijn de organisatiedoelen te realiseren.

Dienstjaren: De tijd dat een werknemer in dezelfde organisatie werkt.

Diepte-acteren: Iemand probeert zijn ware innerlijke gevoelens aan te passen aan de gedragsnormen die in een bepaalde situatie gelden.

Directief leiderschap: Leiderschapsstijl waarbij sturen en richting geven voor de taakuitvoering centraal staan.

Discriminatie: Het verschil zien tussen dingen. Dit kan positief of negatief zijn. Over het algemeen bedoelen we met discriminatie de negatieve vorm, waarbij we op basis van vooroordelen en negatieve beeldvorming een mening over groeperingen of mensen hebben.

Disfunctioneel conflict: Conflict dat de groep op den duur ondermijnt.

Distributief onderhandelen: Onderhandelingstactiek waarbij alles wat de ene partij wint ten koste gaat van de andere partij.

Distributieve rechtvaardigheid: De rechtvaardigheid die een werknemer waarneemt op het gebied van de hoeveelheid en verdeling van beloningen onder personen.

Diversiteit: De mate waarop leden van een groep van elkaar verschillen of op elkaar lijken.

Diversiteit aan de oppervlakte: Makkelijk waarneembare verschillen, zoals gender, ras, etniciteit, leeftijd, functiebeperking. Deze verschillen zeggen niets over waarden, gedachten en gevoelens, wat ertoe kan leiden dat werknemers naar elkaar kijken op basis van stereotypen en vooroordelen.

Diversiteit in de diepte: Verschillen in waarden, persoonlijkheid en werkvoorkeur. Naarmate mensen elkaar leren kennen, en vaststellen dat ze op elkaar lijken, zijn deze verschillen belangrijker.

Divisiestructuur: Bij een divisiestructuur worden werknemers in verschillende tamelijk zelfstandige bedrijven ingedeeld naar product, dienst, klant of geografische markt.

Doelstellingstheorie: Motivatietheorie die stelt dat hoe specifieker de doelstellingen zijn, des te groter de uitdaging, des te duidelijker de feedback en des te beter de prestaties zullen zijn.

Doeltreffendheid van het team: Het vertrouwen dat effectieve teams in zichzelf hebben, wanneer ze geloven dat ze succes kunnen boeken.

Dominante cultuur: De waarden die gedeeld worden door de meeste mensen in de organisatie.

Driebehoeftentheorie: David McClellands motivatietheorie op basis van de relatieve sterkte van een drietal basisbehoeften waar het werk al of niet aan tegemoetkomt.

Driecomponentenmodel van creativiteit: Dit model stelt dat individuele creativiteit in essentie een combinatie vereist van expertise, vaardigheden in creatief denken en intrinsieke taakmotivatie.

Driestappenmodel van Lewin: Veranderkundig model gebaseerd op het idee van versterkende en belemmerende krachten in een krachtenveld. Door de status te ontdooien, komt er ruimte voor beweging naar een gewenste toestand, waarna het opnieuw bevriezen de verandering permanent kan vastleggen.

Drijvende krachten: Krachten die de verandering van de status quo bevorderen (Lewin).

Druk: Machtstactiek waarbij waarschuwingen, herhaalde vragen en dreigementen worden gebruikt om de aangesprokene tot de gewenste actie aan te zetten.

Duistere drietal: Bepaalde persoonlijkheidskenmerken die, indien in sterke mate aanwezig, als negatief worden gezien, te weten: machiavellisme, narcisme en psychopathie.

Duobaan: Twee of meer mensen delen één traditionele baan van veertig werkuren per week.

Duurzaamheid: Werkwijzen die over een lange periode kunnen worden aangehouden, omdat de omgeving, de grondstoffen en de gebruikte middelen niet zijn aangetast door de productieprocessen.

Dyadisch conflict: Conflict dat ontstaat tussen twee mensen.

Dynamisch interactieproces: In het algemeen: elk communicatieproces waarbij de boodschap van de één een reactie oproept van de ander, wat weer vraagt om een tegenreactie. In de conflicttheorie: een proces dat via actie en reactie gemakkelijk escaleert.

Dynamische omgeving: Omgeving waarin snel opeenvolgende veranderingen en fluctuaties optreden waarop de organisatie steeds moet kunnen inspelen. Zo'n omgeving maakt het voor bedrijven lastig om voorspellingen te doen.

Eenheid van bevel: Principe dat inhoudt dat een werknemer slechts één superieur heeft aan wie hij rechtstreeks verantwoording schuldig is.

Eenvoudige structuur: Organisatiestructuur die vooral wordt gekenmerkt door wat het níét is: een uitgebreide structuur.

Effectiviteit: Het voltooien van de juiste activiteiten voor het realiseren van de bedrijfsdoelstellingen, ofwel: *de goede dingen doen.*

Eindwaarden: Waarden die een ideale en dus na te streven eindsituatie vertegenwoordigen.

Eisen: Verantwoordelijkheden, druk, verplichtingen en ook onzekerheden waarmee mensen te maken hebben op de werkvloer.

Eisen-middelenmodel: De perceptie van de zwaarte van de gestelde eisen en de mate waarin men beschikt over de middelen om aan die eisen te voldoen. De perceptie van voldoende middelen verlaagt de stressreactie.

Emoties: Relatief kortdurende en intense gevoelens als gevolg van reacties op een persoon of gebeurtenis. Kunnen overgaan in stemmingen.

Emotionele arbeid: Door de organisatie gewenste emoties die men dient te laten zien bij interacties met anderen tijdens het werk.

Emotionele belasting: De stress die het gevolg kan zijn van een te groot verschil tussen beleefde en geuite emoties.

Emotionele besmetting: Het onbewust reageren op de emoties van een ander, waardoor we dezelfde emoties gaan ervaren.

Emotionele dissonantie: De discrepantie die ontstaat wanneer werknemers een bepaalde emotie moeten voorwenden, terwijl ze een andere voelen.

Emotionele Intelligentie (EQ): Iemands vermogen om zich van zichzelf bewust te zijn, emoties bij anderen te bespeuren en om te gaan met emotionele hints en informatie.

Emotionele zelfregulatie: Zich bewust zijn van de eigen emoties en deze via bepaalde technieken (zoals positieve gedachten of het zoeken van afleiding) proberen te wijzigen.

Empathie: Het vermogen om emoties van anderen (mensen of dieren) aan te voelen en er begrip voor te tonen.

Enquêtefeedback: Een manier om de houding van organisatieleden te evalueren, discrepantie in de perceptie van de verschillende leden op te sporen en deze verschillen op te lossen.

Erfelijkheid: Factoren die worden bepaald bij de conceptie, zoals de fysieke gestalte, vorm van het gezicht, gender, temperament, spiervorming en reflexen, energiepeil en biologische ritmes.

Erfelijkheidsbenadering: De opvatting die stelt dat persoonlijkheid louter het gevolg is van aangeboren eigenschappen.

Erkenningsprogramma: Een belonings- en motiveringsbeleid waarbij de werknemer persoonlijk (en in het algemeen op een niet-financiele wijze) erkenning krijgt voor zijn bijdrage aan de organisatie.

Escalerende inzet: Verwijst naar het feit dat iemand vasthoudt aan een beslissing, ook al zijn er duidelijke bewijzen dat die beslissing fout is.

Ethische dilemma's: Situaties waarbij je een keuze tussen twee of meer kwaden moet maken terwijl er een conflict is tussen bepaalde belangen enerzijds en ethische grondregels anderzijds.

Ethisch klimaat (EK): De gemeenschappelijke denkbeelden over wat goed en slecht gedrag is. Het EK weerspiegelt de werkelijke waarden van de organisatie en geeft vorm aan de ethische besluitvorming in de organisatie.

Evidence-based management: Management dat gebruikmaakt van de uitkomsten van systematisch onderzoek door beslissingen (mede) te baseren op de recentste wetenschappelijke bewijzen.

Exitreactie: Bij ontevredenheid over het werk leidt deze actieve en destructieve reactie tot vertrek uit de organisatie, door op zoek te gaan naar een andere baan of door direct ontslag te nemen.

Expertise- of deskundigheidsmacht: Macht die voortvloeit uit deskundigheid, speciale vaardigheden of kennis.

Externe afstemming (van het beloningsbeleid): Het bepalen van het externe concurrentievermogen door het afstemmen van de beloning die de organisatie wil uitkeren op de beloningen die elders in dezelfde bedrijfstak worden betaald. Meestal wordt dit vastgesteld op basis van beloningsoverzichten.

Externe oorzaak: Gedrag wordt geacht buiten de invloedssfeer van het individu te vallen; het gedrag wordt door een situatie afgedwongen.

Feedback: De mate waarin de uitvoering van vereiste activiteiten de werknemer directe en duidelijke informatie oplevert over de effectiviteit van zijn prestaties.

Feedbackkanalen openen: Dit vertelt werknemers hoe goed ze hun werk doen en of hun prestaties verbeteren, slechter worden of constant blijven.

Femininiteit: Een samenleving is feminien als emotionele genderrollen elkaar overlappen: zowel mannen als vrouwen worden in zo'n samenleving geacht bescheiden en teder te zijn en gericht op de kwaliteit van het bestaan. Het wordt volkomen normaal gevonden als vrouwen werken in traditionele mannenberoepen en mannen in traditionele vrouwenberoepen.

***Fit* tussen individu en organisatie:** De mate waarin de waarden en attitudes van een medewerker passen bij de dominante cultuur van de organisatie (en bij de voor zijn functie relevante subcultuur).

Flexibele arbeidsvoorwaarden: De mogelijkheid voor de individuele werknemer om uit een arbeidsvoorwaardenpakket keuzes te maken die het beste passen bij zijn persoonlijke behoeften.

Flextijd: Dit biedt werknemers de mogelijkheid tot op zekere hoogte zelf te bepalen hoe laat ze beginnen en stoppen met werken.

Formalisatie: De mate waarin taken binnen de organisatie gestandaardiseerd zijn.

Formele groep: Groep die is ingebed in de organisatiestructuur en opdrachten of taken toegewezen krijgt.

Formele kanalen: Formele communicatiekanalen zijn ingesteld door de organisatie om boodschappen te delen die verband houden met de taakuitvoering van de leden.

Formele macht: Macht die is gebaseerd op de bevoegdheden die verbonden zijn aan de positie in de organisatie, zoals het uitoefenen van dwang, beloning of formele autoriteit.

Forming: De eerste fase van het vijffasenmodel, die wordt gekenmerkt door een grote mate van onzekerheid over doel, structuur en leiderschap van de groep.

Functiebeperking: Lichamelijke, zintuiglijke of andere stoornissen die het werken kunnen belemmeren.

Functiewaardering: Een systematische beoordeling van een functie op zwaarte en waarde voor de organisatie. Aan verschillende aspecten van de functie (zoals verantwoordelijkheid, zwaarte, risico's voor de gezondheid, vereiste kennis) worden punten toegekend. Deze methode maakt functies vergelijkbaar en vormt zo een rationele basis voor beloningsverschillen. Er bestaan meerdere systemen.

Functioneel conflict: Conflict dat bijdraagt aan de verduidelijking van doelen en werkwijzen. Deze conflicten kunnen de groep kritischer maken en beter laten functioneren.

Functionele structuur: Bij een functionele structuur worden werknemers in groepen (afdelingen) ingedeeld op basis van hun specialisme, hun gelijksoortige rollen of taken of op basis van de *fase* van het voortbrengingsproces (Inkoop, Productie, Verkoop).

Fundamentele attributiefout: Het onderschatten van externe factoren en het overschatten van de invloed van interne factoren bij de beoordeling van anderen.

Fundamentele gedragswetenschap: Wetenschap die fundamenteel onderzoek doet op een bepaald gebied naar onderliggende relaties en wetmatigheden; kennisgerichte wetenschap.

Fusie: Het samenvoegen van twee of meer organisaties in één nieuwe organisatie, doorgaans onder nieuw leiderschap en met als doel synergie te creëren.

Fysiologische behoeften: Honger, dorst, seks en andere lichamelijke behoeften.

Gedrag in organisaties (GiO): Vakgebied dat de invloed bestudeert die individuele factoren, groepsprocessen en organisatiestructuren hebben op menselijk gedrag in organisaties.

Gedragscomponent: Een intentie om je op een bepaalde manier te gedragen, onderdeel van een attitude.

Gedragstheorieën van leiderschap: Theorieën die meer inzicht geven in wat een (goede) leider doet en laten zien waarin leiders verschillen van niet-leiders.

Geïdealiseerde invloed: Levert visie en een missiegevoel, brengt trots bij, wint respect en vertrouwen.

Geïndividualiseerde consideratie: Leider schenkt persoonlijke aandacht aan individuele werknemer en coacht deze. Past bij transformationele leiders.

Gemeenschappelijk doel: Een gezamenlijk, betekenisvol doel dat een richting aanwijst, enthousiast maakt en waar de leden zich achter scharen.

Geneigdheid om te vertrouwen: Antwoord op de vraag naar hoe waarschijnlijk het is dat een bepaalde werknemer de leider vertrouwt.

Geplande verandering: Een omvangrijke en ingrijpende verandering van de structuur, de cultuur of de bedrijfsprocessen waarvoor veranderkundige instrumenten en interventies worden gepland om de kans op een soepel verlopend verandertraject te vergroten.

Gerichtheid op mensen: Cultuurkenmerk, de mate waarin het management bij het nemen van beslissingen rekening houdt met de gevolgen voor de mensen in de organisatie.

Gerichtheid op resultaten: Cultuurkenmerk, de mate waarin het management kijkt naar uitkomsten in plaats van naar technieken en processen.

Gerichtheid op teams: Cultuurkenmerk, de mate waarin werkactiviteiten georganiseerd zijn rond teams in plaats van rond individuen.

Geruchtencircuit: Het informele communicatienetwerk dat we in de meeste groepen of organisaties aantreffen.

Gesocialiseerd charismatisch leiderschap: Leiderschapsstijl waarbij de leider waarden overdraagt die op anderen zijn gericht versus op zichzelfgerichte waarden, door leiders die ethisch gedrag vormgeven.

Geuite emoties: Aangeleerde emoties die de organisatie nuttig acht voor het vervullen van een bepaalde functie.

Gezagslijn: Een ononderbroken lijn van gezag die van de top van de organisatie naar het laagste echelon loopt en aangeeft wie de leiding heeft over wie.

Grensoverschrijdend gedrag: Ook wel ongewenst gedrag. Gedrag dat niet strookt met de organisatiewaarden, waardoor de effectiviteit van de organisatie en de relaties tussen medewerkers worden geschaad.

Groep: Twee of meer personen die met elkaar in contact staan, wederzijds afhankelijk zijn en die samenkomen om bepaalde doelstellingen te verwezenlijken.

Groepsdynamica: De verzameling kennis over de processen die zich typisch in groepen afspelen en de effecten die groepen hebben op individuele leden.

Groepsnorm: Ongeschreven gedragsregel die door de meeste leden van een groep wordt geaccepteerd. De norm kan worden voorgeleefd of (soms hardhandig) worden opgelegd.

Grondrechtencriterium: Een van de pijlers van ethische besluitvorming: de fundamentele rechten zoals vastgelegd in de Universele Verklaring van de Rechten van de Mens.

Groupshift: Situatie waarin groepsleden bij de conclusie van een bespreking over een aantal alternatieven overdreven veel waarde hechten aan hun uitgangspunt.

Groupthink: Besluitvormingssituatie waarin de groepsleden zich al dan niet onder druk conformeren aan de groepsvoorkeuren, terwijl ze er eigenlijk heel anders over denken.

Halo-effect: Op basis van een enkel kenmerk een algemene positieve indruk vormen over iemand.

Hawthorne-studies: Onderzoek dat opmerkelijke bewijzen opleverde voor de kracht van (informele) groepsnormen op gedrag van individuele groepsleden.

Hedonisme: Afgeleid van *hédoné*, ofwel *genot* in het Grieks. Een visie op de samenleving waarin uitbundigheid, geluk en vrolijkheid belangrijke deugden zijn, en waar men zichzelf toestaat toe te geven aan impulsen.

Het Nieuwe Werken: Een manier van werkorganisatie waarbij de werknemer grote vrijheid krijgt om zelf te bepalen wanneer, waar, waarmee en met wie hij werkt of wanneer en hoe hij ontspant. Een veel genoemd voorbeeld is telewerken, maar dat is slechts een van de mogelijke invullingen.

Holebi: Homoseksueel, lesbisch en biseksueel. Term die wordt gebruikt in België. Voor LHBT is de term *Holebi's en transgenders*.

Hoogcontextcultuur: Culturen met een hoogcontext communicatiestijl waarbij de boodschap bij de context begint, en eindigd bij de hoofdzaak. Het is impliciet, vaak nonverbaal. Het doel wordt soms weggelaten, want dat is al impliciet aangegeven.

Horn-effect: Op basis van een enkel kenmerk zich een algemene negatieve indruk vormen over iemand.

Humanistisch-democratische waarden: Respect, vertrouwen, gelijkheid, openheid en participatie. Deze waarden vormen de kern van de organisatieontwikkelingsbenadering.

Humanresourcesmanagement (HRM): Vakgebied dat zich richt op het optimaal kunnen functioneren van mensen in een organisatie met het oog op de aantrekkelijkheid, efficiëntie en effectiviteit van de organisatie.

Hygiënefactoren: De werkcondities, zoals toezicht, beloning, bedrijfsbeleid, fysieke omstandigheden, relaties met anderen en werkzekerheid.

Ideeënkampioenen: Mensen die steun voor een innovatie opbouwen, weerstanden overwinnen en ervoor zorgen dat een innovatie wordt geïmplementeerd.

Illegitiem politiek gedrag: Gedrag dat de geaccepteerde regels van het spel overtreedt.

Imitatiestrategie: Strategie die streeft naar zo min mogelijk risico en zo veel mogelijk winkansen door successen van andere bedrijven te imiteren.

Impressiemanagement (IM): Het proces waarmee individuen proberen de indruk te sturen die anderen van hen hebben.

Individualisme: Een samenleving is individualistisch als de onderlinge banden tussen individuen los zijn: iedereen wordt geacht te zorgen voor zichzelf en voor zijn naaste familie. Onafhankelijkheid en zelfstandigheid zijn belangrijke waarden in individualistische culturen.

Informatie filteren: Het bewust manipuleren van informatie zodat de ontvanger de boodschap positiever interpreteert.

Informatiebeschikbaarheid: Verwijst naar de neiging om kansen en risico's onjuist in te schatten, door alleen de direct (gemakkelijk, recentelijk) beschikbare informatie mee te nemen, zonder nader onderzoek van andere gegevens.

Informatie-overload: Het binnenkrijgen van meer informatie dan de verwerkingscapaciteit aankan.

Informationele rechtvaardigheid: Is het geval wanneer managers cruciale beslissingen nader toelichten aan werknemers en hen op de hoogte houden van belangrijke kwesties in de organisatie.

Informeel leiderschap: Het vermogen om buiten de formele structuren van de organisatie om invloed te hebben.

Informele groep: Groep in of buiten een organisatie die spontaan ontstaat en losstaat van de organisatiestructuur.

Informele kanalen: Deze communicatiekanalen zijn spontaan, niet geformaliseerd, en het gevolg van individuele keuzes, bijvoorbeeld gesprekken, e-mail of fysiek in de vorm van een klopje op de schouder.

Inkrimpen (downsizing): Een systematische poging om een organisatie slanker te maken door locaties te sluiten, personeel te ontslaan of bedrijfseenheden die geen toegevoegde waarde hebben af te stoten.

Innemendheid: Machtstactiek waarbij vleierij, complimenten of vriendelijk gedrag wordt gebruikt om de ander gunstig te stemmen voorafgaand aan een verzoek.

Innovatie: Een verandering met als doel nieuwe producten, processen of diensten te introduceren of te verbeteren.

Innovatie en risico's nemen: Cultuurkenmerk, de mate waarin werknemers aangemoedigd worden om innovatief te zijn en risico's te nemen.

Innovatiestrategie: Strategie die door middel van investeringen streeft naar het ontwikkelen en op de markt brengen van nuttige, unieke innovaties.

Inspirerend appel: Machtstactiek waarbij mensen emotioneel bij een verzoek worden betrokken, door een beroep te doen op hun waarden, behoeften, hoop en aspiraties.

Inspirerende motivatie: Brengt hoge verwachtingen over, gebruikt metaforen en drukt belangrijke doelstellingen op eenvoudige wijze uit. Past bij transformationele leiders.

***Instant (text) messaging*:** Technieken om gesproken of geschreven boodschappen direct en gericht te verzenden aan een bepaalde ontvanger: sms, chat en WhatsApp zijn bekende voorbeelden.

Institutionalisering: Proces dat optreedt als een organisatie haar eigen voortbestaan belangrijker vindt dan de vraag of haar doelstellingen nog wel betekenis of nut hebben.

Institutionele omgeving: De wetten, afspraken en bevoegde instellingen die mede bepalen wat in een organisatie is toegestaan en wenselijk is, en wat juist niet.

Instrueren: Een opdrachtgevende en controlerende stijl die nodig is voor mensen die pas in dienst zijn, nog weinig ervaring hebben met de taak en door hun onzekerheid ook minder gemotiveerd zijn.

Instrumentele waarden: De gedragsvormen of methoden waaraan iemand de voorkeur geeft om zijn eindwaarden te realiseren.

Integratief onderhandelen: Onderhandelingstactiek die ervan uitgaat dat er een of meer mogelijkheden bestaan om te komen tot een win-winoplossing.

Integriteit: Een persoonlijke- of karaktereigenschap. Een integere persoon is onkreukbaar of in ongeschonden toestand, of houdt vast aan zijn of haar normen en waarden, ook als deze van buitenaf onder druk staan.

Intellectuele stimulans: Daagt medewerkers uit om problemen rationeel op te lossen. Past bij transformationele leiders.

Intellectuele vermogens: Vermogens die nodig zijn om verstandelijke activiteiten uit te voeren: denken, redeneren en problemen oplossen. De zes dimensies van intellectuele vermogens zijn: rekenvaardigheid, verbaal begrip, waarnemingssnelheid, inductief redeneren, deductief redeneren, ruimtelijk inzicht en geheugen.

Intenties: De manier waarop iemand zich wil gedragen.

Interacterende groepen: De leden van groepen ontmoeten elkaar persoonlijk voor overleg en uitwisseling van informatie en vertrouwen op hun verbale en non-verbale interactie om met elkaar te communiceren.

Interactionele rechtvaardigheid: De perceptie van een individu over de mate van waardigheid, zorg en respect waarmee hij wordt behandeld.

Intergroepsontwikkeling: Een verzameling interventies om de houdingen en percepties (zoals stereotypen) die groepen van elkaar hebben te beïnvloeden in de richting van acceptatie, vertrouwen en openheid.

Intergroepsconflict: Conflict tussen verschillende groepen en teams.

Intragroepsconflict: Conflict dat ontstaat in een groep of in een team.

Interne afstemming (van het beloningsbeleid): Bepalen van de relatieve waarde van een taak voor de organisatie als basis voor beloningsverschillen. (Zie ook functiewaardering.)

Interne oorzaak: Bij een interne oorzaak wordt volgens de attributietheorie aangenomen dat het gedrag van iemand onder zijn eigen controle valt. Te laat komen omdat je je verslapen hebt is bijvoorbeeld een interne oorzaak, in tegenstelling tot te laat komen omdat er een verkeersopstopping was (externe oorzaak).

Interpersoonlijke eisen: Eisen die betrekking hebben op de druk die andere werknemers veroorzaken.

Interpersoonlijke rechtvaardigheid: Omgangsvormen waarbij managers hun medewerkers waardig en met respect behandelen.

Interrolconflict: Een situatie waarin de verwachtingen van de verschillende groepen waartoe we behoren strijdig met elkaar zijn.

Intrapreneurship: Een cultuur waarbinnen medewerkers worden gestimuleerd om initiatieven te nemen gericht op het verbeteren van bedrijfsprestaties of bedrijfsimago. Omdat ondernemen ook risico nemen inhoudt worden in zo'n cultuur fouten niet bestraft maar beschouwd als leermomenten.

Intuïtieve besluitvorming: Het maken van keuzes op basis van een onbewust mentaal proces waaraan (mogelijk) een rijke ervaring ten grondslag ligt.

Intuïtieve kennis: Vorm van verkregen kennis die niet op redenering, feiten of harde kennis berust, maar meer op ervaring, gevoel en inzicht.

Jargon: Vaktaal of organisatietaal: een verzameling termen, acroniemen en uitdrukkingen die specifieke betekenissen hebben (of zelfs uniek zijn zoals bepaalde afkortingen) voor die beroepsgroep of die organisatie.

Job-characteristicsmodel: Ook wel taakkenmerkenmodel. Model van Hackman en

Oldham dat stelt dat een baan des te motiverender is naarmate de volgende vijf basisdimensies aanwezig zijn: taakvariatie, taakidentiteit, taakbelang, autonomie en feedback.

Job embeddedness: De mate waarin het werk door de werknemer wordt ervaren als ingebed. Het gaat hierbij om hun persoonlijke band met het werk en met de andere werknemers, hun werktevredenheid en de kans op verloop. Als het werk sterk ingebed is, daalt de kans op verloop.

Kanaalrijkdom: Communicatiekanalen verschillen in hun vermogen om informatie over te brengen. Sommige kanalen zijn *rijk* in de zin dat ze meerdere aanwijzingen tegelijkertijd kunnen doorgeven, snelle feedback mogelijk maken en zeer persoonlijk aansprekend zijn.

Keten: Een communicatienetwerk dat strikt de formele gezagslijn volgt die men in een starre organisatie van drie of meer niveaus aantreft.

Klantrelaties inbouwen: Dit vergroot de directe relaties tussen werknemers en klanten. (Zie ook taakverbreding en taakverrijking.)

Klanttevredenheid: De mate waarin de klant positief reageert op de kwaliteit van de producten of diensten, het proces van levering of dienstverlening en de bejegening door medewerkers van de organisatie.

Klokkenluider: Iemand die onethische of illegale praktijken van een organisatie meldt aan de pers of overheidsinstanties.

Kortetermijngerichtheid: Het nastreven van deugden die verband houden met het verleden en het heden, zoals respect voor traditie, en ook met het behalen van relatief snelle winsten in tegenstelling tot langetermijnwinsten.

Kostenminimalisering: Strategie die streeft naar een zo laag mogelijk kostenniveau door het binnen de perken houden van de kosten, vooral door zo min mogelijk geld aan innovatie of marketing uit te geven. Het doel is basisproducten tegen lage prijzen aan te bieden.

Laagcontextcultuur: In laagcontext culturen wordt informatie expliciet en gestuctureerd gecommuniceerd met gesproken of geschreven woorden. De boodschap begint bij de hoofdzaak, is gericht op het doel en eindigt met de bijzaken. De context wordt soms weggelaten.

Laisser-faire leiderschap: De afwezige leider, grijpt niet in, neemt geen verantwoordelijkheid. Minst effectieve stijl. Past bij transactionele leiders.

Langetermijngerichtheid: Het nastreven van deugden die in de toekomst beloond zullen worden, in het bijzonder doorzettingsvermogen, spaarzaamheid en aanpassing aan veranderde omstandigheden.

Laterale communicatie: Communicatie die plaatsvindt tussen leden van dezelfde werkgroep, tussen leden van werkgroepen op eenzelfde niveau of tussen managers op eenzelfde niveau.

***Leader-member-exchange*-theorie (LMX-theorie):** Theorie die stelt dat leiders een kleine groep volgers kiezen om een speciale relatie mee op te bouwen.

Legitiem politiek gedrag: Gedrag dat in overeenstemming is met de normale politiek van alledag, het spel dat volgens de geaccepteerde regels wordt gespeeld.

Legitieme macht: Macht die de formele autoriteit vertegenwoordigt om de middelen van de organisatie te beheersen en te gebruiken.

Legitimiteit: Machtstactiek waarbij een verzoek of opdracht wordt gebaseerd op bevoegdheden of wordt benadrukt dat het verzoek in overeenstemming is met het beleid of de regels van de organisatie.

Least-preferred-coworker (LPC)-vragenlijst: Een instrument dat de meet of een persoon taak- of relatiegeoriënteerd is.

Leider: De persoon die de koers uitzet door een toekomstvisie te ontwikkelen en vervolgens te zorgen dat mensen achter deze visie gaan staan.

Leider-groepslidrelaties: Het vertrouwen en respect van werknemers voor hun leider.

Leiderschap: Het vermogen om een groep zo te beïnvloeden dat die zich inzet voor een visie of serie doelstellingen.

Leiderschapsmatrix: Model gebaseerd op de leiderschapsstijlen *aandacht voor mensen* en *aandacht voor productie*.

Lerende organisatie: Een organisatie die het vermogen heeft ontwikkeld om zich (zonder dwang van bovenaf of van buiten) voortdurend aan te passen en te veranderen.

LGBT: Engelse afkorting voor lesbische vrouwen (*Lesbian*), homoseksuele mannen (*Gay*), biseksuele (*Bi*) en transgenderpersonen (*Transgender*).

LHBT: Nederlandse afkorting voor lesbische vrouwen, homoseksuele mannen, biseksuele en transgenderpersonen. LH: gerichtheid op dezelfde gender. B: gerichtheid op allebei. T: genderidentiteit.

Lijntrekken: De neiging van mensen om zich minder in te spannen bij collectieve inspanningen dan wanneer ze alleen werken. Ook wel *social loafing* of meeliften.

***Locus of control*:** De mate waarin mensen denken dat ze hun lot in eigen handen hebben.

Longitudinaal onderzoek: Onderzoek waarbij personen, groepen of situaties gedurende langere tijd worden gevolgd.

Loyaliteitsreactie: Passief maar constructief gedrag: vertrouwen in de organisatie blijven houden, ondanks de onvrede met het werk en de omstandigheden.

Maatschappelijk verantwoord ondernemen (MVO): Het bedrijfsbeleid baseren op principes van duurzaamheid, milieubehoud en sociaal personeelsbeleid zodanig dat er een evenwicht is tussen deze aspecten en de economische levensvatbaarheid (volgens sommigen omvat MVO ook diervriendelijkheid).

Machiavellisme: De mate waarin mensen pragmatisch zijn, hun emoties niet laten zien en menen dat het doel de middelen heiligt. Iemand met een hoge score is principeloos en manipuleert anderen ten eigen bate.

Macht: Het vermogen van A om het gedrag van B zo te beïnvloeden dat B iets doet wat hij anders niet zou doen.

Machtafstand: De mate waarin minder machtige leden van instituties of organisaties in een land verwachten en accepteren dat de macht ongelijk verdeeld is (*power distance index*, of PDI).

Machtscultuur: Een organisatiecultuur waar, bijvoorbeeld in kleine (familie)bedrijven, het gedrag van mensen in hoofdzaak wordt bepaald door de eigenaar-directeur, zijn waarden en voorbeeldgedrag.

Machtstactieken: Negen algemene interventies die (tegen)machtsvorming als doel hebben. Ze kunnen in principe door iedereen in iedere situatie gebruikt worden.

Management: Het proces van het leidinggeven aan en het coördineren van werkzaamheden, zodat deze efficiënt en effectief met en door anderen kunnen worden uitgevoerd.

***Management by exception* (actief):** Leider houdt voortgang en toepassing van regels en normen actief in de gaten en grijpt in als het nodig is. Past bij transactionele leiders.

***Management by exception* (passief):** Leider blijft op afstand en grijpt alleen in als de prestaties achterblijven bij de norm. Past bij transactionele leiders.

***Management by objectives* (MBO):** Manier van leidinggeven die de nadruk legt op in overleg bepaalde doelen die concreet, verifieerbaar en meetbaar zijn.

Masculiniteit: Een samenleving is masculien als emotionele genderrollen duidelijk gescheiden zijn: mannen worden geacht assertief en hard te zijn en gericht op materieel succes; vrouwen horen bescheiden en teder te zijn en vooral gericht op de kwaliteit van het bestaan. Mannen in een masculiene omgeving kiezen zelden een beroep dat tot het traditionele vrouwendomein hoort, zoals verpleegkunde. Competitie en en succes zijn belangrijke waarden.

Matrixstructuur: Een organisatiestructuur die twee typen afdelingsvormen combineert: naar functie en naar product. De structuur doorbreekt daarmee het principe van eenheid van bevel. Werknemers hebben twee bazen: hun functionele afdelingshoofden en de productmanagers. Er is dus sprake van een dubbele gezagslijn.

Mechanisch model: Manier van organiseren die synoniem is aan de bureaucratie, aangezien deze manier gekenmerkt wordt door een omvangrijke afdelingsvorming, sterke formalisatie, een beperkt informatienetwerk en weinig participatie van werknemers in de besluitvorming.

Medestanders: Ondersteuners van de verandering op lagere niveaus.

Medezeggenschap: Het bevorderen van de invloed van werknemers op het bedrijfsbeleid door middel van vertegenwoordigers in besluitvormende of adviesorganen: in Nederland via ondernemingsraden en via de werknemerscommissaris.

Mediator: Een neutrale derde partij die tot een onderhandelingsoplossing probeert te komen door te redeneren en te overtuigen en alternatieve voorstellen te doen.

Meeliften: Ook wel lijntrekken. De neiging van mensen om zich minder in te spannen bij collectieve inspanningen dan wanneer ze alleen werken.

Mentale modellen: Een georganiseerd geheel van kennis en opvattingen binnen een team over de beste manier van werken en over de invloed van sleutelfactoren in de omgeving.

Mentor: Een ervaren werknemer die een minder ervaren werknemer, een beschermeling, begeleidt en steunt.

Middelen: Zaken waarover iemand controle heeft en met behulp waarvan hij eisen kan inwilligen.

Model van Fiedler: Model gebaseerd op de onderzoeken van Fielder naar de omstandigheden waaronder leiders effectief zijn. Het model stelt dat goede groepsprestaties gerealiseerd kunnen worden als de wijze waarop de leider met zijn werknemers omgaat, aansluit op de hoeveelheid invloed die de situatie hem geeft.

Moderatorvariabelen: Variabelen die bij bepaalde waarden het verband tussen twee verschijnselen onderdrukken, dus dit als het ware onzichtbaar maken. Het omgekeerde kan ook, dan wordt de relatie juist versterkt.

Mondelinge communicatie: Redevoeringen, formele gesprekken tussen twee mensen, groepsdiscussies en de informele geruchtenmolen of geruchten in de wandelgangen.

Morele emoties: Emoties die morele implicaties krijgen door de oordelen die de situatie waardoor de emoties ontstonden uitlokt.

Morele identiteit: De mate waarin ethische waarden een centraal aspect van iemands identiteit vormen.

Motivatie: Het proces dat de intensiteit, de richting en de volharding bepaalt van iemands pogingen om een of ander doel te bereiken.

Motivating potential score (MPS): De mate waarin een taak zowel zinvol werk (optelsom van taakvariatie, taakidentiteit en taakbelang) als autonomie en de mogelijkheid tot feedback bevat.

Motivatoren: Maatregelen, omstandigheden of informatie die de bereidheid om zich in te zetten voor een bepaald doel bevorderen. Bij Herzberg: intrinsieke factoren die met het werk zelf samenhangen of daar rechtstreeks uit voortvloeien.

Multi-teamsystemen: Verschillende teams stemmen hun inspanningen op elkaar af om een gewenste resultaat te behalen.

Myers-Briggs Type Indicator (MBTI): Een test bestaande uit honderd uitspraken die mensen vraagt aan te geven hoe ze zich gewoonlijk voelen of handelen in bepaalde situaties met als doel een persoonlijkheidsprofiel op te stellen dat typerend zou zijn voor de respondent.

Mythe van rationaliteit: De gedachte dat emoties altijd schadelijk zijn voor de besluitvorming en omgangsvormen in een organisatie en daarom onderdrukt moeten worden.

Narcisme: Persoonlijkheidskenmerk van iemand die zichzelf erg belangrijk vindt, veel aandacht nodig heeft en arrogant is naar anderen. Hij verdraagt geen kritiek, heeft weinig empathie en meent dat iedereen wel van hem moet houden.

Natuurlijke werkeenheden: Hierdoor vormen de taken van een werknemer een afgebakend en zinvol geheel. (Zie ook taakverrijking.)

Neerwaartse communicatie: Communicatie die van het ene niveau van een groep of organisatie omlaagstroomt naar het andere.

Negatief affect: Een stemmingsaspect dat uit negatieve gevoelens bestaat.

Negatief zelfbeeld: Mensen met zo'n zelfbeeld hebben vaak een hekel aan zichzelf, zijn onzeker over hun capaciteiten en zien zichzelf als machteloos tegenover de omgeving.

Neutralisatoren: Door deze krachten wordt het voor de leider onmogelijk om met zijn gedrag een verschil te maken voor de medewerkers.

Nominale groepstechniek: Techniek die de discussie en interpersoonlijke communicatie tijdens het besluitvormingsproces aan banden legt.

Non-verbale communicatie: Communicatie door middel van lichaamsbewegingen, intonatie of nadruk op woorden, gezichtsuitdrukkingen en de fysieke afstand tussen zender en ontvanger.

Normen: Gedragsstandaarden die door de groepsleden worden geaccepteerd.

Norming: De derde fase van het vijffasenmodel, waarin de groepsstructuur steviger wordt en de groep een reeks verwachtingen of normen heeft gevormd over gedrag dat als correct wordt beschouwd.

Omgeving: De instituties, partijen of krachten buiten de organisatie die de prestaties van de organisatie beïnvloeden. De omgeving wordt vanuit de organisatie gezien bepaald door drie aspecten: capaciteit, veranderlijkheid en complexiteit.

Omgevingsbenadering: De opvatting die stelt dat persoonlijkheid louter het gevolg is van invloeden vanuit de omgeving, zoals opvoeding en opleiding.

Omgevingscapaciteit: De mate waarin de omgeving groeimogelijkheden biedt.

Omgevingscomplexiteit: De mate van heterogeniteit en concentratie van omgevingselementen. De complexiteit is laag als de productiemethoden, de concurrentiedruk en de regelgeving weinig veranderen.

Omgevingsveranderlijkheid: De mate van onvoorspelbaarheid van de veranderingen in de omgeving. Hoe onvoorspelbaarder de veranderingen zijn, hoe lastiger het is om nauwkeurige voorspellingen te doen.

Onderbroken-evenwichtmodel: Alternatief model van groepsontwikkeling voor tijdelijke groepen die gebonden zijn aan een deadline. Deze groepen verkeren na de start in een toestand van inertie (traagheid) die halverwege de deadline wordt onderbroken door een schoksgewijze verandering.

Onderhandelen: Het proces waarin twee of meer partijen goederen of diensten uitwisselen waarvoor ze een *wisselkoers* moeten overeenkomen.

Ondernemingsraad (OR): Groep benoemde of gekozen werknemers die geraadpleegd moet worden wanneer de directie (ingrijpende) besluiten neemt die het personeel aangaan. In Nederland is dit medezeggenschapsorgaan verplicht in bedrijven met meer dan vijftig werknemers.

Ondersteunend leiderschap: Leiderschapsstijl waarbij geen sturing wordt gegeven, maar ervoor wordt gezorgd dat men beschikbaar is wanneer medewerkers coaching, hulp of raad nodig hebben.

Ongewenst gedrag op het werk: Opzettelijk gedrag dat belangrijke organisatorische normen schendt en daardoor het welzijn van de organisatie en diens leden bedreigt.

Ongewenst werkgedrag: Gedrag dat niet strookt met de organisatiewaarden, waardoor de effectiviteit van de organisatie en de relaties tussen medewerkers worden geschaad.

Ontkenning van toeval: De neiging om te geloven dat we de uitkomst van willekeurige gebeurtenissen hadden kunnen voorspellen.

Onzekerheidsvermijding: De mate waarin de leden van een cultuur zich bedreigd voelen door onzekere of onbekende situaties; dit gevoel leidt tot behoefte aan voorspelbaarheid door middel van structuur en formele of informele regels.

Operante conditioneringstheorie: Gedrag dat bepaald (of aangeleerd) wordt door de consequenties die het oplevert: positieve effecten zullen het gedrag versterken en negatieve zullen het doen uitdoven.

Oppervlakte-acteren: Iemand verbergt zijn innerlijke gevoelens en 'speelt' daarnaast emotionele uitingen die passen bij zijn functie.

Opwaartse communicatie: Communicatie die naar een hoger gelegen niveau in de groep of organisatie stroomt, onder meer om feedback te geven aan superieuren, hen te informeren over gemaakte vorderingen en actuele problemen.

Organisatie: Een samenwerkingsverband van mensen die met behulp van geschikte kennis en middelen samenwerken om een bepaald doel te bereiken.

Organisatiebinding: De mate waarin een werknemer zich identificeert met een organisatie en haar doelstellingen en lid wenst te blijven van die organisatie.

Organisatiecultuur: Een systeem van gedeelde betekenisgeving door de leden dat de ene organisatie van andere organisaties onderscheidt.

Organisatiedemografische theorie: Theorie die luidt dat verschillen in kenmerken als leeftijd of datum van indiensttreding binnen een team een voorspeller zijn van personeelsverloop in situaties waarin mensen intensief moeten samenwerken.

Organisatieklimaat: Het psychologische effect van gemeenschappelijke ideeën over een bepaald aspect in je werkomgeving (bijvoorbeeld veiligheid). Als iedereen daar hetzelfde globale gevoel over heeft, zal het effect daarvan groter zijn dan de som van de individuele delen.

Organisatieontwikkeling (OO): Een verzameling interventies voor verandering, geënt op bepaalde waarden, ter ontwikkeling van verandervermogen dat gericht is op het ontstaan van een lerende organisatie.

Organisatierechtvaardigheid: Iemands totaaloordeel over de mate van rechtvaardigheid in zijn organisatie, gebaseerd op de combinatie van drie vormen van rechtvaardigheid: distributief, procedureel en interactioneel.

Organisatiestructuur: Een systeem dat aangeeft hoe taken formeel worden verdeeld, gegroepeerd en gecoördineerd.

Organisch model: Manier van organiseren die leidt tot een platte structuur en de ontwikkeling van diagonale en transfunctionele teams. Er is sprake van weinig formalisatie, een uitgebreid informatienetwerk en sterke participatie in de besluitvorming.

Overleven van de organisatie: De mate waarin en de voorwaarden waaronder een organisatie in staat is langere tijd voort te bestaan en zich te ontwikkelen.

Overtuigen: Een begeleidende en coachende stijl, geschikt voor mensen die gemotiveerd zijn, maar nog opzien tegen lastige aspecten van de taak waarin zelfstandig oordelen en beslissen wordt gevraagd.

Pad-doeltheorie: De theorie die stelt dat het de leiders rol is om medewerkers te helpen bij het bereiken van hun doelstellingen en hen de nodige sturing en support te geven om ervoor te zorgen dat hun doelstellingen in lijn liggen met de organisatiedoelstellingen.

Paradoxtheorie: De theorie die stelt dat de belangrijkste managementparadox is dat er voor een organisatie geen definitieve optimale toestand bestaat.

Participeren: Werknemers delen in belangrijke mate in de beslissingsmacht van hun direct leidinggevende.

Passief affect: Emotie of stemming die leidt tot inactiviteit, zoals kalmte, berusting of lusteloosheid.

Passieve stemming: Emotie of stemming die leidt tot inactiviteit. (Zie ook passief affect.)

Perceptie: Het mentale en grotendeels onbewuste proces waarin mensen hun zintuiglijke indrukken ordenen en interpreteren om zin te geven aan hun omgeving.

Performing: De vierde fase van het vijffasenmodel, waarin de groepsstructuur volledig functioneel en geaccepteerd is en de groep tot haar hoogst haalbare niveau van presteren komt.

Personeelsverloop: Het aantal of percentage medewerkers dat het bedrijf binnen een bepaalde tijd (ongewenst) verlaat. Ook wel verloop genoemd.

Personencultuur: Een cultuur die voorkomt in organisaties die bestaan uit professionals die individueel voor hun klanten en opdrachtgevers taken vervullen, op basis van hun persoonlijke expertise; deze cultuur draait om de deskundigheid en het welbevinden van deze personen.

Persoonlijk appel: Machtstactiek waarbij steun en medewerking is gebaseerd op vriendschap of loyaliteit.

Persoonlijke macht: Macht die voortkomt uit de unieke kenmerken van een persoon, zoals expertise of aantrekkelijkheid.

Persoonlijkheid: De optelsom van de manieren waarop een individu in verschillende situaties telkens weer reageert op en interacteert met anderen. Gedrag dat een persoon typeert.

Persoonlijkheidskenmerk (of -trek): Bepaald gedrag dat door een persoon in diverse situaties bij herhaling en vaak op dezelfde manier wordt vertoond.

Persoonlijkheidstheorieën van leiderschap: Deze theorieen richten zich op persoonlijkheidskenmerken zoals die uit het Big Five-model, waarbij met name wordt gelet op karaktertrekken die de kans voorspellen om leider te worden én bepalen of je een goede leider bent.

Persuasieve communicatie: Een vorm van communicatie waarbij de zender van de boodschap de houding van de ontvanger probeert te veranderen door middel van de inhoud van de boodschap. Voorbeelden van persuasieve communicatie zijn bijvoorbeeld commercials of politieke campagnes.

Politiek gedrag: Activiteiten die niet vereist zijn voor iemands officiële rol binnen de organisatie, maar die de verdeling van voor- en nadelen binnen de organisatie proberen te beïnvloeden.

Politieke vaardigheid: Het vermogen om anderen te beïnvloeden en zo de eigen doelen na te streven.

Positief affect: Een stemmingsaspect dat uit positieve gevoelens bestaat.

Positief zelfbeeld: Mensen met zo'n zelfbeeld houden van zichzelf, zien zichzelf als effectief en capabel, en denken dat ze controle hebben over hun omgeving.

Positiemacht: De invloed die een leider heeft op variabelen als ontslaan, in dienst nemen, discipline, promotie en salarisverhoging.

Positieve neutrale toestand: De bevinding dat de meeste mensen bij een input van nul een licht positieve stemming ervaren.

Positieve organisatiecultuur: Een cultuurbenadering die de nadruk legt op de sterke kanten van werknemers, meer beloont dan straft en de nadruk legt op individuele vitaliteit en groei.

Positieve organisatiewetenschap: Wetenschappelijke studie van (gedrag in) organisaties die zich afvraagt waarom zoveel zaken goed gaan in organisaties.

Prestatiebehoefte: De innerlijke drang uit te willen blinken, de drijfveer om gestelde doelen te bereiken, het streven naar succes. Ook wel *need for Achievement* of *nAch* genoemd.

Prestatiebeloning: Belooft beloning voor bepaalde prestaties, erkent goed functioneren. Past bij zowel transactionele als transformationele leiders.

Prestatiebeoordelingen: Beoordelingen van de werknemer op basis van vooraf bepaalde prestatie-indicatoren.

Prestatienorm: Een door de groep acceptabel geacht prestatieniveau.

Preventiefocus: Focus die mensen hebben die ernaar streven aan hun verplichtingen te voldoen en tegelijkertijd situaties te vermijden die hen verder van hun persoonlijke doelen afbrengen. Kortom: mensen die voorzichtig handelen. Tegengestelde van promotiefocus.

Proactieve persoonlijkheid: Iemand met een proactieve persoonlijkheid ziet snel kansen, neemt initiatief, zet activiteiten op touw en houdt vol tot een zinvolle verandering heeft plaatsgevonden. Dit in tegenstelling tot mensen die meer reactief zijn ingesteld.

Probleem: Een discrepantie tussen een bepaalde toestand en een gewenste toestand.

Probleemoplossende teams: Al dan niet tijdelijke groep van vijf tot twaalf werknemers die tot taak heeft de kwaliteit, efficiëntie en werkomgeving te verbeteren.

Procedurele rechtvaardigheid: De waargenomen eerlijkheid van het proces waarmee de distributie van beloningen wordt bepaald.

Procesconflict: Conflict dat verband houdt met de manier waarop het werk wordt gedaan.

Procesconsultatie: Een interventie waarbij een externe consultant een cliënt helpt om procesgebeurtenissen waarmee hij te maken krijgt beter te zien, te begrijpen en aan te pakken.

Procesvariabelen: Variabelen zoals helderheid van de teamdoelstelling en bereidheid zich voor dat doel in te zetten, die vooral in grote teams van invloed zijn op het proces van samenwerking en onderlinge afstemming.

Procesverlies: Situatie waarin de procesvariabelen in hun samenhang leiden tot een resultaat dat minder is dan de som der individuele inspanningen.

Proceswinst: Situatie waarin de specifieke combinatie van deskundigheden en persoonlijkheden leidt tot een positief resultaat dat eventuele ook aanwezige procesverliezen ruimschoots compenseert.

Productiegerichte leiders: Leiders die vooral letten op de technische aspecten, op de werkzaamheden. (Zie ook structuurinitiatie.)

Productiviteitstoerekening: Beloningssysteem dat bedoeld is om de productiviteit van groepen te stimuleren. Het te verdelen totaalbedrag wordt berekend aan de hand van de bereikte verbetering in productiviteit per groep.

Promotiefocus: Focus die mensen hebben die erop af gaan, proberen iets te bereiken, situaties opzoeken die hen dichter bij hun persoonlijke doelen kunnen brengen. Kortom: de meer stoutmoedigen. Tegengestelde van preventiefocus.

Psychologie: Vakgebied dat de verschillen tussen individuen en hun gedrag bestudeert en probeert deze verschillen te verklaren met behulp van persoonlijke factoren, de omstandigheden of de wisselwerking daartussen.

Psychologisch contract: Ongeschreven overeenkomst tussen werknemers en werkgevers waarin de wederzijdse verwachtingen zijn aangegeven.

Psychopathie: Persoonlijkheidskenmerk van mensen die zich te weinig gelegen laten liggen aan andere mensen en zich niet (of nauwelijks) schuldig voelen of berouw tonen als hun gedrag anderen schade toebrengt.

Rationele beslisser: Een beslisser die in staat is binnen afgebakende grenzen bepaalde waarden (zoals efficiëntie, winst, return on investment, aandeelhouderswaarde enzovoort) te maximaliseren.

Rationele besluitvorming: Binnen afgebakende grenzen keuzes maken die de nagestreefde waarden maximaliseren.

Rationele overreding: Machtstactiek waarbij logische argumenten en feitelijk bewijs worden aangevoerd om aan te tonen dat het verzoek redelijk is.

Rechtvaardigheidscriterium: Een van de pijlers van ethische besluitvorming: de belangen van alle betrokkenen open en eerlijk tegen elkaar afwegen op grond van objectieve regels en afspraken.

Re-engineering: Procesverbetering door radicaal herontwerp: met een schone lei beginnen door de werkprocessen opnieuw door te denken. Het uitgangspunt is een zo groot mogelijke waardecreatie voor de klant.

Referentiegroepen: Belangrijke groepen waarbij mensen horen of hopen te horen.

Referentiemacht: Is erop gebaseerd dat mensen zich identificeren met diegenen die aantrekkelijke hulpmiddelen of persoonlijke eigenschappen bezitten.

Reflexiviteit: Kenmerk van effectieve teams, die nadenken over hun masterplan en het bijstellen als dat nodig is.

Regisseur: Programmaleider van meerdere verandertrajecten die de afstemming met andere verandertrajecten en de staande organisatie moet bewaken.

Reinforcement-theorie: Theorie die stelt dat gedrag wordt veroorzaakt door prikkels en beloningen vanuit de omgeving. Gedrag wordt gestuurd door bekrachtigende gevolgen die, als ze onmiddellijk op het gedrag volgen, de kans vergroten dat het gedrag wordt herhaald.

Relatieconflict: Conflict dat zich concentreert op interpersoonlijke relaties.

Relatiegerichte leiderschapsstijl: Moderne term voor consideratiegedrag en werknemersgerichtheid bij leidinggevenden.

Relationeel taakontwerp: Het toevoegen van taakelementen die het effect van het werk op klanten voor de werknemer zichtbaar of voelbaar maken, bijvoorbeeld door het delen van klantverhalen of door een directe verbinding met de klant te leggen.

Reorganisatie: Een ingrijpende verandering van de organisatiestructuur die doorgaans de instemming van de OR vereist. Vaak gaat de verandering gepaard met ontslagen, het vervallen of veranderen van functies; soms worden afdelingen opgeheven of samengevoegd en worden managementlagen toegevoegd of juist geschrapt.

Risicomijding: De neiging om een zekere uitkomst te verkiezen boven een riskante uitkomst.

Rituelen: Activiteiten die in een vaste volgorde herhaald worden en waarvan de oorsprong vaak niet helemaal duidelijk is.

Rol: Een verzameling verwachte gedragspatronen die aan iemand met een bepaalde positie in een sociale eenheid wordt toegeschreven.

Rolconflict: Innerlijk conflict van een medewerker als gevolg van een confrontatie met uiteenlopende rolverwachtingen.

Rolcultuur: In grote massaproductie of dienstverlenende bedrijven wordt het gedrag in hoofdzaak bepaald door de regels en procedures die bedoeld zijn om de organisatie en de mensen voorspelbaar te maken.

Roleisen: Eisen die betrekking hebben op de druk die op iemand wordt gelegd door de rol die hij speelt in de organisatie.

Rolperceptie: Het idee van mensen over het gedrag dat ze horen te vertonen in een gegeven situatie.

Rolverwachtingen: De verwachting van anderen over iemands gedrag in een gegeven situatie.

Ruil: Machtstactiek waarbij voordelen of gunsten worden aangeboden in ruil voor steun en medewerking.

Schriftelijke communicatie: Memo's, brieven, e-mails, sms'jes, appjes, nieuwsbrieven, mededelingenborden of andere berichten die via het geschreven woord of via symbolentaal worden doorgegeven.

Seksuele intimidatie op het werk: Seksuele intimidatie op het werk omvat elke vorm van seksuele toenadering, verzoeken om seksuele gunsten of ander seksueel getint verbaal, non-verbaal of fysiek gedrag in de werkomgeving, die als ongewenst worden ervaren.

Selectiefase: De periode waarin verschillende kandidaten worden uitgenodigd voor een gesprek en waarin ze op hun kennis, competenties en (communicatieve) vaardigheden vergeleken worden. Voor dat laatste zijn naast de klassieke middelen (brieven, gesprekken, cv's) inmiddels complete competentieschema's en allerlei tests beschikbaar.

Selectieve perceptie: De neiging om selectief te interpreteren op basis van wat iemands interesses, achtergrond, ervaringen en overtuigingen zijn.

***Self-efficacy*-theorie:** Theorie die stelt dat motivatie vooral afhangt van de mate waarin de persoon ervan overtuigd is dat hij de taak aankan.

Self-monitoring: Iemands vermogen om zich snel aan externe invloeden en situaties aan te passen. Ook wel kameleongedrag genoemd.

Sensiviteitstraining: Het trainen van groepen die gedragsverandering wensen met ongestructureerde groepsinteractie.

Situationeel leiderschap: Het aanpassen van de stijl van leidinggeven aan hetgeen medewerkers nodig hebben gegeven hun ervaring en houding.

Situationele factoren: In het algemeen factoren in de situatie (zoals context en omgeving) die van invloed zijn op bepaalde uitkomsten.

Soberheid: Het gedrag van mensen in een samenleving die uitbundigheid en impulsiviteit aan banden legt en waar strikte sociale normen belangrijk zijn.

Sociale behoeften: Genegenheid, het gevoel erbij te horen, acceptatie, vriendschap.

Sociale identiteit: Theorie die aangeeft waarom en wanneer we de neiging hebben om persoonlijk te investeren in de prestaties van de groep.

Sociale leertheorie: De opvatting dat we zowel kunnen leren door te observeren als door directe ervaring.

Sociale netwerk: Informeel communicatienetwerk via een platform op het internet.

Sociale norm: Norm die bepaalt met wie je wel of niet mag omgaan.

Sociale psychologie: Vakgebied dat het gedrag van kleine groepen bestudeert en de invloed van groepen op het individuele gedrag van groepsleden.

Socialisatie: De aanpassing van attitudes en gedrag van een persoon aan de organisatiecultuur.

Socialisatieproces: Het proces van socialisatie dat bestaat uit drie fasen: vooraf, kennismaking en metamorfose.

Sociologie: Vakgebied dat grotere verbanden van mensen (groeperingen) bestudeert en hun gedrag in relatie tot hun sociale omgeving of cultuur.

Sociogram: Netwerkillustratie van de onderlinge contacten of relaties is een groep.

***Span of control*:** Het aantal personen waarover een manager de leiding heeft en voor wiens gedrag hij verantwoordelijkheid draagt. De span of control is bepalend voor het aantal niveaus en managers van de organisatie.

Spectrum van leiderschapsstijlen: Alle soorten leiderschapsstijlen.

Spiritualiteit op het werk: Erkenning dat mensen een geestelijk leven hebben dat leeft van en wordt gevoed door zinvol werk te doen binnen een hechte gemeenschap.

Sponsor: Hooggeplaatste functionaris in de organisatie die optreedt als opdrachtgever van een verandering en eindverantwoordelijk is voor het welslagen ervan.

Stabiliteit: Cultuurkenmerk, de mate waarin activiteiten van de organisatie de status quo in plaats van groei benadrukken.

Statische omgeving: Omgeving waarin weinig veranderingen optreden, waarin het gedrag van partijen en van de vraag goed voorspelbaar is. Een omgeving met een grote capaciteit, geringe veranderlijkheid en geringe complexiteit.

Status: Een sociaal bepaalde positie of rang die anderen toekennen aan groepen of groepsleden.

Statusincongruentie: Hiervan is sprake als men van mening is dat iemands positie en de uiterlijke kentekenen die de organisatie hem verleent niet met elkaar in overeenstemming zijn.

Stemmingen: Langer aanhoudende gevoelens die niet zijn gericht op een specifieke gebeurtenis of persoon. Kunnen aanleiding zijn tot plotselinge en onverwachte emoties.

Stemreactie: Actieve en constructieve pogingen om, bij ontevredenheid over het werk en de werkomstandigheden, zaken te verbeteren.

Stereotypedreiging: De mate waarin we het diep van binnen eigenlijk eens zijn met de doorgaans negatieve stereotypische opvattingen over onze groep.

Stereotypering: Een oordeel over iemand vellen op basis van ons beeld van de groep waartoe die persoon behoort.

Sterke organisatiecultuur: Organisatiecultuur die inhoudt dat iedereen niet alleen achter de kernwaarden van de organisatie staat, maar deze ook intensief naleeft.

Storming: De tweede fase van het vijffasenmodel, waarin de groep een aantal conflicten doorloopt over aanpak, rollen en onderlinge (machts)verhoudingen.

Stress: Een dynamische situatie waarin een individu te maken heeft met een kans, een beperking of een eis aangaande zijn doelen of wensen en waarbij hij meent dat de uitkomst onzeker en belangrijk is.

Structuurinitiatie: De mate waarin een leider zijn rol en die van werknemers definieert en structureert om doelen te bereiken.

Stukloon: Een beloningsmethode voor productiemedewerkers waarbij werknemers een vast bedrag krijgen voor elke eenheid geproduceerd, verwerkt of verkocht product.

Subcultuur: De waarden van de dominante cultuur aangevuld met specifieke opvattingen en percepties van een bepaalde groep.

Symbolen: Uiterlijk kenmerken die iets zeggen over de sfeer in een organisatie, de machtsverhoudingen en de omgangsvormen.

Synergie van een team: De individuele input van alle teamleden levert bij elkaar een groepsprestatie op die groter is dan de som van alle individuele bijdragen.

Systematisch onderzoek: Het methodisch en transparant onderzoeken van verbanden tussen verschijnselen en het onderscheiden van oorzaken en gevolgen.

Taakbelang: De mate waarin het werk invloed heeft op het leven en werk van andere mensen.

Taakconflict: Conflict dat verband houdt met de inhoud en doelen van het werk.

Taakcultuur: In organisaties die op order voor opdrachtgevers werken, worden het gedrag en de samenwerking bepaald door het gezamenlijke doel: het (op tijd) leveren van een goed resultaat.

Taakeisen: Eisen die betrekking hebben op het werk. Hieronder vallen taak- of functieontwerp (bijvoorbeeld de mate van autonomie, de afwisseling van taken en automatisering), de werkomstandigheden en de fysieke manier van werken.

Taakgerichte leiderschapsstijl: Moderne term voor structuurinitiatie en productiegerichtheid.

Taakgroep: Formele groep in de organisatie waarvan de leden samen een (meestal eenmalige) opdracht uitvoeren.

Taakidentiteit: De mate waarin een volledig, duidelijk te identificeren stuk werk moet worden voltooid.

Taakkenmerkenmodel: Model van Hackman en Oldham dat stelt dat een baan des te motiverender is naarmate de volgende vijf basisdimensies aanwezig zijn: taakvariatie, taakidentiteit, taakbelang, autonomie en feedback.

Taakroulatie: Een poging om de taakvariatie te verbeteren door de werknemer periodiek te laten veranderen van de ene taak naar een andere.

Taakspecialisatie: De mate waarin werkzaamheden binnen de organisatie opgesplitst zijn in deeltaken.

Taakstructuur: De mate van structurering van de taken van werknemers.

Taakverbreding (taakverruiming): Verbetering van variatie en het belang van taken door de hoeveelheid en diversiteit van taken te vergroten.

Taakverrijking: Taken verticaal uitbreiden door elementen van planning en sturing toe te voegen; dit vergroot het taakbelang, de autonomie en feedbackkansen.

Taal en jargon: Manier om onderscheid aan te brengen tussen de leden van de organisatie (ingroup) en anderen (outgroup).

Taken combineren: Bestaande, versnipperde taken worden samengevoegd tot een nieuwe, grotere werkmodule. (Zie ook taakverbreding.)

Team: Een groep waarin alle handelingen worden afgestemd op elkaar en op het gemeenschappelijke doel.

Teambeloning: Het aanmoedigen van gewenst teamgedrag door middel van beloning.

Teambuilding: Een interventie in de vorm van groepsactiviteiten die veel interactie vergen, om het vertrouwen en de openheid tussen teamleden te versterken, de onderlinge afstemming te verbeteren en de teamprestaties te verhogen.

Teamcohesie: Hiervan is sprake als de teamleden een emotionele band met elkaar hebben en het team(belang) vooropstellen omdat ze zo hecht zijn.

Teameffectiviteit: Een team is effectiever dan een ander team als het meer produceert van een even goede of betere kwaliteit en tegelijkertijd tevredener teamleden heeft.

Teamidentiteit: De affiniteit en het gevoel van verbondenheid van een teamlid met zijn team.

Teamselectie: Het zoeken van teamleden die op elkaar aansluiten en passen bij de taken en doelstellingen van het team, met als doel het teamfunctioneren te bevorderen.

Teamstructuur: In deze structuur probeert men de bevelsketen uit te schakelen en de afdelingen te vervangen door teams met meer verantwoordelijkheden. Met deze structuur worden verticale en horizontale grenzen opgeheven en ook externe barrières worden weggenomen tussen het bedrijf en zijn klanten en leveranciers.

Technologie: De specifieke manier waarop een organisatie input omzet in output.

Telewerken: Minstens twee dagen per week elders werken, terwijl je via datacommunicatie verbonden bent met de systemen van je werk.

Tevredenheid met het leven: De mate waarin de wijze waarop men het leven heeft ingevuld, inclusief de persoonlijke carriere, het gezinsleven en het werken dat men doet voldoet aan de persoonlijke behoeften.

Theorie van charismatisch leiderschap: Volgens deze theorie wordt aan iemand heroïsche of buitengewone kwaliteiten toegekend wanneer volgers bepaald gedrag waarnemen.

Theorie van participatief leiderschap: Een stijl van leidinggeven die veel ruimte biedt voor meedenken over de beste aanpak (het *wat* wordt bepaald door de leiding, het *hoe* door de medewerkers); geschikt voor medewerkers met meer dan voldoende ervaring en kennis, en bedoeld om ze te motiveren meer verantwoordelijkheid te nemen.

Theorie van statuskenmerken: Volgens deze theorie komt status voort uit een van drie mogelijke bronnen: macht over anderen, het vermogen een bijdrage te leveren aan de groepsdoelen of persoonlijkheidskenmerken.

Theorie van situationeel leiderschap: Een contingentietheorie die zich richt op de vraag welke leiderschapsstijl past bij welke situatie of werknemer. Leiders kunnen de beperkte (beginners)vaardigheden en motivatie van medewerkers compenseren.

Theorie X: Een overwegend negatieve visie van leidinggevenden op te verwachten gedrag van ondergeschikten.

Theorie Y: Een overwegend positieve visie van leidinggevenden op te verwachten gedrag van ondergeschikten.

Timemanagement: Een vorm van stresshantering, een verzameling technieken om de (te grote) hoeveelheid werk aan te kunnen binnen de beschikbare tijd.

Toegepaste wetenschap: Een wetenschap die kennis uit fundamenteel onderzoek toepast op praktijksituaties; handelingsgerichte wetenschap.

Training in teamvaardigheden: Het aanleren van de samenwerkings- en communicatievaardigheden die nodig zijn voor een goed functionerend team.

Transactioneel leiderschap: Leiderschapsstijl waarbij de leiders hun volgers sturen of motiveren naar vastgestelde doelen door de rol- en taakvereisten te verduidelijken.

Transformationeel leiderschap: Leiderschapsstijl waarbij de leider zijn volgers inspireert om zichzelf te overstijgen voor het succes van hun organisatie.

Trekkers: Projectleiders die voor (delen van) de verandering verantwoordelijk zijn. Zij worden geselecteerd op hun organiserend, leidinggevend en communicatief vermogen.

Tweefactorentheorie: Frederick Herzbergs theorie dat werktevredenheid het gevolg is van intrinsieke kenmerken van het werk, en werkontevredenheid het gevolg is van extrinsieke werkomstandigheden.

Uitdagingsstress: Het type stress dat ontstaat door nieuwe of grote uitdagingen in de werkomgeving, zoals een grote hoeveelheid projecten, nieuwe opdrachten en grotere verantwoordelijkheden.

Utilitarisme: Een van de pijlers van ethische besluitvorming: het bewerkstelligen van zo veel mogelijk nut voor zo veel mogelijk mensen.

Variabel beloningssysteem: Een deel van het werknemerssalaris wordt gebaseerd op een of andere individuele en/of organisatorische prestatiemeting.

Variatie in vaardigheden: De mate waarin het werk een beroep doet op diverse vaardigheden, waardoor het werk een zekere uitdaging omvat. Dit is een van de belangrijke elementen van het taakkenmerkenmodel.

Veranderingsinstrumenten: Interventies in de organisatie om weerstanden tegen een verandering te verminderen en acceptatie en medewerking te bevorderen.

Verandervermogen: Een verzameling attitudes en vaardigheden die de leden van een organisatie in staat stellen veranderingen actief en effectief door te voeren.

Verankeren (fixatie op eerste indruk): De neiging om de als eerste verkregen informatie als uitgangspunt te nemen en vervolgens nieuwe informatie niet op te nemen.

Verdelende rechtvaardigheid: Het oordeel van medewerkers over de rechtvaardigheid van de verdeling van uitkomsten, zoals salaris, erkenning en promotiekansen.

Verhalen over helden: Anekdotische voorbeelden van uiterst goed en uiterst slecht gedrag die typerend zijn voor de cultuur in de organisatie en over de personen die zulk gedrag vertoonden of juist niet.

Verloop: Het aantal of percentage medewerkers dat het bedrijf binnen een bepaalde tijd (ongewenst) verlaat. Ook wel personeelsverloop genoemd.

Vermogen: De huidige capaciteit van een individu om de verschillende taken die bij een functie horen uit te voeren. Over het algemeen bestaan vermogens uit twee soorten factoren: intellectuele en lichamelijke eigenschappen.

Vertekening uit eigenbelang: Het feit dat mensen vaak graag hun eigen successen toeschrijven aan zichzelf, terwijl ze voor hun mislukkingen externe factoren verantwoordelijk stellen.

Verticaal uitbreiden: Dit geeft werknemers verantwoordelijkheden en bevoegdheden die voorheen aan het management waren voorbehouden. (Zie ook taakverrijking.)

Vertrouwen: Een psychologische toestand waarbij een persoon zich kwetsbaar durft op te stellen naar anderen omdat hij positieve verwachtingen heeft over het vervolg. Vertrouwen is een belangrijk aspect van (geaccepteerd) leiderschap.

Vervangende factoren: Door deze factoren wordt formeel leiderschap (deels) overbodig door andere factoren, zoals training, ervaring, geformaliseere doelstellingen, procedures et cetera.

Verwaarlozingsreactie: Passieve en destructieve reactie op de onvrede met het werk en de omstandigheden die zichtbaar wordt in ontwijkend gedrag ten aanzien van werk, collega's en leiding.

Verwachtingstheorie: Victor Vrooms theorie over motivatie als gevolg van een calculatie van de eigen capaciteiten om de taak aan te kunnen, de kans op beloning en de aantrekkelijkheid van de beloning voor een persoon.

Verzuim: Ongeplande afwezigheid van medewerkers tijdens werktijden. Het verzuim kan geoorloofd zijn, bijvoorbeeld bij ziekte (apart geregistreerd en gemeten als ziekteverzuim) of bestaan uit ongeoorloofd wegblijven.

Vijffasenmodel: Een groepsdynamisch model van de fasen die groepen doorlopen vanaf hun oprichting tot hun eventuele opheffing.

Virtuele organisatie: Een kleine kernorganisatie die grote bedrijfsfuncties uitbesteedt.

Virtuele teams: Teams die gebruikmaken van computertechnologie en mensen met elkaar verbinden die over de hele wereld verspreid kunnen zijn.

Visie: Een (ambitieus) beeld van de gewenste toekomst van de organisatie.

Voorbeeldig werkgedrag: Het vrijwillig op zich nemen van taken die bijdragen aan de effectiviteit van de organisatie. Vrijwillig wil in dit geval zeggen dat het gedrag geen onderdeel is van de formele taakomschrijving.

Vriendengroep: Groep die ontstaat omdat de leden een of meer kenmerken gemeenschappelijk hebben; deze vriendschappelijke relaties kunnen zich ook buiten de werksituatie ontplooien.

Waarden: Vertegenwoordigen de fundamentele en duurzame overtuiging dat een specifieke gedragswijze of manier van leven, persoonlijk of sociaal te verkiezen is boven een tegengestelde gedragswijze.

Waardensysteem: De wijze waarop iemands waarden zijn gerangschikt naar hun relatieve belang, ofwel hun intensiteit.

Waargenomen steun van de organisatie (WSO): De mate waarin werknemers denken dat de organisatie hun bijdragen op prijs stelt en zich bekommert om hun welzijn.

Webcareteam: Een team dat namens het bedrijf op sociale media reageert op uitingen zoals kritiek op of vragen over het bedrijf. De doelstellingen omvatten imagoverbetering, klantenservice en het verzamelen van informatie over klantproblemen en klantbehoeften.

Weerstand: Kracht in de organisatie die verandering tracht te blokkeren. Kan ook gezien worden als negatief label voor een terecht kritische en bezorgde houding.

Weerstandpunt: Beste alternatief zonder overeenkomst (BAZO): het minimaal nagestreefde resultaat van onderhandelingen. Onder dit punt heeft in de perceptie van degene wiens BAZO dit is een overeenkomst geen zin meer.

Werkbetrokkenheid: De mate waarin een werknemer zich met zijn werk identificeert, inzet toont en werkprestaties belangrijk vindt voor zijn gevoel van eigenwaarde.

Werkgroep: Een groep die primair contact onderhoudt om informatie uit te wisselen en besluiten te nemen die de leden helpen om beter te presteren op hun eigen terrein.

Werknemergerichte leiders: Leiders die veel aandacht hebben voor intermenselijke relaties. (Zie ook consideratiegedrag.)

Werknemersbetrokkenheid: Een participatieproces waarbij input van werknemers wordt gebruikt om hen meer te betrekken bij het succes van de organisatie.

Werknemerscommissaris: Moet in Nederland wettelijk verplicht deel uitmaken van de Raad van Commissarissen van bedrijven met meer dan honderd werknemers. De werknemerscommissaris dient te letten op de continuïteit van de onderneming en de belangen van de werknemers in het oog te houden.

Werkomstandigheden: De fysieke, sociale en psychologische aspecten van de werkplek die van invloed zijn op iemands welbevinden, tevredenheid en betrokkenheid.

Werkstructurering: De manier waarop werk wordt ingericht en taken zijn georganiseerd.

Werktevredenheid: Attitude van medewerkers tegenover hun organisatie, hun werk, hun werkomstandigheden en de relatie met collega's en leidinggevenden.

Wervingsfase: De periode waarin een bedrijf een bepaalde vacature probeert te vervullen. Belangrijk voor het aantrekken van potentiële kandidaten is het verduidelijken van de eisen die aan de kennis, vaardigheden en (communicatieve) vermogens van de kandidaat worden gesteld.

Wiel: Een communicatienetwerk waarbij de leider het centrale doorgeefluik voor de communicatie is tussen leden. Dit netwerk vind je in een team met een sterke leider.

Wijsheid-achteraf: De neiging om, als de uitkomst van een gebeurtenis bekend is, ten onrechte te geloven dat we deze uitkomst correct hebben voorspeld.

Wij-groep (*ingroup*): Het perspectief waarbij we de mensen uit onze eigen groep beter vinden dan andere mensen, en de mensen die niet tot onze groep behoren allemaal als hetzelfde zien.

Winstdeling: Een extra uitkering wanneer er winst is geboekt, voor alle medewerkers en op basis van een vaste formule.

Yogyakarta-beginselen: Voluit: Beginselen voor de Toepassing van Mensenrechten met Betrekking tot Seksuele Geaardheid en Genderidentiteit. Geformuleerd in 2006 aan de Gajah Mada Universiteit in Yogyakarta, Indonesië, in opdracht van de toenmalige Hoge Commissaris voor Mensenrechten van de Verenigde Naties, Louise Arbour, met als doel wereldwijd het geweld en de discriminatie jegens LHBT's tegen te gaan.

Zelfbeeld: Hoe iemand over zichzelf denkt. Het zelfbeeld kan positief of negatief zijn.

Zelfbepalingstheorie: De motivatietheorie die stelt dat mensen graag het gevoel hebben dat ze zelf uitmaken wat ze doen. Alles waardoor werk dat vroeger met plezier werd gedaan meer als een verplichting gaat voelen dan als een zelfgekozen activiteit, is funest voor de motivatie.

Zelfconcordantie: Een uitbreiding van de zelfbepalingstheorie: naarmate je persoonlijke doelen beter overeenstemmen met je diepste wensen, interesses en waarden, zal de motivatie om aan die doelen te werken sterker zijn.

Zelfoverschatting: Het (veel) te optimistisch inschatten van de juistheid van de eigen oordelen of van de eigen capaciteiten.

Zelfregulering: Een afspraak met werkgeversverenigingen, of bepaalde bedrijfssectoren en brancheorganisaties, om onderling te regelen dat aan maatschappelijke eisen wordt voldaan.

Zelfsturende teams: Tien tot vijftien mensen die nauw aan elkaar verwante taken uitvoeren en veel verantwoordelijkheden van hun voormalige leidinggevende overnemen.

Zelfsturende teamstructuur: Een organisatiestructuur die op het operationele niveau bestaat uit zelfsturende teams zonder managers, die zelf verantwoordelijk zijn voor afspraken over taken, bemensing en werktijden.

Zero-sumbenadering: Een manier van belonen, waarbij werknemers gemotiveerd worden tot politiek gedrag. Van een zerosumsituatie is sprake als er een gegeven hoeveelheid 'taart' is die verdeeld kan worden in punten; alles wat een individu of groep krijgt, gaat dus ten koste van de rest (*fixed pie*).

Zinvol werk: Het taakkenmerkenmodel van Hackman en Oldham spreekt van zinvol werk als de eerste dimensies (variatie in vaardigheden, taakidentiteit en taakbelang) in het werk aanwezig zijn.

Zwakke organisatiecultuur: Een organisatiecultuur waarin er grote verschillen zijn tussen de kernwaarden die de top van de organisatie verkondigt en het feitelijke gedrag van de medewerkers op verschillende niveaus.

Zij-groep (*outgroup*): Voor mensen in de wij-groep staat de zij-groep soms voor alle andere mensen, maar meestal gaat het om een bepaalde afgebakende groep die mensen uit de wij-groep kennen.

Index

N

O

P

R

S

T